THE BEATLES
DOMESTIC PUBLICATIONS
COLLECTION
1964-1996

Magazine / Mook / Book / Pamphlet / etc

ザ・ビートルズ 国内出版物採集図鑑
ビートルズ来日後 30 年の出版物コレクション編年史
加藤すたん

　本書は、ビートルズが来日した1964年から1996年までの32年間に、日本国内で出版・発行されたビートルズおよびビートルズファミリー（オノ・ヨーコ、リンダ・マッカートニー、ジュリアン・レノン、ショーン・レノン他）、ビートルズ関係者（ブライアン・エプスタイン、ジョージ・マーティンなど）に関する特集記事、関連記事、写真などの掲載がある週刊誌、一般誌、音楽誌、ムック、単行本、文庫本、パンフレット、会報、その他長年蒐集した自身のコレクション約5,000点（重複掲載を除いた総数）を整理・分類し一冊にまとめたものである。

　本書収録アイテム以外に未入手のものもあり、引き続き情報収集と入手は心掛けたいと考えているが、現時点で、少なくとも必須アイテムの9割以上は収録できており、コンプリート収録は生涯を費やしても不可能であると思われるため、今回、一応の区切りをつけ、書籍化が実現した。

　なお、1996年以降のアイテムについても所蔵はしているが、1996年までの32年間のようなコレクションの状態には程遠いため、一部を除き割愛させてもらった。その他、「ジョン・レノン射殺事件」「ポール・マッカートニー逮捕・公演中止事件」などの新聞や洋書やチラシ・ポスターなども、体系的に紹介できるまでには至っていないため、掲載は見送った。

　ビートルズ関連の刊行物は、現在もなお毎月、毎週どこかの出版社から発行されているが、それをその都度購入する資金はもとより、タイムリーでその情報を集めるのも「疲れ果てた」というのが偽らざる本音である。本書収録のコレクション5,000点だけでも、もはや収納スペースが限界に来ている。今後についてはゆっくり考えたいが、願わくば将来どこかで全コレクションを収蔵した「ビートルズ図書館」のような施設をつくりたいと思っている。

　レコードの試聴・探求からはじまったビートルズとの出会い。持ち前の蒐集癖が祟り、気がつけば膨大なコレクションの山となってしまった。「ここまでコレクションしたのだから、後世に残したい」との思いが強くなり、構想から完成まで苦節27年、ようやくここに陽の目を見ることができた。今回、蒐集はもとより、データベースの構築・入力、個々のアイテム写真の撮影、解説、編集、構成にいたる原案までを手掛けたが、こうして書籍になったのはよきご縁と運であった。

　本書は、偏ったライフワークの集大成であるが、「日本国内におけるビートルズ関連出版物の編年史」と言えないことはない。挫折・狼狽の繰り返しの中の1988年、たまたま手にしたビートルズ来日当時の雑誌「ミュージック・ライフ8月号」とのめぐり合いが蒐集癖に火を付け、今日に至ったわけであるが、改めて思えば、27年間もよくこんなことを続けられたものだ。情報の収集も大変な上、入手後のデータ整理・収録にも膨大な時間を費やしてきた。コレクションが集まれば嬉しいが、反面、保管場所の確保や整理に思案する。自分で言うのもなんだが、続けてこれたのは、揺ぎない思い込みと執念である。これが理解できるのは同種の経験をしたごく一部のマニアだけだと思う。これからも継続できるかは疑問だが、未入手アイテムを見つけるとつい触手が動くんだろうなぁ。きっと。もうそろそろ卒業したい。

　本書は、ビートルズ・フリーク、マニア、コレクター、研究家向けに編集したが、ビートルズに出会い、親しみ、同じ時代を歩んだ皆さんにも、十分楽しんでもらえると信じている。また、ネットオークションの中で氾濫する本物と偽物とを判別するための、売り手、買い手の参考資料として、役立てていただければ大変嬉しく思う。私も近年は、ビートルズ専門店や古書店での入手より、ネットオークションでの入手が多くなったが、情報不足から偽物を本物と思い込み、大枚はたいて誤認入手でもしたら大損になってしまう。特にパンフレット類は偽物が多く、入手には細心の注意が必要であるが、オリジナル品の見分け方なども本書には可能な限り詳しく解説したつもりなので、参考になれば幸いだ。

　本書の刊行にあたり、膨大な数のビートルズに関する刊行物を企画・編集・刊行された出版社、著者、編集者及びその関係者の方々のご尽力・ご苦労に対し、改めて敬意を表したい。また蒐集のきっかけとなった「ミュージック・ライフ／1966年8月号」（新興楽譜出版社／現シンコー・ミュージック）には特別の感謝を。この本に巡り合うことがなければ本書は完成しなかった。

　また、下記の皆さんには本書制作・刊行にあたり数々のご協力やご支援・アドバイスを賜わった。この場を借りて厚く御礼申し上げる。

はじめに

書籍化にご縁とご理解をいただいた	書籍化の過程でお世話になった	ご支援・ご協力をいただいた	
樹林舎 野村明紘	プロデュース・センター出版局	藤田知之	八代親尚
	シンコー・ミュージック編集部	所 憲隆	矢島 浩
長年にわたるコレクション情報の充実にお世話になった	音楽出版社／CDジャーナル編集部	松井千昭	杉山芳和
ザ・ビートルズ・クラブ（BCC）	ミュージックマガジン社／	河田哲司	井口裕治
TRACKS JAPAN（横浜市）	レコードコレクターズ編集部	澤村温也	太田卓磨
GET BACK（東京都）	フロム・ビー	塩田 恭	春日井美穂
ネットワーク（名古屋市）		野口 淳	
		長田奈留美	
		黒吉家之	

(敬称略)

【本書の見方・使い方／収録アイテムの掲載ルール】

原則として、ビートルズが来日した1964年から1996年までの32年間に国内出版されたビートルズ関連刊行物を収録したが、一部例外として「1996年以降の所有コレクションの紹介」「国内出版物以外の貴重コレクション他の紹介」「ビートルズ現役当時のレアな楽譜集」なども参考として収録している。

「Collection1」はパンフレットや来日関連雑誌などのヴァージョン違いや、復刻版とレアコレクションの数々を詳細解説とともに紹介。

「Collection2」ではジョン・レノン射殺事件、ポール・マッカートニー逮捕事件、ソロ来日コンサート関連や長期連載企画雑誌、各グラフ週刊誌、雑誌、単行本ごとにテーマ＆カテゴリーを絞って紹介した。

「Collection3」「Collection4」では全コレクションを1964年〜1996年まで年代順にまとめた。「Collection3」は章末に「ビートルズカヴァー＆表紙コピーありアイテム」を、「Collection4」はそれ以外の「ビートルズ関連記事・写真等掲載アイテム」を分類して一挙紹介した。

なお、音楽雑誌はビートルズ関連記事掲載号の数が多いため、ビートルズ現役時代や特集シリーズ連載号など重要なもの以外は、原則「ビートルズカヴァー＆表紙コピーありアイテム」のみを収録対象とした。ただ、ジョン・レノン射殺事件やポール・マッカートニー逮捕事件などは、例外として音楽雑誌も紹介している。

また、レイアウトの都合上、各アイテムの掲載写真サイズは実物の比率とは異なるものがあることをお断りしておく。小さいものを大きく、逆に大きなものを小さく収録した場合もある。

〈凡例〉

①書籍・雑誌のメインタイトルは原則表紙の表記のままとし、日本語と英語が併記されているものはできるだけ日本語表記を優先した。またメインタイトルとサブタイトルがあるものは両方の表記を心掛けたつもりでいる。ただし、メイン＆サブタイトルが特に長い場合は紙面スペースの都合上、一部短く変更を加えたものもある。

②発行元／著者欄は、発行元と販売元が異なる場合は発行元を先に、販売元を後に表記し、「株式会社」などの企業形態表記はいずれも割愛した。また同じ発行元でも、例えば［平凡出版］と［平凡出版社］、［学研］と［学習研究社］、［東芝音楽工業］と［東芝EMI］、［新興楽譜出版社］と［シンコーミュージック］のように統一されていない場合、また途中で社名が変更されたものは印刷表記をそのまま記載した。その他、発行元などが不明なものは「不明」とし、無記名はできるだけ調査しわかる範囲で表記した。著者や編者、監修者についても原則発行元の後に並列表記したが、複数の場合などはスペースの関係で、筆頭に表記されている著者を優先し、他は割愛したものもある。この場合は説明・解説欄にできるだけ表記を心がけた。また対訳詩集以外の洋書翻訳本などは翻訳者名も同様に割愛した。

③発行年月日欄は、発行元の印刷ミスなどの例外を除き、各アイテム掲載の年月日を西暦で表記した。発行日の印刷のないアイテムは、調査できたものはその発行日を表記し、日にちの特定まではできないが、発行年月程度まで推測できるものはそれを表記した。映画パンフレットについては、発行日の記載があるものはその日付を、記載のないものは日本国内における公開日を発行日として記載した。

④掲載した出版物は、筆者が外観・仕様で分類した。あいまいなものも多いが、それぞれ「週刊誌」（一部隔週誌含む）「一般雑誌」（音楽雑誌以外のすべての雑誌）「音楽雑誌」「パンフレット」「ムック／企画誌」「単行本」「文庫本」「会報」「付録」「楽譜」「非売品」「その他」などに区分した。

⑤掲載ページ欄については、ビートルズ関連記事及び写真の掲載ページ数を数字で表記した。ただ中には1ページにも満たない記事や写真が掲載されているアイテムもあり、あいまいなものは「1未満」、ある程度正確に判断できるものは1ページに対し「1／2」「1／4」「1／6」など分数表記した。また掲載記事が数行のものや、ビートルズ関連の見出しがあるだけで内容に欠けるものは「※」、数ページにわたる分散した記事は「数」、表紙だけのものは「0（ゼロ）」と表記した。

⑥説明・解説欄は、おもに関連記事・写真の内容や、アイテムに関する特徴などを簡潔に記し、文中の各カギ括弧《 》『 』【 】［ ］「 」の扱いに一定のルールを設けた。"レット・イット・ビー"を例に挙げると、映画のタイトルは《レット・イット・ビー》、アルバムやシングルレコード、CDなどは『レット・イット・ビー』、曲は【レット・イット・ビー】という具合だ。また発行元は［ ］でくくり、掲載記事の見出しや表題、重要項目には「 」を付した。ただ『 』「 」についてはそれぞれ例外もあり、特に『 』については表紙コピーなどの区分表現としても汎用的に使っているので、掲載文章の内容から判断していただきたい。

なおスペースの都合上、出版に関わる社名や団体はじめ著者、編者、監修者、翻訳者、写真・絵画・イラスト・アート作品などの著作者の敬称は省略させてもらった。

【主要参考文献及び資料】
※もちろん下記の参考文献も本書に収録した。

『The Beatles／第63号臨時増刊号（ビートルズ研究特集）』［BCC（現ザ・ビートルズ・クラブ）］

『The Beatles／THE OFFICIAL MONTHLY MAGAZINE（日本語版）』［BCC（現ザ・ビートルズ・クラブ）］『TOKYO BEATLES FANCLUB MAGAZINE』［東京ビートルズ・ファン・クラブ（TBFC）会報］

『ビートルズ事典』［立風書房／香月利一編・著］

『THE BEATLESカタログ』［講談社／又日亨編］

『クイックジャパン創刊号』［太田出版］

『THE BEATLES BOOK'S BOOK（雑誌編／書籍・パンフレット編）』［バロック出版］
※未収録

他、本書掲載の週刊誌・雑誌・単行本・文庫本・資料・事典・カタログ・パンフレット・企画特集号含むすべて。
またビートルズ専門店、中古レコード通販カタログ、古書目録、ファンクラブ会報など。

CONTENTS

Collection 1
ヴァージョン違い／レアアイテム

ビートルズ日本公演パンフレット これがオリジナルだ！	8
チケット＆差込みポートレート2種　薄紙付き完品	9
ビートルズ日本公演パンフレット11種	10
ビートルズ日本公演パンフレット11種　仕様相関図	15
1966年ビートルズ日本公演以降のソロ日本公演パンフレット	16
ビートルズ・ファミリーなどの日本公演パンフレット	18
「ビートルズがやって来る ヤァ！ヤァ！ヤァ！」映画パンフレット（関東版etc・関西版）9種	20
「POP GEAR／ポップギア」映画パンフレット（関東版・関西版）3種	22
「ヘルプ！4人はアイドル」映画パンフレット6種	23
「イエロー・サブマリン」映画パンフレット（関東版・関西版）6種	24
「Let it be／レット・イット・ビー」映画パンフレット12種	26
「バングラデシュのコンサート」映画パンフレット4種	29
「ザ・ビートルズ・フェスティバル」映画パンフレット9種	30
「THE BEATLES GREATEST STORY」他、映画パンフレット	32
「ヤァ！ブロード・ストリート」「イマジン」「ゲット・バック」映画パンフとプレス	33
「ふたりだけの窓／THE FAMILY WAY」映画パンフレット4種	34
「ラスト・ワルツ」「サージャント・ペッパー」映画パンフレット	35
「ポップス 8月臨時増刊」＆「Out of the mouths of BEATLES」	36
「our BEATLES」＆「The Beatles BOOK」	37
「ビートルズ来日特別記念号」＆「ビートルズ東京 100時間のロマン」	38
「話の特集・臨時増刊／ビートルズ・レポート」5種	39
「ミュージック・ライフ」「ティーンビート」ビートルズ関連の付録ソノシート	40
「朝日ソノラマ」他、ビートルズ来日関連のソノシートブック	41
ポール・マッカートニー＆ジョン・レノン関連プレスキット	42
ジョン・レノンのリトグラフ「bag one」関連アイテム	43
ビートルズカヴァー＆表紙コピーがある雑誌・週刊誌・パンフ／1964	44
古参ビートルズ・ファンクラブ会報関連	47
ビートルズカヴァー＆表紙コピーがある雑誌・週刊誌・パンフ／1965	48
来日当時のビートルズカヴァー（一般週刊誌を除く）	56
来日当時の一般週刊誌（表紙コピーあり）	61
来日当時の一般週刊誌（表紙コピーあり＆ビートルズカヴァー）	62
来日当時の週刊誌抜粋（表紙コピーなし）	69
来日当時の週刊誌抜粋（表紙コピーなし）／その他	73
来日当時の月刊誌抜粋（表紙コピーなし）	74
来日当時の少女漫画週刊誌＆少年漫画月刊誌	79
来日当時の少年漫画週刊誌	80
来日当時の少女漫画週刊誌	81
来日当時のグラフ誌（週刊）	82
来日当時のグラフ誌（月刊・季刊）	83
ビートルズカヴァー／1967～1970	84

Collection 2
テーマ別コレクション

ビートルズ現役当時の関連カヴァー	96
TEENBEAT WEEKLYのビートルズカヴァー＆BCC初期会報	105
BFCレポート（会報）＆LGB会報＆新聞形態のアイテム	106
1971年以降のビートルズ関連カヴァー（音楽雑誌以外）	108
「TEENBEAT／ティーンビート」全号	112
「Music Life／ミュージックライフ」	114
「Music Life／ミュージックライフ」＆連載企画	118
「Music Life／ミュージックライフ」連載企画とビートルズカヴァー他	119
「POPS／ポップス」	120
三大音楽誌の臨時増刊＆別冊	124
三大音楽誌以外の別冊＆臨時増刊号	125
ビートルズ主演＆単独出演映画パンフレット	126
ビートルズ関連映画パンフレット	128
ビートルズのイベント・パンフレット、小冊子 etc.	130
TOSHIBA RECORDS MONTHLY SUPPLEMENT（東芝レコード・マンスリー）	133
東芝音楽工業（東芝EMI）発行の非売品小冊子	134
レコード会社製作のビートルズ非売品カレンダー各種	137
東芝製作以外の非売品など	138
ビートルズ関連の付録 etc.	140
ザ・ビートルズ・クラブ（BCC）の非売品 etc.	142
ビートルズ＆ソロ関連日本公演チケット	143
オノ・ヨーコ／1974年単独来日公演関連	144
リンゴ・スター／1976年単独初来日関連	148
ポール・マッカートニー／1980年来日公演中止事件関連	150
ジョン・レノン／1980年射殺事件関連	155
リンゴ・スター／1989年初来日公演関連	164
ポール・マッカートニー／1990年初来日公演関連	165
ジョージ・ハリスン／1991年初来日公演関連	170
ポール・マッカートニー／1993年来日公演関連	172
リンゴ・スター／1995年来日公演関連	174
オノ・ヨーコ・IMA／1995年広島祈念コンサート＆1996年ミニライヴ関連	175
「FMステーション」のヴィジュアル企画『Yeah！ビートルズ』長期連載号	176
「朝日ジャーナル」の『ジョン・レノン伝説』連載号	177
「FOCUS」ビートルズ関連記事掲載号	178
「FOCUS」「FLASH」関連記事掲載号	180
「FRIDAY」ビートルズ関連記事掲載号	181

「FRIDAY」「SPA！」ビートルズ関連記事掲載号	182
「平凡パンチ」表紙ビートルズ関連コピーあり	183
「週刊プレイボーイ」表紙ビートルズ関連コピーあり	184
「月刊PLAYBOY」(日本版)表紙ビートルズ関連コピーあり＆連載	186
「ＧＯＲＯ」表紙ビートルズ関連コピーあり	187
「オリコン／オリコン・ウィークリー／オリコン・ウィーク・ザ1番」ビートルズ関連コピーあり＆特集	188
「FMステーション」ビートルズ関連コピーあり	189
「FMレコパル」「レコパル」ビートルズ関連コピーあり	190
「週刊FM」ビートルズカヴァー	192
「FMfan」ビートルズカヴァー	194
CLUB SANDWICH(日本版)	195
「音楽専科」ビートルズカヴァー	196
「ニューミュージック・マガジン」ビートルズカヴァー	197
「ライトミュージック」「ロッキング・オン」ビートルズ関連カヴァー	198
「Guts」「レコード・コレクターズ」ビートルズ関連カヴァー	199
「GOLD WAX」ビートルズカヴァー全号	200
「GOLD WAX」最初期号＆他音楽雑誌のビートルズカヴァー	201
作為か？不作為か？珍アイテム	202
フォトシートキット＆ポスターブック／カセット、FD、CD付録付	204
とりあえず、こんなものもあります	205
単行本の改題版	206
単行本の増補版・改訂版・新装版 etc.	208
ディスコグラフィー、レコーディング、曲解説等サウンド関連研究資料	210
ビートルズ関連写真集	212
ビートルズ詩集(訳詞集・歌詞集)	214
ビートルズ関連アート＆イラスト作品集	215
マイ・レア・アイテム	216
これだけ揃えばビートルズ通!?コレクション可能な厳選180アイテム	220
ザ・ビートルズ・クラブ／BCC会報「The Beatles」臨時増刊号全号	230
ザ・ビートルズ・クラブ／BCC会報「The Beatles」	232
「The Beatles Monthly Book」再発限定BOXセット	236
その他、ファンクラブ会報＆公認情報紙	237
「KEIBUYオークション・カタログ」全40冊	238

Collection 3
年代順・分類別全リスト 1

1964年	242
1965年	242
1966年	245
1967年	249
1968年	250
1969年	252
1970年	253
1971年	255
1972年	256
1973年	258
1974年	260
1975年	263
1976年	266
1977年	269
1978年	271
1979年	272
1980年	274
1981年	276
1982年	279
1983年	282
1984年	283
1985年	284
1986年	286
1987年	288
1988年	290
1989年	292
1990年	294
1991年	298
1992年	300
1993年	302
1994年	304
1995年	306
1996年	309

Collection 4
年代順・分類別全リスト 2

1964年	316
1965年	318
1966年	322
1967年	334
1968年	336
1969年	338
1970年	340
1971年	342
1972年	343
1973年	344
1974年	345
1975年	347
1976年	348
1977年	350
1978年	352
1979年	352
1980年	353
1981年	355
1982年	358
1983年	359
1984年	361
1985年	361
1986年	362
1987年	363
1988年	364
1989年	365
1990年	366
1991年	369
1992年	370
1993年	370
1994年	371
1995年	372
1996年	373

Collection 1

Difference in version /
Rare item

◎

ヴァージョン違い／レアアイテム

ビートルズの日本公演は、当初「1966年（昭和41年）6月28日（火）に来日し、翌々日の6月30日（木）、7月1日（金）、7月2日（土）に日本武道館において3日間、計3回の開催日程」と発表された。しかし読売新聞社が来日直前の5月5日に公演入場券（チケット）の申込み受付を開始したところ、5月10日の締切日までのわずか6日間に、全国からなんと20万8,850枚もの申込みが殺到したため、急遽7月1日と2日に昼の部の2公演が追加され、計5回の公演となった。来日についても、台風の影響でアンカレッジで足止めされ、6月29日明け方の午前3時44分に羽田空港に到着している。日本で唯一のビートルズ公演は、こうしたエピソードを含め、現在もなお語り継がれている歴史的な事件であったわけだ。

公演会場についても二転三転と大もめの末、ようやく日本武道館に決定している。ちなみに日本武道館は収容人数が1万人なので、5回の公演で計算上は5万人がビートルズを生で観たことになるが、抽選も含めチケットの入手は困難を極め、まさに超プラチナチケットであったことは間違いない。公演料金はビートルズサイドの配慮もあり、当初噂されていたような高額には設定されず、A席：2,100円、B席：1,800円、C席：1,500円と、若いビートルズファンにとって良心的価格となった。なお、日本公演の主催は中部日本放送と協同企画で、メインスポンサーは現在のライオン株式会社の前身であるライオン歯磨とライオン油脂だった。

こうして最初で最後となったビートルズ日本公演は、1966年6月30日からの3日間で計5回開催された。公演パンフレットは、仕様・内容ともに、ビートルズ自身もその出来に驚いたというほど大変良質なものであった。

当時のオリジナル、復刻版などを含め、少なくとも11種類のアイテムが存在するが、入手に関しては充分注意が必要である。本章の解説を参考にしてもらいたい。

オリジナル（1966年）

完全コピー版

来日10周年記念復刻版

テイチク復刻版1（特典品／他）

テイチク復刻版2（補足印刷有）

準抜粋復刻版（30ページ仕様）

抜粋復刻版1（1970年前半）

抜粋復刻版2（BCC初期）

抜粋復刻版3（BCC標準）

抜粋復刻版4（海賊版）

テイチク復刻版3（海賊版）

ビートルズ日本公演パンフレット これがオリジナルだ！

日本公演パンフレットは、オリジナルを含め、復刻版・海賊版など最低11種類が市場に出回っており、オリジナルの入手には注意が必要である。下記にオリジナルの写真や判別法を、次々ページ以降には全11種類の個別解説と仕様相関図を紹介した。外観がオリジナルとまったく同じタイプも数点あるが、後掲載の「02.完全コピー版」については、外観だけでなく99.99％同仕様であり要注意アイテムである。確実な判別法は、巻中オレンジ色の見開き広告（「東芝のオデオンレコード」のページ）右サイド2段目のアルバム名をチェックすることだ。オリジナルは正しく「★ビートルズNo.2」、完全コピー版は「★ビートルズNo.」と、印刷ミスで数字の"2"が抜けている。

ビートルズ日本公演パンフレット オリジナル ［中部日本放送］

1966年6月30日（木）、7月1日（金）、7月2日（土）の3日間、日本武道館で計5回行われた日本公演公式パンフレットで、会場（日本武道館）において公演期間中およそ3万2,000部程度が販売されたという（￥600）。また、公演終了後も銀座の山野楽器店などで同じものが販売されており、読売新聞・中部日本放送の主催者関係、ライオン歯磨・ライオン油脂などのスポンサー、音楽・興行関係者への事前配布なども含めると、発行部数は5万5,000部前後とみられている。パンフレットには、ビートルズが羽田空港に到着した際に撮影されたポートレート（次ページ参照）が薄紙を添えて挿入されており、正式にはこのポートレート（ヴァージョン違いで2種類あり）があって完品となる。 また、ポートレート付、無しのオリジナル以外に、数多くの復刻版（レプリカ）、海賊版が存在し、オリジナルの入手にはよほどの注意が必要である。一般的に、ポートレートが付いていればオリジナルといえるが、近年ポートレートの偽物までが出回っているとの噂もある。判型はB4判、表紙を含め34ページ（カットされた水色のロゴ帯2ページ分を省く）の豪華な仕様で、写真を織り交ぜながら4人のプロフィール、歴史、当時の参考資料を満載した貴重なもの。

◀表紙

▼見返し
全てのタイプで色はグリーンだが、オリジナルは若干光沢感があり、紙質も抜粋版・海賊版などより厚く、しっかりしている。

▶裏表紙左端のロゴ
「CBC中部日本放送」
テイチク版などとはこのロゴが若干異なる。抜粋版・海賊版ではそもそもこの印刷がない。

▶左下のロゴ
「a.murakami」
上段がオリジナル及び完全コピー版、準抜粋版3種のロゴ（全体の文字幅27mm）。
下段がテイチク版などの復刻版のロゴ（同24mm）。

▲裏表紙

▶ロゴ：日本公演日程
テイチク版などとは若干ロゴが異なる（テイチク版は印刷文字が細い）が抜粋版系・海賊版とは同じ。

▲ban広告ページ
テイチク版などに比べ色が鮮やか。抜粋版系・海賊版には、これら広告4ページ分がすべて省かれておりオリジナルよりページ数が少ない。オリジナル版やテイチク版が34ページ、抜粋版・海賊版などは28ページ、準抜粋版のみ30ページの仕様。

◀ビートルズ公演 日本側出演者ページ
司会や前座を務めた出演者を紹介したページ。枠で囲った部分2箇所についてオリジナルは下記印刷がある。テイチク版系のみ【 】内の追記印刷がある他、「栄印刷K.K.」も「栄印刷株式会社」に変更されている。

◀「禁・無断転載」の印刷。抜粋編集版・海賊版の一部にないものがある。

◀編集・発行／中部日本放送
デザイン／村上 明
印刷／栄印刷K.K.
【協力／テイチク株式会社】

◀「東芝のオデオンレコード」の広告ページ。右サイド2段目のアルバム名は正しく「★ビートルズNo.2」と印刷されている。
※完全コピー版は印刷ミスで「★ビートルズNo.」と"2"が抜けている。

チケット＆差込みポートレート2種
薄紙付き完品

差込みポートレートは、撮影アングルが違う2種類が存在する。
4人の顔などが鮮明でなく、斜めアングルのものが初回ヴァージョンの希少なタイプで、
正面アングルのものが数の多い普及タイプである。いずれかが差込まれていればオリジナルといえるが、
このポートレートにも偽物があるとの噂が絶えない。高額の場合、入手は慎重に！

ビートルズ日本公演チケットとパンフレット差込みポートレート

◀日本公演チケット（半券）
［主催：読売新聞社・中部日本放送］
チケットは「THE BEATLES」の文字カラーが黒（A席）、赤（B席）、青（C席）の3種類。また6月30日（1回）、7月1日（2回）、7月2日（2回）の計5回公演があったため、半券だけでも合わせて15種類存在する。

▶チケット裏面（注意事項カード付き）
チケットは単体でも高額取引されることから偽物が多い。この注意事項カードが付属していればオリジナルの可能性が高いが、経年劣化さえ巧妙に偽装した偽物もあるため、断言はできない。未使用品も市場でよく目にするが、もともと数あるものではないので気をつけたい。

▲ポートレート（初回ヴァージョン：希少タイプ）
左下の薄紙とともに、日本公演公式パンフレットに挿入されていた決して良質とはいえない1枚のポートレート。これは初回ヴァージョンで、残存数も少なく希少なアイテム。ビートルズの羽田空港到着の際、タラップを降りてくる4人の姿を捉えた歴史的なスクープ写真だが、ピンぼけで顔がわからないとの指摘を受け、急遽正面アングルの改訂ヴァージョンに差替えられたという代物。また到着時刻にも誤りがあり、改訂ヴァージョンで訂正された。裏側は写真集「ビートルズ東京／100時間のロマン」の広告が全面印刷されている。ちなみにポートレートのサイズは2種類とも縦356mm×横251mm（多少の誤差あり）で、両面光沢があり、紙厚は約0.1mmである。

▶ポートレート（改訂ヴァージョン：普及タイプ）
このポートレートは写真を変更した改訂ヴァージョンで、一般に多く出回っている普及タイプ。タラップを降りてくる4人の姿を正面から捉えた写真を掲載したもの。ちなみにこのポートレートには「日本到着!! 1966年6月29日午前3時44分」との印刷があり、初回ヴァージョンのキャプションが訂正されている。

◀ポートレート裏面
後日発売された浅井慎平のビートルズ写真集「ビートルズ東京／100時間のロマン」の広告が全面印刷されている。

◀薄紙（ポートレート用）
ポートレートの写真表面インク保護のため添えられていた薄紙。写真から剥がしたあと大半が捨てられてしまうためほとんど残っておらず、完品という意味では貴重。

▲ポートレート下段キャプション
上段：初回ヴァージョン：希少タイプ
「日本到着!!1966年6月29日午前3時50分」
下段：改訂ヴァージョン：普及タイプ
「日本到着!!1966年6月29日午前3時44分」
日本到着時間は下段が正しい時間とされている。歴史的な出来事のため、6分の違いは重要だったのだろう。

※このポートレートが付属していると一般的にオリジナルと判断され、高額で取引されることから、偽物があるという噂は絶えない。現在の印刷技術をもってすれば、完全なコピーも簡単にできてしまうからである。信頼のおけるところから入手するのがベター。

ビートルズ日本公演パンフレット11種

日本公演パンフレットほど多くの種類の復刻版・海賊版が市場に出回っているアイテムはない。1966年当時のオリジナル（特にポートレート入り）が市場でレアアイテムとして取引されていたことが大きな理由であろう。
これら日本公演パンフレットに限らず、復刻版・海賊版と呼ばれるアイテムの大半は、
その性質上、版元や発行日を伏せて市場に出回るため、正確な情報を得ることは困難である。
オリジナルの版元・発行日を、そのまま故意に印刷したものも多く、復刻版と明示してあるものはごく僅かであるからだ。
それを前提に所有の11種を順に解説する。

01. 日本公演パンフレット／オリジナル

これが1966年当時のオリジナル。詳しくは前ページ参照。表紙・裏表紙を含めトータル34ページの仕様（2ページ分はカットされた水色のロゴ帯のためページに含まず34ページとした）。後述の02.完全コピー版と06.準抜粋復刻版（30ページ仕様）の2種はオリジナルと酷似しており、外観から判別は不可能だが、中身はいずれも相違点がある。来日公演の欠かせぬアイテムのひとつであり、コレクションするのであればやはりポートレート付を入手しておきたいものだ。
［中部日本放送］1966/06/30

❶ 裏表紙に「CBC中部日本放送」「a.murakami」のロゴ印刷あり
❷ 見返し右下部の公演日程。紙質は若干光沢あり
❸ 裏表紙「CBC中部日本放送」ロゴ部分拡大
❹ 扉見開きの写真。枠の色はオレンジ
❺ エメロン広告のコピー「ピンクはジャスミンの香り ブルーはラベンダーの香り」あり
❻ ビートルズ公演日本側出演者ページ下部の制作関連クレジットあり
❼ ビートルズ公演日本側出演者ページ下部右端「禁・無断転載」あり
❽ ban広告ページ。印刷が高精細で鮮やか
❾ 差込みポートレート2種（参考）。オリジナルにはいずれか1種付属

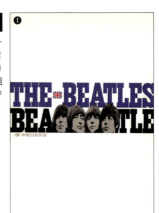

02. 日本公演パンフレット／完全コピー版

以前から、コレクターの友人に「オリジナルと仕様はすべて同じで、表紙＆裏表紙だけが薄いパンフが存在する」という話を聞いていた。今回、運よく現品を入手できたのでオリジナルとの違いをここに記しておく。表紙・裏表紙の厚みは明らかに薄くて柔らかく、表紙ほどではないが全体的に中身も薄い。厚みをデジタルノギスで計測したところ、表紙厚約0.1mm、34ページ全体で2.4mm程度であった（オリジナルは表紙厚約0.3mm、34ページ全体で3.5mm程度）。オリジナルの別ヴァージョンかとも考えたが、❶の顔写真がグレー気味で、❷のグリーン印刷がオリジナルより光沢があるなど、そうは思えない疑念がある。決定的なのは❾の見開き広告で、「東芝のオデオンレコード」ページ右上のアルバム名のうち、2段目に「2」の印刷抜けがあることだ。オリジナルには正しく「ビートルズNo.2」と印刷されている。他にも、❹と❽の2枚の写真印刷精度が悪く、❹の枠内背景にオリジナルにはない絹目のような部分がある。❽のban広告上部には、横ラインや数カ所のゴミ点もあり色合いも違う。色合いについては、紙質のバラツキや経年劣化なども考えられるが、絹目やゴミ点は明らかにコピーした証拠だ。また、パンフに、1977年9月に開催された「ビートルズ・ビッグ・フェスティバル／主催：朝日放送＆キョードー大阪」のチラシが挟んであったことから、このイベント時に販売されたものの可能性もある。詳細は不明だが、「完全コピー版」と名付け収録した。
［不明］1977?
※❶〜❽の詳細部分は一部の印刷精度を除き上記オリジナルと同じであるが❾のみ異なる。

脇右端などにあるゴミ点▶

▲2段目のアルバム名に「2」の印刷抜け、オリジナルは「★ビートルズNo.2」と印刷

テイチク系の復刻タイプはオリジナルとトータルページ数も同じで、
裏表紙に「CBC中部日本放送」や「a.murakami」のロゴもあるため、外観だけで簡単には判別しづらい。
書体やロゴの違いで判断するか、中身の細かな相違点を個別にチェックすることが肝要。
特に、制作関連クレジットの社名印刷には注目！
テイチク系で社名クレジットがないのは03.来日10周年記念版だけだと思われるが、
04.特典品／他パンフに若干疑問を残す。

03. 日本公演パンフレット／来日10周年記念復刻版

1976年にビートルズ来日10周年を記念し復刻された、オリジナルに仕様が近いパンフ。東急デパートで開催された「来日10周年記念ビートルズ・フェア」に合わせて製作されたもの、あるいは東芝音楽工業の来日10周年記念感謝セールのレコード販促品など、諸説あるが正確な出所は未確認。❶❷❸の微妙な違いを除けばオリジナルとの判別は難しいが、裏表紙の「中部日本放送」ロゴなどが微妙に違い、顔写真も薄いピンク系（オリジナルと同じ）とグレー系の2種類がある。トータル34ページ仕様。❻はオリジナルと同じ。ここに「協力／テイチク株式会社」のクレジットが追加されているものが、後に記載のテイチク復刻版である。数は多くないがポスター付で再発もされた。
［ビートルズ復活フェア事務局or東芝音楽工業？］1976／

❶裏表紙に「CBC中部日本放送」「a.murakami」のロゴ印刷あり
❷見返し右下部の公演日程。書体が細い
❸裏表紙「CBC中部日本放送」のロゴ拡大。文字幅が広い
❹扉見開きの写真枠の色はオレンジ（背景は若干明るい）
❺エメロン広告のコピー「ピンクはジャスミンの香り　ブルーはラベンダーの香り」あり
❻ビートルズ公演日本側出演者ページ下部の制作関連クレジットあり
❼ビートルズ公演日本側出演者ページ下部右端「禁・無断転載」あり
❽ban広告ページ。印刷・色合い劣る
❾裏表紙の顔写真の色がピンク系ではなくグレー系のタイプもある（参考）
※再発のものには東芝EMIの四つ折りポスターなども付属。

▲4人の顔写真がグレー系のタイプもある

◀再発に付属していた東芝EMIポスター

04. 日本公演パンフレット／テイチク復刻版1（特典品／他）

来日20周年の1986年7月1日にテイチクより発売されたアナログレコード『THE BEATLES TOKYO DAYS』の特典としてレコードケース内にセットされた復刻版。ビートルズの顔写真の色はグレー系が多い（ピンク系もある）。03.10周年記念版との違いは、❻クレジットに「協力／テイチク株式会社」が追加され「栄印刷K.K.」が「栄印刷株式会社」に変更されている。❺エメロン広告シャンプー写真上部にあったキャッチコピー「ピンクはジャスミンの香り〜」が削られている点である。トータル34ページ仕様。発行された1986年末には、1987年カレンダーとセットされテイチクレコードのプロモーション用途で出回り、その後も単体で販促利用されるなどしたため、数も多い。
［テイチク］1986／

❶裏表紙に「CBC中部日本放送」「a.murakami」のロゴ印刷あり
❷見返し右下部の公演日程。書体が細い
❸裏表紙「CBC中部日本放送」のロゴ拡大。文字幅が広い
❹扉見開きの写真枠の色はオレンジ（背景は若干明るい）
❺エメロン広告のコピーなし
❻ビートルズ公演日本側出演者ページ下部の制作関連クレジットあり。テイチク追記
❼ビートルズ公演日本側出演者ページ下部右端「禁・無断転載」あり
❽ban広告ページ。印刷・色合い劣る
❾アナログレコード『THE BEATLES TOKYO DAYS』と'87カレンダー（参考）

テイチク系復刻版はオリジナルと同じトータル34ページ仕様で市場でもよく目にする。
レコードとのセット特典品の他、単体でもセールの販促品として利用されていたためである。
テイチク系でレアなものは、05.アンソロジーアナログレコード予約特典品の復刻版2で
各広告ページ下部に補足追記印刷があるタイプ。
また、テイチク系とは違うが、06.準抜粋復刻版は唯一30ページ仕様で、外観がオリジナルとまったく同じというレアもの。

05. 日本公演パンフレット／テイチク復刻版2（補足印刷有）

1996年発売のアナログレコード『ビートルズ・アンソロジー』の予約特典品としてのみ配布されたテイチク復刻タイプ。このパンフレットには、後半広告ページの全てに「この広告ページは1966年に掲載されたものをそのまま使用しております。会社名、商品名、商品価格、トレードマークなどはすべて当時のものです。ご了承ください」との補足が加えられており、発行部数も少なく復刻版の中ではレアなもの。トータル34ページ仕様。
[テイチク] 1996／

❶裏表紙に「CBC中部日本放送」「a.murakami」のロゴ印刷あり
❷見返し右下部の公演日程。書体が細い
❸裏表紙「CBC中部日本放送」ロゴ部分拡大。文字幅が広い
❹扉見開きの写真。枠の色はオレンジ（背景は若干明るい）
❺エメロン広告のコピーなし
❻ビートルズ公演日本側出演者ページ下部の制作関連クレジットあり。テイチク追記
❼ビートルズ公演日本側出演者ページ下部右端「禁・無断転載」あり
❽ban広告ページ。印刷・色合い劣る
❾全広告ページ下段にある追記部分（参考）

▲最下段に復刻版との印刷あり

06. 日本公演パンフレット／準抜粋復刻版（30ページ版）

外観やロゴはオリジナルとまったく同じで判別不可能。03.来日10周年復刻版と同じく1976年頃に出回ったようだが、版元は不明で入手の極めて困難なアイテム。banやテスコの広告など4ページが省かれトータル30ページであるが、単にオリジナルから4ページを省いたものではなく、「ビートルズ年代譜」の差込みページ（製本綴じ位置）に相違がある。また扉見開きのビートルズ写真がくすんでおり、印刷精度も劣るなどの違いも見られる。広告6ページを省いた28ページ仕様の抜粋復刻版とも違い、「東芝のオデオンレコード」の広告ページだけが残されているため、ここでは「準抜粋復刻版」とした。唯一の30ページ仕様。
[中部日本放送？] 1976/?

❶裏表紙に「CBC中部日本放送」「a.murakami」のロゴ印刷あり
❷見返し右下部の公演日程。書体がオリジナルと同じ
❸裏表紙「CBC中部日本放送」ロゴ部分拡大。オリジナルと同じ
❹扉見開きの写真。枠の色はオレンジ（写真全体にくすみあり）
❺エメロン広告のコピー「ピンクはジャスミンの香りブルーはラベンダーの香り」あり
❻ビートルズ公演日本側出演者ページ下部の制作関連クレジットあり
❼ビートルズ公演日本側出演者ページ下部右端「禁・無断転載」あり
❽広告は見開き2ページの「東芝のオデオンレコード」と「エメロン」のみ

▲見開き「東芝オデオンレコード」広告

広告ページなどを省いたトータル28ページの抜粋タイプは、復刻版の中で最も数が多い。
裏表紙に「CBC中部日本放送」や「a.murakami」のロゴ印刷がないので、
裏さえ確認できればオリジナルでないのがわかる。
これと同じ外観であるものの、07.抜粋復刻版1は製作関連の印刷クレジットのみオリジナルと同じで
抜粋タイプの中ではややレア。下記2点のパンフは発行年の正確な情報が不明である。

07. 日本公演パンフレット／抜粋復刻版1（70年代前半頃）

オリジナルや1976年（03.10周年記念復刻版）、1986年（04.テイチク版）と違い、広告など6ページを省いた仕様。1970年代前半頃には出回っていたという古参タイプといわれるが、正しい情報なのかは未確認。後のBCC版（08、09）の原型となったものだが、制作関連のクレジットがオリジナルとまったく同じ。一部がBCCでも販売されたとの情報もあるが、クレジットに「中部日本放送」の印刷があることや、古くから存在しているとされることから、多く出回っているBCC版とは区別した。トータル28ページ。なお抜粋復刻版は表紙裏のビートルズ❹写真の枠の色が茶色、オリジナルやテイチク系はオレンジ色で鮮やか。
[不明] 197?/
❶裏表紙に「CBC中部日本放送」「a.murakami」のロゴ印刷なし
❷見返し右下部の公演日程。書体がオリジナルと同じ
❸裏表紙拡大。「CBC中部日本放送」ロゴ印刷なし
❹扉見開きの写真。枠の色は茶色
❺エメロン広告のコピー「ピンクはジャスミンの香り ブルーはラベンダーの香り」あり
❻ビートルズ公演日本側出演者ページ下部の制作関連クレジットあり
❼ビートルズ公演日本側出演者ページ下部右端「禁・無断転載」あり

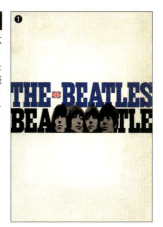

08. 日本公演パンフレット／抜粋復刻版2（BCC初期）

1980年代にBCCが開催した全国縦断イベント「ビートルズ復活祭」の会場で販売された復刻シリーズの一つで、以降もBCC会員なら通信販売で入手できたもの。こちらは「禁・無断転記」の表記がない初期タイプ（限定1,000部でレプリカチケット付き¥1,200で販売）で、その後「禁・無断転記」のあるタイプも販売された。またオリジナルや1976年（03.10周年復刻）、1986年（04.テイチク版）などとはページ数が異なり、広告など6ページが完全に省かれている。また顔写真もやや赤味が強い。トータル28ページ。
[BCC] 198?/
❶裏表紙に「CBC中部日本放送」「a.murakami」のロゴ印刷なし
❷見返し右下部の公演日程。書体がオリジナルと同じ
❸裏表紙拡大。「CBC中部日本放送」ロゴ印刷なし
❹扉見開きの写真。枠の色は茶色
❺エメロン広告のコピー「ピンクはジャスミンの香り ブルーはラベンダーの香り」あり
❻ビートルズ公演日本側出演者ページ下部の制作関連クレジットなし
❼ビートルズ公演日本側出演者ページ下部右端「禁・無断転載」なし
❽レプリカチケット付き（参考）

▲レプリカチケット

1980-

10. 抜粋復刻版4は、1980年頃以降、ビートルズ専門店はもとより、
通信販売、古書店などでやたら多く出回っている出所不明の海賊版。
大半が関西の某印刷所で大量印刷されたものらしく、インターネットでも最も露出度が高いもの。
11. テイチク復刻版3は、おそらく、数ある日本公演パンフ海賊版の中で最も新しいタイプ。
写真の印刷精度からするとテイチク版をもとにリプリントされたようだが、
一部オリジナルに近い部分もある。

09. 日本公演パンフレット／抜粋復刻版3（BCC標準）

BCCが1986年前後にイベント会場や会員向けに通信販売した復刻版。仕様含め外観も08. 抜粋復刻版2（BCC初期）と同じだが、唯一❼の部分で「禁・無断転記」の印刷があるタイプ。BCC以外でも同じものが数多く市場に出回っている。仕様は下段の10. 抜粋復刻版4（海賊版）とほぼ同じだが、海賊版は印刷精度・紙質などがバラバラで、中には粗悪なものもあるため、あえてこのBCC版とは区分けをした。トータル28ページ。
［BCC他］1986／

❶ 裏表紙に「CBC中部日本放送」「a.murakami」のロゴ印刷なし
❷ 見返し右下部の公演日程。書体がオリジナルと同じ
❸ 裏表紙拡大。「CBC中部日本放送」ロゴ印刷なし
❹ 扉見開きの写真。枠の色は茶色
❺ エメロン広告のコピー「ピンクはジャスミンの香り ブルーはラベンダーの香り」あり
❻ ビートルズ公演日本側出演者ページ下部の制作関連クレジットなし
❼ ビートルズ公演日本側出演者ページ下部右端「禁・無断転載」あり

10. 日本公演パンフレット／抜粋復刻版4（海賊版）

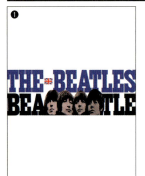

11. 日本公演パンフレット／テイチク復刻版3（海賊版）

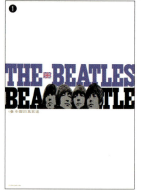 

▲ BOXセット
（上）と中身（右）

日本公演パンフのレプリカとして市場に最も多く出回っているタイプ。1986年前後にBCCで販売されたものとほぼ同じだが、それ以前の1980年頃より現在に至るまで専門店、通販・古本市場で数多く販売されたもの。表・裏表紙にある顔写真の印刷精度が劣り、ジョンの口元やリンゴの額の部分に細い筋が入っており、色にもバラツキがある。顔写真の色はどちらかといえば赤系が強い。噂によると京都の某印刷会社で大量に印刷され、小出しに全国各地に出荷されたようで、印刷ロットによって精度、色合い、紙質が異なり、サージェントペパーズのポスター（サイズ：約W610mm×H460mm）やレプリカチケット付も存在する。ちなみにこれは1996年にビートルズ専門店「GET BACK」で購入したもの。トータル28ページ。
［不明］1980／～1996／

※09. 抜粋復刻版3（BCC標準）を元にリプリントされたもので、基本仕様については写真の印刷精度や色味のバラツキなど、精度を除き全く同じ。原則、ビートルズ公演日本側出演者ページ下部右端の❼「禁・無断転載」が印刷されているが、印刷されていないタイプも存在する可能性は充分ある。

日本公演を収録したブートの名盤「five nights in a judo arena」をCD化し、プロモと称し「BEATLES TOKYO DAYS」BOX仕様で販売されたコレクターズCDのセット品。04. テイチク復刻版1をコピーしたと思われる海賊版パンフ（テイチクのクレジット印刷もありトータル34ページ）他、CD、ステッカー、復刻チケット（表面のみ印刷）が付属。1986年に販売されたテイチクの同名アナログ盤BOXセットを真似てセットされたようだ。04. に比べ明らかに印刷精度が悪く、コピーした跡が伺える。ただ、見返しのグリーン印刷に光沢（テイチク系は本来光沢がない）があり、ban広告などもオレンジ色が強く、この部分については逆にオリジナルに近い。多数印刷されているハズなので単体でも出回っている可能性は否めない。
［不明］1998／

※04. テイチク復刻版1を元にリプリントされたもので、基本仕様については写真などの印刷精度を除き全く同じ。表紙4人の顔はグレー系。印刷精度以外に異なる点は、オリジナルと同様、見返しの公演日程ベース色のグリーンに光沢があることと、ban広告などもオレンジ色がテイチク系より強いこと。

ビートルズ日本公演パンフレット11種 仕様相関図

オリジナルや復刻版、海賊版含め、私のコレクションでも11種類の存在が確認できた。
各仕様の違いをまとめてみたので、自身の持っているコレクションがどれに該当するか確認してみよう。
オリジナルは01.だけだが、表紙＆裏表紙の細かなロゴを含めた外観が
オリジナルとまったく同じ02.完全コピー版と06.準抜粋復刻版がある。
その他、オリジナルよりレアなものも数多い。

1966年ビートルズ日本公演以降の
ソロ日本公演パンフレット

1966年のビートルズとしての日本公演以降のウイングス（ポール・マッカートニー）、リンゴ・スター、ジョージ・ハリスン＆エリック・クラプトンの日本公演パンフレット。
1980年のウイングス初のコンサートは、ポールの大麻不法所持事件により急遽中止となったため、パンフレットも大半が処分されたという話だが、実際には意外に多く存在している。

WING JAPAN TOUR 1980
ウイングス幻の日本公演パンフ（寿ハードケース）

予期せぬ事件（大麻取締法違反によるポール逮捕）により急遽中止となったウイングスの日本公演。このパンフレットは公演用にあらかじめ準備されていた通称「ウイングス幻の日本公演パンフレット」。公演中止後、大半が断裁処分されたという話もあるが、意外に市場に多く出回っており、さほどレアなアイテムではない。「寿」と記したハードカヴァー付き48ページの写真集ともいえる超豪華版で、11回の公演日程もしっかり印刷されている。ポールの来日はビートルズ日本公演（1966年）以来とあって大きな期待が寄せられたが、「ポールの逮捕」という衝撃的な事件による中止でファンはショックを隠せなかった。
［ウドー音楽事務所］1980／

◀寿ハードケース 裏側

RINGO STARR AND HIS ALL-STARR BAND 1989
リンゴ・スター日本公演（初回）パンフ

ビートルズ来日公演（1966年）以来のコンサートとなった「リンゴ・スター＆ヒズ・オール・スター・バンド」日本公演パンフレット。内容は1989年7月より開始されたアメリカ・ツアーからのステージ・フォトとともに、公演日程、演奏曲目などツアー情報と、参加メンバーのプロフィールをカラー掲載したもの。このコンサートは全国主要都市（名古屋・大阪・広島・福岡・東京・横浜）で計7回のステージが行われ、元イーグルスのジョー・ウォルシュをはじめビリー・プレストン、ジム・ケルトナーなどが「オール・スター・バンド」のメンバーとして参加している。［ウドー音楽事務所／LD企画］1989／

PAUL McCARTNEY / WORLD TOUR 1989-1990
ポール・マッカートニー日本公演（初回）パンフ

24年ぶりにようやく実現したポール・マッカートニー日本公演（1990年3月3日〜3月11日／東京ドーム計6回）のパンフレット。42ページの豪華版で、1989年に始まった「ワールド・ツアー」で使われていたものを日本公演用に再編集したもの。内容はポールのフォト、来日メンバーの紹介や年譜、公演情報など。
［EMAP／キョードー東京／フジテレビ］1990／

GEORGE HARRISON with ERIC CLAPPTON and HIS BAND 1991
ジョージ・ハリスン＆エリック・クラプトン日本公演（初回）パンフ

ビートルズ日本公演以来25年ぶりに親友エリック・クラプトンを伴って来日したジョージ・ハリスンの日本公演パンフレット。この公演は1991年12月1日〜12月17日の期間中、全国主要都市7会場で計12回のステージが行われ、ビートルズ時代のオリジナル・ナンバーも数多く披露された。なおパンフレットはジョージとクラプトンの近況フォト、ビートルズ時代のフォトを多く収録した写真集構成の豪華版。
［ウドー音楽事務所／LD企画］1991／

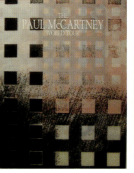 

▲フリーブック（海外） ▲会場配布冊子

ポールの日本公演は東京ドーム、大阪ドームなど収容人数の多い球場で行われたため、
リンゴやジョージに比べ圧倒的にパンフレットの数も多い。
マニアックなところであえてレアといえば、写真の向きが違うページのある
1993年のポール・マッカートニー日本公演パンフレットくらいである。

PAUL McCARTNEY / The New World Tour 1993
ポール・マッカートニー日本公演（2回目）パンフ

1993年11月12日〜11月19日の公演日程で、東京ドーム・福岡ドームの2会場で行われた「ニュー・ワールド・ツアー」の日本公演パンフレットで、クラフト袋入りの状態が完品。内容的には、一部リンダのミニ・レポート集が添えられているほかは、全ページ写真とコラージュで構成したイメージパンフレット。またこのパンフレットにはヴァージョン違い（28ページのポールの写真が裏焼き）が存在することが埼玉県のKさんによって発見されている。正規品の写真はKさんが指摘するようにポールの顔が鎖の右側に配置されているもの。（※TBFC会報ISSUE16の掲載記事より）
[M.P.L] 1993/

▼クラフト袋

▲フリーブック（海外）　▲ヴァージョン違い（裏焼き）

▲正規仕様

PAUL McCARTNEY / driving japan 2002
ポール・マッカートニー日本公演（3回目）パンフ

ポール・マッカートニー、ソロ3度目の来日コンサートパンフレット。この「ドライヴィング・ジャパン・ツアー2002」の公演日程は11月11日、13日、14日が東京ドーム、11月17日、18日が大阪ドーム。パンフレットはフルカラー84ページの豪華仕様で写真・資料も充実。
※参考掲載
[キョードー東京] 2002/

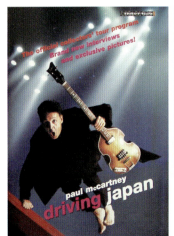
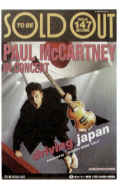
▲会場配布冊子

RINGO STARR and his third ALL STARR BAND WORLD TOUR 1995
リンゴ・スター日本公演（2回目）パンフ

ビートルズ時代の来日公演を含め3回目（単独公演としては1989に続き2回目）となったリンゴ・スターの日本公演パンフレット。今回も1989年の前公演同様、マーク・ファナー、ランディー・バックマン、フェリックス・キャヴァリエ、ビリー・プレストンなどのメンバーに加え、息子のザック・スターキーを伴って来日した。公演は全国10都市で1995年6月14日〜6月28日の期間内に計12回開催された。パンフレットはワールド・ツアー共通の英文仕様。[DAVID FISHOF] 1995/

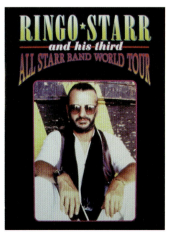

▲会場配布冊子

ビートルズ・ファミリーなどの日本公演パンフレット

ラヴィ・シャンカールやオノ・ヨーコ、ジュリアン・レノンの日本公演パンフレット。
このほかにも範囲を広げれば色々ありそうだ。

Ravi Shankar 1968

**ラヴィ・シャンカール
日本公演(初回)パンフ**

1968年2月27日、東京虎ノ門ホールで行なわれたシタールの名手ラヴィ・シャンカール初来日コンサート「アラ・ラカ」のパンフレット。前書きに駐日インド大使のコメントがあり、楽器シタールやタブラー・バーヤ、タンブーラの詳細解説ほか「インド音楽について/田辺秀雄」「ラヴィ・シャンカール讃/黛敏郎」「シャンカールについて/福田一郎」「シャンカールについて/中村とうよう」などの寄稿がある。ビートルズとの関わりやジョージ・ハリスンの写真なども添えられている。
1968/

RAVI SHANKAR 1977

**ラヴィ・シャンカール
日本公演(4回目)パンフ**

1977年3月28日〜4月6日の日程で、大阪・東京・札幌・横浜・名古屋の各地で行われたラヴィ・シャンカールの来日コンサート・パンフレット。ジョージ・ハリスンは、このラヴィ・シャンカールのシタールとインド音楽・思想に魅了され、のちの音楽活動に多大な影響を受けた。パンフレットにもビートルズとインド音楽の関わりについての記述がある。またラヴィ・シャンカールの来日コンサートは1968年2月、1970年5月、1972年3月に次いでこの回が4回目で、左の初回のほか、過去2回のコンサートについてもパンフレットは存在したはず。
[神原音楽事務所/FM東京] 1977/

ONESTEP FESTIVAL 1974

**オノ・ヨーコ参加の
イベントパンフ**

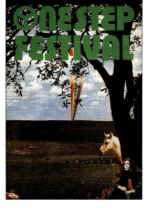

郡山ワンステップ・フェスティバルの資料パンフレット(全64P)。福島県郡山市制50周年を記念して7月31日の前夜祭を含め8月10日まで郡山市開成山公園で開催された伝説の野外ロックコンサート。内容はメッセージ、郡山市や会場のプロフィール、参加アーティストの紹介、フェスティバルスケジュール、ワンステップの経過、ヨーコ来日まで、キャンプ村の案内他、通常のパンフレットとは若干趣が違い中身の濃い内容で、表紙イラストはなんと横尾忠則。ビートルズ・ファミリーのパンフレットの中では極めて希少なアイテムのひとつ。最終日のオノ・ヨーコ&プラスティック・スーパー・オノ・バンドはじめキャロル、沢田研二など多くのアーティストが参加した。下記は、パンフレット掲載の参加アーティスト。
[ワンステップフェスティバル実行委員会] 1974/

[74年8月4日]
神無月/サンハウス/陳信輝グループ/イエロー/ウェスト・ロード・ブルースE/トランザム/クリス・クリストファーソン&リタ・クーリッジ/沢田研二&井上堯之バンド(以上8バンド)

[74年8月5日]
ダウン・タウン・ブギウギ・バンド/つのだひろ&スペース・バンドh/あんぜんバンド/エディ藩&オリエント・エキスプレス/クリエイション/四人囃子(以上6バンド)

[74年8月8日]
南正人/異邦人/南無/外道/シュガー・ベイブ/センチメンタル・シティー・ロマンス/はちみつぱい/ミッキー吉野グループ(以上8バンド)

[74年8月9日]
デイブ平尾&ゴールデン・カップス/めんたんぴん/寺田十三夫と信天翁/VSOP/ラブ/ブルース・ハウス・ブルース・バンド/グレープジャム/宿屋の飯盛り/上田正樹&サウス・トゥ・サウス/かまやつひろし&オレンジ/オリジナル・ディラン(以上11バンド)

[74年8月10日]
宮下フミオ(ファーラウト・ファミリー・バンド)/サディスティック・ミカ・バンド/内田裕也&1815ロックンロール・バンド(クリエイション)/キャロル/ヨーコ・オノ・プラスティック・オノ・スーパー・バンド(以上5バンド)

YOKO ONO&PLASTIC ONO SUPER BAND 1974

**オノ・ヨーコ日本公演
(初回)パンフ**

1974年8月10日の郡山ワンステップ・フェスティバル会場を皮切りに東京・名古屋・広島・大阪と6回行われたオノ・ヨーコ初の来日コンサート・パンフレット。内容はヨーコの写真やプロフィールほか、湯川れい子、道下匡子による解説・評論、当時日本の女性解放運動を提唱し話題となった「中ピ連」代表の佐々木洋子の評論などを掲載したもの。
[ウドー音楽事務所] 1974/

JULIAN LENNON 1985
ジュリアン・レノン日本公演(初回)パンフ

ジョン・レノンと先妻シンシアとの間に生まれた息子・ジュリアン・レノンの初来日コンサートパンフ。1985 年に福岡・大阪・名古屋・東京の 4 都市で 4 回の公演が行われた時のもの。
[ウドー音楽事務所] 1985/

Julian Lennon／WORLD TOUR SUMMER 1986
ジュリアン・レノン日本公演(2回目)パンフ

1985年の初来日コンサートに続き、翌年(8月10日・東京／8月11日・大阪／8月12日・名古屋)に行われたジュリアン・レノンのコンサート・パンフレット。
[ウドー音楽事務所] 1986/

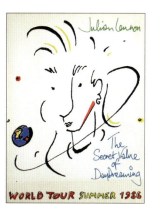

ポール・マッカートニー・リヴァプール・オラトリオ 1992
ポール・マッカートニー・リヴァプール・オラトリオ日本公演パンフ

新日本フィルハーモニー交響楽団創立20周年を記念して1992年6月18 日、19日の両日、東京オーチャードホールで行われた「ポール・マッカートニー・リヴァプール・オラトリオ」のコンサートパンフレット。100分に及ぶ楽曲は、イギリス、リヴァプールを舞台に愛と平和のメッセージを世界に伝えていくというストーリーで、ポールが作詞・作曲を担当したということで話題となった。パンフレットの他に、別冊の訳詞解説集もセットされている。
[新日本フィルハーモニー交響楽団] 1992/

奉納帳＆YOKO ONO／IMA／MEMORIAL CONCERT 1995
オノ・ヨーコ日本公演(ミニライブ)パンフ

厳島神社創建1400年祭・広島被爆50年で企画されたイベント「オノ・ヨーコ／今／祈念コンサート」用に準備された2部構成のセットパンフレット(いずれもA4判)。第1部「奉納帳」はイベントの主旨やコンサートの開催日程、後援・協賛・協力者名簿などを掲載した12ページもの。第2部「YOKO ONO／IMA／MEMORIAL CONCERT」は曲目リストを1枚挿入した2ページもの。このセットパンフレットは、わずか1,300部しか印刷されておらず、希少アイテムのひとつ。コンサートは1995年10月7日に1回のみ開催された前衛音楽中心のミニライヴ。
[オノ・ヨーコ／今／祈念コンサート事務局] 1995/

「ビートルズがやって来る ヤァ！ヤァ！ヤァ！」
映画パンフレット（関東版etc・関西版）9種

ビートルズが初主演した映画≪邦題：ビートルズがやって来るヤァ！ヤァ！ヤァ！≫パンフレットの関東版パンフレットetc。
原題「A HARD DAY'S NIGHT」が邦題になると映画タイトル、アルバム名、曲名までもが
「ヤァ！ヤァ！ヤァ！」になってしまうのが摩訶不思議。
映画「ヤァ！ヤァ！ヤァ！」観た？アルバム買った？聞いた？これで会話が成立した。それでバカ売れだったし、今なお普遍である。
当時「ヤァ！ヤァ！ヤァ！」でいこうと決めた勇気と感性は、まさに勲章ものだ。
この邦題を命名したのは水野晴郎（映画評論家）らしいが、
この卓越した前衛的感性は、まさに今日の流行語大賞ものではないだろうか。

"A HARD DAY'S NIGHT"
ビートルズがやって来るヤァ！ヤァ！ヤァ！（関東版）

①オリジナル／関東版

《ビートルズがやって来るヤァ！ヤァ！ヤァ！》の関東版パンフレットで、スチールフォトなどのヴィジュアルページ、映画解説、ストーリー紹介、4人のプロフィールなどをまとめたもの。初版オリジナルで、関東版と内容の異なる関西版が存在するが、関東版の方が構成・印刷の状態は良い。映画はモノクロ作品で、人気絶頂のビートルズ4人の生活を再現したユニークな作品。演奏シーンとともにヒットナンバーも数多く収録。なお日本初公開は東京の「松竹セントラル」で1964年8月1日より上映。監督はリチャード・レスター。
［ユナイト映画］1964/08/01

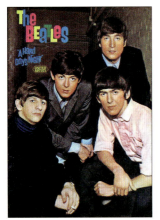

▲①オリジナル1

▲ミスプリント部分
極めて細かい部分ではあるが、表紙のBEATLESのロゴ、「L」「e」の部分にミスプリントによる細いブルーのラインが入っている。

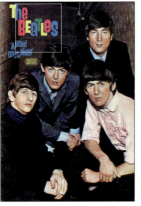

▲②オリジナル2／ミスプリント

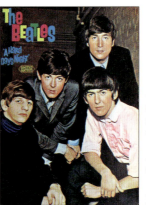

▲③復刻版

▲裏表紙
オリジナル＆復刻版ともまったく同じ

◀③復刻版
BCC（ビートルズ・シネ・クラブ）がイベント「ビートルズ復活祭」での販売用に準備した関東版パンフレットの復刻版で、内容はオリジナルとほぼ同じだが、次の点が異なる。①表紙写真のトリミングサイズがオリジナルより若干大きい（リンゴ・スターの右手や耳の位置に注目）②表紙の紙質がオリジナルより厚い。
［BCC］

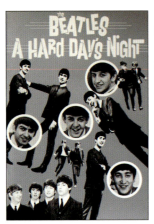

◀④改訂版（映画資料）
BCC企画新編集による映画の研究パンフレット。公開当時のエピソードをはじめビートルズ年譜、関係者の寄稿、写真も多く掲載されており、オリジナル・パンフレットより内容は充実している。ビートルズ・シネ・クラブ編。
［BCC］1983/

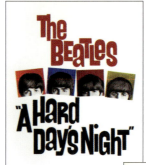

◀⑤リバイバル版
2000年にデジタル・リマスター版が制作され、その翌年に行われたリバイバル上映時のパンフレット。邦題が《ハード・デイズ・ナイト》と変更された。ストーリー、解説、撮影情報、コレクション、スペシャルインタビューなど40ページの豪華版。
［松竹事業部］2000/

リバイバル版プレス（非売品）▶
デジタル・リマスター版の映画プレス。表紙以外の写真や資料ページが全て上段・下段に分割されたユニークな仕様。
［松竹事業部］2000/

関西版オリジナルは、現行表紙の違う2種が存在している。
既刊の書籍やカタログ等には、⑥のカラー3色表紙を関西版オリジナルとして紹介してあることが多く、
⑦をオリジナルとしている文献は皆無。ただ復刻版が存在するのはブルーの方だから厄介なのである。
つまり復刻版というのはオリジナルを真似て製作されるのが常識であるからだ。
3色の方に復刻版さえあれば即刻スッキリできるのに‥‥‥。
邪馬台国は畿内か？九州か？の如く、このロマンティックな謎を解明したい。真相をご存知の方、是非ご一報を！

ビートルズがやって来る ヤァ！ヤァ！ヤァ！（関西版）

⑥オリジナル／関西版

《ビートルズがやって来るヤァ！ヤァ！ヤァ！》の関西版オリジナルパンフレット（横型）で、関東版とは表紙を含め編集・仕様が異なる。また関西版は関東版に比べページ数が4ページ少ない。内容はビートルズ4人のポートレートや、映画のスティールほか淀川長治の映画解説など。なお、関西地区では大阪「なんば大劇場」で1964年8月20日より劇場公開された。
[ユナイト映画] 1964/08/20

◀⑥オリジナル1表紙

※注）⑥が従来より関西版オリジナルとして知られているが、実はこちらがリバイバル版で、下に紹介した⑦が公開当時のものだという説がある。オリジナル版の再利用だとすればリバイバル版説を裏付けるには至らないが、筆者の所蔵3色カラーパンフ⑥のひとつに、リバイバル上映時に購入したと推測できるもの（1968年8月の日付印チケットが付属し、観覧日が手書きされている）が存在し、また復刻版が存在するのは⑥でなく⑦の方なので、⑦がオリジナルだという説は説得力がある。しかし諸説あり、現段階でも正確な情報は得られていない。

▲⑥オリジナル1裏表紙

▼⑦オリジナル2／関西版（中部版 etc?）

表紙は3色でなくブルー1色で印刷されている。上記の通り、こちらが公開当時の関西版パンフレットという説がある他、名古屋を中心に中部地方で多く出回っていることから中部版（地方版）とも、また1965年のリバイバル版などともいわれ、多くの説がある。⑧、⑨の復刻版や海賊版などは、本来オリジナルを真似て製作されるものであり、これらの表紙が皆ブルーであることから、真のオリジナルはこの⑦だという説に一定の説得力を与えている。
[ユナイト映画] 1965/?

▼⑧リバイバル版（復刻版）

ビートルズ来日20周年記念イベントとして1986年7月5日〜8月8日の期間、横浜オデヲン座など一部の劇場で《ビートルズがやって来るヤァ！ヤァ！ヤァ！》と《イエロー・サブマリン》の2本立てが上映された際のパンフレット。⑦オリジナル2と同内容の復刻版で、奥付に復刻版であることや発売元、定価などの記載もあり、出所は判明している。また印刷の状態がオリジナルよりかなり劣るため判別もしやすい。
[松竹／東宝／ヘラルド・エンタープライズ] 1986/

▲⑦オリジナル2表紙

▲⑦オリジナル2裏表紙

奥付のクレジット▶
⑧リバイバル版の奥付には発行者、発行元、定価に加え、完全復刻版であることが明記されている。

▲⑧リバイバル版表紙

▲⑧リバイバル版裏表紙

▼⑨海賊版表紙　　▼⑨海賊版裏表紙

◀⑨海賊版

関西版タイプの海賊版。裏表紙の枠がイエローではなくブルーで印刷されており、掲載写真などの印刷状態もかなり悪い。
[不明]

1965

「POP GEAR／ポップギア」
映画パンフレット（関東版・関西版）3種

1965年8月に公開された映画《ポップギア》のパンフレット。
ビートルズのみの主演映画ではなくイギリスの人気グループが多数出演。

POP GEAR／ポップギア（関東版）

①オリジナル／関東版

ビートルズをはじめ、当時「リバプール・サウンド」と称されたアニマルズ、ピーター＆ゴードン、ハニカムズなどイギリスの人気グループが出演して話題となった映画《POP GEAR》のパンフレットで、関東版と関西版の2種類が存在する。関東版（全24P）のほうは関西版（全12P）に比べ圧倒的にビートルズについての情報量が多く、全体の内容・構成ともに優れている。単色印刷ページの刷色がモスグリーンとブラックの2種類があるが、いずれもオリジナルで、モスグリーンで印刷されたものが初刷りのようである。監督：フレドリック・ゴード。［大阪映画実業社／松竹映配］1965/08/25

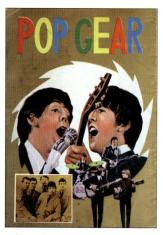 

▲①オリジナル1／関東版

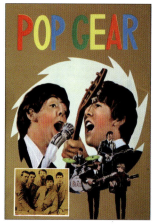  

②オリジナル2／関東版▶
印刷色がブラックのタイプ。

▲裏表紙

POP GEAR／ポップギア（関西版）

③オリジナル／関西版

関西版パンフレットは表紙タイトルも「ポップ・ギア」と日本語表記されており、関東版とは内容・構成が異なる。ビートルズについては他のグループと同様、写真を含め1ページ程度にまとめられている。こちらの関西版は全12P仕様。
［大阪映画実業社／松竹映配］1965/

▲③オリジナル3／関西版　　▲裏表紙

「ヘルプ！４人はアイドル」
映画パンフレット６種

1964年の《ビートルズがやって来るヤァ！ヤァ！ヤァ！》の大ヒットを受け、
翌1965年に公開されたビートルズ主演映画第2弾《ヘルプ！４人はアイドル》のパンフレット。
館名なしの場合、オリジナル・リバイバル・復刻ともにほとんど大きな違いがないのでよくチェックのこと。

HELP！／４人はアイドル

オリジナル／3種（①～③）

ビビートルズ主演映画第2作目《４人はアイドルHELP！》の映画パンフレット。オリジナルは館名入りの有楽座、ニュー東宝と館名なしの3種類あり、館名入りの方が当然レアである。オリジナル以外にリバイバル版、復刻版、改訂版が存在するが、館名入りと改訂版を除けば表紙デザインや仕様がほぼ同じであり判別は難しい。復刻版は裏表紙が一部異なるが、館名なしのオリジナルとリバイバル版については単体での判別は極めて困難。ただ双方見比べてみると表紙など印刷精度の違いはわかる。
[ユナイト映画]　1965/11/13

▲①オリジナル／館名なし

パンフレットの内容
映画からのスティールフォトをはじめ、【HELP！】【恋のアドバイス】などビートルズのヒットナンバー7曲の紹介、安部寧の映画解説などを掲載。日本初公開は東京、日比谷の「有楽座」。(1965年11月13日／監督：リチャード・レスター)

▲②オリジナル
　有楽座館名入り

▲③オリジナル
　ニュー東宝館名入り

▲①②③オリジナル&④リバイバル版　　▲⑤復刻版

◀裏表紙の違い
左がオリジナルとリバイバル版で右が復刻版。（復刻版には右下隅、表紙から続くリンゴの服の写真がなく、「！」マークの下にも同じくポールの服のブルーの印刷がない。）

◀パンフレット表紙の印刷精度の違い
写真左より、順にオリジナル版、リバイバル版、復刻版。やはりオリジナルがもっとも精度が高い。

▼④リバイバル版
1965年の日本初公開以後、リバイバル時に使用された再版タイプで、初版オリジナルと内容は全く同じ。外観からもその違いは分かりにくいが、表紙の色味や印刷の状態が若干異なる。オリジナルから起こした再版であるため単体での判別は難しいが、並べて見比べればその違いを判別できる。
[ユナイト映画]

◀⑤復刻版
ビートルズ・シネ・クラブがイベント「ビートルズ復活祭」用に発行した復刻タイプ。オリジナルとの違いは①表紙ビートルズの写真の印刷が鮮明でない②裏表紙の一部が表紙写真と一体化していない③表紙カヴァーの紙の厚さがオリジナルよりかなり厚い。以上3点である。
[BCC]

◀⑥改訂版（映画資料）
BCC（ビートルズ・シネ・クラブ）企画新編集による研究パンフレット。映画製作段階における数々のエピソードをはじめ、スティールやスナップ写真も多く掲載されており、ヴィジュアル的にも出来のよい資料。
[BCC]

「イエロー・サブマリン」
映画パンフレット(関東版・関西版)6種

1969年に公開されたビートルズのアニメーション映画《イエロー・サブマリン》のパンフレットで、これも関東版と横型の関西版が存在する。
関東版、関西版とも表紙がリバイバル版や復刻版とまったく同じであり、外観での判別は不可能。

イエロー・サブマリン Yellow Submarine (関東版)

①オリジナル/関東版

ビートルズの音楽と4人のキャラクターをもとに製作されたアニメーション映画で、映像技術・音楽性など、芸術的に高い評価を受けた作品。ストーリーは怪物に攻撃された愛と音楽の海底王国(ペパーランド)をビートルズが力を合わせて救うというもの。パンフレットはアニメーション映画ということもあり、ヴィジュアル構成のユニークなもの。この映画の日本公開は当初1968年夏に予定されていたが、トラブル続きで翌年7月になってやっと東京「スバル座」において初公開された。表紙と中身の内容構成は全く同じなので表紙からオリジナルと復刻が判別不可能だが、裏表紙のスチールイラストのトリミングなどがかなり違うので判別の参考にして欲しい。初版オリジナルは「LOVE」の4文字ほぼ全体が裏表紙内にレイアウトされており、トリミングスペースも大きく、右下に数字「14」の記載もある。復刻版は「LOVE」の4文字の「VE」の部分が切れている他、スティールイラストがちょうど裏表紙の半分のレイアウト構成である。裏表紙下部の「ユナイト映画」のロゴと大きさも違う。 監督:ジョージ・ダニング/ジャック・ストークス。
[ユナイト映画] 1969/07/23

◀①オリジナル/関東版 表紙

裏表紙▶

▲復刻版/関東版 表紙　▲裏表紙

▼折り込みポスター
(4つ折りでパンフにセット・サイズ:B2判)

◀②復刻版/関東版

ビートルズ・シネ・クラブ(BCC)発行の関東版パンフレットの復刻タイプで、パンフレット表紙と同じデザインの折り込み(4つ折りB2判)ポスター付き。表紙はデザインがオリジナルと全く同じであり判別はできないが、原則ポスター付きであればこの復刻版といえる。ただポスター欠の場合は次の2点が復刻版の特徴なので参考にしてほしい。①表紙を開いた右ページのベース色が復刻版は白、初版はピンク。②裏表紙のアニメ写真レイアウトがちょうど半分で「LOVE」の4文字の内、「VE」部分が切れている。
[BCC]

イエロー・サブマリン Yellow Submarine (関西版)

③オリジナル/関西版

《イエロー・サブマリン》の関西版横型パンフレット。映画解説やストーリーなどの主内容は関東版とほぼ同様であるが、文章の掲載数、写真のレイアウトなどが異なる。この関西版初版は裏表紙に縦書きで発行所などの表記がある。また表裏紙の紙に布目エンボス加工も施されている。
[ユナイト映画] 1969/

◀③オリジナル 関西版 表紙

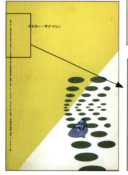

裏表紙▶
発行所及び印刷所の社名・住所などの印刷があるほかはオリジナルも復刻版もレイアウトなどは同じ。また表紙イラストは横レイアウトだが裏が縦レイアウトなのがユニーク。

発行所・印刷部分拡大

裏表紙の裏側ページのイラスト▶
下記のように、オリジナルの場合は赤茶系の色で印刷されている。

関西版はオリジナル含め、リバイバル版や復刻版などヴァージョン違いの4種類が存在。
表紙外観ではまったく判別ができないアイテム群である。

▲④リバイバル版／関西版
関西版パンフレットのリバイバル版。1984年にヘラルド・エンタープライズ（株）が版権に基づき映画公開当時の初版パンフレットを完全復刻したもので、同映画リバイバル時に販売されたもの。またビートルズ来日20周年記念イベントとして1986年7月5日〜8月8日の期間、横浜オデヲン座など一部の劇場において、《ビートルズがやって来る ヤァ！ヤァ！ヤァ！》と《イエロー・サブマリン》の2本立てで上映された際のパンフレットもこれと同じもの。裏表紙の内側ページ下部に発行者、発行権者、発売元、定価350円の印刷表記がある。
［松竹／東宝／ヘラルド・エンタープライズ］1986/

▼裏表紙の裏側ページのイラスト
オリジナルの赤茶系の色に対してリバイバルの方は茶系で色も濃い。

▶発行所など印刷部拡大
ページ下部に発行者や発売元他、定価350円、完全復刻版であることの印刷表記がある。

▲⑤復刻版1／関西版
1972年のビートルズ・フェアやフェスティバル上映他、以降の復活祭・通販など復刻版として多く販売されたもの。これらの一部にはBCC関東版と同じ映画の折込みポスター（A3判）が挿入されていた時期もある。
［ビートルズ・フェア事務局＆BCC］

◀⑤復刻版1の判別法
オリジナルやリバイバル版は表紙や裏表紙を開いた裏側の写真や裏表紙を開いた裏側の潜水艦イラストなどが茶色なのに対し、黒色で印刷されページによって茶と黒が混在している。またオリジナルやリバイバル版にある発行所などの印刷もない。

折り込みポスターB2判▶

▲⑥復刻版2／関西版
ビートルズ・シネ・クラブから販売されるより以前、通販業者などでオリジナルと混同されて市場に出回った海賊版的要素の強い復刻版。
［不明］

◀⑥復刻版2の判別法
復刻版1に近いが、カラーページ以外のモノクロページはすべて黒のみの印刷仕様であり、オリジナルやリバイバル版、シネクラブの復刻版1の茶色印刷部分が一切ない。発行年代は1980年前後と思われる。

1970-

「Let it be／レット・イット・ビー」
映画パンフレット12種

ビートルズ解散直前のスタジオセッションや
今や伝説となったアップルオフィス屋上での演奏シーンなどを収録した
ドキュメンタリー映画《レット・イット・ビー》の映画パンフレット。
オリジナル、再販、リバイバル、復刻含め映画パンフではもっとも種類が多い。少なくとも12種類！

Let it be／レット・イット・ビー

①オリジナル／スバル座館名入り

スバル座館名入りオリジナルパンフレット。これ以外にも、館名なしのバージョン違いが多く存在する。裏表紙下部には昭和45年8月24日印刷、昭和45年8月25日発行などのクレジットがある。
［ユナイテッド映画会社／東宝事業部］1970/08/25

裏表紙写真

表紙内側の見開き　　裏表紙内側の見開き

②オリジナル／館名なし▶

オリジナルパンフレットで館名がないタイプ。表紙右下に「スバル座」の印刷がないことを除けば①とまったく同じ仕様。こちらが全国で販売された。
［ユナイテッド映画会社／東宝事業部］1970/08/25

③復刻版1／館名なし（東宝ロゴなし）▶

映画《レット・イット・ビー》の復刻パンフレットその1。裏表紙下部にはオリジナル同様、昭和45年8月25日発行などのクレジットがあるが、表紙右上部の東宝のロゴマークが印刷されていない。また表紙内側ページのオリジナルにあった三越の広告ページのみが削除され白紙になっている。
［ユナイテッド映画会社／東宝事業部？］

④復刻版2／館名なし（東宝ロゴなし）▶

復刻パンフレットその2。③との違いは、裏表紙の内側の「東芝レコード広告ページ」も削除されている点である。下記写真のように表紙、裏表紙の内側の片ページがともに白紙になっている。昭和45年8月25日発行などのクレジットはそのまま。
［ユナイテッド映画会社／東宝事業部？］

⑤復刻版3の「スバル座」館名入りは、よくオリジナルと間違えられる代物。
表紙4人の写真のトリミングが微妙に異なるなど、オリジナルとは違いがあるけど……。

⑤復刻版3／スバル座館名入り▶
BCC（ビートルズ・クラブ）の復刻シリーズのひとつ。スバル座館名入りの復刻パンフレットその3。1970年国内公開当時のスバル座館名入りのオリジナルを復刻したものだが、表紙及び裏表紙の4人の顔写真のトリミング（ジョージのシャツの襟に注目）や表紙スバル座のロゴなどがオリジナルとは異なる。ただ裏面下部の発行クレジット印刷はオリジナルや復刻1,2と同じく昭和45年8月24日印刷、昭和45年8月25日発行である。また、裏表紙中央のビートルズ4人の顔写真（ブルー）のトリミングが全てのバージョンの中で唯一異なる。
［BCC］

裏表紙写真

⑥再版1／館名なし▶
これは復刻版ではなく、リバイバル用として一部改版し増刷された再版タイプのようだ。表紙・裏表紙はオリジナル館名なしと同じ仕様で、東宝のロゴや発行日などのクレジットもオリジナルと同様（昭和45年8月24日印刷、昭和45年8月25日発行）である。表紙と裏表紙の内側の広告ページがビートルズの写真に変更されており、リバイバル版の原型となったもののようだ。あまり見掛けないレアなアイテム。
［ユナイテッド映画会社／東宝事業部］

⑦リバイバル版1／スバル座館名入り（シルバー印刷）▶
1971年にリバイバル上映された際の館名なしのパンフレット。基本的には⑥と同じく1970年のオリジナルの再版であるが、次の部分が変更されている。①裏表紙下部の印刷日、発行日の日付が昭和46年（1971年）12月4日に修正。②表紙右上の「United Artists」がシルバーで印刷され東宝のロゴマークも追加。③表紙、裏表紙内側の内容が広告から写真に変更。1970年初版オリジナルよりレアなもの。
［ユナイテッド映画会社／東宝事業部］1971/12/04

⑧リバイバル版2／館名なし（シルバー印刷）▶
表紙に「スバル座」の館名印刷がないことを除けば仕様は⑦とまったく同じ。これも表紙・裏表紙の裏側にあった各広告ページがビートルズの写真などに差し替えられている。裏表紙下部の印刷日、発行日はリバイバル上映用のため上記同様、昭和46年（1971年）12月4日に修正されている。
［ユナイテッド映画会社／東宝事業部］1971/12/04

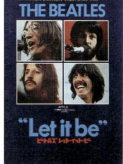

1973-

表紙タイトル「レット・イット・ビー」のカタカナ表紙が大きくブルーで印刷されたリバイバル版パンフなど。
なぜ「Let it be」を小さくしてカタカナの「ビートルズ レット・イット・ビー」を大きくしたのか理由を知りたいものだ。
これらを統合すると、《レット・イット・ビー》のパンフレットはオリジナル版2種、
復刻版3種、再版1種、リバイバル版5種、改訂版1種と、合計12種類ものバージョン違いが存在する。

リバイバル版 3種 ▶
1973年末にリバイバル上映された際のパンフレット。この3種は表紙の映画タイトルが大きなカタカナ表記に変更されている上、色もブルー。その他、表紙上部の「an intimate bioscopic experience with」の文字もグリーン。裏表紙の印刷日、発行日が昭和48年(1973年)12月15日に修正されている。
[ユナイテッド映画会社] 1973/12/15

◀ ⑨ リバイバル版3／テアトル銀座館名入り

◀ ⑩ リバイバル版4／武蔵野館館名入り

▼ 表紙裏の見開きページ

◀ ⑪ リバイバル版5／館名なし

▲ 裏表紙裏の見開きページ

⑫ 改訂版（映画資料）▶
1989年頃にビートルズ・シネ・クラブが発行したパンフレット。いわゆるオリジナル、復刻、再版タイプなどとは表紙も仕様も異なり、資料などが付け加えられたもので、内容はオリジナルより充実している。
[BCC]

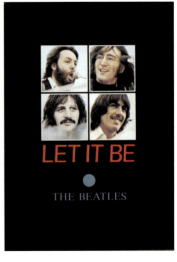

「バングラデシュのコンサート」
映画パンフレット4種

バングラデシュ難民救済コンサートフィルム映画のパンフレット。
このコンサートがさきがけとなり、以降数多くのアーティストたちが
平和・救済などの慈善コンサートを行うようになるなど、その影響は大きかった。
反戦・平和運動を訴え続けたジョン・レノン&オノ・ヨーコもしかり、アーティストは皆そうであってほしい。
有名か無名か、影響力の大小は関係ない。

バングラデシュのコンサート

①オリジナル／スバル座館名入り
ジョージ・ハリスンが提唱し1971年8月1日にニューヨークのマディソン・スクエア・ガーデンで行われた難民救済コンサートの記録映画《バングラデシュのコンサート》のパンフレットで、参加アーティストの紹介、演奏曲目、解説などを掲載。このコンサートはジョージの呼びかけにボブ・ディラン、リンゴ・スター、エリック・クラプトン、レオン・ラッセル、ラヴィ・シャンカールなどの有名アーティストが揃って参加した。またコンサートの全収益はユニセフを通しバングラデシュに贈られた。監督：ソール・スイマー。
[ケンリック極東／東宝事業部] 1971/08/01

②オリジナル／館名なし ▶
表紙右下に「スバル座」の印刷がないタイプで、スバル座以外の一般劇場用に製作された。ただ東宝と20世紀フォックスのロゴは残っている。
1971/08/01

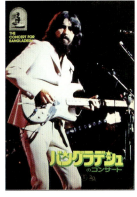

③復刻版1 ▶
この映画も幾度となくリバイバル上映されており、リバイバル時にもこのパンフレットが利用されていたようだ。オリジナルと版と構成がまったく同じであるが、表紙右下の東宝と20世紀フォックスのロゴマークが印刷されていない。ただしリバイバル版だとの情報も正確でないのでここでは復刻版とした。

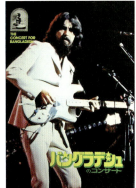

④復刻版2／写真裏焼き ▶
表紙のジョージ・ハリスンの写真が間違って裏焼きされたちょっとレアなもの。ジョージが左ききに写っているので、普通であれば絶対に気がつくハズだが……。他意があったのか、できれば真相を知りたい。構成は上記復刻版1と同じ。

「ザ・ビートルズ・フェスティバル」映画パンフレット9種

1972年に開催されたビートルズの主演映画《ビートルズがやって来る ヤァ！ヤァ！ヤァ！》《ヘルプ！4人はアイドル》《レット・イット・ビー》《イエロー・サブマリン》の4作品を日替り上映した映画イベントのパンフレット。
私も当時、映画館や劇場ではなく「岐阜市民センター」まで《レット・イット・ビー》を観にいった。
今や骨董品となったカセットテープレコーダーまで持ち込んで録音したものである。

ザ・ビートルズ・フェスティバル

①オリジナル（1972）／テアトル銀座館名入り

裏表紙下部には「昭和47年11月17日発行」などのシルバー印刷あり。パンフ内容は映画《レット・イット・ビー》のリバイバルタイプ（1971年12月4日発行）と全く同じ構成で表紙だけがフェスティバル仕様に変更されたもの。なお、上映初期のパンフレットには、映画解説の別冊小冊子「THE BEATLES FESTIVAL」（下に掲載）がセットされていた。表紙右上部にユナイトアーティストと東宝のロゴマーク印刷あり。
1972/11/17

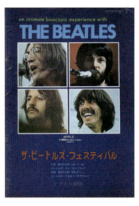

別冊小冊子「THE BEATLES FESTIVAL」

フェスティバル上映映画《ビートルズがやって来る ヤァ！ヤァ！ヤァ！》《4人はアイドルHELP》《イエロー・サブマリン》3作品の解説書（B5サイズ）。テアトル銀座、武蔵野館および一部の劇場で上映初日以降の一定期間中だけにパンフレットにセットされていたもの。《レット・イット・ビー》の解説はないが上映スケジュールにはしっかり記載がある。各作品のスケジュールは、《レット・イット・ビー》土、日、木、金の4日間、《ヘルプ！4人はアイドル》が月、《ビートルズがやって来る ヤァ！ヤァ！ヤァ！》が火、《イエロー・サブマリン》が水の各1日だった。

◀②オリジナル（1972）／武蔵野館館名入り

上記「テアトル銀座」と同じ内容・仕様だが劇場名は「武蔵野館」。裏表紙下部には「昭和47年11月17日発行」などシルバー印刷あり。別冊小冊子「THE BEATLES FESTIVAL」付。表紙右上部にユナイトアーティストと東宝のロゴマーク印刷あり。［ユナイテッド映画会社／東宝事業部］1972/11/17

◀③オリジナル（1972）／館名なし

上記「テアトル銀座」と「武蔵野館」と同じ内容・仕様の館名なしパンフレット。裏表紙下部には「昭和47年11月17日発行」などシルバー印刷あり。別冊小冊子「THE BEATLES FESTIVAL」付。表紙右上部にユナイトアーティストと東宝のロゴマーク印刷あり。この館名なしは全国の劇場用汎用パンフレットなので、別冊小冊子は付属がない劇場の方が多かったのではないかと思う。
［ユナイテッド映画会社／東宝事業部］1972/11/17

◀④復刻版（発行日印刷なし）／館名なし

「テアトル銀座」「武蔵野館」のタイプと同じ内容・仕様だが表紙右上に東宝のロゴマークなどがない上、この一連のパンフレットの中で唯一発行日や発行所などの印刷もないため復刻版とした。また「ビートルズ・フェスティバル」の文字も少々赤い。③のオリジナルの館名なしタイプであれば、通常は東宝のロゴマークや発行日の印刷はそのまま残してあるのが一般的なので、これはオリジナルではないと思われる。
［ユナイテッド映画会社］

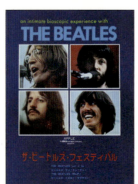

この映画イベントのパンフレットは1972年から1980年までに
些細な違いを含め最低9種類のアイテムが存在する。
また1970年に公開された《レット・イット・ビー》のパンフレットとデザインが非常によく似ているため、紛らわしい。
急いで製作する必要があったのか、《レット・イット・ビー》のデザインに人気があったためなのか、
面倒だっただけなのか、ちょっと知りたいところ。

◀⑤オリジナル（1974）／サマー・フェスティバル '74タイプ
1972年に開催された「ザ・ビートルズ・フェスティバル」と同企画ながら、イベント名称を「サマー・フェスティバル '74」に変更した際のパンフレット。1974年の夏に開催されている。裏表紙の裏側に「定価200円」「昭和49年7月13日発行」など印刷あり。このイベントはビートルズ主演映画《ビートルズがやって来るヤァ！ヤァ！ヤァ！》《ヘルプ！4人はアイドル》《レット・イット・ビー》3作品を同時上映したもの。なおこのパンフレットは《レット・イット・ビー》の映画パンフレットとほぼ同内容であるが、表紙・裏表紙の内ページが《ビートルズがやって来るヤァ！ヤァ！ヤァ！》《4人はアイドル HELP！》の映画解説に差し替えられている。（オリジナル／館名なし）
［ユナイテッド映画社］1974/07/13

◀⑦リバイバル版2（1975）／館名なし
「ビートルズ・フェスティバル」イベントのリバイバルパンフレット。これも上映は3作品で裏表紙の裏側に「定価200円」「昭和50年6月28日発行」など印刷あり。このフェスティバル・パンフレットも基本的には映画《レット・イット・ビー》のパンフをベースに製作されたものだが、レコードリスト、ビートルズ主演フィルム一覧表などが追記されている。
［ユナイテッド映画社］1975/06/28

◀⑥リバイバル版1（1975）／スバル座館名入り
「ビートルズ・フェスティバル」イベントのリバイバルパンフレット。上映は3作品で裏表紙の裏側に「定価200円」「昭和50年6月28日発行」などの印刷あり。このフェスティバル・パンフレットも基本的には映画《レット・イット・ビー》のパンフをベースに製作されたものだが、レコードリスト、ビートルズ主演フィルム一覧表などが追記されている。
［ユナイテッド映画社］1975/06/28

◀⑧リバイバル版3（1976）／館名なし
1976年のリバイバルパンフレットで上映が4作品に追加変更されたもの。表紙の裏側に「定価200円」「昭和51年1月3日発行」などの印刷あり。内容・仕様はリバイバル版2と同じだが表紙下部の上映作品の《ビートルズ・イエロー・サブマリン》だけが白文字で追加印刷されている。
［ユナイテッド映画社］1976/01/03

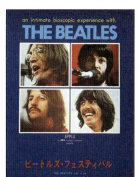

◀⑨リバイバル版4（1980）／館名なし
1980年のリバイバルパンフレットで⑧と外観・仕様は同じ。違う点は定価と発行日が変更印刷されている部分。表紙の裏側に「定価250円」「昭和55年11月13日発行」と印刷あり。
［ユナイテッド映画社］1980/11/13

「THE BEATLES GREATEST STORY」他、映画パンフレット

1978-1983

ビートルズ、ポール・マッカートニー＆ウイングスのライヴフィルム映画、
リンゴ・スター主演映画、ジョージ・ハリスン製作総指揮ハンドメイド社の映画、
館名入りと館名なしのパンフいろいろ。

THE BEATLES GREATEST STORY
スバル座館名入り＆館名なし

ビートルズのデビューから解散までの貴重映像を集めて再編集し、ビートルズの軌跡をまとめたドキュメンタリー映画のパンフレット。内容はビートルズのプロフィールや簡単なレコードリストのほか主演フィルム一覧表、「ビートルズ栄光の足跡／石坂敬一」など。（1978年公開）
［東宝事業部／インターナショナル・プロモーション］1978/08/05

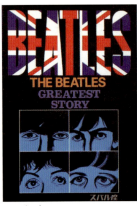 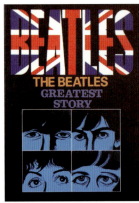
▲スバル座　　▲館名なし

おかしなおかしな石器人
みゆき座館名入り＆館名なし

リンゴ・スターと「007／私を愛したスパイ」でボンドガールを務めたバーバラ・バック主演の映画で、石器時代を舞台にしたスーパーコメディー。リンゴとバーバラはこの映画の共演がきっかけとなり結婚した話は有名。パンフレットの方は映画のスチールと解説が中心で特に目立った記述はない。監督：カール・ゴットリーブ。（1981年度公開）
［東宝事業部／日本ユナイテッド・アーティスツ映画会社］1981/10/10

▲みゆき座　　▲館名なし

ROCK SHOW／ロック・ショウ
テアトル東京館名入り＆館名なし＆プレスシート

1976年にアメリカのシアトルで行われたコンサートをほぼ完全収録した映画のパンフレット2種とプレスシート。内容はポールからのメッセージと黒田史朗、湯川れい子、財津和夫、三好伸一などの解説・論評、ディスコグラフィーなど。ステージを再現したフォトや収録曲の記載もある。（1981年公開）
［東宝事業部／ビートルズ・シネ・クラブ（編）／デラ・コーポレーション］1981/08/01

 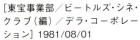
▲テアトル東京　　▲館名なし

バンデットQ
みゆき座館名入り＆館名なし

ジョージ・ハリスンとデニス・オブライエンの製作総指揮により製作されたハンドメイドフィルムズ社の映画で、少年と不思議な小人達が繰り広げる冒険ファンタジー。映画主題歌【オ・ラ・イ・ナ・エ】や挿入曲もジョージが担当し話題を呼んだ。イギリス以外にアメリカでもヒットした。ショーン・コネリーなども出演。（1983年度公開）
［東宝・出版事業室／東和プロモーション］1983/03/05

▲みゆき座　　▲館名なし

「ヤァ！ブロード・ストリート」「イマジン」「ゲット・バック」映画パンフとプレス

1965-1991

映画《ヤァ！ブロード・ストリート》、《イマジン》とも、
数多くのヒットナンバーが収録されており、音楽だけでも充分楽しめる作品。
ポール・マッカートニーのライヴ映画《ゲット・バック》は一部の劇場で
オノ・ヨーコの映画《ホームレス》とともに同時上映された。
最下段は大判サイズのプレスシート、中でも2つ折りの《マジック・クリスチャン》は開くと幅840mmの長尺もの。

ヤァ！ブロード・ストリート

ポール・マッカートニー自身が主演し、脚本を手掛けた異色ミュージカル映画で、妻リンダ・マッカートニーをはじめリンゴ・スター＆バーバラ・バック夫妻が友情出演している。また【ヒア・ゼア・アンド・エヴリホエア】【ザ・ロング・アンド・ワインディング・ロード】などビートルズ時代のヒットナンバーや【バンド・オン・ザ・ラン】【心のラヴソング】などウイングス時代のヒットナンバー、そして新曲を含めた14曲も収録され、ファンタジーな映像とともにビートルズとポールのサウンドが楽しめる。パンフレットについては三好伸一の収録曲解説や湯川れい子、財津和夫のコメントのほか映画のスティールも多く掲載されヴィジュアル的な仕上がりとなっていいる。監督：ピーター・ウェッブ。（1984年公開）
[東宝出版・商品販促室／20世紀フォックス極東映画会社] 1984/12/22

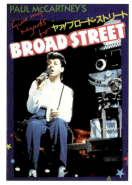

◀プレスシート
内容は「映画解説」「ストーリー」「プロダクション・ノート」「スタッフ・メモ」「スター・メモ」他、B4サイズでヴィジュアル構成。ちなみにプレス・シートとはマスコミ・映画館関係者に配布される非売品資料である。

IMAGINE／イマジン－ジョン・レノン

ジョン・レノンの生涯を貴重な映像と音源で綴ったドキュメンタリー作品で、オノ・ヨーコや前妻シンシアのインタヴューなども収録。とくにアルバム『イマジン』のレコーディング映像は感動もの。パンフレットはビートルズ・シネ・クラブが編集協力しており、ジョンの貴重資料も多く掲載されている。監督：アンドリュー・ソルト。（1988年度作品）[松竹事業部／ワーナー・ブラザーズ映画会社]

◀プレスシート
内容は「イントロダクション」「イマジン：ジョン・レノンの製作スタッフについて」「イマジン：ジョン・レノンの見どころ」「イマジン：ジョン・レノンに登場する曲名（登場順）34曲」で、おもに映画紹介と解説。1988年度作品。
[松竹事業部／ワーナー・ブラザーズ映画会社] 1988/

GET BACK／ゲット・バック

ゲット・バック 映画プレス／ポール・マッカートニー

ビートルズ来日25周年を記念して上映されたポール・マッカートニーのワールド・ツアー（1989年-1990年）編集ライヴ映画《ゲット・バック》の見開きプレス（収録全23曲の解説書付）。この映画は1991年8月7日に東京銀座のヤマハホールで試写会が行われた後、11月9日より一般公開された。なおプレスについては試写会時に配布された以外は、一般公開当日先着400名に配布されただけのレアなアイテム。
[東宝東和／ケイエスエス] 1991/08/07

HOMELESS／ホームレス

ホームレスをコンセプトに制作されたオノ・ヨーコ主演映画（24分）の見開きパンフレット。この映画はポール・マッカートニーの《ゲット・バック》と2本立て同時上映されたもので、監督は堤ユキヒコ、製作総指揮・脚本は秋元康が担当。[東宝東和／ケイエスエス] 1991/08/07

その他、映画プレスシート（大判サイズ）

ヘルプ！／1965
・横型2つ折り（4ページ）
・幅360mm×高256mm

イエロー・サブマリン／1969
・縦型1枚もの
・幅364mm×高515mm

レット・イット・ビー／1970
・横型1枚もの
・幅515mm×高364mm

マジック・クリスチャン／1970
・横型2つ折り（4ページ）
・幅420mm×高300mm

盲目ガンマン／1972
・縦型1枚もの
・幅364mm×高515mm

バンデットQ／1983
・縦型1枚もの
・幅364mm×高515mm

「ふたりだけの窓／THE FAMILY WAY」
映画パンフレット4種

ビートルズ主演映画ではないが、ポールが作曲を担当した映画のパンフレット。
この映画のサウンド・トラック盤アナログ・レコードも結構レアなアイテム。
こうして4種類揃えてみるとそれなりにマニアック。

ふたりだけの窓／THE FAMILY WAY（関東版）

関東版 みゆき座館名入り

1967年、ポール・マッカートニーが初めて映画音楽を作曲し当時話題となった恋愛映画で、ジョージ・マーティンも編曲を担当している。パンフレットには「音楽：ポール・マッカートニー」のクレジットやポールについての記述がある。曲名は【ラヴ・イン・ジ・オープン・エア】【ザ・ファミリー・ウェイ】の2曲。パンフレットのサイズはA4判の変形でなかなかレトロな仕様。監督：ジョン＆ロイ・ボウルディング。
［東宝事業・開発出版課］1967/10/14

ふたりだけの窓／THE FAMILY WAY（関西版）

関西版／館名なし

関西版は関東版よりも若干大きいA4判。表紙のデザインも違う。
［大阪映画実業社］1967/

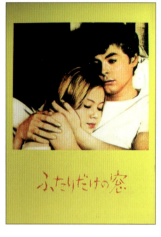

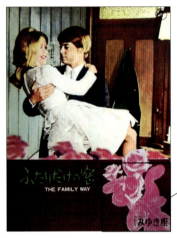

▼表紙右下の館名拡大
「ヒビヤ みゆき座」

みゆき座館名あり▲

◀リバイバル版
同名映画のリバイバル上映時のパンフレット。これもA4判（全国共通）。
［東宝事業・開発出版課］

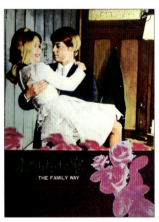

▲館名なし

「ラスト・ワルツ」「サージャント・ペッパー」
映画パンフレット

ビートルズ関連映画のパンフレット。ザ・バンドのライヴ記録映画《ラスト・ワルツ》にはリンゴ・スターがゲスト出演。
日本語読みはどうでもいいようなものだけど、《サージャント・ペッパー》はなんとなく落ちつかない。
一般的な日本語読みの「サージェント・ペパー」よりこちらが発音的にあっていると言えないこともないけど。

ラスト・ワルツ／THE LAST WALTZ

みゆき座館名入り＆館名なし

1976年11月25日にサンフランシスコで行われたロック・グループ「ザ・バンド」のラスト・コンサートを収録したドキュメンタリー映画のパンフレット。このコンサートにはリンゴ・スターをはじめエリック・クラプトン、ボブ・ディラン、マディ・ウォーターズ、ロン・ウッドなど多数のアーティストが参加し、ラスト・コンサートを盛り上げた。なおパンフレットにもリンゴ・スターの名前などがクレジットされている。監督：マーチン・スコセッシ。
［東宝事業部／日本ユナイテッド・アーティスト映画］1978/07/29

リバイバル版▶

リンゴ・スターやエリック・クラプトンなどがゲスト出演したイギリスのロックグループ「ザ・バンド」のラスト・コンサートフィルム映画パンフレット。こちらはリバイバルタイプでサイズが大きく148mm×420mm変形版。1988年にリバイバル上映。
［ギャガ・コミュニケーションズ］1988/

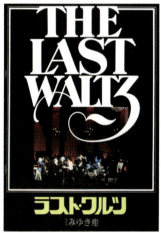
▲みゆき座館名あり

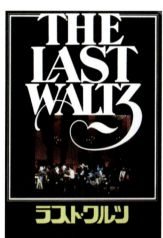
▲館名なし

サージャント・ペッパー

スカラ座館名入り＆館名なし

ビートルズの【サージェント・ペパーズ・ロンリー・ハーツ・クラブ・バンド】を題材に、ビージーズ、ピーター・フランプトンをはじめエアロ・スミス、アース・ウィンド＆ファイアー、ビリー・プレストンなど大スターが集結して製作された映画。「愛・夢・冒険」を音楽と映像で表現したエンタテイメント映画の大作。ビートルズ・ヒット・ナンバーのカヴァー曲も多く、編曲および音楽監督をジョージ・マーティンが担当。パンフレットにもビートルズに関する記述がある。監督：マイケル・シュルツ。
（1979年度作品）
［東宝事業部／CIC／パラマウント映画］1979/06/09

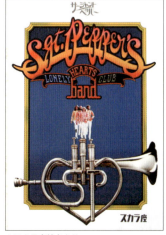
▲スカラ座館名あり

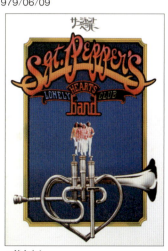
▲館名なし

「ポップス 8月臨時増刊」&
「Out of the mouths of BEATLES」

1964年の「ポップス 8月臨時増刊／ビートルズがやって来る ヤァ！ヤァ！ヤァ！」の表紙は2タイプ存在する。
正規印刷前のテスト版なのか、表・裏表紙ともにスミ版（黒インク）がなぜか抜けている。入手時点では気づかなかった。

ポップス8月臨時増刊／ビートルズがやって来るヤァ！ヤァ！ヤァ！

オリジナル1

国内音楽雑誌としては初のビートルズ特集号で、映画《ビートルズがやって来る ヤァ！ヤァ！ヤァ！》の特集記事と写真を中心にビートルズ最新情報を満載したもの。おもな内容は●映画に強くなるコーナー「座談会、ビートルズ万才！」「長沢純・高倉一志・手塚しげお・茂木幹弘」「映画《ビートルズがやって来る ヤァ！ヤァ！ヤァ！》のすべて」●レコードに強くなるコーナー「サウンド・トラック盤」「ビートルズのレコードのすべて」etc●ア・ラ・カルト「アンケート」「ビートルズ物語」など。
［音楽之友社］1964/08/15

Out of the mouths of BEATLES（ビートルズ傑作写真集）

オリジナル

1964年にアメリカで発行された同名写真集を1965年に日本国内で再発行した日本編集版（1965/02/01）。収録写真はすべてモノクロであるがユニークなキャプション（英文セリフ）が付けられており、初期ビートルズのスナップやレアショットも多い。また当時としてはめずらしいコンパクト・サイズ（約W210mm×H150mm）の横型写真集である。オリジナルには裏表紙右下部に定価300円の印刷がある他、裏表紙の裏側に発行所・販売元なども印刷されている。（編：アダム・ブレシング）
［洋版出版］1965/02/01

表紙　　　　　　　　　　裏表紙

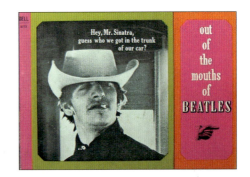

オリジナル2／臨時増刊印刷なし

「ポップス 8月臨時増刊／ビートルズがやって来る ヤァ！ヤァ！ヤァ！」の表紙カヴァー別ヴァージョン。オリジナル1との違いは、表紙にあるはずの承認雑誌番号、郵便物認可、発行日などの記載がないことと「8月臨時増刊」が印刷されていない。また裏表紙についてもビートルズ4人の名前や定価がなく、スミ版（黒版）部分のみ全て欠けた状態。ただ当時のものには間違いなく、色校正用のテスト版と思われる。出所不明の超珍品。
［音楽之友社］1964/08/15

復刻版

日本編集版の復刻版タイプで定価および発行・販売元などの記載がない。サイズもオリジナルよりひとまわり大きい（約W230mm×H155mm）。BCCの復刻シリーズ。
［BCC］1981/07/01

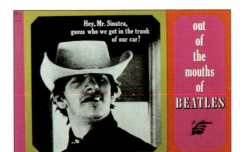

「our BEATLES」&「The Beatles BOOK」

いずれも洋書写真集の日本編集版。
「our BEATLES」は1965年発行。繰り返し増刷され、
定価300円の初版オリジナル以外はいずれも再版。数が多く、良く見かけるアイテム。
「The Beatles BOOK」は、1965年の初版オリジナルの他、BCC（ザ・ビートルズ・クラブ）が販売した
英文表記の復刻版1と日本語訳の復刻版2の3種類がある。

our BEATLES

オリジナル
洋書「our BEATLES」写真集の日本編集版で、国内では、1965年8月15日に発行。写真はスタジオ撮影された4人のポートレートが中心で演奏シーンや貴重なものは少ない。またカラーフォトは2ページのみで30ページはモノクロ構成。なお初版オリジナルには最終ページに発行日、発行所、定価￥300と印刷されているほか、オレンジ色のチラシと書籍注文ハガキが中綴じされている。
[洋版出版] 1965/08/15

再販1
再販タイプ。定価350円の第3版。
[洋版出版] 1972/10/01

再販2
1975年の再販タイプで定価￥450の第5版。ちなみに第5版の再販より裏表紙に定価が印刷されている。
[洋版出版] 1975/08/15

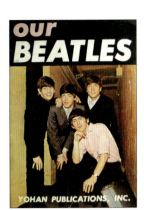

▲オリジナル
（1965/08/15 ￥300）

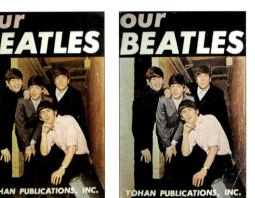

▲再販1
（1972/10/01 ￥350）

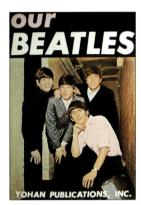

▲再販2
（1975/08/15 ￥450）

The Beatles BOOK／ビートルズ・ブック

オリジナル
イギリスのBEAT PUBLICATIONS. LTDより出版された写真集「The Beatles BOOK」の1965年日本編集版。映画《ヘルプ！4人はアイドル》のスティールやスナップを掲載したカラーページのほか、4人のポートレートが中心の構成で写真にはキャプションが添えられている。またビートルズ各4人のプロフィールや簡単なディスコグラフィーもある。このオリジナルには巻頭カラーページのあとのモノクロページ（編集者JOHNNY DEAN前書き）右上部に「FOR SALE IN JAPAN ONLY」の文字と定価￥350の記載がある他、巻末モノクロページ下部に「発行・大洋音楽株式会社販売・協同企画」なども印刷されている。
[発行：大洋音楽／販売：協同企画] 1965/

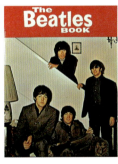

復刻版1（英文タイプ）
BCC復刻タイプ1。こちらのタイプは1965年のオリジナル（日本編集版）同様、全文英文表記で内容もまったく同じ。オリジナルとの違いは表紙写真トリミングが若干オリジナルより大きいことと、巻末モノクロ最終ページ下段にあるべき発行元情報が印刷されていない。このBCC復刻版は英文版、日本語版とも、1979年頃よりファンクラブ会員の通信販売、BCCイベントなどで数多く販売されている。
[BCC]

復刻版2（日本語訳タイプ）
こちらの復刻タイプ2はオリジナル（日本編集版）の英文表記を全文日本語訳に変更し再発したもの。外観は復刻版1と全く同じ。オリジナルとの違いは、全文日本語訳であることの他、復刻版と同様、表紙写真トリミングが若干オリジナルより大きいこと、巻末モノクロ最終ページ下段にあるべき発行元情報が印刷されていないこと。
[BCC]

「ビートルズ来日特別記念号」＆
「ビートルズ東京 100時間のロマン」

1966-

この2点も数多く復刻版が出回っているが、いずれも裏表紙でオリジナルか復刻版かの判別は可能である。
特に、「ビートルズ東京・100時間のロマン」復刻版の表紙はオリジナルとまったく同じ。

ミュージック・ライフ増刊号／ビートルズ来日特別記念号

オリジナル

ビートルズ来日決定を記念して発行されたティーンエイジャー向けのバラエティ・グラフ特集号。表紙が円形に型抜きされているなど、購買意欲をそそるような凝った仕様で、内容についてもカラー写真を中心に「ビートルズとあなただけのページ」と称したビートルズのサインをもらうための白紙ページや「マル秘、ビートルズをキャッチするテクニックと表現／①プラカードの作り方②ビートルズとの英会話③ウィットに富んだヤジのとばし方④あなたを目立たせる演出法⑤どうしたらサインをもらえるか⑥ビートルズへのプレゼント⑦コンサートに持参するもの⑧コンサート前日の注意」綴じ込み付録とヴィジュアルストーリー、巻末楽譜集などで構成。オリジナルは、①定価300円が印刷されている②背表紙部分が黒色③製本サイズが大きい（菊倍判）という3点で判別可能。
[新興楽譜出版社] 1966/07/01

復刻版

ビートルズ・シネ・クラブが発行した復刻シリーズで1966年オリジナルの完全復刻版。製本サイズが若干オリジナルより小さく背表紙のベースカラーも白色であるため、外観でもオリジナルタイプと区別できる。またオリジナルの裏表紙右下にある定価300円の印刷が復刻版にはない。
[BCC]

▲復刻版 表紙

▲復刻版 裏表紙

▲背表紙の体裁の違い

▲オリジナル 表紙

▲オリジナル 裏表紙

ビートルズ東京 100時間のロマン（来日写真集）

オリジナル

密着取材を許された公式カメラマン浅井慎平が独占撮影した歴史に残るビートルズ来日写真集。中部日本放送と新興楽譜出版社が来日以前から予約による通信販売を受け付け、一般書店などでは購入することができなかったもので、羽田空港到着から離日に至る103時間の日本滞在全記録を約8割ものカラーフォトで構成したフォトドキュメンタリー。オリジナルは①裏表紙の内側に定価400円の印刷がある②裏表紙の缶詰（イラスト）に明記されているビートルズ4人の名前のうちポール・マッカートニーのスペルが「MAcCARTNEY」とミスプリントされている。[中部日本放送] 1966/08/01

復刻版

来日10周年を記念して再発されたもの。表紙及び内容はオリジナルと全く同じだが、復刻版は裏表紙缶詰（イラスト）に明記されているビートルズ4人の名前のうちポール・マッカートニーのスペルがMcARTNEYとまたもやミスプリントされている。オリジナルもMAcCARTNEYと間違ってプリントされているが、ポール・マッカートニーのスペルはMcCARTNEYが正解。その他、裏表紙の内側にあるはずの定価が印刷されていない点もオリジナルと異なる。なお、復刻版の定価は販売時期により¥1,000～¥2,000などと変動した。[中部日本放送／BCC販売]

▲オリジナル 表紙

▲オリジナル 裏表紙

▲復刻版表紙

▲復刻版裏表紙

「話の特集・臨時増刊／ビートルズ・レポート」5種

今日、1966年のビートルズ来日を扱った特集週刊誌・雑誌の中で最も評価の高い「話の特集・臨時増刊／ビートルズ・レポート」だが、発売された当時は残念なことに売れ行きが芳しくなく、そのほとんどが断裁処分になってしまったという「幻の名著」である。
近年、完全復刻版が再発されたため誰でも手に取ることができるようになったが当時のオリジナルは今でも高額レアアイテムのひとつ。

話の特集 臨時増刊／ビートルズ・レポート

▶オリジナル1

ビートルズが来日した1966年には、多くの出版社がこぞってビートルズに関する特集雑誌を企画刊行した。これら多くの雑誌の中にあって、今日「幻の名著」とまで呼ばれる本書は、最も良質希少な雑誌である。内容は「ビートルズ102時間」「来日の舞台裏」「大衆狂乱(マス・ヒステリア)の開幕」「10人のイラストレーター、ビートルズを描く」で構成された異端屈指の完全レポートで、来日の舞台裏、異常なマス・メディアの狂乱ぶりなど、他誌では見られない鋭い視点・切り口で批評を加えたもの。なお、「幻の名著」と呼ばれる理由にルポライター竹中労の存在があり、音楽ジャーナリストの仲間6人とともに、ビートルズが宿泊する東京ヒルトンホテルに泊まり込んで昼夜の執筆活動で完成させたこと、にもかかわらず発売後書店での売れ行きが悪く相当数が返品され、大半が断裁処分されてしまったことなどが所以である。当時は大手出版社からも派手なビートルズ表紙の特集号や臨時増刊号などが数多く刊行されたこともあり、目立たなかったことや、発売日が他誌より若干遅かったのも原因のひとつではなかろうか。良質な内容からして編集に多くの時間を費やしたであろうことも想像がつく。
(定価：¥120)
[日本社] 1966/08/15

▲①オリジナル1／臨時増刊

▲③復刻版1／完全復刻版

◀復刻版1

オリジナル1の復刻版で、巻末にビートルズ来日当時を知る関係者による追記がある。表紙に完全復刻版と印刷がある他、オリジナル1のB5判サイズより若干幅が大きい。(定価：¥1200) [WAVE出版]
1995/01/10

▼オリジナル2（贈呈版カヴァー付完品）

これが究極のコレクションのひとつ「贈呈版」カヴァー付タイプ。オリジナルにベラの「贈呈版」カヴァーを被せたもので、責任編集者の竹中労らが関係者のみに配布したまさに激レアアイテム。なんでも、サイケデリック調なオリジナルの表紙写真が気に入らず、この贈呈版は新たにカヴァーを作り直し、差し替えたものらしい。ちなみに表紙の下部には「1966.7.25 話の特集・緊急増刊」と印刷されている。また1966年7月15日付で竹中労・矢崎泰久の連名によるA4サイズの「出版記念案内文」も折り込まれていた。案内文付きのものは国宝級（定価：¥120）。[日本社] 1966/08/15

▲出版記念案内文（裏面）

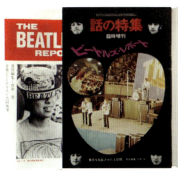

▲贈呈版カヴァー折返し部分にも出版記念案内文（書面）竹中労の執筆者コメントがある。カヴァーの中身はオリジナル1

▲②オリジナル2／贈呈版

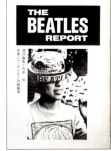

▲④復刻版2／贈呈版印刷なし＋片帯付き（発刊時、片帯が表紙面だけに糊止めされていた）

◀復刻版2（贈呈版カヴァー仕様）

オリジナル贈呈版カヴァーを完全リプリントした復刻版。表紙も竹中労が制作した「贈呈版」カヴァー付タイプと同じデザインである。ただオリジナルは別途、単体カヴァーで「THE BEATLES REPORT」部分の印刷が赤色、こちらはカヴァーなしで直接黒色印刷。その他「贈呈版」オリジナルの表紙写真右上や右下に印刷されているはずの文字もない。発刊時は片帯付きで販売された。(定価：¥1500)
[リプリントコーポレーション]
1978/09/08

◀ザ・ビートルズレポート（単行本）

来日から16年を経てようやく単行本形態で正式発行されたもの。製本サイズほか、オリジナルとは一部編集構成が異なる。(定価：¥980)
[白夜書房]
1982/06/10

「ミュージック・ライフ」「ティーンビート」
ビートルズ関連の付録ソノシート

ソノシートとは「朝日ソノラマ」の商標で、一般名はフォノシート、シートレコードという。
そのため、普及期には発売するメーカーによって商品名が異なっていたが、
現在ではソノシートという呼び名が一般的になっている。
「ティーンビート」は他にもソノシート付きがあるが、
ここではビートルズカヴァーのアイテムのみを紹介した。

ミュージック・ライフ／10月号

〈特別付録〉
16cmフォノシート「ビートルズからのプレゼント」ニューヨークで収録されたビートルズのメッセージをはじめハーマンズ・ハーミッツ、クリフ・リチャードなど貴重な肉声を収めたもの。
[新興音楽出版社]
1965/10/01

ティーンビート／10月号

〈特別付録〉
16cmフォノシート ハーマンズ・ハーミッツとの5分間
[映画と音楽社] 1965/10/01

ティーンビート／12月号

〈特別付録〉
16cmフォノシート ペギー・マーチ特別インタヴュー
[映画と音楽社] 1965/12/01

ティーンビート／1月号

〈特別付録〉
16cmフォノシート
①フランスギャル・メッセージ
②シルヴィ・バルタン・インタヴュー
[映画と音楽社] 1966/01/01

ティーンビート臨時増刊／ビートルズ特別号

〈特別付録〉
ビートルズの名曲を歌おう！「エリナー・リグビー」「イエスタデイ」「ミッシェル」「ガール」を収録。（演奏：東京室内管弦楽団と宮ユキオとプレイファイブ）。
[映画と音楽社] 1967/04/15

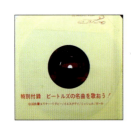

ティーンビート臨時増刊／ビートルズ特集号

〈特別付録〉
16cmフォノシート ビートルズの名曲を歌おう！「愛こそはすべて」「サージェント・ペパーズ」「シー・ラヴズ・ユー」「ア・ハード・デイズ・ナイト」を収録。
[映画と音楽社] 1967/08/31

「朝日ソノラマ」他、ビートルズ来日関連のソノシートブック

「朝日ソノラマ/8月号」とヴァージョン違いの「ヒットパレード・ベスト20/ミュージック・グラフ」
「ヤング・ヒット・パレード/ミュージック・グラフ」も超レアなアイテム。
ミュージック・グラフ社のソノシートブック2種は全ページがビートルズ来日の特集グラフ「ビートルズ来日のすべて」。
他、全ページではないものの「ヤング・ヒット・パレード9月号/ベスト14」にも内容の異なる良質の来日グラビア特集がある。

朝日ソノラマ/8月号

巻末に約3ページの記事特集「ビートルズがやってきた」があり、羽田空港到着、日本武道館公演、記者会見、離日、警備体制のフォトを添えた来日レポート「ビートルズ東京"攻演"を見た/井沢淳」を掲載。記事内容はいたって冷静な視点でビートルズ来日公演を捉えたもので「鬼気にせまる女たち」「母性本能の凄じさ」などビートルズ旋風を暗に批判したもの。またビートルズ来日を記録した「特集 ビートルズがやって来た」という貴重なソノシートも付いており、合わせてレアなアイテムである。シートの内容は①ファンの歓声②警備員とファン③ビートルズの記者会見④公演を見終わったファン、その泣き声⑤ヒルトンホテルで騒ぐ少女たち。ちなみにこのソノシート以外にもう一枚、イスラエルの建国放送、民族音楽、独立記念日のパレードなどを収録した「ルポ・イスラエル」がセットされている。
[朝日ソノプレス社] 1966/08/01

ヒットパレード・ベスト20

ミュージック・グラフ社が創刊3周年を記念して企画した丸ごとビートルズ来日のグラフ特集。全24ページに貴重なビートルズ来日関連写真が掲載され、各ページにソノシートをセットした仕様。掲載写真は一級品と言っても過言ではなく、ビートルズ来日から離日までを「ビートルズ台風上陸!」「記者会見」「唯一のファン交歓」「演奏会場」「いざ出陣」「ビートルズがやって来た」「さよなら!ビートルズ」の順にうまくヴィジュアル構成されている。また特別付録「ビートルズ・ピンアップ・カラー」4枚(折り込み中綴じビートルズ4人の写真)が付いて完品。
[ミュージック・グラフ社] 1966/08/

(SMG=6007)

ヤング・ヒット・パレード

『ヒットパレード・ベスト20』の別表紙ヴァージョン。表紙が差し替えられている以外、ソノシート含め内容は全く同じ。おそらく先行発売されたのは品番が若いビートルズ表紙(SMG-6007)の方で、こちら(SMG-6014)は売れ残りか過剰在庫品処分のために表紙のみ差し替えて再発売したもののようである。
[ミュージック・グラフ社] 1966/08/

(SMG=6014)

【ソノシート:10枚添付仕様】来日グラフと共にソノシート10枚をセットした仕様。収録全20曲の内、ビートルはカヴァー1曲のみ(演奏は別人)。

【特別付録:カラーピンアップ】このビートルズ4枚の写真は片面カラー印刷で全24pの中央部に中綴じされている。

ヤング・ヒット・パレード9月号/ベスト14

ビートルズ・オンリーではないが上記2種と内容の異なる日本公演グラビア大特集「ビートルズ来日」が7ページ。他、「ビートルズ対フォークソング/城由樹」「ソンググラフ」など、ビートルズ関係は合わせて11ページもあるソノシートブック(全24ページ)。ソノシートは【ペイパーバック・ライター】【ガール】【ミッシェル】【ひとりぼっちのあいつ】4曲(演奏は別人)他で3枚付き。※上記とタイトル「ヤング・ヒット・パレード」が同じだが発行元も内容も別もの。
[現代芸術社] 1966/09/01

(AY6-7/裏にはA6-11と印刷)

【ソノシート:3枚添付仕様】グラビア特集「ビートルズ来日」は7ページ。他にもビートルズ関連あり。

ポール・マッカートニー＆ジョン・レノン 関連プレスキット

いずれも報道関係者に配布されたプレスキット。非売品で数も少なく希少なアイテム。

WELCOME TO JAPAN WINGS プレスキット

1975年11月19日・20日・21日に日本武道館で開催されるはずだったウイングスの初来日コンサートのプレスキット。内容はポールの生い立ちから近況までを記した「ポール・マッカートニー物語①」「ポール・マッカートニー物語②」、ウイングス公演レポート「興奮また興奮……大成功裡に終了したイギリス公演」、ディスコグラフィ「ポール・マッカートニー＆ウィングスのアルバム①」「ポール・マッカートニー＆ウィングスのアルバム②」、ウィングス初来日を期待する「ポール・マッカートニーが再び日本を訪れる」以上6シートのセット。
[東芝EMI] 1975/11/

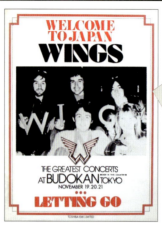

THE PAUL McCARTNEY / WORLD TOUR IN JAPAN プレスキット

ポール・マッカートニー日本公演のプレスリリースキット。フジテレビ事業局内に設けられたポールマッカートニー日本公演運営事務局が制作したもの。キットはメインの①プレスリリースシート（A4判）が10枚②公演日程やチケット発売日、メッセージ、来日メンバープロフィール、ワールドツアーレポートなどカラー印刷のシート（A4判）が8枚③ビートルズシネクラブのあいさつ文と案内文が2枚④公演日程変更のお知らせ文が1枚⑤B5判サイズのカラーチラシ1枚⑥ディスコグラフィーや公演スケジュール日程変更のお知らせを記した見開き冊子1点⑦ A5判サイズ12ページのカラー小冊子「やっとあえたね。」1点のスペシャルセット。
[フジテレビジョン事業局] 1990/01/

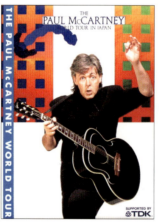

Happy birthday to John ／ジョン・レノン生誕50周年プレスキット

ジョン・レノン生誕50周年を契機に、日本で企画開催された「ジョン・レノン展／Happy birthday to John」のプレスキット。イベントの主催でもあるフジテレビが全国開催に先駆け報道関係者のみに配布した大変貴重なもので、「ジョン・レノン展／Happy birthday to John」の主旨・開催案内、オノ・ヨーコからのメッセージ、企画概要、ジョンの年譜、ディスコグラフィーなどの資料を10枚のシートに印刷し見開きハードカヴァー内にインサートした仕様。
[フジテレビジョン・レノン事務局] 1990/10/09

ジョン・レノンのリトグラフ「bag one」関連アイテム

オリジナルは1970年1月にロンドンのアートギャラリーでジョンとヨーコの性生活などを描いた14枚の版画を展示したリトグラフ展『bag one』が開催された際、限定300セットで真っ白の大きな皮製バッグに入れられ販売されたもの。今では有名で見慣れたリトグラフだが、当時はあまりに猥褻すぎるとのことでおとがめがあった作品群。元々リバプール美術学校出身であったジョン・レノンの才能は音楽だけに留まらない。

John Lennon／bag one パンフレット 1981

1981年12月1日〜12月30日に東京A to Zシアターで開催されたジョン・レノンのリトグラフほかを集めたアート展「bag one」のパンフレット（サイズ280mm×200mm）。ジョン自筆のユニークなイラスト（表題含めリトグラフ9点）などを12ページに抜粋収録。「bag one」のオリジナル展は1970年ロンドンで開催されている。
[A to Zシアター] 1981/12/01

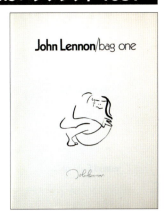

John Lennon／bag one キット 1983

1983年、ニューヨークと東京で開催された「bag one」展で販売されたケース入りB4サイズのリトグラフセット。写真付きの解説書1点を除き限定タイトル1枚、アルファベットポエム1枚、表題含めたリトグラフ14枚合わせて16枚がフルセット（解説書を含めると17枚）。このリトグラフはジョン・レノン自身が1968-1969年頃に描いた数百枚の中から抜粋しリトグラにしたもの。
[ザ・ビートルズ・アメリカン・コンベンション実行委員会] 1983/

John Lennon ジョン＆ヨーコ／二人の世界 1990

ジョン・レノン生誕50周年、射殺事件没後10年という1990年に制作されたジョン＆ヨーコの自筆画集（リトグラフ、エッチングなど）のハードケース付カタログ。このカタログは1990年日本国内でこれら自筆画の独占販売権を認められた株式会社マーランドが作品販売用に制作したもの。同年6月27日-7月10日までソニービルで開催された「ジョン・レノン・アートワーク展」でもこの作品が展示された。仕様は凝ったつくりで①ハードケース②「ジョン＆ヨーコ／二人の世界」ヨーコのメッセージ付き見開き冊子。③フルカラー24ページの自筆画集カタログ本体④フルカラー別冊見開きリーフ⑤解説薄用紙2枚が揃って完品である。※作品販売用のカタログだが市販品か非売品かは不明。
[マーランド／BAG ONE INC] 1990/

ビートルズカヴァー＆表紙コピーがある
雑誌・週刊誌・パンフ／1964

1964年に刊行された書籍・雑誌の中で、
ビートルズが表紙を飾ったアイテムと、表紙にビートルズ関連のコピーがある音楽雑誌及び映画パンフレットほか、
ビートルズ現役時代の楽譜に限っては希少なアイテムもあるので紹介した。
当時の女性週刊誌「週刊女性」のコピーありは、なかなか珍しいアイテム。

ミュージック・ライフ／4月号

特集 話題の"ビートルズ"　ピンからキリまで

ビートルズカヴァーが初採用された記念すべき「ミュージック・ライフ」。本文でも☆その顕微鏡的拡大☆その解剖的研究☆その臨床学的研究☆その診察的レポート☆その蛇足的研究報告などとビートルズの魅力を多角的に考察したレポート「特集"ビートルズ"ピンからキリまで／湯川れい子」がある。またコラムで「火事かけんかかこの騒ぎ」「数々の賞に輝いて」「女性版ビートルズお目見え」などタイムリーな話題を簡単に紹介。
［新興楽譜出版社］1964/04/01【6P】

ポップス／4月号

吹きまくるビートルズ旋風

表紙にはじめてビートルズに関連するコピー「吹きまくるビートルズ旋風」が記載された号。同じくビートルズが初登場したグラビア4ページや読物「プレスリーを蹴おとしたイギリス青年」などがある。
［音楽之友社］1964/04/01【6P】

ミュージック・ライフ／6月号

ビートルズ特集号　特集 ビートルズとリバプール・サウンド騒動

巻頭モノクロ・グラビア「特集これぞビートルズ」をはじめ、読物特集「ビートルズとリバプール・サウンド騒動」がある。内容はビートルズ旋風を探った「イギリス、アメリカを遂に征服？」「ビートルズとリバプール・メン／木崎義二」やビートルズを含めたリバプール出身のグループを紹介した「リバプール・サウンドを織りなす面々／金子貞夫」など。なお表紙はビートルズカヴァー。
［新興楽譜出版社］1964/06/01【16P】

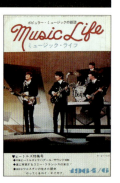

ミュージック・ライフ／8月号

特集！ビートルズに決斗状をつきつけたローリング・ストーンズとピーター＆ゴードン　特報！私はビートルズに会って来た

ポール・マッカートニーの恋人ジェーン・アッシャーの実兄ピーター・アッシャー（ピーター＆ゴードン）に提供したポールの作品［ア・ワールド・ウィズアウト・ラヴ］が大ヒットしたニュースやローリング・ストーンズとビートルズの人気の比較解析など。また映画評論家、水野晴郎（水野和夫）がオーストラリアでビートルズに会見した際のリポート、映画《ビートルズがやって来る ヤァ！ヤァ！ヤァ！》の解説、やグラビアページに写真など。
［新興楽譜出版社］1964/08/01【10P】

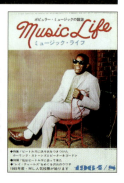

ポップス／8月号

特報 ビートルズに会う！

当時本誌の執筆を一部担当していた水野和夫（映画評論家／水野晴朗）が1964年4月21日PM8:00、ロンドンのオーストラリアハウスで日本人としては初めてビートルズとの会見に成功した際の取材レポートを掲載。このレポートはビートルズの主演映画《ビートルズがやって来る ヤァ！ヤァ！ヤァ！》完成記念パーティーにおける記者会見に同席した時のもので、単独会見ではないものの日本人として最初の会見者となった貴重な体験レポート。
［音楽之友社］1964/08/01【2P】

ポップス8月臨時増刊／ビートルズがやって来る

表紙：8月臨時増刊記載あり

国内雑誌としては一番最初のビートルズ特集号で、映画《ビートルズがやって来る ヤァ！ヤァ！ヤァ！》の特集記事と写真を中心にビートルズ最新情報を満載したもの。おもな内容は・映画に強くなるコーナー「座談会、ビートルズ万才！」／長沢純・高倉一志・手塚しげお・茂木幹弘「映画《ビートルズがやって来る ヤァ！ヤァ！ヤァ！》のすべて」・レコードに強くなるコーナー「サウンド・トラック盤」「ビートルズのレコードのすべて」ほか「アンケート」「ビートルズ物語」など。
［音楽之友社］1964/08/15【全48P】

The Beatles"A HARD DAY'S NIGHT"（関東版）

ビートルズが初主演した映画《邦題：ビートルズがやって来るヤァ！ヤァ！ヤァ！》の関東版パンフレットで、ポートレート、スティルフォトなどのヴィジュアルページを含め映画解説、ストーリー紹介、4人のプロフィールなどをまとめたもの。また初版オリジナルとしては、この関東版と内容の異なる関西版の2種類が存在するが関東版の方が構成及び印刷の状態は良い。なお日本初公開は東京の「松竹セントラル」でロードショー上映。
［ユナイト映画］1964/08/01【全20P】

ビートルズがやって来る ヤァ！ヤァ！ヤァ！（関西版）

ビートルズ主演映画《ビートルズがやって来る ヤァ！ヤァ！ヤァ！》の関西版オリジナルパンフレット（横型）で、関東版とは表紙を含め編集・内容が異なる。またこの関西版は関東版に比べページ数が4ページ少ない。内容はビートルズ4人のポートレートや、映画のスティールほか淀川長治の映画解説など。なおこの映画は関西地区では大阪「なんば大劇場」で1964年8月20日より劇場公開された。
［ユナイト映画］1964/8/20【全16P】

ビートルズの楽譜集については、ビートルズ現役時代に限ってコレクション対象として集めたため参考までに紹介することにした。
これら当時の一部楽譜集には写真が多く掲載されているものもある。

ミュージック・ライフ／9月号

巻頭モノクロ・グラビア1ページ以外はレコード紹介や雑誌「ミュージック・ライフ別冊／ビートルズ特集号」の綴込み広告がある程度。表紙はビートルズ。
[新興楽譜出版社] 1964/09/01【2P】

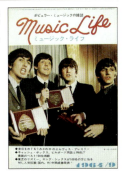

ミュージック・ライフ別冊／ビートルズとリバプール・サウンドのすべて

豊富な写真と記事でビートルズを含めたリバプールの人気グループを紹介したグラフ特集号。おもな掲載グループはビートルズのほかデーブ・クラーク・ファイブ、ピーター＆ゴードン、ローリング・ストーンズなど。またビートルズ関連では「ビートルズ・ストーリー／高島弘之」「ビートルズ、ア・ラ・カルト／湯川れい子」「リバプール・サウンドの王者たち／木崎義二」やアンケート、レコードガイドの掲載がある。
[新興楽譜出版社] 1964/09/01【42P】

ミュージック・ライフ／10月号

ビートルズに沸いた
日劇ウエスタン・カーニバル

特集「ビートルズに沸いた日劇ウエスタン・カーニバル」があるがビートルズとは直接関係ない内容。ジョン・レノンのグラビアとミュージック・ライフ別冊「ビートルズ特集号」などの広告ページのみ。
[新興楽譜出版社] 1964/10/01【2P】

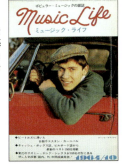

ポップス／10月号

特報！ビートルズをめぐる三つのウワサ…
ビートルズは落ち目!!
ビートルズが仲間割れ!!
リンゴがアン・マーグレットと結婚!!

「特報！ビートルズをめぐる三つのウワサ」と題し、①「ビートルズは落ち目!!／木崎義二」②「ビートルズが仲間割れ!!／高島弘之」③「リンゴがアン・マーグレットと結婚!!／林冬子」という三つのレポートがある。この企画は当時の「ポップス」誌としてはビートルズを大きく取上げたもの。
[音楽之友社] 1964/10/01【6P】

週刊女性／11月25日号

特報ローリングストーンの嵐にゆらぐ
ビートルズ!!

4ページの特報記事「ビートルズのつぎにきた、この不潔な若者たち」がある。内容はビートルズに続けといろいろなバンドが登場しているようすを特報「ビートルズ熱冷める？」「もっと強烈なリズムを」「不潔さが性的魅力で」「女性ファンにはムード派」「雨後のタケノコのように」など。当時の週刊誌の表紙コピーは他に見当たらずレアかも。
[主婦と生活社] 1964/11/25【4P】

big hits BEATLES／ザ・ビートルズのビッグ・ヒット集

ビートルズのギター指盤付き A5判の楽譜集。巻頭16ページはモノクログラビア写真で初期ビートルズのヒット48曲を収録。楽譜集の中ではそこそこレア。
[東芝音楽芸能出版／新興楽譜出版社] 1964/【全126P】

ビートルズのヒットパレード／HITS OF THE BEATLES

1964年に発売された国内では最初の楽譜集。貴重なアイテムなのでこれも掲載した。巻頭16ページはビートルズのグラビア写真集、楽譜はギターコード付き80曲収録。[新興楽譜出版社] 1964/【全96P】

ポピュラーフェスティバル

1964年のレアなビートルズカヴァーのコンパクト楽譜集(B6判)。当時の楽譜もので全ページビートルズオンリーの楽譜集は何点かあるが、「ビートルズがメインでないにもかかわらず表紙もビートルズ」という楽譜は珍しい。ビートルズの収録曲は「プリーズ・ミスター・ポストマン」「抱きしめたい」「プリーズ・プリーズ・ミ」「アスク・ミー・ホワイ」の4曲のみ。あとは国内外のポピュラーソングのヒット曲を収録。
[全音楽譜出版社] 1964/【9P】

1964

1964年に刊行された書籍・雑誌などの中で、
ビートルズが表紙を飾ったアイテムと表紙にビートルズ関連のコピーがある音楽雑誌及び
映画パンフレットや楽譜などのアイテムを紹介。

ザ・ビートルズのヒット曲と写真集

ビートルズの楽譜＆写真集。初期ビートルズのヒット39曲の楽譜と貴重な写真を多く収録。映画《ビートルズがやって来る ヤァ！ヤァ！ヤァ！》のサウンドトラック盤などの広告ページもある。大判の菊倍判（218×304）。
[東芝音楽芸能出版／新興楽譜出版社] 1964/【全98P】

映画ビートルズがやって来る ヤァ！ヤァ！ヤァ！主題歌集

ビートルズの映画《ビートルズがやって来るヤァ！ヤァ！ヤァ！》の主題歌集。一部映画のスティール写真もあり。菊倍判（218×304）。
[東芝音楽芸能出版／新興楽譜出版社] 1964/【全40P】

古参ビートルズ・ファンクラブ会報関連

いずれも1965年に発足した国内最古参の2つのビートルズファンクラブと
翌1966年に発足したBCC（ビートルズ・シネ・クラブ）会報など。
さすがに全号揃いで所有してはいないが、「LGB（レッツ・ゴー・ビートルズ）」の
貴重な初期会報NO.1～NO.4と「BFC（ビートルズ・ファン・クラブ）」の最初期一部の所持品のみ紹介。
またBCC（ビートルズ・シネ・クラブ）会報は所持している復刻版を紹介。

レッツゴービートルズ／LGB 会報 NO.1

古参のファンクラブLGB（レッツ・ゴー・ビートルズ）の会報。希少なNO.1で、A5判、16ページの小冊子。内容は「LGB結成にあたり／LGB会長・竹内はゆる」「イカス4人のプロフィール」「私の恋人ビートルズ」「ファンのひろば」「ビートルズPhenomenon説？／福田一郎」「私のビートルズ」「ビートルズ来日は実現する!!」など。
[LGB事務局] 1965/05/25【全16P】

レッツゴービートルズ／LGB 会報 NO.2

LGB（レッツ・ゴー・ビートルズ）のファンクラブ会報NO.2で、A5判、16ページ。内容は「ビートルズアルバム・四人はアイドルHELP！／ユナイト映画提供」「映画解説」「ファンのひろば」「その後のLGB」など。
[LGB事務局] 1965/07/20【全16P】

レッツゴービートルズ／LGB 会報 NO.3

LGB（レッツ・ゴー・ビートルズ）のファンクラブ会報NO.3。A5判、16ページ。内容は「ビートルズ、シェア・スタジアムの嵐!!／竹内はゆる」「1965年来日アーチスト」「愛妻家ジョン・レノンの休日」「LGB支部長紹介」「ファンのひろば」など。
[LGB事務局] 1965/10/25【全16P】

レッツゴービートルズ／LGB 会報 NO.4（3月号）

「ビートルズのすべて 3」とあるが、この「3」は3月号のこと。巻末に第4号と記載がある。前号までのA5判でなく、少し小さいB6判ほどのサイズ（W13cm × H18cm）で表紙がカラー、ページ数は増えて24ページになり、会報名も「LGB MAGAZINE」に変わった。内容は「ビートルズのすべて」「LGB発展のために」「ビートルズとスポーツカー」「一人一人の素顔から」「ジョージ・ハリスン夢のインタビュー」「イキなセンスがイッパイのヘルプ」「ファンの広場」など。
[LGB事務局] 1966/02/20【全24P】

BFC 会報／BFC レポート NO.3?（入会の御通知）

初期BFC会報。NO.3との記載はないが、通巻号の形態と同じで、サブタイトルは「新しく入会される方々への御通知」とある。手書き藁半紙（B4判）のレポートにはBFCが今年（1965年）の正月に結成したこと、1月10日段階の結成メンバーが231名で現在2,000名を超えたことなども紹介されている。この当時の会報は片面のみの手刷り印刷で号数によってバラバラ、発行日も特に決まっていなかったようだ。※発足時期について、1972年のBFC会報最終号には「1964年夏」との記載もある。これは正式でなく、会長の下山氏と数名による立ち上げ会のようなものだったのかもしれない。
[BFC事務所] 1965/03/01【1P】

BFC 会報／BFC レポート NO.9

BFC会報NO.9。この当時はB4判もしくはA4判の1枚ペラもの（表面片面のみに印刷）。この9号より、従来のB4判ほどの手書きガリ版刷りからA4判で活字印刷による仕様になった（以降もサイズや仕様の変更あり）。レポートには時々会員数の報告があり、この号にも最初に「毎日毎日BFC入会者が増加して現在8,000名に近づきました。」と記載がある。またビートルズの写真もはじめて紹介。
[BFC事務所／B・F・C事務局] 1965/09/20【1P】

BFC 会報／BFC レポート NO.12

当初はB4判、NO.9号以降はA4判で1枚ペラものだった会報だが、その後、何号からかは不明だが仕様変更があり、このNO.12はB4判4ページの仕様になっている。会長の山下氏自身のビートルズ会見記「ビートルズと過ごした一時間の印象と感想」他、「B.F.C公認となる／B.F.C会長山下鉄三郎」「ビートルズ訪問記／B・F・C会田公」「私とビートルズ／荒川和江」「4人の贈りもの／4人と共に過ごして」など関連写真も多く、来日資料として貴重なアイテム。
[B・F・C事務局] 1966/08/20【4P】

THE BEATLES（BCC 会報）創刊号（復刻版：通巻第 1 号）

※写真は復刻版。ビートルズ来日の1966年に発足したビートルズ・シネ・クラブが発行したタブロイド版新聞形態のファンクラブ会報の創刊号（1968年9月28日発行）で、後のビートルズ・シネ・クラブ会報「The Beatles」（マンスリー）の前身となったもの。おもな内容はビートルズ・シネ・クラブ初代会長（浜田哲生）の創刊メッセージ「日本中のビートルズファンへ」や、ビートルズ・トピック「BEATLES SPECIAL NEWS」「HEYJUDE／REVOLUTION」、ファンの声を集めた「Apple House」、「BEATLESを死ぬほど好きなきみ／福間健二」など。
[BCC／（ビートルズ・シネ・クラブ）] 1968/09/28【4P】

ビートルズカヴァー＆表紙コピーがある
雑誌・週刊誌・パンフ／1965

1965年に刊行された書籍・雑誌などの中で、
ビートルズが表紙を飾ったアイテムと表紙にビートルズ関連のコピーがある音楽雑誌、
一般雑誌、週刊誌及び映画パンフレットなどのアイテムを紹介。

ミュージック・ライフ／1月号

ビートルズカレンダー
新着ビートルズ写真集
巻頭折込「ビートルズ新春カレンダー（1月〜6月）」6枚と、ビートルズの新着フォトで綴った8ページのグラビア特集がある。グラビアフォトの多くは珍しいもの。
［新興楽譜出版社］1965/01/01【14P】

ミュージック・ライフ／2月号

特集 ビートルズをKOした
ローリング・ストーンズ
「特報！1964年度MLグランプリ決定」のなかでビートルズのヒットナンバー【抱きしめたい】がMLゴールデン・ディスク賞およびゴールデン・スター賞に輝いたニュースを報告。新着フォトを収めたグラビア特集では「今年も頑張るビートルズ」があり、「スターの花かご」のコーナーでもジョンとリンゴの脱退説などを掲載。
［新興楽譜出版社］1965/02/01【7P】

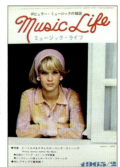

Out of the mouths of BEATLES（ビートルズ傑作写真集）

Out of the mouths of BEATLES
元々、1964年にアメリカのDELL出版が発行した同名タイトル写真集を日本の洋販出版が権利を取得し1965年に再発行した日本編集版。収録写真はすべてモノクロであるがユニークなキャプション（英文セリフ）が付けられており、初期ビートルズのスナップやレアショットも多い。また当時としてはめずらしいコンパクト・サイズの横型写真集である。（編：アダム・ブレシング）
［洋版出版］1965/02/01【全64P】

ミュージック・ライフ／3月号

ビートルズ
1965年度ML人気投票結果発表のコーナーでビートルズがヴォーカルグループ部門の1位を獲得した記事、スナップフォトや近況ニュースなどを数カ所に分けて掲載。
［新興楽譜出版社］1965/03/01【4P】

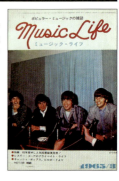

ポップス／3月号

ビートルズをもう一度見なおそう
ビートルズの音楽とその実力の程を音楽家、塚原哲夫がエッセイ風に解説した「ビートルズをもう一度見なおそう」を掲載。また本号締め切り間際にリンゴ・スター死亡の噂が伝えられ、その真相を次号で究明するとの追記がある。
［音楽之友社］1965/03/01【6P】

ミュージック・ライフ／4月号

ビートルズのリンゴ・スターが結婚した!!
リンゴの結婚と残されたガールフレンド達
ポールとジョンの心境・ジョン・レノンの悩み
グラビア特集ではリンゴ・スターと新婦モーリン・コックスの写真を多く掲載。特集の方でも湯川れい子などがリンゴ・スターの結婚に関するコメントを寄せている。また結婚についてジョンやポール、ジョージの心境をまとめた記事はユニーク。
［新興楽譜出版社］1965/04/01【19P】

ミュージック・ライフ別冊／The Beatles'65 春の臨時増刊号

特集・The BEATLES
ビートルズ・オン・ステージ、ニュースフォト、ロウ人形、ビートルズ・イン・アメリカ、ビートルズ・ワン・バイ・ワンなど近況フォトや貴重フォトを紹介したグラビアページとビートルズの最新情報・トピックスで構成した特集号。読物としては、ビートルズの軌跡をまとめた「かくしてビートルズは成功した／亀淵昭信」、ビートルズのヒット・ナンバーを解説した「ビートルズ・レパートリー拝見／水谷証一・石橋ひろし」ほか「ビートルズに続く者達は？／木崎義二」などを掲載。
［新興楽譜出版社］1965/04/01【50P】

ポップス／4月号

誰がビートルズを殺した
リンゴ・スター刺殺誤報事件と結婚、その他ビートルズの近況ゴシップをテーマにした湯川れい子、関光夫、高崎一郎の対談を掲載。ビートルズについての誤報や噂が氾濫していた当時のようすがよくわかる。
［音楽之友社］1965/04/01【5P】

女性月刊誌「マドモアゼル」は当時としてはめずらしい16ページの大特集を企画したレアなアイテム。

版権独占 これがビートルズ

版権独占 これがビートルズ

イギリスで刊行されたビートルズの伝記「The True Story Of The Beatles」の邦訳。ジョンとポールの出会いからムーンドッグス、シルバービートルズ時代、そしてビートルズデビューやファーストアルバム制作まで初期ビートルズの軌跡を描いたもの。日本で最初に紹介されたビートルズ・ストーリーとして著名な書籍である。著：ビリー・ジェファード、訳：星加ルミ子／青柳茂樹
[新興楽譜出版社] 1965/04/01【全286P】

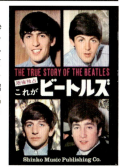

ミュージック・ライフ／5月号

ビートルズの最新レポート集

ビートルズ第2作目の主演映画《ヘルプ！4人はアイドル》のロケ先（オーストリア）からの新着フォトをグラビアページで多く紹介。内容は映画からのスティールフォトや撮影の合間のスナップショットとともにコメントや解説・評論を記載したもの。
[新興楽譜出版社] 1965/05/01【10P】

ポップス／5月号

プレイボーイとビートルズ

プレイボーイ誌によるビートルズ・インタヴューの抜粋を掲載。内容はビートルズ4人の私生活などにも触れており面白い。また「ロック・ロールの歴史／ビル・ヘイリーからビートルズまで」があるが直接ビートルズに関する記述はない。その他「ビートルズ来日か？／小倉友昭」などコラムもある。
[音楽之友社] 1965/05/01【3P】

ミュージック・ライフ／6月号

ぼくとビートルズ……
リンゴ・スター記 これからのビートルズ

映画《ヘルプ！4人はアイドル》からのスナップショットや近況スクープフォトを中心にした新着フォトをグラビアページで紹介。また映画の公開日決定の話題やリンゴ・スターのインタヴュー記事などもある。
[新興楽譜出版社] 1965/06/01【16P】

マドモアゼル／6月号

特集ビートルズのすべて

当時の女性月刊誌では極めて珍しいビートルズ特集「特集！これがビートルズのすべて!!」がある。16ページに及ぶ目次付きの総力特集で写真の掲載も多く内容も悪くない。「ビートルズ頼もしい男／ジョン」「ラブソングの即興詩人／ポール」「世界を陶酔させるドラマ／リンゴ」「ビートルズスタイルの考案者／ジョージ」「世界を駆けめぐるビートルズ」「ビートルズ・サウンドの価値」「リンゴ・スターを魅惑した私」などバラエティーに富んだ内容で読み応えもある。
[小学館] 1965/06/01【16P】

女学生の友／6月号

デビー・ワトソンへカレンな30問
ノッポが悩みのビートルズ・ファンです

ビートルズのプロフィールと質問を一覧表にした「ビートルズ4人の私の秘密」他、来日した女優デビー・ワトソンの特集ページ「ノッポが悩みのビートルズ・ファンです」の中でビートルズに触れる内容あり。
[小学館] 1965/06/01【3P】

映画ストーリー／6月号

本誌独占 ビートルズの秘密のすべて

ポール・マッカートニー独占インタビュー「ぼくたちは天使じゃない、ビートルズだ！」「ぼくたちは天使じゃない！」「留置場入り事件の真相」「私生児問題は」「ビートルズ映画の秘密」とビートルズ来日招致に関する特報「ビートルズがやってくる!?」「ビートルズが来日すれば」「ビートルズは誰がよぶ？」「L・G・Bの意気ごみ」「必ずやってくる!!」8ページ。ほか「ビートルズ映画第二弾！」のグラフ1ページ。
[雄鶏社] 1965/06/01【9P】

週刊平凡／6月3日号

本誌独占！20代の億万長者 ビートルズの財産初公開！

独占扱いの特集記事「3年間で140億かせいだ20代の億万長者／ビートルズの財産初公開」がある。「気になる四人のふところ」「金のなる木がいっぱい」「豪華さを競う邸宅と高級車」「平等ではない稼ぎの分配」「一日に三万人の会員申し込み」など興味深い内容。
[平凡出版] 1965/06/03【5P】

1965

「週刊TVガイド」の表紙コピーありの2アイテムも珍しいもの。

ミュージック・ライフ／7月号

**ビートルズの「HELP」撮影完了
ビートルズ大いに語る**

グラビア7ページに映画《ヘルプ！4人はアイドル》関連のフォトを掲載。そのほか読物ページも多く、映画撮影終了後のビートルズの貴重インタヴューや近況ニュース関連の記事を載せており内容も興味深い。
[新興楽譜出版社] 1965/07/01【20P】

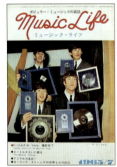

映画ストーリー／7月号

特報 ビートルズのロマンスと結婚を探る

特別読物「ビートルズ最新情報！／高崎一郎」があり、映画からの最新フォトや「イギリスの五人男」「これがビートルズの魅力だ！」「何も恐れない若者たち」「ビートルズの各メンバーに関する調査表」がある。一部ビートルズメンバーのロマンスについても触れられている。
[雄鶏社] 1965/07/01【6P】

女学生の友／7月号

付録④ビートルズ・ブロマイド

本号付録のひとつがビートルズのブロマイド。表紙コピーと広告ページに一部ビートルズのカラー写真があるが他に関連記事はない。
[小学館] 1965/07/01【0P】

スクリーン／7月号

**ミュージカルと映画とシルヴィ・ヴァルタン
ビートルズ特集増大号**

特別読物「ミュージカル・映画の新時代」のなかで、ビートルズの新作映画《ヘルプ！4人はアイドル》の制作情報を詳しく掲載した「特報・ビートルズ第2作に取り組む／ヘンリー・グリス」がある。ただ映画のタイトルがこの時点では「あなたを抱く8本の腕／8 ARMS TO HOLD YOU」として撮影が進んでいるなど、タイムリーな話題とビートルズ第2作目の映画を期待する記事が多く面白い。
[近代映画社] 1965/07/01【8P】

週刊TVガイド／7月2日号

特集!!ビートルズをニッポンへ呼ぼう

特集「ビートルズが東京に上陸する日はいつ？／今秋実現のウワサと白熱する二つのファンクラブ」があり、「今秋来日する！」というニュースが一部に流れたことに対し、その真偽とビートルズ旋風にスポットをあてて「テレビに写ったポールを……」「二つのファンクラブ誕生」「十月に二日間の東京公演？」などを掲載。この当時の週刊TVガイドは発行日と表紙掲載の日付が違っていた。
[東京ニュース通信社] 1965/06/24【4P】

週刊明星／7月11日号

**緊急特報★ビートルズに初の独占会見！
本誌特派記者に来春来日を約束**

同誌の特派記者でもあるミュージック・ライフ誌編集長、星加ルミ子のビートルズ独占会見記『緊急特報／本誌特派記者に来春来日を約束』を貴重な写真付きで4ページ掲載。日本人で初めてのビートルズ独占会見で「ブッケ本番の会見申し込み」「リンゴのキスで卒倒寸前」「来年春の来日を約束」など興味深い内容。
[集英社] 1965/07/11【4P】

ヤングレディ／7月12日号

《独占会見記》ビートルズとの楽しかった三時間■星加ルミ子

当時「ミュージック・ライフ」の編集長だった星加ルミ子のビートルズ独占会見記があり、その内容を写真とともに5ページ掲載。「ビートルズにキスされた私」「遂に、ビートルズに会えた！」「目の前に四人が……」「ポールは婚約している！」「来年三月、日本にやって来る」「一生忘れられない感動のキス」など。
[講談社] 1965/07/12【5P】

少女フレンド／7月13日号

**特集／人気コーラスくらべ
ビートルズとジャニーズ**

ビートルズと日本のジャニーズを徹底比較した巻頭6ページ特集「あなたはどちらのファン？ビートルズとジャニーズくらべ」がある。ビートルズに関する内容は「ビートルズの住所」「ビートルズの魅力」「ビートルズの休日」「私たちはビートルズファンです」他、4人のプロフィールなど。
[講談社] 1965/07/13【6P】

週刊TVガイド／7月16日号

緊急特集!!「ビートルズ大会」詳報

5ページの特集「緊急ルポ!!絶叫、身悶え、そして失神／ビートルズ・ファン・クラブ臨時大会」がある。内容は「耳をつんざく悲鳴の嵐」「叙勲祝いをかねて集まる」「新興宗教も及ばない」など、1965年6月30日、東京築地の松竹セントラルで開催されたF・B・C（ビートルズ・ファン・クラブ）臨時大会の詳細レポート。この大会では映画《ビートルズがやって来るヤァ！ヤァ！ヤァ！》や《ポップギア》の上映もあり、ビートルズ・ファン2,000人近くが集まったとのこと。発行日は7月8日。
［東京ニュース通信社］1965/07/08【5P】

ミュージック・ライフ／8月号

**ビートルズに会いました！
ビートルズ4人の実物大写型公開
ビートルズのレコードセッションに立会って**

星加ルミ子がミュージック・ライフ誌の特派員として初めてビートルズとの会見に成功した際のもようを大特集している。この日本人初となった独占会見は約3時間にもおよび、ビートルズの貴重インタヴューをはじめ感激のレポートをスクープ扱いで掲載。また取材同行したMLのカメラマン、長谷部宏によるレアショットも巻頭のカラーグラビアで数多く掲載されており、同誌のなかでもレアな1冊といえる。
［新興楽譜出版社］1965/08/01【22P】

映画ストーリー／8月号

特別付録 ザ・ビートルズ・ポートレート

同誌創刊13周年記念号の特別付録としてポートレートが巻頭に4枚綴じこみされている。各ポートレートはリンゴ、ポール、ジョージ、ジョンの順に一枚づつアップのモノクロ写真。また「リヴァプール・サウンドのプレイヤーたち／榊野 洋」の中にもビートルズに関する記述がある。
［雄鶏社］1965/08/01【4P】

our BEATLES

our BEATLES

洋書「our BEATLES」写真集の日本編集版で洋版出版（株）が版権を取得し国内で発行したもの。写真はスタジオ撮影された4人のポートレートが中心で演奏シーンや貴重なものは少ない。またカラーフォトは2ページのみで30ページはモノクロ構成。なお初版オリジナルには最終ページに発行日、発行所、定価¥300と印刷されているほかオレンジ色のチラシと書籍注文ハガキが中綴じされている。
（※初版オリジナルタイプ）
［洋版出版］1965/08/15【全32P】

映画ストーリー臨時増刊／ビートルズのすべて!!

'65-7/ALL ABOUT THE BEATLES!!

新作映画《ヘルプ！4人はアイドル》のロケ中のスナップやスティールなど新着フォトを含め、ビートルズの歩みを多くの写真で綴ったヴィジュアル特集号。構成はほぼ写真集であるが、後半には「ビートルズ誕生から栄光へ／保志みさほ」「ビートルズのロマンス白書／山根祥敬」「ビートルズと語り合った、たった一人の日本人／高崎一郎」「これがゴシップだ！／朝妻一郎」「ビートルズはどこへ行く？／亀淵昭信」やビートルズ座談会、映画解説、レコードリストなど。
［雄鶏社］1965/07/15【130P】

R&B THE BEATLES '65.8／ザ・ビートルズ

THE BEATLES

R&Bファン向けに、ビートルズなどリバプールのグループや関連情報を写真とイラストで紹介した簡単な雑誌（全28ページもの）。写真やイラスト以外には本誌広告、R&Bファンクラブ入会案内、ビートルズ・グッズ・プレゼント・コーナーなどがある程度だが、発行部数が少なく入手の極めて困難なアイテム。
［サイン楽譜出版社］1965/08/01【全28P】

女性自身別冊／8月2日号

**独占カラーグラフ ザ・ビートルズ
月収3500万円の若者たち**

6ページの巻頭カラーグラフ「ザ・ビートルズ20代、月収3500万円！」がある。カメラマンによるポートレートが中心で写真も意外とレアで、かつきれい。
［光文社］1965/08/02【6P】

別冊明星／歌うオールスターパレード

**別冊付録①ジャーニーズ・ビートルズ
超大型ブロマイド**

映画《ヘルプ！4人はアイドル》の新着スティール写真で構成された折込みピンナップがあるのみ。なお欠品のため仕様・詳細は不明だが別冊付録が「ジャーニーズ・ビートルズ超大型ブロマイド」らしい。
［集英社］1965/08/15【約1P】

1965

この当時はそれほどビートルズの特集や企画号などの数も多くなかったが、
翌年の来日が現実味を帯びてくると、各出版社などは競うようにビートルズの特集を組むようになる。

POP GEAR／ポップギア（関東版）

ビートルズをはじめ当時「リバプール・サウンド」と称されたアニマルズ、ピーター＆ゴードン、ハニカムズなどイギリスの人気グループが出演して話題となった映画《POP GEAR》全24ページのパンフレット。関東版と関西版の2種類が存在する。関東版のほうは関西版に比べ圧倒的にビートルズについての情報量が多く、全体の内容・構成ともに優れている。
[大阪映画実業社／松竹映配] 1965/08/25 【8P】

POP GEAR／ポップギア（関西版）

ビートルズ他リバプールの人気グループが登場する映画《POP GEAR》の関西版パンフレット。表紙タイトルも「ポップ・ギア」と日本語表記されており、関東版とは内容・構成が異なる。パンフ自体は12ページだが、ビートルズについては他のグループと同様、写真を含め1ページ程度。
[大阪映画実業社／松竹映配] 1965/08/25 【1P】

ミュージック・ライフ／9月号

新着グラビア、バルセロナのビートルズ

「星加ルミ子の取材旅行」と題したグラビア特集があり、ビートルズの生家とリヴァプールなどを訪ねた際のスナップフォトを掲載。別ページにもビートルズ、スペイン旅行のレアフォトがある。
[新興楽譜出版社] 1965/09/01 【7P】

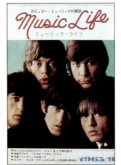

ティーンビート／9月号（創刊号）

ビートルズNO.2
「四人はアイドル」（HELP！）

「ミュージック・ライフ」「ポップス」と並んで60年代を代表する音楽専門誌のひとつ。ビートルズ全盛期に創刊されたこともあり、ビートルズ関連情報をメインで掲載。また編集長（木崎義二）が、以前「ポップス」の編集執筆を担当していた経緯もあり、話題の創刊となった。内容はビートルズ2作目の映画《ヘルプ！4人はアイドル》からのスナップやスティールを集めたグラビア特集など。
[映画と音楽社] 1965/09/01 【20P】

近代映画／9月号

世界を征服したビートルズ・人気の秘密

写真1ページ含めた6ページの特別読物「世界を征服したビートルズ・人気の秘密／高橋一郎」がある。内容は「うずもれていた宝／ビートルズの誕生」「イギリスの歴史の香り／その人気と実力」「アメリカに上陸して／その人気と演出」「もりたてた陰の役者／その人気の背景」など初期ビートルズ・ストーリー。
[近代映画社] 1965/09/01 【6P】

スクリーン別冊／ミュージカルとビートルズ・魅力グラフ

グラフ特集「4人はアイドル」ビートルズ誕生物語　ビートルズ・ロマンス情報

約7割がビートルズの写真を中心にしたグラフ特集。新作映画《ヘルプ！4人はアイドル》からスティールやスナップフォトをはじめ映画《ポップ・ギア》《ビートルズがやって来る ヤァ！ヤァ！ヤァ！》の関連グラフもある。また「ビートルズ、かくて誕生す!!／岩花達夫」「新作《ヘルプ！4人はアイドル》紹介／中野伊久雄」「ビートルズ、ロマンス総決算／山根祥敬」などの読物ほか、参考資料として「ビートルズ身上調査」「ビートルズ日本発売LPリスト」も掲載。
[近代映画社] 1965/09/01 【82P】

週刊明星／9月5日号

独占特報★ビートルズのポールが結婚！

5ページの独占特報「ビートルズのポールが結婚する／花嫁ジェーンに単独会見」がある。内容は「3年ごしのガールフレンド」「ポルトガルの漁村で婚約？」「ピーターの誕生日パーティー」「結婚はまだよ…でも…」などポール・マッカートニーとイギリスの女優ジェーン・アッシャーの結婚ニュースについて星加ルミ子がジェーンとの会見を通し、その真相に迫ったもの。
[集英社] 1965/09/05 【5P】

平凡パンチ／9月20日号

特報グラフ／アメリカのビートルズ騒動

巻頭7ページにわたり、「アメリカのビートルズ騒動／大リーガーも顔負け！ニューヨーク・シェア・スタジアム超満員の熱演」と題した特集グラフがある。内容は6万人で埋め尽くされたシェア・スタジアム公演のステージやファンの熱狂ぶりを見事に伝える写真。特にファンの写真がレアショット。
[平凡出版] 1965/09/20 【7P】

ミュージック・ライフ／10月号

**ビートルズとクリフの声をきいて下さい！
アメリカ公演中のビートルズと
特別インタヴューetc**

アメリカ公演の最中に収録された独占インタヴューやポール＆ジェーン・アッシャーの近況特集のほかグラビアでもビートルズ最新フォトをまとめて掲載。
〈特別付録〉フォノシート／ビートルズからのプレゼント付。
［新興楽譜出版社］1965/10/01【20P】

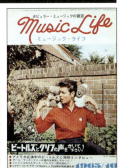

ティーンビート／10月号

**グラビア特集／新着スチール
ビートルズNO.2「4人はアイドル」
（HELP！）**

「ティーンビート」誌初のビートルズ・カヴァー。創刊号に続き映画《4人はアイドルHELP！》の新着フォトを掲載したグラビア特集がある。そのほか朝妻一郎、金子貞男、亀淵昭信、高崎一郎、福田一郎、木崎義二による座談会「ポピュラー音楽会の現状を語る」があり、ビートルズ来日の可能性について意見を交わしている。また「海外音楽ニュース」のコーナーでもビートルズ情報を紹介。〈特別付録〉フォノシート／ハーマンズ・ハーミッツとの5分間［映画と音楽社］1965/10/01【12P】

週刊平凡／10月21日号

**デラックス・カラー・プレゼント
あなたのビートルズ**

ビートルズの中綴じ（1部折込み）コンパクトカラー写真集。写真9点は全部カラー。
［平凡出版］1965/10/21【10P】

ミュージック・ライフ／11月号

**本誌独占特報／
ビートルズと会ったエルヴィス**

「ミュージック・ライフ」誌としてビートルズ全員以外で初めてリンゴ・スターが表紙を飾ったもの。リンゴ・スターの長男ザックの新着フォトなどを紹介したカラーグラビアページやビートルズがエルヴィス・プレスリーと直接会見したもようを掲載したスクープ記事がある。そのほか興味深い資料としてジョンの父アルフレッド・レノンのインタヴューもある。なおビートルズのカラーグラビアは本号が最初である。
［新興楽譜出版社］1965/11/01【16P】

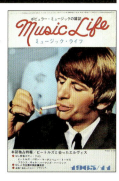

ミュージック・ライフ編集号／ビートルズ写真集

ビートルズ写真集

同年4月1日に先行発売された「ミュージック・ライフ別冊／特集 The BEATLES'65春の臨時増刊号」や「ミュージック・ライフ」誌に既載されたフォトに巻末新着フォトを加えて再編集した企画写真集。一部読物ページもあるが、前述「ミュージック・ライフ別冊」と全く同じ写真が使用されるなど内容・構成にも大差がない。当時この2冊を続けて購入した人は不満を感じたに違いない。
［新興楽譜出版社］1965/11/01【94P】

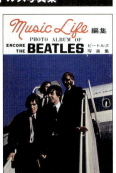

ティーンビート／11月号

**こんにちはZAKちゃん！
リンゴ二世誕生!!**

グラビア特集「こんにちはZAKちゃん！リンゴ二世誕生!!」があり、リンゴ・スターとモーリン夫妻の間に生まれた長男ザックの写真を掲載。その他ビートルズの最新グラビアページもある。
［映画と音楽社］1965/11/01【6P】

映画ストーリー／11月号

特集「ニューポップ」のなかでビートルズのカラーグラビアを含めたフォトが紹介されている他「ビートルズをとりまくリヴァプールの惑星／高崎一郎」など関連記事がある。また表紙上段はビートルズ。
［雄鶏社］1965/11/01【9P】

近代映画／11月号

ビートルズの私生活公開

映画《ヘルプ！4人はアイドル》関連グラフ1ページと近況フォトとともに彼らの私生活にスポットをあてた企画「ビートルズの私生活／木崎義二」「プロローグ」「女-女-女」「ひま-ヒマ」約5ページがある。
［近代映画社］1965/11/01【6P】

1965

HELP！／ヘルプ 4人はアイドル（有楽座館名入り）

ビートルズ主演第2作目の映画《HELP！／ヘルプ 4人はアイドル》のパンフレット（東京有楽座館名入り）。他にニュー東宝館、館名なし、リバイバル、復刻版など多数の種類がある。映画からのスティールフォトや解説など。
[ユナイト映画] 1965/11/13【全20P】

ミュージック・ライフ／12月号

独占特報！
ビートルズヘアースタイルの秘密
エド・サリバン・ショーに出演したビートルズのカラーグラビアページがある。また「ビートルズ、ヘアースタイルのヒミツ」としたビートルズの専属スタイリストが語ったユニークなエピソードの数々を掲載。ジョンの父親アルフレッド・レノンのインタヴュー（続編）もある。
[新興楽譜出版社] 1965/12/01【13P】

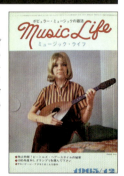

ティーンビート／12月号

ビートルズとプレスリー「世紀の会見！」
OBE勲章を受けたビートルズ
「ビートルズとプレスリー世紀の会見！」と題したプレスリーとの貴重ショットや映画《4人はアイドルHELP！》のスティールを集めた「誌上プレヴュー」を掲載したグラビア特集がある。また「ワイド座談会」では映画《4人はアイドルHELP！》を取上げて徹底分析。その他ビートルズのグラビアページや最新情報など記事も多い。〈特別付録〉フォノシート／ペギー・マーチ特別インタヴュー
[映画と音楽社] 1965/12/01【29P】

スクリーン／12月号

エレキは現代の救い
「4人はアイドルとベンチャーズ」
巻頭でジョン・レノンの誕生日を祝うカラーグラビアや新入荷作品コーナー、映画《ヘルプ！4人はアイドル》の新着グラフ特集がある。また「エレキは現代の救い―ベンチャーズと4人はアイドル」などエレキブームを取上げた特集もある。
[近代映画社] 1965/12/01【8P】

The Beatles BOOK／ビートルズ・ブック

THE BEATLES BOOK
イギリスのBEAT PUBLICATIONS. LTDより出版されたオフィシャル・マンスリー特別号（写真集）「The Beatles BOOK」の日本編集版。映画《4人はアイドルHELP！》のスティールやスナップを掲載したカラーページのほか4人のポートレートが中心の構成で写真にはキャプションが添えられている。またビートルズ各4人のプロフィールや簡単なディスコグラフィーもある。
[洋版出版] 1965/【全60P】

ポップスを楽しもうⅠ

ナット・キング・コールから
ビートルズまで
東芝音楽工業のレコードを紹介した店頭販促用の非売品小冊子。ジャズ／ヴォーカル、ムードミュージック、映画音楽／ミュージカル／ダンス、ヒットソング、ウェスタン、フォークソング、ラテン、タンゴ、シャンソンなどジャンル分けした最新ディスコグラフィー。ビートルズは1/2ページの広告内に簡単なディスコグラフィーがある程度。裏表紙はビートルズ。
[東芝音楽工業] 1965/【1/2P】

ビートルズ・アルバム＝ヒット曲と写真集

ビートルズ・アルバム＝ヒット曲と写真集
ビートルズの楽譜＆写真集。巻頭32ページが写真集の構成で残りのページはヒット曲43曲の楽譜。
[東芝音楽芸能出版／新興楽譜出版社] 1965/【全128P】

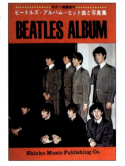

THE BEATLES／HELP 映画「4人はアイドル」主題歌集

映画4人はアイドル主題歌集
ビートルズ主演映画《ヘルプ！4人はアイドル》の当時の主題歌集（楽譜）。巻頭は8ページはモノクロ写真ページ。【HELP！】他16曲収録。
[東芝音楽芸能出版／新興楽譜出版社] 1965/【全60P】

プリーズ・ミスター・ポストマン楽譜シート

有名なカヴァー曲『プリーズ・ミスター・ポストマン』の見開き4ページ、100円の日本語歌詞付き楽譜シート。カヴァーしたビートルズと日本のクール・キャッツが表紙写真。
［大洋音楽］1965/【4P】

THE BEATLES／HELP 4人はアイドル・ヘルプ

映画主題歌「4人はアイドル／ヘルプ」1曲のみの6ページ楽譜ピース。
［東芝音楽芸能出版／新興楽譜出版社］1965/【6P】

ALL OF THE BEATLES／写真と話題 ビートルズのすべて

B6判サイズのコンパクトな写真と話題を随所に散りばめた日本語歌詞付楽譜集。ビートルズのヒットナンバー43曲の楽譜他、写真と話題の読物ページ「ビートルズのすべて」「ビートルズと女の子」「ビートルズと映画」「ビートルズとインタビュー」「マッシュルーム・カット」「WELCOME THE BEATLES／ビートルズと日本」があり、単に楽譜集というだけでなく当時の最新情報も掲載。
［東芝音楽芸能出版／全音楽譜出版社］1965/【全112P】

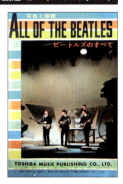

ビートルズのヒット全集／The BEATLES TOP 60HITS

5判サイズのちょっとレアな楽譜集で、巻頭から32ページまでが写真ページ。楽譜部分は全ギター指盤表付きで『抱きしめたい』から映画《4人はアイドル！ヘルプ》の主題歌「ヘルプ」まで60曲を収録した168ページ。
［東芝音楽芸能出版／全音楽譜出版社］1965/【全168P】

来日当時のビートルズカヴァー（一般週刊誌を除く）

ビートルズが来日した1966年は刊行物が多いので、音楽雑誌・週刊誌など、
カテゴリー別に紹介することにした。音楽雑誌をはじめ、一般雑誌、週刊誌、
グラフ誌などもビートルズを大々的に取り上げており、
多くの出版社がビートルズ特集を企画したことがよくわかる。
なお「週刊サンケイ」「週刊読売」「サンデー毎日」など、
一般週刊誌のビートルズ・カヴァーなどのレアものは別ページに掲載した。

ミュージック・ライフ／1月号

ビートルズ・カレンダー

巻頭にビートルズ・カラーカレンダー6枚（1月～6月）が折込まれており、切り取ればそのままピンナップとしても利用できた豪華版。本文の記事の方では年末に公開された映画《ヘルプ！4人はアイドル》について、小森和子、水野晴郎、星加ルミ子、木の実ナナなどの論評やコメントを紹介。ちなみに表紙下段もビートルズ。
[新興楽譜出版] 1966/01/01【カレンダー6枚＆7P】

ティーンビート／1月号

ポールとジョージのバカンス、年末のクリスマスショーなどのフォトを紹介したグラビアページのほか、本文ではビートルズ'65年の活躍・話題の総括、映画《4人はアイドルHELP！》の試写レポート、ビートルズ・ニュースなどを掲載。また新年号ということで「ビートルズ年賀状」「ビートルズ・カレンダー」の綴じ込み付録もある。〈特別付録〉フォノシート／①フランスギャル・メッセージ②シルヴィ・バルタン・インタヴュー
[映画と音楽社] 1966/01/01【22P】

映画ストーリー／1月号

**ビートルズ夢の映画「HELP！」
その企画から完成まで
ビートルズ・ファションを着こなそう**

新作映画《ヘルプ！4人はアイドル》をテーマにした大特集があり、巻頭カラーグラビアページを含め映画からのスティール、スナップフォト、新着フォトが満載されている。また読物特集「オムニバス・ストーリー HELP！のすべて」ほか、映画関連情報、参考資料、近況レポート、トピックスなどトータル88ページの大特集。
[雄鶏社] 1966/01/01【88P】

映画の友／1月号

特集＝プレスリー対ビートルズ

エルビス・プレスリーとビートルズを徹底比較した特集を掲載。ただ、音楽性やアーティストとしての魅力というよりは、むしろ映画やファッション動向などアイドル的見地からの比較論が多い。内容は「ビートルズ讃歌／秦早穂子」「ビートルズのグランド・バラエティ・ショウ」「ビートルズ・ルック／穂積和夫」「ビートルズ礼讃／竹内はゆる」などの他、ヴィジュアルページもある。
[映画の友] 1966/01/01【21P】

スクリーン別冊／ビートルズ特別グラフ

特集「HELP！4人はアイドル」

映画専門誌「スクリーン」が企画した1冊ビートルズ・オンリーの特別グラフ集。新作映画《ヘルプ！4人はアイドル》からのカラースティールや撮影中のスナップなど。また「躍動するビートルズの青春／河端茂」「ビートルズ日本作戦の内幕／日野康一」「ビートルズの祖先は海賊だ！／高木克平」「マッカートニーのロマンス／山根祥敬」「アメリカ公演の総決算／高野巌男」をはじめ「ビートルズ身上調査」「HELP！4人はアイドル物語」など読物ページもある。
[近代映画社] 1966/01/01【138P】

ミュージック・ライフ／4月号

ビートルズが8月に来日する？

速報でビートルズ8月来日の可能性を記事に取り上げているが、この時点では否定的な見方も多い上、ビートルズ来日を待ち望む声ばかりが高まっているという事実を簡潔に紹介。グラビアページではジョージとパティのハネムーンやビートルズの新着フォトをそれぞれ掲載。
[新興楽譜出版社] 1966/04/01【約11P】

THE BEATLES／ビートルズのすべて（非売品）

ビートルズのすべて

ビートルズ来日決定を受けて、東芝音楽工業が実施したレコードキャンペーン「ビートルズヤァ！ヤァ！セール」用に製作された超小型文庫サイズの小冊子（非売品）。4人のプロフィールや粗写真、レコードセール該当アルバムほかシングル・コンパクトのディスコグラフィーなどで構成された14ページの簡素なもの。タイムリーな来日資料といえるが「THE BEATLES／ビートルズのすべて」と言うにはほど遠い内容。ただし、レアアイテムのひとつ。
[東芝音楽工業] 1966/04【全14P】

プレイファイブ別冊／スリービーのすべて

THE BEATLES

映画、音楽、芸能など幅広いジャンルを扱うグラフ情報誌「プレイファイブ」が企画したビートルズを含めた3大グループの別冊特集号。ちなみに「スリービー」とは①ビートルズ②ビーチボーイズ③ベンチャーズの3大グループ名の頭文字「ビー(B)」のことらしくユニークなタイトルではある。ただ、どう考えてもベンチャーズは「B」ではなく「V」だが……。ビートルズに関しては写真を中心に映画の最新情報や関連記事、トピックスを掲載。
[連合通信出版部] 1966/05/01【20P】

話の特集／5月号

あまり目立たないが表紙一部がビートルズ4人の写真。また表紙裏側も同様に一部ビートルズの写真。いずれも今や日本を代表するアーティスト横尾忠則の作品。表紙以外にビートルズ関連記事はないが、この頃の「話の特集」は執筆・写真・イラスト含め編者がすごい!!人たちなんです。横尾忠則、寺山修二、竹中芳、手塚治虫、篠山紀信、小松左京、立木義浩、和田誠など。
[日本社] 1966/05/01【約2P】

ポップス／6月号

ビートルズの徹底的解剖

同誌ではじめて企画されたビートルズ特集「ビートルズの徹底的解剖」があり、「ビートルズの来日の真相はこれだ！／森田潤」「若き才腕、ブライアン・エプスタイン／林冬子」「解剖学的ビートルズ論／牛窪成弘」など来日関連の話題やビートルズの音楽的才能・実力を解析した記事・評論を掲載。そのほかビートルズの詳細年表やアルバム・ディスコグラフィーをまとめた資料もある。「ポップス」誌上初めてビートルズが表紙を飾った記念すべき一冊。
[音楽之友社] 1966/06/01【15P】

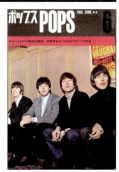

臨時増刊 週刊読売／ビートルズが来た！

東京公演 招待券が当たる！ほか500名に★ロンドン直送ビートルズの記念メダル／サイン入り写真進星！

ビートルズ来日決定を記念して発行されたフォト中心のヴィジュアル特集号。掲載はカラーピンナップをはじめ4人のポートレート、近況フォト、スナップフォトなどで、湯川れい子によるキャプションが添えられている。読物特集では「ザ・ビートルズ／寺山修司」「ビートルズ・スタイル／藤島泰輔」「ビートルズその栄光のすべて／福田一郎」「ロマンス・レポート／山根祥敬」「私は四人のアイドルに会った！／星加ルミ子」など一冊すべてビートルズ。
[読売新聞社] 1966/06/15【134P】

臨時増刊 週刊明星／これがビートルズだ！

ビートルズ来日決定直後に発売されたビートルズ総力特集号。ワイドカラーポート、ブロマイドなどの綴じ込み付録のほかカラーグラフ特集も充実。また特集記事・読物も多く「本誌独占・ビートルズからのメッセージ」「ビートルズの秘密・全調査／朝妻一郎」「これがほんとうのビートルズだ！」「ビートルズはこうして日本へやって来た」「ビートルズの私生活最新情報／林冬子」「ぼくとビートルズとの2年間／水野和夫」「私はビートルズにキッスされた／星加ルミ子」他。
[集英社] 1966/06/25【158P】

THE BEATLES／日本公演パンフレット

THE BEATLES

1966年6月30日から3日間、日本武道館で計5回行われた日本公演公式パンフレット。オリジナルの日本公演パンフレットにはビートルズが羽田空港に到着した際に撮影されたポートレートが一枚挿入されており、正式にはこのポートレートがあって完品となる。（ポートレートはヴァージョン違いで2種類が存在）。またポートレート付、無しのオリジナル以外に、数多くの復刻（レプリカ）版、海賊版が存在するので入手には注意が必要。詳しくは本書参照。
[中部日本放送] 1966/06/30【34P】

ミュージック・ライフ増刊号／ビートルズ来日特別記念号

ビートルズ来日決定を記念して発行されたティーンエイジャー向きのバラエティ・グラフ特集号。円形に型抜きされた表紙など、ファンの購買意欲をそそるような凝った仕様。内容も「ビートルズとあなただけのページ」と称したビートルズのサインをもらうための白紙ページや「マル秘、ビートルズをキャッチするテクニックと表現／プラカードの作り方」など、ファン心理をうまくついている。オリジナル以外に復刻版も存在する。
[新興楽譜出版社] 1966/07/01【全54P】

ミュージック・ライフ／7月号

来日まえのビートルズに独占取材！
ピンナップ用ビートルズ・カレンダー
Welcome BEATLES！

ビートルズピンナップ・カレンダー3枚が巻頭に綴じ込みされており、来日を祝う企画や記事が目立つ。ビートルズ・サイドへ送付した20項目の質問状の結果報告を列挙した特集があるほか、来日を直前に控えカラーグラフやフォトページも多い。
[新興楽譜出版社] 1966/07/01【29P】

ポップス／7月号

ビートルズあと10日で！《会場変更騒動・追加公演》くたばれビートルズというけれど

特集「速報・ビートルズあと10日」がある。主な内容は最新情報を記載した「ビートルズあと10日 追加公演決定！／森田潤」、ビートルズ来日論争と音楽性の賛否を問う「くたばれビートルズ！というけれど、来日ゴシップなどをまとめた「関西のビートルズ騒動／広瀬勝」ほか「ビートルズの音楽の母体 スキッフル／朝妻一郎」「武道館で歌う曲はこれだ！」「リンゴはテンカン型？（ポピュラー・スターの人相ガク的考現ガク）／川本繁」など。
[音楽之友社] 1966/07/01【18P】

1966

「ティーンビート臨時増刊／ビートルズがやって来た！」以降はビートルズ来日後に刊行されており、
羽田空港到着からヒルトンホテルでの記者会見、日本武道館コンサート、
日本滞在のようすなど、写真や記事すべてが歴史的な資料である。
ファンにとっては貴重なアイテムばかりであろう。

ティーンビート／7月号

歓迎！ビートルズ特集号
WELCOME！THE BEATLES

ビートルズのフォトや関連情報を満載した来日特集。内容はビートルズ結成から現在までのフォトを多く掲載したグラビア特集をはじめ、「ビートルズ滞日五日間の行動を探る」「ライバルのみたビートルズ観」「ヒット・パレードからとびだしたビートルズ」「ビートルズ・ナンバーの徹底的一覧表」など読物ページも多い。来日を直前に控えたタイムリーな資料としても価値ある一冊。
[映画と音楽社] 1966/07/01【37P】

ショック映画／7月号

くたばれ！ビートルズ

ポルノ映画や特異な芸能情報を取り上げていた異色の映画専門誌「ショック映画」が企画したアンチ・ビートルズ特集。巻頭カラーグラビアページ以外は、ビートルズをつぶさに批判した評論「ビートルズ野郎をけちょんけちょん‼」「柳生純磨」をはじめ、著名人、芸能人によるコメント集「ビートルズ是か非か‼」「ビートルズ来日の舞台裏」「億万長者に出世したマッシュ・ボーイ達／高島弘之」など。当時としてはめずらしく真っ向からビートルズを批判した貴重な内容である。
[プレイグラフ社] 1966/07/01【28P】

ポピュラー専科／軽音楽を楽しむ本

中村とうよう著のポピュラー音楽小事典。ロック、フォーク、ジャズ、ラテンなどのジャンルを代表するスター10人の物語をはじめレコード紹介、ミュージシャン名鑑、音楽主要事件年表などを収録。ビートルズに関してはモノクロ写真『世界の十代のアイドル／ビートルズ』と輝く10人のスター物語『ジョン・レノン／ザ・ビートルズ』などがある。表紙はジョージ・ハリスンのイラストで、裏表紙もリンゴ・スターのイラスト。
[実業之日本社] 1966/07/05【21P】

ティーンビート臨時増刊／ビートルズがやって来た！

ビートルズがやって来た！

一冊すべて貴重な来日記念グラフ特集。前半グラビアページの内容は「ビートルズがやって来た！」「記者会見」「熱狂のコンサート」「帰国するビートルズ」など来日関連のフォトを一挙公開。また後半は「ドイツに着いたビートルズ」「独占公開！ビートルズの新着写真」など近況フォトをまとめて掲載。その他読物特集の方では「ビートルズ来日に想う／木崎義二」「ビートルズを観て／福田一郎」「ビートルズを追って／松崎俊行」など。
[映画と音楽社] 1966/07/15【全84P】

アサヒグラフ／7月15日号

ビートルズがやってきた

ビートルズカヴァーの貴重なグラフ誌。特集グラフ『ビートルズがやってきた』があり、ファンの熱狂ぶりを伝えるフォトを中心に来日のようす「羽田にて」、ヒルトンホテルでのようす「宿舎にて」、公演会場のようす「武道館にて」の順にビートルズ来日を総括。また『ビートルズが帰っていった』では関係者面々、来日公演総合警備本部長、東京ヒルトンホテル支配人、読売新聞企画部長、日本武道館事務局長他のインタビューも掲載。
[朝日新聞社] 1966/07/15【6P】

週刊読売臨時増刊／THE BEATLES IN TOKYO

東京のビートルズ
本誌特ダネ写真・皇居前を散歩するポール

ビートルズ来日から記者会見、武道館公演、滞在記など一連の来日騒動を写真で綴ったグラフ特集号。内容は「特集：熱演ビートルズ！」「カラー特写：ビートルズがやって来た！」など。他に日本滞在記、公演スケジュールなど来日に関する貴重資料もあり、入手も意外に容易なアイテム。
[読売新聞社] 1966/07/16【全58P】

呼び屋・その生態と興亡／竹中労（タイプ1＆2）

戦後、外国のアーティストを日本に呼んで興行させる職業「呼び屋」を題材にした竹中労のノンフィクション。ビートルズ関連は巻頭写真と第四章「ビートルズ狂燥曲へ」の一部「くたばれビートルズ」合わせて約10ページで、表紙中央もビートルズ。同じ初版でありながら表紙デザイン＆カラーが一部異なる2種が存在する。この当時の弘文堂フロンティアブックス・シリーズが、配色を除きタイプ1と同様のデザインなので恐らくこちらが初刷りと思われる。表紙上下段とも帯カラーが紫色、文字白抜きのタイプ2の方がレア。
[弘文堂] 1966/07/30【10ページ】

◀タイプ1
タイプ2▶

来日記念 THE BEATLES（非売品）

来日記念 THE BEATLES

ビートルズ来日に伴い東芝音楽工業が企画したレコード販促キャンペーン「ビートルズ来日記念セール」の当選者3万名のみに配布された非売品の冊子。内容は写真中心のグラフ特集で、来日関連の写真とコメント以外は、同年5月に連合通信出版部から発行された「プレイファイブ別冊／スリービーのすべて」からビートルズのグラフ部分をそのまま流用したもの。
[東芝音楽工業／連合通信出版部] 1966/07/【全24P】

ミュージック・ライフ／8月号

特別取材！ビートルズ日本滞在記
本誌カメラマンがスクープ!!居室の全貌
星加編集長、ビートルズと感激の再会!!

ビートルズ来日大特集号。グラビアページは来日関連の貴重ショットを数多く掲載。なかでも編集長の星加ルミ子がヒルトンホテル滞在中のビートルズに直接会見した際のスナップは「独占特写」として大きく紹介されている。本文でも、このビートルズ会見を「ビートルズ滞在記」のタイトルで貴重インタヴューとともに収録した取材レポートがある。なお星加ルミ子および湯川れい子の単独インタビューは来日のビートルズを語る上で最も興味深い資料のひとつ。
[新興楽譜出版社] 1966/08/01【87P】

ポップス／8月号

ビートルズ来日記念特集号
〈湧きに湧いたビートルズ・デイ〉

ビートルズ来日記念特集号。カラーは少ないが巻頭グラビアで来日関連のフォトがある。特集「湧きに湧いたビートルズ・デイ」では来日記者会見、興奮の日本公演、滞在トピックスなどをテーマに「熱狂の三十五分」「ビックリシタナ！モウ」「ズボンはツンツルテンではなかった」などレポート、批評、論評の数々を掲載。同じ来日特集を扱った「ミュージック・ライフ」「ティーンビート」などと比べ、ビートルズに対する明確な批評もあり、執筆者、内容もバラエティに富む。
[音楽之友社] 1966/08/01【63P】

ミュージック・グラフ創刊3周年記念／ヒットパレード・ベスト20

《特集グラフ》ビートルズ来日のすべて
特別附録ビートルズ・ピン・アップ・カラー

当時、こういったソノシート冊子を多く発行していたミュージック・グラフ社が、創刊3周年を記念して企画した丸ごとビートルズ来日グラフ特集。全24ページに貴重な来日写真が掲載され、ソノシート10枚をセットした仕様。掲載写真は一級品で、ビートルズ来日から離日までを「ビートルズ台風上陸！」「記者会見」「唯一のファン交歓」「演奏会場」「いざ出陣」「ビートルズがやって来た」「さよなら！ビートルズ」の順に紹介。表紙違いの別ヴァージョンもある。
[ミュージック・グラフ社] 1966/08【全24P】

世界画報／8月号

ビートルズカヴァーのレアアイテム。巻末にモノクロ4ページのビートルズ来日グラフ集「ビートルズ台風に乗って上陸」がある。「ビートルズが希望した訪日／後藤敏」の記事とともに、日本公演パンフレットと同じ羽田空港到着時のポートレートや、各国のビートルズファンのようすを伝える写真など合わせて9点を掲載。
[国際情報社] 1966/08/01【3P】

ティーンビート／8月号

ビートルズ来日記念特別号

グラビア特集で来日公演や滞在中のビートルズの貴重フォトをまとめて掲載。本文でも「ビートルズ記者会見報告書」「ビートルズ東京の五日間」「ビートルズ・コンサート」などの詳細レポート、来日をテーマにした座談会がある。他、日本の芸能人、音楽関係者、評論家によるアンケート回答集「私の見たビートルズの印象」などビートルズ情報を満載。いささか各誌による情報合戦の気配が強いものの、当時のビートルズ人気とマスコミの過熱ぶりがよくわかる資料。
[映画と音楽社] 1966/08/01【62P】

朝日ソノラマ／8月号

娯楽ダイジェストコーナー
"ビートルズ"がやってきた"

巻末に約3ページの記事特集「ビートルズがやってきた」があり、羽田空港到着、日本武道館公演、記者会見、離日、警備体制のフォトを添えた来日レポート「ビートルズ東京"攻換"を見た／井沢淳」を掲載。記事内容はいたって冷静な視点で来日公演を捉えたもので「鬼気にせまる女たち」「母性本能の凄じさ」などビートルズ旋風を暗に批判したもの。また来日を記録した「特集 ビートルズがやって来た」というソノシートも付いており、レアなアイテムである。
[朝日ソノプレス社] 1966/08/01【3P】

ビートルズ東京 100時間のロマン

ビートルズ東京 100時間のロマン

公式カメラマンとして密着取材を許された浅井慎平が独占撮影した歴史に残るビートルズ来日写真集。中部日本放送と新興楽譜出版が来日以前から予約による通信販売を受け付け、一般書店などでは購入することができなかった希少アイテム。内容は羽田空港到着から離日に至る103時間の日本滞在全記録を約8割ものカラーフォトで構成したフォトドキュメンタリー。なおこの写真集には大変出来の良い完全復刻版が存在する。
[中部日本放送] 1966/08/01【全80P】

話の特集 臨時増刊／ビートルズ・レポート

ビートルズレポート
東京を狂乱させた5日間

この年、多くの出版社がこぞってビートルズ来日に関する特集雑誌を企画刊行した。これら多くの特集雑誌の中にあって、今日「幻の名著」とまで呼ばれる本誌は最も良質希少な雑誌である。内容は異端屈指の完全レポートで、他誌では見られない鋭い視点・切り口で批評も的確。なお「幻の名著」と呼ばれる所以に、ルポライター竹中労の存在と、発売後書店での売れ行きが悪く、相当数が返品され大半が断裁処分されてしまったということが挙げられる。
[日本社] 1966/08/15【全128P】

雑誌以外では、月刊誌「女学生の友」のビートルズカヴァーの付録歌本や、当時の楽譜集も以下に紹介する。

ひっと・ぱれえど心得帖

1966年8月までのポピュラー音楽界の動向・最新情報を一冊にまとめた福田一郎著の貴重単行本。内容は当時の週刊平凡パンチ誌に掲載された「海外の話題／福田一郎」を再編集したもの。ビートルズについては「いつまでつづく熱狂的ブーム」「ヤァ！ヤァ！ヤァ！がバカ当り」「趣向をこらした四枚目のLP」「イエスタデイ大ヒットの裏話」。表紙一部がビートルズのアルバム。
[東亜音楽社／音楽之友社] 1966/09/01【16P】

ミュージック・ライフ／10月号

表紙がポール・マッカートニー。星加ルミ子と「ミュージック・ライフ」誌カメラマン長谷部宏によるビートルズ・アメリカ公演取材レポートや2度目の会見記など。グラビア・モノクロページではアメリカ公演やハリウッド滞在中のビートルズを紹介。
[新興楽譜出版社] 1966/10/01【12P】

ミュージック・ライフ増刊／デラックス号

ビートルズ最後のツアーとなったアメリカ公演のグラビア特集があり、星加ルミ子とカメラマン長谷部宏によるビートルズ追跡レポート「ペンとカメラのアメリカ取材旅行記」を掲載。おもな内容はシカゴ、ニューヨーク、メンフィス、ロサンゼルス、サンフランシスコ、シンシナティで行われた公演フォトを中心にしたヴィジュアルレポートや「ビートルズをとりまく人たち!!」「アメリカでの記者会見風景」など。ビートルズ以外のグループに関するグラビアフォトや記事も多い。
[新興楽譜出版社] 1966/10/18【13P】

女学生の友付録／原語で歌う 世界 歌のアルバム

1966年11月1日小学館発行の月刊誌「女学生の友／11月号」の付録で、ビートルズ来日公演ステージカヴァーの希少な歌本。ビートルズの掲載曲は【イエスタデイ】のみ。
[小学館] 1966/11/01【2P】

ティーンビート臨時増刊／ポップ・スター・ベスト100

ビートルズをはじめ話題の人気ポップスター100人をフォトやプロフィール、ヒット曲リストを添えて簡単に紹介したアーティスト名鑑。ビートルズ関連ではグラビアフォトやグループ紹介など2ページ程度の掲載。表紙はポール・マッカートニー。
[映画と音楽社] 1966/11/15【2P】

THIS IS THE BEATLES／これぞビートルズ

当時としては珍しいB6版サイズのコンパクトな写真＆楽譜集。4人のプロフィール、コメント他、映画スティール写真など。
[東芝音楽芸能出版] 1966/【全112P】

ビートルズの最新ヒット集／The New Hits Of The BEATLES

ビートルズの最新ヒット集
ビートルズ初期の楽譜集。「恋を抱きしめよう」「デイ・トリッパー」など全16曲。
[東芝音楽芸能出版／新興楽譜出版社] 1966/【全56P】

ビートルズのリボルヴァー全曲集／THE BEATLES REVOLVER

ビートルズのリボルヴァー全曲集
当時の最新LPジャケット「リボルヴァー／オデオンOP-7600」の写真他、【イエロー・サブマリン】【エリナー・リグビー】【デイ・トリッパー】【ウィ・キャン・ワーク・イット・アウト】など18曲収録したビートルズの楽譜集。
[東芝音楽芸能出版／新興楽譜出版社] 1966/【全66P】

来日当時の一般月刊誌（表紙コピーあり）

音楽雑誌、週刊誌以外の一般誌（月刊誌）でビートルズ関連カヴァーや表紙コピーがある1966年のアイテム。
ビートルズ来日がらみで、音楽雑誌に限らず、一般月刊誌、週刊誌なども特集企画などを組んだ。
表紙コピーのない一般雑誌も後のページで抜粋紹介した。

女学生の友／2月号

後援会員座談会プレスリーとビートルズは絶対共演しない！？
プレスリーファン（日本エルビス・プレスリー・ファンクラブ）とビートルズファン（オデオン・ファンクラブ）両派3名ずつ出席の座談会企画「プレスリーとビートルズは絶対共演しない！？」を掲載。「あの、冷静にやろうヨ」「ワカッテナイノネ!!」「プレスリーは歌う映画スターみたい!!」「映画ではビートルズ坊やなんかメじゃないわよ！」、「ボーイフレンドの代用です」など、確かにファン同士、熱のこもった討論のようだが……。
［小学館］1966/02/01【6P】

女性明星／2月号

特別企画 ジャニーズからビートルズへ 国際電話
特別企画「50分間特別電話対談／ぼくたちみんなビートルズの大ファンです……」があり、日本の人気グループ、ジャニーズがビートルズと国際電話で対談したときのもようと会話内容をビートルズの写真とともに6ページ掲載。「MBE勲章おめでとう」「ギターは恋人」「ぜひ一度日本へ」「リンゴの離婚説はデマ」など、通訳を通しての対応だと思うが、ビートルズのメンバーが登場する。当時、本当にこんなことあったんだ。
［集英社］1966/02/01【6P】

プレイファイブ／7月号

ビートルズついに日本にも上陸！注目の一週間のスケジュール
ビートルズの来日を直前に控え、5ページの巻末グラフ「ビートルズついに日本にも上陸！／注目の一週間のスケジュール」がある。アメリカ、シェアスタジアム公演や4人のポートレートなど写真9点と来日関連記事を掲載。グラフ誌としてはレアなアイテム。
［連合通信出版部］1966/07/01【5P】

ボーイズライフ／7月号

特集 ビートルズ
ビートルズのグラフページと16ページの中綴じ特集『ビートルズのすべて／マニア宝典』がある。内容は「ビートルズとリバプール」「ビートルズ東京公演情報」「メンバー紹介・プロフィール」「ビートルズ苦闘の記録」「BEATLES,LPレコード」「ビートルズえぴそーど」「BEATLESゆかいスナップ」「リバプール方言集」「BEATLESヒット曲・シングル盤」などビートルズ来日直前の企画特集。
［小学館］1966/07/01【18P】

女性明星／7月号

特集ビートルズ歓迎大作戦
6ページのビートルズ来日企画特集「立体調査、ビートルズ歓迎大作戦！／在日スケジュールのすべて……」がある。内容はビートルズの写真と来日に関する調査記事「300万のファンに4万5千の入場券」「裏の裏を読んでビートルズに合おう」「国際ファン団が来日の予定……」など。
［集英社］1966/07/01【6P】

明星／7月号

6大付録《ビートルズのすべて》
『ビートルズがやってくる！』グラフページ他、来日直前のビートルズの話題や4人のプロフィールなど。付録コンパクトソングブック『歌うヤングヤングデート』には28ページの訪日記念特集《ビートルズのすべて》がある。
［集英社］1966/07/01【5P】

平凡／8月号

来日記念 ビートルズ・ブロマイド
日本公演滞在中にビートルズ4人が稼ぐギャラを試算した来日直前の読者企画『ビートルズ嵐のような3日間／ビックリしたなモウ4人で1分間に29万円！』がある。また付録のひとつが来日記念のビートルズのブロマイド。
［平凡出版］1966/08/05【2P】

若い生活／9月号

特別レポ＝bye！bye！ビートルズ
東京ヒルトンホテルで行われた来日記者会見時のフォトを掲載した来巻頭モノクログラビア「Bye Bye The Beatles」2ページと来日公演の貴重体験レポート「バイバイ、ザ・ビートルズ／日高実在」4ページ掲載。表紙にコピーもあり。
［日本社］1966/09/01【6P】

来日当時の一般週刊誌
（表紙コピーあり＆ビートルズカヴァー）

ビートルズが来日した1966年に刊行された一般週刊誌の中で、
ビートルズ関連のコピーが表紙に印刷されているアイテムとビートルズカヴァーのもの。
ビートルズ来日を大々的に扱った臨時増刊号や企画特集号と違い、
これらの一般週刊誌は残存数が少なく、私のコレクションの中でも最も自慢のアイテムだ。
一部隔週誌、別冊などもあるが、週刊誌としてまとめて収録した。

週刊明星／4月17日号
**本誌独占★ビートルズ6月ついに来日！
ド胆をぬく潜入作戦と空前の歓迎陣**

「ビートルズ6月ついに来日！／ド肝をぬく潜入作戦と空前の歓迎陣」と称した独占特報を4ページ掲載。内容はビートルズの来日が6月に決定したニュースを大々的に取り上げ「破壊的かつ好ましからざるビートルズ」「国際電話で来日を確認」「入場料の予想は1万円から2千500円まで」「芸能界最大のハリケーン」など過熱ぶりを伝えたもの。
［集英社］1966/04/17【4P】

週刊明星／5月1日号
**ビートルズの日本公演スケジュール
公開発表**

独占扱いの記事「ビートルズの日本スケジュール公開発表!!／6月30日〜7月5日来日から離日までの極秘情報」を5ページに掲載。内容は来日公演に向けある程度確定した情報とスケジュールを中心に、写真6点を添えて「ビートルズを断った呼び屋」「日本公演の意欲」「破格の低ギャラ低入場料」「台風対策・あの手この手」など。
［集英社］1966/05/01【5P】

週刊明星／5月29日号
ビートルズの来日準備完了!!

4ページの本誌独占記事「ビートルズの来日準備完了！ロンドン－ニューヨークで打ち合わせた詳細」がある。内容は「ビートルズ見るなら大阪から」「追加公演2回の朗報」「ロールスロイスより装甲車」「共演の日本人歌手」など公演チケットの値段や入手法、追加公演情報、警備体制、共演者の話題。
［集英社］1966/05/29【4P】

週刊明星別冊／5月31日号
来日決定！ビートルズにあなたはあえるか

来日決定を受けた4ページの特報「来日決定！ビートルズにあなたはあえるか」がある。内容はスケジュールを含め未確定要素が多いものの「ビートルズはどの空港へつくか？（羽田空港着の可能性はまずないという）」「ヘリで宿舎へ」「来日決定！」「切符を徹夜で買う人が……」「テレビ出演は可能性なし」など逆に面白い。
［集英社］1966/05/31【4P】

週刊平凡／6月2日号
**史上論争 くたばれビートルズ！
ワイドグラフ★新着海外フィルム独占公開
ザ・ビートルズ!!**

7ページの巻頭特報グラフ「爆発するエネルギー・ザ・ビートルズ6月28日来日！」と本文特集「くたばれ！ビートルズ」「演奏中に停電したら…」「独創性と新しさが魅力」「現代のチャンピョンよ」「ファンはもっと目をさませ」がある。内容はビートルズ熱狂派と反対派との激闘対談など。
［平凡出版］1966/06/02【10P】

週刊読売／6月3日号
すごいぞ！ビートルズ旋風の内幕

6ページの来日直前レポート「すごいぞ！ビートルズ旋風の内幕／早くも日本中がシビレてる」ある。ビートルズ来日公演主催者でもある読売新聞社に届いた公演チケット申込書が20万9,000通に達したビートルズ旋風を詳細レポート。内容は「あしたの新聞見せて！」「金の卵を産むカブトムシ」「傍若無人、小気味よい言動」「申し込み戦術テンヤワンヤ」「いまから頭をかかえる警視庁」など。
［読売新聞社］1966/06/03【6P】

週刊漫画TIMES／6月4日号
爆笑長編ビートルズGOホーム

ビートルズ来日に関連した読み切り漫画、長編爆笑ストーリー『ビートルズGOホーム・上田一平』と芸能はいらいとのコーナーで「利権争いと化した？ビートルズ公演」「切符配分に一騒動」「放送権獲得も波乱」があり、ビートルズの写真を添えて来日を控えた関係者間の騒動・思惑を紹介。
［芳文社］1966/06/04【9P】

週刊サンケイ／6月6日号
立体特集 ビートルズ「日本占領」①極秘情報・羽田着6月28日午後5時15分前後②「抱きしめたい！」という魅力の秘密

レアなビートルズカヴァー。最新フォトを集めた巻頭グラビア特集を含め、特報扱いでビートルズ来日の噂や魅力、直前情報などを掲載した「ビートルズ日本を占領」がある。①極秘情報羽田着午後5時15分前後・熱狂ファンが決闘さわぎ・ヘリ動員の空港警備態勢・体臭を求めるハイティーン・オリンピックなみの切符争奪・天から降った日本公演②抱きしめたい！という魅力の秘密・レコード界でも世界一・ヤボの裏には知的な感覚など。
［産経新聞出版局］1966/06/06【13P】

週刊明星／6月12日号

舟木一夫がビートルズと正面衝突！
ビートルズの来日公演（日本武道館）と公演スケジュールが重なってしまった舟木一夫3周年リサイタル（サンケイホール）への影響などをまとめた「公演スケジュールをビートルズにぶつけられたタレントこそいい災難」「その貧乏くじを引きあてた」があり、来日が各界に与えた多大な影響を記しているが、直接ビートルズに触れる部分は少ない。
[集英社] 1966/06/12【約4P】

週刊漫画 TIMES／6月18日号

ビートルズ極秘冗報 ピンク・スパイ
ビートルズ来日を題材にした6ページの漫画「ビートルズ極秘冗報・ピンク・スパイ／市村章」がある。漫画1コマ目のテレビニュース「羽田着17時15分いよいよビートルズが日本にやってきます」から始まる。
[芳文社] 1966/06/18【6P】

週刊マーガレット／6月19日号

とくべつよみもの ザ・ビートルズがやってくる！
ビートルズ日本上陸前の特別読物、連載企画「ビートルズ物語①／夢いっぱいの若者たち…」がありもうすぐ日本にやってくるビートルズについて「ママにならったバンジョー」「左ぎっちょでギターを……」「おしゃれな少年」などビートルズの生い立ちを紹介。本号含めビートルズ来日直前の7月3日号まで3週にわたり連載。
[集英社] 1966/06/19【4P】

週刊少年サンデー／6月19日号

ビートルズ物語
7週連続の連載シリーズ「ビートルズ物語④／文：星加ルミ子」がある。内容は毎号2ページの写真を添えたビートルズストーリー。第4話は「名ドラマー、リンゴの活やく」「シルバービートルズで再出発」「世界に向かってドイツへ!!」の3ページ。表紙に小さなジョンの顔写真。
[小学館] 1966/06/19【3P】

漫画天国／6月24日号

ビートルズ来日！テケテケテケテケ・・・・・
ビートルズ来日にちなんだ漫画特集「ビートルズ本土上陸!!テケテケテケテケ」があり、「HELP！＝熱狂ファンの巻＝／菅沼恭」「プリーズプリーズ・ミー＝アンチ・ファンの巻＝／ホリオ剣」「ヤァヤァヤァ＝ヨビヤX氏の巻＝／トリボリ茂」の漫画3作を掲載。ほか来日直前コラム「ビートルズ作戦／針すなお」など。（隔週発売）
[芸文社] 1966/06/24【約15P】

週刊大衆／6月30日号

特集 爆発的人気の中のビートルズ批判
4ページの特別企画特集「爆発的人気の中のビートルズ批判／奇妙な猛台風に蹂躙される日本本土」他がある。内容は「史上最大台風の上陸」「熱狂する一部マスコミ」「足場にされる日本市場」でビートルズ来日直前の辛口批評。その他、ビートルズ公演会場の日本武道館使用に関する正力発言問題を取り上げた『「読売紙」社告の不見識』など。
[双葉社] 1966/06/30【5P】

女性自身／6月30日特大号

ビートルズ来日の全内幕 あなたは聴きに行けなくてよかったのだ！
巻頭カラーグラビアにグラフ特集「ビートルズグラフ第2集／ビートルズがやって来た！6月28日」があり、来日を待ち望む声や写真を掲載。本文ではビートルズ来日の批評「ビートルズ／その内幕！ビートルズ・ゴー・ホーム／竹中労」や来日に向けて商品化されたビートルズ関連グッズ（ビートルズパンティ、ビートルズサンダル、ビートルズ水着、ビートルズスリップetc）の紹介がある。グッズはいずれも全国有名デパートで発売された珍品かつユニークなもの。
[光文社] 1966/06/30【15P】

週刊TVガイド／7月1日号

特集★佐藤総理をまきこんだ？ ビートルズ台風の前ぶれ……
ビートルズ日本上陸を前にその経緯を追った特集「佐藤首相も巻き込んだ？ビートルズ旋風／中止説も乱れ飛んだ日本公演が確定するまで」があり、「やっぱり来てくれるのネ」「日本武道館の殿堂を汚すな」「関係者ロンドンへ急行」「鑑賞マナーをテストする」「騒がない運動」などやっと6月30日と決まったビートルズ来日と空前のドタバタ騒動をビートルズをはじめ、佐藤総理、読売新聞の正力松太郎など関係者の顔写真まで添えて掲載。
[東京ニュース通信社] 1966/06/23【6P】

1966

「週刊TVガイド」は7月1日号、7月8日号、7月15日号と3週連続でビートルズ特集があり、個人的にも自慢のコレクション。

週刊読売／7月1日号
特別読み物 ビートルズ独占会見記
12ページの来日関連記事を含めた読み物特集「ビートルズ独占会見記／ハロー、すばらしきニッポン！」がある。内容は「ぼくは微笑を忘れた男／リンゴ」「教養ある、かわい子ちゃん／ポール」「早く見たいトウキョウ／ジョージ」「心境かわれば長髪も切る／ジョン」「五人目のビートルズ／ブライアン」「ロンドン最後の夜の幸運」など4人の近況記事。他は同誌6月16日号臨時増刊のビートルズ愛読者抽選の結果発表など。
[読売新聞社] 1966/07/01【13P】

週刊土曜漫画／7月1日号
表紙が「ビートルズ来日」と題した坂みのるのビートルズイラスト。あとはゴロジャナルコーナーにも同じ来日関連のイラスト「ある歓迎／このウタ、エレキで歌ってくれませんか」があるのみ。※隔週刊行
[土曜通信社] 1966/07/01【約1/2P】

週刊漫画エース／7月1日号
爆笑パンチまんが・花のお江戸にビートルズ
ビートルズ来日を題材にした短編漫画「花のお江戸にビートルズ／ヤマネ ヒフミ」8ページ掲載。
[東光社] 1966/07/01【約8P】

週刊漫画TIMES／7月2日号
[長編漫画]ビートルズ日本上陸前夜
7ページの長編漫画「ビートルズ日本上陸前夜 HUNGRY YOUNGMEN／市村章」がある。ビートルズ来日直前の女性ファンの熱狂ぶりを描いた異色快笑ストーリーで、漫画の最後は「ビートルズ来たる！」で結ばれている。
[芳文社] 1966/07/02【7P】

週刊アサヒ芸能／7月3日号
右翼の「亡国ビートルズ」襲撃計画
『緊急特報！右翼が「亡国ビートルズ」襲撃を計画』を掲載。「やつらの髪を切り取ってやる！」「入場券は体を張って」「羽田へ行ってコラしめる」「クビを賭ける機動隊」「気違いくらべの大混乱」「安保再改定への思惑」など。
[アサヒ芸能出版社] 1966/07/03【5P】

ヤングレディ／7月4日号
ビートルズ来日マル秘グラフ／寝室から持ち物まで
「ようこそビートルズ／彼らの持ちも物から寝室まで」と題した7ページのモノクログラフがあり、「彼らの泊まるへやと食事」「からだで音をたたき出す」「家と愛妻と持ち物」などヒルトンホテルの地図と部屋の写真、ビートルズと共演が予定されているブルーコメッツ、ビートルズの自宅や彼女を写真付きで紹介。本文特集では「そんなことを言うおじさまっておかわいそうね！／ビートルズなんて気違い芸人だ！」と題した細川隆元・小汀利得VS若い女性ファンの対談記事を掲載。
[講談社] 1966/07/04【10P】

週刊言論／7月6日号
＜座談会＞ビートルズ来日の舞台裏
来日の舞台裏に迫る座談会「マスコミ、ビートルズ旋風を演出」がビートルズの写真などを掲載して6ページ。内容は音楽評論家諸氏、匿名にて「ダブついている入場券」「無節操なマスコミ」「日本ではこれ以上伸びない」「なぜ若い人にうけるのか」「日本で騒がれるための条件」「あんまり喜べないね……」など来日演出の舞台裏を解析。
[自由言論社] 1966/07/06【6P】

週刊漫画サンデー／7月6日号
漫画特集ビートルズ上陸す
来日を迎え「ビートルズ上陸す」と題した漫画特集を企画。水野良太郎のイラストをはじめ、特集漫画コーナーで「おさわり作戦／佐藤六朗」「くたばれビートルズ／北山竜」「おまかせガードマン／出光江永」「ヘルプ！ヘルプ！／鈴木義司」「さらばビートルズ／工藤恒美」の各短編漫画を掲載。
[実業之日本社] 1966/07/06【約11P】

週刊TVガイド／7月8日号

特選カラー誌上録音 ビートルズ大特集!!

TVガイド唯一のビートルズカヴァー。巻頭にカラーグラフ3ページと本文記事特集「私たちは気違いじゃありません／テレビで抗議したビートルズファンたち」がある。日本公演前の6月19日に放送されたテレビ番組「圭三訪問＝ビートルズ・マニア」と翌6月20日放送「話題をつく＝ビートルズにケチつけないで」の二つの番組の再録記事を掲載。「定刻の一時間前から……」「夢中になるわけ？わかんない」などビートルズ来日を控えテレビ局が企画した番組でのファンの声や対談を収録。発行日は6月30日。
[東京ニュース通信社] 1966/06/30【7P】

週刊漫画TIMES／7月9日号

巻末特集・オール私行調査 ビートルズ4人の秘密夫人

表紙がビートルズのイラスト（やなせたかし）。巻末特集と題し7ページの「巻末・オール私行調査／ビートルズ4人の秘密夫人」があり、「カンカン踊りに合わせて飛んだりはねたり」「あの叫び声は女たちの出産リハーサル」「子供はどこに？教えないジョン・レノン」「十八歳の女優とポール・マッカートニー」などビートルズ4人のフィアンセに関するエピソードを順に紹介。またコラム「ビートルズを採点する」「ビートルズの栄光と敗北」「ビートルズの稼ぎっぷり」もある。
[芳文社] 1966/07/09【7P】

ヤングレディ／7月11日号

速報ビートルズと七時間を過ごした四人の女性

特集記事「速報！嵐をついてやって来た／ビートルズと七時間を過ごした四人の女性」があり、ビートルズ来日時のスナップ写真を添えて「ビートルズ来日の第1報」「拍子ぬけした3000人の警戒陣」「白夜のアンカレジに国際電話」「寿のハッピ着て嵐のあとの羽田に上陸」「マナー、ユーモア最高のビートルズ」「星加ルミ子さんとビートルズの再会」などビートルズ来日速報を掲載。ここでいう「四人の女性」とはビートルズと同じ飛行機に同乗したスチュワーデスのこと。
[講談社] 1966/07/11【10P】

ニュース特報／7月13日号

特ダネ中継料四千万円のビートルズ騒動

特集記事「中継料四千万円のビートルズ騒動」があり、「激烈だった中継権争奪戦」「追い出された明治天皇」「日本側は大変な神経を使う」「一分間で23万円の出演料」「気違いじみた人気」などテレビ放映権や番組編成に関する舞台裏を詳細にレポート。読売新聞＝日本テレビ対CBC＝TBSテレビのライバル衝突、一時間の中継料が桁外れの四千万など、取材に基づいた内容で大変興味深い。
[双葉社] 1966/07/13【4P】

F6セブン／7月9日号

F6採点簿 くたばれ《ビートルズ》

来日直前に企画されたややアンチ系のビートルズ特集「F6採点簿 くたばれ！ビートルズ」があり、ビートルズ来日に関する関係者の思惑、周辺情報、加熱報道などを「バンザイ対クタバレ／日本を二分した空前の論争」「オナニー対ホモ／音楽性をめぐるセックス論争」「ガックリ対ホクホク／賓客に悩まされる警視庁」「テープ対トマト／命がけの芸術鑑賞の危険性」「ハギシリ対ウスワライ／最後に笑うものは大英帝国」など、6ページにわたり掲載。
[恒文社] 1966/07/09【6P】

週刊少年サンデー／7月10日号

特集 ビートルズ物語

7週連続の連載シリーズ「ビートルズ物語⑦／文：星加ルミ子」がある。内容は毎号2ページの写真を添えたビートルズストーリーで収録の第7話（最終回）は「続出する大ヒット曲」「エリザベス女王から勲章をもらう!!」「ばんざいビートルズ」の4ページ。
[小学館] 1966/07/10【4P】

女性自身／7月11日号

女性自身だけが取材 日航412便に同乗！ ビートルズ 機内からホテルの自室まで

巻頭カラーグラビア「ビートルズ台風静かに上陸す！」で、台風4号の影響で予定よりかなり遅れて羽田空港に到着したビートルズのレアショットを4ページで紹介。またモノクログラビアも7ページの「独占グラフ 彼らの機内から自室まで／ビートルズの私生活」と題した特集がある。本文特集記事では日本公演に関する独占レポート「ビートルズ・ファンの最高と最低」など来日に関するグラフと特集記事を掲載。
[光文社] 1966/07/11【約21P】

女性セブン／7月13日号

速報!!ビートルズがやってきた 見どころ、聞きどころ＝世紀の人気者を3倍楽しむ全ガイド

「ビートルズがやってきた！見どころ、聞きどころはこれ!!」と題した特集を掲載しているがいずれも来日直前の写真と企画内容。九重佑三子、湯川れい子、星加ルミ子、青島幸男などのコメント「聞きどころ＝ほんものとレコードとどちらがシビレルかしら」「見どころ、その1・クセ＝モジモジ、ウィンク、頭振り」「見どころ、その2・楽器＝日本のバンドと同じ楽器なのにネー」「見どころ、その3 ファッション＝アンサンブルがたまんない」
[小学館] 1966/07/13【7P】

1966

ビートルズカヴァーの「週刊サンケイ／6月6日号」「週刊読売／7月15日号」「サンデー毎日／7月17日増大号」は、最もコレクションしたいアイテムだ。
特に「週刊読売／7月15日号」「サンデー毎日／7月17日増大号」の2点は来日直後の特集であり、資料価値も高い。そのほか数多くの週刊誌がこぞって来日特集を組んでいるのがよくわかる。
いずれも極めて入手困難なアイテムである。

週刊平凡／7月14日号

加山雄三ビートルズ単独会見

巻頭モノクログラビア「特報グラフ／ビートルズ！ビートルズ！ビートルズ！」で演奏中のステージ、記者会見、会場移動中のビートルズの写真などを数多く掲載。またトピックス「加山雄三の単独記者会見記／ザ・ビートルズとの3時間半＝悲しそうな四人の若者」では単独会見に成功した加山雄三の会見録「紹介されても知らん顔」「まるで無口、孤独な四人」「とにかくやればいいんだ」がある。ほか「裏から見たビートルズ公演てんまつ記／もう二度と日本にはきたくない！」など。
［平凡出版］1966/07/14【9P】

週刊TVガイド／7月15日号

特報!!ビートルズ台風 日本を襲った5日間

「特報!!ザ・ビートルズ来日／ついに日本公演の開幕をつげた4人」と題した巻頭モノクログラビア3ページ他、特集記事「緊急特集!!ザ・ビートルズ東京の5日間／史上最大？の警備陣からファンの怒りまで」があり、ビートルズ日本滞在中の5日間を写真を添えて詳細レポート。「報道陣も見事、肩透かし」「石を投げれば警官に当たる？」「忍法身代わりの術で会場入り」など。本誌はウルトラマンの巻頭グラビアや円谷英二の連載企画があり人気の高額レアアイテム。発行は1週間前。
［東京ニュース通信社］1966/07/07【9P】

週刊読売／7月15日号

**東京のビートルズ グラビアと記事特集
羽田空港のビートルズ**

羽田空港到着時の来日スクープ写真をそのまま表紙に採用した超レアなアイテム。巻頭及び巻末に、モノクロではあるものの演奏中のステージフォトや会場内外の日本公演関連の貴重ショットを掲載。記事は来日から日本公演など滞在記をまとめた「しびれ台風ビートルズの5日間」「私の宝物リンゴの髪の毛／場外で娘を待つ母親／王の逆転ホーマーに注目／事故なくてなにより」など来日にまつわる数々のエピソードを紹介。
［読売新聞社］1966/07/15【約12P】

サンデー毎日／7月17日増大号

カバーストーリー ビートルズ始末記

上記、週刊読売7月15日号とともに超レアなビートルズ来日カヴァー。特集は「警視庁はやりすぎじゃない？ビートルズ台風始末記／嵐の中を羽田へ出迎え／名古屋から来た会員の手引きで／金髪のファンとも相見互い／学校なんかとても行けない／せめてマネージャーと徹夜で／とうとう行ってしまったわ／だいたい警備が厳重すぎたよ／日本だけが無事故で済んだ／など、やや批判的な記事と武道館内の警備や会場内のようをモノクロ写真で同時に紹介したもの。
［毎日新聞社］1966/07/17【約12P】

笑の泉サンデー／7月14日号

三百万のファンを熱狂させる彼らの秘めたる生活 ビートルズのセックス・ライフ

ビートルズ4人の私生活の裏側を暴いた4ページのレポート「ビートルズ！かれらのセックス・ライフ／ハリウッド・コラム記者マイク・コノリイ」がある。内容は「4人にはそれぞれ愛妻が……」「セックスはアウト！」「淋しげに買物を……」「女性の指輪のコレクション」「頭をチョキン」「殺してやる！と投書の山」「話すヒマなんか……」「酒もタバコもダメ？」など。ただ、ポール・マッカートニーがジェーン・アッシャーと極秘結婚しているなど、事実と異なる話も含まれている。
［ティービーエス・ブリタニカ］1966/07/14【4P】

週刊朝日／7月15日号

ザ・ビートルズ「おさわがせしました」

巻頭グラビア9ページにわたりビートルズ来日をヴィジュアル紹介。カラーは「ビートルズ台風、襲来」のタイトルで台風4号の直後、羽田空港到着、ヒルトンホテルに向かう車中と記者会見会場の写真など。またザ・ビートルズ「おさわがせしました／遠藤周作氏が見たファンの興奮度」の本文特集記事があり「来なければよかったのォ」「舞台にさわらせてェ、お願い」「ビートルズファンを弁護す／遠藤周作」など興奮冷めやらぬファンのようすも伝えている。
［朝日新聞社］1966/07/15【約13P】

週刊女性／7月16日号

本誌独占立体取材 追跡ビートルズ

巻頭グラフやルポライター竹中労のワイド取材特集を大々的に掲載。追跡①「ビートルズ監禁の内幕」「ひき裂かれたファン・さびしい意味」「9千万円の警備体制がしかれた意味」、追跡②「狂乱の会場にうずまく日本人同士の憎悪」「音楽のひとかけらもなかった音楽会と安倍寧氏。しかし筆者が見たものは武道館を一つのシェーカーにしてゆさぶる音楽だった」、追跡③「もういやだ日本なんかにいたくない！」「芸者とスキャンダルの中で～」など。
［主婦と生活社］1966/07/16【約22P】

週刊アサヒ芸能／7月17日号

**ビートルズの贈呈された
銀座女給四人の告白**

特集〈特別情報〉「贈呈された日本女性4人の告白／ビートルズ帰国前夜までの国辱的奉仕のすべて」があり、ヒルトンホテル10階に宿泊しているビートルズに対し、エレベーターすら9階でストップするように調整され数十人が厳重な警備をする中、銀座のホステス4人がビートルズの部屋に送り込まれたという話を掲載。
［アサヒ芸能出版社］1966/07/17【5P】

週刊明星／7月17日号

独占掲載 加山雄三がビートルズに独占インタビュー！

巻頭グラフ特報10ページ他、滞在中のエピソードをまとめた「独占取材／ビートルズ誰も知らなかった意外な行動！」「酒も強いかバクチも強い」「おななはんのヒゲは印象的？」「潜入した7人の芸者」「肩すかしの東京最後の夜」と特報扱いの加山雄三の会見記「ビートルズに日本を代表して加山雄三が堂々と会見！」「ゲタばきの4人がウェルカム」「なんでもやってみるんだ！」「ポールが加山のアシスタントに……」「4人がかりで抽象画の大作」など。
［平凡出版］1966/07/17【約17P】

週刊サンケイ／7月18日号

立体特集 ビートルズにっぽん迷惑騒動

来日特集「ビートルズにっぽん迷惑騒動」がある。内容は公演会場武道館の警備、ステージ写真など巻頭3ページのモノクログラフ「お巡りさんがいっぱい／ザ・ビートルズ東京公演」と5ページの特集記事「ビートルズにっぽん迷惑騒動／1億円興行にかりだされた1万人の警備陣」「何をしてもおまわりさん」「ケガ代は一人三千万円」「近くて遠きはビートルズ」「税金でまかなわれた警備費」「台風一過の味けなさ」など来日騒動の舞台裏を客観的にリポート。
［産経新聞出版局］1966/07/18【8P】

週刊実話と秘録／7月22日号

ビートルズもあきれた／人目を気にしない娘・BGのはげしいSEX

何でもかんでもビートルズに便乗？アダルト誌でも「ビートルズもあきれた／人目を気にしない娘・BGのはげしいSEX」の特集がある。「他人の事なんか気にしない体本当たりよ」「どうしたら脱いだ下着がステージまで飛ぶか、中に石を入れるといいのよ」「ビートルズの胸毛をブラジャーに入れておきたいの」「ビートルズに抱きつけたら私はもうどんな男だって結婚するわ」など。
［名文社］1966/07/22【6P】

週刊マーガレット／8月7日号

ザ・ビートルズと寺尾真知子ちゃん

表紙にビートルズの写真が使用されたちょっとレアな少女漫画週刊誌。小記事「ザ・ビートルズのとんだ災難？」では来日公演を終えたビートルズが次の公演地フィリピンで災難に遭遇したトピックスを掲載。また同誌は来日直前に3週連続でビートルズの少女向け読物企画を連載したりもしている。
［集英社］1966/08/07【約1/4P】

ヤングレディ／7月18日号

ビートルズ独占会見記■加山雄三

巻頭グラビアページ他、加山雄三との会見記「だれものぞいたことがないビートルズの私生活公開！」「独占会見記孤独のビートルズと食事をして」「日本の加山雄三としての責任」「僕の曲で踊ってくれた」「英雄の孤独を見た……」や酒井美意子の「ビートルズ公演を見て……」「油断なく身支度ととのえて」「客もビートルズもマナーは満点」「あけ忘れた心の窓を開け」がある。また「全調査・ガールフレンドから食べ物まで／欲求不満を爆発させたビートルズの五日間」など。
［講談社］1966/07/18【約19P】

女性セブン／7月20日号

ビートルズ大特集・到着から離日まで東京の5日間

カラー、モノクログラフなど含め23ページの大特集。特集記事では「独占インタビュー／私はザ・ビートルズとの単独会見に成功した！」があり、日本公演最終日に独占会見に成功した同誌記者（風間博氏）によるインタビューを掲載。また特別寄稿、加山雄三の会見記「ビートルズと三時間ぼくらは男の夢を語り合った」では「スキヤキとウイスキーのご馳走」「未発表の曲を聞いて感激！」「人間としても立派だった」など。
［小学館］1966/07/20【約23P】

週刊実話／7月25日号

ビートルズが日本女性と深夜にデイト！？

巻頭モノクログラビア4ページで羽田空港到着時の来日フォトや記者会見、武道館コンサートのもようなど貴重な写真を掲載。本文では本誌独占報告と題したスクープ「ビートルズが赤坂芸者と深夜のデイト」を取り上げ「深夜のホテルでデート」「カゴの鳥状態を脱出」「ジャパニーズOKと大喜び」「花代五十万円也」「半狂乱になったファン」など来日後ヒルトンホテルに缶詰状態だったメンバーの「夜のスキャンダル」を紹介。
［日本ジャーナルプレス］1966/07/25【8P】

漫画紳士／8月8日号

ビートルズ台風は去ったが／ひっかきまわされたのは女ばかりではなかった ビートルズ招致ナンセンス内幕記

ビートルズ日本招致にまつわる裏話を6ページに掲載した特集記事を掲載。日本公演が純粋なビートルズファンの若者に留まらず、マスコミ、大手新聞各社、政界・財界まで巻き込んでの一大イベントとなったことに対する論評がおもな内容で、日本武道館使用許可に至る経緯やそのドタバタ劇を詳細に掲載。特に「正力発言」事件についての記事は面白い。その他、海外の話題コーナーにも「ビート族大勝利」の小記事あり。
［暮らしの手帖社］1966/08/08【6P】

FM fan ／ 11月7日-11月20日号（NO.10）

草野心平 若者たちとビートルズ

詩人・草野心平による音楽随想「若者たちとビートルズ」がある。ビートルズに関心のなかった草野氏自身が、ひょんなことからビートルズのレコードを買ってその音楽的魅力や作詞作曲の才能を感じたことなど、ビートルズ出現を時代の必然性ではないかと結んでいる。同誌は当時、クラシック中心の内容で40ページ仕様。発行日は11月3日。
[共同通信開発局] 1966/11/03【1P】

週刊実話／ 11月8日号

ビートルズに襲いかかった"四つの暗黒事件"

海外トピックス「ビートルズに襲いかかった"四つの暗黒事件"」と題し、「裏切られたファンの嘆き」「悲鳴を掻き消す大歓声」「警官が動員された隙に」「一年に米国から三百億円」など、事例をもとに「ビートルズが行くところには必ず事件や犯罪が起こる」という噂を紹介。リンゴ・スターがアン・マーグレットにふられた話も……。
[日本ジャーナルプレス] 1966/11/08【4P】

週刊平凡 ／ 11月24日号

ビートルズ解散情報の深刻な内幕

特集「ビートルズはほんとうに解散するか／騒然！分裂ニュースに日本のファンは大ショック」がある。内容は「電話で泣きだすファンも……」「意味深長なマネージャーの発言」「ウワサを裏づける事実も」「解散するなら来春2月以降」など。日本公演以降、マニラでの暴行事件、アメリカ公演ではジョンのキリスト発言の波紋など。
[平凡出版] 1966/11/24【3P】

来日当時の週刊誌抜粋（表紙コピーなし）

来日が直前に迫った1966年5月以降の発行で、
表紙にビートルズに関するコピーはないものの、3ページ程度以上のビートルズ記事、
グラフなどが掲載されているおもな週刊誌を抜粋して紹介する。
なかには来日後の特集企画があるような貴重アイテムもあり見逃せない。
この他、掲載内容が3ページ以下の週刊誌については、本書後半の年代別分類ページに
現コレクションのすべてをまとめて紹介したので、そちらをご覧いただきたい。

ヤングレディ／5月9日号

ビートルズ来日前の話題を取り上げた3ページのレポート「ビートルズが大混乱をひきおこす！手ぐすねひくファンと緊張する関係者たち」がある。内容はビートルズ及び公演会場武道館の写真3点と「来日二ヶ月前にこのさわぎ」「宿舎はヒルトン・ホテル」「大変な連中が来るもんです」など。
[講談社] 1966/05/09【3P】

週刊文春／5月16日号

約4ページの記事特集「ビートルズ台風ただ今、本土に接近中／史上最大のファン狂騒曲─安保以来の事態出現か？」がある。内容は「囚人護送車と60人の警官」「クツ下でもパンツでも」「十五万円貯金したファン」「ヤミ値は一万円を越すか」など来日2カ月以上も前から上陸熱が高まり、一大センセーションを巻き起こしたニュースと話題をまとめたもの。
[文藝春秋] 1966/05/16【約4P】

女性自身／5月30日号

来日を直前に控え、7ページのビートルズ企画「ビートルズ・グラフ第1集／初公開・ビートルズだ！」があり、ジョン、ポール、ジョージの幼年期の写真や当時の自宅などを紹介。
[光文社] 1966/05/30【7P】

女性セブン／6月1日号

間近に迫った来日についての話題をまとめた「話題を追って／ビートルズなんか日本に来るな！」がある。「泣いて感動のファン、渋い顔のおまわりさん、複雑な表情の若手人気歌手の胸のうち……」「共演を敬遠した坂本九」「一時間一億円の騒音」「家出しても見に行きたい」など。
[小学館] 1966/06/01【4P】

週刊女性／6月11日号

独身のポールを除く、リンゴ・スター、ジョージ・ハリスン、ジョン・レノン夫妻など5ページのモノクログラフ「ビートルズって奥さんいたの／6月28日午後5時15分、ビートルズが来日」と、2ページのビートルズ対談「女性対男性・ビートルズ論／九谷才一」がある。
[主婦と生活社] 1966/06/11【7P】

サンデー毎日／6月12日号

日本公演会場に予定されていた日本武道館についてのドタバタエピソード「読売新聞社社主の正力松太郎氏発言」に関する詳細記事「ベートルスというのは何者だ！／日本武道館公演でもめたビートルズ」を3ページに掲載。この発言は今もなお有名な逸話となっている。
[毎日新聞社] 1966/06/12【3P】

ヤングレディ／6月13日号

いしだあゆみ、木の実ナナ、中尾ミエ、奥村チヨ、天地総子たちアイドル歌手のビートルズに会うためのマル秘大作戦「私たちはこうしてビートルズに会う／若い歌手たちのB・DAY作戦を公開！」が4ページ。内容は「私たちはこうしてビートルズに会う！その4つの作戦」「空港作戦／奥村チヨ」「街頭作戦／中尾ミエ」「ホテル作戦」「会場作戦」など。
[講談社] 1966/06/13【4P】

女性自身／6月20日号

『食欲減退だvs冗談じゃないわ、おじさま／岡本太郎氏とファンのビートルズ論争の結末は？』があり『女性自身版異議あり』第1回の論議題としてビートルズが取り上げられている。討論の本誌側出席者に岡本太郎というのは異色。あとは読者側に女子高校生、オデオンファンクラブ会員などビートルズファン。岡本太郎の辛口ビートルズ評「第1ラウンド／なんとなくデレッとしたビートルズがイヤだね」「第2ラウンド／君たちは結局、大変小市民的なんだよ」「第3ラウンド／冗談じゃない、聞き流すものだよ、音楽なんて」に対する熱狂ファンとのバトルが面白い。
[光文社] 1966/06/20【4P】

1966

平凡パンチ／6月20日号

野末陳平の連載対談コーナー「陳平対談」4ページに「ビートルズとの3時間／24歳の女性編集長が語るビートルズの内幕」を掲載。ゲストとして招かれた星加ルミ子がビートルズとの会見の裏話や来日の可能性、自身の夢を語ったもの。「はじめはプレスリーにぞっこん」「仏像でビートルズを釣る」「大プロデューサーへの夢」など。
［平凡出版］1966/06/20【4P】

週刊読売／6月24日号

来日直前対談「プレイガールがあかすビートルズの秘密／日本きってのビートルズ通、湯川れい子さん」が5ページ。マンガ家・近藤日出造のシリーズ対談企画でゲストが湯川れい子。内容はビートルズとの会見予定の話題他、「薬のいらない発汗作用」「長髪は老大国への抵抗」「意味がない日本の長髪族」「抽象的おもしろさ」「天文学的数字のお金もち」など。
［読売新聞社］1966/06/24【5P】

週刊女性／6月25日号

来日直前の話題を集めた「話題の焦点・ビートルズなんか殺しちゃえ！その大衆狂乱の舞台裏には……」の4ページ記事がある。内容は「ビートルズはやはり武道館で歌う、ただし11曲35分間。そのためにオリンピック以来の取材合戦とは！」「困ったなあ、もう」「本物そっくりの贋入場券」「ベートルズ変じて国家使節」「不幸な若者をつなげる」など興味深いものが多い。
［主婦と生活社］1966/06/25【4P】

漫画ストーリー／6月25日号

来日に伴い8ページの読み切り漫画「ビートルズそっくりショー作戦／針すなお」がある。
［双葉社］1966/06/25【8P】

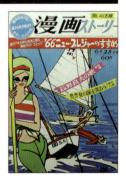

週刊新潮／6月25日号

日本武道館使用是非問題とその内幕を4ページにまとめた「もみにもんだビートルズ会場／日本武道館使用の理屈と対面」がる。「コンサートごときに日本武道の殿堂は貸せん」と当初猛反対した主催者・読売新聞の正力松太郎が、急遽「ビートルズの公演は間違いなく日本武道館で行います」社告までうって豹変したいきさつとドタバタ劇を究明。「吹き抜けたビートル旋風」「勲章もらってれば芸術家…」「その後の責任は負いません」など。
［新潮社］1966/06/25【4P】

女性自身／6月27日号

約6ページの記事「OK、1分間200万円で買いましょう／ライオン歯磨きがカブト虫のテレビ中継をきめた事情」「カブト虫野郎のお通り」「社会的責任を感じまして」「微々たる金とライオン」「暴動をおそれた会社」「ねらいは海老原戦にある」と、約5ページの「ビートルズをキャッチする TOP SECRET OPERATION 008」「001／プラカードの作り方」「002／ビートルズとの英会話」「003／ヤジのとばし方」など。
［光文社］1966/06/27【11P】

週刊実話／6月27日号

4ページの読物「ビートルズ最新情報 知られざる彼等の私生活／秘密結婚をしたビートルズ4人のSEXライフ」がある。来日情報にも触れつつも「世界のセックスアイドル」「英国の貴公子たち」「ビートルズの性ライフ」「リーダーのジョン・レノン／悲運になげく妻」「マッカートニーとリンゴ・スター／結婚また婚約の大騒動」「マジメ人間ハリスン／秘密結婚でなく秘密婚約？」など。
［日本ジャーナルプレス］1966/06/27【4P】

週刊現代／6月30日号

興味深い内容のビートルズ来日直前記事「起こるかビートルズ大騒動／招かざる客がなぜやって来たのか」（4ページ）がある。日本公演のプロモーター・永島達司の秘話を含め「押しつけられたお荷物」「送り屋に転向した永島氏」「誰がいちばん儲けるか？」「騒ぎが起これば破防法が」など。
［講談社］1966/06/30【4P】

平凡パンチ／7月4日号

いずれも大した記事ではないが、パンチジャーナルに「イメージチェンジをはかるビートルズ狂／ハイティーンでいっぱいのビートルズ写真展（京王デパート）」、ズームアップには「ビートルズのデスマスク？」、ガイドには「ビートルズ、ジャズメンと組む／新LPに新いこころみ」、小イラスト「笑点／ビートルズの日本武道館使用条件」など、来日間近の国内フィーバーぶりを伝える話題を掲載。
［平凡出版］1966/07/04【約4P】

週刊実話／7月4日号

4ページの「ビートルズのヘソを狙うSEX手配師／外人有名タレントが楽しむ日本娘の情事お値段」がある。一部来日決定ニュースと写真がある程度で、内容はビートルズを含めた外国人タレントの裏話が中心。
［日本ジャーナルプレス］1966/07/04【4P】

週刊平凡／7月7日号

モノクログラフ「ビートルズ台風上陸！／熱喜するファンと空前の警備体勢」3ページと司会者に決まったE・H・エリックの困惑インタビュー「困った困ったオレがビートルズ公演の司会者だなんて！／ノイローゼになったE・H・エリックのボヤキ」「ボロ着ていこう」「歯みがきだよ」「モウけちゃうぞ」「勲章もあるぞ」「困った、困った」など3ページ。
［平凡出版］1966/07/07【約6P】

週刊朝日／7月8日号

来日に備える警視庁の警戒体制とその舞台裏をまとめた「ビートルズ・ビールスの蔓延ぶり／警視庁特科部隊から右翼の乗出しまで」がある。内容は「出動警官は安保・日韓なみ」「L・G・B（レッツ・ゴー・ビートルズ）に対するB・G・H（ビートルズ・ゴー・ホーム）」「こうした家庭ばかりなら……」。その他、「ビートルズが不戦勝／闘い避けた加山雄三」など。
［朝日新聞社］1966/07/08【3P】

週刊女性／7月2日・9日合併号

来日公演中継に関する話題「ビートルズのテレビ中継は7月1日（金）にカラーで」を写真付きで掲載。また、ビートルズに直接触れる部分は少ないが、林家三平と舟木一夫の対談「ビートルズ公演の日をえらんでリサイタルをひらく舟木一夫／前売券はすでにプレミアが……ビートルズと対決したその心意気」など。
［主婦と生活社］1966/07/09【4P】

週刊明星／7月10日号

来日を直前に控え、巻頭カラーグラビア「若者たちの英雄！来日のビートルズ」で写真を掲載。その他、公演司会者のE・H・エリックはじめ、望月浩、内田裕也、尾藤イサオの「ビートルズ負けるな！／日本公演に参加の歌手たち」カラーページ、ビートルズ写真集「ビートルズ東京／100時間のロマン」広告ページなど。
［集英社］1966/07/10【5P】

週刊現代／7月14日号

ビートルズ滞在先の東京ヒルトンホテル極秘潜入追跡レポート『私はビートルズの覆面護衛官だった／キモノ・ガールを求めた四人の紳士の東京の夜』がある。来日公演などの写真を添え、ガードマンになりすました特派記者の追跡レポート。「まるで囚人護送車のように」「ガードマンに化けて潜入」「オシッコをもらすように」「監獄の慰安会みたいね」「ついに決定的瞬間を見た」など興味深い。
［講談社］1966/07/14【6P】

F6セブン／7月16日号

「特報 ビートルズの人気は誰が最高か／公演第一日目にみる女性ファンのシビレ度」があり、ビートルズ日本公演第一日目を観た女性ファンのコメント、感想を2ページ掲載。他「チョイト拝見、今週の女性週刊誌から」にビートルズ来日直前インタビューを写真付きで一部紹介。
［恒文社］1966/07/16【3P】

週刊文春／7月18日号

巻頭「ビートルズ考現学」と題したグラフ4ページがある。ティーンエイジャーの来日公演スナップフォトを掲載しビートルズへの過熱ぶりを伝えたもの。
[文藝春秋] 1966/07/18【4P】

女性自身／7月18日特別号

来日公演を終えて離日するビートルズと、アメリカ公演旅行から帰国したクレージーキャッツの写真を共に掲載した「羽田空港、去る人、帰ってきた人（7月3日）」、フィリピン・マニラ空港に到着したスクープ写真「あ！ビートルズ危うし」がある。そのほか日本公演批評「ビートルズ見物記──泣くほどのことは何ひとつなかったのを私は知っている／三島由紀夫」や横尾忠則のイラストなど。来日公演を終えたビートルズのようすを伝える写真と記事が中心。
[光文社] 1966/07/18【6P】

平凡パンチ／7月18日号

来日公演に関する巻頭グラビアページ「死んじゃうワ！／彼女たちの上に荒れ狂ったビートルズ台風」のほか、来日公演をめぐる舞台裏での騒動「ビートルズのいなかったビートルズ騒動」や、日本滞在中のエピソードを織り交ぜた特集記事など。
[平凡出版] 1966/07/18【7P】

週刊漫画サンデー／7月20日号

巻頭グラビア5ページに「ビートルズ嵐とともに」と題し、来日や記者会見時のモノクロ写真を掲載。本文でもワイド特集「戒厳令下の熱狂ファン！アラシの中のビートルズ」でステージフォトや武道館内外の熱狂ぶりを写真と記事で8ページにわたり伝えている。「一枚一万円で買っていく令嬢」「入場券の代償に貞操を……」「性的興奮で立てない少女」「だれのためのビートルズ」など。当時の漫画週刊誌の中で最も大々的に来日を取り上げている。
[実業之日本社] 1966/07/20【12P】

週刊大衆／7月21日号

巻末5ページの来日関連グラフ「たっぷりいじめられたビートルズ・ファン」と3ページの記事特集「やっぱり百姓だったビートルズ／バカ踊りさせられた警備陣」がある。記事の方は「ウワサと真相の間」「ボーイさん曰く、お答えできません」「チンドン屋的？百姓との記者会見」「台風一過、勉強になりました」など批評が多い。
[双葉社] 1966/07/21【8P】

サンデー毎日／7月24日号

フィリピンのマニラ空港で災難にあったビートルズのスクープ記事「マニラから叩き出されたビートルズ／大統領夫人侮辱事件のナゾ」「こわい＝青くなったリンゴ」「ポカリとあいた六つの空席」「こんど行くなら水爆持って」と巻末にもこの事件現場を捕えた写真「パンチで送られたビートルズ──マニラ」と記事がある。
[毎日新聞社] 1966/07/24【7P】

ヤングレディ／7月25日号

ビートルズと直接関係はないが「ビートルズのあとをねらう歌手／フランスの人気カップル、アンントワールとカリーナ」のグラフ4ページがある。
[講談社] 1966/07/25【4P】

週刊マル秘／8月15日号

読切連載小説の第15話として、5ページの「くたばれビートルズ」がある。「嵐の夜」「小父さんは新聞記者」「はずむ若さ」など、来日をそのまま題材に取り上げたもので、羽田着、ヒルトンホテル滞在など、ドキュメンタリータッチ。
[辰巳書房] 1966/08/15【5P】

来日当時の週刊誌抜粋(表紙コピーなし)/その他

表紙にビートルズに関するコピーはないが、来日記事を取り扱った2ページ程度の週刊誌。
この他の週刊誌については、本書後半の年代別分類ページに
コレクションのすべてをまとめて紹介したのでそちらをご覧いただきたい。

週刊実話/6月20日号

2ページのビートルズ来日関連記事「ビートルズのニセ切符騒動」がある。「意外に安い入場料」「商魂のウズの中に」「予約制度の反響」「切符が買えないファン」など内容は日本公演チケット(最高2,500円)をめぐる関係者、ファンの思惑や争奪戦について。
[日本ジャーナルプレス] 1966/06/20【2P】

女性セブン/6月22日号

巻頭カラーグラフ「ビートルズ台風まもなく上陸/ファンの期待と不安と失望と──」がある。内容はカラー写真2点と来日についての芸能人、関係者のコメントなど。
[小学館] 1966/06/22【2P】

女性セブン/7月6日号

インタビューの特集記事「ぼくたちのファンはなんだってああ行儀が悪いの!」がある。「息子が殺し屋になったらどうしよう」「歴史には音楽家として名を残したい」「ロールスロイスよりバスに乗りたい」「ビートルズにはラジオ体操が必要だ」など。その他「ビートルズシャツを着てビートルズを聞きに行こう!」なる東洋レーヨン関連広告もある。ビートルズのサイン入りブラウス、水着、Tシャツならまだわかるが、サイン入りパンティ、スリップも同時発売とは?
[小学館] 1966/07/06【2P】

週刊大衆/7月7日号

来日の舞台裏情報などを掲載した「なんたる狂態!ビートルズ騒動」がある。内容は「その裏で少年破防法、国会で上程の買い情報が」「バカ気た思い上がり」「政府、騒動を利用するか」「非人間扱いの観衆」など意外に興味深い。
[双葉社] 1966/07/07【2P】

週刊女性/7月30日号

フィリピンのマニラと東京を比較しビートルズ騒動を題材にした記事「二つの都のビートルズ/丸谷才一」がある。内容はマニラ空港で起きたビートルズ殴打事件と東京の歓迎ぶりを比較したもの。
[主婦と生活社] 1966/07/30【2P】

週刊実話と秘録/8月5日号

各誌芸能担当記者による2ページの「ざっくばらん座談会」があり、写真を添えた特集記事「彼らは性的なアイドルなのか?/娘のハートを刺激するビートルズSEX」がある。
[名文社] 1966/08/05【2P】

週刊女性/8月20日号

日本公演の話題と写真「ビートルズに一億円支払ったあとの話題/番組を買ったスポンサーの損益計算書」がある。内容は日本公演のテレビ放映権に関するもので「ソロバンのはじき方」「十円玉三個の秘密」「赤字のない計算書」など、公演時の写真を添えて2ページ。
[主婦と生活社] 1966/08/20【2P】

ニュース特報/8月24日号

「ビートルズ東京/100時間のロマン」の写真展を訪れた女性ファンのようすを紹介した巻頭モノクログラフ「ビートルズ去って狂女をのこす」がある。
[双葉社] 1966/08/24【2P】

来日当時の月刊誌抜粋(表紙コピーなし) ※一部臨時増刊

1966年のビートルズ来日前後には、一般の月刊誌でも多くの特集記事や関連記事が掲載された。
ここに掲載のもの以外にも膨大な数があるが、お目にかかることの少ない、希少価値の高い雑誌のみを紹介する。
月刊誌「明星」「平凡」「スクリーン」「映画の友」などには、グラフや記事が多く掲載されている。
これら月刊誌の他のアイテムについては、本書後半の年代別分類ページにをまとめて紹介したので
そちらをご覧いただきたい。

美しい十代／1月号

新春読物特集「日本人でただひとりビートルズに会った星加ルミ子さんが語る／ビートルズ七つの?」で、ビートルズをめぐる7つの話題を順に紹介。①どうしてあんなに人気があるのか②チームワークはくずれないのか③どのくらい収入があるのか④ばく大な収入をなにに使うのか⑤家族はどんな生活をしているのか⑥ポールとジョージは結婚しないのか⑦ビートルズは来日するか。
[学習研究社] 1966/01/01【4P】

映画の友・臨時増刊／1月号

ビートルズのカラー、モノクログラフ2ページ他、スター「ヘア・スタイル」コーナーに写真、世界のナイス・ガイ「禅・ビートルズ・木綿／河野基比古」の読み物など。
[映画の友] 1966/01/10【3P】

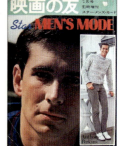

マドモアゼル／2月号

リンゴ・スターの4ページモノクログラフ「野生のドラマー リンゴー／秦早穂子」がある。ただ「愛妻モーリンと、食事のひととき」と題された掲載写真は、ジョージ・ハリスンとパティ・ボイドのツーショット写真。間違って掲載されている。
[小学館] 1966/02/01【4P】

SEVEN エース／創刊号

「ビートルズ彼ら自身を語る」と題し、書面で依頼した37の質問に対し、ビートルズ自らが自筆で回答した文章を写真付きで紹介。残念なことにジョンのみ掲載がないが、理由は「ふざけすぎてブライアン・エプスタインから発表を禁止された」からとのこと。内容は「最高にみじめな気持ちになるときは?」「どこに住みたいか?」「この世の幸福、理想は?」「あなたの好きな小説の主人公は?」「歴史上の人物で誰が好きか?」など。結構面白い。
[雄鶏社] 1966/03/01【6P】

装苑／3月号

ビートルズファンたちのファッションルックを取り上げた「ある視覚 ビートルズファン／河野洋」3ページの他、ビートルズとは直接関係ないが、着こなし写真「HELP！HELP！SUITS つつしんでこのニページを、ビートルズ狂のミス・ジョーエンにささげます」がある。
[文化出版局] 1966/03/01【5P】

女性明星／5月号

ジョージ・ハリスンとパティ・ボイドが結婚した話題「ショック！私たちのジョージが結婚しちゃった！」がある。1966年1月21日に結婚したジョージについて「なにごとも静かに！静かに！」「ぼくはまだ17歳だ」「縁むすびの神ジョン・レノン」など。
[集英社] 1966/05/01【4P】

高二時代／5月号

モノクログラフ「見てください！この熱狂／本場英国のビートルズ・ファン」3ページの他、ヤングサロンコーナーに小記事「ビートルズを日本へ／高校生がファンクラブを結成」がある。
[旺文社] 1966/05/01【3P】

女学生の友／6月号

簡単なコメントと写真を添えた2ページのグラフ「6月末、日本でお会いしましょうビートルズ」がある。
[小学館] 1966/06/01【2P】

美しい十代／7月号

来日までのいきさつ、ビートルズを迎える日本、デビューから今日まで、4人の素顔の順に、貴重な写真を交えた11ページのヴィジュアル特集「ビートルズがやってくる」掲載。日本公演のポスター、チケットの貴重コレクションや、公演会場として予定されている日本武道館や宿泊予定のヒルトンホテルとパレスホテルなどが写真で紹介されており「ビートルズに対する10の質問」「ビートルズの誕生」「4人のプロフィール」の読物もある。ほかミュージック・ボックスのコーナーで「ビートルズ旋風上陸！入場券のプレミアムは1万円？」など。
[学習研究社] 1966/07/01【12P】

高一時代／7月号

来日を直前に控え、巻頭5ページのモノクログラビア「The BEATLES Are Coming to Japan」と6ページの読物特集「ヤァ！ヤァ！ヤァ！ビートルズ／HELP！悲鳴をあげる関係者たち」「ハガキの山にため息しきり」「券が当たらなければ火をつける」「先をこして泊まる高校生」「夜、武道館を計測する少女」「頭をいためる警視庁」「券のない人はテレビでどうぞ」がある。
[旺文社] 1966/07/01【11P】

高二時代／7月号

5ページのビートルズ来日直前企画「特別速報・吹きまくるかビートルズ旋風／鈴木彰」がある。内容は鈴木彰の直前レポート「現代の若ものの英雄」「半狂乱になったファン」「会場入りはヘリコプター？」「来日のメンバーと曲目は」「旋風はすでに起こっている」他、写真など。
[旺文社] 1966/07/01【5P】

スリーエス／7月号

ビートルズ4人のフィアンセ、来日情報など近況を写真を添えて4ページ掲載した「ビートルズの彼女たち／金子正」がある。内容は「来日前奏曲」「ジョン・レノンとシンシア」「リンゴ・スターとモーリン」「ジョージ・ハリスンとパティ」「ポールとジェーン・アッシャーは……」「日本上陸のアカツキは……」など。
[なみき書房] 1966/07/01【4P】

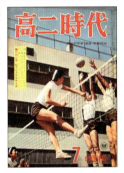

中学一年コース／7月号

ビートルズ発祥の地でもあるリバプールのガイド「あなたの海外旅行／イギリス・リバプールの巻」が2ページ。ビートルズやポールの写真含め「リバプール・サウンズは、どうして生まれたか？」「これがリバプール・サウンズだ／ビートルズにつづくビート・グループをさぐってみよう」など関連記事も掲載。
[学習研究社] 1966/07/01【2P】

中一時代／7月号

来日直前の4ページ小特集「世界の人気者／ビートルズがやってくる！」がある。内容は来日公演日程情報他、「ビートルズと髪型」「ビートルズと勲章」、写真、簡単なプロフィール紹介程度。
[旺文社] 1966/07/01【4P】

中学三年コース／7月号

2ページのモノクログラフ「カメラトピックス／ビートルズがやってくる」がある。ビートルズの写真4点と来日関連記事。
[学習研究社] 1966/07/01【2P】

宝石／7月号

巻頭モノクログラフ「ビートルズを生んだ町／安保以来の旋風がリバプールからやってくる」が3ページと、本文にビートルズ来日関連記事「ビートルズ――二十分間四千万円のバカ騒ぎ」1ページがある。
[光文社] 1966/07/01【4P】

1966

ニュース特報別冊／7月号

巻頭8ページのモノクロ特集グラフ「地球を駆ける青春ビート」がある。内容はビートルズ来日にちなんだ特集で、アメリカをはじめ、ハンガリー、デンマーク、イタリア、フランス、オーストラリア、イギリスなど世界各地のファンの熱狂ぶりを特写したスナップ集。
[双葉社] 1966/07/01【8P】

近代映画／8月号

特別よみもの「いよいよ大詰め！ビートルズの日本上陸作戦／大野信平」があり、ビートルズ来日の舞台裏や慌しい受け入れ態勢などを「マル秘取材作戦の内幕」「乱れ飛ぶ札束」「頭が痛い警備陣」「ビートルズを推理する」と6ページの記事にまとめている。
[近代映画社] 1966/08/01【6P】

高一時代／8月号

来日写真中心のグラフ4ページ「緊急特報／ビートルズ台風、ついに上陸」、6ページの記事特集「あらしの後にあらしを呼んだザ・ビートルズ」がある。グラフページ掲載の来日関連写真は未公開ショットも多く貴重。また記事特集も「泣き出した女性ファン」「ファンの前を素通りの四人」「なんつうたって好きなんだ」「なごやかな記者会見」などビートルズとファンのようすを詳細レポートしたもので興味深い内容。
[旺文社] 1966/08/01【10P】

高二時代／8月号

特別ルポ「ビートルズの初会見に成功!!／24歳の音楽雑誌編集長・星加ルミ子」が2ページ。ミュージック・ライフ誌編集長・星加ルミ子の職歴や前年のビートルズ会見エピソード「バイトから専任記者に」「ビートルズに会おう」など。
[旺文社] 1966/08/01【2P】

女学生の友／8月号

6ページのビートルズ特集「やっと願いがかないました／来日したビートルズへウェルカム30問」がある。羽田空港到着時の写真の他、「親切な日本のジュニア」「愛妻家ぞろいの四人です」「多芸多才でかせぎます」などビートルズ会見録を掲載。
[小学館] 1966/08/01【6P】

主婦の友／8月号

ビートルズ来日公演会場のモノクログラフ「シビれて、泣いて……やっぱりステキだったビートルズ」と、小コラム「さすがビートルズ」、「編集者の手帖」で小コメントなど。
[主婦の友社] 1966/08/01【約2P】

小学六年生／8月号

小学生にもビートルズを紹介。来日公演を終えたビートルズの特別企画「世界じゅうの若者のアイドル／これがビートルズ」が4ページ。写真を添えたビートルズ物語「ビートルズの誕生」「人気は西ドイツから」「リンゴ・スター、バンドに参加」他、「ビートルズの横顔」「THE BEATLESこぼれ話」「ビートルズ・トランプ、プレゼント」など。また冒頭に来日公演について触れた部分がある。
[小学館] 1966/08/01【4P】

時 Epoch／8月号

「TBS時事放談」での、細川隆元、小汀利得両氏のビートルズに対する「こじき芸人」発言に関する話題「ビートルズ狂とテレビ番組／番組をつまらなくする偶像崇拝」と、来日直前のビートルズについての魅力を解析したコラム「ビートルズの本質を見抜け／外面だけにとらわれるな」がある。
[旺文社] 1966/08/01【2P】

中学一年コース／8月号

4ページのグラフ「日本中がシビレたしジョーッ／ビートルズ様のお通りだッ！イギリスで勲章をもらったんだぜ！」がある。内容は写真とイラスト、ビートルズ4人のプロフィールなどで特に目立った記事はない。他にもビートルズの写真とコメント記事のページがある。
［学習研究社］1966/08/01【4P】

婦人公論／8月号

特集「青春とは何か」の中で一部ビートルズ来日公演に触れた「音痴ビートルズ論──ビートルズは帰った。絶叫の嵐、官能の強烈な陶酔、その残響を胸に綴る現代若者の断面／いいだ・もも」がある。内容は「くたばれベートーベン」「聞くより見る」「目撃者の証言」「凡庸な作詞」「金持ちになった四人」。他に、ビートルズに直接触れてはいないが、寺山修司と星加ルミ子のインタビュー「五つの青春」など。
［中央公論社］1966/08/01【約6P】

宝石／8月号

対談特集「ビートルズ、わかる？ありゃエテ公音楽じゃ！／小汀利得・青島幸男・野坂昭如」がある。内容は「なぜビートルズは低級なのか」「ビートルズはダメで盆踊りはいい？」など一部辛口な来日前の対談。
［光文社］1966/08/01【約8P】

若い女性／8月号

ビートルズの出世物語「奇跡を生んだ四人の若者＝ビートルズはいかにして世に出たか／杉信之」「出演料は一晩2ドル」「解散、しかし新メンバーで……」「よき協力者を得て」がある。
［講談社］1966/08/01【3P】

明星臨時増刊／加山雄三をあなたに

一冊まるごと加山雄三の特集号だが、ビートルズ来日時の会見のもようを3ページに掲載した「ビートルズ独占会見記／日本でただひとりビートルズと語り合った男」がある。内容は「5人でビフテキを食った」「絵を書いていた4人」「感動をおふくろに」など、加山雄三がビートルズの宿泊先ヒルトン・ホテルを訪ね貴重なひとときを過ごしたようすが記されている。
［集英社］1966/08/15【3P】

家の光／9月号

武道館における熱狂ファンたちのグラフ集「ただもうしあわせ／ファンという種族」3ページと、来日時の写真を含んだ批評「国賓なみ？ビートルズ」が1ページある。
［家の光協会］1966/09/01【4P】

カメラ毎日／9月号

ビートルズ来日時にホテルで撮影された浅井慎平の写真4点をカラー掲載。ホテルで缶詰状態だったビートルズ各メンバーのレアショット「カゴの中の悪魔っ子―ビートルズ―／浅井慎平」と記事が2ページ。
［毎日新聞社］1966/09/01【2P】

近代映画／9月号

来日関連の取材記事「ピンク戦術か！隠密作戦か！／ビートルズをめぐるマスコミ狂騒曲／大野信平」がある。内容は写真とともに「甲虫は逃げた？」「スパイ映画も顔負け」など。折込写真「ビートルズ来日スナップ集」は意外に良質。
［近代映画社］1966/09/01【5P】

1966

傑作倶楽部／9月特大号

2ページの巻頭グラフ「トウキョウ・エキサイト・ゾーン／ビートルズ台風・東京上陸」がある。掲載写真は「ヒルトンホテルでの記者会見」2カット他、「飛行場でねばる熱狂的なファン」「足取りも軽く入場券を手に会場へ向かうファン」「公演会場の武道館を警戒にあたる警官の群」「外国のコンサートで演奏するビートルズ」。
[双葉社] 1966/09/01【2P】

ショック映画／9月号

来日公演小評や、来日前に同誌1966年7月号が組んだ特集「くたばれ！ビートルズ」の大反響を取り上げた「ビートルズ台風その後」「ビートルズの爪跡」「書いた奴ヨ死ね！」「みんな好男子ヨ！」などを写真を添えて2ページ掲載。
[プレイグラフ社] 1966/09/01【2P】

太陽／9月号

ビートルズ来日モノクログラフ「東奔西走の機動隊／ビートルズとデモの間にて」があり、6ページにわたりビートルズ公演会場、日本武道館内外の機動隊の警備のようすや、ファンの醜態ぶりを大岡昇平の文「狂躁の下には性的不満」「予防的に振るわれる暴力」とともに写真掲載。東京ヒルトンホテル記者会見時の写真も1点ある。9月号だが発行日は8月12日。
[平凡社] 1966/08/12【6P】

テレビジョンエイジ／9月号

来日を振り返った、うちがいとよしこのレポート＆グラフ「ビートルズ始末記／走りまくった5日間」「拍子抜けの着陸風景」「気を呑まれたか報道陣」「覗き見趣味のオジ様も」「いすこも同じ若きエネルギーの親和」「面白うてやがて悲しき……」があり、ビートルズに明け暮れた日本滞在5日間を客観的かつ鋭い視点で総括。また朝妻一郎のミュージックスター最新ニュース「スターラウンドアップ」にも「ビートルズは24位に……」「ビートルズその1」「ビートルズその2」など最新トピックスやアルバム発売ニュースの記事がある。
[四季出版新社] 1966/09/01【3P】

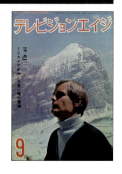

話の特集／9月号

5ページ各1点ずつのイラストを掲載した「ビートルズ・ギャラリー／和田誠コレクション」がある。内容は①「ルソー／ザ・ビートルズ」②「ゴッホ／ジョージ・ハリスン」③「ロートレック／ポール・マッカートニー」④「写楽／リンゴ・スター」⑤「シャガール／ジョン・レノン」。また、来日を徹底取材した名著「話の特集・臨時増刊／ビートルズ・レポート」の広告も1ページ。
[日本社] 1966/09/01【6P】

中学三年コース／9月号

2ページのモノクログラフ「ニッポンをさわがせた五日間／十代のアイドル、ビートルズさようなら」がある。来日公演、羽田空港到着時、武道館のファンなどの写真5点とコメント。
[学習研究社] 1966/09/01【2P】

中学二年コース／9月号

来日フォト中心の4ページのグラフ「日本じゅうがシビレました／ファンを熱狂させたビートルズ」と、内容の濃い6ページの来日特集記事「吹きあれたビートルズ旋風／かぶと虫たちの五日間」がある。特に特集記事の方は、来日公演関連フォトをちりばめ、なかなか中身の濃い内容。密着レポート「まっさきに出てきたポール」「ジョンはピンクの背広で」「リンゴが名案を考えた」「ジョージが私に笑ったわ」「落書き料七五万円なり！？」「加山雄三が新曲に命名？」「3000人のガードマンが無料警護」「泳いでいこう」「報道陣にも厳しい制限」の他、記者会見など資料も充実。
[学習研究社] 1966/09/01【10P】

装苑／10月号

ビートルズ来日公演会場、日本武道館で捉えた数多くのビートルズ・ファンの写真と記事「本番!!ビートルズ・ファン／河野洋」2ページの他、「男の子にはあげられない／モッズ・ガール歓迎の言葉」にもビートルズの写真と関連記事。
[文化出版局] 1966/10/01【3P】

来日当時の少女漫画週刊誌&少年漫画月刊誌

「少女フレンド/7月19日号」と「ボーイズライフ/7月号」は
漫画雑誌系では貴重なビートルズ特集。

週刊少女フレンド／6月28日号

巻頭カラーグラビア「ビートルズがやってくる！」が1ページ半。来日を直前に控え、カラー写真5点とコメントを簡単に紹介したもの。
[講談社] 1966/06/28【約1P】

週刊少女フレンド／7月12日号

連載漫画「かっぱのパー子／益子かつみ」8ページがビートルズ来日にちなんだ内容（タイトル：日本にやってきたビートルズ。パー子ちゃんのおかげで、「オヒー」をおぼえたのよ）。その他、次号紹介コーナーにもビートルズの写真など。
[講談社] 1966/07/12【8P】

週刊少女フレンド／7月19日号

5ページの特集「ビートルズがやってきた！」があり、4人の写真を添えたプロフィール紹介と「かっこいいビートルズと豆知識」「名前のいわれ」「リンゴーの鼻」「ジョンのぼうや」「3,600円の髪の毛」「ポールとカメラ」「一億枚を一年で」「収入はばらばら」「ゆびわとリンゴー」などまさに少女向きの入門編。来日前に編集された企画のようで、公演のスケジュールなどは簡単に紹介されているものの、来日時の写真や記事はない。
[講談社] 1966/07/19【5P】

なかよし／9月号

中綴じ「スターニュース」に1/2ページ程度、来日時の記者会見の写真とコメントがあるのみ。※月刊誌
[講談社] 1966/09/01【1/2P】

ボーイズライフ／1月号

特集「世界の5大エレキ・グループ」があり、ビートルズについては写真とストーリーなど読み物含め3ページ掲載。その他、アニマルズ、ベンチャーズ、アストロノーツ、サファリーズ。
[小学館] 1966/01/01【3P】

ボーイズライフ／6月号

7月号予告ページに写真と「とじこみ特集／ビートルズのすべて」の案内のみ。
[小学館] 1966/06/01【1/4P】

ボーイズライフ／7月号

ビートルズのグラフページと16ページの中綴じ特集「ビートルズのすべて／マニア宝典」がある。内容は「ビートルズとリバプール」「ビートルズ東京公演情報」「メンバー紹介・プロフィール」「ビートルズ苦闘の記録」「BEATLES,LPレコード」「ビートルズえぴそーど」「BEATLESゆかいスナップ」「リバプール方言集」「BEATLESヒット曲・シングル盤」など、来日直前の企画特集。
[小学館] 1966/07/01【18P】

ボーイズライフ／9月号

ビートルズ来日グラフ「ビートルズ万才！」ファンを熱狂させた東京の5日間」が3ページ。羽田空港到着から公演ステージ、ファンの熱狂ぶりなどフォト10点。
[小学館] 1966/09/01【3P】

来日当時の少年漫画週刊誌

「週刊少年サンデー」の5月29日号〜7月10日号にかけて
7週連続連載シリーズ「ビートルズ物語」(文：星加ルミ子)の掲載がある。

週刊少年サンデー／3月27日号

図解特集「音楽ヤロウ、エレキ大学」の中にビートルズの写真1ページほか紹介記事など。
[小学館] 1966/03/27【1P】

週刊少年サンデー／5月29日号

7週連続の連載シリーズ「ビートルズ物語①／文：星加ルミ子」を掲載。内容は毎号2〜4ページの写真を添えたビートルズストーリーで、第1話は「ジョン・レノンの少年時代」「いかすバンド、クォーリーメン」の2ページ。
[小学館] 1966/05/29【2P】

週刊少年サンデー／6月5日号

7週連続の連載シリーズ「ビートルズ物語②／文：星加ルミ子」。第2話「でっかい夢を持つ男、ポール・マッカートニー」「ポールのギターは逆にひく!!」「ジョージ・ハリスンが参加!!」の2ページ。
[小学館] 1966/06/05【2P】

週刊少年サンデー／6月12日号

7週連続の連載シリーズ「ビートルズ物語③／文：星加ルミ子」。第3話は「スターメーカー氏のコンテスト」「ジョニーとムーンドックス決勝戦!!」「キザだがいかす男、リンゴ・スター」「リンゴの少年時代」の4ページ。
[小学館] 1966/06/12【4P】

週刊少年サンデー／6月19日号

7週連続の連載シリーズ「ビートルズ物語④／文：星加ルミ子」。第4話は「名ドラマー、リンゴの活やく」「シルバービートルズで再出発」「世界に向かってドイツへ!!」の3ページ。表紙に小さなジョンの顔写真。[小学館] 1966/06/19【3P】

週刊少年サンデー／6月26日号

7週連続の連載シリーズ「ビートルズ物語⑤／文：星加ルミ子」。第5話は「ドイツての人気者、ビートルズ!!」「ふりかかった大事件」「やりなおそうぜ、もう一度!!」の3ページ。
[小学館] 1966/06/26【3P】

週刊少年サンデー／7月3日号

7週連続の連載シリーズ「ビートルズ物語⑥／文：星加ルミ子」。第6話は「マネージャー、ブライアンの参加」「リンゴ・スター、ビートルズへ!!」ほか「ビートルズなんでもこい30の疑問に答える!!」の4ページ。
[小学館] 1966/07/03【4P】

週刊少年サンデー／7月10日号

7週連続の連載シリーズ「ビートルズ物語⑦／文：星加ルミ子」を掲載。第7話(最終回)は「続出する大ヒット曲」「エリザベス女王から勲章をもらう!!」「ばんざいビートルズ」の4ページ。
[小学館] 1966/07/10【4P】

来日当時の少女漫画週刊誌

「マーガレット」6月19日号〜7月3日号にかけて、
3週連続でビートルズ日本上陸前の連載企画「ビートルズ物語」の掲載がある。
またビートルズカヴァーの8月7日号も希少なアイテムのひとつ。

週刊マーガレット／3月27日号

一部ビートルズの写真とイラストを添えたグラフページ「びっくりしたなあもうビートルズだじょー!」があるのみ。
[集英社] 1966/03/27【3P】

週刊マーガレット／6月19日号

ビートルズ日本上陸前の特別読物、連載企画「ビートルズ物語①／夢いっぱいの若者たち……」があり、ビートルズについて「ママにならったバンジョー」「左きっちょでギターを……」「おしゃれな少年」などビートルズの生い立ちを紹介。本号含めビートルズ来日直前の7月3日号まで3週にわたり連載。表紙コピー「とくべつよみものザ・ビートルズがやってくる!」
[集英社] 1966/06/19【4P】

週刊マーガレット／6月26日号

連載企画「ビートルズ物語②／さあやるぞ! 世界一をめざして」がある。内容はクォリーメン時代のおもな出来事を中心に「きざな男」「かわった髪型」「リンゴ登場」など。
[集英社] 1966/06/26【3P】

週刊マーガレット／7月3日号

連載企画「ビートルズ物語③／エリザベス女王もビートルズの大ファン」。「はじめてのレコーディング」「世界のひのき舞台へ」「芸術家に仲間いり」などビートルズの出世物語を掲載。連載最後の同号で「すてきなビートルズのすがたを目のあたりに見、かれらの歌をきける日ももうすぐですね 第三回にわたるビートルズ物語のご愛読、どうもありがとうございました」で締めくくっている。
[集英社] 1966/07/03【3P】

週刊マーガレット／7月17日号

マーガレット特別プレゼントコーナーに「特別サービス／ビートルズ・カラーブロマイド」の記事と写真、増刊週刊明星「これがビートルズだ」の写真広告記事がわずかにあるのみ。
[集英社] 1966/07/17【1/4P】

週刊マーガレット／7月24日号

巻頭に厚手のカラーブロマイド「デラックス・サービス／ビートルズ・ブロマイド」がセットされている。
[集英社] 1966/07/24【1/2P】

週刊マーガレット／7月31日号

来日の写真2点を掲載した2ページ程度の特ダネニュース「やはりビートルズは世界の人気者!／びっくりぎょうてんのビートルズファン」がある。日本滞在中のようすやビートルズ・ファンの実態「ゆうかんな攻撃型」「泣き落とし型」「こっそり忍者型」「ホテルの客型」など。
[集英社] 1966/07/31【2P】

週刊マーガレット／8月7日号

表紙にビートルズの写真が使用されたちょっとレアな少女漫画週刊誌。小記事「ザ・ビートルズのとんだ災難?」では来日公演を終えたビートルズが次の公演地フィリピンで災難に遭遇したトピックスを掲載。
[集英社] 1966/08/07【1/4P】

来日当時のグラフ誌（週刊）

ビートルズ日本公演の主催者でもあった読売新聞社は、
ポールがカヴァーのまるごと一冊来日大特集号「週刊読売臨時増刊／THE BEATLES IN TOKYO」を発行した。
この臨時増刊号は当時かなりの数が売れたため、残存部数が多く、現在でも比較的入手しやすいアイテムである。
通常版の「アサヒグラフ」「毎日グラフ」の方が入手は困難。特に「毎日グラフ」が市場に出ることは少ない。

毎日グラフ／6月5日号

日本公演スケジュールが発表され、早くもビートルズ・ファンが武道館に押し寄せている、という話題「活動を開始したビートルズ・ファンどんなさわぎになることやら」とビートルズの写真1点。1/5ページとわずかだが、とりあえず来日関連の小記事。
［毎日新聞社］1966/06/05【1/5P】

毎日グラフ／6月26日号

巻頭より7ページのモノクログラフ、「くたばれシリーズ①／そこまで来たビートルズ」がある。来日直前の特集企画で写真の他、記事「受け入れ側もぐったり」「騒げば騒ぐほど……」など。
［毎日新聞社］1966/06/26【7P】

アサヒグラフ／7月15日号

ビートルズカヴァー。特集グラフ「ビートルズがやってきた」があり、公演会場内外のビートルズファンの熱狂ぶりを伝えるフォトを中心に、ビートルズ来日のようす「羽田にて」、ヒルトンホテルでのようす「宿舎にて」、公演会場のようす「武道館にて」の順にビートルズ来日をごく簡単に総括。また「ビートルズが帰っていった」とした関係者面々、ビートルズ来日公演総合警備本部長、東京国際空港長、東京ヒルトンホテル支配人、主催者読売新聞企画部長、ビートルズファンクラブ、日本武道館事務局長のインタビューも掲載。
［朝日新聞社］1966/07/15【6P】

週刊読売臨時増刊／THE BEATLES IN TOKYO／7月16日号

ビートルズ来日から記者会見、武道館公演、滞在記など一連の来日騒動を写真と記事で綴ったグラフ特集号。「特集：熱演ビートルズ！」他、「カラー特写：ビートルズがやって来た！」暁の羽田空港で／ジョークをとばすビートルズ／ホテル10階のビートルズetc「本誌特写」武道館に向かうビートルズ／皇居前を散歩するポールetc。そのほか湯川れい子の会見記「成功した単独訪問—ゴキゲンだったビートルズ」やビートルズ日本滞在記録、トピックス、スケジュールなど来日に関連する貴重資料も多い。
［読売新聞社］1966/07/16【58P】

毎日グラフ／7月17日号

巻頭1ページにビートルズ日本公演の警備陣頭指揮にあたった警視庁警備課長のインタビュー記事「ビートルズ警戒の第一線」があるほか、中綴じ形式で都合4ページもの誌面を利用した折込みワイドピンナップ（下）がある。このピンナップはモノクロではあるが、パノラマ写真で、ビートルズ演奏シーンとともに武道館会場内のようすがハッキリわかる貴重なショットである。
［毎日新聞社］1966/07/17【約6P】

毎日グラフ／7月24日号

フィリピン、マニラ空港におけるビートルズ殴打事件のスクープ写真と記事「逃げ出したビートルズ」がある。スクープ写真についてビートルズメンバーの解説があるが、ジョンとリンゴを間違えている。
［毎日新聞社］1966/07/24【1P】

LIFE ASIA EDITION／7月25日号

隔週発行のLIFE誌のアジア版。ビートルズ来日モノクログラフ特集5ページがある。掲載写真の多くが当時の国内雑誌・週刊誌には見られない貴重ショットなので来日資料として価値がある。本文は全て英文だが、承認雑誌許可番号や発行日などは日本語で印刷されているため、国内出版アイテムとして収録。表紙に「The Beatles in Japan」のコピーあり。
［TIME］1966/07/25【5P】

アサヒグラフ／11月4日号

「理髪・ビートルズ専門店」のグラフページが2ページあるがビートルズに直接関係する記事ではない。内容はビートルズ人気に便乗したストックホルムの「ビートルズ床屋」と称する名物理髪店の話題。
［朝日新聞社］1966/11/04【2P】

来日当時のグラフ誌（月刊・季刊）

B5判の野球グラフ誌「報知グラフ」は掲載内容も含め最もレアな一冊。
ビートルズカヴァーの「世界画報」、表紙コピー「ビートルズついに日本にも上陸！注目の一週間のスケジュール」のある
「プレイファイブ」は希少。「映画情報」は入手しやすいグラフ誌。

映画情報／1月号／2月号／7月号

1月号＝映画《4人はアイドルHELP！》のカラー「BEATLES 66年も世界中を熱狂させる彼らの《4人はアイドル》が爆走します」
2月号＝モノクロ「今年もすてきな感じ、パンチのきいた四人の野郎ども《ビートルズ》近況フォトなど。
7月号＝モノクログラフ「とうとうやってくる—このカッコいい野郎どもビートルズの来日決定で大騒ぎ！」
［国際情報社］
1966/01/01【2P】
1966/02/01【2P】
1966/07/01【2P】

プレイファイブ／7月号

来日を直前に控え、5ページの巻末グラフ「ビートルズついに日本にも上陸！／注目の一週間のスケジュール」がある。アメリカ、シェアスタジアム公演や4人のポートレートなど写真9点と来日関連記事を掲載。グラフ誌としてはレアなアイテム。表紙にも「ビートルズついに日本にも上陸！注目の一週間のスケジュール」コピーあり。
［連合通信出版部］1966/07/01【5P】

報知グラフ夏季号／7月20日号

季刊誌で、サイズは当時のグラフ誌にはめずらしいB5判。巻末に8ページの来日グラフ特集「ビートルズを追った102時間30分」がある。記事は3ページで「徹底的な隔離作戦始まる」「監禁にいらだつ関係者」「禁止づくめのファン対策」「難事のあとの快い疲れ」など。掲載写真「熱狂を運んできたカブトムシ（ビートルズ）」も、羽田でキャデラックに乗り込んだジョンとリンゴのツーショット、公演ステージ以外にファンのようすなど。良質のグラフ特集。
［報知新聞社］1966/07/20【8P】

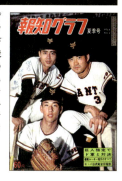

世界画報／8月号

ビートルズカヴァーのレアアイテム。巻末にモノクロ4ページのビートルズ来日グラフ集「ビートルズ台風に乗って上陸」がある。「ビートルズが希望した訪日／後藤敏」の記事とともに日本公演パンフレットと同じ羽田空港到着時のポートレートや各国のビートルズファンのようすを伝える写真など合わせて9点を掲載。
［国際情報社］1966/08/01【4P】

国際写真情報／8月号

日本公演や会場周辺の物々しい警備のようすを記録したニューズ・グラフ「来た！ビートルズ台風／4日間の警備費ざっと1億円」がある。
［国際情報社］1966/08/01【3P】

映画情報／8月号

巻頭カラーグラビアでポールとジェーン・アッシャー、リンゴとモーリン夫妻のバカンスのスナップショットや、ビートルズの近況フォトを集めたグラフを掲載。一部来日に関する記述もある。
［国際情報社］1966/08/01【2P】

映画情報／9月号

「安保以来の完全警備のうちで／ビートルズ台風軟着陸」と題したビートルズ来日関連グラフが3ページ。内容は羽田空港到着、武道館ステージ、記者会見などの写真とビートルズ日本滞在のレポート記事。
［国際情報社］1966/09/01【3P】

ビートルズカヴァー／1967～1970

ビートルズ来日の翌年である1967年になると、
マスメディアの取り上げも一段落といった感じを受ける。それでも結構点数はあるものだ。
ビートルズ関連の最も大きなできごとは、6月25日に世界初の衛星放送番組「Our World」で
「愛こそはすべて」の演奏シーンが生中継されたことだろう。

ヤング・ミュージック／1月号（創刊号）

特集＝詳報・空中分解するか？ビートルズ

ビートルズ、ローリング・ストーンズをはじめ多くのロック・アーティストの情報を掲載した音楽誌「ヤング・ミュージック」の創刊号。同年8月号までは隔月発売された。ビートルズ関連記事としては、解散説を分析したレポート「空中分解か？ビートルズ」、ビートルズが読者にあてた初めての手記「NO.1《ポール・マッカートニーの巻》」や「ビートルズ対ローリング・ストーンズ'67の決闘／福田一郎」やグラビアフォトなど。
[集英社] 1967/01/01【15P】

ティーンビート臨時増刊／ビートルズ特別号

ビートルズの名曲を歌おう！ 曲目エリナー・リグビー／イエスタデイ／ミッシェル／ガール

BBCテレビで放映された【ペニー・レイン】【ストロベリー・フィールズ・フォーエバー】のプロモーションフィルムのスティールフォトや、日本公演、アメリカ公演、マニラ公演からの新着フォトなどで構成した写真集。なお特別付録としてビートルズ・ナンバー4曲入りのソノシートが中綴じされ、同曲の楽譜も巻末に掲載。
[映画と音楽社] 1967/04/15【全94P】

ミュージック・ライフ／6月号

ビートルズはこんな暮らしをしている／ポールとスコットが世紀の対決！あなたはどちらが好き？

ビートルズのプライベートライフやポールとジェーン・アッシャーの話題などを独占報告。また「あなたが選ぶNO.1 アーティストは？」という企画コーナーでは、当時人気を二分していたポールとスコット・ウォーカー（ウォーカー・ブラザーズ）の読者人気投票開催の通知などもあり、投票用はがきも用意された。この頃までは、ビートルズをアイドル的な存在として取り上げたものが多い。
[新興楽譜出版社] 1967/06/01【20P】

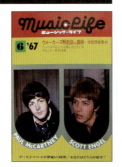

ミュージック・ライフ／7月号

ポールがひげをそりました／ビートルズの最新LPが届いた／ポールとスコットが世紀の対決！あなたはどちらが好き？

ニューリリースされたアルバム『サージェント・ペパーズ・ロンリー・ハーツ・クラブ・バンド』のジャケット紹介と収録曲の詳細解説がある以外に、グラビアトピックス「ポール・マッカートニーがひげをそりました」ではポールのカラーポートレートを紹介。また先月号よりの企画「あなたが選ぶNO.1アーティストは？」の人気投票経過報告などもある。
[新興楽譜出版社] 1967/07/01【19P】

ミュージック・ライフ／7月号臨時増刊／Paul McCartney

Paul McCartney

当時、ポップアイドルとして人気を二分していたポールとスコット・ウォーカー（ウォーカー・ブラザーズ）の写真を中心にしたグラフ特集号。ポールとスコット両面表紙扱いのユニークな構成ではあるが、近況フォトと資料関連以外は、イラストやファンによる人気投票中間発表などミーハー的な内容。
[新興楽譜出版社] 1967/07/05【14P】

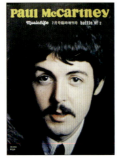

ミュージック・ライフ／8月号

ポールがLSDを常用している！？／誌上再中継・ビートルズが宇宙中継に出演／バトル・オブ・2 ポール対スコット最終結果発表

巻頭カラーグラビアで「あなたが選ぶNO.1アーティストは？」の最終発表があり、一位に輝いたポールのフォトなど。またポールのLSD服用発言に対するコメントやビートルズ来日一周年記念特集ページもある。宇宙中継（衛星中継）により世界に放映された特別番組「アワ・ワールド／われらの世界」のレポートは注目したい。
[新興楽譜出版社] 1967/08/01【27P】

ティーンビート／8月号

特集！第4次黄金時代を迎えたビートルズグラフ特集！4億人がみたビートルズのレコーディング

特別番組「アワ・ワールド」からの貴重フォトや4人のピンナップを掲載したグラビアページがある。この番組は世界初の衛星中継とあって大変な注目を集め、ビートルズのサウンドと映像が生放送された。また日本公演を振り返り、ビートルズ周辺情報をまとめた特集「第4次黄金時代を迎えたビートルズ」や高校生によるビートルズ対談集、「アワ・ワールド」宇宙中継の解説なども掲載。
[映画と音楽社] 1967/08/01【18P】

ミュージックガイド／8月号

ビートルズ／サージェント・ペパーズ・ロンリー・ハーツ・クラブ・バンド

各レコード会社の新譜情報、今月の新人、今月のベスト・セラーズ、ヒット曲コーナー、TBS／文化放送／CASHBOXベスト10など、レコードレビューやディスコグラフィー中心のレコード専門誌。ビートルズに関しては表紙以外にはアルバム紹介と広告ページのみ。
[ミュージックスター社] 1967/08/01【1P】

ティーンビート臨時増刊／ビートルズ特集号

ビートルズの名曲を歌おう！ 曲目 愛こそはすべて／サージェント・ペパーズ～／ア・ハード・デイズ・ナイト／シー・ラヴズ・ユー

前ページの同誌「ビートルズ特別号」同様、新着フォトなどで構成した写真集第2弾。全世界に向けて衛星中継された企画番組「アワ・ワールド」やプロモーション・フィルムからの新着フォトを多く掲載。また特別付録のソノシート（中綴じ）や巻末楽譜集もある。
[映画と音楽社] 1967/08/31【全94P】

ティーンビート／9月号

ビートルズ「愛こそはすべて」の快進撃グラフ／ジョン・レノンの優雅なロケ生活

ニュー・シングル【愛こそはすべて】発売に関する話題をまとめた「愛こそはすべての快進撃」や【ペニー・レイン】【ストロベリー・フィールズ・フォーエヴァー】のプロモーション・フィルム撮影時のグラフ集、最新情報コーナーなどを掲載。また巻頭にはビートルズの「ワイド・カラー・グラビア」も折込み。
[映画と音楽社] 1967/09/01【12P】

ヤング・ミュージック／10月号

2大特集／本誌版権独占・ジョン・レノンのエッセイ、連載第1回！

ビートルズと日本のタイガースにスポットをあてた2大特集がある。ビートルズの特集では新着フォトを集めた「ビートルズもフラワーずいた／フラワー・ルックでギリシャ旅行JOHNとPAUL」や「ヒッピーたちと歌ったジョージ・ハリスン」「リンゴ・スターのゴージャスなお家／ザックちゃんも大きくなりました」などのグラビアページ、また読物としては「ビートルズを育てあげた男／ブライアン・エプスタインの突然の死」がある。
[集英社] 1967/10/01【11P】

ミュージック・ライフ／11月号

本誌独占取材・ビートルズは元気でした！

ビートルズ独占取材記「ビートルズ特別会見／星加ルミ子」を掲載。内容はアビー・ロード・スタジオでリハーサル中のビートルズに星加ルミ子が直接会見した際のインタビュー記事など。またグラビアページでも特別会見時のスナップフォトを独占掲載。その他テレビ映画《マジカル・ミステリー・ツアー》の撮影の話題、故ブライアン・エプスタインのインタヴューもある。
[新興楽譜出版社] 1967/11/01【29P】

ティーンビート臨時増刊／THE BEATLES DELUXE

THE BEATLES DELUXE

映画《マジカル・ミステリー・ツアー》からの新着カラーフォトをはじめ「ジョン・レノン新車を購入」「しめやかに行われたエプスタインの追悼式」「プレミアショウでのポールとジェーン」「ジョージの2つの宝、パティとシタール」「リンゴ・スターの病院生活」など4人の私生活や近況を紹介した写真集。その他、読物や「ビートルズ・ナンバー全ヒット状況リスト」「ビートルズ・レコード・リスト」など巻末資料など。
[映画と音楽社] 1967/11/25【全78P】

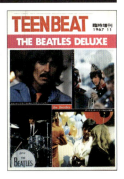

THE BEATLES／ビートルズ写真アルバム

ビートルズ写真アルバム

未公開、来日関連など新着フォト51点を掲載した、B4判よりも若干大きめサイズの12ページ薄型大判写真集。表紙と裏表紙以外はモノクロ写真による構成で、ページ数も少なく、写真集としての資料価値は低いものの意外にレアなアイテム。
[新興楽譜出版社] 1967/【全12P】

レコード百科ポピュラー編

東芝音楽工業株式会社の自社レコード販売促進としてレコード店用に配布した非売品の小冊子。表紙がビートルズ4人の顔写真。他はアルバム『ラバー・ソール』『サージェント・ペパーズ～』『ヘルプ』の紹介ページや「爆発する若者のアイドル／ビートルズ」がある程度。
[東芝音楽工業] 1967/【1P】

サージェント・ペパーズ～クラブ・バンドLP全曲集

サージェント・ペパーズ・ロンリー・ハーツ・クラブ・バンドLP全曲集

アルバム「サージェント・ペパーズ・ロンリー・ハーツ・クラブ・バンド」の全曲楽譜集。アルバム収録曲以外に「ストロベリー・フィールズ・フォーエヴァー」「ペニー・レイン」など8曲を加え全20曲収録。
[東芝音楽芸能出版／新興楽譜出版社] 1967/【全64P】

ビートルズもこの頃になると、グループとしての活動より、
4人それぞれの個性が前面に出るようになり、個別行動が多くなる。
そのためか、雑誌でビートルズ4人そろって表紙を飾ったり、
特集を組んだりすることが少なくなってくる。
特にジョンは、オノ・ヨーコの影響もあり、音楽活動以外への興味が強くなっていく頃。

ALL YOU NEED IS LOVE／BABY YOU'RE A RICH MAN

【ALL YOU NEED IS LOVE】と【BABY YOU'RE A RICH MAN】のレアな8ページピース楽譜集。
[東芝音楽芸能出版／新興楽譜出版社] 1967／【全8P】

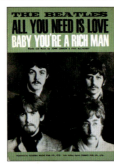

STRAWBEEEY FIELDS FOREVER／PANNY LANE

【STRAWBEEEY FIELDS FOREVER】と【PANNY LANEN】のレアな8ページピース楽譜集。
[東芝音楽芸能出版／新興楽譜出版社] 1967／【全8P】

ティーンビート／1月号

THE BEATLES

グラビアで映画《マジカル・ミステリー・ツアー》、ロケ先でポールと遊ぶジュリアンの姿を写したスナップ「ジョン・レノン2世、ジュリアン坊やとポール」や映画《キャンディ》からのフォトなどがある。また貴重な資料としてビートルズ独占会見記「LSDと瞑想と将来」を掲載。巻頭折込みカレンダー6枚中、1枚がビートルズ。
[映画と音楽社] 1968/01/01【19P】

ヤング・ミュージック／1月号

映画《ジョン・レノンの僕の戦争》プレミアショーに出席したビートルズ各夫妻のスナップがある。また日本版権独占「ジョン・レノンが書いたエッセイとイラスト集」を対訳付で掲載。
[集英社] 1968/01/01【7P】

平凡パンチデラックス付録／SONG BOOK NO.2

1968年1月15日発行の「平凡パンチ・デラックス」の付録歌本。表紙が[ALL YOU NEED IS LOVE]の文字で囲まれたジョージ・ハリスンのイラストで、ビートルズの収録曲は【愛こそはすべて】と【エリナー・リグビー】の2曲。
[平凡社] 1968/01/15【4P】

ティーンビート臨時増刊／ポップ・スター名鑑

ビートルズをはじめイギリス、アメリカ、フランス、イタリアのポピュラー・アーティストの経歴とプロフィールなどを簡単に収録した名鑑。巻頭モノクログラビアの人気アーティストコーナーではビートルズを一番最初に紹介。目次は「アメリカ、イギリス篇／松崎俊行・深沢操」「フランス、イタリア篇／久二比呂志・河合秀朋」「リズム＆ブルース篇／大森庸雄」「フォーク＆カントリー篇／和田誠司」「1967年ヒット曲一覧／別当勉」。
[映画と音楽社] 1968/01/31【2P】

ヤング・ミュージック／2月号

巻頭カラーグラビアで映画《マジカル・ミステリー・ツアー》からのスティール・フォトを紹介。表紙一部がポール。
[集英社] 1968/02/01【3P】

ヤング・ミュージック／4月号

ビートルズが設立した新会社アップルのカラーフォトや話題の新作映画《マジカル・ミステリー・ツアー》の解説などを掲載。表紙一部がリンゴ。
[集英社] 1968/04/01【5P】

臨時増刊 週刊明星／これがグループ・サウンドだ！

表紙がビートルズのイラストである以外、最新アルバム『サージェント・ペパーズ・ロンリー・ハーツ・クラブ・バンド』の紹介がある程度。
[集英社] 1968/06/29【1P未満】

ミュージック・ライフ／8月号

MMT 9／28 武道館で上映決定
10,000名をご招待

《マジカル・ミステリー・ツアー》日本公開の日程が決まり、特報扱いでファンへの上映情報などを掲載。そのほかにもリンゴの特集コーナー、ジョン＆ヨーコのスクープ写真初公開をまとめた注目レポート「ショッキング・レポート」、ジョンとシンシアの危機を伝える記事、「アップル」事業報告書公開などビートルズ関連の記事・読物が多い。グラビアでも映画《イエロー・サブマリン》グラフ集など。
[新興楽譜出版社] 1968/08/01【24P】

スクリーン別冊／8月号 世界のグループ・サウンド

ありそうで滅多にお目にかかれない希少なビートルズカヴァー。ローリング・ストーンズやモンキーズの記事に「ライバル、ビートルズの仲」「ビートルズ以来のハード・ロック」などがある他、ビートルズ4人のモノクロポートレートページがある程度。
[近代映画社] 1968/08/01【2P】

ミュージック・ライフ／10月号

独占！ビートルズ最新インタヴュー

グラビアで新曲【ヘイ・ジュード】【レボリューション】のスタジオ・レコーディング風景や映画《イエロー・サブマリン》プレミアショー関連フォトを数ページに掲載。本文では最新インタビューや映画《マジカル・ミステリー・ツアー》日本公開に関するビートルズのメッセージなど。
[新興楽譜出版社] 1968/10/01【14P】

ヤング・ミュージック／10月号

表紙の一部がビートルズ4人のイラスト。他には、グラフ「ポール・マッカートニー、オーケストラの指揮者になる」「レボリューションを録音するビートルズたち」など5ページ程度。
[集英社] 1968/10/01【5P】

新譜ジャーナル／11月号

イエスタデイ、ミッシェル、レボリューション、レディ・マドンナ、ヘイ・ジュード

特集でビートルズの名曲集があり、ヒットナンバー【ヘイ・ジュード】【イエスタデイ】【シー・ラブズ・ユー】【ミッシェル】【レディ・マドンナ】【レボリューション】【オール・マイ・ラヴィング】の楽譜集10ページが中綴じされている。その他、音楽時評「ビートルズの魅力／福田一郎」など。
[自由国民社] 1968/11/01【10P】

1968-1969

1968年に発売されたビートルズの2枚組アルバム『ザ・ビートルズ（通称：ホワイト・アルバム）』は、ビートルズが解散に向かって動き出す転機となった重要なアルバムである。解き放たれた4人の個性がありのままに収録されており、バラエティに富んだ楽曲の数々は、いつ聴いても新鮮だ。でもジョンの【レボリューション9】はやってくれたよなぁ。数千回も聴きまくったコアなファンもいるらしいけど……。

THE BEATLES／プレゼント・セール四つ折りリーフレット

LPレコード購入者特典セール「ビートルズ・プレゼント・セール」の非売品4つ折りリーフレット（折り畳んだ状態で180mm×170mm。ほぼシングル盤ジャケットサイズ）。内容は、『サージェント・ペパーズ〜』までの公式LPアルバム、シングル、コンパクト・レコードのディスコグラフィー他。※1968年11月20日締め切りで、LP購入者には抽選1,000名に米豪華直輸入ビートルズ・カラー・ポスターが当たった。このセール期間は1968年8月21日〜11月20日まで。4つ折りで開くと1枚になる。
［東芝音楽工業］1968/【※4つ折り8P】

ビートルズ・ヒット・パレード／TOP 70 HITS

ビートルズの写真40ページを含めたギターダイヤグラム付楽譜集。1967年までのヒットナンバー70曲を収録。東芝音楽芸能出版、新興楽譜出版社、ニュー・オリエント音楽出版の共同企画。
［東芝音楽芸能出版／新興楽譜出版社］1968/【80P】

BEATLES NEW HITS／ビートルズ・ニュー・ヒット集

楽譜集。【マジカル・ミステリー・ツアー】【レディ・マドンナ】など8曲収録。
［東芝音楽芸能出版／新興楽譜出版社］1968/【全24P】

BEATLES／OB-LA-DI,OB-LA-DA

【オブ・ラディ・オブ・ラ・ダ】1曲のみの6ページ楽譜ピース。
［東芝音楽芸能出版／新興楽譜出版社］1968/【6P】

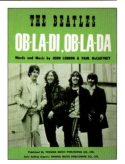

ミュージック・ライフ／2月号

表紙はTV特番「ロックン・ロール・サーカス」収録時におけるスナップフォトを使用。この番組は、ローリング・ストーンズを中心として、ジョン＆ヨーコ、エリック・クラプトンなどそうそうたるメンバーが集結した希代のロックン・ロール・バラエティー・ショー。なおグラビアおよび記事では星加ルミ子のアップル取材レポートとその際に撮影したジョンやリンゴのスナップなどの掲載がある。
［新興楽譜出版社］1969/02/01【8P】

ヒットポップス／2月号

特集「ポップス'69 3つのアングル」のなかで、最新アルバム『ザ・ビートルズ』リリースとマリファナとの係わりを評した「①ビートルズの功績／湯川れい子」がある。その他ポール・マッカートニー＆メリー・ホプキンのカラーグラビアなど。
［学習研究社］1969/02/01【4P】

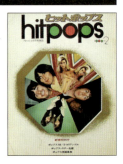

1969

この年の1月、アップル・オフィス屋上で行われた、
いわゆる「ルーフ・トップ・コンサート」を最後に、4人そろっての演奏シーンは見られることはなかった。
ビートルズの正式な解散は翌1970年であるが、もはやこの年には事実上の解散状態であった。
ロックバンドは、概して解散の宿命を背負っているが、
ローリング・ストーンズのように、半世紀近くも解散しない怪物バンドもあり、さまざまである。

ミュージック・ライフ臨時増刊／ビートルズ詩集

ビートルズのヒットナンバー【イエスタデイ】【フロム・ミー・トゥ・ユー】【ミシェル】【愛こそはすべて】【イエロー・サブマリン】【フール・オン・ザ・ヒル】【レディ・マドンナ】【ヘイ・ジュード】など28曲の訳詞集。星加ルミ子が編集と訳を担当した。ミュージック・ライフ誌1969年2月号の臨時増刊号として発行されたハードカヴァーのレアなもの。
[新興楽譜出版社] 1969/02/05【全64P】

ヒットポップス／3月号

表紙メインはポールだが、他のメンバー3人の顔写真も「pop」の文字内に使われている。【オブ・ラ・ディ・オブ・ラ・ダ】の楽譜他、一部ジョンとヨーコの写真など少々。
[学習研究社] 1969/03/01【1+P】

平凡パンチデラックス付録／SONG BOOK NO.9

ザ・ビートルズ新曲特集

1969年4月5日発行の「平凡パンチ・デラックス」の付録歌本。「ザ・ビートルズ・ニュー・ヒット集」があり、表紙もビートルズ・イラストカヴァー。ビートルズの最新LP「ザ・ビートルズ(ホワイトアルバム)」の中からヒットナンバー10曲をセレクトし収録。
[平凡社] 1969/04/05【24P】

ヒットポップス／6月号

4人の各モノクログラフ「ビートルズ／4つの話題」他、近況記事「わが道をゆくビーツズ」など。表紙一部もビートルズ。
[学習研究社] 1969/06/01【3P】

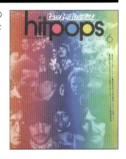

ビートルズ—その誕生から現在まで

ハンター・デヴィスがビートルズや関係者への取材を元にまとめ上げた本格的な伝記。第1部「リヴァプール」、第2部「ロンドンと世界」、第3部「現在」の3部構成で、ビートルズの軌跡を写真やディスコグラフィーなど資料を添えて克明に綴ったもの。初版本にはリチャード・レスター、草野心平、寺山修司、横尾忠則、淡谷のり子、高島弘之、浜田哲生などによる付録のコメント集「ビートルズ批評集、27の苦言・直言・賞賛・非難」が挿入されていた。
[草思社] 1969/07/10【全352P】

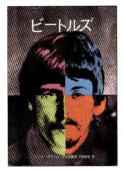

ビートルズ・イエロー・サブマリン（関東版）

ビートルズのアニメーション映画で当時映像技術・音楽性など芸術的に高い評価を受けた作品。ストーリーは怪物に攻撃された愛と音楽の海底王国(ペパーランド)をビートルズが力を合わせて救うというもの。パンフレットは、アニメーション映画ということもありヴィジュアル構成のユニークなもの。日本公開は当初1968年夏に予定されていたが、トラブル続きで翌1969年7月になってやっと東京「スバル座」において初公開された。
[ユナイト映画] 1969/07/23【全16P】

ビートルズ・イエロー・サブマリン（関西版）

映画《イエロー・サブマリン》の関西版パンフレット。映画解説やストーリーなどの主内容は関東版とほぼ同様であるが、文章の掲載数、写真のレイアウトなどが異なる。この関西版初版は裏表紙に縦書きで発行所などの印刷表記がある。
[ユナイト映画／大阪実業社] 1969/07/23【全16P】

ヒットポップス／10月号

楽譜特集／ビートルズ・ベスト10

ビートルズのヒット・ナンバー【抱きしめたい】【イエスタデイ】【ヘルプ】【ヘイ・ジュード】など10曲の楽譜特集がある。ほか一部カラーグラビアなど。
[学習研究社] 1969/10/01【16P】

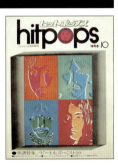

1969

音楽専科／10月号

Jhon Lenon ※John Lennonのミス印刷

表紙イラストがジョン。写真＆イラストを含めた記事「映像づくりでポールに猛烈な対抗意識／ジョン＆ヨーコ」が3ページ。内容は「ユニオン・ジャックの権威復活のため来日？」「ビートルズの新LPの発売がきまらないワケ」、他に新譜【ドント・レット・ミー・ダウン】の楽譜6ページなど。表紙左隅のジョンの名が「John Lennon」ではなく「Jhon Lenon」とダブルミスで印刷されている。

[学習研究社] 1969/10/01【9P】

ガッツ／10月10日号

ジョン・レノン＆ポール・マッカートニーの作曲法

フォーク・ソングを中心に、ヒット曲の楽譜を多く掲載した音楽雑誌。特集「ジョン・レノン＆ポール・マッカートニーの作曲法」があり、【アンド・アイ・ラヴ・ハー】【イエスタデイ】【ジョンとヨーコのバラード】の3曲について作曲家、村井邦彦が音楽的見地から曲の分析・解説を加えている。なお同誌で初のビートルズカヴァー。

[集英社] 1969/10/10【6P】

TOSHIBA RECORDS MONTHLY（東芝レコード・マンスリー）

ABBEY ROAD

東芝音楽工業株式会社の自社レコード販売促進としてレコード店に配布した非売品の小冊子。内容は国内外のレコードディスコグラフィー。表紙がアルバム『アビイ・ロード』。※所持品はページ切り取りがあるため関連記事の掲載の有無は不明。

[東芝音楽工業] 1969/11/01【？】

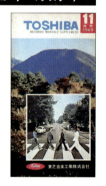

ミュージック・ライフ／11月号

ビートルズ、その人間性と才能を冷酷に批評（ジョン・レノンの章）

ジョンのカヴァー他、特別取材と題した星加ルミ子の『アビイ・ロード』解説集、デレク・テイラーによる連載手記（ジョン・レノンの章）などを掲載。

[新興楽譜出版社] 1969/11/01【8P】

ヒットポップス／12月号

初公開独占ルポ ビートルズ王国潜入！

APPLE特報として「やった!!初公開・独占ルポ／ビートルズ王国潜入！」がある。アップル関係の特集記事が6ページ。グラフページ「スタジオは地下1階にあった!!」など5ページ。

[学習研究社] 1969/12/01【16P】

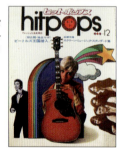

LIFE日本語版／倍大特集号

アメリカ「LIFE」誌の日本語版。グラフ特集「激動と混乱の歴史'60年代」のなかでビートルズのカラー・ポートレートやシェア・スタジアムで行われたコンサートの貴重フォトなどを掲載。また表紙の一部がビートルズのイラスト。

[TIME] 1969/12/22【3P】

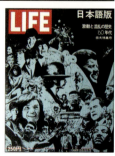

THE BEATLES／デビュー5周年記念セール四つ折りリーフ

LPレコード購入者特典セール「ビートルズデビュー5周年記念セール」用に東芝音楽工業が製作した非売品4つ折りリーフレット（折り畳んだ状態でB5サイズ）。内容は、「ザ・ビートルズ」までの公式LPアルバム、シングル、コンパクト・レコードのディスコグラフィー他。※1969年9月20日締め切りで、LP購入者には抽選3,000名に「豪華ビートルズ・カラー・ポスター」が当たった。内折りで開くと1枚になる。

[東芝音楽工業] 1969/【※4つ折り8P】

THE BEATLES／楽譜集

「ザ・ビートルズ」からヒットナンバー22曲を収録した当時の楽譜集。【オブ・ラ・ディ・オブ・ラ・ダ】【バック・イン・ザ・USSR】【ヘルター・スケルター】【グッド・ナイト】他。

[東芝音楽芸能出版／新興楽譜出版社] 1969/【全96P】

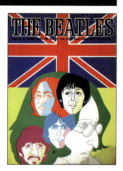

1969-1970

1970年4月10日、ポール・マッカートニーがビートルズからの脱退を発表し、事実上の解散宣言を行った。
ただ法的には、1975年3月12日にロンドン高等裁判所によってポールの訴えが認められ、
解散となったのが正式のようである。
個人的には、この前後の時期のビートルズ・サウンドが好きだ。
ビートルズでもソロでもない、散漫で完成されていないが、「その先」を感じるサウンドがなぜか心地よい。

THE BEATLES ABBEY ROAD／楽譜集 ※1969年度分

事実上最後のアルバム『アビイ・ロード』収録14曲の楽譜集。【カム・トゥゲザー】【オー・ダーリン】【アイ・ウォント・ユー】【ビコーズ】【サン・キング】他。
[東芝音楽芸能出版／新興楽譜出版社]
1969／【全48P】

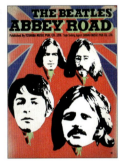

ヒットポップス／1月号

楽譜特集・ビートルズ最新アルバム「アビイ・ロード」〈本誌独占特報〉オレをコロシタのはだれダ！？ポール・マッカートニー

ビートルズの最新アルバム『アビイ・ロード』からセレクトした9曲の楽譜特集ほか、独占特報としてポール死亡説を否定するポール自身のインタヴューを掲載。またカラーグラビア「このとおり元気だぜ‼」でポールの新着フォトを紹介。
[学習研究社] 1970/01/01【20P】

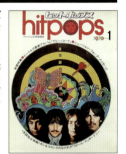

ビートルズ・ソングイラスト集／THE BEATLES ILLUSTRATED LYRIC

ビートルズ・ソングイラスト集

イギリスのグラフィック・デザイナー、アラン・オルドリッジの編集によるビートルズ・ソングイラスト集（日本編集版）。ビートルズの歌詞（英文）とともに、ギルブリー・ミスティア、デヴィッド・ヒルマンなどアーティストが描いたイラストやアート作品をカラー掲載したもの。単なるソング・イラスト集というよりは、芸術的要素の強い作品集である。初版は「ビートルズ・ソング・イラスト集」表記の透明ビニール・カヴァーと資料「日本語版付録」付。
[誠文堂新光社] 1970/03/20【全158P】

ビートルズ・ソングイラスト集 日本語版付録

ビートルズ・ソングイラスト集日本語版付録

イギリスのグラフィック・デザイナー、アラン・オルドリッジの編集によるビートルズ・ソング・イラスト集（日本編集版）の解説付録。コンテンツは①コメント集／植草甚一訳②ビートルズ・ソング・イラスト集の索引③「オーみじめオーみじめ／草森紳一」④「聖者たちの休息／富岡多恵子」⑤「偶像ということと描くということ／横尾忠則」⑥「アラン・オルドリッジのこと・アラン・オルドリッジの言葉」など。
[誠文堂新光社] 1970/03/20【全24P】

コンピュートピア／4月号

表紙のみ、ビートルズのアニメーション映画〈イエローサブマリン〉。1970年代のコンピューター専門誌。表紙だけで記事や写真の掲載はない。
[コンピュータ・エージ社] 1970/04/01【0P】

ヒットポップス／4月号

〈本誌独占インタビュー〉ジョンとヨーコにきくビートルズ—音楽の秘密—

話題に事欠かないジョン＆ヨーコの行動・言動に言及した直撃インタヴュー「ジョンとヨーコに聞くビートルズ音楽の秘密」を掲載。フォトでもジョン＆ヨーコ「突然の断髪‼」などがある。表紙一部がジョージ。
[学習研究社] 1970/04/01【8P】

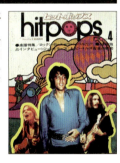

音楽専科／4月号

特集／ビートルズ解散説の周辺

ビートルズ解散説の真意について各方面の情報をもとに整理・分析した特別読物「ビートルズ解散説の周辺／テディ片岡」があり、ビートルズ解散は必然と結論付けている。また対談コーナーに関連記事があるほかグラビアページでもビートルズ近況フォトを掲載。
[音楽専科社] 1970/04/01【15P】

ぶっく・れびゅう VOL.1

特集＝ジョン・レノンと小野洋子

創刊号特集「ジョン・レノンと小野洋子」があり、対談、インタビューをはじめヨーコの「グレープフルーツ」からの詩集・エッセイなどを掲載。内容は2人の芸術や前衛活動に関するエッセイや論評が多く、「ヨーコとジョンにおくる歌／滝口修造」「なんて幸せな御時世だ——やりきれないものの殺意／草森紳一」「小野洋子対ヨーコ・オノ／白南準」「パイクのヨーコ・オノ論について／秋山邦晴」など。同誌は2号で休刊になり、「サブ季刊」に受け継がれた。
[日本書籍センター] 1970/04/27【52P】

1970

ニューミュージック・マガジン／5月号

特集《音楽の国》の四人—ザ・ビートルズ
30ページの『特集=《音楽の国》の四人——ザ・ビートルズ』がある。おもな内容は「作曲家ビートルズ／林光」「ジョン・レノン／室謙二」「ポール・マッカートニーをめぐる動き／亀淵昭信」「ジョージ・ハリスン／田川律」「リンゴ・スター／中村とうよう」「誰がアビイ・ロードを渡ったか／室矢憲治」。
［ニューミュージック・マガジン社］1970/05/01【31P】

ヤングセンス春号付録／全曲保存版 BEATLES DICTIONARY

ヤングセンス春号（1970年5月号）付録の「全曲保存版BEATLES DICTIONARY」。単に付録といってもビートルズの曲すべてを網羅収録した全196ページ（サイズ：210mm×130mm）の仕様。市販の全曲楽譜集並のなかなか立派なもの。
［集英社］1970/05/25【全196P】

ミュージック・ライフ／6月号

現地取材——ビートルズ王国の断絶
ポールとジョンの糸はぷつんと切れた
ニュー・ミュージカル・エクスプレス紙の編集長が、ビートルズ脱退声明を発表したポールに電話取材した際のレポートを記載。内容は脱退声明の真意、今後のビートルズの行方、ソロ活動開始についてなど。またニューリリースされたポールのソロアルバム『マッカートニー』の全曲解説や「ジョージ・ハリスンの告白」の後編もある。
［新興楽譜出版社］1970/06/01【8P】

ヒットポップス・GT／6月号 別冊付録

特集 海外最新ヒット20曲／レット・イット・ビーetc
「ヒットポップス／6月号」の別冊付録で最新ヒット曲の楽譜集。ビートルズ関連では【レット・イット・ビー】、ジョンのソロ作【インスタント・カーマ】2曲の楽譜を収録。表紙一部がジョン＆ヨーコのイラスト。
［ヤマハ音楽振興会］1970/06/01【4P】

ビートルズ・ゲット・バック写真集（アナログ盤BOX特典品）

アナログ盤BOX『レット・イット・ビー』にセットされていた164ページの豪華写真集で、映画《レット・イット・ビー》からのカラー・スティールが満載。ちなみに写真集の背表紙タイトルは「GET・BACK」で、当初のアルバムタイトルのままである。この写真集は国内出版物ではなく、イギリスで製作出版されたものだが、日本盤『レット・イット・ビー』のBOXセットに挿入されていたこともあり、敢えて紹介することにした。
［Apple Publising］1970/06/05【全164P】

FM fan／7月20日号

新作映画《レット・イット・ビー》のスティールフォトを掲載した「シネマ・コーナー／ビートルズのレット・イット・ビー」のグラフ2ページがある。表紙もアルバム写真。発行日は7月16日。
［共同通信社］1970/07/16【2P】

ヒットポップス／8月号

別冊付録GT／ビートルズ最新アルバム「レット・イット・ビー」全曲集
最新アルバム『レット・イット・ビー』について解説を加えた「赤く熟した4個のアップル／水上はる子」やポールとリンゴのソロアルバム批評などを掲載。またカラーグラビアでも映画《レット・イット・ビー》に関連するフォトがあるほか、別冊付録ビートルズ最新アルバム『レット・イット・ビー』全曲集が付いていた。
［学習研究社］1970/08/01【12P】

ヒットポップス・GT／8月号 別冊付録

「ヒットポップス／8月号」の別冊付録で最新アルバム『レット・イット・ビー』の全曲楽譜特集がある。表紙イラストもビートルズとヨーコ。
［ヤマハ音楽振興会］1970/08/01【22P】

キネマ旬報／8月15日号

リンゴの表紙以外に、シネジュン試写室のコーナーで最新映画《レット・イット・ビー》に関する記事「愛する青年がもつ永遠の苦悩／今野雄二」がある。
[キネマ旬報社] 1970/08/15【1P】

レット・イット・ビー映画パンフ（スバル座館名入り）

映画《レット・イット・ビー》スバル座館名入りパンフレット。ビートルズ主演映画としては第3作目にあたり、アップルにおけるスタジオ・セッションと当ビル屋上で行われた世紀のライヴ・レコーディングなど貴重映像・音源を収録したドキュメンタリーフィルム。随所に解散を予感する映像も記録されており、解散の必然性すら感じる作品。なおパンフレットには、収録曲解説、エピソード、年譜の資料や朝妻一郎、浜田哲生、大原康弘の論評があり、内容も充実。
[東宝事業部／ユナイテッド・アーチスト] 1970/08/25【全20P】

ニューミュージック・マガジン／9月号

特集「ニュー・シネマ」のなかで映画《レット・イット・ビー》の評論「裏切者よ、その名はレノン／清水哲男」がある。ジョンのイラストカヴァー。
[ニューミュージック・マガジン社] 1970/09/01【2P】

キャンディ 映画パンフ

リンゴが単独出演した第1作目の映画《キャンディ》のパンフレット。リンゴはメキシコ人の庭師という設定で名脇役を演じており、主役のエバ・オーリン以外にリチャード・バートン、マーロン・ブランド、ジェームス・コバーンなど大スターが顔をそろえた。1969年作品（日本での公開は1970年）。
[松竹事業開発部・松竹映配] 1970/09/12【数P】

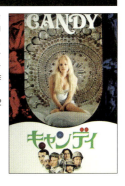

LET IT BE／レット・イット・ビー

アルバム『レット・イット・ビー』の発売直後の1970年に発行された楽譜集。意外にレアな当時の楽譜。
[新興楽譜出版社] 1970/09/20【全36P】

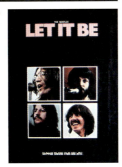

ガッツ／10月10日号

表紙イラスト一部がビートルズ&オノ・ヨーコ。それ以外に特に記事はない。
[集英社] 1970/10/10【0P】

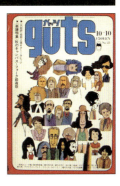

レノンとヨーコ／ビートルズの異端のカップル

ジョンとヨーコの近況フォトをはじめ、センセーショナルな全裸ポートフォリオ、ジョンが描いたイラスト集、ヨーコの前衛アート作品集「ペンギン」「グレープフルーツ」からの抜粋訳などを収録した貴重本。いずれも芸術家としての二人をテーマに構成したもので、「異端のカップル」と呼ばれた当時の活動のようすがよく分かる。
[実業之日本社] 1970/10/20【全154P】

マジック・クリスチャン 映画パンフ

リンゴとピーター・セラーズ共演による異色コメディー映画で、リンゴが単独出演した映画としては《キャンディ》に続き2作目となる。また映画主題歌【カム・アンド・ゲット・イット】をポールが作曲したことや、一部ジョン&ヨーコの映像が収録されており、話題も多く、注目された。パンフレットにはリンゴが主演とあってスティールフォトが多く掲載されている。
[松竹事業部] 1970/11/21【数P】

Collection2

Magazine/Mook/Book
Pamphlet/etc Collection

◎

テーマ別コレクション

この章では、ビートルズ関連カヴァーコレクションの暦年紹介をはじめ、ビートルズ現役当時の三大音楽誌「ティーンビート」「ミュージックライフ」「ポップス」各月号、来日公演・映画・イベントのパンフレットのほか、ビートルズに関わる重大事件、メンバーの来日公演など、テーマやカテゴリー別にコレクションを紹介した。その他、週刊グラフ誌「フォーカス」「フライデー」「フラッシュ」、人気の週刊誌「プレイボーイ」「平凡パンチ」や「GORO」「月刊PLAYBOY」などの、ビートルズ関連記事や写真を掲載した雑誌コレクション、「FMステーション」「朝日ジャーナル」の長期連載企画などの自慢の貴重コレクション「マイ・レア・アイテム」を個別に紹介した。これらのコレクションを眺めるだけでも、当時の世相や文化、事件、出来事などを回想できるはずだ。

単にビートルズ・コレクションといっても、レコード、テープ、CDからVHS、LD、DVD、はたまた使用楽器、貴重な直筆サイン、ポスター、チケット、書籍、雑誌、パンフレット、その他あらゆるメモラビリアコレクションが存在する。ビートルズは世界的にコレクターが多いのは周知の事実だが、同時に裾野が広く、これほどコレクター泣かせのアーティストはいない。1970年にビートルズは正式に解散したが、以降今日に至るまでその人気は衰えることなく、ビートルズに関する数々のコレクショングッズが発売され続けていることからもわかるように、ビートルズコレクションには終わりがない。「いつ、どこでやめるか」も考えておかねばならない。

ひと昔前、「入手困難な超レアアイテム」といわれていた品を、現在、インターネットで目にすることがある（またこれが意外に多い）。以前は数少ないと思われていたが、誰もがネットで情報発信をする時代になって実情が明らかになったというわけだ。需要と供給のバランスも崩れ、ネットオークションが始まった頃に高値取引されていた貴重品が、激安で出回っているのもめずらしくなく、取引自体が成立しないアイテムも多くなった。つまり、本当の意味での貴重品ではなかったことに、コレクターが気づいた訳である。「ビートルズ日本公演パンフレット」もこの部類だ。よくよく考えてみれば、1万人収容の日本武道館で行われた公演が都合5回。単純計算で、この時に用意されたであろうパンフレットの数は、少なく見積もっても10,000人×5回＝50,000部。買い求めた人も、世紀の大イベントの記念品として大切に保管してきたと推察できる。それが今になってネットオークションなどで出回ったため、20年前なら5万円もしたパンフレットも、今や1万円以下で入手できる場合もある。これもタイミングである。

ビートルズ現役当時の関連カヴァー

ビートルズ現役当時(1964年〜1970年)に出版されたビートルズ関連表紙の
週刊誌・雑誌・書籍コレクション。これら、レアアイテムに限らず、
欲しいアイテムが入手できるか否かは時の運、タイミング、資金力、日頃の生活態度?
などだろうが、参考までに私の経験上による入手難易度を★で表記した。

★(入手しやすい)〜★★★★★(入手困難)

 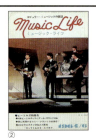    

① ② ③ ④ ⑤ ⑥

①ミュージックライフ/4月号 [新興楽譜出版社] 1964/04/01 ★★★★
②ミュージックライフ/6月号 [新興楽譜出版社] 1964/06/01 ★★★
③The Beatles"A HARD DAY'S NIGHT"/映画パンフ [ユナイト映画] 1964/08/01 ★
④ポップス 8月臨時増刊/ビートルズがやって来る ヤァ!ヤァ!ヤァ! [音楽之友社] 1964/08/15 ★★
⑤ミュージックライフ/9月号 [新興楽譜出版社] 1964/09/01 ★★★
⑥ミュージックライフ別冊/ビートルズとリバプール・サウンドのすべて [新興楽譜出版社] 1964/09/01 ★★

①ミュージックライフ誌初のビートルズ・カヴァー。④国内最初のビートルズ特集号。

① ② ③ ④ ⑤ ⑥

①ザ・ビートルズのビッグ・ヒット集/big hits BEATLES [東芝音楽芸能出版/新興楽譜出版社] 1964/ ★★★
②ビートルズのヒットパレード/HITS OF THE BEATLES [東芝音楽芸能出版/新興楽譜出版社] 1964/ ★★
③ビートルズのヒット曲と写真集/THE BEATLES [全音楽譜出版社] 1964/ ★★
④ポピュラーフェスティバル [東芝音楽芸能出版/新興楽譜出版社] 1964/ ★★★★
⑤映画ビートルズがやって来るヤァ!ヤァ!ヤァ!主題歌集/A HARD DAYS NIGHT [東芝音楽芸能出版/新興楽譜出版社] 1964/ ★★★
⑥ミュージックライフ/1月号 [新興楽譜出版社] 1965/01/01 ★★

この当時の楽譜は写真集的な要素も強い。④ビートルズ以外にも多くのポピュラーソングを収録した楽譜でレアアイテム。

 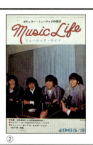  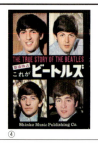 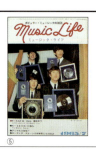 

① ② ③ ④ ⑤ ⑥

①Out of the mouths of BEATLES ビートルズ傑作写真集 [洋販出版] 1965/02/01 ★
②ミュージックライフ/3月号 [新興楽譜出版社] 1965/03/01 ★★
③ミュージックライフ別冊増刊号 [新興楽譜出版社] 1965/04/01 ★★
④これがビートルズ [新興楽譜出版社] 1965/04/01 ★★
⑤ミュージックライフ/7月号 [新興楽譜出版社] 1965/07/01 ★★
⑥映画ストーリー臨時増刊/ビートルズのすべて!! [雄鶏社] 1965/07/15 ★

①リンゴ・カヴァーの横型キャプション付き写真集。④星加ルミ子訳の「これがビートルズ」は国内初の伝記。

   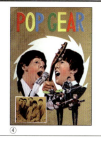  

①ミュージックライフ/8月号[新興楽譜出版社] 1965/08/01 ★★
②R&B THE BEATLES '65.8　ザ・ビートルズ[サイン楽譜出版社] 1965/08/01　★★★★★
③our BEATLES[洋販出版] 1965/08/15　★
④ポップ・ギア(映画パンフ　関東版)[大阪映画実業社/松竹映配] 1965/08/25　★
⑤ポップ・ギア(映画パンフ　関西版)[大阪映画実業社/松竹映配] 1965/08/25　★★
⑥スクリーン別冊/ミュージカルとビートルズ魅力グラフ[近代映画社] 1965/09/01　★

②ファン向け写真イラスト中心のレアな雑誌。④⑤ポップギア映画パンフは関東版、関西版ともにビートルズカヴァー。

 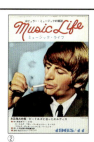    

①ティーンビート/10月号[映画と音楽社] 1965/10/01　★★
②ミュージックライフ/11月号[新興楽譜出版社] 1965/11/01　★★
③ミュージックライフ編集/ビートルズ写真集[新興楽譜出版社] 1965/11/01　★★★
④映画ストーリー/11月号[雄鶏社] 1965/11/01　★★
⑤ヘルプ　4人はアイドル(映画パンフ)[ユナイト映画] 1965/11/13　★
⑥ティーンビート/12月号[映画と音楽社] 1965/12/01　★★

①ティーンビート誌初のビートルズカヴァー。②リンゴ・カヴァー。

    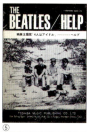  

①The Beatles Book/ビートルズ・ブック[大洋音楽社] 1965/★
②ビートルズ・アルバム＝ヒット曲と写真集[東芝音楽芸能出版/新興楽譜出版社] 1965/★★
③THE BEATLES/HELP 映画「4人はアイドル」主題歌集[東芝音楽芸能出版/新興楽譜出版社] 1965/★★
④PLEASE MR.POSTMAN/プリーズ・ミスター・ポストマン楽譜[大洋音楽] 1965/★★
⑤HELP！/ヘルプ楽譜[東芝音楽芸能出版/新興楽譜出版社] 1965/★★
⑥ALL OF THE BEATLES/写真と話題 ビートルズのすべて[東芝音楽芸能出版/全音楽譜出版社] 1965/★★★
⑦THE BEATLES TOP 60 HITS/ビートルズのヒット全集[東芝音楽芸能出版/全音楽譜出版社] 1965/★★★

①日本編集版でオリジナルでも数は多い。②写真を多く掲載した楽譜集。④⑤は楽譜ピース。⑥写真と話題を随所に散りばめた日本語歌詞付き読物＆楽譜集。⑦巻頭が写真集構成の楽譜。

1966

この年は待望の来日公演が行われたこともあり、各誌ともこぞってビートルズを取り上げた。
ビートルズ特集を組んだり、ビートルズを表紙にすることで売行きにも影響したという過熱ぶりがよくわかる。

①ミュージックライフ/1月号 [新興楽譜出版社] 1966/01/01 ★★
②ティーンビート/1月号 [映画と音楽社] 1966/01/01 ★★
③映画ストーリー/1月号 [雄鶏社] 1966/01/01 ★
④映画の友/1月号 [映画の友] 1966/01/01 ★
⑤スクリーン別冊/ビートルズ特別グラフ [近代映画社] 1966/01/01 ★
⑥ミュージックライフ/4月号 [新興楽譜出版社] 1966/04/01 ★★

①表紙写真の下段がビートルズ(巻頭にビートルズの折込カレンダー6枚付)。

①ビートルズのすべて(非売品) [東芝音楽工業] 1966/04/ ★★★
②プレイファイブ別冊 [連合通信出版部] 1966/05/01 ★★★
③話の特集/5月号 [日本社] 1966/05/01 ★★★
④ポップス/6月号 [音楽之友社] 1966/06/01 ★★★
⑤週刊サンケイ/6月6日号/ビートルズ日本占領 [産経新聞出版局] 1966/06/06 ★★★★★
⑥週刊読売 臨時増刊/ビートルズが来た! [読売新聞社] 1966/06/16 ★

①東芝レコード「ビートルズがやって来るヤァ!ヤァ!ヤァ!セール」文庫本サイズくらいの小さな小冊子。③目立たないがゴールド枠内にビートルズが……。⑤一般週刊誌のビートルズカヴァーでレア。

①週刊明星 臨時増刊/これがビートルズだ! [集英社] 1966/06/25 ★
②ビートルズ日本公演公式パンフレット [中部日本放送] 1966/06/30 ★
③ビートルズ日本公演公式パンフレット/差込みポートレート(ヴァージョン1)稀少タイプ [中部日本放送] 1966/06/30 ★★
④ビートルズ日本公演公式パンフレット/差込みポートレート(ヴァージョン2)普及タイプ [中部日本放送] 1966/07/01 ★
⑤ミュージックライフ増刊/ビートルズ特別記念号 [新興楽譜出版社] 1966/07/01 ★
⑥ミュージックライフ/7月号 [新興楽譜出版社] 1966/07/01 ★★

②オリジナル以外に数多くの復刻版、海賊版が存在。③④日本公演パンフレットのヴァージョン違いの差込みポートレート。⑤定価表記のない復刻版に注意。

①ポップス/7月号　[音楽之友社]　1966/07/01　★★★
②ティーンビート/7月号　[映画と音楽社]　1966/07/01　★★
③ショック映画/7月号　[プレイグラフ社]　1966/07/01　★★
④週刊土曜漫画/7月1日号　[土曜通信社]　1966/07/01　★★★★
⑤ポピュラー専科　[実業之日本社]　1966/07/05　★★
⑥週刊TVガイド/7月8日号　[東京ニュース通信社]　1966/06/30　★★★★★
⑦週刊漫画TIMES/7月9日号　[芳文社]　1966/07/09　★★★★★

①②いずれも来日直前の特集がある。③来日目前にもかかわらず批評の多い「くたばれ!ビートルズ」は稀少なアンチ特集。④表記はないがこれはビートルズのイラスト。⑤ジョージ・ハリスンのイラスト。⑥残存の少ない稀少アイテム。尚、この当時の「週刊TVガイド」は表紙表記の日付と実際の発行日記載にズレがある。⑦レアなビートルズイラストカヴァー。

①ティーンビート　臨時増刊/ビートルズがやって来た!　[映画と音楽社]　1966/07/15　★★
②アサヒグラフ/7月15日号　[朝日新聞社]　1966/07/15　★★
③週刊読売/7月15日号/東京のビートルズ　[読売新聞社]　1966/07/15　★★★★★
④週刊読売　臨時増刊/THE BEATLES IN TOKYO　[読売新聞社]　1966/07/16　★
⑤サンデー毎日/7月17日号/ビートルズ始末記　[毎日新聞社]　1966/07/17　★★★★★
⑥呼び屋・その生態と興亡/竹中労(タイプ1)　[弘文堂]　1966/07/30　★★
⑦呼び屋・その生態と興亡/竹中労(タイプ2)　[弘文堂]　1966/07/30　★★★

③⑤来日直後の一般週刊誌のビートルズカヴァーで極めて入手が困難な人気アイテム。④このグラフ誌も数は多い。⑥⑦は共に一部ビートルズカヴァーの初版本だが表紙デザインが異なる2種。上下紫色帯の方がレアである。

①来日記念 THE BEATLES(非売品)　[東芝音楽工業/連合通信出版部]　1966/07/　★
②ミュージックライフ/8月号　[新興楽譜出版社]　1966/08/01　★★
③ポップス/8月号　[音楽之友社]　1966/08/01　★★★
④ティーンビート/8月号　[映画と音楽社]　1966/08/01　★★
⑤朝日ソノラマ/8月号　[朝日ソノプレス社]　1966/08/01　★★★★
⑥ミュージックグラフ・ヒットパレード20　特集グラフ　ビートルズのすべて　[ミュージックグラフ]　1966/08/　★★★★★

①この非売品冊子は数が多い。②③④音楽専門誌の来日特集号。一般的な入手のしやすさは、おそらく「ミュージックライフ」→「ティーンビート」→「ポップス」の順。「ミュージックライフ」はよく見かける。⑤⑥来日に限ったソノシート付きアイテムも稀少。

①ビートルズ東京/100時間のロマン［中部日本放送］1966/08/01 ★★
②世界画報/8月号［国際情報社］1966/08/01 ★★★
③週刊マーガレット/8月7日号［集英社］1966/08/07 ★★
④話の特集 臨時増刊/ビートルズ・レポート［日本社］1966/08/15 ★★★
⑤ひっと・ぱれえど心得帖［東亜音楽社/音楽之友社］1966/09/01 ★★
⑥ミュージックライフ/10月号［新興楽譜出版社］1966/10/01 ★

①缶にビートルズのイラスト。多く出回っている復刻版に注意。⑤一部ビートルズのアルバムカヴァー。

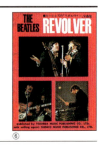

①ミュージックライフ増刊/デラックス号［新興楽譜出版社］1966/10/18 ★★
②女学生の友11月号付録/世界歌のアルバム［小学館］1966/11/01 ★★★★
③ティーンビート臨時増刊/ポップスター・ベスト100［映画と音楽社］1966/11/15 ★★
④THIS IS THE BEATLES/これぞビートルズ［東芝音楽芸能出版/新興楽譜出版社］1966/ ★★★
⑤ビートルズの最新ヒット集［東芝音楽芸能出版/新興楽譜出版社］1966/ ★★★
⑥ビートルズのリボルヴァー全曲集/THE BEATLES REVOLVER［東芝音楽芸能出版/新興楽譜出版社］1966/ ★★★

②「女学生の友」11月号の付録で、レアなビートルズカヴァーの歌本。④⑤写真の多い楽譜集。⑥楽譜集。

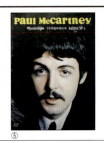

①ヤングミュージック/1月号［集英社］1967/01/01 ★★
②ティーンビート臨時増刊/ビートルズ特別号［映画と音楽社］1967/04/15 ★
③ミュージックライフ/6月号［新興楽譜出版社］1967/06/01 ★
④ミュージックライフ/7月号［新興楽譜出版社］1967/07/01 ★
⑤ミュージックライフ臨時増刊/ポール・マッカートニー［新興楽譜出版社］1967/07/05 ★★
⑥ミュージックライフ/8月号［新興楽譜出版社］1967/08/01 ★

②ソノシート付。

①ティーンビート/8月号［映画と音楽社］1967/08/01 ★★
②ミュージックガイド/8月号［ミュージックスター社］1967/08/01 ★★★★
③ティーンビート臨時増刊/ビートルズ特集号［映画と音楽社］1967/08/31 ★
④ティーンビート/9月号［映画と音楽社］1967/09/01 ★★
⑤ヤングミュージック/10月号［集英社］1967/10/01 ★
⑥ミュージックライフ/11月号［新興楽譜出版社］1967/11/01 ★

③ソノシート付。

   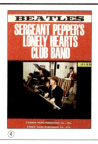 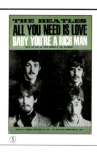 

①ティーンビート臨時増刊/ビートルズ・デラックス［映画と音楽社］1967/11/25 ★
②ビートルズ写真アルバム［新興楽譜出版社］1967/ ★★
③レコード百科 ポピュラー編（非売品）［東芝音楽工業］1967/ ★★★★★
④BEATLES SERGEANT PEPPER'S LONELY HEARTS CLUB BAND/LP全曲集［東芝音楽芸能出版／新興楽譜出版社］1967/ ★★
⑤THE BEATLES ALL YOU NEED IS LOVE BABY/YOU'RE A RICH MAN/楽譜［東芝音楽芸能出版／新興楽譜出版社］1967/ ★★★
⑥STRAWBERRY FIELDS FOREVER/PANNY LANE the beatles/楽譜［東芝音楽芸能出版／新興楽譜出版社］1967/ ★★★

③非売品だけにレアアイテム。⑤⑥意外にレアなピースものの楽譜。

①ティーンビート/1月号［映画と音楽社］1968/01/01 ★★
②ヤングミュージック/1月号［集英社］1968/01/01 ★
③平凡パンチデラックス付録/ソング・ブックNO.2［平凡社］1968/01/15 ★★
④ティーンビート臨時増刊/ポップスター名鑑［映画と音楽社］1968/01/30 ★★
⑤ヤングミュージック/2月号［集英社］1968/02/01 ★
⑥ヤングミュージック/4月号［集英社］1968/04/01 ★

③平凡パンチデラックスのソングブック付録でジョージのイラストカヴァー。⑤カヴァーの一部にポール。⑥カヴァーの一部にリンゴ。

①週刊明星増刊［集英社］1968/06/29 ★★★
②ミュージックライフ/8月号［新興楽譜出版社］1968/08/01 ★
③スクリーン別冊/8月号 世界のグループ・サウンド［近代映画社］1968/08/01 ★★★★
④ミュージックライフ/10月号［新興楽譜出版社］1968/10/01 ★
⑤ヤングミュージック/10月号［集英社］1968/10/01 ★
⑥新譜ジャーナル/11月号［自由国民社］1968/11/01 ★★

①表紙のみビートルズイラスト。③意外に入手困難なアイテム。

  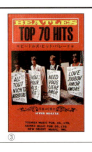   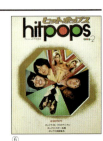

①THE BEATLES/リーフ［東芝音楽工業］1968/ ★★★
②BEATLES NEW HITS［東芝音楽芸能出版/新興楽譜出版社］1968/ ★★
③BEATLES TOP 70 HITS/ビートルズ・ヒット・パレード（写真40頁付楽譜集）［東芝音楽芸能出版/新興楽譜出版社］1968/ ★★
④THE BEATLES/OB-LA-DI,OB-LA-DA［東芝音楽芸能出版/新興楽譜出版社］1968/
⑤ミュージックライフ/2月号［新興楽譜出版社］1969/02/01 ★
⑥ヒットポップス/2月号［学習研究社］1969/02/01 ★

①ビートルズLPレコード購入特典のプレゼントセール用非売品四つ折りリーフレット（開くと一枚もの）。②③④は楽譜。⑤前列がジョン＆ヨーコ写真。

 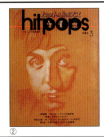  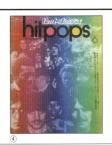  

①ミュージックライフ臨時増刊 ビートルズ詩集［新興楽譜出版社］1969/02/05 ★★
②ヒットポップス/3月号［学習研究社］1969/03/01 ★
③平凡パンチデラックス春号付録/NO.9 ザ・ビートルズ新曲特集［平凡社］1969/04/05 ★★
④ヒットポップス/6月号［学習研究社］1969/06/01 ★
⑤ビートルズ［草思社］1969/07/10 ★
⑥ビートルズ・イエロー・サブマリン（映画パンフ 関東版）［ユナイト映画］1969/07/23 ★

①ビートルズ小イラスト。③平凡パンチデラックス春号のソングブック付録。④カヴァーの一部にビートルズ。

    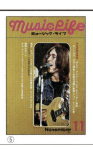 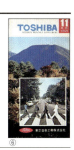

①ビートルズ・イエロー・サブマリン(映画パンフ　関西版)　[ユナイト映画]　1969/07/23　★★
②ヒットポップス/10月号　[学習研究社]　1969/10/01　★
③音楽専科/10月号　[音楽専科社]　1969/10/01　★★
④ガッツ/10月10日号　[集英社]　1969/10/10　★
⑤ミュージックライフ/11月号　[新興楽譜出版社]　1969/11/01　★
⑥TOSHIBA RECORDS MONTHLY SUPPLEMENT　[東芝音楽興業]　1969/11　★★★

①ビートルズイラスト。②若干わかりづらいがビートルズ4人のイラスト。③ジョンのイラスト。「音楽専科」誌で最初のビートルズ関連カヴァー。④エピフォン・カジノを抱え熱唱するジョン。⑤ジョンとポールの写真。⑥通称「東芝レコードマンスリー」。アルバム「アビイ・ロード」カヴァー(非売品)。

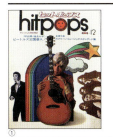   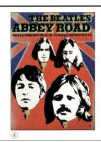  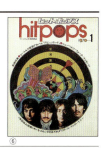

①ヒットポップス/12月号　[学習研究社]　1969/12/01　★
②LIFE　日本語版　[TIME]　1969/12/22　★
③THE BEATLES/ビートルズ・デビュー5周年記念セール実施中!/非売品四つ折りリーフレット　[東芝音楽工業]　1969/　★★★
④THE BEATLES ABBEY ROAD/楽譜集　[東芝音楽芸能出版/新興楽譜出版社]　1969/　★
⑤THE BEATLES/ホワイトアルバム楽譜集　[東芝音楽芸能出版/新興楽譜出版社]　1969/　★
⑥ヒットポップス/1月号　[学習研究社]　1970/01/01　★

①一部がビートルズ写真。②グラフ誌「LIFE」の日本語版で一部ビートルズ写真。③1968年同様、ビートルズLPレコード購入特典のプレゼントセール用非売品四つ折りリーフレット(開くと1枚もの)。④⑤は楽譜。

  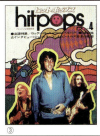  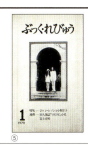 

①ビートルズ・ソング・イラスト集　[誠文堂新光社]　1970/03/20　★
②コンピュートピア/4月号　[コンピュータ・エージ社]　1970/04/01　★★★★
③ヒットポップス/4月号　[学習研究社]　1970/04/01　★
④音楽専科/4月号　[音楽専科社]　1970/04/01　★
⑤ぶっくれびゅう　[日本書籍センター]　1970/04/27　★★
⑥ニューミュージックマガジン/5月号　[ニューミュージック・マガジン社]　1970/05/01　★★

①ソング・イラスト集は翌年にパート2も発行された。②こんな当時にもコンピュータ専門誌があった。表紙のみビートルズのイラストだが入手は極めて難しい。③表紙右側がジョージ。⑤ジョン＆ヨーコ大特集。

1970

ここまで、ビートルズが現役だった1970年までの週刊誌・雑誌・書籍コレクションを紹介した。
以降については、巻末に年代順にまとめて掲載しているので参照してほしい。

① ② ③ ④ ⑤ ⑥

①ヤングセンス春号付録/全曲保存版BEATLES DICTIONARY（付録）　[集英社]　1970/05/25　★★
②ミュージックライフ/6月号　[新興楽譜出版社]　1970/06/01　★
③ヒットポップス・GT/6月号　別冊付録　[ヤマハ音楽振興会]　1970/06/01　★★
④ゲット・バック写真集(Let it be アナログ盤ボックス特典付録)　[Apple Publising]　1970/06/05　★★
⑤FM fan/7月20日-8月2日号　[共同通信社]　1970/07/16　★★　※発行日は7月16日。
⑥ヒットポップス/8月号　[学習研究社]　1970/08/01　★

①ヤングセンスの付録。丸ごと一冊ビートルズの楽譜集。③ヒットポップスの別冊付録楽譜集。一部ジョンとヨーコのイラスト。④はアナログ盤『レット・イット・ビー』アルバムボックスにセットされていた164ページの豪華写真集。背表紙にあるタイトルは「LET IT BE」でなく「GET BACK」になっている。そもそもアルバム自体のタイトルも「GET BACK」で発売される予定だった。またこの写真集は国内ものではなくイギリスで制作されたものだが、日本版のBOXセットにも同梱されていたことや、写真集として希少価値が高いので紹介した。

① ② ③ ④ ⑤ ⑥

①ヒットポップス・GT/8月号　別冊付録　[ヤマハ音楽振興会]　1970/08/01　★★
②キネマ旬報/8月15日下旬号　[キネマ旬報社]　1970/08/15　★★
③レット・イット・ビー（映画パンフ）　[ユナイテッド・アーチスト映画会社/東宝事業部]　1970/08/25　★
④ニューミュージックマガジン/9月号　[ニューミュージック・マガジン社]　1970/09/01　★
⑤キャンディ（映画パンフ）　[松竹事業開発部/松竹映配]　1970/09/12　★★
⑥LET IT BE/レット・イット・ビー　[新興楽譜出版社]　1970/09/20　★★★

①ヒットポップスの別冊付録楽譜集。②表紙のみリンゴ。④ジョンのイラスト。⑤当時、話題となった問題作品。リンゴも出演した1969年度の映画で表紙下にリンゴ。⑥ビートルズのアルバム『レット・イット・ビー』の発売直後の1970年に発行されたアルバムの楽譜集。

① ② ③

①ガッツ/10月10日号　[集英社]　1970/10/10　★
②レノンとヨーコ/ビートルズの異端のカップル　[実業之日本社]　1970/10/20　★★
③マジック・クリスチャン（映画パンフ）　[松竹事業部]　1970/11/21　★

②時々お目にかかるが、ジョンとヨーコの単行本としてはそこそこレア。③リンゴ主演の映画。1969年作品。

TEENBEAT WEEKLYの
ビートルズカヴァー&BCC初期会報

「TEENBEAT WEEKLY」は1966年12月1日に創刊され、
1967年8月末の廃刊まで毎週木曜日に発行された約B4判6Pの会員向け音楽情報紙(最終号は38号もしくは39号)。
購入は、事前に「ティーンビート友の会」への入会が必要で、会員のみに送付された。
ビートルズカヴァーは、おそらく下記6点だけである。
中段以降には、ビートルズ・ファンクラブ(BCC)の最初期会報「The Beatles」第1号～第9号を掲載した。

   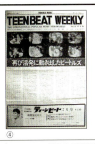  

①TEENBEAT WEEKLY(第12号)/2月23日号 [映画と音楽社] 1967/02/23「ビートルズEMI、レコードと9年間契約!!」
②TEENBEAT WEEKLY(第16号)/3月23日号 [映画と音楽社] 1967/03/23「今日この頃のビートルズ」
③TEENBEAT WEEKLY(第26号)/6月15日号 [映画と音楽社] 1967/06/01「ビートルズのアルバム、ついに発売!」
④TEENBEAT WEEKLY(第30号)/6月29日号 [映画と音楽社] 1967/06/29「再び活発に動き出したビートルズ」
⑤TEENBEAT WEEKLY(第34号)/7月27日号 [映画と音楽社] 1967/07/27「ビートルズの宇宙中継曲ついに発売!!」
⑥TEENBEAT WEEKLY(第38号)/8月24日号 [映画と音楽社] 1967/08/24「リンゴ・スター2児の父親に」

①同出版社の月刊誌「ティーンビート」とは別に、会員向け週刊情報紙として1966年12月1日に創刊され、以降毎週木曜日に発行された。当時活躍したグループや、ビートルズなどの最新情報などが掲載されている。翌1967年の8月末まで約9カ月間という短命の刊行物であった。時々個別に数点見かけたこともあったが、全号揃いは極めて入手困難なアイテムといえる。筆者は一度だけ、全号揃いを市場で見たことがある。

 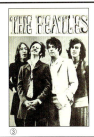   

①THE BEATLES/BCC初期会報創刊号(通巻第1号) [BCC] 1968/09/28(復刻版) ※創刊号と2号がB4新聞誌形態、以降はA5判。
②THE BEATLES/BCC初期会報2号(通巻第2号) [BCC] 1968/ ※未入手。B4新聞誌形態で、以降一時休刊。
③THE BEATLES/BCC第1期会報創刊(通巻第3号) [BCC] 1969/02/01 ※この通巻第3号より第1期会報として雑誌形態・A5判で再スタート。
④THE BEATLES/BCC第1期会報2号(通巻第4号) [BCC] 1969/05/01
⑤THE BEATLES/BCC第1期会報3号(通巻第5号) [BCC] 1969/07/10
⑥THE BEATLES/BCC第1期会報4号(通巻第6号) [BCC] 1969/09/01

現在も「ビートルズ・クラブ」から刊行が続けられているファンクラブ月刊誌「The Beatles」(通称ビートルズ・マンスリー)の前身。第7号でひとまず休刊したレアなもの。①ビートルズが来日した1966年に発足したファンクラブ初期会報の創刊号(1968年9月28日発行)の復刻版で、1980年に会員向けの企画でプレゼントされたもの。1968年発行の本来の創刊号と創刊第2号のみが新聞形態(W265mm×H375mm)のタブロイド版で、後のビートルズ・シネ・クラブ会報、月刊「The Beatles」の前身となった。初期創刊号と2号は別格。第1期は創刊号～7号で休刊。

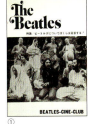  

①THE BEATLES/BCC第1期会報5号(通巻第7号) [BCC] 1969/11/01
②THE BEATLES/BCC第1期会報6号(通巻第8号) [BCC] 1970/02/25
③THE BEATLES/BCC第1期会報7号(通巻第9号) [BCC] 1970/07/25

※月刊「The Beatles」100号記念号(1985年3月号)掲載のビートルズ・シネ・クラブ自身による解説では、初期創刊号と2号は別格扱いで、この2冊をもって一旦完結しているようだ。その後、通常会報と同じ雑誌形態(A5判)に変更になり、第1期会報として1969年5月の創刊号から1970年7月の第7号まで7冊が発行された。しかしながらビートルズの解散を区切りに第1期会報も第7号で再度休刊となり、1975年5月より第2期会報が正式に「The Beatles」第1号としてスタートし、現在に至っている。よって、第2期創刊号が現在まで継続しているということになる。

BFCレポート(会報)＆LGB会報＆新聞形態のアイテム

1965年1月に発足した古参、ビートルズ・ファン・クラブ(BFC)の会報。
当初は藁半紙にガリ版手刷りの一枚ペラものだったようで、片面にしか印刷されていなかった。
サイズや仕様は年代によって何度も変更があった。当初はW250mm×356mmほどで、その後A4判、B4判に、
また1970年代にはA5判の6ページ冊子形態となっている。
現状、下記が入手済みコレクションのすべてである。
次ページのLGB会報(No.1〜No.4)もレア。

① ② ③ ④ ⑥

①BFC会報/BFCレポートNO.3?(入会の御通知) [BFC事務所] 1965/03/01
②BFC会報/BFCレポートNO.9 [BFC事務所] 1965/09/20
③※BFCレポート拡大 会員数が8,000名になったことなどが記載されている。
④BFC会報/BFCレポートNO.12 [BFC事務局] 1966/08/20 ※版元が「BFC事務所」から「BFC事務局」になっている。
⑥BFC会報BEATLES REPORT/12月25日号 [BFC事務所] 1968/12/25 ※再度版元が「BFC事務局」から「BFC事務所」に。

①タイトルはBFCレポートとなっているが、もしかするとNO.3は別に存在するのかもしれない。形態は同じ(W250mm×356mm)だと思う。②この9号より、B4判ほどの手書きガリ版刷りからA4判の活字印刷になった。⑥見開きB4サイズほど。4ページもの「BFC再開にあたり」など。

① ② ③ ④ ⑤ ⑥

①BFC会報BEATLES REPORT/1月号 [BFC事務所] 1969/01/01
②BFC会報BEATLES REPORT/2月号 [BFC事務所] 1969/02/01
③BFC会報BEATLES REPORT/3月号 [BFC事務所] 1969/03/01
④BFC会報BEATLES REPORT/4月号 [BFC事務所] 1969/04/01
⑤BFC会報BEATLES REPORT/5月号 [BFC事務所] 1969/05/01
⑥BFC会報BEATLES REPORT/6月号 [BFC事務所] 1969/06/01

①前年末までB4判4ページものだったが、B4判1枚の片面印刷に戻った。ビートルズニュース、1968年X'マスレコード、BFC通信など。
②LP『ザ・ビートルズ(ホワイトアルバム)』関連。③「ジョージのアメリカ訪問」など。④「ポールとジョン結婚」など。⑤「四人の不和説について」など。⑥リンゴの情報など。

① ② ③ ④ ⑤ ⑥

①BFC会報BEATLES REPORT/8月号 [BFC事務所] 1969/08/01
②BFC会報BEATLES REPORT/9月号 [BFC事務所] 1969/09/01
③BFC会報BEATLES REPORT/10月号 [BFC事務所] 1969/10/01
④BFC会報BEATLES REPORT/12月号 [BFC事務所] 1969/12/01
⑤BFC会報BEATLES REPORT/1＆2月合併号 [BFC事務所] 1970/01/01
⑥BFC会報BEATLES REPORT/3＆4月合併号 [BFC事務所] 1970/03/01 ※この号よりB5判8ページ。

①「新LPについて マルコム・エバンス」など。②ジョンの話題など。③ポールの話題。④「ディランと共にワイト島にて」など。⑤「彼等は変わらなければならなかった」など。⑥B5判で8ページのコンパクトサイズに変更(従来のものと比較すると、実物は写真より小さい)。内容は前号までの1枚ものよりはるかに濃い内容になっている。

    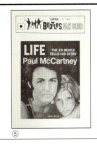 

①BFC会報BEATLES REPORT/5月号 [BFC事務所] 1970/05/01
②BFC会報BEATLES REPORT/7＆8月合併号 [BFC事務所] 1970/07/01
③BFC会報BEATLES REPORT/9＆10月合併号 [BFC事務所] 1970/09/01
④BFC会報BEATLES REPORT/'71・NO.1 [BFC事務所] 1971/03/01 ※この号より1971年としてNO.1と記載あり。
⑤BFC会報BEATLES REPORT/'71・NO.2 [BFC事務所] 1971/07/01
⑥BFC会報BEATLES REPORT/最終号 [BFC事務所] 1972/03/01 ※最終号

①「ソロ・アルバム紹介」他。※この号以降、最終号までB5判で8ページ仕様は同じ。②「レット・イット・ビーとはこんな映画！」他。③「リンゴ主演映画マジック・クリスチャン」他。④「ジョンとヨーコ来日」他。⑤「ポール・マッカートニー、ビートルズの解散と自身の新しき方向について語る"分裂の時は来た！"」他。⑥「ポールの告白」他、BFC会長の下山鉄三郎氏よりファンクラブを解散するとのあいさつ文の掲載あり。

①レッツゴービートルズ/LGB会報NO.1 [LGB事務局] 1965/05/25
②レッツゴービートルズ/LGB会報NO.2 [LGB事務局] 1965/05/25
③レッツゴービートルズ/LGB会報NO.3 [LGB事務局] 1965/07/20
④レッツゴービートルズ/LGB会報NO.4 [LGB事務局] 1966/02/20

①ビートルズ古参のファンクラブLGB（レッツ・ゴー・ビートルズ）のファンクラブ会報。希少なNO.1でA5判、16ページの小冊子。内容は「LGB結成にあたり/LGB会長・竹内はゆる」。②「ビートルズアルバム・四人はアイドルHELP！/ユナイト映画提供」「映画解説」「ファンのひろば」「その後のLGB」など。③「ビートルズ、シェア・スタジアムの嵐！！/竹内はゆる」「1965年来日アーチスト」「愛妻家ジョン・レノンの休日」「LGB支部長紹介」「ファンのひろば」など。④「ビートルズのすべて』、「LGB発展のために」「ビートルズとスポーツカー」「一人一人の素顔から」「ジョージ・ハリスン夢のインタビュー」など。※LGB会報の最終号は不明。

①内外写真ニュース [内外薬品商会] 1964/03/12
②東京スポーツ/6月30日号 [東京スポーツ新聞社] 1966/06/30
③週刊TOP50（トップ・フィフティ）/10月17日号 [東和企画] 1966/10/17
④音楽舞踏新聞/5月5日号 [音楽舞踏新聞社] 1966/05/05
⑤音楽舞踏新聞/5月5日号 [音楽舞踏新聞社] 1966/05/05
⑥音楽舞踏新聞/5月5日号 [音楽舞踏新聞社] 1967/07/15

①裏にエド・サリバンショーのTVリハーサル中の写真と記事。B4横型8ページ。②ビートルズ来日翌日の東京スポーツ。来日報道写真とともに「ビートルズ台風けさ東京上陸」他、「潜入成功にファン絶叫」「ビートルズ台風狂った序曲」「右翼と小せり合い」など来日関連記事を多く掲載。③ビートルズのシングル・レコードの小記事などを掲載。④ビートルズの来日公演正式決定を伝えるニュース記事「ビートルズ来日公演きまる」など。下段のレコード販売セール広告のみ。⑥新興楽譜出版社のビートルズ楽譜集3冊の全面広告が1ページあるのみ。

1971年以降のビートルズ関連カヴァー
(音楽雑誌以外)

1971年以降もビートルズ関連カヴァーは星の数ほどあるが、ここでは音楽雑誌以外を抜粋紹介。
表紙一部がビートルズのイラストだったり、写真だったりと、多種多様なものが存在する。
入手困難なものでも、思わぬ出来事で運よく入手できることもある。
日頃の精進や努力の賜物か、時の運か……。レアものの入手にはいろいろなドラマがある。

★(入手しやすい)〜★★★★★(入手困難)

① ② ③ ④ ⑤ ⑥

①サブ/季刊2号[サブ編集室] 1971/04/25 ★★　一部「サージェント・ペパー」ジャケットのビートルズ
②美術手帖/5月号[美術出版社] 1971/05/01 ★★　ジョンのイラスト
③工芸ニュースNO.3[丸善] 1971/11/10 ★★★★★　ビートルズ4人のイラストかと思いきや、最下段がポールでなく、なぜかプレスリーに！
④平凡パンチ/1月24日号[平凡出版] 1972/01/24 ★★
⑤プレイマップ/2月号[田辺茂編集室] 1972/02/03 ★★★
⑥サンデー毎日/5月21日号[毎日新聞社] 1972/05/21 ★★★★

①ほぼ一冊ビートルズ特集。③アルバム『レット・イット・ビー』からの合成イラストのようだが、ポールがいない！作者はプレスリー・ファンか？もしくは『アビイ・ロード』のジャケット写真同様、「ポール死亡説」を意識したお遊びだったのだろうか？不思議な表紙。編集は工業技術院製品科学研究所、発行は丸善という超レアな雑誌。④ジョン&ヨーコと横尾忠則。⑥週刊誌でちょっとレアなジョン&ヨーコカヴァーだが記事の掲載はなく表紙のみ。

① ② ③ ④ ⑤ ⑥

①ユリイカ 詩と批評/1月号[青土社] 1973/01/01 ★　ビートルズのイラスト
②だぶだば/第29号[スピン/だぶだば編集室] 1974/11/20 ★★★　一部ビートルズ
③週刊読売/10月18日号[読売新聞社] 1975/10/18 ★★　一部ビートルズの顔写真
④男子専科(dansen)/6月号[スタイル社] 1976/06/01 ★★
⑤平凡パンチ/6月14日号[平凡出版] 1976/06/14 ★★　一部ビートルズの写真
⑥やんろーど/9月号[日本ヤングパワー] 1976/09/01 ★★★

①ユリイカのビートルズ特集I。②特集「ビートルズの使い方」。⑤中綴じカラーグラフ「THE BEATLES FOREVER」。⑥特集「ビートルズ文化論」。

① ② ③ ④ ⑤ ⑥

①ユリイカ 詩と批評/9月号[青土社] 1976/09/01 ★　ビートルズ？イラスト
②月刊ポエム/11月号[すばる書房] 1976/11/01 ★　ジョンとヨーコの小写真
③高2コース/4月号[学習研究社] 1977/04/01 ★★★
④音らんど/5月号[芸文社] 1977/05/01 ★★★　一部がポールの写真
⑤月刊小説エンペラー/11月号[大洋書房] 1977/10/10 ★★★
⑥ぴあ/7月1日号[ぴあ] 1978/07/01 ★★★　一部リンゴのイラスト

①ユリイカのビートルズ特集II。④表紙のみ一部ポール。音楽雑誌というより「音そのもの」に関する専門雑誌。⑤30ページのビートルズのHowTo劇画。発行日は10月10日。

①週刊マーガレット／7月2日号［集英社］1978/07/02 ★★　一部ビートルズの写真
②詩の世界／特集 いまでもビートルズがすき［詩の世界社］1979/07/20 ★
③ぴあ／2月1日号［ぴあ］1980/02/01 ★★★
④ビッグコミック／2月10日号［小学館］1980/02/10 ★★
⑤週刊読売／9月21日号［読売新聞社］1980/09/21 ★★　一部ビートルズの小写真
⑥週刊朝日／12月26日号［朝日新聞社］1980/12/26 ★★

①ビートルズの漫画掲載。②ほぼ一冊ビートルズ特集。③④表紙のみポールのイラスト。⑤巻頭特集「グラビア 甦るビートルズ」。⑥ジョン射殺事件直後の週刊誌。

①サンデー毎日／12月28日号［毎日新聞社］1980/12/28 ★★
②ヒップ(HIP)／1月号［NON STOP］1981/01/01 ★★★★
③ヤングコミック／1月28日号［少年画報社］1981/01/28 ★★★
④月刊プレイボーイ(PLAYBOY)／2月号［集英社］1981/02/01 ★
⑤プレイコミック／2月12日号［秋田書店］1981/02/12 ★★★
⑥くるまにあ／3月号［大亜出版］1981/03/01 ★★

①ジョン射殺事件直後の週刊誌。②レアなジョンカヴァー。大阪のサブカル系タウン誌。③表紙がビートルズイラスト。巻末に小写真程度の掲載内容。④射殺直前のPLAYBOY誌インタビューパート1掲載。次号にパート2。⑤表紙のみ一部ジョンのイラスト。⑥ビートルズ世代の自動車特集。

①話の特集／3月号［日本社］1981/03/01 ★★
②えるまあな／創刊2号［えるまあな編集部］1981/07/05 ★★★★
③週刊テレビ番組／10月1日号［東京ポスト］1982/10/01 ★★★　一部ビートルズ小写真
④ザ・テレビジョン／12月10日号［角川書店］1982/12/10 ★
⑤スクランブルPHOTO／6月10日号［スクランブル社］1983/06/10 ★★
⑥週刊明星／11月22日号［集英社］1984/11/22 ★★

①ジョンの追悼特集。②レアな雑誌。ジョンの追悼特集。④この雑誌は意外に多い。⑥松田聖子が、なんとポールとツーショットを撮っていた！？

①カメラ毎日/4月号[毎日新聞社]1985/04/01★★
②リイドコミック/6月10日号[リイド社]1985/06/10★★
③ダイム/10月1日号[小学館]1987/10/01★
④ニューズ・ウィーク日本版/10月27日号[TBSブリタニカ]1988/10/27★★　上部にジョンの小写真
⑤テレパル(TeLePAL)/10月29日〜11月11日号[小学館]1988/10/29★★★　一部ビートルズの小写真
⑥週刊テレビライフ/6月9日号[学習研究社]1989/06/09★★★　一部ポールの写真

②表紙のみジョンとイラストとコピー「永遠のスーパースター故ジョン・レノン」。③表紙背景がビートルズのCD。④特集「伝説をめぐって騒然ジョン・レノン」。

①エニイ(any)/2月1日号[西武タイム]1990/02/01★★
②ぴあ/2月15日号[ぴあ]1990/02/15★★
③女性自身/3月20日号[光文社]1990/03/20★★★　一部ポールの小写真。
④エスクァイア/4月号[ユー・ピー・ユー]1990/04/01★
⑤週刊ヤングマガジン/4月23日号[講談社]1990/04/23★★★
⑥ザ・ビッグマン/創刊号[世界文化社]1990/05/01★

②イラストが4人ともポール。④ポールのインタビュー掲載。⑤ポール来日巻頭グラフ集。⑥創刊号で数は多い。

①週刊テレビライフ/11月9日号[学習研究社]1990/11/09★★★
②BJ/ビジネスジャンプ/11月15日号[集英社]1990/11/15★★★
③ザ・ビッグマン/12月号[世界文化社]1990/12/01★★
④ぴあ/12月20日号[ぴあ]1990/12/20★★
⑤ガリバー/12月27日号[マガジンハウス]1990/12/27★★
⑥ダカーポ/9月4日号[マガジンハウス]1991/09/04★　一部ビートルズの写真。

②巻頭グラフ小特集。④表紙のみジョンのイラスト。⑤トラベルマガジンのジョン大特集。

①月刊フィロ/10月号[日本スタックマガジン社] 1991/09/25 ★★★
②ぴあ/11月28日号[ぴあ] 1991/11/28 ★★
③毎日グラフ/12月8日号[毎日新聞社] 1991/12/08 ★★
④日経エンタテイメント/12月18日号[日経新聞社] 1991/12/18 ★★★
⑤Cut(カット)/7月号[ロッキング・オン] 1992/07/20 ★
⑥ピーウィー/12月号[ソニー・マガジンズ] 1992/12/07 ★　ビートルズの人形

①フロッピーディスク3枚付属の月刊誌。ビートルズ特集「リメンバー・ビートルズ」②ぴあでは珍しく5ページの来日グラフ特集あり。③④ジョージ来日関連。⑥ビートルズグラフ集あり。

①百万人の英語/全米スターBIGインタビュー[日本英語教育協会/旺文社] 1993/05/21 ★★　一部ポールの写真
②アサヒグラフ/12月17日号[朝日新聞社] 1993/12/17 ★★
③BRUTUS(ブルータス)/3月1日号[マガジンハウス] 1994/03/01 ★
④The English Journal(イングリッシュ・ジャーナル)/3月号[アルク] 1995/03/01 ★★　ポールの小写真。
⑤イラストロジック5[学習研究社] 1995/06/01 ★★★
⑥ニューズ・ウィーク日本版/11月1日号[TBSブリタニカ] 1995/11/01 ★

①CD付きの英語教材誌。②ポール来日グラフ特集あり。④英会話専門誌。ポールのインタビューを収録したカセットは別売。⑤表紙のみビートルズイラスト。

①ノーサイド/11月号[文藝春秋] 1995/11/01 ★★
②ぴあ/11月28日号[ぴあ] 1995/11/28 ★★
③フォーブス/12月号(日本版)[ぎょうせい] 1995/12/01 ★★
④ウィンカマー/1996年 創刊0号[ソフトバンク出版事業部] 1996/04/25 ★★★
⑤てんとう虫/6月号[アダック] 1996/06/01 ★★★
⑥ケイパブル/1996 Autumn[公文教育研究会] 1996/09/01 ★★

①良質のビートルズ特集。②表紙のみビートルズイラスト。④表紙のみジョンのイラスト。⑤ビートルズ来日30年記念ビジュアル特集。⑥公文教育研究会の情報誌。

「TEENBEAT/ティーンビート」全号

「ティーンビート」は、かつて「ミュージックライフ」「ポップス」と並び称された雑誌で、今でも人気のあるアイテム。刊行期間が短命に終わったこともあり、この全30冊でコンプリートである。中綴じの「特別付録フォノシート」は、1965年9月創刊号より1966年4月号まで連続8冊にセットされたが、以降はセットされなかった。

発行はすべて[映画と音楽社]、『 』は表紙コピー。

①ティーンビート/9月号1965/09/01『グラビア特集/ビートルズNO.2「四人はアイドル」(HELP！)』表紙:ベンチャーズ
②ティーンビート/10月号1965/10/01『グラビア特集/新着スチール ビートルズNO.2「4人はアイドル」(HELP！)』表紙:ビートルズ
③ティーンビート/11月号1965/11/01『こんにちはZAKちゃん！リンゴ二世誕生！！』表紙:エルビス・プレスリー
④ティーンビート/12月号1965/12/01『グラビア特集・写真特報！ビートルズとプレスリー「世紀の会見！」OBE勲章を受けたビートルズ』表紙:ビートルズ

①創刊号。特別付録フォノシート「ベンチャーズ記者会見録音」付。②ビートルズ・カヴァー。特別付録フォノシート「ハーマンズ・ハーミッツとの5分間」付。③特別付録フォノシート「ボビー・ソロインタビュー」付。④ビートルズ・カヴァー。特別付録フォノシート「ペギー・マーチ特別インタビュー」付。

①ティーンビート/1月号1966/01/01 表紙:ビートルズ
②ティーンビート/2月号1966/02/01 表紙:ビーチ・ボーイズ
③ティーンビート/3月号1966/03/01『特報！！ジョージ・ハリスンの秘密結婚』表紙:ローリング・ストーンズ
④ティーンビート/4月号1966/04/01 表紙:クリフ・リチャード
⑤ティーンビート/5月号1966/04/01『ビートルズの考え方と行動』表紙:ジョニー・ティロットソン
⑥ティーンビート/6月号1966/06/01『特報！！ビートルズ来日の舞台裏』表紙:ハーマンズ・ハーミッツ

①ビートルズ・カヴァー。特別付録フォノシート「フランス・ギャル・メッセージ」付。②特別付録フォノシート「シャンティズ特別インタビュー」付。③特別付録フォノシート「ビーチボーイズ特別インタビュー」付。④特別付録フォノシート「ジョニー・ティロットソン声のエア・メール」付。

①ティーンビート/7月号1966/07/01『歓迎！ビートルズ特集号・WELCOME！ THE BEATLES』表紙:ビートルズ
②ティーンビート/8月号1966/08/01『ビートルズ来日記念特別号』表紙:ビートルズ
③ティーンビート/9月号1966/09/01『グラビア/ビートルズ、ドイツの旅』表紙:ローリング・ストーンズ
④ティーンビート/10月号1966/10/01『詳報/ビートルズ、アメリカ公演』表紙:ビーチ・ボーイズ
⑤ティーンビート/11月号1966/11/01 表紙:ラヴィン・スプーンフル
⑥ティーンビート/12月号1966/12/01『特集！ビートルズは解散か！？』表紙:モンキーズ

②ビートルズ・ヒルトンホテル記者会見のカヴァー。来日記事満載の来日特集号。

①ティーンビート/1月号 1967/01/01『特集!!ビートルズ'66年の稼ぎ高』表紙:ウォーカー・ブラザーズ
②ティーンビート/2月号 1967/02/01 表紙:ホリーズ
③ティーンビート/3月号 1967/03/01『特集!!ビートルズの時代は終わったのか?』表紙:ドロッグス
④ティーンビート/4月号 1967/04/01『特集!!激突するビートルズ対ローリング・ストーンズ』表紙:モンキーズ
⑤ティーンビート/5月号 1967/04/01 表紙:ローリング・ストーンズ
⑥ティーンビート/6月号 1967/06/01 表紙:ポールリヴァー&レイダース

    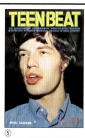 

①ティーンビート/7月号 1967/07/01『特集 ビートルズ話題の最新LP「サージェント・ペパーズ〜クラブ・バンド」のすべて』表紙:クリフ・リチャード
②ティーンビート/8月号 1967/08/01『特集!第4次黄金時代を迎えたビートルズ・グラフ特集!4億人がみたビートルズのレコーディング』表紙:ビートルズ
③ティーンビート/9月号 1967/09/01『ビートルズ「愛こそはすべて」の快進撃・グラフ/ジョン・レノンの優雅なロケ生活』表紙:ビートルズ
④ティーンビート/10月号 1967/10/01『THE BEATLES』表紙:ポールリヴァー&レイダース
⑤ティーンビート/11月号 1967/11/01『THE BEATLES』表紙:ミック・ジャガー
⑥ティーンビート/12月号 1967/12/01『PAUL McCARTNEY』表紙:エリック・バードン

③より表紙タイトルが「ティーンビート」から「TEENBEAT」に変わった。

①ティーンビート/1月号 1968/01/01『THE BEATLES』表紙:ビートルズ
②ティーンビート/2月号 1968/02/01(最終号) 表紙:スコット・ウォーカー

②この2月号をもって突如休刊になり、そのまま廃刊になった。ちょうどビートルズの現役時代黄金期と重なるかのようである。

「Music Life/ミュージックライフ」

当時の音楽雑誌で最もメジャーだったのが、この「ミュージックライフ」。
海外アーティストの話題・情報が満載で、ビートルズも何度も特集が組まれている。
ここでは、ビートルズが日本国内で紹介されつつあった1964年から
解散後の1970年までの7年間分をコンプリートで紹介。

発行はすべて[新興楽譜出版社]、「　」は表紙コピー。

 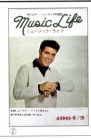 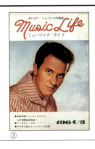  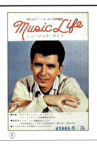 

①ミュージックライフ/1月号 1964/01/01
②ミュージックライフ/2月号 1964/02/01
③ミュージックライフ/3月号 1964/03/01
④ミュージックライフ/4月号 1964/04/01『特集 話題の"ビートルズ"ピンからキリまで』
⑤ミュージックライフ/5月号 1964/05/01
⑥ミュージックライフ/6月号 1964/06/01『ビートルズ特集号・特集ビートルズとリバプール・サウンド騒動』

②ビートルズに関する活字が初記載された号。④初のビートルズカヴァー。⑥ビートルズカヴァー。

 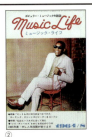  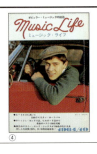  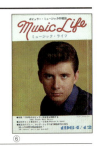

①ミュージックライフ/7月号 1964/07/01
②ミュージックライフ/8月号 1964/08/01『特集！ビートルズに決斗状をつきつけたストーンズとピーター＆ゴードン・特報！私はビートルズに会って来た』
③ミュージックライフ/9月号 1964/09/01
④ミュージックライフ/10月号 1964/10/01『ビートルズに沸いた日劇ウエスタン・カーニバル』
⑤ミュージックライフ/11月号 1964/11/01
⑥ミュージックライフ/12月号 1964/12/01

③ビートルズカヴァー。1964年は4月号、6月号、9月号の3冊がビートルズカヴァーである。

 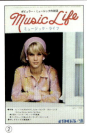    

①ミュージックライフ/1月号 1965/01/01『新春ビッグプレゼント・ビートルズカレンダー・新着ビートルズ写真集』
②ミュージックライフ/2月号 1965/02/01『特集 ビートルズをKOしたローリング・ストーンズ』
③ミュージックライフ/3月号 1965/03/01
④ミュージックライフ/4月号 1965/04/01『ビートルズのリンゴ・スターが結婚した！！・ポールとジョンの心境・ジョン・レノンの悩み』
⑤ミュージックライフ/5月号 1965/05/01『ビートルズの最新レポート集』
⑥ミュージックライフ/6月号 1965/06/01『ぼくとビートルズ…リンゴ・スター記・これからのビートルズ』

①③ビートルズカヴァー。

1966年のビートルズ来日前後はほとんど特集扱いで掲載ページ数も多い。

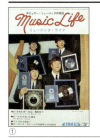  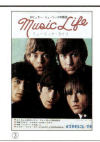   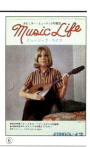

①　②　③　④　⑤　⑥

①ミュージックライフ/7月号1965/07/01『ビートルズの「HELP」撮影完了・ビートルズ大いに語る』
②ミュージックライフ/8月号1965/08/01『ビートルズに会いました！・ビートルズ4人の実物大手型公開・ビートルズのレコードセッションに立会って』
③ミュージックライフ/9月号1965/09/01『新着グラビア、バルセローナのビートルズ』
④ミュージックライフ/10月号1965/10/01『ビートルズとクリフの声をきいて下さい！・アメリカ公演中のビートルズと特別インタビューetc』
⑤ミュージックライフ/11月号1965/11/01『本誌独占特報／ビートルズと会ったエルヴィス』
⑥ミュージックライフ/12月号1965/12/01『独占特報！ビートルズ、ヘアースタイルの秘密』

①②ビートルズカヴァー。②同誌の編集長であった星加ルミ子のビートルズ独占インタビュー掲載号。④特別付録フォノシート／ビートルズからのプレゼント付。⑤珍しいリンゴ単独カヴァー。

①　②　③　④　⑤　⑥

①ミュージックライフ/1月号1966/01/01『ビートルズ・カレンダー』
②ミュージックライフ/2月号1966/02/01
③ミュージックライフ/3月号1966/03/01『本誌独占 ポールの婚約問題とジョージの結婚』
④ミュージックライフ/4月号1966/04/01『ビートルズが8月に来日する？』
⑤ミュージックライフ/5月号1966/05/01『6月30日に決定！ビートルズの来日』
⑥ミュージックライフ/6月号1966/06/01『ビートルズの来日に関する特別レポート・MLピンナップ用フォト・ビートルズ』

①一部ビートルズカヴァーで巻頭ビートルズカレンダー付。④ビートルズカヴァー。この頃よりビートルズ来日関連の話題が多くなる。

①　②　③　④　⑤　⑥

①ミュージックライフ/7月号1966/07/01『来日まえのビートルズに独占取材！・ピンナップ用ビートルズ・カレンダー・Welcome BEATLES！』
②ミュージックライフ/8月号1966/08/01『特別取材！ビートルズ日本滞在記・本誌カメラマンがスクープ！！・星加編集長、ビートルズと感激の再会！！etc』
③ミュージックライフ/9月号1966/09/01
④ミュージックライフ/10月号1966/10/01
⑤ミュージックライフ/11月号1966/11/01
⑥ミュージックライフ/12月号1966/12/01『緊急速報・ビートルズの解散説はデマ！！本誌独占特報！ジョン・レノン単独映画出演の全て』

①②ビートルズカヴァー。②来日関連記事や写真満載のビートルズ来日特集号。④ポールカヴァー。

1967-1968

ライヴ活動から、スタジオに籠もってのレコーディングにスタイルを変えたこの頃のビートルズ。
情報も以前よりクローズドになり、あらぬ噂も飛び交うようになった。

発行はすべて[新興楽譜出版社]、『　』は表紙コピー。

     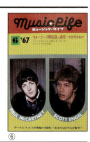
①　　　　　　　　②　　　　　　　　③　　　　　　　　④　　　　　　　　⑤　　　　　　　　⑥

①ミュージックライフ/1月号1967/01/01
②ミュージックライフ/2月号1967/02/01『特約掲載 ビートルズ一年間の稼ぎだか！・ベートーベンと共演するP.マッカートニー』
③ミュージックライフ/3月号1967/03/01『ビートルズは解散しません！』
④ミュージックライフ/4月号1967/04/01『姿を現したビートルズ！』
⑤ミュージックライフ/5月号1967/05/01『国際電話できくビートルズの最新情報』
⑥ミュージックライフ/6月号1967/06/01『ビートルズはこんな暮らしをしている・ポールとスコットが世紀の対決！あなたはどちらが好き？』

⑥一部ポールカヴァー。

①　　　　　　　　②　　　　　　　　③　　　　　　　　④　　　　　　　　⑤　　　　　　　　⑥

①ミュージックライフ/7月号1967/07/01『ポールがひげをそりました・ビートルズの最新LPが届いた・ポールとスコットが世紀の対決！どちらが好き？』
②ミュージックライフ/8月号1967/08/01『ポールがLSDを常用している！？・誌上再中継・ビートルズが宇宙中継に出演・ポール対スコット最終結果発表』
③ミュージックライフ/9月号1967/09/01『ビートルズ3作目の映画を準備中！』
④ミュージックライフ/10月号1967/10/01『特集・ブライアン・エプスタイン死去！ビートルズの周辺を国際電話できく死の直前にエプスタインとインタビュー』
⑤ミュージックライフ/11月号1967/11/01『本誌独占取材・ビートルズは元気でした！』
⑥ミュージックライフ/12月号1967/12/01

①ビートルズカヴァー。②一部ポールカヴァー。⑤ビートルズカヴァー。

①　　　　　　　　②　　　　　　　　③　　　　　　　　④　　　　　　　　⑤　　　　　　　　⑥

①ミュージックライフ/1月号1968/01/01『ビートルズ、またはウォーカーズのカラースライド・ピンナップ・ビートルズからおめでとう・ビートルズのロケetc』
②ミュージックライフ/2月号1968/02/01『リンゴにインタビュー/ぼくはドラムを持っていない・ポールいよいよ結婚を決意！』
③ミュージックライフ/3月号1968/03/01『ビートルズ3作目の映画は今年中に完成！』
④ミュージックライフ/4月号1968/04/01『実業家に転身した（？）ビートルズ・特別インタビュー/ジョージ・ハリスンとラビの深い関係』
⑤ミュージックライフ/5月号1968/05/01『「マジカル・ミステリー・ツアー」日本上陸決定！！・本誌独占・B4,インドで何が起こったか？etc』
⑥ミュージックライフ/6月号1968/06/01『ポール、リンゴ、ドノバンとアップルの社長室で…トニー・バーロウ手記/ジョン・レノンの巻』

①～⑥すべてにビートルズ関連の表紙コピーがあるが、ビートルズのカヴァーはない。

1968-1969

個々のソロ活動や行動が目立つようになり、ビートルズが終焉に向かう時期のミュージックライフ。

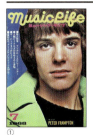     

①ミュージックライフ/7月号1968/07/01『独占特写 マジカル・ミステリー・ツアー・人間ビートルズのほほえみと苦悩』
②ミュージックライフ/8月号1968/08/01『MMT 9/28 武道館で上映決定10,000名をご招待』
③ミュージックライフ/9月号1968/09/01『ポールとジェーンの愛は終わった！』
④ミュージックライフ/10月号1968/10/01『独占！ビートルズ最新インタビュー』
⑤ミュージックライフ/11月号1968/11/01
⑥ミュージックライフ/12月号1968/12/01

②ポールカヴァー。④ビートルズ・カヴァー。

    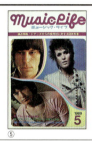 

①ミュージックライフ/1月号1969/01/01
②ミュージックライフ/2月号1969/02/01
③ミュージックライフ/3月号1969/03/01
④ミュージックライフ/4月号1969/04/01
⑤ミュージックライフ/5月号1969/05/01
⑥ミュージックライフ/6月号1969/06/01

②ジョン&ヨーコ&ジュリアンカヴァー。クラプトンも一緒だ。

    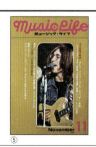 

①ミュージックライフ/7月号1969/07/01
②ミュージックライフ/8月号1969/08/01
③ミュージックライフ/9月号1969/09/01『ビートルズはゲット・バックしている』
④ミュージックライフ/10月号1969/10/01
⑤ミュージックライフ/11月号1969/11/01『デレク・テイラー〈プレス・オフィサー〉手記ビートルズ、その人間性と才能を冷酷に批評（ジョン・レノンの章）』
⑥ミュージックライフ/12月号1969/12/01『デレク・テイラー〈プレス・オフィサー〉手記②ポール・マッカートニーの章』

⑤ジョンカヴァー。

「Music Life/ミュージックライフ」&連載企画

1970年のミュージックライフ。以降はビートルズ関連カヴァー、表紙にビートルズ関連コピーのあるもの、
その他ビートルズ特集を中心にコレクションしているが
ビートルズ正式解散の1970年度をもって通年での紹介は一区切りとした。
以降は、表紙カヴァーや連載企画ものを一部紹介する。

発行はすべて[新興楽譜出版社]、『 』は表紙コピー。

①　　　　　②　　　　　③　　　　　④　　　　　⑤　　　　　⑥

①ミュージックライフ/1月号 1970/01/01
②ミュージックライフ/2月号 1970/02/01『特報/プラスチック・オノ・バンドに見るビートルズの行き方・デレク・テイラー手記(リンゴ・スターの章)』
③ミュージックライフ/3月号 1970/03/01『ビートルズとストーンズの知られざる反目』
④ミュージックライフ/4月号 1970/04/01『裁判・ビートルズ、ストーンズを公平に裁く』
⑤ミュージックライフ/5月号 1970/05/01
⑥ミュージックライフ/6月号 1970/06/01『現地取材/ビートルズ王国の断絶ポールとジョンの糸はぷつんと切れた』

⑥ポールカヴァー。1970年に入ると事実上ビートルズは解散状態で関連記事が目立つ。

①　　　　　②　　　　　③　　　　　④　　　　　⑤　　　　　⑥

①ミュージックライフ/7月号 1970/07/01
②ミュージックライフ/8月号 1970/08/01
③ミュージックライフ/9月号 1970/09/01
④ミュージックライフ/10月号 1970/10/01『特集/最近のストーンズ、ビートルズ:現地取材』
⑤ミュージックライフ/11月号 1970/11/01
⑥ミュージックライフ/12月号 1970/12/01

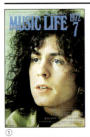     

①　　　　　②　　　　　③　　　　　④　　　　　⑤　　　　　⑥

①ミュージックライフ/7月号 1972/07/01『ビートルズ結成10周年記念グラフ集〈第1回〉誕生から「ヤァ!ヤァ!ヤァ!」まで』etc
②ミュージックライフ/8月号 1972/08/01『ビートルズ結成10周年記念グラフ集〈第2回〉「ヘルプ!」から日本公演まで』
③ミュージックライフ/9月号 1972/09/01『ビートルズ結成10周年記念グラフ集〈第3回〉宇宙中継から"ヘイ・ジュード"まで』
④ミュージックライフ/10月号 1972/10/01『ビートルズ結成10周年記念グラフ集〈第4回〉"レット・イット・ビー"から解散まで』
⑤ミュージックライフ/11月号 1972/11/01『ビートルズ結成10周年記念 ポール・マッカートニー・インタビュー(2)』etc
⑥ミュージックライフ/12月号 1972/12/01『ビートルズ結成10周年記念 本誌独占掲載インタビュー、ジョンとヨーコの今日と明日』※〈第1回〉

①〜⑥まで、「6カ月連載ML特別企画」として毎回16ページに及ぶ「ビートルズ結成10周年記念グラフ集」が掲載。⑥より翌年6月号まで7回連載で独占掲載インタビューを掲載。

「Music Life/ミュージックライフ」
連載企画とビートルズカヴァー他

1972年～1973年の7回連載企画『ジョン&ヨーコ、インタビュー』と
1971年～1990年（1991年～1996年にはビートルズ関連カバーはない）の
ビートルズ関連カヴァーコンプリートコレクション。
これで「ミュージックライフ」のビートルズカヴァーは完璧！

①　　　　　②　　　　　③　　　　　④　　　　　⑤　　　　　⑥

①ミュージックライフ/1月号1973/01/01『ジョン&ヨーコ、インタビュー②』
②ミュージックライフ/2月号1973/02/01『ジョン&ヨーコ、インタビュー③』
③ミュージックライフ/3月号1973/03/01
④ミュージックライフ/4月号1973/04/01
⑤ミュージックライフ/5月号1976/05/01
⑥ミュージックライフ/6月号1976/06/01『海外特約記者を動員して徹底調査したビートルズ再編成の真偽をここに公開！』

①～⑥前年12月号より「ジョン&ヨーコ、インタビュー」を連続7回にわたり掲載。

 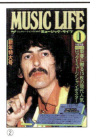    

①　　　　　②　　　　　③　　　　　④　　　　　⑤　　　　　⑥

①ミュージックライフ/12月号1971/12/01
②ミュージックライフ/1月号1975/01/01『新年二大特別インタビュー・ジョン・レノン/ジョージ・ハリスン』
③ミュージックライフ/3月号1975/03/01
④ミュージックライフ/12月号1975/12/01『オーストラリアで直撃取材ポール・マッカートニーに来日直前インタビュー／リンダ夫人が語ったウイングスetc』
⑤ミュージックライフ/1月号1976/01/01『オーストラリアで直撃取材第2弾！！ポール・マッカートニー来日中止、その時彼は…』
⑥ミュージックライフ/8月号1976/08/01『巻頭大特集、ポール・マッカートニーとウイングス マジソン・スクエア・ガーデンで大取材』

1971年以降のビートルズ関連カヴァー。

①　　　　　②

①ミュージックライフ/3月号1981/03/01『特別読み物、ジョン・レノン物語』
②ミュージックライフ/1月号1990/01/01

②ビートルズ4人の顔写真も。1971年～1996年までのミュージックライフ誌のビートルズ関連カヴァーは以上8点である。

「POPS/ポップス」

当時の音楽雑誌「ミュージックライフ」「ティーンビート」に比べ、「ポップス」は、
ロックなどひとつのジャンルに偏らず、クラシック・ジャズ・フォーク・ラテン・ウエスタンなど
幅広いジャンルを平均的に取り上げていることや、巻末ページの多くが
レコードの新譜紹介に割かれていることが特徴だった。

発行はすべて[音楽之友社]、『 』は表紙コピー。

①ポップス/1月号 1964/01/01
②ポップス/2月号 1964/02/01
③ポップス/3月号 1964/03/01
④ポップス/4月号 1964/04/01 『吹きまくるビートルズ旋風』
⑤ポップス/5月号 1964/05/01
⑥ポップス/6月号 1964/06/01

②92ページの「ヒット・パレード・コーナー」にビートルズに関する記事をはじめて記載。④表紙にビートルズ関連コピーが初登場。

①ポップス/7月号 1964/07/01
②ポップス/8月号 1964/08/01 『特報 ビートルズに会う！』
③ポップス/9月号 1964/09/01
④ポップス/10月号 1964/10/01 『特報！ビートルズをめぐる三つのウワサ/ビートルズは落ち目!!/ビートルズが仲間割れ!!/リンゴがアン・マーグレットと結婚!!』
⑤ポップス/11月号 1964/11/01
⑥ポップス/12月号 1964/12/01

①ポップス/1月号 1965/01/01 『リヴァプール・サウンズの若者たち』
②ポップス/2月号 1965/02/01
③ポップス/3月号 1965/03/01 『ビートルズをもう一度見なおそう』
④ポップス/4月号 1965/04/01 『誰がビートルズを殺した』
⑤ポップス/5月号 1965/05/01 『プレイボーイとビートルズ』
⑥ポップス/6月号 1965/06/01

1965-1966

1966年6月号、7月号、8月号のビートルズカヴァー3冊は
「ミュージックライフ」「ティーンビート」の7月号、8月号のビートルズカヴァーよりレアなアイテム。

  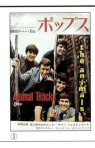  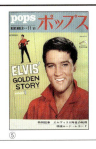 

①ポップス/7月号 1965/07/01
②ポップス/8月号 1965/08/01
③ポップス/9月号 1965/09/01
④ポップス/10月号 1965/10/01
⑤ポップス/11月号 1965/11/01
⑥ポップス/12月号 1965/12/01

   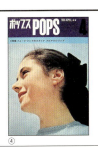 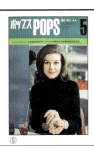 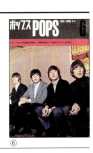

①ポップス/1月号 1966/01/01
②ポップス/2月号 1966/02/01『特別企画 ビートルズの来日は可能か！』
③ポップス/3月号 1966/03/01
④ポップス/4月号 1966/04/01
⑤ポップス/5月号 1966/05/01
⑥ポップス/6月号 1966/06/01『ビートルズの徹底的解剖』

⑥ビートルズ初カヴァー。

①ポップス/7月号 1966/07/01『ビートルズあと10日で！《会場変更騒動・追加公演》／くたばれビートルズというけれど』
②ポップス/8月号 1966/08/01『ビートルズ来日記念特集号〈湧きに湧いたビートルズ・デイ〉』
③ポップス/9月号 1966/09/01
④ポップス/10月号 1966/10/01
⑤ポップス/11月号 1966/11/01『ビートルズとPPMの挑む世界』
⑥ポップス/12月号 1966/12/01

①②ビートルズカヴァー。1964年8月臨時増刊号を除き、「ポップス」のビートルズカヴァーは1966年6月号、7月号、8月号の3冊のみ。

1967-1968

1967年以降の「ポップス」には、特集扱いのビートルズ関連記事はほとんどない。

発行はすべて[音楽之友社]、『 』は表紙コピー。

   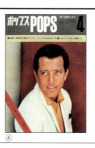  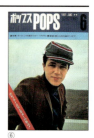

①ポップス/1月号1967/01/01
②ポップス/2月号1967/02/01
③ポップス/3月号1967/03/01
④ポップス/4月号1967/04/01
⑤ポップス/5月号1967/05/01
⑥ポップス/6月号1967/06/01

   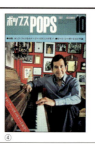  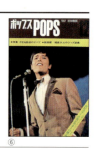

①ポップス/7月号1967/07/01
②ポップス/8月号1967/08/01
③ポップス/9月号1967/09/01
④ポップス/10月号1967/10/01
⑤ポップス/11月号1967/11/01
⑥ポップス/12月号1967/12/01

①ポップス/1月号1968/01/01
②ポップス/2月号1968/02/01『彼らはなぜシタールに魅せられたか/〈ギター楽譜〉イエスタデイ』
③ポップス/3月号1968/03/01
④ポップス/4月号1968/04/01
⑤ポップス/5月号1968/05/01
⑥ポップス/6月号1968/06/01

   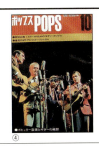 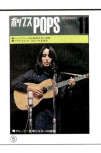 

①ポップス/7月号1968/07/01
②ポップス/8月号1968/08/01
③ポップス/9月号1968/09/01
④ポップス/10月号1968/10/01
⑤ポップス/11月号1968/11/01
⑥ポップス/12月号1968/12/01

①ポップス/1月号1969/01/01
②ポップス/2月号1969/02/01『「ザ・ビートルズ」30の新曲を解剖！』
③ポップス/3月号1969/03/01
④ポップス/4月号1969/04/01
⑤ポップス/5月号1969/05/01
⑥ポップス/6月号1969/06/01

①ポップス/7月号1969/07/01
②ポップス/8月号1969/08/01
③ポップス/9月号1969/09/01

⑤ポップス/4月号1970/04/01
⑥ポップス/6月号1970/06/01『特集＝ザ・ビートルズ／楽譜＝レット・イット・ビー／エリノア・リグビー／ア・デイ・イン・ザ・ライフ』
⑥貴重レポート、研究資料、インタビューなどかなり突っ込んだ内容で、トータル44ページのビートルズ特集。

三大音楽誌の臨時増刊&別冊

「ミュージックライフ」「ティーンビート」「ポップス」が別冊及び臨時増刊として
刊行したビートルズ関連特集号(一部特集扱い)。

     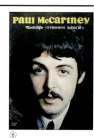

①ミュージックライフ別冊/ビートルズとリバプール・サウンドのすべて [新興楽譜出版社] 1964/09/01
②ミュージックライフ別冊/特集 The Beatles'65春の臨時増刊号 [新興楽譜出版社] 1965/04/01
③ミュージックライフ編集/ビートルズ写真集 [新興楽譜出版社] 1965/11/01
④ミュージックライフ増刊/ビートルズ来日特別記念号 [新興楽譜出版社] 1966/07/01
⑤ミュージックライフ増刊/デラックス号 [新興楽譜出版社] 1966/10/18
⑥ミュージックライフ/7月号臨時増刊号/Paul McCartney [新興楽譜出版社] 1967/07/05

③臨時増刊系の中ではちょっとレア。⑥ポールとウォーカーブラザースのスコット、両面表紙扱いの2大特集号。

①ミュージックライフ臨時増刊/ビートルズ詩集 [新興楽譜出版社] 1969/02/05
②ミュージックライフ臨時増刊/さよならびぃとるず [新興楽譜出版社] 1971/09/15
③ミュージックライフ/2月臨時増刊号/ポール・マッカートニー特集号 [新興楽譜出版社] 1976/02/10
④ミュージックライフ臨時増刊/追悼版ジョン・レノン 愛と死の鎮魂歌 [新興楽譜出版社] 1981/01/15
⑤ポップス8月臨時増刊/ビートルズがやって来る ヤァ!ヤァ!ヤァ [音楽之友社] 1964/08/15

①国内最初のビートルズ詩集。⑤音楽雑誌初の全ページビートルズ特集号。

①ティーンビート臨時増刊/ビートルズがやって来た! [映画と音楽社] 1966/07/15
②ティーンビート臨時増刊/ポップ・スター・ベスト100 [映画と音楽社] 1966/11/15
③ティーンビート臨時増刊/ビートルズ特別号 [映画と音楽社] 1967/04/15
④ティーンビート臨時増刊/ビートルズ特集号 [映画と音楽社] 1967/08/31
⑤ティーンビート臨時増刊/THE BEATLES DELUXE [映画と音楽社] 1967/11/25
⑥ティーンビート臨時増刊/ポップ・スター名鑑 [映画と音楽社] 1968/01/31

①来日写真集として貴重。②⑥ビートルズ特集はないが、ポールがカヴァー。③④フォノシート(ソノシート)付。

三大音楽誌以外の別冊＆臨時増刊号

ほぼ丸ごと1冊ビートルズ特集の臨時増刊・別冊など。

①　　　　　　②　　　　　　③　　　　　　④　　　　　　⑤　　　　　　⑥

①映画ストーリー臨時増刊／ビートルズのすべて！！［雄鶏社］1965/07/15
②スクリーン別冊／ミュージカルとビートルズ・魅力グラフ［近代映画社］1965/09/01
③スクリーン別冊／ビートルズ特別グラフ［近代映画社］1966/01/01
④プレイファイブ別冊／スリービーのすべて［連合通信出版部］1966/05/01
⑤週刊読売 臨時増刊／ビートルズが来た！［読売新聞社］1966/06/16
⑥週刊明星 臨時増刊／これがビートルズだ！来日記念デラックス号［集英社］1966/06/25

④丸ごと1冊ビートルズ特集ではないがレア。⑤⑥来日直前に発行されたビートルズ一色の週刊誌。入手しやすいアイテム。

     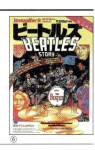

①　　　　　　②　　　　　　③　　　　　　④　　　　　　⑤　　　　　　⑥

①週刊読売 臨時増刊／THE BEATLES IN TOKYO［読売新聞社］1966/07/16
②話の特集 臨時増刊／ビートルズ・レポート［日本社］1966/08/15
③音楽専科4月増刊／THE BEATLES CATALOG［音楽専科社］1976/04/20
④スターランド臨時増刊／Hey！ビートルズ［徳間書店］1976/09/30
⑤映画ファン臨時増刊号／ザ・ビートルズ全米コンサート・ツアーのすべて！［愛宕書房］1976/11/15
⑥ヤングロック増刊／ビートルズ・ストーリー［徳間書店／スターランド社］1978/07/10

①これも昔はレアアイテムのひとつだったが……。②近年、完全復刻版も出版されたが、やはり内容も良質でレアなオリジナルは持っていたい。

①　　　　　　②　　　　　　③　　　　　　④　　　　　　⑤　　　　　　⑥

①音楽専科臨時増刊／ザ・ビートルズ その栄光の軌跡［音楽専科社］1979/06/30
②音楽専科緊急増刊／ウイングス幻の日本ライヴ［音楽専科社］1980/02/20
③宝島臨時増刊号／JOHN ONO LENNON1940-1980［JICC出版局］1981/02/15
④ミュージック・マガジン3月増刊／ジョン・レノンを抱きしめて［ニューミュージック・マガジン社］1981/03/01
⑤スクリーン特別編集／ビートルズ写真集［近代映画社］1982/10/10
⑥Nan？Da別冊／THE BEATLES ROAD 永久保存版［コナミ出版］1988/01/26

ビートルズ主演＆
単独出演映画パンフレット

ビートルズの主演や、メンバーが単独で出演した映画パンフレットのうち、復刻版や海賊版を除くオリジナルのみを紹介。
オリジナルのヴァージョン違いや館名入りの複数種類のあるアイテムは前章で詳細を解説している。

① The Beatles"A HARD DAY'S NIGHT"(関東版) [ユナイト映画] 1964/08/01
② ビートルズがやって来る ヤァ！ヤァ！ヤァ！(関西版1) [ユナイト映画] 1964/08/20
③ ビートルズがやって来る ヤァ！ヤァ！ヤァ！(関西版2/中部版) [ユナイト映画] 1964/08/20
④ POP GEAR/ポップギア(関東版) [大阪映画実業社/松竹映配] 1965/08/25
⑤ POP GEAR/ポップギア(関西版) [大阪映画実業社/松竹映配] 1965/08/25
⑥ HELP！/ヘルプ4人はアイドル(有楽座館名入り) [ユナイト映画] 1965/11/13

①②関東版より関西版の方がレア。③関西版タイプ2で中部地方で多く見かけられる。「中部版」とも呼ばれるが正確な情報はない。⑤関西版で数は少なくレア。⑥オリジナル館名入りは「有楽座」と「ニュー東宝」がある。

① ビートルズ・イエロー・サブマリン(関東版) [ユナイト映画] 1969/07/23
② ビートルズ・イエロー・サブマリン(関西版) [ユナイト映画] 1969/07/23
③ ビートルズ/レット・イット・ビー(スバル座館名入り) [東宝事業部/ユナイテッド・アーチスト映画会社] 1970/08/25
④ キャンディ [松竹事業開発部/松竹映配] 1970/09/12
⑤ マジック・クリスチャン [松竹事業部] 1970/11/21
⑥ バングラデシュのコンサート(スバル座館名入り) [東宝事業部/ケンリック極東] 1972/10/21

①②いずれも表紙だけでは判別不可能な復刻版が存在するので要注意アイテム。

 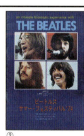  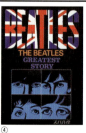  

① ザ・ビートルズ・フェスティバル(テアトル銀座館名入り) [東宝事業部/ユナイテッド・アーチスト映画会社] 1972/11/17
② ビートルズ・サマー・フェスティバル'74 [東宝事業部/ユナイテッド・アーチスト映画会社] 1974/07/13
③ THE BEATLES シェア・スタジアム/マジカル・ミステリー・ツアー [松竹事業部/グローバル・フィルム(提供)/富士映画(配給)] 1977/
④ THE BEATLES GREATEST STORY(スバル座館名入り) [東宝事業部/インター・ナショナル・プロモーション] 1978/07/15
⑤ ROCK SHOW(テアトル東京館名入り) [東宝事業部/ビートルズ・シネ・クラブ(編)/デラ・コーポレーション] 1981/08/15
⑥ おかしなおかしな石器人(みゆき座館名入り) [東宝事業部/日本ユナイテッド・アーティスツ映画会社] 1981/10/10

①数多くのヴァージョン違いが存在するアイテム。

1983-2000

 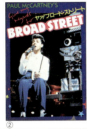   

①バンデットQ（みゆき座館名入り）［東宝・出版事業室／東和プロモーション］1983/03/05
②ヤァ！ブロード・ストリート［東宝出版・商品販促室／20世紀フォックス極東映画会社］1984/12/22
③IMAGINE―ジョン・レノン［松竹事業部／ワーナー・ブラザーズ映画会社］1989/01/21
④PAUL McCARTNEY/GET BACK［東宝東和／ケイエスエス］1991/08/07
⑤YOKO ONO IN/HOMELESS［東宝東和／ケイエスエス］1991/08/07

④⑤は一部の試写会で同時上映された。また数も少なくレア。

①WONDERWALL／ワンダーウォール［N.S.W］1996/11/02

①ジョージ・ハリスンの映画プログラムキット。コンパクトサイズ(142mm×124mm)でポストカード形態、ハード紙ケース入り。

  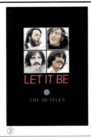  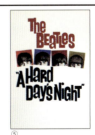 

①THE BEATLES/A HARD DAY'S NIGHT［BCC］1983/03/12
②THE BEATLES/HELP！［BCC］1988/12/
③LET IT BE/THE BEATLES［BCC］1989/09/
④BEATLES/MAGICAL MYSTERY TOUR［BCC］1986/12/
⑤A Hard Day's Night［松竹事業部］※2000/03/31
⑥IMAGINE［ケイブルホーグ／BCC］※2000/11/15

①②③④BCC（現ビートルズ・クラブ）発行の映画パンフ貴重資料集。オリジナルパンフに比べ内容充実。⑤⑥2000年リバイバル上映パンフ（※収録対象年ではないが参考掲載）。

ビートルズ関連映画パンフレット

ビートルズのメンバーが主題曲や主題歌を提供した映画や、
ビートルズメンバーやファミリーのちょい出演、ビートルズ・ナンバー挿入映画など
ビートルズと「間接的に」関係する映画パンフレット。

     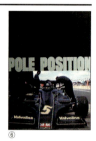
① ② ③ ④ ⑤ ⑥

①ふたりだけの窓/THE FAMILY WAY（みゆき座館名入り）［東宝事業・開発部出版課］1967/10/14
②きんぽうげ［コロムビア］1971/06/05
③007死ぬのは奴らだ［東宝事業部／ケンリック極東］1973/07/14
④ラスト・ワルツ/THE LAST WALTZ（みゆき座館名入り）［東宝事業部／日本ユナイテッド・アーティスト映画］1978/07/14
⑤ヘルター・スケルター/HELTER SKELTER［松竹事業部］1978/
⑥POLE POSITION/ポール・ポジション［東宝・松竹／東宝映像事業部］1978/

①ポールが主題曲を提供し当時話題になった映画。②ジェーン・アッシャー主演映画。③ポール＆ウイングス主題曲。④リンゴがゲスト出演。⑤1969年にハリウッドで起こった「シャロン・テート事件」を含めた一連の殺人事件を題材に制作された映画。一部パンフレットにビートルズ・ナンバーと事件との関わりも記載。⑥ジョージの映像が写っている。

① ② ③ ④ ⑤ ⑥

①サージャント・ペッパー（スカラ座館名入り）［東宝事業部／CIC／パラマウント映画］1979/06/09
②アメリカン・バイオレンス/VIOLENCE USA［東宝事業部］1981/08/29
③悪霊島［東映・映像事業部］1981/
④帰郷［東宝事業部／日本ユナイテッド・アーチスツ映画］1982/09/02
⑤モンティ・パイソン ライフ・オブ・ブライアン［テレキャスジャパン］1982/
⑥抱きしめたい［松竹事業部］1982/

①SGTを題材にしたミュージカル大作。②ジョンの映像あり。③ビートルズ主題曲。④ビートルズ挿入曲。⑤ジョージが製作総指揮＆ちょい出演。

① ② ③ ④ ⑤ ⑥

①キリング・フィールド［松竹事業部］1984/
②上海サプライズ［松竹事業部／ワーナー・ブラザーズ映画会社］1986/10/18
③スパイ・ライク・アス/SPIES LIKE US［松竹事業部］1986/
④モナリザ［松竹事業部／ヘラルド・エース、日本ヘラルド映画（配給）］1987/03/21
⑤キャント・バイ・ミーラヴ/CAN'T BUY ME LOVE［ジョイパック・フィルム］1988/
⑥僕たちの時間/THE HOURS AND TIMES「アップリンク」1991/

①ビートルズ挿入曲。②製作総指揮・音楽担当がジョージで映画にもゲスト出演。③ポールが主題曲を提供。④ジョージ率いる映画会社「ハンド・メイド・フィルムズ」製作。⑤ビートルズ主題曲。⑥ジョンとブライアン・エプスタインをテーマにした映画。

①BACK BEAT/バック・ビート［BCC/デラ・コーポレーション/スカラ・プロダクション］1994/03/
②フォレスト・ガンプ/Forrest Gump［東宝出版・商品事業室］1995/03/11
③陽のあたる教室/MR OPUS HOLLAND'S［東宝出版・商品事業室/日本ヘラルド映画/スタジオ・ジャンプ（編）］1996/04/27

①スチュアート他、初期ハンブルグ時代のビートルズ物語。②③ビートルズ挿入曲。

①ペイネ愛の世界旅行（スカラ座館名入り）［日本ヘラルド映画］1974/07/06
②リーサル・ウェポン2/炎の約束［松竹事業開発部］1989/10/14
③カーリー・スー［松竹事業部］1991/12/14
④すべてをあなたに［東宝・出版事業部］1997/02/16 ※参考掲載
⑤ザ・エージェント［東宝・出版事業部］1997/05/17 ※参考掲載

①ペイネのアニメ映画のパンフ。ビートルズらしき4人が登場し、パンフにもその記述がある。②ジョージの挿入曲【チアー・ダウン】。③エンディングにリンゴの【ユー・ネヴァー・ノウ】。④ビートルズを意識した内容。パンフにもビートルズに関する記述あり。⑤ポールの曲【シング・アロング・ジャンク】他、挿入曲あり。

ビートルズのイベント・パンフレット、小冊子 etc.

国内で開催されたビートルズ関連の主なイベント(フェア、展示会)などのパンフレット類。
大小含めれば、ビートルズのイベントは毎年どこかで開催されている。

1971-1987

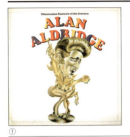     

①Illustration Fantasia of the Century ALAN ALDRIDGE(アラン・オルドリッジ展1971)［西武百貨店］1971/03/19
②THE BEATLES/BEATLES FAIR1972［ユニ・パブリシティ］1972/
③THE BEATLES/BEATLES FAIR1972［ユニ・パブリシティ］1972/10/01
④THE BEATLES/BEATLES FAIR1975(タイプ1)［ユニ・パブリシティ］1975/初版
⑤THE BEATLES/BEATLES FAIR1975(タイプ2)［ユニ・パブリシティ］1975/表紙色違い
⑥THE BEATLES/IN JAPAN SINCE1966 SPECIAL ANNIVERSARY ISSUE・復活フェア公認プログラム ［PUMPKIN MUSIC］1976/

①西武百貨店(池袋店)7階SSSホールで、1971年3月19日〜24日まで開催された英イラストレーター、アラン・オルドリッジ展の作品パンフレット。ビートルズ関連イラスト6点収録。②1972年、ビートルズ結成10周年を記念して企画開催された全国縦断「ビートルズ・フェア'72」のイベントパンフレット。③「ビートルズ・フェア'72」の小冊子。④⑤「ビートルズ・フェア'75」のパンフレットで「'72」のパンフレットとほとんど内容は同じ。表紙の色が違う2タイプ存在。⑥ビートルズ来日10周年記念復活フェア公認プログラム。

①ザ・ビートルズ フィルム・ライブ！！［ニッポン放送］1976/
②映画ファン/10月号［広島・映画ファン友の会］1978/10/01
③BEATLEMANIA/ビートルマニア［FM東京］1979/07/22
④John Lennon/bag one［東京 A to Z シアター］1981/12/01
⑤John Lennon/bag one(1983バッグワン展覧会リトグラフセット)［ザ・ビートルズ・アメリカン・コンベンション実行委員会］1983/
⑥ビートルズSHOW/Thank You Beatles［ビートルズ・シネ・クラブ］1985/

①ドキュメンタリーフィルム【ライヴ・アット・シェア・スタジアム】の国内初回公開時の4つ折り小冊子。②映画ファン友の会の会報。③1979年7月22日〜7月29日の期間、東京品川プリンスホテルで行われた前衛ミュージカル「ビートルマニア」の公演パンフレット。④1981年12月1日〜12月30日に東京 A to Z シアターで開催されたジョン・レノンの展示会「bag one」のパンフレット。⑤1983年、ニューヨークと東京で開催された「bag one」展で販売されたケース入りB4サイズの貴重なリトグラフセット。⑥ビートルズ・シネ・クラブ主催で1985年夏に開催された「ビートルズ復活祭スペシャル1985/ビートルズSHOW」の特別プログラム。

   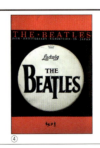 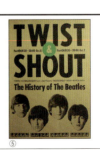 

①BEATLES FUKKATSUSAI/1986 SPRING［ビートルズ・シネ・クラブ］1986/春
②BEATLES FUKKATSUSAI/1986 SUMMER［ビートルズ・シネ・クラブ］1986/夏
③BEATLES FUKKATSUSAI/1986 WINTER［ビートルズ・シネ・クラブ］1986/冬
④THE BEATLES /25TH ANNIVERSARY・EXHIBITION・IN・JAPAN［ビートルズ・シネ・クラブ］1986/10/
⑤TWIST AND SHOUT［FM東京］1987/10/
⑥BEATLES FUKKATSUSAI/1987 SPRING［ビートルズ・シネ・クラブ］1987/春

①②③BCC主催「ビートルズ復活祭/20th Anniversary of Japan Concert」の1986年春、夏、冬のイベント・プログラム。④BCC発行の1962年のビートルズデビュー25周年を記念して制作された特大パンフ(A3判)。一級品のコレクションばかりを写真掲載。⑤ビートルズ結成25周年記念スペシャルラジオ番組「TWIST AND SHOUT/ヒストリー・オブ・ザ・ビートルズ」の4つ折りプログラム小冊子。⑥BCC主催「ビートルズ復活祭/25th Anniversary of Debut」の1987年春のイベント・プログラム。

①BEATLES FUKKATSUSAI/1987 SUMMER［ビートルズ・シネ・クラブ］1987/夏
②BEATLES FUKKATSUSAI/1987 WINTER［ビートルズ・シネ・クラブ］1987/冬
③YOU'VE GOT THE BEATLES［FM東京］1988/10/
④BEATLES FUKKATSUSAI/1988 SPRING［ビートルズ・シネ・クラブ］1988/春
⑤BEATLES FUKKATSUSAI/1988 SUMMER［ビートルズ・シネ・クラブ］1988/夏
⑥BEATLES FUKKATSUSAI/1988 WINTER［ビートルズ・シネ・クラブ］1988/冬

①②BCC主催「ビートルズ復活祭/25th Anniversary of Debut」の1987年春、夏、冬のイベント・プログラム。③FM東京が企画したラジオ番組「YOU'VE GOT THE BEATLES」の4つ折りプログラム小冊子。④⑤⑥BCC主催「ビートルズ復活祭/Film Showing of The Beatles」の1988年春、夏、冬のイベント・プログラム。

   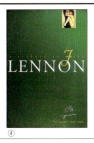  

①BEATLES FUKKATSUSAI/1989 SPRING［ビートルズ・シネ・クラブ］1989/春
②BEATLES FUKKATSUSAI/1989 SUMMER［ビートルズ・シネ・クラブ］1989/夏
③BEATLES FUKKATSUSAI/1989 WINTER［ビートルズ・シネ・クラブ］1989/冬
④a tribute John Lennon／50周年記念 リヴァプール・コンサート・パンフ(英文)［Concessions International］1990/05/05
⑤踏絵/オノ・ヨーコ展［財団法人草月会］1990/05/21
⑥Happy Birthday,John［O.N.O/BAGONE ARTS INC1990/ビートルズ・シネ・クラブ/プロデュース・センター(編)］

①②③BCC主催「ビートルズ復活祭/Film Showing of The Beatles」の1989年春、夏、冬のイベント・プログラム。④ジョンの生誕50周年を記念して出身地リヴァプールで開催されたイベント・コンサートのオリジナル英文パンフレット。BCCが輸入し会員に販売したもの。国内で出版されたものではないが参考掲載した。⑤1990年5月21日～7月14日まで東京の草月会館で開催されたオノ・ヨーコ展「踏絵」のイベントカタログ。⑥ジョン・レノン生誕50年を記念して全国で開催された「Happy Birthday,john/ジョン・レノン展」のパンフレット。ジョンの愛用品や貴重コレクションをカラーで掲載の他、参考資料も添付。

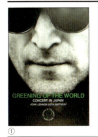     

①GREENING OF THE WORLD［三菱電機・フジテレビジョン/クリエイティヴ・ガレージ］1990/12/21
②John Lennon（ジョン＆ヨーコ・二人の世界自筆画集）［マーランド/BAG ONE IINC］1990/
③BEATLES FUKKATSUSAI/1990 SPRING［ビートルズ・シネ・クラブ］1990/春
④BEATLES FUKKATSUSAI/1990 SUMMER［ビートルズ・シネ・クラブ］1990/夏
⑤BEATLES FUKKATSUSAI/1990 WINTER［ビートルズ・シネ・クラブ］1990/冬
⑥THE BEATLES/IT WAS 25 YEARS AGO［ビートルズ・シネ・クラブ］1991/08/

①1987年から始まった三菱電機のイベント「MITUBISHI SUPER SELECTION」第4弾として日本で開催されたチャリティー・コンサート「GREENING OF THE WORLD」のパンフレット。②ジョン・レノン生誕50周年、没後10年の1990年に制作・販売されたジョン＆ヨーコの自筆画集（リトグラフ、エッチングなど）のハードケース付カタログ。③④⑤BCC主催「ビートルズ復活祭/Spring Festival1990」の1990年春、夏、冬のイベント・プログラム。⑥ビートルズ来日及びビートルズ・シネ・クラブ（BCC）設立25周年を記念して開催されたBCC特別イベント「IT WAS 25 YEARS AGO」の大判B4判サイズのパンフレット。

1991-1996

   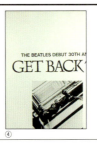 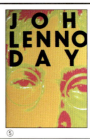 

①BEATLES FUKKATSUSAI/1991［ビートルズ・シネ・クラブ］1991/
②30th Anniversary Of Debut BEATLES FUKKATSUSAI1992 SUMMER SPECIAL［ビートルズ・シネ・クラブ］1992/8
③DREAM of THE BEATLES［ビートルズ・シネ・クラブ］1992/10/
④GET BACK'62［GET BACK'62実行委員会／キネスト］1992/10/09
⑤JOHN LENNON DAYS「ジョン・レノン、もう一つの顔」［プロデュース・センター出版局／ビートルズ・シネ・クラブ（編）］1992/12/05
⑥栄光のザ・ビートルズ展（非売品ポートレートセット）［S-PAL］1992/

①BCC主催「ビートルズ復活祭／Film Showing Of The Beatles1991」のイベントプログラム②デビュー30周年記念「ビートルズ復活祭」のイベントパンフレット。③1992年東京・大阪・静岡で開催された結成30周年イベント「DREAM of THE BEATLES」のパンフレット。④デビュー30周年記念イベントとして京都で開催された「GET BACK'62」のパンフレット。⑤ジョンが残した貴重コレクションを集めて開催されたメモリアル・イベント「ジョン・レノン、もう一つの顔」のパンフレット。⑥デビュー30周年記念「栄光のザ・ビートルズ展」の大型ポートレート（364×330/6枚）セット（非売品）。

 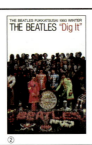    

①BEATLES FUKKATSUSAI/1992［ビートルズ・シネ・クラブ］1992/
②THE BEATLES FUKKATSUSAI1993 WINTER "Dig It"［ビートルズ・シネ・クラブ］1993/02/
③the BEATLES exhibiton japan／大ビートルズ展［ビートルズ・シネ・クラブ／プロデュース・センター出版局］1994/
④THE BEATLES NEWS & TOPICS VOL.1the BEATLES exhibiton japan／大ビートルズ展［ビートルズ・シネ・クラブ／プロデュース・センター出版局］1994/
⑤もうひとりのビートルズ展［ブンユー社］1994/
⑥アニー・リーボビッツ写真展1995［日本テレビ放送網］1995/07/01

①BCC主催「ビートルズ復活祭／Film Showing of The Beatles1992」のイベントプログラム。マンスリー資料集（1号〜200号）は貴重。②BCC恒例のイベント「ビートルズ復活祭'1993」のパンフレット。③1994年から1995年にかけて全国主要都市で開催された「大ビートルズ展」のイベントパンフレット。④大ビートルズ展用に制作、配布されたビートルズ・コレクション・グッズの販促冊子。⑤元ビートルズのメンバー、ステュアート・サトクリフを偲んで開催されたアート作品中心の展示会コレクション・カタログ。⑥1995年に開催された写真家アニー・リーボビッツ写真展の豪華出展写真カタログ。

①Sony Building 30th Anniversary／ソニービル30周年記念特集号［ソニービル］1996/04/29
②デゾ・ホフマン──ザ・ビートルズ写真展［東京全日空ホテル］1996/08/13
③ビートルズ音楽祭'96［ビートルズ音楽祭実行委員会／プロデュース・センター出版局］1996/08/22
④YOKO ONO THE BLUE ROOM EVENT／オノ・ヨーコ 青い部屋のイヴェント 東野芳明に捧ぐ［Gallery ISHASHIN KAGAKU］1996/
⑤あたしのビートルズ（佐藤信）／A HARD DAY'S NIGHT 演劇パンフ ※年代不明
⑥A to Zシアター・リーフレット［A to Z］1981/11/01 ※追加分
⑦ジョンレノン・アートワーク展・リーフレット［ソニービル］1990/06/27 ※追加分

①ソニービル30周年記念商業イベントチラシ。「私たちのビートルズ展」の広告など。②東京全日空ホテルで開催された「デゾ・ホフマン──ザ・ビートルズ写真展」のパンフレット。③1996年8月22日から4日間、石川県加賀市で開催されたイベント「ビートルズ音楽祭'96」のパンフレット。④1996年に東京港区の「ギャラリー360°」で開催されたオノ・ヨーコの個展のインストラクション集（ポストカード16枚同封）。⑤佐藤信作の「あたしのビートルズ」の演劇公演パンフ。「A HARD DAY'S NIGHT」の対訳他、文「ビートルズの謎」など。⑥1981年11月に東京渋谷にオープンしたA to Zイベント・シアターの3つ折りリーフ。当時「ビートルズの歴史展」「Bag One展」など多くのイベントを企画。⑦ソニービルで1990年6月27日〜7月10日に開催された「ジョン・レノン・アートワーク展」のリーフ。

TOSHIBA RECORDS MONTHLY SUPPLEMENT
(東芝レコード・マンスリー)

東芝音楽工業が1962年よりレコード特約店に配布した30～50ページ前後の非売品小冊子(通称：東芝レコード・マンスリー)。クラシックからポップス、ロック、ジャズ、映画音楽に至るあらゆるジャンルの新譜レコード情報を毎月紹介した販促品である。ビートルズのレコードも国内においては東芝が発売元であったため、大半に簡単な新譜情報等が掲載されている。関連掲載のないものも含めビートルズ現役当時の所持品を参考紹介した。
ちなみに、この東芝レコード・マンスリーは1962年～1973年の長期にわたり定期刊行された。
1973年10月の東芝EMIへの社名変更以降、このような販促品も仕様・刊行形態が多様化した。

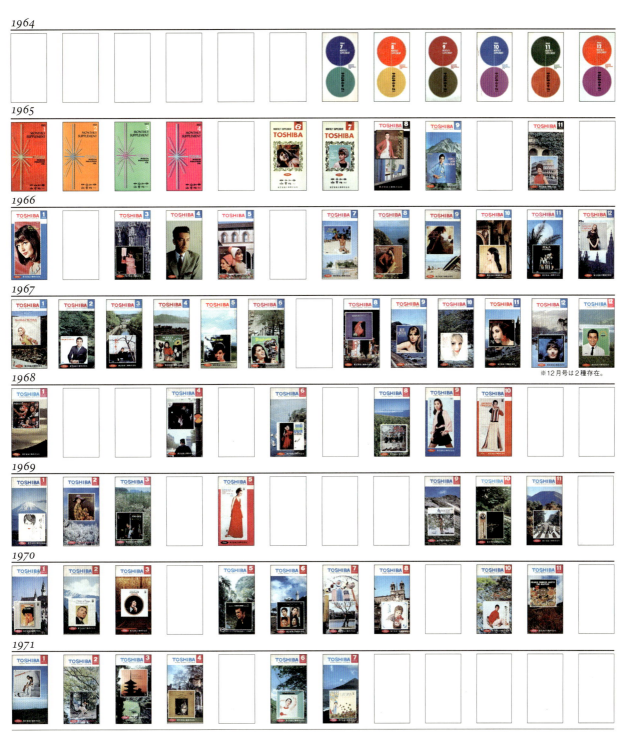

ビートルズが国内で紹介されつつあった1964年～1971年までの所持アイテムを月順に紹介。空白枠は未入手。サイズはいずれもW90mm×H170mmでコンパクトな小冊子である。ページ数は各月号によってさまざまで、30ページ程度のものから、多いもので50ページを超えるものも。
1964年～1967年12月までは、表紙表記の前月発売の新譜レコード情報を掲載していたが、1967年12月より表紙表記月号と掲載の新譜レコード発売月が同期された。よって1967年12月号のみ2種存在する。印刷物なので、新譜レコードの発売前に制作・刊行されるわけだが、表紙の月表記を翌月にズラすことで、より新鮮な情報であるというイメージづくりが必要だったのだろう。現在の月刊誌などと同じ手法だが、別冊扱いでなく同じ月号における中途変更のため、1967年12月号が2種存在することになったようだ。
この冊子はあくまでも東芝レコード新譜全般についての販促品であり、ビートルズに関するレコード紹介も、ひとつのジャンルにすぎず、掲載内容も目立つ扱いのものは少ない。所持＆未入手含め、表紙写真がビートルズ公式アルバムになっているのは、おそらく1969年11月の「アビイ・ロード」のみ。ビートルズのレコードはあえて表紙でPRしなくても売れたからなのか、意図的に表紙を飾っていないようにも思える。なお、裏表紙の写真がビートルズ関連アルバムになっているものもある。順に、1966年7月「ステレオ！これがビートルズ」、9月「ビートルズ物語」、11月「リボルバー」、1969年5月「メリー・ホプキン／ポストカード」、1970年7月「レット・イット・ビー」、1971年1月「リンゴ・スター／セカンド・アルバム」である。
今日のインターネット時代と違って、当時、新譜情報は出版物に頼る以外になかった。当時の音楽愛好家たちはこぞってこのような情報誌を読み、発売を心待ちにしていたが、そこには、ネットとは別次元の「ワクワク感」があった気がする。情報伝達が遅く、待たされる分、感性が豊かになるのだろうか。きっと、購入した新譜も大切に聞いただろうし、感動も大きかったに違いない。

東芝音楽工業(東芝EMI)発行の非売品小冊子

東芝音楽工業(後の東芝EMI)のアナログレコード販促品として
不定期で制作発行されたビートルズ関連の非売品小冊子類。
ビートルズのレコード紹介、ディスコグラフィーなど数ページのものから、
ディスコグラフィー他、特集、企画写真集、さらには本格的なビートルズオンリーの資料集まで幅広い。
小冊子形態でなく、一部にビートルズディスコグラフィーが掲載されたチラシ類は他にも数多く存在する。

発行はすべて[東芝音楽工業(東芝EMI)]、「 」は表紙コピー。

①ポップスを楽しもうⅠ　1965/　『ナット・キング・コールからビートルズまで』
②ポップスを楽しもうⅡ　1965/
③裏表紙「ポップスを楽しもうⅠ&Ⅱ」の裏表紙がビートルズ。
④THE BEATLES/ビートルズのすべて　1966/04/
⑤来日記念 THE BEATLES　1966/07/
⑥R&Bの宝庫/東芝のトップ・スターたち　1967/

①ビートルズコピーありのレアアイテムだが、ビートルズは1/2ページの広告内に簡単なディスコグラフィーがある程度。②ビートルズは最終ページにディスコグラフィー。①②いずれも裏表紙がビートルズ。④1966年ビートルズ来日決定を受けて、東芝音楽工業が実施したレコードキャンペーン「ビートルズヤァ!ヤァ!セール」用に制作された小型文庫サイズ16ページの小冊子。⑤ビートルズ来日記念写真集(来日直前の開催された東芝レコード・セールの抽選品)。⑥リズム・アンド・ブルースの解説及び資料集。「ビートルズが火つけ役?」他。

  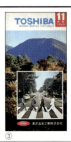   

①レコード百科ポピュラー編　1967/
②THE BEATLES/ビートルズ・プレゼント・セール!!　1968/
③TOSHIBA RECORDS MONTHLY SUPPLEMENT 1969/11　※通称:東芝レコード・マンスリー
④BEATLES/ビートルズ・デビュー5周年記念セール!　1969/
⑤ROCK NOW/ロック読本　1971/02/25　※この段階では非売品でなく定価100円だった。
⑥新版 ROCK NOW/ロック読本　1971/05/01　※「ROCK NOW」非売品化

①ビートルズ関連は1ページ程度。②LPレコード購入者特典セール「ビートルズ・プレゼント・セール」用4つ折りリーフレット(折り畳んだ状態で180mm×170mmほぼシングル盤ジャケットサイズ)。③東芝レコードマンスリー冊子シリーズの内、唯一表紙が「アビイ・ロード」のアルバム。④前年に続き、LPレコード購入者特典セール用4つ折りリーフレット(折り畳んだ状態でB5サイズ)。⑤東芝音楽工業発行、ニュー・ミュージック・マガジン編集部編集の最新ロック情報を満載した小冊子。この段階では非売品ではなく定価100円の印刷もあり市販されたもよう。⑥この冊子より非売品化。ビートルズ・ディスコグラフィー他、非売品資料冊子。

   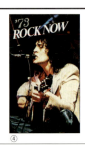  

①THE BEATLES(青アップル)　1971/
②'72 東芝レコード・ベスト・セラー・アルバム 1972/06/01
③THE BEATLES FOREVER/10th Anniversary　1972/09/01
④'73 ROCK NOW　1972/10/10　※発行は1972年
⑤'73 東芝レコード・ベスト・セラー・アルバム　※発行は1972年
⑥rock around the beatles'73/ROCK NOW　1973/05/05

①全40ページ、ビートルズのアルバム、シングル、コンパクトなどの完全ディスコグラフィー資料。②ビートルズについてはLPレコード、カセットテープ製品他の紹介など2ページ。③ビートルズ結成10周年を記念して発行された全66ページ小冊子資料集。④ビートルズ関連は「プレスリーからビートルズまで/木崎義二」など4ページ。⑤表紙一部が「レット・イット・ビー」のアルバム。巻頭最初の6ページ分がビートルズ&ソロのディスコグラフィー。⑥読みもの中心でビートルズ関連は7ページ程度。

 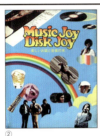    

①ROCK NOW'73　1973/10/16
②Music Joy Disk Joy 楽しいお話と音楽の本　1973/
③rock around the beatles'74/ROCK NOW　1974/06/01
④ROCK&SOUL NOW'75 DISCOLOGY　1974/10/20
⑤'74 POPULAR BEST COLLECTION　1974/
⑥Music is from me to you　1975/　※THE BEATLES FOREVER（非売品BOXケース）付録

①両面表紙の12ページの折込形式の冊子。「ビートルズ・デビュー10周年記念/ビートルズは永遠なり」が3ページ。②音楽情報冊子、アルバム紹介と4人のプロフィール紹介が1ページ。③レコード・ディスコグラフィーとロック・アーティスト名鑑、ロック用語集などロック界の動きや最新情報を掲載した資料集。ビートルズは10ページ。④ビートルズなど5ページを含めロック、ソウル関連のアーティストやグループ（約170）のアルバムを紹介した非売品のレコード・ディスコグラフィー。⑤巻頭6ページがビートルズ&ソロのレコード・ディスコグラフィー。⑥レコード・ストック・ボックス（非売品ケース）内に挿入されていたLPサイズの特典冊子。

①The Beatles Forever'76　1976/06/10
②ザ・ビートルズ フィルム・ライブ！！　1976/
③WINGPOP PHOTOGRAPHY　1977/01/01
④BRITISH&AMERICAN ROCK　1977/
⑤The BEATLES'DEBUT 15th ANNIVERSARY/SUPER PICTURES OF THE BEALES　1977/
⑥THE BEATLES FOREVER 78（LOVE SONGS）　1977/11/15

①全96ページのビートルズ資料集。②ドキュメンタリーフィルム【ライヴ・アット・シェア・スタジアム】の見開き4つ折り解説資料。③ウイングスの2枚組アルバム『USAライヴ／WINGS OVER AMERICA』の発売を記念して制作したプロモーション用の小冊子写真集（200mm×200mm）。④ブリティッシュ＆アメリカンロックに関する資料集。ビートルズ関連は現役時代とソロ時代のディスコグラフィー2ページ。⑤結成15周年を記念して発行されたディスコグラフィー他、全20ページの横型小冊子。⑥全48ページの横型小冊子。ビートルズ及びソロアルバム全タイトルを収録したディスコグラフィー。

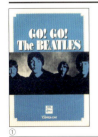     

①GO！GO！The BEATLES　1977/
②THE BEATLES FOREVER'78　1978/07/01
③Best Record Catalog 684　1979/06/01
④THE BEATLES FOREVER　1981/
⑤The Beatles Forever 1981-1982（タイプ1）　1981/11/15
⑥The Beatles Forever 1981-1982（タイプ2）　1982/05/15

①4つ折りのアメリカ盤と編集盤31枚のカラーディスコグラフィー。②全64ページ、ビートルズオンリーの小冊子資料集。③ビートルズのディスコグラフィーはソロ作品を含め巻頭7ページ分。④4つ折りのリーフでビートルズ及びソロの東芝EMIアルバム39枚のディスコグラフィー。⑤全40ページ、ディスコグラフィーを中心に年譜、寄稿、フォトほかビートルズの情報を満載したB5サイズ資料集。⑥左記と内容は同じだが表紙のみ違う。

発行はすべて[東芝音楽工業(東芝EMI)]

     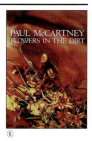

①　　　　　　　②　　　　　③　　　　　　④　　　　　　　⑤　　　　　　⑥

①THE BEATLES FOREVER/20th ANNIVERSARY OF JAPAN CONCERT　1986/05/20
②ビートルズ・ディスコグラフィー/THE BEATLES FOREVER　1986/
③1962-1987 THE BEATLES/25th ANNIVERSARY OF RECORD DEBUT　1987/10/10
④THE BEATLES Compact Disc & XDR Cassette　1987/12/
⑤The BEATLES1962-1989/25th ANNIVERSARY OF OVER AMERICA　1988/11/30
⑥PAUL McCARTNEY FLOWERS IN THE DIRT　1989/12/

①来日20周年記念、全64ページ、ビートルズオンリーの良質資料集。②ビートルズのアルバム、ビデオ、コンパクトディスクを紹介した4つ折りリーフ。③表紙が違うだけで、前年の1986年に発行された「THE BEATLES FOREVER」(来日20周年記念資料集)と全く同じ内容。④8つ折りリーフレット(16ページ)。内容は表面がCD、LP、XDRカセットのディスコグラフィーで裏面が公式録音全曲集。⑤アメリカ・ツアー25周年をテーマにした全64ページ資料集。⑥ポールのアルバム『フラワーズ・イン・ザ・ダート』発売に伴いプロモーション用に制作されたディスコグラフィー他、8ページ資料集。

   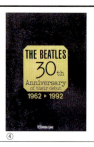  

①　　　　　　②　　　　　　③　　　　　　④　　　　　　⑤　　　　　　⑥

①MEMORIAL OF LANDING JAPAN1990/PAUL McCARTNEY　1990/02/01
②やっとあえたね。　1990/02/01
③APPLE RECORDS CATALOGUES/アップル・レコード・カタログ　1990/10/
④THE BEATLES 30th Anniversary their debut1962-1992　1992/06/12
⑤THE BEATLES 30th Anniversary their debut/デビュー30周年記念!!　1992/
⑥The Beatles for new generation/ビートルズ概論&ディスコグラフィー(紙ケース&中身資料)　1993/

①ワールド・ツアーの最新情報をはじめ、ポールの音楽的才能・魅力・栄光の軌跡、ディスコグラフィーなど、全32ページの資料集。②ポールの来日を記念して制作された8ページディスコグラフィー③1968年にビートルズが設立したレコード会社アップルのレコード・ディスコグラフィー。④全64ページのレコード・デビュー30周年記念資料集。⑤こちらはデビュー30周年UKオリジナル・アルバム(アナログ盤)13枚の案内冊子。内容は全アルバムのカラーディスコグラフィー(B5判)。⑥「ビートルズ概論」などの読物とビートルズ時代～ソロを含めたディスコグラフィー。全56ページ(専用紙ケース入り)。

①　　　　　　　②　　　　　　　③　　　　　　　④　　　　　　⑤

①The Beatles CHRONICLE1962-1966(前期)　1993/09/20
②The Beatles CHRONICLE1967-1970(後期)　1993/09/20
③THE BEATLES　1993/
④THE GREATEST 3/THE BEATLES・QUEEN・THE ROLLINGSTONES　1994/11/16
⑤THE BEATLES ANTHOLOGY　1996/07

①全136ページのコンパクト資料集(CDサイズ)。ベスト盤CD(赤盤・青盤)の販促特典品。内容は4人のプロフィール、クロニクル、ディスコグラフィー、オールソングデータなど前期(1962～1966)までの良質資料集。②こちらは後期(1967～1970)までの資料を収録。③各アルバムとCDBOXセットのディスコグラフィー。12cm角ほどで12ページ。④3大ロックグループのビートルズ、クイーン、ローリング・ストーンズのCDガイド。ビートルズは『ザ・ビートルズ／1967～1970』(青盤)まで18タイトルを紹介。⑤『ザ・ビートルズ・アンソロジー』プロジェクト関連のビデオ、LD、CDを一括紹介した宣伝用4つ折りリーフレット。

レコード会社製作の
ビートルズ非売品カレンダー各種

当時、ビートルズのアナログレコード購入特典として、
レコード店で配布された東芝EMIやテイチクレコードなど非売品のカレンダー。
1979年〜1982年の非売品カレンダーは今までお目にかかったことがなく存在は不明。
おそらく、この期間は非売品としてのカレンダーが製作されていないのではないか？

  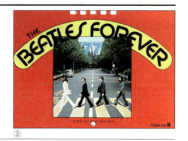

①ビートルズ・カレンダー1975
②ビートルズ・カレンダー1976
③ビートルズ・カレンダー1977

①〜③東芝EMIの非売品カレンダー(掲載写真は同サイズだが実際は個々にサイズが異なる)。

①ビートルズ・カレンダー1978
②ビートルズ・カレンダー1983
③ビートルズ・カレンダー1984

①〜③東芝EMIの非売品カレンダー(掲載写真は同サイズだが実際は個々にサイズが異なる)。

①ビートルズ・カレンダー1986
②ビートルズ・カレンダー1987

①テイチク・レコード販売促進の8ページカレンダー。②来日20周年記念完全復刻版のビートルズ来日パンフレット特典付録。①②ともにB4サイズほど。

東芝製作以外の非売品など

東芝音楽工業が製作した販促用非売品小冊子以外の、
プレス、ノベルティ、会誌など非売品。
一時期だけ無料で配布されたものや、イベント参加費込みのパンフ、年会費納入による会報・会誌、
特典品についてはわかる範囲で補足説明を加えた。
「非売品もどき」とご理解いただければ幸い。

① ② ③ ④ ⑤ ⑥

①ビートルズ・ゲット・バック写真集（Let it be アナログ盤ボックス特典品）［Apple Publising］1970/06/05
②THE BEATLES FESTIVAL（映画解説小冊子）［東宝事業部／ユナイテッド・アーチスト映画会社］1972/11/17
③WELCOME TO JAPAN WINGS・プレスキット［東芝EMI］1975/11/
④ぽうる新聞 特別号［Japan official Paul McCartney&Wings Fan Club］1979/05/
⑤WEA-WAY（ウェアウェイ）［ワーナー・パイオニア］1979/06/
⑥ザ・ビートルズ・ニュース・スクラップ集／第1号［東芝EMI／ビートルズ・シネ・クラブ（編）］1982/06/15

①BOXアルバム『レット・イット・ビー』にセットされていた164ページの豪華写真集。背表紙タイトルはアルバムタイトル原案だった「GET BACK」。②「ザ・ビートルズ・フェスティバル」の映画解説別冊小冊子。③1975年、日本武道館で開催されるはずだったウイングス幻の来日コンサートのプレスキット。④ファンクラブが制作した会報とは別物の「ぽうる新聞 特別号」(A5判)。⑤ワーナーパイオニア発行のロックアーティスト解説&ディスコグラフィー。⑥全4ページ、ビートルズの新聞記事を集めたスクラップ集。来日記事は貴重。

    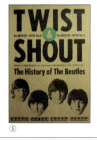 

① ② ③ ④ ⑤ ⑥

①BEATLES CATALOG（ビートルズ・カタログ）［シンコー・ミュージック］1982/
②MARUI30／丸井労働組合30周年記念誌［丸井労働組合］1985/11/01
③相鉄瓦版／第四十一号 ザ・ビートルズ［相模鉄道・広報課］1987/05/01
④OUT TAKE［浜松すみや］1987/06/
⑤TWIST&SHOUT／ツイストアンドシャウト［FM東京］1987/10/
⑥ロックンロール・ニューズメーカー創刊準備号［ビクターブックス／ニューズメーカー編集部］1988/06/20

①シンコー・ミュージック発行及び輸入の書籍、楽譜の販促カタログ。楽譜中心に80アイテム写真掲載。②ビートルズ来日のステージフォトを添えた『忘れられないこの瞬間／ビートルズの来日』など2ページ。③文庫本サイズ、非売品の乗客用社外広報誌。この号はレアな読切ビートルズ特集号。④レコードショップ（浜松すみや）が制作したビートルズの限定200部アウトテイクCDコレクション・リスト。⑤結成25周年記念スペシャルとしてFM東京が企画したラジオ番組の解説など。⑥隔月発売予定の創刊準備号で表紙のみジョン・レノン。

    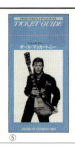 

① ② ③ ④ ⑤ ⑥

①LD COLLECTION Vol.20／ビートルズ特集［レーザーディスク］1988/11/01
②YOU'VE GOT THE BEATLES［FM東京］1988/11/12
③IMAGINE／ジョン・レノン プレスシート［松竹事業部］1989/01/
④THE PAUL McCARTNEY／WORLD TOUR IN JAPAN プレスキット［フジテレビジョン事業局］1990/01/
⑤アメリカン・エキスプレス・チケット・ガイド／ポール・マッカートニー［アメリカン・エキスプレス・インターナショナル,Inc.］1990/01/15
⑥Picket NO.15（ピケット）［ぴあ］1990/02/08 ⑦SOLD OUT／1990 FEBRUARY［キョードー東京］1990/02/

①レーザーディスク関連情報誌（12ページ）。カラー4ページのビートルズ特集。②FM東京が企画したラジオ番組「YOU'VE GOT THE BEATLES」宣伝用プログラム。③映画《イマジン》のプレスシート。④ポールの日本公演決定にあたり報道関係者に配布された良質のプレスリリースキット。⑤ポール他、アメリカン・エキスプレス・カードの来日アーティストのチケット・ガイド。3つ折りリーフ。⑥チケットぴあ発行のフリー情報冊子。

プレスキット・プレスシートなどの貴重アイテムについては
別ページで詳しく解説してあるのでそちらを参照願いたい。

①SOLD OUT／1990 FEBRUARY［キョードー東京］1990/02/
②FREE／10月号［MUSIC TIMES PUB／月刊FREE編集部］1990/10/01
③Happy birthday to John／ジョン・レノン生誕50周年（プレスキット）［フジテレビ ジョン・レノン事務局］1990/10/09
④PAUL McCARTNEY'S GET BACK（非売品）［NHKエンタープライズ］1990/
⑤John Lennon／ジョン＆ヨーコ・二人の世界（自筆画集）［マーランド／BAG ONE INC］1990/
⑥YOKO ONO IN/HOMELESS［東宝東和／ケイエスエス］1991/08/07

①キョードー東京発行のライヴ＆コンサート情報誌。②名古屋のライヴハウス向けに発行された音楽情報誌。表紙のみジョン・レノン。③ジョン生誕50周年を契機に日本で企画開催された「ジョン・レノン展/Happy birthday to John」の限定プレスキット。④ライヴドキュメンタリー映画《ゲット・バック》の非売品小冊子。⑤ジョン生誕50周年、射殺事件・没後10年に制作されたジョン＆ヨーコの自筆画集キット。⑤ライヴ映画《ゲット・バック》パンフとともに、同時上映試写会及び一般公開当日先着400名に配布されたオノ・ヨーコ主演映画のパンフ。

 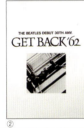    

①WINDS（ウィンズ）/SEPTEMBER1991［JAL日本航空株式会社］1991/09/01
②GET BACK'62［GET BACK'62実行委員会／キネスト］
③栄光のザ・ビートルズ展（ポートレート）［S-PAL］1992/
④WOWOW／12月号［日本衛星放送株式会社］1993/12/01
⑤THE BEATLES NEWS & TOPICS VOL.1［プロデュース・センター出版局］1994/09/
⑥SOLD OUT／1995 MAY［キョードー東京］1995/05/

①JAL（日本航空）国際線の機内誌。8ページにわたりジョン・レノン自筆のユーモラスなイラスト掲載。②デビュー30周年記念イベントとして京都府立文化芸術会館で開催された「GET BACK'62」のパンフレット。③デビュー30周年を記念して開催された「栄光のザ・ビートルズ展」の大型ポートレート（364×330／6枚）セット。④クリスマス特別企画のスペシャル番組の内容を紹介。⑤全国主要都市で開催されたビートルズ展用に制作・配布されたビートルズ・コレクション・グッズの販促冊子。⑥キョードー東京が奇数月に隔月発行していた非売品のコンサート情報紙。

 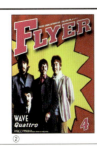    

①RPM（Rock & Pops.Magazine）／11月号［RPM］1995/11/01
②FLYER／4月号［パルコ／ウェイヴ］1996/04/01
③デゾ・ホフマン—ザ・ビートルズ写真展［東京全日空ホテル］1996/08/13
④ケイパブル／1996 Autumn［公文教育研究会］1996/09/
⑤ビートルズ音楽祭'96実施報告書［ビートルズ音楽祭実行委員会］1996/10/31
⑥NEWS SCRAP／ニュース スクラップ［東芝EMI］1996/

①テイクアウトフリーのロック＆ポップス情報雑誌。②パルコが発行した音楽中心の情報誌。③東京全日空ホテルで開催された「デゾ・ホフマン——ザ・ビートルズ写真展」のパンフレット。④公文教育研究会の会報で表紙がポール。⑤ジョージ・マーティンを招待し加賀市で1996年に開催された「ビートルズ音楽祭」の関係者だけに配布された88ページの詳細貴重なイベント実施報告書。⑥東芝EMIが全国のレコード・CDのミュージックショップ向けに発行したB4判の非売品特集紙。ビートルズ来日他、当時の新聞スクラップ記事。

ビートルズ関連の付録 etc.

雑誌、単行本の付録。
一部フォノシートを除き、冊子形態の付録を中心に紹介。
ビートルズ関連の付録フォノシートは「ティーンビート」誌などでも数多く存在する。

①コーラスを歌おう！（明星／8月号付録）［集英社］1964/08/01
②ビートルズからのプレゼント（ミュージックライフ／10月号特別付録フォノシート）［新興楽譜出版社］1965/10/01
③海外交通ガイドブック（中二時代／6月号付録）［旺文社］1966/06/01
④歌うヤングヤングデート（明星／7月号付録）［集英社］1966/07/01『訪日記念特集①ビートルズのすべて』
⑤世界歌のアルバム（女学生の友／11月号付録）［小学館］1966/11/01
⑥ソング・ブックNO.2（平凡パンチデラックス／付録）［平凡出版］1968/01/15

①コーラス曲を集めたコンパクト歌詞集。第2部として14ページの歌詞と読物「特集ビートルズのすべて」がある。②ビートルズのメッセージ入りソノシート。③ビートルズの写真と関連レターが少々。④28ページの「訪日記念特集ビートルズのすべて」読物と楽譜で表紙コピーもあり。⑤希少なビートルズ来日公演カヴァー。収録曲は【イエスタデイ】のみ。⑥ジョージのイラスト、収録曲は【愛こそはすべて】と【エリナー・リグビー】。

①NO.9 ザ・ビートルズ新曲特集（平凡パンチデラックス春号付録）「平凡出版」1969/04/05
②ビートルズ批評集／27の曲言・直言・賞賛・非難（単行本『ビートルズ－その誕生から現在まで』の付録）［草思社］1969/07/10
③ALL SONGS／500曲マンモス歌まつり（明星／9月号付録）［集英社］1969/09/01
④THE BEATLES ILLUSTRATED LYRICS 1／ビートルズ・ソング・イラスト集1（日本語版付録）［誠文新光社］1970/03/20
⑤全曲保存版 BEATLES DICTIONARY（ヤングセンス春号付録）［集英社］1970/05/25
⑥世界アーチスト辞典（ヤングセンス／1973AUTUMN付録）［集英社］1973/11/10

①ビートルズイラストカヴァー。②ハンター・デヴィス著の伝記「ビートルズ」の付録。③20ページのビートルズソング特集「ビートルズだよヤア！ヤア！ヤア！」④アラン・オルドリッジのイラストカヴァー、解説と索引他。⑤196ページまるごと一冊ビートルズソングブック、ビートルズ・イラストカヴァー。⑥表紙一部がジョンの写真。簡単なプロフィールやディスコグラフィー。

①ヒット・ポップス・GT（ヒット・ポップス／6月号 別冊付録）［ヤマハ音楽振興会］1970/06/01
②ミニミニポスター9人集（ミュージックライフ／7月号特別付録）［新興楽譜出版社］1970/07/01
③ヒット・ポップス・GT（ヒット・ポップス／8月号 別冊付録）［ヤマハ音楽振興会］1970/08/01
④THE BEATLES ILLUSTRATED LYRICS 2／ビートルズ・ソング・イラスト集2（日本語版付録）［誠文新光社］1971/11/20
⑤ROCK（ミュージック・ライフ／1月号付録）［新興楽譜出版社］1973/01/01『John & Yoko』
⑥The Beatles（高一時代／12月号付録）［旺文社］1973/12/01『The Beatles』

①ジョン＆ヨーコのイラストカヴァー、【レット・イット・ビー】【インスタント・カーマ】2曲の楽譜を収録。②袋入り特別付録「ミニ・ミニ・ポスター9人集」の一部がジョン、ポール、ジョージ、リンゴの4人。③ビートルズ＆ヨーコのイラストカヴァー、最新アルバム【レット・イット・ビー】の全曲楽譜特集。④ソング・イラスト集第2弾、収録曲とイラスト作品の索引・解説。⑤「ミュージック・ライフ」1973年1月号にセットされていたB4サイズ新聞形態の付録。ジョンとヨーコのインタビューと写真、記事。⑥なかなか内容のある優れた資料集。48ページの小冊子全部がビートルズの総力特集。

1976-1995

①YOUNG SONG（明星／6月号付録）[集英社] 1976/06/01『≪第3回≫ビートルズ全集』
②プレイガイドNOW'77（高2コース／1月号付録）[学習研究社] 1977/01/01
③ロック＆ポップス大行進（中一時代8月号付録）[旺文社] 1978/08/01
④GO ROCKING PAPER（GORO／3月10日号付録）[小学館] 1977/03/10『ビートルズたちは最高にハッピー！』
⑤VIVA！FOURTEEN（中二時代／9月号付録）[旺文社] 1977/09/01『BEATLES』
⑥エンタテイメント'78（高2コース／1月号付録）[学習研究社] 1978/01/01

①表紙はキャンディーズだが、9ページのビートルズ楽譜特集、ヒット・ナンバー12曲収録。②表紙がアグネス・ラムとビートルズ。③表紙イラストがビートルズで6ページのストーリーを含めたカラー特集「ザ・ビートルズ、フォーエバー／はじめにザ・ビートルズがあった」あり。④B4判（2つ折り8ページ）の新聞形態の付録。来日の噂など。⑤一部ビートルズイラストカヴァーで企画特集ページあり。⑥一部ビートルズカヴァー。

①ファンクラブ・501ガイド（OUT／5月号増刊付録）[みのり書房] 1979/05/05
②SCORE&SONG Book（ロッキンf／4月号特別付録）[立東社・リットー・ミュージック] 1980/04/01
③YOU HAVE TO DO IT YOURSELF:LENNON（写楽／3月号特別付録）[小学館] 1981/03/01
④YOUNG SONG（明星／3月号付録）[集英社] 1981/03/01『ビートルズをピアノで弾こう！』
⑤YOUNG SONG（明星／11月号付録）[集英社] 1982/11/01『いまこそビートルズ！デビュー20周年総特集』
⑥ホットメロディー300 [日音楽譜出版社／セントラルテープエージェンシー] 1983/『ガンダムから…ビートルズまで。』

①ビートルズ・シネ・クラブの活動状況が2ページ程度。②ギタータブ譜付きのバンドスコア。表紙一部もビートルズ。③篠山紀信が撮影したジョン＆ヨーコのメモリアル写真集。④特集『ビートルズをピアノで弾こう！』があり【イエスタデイ】【ミッシェル】【レット・イット・ビー】など5曲収録。⑤中綴じカラー6ページ『いまこそビートルズ！デビュー20周年総特集』。⑥【ヘイ・ジュード】【ミッシェル】を収録したカラオケテープ用の付録楽譜集。

   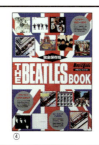  

①THE BEATLES IN TOKYO/Added Bonus Photos（来日ヴィジュアルMOOK「ザ・ビートルズ・イン・東京」の購入特典付録）[JAM PUBLISHING CO.LTD] 1986/06/29
②ロードショー／7月号付録 映画音楽大事典 [集英社] 1987/07/01
③THE 300ロックCD名盤コレクション（ワッツイン別冊付録）[CBS・ソニー出版] 1990/01/15
④完全保存版 THE BEATLES BOOK/ビートルズ・ブック（CDでーた ミュージックダダ／増刊号特別付録）[角川書店] 1993/11/19
⑤DATA INDEX/1957-1970／ザ・ビートルズ全記録 索引・完全データ集（予約購入特典付録）[プロデュース・センター出版局] 1994/08/31
⑥EJ ON TAPE（The English Journal／3月号付録）[アルク] 1995/03/01

①ビートルズグッズ専門販売の老舗「ゲット・バック」の特典。写真中心の来日ヴィジュアルMOOKの特典付録（全8ページ）ビートルズ来日時の未公開フォト11点を掲載。②映画雑誌「ロードショー」の付録。1962年から1986年までのサウンド・トラック350曲以上を集録したカタログ。ビートルズ主演映画4作品他を収録。ビートルズ・一部アルバムカヴァー。③ロックCD名盤300枚を収録した資料集。ビートルズカヴァー。④全18ページの資料集。⑤BCC通販で予約販売された「ザ・ビートルズ全記録」上下巻2冊セット購入者のみにプレゼントされた索引・完全データ集。⑥ポールカヴァー。ポール提唱、開校予定のLIPAの記事とポールのインタビュー訳など。

the beatles collection 2 | 141

ザ・ビートルズ・クラブ(BCC)の非売品etc.

ビートルズのファン・クラブの老舗、ザ・ビートルズ・クラブ(BCC)。
ビートルズに関する定期会報、書籍、研究資料などの出版物の発行や各種イヴェント、
来日コンサートの招致などの活動を通し、
現在でも国内では最も多くの会員を抱えるファンクラブだ。

① ② ③ ④ ⑤ ⑥

①The Beatles ビートルズ・シネ・クラブ・ニュース [BCC] 1976/12/「ビートルズ復活祭スペシャル'77」
②SPECIAL PRESENT FILMクリップシリーズⅠ [BCC] 1980/06/「HELP!」
③SPECIAL PRESENT FILMクリップシリーズⅡ [BCC] 1980/09/「LET IT BE」
④SPECIAL PRESENT FILMクリップシリーズⅢ [BCC] 1981/06/「A HARD DAY'S NIGHT」
⑤SPECIAL PRESENT FILMクリップシリーズⅣ [BCC] 1982/06/「YELLOW SUBMARINE」
⑥SPECIAL PRESENT FILMクリップシリーズⅤ [BCC] 1983/05/「MAGICAL MYSTERY TOUR」

①デビュー15周年記念、「ビートルズ復活祭'77」開催の特別ニュース号。②会員向けに特典プレゼントされた本編実物フィルムの一部を添付した見開きB6判冊子(非売品)。ビートルズ主演映画「HELP!」の35mm本編フィルムの一部分(5コマ～6コマ)をカットし、内側に添付。映画の簡単な紹介もある。③映画「LET IT BE」の35mm本編フィルム添付。④映画「A HARD DAY'S NIGHT」の35mm本編フィルム添付。⑤映画「YELLOW SUBMARINE」の35mm本編フィルム添付。⑥映画「MAGICAL MYSTERY TOUR」の35mm本編フィルム添付。

① ② ③ ④ ⑤ ⑥

①THE BEATLES SOUND REPOTS vol.1/ザ・ビートルズ・サウンド・レポーツ [BCC] 1983/06/20
②THE BEATLES SOUND REPOTS vol.2/ザ・ビートルズ・サウンド・レポーツ [BCC] 1983/11/20
③THE BEATLES SOUND REPOTS vol.3/ザ・ビートルズ・サウンド・レポーツ [BCC] 1984/06/20
④THE BEATLES SOUND REPOTS vol.4/ザ・ビートルズ・サウンド・レポーツ [BCC] 1984/11/20
⑤THE BEATLES SOUND REPOTS vol.5/ザ・ビートルズ・サウンド・レポーツ [BCC] 1985/06/20
⑥THE BEATLES CINECLUB NEWS 創刊号/ザ・ビートルズ・シネ・クラブ・ニュース [BCC] 1985/03/01 ※市販品

①②③④⑤ビートルズのブート(海賊盤)レコード及びサウンド研究の資料集。当時市場に出回ったブートを写真付きで解説した8ページA5判の小冊子(vol.1～vol.5まで年2回の発行)。⑥はビートルズの最新情報、ブートレコードの紹介、復活祭の案内、コレクション販売コーナーなどを掲載したビートルズ・シネ・クラブ発行のB6判小冊子(¥120)。※非売品ではなく市販品。

① ② ③ ④ ⑤ ⑥

①The Beatles Collection Catalogue/BCC通販カタログ7点 [BCC] 1982年秋～1984年夏まで7点
②The Beatles Collection Circle/BCC正会員対象通販カタログ7点 [BCC] 1982～1984まで7点
③ビートルズ関連書籍出版目録/Produce Center1993年10月現在 [BCC] 1993/10/
④ビートルズ関連書籍出版目録/Produce Center1994年5月現在 [BCC] 1994/05/
⑤BEATLES CINE CLUB 入会案内 [BCC] 1994/09/
⑥THE BEATLES CLUB 入会案内 [BCC] 1996/04/

①会員向けビートルズグッズの通信販売カタログ7点。ビートルズの復刻映画パンフレットや輸入雑誌他、Tシャツ、バッジ等の見開き(145mm×90mm)商品カタログ。②正会員対象のレアグッズの通信販売カタログ7点。ブートレコードからカセットテープ、カレンダーなど、3つ折り商品カタログ。③④プロデュース・センター出版局発行、ビートルズ書籍をまとめて紹介した非売品の書籍ガイド。⑤ビートルズ・シネ・クラブの見開き入会案内(100mm×210mm)。⑥ファンクラブ名称が「ビートルズ・シネ・クラブ」から「ザ・ビートルズ・クラブ」に変更(1996年4月)になった際の入会案内。

ビートルズ&ソロ関連日本公演チケット

チケットについては、元々蒐集の対象としていなかったため、
自慢できるようなコレクションではないが、所有のものだけを紹介する。
特に1966年の来日チケットについては、
未使用のプレミアムチケットを含めたコンプリート・コレクターがきっとおられることと思う。
対象年代外だが、2002年のポール・マッカートニーの来日コンサートのチケットも参考までに掲載。

ビートルズ日本公演チケットA席半券と裏の注意事項カード（一般席/黒ロゴ）/全席¥2,000

公演開催日：1966年6月30日～7月2日（計5回）
公演会場：日本武道館

日本公演のチケットはA席(黒)・B席(赤)・C席(青)の3種類があり、公演も3日間で計5回行われているので、半券だけでも15種。特に主催者の招待客や関係者に優先的に配られたC席は数が少なく、レアアイテムのひとつ。未使用のC席は今なお高額で取引されている。ただし、チケットもパンフレット同様に復刻品やまがいものが多く存在するので要注意である。チケットそのものの入手はさほど難しくない（1万人収容の会場×5回公演なので、最低でも5万枚は用意されていたはず）。

オノ・ヨーコ&プラスティック・オノ・スーパー・バンド 日本公演チケット/S席¥2,800

公演開催日：1974年8月10日～8月19日（計6回）
公演会場：郡山ワンステップ・ロック・フェスティバル会場他、東京・名古屋・広島・大阪

1974年8月10日の郡山ワンステップ・フェスティバルでは3万人を集め、オノ・ヨーコ以外にサディスティック・ミカ・バンド、内田裕也など、日本のミュージシャンも多く参加した。

リンゴ・スター&ヒズ・オール・スター・バンド日本公演チケット/S席¥6,500

公演開催日：1989年10月30日～11月8日（計7回）
公演会場：全国主要都市（名古屋・大阪・広島・福岡・東京・横浜）

元イーグルスのジョー・ウォルシュをはじめビリー・プレストン、ジム・ケルトナーなどが「オール・スター・バンド」のメンバーとして参加。

ポール・マッカートニー日本公演チケット半券/S席¥7,000

公演開催日：1990年3月3日～3月13日（計6回）※3/8は体調不良で中止3/9に追加公演。
公演会場：東京ドーム

ビートルズ時代を含めて24年ぶり、2度目の来日を果たしたポール。東京ドームのみで開催されたため地方のファンは東京へ行くしかなかった。1989年に始まった「ワールド・ツアー」の一環。

ジョージ・ハリスン日本公演チケット半券/S席¥10,000

公演開催日：1991年12月1日～12月17日（計12回）
公演会場：全国主要都市7会場

ビートルズ日本公演以来、25年ぶりに親友エリック・クラプトンを伴って来日したジョージの初来日コンサート。ビートルズ時代のオリジナル・ナンバーも数多く披露された。

ポール・マッカートニー日本公演チケット未使用と半券/S席¥8,000

公演開催日：1993年11月12日～11月19日（計12回）
公演会場：東京ドーム/福岡ドーム

「ニュー・ワールド・ツアー」で来日。ビートルズ時代のヒットナンバーに加え、アルバム「バンド・オン・ザ・ラン」「ヴィーナス・アンド・マース」他、ウイングス全盛期のヒットナンバーも数多く演奏された。1990年の来日公演では東京ドームのみだったが、この1993年は福岡ドームでも行われた。

リンゴ・スター&ヒズ・オール・スター・バンド日本公演チケット半券/S席¥9,000

公演開催日：1995年6月14日～6月28日（計12回）
公演会場：全国10都市

1989年の前公演同様、マーク・ファナー、ランディー・バックマン、フェリックス・キャヴァリエ、ビリー・プレストンなどの豪華メンバーに加え、息子のザック・スターキーを伴って来日した。

オノ・ヨーコ&IMA日本公演チケット半券/Sブロック¥7,000

公演開催日：1996年6月22日～7月1日（計4回）
公演会場：全国3都市（東京・名古屋・大阪）

息子ショーン・レノンのバンドIMAを伴い、おもにライブハウスで行われたミニ・コンサート。ヨーコの前衛音楽が中心だったが、ショーンのヴォーカルも聴けた。

ポール・マッカートニー日本公演チケット半券/S席¥14,000

公演開催日：2002年11月11日～11月18日（計5回）
公演会場：東京ドーム/大阪ドーム

ポール・マッカートニー、ソロ3度目の来日コンサート「ドライヴィング・ジャパン・ツアー」。コンサートが始まる前に大掛かりなパフォーマンスがセットされ、「ハロー・グッド・バイ」でポールが登場した。

ジュリアン・レノン初日本公演チケット半券/S席¥3,900

公演開催日：1985年5月28日～6月1日（計4回）
公演会場：福岡、大阪、名古屋、東京

ジュリアン・レノンの初来日コンサート（当時22歳）で、前年にはアルバム「VALOTTE」をリリース。翌1986年にも来日コンサートを開いた。

オノ・ヨーコ／1974年単独来日公演関連

当時、ジョンと別居中だったヨーコは、「プラスチック・オノ・バンド」を率い来日し、
初単独公演のほか、福島県郡山市で開催された「ワンステップ・フェスティバル」にも参加した。
このコンサートはヨーコが提唱する「ワンステップ運動」の一環として行われ、
キャロルや沢田研二も参加した伝説のコンサートとなった。
※一部、来日関連以外のアイテムも収録。

①装苑／3月号［文化出版局］1974/03/01
②週刊明星／4月14日号［集英社］1974/04/14『ジョン・レノンと離婚は本当か？ オノ・ヨーコ8月来日の全真相！』
③週刊ポスト／4月26日号［小学館］1974/04/26『独占インタビュー小野洋子が"ジョン・レノンとの離婚・創価学会・小野田を語る"』
④週刊プレイボーイ／5月7日号［集英社］1974/05/07『ビートルズが再編成する！？話題の女、小野洋子にニューヨークで緊急インタビュー』
⑤平凡パンチ／5月20日号［平凡出版］1974/05/20
⑥ニューミュージック・マガジン／6月号［ニューミュージック・マガジン社］1974/06/01『空間の感触 小野洋子』

①内田裕也と安井かずみが賛否の立場でヨーコについて語ったもの。②ジョンと別居中のヨーコに関する話題を来日にからめて記事にまとめた「ワンステップ運動の巨大なワンステップ」など。③ジョンとの近況や自身の哲学、8月予定の「ワンステップ・フェスティバル」来日まで多くを語ったもの。④ヨーコのインタビュー「プラスティック・オノ・バンド来日」など。⑤近く来日のヨーコの記事他。⑥ヨーコの手記『空間の感触』や詩集など。表紙イラストもヨーコだが来日記事はなし。

①音楽専科／6月号［音楽専科社］1974/06/01
②GORO／6月27日号［小学館］1974/06/27『8月帰国のオノ・ヨーコが語った新証言』他
③FM fan／7月1日-7月14号［共同通信社］1974/07/01
④ビバ(VIVA)／7月特別号［徳間書店］1974/07/01
⑤るるぶ'74夏号［日本交通公社］1974/07/01
⑥週刊FM／7月1日-7月7日号［音楽之友社］1974/07/01

①ビートルズ総力特集の一部に「ヨーコ・オノ&スーパー・プラスチック・オノ・バンド来日情報／石坂敬一」など。②オノ・ヨーコが国際電話で明かした新事実「あと2年間、ビートルズは復活しない」など。③モノクログラフ「オノ・ヨーコ／郡山ワンステップ・フェスのため帰国」④来日予定のインタビュー記事。⑤「郡山ワンステップ・フェスティバル」のコンサート情報と案内小記事。⑥ワンステップ・フェスティヴァルの速報「八月に郡山でビッグ・イヴェント／ヨーコも参加して"ワン・ステップ・フェスティヴァル"」

     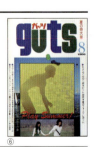

①アンアン／7月20日号［平凡出版］1974/07/20
②週刊現代／7月25日号［講談社］1974/07/25
③平凡パンチ／7月29日号［平凡出版］1974/07/29『今夏最大の音楽祭 郡山"One Step"』
④郡山ワン・ステップ・フェスティバル・パンフ［ワンステップフェスティバル実行委員会］1974/07/31
⑤ミュージックライフ／8月号［新興楽譜出版社］1974/08/01『オノ・ヨーコさんに国際電話取材』
⑥ガッツ(GUTS)／8月号［集英社］1974/08/01

①「ウーマンリブなんて言わないで！／来日する女性ヴォーカリスト4人」にヨーコの写真と小記事②ヨーコとプラスティック・オノ・バンドの小記事「オノ・ヨーコ里帰りで何かが起こる」③特集「狂気の沙汰？この夏…郡山で爆発する…ワン・ステップ・フェスティバルを支える群像と…前夜の苦闘」④64ページのレアなパンフ。⑤ヨーコ来日コンサートに関する国際電話取材レポート他。⑥グラフ「帰ってくるオノ・ヨーコ／ロックンロールの闘士として日本で初コンサート」

①音楽専科/8月号［音楽専科社］1974/08/01『大特集/ヨーコ・オノ(背表紙コピー)』
②宝島/8月号［JICC出版局］1974/08/01『緊急報告ワンステップ・フェスの内幕』
③POCKETパンチOh!/8月号臨時増刊［平凡出版］1974/08/05
④GORO/8月8日号［小学館］1974/08/08
⑤週刊朝日/8月9日号［朝日新聞社］1974/08/09『十年ぶり来日"怪女"オノ・ヨーコとズバリ問答』
⑥YOKO ONO&PLASTIC ONO SUPER BAND/オノ・ヨーコ・コンサート・パンフ［ウドー音楽事務所］1974/08/10

①ヨーコにスポットをあてた企画特集「BEATLES IMPACT」スペシャル。②11ページの特集『緊急報告・ワンステップフェスティバル』③『ビートルズ復活騒ぎの真相はこうだ！／ヨーコ・オノの来日とビートルズ神話の楽屋裏』中綴じ企画ページ『切り取り携帯版／ワン・ステップ・フェスティバル完全ガイド』⑤オノ・ヨーコのインタビュー。⑥ヨーコ初の来日コンサート・パンフレット。日程他、内容はヨーコの写真やプロフィールほか湯川れい子、道下匡子による解説など。

①ビッグ・コミック/8月10日号［小学館］※表紙のみ
②MM Japan/創刊3号［エムティー企画］1974/08/15『YOKO WELCOME』
③アサヒグラフ/8月16日号［朝日新聞社］1974/08/16『オノ・ヨーコからのメッセージ』
④週刊ポスト/8月16日号［小学館］1974/08/16
⑤サンデー毎日/8月18日号［毎日新聞社］1974/08/18
⑥週刊文春/8月19日号［文藝春秋］1974/08/19

②『YOKO WELCOME』他、最新情報『YOKO ONO LENNONE』など。③グラフページ『オノ・ヨーコからのメッセージ』があり、ヨーコの写真や7篇の詩。④記事『殺到した取材依頼五十本に／オノ・ヨーコ女史がつけた私の値段』⑤ヨーコを郡山ワン・ステップ・フェスティバルに招致した地元商店主の興味深い記事『故郷に緑を大きな夢を、オノ・ヨーコを呼んだ郡山の商店主佐藤三郎』⑥巻頭グラフ『ヨーコ・イン・ニューヨーク／初めて公開する小野洋子の私生活』

①サンデー毎日/8月25日号［毎日新聞社］1974/08/25
②週刊明星/8月25日号［集英社］1974/08/25『オノ・ヨーコを迎えて郡山フェスティバル3万人の若者が狂乱の一夜！』
③女性セブン/8月28日号［小学館］1974/08/28『オノ・ヨーコ＝10年目の帰国、全言行録！』
④週刊現代/8月29日号［講談社］1974/08/29『オノ・ヨーコ神話のセックス部分』
⑤週刊大衆/8月29日号［双葉社］1974/08/29
⑥週刊ポスト/8月30日号［小学館］1974/08/30『"猛女"対談オノ・ヨーコ、戸川昌子「男ども・リブ・レズ」J・レノンとの"THE END"の真相』

①ヨーコの記者会見記事『魔女を捨てた？オノ・ヨーコの発言録／ニクソンは政治悪の犠牲よ』②グラフ＆記事『オノ・ヨーコを迎えて郡山フェスティバル3万人の若者が狂乱の一夜！』③グラフと独占同行取材『オノ・ヨーコ＝10年目の帰国、全言行録！』④オノ・ヨーコのインタビュー告白記事『告白・私のセックス神話の本当の部分／オノ・ヨーコ』⑤巻末グラフ『オノ・ヨーコ／昭和ひとけた"女"の貫禄』⑥オノ・ヨーコの来日2大グラフと戸川昌子との対談など12ページ。

the beatles collection 2 | 145

①週刊朝日/8月30日号[朝日新聞社]1974/08/30
②アイ/9月号[主婦の友社]1974/09/01『日本女性で世界一有名なオノ・ヨーコの素顔』
③文藝春秋/9月号[文藝春秋]1974/09/01
④毎日グラフ/9月1日号[毎日新聞社]1974/09/01
⑤週刊FM/9月2日-9月8日号[音楽之友社]1974/09/02『"来日した"ヨーコ・オノ』
⑥週刊文春/9月2日号[文藝春秋]1974/09/02『この人と一週間、聖女・小野洋子に同行してみたら』

①ワンステップ・コンサートの収支決算レポート「郡山自警団も出た真夏のロック大会総決算／ヨーコに浮かれて赤字に泣いて」6ページの特集。②6ページの特集。③特集扱いで25ページの独占手記「わが愛・わが闘争」／小野洋子」一部来日の話題も。④8ページのグラフ特集「郡山をまきこんだオノ・ヨーコ／ワン・ステップ・フェスティバル」⑤ワンステップ・フェスティバルの最終日に登場したヨーコのコンサートレポート他。⑥ヨーコの密着取材とその生い立ち、近況レポート「この人と一週間、聖女・小野洋子に同行してみたら」

①平凡パンチ/9月2日号[平凡出版]1974/09/02
②週刊プレイボーイ/9月3日号[集英社]1974/09/03『≪カラー速報≫オノ・ヨーコに沸いた／郡山ワンステップ・ロック・フェスティバル』
③週刊サンケイ/9月5日号[産経新聞出版局]1974/09/05
④FM fan/9月9日-9月22日号[共同通信社]1974/09/09『カラー郡山ワンステップ・フェスティバル』
⑤週刊現代/9月12日[講談社]1974/09/12
⑥週刊明星/9月15日号[集英社]1974/09/15『秘話、沢田研二がオノ・ヨーコと過ごした名古屋の一夜！』

①巻末4ページのカラーグラフ「4万人の若者が占拠した街郡山／ワン・ステップ・フェスティバル」②5ページのカラーグラフ。③5ページのモノクログラフ「四万人が見たヨーコ・オノの熱演／郡山ワンステップ・フェスティバル」④5ページのカラーグラフ「郡山ワンステップ・フェスティバル／10年ぶりのヨーコ・オノ」⑤巻頭カラー来日グラフ「オノ・ヨーコはほんとは美人」⑥3ページの記事。

①GORO/9月26日号[小学館]1974/09/26『シリーズ人間写真館／オノ・ヨーコ』
②ミュージックライフ/10月号[新興楽譜出版社]1974/10/01『異色白熱対談—ヨーコ・オノ vs 大島渚』
③ニューミュージック・マガジン/10月号[ニューミュージック・マガジン社]1974/10/01『ワンステップを終えて／内田裕也』
④ウーマン/10月号[講談社]1974/10/01
⑤ステレオ/10月号[音楽之友社]1974/10/01
⑥ライトミュージック/10月号[ヤマハ音楽振興会]1974/10/01

①来日したヨーコのグラフとインタビュー。②大島渚とヨーコの対談。③ヨーコに直接関係はないが、内田裕也の5ページのレポート「俺の見たワンステップ・フェスティバル白書／内田裕也」④大阪ロイヤルホテルで行われたヨーコの独占インタビュー「名門財閥出身学習院卒オノ・ヨーコ41歳の変身」を6ページ。⑤ヨーコのコンサート・レポートを添えて彼女の実像に迫った「YOKO ONO帰ってきたヨーコさんの虚像と実像／湯川れい子」⑥ワンステップ・フェスティバルのグラフ他。

①ランラジオ/10月号 NO.43［自由国民社］1974/10/01
②レコード芸術/10月号［音楽之友社］1974/10/01
③音楽専科/10月号［音楽専科社］1974/10/01『大特集／ヨーコ・オノ来日状況（背表紙）』
④高一時代/10月号［旺文社］1974/10/01
⑤高二時代/10月号［旺文社］1974/10/01
⑥家庭全科/11月号［国際情報社］1974/11/01

①日本放送の「オールナイト・ニッポン」にゲスト出演した際の会見録「オノ・ヨーコが深夜放送に残していったもの！／亀渕昭信」②来日コンサート（中野サンプラザ・ホール）のカラーグラビアとコメント。③オノ・ヨーコの取材レポート「オノ・ヨーコ滞日密着ルポ／石坂敬一」④グラフ「ヨーコとロックとゴーゴーと…ONE STEP FESTIVAL」⑤グラフレポート「熱狂！YOKO IN JAPAN／郡山ワンステップ・フェスティバル」が4ページ。⑥ワンステップの話題他、来日や生い立ちについて「オノ・ヨーコという女／アバンギャルド、リブ、ロック。神話の中の女、ヨーコ」3ページ。

     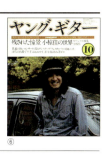

①週刊明星/2月17日号［集英社］1974/02/17
②NONNO（ノンノ）/8月5日号［集英社］1974/08/05
③ヤングレディ/8月26日号［講談社］1974/08/26
④mc Sister（エムシーシスター）/9月号［婦人画報社］1974/09/01
⑤Amica（アミカ）/9月号［文化出版局］1974/09/05
⑥ヤング・ギター/10月号［新興楽譜出版社］1974/10/01

①小記事「オノ・ヨーコが日本初公演？／再編成の噂もあるビートルズ」が半ページ強。②「オノ・ヨーコ10年ぶりの里帰り／私の言葉を肌で触れてほしい」が半ページ強。③単独インタビュー含めた独占特別記事「世界でもっとも有名な日本女性が帰って来た！伝記"小野洋子"から"ヨーコ・オノ"まで」が6ページ。④モノクログラフ「夏、そこでナニが起こったか？／郡山ワンステップ・フェスティバル"町に緑を"とアピールする日本版ウッドストック」が2ページ。⑤「小野洋子の帰国にあたって」など巻頭と巻末合わせてグラフが6ページ。⑥郡山ワンステップ・フェスティバルのオノ・ヨーコ他グラフ2ページと参加アーティストも網羅された良質の詳細レポート「空と緑の広場に集った10万人郡山7日間リポート」が6ページ。

リンゴ・スター／1976年単独初来日関連

1976年、ニュー・アルバムのプロモートとCM撮影のために
単独で来日したリンゴ・スターの記事、グラフなどの雑誌コレクション。
コンサートを行ったわけではないが、ビートルズとしての来日以来10年ぶりとあって、取り上げた雑誌は意外に多い。
1989年と1995年の来日コンサート関連については別途掲載。
※一部、来日関連以外のアイテムも収録。

①映画情報/3月号［国際情報社］1976/03/01
②男子専科(dansen)/6月号［スタイル社］1976/06/01
③平凡パンチ/10月11日号［平凡出版］1976/10/11『吹きすさぶ…ビートルズ熱風★全話題を集録!!』
④週刊マーガレット/10月17日号［集英社］1976/10/17
⑤GORO/10月28日号［小学館］1976/10/28『来日直前独占インタビュー リンゴ・スターの「長髪から丸坊主までの軌跡」』
⑥週刊明星/10月31日号［集英社］1976/10/31

①日本国内向けテレビCF撮影中のフォトなど。この撮影以降来日の話が持ち上がる。②表紙がリンゴの他、カラー含めた6ページの特集「リンゴ・スター 星からやってき男／日下部亮」③「特別取材 リンゴ・スターは丸坊主のままで来日するか！」など。④リンゴの写真と小記事「ビートルズ情報／あのリンゴ・スターがやってくる」⑤ビートルズとしての来日以来、10年ぶりに訪れたリンゴのインタビュー。⑥3ページの特集記事「リンゴ・スターが新しい愛人を同伴、来日／10年ぶりの日本で挙式か！？」

①中学三年コース/11月号［学習研究社］1976/11/01
②平凡パンチ/11月1日号［平凡出版］1976/11/01
③女性セブン/11月3日号［小学館］1976/11/03『リンゴ・スターが10月17日来日！全行動を追跡！』
④週刊文春/11月4日号［文芸春秋］1976/11/04
⑤週刊平凡/11月4日号［平凡出版］1976/11/04
⑥女性自身/11月4日号［光文社］1976/11/04

①CM撮影で10月末に来日するニュース記事「リンゴが待望の来日！」他。②来日記事「リンゴ・スターがついにやって来た」③モノクログラフと来日インタビュー。④リンゴの写真と小記事「リンゴ・スター思惑違いの記者会見」⑤カラーグラフ「10年ぶりスーパースター、リンゴ・スター来日騒動記／今回はフィアンセを伴って…」2ページ。⑥リンゴのフォト「ポールやレノンの代わりにナンシーと来たよ！」

①週刊TVガイド/11月5日号［東京ニュース通信社］1976/11/05
②週刊ポスト/11月5日号［小学館］1976/11/05
③週刊読売/11月6日号［読売新聞社］1976/11/06
④週刊明星/11月7日号［集英社］1976/11/07『リンゴ・スターのどっきり内幕独占 私室の素顔から日本式酒盛りまで』
⑤平凡パンチ/11月8日号［平凡出版］1976/11/08『リンゴ・スターに独占インタビュー成功!!』
⑥セブンティーン/11月9日号［集英社］1976/11/09

①来日モノクログラフ「ビートルズの復活はない！／フィアンセ同伴で10年ぶりに来日したリンゴ・スター」②記者会見の話題「酔っ払って来日と書かれたリンゴ・スター対記者団の不倫快問答」③モノクログラフ「リンゴおじさん10年ぶり来日」と来日記事「リンゴ・スター来日!!／四万人の熱狂は遠く、もうアイドルではなかった」④グラフと独占会見記など。⑤フォト・グラビアとヒルトン・ホテルで行われた来日インタビューなど。⑥来日関連小記事とアルバム紹介。

148 | the beatles collection 2

1976-1977

  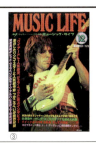   

①FMレコパル/11月15日-11月28日号［小学館］1976/11/15『独占特写 リンゴ・スター京都大追跡』
②週刊FM/11月15日-11月28日号［音楽之友社］1976/11/28『特集/リンゴ・スター滞在2週間の隠密作戦大成功？』
③ミュージックライフ/12月号［新興楽譜出版社］1976/12/01『来日したリンゴ・スターと人気作家つかこうへいが熱烈対談』
④チェックメイト/12月号［講談社］1976/12/01
⑤音楽専科/12月号［音楽専科社］1976/12/01『本誌独占 つっぱり対談！！リンゴ・スター対宇崎竜童』
⑥週刊FM/12月27日-1月9日号［音楽之友社］1976/12/27

①リンゴの京都観光1日をレポートしたグラフ。②来日速報グラフ他、特集。③リンゴとつかこうへいの異色対談やグラビアフォトなど。④わずかにリンゴの写真と来日関連小コラム「ビートルズ旋風再来の目はリンゴ・スター！」⑤リンゴと宇崎竜童の対談や来日レポート、エピソードなど。⑥3ページの巻頭カラーグラフ「北海道のリンゴ・スター」。

①スクリーン/1月号 ［近代映画社］ 1977/01/01
②映画情報/1月号 ［国際情報社］ 1977/01/01

①カラーグラフ「リンゴ・スターさっそうと来日/TVコマーシャル撮影とレコード・キャンペーンに」と来日デイリー・レポート「リンゴ・スター日本の15日間/前成三」など4ページ。特にデイリー・レポートは日本滞在15日間（1976年10月17日（日）～10月31日（月）東京-札幌-京都-東京）の貴重な記録。②CM撮影他、プロモーションのため1976年10月17日に来日したリンゴ・スターのグラフ「素顔のリンゴ・スター/前成三」

①週刊TVガイド/1月10日-1月16日号 ［東京ニュース通信社］ 1976/01/16 ※以下、追加収録分。
②週刊ポスト/1月30日号 ［小学館］ 1976/01/30
③週刊朝日/7月1日号 ［朝日新聞社］ 1976/07/01
④週刊TVガイド/8月21日-8月27日号 ［東京ニュース通信社］ 1976/08/27
⑤週刊プレイボーイ/11月9日 ［集英社］ 1976/11/09

①カラーグラフ「独占グラフ速報!!リンゴ・スターがCM発出演/監督・主演・音楽の一人三役」が1ページ。②巻末カラーグラフ「60秒間のリンゴ/日本のTVに登場する世界初のビートルズCM」が3ページ。③レナウン・シンプルライフ社カラー広告が1ページのみ。④カラーグラフ「愛と友情を呼ぶスペース人間/リンゴ・スター」が2ページ。内容はCM撮影時の写真7点など。⑤来日インタビューを含めた「緊急レポート・10年ぶりに来日したスーパー・ヒーロー/リンゴスターがロック魂をぶちまけた熱い気炎!」が5ページで内容は濃い。

the beatles collection 2 | 149

ポール・マッカートニー／1980年来日公演中止事件関連

1980年1月16日、日本公演のため来日したポール・マッカートニーが
成田空港で大麻不法所持により現行犯逮捕された。このニュースは国内外に衝撃を与えた。
日本公演は中止になり、大麻取締法違反で手錠を掛けられ、留置場に9日間勾留されたため、
ビートルズファンはもとより、知識人からも「やりすぎ」との批判などが出るなど、
数々の論議を醸した事件だった。
※一部、来日関連以外のアイテムも収録。

①週刊明星／1月13日号［集英社］1980/01/13『独占 来日直前！ポール・マッカートニーを直撃！！』
②平凡パンチ／1月14日号［平凡出版］1980/01/14『来日直前…英国で独占インタビューに成功／ポール・マッカートニーを直撃！！』
③オリコン・ウィークリー／1月16日号［オリジナルコンフィデンス］1980/01/16
④週刊FM／1月21日-2月3日号［音楽之友社］1980/01/21『来日直前インタビュー！！／カラー ポール・マッカートニー＆ウイングス』
⑤週刊女性／週刊女性／1月22日号［主婦と生活社］1980/01/22
⑥GORO／1月24日号［小学館］1980/01/24『来日直前インタビュー／ポール・マッカートニーを直撃！』

①14年ぶりの来日を控えたポールの直前レポート。②ワールド・ツアーについて語ったポールの来日直前インタビュー。③CONCERT INDEXに写真と記事、来日公演スケジュール。④ステージ写真とインタビューを掲載した巻頭カラーグラフ。⑤巻頭カラーグラフ「最後のスーパー・スターがやってくる／ビートルズ以来14年ぶり、愛児3人と来日するポール・マッカートニーに人気も過熱気味」。⑥来日直前単独インタビュー。

①サンデー毎日／1月27日号［毎日新聞社］1980/01/27
②週刊女性／1月29日号［主婦と生活社］1980/01/29
③オリコン・ウィークリー／1月30日号［オリコンミュージックウィークリー］1980/01/30『CHART TOPICS P・マッカートニーに同情票集まる？』
④週刊アサヒ芸能／1月31日号［アサヒ芸能出版社］1980/01/31
⑤週刊文春／1月31日号［文藝春秋］1980/01/31
⑥週刊平凡／1月31日号［平凡出版社］1980/01/31『衝撃！ポール・マッカートニー、逮捕事件の全真相』

①来日への期待や宿泊ホテル情報など。②小記事「久保田早紀が熱愛のP・マッカートニーに新曲を」。③ポール逮捕。④手錠をかけられたポールの写真を添えた記事。⑤大麻所持による逮捕劇の裏事情「損害5億円 P・マッカートニー逮捕劇の仕掛け人」⑥モノクログラフと逮捕事件の詳細レポート9ページ。

①女性セブン／1月24日-1月31日号［小学館］1980/01/24-31
②女性自身／1月31日［光文社］1980/01/31『ポール・マッカートニー夫妻の愛情物語』
③WINGS JAPAN TOUR1980／寿ハードケース付［ウドー音楽事務所］1980/01 日本公演パンフレット（ハードケース）
④WINGS JAPAN TOUR1980／寿ハードケース付［ウドー音楽事務所］1980/01 日本公演パンフレット（本体）
⑤ミュージックライフ／2月号［新興楽譜出版社］1980/02/01『最後の大物、ポール・マッカートニーついに来日！』

①巻頭モノクログラフ。内容は来日直前の話題と写真。②リンダとの出会いや生活他、来日メンバー紹介など。③ハードカヴァー付き幻の日本公演パンフだが、残存数は多い。④日本公演パンフレットの本体（全48ページ）。⑤特集記事、公演スケジュール他、インタビューなど。

1980

1980年1月16日の「ポール・マッカートニー来日公演中止事件」と
同年12月8日に起こった「ジョン・レノン射殺事件」は、まさにセンセーショナルな大事件だった。
できる限り、当時のタイムリーな資料（1980年〜1981年）を集めることに注力したつもりでいる。
重大事件であるがゆえ、1981年以降にも多くの出版物が刊行されているが、
このページでは当時のものにだけに絞って掲載した。

①ジャム／2月号［新興楽譜出版社］1980/02/01『3部構成大研究ポール・マッカートニー』
②ステレオ／2月号［音楽之友社］1980/02/01
③PAUL McCARTNEY/DELUXE PORTRAIT［BCC／ビートルズ・シネ・クラブ］1980/02/01
④ぴあ／2月1日号［ぴあ］1980/02/01
⑤MEN'S CLUB（メンズクラブ）／2月号［婦人画報社］1980/02/01
⑥音楽専科／2月号［音楽専科社］1980/02/01『緊急大特集 ウイングス初来日決定までのいきさつは？！』

①来日直前企画、寄稿、近況レポート他。②来日と直接関係はないが、特集「ポール・マッカートニーのレコード研究」が7ページ。③大判サイズ（360mm×257mm）モノクロ・ポートレートを8枚収めたスペシャル・コレクション・セット。④ポールのイラスト表紙（及川正通）。来日アーティストコーナーにウイングス公演日程と小情報が少し。⑤小記事「Welcome WINGS／14年ぶりに、日本へやってくるポール・マッカートニー熱烈歓迎！！」⑥来日決定に関連した特集を掲載。

①週刊ポスト／2月1日号［小学館］1980/02/01『P・マッカートニー麻薬で逮捕！』
②週刊朝日／2月1日号［朝日新聞社］1980/02/01
③サンデー毎日／2月3日号［毎日新聞社］1980/02/03
④週刊明星／2月3日号［集英社］1980/02/03
⑤週刊FM／2月4日-2月17日号［音楽之友社］1980/02/04
⑥平凡パンチ／2月4日号［平凡出版社］1980/02/04

①記事「大麻取締法違反／P・マッカートニー来日逮捕のてんやわんや」。②逮捕事件を簡単に紹介。③スクープ写真「マッカートニー御用／英国の反響は、それみたことかッ」。④来日直前モノクログラフ「14年間お待ち申しておりました／ビートルズマニアの夢やっと実現」。⑤来日には直接関係ないが、ロンドンで行われたカンボジア難民救済コンサートの巻頭カラーグラフが4ページ。⑥一連の出来事をまとめた記事「ポール逮捕！！翼がもぎとられた」。

①週刊プレイボーイ／2月5日号［集英社］1980/02/05
②週刊女性／2月5日号［主婦と生活社］1980/02/05『留置場でのぞかせた14年ぶりの素顔ポール・マッカートニー大麻所持逮捕、裏切りの全真相！』
③週刊サンケイ／2月7日号［サンケイ出版］1980/02/07『『演奏11日』が『留置10日』マッカートニー騒動の収支決算』
④週刊文春／2月7日号［文芸春秋］1980/02/07
⑤女性セブン／2月7日号［小学館］1980/02/07『ファンは泣いている／ポール・マッカートニー獄中生活、全レポート』
⑥女性自身／2月7日号［光文社］1980/02/07『グラフと記事で密着詳報！目撃！ポール・マッカートニー逮捕劇の3日間』

①逮捕事件の全容をまとめたレポート「P・マッカートニー逮捕！オフ・ステージ全ライブ」。②逮捕事件グラフと特集記事8ページ。③日本公演中止に伴う損失を試算した記事など。④来日公演中止に関する小記事「マリファナ余話 その1・その2」。⑤獄中のレポート「大麻取締法違反で逮捕！ポールマッカートニー」。⑥逮捕事件のグラフ＆レポート合わせて10ページの特集。

1980

①オリコン／2月8日号［オリジナルコンフィデンス］1980/02/08『ポール帰国』
②微笑／2月9日号［小学館］1980/02/09
③ビッグコミック／2月10日号［小学館］1980/02/10『14年ぶりに来日するポール・マッカートニー』
④週刊明星／2月10日号［集英社］1980/02/10『ポール・マッカートニー大麻逮捕の衝撃波！リンダ夫人と子供たちが涙で訴えた新事実』
⑤セブンティーン／2月12日号［集英社］1980/02/12
⑥週刊女性／2月12日号［主婦と生活社］1980/02/12『P・マッカートニー起訴猶予 国外退去までの狂騒ドラマ！』

①「ポール帰国」「P・マッカートニー、イギリスに帰る！」の記事他。②来日公演中止を詳報した「大麻逮捕！妻子の目前で…／P・マッカートニーが惨めな獄中生活を」。③表紙のみ。④逮捕のスクープと特集記事。⑤ポール逮捕と署名活動のモノクログラフ。⑥4ページの特集記事。

①GORO／2月14日号［小学館］1980/02/14『緊急スペシャル 大麻持ち込みで逮捕、公演はまたも中止…Pマッカートニー不滅の法則大研究』
②女性セブン／2月14日号［小学館］1980/02/14『ポール・マッカートニーにアンカレッジで独占会見』
③女性自身／2月14日号［光文社］1980/02/14
④プチセブン／2月15日号［小学館］1980/02/15
⑤週刊明星／2月17日号［集英社］1980/02/17『密着ルポ P・マッカートニー国外退去からロンドン帰宅まで留置場でひとりで歌ったイエスタデイの感動』
⑥平凡パンチ／2月18日号［平凡出版］1980/02/18

①カラー特集。②「アンカレッジで独占会見／イレズミの殺人犯との留置場9日間はカルチャーショックだったよ！」「同房の日本人犯罪者との間でかわしたひとつの約束！」など。③グラフ「P・マッカートニー国外退去を命ず／1月25日、成田空港から強制出国」「午後4時、車はフルスピードで成田空港へ」。④モノクログラフ「ファン大ショック／あっ！！ポールに手錠が…ウイングス日本公演は中止に！」。⑤追跡取材「P・マッカートニー国外退去からロンドン帰宅まで」他。⑥最終レポート「ポール・マッカートニー／日本の10日間秘話」。

     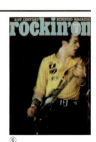

①音楽専科緊急増刊／ウイングス幻の日本ライヴ［音楽専科社］1980/02/20
②微笑／2月23日号［小学館］1980/02/23『P・マッカートニーが母国で本心を告白！』
③平凡パンチ／2月25日号［平凡出版］1980/02/25
④ミュージックライフ／3月号［新興楽譜出版社］1980/03/01『大逆転！！ポール・マッカートニー公演中止』
⑤モア（MORE）／3月号［集英社］1980/03/01
⑥ロッキング・オン／3月号［ロッキング・オン］1980/03/01

①事件の全容を解析した緊急特集号。②モノクログラフ「P・マッカートニー釈放の瞬間！／お願い！首をしめないで…」他、8ページ2部構成の読物特集。③日本公演中止の話題と近況情報「ポール＆リンダ／最新公演と写真展」。④逮捕事件の全貌や星加ルミ子、水上はる子他のコメントなど。⑤記事「来日直前ポール・マッカートニー＆ウイングスのロンドン・コンサート（カンボジア難民救済チャリティーコンサート）取材！」。⑥ポールの来日公演、ジョンに関する対談集。

①音楽専科/3月号［音楽専科社］1980/03/01『深層追求 ポール・マッカートニー大麻所持の真意!!妻、リンダが語るポールの素顔』
②平凡/3月号［平凡出版社］1980/03/01
③週刊明星/3月2日号［集英社］1980/03/02『リンダ熱写 ポール・マッカートニー家』
④ぽうる NO.22［Japan official Paul McCartney&Wings Fan Club］1980/03/
⑤PLAYBOY/4月号［集英社］1980/04/01『ポール・マッカートニーVS.日本麻薬取締官の10日間・供述調書公開』
⑥ジャム/4月号［新興楽譜出版社］1980/04/01

①ポール来日ニュースと大麻所持逮捕の話題をまとめた特集。②来日を記念して3ページの小企画「ぼくらのヒーローがやって来た／WELCOME WINGS」。③グラフ「初公開！リンダ・マッカートニーが撮り続けた愛しきファミリー／わたしと彼だけのフォト・メロディー」。④日本公演決定の発表から国外退去までを克明に記録した追跡レポートなど、事件に関する大特集号。⑤警視庁9日間拘留された際のポールの供述調書「ドキュメント東京日記」。⑥3部構成の特別企画特集「ポール・マッカートニー逮捕劇総括」。

①フォーク・ギター教室/別冊ヤングフォーク［講談社］1980/04/01
②BOMB!（ボム）/4月号［学習研究社］1980/04/01
③ロッキンf/4月号［立東社リットー・ミュージック］1980/04/01『特別付録ポール・マッカートニー特製ポスター』
④ロッキング・オン/4月号［ロッキング・オン］1980/04/01
⑤文藝春秋/4月号［文藝春秋］1980/04/01
⑥ポール・マッカートニー・ニュース・コレクション［やじろべえ社／合同出版事業部］1980/04/01

①表紙のみポールのイラスト。②「P・マッカートニーマリファナ不法所持で逮捕さる!!」が1ページ。③特集の一部にポール大麻所持による来日公演中止事件に関する投稿など。④来日公演中止を寸評した「禁麻番屋―ポール調べ／松村雄策」。⑤担当弁護士の記録「ポール・マッカートニー獄中記―十日間の勾留中に起こったすべてを弁護人が初めて語る／弁護士：松尾翼」が8ページ。⑥事件のニュース記事スクラップ資料集。

①週刊文春/5月15日号［文藝春秋］1980/05/15
②平凡パンチ/5月19日号［平凡出版社］1980/05/19
③セブンティーン/5月13日-5月20日合併号［集英社］1980/05/20
④セブンティーン/6月3日号［集英社］1980/06/03
⑤週刊読売/6月8日号［読売新聞社］1980/06/08
⑥GORO/6月12日号［小学館］1980/06/12『独占公開 強制送還後の初仕事、ポールが日本のファンのために特写した9枚のスクープ写真』

①小記事「またまたポールにナメられた日本人」。②事件と関係ない小記事「ポールからパンチ読者30名に特別プレゼント」のみ。③わずかな記事と写真「日本公演をはたせなかったポールはかなり気にしているぞ」。④小記事と本誌読者プレゼント企画「ポールからのプレゼントは幻の日本公演プログラム」。⑤巻頭モノクログラフ「カンヌ映画祭とその周辺」にポールとリンダのツーショット写真があるのみ。⑥リンダ撮影のユニークな新着フォトを紹介。

the beatles collection 2 | 153

1980

①週刊プレイボーイ/6月17日号［集英社］1980/06/17
②ジャム/7月号［新興楽譜出版社］1980/07/01『独占掲載/ポール・マッカートニーのユーモア・パロディ P.マッカートニー』
③音楽専科/7月号［音楽専科社］1980/07/01『2大現地速報ポール・マッカートニー新作発表会見記』
④ジャム/8月号［新興楽譜出版社］1980/08/01『不死身のポップス王者発言ポール・マッカートニー』
⑤プレイヤー/8月30日号［プレイヤー・コーポレーション］1980/08/30『PAUL McCARTNEY』
⑥ロッキンf/9月号［立東社リットー・ミュージック］1980/09/01『PAUL McCARTNEY/超ロングインタビューでポール～ビートルズが見える！！』

①小記事「決して日本人をバカにしたのではアリマセヌとP・マッカートニーが謝ってきたが……」。②リンダの撮ったポールのユニークなパロディ写真を独占掲載。③最新アルバムとポールのインタビュー記事。④ソロアルバムに関する話題や公演中止事件の真実などを本号と次号の2回に分けて掲載。⑤10ページほどのロングインタビュー「PAUL McCARTNEY／ビートルズ→ウイングス→ソロ、ポールの今」。

①ロッキング・オン/9月号［ロッキング・オン］1980/09/01『ポール・マッカートニー・インタヴュー』
②プレイヤー/9月15日号［プレイヤー・コーポレーション］1980/09/15『PAUL McCARTNEY』
③FMレコパル/10月13日-10月26日号［小学館］1980/10/13『ポール・マッカートニー』
④ぴあとじっく（専用カバーファイル）［ぴあ］1980/10/24
⑤FM fan/1月21日-2月3日号［共同通信社］1980/01/21『グラビア・ウィングス』 ※追加収録分

①ポールのインタビュー記事。②前号(1980年8月30日号)に続きポール・マッカートニーのインタビュー2を掲載。③一部事件にも触れ、詞に関する考察「連載第11回ポール・マッカートニー詞の中に人生が見える/北中正和」が2ページ。④雑誌ではなく「ぴあ」のバインダー、表紙イラストがポール（イラスト：及川正通）。⑤来日直前のモノクログラフ「WINGS OVER JAPAN」が3ページ。

①毎日グラフ/2月3日号［毎日新聞社］1980/02/03 ※以下、追加収録分。
②FM fan/2月4日-2月17日号［共同通信社］1980/02/04
③週刊大衆/2月7日号［双葉社］1980/02/07
④週刊女性/2月19日号［主婦と生活社］1980/02/19
⑤GORO（ゴロー）/2月28日号［小学館］1980/02/28
⑥ビックリハウス/3月号［パルコ出版］1980/03/10

①ポール逮捕時のモノクログラフ半ページほど。②来日中止に簡単に触れたカンボジア難民救済コンサートのカラーグラフが4ページ。③公演中止の舞台裏レポート「ウイングス、P・マッカートニー逮捕狂騒劇」が3ページ。④ポールの公演中止でファンのために企画された特番関連小記事「公演中止の代わり！木曜スペシャル（日本テレビ）がビートルズ特集を」。⑤「ポール・マッカートニー／唯一の日本人側近、専属パブリストが裏から見た事件の全貌」他、来日中止関連記事が少々。⑥小記事「1/16ポール成田で逮捕！」がある。内容はポールの顔写真と逮捕記事他で半ページ程度。

ジョン・レノン／1980年射殺事件関連

1980年12月8日、ニューヨークでジョン・レノンが凶弾に倒れた。
ジョンが約5年ぶりに音楽活動を開始した矢先の出来事で、
センセーショナルなニュースとして世界中を駆け巡った。
筆者がこの衝撃ニュースを知ったのは学生時代、それも麻雀の最中、ラジオの一報だった。
※一部、来日関連以外のアイテムも収録。

 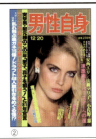    

①オリコン/12月19日号［オリジナルコンフィデンス］1980/12/19『FAREWELL SPECIAL／ジョンはもう歌ってはくれない』
②男性自身/12月20日号［双葉社］1980/12/20
③FMfan/12月22日-1月4日号（中部版）［共同通信社］1980/12/22『追悼！！ジョン・レノン』
④FMレコパル/12月22日号［小学館］1980/12/22『ジョン・レノン追悼！！』
⑤週刊プレイボーイ/12月23日号［集英社］1980/12/23
⑥週刊文春/12月25日号［文藝春秋］1980/12/25『ジョン・レノンの妻ヨーコ夫人47年間の軌跡』

①事件について一番最初に速報した1ページの追悼スペシャル企画。②コラム小記事「ビートルズのジョン・レノン"抱いて抱いて"と新アルバム」。記事内容は事件前。③ジョン＆ヨーコカヴァー。巻頭カラー追悼フォトとレポートと一部追悼記事（中部版）。④射殺事件を速報。⑤事件直前のニュース・ウィークのインタビュー抜粋記事が少々。⑥射殺事件の速報グラフ集と記事「ジョン・レノンの妻ヨーコ夫人47年間の軌跡」など9ページ。

    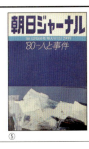 

①週刊平凡/12月25日号［平凡出版社］1980/12/25『殺されたジョン・レノンの波紋』
②アサヒグラフ/12月26日号［朝日新聞社］1980/12/26『ジョン・レノン射殺される』
③オリコン/12月26日号［オリジナルコンフィデンス］1980/12/26
④週刊朝日/12月26日号［朝日新聞社］1980/12/26『もう一度「抱きしめたい」J・レノン凶弾に死す／ジョン・レノン、オノ・ヨーコ、紀信の表紙写真館』
⑤朝日ジャーナル/12月26日号［朝日新聞社］1980/12/26
⑥サンデー毎日/12月28日号［毎日新聞社］1980/12/28『「4日前私はレノンと語り合った」湯川れい子』

①ニュースを速報。②射殺事件の速報グラフ他「ジョン・レノン射殺される／60年代若者文化をリードしたスーパースター」。③「ジョン・レノンをしのんで」や事件を報じる各新聞情報、ジョンの書籍紹介など。④篠山紀信のジョン＆ヨーコ巻頭グラビアや追悼レポート他。⑤射殺事件を取り上げた緊急追悼企画「ジョン・レノンの死／山川健一」。⑥ジョン追悼グラビア「さよならジョン・レノン」と湯川れい子の電話インタビューなど。

①週刊読売/12月28日号［読売新聞社］1980/12/28『ジョン・レノンの死・ビートルズと私』
②平凡パンチ/12月29日号［平凡出版社］1980/12/29『追悼12月8日悲劇の直前…レノン・ヨーコ夫妻と国際電話 ジョン・レノン（40歳）最後の肉声』
③ミュージックライフ/1月号［新興楽譜出版社］1981/01/01『ジョン・レノン』
④ミュージック・マガジン/1月号［ニューミュージック・マガジン社］1981/01/01『ジョン・レノン、凶弾に倒れる！』
⑤サウンドール/1月号［学習研究社］1981/01/01『緊急特報！！ジョン・レノン凶弾に倒る！！』
⑥ジャム/1月号［新興楽譜出版社］1981/01/01『空白の部分を追う！ジョン・レノン』

①宇崎竜童、中村紘子、渡辺貞夫の寄稿など4ページ。②射殺事件及び追悼集会レポートや事件直前の国際電話インタビュー。③ニューアルバム『ダブル・ファンタジー』に関する星加ルミ子等の特別寄稿など。④ジョンの悲報を伝える中村とうようによる記事。⑤中綴じ4ページの緊急特報「ジョン・レノン／ビートルズは死んだ！」他、巻頭カラーグラフなど。⑥ジョンの追跡レポート他、アルバム『ダブル・ファンタジー』の話題など。

1981

射殺事件が起こった1980年末と翌81年以降、現在に至るまで多くの刊行物が出版されている。
「射殺犯マーク・チャップマンは実はマインド・コントロールされており、真犯人は他にいる」とか、
「ジョンはFBIに抹殺された」など、事件の「真相究明」を試みた書物や
追悼的な雑誌特集・企画号もあるが、ここでは1980年と1981年の刊行物に限定した。
※一部、来日関連以外のアイテムも収録。

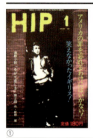     

①ヒップ(HIP)/1月号[NON STOP]1981/01/01
②ユリイカ 詩と批評/1月号[青土社]1981/01/01『緊急特集 ジョン・レノンを偲ぶ』
③写楽/1月号[小学館]1981/01/01
④写楽/1月号[小学館]1981/01/01 ※付録ポスター(4つ折り)
⑤週刊サンケイ/1月1日号[サンケイ出版]1981/01/01『遺産70億円、凶弾に倒れたジョン・レノン鎮魂曲』
⑥週刊ポスト/1月1日号[小学館]1981/01/01『ケネディ射殺以来の現地衝撃!ジョン・レノン射殺と米国の狂気』

①大阪のサブカルチャー系タウン誌。表紙以外に見開き2ページを使ったデザインの追悼コピー「JOHN LENNON EAZY SHANKING/1980.12.8.Liverpool-NewYork」。②射殺事件のあと緊急に企画されたエッセイ中心の追悼特集。③「人間の歌―ジョン・レノン&ヨーコ、5年ぶりの復活/篠山紀信」のグラビア特集。④「写楽」の付録ポスター。⑤追悼特集。⑥巻頭追悼グラフ「イエスタデイに葬られ/射殺されたジョン・レノンとともにビートルズは永逝した」と追悼記事。

①週刊現代/1月1日号[講談社]1981/01/01
②週刊大衆/1月1日号[双葉社]1981/01/01『〈緊急特報〉ジョン・レノン(元ビートルズ)射殺の謎と凄い波紋』
③女性セブン/1月1日号(バージョンⅠ)[小学館]1981/01/01『ジョン・レノン凶弾にたおれる!』
④女性セブン/1月1日号(バージョンⅡ)[小学館]1981/01/01
⑤ぴあ/1月2日号[ぴあ]1981/01/02
⑥週刊読売/1月4日号[読売新聞社]1981/01/04

①追悼イベントの話題と小写真「レノン追悼にひしめく企画の競演/オノ・ヨーコの追悼文から香典まで」。②「緊急特報 ジョン・レノン射殺の謎と凄い波紋」が3ページ。③表紙コピーのあるタイプ。追悼記事「ジョン・レノン/ニューヨークで凶弾にたおれる!」が3ページ。④内容は同じだが、表紙コピーが無いタイプ。⑤わずかな小記事ばかりだが、ポール来日公演中止やジョンのニューアルバム、射殺事件に関する記述等が随所にある。⑥4ページのグラフ「本誌独占・死の直前のジョン・レノン」。

①週刊明星/1月4日号[集英社]1981/01/04
②週刊ミュージックラボ/1月5日号[ミュージックラボ]1981/01/05
③GORO/1月8日号[小学館]1981/01/08『GOOD BYE ジョン・レノン追悼大特集』
④微笑/1月10日号[小学館]1981/01/10『独占連弾!!オノ・ヨーコ肉声!型破りだった結婚生活12年の全記録 ああ、ジョン・レノン!500億円~』
⑤セブンティーン/1月6日-1月13日号[集英社]1981/01/13
⑥週刊プレイボーイ/1月6日-1月13日合併号[集英社]1981/01/13『グラフと記事で緊急・立体特集 追悼!ジョン・レノン』

①記事と写真「愕然!ヨーコ夫人の目前でジョン・レノン(40)がニューヨークで射殺される!!」1ページ。②追悼寄稿「ジョン・レノンの死アメリカの反応/リチャード・ナッサー」など。③追悼グラフ他、国内のアーティスト、著名人などの追悼寄稿など。④追悼企画でジョン&ヨーコの結婚生活を振り返った記事や追悼寄稿など。⑤国内アーティストによる2ページの追悼メッセージ集。⑥追悼グラフ他、米PB誌の貴重インタビュー。

1981

①週刊女性/1月6日-1月13日合併号[主婦と生活社]1981/01/13※合併号『衝撃真相レノン・ヨーコ夫妻愛と葛藤、波乱の11年』
②ミュージックライフ臨時増刊/追悼版ジョン・レノン 愛と死の鎮魂歌[新興楽譜出版社]1981/01/15
③レコード・マンスリー/2月号[日本レコード振興社]1981/01/15
④女性セブン/1月15日号[小学館]1981/01/15※合併号
⑤女性自身/1月15日号[光文社]1981/01/15
⑥オリコン/1月16日号[オリジナルコンフィデンス]1981/01/16

①グラフと記事合わせて8ページ程度のジョンの追悼特集。②射殺事件直前の秘蔵フォトやビートルズ時代のフォトで構成したヴィジュアル追悼特集号。一部ディスコグラフィーなども。③ジョン・レノン射殺事件の特別追悼寄稿「哀悼。ジョン・レノン/香月利一」④「証言構成/オノ・ヨーコ 夫のために世界中を黙とうさせた未亡人」。⑤ジョン・レノン射殺事件後の関連記事。⑥小コラム「ジョン・レノン事件の意外なおもしろ余波/伊藤俊治」。

①ぴあ/1月16日号[ぴあ]1981/01/16
②週刊明星/1月11日-1月18日合併号[集英社]1981/01/18『J・レノン追悼特集 ポール・マッカートニーに聞く！』
③FMレコパル/1月19日-2月1日号[小学館]1981/01/19
④女性セブン/1月22日号[小学館]1981/01/22
⑤微笑/1月24日号[小学館]1981/01/24『独占入手！死体安置所に横たわるジョン/J・レノン死顔写真生けるが如き表情で』
⑥週刊明星/1月25日号[集英社]1981/01/25

①わずかな記事、ジョンの追悼関連「ジョン・レノンの死を悼むフィルム・コンサート相次いで開催」他。②5ページのジョン・レノン追悼特集パート1「ポール・マッカートニーが涙のメッセージ/ジョン・レノンは偉大な男だった！」。③射殺事件の最新情報「米誌が報告した12月8日以前のチャップマンの足どりは……？」。④写真と小記事「ジョン・レノンは死を予感していたというミステリーと"神話"」。⑤巻頭カラーグラフ「ジョンレノンの臨終直後の顔/いま死顔安らか……！」など3ページ。⑥6ページほどのジョン・レノン追悼特集。

   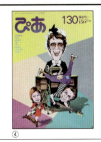  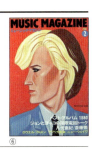

①週刊新潮/1月29日号[新潮社]1981/01/29
②週刊TVガイド/1月30日号[東京ニュース通信社]1981/01/30
③YMMプレイヤー/1月30日号[プレイヤー・コーポレーション]1981/01/30
④ぴあ/1月30日号[ぴあ]1981/01/30
⑤ミュージックライフ/2月号[新興楽譜出版社]1981/02/01『追悼グラフ、ジョン・レノン非業の死』
⑥ミュージック・マガジン/2月号[ニューミュージック・マガジン社]1981/02/01『ジョンとヨーコの国際電話トーク』

①特集で射殺事件後のヨーコの広告に関する「ヨーコのメッセージ大広告を受け取った/朝日新聞読者の反響」。②極小記事でジョンのEP発売と射殺事件のポスト誌の話題。③2ページの追悼企画「ジョンの魂がいつまでも生き続けることと、冥福を祈って/By Lan Pye」。④「ジョン・レノン追悼特集」番組小案内や読者投稿が少々。⑤ジョン・レノン追悼グラフ「さようならジョン・レノン」他、追悼メッセージなど。⑥射殺事件の直前に湯川れい子が国際電話で行ったインタビューを掲載。

1981

①PLAYBOY/2月号［集英社］1981/02/01『射殺直前！PLAYBOYインタビュー・まるで死を予感していたかのようにレノンはすべてを語りつくした…』
②JOHN LENNON FOREVER/DELUXE PORTRAIT［BCC/ビートルズ・シネ・クラブ］1981/02/01
③ステレオ/2月号［音楽之友社］1981/02/01『ジョン・レノン追悼』
④BRUTUS（ブルータス）/2月1日号［マガジンハウス］1981/02/01『世界中のジョン・レノンである』
⑤BOMB!（ボム）/2月号［学習研究社］1981/02/01
⑥レコード芸術/2月号［音楽之友社］1981/02/01

①凶弾に倒れる数カ月前に収録されたジョン＆ヨーコのロング・インタビューを特集扱いで本号と次号2回に分けて掲載。②ジョンのモノクロ・ポートレート8枚とビートルズのカラー・ポートレート、色紙を収めたコレクション・セット。③9ページの追悼特集「ジョンに捧げるレクイエム 1940～980／小倉エージ」がある。内容も濃く良質な特集。④写真1点を掲載した「いまでもジョン・レノンがシンボル／森永博志」。⑤ジョン・レノン追悼特集「追悼ジョン・レノン、えっ／20世紀のスーパースターびっくり遺稿集」。追悼文「レノンと共に時代が去ってゆく、あるビートルズフリークの回想と哀悼／鳥井ガク」。

①ロッキンｆ/2月号［立東社］1981/02/01『緊急特報！！追悼—ジョン・レノン』
②ロッキング・オン/2月号［ロッキング・オン］1981/02/01
③映画ファン/2月号［愛宕書房］1981/02/01『追悼特集さらば！ジョン・レノン』
④音楽の友/2月号［音楽之友社］1981/02/01
⑤音楽専科/2月号［音楽専科社］1981/02/01『追悼グラフ FOREVER！ジョン・レノン』
⑥大学マガジン/2月号［芳文社］1981/02/01『ジョンレノンその魂と"Love"』

①追悼グラフ「愛は終わった／追悼・愛とロックを武器に闘ったジョン・レノン死す！！」。②特別寄稿「追悼ジョン・レノン／80年12月8日10時50分」と追悼メッセージなど。③4ページの緊急追悼特集「さらば！！スーパースター・ジョン・レノン／1980年12月9日午前0時半（日本時間）、遂にビートルズ崩壊！！」。④音友ニュースに小記事「レノンの死とビートルズ世代の登場と…／小野好恵」。⑤追悼グラフ特集。⑥8ページの追悼特集。

①写楽/2月号［小学館］1981/02/01
②写楽/2月号［小学館］1981/02/01 ※付録の4つ折りポスター
③中学三年コース/2月号［学習研究社］1981/02/01
④海/2月号［中央公論社］1981/02/01『ジョン・レノンのこと』
⑤宝石/2月号［光文社］1981/02/01
⑥宝島/2月号［JICC出版局］1981/02/01『FAREWELL JOHN LENNON』

①篠山紀信が撮影した貴重フォトをコメント付で掲載。②「写楽」付録の4つ折りポスター。④4ページの追悼特集「ジョン・レノン 追悼読物／あなたの心は今日も世界に響いている……」。④ビートルズとの出会いと回想を記した「ジョン・レノンのこと／村上龍」。⑤ジョンとヨーコが設立したスピリット財団とタス通信の話題「射殺されたジョン・レノンの『精神の財団』の活動とタスの事件報道」。⑥7ページの巻頭グラビア「REMEMBER／さよなら、ジョン・レノン！」他。

1981

①放送批評/1&2月号　［放送批評懇親会］　1981/02/01『人物研究 ジョン・レノン』
②高一時代/2月号　［旺文社］　1981/02/01
③JJ(ジェイジェイ)/2月号　［光文社］　1981/02/01
④NON-NO(ノンノ)1月20日-2月5日合併号　［集英社］　1981/02/05
⑤週刊アサヒ芸能/2月5日号　［アサヒ芸能出版社］　1981/02/05
⑥ポパイ/2月10日号　［マガジンハウス］　1981/02/10

①写真含め7ページで射殺事件にも触れた追悼特集「人物研究ジョンレノン・ボクの耳もとでは永遠にイマジンが鳴っているだろう/放送作家:田家秀樹」②4ページの特集記事「JOHN LENNON FOREVER/あなたの微笑みは、いつもやさしかった」③ジョンの事件を意識したアルバム紹介記事「ビートルズは、伝説上のグループになってしまった。」が1ページ。④ジョンが弾丸に倒れた小記事と写真他。⑤ジョン・レノンが凶弾に倒れて40日たって掲載された新聞一面広告の話題「世界の一流紙(9社)に会葬御礼広告を出した偉大なレディ/オノ・ヨーコ」⑥「ジョン・レノンが撃たれたときぼくはザ・ビートルズ・ブックを思い出した。/片岡義男」が2ページ。

    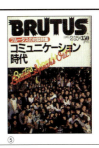 

①週刊プレイボーイ/2月10日号　［集英社］　1981/02/10
②週刊女性/2月10日号　［主婦と生活社］　1981/02/10
③プレイコミック/2月12日号　［秋田書店］　1981/02/12
④女性自身/2月12日号　［光文社］　1981/02/12
⑤BRUTUS(ブルータス)/2月15日号　［平凡出版］　1981/02/15
⑥宝島臨時増刊号/JOHN ONO LENNON 1940-1980　［JICC出版局］　1981/02/15

①16ページに及ぶジョンがらみの特別読切小説「ルーシーは爆薬を持って空に浮かぶ/河野典生」②ヨーコの愛と平和のメッセージ全文を紹介した「オノ・ヨーコ/感謝をこめて世界のファンに贈ったメッセージの反響!」③追悼を意識してか表紙左下がジョン・レノンのイラスト。但し掲載記事はない。④巻末モノクログラフ「父,J.レノンの死の悲しみもいえて/ショーン君に笑顔が戻った」が1ページ。⑤ジョン愛好家、横尾忠則と内田裕也の対談。⑥ジョン射殺事件後、緊急出版されたジョン・レノン特集号で内容は濃い。

①John Lennon/All You Need is Love　［笠倉出版社］　1981/02/15
②週刊FM/2月16日-3月1日号　［音楽之友社］　1981/02/16『10周年記念特集あのころ拓郎、YMO、ビートルズ、そしてオーディオは…』
③NON-NO(ノンノ)2月20日号　［集英社］　1981/02/20
④朝日ジャーナル/2月20日号　［朝日新聞社］　1981/02/20
⑤週刊プレイボーイ/2月24日号　［集英社］　1981/02/24
⑥ALL THAT JOHN LENNON 1940-1980/ジョン・レノン　［中央公論社］　1981/02/25

①ジョン・レノン射殺事件の後、制作されたヴィジュアル追悼特集号の日本版。②ジョン・レノン表紙以外に悲報に関する小記事やフォトなどあるが目立つ記事はない。③ジョン・レノン射殺事件の特集「オノ・ヨーコ/ジョンへ贈る鎮魂歌」5ページ。④アメリカの歴史学者ジェリー・K・フィッシャーによるジョン・レノンの死が持つ意味に関する6ページの詳細レポート。⑤小レポート「ジョン・レノン追悼!?ロンドン→リバプール→ニューヨーク/NEWマジカル・ミステリー・ツアーにキミ参加する?」⑥BBCのロングインタビューや著名人の追悼エッセイ、年譜、ディスコグラフィー写真など資料で構成したジョン・レノン追悼企画本。

1981

①　　　　　　　②　　　　　　　③　　　　　　　④　　　　　　　⑤　　　　　　　⑥

①ミュージックライフ／3月号［新興楽譜出版社］1981/03/01『特別読み物／ジョン・レノン物語』
②PLAYBOY／3月号［集英社］1981/03/01『PBインタビュー／ジョン・レノン完結篇』
③ウィークエンド・スーパー／3月号［セルフ出版／日正堂］1981/03/01
④mc Sister（エムシーシスター）／3月号［婦人画報社］1981/03/01
⑤ギャルズライフ／3月号［主婦の友社］1981/03/01
⑥スクリーン／3月号［近代映画社］1981/03/01『ジョン・レノン追悼グラフ ビートルズ特集』

①ジョンの巻頭カラーグラビアや特別読み物の前編など。②2月号に続き「PLAYBOYインタビューPART2／ジョン・レノン」。③極秘来日したジョンとヨーコのツーショット写真と事件の記述が少々。④小記事「さようならジョン・レノンそしていま、リボルバー！／リボルバーは時代が生んだビートルズだ」。⑤2ページ程度の追悼記事「追悼ジョン・レノン／ジョンこそは新しい時代のクリエイターだった」。⑥ジョンの追悼グラフとビートルズグラフ。

①　　　　　　　②　　　　　　　③　　　　　　　④　　　　　　　⑤　　　　　　　⑥

①スクリーン・イングリッシュ／3月号［英潮社］1981/03/01
②ビッグコミック・フォアレディ／3月号［小学館］1981/03/01『イラスト・エッセイ／ビートルズのころ』
③BRUTUS（ブルータス）／3月1日号［平凡出版社］1981/03/01『RollingStone誌特約◎JOHN LENNON』
④ミュージック・マガジン3月増刊／ジョン・レノンを抱きしめて［ニューミュージック・マガジン社］1981/03/01
⑤モア（MORE）／3月号［集英社］1981/03/01
⑥ロードショー／3月号［集英社］1981/03/01『ジョン・レノン追悼グラフ』

①SCREEN GRAFFITIに「ジョン・レノンが死んだ日IMAGINE／小野耕世」など。②巻末にイラストとエッセイ「ビートルズのころ／萩尾望都」が4ページ。③ローリングストーン誌の追悼特集号の抄訳などを中心に掲載。④数ある追悼企画号のなかでも、特に内容が充実した大特集号。⑤カラー3ページの追悼特集「ジョン・レノン／あなたは逝った。大きなものを残して……」⑥追悼グラフ「ジョン・レノン・フォーエバー」。

①　　　　　　　②　　　　　　　③　　　　　　　④　　　　　　　⑤　　　　　　　⑥

①映画情報／3月号［国際情報社］1981/03/01
②写楽／3月号［小学館］1981/03/01
③YOU HAVE TO DO IT YOURSELF：LENNON／篠山紀信（写楽／3月号付録の写真集）［小学館］1981/03/01
④新鮮／3月号［小学館］1981/03/01『オノ・ヨーコ決意』
⑤新譜ジャーナル／3月号［自由国民社］1981/03/01『ジョン・レノンを偲ぶ イマジ、ラブ、ガール、ギブ・ピース・ア・チャンス、スターティング・オーバー』
⑥中央公論／3月号［中央公論社］1981/03/01『本誌独占ジョン・レノン射殺48時間前英国国営放送インタビュー』

①篠山紀信のカラーフォトを添えた追悼グラフ「ジョン・レノンよ永遠に……」。②射殺事件を取り上げた各雑誌紹介記事など。③「写楽」の特別付録。射殺事件の直前に篠山紀信が撮影したフォトを集めた14ページの追悼写真集。④射殺事件を乗り越えたヨーコの決意の真相や71年来日時のジョンとヨーコのレア写真など。⑤追悼企画「ジョン・レノン逝く／1980.12.9」と楽譜集など合わせて12ページ。⑥射殺される48時間前に収録されたBBCのインタビューを独占掲載。

1981

①宝島/3月号［JICC出版局］1981/03/01
②話の特集/3月号［話の特集］1981/03/01『今月登場 ジョン・レノン 飯村隆彦』
③平凡パンチ/3月2日号［平凡出版社］1981/03/02『J・レノン リバプール追跡MAP』
④週刊明星/3月5日号［集英社］1981/03/05
⑤ジョン・レノン PLAYBOY インタビュー［集英社］1981/03/10
⑥ジョン・レノン いちご畑よ、永遠に［河出書房新社］1981/03/20

①射殺事件の3時間前に行われたRKOラジオ・インタビュー「ジョン・レノン・ラスト・ワーズ／8,December,1980」。②「ジョン・レノンを射った男／鈴木慶一」やジョン＆ヨーコのインタビューとエッセイなど。③ジョンゆかりの地を辿りながら記した石坂敬一の追悼レポート「J・レノン リバプール追跡MAP」。④事件直前インタビューについての記事「ジョン・レノン死の40分前に語った肉声が！」。⑤凶弾に倒れる数カ月前に収録された米プレイボーイ誌による貴重インタビューの単行本。⑥ジャーナリストらによってアーティスト・ジョンの存在意義を改めて問うた追悼版構成の編集本。

①ジョン・レノン愛の遺言［講談社］1981/03/30
②ミュージックライフ/4月号［新興楽譜出版社］1981/04/01『ジョン・レノン物語』
③クールガイ/4月号［蒼竜社］1981/04/01『N.Y.現地徹底取材 ジョン・レノンを殺ってしまった男』
④隔月刊ロック・ショウ/4月号［シンコー・ミュージック］1981/04/01
⑤写楽/4月号［小学館］1981/04/01
⑥ジョン・レノン語録/生と死の追憶［シンコー・ミュージック］1981/04/01

①凶弾に倒れる6時間前に行われた貴重インタビューを完全収録した本。②3月号の前編に続き「ジョン・レノン物語」の後編など。③アダルト雑誌では珍しく、6ページに及ぶ特捜班によるニューヨーク現地徹底追跡取材がある。④4ページの追悼特集「ジョンの魂よ、永遠に……／John Lennon Forever」。⑤一般投稿コーナーに軽井沢滞在中のジョンの貴重スナップショットと記事「さよならジョン・レノン」。⑥ジョンの名言やユニークなコメントを年代順に整理収録した語録。

①コマーシャル・フォト/4月号［玄光社］1981/04/01
②週刊女性/4月21日号［主婦と生活社］1981/04/21
③ホット・ドッグ・プレス/5月号［講談社］1981/05/01
④映画ファン/5月号［愛宕書房］1981/05/01
⑤ジョン・レノン・メモリー［CBS・ソニー出版］1981/05/05
⑥The Beatles/5月号 臨時増刊48号ビートルズ研究特集(5&6号) ジョン・レノン追悼号［BCC］1981/05/10　※初版

①冒頭に事件に触れた程度の風俗時評「ジョン・レノンとジャパン／ジャポニズム再考：海野弘」。②写真と記事「レノン射殺事件から3ヶ月・小野ヨーコ／遺産相続575億円、1日4千600万円のレコード印税で優雅な音楽活動！」。③事件後のヨーコの近況記事と写真「レノンの息子を誘惑するヨーコ・オノ」。④小記事、ヨーコ新作の話題「事件当夜リミックスしていた自作の曲をヨーコが発表。そう、故ジョン・レノンのために」。⑤ジョン・レノンファンの著者がジョンについて書かれた詩やエッセイを集めた編集本。⑥内容はジョンの生前グラビア特集をはじめ巻頭の特別寄稿他、資料。この初版は背表紙がホワイト。

the beatles collection 2 | 161

1981

①　　　　　　　　②　　　　　　　　③　　　　　　　　④　　　　　　　　⑤　　　　　　　　⑥

①The Beatles／ビートルズ研究特集(5&6号)ジョン・レノン追悼号(再版)［BCC］※1995〜
②音楽専科臨時増刊／ザ・ビートルズその栄光の軌跡(改訂増補版)［音楽専科社］1981/05/30
③FM fan／6月1日号 臨時増刊［共同通信社］1981/06/01『ビートルズ初来日の写真集付FMグラフィティ SINCE1966』
④ホット(HOT)告白とスキャンダル［アリス出版］1981/06
⑤宝島／6月号［JICC出版局］1981/06/01『ボブ・グルーエン「ジョンと洋子の素顔」』
⑥女性自身／6月11日号［光文社］1981/06/11『凄い！レノンとヨーコの「SEXビデオ」』

①1981年5月1日に発行された「ジョン・レノン追悼号」の増刷再版タイプで背表紙が表紙と同じシルバー。②香月利一によるビートルズの総合事典。この増補版の方にだけジョンの追悼特集がある。③音楽シーンにおける1966年〜1981年までの重大事件や出来事を一挙にまとめた回想録。他で一部ジョンの事件にも触れている部分あり。④アダルト雑誌だが3ページの特集記事「ジョン・レノン追悼」がある。写真とまじめな追悼記事「グッドバイ、ジョン・レノンまた会う日まで」など。⑤ボブ・グルーエンの撮影したジョン&ヨーコ写真とインタビュー記事など。⑥事件とは関係のないジョン&ヨーコのゴシップ系記事。

①　　　　　　　　②　　　　　　　　③　　　　　　　　④　　　　　　　　⑤　　　　　　　　⑥

①ポパイ／6月25日号［マガジンハウス］1981/06/25
②えるまあな／創刊2号［えるまあな編集室］1981/07/05『ジョン・レノン特集"ジョンのロック魂・その心理学的考察"』
③週刊プレイボーイ／7月21日号［集英社］1981/07/21
④ミスター・ダンディ／8月号［サンデー社］1981/08/01『セックス・インタビュー「人間宣言」をもう一度ジョン・レノン&オノ・ヨーコ』
⑤週刊朝日／8月14日号［朝日新聞社］1981/08/14
⑥ポパイ／8月25日号［マガジンハウス］1981/08/25

①事件と関係ない話題「ヨーコ夫人はレノンとのあの行為を見せるのがお好き！？」が少々。②事件後の企画でジョンの読物・資料集を含めたマニアックな大特集がある。レアな雑誌のひとつ。③事件後のビートルズ3人の近況レポート「死してなおビートルズたちに影響を与えるジョン・レノンの力」他。④事件から半年、アメリカのアダルト新聞スクリュー紙が1969年6月に行ったインタビュー。⑤特別寄稿「私がオノ・ヨーコと語り合った三時間／加藤登紀子」。⑥ヨーコの小記事「ジョン・レノンの死、オノ・ヨーコの熱唱で甦るか？」。

①　　　　　　　　②　　　　　　　　③　　　　　　　　④　　　　　　　　⑤　　　　　　　　⑥

①ビッグ・コミック・フォアレディ／10月号［小学館］1981/10/01
②週刊読売／10月4日号［読売新聞社］1981/10/04『裕次郎、小百合そしてビートルズの日々……』
③週刊ポスト／10月23日号［小学館］1981/10/23『独占！ジョン・レノン殺害犯会見「殺れば大統領になれると思った」』
④スクリーン／11月号［近代映画社］1981/10/01『ロック・エージの青春プレスリーからビートルズまで』
⑤週刊明星／11月19日号［集英社］1981/11/19
⑥アサヒグラフ／11月20日号［朝日新聞社］1981/11/20『本誌独占 フランス気鋭劇画家による冥府のジョン・レノン』

①事件の2週間前に行われたPLAYBOY誌インタビューの単行本発売に関する記事「読み終えて、レノンとビートルズがより好きになった」。②事件とは関係のないビートルズ記事。③ジョン殺害犯、マーク・チャップマンの獄中会見記。④プレスリーやビートルズの記事でジョンとは関係なし。⑤ロサンゼルス市公会堂前に設置された銅像写真と記事「故ジョン・レノン 蘇ったスーパー・ヒーロー」。⑥月刊コミック誌「ア・シュイーブル」に掲載されたジョン追悼特集から劇画作品など数点を抜粋し、再掲載したもの。

1981

① John Lennon/bag one［A to Z］1981/12/01
② ミュージックライフ/12月号［新興楽譜出版社］1981/12/01『ジョン・レノン一周忌』
③ コミックトム/12月号［潮出版社］1981/12/01
④ モア（MORE）/12月号［集英社］1981/12/01『オノ・ヨーコが語る「私と彼と息子のこと…」』
⑤ ジョン・レノン/ノー・リプライ［文化出版局］1981/12/08
⑥ ルーシーは爆薬持って空に浮かぶ/LUCY IN THE SKY WITH DYNAMITE［集英社］1981/12/10

①東京A to Zシアターで開催されたジョンのリトグラフほかを集めた展示会「bag one」のイベントパンフレット。②立川直樹の手記「ジョン・レノン一周忌によせて……誰がジョン・レノンを射ったのか？」。③3ページの記事「12月8日ジョン・レノン 一周忌とガン・コントロール」。④カラー12ページに及ぶ巻頭特別インタビュー「オノ・ヨーコが語るあの事件後の私」。⑤ジョン追悼で制作されたジョンの伝記、資料。⑥ジョン射殺事件のニュースを知ったロックを愛する主人公の青春物語。

① LOVE JOHN LENNON［新評論］1981/12/15
② LOVE JOHN LENNON/日本版オリジナルブックレット［新評論］1981/12/15 ※①の付録。
③ 週刊文春/12月17日号［文藝春秋］1981/12/17
④ 週刊文春/12月24日号［文藝春秋］1981/12/24
⑤ 週刊TVガイド/12月25日号［東京ニュース通信社］1981/12/25
⑥ 週刊読売/12月27日号［読売新聞社］1981/12/27

①フランスの人気漫画家の作品を主体にした画集の日本語版。②付録冊子。「ビートルズと生きて／出会いからレノンの死まで」など、東芝EMIの石坂敬一と三好伸一のインタビュー他。③射殺犯マーク・チャップマンの現地取材レポートなど6ページ「ジョン・レノンをつかまえて／あれから1年—現地徹底取材・青木冨貴子」。④前号に続き、現地公判レポート「ジョン・レノンをつかまえて／完結篇」7ページ。⑤ジョン・レノン射殺事件時の報道回顧録「死して一年、ジョン・レノン事件とTV報道」。⑥グラフ「もう一つの12月8日／ジョン・レノンをしのぶオークション」。

① オフィス英語/1月号［インタープレス］1981/01/01　※以下、追加収録分。
② 漫画オリンピア/3月号［辰巳出版］1981/03/01
③ BEATLE MAGAZINE 1981 SPRING NO.6［CBFC］1981/03/
④ ホット・ドッグ・プレス/4月号［講談社］1981/04/01
⑤ マイハスラー/6月号［笠倉出版社］1981/06/01
⑥ 女性セブン/6月18日号［小学館］1981/06/18

①ジョン・レノン射殺事件直後のロイター通信の第1報、第2報、第3報の英文記事訳などが少々。②漫画内の数コマにイラストが登場する程度だが「さよならJ.LENNON」を付けた漫画「あるがままに・LET IT BE／八木正彦」が20p。③ファン・クラブ(CBFC)会報でジョン・レノンの36pの追悼大特集あり。④射殺事件関連記事「レノンは自分の射殺を予見していた！」が少々。④極小記事「Jレノン死後あたふたと活動しはじめた元ビートルズ三人のちょっぴり気になる近況」⑤「あの衝撃から6ヶ月オノ・ヨーコ初インタビュー／ジョンのやきもちと闘った日々」が3ページ。

リンゴ・スター／1989年初来日公演関連

ビートルズメンバーとして最初に実現したリンゴ・スターの来日コンサートで、
豪華メンバー(ジョー・ウォルシュ／ビリー・プレストン／リック・ダンコ／ニルス・ロフグレン／
ジム・ケルトナー他)を伴い「リンゴ・スター＆ヒズ・オール・スター・バンド」としてステージに上がった。
翌1990年のポールの来日公演に話題が集中したこともあり、
リンゴの来日関連記事掲載アイテムは意外に少ない。

① ② ③ ④ ⑤ ⑥

①週刊FM/9月18日-10月1日号［音楽之友社］1989/09/18『特集②リンゴ・スター復活！ライブ・ツアー緊急リポート／RINGO STARRリンゴ・スター』
②GORO/10月12日号［小学館］1989/10/12
③FMステーション/10月16日-10月29日号［ダイヤモンド社］1989/10/16『リンゴ・スターと仲間たち』
④FMレコパル/10月30日-11月12日号［小学館］1989/10/30『リンゴ・スター』
⑤RINGO STARR AND HIS ALL-STARR BAND/ 日本公演パンフレット1989［ウドー音楽事務所/LD企画］1989/10/
⑥The Beatles会報/11月号［BCC］1989/11/01

①リンゴ・スター＆ヒズ・オール・スター・バンドの来日決定のニュースとメンバー紹介・曲目解説。②来日直前インタビュー「ロサンゼルス直撃独占インタビュー・リンゴ・スター」。③来日直前の緊急インタビューとメンバー紹介「祝！来日リンゴ・スター AND HIS ALL STARR BAND」。④今週の顔「THE FACE」にリンゴの来日公演情報。⑤「リンゴ・スター＆ヒズ・オール・スター・バンド」日本公演パンフレット。⑥定期BCC会報。リンゴ来日直前特集。

① ② ③ ④

①週刊FM/11月27日-12月10日号［音楽之友社］1989/11/27『HEAT WAVEリンゴ・スター版権独占／ジョン・レノンを撃ったのは誰だ②』
②SPA！(スパ)/11月29日号［扶桑社］1989/11/29
③ミュージックライフ/1月号［シンコー・ミュージック］1990/01/01
④リズム＆ドラム・マガジン NO.29［リットーミュージック］1990/01/01『リンゴ・スター／Ringo Star』

①来日コンサートのリポート。②公演レポート「リンゴ・スターの来日公演は大ナツメロ大会！？」。③一部ビートルズカヴァー。1989年11月7日のコンサートレポート。④来日コンサート後のロング・インタビュー他。

ポール・マッカートニー／1990年初来日公演関連

1976年前後にかけての来日公演招致は実現せず、
やっと実現したかに思われた1980年公演も大麻不法所持による逮捕という大事件で急遽中止に。
1990年、24年ぶりに、ビートルズとして来日して以来の公演を行ったポール・マッカートニー。
メディアも大々的に「世紀のコンサート」を取り上げ、あらゆる雑誌媒体にポールが掲載された。
※一部、来日関連以外のアイテムも収録。

①FM fan/6月12日-6月25日号［共同通信社］1989/06/12『PAUL McCARTNEY FLOWERS IN THE DIRT』
②The Beatles 臨時増刊（第173号）［BCC］1989/12/10
③GORO/1月1日号［小学館］1990/01/01
④週刊FM/1月8日-1月21日号［音楽之友社］1990/01/08『ストーンズ、マッカートニー2月、3月東京ドーム決定』
⑤アメリカン・エキスプレス・チケット・ガイド／ポール・マッカートニー［アメリカン・エクスプレス・インターナショナル］1990/01/15
⑥FMレコパル/1月22日-2月4日号［小学館］1990/01/22『来日詳報 ローリング・ストーンズ、ポール・マッカートニー』

①ニューリリースコーナーに最新アルバム「FLOWERS IN THE DIRT」情報。②臨時増刊号。ポールの来日公演がほぼ確実になったという小記事他。③来日直前独占インタビュー。
④来日を控えたポールの新着情報。⑤ポール他、来日アーティストのチケット・ガイド。3つ折りリーフレット。⑥ポールとストーンズの来日公演詳報。

 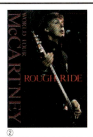 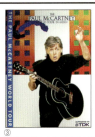   

①週刊FM/1月22日-2月4日号［音楽之友社］1990/01/22『コンサート情報！！ストーンズ、マッカートニー』
②ポール・マッカートニー写真集／ROUGH RIDE WORLD TOUR［JAM出版／星雲社］1990/01/25
③THE PAUL McCARTNEY/ WORLD TOUR IN JAPAN プレスキット（非売品）［フジテレビジョン事業局］1990/01/
④THE PAUL McCARTNEY/ WORLD TOUR IN JAPAN プレスキット（非売品）［フジテレビジョン事業局］1990/01/ ※本体
⑤エニイ／2月1日号［西武タイム］1990/02/01『最後のスーパースターついに来日！ポールとストーンズがビッグエッグにやって来る！』
⑥MEMORIAL OF LANDING JAPAN 1990/PAUL McCARTNEY（非売品）［東芝EMI］1990/02/01

①ポール来日小記事。②来日公演を前に発売された写真集。1989年のワールド・ツアーからステージ・フォトを多く収録。③日本公演決定にあたり報道関係者に配布された良質のプレスリリースキット（非売品）。④キットの中身はプレスリリースシート（A4判）が10枚、公演日程やチケット発売日、ポールのメッセージ、来日メンバープロフィール、ワールドツアーレポート、スケジュールなど、カラー印刷の厚手シート（A4判）が8枚他、小冊子やチラシなどがセットされた豪華版。⑤来日カラーグラフ。⑥来日を記念して東芝EMIが発行した非売品の小冊子。

①フライデー/2月2日号［講談社］1990/02/02
②FMステーション/2月5日-2月18日号［ダイヤモンド社］1990/02/05『BIG2来日！スペシャル大特集ポール・マッカートニーVSローリング・ストーンズ』
③FMレコパル/2月5日-2月18日号［小学館］1990/02/05『来日記念 R・ストーンズ VS P・マッカートニー』
④週刊FM/2月5日-2月18日号［音楽之友社］1990/02/05『インタビュー・ポール・マッカートニー』
⑤Picket NO.15（ピケット）［ぴあ］1990/02/08『ポール・マッカートニー追加席緊急入荷！！』
⑥ぴあ／2月15日号［ぴあ］1990/02/15

①ワールドツアーのステージ写真と記事。②来日記念のグラフ。③「ポール・マッカートニー来日間近」のFM番組ガイド、BS第2音楽情報がある程度。④来日直前インタビュー。
⑤来日公演緊急情報。⑥表紙イラストが4人ともポール（及川正通）。

1990

ここだけの話、私は来日直前までコンサートには行かないつもりでいた。
「いつもレコードで聞いているし、東京まで遠い。行かなくてもそれなりに情報は手に入る。
根っからのファンでさえいればいい——」。そう思っていたのもつかの間、
来日が現実味を帯びてくると考えが一変し、どうしても同じ空間で感動を共有したくなった。
結局、仕事を休んで新幹線に飛び乗り、ダフ屋に３万5,000円（定価7,000円）を支払った。

① ② ③ ④ ⑤ ⑥

① FMレコパル/2月19日-3月4日号［小学館］1990/02/19『来日直前ロンドン・コンサート・レポート』
② KEIBUY（ケイバイ）/vol.20［KEIBUY事務局］1990/02/25『特集ポール・マッカートニー』
③ ワッツイン/2月号増刊 ROCK GIANTS VOL.1［CBS・ソニー出版］1990/02/25『PAUL McCARTNEY 新バンドを率いて初ソロ公演』
④ フラッシュ/2月27日号［光文社］1990/02/27
⑤ 週刊プレイボーイ/2月27日号［集英社］1990/02/27『ビートルズ、もうひとつの真実、元マネージャー・インタビュー』
⑥ GET BACK PRESS/VOL.4［GET BACK］1990/02/28

①来日直前のロンドン公演の詳細情報。②読物「ポール・マッカートニー来日特別寄稿／誰もわからないポール・マッカートニー」他、競売コレクション。③ポール特集「PAUL McCARTNEY 3度目の正直。新バンドを率いて初ソロ公演」表紙下段もポールの写真。④ポールとストーンズの2大モノクログラフ。⑤ポールの来日とは無関係。ビートルズのプロデューサー、ジョージ・マーティンのインタビューを収録。⑥通販カタログ。ポール来日記念企画あり。

① ② ③ ④ ⑤ ⑥

① やっとあえたね。（非売品）［東芝EMI］1990/02/
② ぴあ/3月1日号［ぴあ］1990/03/01
③ ミュージックライフ/3月号［シンコー・ミュージック］1990/03/01
④ ロッキング・オン/3月号［ロッキング・オン］1990/03/01『PAUL McCARTNEY 来日直前、単独インタビューに成功！』
⑤ ポップ・ギア/3月号［CBS・ソニー出版］1990/03/01『PAUL McCARTNEY 遂に来日公演実現！！?』
⑥ 週刊TVガイド/3月2日号［東京ニュース通信社］1990/03/02『来日公演先取り情報 ポール・マッカートニー』

①来日を記念して制作されたディスコグラフィー。1989年、ニューアルバムのプロモーション用に制作された同じ形態の冊子「PAUL McCARTNEY FLOWERS IN THE DIRT」とほぼ同内容で、来日決定後、表紙と最終ページの解説部分のみ改訂し刷新発行されたもの。②わずかに来日コンサート情報。③来日直前スペシャルインタビューが4ページ。④ポール＆リンダカヴァー。巻頭グラビアで来日直前インタビュー他。⑤ポールカヴァー。来日を控え、ポールとビートルズの2大特集。⑥来日公演の演奏曲情報など。

    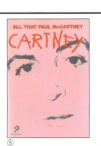 
① ② ③ ④ ⑤ ⑥

① PAUL McCARTNEY/ワールド・ツアー1989－90日本公演パンフレット［ウドー音楽事務所/LD企画］1990/03/03
② PAUL McCARTNEY/THE NEW WORLD TOUR（洋書）［EMAP Metro］1989－1990/
③ SOLD OUT/1990 FEBRUARY［キョードー東京］1989/『PAUL McCARTNEY/SPECIAL』
④ ビートルズがいっぱい/THE BEATLES［東芝EMI］1990/
⑤ ALL THAT PAUL McCARTNEY［プロデュース・センター出版局］1990/03/03
⑥ FM fan/3月5日-3月18日号［共同通信社］1990/03/05『ポール、君はなぜこんどのコンサートであんなにビートルズの曲を歌うの？』

①日本公演パンフレット。②海外のコンサート会場で自由に持ち帰ることができたフリーブック。国内では90年に入ってBCCが販売。③キョードー東京発行のライヴ＆コンサート情報誌。④ビートルズおよびポールのCD広告宣伝用の見開きチラシ。⑤かなりコアなポールの研究書。来日記事なし。⑥4ページの来日直前インタビュー。

①FMレコパル/3月5日-3月18日号［小学館］1990/03/05『来日直前！ポール・マッカートニー、ビートルズ〜ウイングス栄光の軌跡』
②ELLE（エル・ジャポン）/3月5日号［タイム・アシェット・ジャパン］1990/03/05
③キャズ（Caz）/3月7日号［扶桑社］1990/03/07
④スパ（SPA！）/3月7日号［扶桑社］1990/03/07『ついに来日！ポール・マッカートニー日本公演はこうなる』
⑤スコラ/3月8日号［スコラ］1990/03/08『ポール・マッカートニー』
⑥The Beatles 臨時増刊号（第177号）［BCC］1990/03/10

①来日公演直前特集。②来日とは直接関係ないが、カラーグラフ「話題の夫婦の静かな生活／ポール・マッカートニーとリンダ」。③小記事「ポール来日直前のステージ情報。コンサートはここが見どころ」。④来日グラフと直前情報。⑤日本公演直前の取材レポートなど小特集。⑥来日公演関連記事など。

①週刊テーミス/3月14日号［テーミス］1990/03/14
②週刊文春/3月15日号［文藝春秋］1990/03/15
③ザ・テレビジョン/3月16日号［角川書店］1990/03/16『24年ぶりの来日ポール・マッカートニー』
④フォーカス/3月16日号［新潮社］1990/03/16
⑤週刊朝日/3月16日号［朝日新聞社］1990/03/16
⑥FMステーション/3月19日-4月1日号［ダイヤモンド社］1990/03/19『ポール・マッカートニー in JAPAN』

①巻頭2ページのカラーグラフ「ポールがほんとうに来た」。②モノクログラフ「ミックが帰ったと思ったら、ポールがやってきた」③記事と写真「ポール、24年ぶりの正式来日記者会見ライヴもゴキゲン！」。④来日公演ステージグラフ。⑤カラーグラフ「ビートルズ、ポールもやって来た」。⑥来日記念スペシャル・レポート「ポール・マッカートニー in JAPAN／渡辺芳子」。

①FMレコパル/3月19日-4月1日号［小学館］1990/03/19『ポール・マッカートニー in JAPAN』
②週刊FM/3月19日-4月1日号［音楽之友社］1990/03/19『コンサート・レポート＆オリジナル・カセット・レーベル・ポール・マッカートニー』
③フラッシュ/3月20日号［光文社］1990/03/20
④週刊プレイボーイ/3月20日号［集英社］1990/03/20
⑤週刊女性/3月20日号［主婦と生活社］1990/03/20
⑥女性自身/3月20日号［光文社］1990/03/20『ポールがやってきた！あの「ビートルズ」想い出グラフ特集ポール・マッカートニー、ステージは興奮の嵐！』

①来日公演レポート。②来日公演、東京ドーム3月3日レポート他。③来日公演の写真と記事。④共同記者会見他、来日関連記事。⑤巻頭グラフ「最後のビートルズ・ドラッグも酒もやめたよ！／26万人を熱狂させるポール・マッカートニーのヘルシー宣言」。⑥来日公演のモノクログラフと記事。

①ポパイ /3月21日号［マガジンハウス］1990/03/21
②週刊宝石 /3月22日号［光文社］1990/03/22
③週刊明星 /3月22日号［集英社］1990/03/22『ポール・マッカートニー東京パニック！』
④女性セブン /3月22日号［小学館］1990/03/22
⑤ザ・テレビジョン 3月23日号［角川書店］1990/03/23
⑥フライデー /3月23日号［講談社］1990/03/23『ポール・マッカートニー一家の乗馬＆神社詣で』

①小記事「ポールの来日記念の変則2本立てでキミを待つ！」。②モノクログラフ「ストーンズに続いて24年ぶりにポールが来日／47歳、おじさんパワー全開！」。③来日公演関連記事など。④来日グラフ「大麻事件を水に流してご機嫌来日／ポール・マッカートニー（47）」のみ。⑤来日コンサートのモノクログラフ「蘇ったビートルズ・ナンバーでポールと5万人の大合唱が実現！」。⑥巻頭2ページのカラーグラフ「ポールがほんとうに来た」。

①週刊女性 /3月27日号［主婦と生活社］1990/03/27
②女性自身 /3月27日号［光文社］1990/03/27
③ミュージックライフ /4月号［シンコー・ミュージック］1990/04/01
④エスクァイア /4月号［ユー・ピー・ユー］1990/04/01『来日直前、すべての質問に答えるポール・マッカートニー・インタビュー by マイク・ツヴェーリン』
⑤シュプール /4月号［集英社］1990/04/01『CLOSEUP ポール・マッカートニー』
⑥ベース・マガジン /4月号［リットーミュージック］1990/04/01『ポール・マッカートニー』

①来日グラフ「ハローニッポン！／24年ぶりの来日コンサート」。②来日公演に訪れた日本の芸能人たちのスナップ写真を掲載した「ポール・マッカートニー日本公演に、続々とスターたちも／ビートルズナンバーに涙した夜」。③「ロック・ミュージシャン AtoZ シリーズ／ポール・マッカートニー」他、公演来日メンバー紹介、ディスコグラフィー。④④独占インタビュー「来日直前、すべての質問に答える」が7ページ。⑤7ページカラー特集「CLOSEUP 伝説の人にようやく会える。ポール・マッカートニー」。⑥来日関連記事「24年ぶりに帰ってきた最後の大物ベーシスト」など。

① YOUNG SONG（明星4月号付録）［集英社］1990/04/01『スーパースター来日記念！ポール・マッカートニー特集』
②ロッキング・オン /4月号［ロッキング・オン］1990/04/01
③ FM fan/4月2日-4月15日号［共同通信社］1990/04/02『やっとあえたね／ポール・マッカートニー日本公演完全リポート』etc
④オリコン /4月2日号［オリジナルコンフィデンス］1990/04/02『感涙の名演をプレイバック！PAUL McCARTNEY in TOKYO DOME』
⑤週刊FM/4月2日-4月15日号［音楽之友社］1990/04/02『総力企画／来日密着ドキュメントポール・マッカートニーの2週間』
⑥ GOLD WAX（4）/1990 SPRING［白夜書房］1990/04/10『PAUL McCARTNEY』

①特集「今世紀最大のスーパースター！ポール・マッカートニーがやってくる！！／Welcome PAUL」。②「P・マッカートニー英国ツアー最終公演。次は日本だ！／児島由紀子」と最新レポートなど。③来日特集、永久保存版「やっとあえたね。ポール・マッカートニー日本公演完全リポート／猪俣憲司・根木正孝」。④来日公演（東京ドーム）からのグラフ「待ちに待った日本公演24年振りのSHOUT炸裂！！」。⑤来日コンサートドキュメント「総力企画来日密着ドキュメント／ポール・マッカートニーの2週間」など。⑥来日関連ではないが、1986年までのポールのソロ活動のデモ、プロモ、ソノシート他、レア盤を集めたコレクターズ・ガイド。

1990

    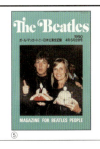 

①GORO/4月12日号［小学館］1990/04/12『ポール・マッカートニー独占会見記「ストーンズからの伝言は…」』
②週刊ヤングマガジン/4月23日号［講談社］1990/04/23『追跡 15日間 ポール・マッカートニー全記録 ポールはただいまブラジル公演準備中！～』
③CHA CHA CHA/5月号［チャチャチャ］［ゲオ］1990/04/30『ニューヨーク・マジソン・スクウェアー・ガーデンにおけるポール・マッカートニー・コンサート』
④オリコン/4月30日号［オリジナルコンフィデンス］1990/04/30『ゴーカな顔合わせで贈るビートルズ・カヴァー「ALL WE NEED IS LOVE」』
⑤The Beatles 会報/4月・5月合併号［BCC］1990/05/01『ポール・マッカートニー日本公演全記録』
⑥ミュージック・マガジン/5月号［ミュージック・マガジン］1990/05/01『ポール・マッカートニー東京公演』

①来日公演後のインタビュー。②カラーグラフ、来日関連の記録写真と記事。③来日後の最新グラフとレポート「ニューヨーク・マジソン・スクウェアー・ガーデンにおけるポール・マッカートニー・コンサート」。④来日関連でなく、高橋幸宏をはじめ多数の日本人アーティストが参加したカヴァー・アルバムの記事。⑤BCC会報合併号。ポール・マッカートニー来日公演特集。⑥ポール来日コンサートの詳細レポート。

 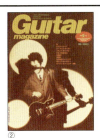  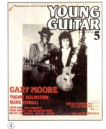  

①TOKYO JOURNAL（英文）［CROSS CULTURAL COMMUNICATIONS］1990/05/01『The Greening of Paul McCartney』
②ギター・マガジン/5月号［リットーミュージック］1990/05/01
③サウンド&レコーディング・マガジン/5月号［リットーミュージック］1990/05/01『ポール・マッカートニー』
④ヤング・ギター/5月号［シンコー・ミュージック］1990/05/01『PAUL McCARTNEY BAND』
⑤ロッキング・オン/5月号［ロッキング・オン］1990/05/01
⑥明星/5月号［集英社］1990/05/01

①来日特別インタビューと都内の小学校で行われた記念植樹イベントに参加したフォトなど。（※英文だが参考収録）②来日公演メンバーである2人のギタリスト、ロビー・マッキントッシュとハミッシュ・スチュワートのインタビュー。③巻頭カラー4ページに日本公演レポート「PA REPORT/PAUL McCARTNEY WORLD TOUR」。④「The Paul McCartney World Tour in Japan」のステージ写真とともに来日メンバーインタビュー。⑤巻頭来日グラフ「ビートルズの怨念をフッ切ったポール・マッカートニー」⑥来日関連記事「ビートルズ&ローリングストーンズ/ライバル関係」。

①ワッツイン/5月号［ソニー・マガジンズ］1990/05/15『特別企画/今世紀最高のメロディ・メイカー独占会見記・木根尚登 MEETS ポール・マッカートニー』
②フライデー/5月11日-5月18日号［講談社］1990/05/18
③月刊YMMプレイヤー/6月号［プレイヤー・コーポレーション］1990/06/05『PAUL McCARTNEY』
④オリコン/11月5日号［オリジナルコンフィデンス］1990/11/05『解散20周年記念 ビートルズ』『ネブワースの実態/独占掲載グラスゴー公演』
⑤CRAZY about MACCA 会報［CAM 会報］1990/11/25
⑥PAUL McCARTNEY'S GET BACK［NHKエンタープライズ］1990/

①来日中のポールを招いて行われたオンエアー会見記「木根尚登 MEETS ポール・マッカートニー」。②来日とは関係ないが、グラフ「マッカートニー&シュワルツネガー夫妻に降参/似たもの夫婦とはよくいうけれど……」。③来日公演レポートと全メンバーの使用楽器詳細解説。④最新ニュース「あと7日で東京ドームでのあの感動が帰ってくる！ポール・マッカートニーライブ発売」など。⑤ポールのコアなファンが作った手作り特集冊子VOL.2。ファンならではの等身大ポール特集号。⑥ケイエスエスが制作しNHKエンタープライズが発売したワールドツアー、ライヴドキュメンタリー映画VHS《ゲット・バック》の小冊子。

ジョージ・ハリスン／1991年初来日公演関連

ビートルズ日本公演以来25年ぶり、親友エリック・クラプトンを伴って来日した
ジョージ・ハリスンの日本公演は1991年12月1日〜12月17日に行われた。
全国主要都市7会場で計12回のステージ、ビートルズ時代のオリジナル・ナンバーも数多く披露された。
※一部、来日関連以外のアイテムも収録。

 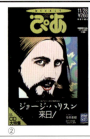    

①週刊プレイボーイ/11月19日号［集英社］1991/11/19
②ぴあ/11月28日号［ぴあ］1991/11/28『ジョージ＆クラプトン栄光の軌跡を探る／ジョージ・ハリスン来日！』
③ GEORGE HARRSON with ERIC CLAPTON and HIS BAND/ 日本公演パンフレット［ウドー音楽事務所］1991/12/01
④オリコン/12月2日号［オリジナルコンフィデンス］1991/12/02『特集 25年ぶりの来日公演中！ジョージ・ハリスンのススメ！』
⑤スパ（SPA！）/12月4日号［扶桑社］1991/12/04『文化バザール ジョージ・ハリスン、エリック・クラプトン』
⑥フライデー/12月6日号［講談社］1991/12/06

①ジョージ初来日公演決定にともなうグラフ。②近況フォトほか来日関連情報、ディスコグラフィーなど。ジョージのイラストカヴァー。③日本公演パンフレット。④公演前情報とディスコグラフィー。特集といっても１ページ。⑤カラー写真と記事。⑥来日直前の単独インタビュー。

①毎日グラフ/12月8日号［毎日新聞社］1991/12/08『伝説のビートルズ／25年ぶりジョージ・ハリスン来日！！』
② FMステーション/12月9日-12月22日号［ダイヤモンド社］1991/12/09『SUPER INTERVIEW ジョージ・ハリスン with エリック・クラプトン』
③ GORO/12月12日号［小学館］1991/12/12
④週刊文春/12月12日号［文藝春秋］1991/12/12
⑤アサヒグラフ/12月13日号［朝日新聞社］1991/12/13『来日ライヴ ジョージ・ハリスン＆E・クラプトン』
⑥フォーカス/12月13日号［新潮社］1991/12/13

①ジョージの近況情報を掲載した巻頭グラフ特集。ジョージカヴァー。②来日直前インタビュー。③ジョージとクラプトンの友情とその絆に迫るレポート「Back Stage report／ジョージ・ハリスン＆エリック・クラプトン」。④ジョージ＆クラプトン来日記者会見会場のモノクログラフ。⑤横浜アリーナ公演のカラーグラフ。⑥来日記者会見時の写真と記事。

   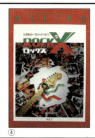  

①アエラ/12月17日号［朝日新聞社］1991/12/17
②日経エンタテイメント/12月18日号［日経新聞社］1991/12/18『アーティスト ジョージ・ハリスン』
③フライデー/12月20日号［講談社］1991/12/20
④マイライフ創刊・ロックス［マイライフ社］1991/12/20
⑤レコード・コレクターズ/1月号［ミュージック・マガジン］1992/01/01
⑥ FMステーション/1月6日-1月19日号［ダイヤモンド社］1992/01/06『ジョージ・ハリスン with エリック・クラプトン』

①ジョージ来日直前の記事。②表紙がジョージ。クラプトンとのツーショット写真があるが、コンサートについてはわずかな記事のみ。③来日公演のステージ・ショットとレポート。④アルバム・ディスコグラフィー他、ジョージ来日記念特集。⑤来日を意識してか、53ページに及ぶジョージの総力特集「特集ジョージ・ハリスン」を掲載。⑥巻末「今週のLIVE！」に曲目リストと小グラフ「ジョージ・ハリスン＆エリック・クラプトン」のみ。

    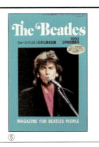 

①レコパル /1月6日-1月19日号［小学館］1992/01/06
②FM fan/1月20日-2月2日号［共同通信社］1992/01/20『ジョージ・ハリスン来日公演特集・25年ぶりの来日公演徹底取材』etc
③ミュージック・マガジン /2月号［ミュージック・マガジン］1992/02/01『92年、注目のアーティストたちハリスン＆クラプトン／テンプテイションズ』etc
④宝島 /2月9日号［宝島社］1992/02/09『ジミヘン、ジャニス、レノンからフレディ・マーキュリーまで逝ってしまった巨人たち／ロック伝説写真集』
⑤The Beatles 会報 /3月特別増頁号［BCC］1992/03/01『ジョージ・ハリスン日本公演全記録』
⑥TOKYO BEATLES FAN CLUB MAGAZINE NO.3［東京ビートルズ・ファン・クラブ］1992/

①来日コンサート総括「親友同士の絆が生んだ17年ぶりの感動／ジョージ・ハリスン＆エリック・クラプトン」。②巻頭カラー、来日公演特集。③来日コンサート・レポートなど。④ジョンの写真とジョージの来日コンサート・レポートなど。⑤BCC会報。ジョージ日本公演全記録大特集号。貴重資料。⑥TBFC会報。ジョージ来日公演特集「HARRIS'S IN JAPAN PART1&2」がある。各公演の徹底追跡レポートなどがあり、貴重資料。

①レコパル /11月25日-12月8日号［小学館］1991/11/25『ジョージ・ハリスン＆エリック・クラプトン』 ※追加収録分。

①ジョージ・ハリスン＆クラプトン来日公演直前情報「日本で待望のジョイント公演／ジョージ・ハリスン＆エリック・クラプトン」が半ページ。

ポール・マッカートニー／1993年来日公演関連

1990年のソロ初来日コンサートに続き、1993年11月12日〜11月19日に
東京ドーム・福岡ドームの2会場で行われたポール・マッカートニー「ニュー・ワールド・ツアー」関連コレクション。
2回目の来日とあってか、メディアの対応や露出度も前回(1990年)に比べると少なめ。
※一部、来日関連以外のアイテムも収録。

① The Beatles 会報 /11月号［BCC］1993/11/01『Welcome Paul McCartney』
② PAUL McCARTNEY/The New World Tour/ ポール・マッカートニー日本公演パンフレット［M.P.L］1993/11/12
③ PAUL McCARTNEY/The New World Tour/ ポール・マッカートニー日本公演パンフレット［M.P.L］1993/11/12 ※クラフト外袋
④ PAUL McCARTNEY/THE NEW WORLD TOUR（洋書）1993/
⑤ CD でーた増刊 / ミュージックダダ［角川書店］1993/11/19『特別付録 THE BEATLES BOOK/ ヒストリー＋オリジナル・アルバム・ガイド』

①来日直前情報。②③日本公演パンフレット。④EPLが企画した「ニュー・ワールド・ツアー」の特集雑誌（洋書）。前回のツアー同様、一部海外のコンサート会場で無料配布された。⑤わずかに来日関連記事。

① オリコン /11月29日号［オリコン］1993/11/29『特集 ビートルズが、止まらない！』
② フライデー /12月3日号［講談社］1993/12/03
③ nowhere/1993 WINTER Vol.1［プロデュース・センター出版局］1993/12/08『Paul McCartney 独占単独インタビュー／ライヴステージ再現』etc
④ 週刊実話 /12月9日号［日本ジャーナルプレス］1993/12/09
⑤ 週刊文春 /12月16日号［文藝春秋］1993/12/16
⑥ アサヒグラフ /12月17日号［朝日新聞社］1993/12/17『リメンバー・ビートルズデビュー30年／ポール・マッカートニー・イン・トーキョー』etc

①見開き2ページに来日コンサート記事他。②ポールとリンダのグラフ「大懐メロ大会 in 東京ドーム天才ポールにつきまとう亡霊」。③資料満載の特集。④極小記事「日本をあつくしたポールのステージ」。⑤来日公演直後のロングインタビュー。コンサートについても触れている。⑥ポールカヴァー。巻頭カラーグラビアで特集。

 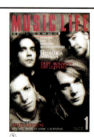  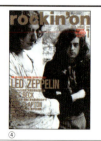  

① GOLD WAX NO.24［バロック出版］1993/12/20『PAUL McCARTNEY/BEATLES』
② ミュージックライフ /1月号［シンコー・ミュージック］1994/01/01
③ クロスビート /1月号［シンコー・ミュージック］1994/01/01『PAUL McCARTNEY［決定版］来日インタビュー！！』
④ ロッキング・オン /1月号［ロッキング・オン］1994/01/01
⑤ 月刊カドカワ /1月号［角川書店］1994/01/01
⑥ The Beatles 会報 /1月号［BCC］1994/01/01『PAUL McCARTNEY IN JAPAN』

①ポールカヴァー。ニューアルバム、コンサート・ツアー情報。②来日公演レポート。③来日中のスペシャル・インタビュー。④コンサート・レポートとステージ・フォト。⑤東京ドームでのASKAとポールの直接対談。⑥BCC会報の来日公演特集。

①　②　③　④　⑤

①BART（バート）/1月10日号［集英社］1994/01/10
②ロッキング・オン/2月号［ロッキング・オン］1994/02/01
③CRAZY about MACCA［CAM企画］1994/03/10
④ギグス3月号増刊/ギター［シンコー・ミュージック］1994/03/15『SUPER GUITARIST&BASSIST INTERVIEWS PAUL McCARTNEY』etc
⑤TOKYO BEATLES FAN CLUB MAGAZINE NO.8［東京ビートルズ・ファン・クラブ］1994/

①ビートルズ再結成の青写真。②レポートを含めたポール来日日記。③ポールのコアなファンが作った手作り特集冊子VOL.4。④ビートルズ時代の曲作りについてのインタビュー他。⑤TBFC会報NO.8。来日特集「The Japan Tour」があり、各公演ごとの簡単なレポート他、フジテレビで行われた「ファン会見」のもようを詳細掲載。

リンゴ・スター／1995年来日公演関連

リンゴ・スター＆ヒズ・オール・スター・バンド、2度目(1995年)の来日関連のコレクション。
初来日公演(1989年)直後の1990年にポールの初来日コンサートが行われたが、
それに比べるとリンゴのメディアの捉え方は消極的で、差が明らかである。
※一部、来日関連以外のアイテムも収録。

① ② ③ ④ ⑤ ⑥

①週刊ポスト／5月5日-5月12日合併号［小学館］1995/05/12
②テレパル／5月13日-5月26日号［小学館］1995/05/13『ロンドンでリンゴ・スターに直撃！！ビートルズ再編の真相』
③RINGO STARR and his third ALL STARR BAND WORLD TOUR／来日コンサートパンフレット 1995［DAVID FISHOF］1995/06/14
④SOLD OUT／1995 MAY［キョードー東京］1995/05/
⑤レコード・コレクターズ／7月号［ミュージック・マガジン］1995/07/01『ビートルズ⑤リンゴ・スター／イエロー・サブマリン／大瀧詠一のビートルズ論』
⑥The Beatles会報／8月号［BCC］1995/08/01

①3ページのモノクログラフ「リンゴ・スターにビートルズ再結成を直撃」。②ロンドンで収録されたリンゴのインタビューとカラーグラフ4ページ。③日本公演パンフレット。④簡単なディスコグラフィー、来日コンサート関連情報など。⑤リンゴの特集とビートルズのアルバム『イエロー・サブマリン』の合併特集。⑥BCC会報。リンゴ来日特集。

① ② ③ ④ ⑤

①キーボード・マガジン／9月号［リットーミュージック］1995/09/01『RINGO STARR&HIS ALL STARRS』
②レコード・コレクターズ／9月号［ミュージック・マガジン］1995/09/01『リンゴ・スター』
③月刊YMMプレイヤー／9月号［プレイヤー・コーポレーション］1995/09/05『RINGO STARR AND HIS ALL STARRS』
④nowhere／1995 AUTUMN Vol.7［プロデュース・センター出版局］1995/09/20
⑤TOKYO BEATLES FAN CLUB MAGAZINE NO.12［東京ビートルズ・ファン・クラブ］1995/

①来日コンサートレポート。②「リンゴ・スター・セッション参加レコード／速水丈」の第3回。来日関連記事なし。③来日公演レポート、参加メンバーによるインタビューなど。④「リンゴ・スター＆ヒズ・オールスターズ日本公演」「リンゴ・スター来日／18時間滞在記」「ビリー・プレストン」など。⑤TBFC会報。来日公演特集「RINGO STARR IN JAPAN-JUNE,1995」。

オノ・ヨーコ・IMA／
1995年広島祈念コンサート＆1996年ミニライヴ関連

たびたび来日しているヨーコだが、1995年には厳島神社創建1400年祭と
広島被爆50年を祈念して企画されたイベントに参加し、
厳島神社境内で、息子・ショーンのバンドIMAとともに、当日一回限りのライブを開催した。
翌96年にも再来日し、IMAと全国各地でミニライヴを行っている。

  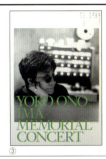   

①文藝春秋/9月号［文藝春秋］1995/09/01
②奉納帳（広島祈念コンサートパンフレットセット第1部）1995/10/07［オノ・ヨーコ／今／祈念コンサート事務局］
③YOKO ONO/IMA/MEMORIAL CONCERT（広島祈念コンサートパンフレットセット第2部）1995/10/07［オノ・ヨーコ／今／祈念コンサート事務局］
④週刊朝日/12月1日号［朝日新聞社］1995/12/01
⑤nowhere/1995 WINTER Vol.8［プロデュース・センター出版局］1995/12/08
⑥FM FAN/12月18日-12月31日号［共同通信社］1995/12/18『ニューイヤー・スペシャル・トーク／オノ・ヨーコ vs 湯川れい子』

①イベント参加のインタビューなど。②「オノ・ヨーコ／今／祈念コンサート」の2部構成のパンフレットセット。わずか1,300部しか印刷されておらず希少アイテムのひとつ。③第2部「YOKO ONO/IMA/MEMORIAL CONCERT」の方は、オノ・ヨーコ＆ショーンのコンサート関連記事のほか曲目リストを1枚挿入したもの。④来日したヨーコと林真理子との対談。⑤「オノ・ヨーコ／今／祈念コンサート」他。⑥来日したヨーコと湯川れい子の対談。

①フラウ/12月26日号［講談社］1995/12/26『［独占インタビュー］"天下の怪女" オノ・ヨーコの大予言』

①来日したヨーコのインタビュー。

①装苑/3月号［文化出版局］1996/03/01
②ぴあ/6月18日号 中部版［ぴあ］1996/06/18
③サンデー毎日/7月14日号［毎日新聞社］1996/07/14
④週刊朝日/7月19日号［朝日新聞社］1996/07/19
⑤nowhere/1996 AUTUMN Vol.11［プロデュース・センター出版局］1996/09/20

①来日とは直接関係ないが、ヨーコについての記事「オノ・ヨーコ痛快な前衛／ヒロインたちのクロニクル'60s〜'80s 堀井美智子」。②1996年ヨーコ＆IMAのライヴチケット関連小記事。③「母の祖国でLIVE」と題したモノクログラビアなど。④小記事「芸能見聞録／価格査定委員会」の企画コーナーでヨーコ＆IMAの来日コンサートについて触れ、「1時間少々のコンサートでチケット7,000円は高く、せいぜい3,500円」と査定した寸評。⑤特集はポールだが関連記事「オノ・ヨーコ／IMA」など。

「FMステーション」のヴィジュアル企画
『Yeah！ビートルズ』長期連載号

第1回～第19回まで約8ヶ月間、各号1～2ページ毎号連載されたヴィジュアル企画「Yeah!ビートルズ」。
一部カラーページの号もあった。
この他に、音楽専門誌「音楽専科」で1975年4月号より30回を超える長期連載の「ぼくのビートルズ/片岡義男」がある。

発行は［ダイヤモンド社］、「　」は記事内容。

① ② ③ ④ ⑤ ⑥

① FMステーション / 4月6日-4月19日号　1987/04/06　第1回「リンゴ・ジョン・ポール・ジョージ登場！」
② FMステーション / 4月20日-5月3日号　1987/04/20　第2回「ホワッツ・ビートルズマニア？」
③ FMステーション / 5月4日-5月17日号　1987/05/04　第3回「リバプールの若者たち—疾風怒涛編」
④ FMステーション / 5月18日-5月31日号　1987/05/18　第4回「リバプールの若者たち—4人はアイドル編」
⑤ FMステーション / 6月1日-6月14日号　1987/06/01　第5回「ビートルズを売り出した孤独な男 / ブライアン・エプスタイン」
⑥ FMステーション / 6月15日-6月28日号　1987/06/15　第6回「ビートルズの音楽史を語ろう」（カラーページ）

① ② ③ ④ ⑤ ⑥

① FMステーション / 6月29日-7月12日号　1987/06/29　第7回「ビートルズ東京に現る！」
② FMステーション / 7月13日-7月26日号　1987/07/13　第8回「ビートルズ映画を語ろう」
③ FMステーション / 7月27日-8月9日号　1987/07/27　第9回「もうひとりのビートルズ / ピート・ベスト物語」
④ FMステーション / 8月10日-8月23日号　1987/08/10　第10回「ライブ・アーティストとしてのビートルズ/BEATLES・A・LIVE」（カラーページ）
⑤ FMステーション / 8月24日-9月6日号　1987/08/24　第11回「もうひとりのビートルズ / ステュアート・サトクリフ編」
⑥ FMステーション / 9月7日-9月20日号　1987/09/07　第12回「ビートルズ分裂！そして解散へ」

① ② ③ ④ ⑤ ⑥ ⑦

① FMステーション / 9月21日-10月4日号　1987/09/21　第13回「サージェント・ペパーズの秘密」
② FMステーション / 10月5日-10月18日号　1987/10/05　第14回「フォア・バイ・ザ・ビートルズ」
③ FMステーション / 10月19日-11月1日号　1987/10/19　第15回「愛すべき男リンゴ・スターの憂鬱」
④ FMステーション / 11月2日-11月15日号　1987/11/02　第16回「ポール・マッカートニー光と影」
⑤ FMステーション / 11月16日-11月29日号　1987/11/16　第17回「いま蘇るジョージ・ハリスンの栄光」
⑥ FMステーション / 11月30日-12月13日号　1987/11/30　第18回「あなたが選ぶBESTナンバー / アルバムアンケート結果発表！」
⑦ FMステーション / 12月14日-12月27日号　1987/12/14　第19回「そして—ジョン・レノン・フォー・エバー」（最終回）

「朝日ジャーナル」の『ジョン・レノン伝説』連載号

カラーイラストを添えた巻末連載企画『ジョン・レノン伝説／アルバート・ゴールドマン』を
18回、各3ページにわたり長期掲載。

発行は［朝日新聞社］、「　」は記事内容、『　』は表紙コピー。

① ② ③ ④ ⑤ ⑥

①朝日ジャーナル/4月6日号 1990/04/06 第1回「ダコタハウスの一日（1）／救命イカダ」
②朝日ジャーナル/4月13日号 1990/04/13 第2回「ダコタハウスの一日（2）」
③朝日ジャーナル/4月20日号 1990/04/20 第3回「ダコタハウスの一日（3）／失われた母親との対話」『新連載ジョン・レノン伝説』
④朝日ジャーナル/4月27日号 1990/04/27 第4回「ダコタハウスの一日（4）／死への強迫観念」
⑤朝日ジャーナル/5月4日-11日合併号 1990/05/11 第5回「デビュー（1）／赤線ロック」
⑥朝日ジャーナル/5月18日号 1990/05/18 第6回「デビュー（2）／酒と女とドラッグ」

① ② ③ ④ ⑤ ⑥

①朝日ジャーナル/5月25日号 1990/05/25 第7回「ヘルプ（1）／太ったエルビス」
②朝日ジャーナル/6月1日号 1990/06/01 第8回「ヘルプ（2）／ノルウェイの森」
③朝日ジャーナル/6月8日号 1990/06/08 第9回「亀裂と対立（1）／二人の？リーダー」
④朝日ジャーナル/6月15日号 1990/06/15 第10回「亀裂と対立（2）／ポールの"乗っ取り"」
⑤朝日ジャーナル/6月22日号 1990/06/22 第11回「亀裂と対立（3）／ロンリー・ハーツ」
⑥朝日ジャーナル/6月29日号 1990/06/29 第12回「ヘロイン・ハネムーン」

① ② ③ ④ ⑤ ⑥

①朝日ジャーナル/7月6日号 1990/07/06 第13回「ベッド・イン」
②朝日ジャーナル/7月13日号 1990/07/13 第14回「多重人格」
③朝日ジャーナル/7月20日号 1990/07/20 第15回「どん底（1）／孤児院」
④朝日ジャーナル/7月27日号 1990/07/27 第16回「どん底（2）／幼児願望」
⑤朝日ジャーナル/8月3日号 1990/08/03 第17回「凶弾（1）／汝、殺すなかれ」
⑥朝日ジャーナル/8月10日号 1990/08/10 第18回（最終回）「凶弾（2）／五発の弾丸」

「FOCUS」ビートルズ関連記事掲載号

新潮社発行の写真週刊誌、フォーカス(FOCUS)でビートルズ関連掲載写真＆記事があるアイテム。
週刊グラフ誌のため、いずれも2ページ程度の内容だが
ビートルズのメンバー以外では圧倒的にヨーコ関連のグラフ記事が多い。
世界に向けて「平和」のメッセージを届け続ける活動や姿勢は長く賞賛されるだろう。
同誌におけるビートルズ関連記事は、これでほぼコンプリートなコレクションだと認識している。

発行は[新潮社]、「 」は記事内容、『 』は表紙コピー。

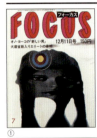  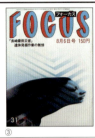 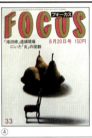 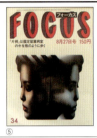 

①フォーカス 1981/12/11「オノ・ヨーコの新しい男―レノン一周忌直前の2人だけのお散歩」『オノ・ヨーコの「新しい男」』
②フォーカス 1982/02/19「世界的テレパシー―母親の病気を見通したオノ・ヨーコ」
③フォーカス 1982/08/06「かぶと虫ィは金持だ―結成20周年、散じてなお諸々を潤す」
④フォーカス 1982/08/20「ビートルズの裏面史を生きた女―デビュー前のポールに娘がいた」
⑤フォーカス 1982/08/27「伝説の中の母子―エルトン・ジョンのステージに現れたヨーコとショーン」
⑥フォーカス 1982/10/01「女が億万長者になる法／米経済誌が選んだ15人をながめてみると」

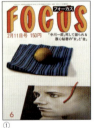 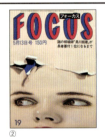 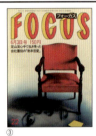 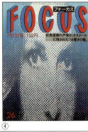 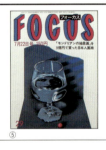 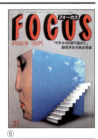

①フォーカス 1983/02/11「オノ・ヨーコ家の夕食―レノンの遺産390億と愛児を守るスーパー・ウーマン」
②フォーカス 1983/05/13「囚人のようなオノ・ヨーコ―脅迫におびえる世界的金持の身辺」
③フォーカス 1983/06/03「ビートルズ再び―十年ぶり、ついに共演するポールとリンゴ」
④フォーカス 1983/07/01「やはり男はレノンだけじゃない―極秘結婚していたオノ・ヨーコ」
⑤フォーカス 1983/07/22「3人の女の戦い―レノン先妻と愛人に攻撃されるオノ・ヨーコ」
⑥フォーカス 1983/08/05「これを見てアゴを外せ！―ポール・マッカートニー隠し子のあてつけヌード」

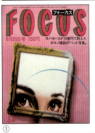 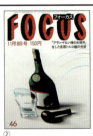 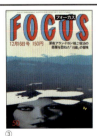  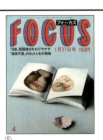 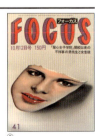

①フォーカス 1983/08/26「これが15億円のポルノ写真？―レノンとヨーコ最後のベッドイン現場」『オノ・ヨーコが15億円で訴えたポルノ雑誌の「ベッド写真」』
②フォーカス 1983/11/18「オノ・ヨーコの気くばりのすすめ―400万ドルの寄付をする大富豪の見本」
③フォーカス 1983/12/16「ジョン・レノン暗殺から3年―オノ・ヨーコと元ビートルズの密談の中身」
④フォーカス 1984/01/06「射殺2週間前のベッドイン／"極秘写真"公表に踏み切ったオノ・ヨーコの計算」
⑤フォーカス 1984/01/27「おや、オノ・ヨーコさん？―極秘来日と靖国神社参拝の謎」
⑥フォーカス 1984/10/12「レディ・オブ・スタイル！―NY進出の日本服飾メーカーが持ち上げたヨーコ・オノ」

コンプリート・コレクションには、幅広い情報収集に加え、途方もない年月を要する。
出版物は月刊誌・隔週誌はもとより、週刊誌も多いため、その数たるや想像の域を超える。
これでコンプリートになったと思っても、1冊、2冊と新たな存在を知らされ頭を抱える繰り返し。
何度、ムンクの「叫び」に陥ったことか。
この積み重ねだけがコンプリートに繋がるという、奥の深い世界なのである。
全コンプリートは夢のまた夢であるが、何かに限定・特化したコンプリートは実現可能である。
限定・特化こそが、コレクションの奥義であると断言しておく。
理想を追わず、まず現実を見るべきだ。

発行は［新潮社］、「　」は記事内容、『　』は表紙コピー。

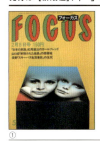 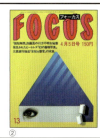  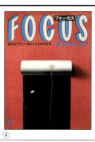 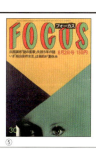 
① ② ③ ④ ⑤ ⑥

①フォーカス 1985/02/08「これなら未亡人のクレームはない？—ソックリさんが演じるジョン・レノン伝記映画」
②フォーカス 1985/04/05「禁じられた写真—ビートルズの運命を変えた20年前のオリジナル」『発見されたビートルズ「幻の屠殺写真」』
③フォーカス 1985/04/26「京子ちゃんを知りませんか—15年も生き別れの娘を探す52歳のヨーコ・オノ」
④フォーカス 1985/05/03「ビートルズ・ジュニアの全米ツアー—ジュリアン・レノンが継いだ大いなる遺産」
⑤フォーカス 1985/08/02「未亡人役の難しさ—ヨーコ・オノ監修で撮影進行中の映画イマジン」
⑥フォーカス 1986/03/07「僕らはパパの息子さ—異母兄弟でも心の通うジョン・レノンの遺児二人」

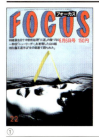 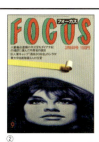  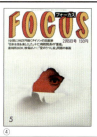 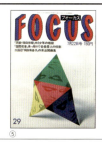 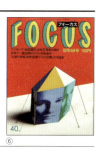
① ② ③ ④ ⑤ ⑥

①フォーカス 1986/06/06「未完成のワールド・ツアー—やっと開いたオノ・ヨーコのNY・コンサート」
②フォーカス 1987/03/06「平和を思うなら態度で示そうよ—英国の米軍基地で笑ってVサインのオノ・ヨーコ」
③フォーカス 1987/03/27「ジョンとヨーコのカラミを壁に—オノ・ヨーコ女史が発表した思い出の商品」
④フォーカス 1988/02/05「僕は偽善者にはなれない！—ロックの殿堂に悪態をついたポール・マッカートニー」
⑤フォーカス 1988/07/22「意外な前衛パフォーマンス仲間—赤瀬川原平とオノ・ヨーコを結ぶ'60年代の縁」
⑥フォーカス 1988/10/14「きっと彼は喜んでいます—ハリウッドのジョン・レノンの星、除幕式のヨーコ未亡人」

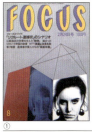 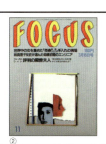   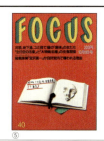 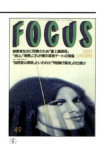
① ② ③ ④ ⑤ ⑥

①フォーカス 1989/02/24「ジョンとの思い出の絵画も—NYで話題のオノ・ヨーコの'60年代前衛芸術作品展」
②フォーカス 1990/03/16「ビートルズの幻が見える？—三度目の正直ポール・マッカートニー24年ぶりの来日公演」
③フォーカス 1991/01/04「彼も生きていれば50歳—初公開！ジョン・レノンが15歳の時に描いた風刺漫画」
④フォーカス 1991/04/12「ママには内緒の秘密の愛？—恋人とパリの街で抱き合うショーン・レノン15歳」
⑤フォーカス 1991/10/11「ジョン・レノン最後の日々—元秘書が回想録に綴ったオノ・ヨーコの悪女ぶり」
⑥フォーカス 1991/12/13「ダークホースと神様—親友クラプトンと25年ぶりの来日を果たしたジョージ・ハリスン」

「FOCUS」「FLASH」関連記事掲載号

新潮社のフォーカス(FOCUS)＆光文社のフラッシュ(FLASH)でビートルズ関連掲載写真＆記事があるアイテム。
いずれも1～2ページ程度の内容。

発行は［新潮社］、「 」は記事内容、『 』は表紙コピー。

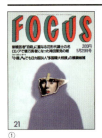 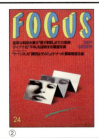  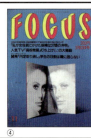 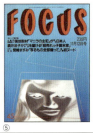 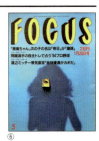

① ② ③ ④ ⑤ ⑥

① フォーカス 1992/05/29 「世界一有名な無名アーチスト／6枚組CDのプロモーションで来日した"音楽家"オノ・ヨーコ」
② フォーカス 1992/06/19 「鶏小屋に眠っていた大傑作―ビートルズの専属カメラマンが撮った未発表写真集」
③ フォーカス 1992/08/14 「ビートルズ幻のドラマーの来日―デビュー直前にクビになったピート・ベスト」
④ フォーカス 1993/03/12 「母親オノ・ヨーコも公認？―ジョーン・レノン17歳の新たな恋人に見る争えない血」
⑤ フォーカス 1993/11/12 「ビートルズ解散『伝説のシーン』―マッカートニー夫人が撮ったジョンとポールの明暗」
⑥ フォーカス 1994/01/26 「ショーン・レノンも被害者だ／黒人地位向上協会から表彰されたマイケルに新たな性的虐待疑惑」

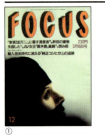 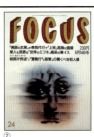 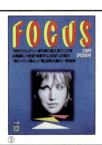

① ② ③

① フォーカス 1994/03/16 「もう一人のビートルズがいる秘蔵写真／恋人の女流カメラマンが日本で初公開」
② フォーカス 1995/06/14 「裸のジョン・レノンを撮った米国女流カメラマン―アニー・リーボビッツの日本初個展」
③ フォーカス 1996/03/20 「母親公認、ショーン・レノンの女友達―両親のラブ・ストーリーを再現？」

発行は［光文社］、「 」は記事内容、『 』は表紙コピー。

① ② ③ ④ ⑤ ⑥

① フラッシュ 1990/02/27 「ストーンズとビートルズのポールがやって来る！」
② フラッシュ 1990/03/20 「熱狂再び…47歳、ポールの現在にドームが燃えた」
③ フラッシュ 1990/03/27 「ポールの休日は旧式8ミリカメラで／もしやビートルズ時代からの趣味」
④ フラッシュ 1990/12/25 「ジョンの魂いま再び…GOW日本コンサートへ急げ！」
⑤ フラッシュ 1992/08/18 「秘蔵写真に見るビートルズ栄光の軌跡」
⑥ フラッシュ 1996/01/02 「今だから見たい！ビートルズ＆ボンドガール7ページ！」

③ポール来日滞在時の1pに満たない極小グラフ。

「FRIDAY」ビートルズ関連記事掲載号

講談社の写真週刊誌フライデー（FRIDAY）でビートルズ関連掲載写真＆記事があるアイテム。
いずれも2ページ程度の内容。

発行は［講談社］、「 」は記事内容、『 』は表紙コピー。

①フライデー 1984/12/14「裸の息子を裸のレノンが抱いてヨーコ夫人が撮った一枚、初公開」
②フライデー 1985/03/29「お二人のグウンバリがしのばれるジョン・レノンが描いたヨーコのスケッチ」
③フライデー 1985/05/03 ※リンゴ・スターの清涼飲料水シュウェップスのカラー広告のみ。
④フライデー 1985/06/14「『レノン死して5年、血族ゆえに騒がれ…遺児ジュリアンは歌手に妹は極貧生活を』
⑤フライデー 1985/10/18「射殺後、5年ドラマもできたレノンの生涯、コワもて未亡人に周囲や役者ビクビクして」
⑥フライデー 1985/10/25「おやっこのひとビートルズのリンゴ・スターだ、20歳の息子に娘生まれて45歳のお爺ちゃん」

①フライデー 1986/01/31「これがジョン・レノン二世ジュリアンの恋人、同棲2年結婚目前のラスト・ヌードよん」
②フライデー 1986/09/05「ジュリアン・レノンは疲れを知らない、来日当夜ディスコ2軒ハシゴしたあと」
③フライデー 1986/09/26「ヨーコ女史が夜のお散歩ゾロゾロとNY有名画家ウォーホール氏らと「親密」の現場
④フライデー 1988/02/12「ロックはスキャンダルがいっぱい！麻薬とセックスと死未公開写真」
⑤フライデー 1988/10/14「射殺から8年、ヨーコ未亡人はご立腹！ジョン・レノン暴露本のスゴい内容」
⑥フライデー 1989/05/12「レノンの莫大な遺産を食いつぶした！？仰天！オノ・ヨーコさんのNY浮浪者生活」※GW特大号

④1ページ未満でポール逮捕時の写真と関連記述程度。

①フライデー 1989/07/07「『世界でたった一枚』が日本に眠っていた！ビートルズ4人が描いた油絵の値打ち」
②フライデー 1990/02/02「地球を救おうと13年ぶりのツアーを、初公演間近ポールが日本のファンにメッセージ」
③フライデー 1990/03/23「ポール・マッカートニー一家、東京の休日」『ポール・マッカートニー一家の乗馬＆神社詣で』
④フライデー 1990/05/11-5/18合併号「マッカートニー＆シュワルツネガー夫妻に降参／似たもの夫婦とはよくいうけれど…」
⑤フライデー 1990/12/21「ジョン・レノンを殺した男が10年目の真実を告白」『「ジョン・レノンを殺した男」10年目の「真実」』
⑥フライデー 1991/12/06「ビートルズ時代を告白／来日直前！伝説の男G・ハリスン単独インタビュー」

「FRIDAY」「SPA!」ビートルズ関連記事掲載号

講談社のフライデー(FRIDAY)、扶桑社のスパ!(SPA!)のビートルズ関連記事掲載号。

発行は[講談社]、「　」は記事内容、『　』は表紙コピー。

① ② ③ ④ ⑤

①フライデー 1991/12/20 「元若者たちが熱狂!一人ぼっちのビートルズ、G・ハリスンを聴いたか」
②フライデー 1992/07/14 「あれから30年…ビートルズは不滅です!」『ビートルズ30年』
③フライデー 1993/12/03 「大懐メロ大会 in 東京ドーム天才ポールにつきまとう亡霊」
④フライデー 1996/01/17 「25年ぶりの新曲に世界が狂喜」『ビートルズ』
⑤フライデー 1996/01/26 「発掘!ジョン&ポール大胆プライベート写真」『発掘!ジョン&ポール「破局寸前」大胆プライベート写真』

発行は[扶桑社]、「　」は記事内容、『　』は表紙コピー。

① ② ③ ④ ⑤ ⑥

①スパ! 1989/01/26 「ジョン・レノン・フォーエバー」『映画イマジン公開記念／ジョン・レノン大全集』
②スパ! 1989/11/29 「リンゴ・スターの来日公演は大ナツメロ大会!?」
③スパ! 1990/02/14 「メカスの友人日記」
④スパ! 1990/03/07 「ついに来日、ポール・マッカートニー。日本公演はこうなる」『ついに来日!ポール・マッカートニー日本公演はこうなる』
⑤スパ! 1990/03/14 「今週のフォーエバー・ヤング／ポール・マッカートニー」
⑥スパ! 1990/06/13 「ニュースな女たち」『篠山紀信・中森明夫「ニュースな女たち」第1回オノ・ヨーコ』

①映画公開記念カラーグラフと寄稿「ジョン・レノン・フォーエバー」6ページ。

① ② ③ ④ ⑤ ⑥

①スパ! 1990/11/21 「ジョン・レノンが好き!と堂々と言おう…の巻き」
②スパ! 1990/12/12 「ビートルズを知らない世代も夢中／ジョン・レノンは生きている」『死後10年ジョン・レノンは生きている』
③スパ! 1991/12/04 「2人の間の友情は20年来変わらないよ／東郷かおる子」『文化バザール ジョージ・ハリスン、エリック・クラプトン』
④スパ! 1992/06/24 「今週のひとり立ち／ジュリアン・レノン」『今週の顔 ジュリアン・レノン』
⑤スパ! 1993/03/10 「再結成ビートルズのこれが23年ぶりの新譜だ!」『再結成ビートルズのこれが23年ぶりの新譜だ!』
⑥スパ! 1995/04/12 「ザ・ブートレッグ・ビートルズ／脚本家になりかわって再来日!?世界一のそっくりビートルズ」

⑥はそっくりさん「ブートレッグ・ビートルズ」のグラフ。

「平凡パンチ」表紙ビートルズ関連コピーあり

1964年創刊の「平凡パンチ」の中で、表紙にビートルズ関連コピーがあるもの。
数点ほど漏れがあるかもしれないが、下記でほぼコンプリートに近いものと思っている。

発行は［平凡出版］、「　」は記事内容、『　』は表紙コピー。

① ② ③ ④ ⑤ ⑥

①平凡パンチ/9月20日号 1965/09/20『特報グラフ／アメリカのビートルズ騒動』
②平凡パンチ/9月18日号 1967/09/18『ビートルズがダメになる！』
③平凡パンチ/1月24日号 1972/01/24『本誌独占！！横尾忠則 with ジョン＆ヨーコ』
④平凡パンチ/12月5日号 臨時増刊 1975/12/05『ポール・マッカートニー』
⑤平凡パンチ/3月1日号 1976/03/01『WIDE INTERVIEW P・マッカートニー』
⑥平凡パンチ/3月15日号 1976/03/15『in フランス★★★ジョージ・ハリスンと独占会見70分』

①ビートルズ、アメリカ公演のグラフ集。②マネージャー、ブライアン・エプスタイン急死の話題など。③ジョン＆ヨーコカヴァー。横尾忠則の貴重フォト＆記事。④臨時増刊号、ポール＆ウイングスのフォトを紹介した巻頭グラビア。⑤元チューリップ、財津和夫の取材レポート。⑥ジョージ・ハリスンのインタビュー。

① ② ③ ④ ⑤ ⑥

①平凡パンチ/4月19日号 1976/04/19『P.マッカートニーと独占会見！！！』
②平凡パンチ/6月14日号 1976/06/14『なぬ？ THE BEATLES 特大号・不滅のビートルズ永遠のアルバム』
③平凡パンチ/10月11日号 1976/10/11『吹きすさぶ…ビートルズ熱風★全話題を集録』
④平凡パンチ/11月8日号 1976/11/08『リンゴ・スターに独占インタビュー成功！！』
⑤平凡パンチ/12月26日号 1977/12/26『ビートルズ・イラスト PINUP』
⑥平凡パンチ/4月9日号 1979/04/09『ロス…記者会見場より特電便！！ジョージ・ハリスン日本版独占』

①オランダ、アムステルダムのホテルで行なわれたポールの独占インタビュー。②中綴じカラーグラフ『THE BEATLES FOREVER』8ページなど。③リンゴ来日関連取材他、ビートルズ最新情報など5ページ。④リンゴ来日インタビュー。⑤KAZO KUBO作のビートルズ・イラスト綴じ込みワイド・ピンナップ。⑥ジョージ独占インタビュー。

① ② ③ ④ ⑤

①平凡パンチ/1月14日号 1980/01/14『来日直前…英国で独占インタビューに成功／ポール・マッカートニーを直撃！！』
②平凡パンチ/12月29日号 1980/12/29『追悼★12月8日悲劇の直前…レノン・ヨーコ夫妻と国際電話 ジョン・レノン（40歳）最後の肉声』
③平凡パンチ/3月2日号 1981/03/02『J・レノン リバプール追跡MAP』
④平凡パンチ/3月22日号 1982/03/22『厳寒のロンドンで本誌記者がついにキャッチ！P・マッカートニー独占インタビュー60分！』
⑤平凡パンチ/11月24日号 1986/11/24『スピルバーグが元ビートルズ起用の大作を企画中』

①ポールの来日直前インタビュー。②ジョン射殺事件及び追悼集会レポートなど。③ジョンゆかりの地、追悼レポート。④ポールの独占インタビュー。⑤スピルバーグがビートルズの自伝映画制作をするという話題。

「週刊プレイボーイ」表紙ビートルズ関連コピーあり

1966年創刊の「プレイボーイ」のうち、表紙にビートルズ関連のコピーがあるものを拾ってみた。
表紙にビートルズ関連コピーのあるものは、以下でコンプリートに近いと思うが、
これも数点の漏れがあるかもしれない。

発行は［集英社］、『　』は表紙コピー。

①　　　　　　②　　　　　　③　　　　　　④　　　　　　⑤　　　　　　⑥

①週刊プレイボーイ/9月19日号 1967/09/19『ビートルズ、ポール・マッカートニーが捨てた女』
②週刊プレイボーイ/10月24日号 1967/10/24『神霊学者ヨギの神示でビートルズが完全な変身』
③週刊プレイボーイ/6月11日号 1968/06/11『独占対談ビートルズの人生を変えた瞑想の行者マハリシ師にズバリ質問』
④週刊プレイボーイ/8月6日号 1968/08/06『ジョン・レノンの恋人、小野洋子が全裸正面写真を発表』
⑤週刊プレイボーイ/9月30日号 1969/09/30『ジョン・レノン、小野洋子来日の奇怪な内幕』
⑥週刊プレイボーイ/2月10日号 1970/02/10『特報 ジョン・レノンが発狂した！』

①独占手記「私はビートルズ、ポール・マッカートニー家のフリーセックスを見た！／秘書ケリーが暴いたLSDとセックスの世紀の野郎たちの内幕」。②ビートルズの近況報告。③マハリシ・マヘシ・ヨギと宇能鴻一郎との対談。④ジョン＆ヨーコのスクープ写真を取り上げた独占企画。⑤話題の絶えないジョンとヨーコの近況ニュース5ページ。⑥ジョンとヨーコの精神鑑定。

①　　　　　　②　　　　　　③　　　　　　④　　　　　　⑤　　　　　　⑥

①週刊プレイボーイ/6月30日号 1970/06/30『世界を変えた4人≪ビートルズ≫総括ティーチ・イン』
②週刊プレイボーイ/10月6日号 1970/10/06『ビートルズ・ナンバー発表』
③週刊プレイボーイ/1月26日号 1971/01/26『360億円の資産配分で大モメ血で血を洗うビートルズ完全分裂の真相』
④週刊プレイボーイ/1月25日号 1972/01/25『横尾忠則・森山大道が目撃したレノン・ヨーコのニューヨーク秘密パーティー』
⑤週刊プレイボーイ/10月10日号 1972/10/10『10週連続特別企画（ビートルズ大事典）完全楽譜付』
⑥週刊プレイボーイ/10月17日号 1972/10/17『10週連続特別企画 絵で知るビートルズ大事典』

①最新映画＜レット・イット・ビー＞が8月に封切りされる話題と散散について。②日本語訳「日本語版ビートルズ・ナンバー20曲を初公開！」が6ページ。③ビートルズ解散と財産問題のスキャンダル。④横尾忠則、森山大道のニューヨーク緊急レポート。⑤10週連続企画「絵で知るビートルズ大事典」の第1回。⑥10週連続特別企画「絵で知るビートルズ大事典」の第2回。

①　　　　　　②　　　　　　③　　　　　　④　　　　　　⑤　　　　　　⑥

①週刊プレイボーイ/5月7日号 1974/05/07『ビートルズが再編成する!?話題の女、小野洋子にニューヨークで緊急インタビュー』
②週刊プレイボーイ/8月6日号 1974/08/06『全公開・世界ロック界、豪華狂乱の相姦図 ビートルズ／ローリング・ストーンズ etc』
③週刊プレイボーイ/9月3日号 1974/09/03『≪カラー速報≫オノ・ヨーコに沸いた／郡山ワンステップ・ロック・フェスティバル』
④週刊プレイボーイ/12月10日号 1974/12/10『保存版／オール・マイ・ビートルズ！！』
⑤週刊プレイボーイ/6月24日号 1975/06/24『最新LPレコード7000枚PICKUP／ビートルズからダウンタウンまでNOW SOUND70種をキミに…』
⑥週刊プレイボーイ/10月14日号 1975/10/14『≪緊急スペシャル≫11月来日決定！？ポール・マッカートニーに電撃インタビュー』etc

①ヨーコの緊急インタビュー。②ロック・ミュージシャンの女性関係を中心に紹介したグラフ。③郡山ワンステップ・ロック・フェスティバル会場のようすを伝えた5ページのカラーグラフ。④綴じ込み16ページのビートルズ特集。⑤アルバムプレゼント企画。⑥ポールに電撃インタビューほか。

発行は［集英社］、「　」は記事内容、『　』は表紙コピー。

①週刊プレイボーイ/11月11日号 1975/11/11『ジョン・レノンが爆弾宣言"オレは親子3人で日本永住を決意した"』
②週刊プレイボーイ/2月17日号 1976/02/17『ポール・マッカートニーが語るビートルズ再編の問題はこれだ』
③週刊プレイボーイ/9月7日号 1976/09/07『NEWビートルズエイジに贈る特別企画／嗚呼！！THE BEATLESの熱狂ステージがオレの前に甦った！』etc
④週刊プレイボーイ/10月12日号 1976/10/12「［保存版色刷り特集］ビートルズ、ローリングストーンズに続くロックは！？」
⑤週刊プレイボーイ/11月16日号 1976/11/16「［保存版色刷り特集］「ビートルズ」オール・コレクション」
⑥週刊プレイボーイ/1月11日号 1977/01/11『VIPインタビュー・イン・'77アメリカ独占会見記、ジョージ・ハリスン〈元「ビートルズ」の哲人〉』

①息子ショーンが生まれたことや日本永住の噂など。②国際電話によるポールのインタビュー。③ビートルズ来日公演体験回想録。④ビートルズ後のブリティッシュ・ロックの特集で、ビートルズに直接関係はない。⑤中綴じ特集「1976年版ロックスピリットの聖書、ザ・ビートルズ・コレクション」。⑥ジョージのインタビュー。

①週刊プレイボーイ/10月10日号　1978/10/10『舶来文字"漢訳"辞典「ギター」「ウィスキー」「ビートルズ」だってさ』
②週刊プレイボーイ/1月6日-1月13日合併号　1981/01/13『グラフと記事で緊急・立体特集・追悼！ジョン・レノン』
③週刊プレイボーイ/5月10日号　1983/05/10『スクープ！！自作の絵入り教科書を発見！これがジョン・レノン「おもしろ」日本語勉強術だ』
④週刊プレイボーイ/7月30日号　1985/07/30『ザ・ビートルズ"不良少年物語"もう1人のビートルズ"ピート・ベストが明かすセックス三昧の黎明期』
⑤週刊プレイボーイ/12月15日-12月22日合併号　1987/12/22『ジョージ・ハリスン・インタビュー／5年ぶりのニューアルバムを発表した元ビートルズ』
⑥週刊プレイボーイ/11月1日号　1988/11/01『もう一度、我が心のジョン・レノン／特別ダブルインタビュー・オノ・ヨーコ＆シンシア・レノン』

①掲載記事はビートルズに直接関係なし。②ジョン追悼スペシャル特集。③ジョンのイラスト十数点を書き留めた日本語練習ノートを公開。④ハンブルグ時代のドラマー、ピート・ベストの証言。⑤ジョージのインタビュー。⑥ジョンの新旧の夫人二人の貴重インタビュー5ページ。

①週刊プレイボーイ/2月27日号　1990/02/27『ビートルズ、もうひとつの真実・元マネージャー・インタビュー』
②週刊プレイボーイ/7月14日号　1992/07/14『ビートルズ結成30周年記念インタビュー リンゴ・スター』

①表紙コピーには「元マネージャー」とあるが、ジョージ・マーティンのインタビューなので「プロデューサー」の誤記。②リンゴのインタビュー。

「月刊PLAYBOY」(日本版)
表紙ビートルズ関連コピーあり&連載

月刊「PLAYBOY」日本版のうち、表紙にビートルズ関連コピーがあるアイテムを中心に、
一部、連載も合わせて紹介した。

発行は［集英社］、「　」は表紙コピー。

① PLAYBOY/4月号 1980/04/01『(ロンドン東京立体構成) ポール・マッカートニー VS. 日本麻薬取締官の10日間・供述調書公開』
② PLAYBOY/2月号 1981/02/01『射殺直前！PLAYBOYインタビュー・ジョン・レノン&オノ・ヨーコ／まるで死を予感していたかのようにレノンはすべてを…』etc
③ PLAYBOY/3月号 1981/03/01『PBインタビュー／ジョン・レノン完結篇』
④ PLAYBOY/4月号 1983/04/01『初公開ザ・ビートルズ／永久保存版1965年PBインタビュー&1966年来日未発表写真一挙掲載』
⑤ PLAYBOY/5月号 1984/05/01『ジョン・レノン死後3年レポート／黒い未亡人 オノ・ヨーコの地獄』
⑥ PLAYBOY/2月号 1985/02/01『PB特別インタビュー・ポール&リンダ・マッカートニー／今、レノンをの決定的真実を語ろう』

①警視庁に10日間拘留された際のポールの供述調書。②ジョン&ヨーコのロング・インタビューを同号と次月号の2回に分けて掲載。③「PLAYBOYインタビューPART2/ジョン・レノン」。④浅井慎平によるビートルズ来日時の秘蔵写真と回想インタビュー。⑤ヨーコの心境を克明に綴った貴重レポート。⑥ジョンやビートルズ解散について語ったインタビュー。

① PLAYBOY/7月号 1987/07/01『版権独占！ジョン・レノンを撃った男、6年後の告白』
② PLAYBOY/8月号 1987/08/01
③ PLAYBOY/9月号 1987/09/01『版権独占！ジョン・レノンを撃った男、6年後の告白』
④ PLAYBOY/2月号 1990/02/01『オノ・ヨーコ あれから10年。沈黙を破って、今…』
⑤ PLAYBOY/3月号 1990/03/01
⑥ PLAYBOY/4月号 1990/04/01『話題沸騰、連載 vol.2 ジョン&ヨーコ［ラスト・インタビュー］ John Lennon&Yoko Ono Last Interview』

①ジョン・レノン射殺事件の犯人、マーク・チャップマンとの特別取材記「people誌、版権独占！ジョン・レノンを撃った男」VOL.1。②「ジョン・レノンを撃った男／6年目の告白パート2」。③「ジョン・レノンを撃った男／6年目の告白パート3」。④10ページのオノ・ヨーコのロングインタビューvol.1。⑤連載シリーズ12ページの「ジョン&ヨーコ・ラスト・インタビュー」のvol.1「脱出」。⑥10ページの「ジョン&ヨーコのラストインタビュー」の連載企画vol.2「挑戦」。

① PLAYBOY/5月号 1990/05/01
② PLAYBOY/6月号 1990/06/01『Last interview／ジョン&ヨーコ・インタビュー』
③ PLAYBOY/11月号 1993/11/01『FBIマル秘調査ファイル世界のトップスター知られざる素顔／J・レノン etc』
④ PLAYBOY/2月号 1996/02/01『独占公開30年間"封印"された密着同行記「巨大アメリカと格闘した32日！」ザ・ビートルズ「フリー・アズ・ア・バード」』etc

①連載シリーズの「ジョン&ヨーコ・ラスト・インタビュー」のVOL.3「創造」8ページ。②「ジョン&ヨーコのラストインタビュー」VOL.4「調和」。③ジョンの写真と小記事。④約30年間公表されることのなかったツアーの内幕とエピソード。

「GORO」表紙ビートルズ関連コピーあり

1974年に創刊され、20代男性を中心に人気があったトレンディー雑誌。ビートルズ関連情報もよく掲載された。
筆者もタイムリーで購読した雑誌のひとつ。連載漫画「I・餓男（アイウエオボーイ）」（池上遼一）は面白かったなぁ。
表紙にビートルズ関連コピー表記のあるもののみを紹介してみたが、
こうしてみると、表紙コピーだけでもずいぶんと数があるのを再確認できた。中には、一部特集扱いの号もあった。

発行は［小学館］、『　』は表紙コピー。

① GORO/ 創刊号 1974/06/13『ビートルズからヒトラーまで 現代の英雄100人解剖展』
② GORO/6月27日号 1974/06/27『8月帰国のオノ・ヨーコが語った新証言／大特集／ビートルズ"再編成"の真相をえぐる etc』
③ GORO/9月26日号 1974/09/26『シリーズ人間写真館／オノ・ヨーコ』
④ GORO/1月23日号 1975/01/23『ビートルズからミック・ジャガーまで世界のトップスターを収録！ロック・スーパースター名画集』
⑤ GORO/3月13日号 1975/03/13『ビートルズ特集★版権独占 ロック・スーパースター名画集』
⑥ GORO/11月27日号 1975/11/27『独占取材 来日のポールに直撃インタビュー』

②ビートルズ大特集あり。

① GORO/3月25日号 1976/03/25『いま TV・CF で話題爆発！ロンドン〜ロス〜東京／リンゴ・スター 独占会見記』
② GORO/5月13日号 1976/05/13『ニューヨーク・ロンドン発 激録 ビートルズ復活の真相／レポーター立川直樹』
③ GORO/10月28日号 1976/10/28『来日直前独占インタビュー リンゴ・スターの「長髪から丸坊主までの軌跡」』
④ GORO/3月10日号 1977/03/10『大付録！話題爆発 ビートルズ大特集』
⑤ GORO/3月10日号付録『GO ROCKING PAPER』1977/03/10『ビートルズたちは最高にハッピー！』
⑥ GORO/11月23日号 1978/11/23『特集 ビートルズ』

⑤3月10日号に折り込まれたB4判8ページの付録『GO ROCKING PAPER』。特集記事「ビートルズたちは最高にハッピー！／ジョン、ポール、ジョージ、リンゴの近況と来日の可能性を探る」

① GORO/1月24日号 1980/01/24『来日直前インタビュー／ポール・マッカートニーを直撃！』
② GORO/2月14日号 1980/02/14『緊急スペシャル 大麻持ち込みで逮捕、公演はまたも中止…ポール・マッカートニー不滅の法則大研究』
③ GORO/6月12日号 1980/06/12『独占公開 強制送還後の初仕事、ポールが日本のファンのために特写した9枚のスクープ写真 etc』
④ GORO/11月27日号 1980/11/27『スクープ！ジョン・レノンに独占会見！』
⑤ GORO/1月8日号 1981/01/08『GOOD BYE ジョン・レノン追悼大特集』
⑥ GORO/4月12日号 1990/04/12『ポール・マッカートニー独占会見記「ストーンズからの伝言は…」』

「オリコン／オリコン・ウィークリー／オリコン・ウィーク・ザ1番」
ビートルズ関連コピーあり＆特集

発刊当初は新聞形態の情報誌だったが、途中から体裁とタイトルが変更になった。
タイムリーな記事もあるが、大半が数行から1ページ前後の内容で
ビートルズ特集は1996年発行の1月22日号と9月2日号のみ。

発行は［オリジナルコンフィデンス→オリコン］、『 』は表紙コピー。

①オリコン／1月30日号 1980/01/30『P・マッカートニーに同情票集まる？』
②オリコン／2月8日号 1980/02/08『ポール帰国』
③オリコン／6月20日号 1980/06/20『ポール・マッカートニー「マッカートニーⅡ」10位にチャートイン』
④オリコン／12月19日号 1980/12/19『FAREWELL SPECIAL／ジョンはもう歌ってはくれない』
⑤オリコン／12月26日号 1980/12/26
⑥オリコン／5月28日号 1982/05/28

⑤前号に続きジョンの追悼企画『ジョン・レノンをしのんで』他。⑤⑥は表紙コピーなしだがビートルズ関連項あり。

①オリコン／10月29日号 1982/10/29『マイケル・ジャクソンとポール・マッカートニーがデュエットした「ガールズ・イン・マイン」に全米の話題集中！！』
②オリコン／1月27日号 1984/01/27『POPGUN／ジョン・レノン＆オノ・ヨーコ』
③オリコン／6月30日号 1984/06/30『SPECIAL 恐るべきビートルズの秘密』
④オリコン／4月2日号 1990/04/02『感涙の名演をプレイバック！ PAUL McCARTNEY in TOKYO DOME』
⑤オリコン／4月30日号 1990/04/30『ゴーカな顔合わせで贈るビートルズ・カヴァー集「ALL WE NEED IS LOVE」』
⑥オリコン／11月5日号 1990/11/05『解散20周年記念 ビートルズ』

①ポール＆マイケル・ジャクソンカヴァー。マイケルがメインのインタビュー小記事。②ジョンのニュー・アルバム関連小記事。③来日20周年記念特別企画「恐るべきビートルズの秘密」、ビートルズの簡単な紹介や関連コレクションなど。④巻末カラー1ページにポール来日公演（東京ドーム）のグラフ。⑤ビートルズのカヴァーアルバム関連。⑥特別企画「解散20周年記念 ビートルズ／最新マニアックNEWS」のモノクログラフ2ページ。

①オリコン／12月2日号 1991/12/02『特集 25年ぶりの来日公演中！ジョージ・ハリスンのススメ！』
②オリコン／7月6日号 1992/07/06『特集 21世紀へと語り継がれる今世紀最大のROCK BAND！ザ・ビートルズ～アーティストが選んだ重要視する曲とは？』
③オリコン／11月29日号 1993/11/29『特集ビートルズが、止まらない！』
④オリコン・ウィーク・ザ1番／9月19日号 1994/09/19『死後も衰えない魅力とは何？共通する二人の秘密 アイルトン・セナ／ジョン・レノン』
⑤オリコン・ウィーク・ザ1番／1月22日号 1996/01/22『特集2本立て！！第1弾 終わらないビートルズ 世界を変えた4人を今、語ろう！』
⑥オリコン・ウィーク・ザ1番／9月2日号 1996/09/02『特集1 ビートルズ・サウンドの謎／今、またもやブーム！』

①ジョージ・ハリスン来日の公演前情報とアルバムディスコグラフィー1ページ。②デビュー30周年を記念して企画された簡単なビートルズ特集。③モノクロ2ページの「特集 ビートルズが、止まらない！」④特集・徹底比較！「死後も衰えない魅力とは何？共通する二人の秘密／アイルトン・セナ、ジョン・レノン」1ページ程度。⑤ヴィジュアル特集「世界を変えた4人を今、語ろう！／終わらないビートルズ」6ページ。⑥ヴィジュアル特集「今、またもや世界でブーム！！ビートルズ・サウンドの謎」が6ページ。

「FMステーション」ビートルズ関連コピーあり
（1987年の連載企画以外）

1987年の長期連載ヴィジュアル企画『Yeah！ビートルズ』の19冊以外（別ページにまとめて収録済）の
「FMステーション」のビートルズ関連コピーありコレクション。
同誌はFM情報誌の中では後発。ページは多くないが、国内外のアーティスト紹介などのヴィジュアル企画があり、
サイズを含め、他のFM情報誌とは少し仕様が異なる。
ここでは通常の隔週「FMステーション」のみとし、別冊なども除外した。

発行は［ダイヤモンド社］、「　」は表紙コピー。

①FMステーション/7月5日-7月18日号 1982/07/05『保存版ビートルズ・メモリアル・来日コンサートと映画のパンフレット大紹介』
②FMステーション/12月5日-12月18日号 1983/12/05『マルチ研究 ジョン・レノンって誰―？ NEWアルバム1月発売！』
③FMステーション/12月3日-12月16日号 1984/12/03『最新レポート ヤァ！ポール・マッカートニー』
④FMステーション/10月3日-10月16日号 1988/10/03『ジョン・レノン』
⑤FMステーション/12月26日-1月8日号 1988/12/26『ジョージ・ハリスン』
⑥FMステーション/7月10日-7月23日号 1989/07/10『ポール・マッカートニー』

①とじ込み4ページのメモラビリアコレクション小特集。映画パンフレットの紹介など。②ジョンの3回忌に向けたカラーグラフ研究特集「マルチ研究 ジョン・レノンって誰―？」。③新作映画を含めた最新レポート「ヤァ！ポール・マッカートニー」。④ジョン・レノンのドキュメンタリー映画＜IMAGINE＞紹介の小記事。⑤新春スペシャル・インタビュー「ジョージ・ハリスン」が2ページ。⑥巻頭カラーグラフ「SUPER INTERVIEW／ポール・マッカートニー」が3ページ。

①FMステーション/10月16日-10月29日号 1989/10/16『リンゴ・スターと仲間たち』
②FMステーション/2月5日-2月18日号 1990/02/05『BIG2来日！スペシャル大特集ポール・マッカートニー VS ローリング・ストーンズ』
③FMステーション/3月19日-4月1日号 1990/03/19『ポール・マッカートニー in JAPAN』
④FMステーション/11月26日-12月9日号 1990/11/26『オノ・ヨーコが語る・わが心のジョン・レノン』
⑤FMステーション/12月9日-12月22日号 1991/12/09『SUPER INTERVIEW ジョージ・ハリスン with エリック・クラプトン』
⑥FMステーション/1月6日-1月19日号 1992/01/06『ジョージ・ハリスン with エリック・クラプトン』

①リンゴ来日直前の緊急インタビューとメンバー紹介「祝！来日リンゴ・スター AND HIS ALL STARR BAND」が2ページ。②ポール来日記念の特集「ポール・マッカートニー VS ローリング・ストーンズ」のカラーグラフが4ページ。③ポール来日記念のレポート「ポール・マッカートニー in JAPAN」。④「特別企画／オノ・ヨーコが語る・わが心のジョン・レノン」が4ページ。⑤ジョージ来日直前のインタビュー、ジョージとクラプトンの友情と絆に迫るレポート。⑥巻末小グラフのみ。

①FMステーション/4月13日-4月26日号 1992/04/13『結成30周年記念特集ビートルズがいたからロックがある！』
②FMステーション/11月8日-11月21日号 1993/11/08『特集 THE BEST OF ザ・ビートルズ／ビートルズ・ナンバー MYベスト14…』
③FMステーション/2月14日-2月27日号 1994/02/14『秘蔵写真を満載！もうひとつのビートルズ物語・ビートルズ青春ラブストーリー』
④FMステーション/1月2日-1月15日号 1995/01/02『特集ビートルズはめちゃめちゃ楽しいR&Rバンド！』
⑤FMステーション/7月20日号 1996/07/20『来日30周年記念特集・日本全国ドタバタ大騒動！！ビートルズが見た不思議の国ニッポン』
⑥FMステーション/12月5日号 1996/12/05『ビートルズ』

①結成30周年記念特集「ビートルズがいたからロックがある！」。綴じ込み16ページのビートルズ大特集。表紙もビートルズ。③映画＜バック・ビート＞に関するグラフ＆記事「秘蔵写真を満載！もうひとつのビートルズ物語／ビートルズ青春ラブストーリー」など。④モノクログラフ特集「ザ・ビートルズはめちゃめちゃ楽しいR&Rバンドだ！」。⑤9ページのビートルズ来日30周年企画特集「日本全国ドタバタ大騒動！！ビートルズが見た不思議の国ニッポン」。⑥小記事「ザ・ビートルズ・アンソロジー3」。

「FMレコパル」「レコパル」
ビートルズ関連コピーあり

FM情報誌「FMレコパル」「レコパル」。
おそらく次ページ下段収録のイエローサブマリンのイラスト以外にビートルズカヴァーは存在しないが、表紙にビートルズ関連のコピーがあるものは数多い。

発行は［小学館］、『 』は表紙コピー。

  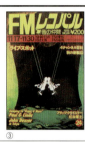   

① FMレコパル/1月27日-2月9日号 1975/01/27『ビートルズ話題のミュージカル』
② FMレコパル/9月8日-9月21日号 1975/09/08『ビートルズ革命の再来！？大増37ページ、レコパル・ライブコミック ビートルズ＝黒鉄ヒロシ』
③ FMレコパル/11月17日-11月30日号 1975/11/17『Jumping to "Venus & Mars" Paul & Linda』
④ FMレコパル/11月15日-11月28日号 1976/11/15『独占特写 リンゴ・スター京都大追跡』
⑤ FMレコパル/2月7日-2月20日号 1977/02/07『ジョージ・ハリソン 華麗なる復活』
⑥ FMレコパル/10月2日-10月15日号 1978/10/02『ライブ・コミック［ポール・マッカートニー］わたなべまさこ』

①ジョンもPRに駆けつけたミュージカルの緊急レポート。②37ページに及ぶコミック「ビートルズ」（黒鉄ヒロシ）がある。③4ページの巻頭カラーグラフ。④来日したリンゴのグラフ。⑤ジョージの5ページ巻頭グラフ。⑥15ページのポール＆ウイングスのコミック（わたなべまさこ）。

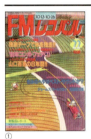     

① FMレコパル/10月13日-10月26日号 1980/10/13『ポール・マッカートニー』
② FMレコパル/12月22日-1月4日号 1980/12/22『追悼！！ジョン・レノン』
③ FMレコパル/12月7日-12月20日号 1981/12/07『ライブ・コミック・オノ・ヨーコ／バロン吉元』
④ FMレコパル/1月18日-1月31日号 1982/01/18『デビュー20年めのビートルズ・ミュージック』
⑤ FMレコパル/4月26日-5月9日号 1982/04/26『特別付録ポスター／ポール・マッカートニー』
⑥ FMレコパル/8月16日-8月29日号 1982/08/16『得する情報ぎっしり！！ビートルズわいわいパック』

①ポールの詞に関する考察「連載第11回 ポール・マッカートニー詞の中に人生が見える／北中正和」。②ジョン追悼企画。③ヨーコの回想コミック。④ビートルズに関するエッセイ。⑤ポールの特大ポスターの付録付。⑥ビートルズファン向けのユニークな情報。

① FMレコパル/12月19日-1月1日号 1983/12/19『迫力！！カラー・ピンナップ・カレンダー／エイジア＆ポール・マッカートニー』
② FMレコパル/1月14日-1月27日号 1985/01/14『独占会見に成功！！P・マッカートニー』
③ FMレコパル/2月11日-2月24日号 1985/02/11『緊急インタビュー ジュリアン・レノン』
④ 月刊サウンド・レコパル/5月号 1986/05/01『保存版 ビートルズ全カタログ』
⑤ FMレコパル/2月23日-3月8日号 1987/02/23『ついに！CDが発売される！！ビートルズ』
⑥ 月刊サウンド・レコパル/2月号 1989/02/01『音楽映画が新しい！！ジョン・レノン／イマジン』

①ポールの中綴じピンナップ・カレンダー。②ポールの最新映画《ヤァ！ブロード・ストリート》などについてのインタビュー。③アーティストインタビュー「ジュリアン・レノン／音楽的には、父親とはまったく他人だよ！」。④8ページの特集。⑤ビートルズのオリジナル盤のCD全12枚が近日中に発売されるニュースなど。⑥ドキュメンタリー映画《イマジン》収録全20曲解説など。

1989-1992

発行は[小学館]、『 』は表紙コピー。

① ② ③ ④ ⑤ ⑥

① FMレコパル/5月15日–6月28日号 1989/05/15 『ジュリアン・レノン』
② FMレコパル/5月29日–6月11日号 1989/05/29 『ポール・マッカートニー』
③ FMレコパル/10月30日–11月12日号 1989/10/30 『リンゴ・スター』
④ FMレコパル/11月27日–12月10日号 1989/11/27 『来日レポート/リンゴ・スター』
⑤ FMレコパル/1月22日–2月4日号 1990/01/22 『来日詳報ローリング・ストーンズ、ポール・マッカートニー』
⑥ FMレコパル/2月5日–2月18日号 1990/02/05 『来日記念R・ストーンズ vs P・マッカートニー』

①ニューアルバム発表に伴うジュリアン・レノンの電話インタビュー。②ポールのアルバム全データなど。③リンゴ・スター来日直前小記事。④巻頭カラーグラフ「緊急ライブ・レポート/RINGO STARR AND HIS ALL-STARR BAND」が1ページ。⑤ポール・マッカートニーとローリング・ストーンズの来日公演詳報。⑥表紙コピーに「来日記念R・ストーンズ vs P・マッカートニー」とあるが「ポール・マッカートニー来日間近」のFM番組ガイド、BS第2音楽情報がある程度。

① ② ③ ④ ⑤ ⑥

① FMレコパル/2月19日–3月4日号 1990/02/19 『来日直前ロンドン・コンサート・レポート』
② FMレコパル/3月5日–3月18日号 1990/03/05 『来日直前!ポール・マッカートニー、ビートルズ～ウィングス栄光の軌跡』
③ FMレコパル/3月19日–4月1日号 1990/03/19 『ポール・マッカートニー in JAPAN』
④ FMレコパル/11月12日–11月25日号 1990/11/12 『ジョン・レノン特集・CDに残された"ジョンの魂"』
⑤ FMレコパル/11月26日–12月9日号 1990/11/26 『NHK-FM特番速報12月8日(土)午前6:00～深夜2:00「オール・デー・ビートルズ」』
⑥ レコパル/11月25日–12月8日号 1991/11/25 『ジョージ・ハリスン&エリック・クラプトン』

①ポール・マッカートニー緊急速報ロンドン・ライブ・レポート。②巻頭カラー3ページにポール・マッカートニーの来日公演特集。③来日公演レポート「夢にまで見た来日がついに実現!/ポール・マッカートニー」④グラフ特集「生誕50周年、そしてあの悲劇から10年/ジョン・レノンを知るとロックの世界が見えてくる」⑤1980年12月8日のNHK-FM放送番組「特別企画/永遠のスーパー・グループ、3部構成トータル25ページのビジュアル大特集「ビートルズデビュー30周年特集号」ビートルズをまるまる1日、生放送で特集!!」の記事他。⑥来日直前情報「日本で待望のジョイント公演/ジョージ・ハリスン&エリック・クラプトン」が半ページ。

① ② ③

① レコパル/5月11日–5月24日号 1992/05/11 『ビートルズのレコード盤復刻』
② レコパル/8月31日–9月13日号 1992/08/31 『ビートルズデビュー30周年特集号』 ※唯一、イエローサブマリンのイラスト表紙。
③ レコパル/9月14日–9月27日号 1992/09/14 『マライア、ポール、そしてクラプトンが登場、超一流の証明![アンプラグド]って何!?』

①特集「東へ西へアナログ見聞録」にレコード写真と復刻の話題が少々。②3部構成トータル25ページのビジュアル大特集「ビートルズデビュー30周年特集号」。③巻頭グラフ記事「ポール・マッカートニー/MTV制作による話題のアコースティック・ライブをオンエア」他、合わせて1ページ強。

「週刊FM」ビートルズカヴァー

FMラジオの週間番組表や内外のアーティスト情報を取り扱った、いわゆる「FM情報誌」。
代表的なものとしては「週刊FM」「FMfan」「FMレコパル」「FMステーション」などがあった。
FMで放送されるビートルズの特別企画番組やビートルズ特集、
メンバーの来日コンサートなど、情報は多岐にわたり、ビートルズが表紙を飾ったことも多い。
ただ、記念特集以外は数ページ程度の小特集・グラフ集が多く、単に「表紙だけがビートルズ」というものもある。

発行は［音楽之友社］、『 』は表紙コピー。

① ② ③ ④ ⑤ ⑥

①週刊FM/3月15日-3月21日号　1971/03/15　『ビートルズを歌いまくる松岡計井子』
②週刊FM/9月24日-9月30日号　1973/09/24　『PAUL McCARTONEY』※スペルの「O」が余分に入る誤植。
③週刊FM/7月15日-7月21日号　1974/07/15　『LINDA/McCARTNEY』
④週刊FM/3月10日-3月16日号　1975/03/10
⑤週刊FM/4月21日-4月27日号　1975/04/21
⑥週刊FM/6月23日-6月29日号　1975/06/23

①表紙のみジョン＆ヨーコカヴァー。②ポール表紙と極小記事。③表紙一部がポール＆リンダ、「Cムーン」の写真。④表紙のみジョンのイラスト。⑤リンゴのイラストと小記事。⑥ヨーコのイラストカヴァーとビートルズ関連記事が少々。

① ② ③ ④ ⑤ ⑥

①週刊FM/6月30日-7月6日号　1975/06/30
②週刊FM/8月11日-8月24日号　1975/08/11
③週刊FM/11月15日-11月28日号　1976/11/15　『特集/リンゴ・スター滞在2週間の隠密作戦大成功？』
④週刊FM/12月27日-1月9日号　1976/12/27　『WINGS』
⑤週刊FM/6月27日-7月10日号　1977/06/27　『ビートルズ大特集①不滅の大記録を徹底調査②君自身のビートルズ・アルバムを作ろう』
⑥週刊FM/4月17日-4月30日号　1978/04/17

①一部ポール＆リンダのイラストカヴァー。②表紙のみポールカヴァー。③リンゴ来日速報グラフと特集。④ボトルにポール＆ウイングスのイラスト他、リンゴスターの来日巻頭グラフ。⑤ビートルズ大特集。⑥表紙右下ビートルズ小イラスト。

① ② ③ ④ ⑤ ⑥

①週刊FM/5月29日-6月11日号　1978/05/29
②週刊FM/5月14日-5月27日号　1979/05/14　『特集/海外特別レポート/ポール・マッカートニー＆新生ウィングス翔ぶ！』
③週刊FM/1月21日-2月3日号　1980/01/21　『来日直前インタビュー!!カラー ポール・マッカートニー＆ウィングス』
④週刊FM/1月19日-2月1日号　1981/01/19　『永遠のビートルズそしてジミ・ヘン』
⑤週刊FM/2月16日-3月1日号　1981/02/16　『10周年記念特集・あのころ拓郎、YMO、ビートルズ、そしてオーディオは…』
⑥週刊FM/4月12日-4月25日号　1982/04/12　『海外特別取材「最新アルバムはジョン・レノンのためにも頑張ったよ！」ポール・マッカートニー』

①表紙のみポール＆リンダのイラスト。②ウィングス最新アルバムとワールドツアーの特別レポート。③ポール来日直前インタビュー。④表紙がビートルズのイラスト。⑤表紙のみジョン。⑥ポール表紙＆インタビュー掲載。

1986-1990

発行は［音楽之友社］、『 』は表紙コピー。

① ② ③ ④ ⑤ ⑥

① 週刊FM/2月10日-2月23日号　1986/02/10
② 週刊FM/5月5日-5月18日号　1986/05/05　『日本上陸20周年記念ワイド企画／ビートルズ300まるごとプレゼント／誌上再現！ビートルズ来日狂騒曲』etc
③ 週刊FM/2月9日-2月22日号　1987/02/09　『BEATLES／ビートルズ・待望のCDリリース開始・さてその中身は？』
④ 週刊FM/3月9日-3月22日号　1987/03/09　『BEATLES／創刊16周年記念総力企画／もう一度、ビートルズ！／ビートルズを知る大辞典』etc
⑤ 週刊FM/5月18日-5月31日号　1987/05/18　『ジョージ・ハリスン〜リンゴ・スターほか活動再開！復活のあとに……』
⑥ 週刊FM/1月11日-1月24日号　1988/01/11　『GEORGE HARRISON／ジョージ・ハリスン・5年間の沈黙を破り、LP『クラウド・ナイン』が大ヒットの兆し』etc

①ビートルズ・イラストカヴァー。②特集「日本上陸20周年記念ワイド企画」。③ディスコグラフィーとビートルズのヒットアルバムなど。④ディスコグラフィーを含めたビートルズ22ページの総力特集。⑤ジョージがプロデュースした映画の話題など。⑥ジョージのニューアルバムの話題とインタビュー。

① ② ③ ④ ⑤ ⑥

① 週刊FM/7月11日-7月24日号　1988/07/11　『オフィシャル・ナンバー全213曲を完全チェック／ビートルズ213曲完全ガイド』
② 週刊FM/1月23日-2月5日号　1989/01/23　『ビートルズ-1989／THE BEATLES ビートルズ特集』
③ 週刊FM/11月27日-12月10日号　1989/11/27　『HEAT WAVE リンゴ・スター版権独占・話題のノンフィクション／ジョン・レノンを撃ったのは誰だ②』
④ 週刊FM/1月8日-1月21日号　1990/01/08　『ストーンズ、マッカートニー2月、3月東京ドーム決定』
⑤ 週刊FM/2月5日-2月18日号　1990/02/05　『インタビュー・ポール・マッカートニー』
⑥ 週刊FM/3月19日-4月1日号　1990/03/19　『コンサート・リポート＆オリジナル・カセット・レーベル・ポール・マッカートニー』

①オフィシャル・ナンバー全213曲を徹底解析。②4ページの企画特集「THE BEATLES-1989／特集今年、再び彼らに新たな拍手が」。③リンゴ来日コンサートに関する話題他。④ポール来日を控えた関連情報。⑤来日を控えたポールのインタビュー。⑥ポール来日公演レポートほか。

① ② ③

① 週刊FM/4月2日-4月15日号　1990/04/02　『総力企画／来日密着ドキュメント／ポール・マッカートニーの2週間』
② 週刊FM/5月28日-6月10日号　1990/05/28　『3号連続企画'90年代に解き明かされる新事実・ビートルズを抱きしめたい』
③ 週刊FM/6月11日-6月24日号　1990/06/11　『綴込付録1990年完全保存版ビートルズ・データ・ブック』

①ポールの来日コンサート・ドキュメント。②連載企画「ビートルズを抱きしめたい／香月利一」。③ビートルズの資料を集めた16ページの綴じ込み付録。

「FMfan」ビートルズカヴァー

「FMfan」は、「週刊FM」とともに歴史のあるFMラジオの情報雑誌。
ビートルズ関連カヴァーはすべてアルバム・ジャケットの写真で、特に目立った記事がないものが多い。
ビートルズ特集は、72ページに及ぶ「創刊20周年の特別企画」のある1986年6月2日-6月15日号くらい。
ビートルズ及びソロアルバムジャケットも、こうして雑誌の表紙として並ぶと、
発売当時のワクワク感が蘇る気がする。

発行は[共同通信社]、「　」は表紙コピー。

①　　　　②　　　　③　　　　④　　　　⑤　　　　⑥　　　　⑦

① FM fan/7月20日-8月2日号　1970/07/16　※発行日は7月16日。
② FM fan/6月18日-7月1日号　1973/06/18
③ FM fan/12月31日-1月13日号　1973/12/31
④ FM fan/6月28日-7月11日号　1976/07/28
⑤ FMfan/5月16日-5月29日号　1977/05/16
⑥ FM fan/1月23日-2月5日号　1978/01/23　『THE BEATLES ON BAROQUE』
⑦ FM fan/3月5日-3月18日号　1979/03/05『George Harrison』

①新作映画「レット・イット・ビー」のスティールフォトなど。②ポール・アルバムカヴァー。③リンゴ・アルバムカヴァー。④ビートルズ・アルバムカヴァー。⑤ビートルズ・アルバムカヴァー。⑥国内合奏団、東京ゾリステンのアルバムカヴァーでバロック調のビートルズイラスト。⑦ポールのアルバム『ロンドン・タウン』カヴァー。

①　　　　②　　　　③　　　　④　　　　⑤　　　　⑥　　　　⑦

① FM fan/3月5日-3月18日号　1979/03/05『George Harrison』
② FM fan/12月22日-1月4日　1980/12/22『カラー ジョン・レノン＆ヨーコ・オノ／ハーブ・アルパート／ジョン・レノン追悼 表紙レコード特別プレゼント』
③ FM fan/12月20日-1月2日号　1982/12/20『JOHN LENNON』
④ FM fan/1月16日-1月29日号　1984/01/16
⑤ FM fan/2月24日-3月9日号　1986/02/24『JOHN LENNON LIVE IN NEWYORK CITY』
⑥ FM fan/6月2日-6月15日号　1986/06/02『「保存版」来日20周年記念ザ・ビートルズ 3大プレゼント／ビートルズ・グッズ／オリジナルLP／CD300枚』
⑦ FM fan/9月22日-10月5日号　1986/09/22『インタビュー ポール・マッカートニー』

①ジョージのニューアルバムの紹介小記事。②『ダブル・ファンタジー』アルバムカヴァー、巻頭にジョン追悼グラフ他。③ジョン・アルバムカヴァー。湯川れい子と小倉エージの対談特集にポールの話題が少々。④ジョン＆ヨーコ・アルバムカヴァー。⑤ジョン・アルバムカヴァー。⑥創刊20周年の特別企画として全72ページに及ぶ総力特集「保存版／来日20周年記念 ザ・ビートルズ」⑦ニューアルバムなどに関するポールの最新インタビュー。

①　　　　②　　　　③　　　　④　　　　⑤　　　　⑥　　　　⑦

① FM fan/2月9日-2月22日号　1987/02/09
② FM fan/11月16日-11月29日号　1987/11/16『GEORGE HARRIOSN cloud nine』
③ FM fan/6月12日-6月25日号　1989/06/12『PAUL McCARTNEY FLOWERS IN THE DIRT』
④ FM fan/7月6日-7月19日号　1992/07/06
⑤ FM[FAN]/12月5日-12月18日号　1994/12/05
⑥ FM[FAN]/11月20日-12月3日号　1995/11/20『ビートルズが［再び］やってくる』
⑦ FM[FAN]/7月1日-7月14日号　1996/07/01『1966-1995 ビートルズからセリーヌ・ディオンまで』

①ビートルズ初期アルバム4点カヴァー。②ジョージ・アルバムカヴァー。③ポール・アルバムカヴァー。④リンゴ・アルバムカヴァー。⑤CD『ザ・ビートルズ・アンソロジー』発売に伴う、話題。ビートルズ・アルバムカヴァー。⑥ビートルズ・アルバムカヴァー。⑦一部アルバム『アビイ・ロード』カヴァー。

CLUB SANDWICH（日本版）

「CLUB SANDWICH」日本版は、
1977年、ポールとリンダのアイディアでイギリスで刊行された
16ページ大判新聞サイズ（W285mm×H420mm）の公認情報誌「Club Sandwith」を邦訳したもの。
1995年、ザ・ビートルズ・クラブ：プロデュースセンター出版局によって日本版創刊0号が刊行された。
これはオリジナル版では通巻NO.71にあたる。

発行は［プロデュースセンター出版局］。

①　　　　　　　②　　　　　　　③　　　　　　　④　　　　　　　⑤　　　　　　　⑥

①クラブサンドイッチ/0号（創刊準備号）1995/01/01
②クラブサンドイッチ/1号 1995/04/01
③クラブサンドイッチ/2号 1995/08/01
④クラブサンドイッチ/3号 1995/12/01
⑤クラブサンドイッチ/4号 1996/03/01
⑥クラブサンドイッチ/5号 1996/06/01

①大判サイズ。オリジナル版NO.71を邦訳したもの。「ポール・マッカートニーにインタビューしよう」「1994年のバディ・ホリー・ウィーク」「ノルウェーの鮭」他。②日本語版1号。「ポール・マッカートニー・インタビュー」「どうか、ジョン・ハメルに（名誉）学位を」「リンダ・マッカートニーのクリスマス・レシピ」他。③「ウーパ・ジューパ」「フェルディナンドの大脱走」「ポール、LIPAのコマーシャルに出演」他。④「ビートルズ復活」「詩人—ポール・マッカートニー」他。⑤「ライブ・エイド、10年後」「スコア上のリーフ」他。⑥「マッカートニー夫妻とシンプソンズ」「ポール・マッカートニーとジェイムズ・ボンド」他。

  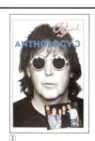   
①　　　　　　　②　　　　　　　③　　　　　　　④　　　　　　　⑤　　　　　　　⑥

①クラブサンドイッチ/6号 1996/09/01
②クラブサンドイッチ/7号 1996/12/01
③クラブサンドイッチ/8号 1997/03/01
④クラブサンドイッチ/9号 1997/05/01
⑤クラブサンドイッチ/10号 1997/07/01
⑥クラブサンドイッチ/11号 1997/08/01

①「誕生日おめでとう、バディ！」「ファミリー・ウェイ」他。②「エリザベス女王、LIPAを訪れる」「ロードワークス」他。③「アンソロジー…しめくくりはこれだ！」「20年目のバディ・ホリー・ウィークを迎えて」他。④「んー、あのマジカルで音楽的でマッカな瞬間」「MPL25周年記念コレクション」他。⑤「フレイミング・パイ」「20歳になったクラブ・サンドイッチ」他。⑥「僕には今夜世界が見えた」「ア・ビューティフル・デイズ・ナイト」「フレイミング・パイ時刻表〜」他。

「音楽専科」ビートルズカヴァー

ビートルズカヴァーは大半がイラスト。
中でも1973年9月号から12月号まで続いたメンバー4人のイラストカヴァーは、
国内の一般月刊誌ではこの「音楽専科」だけである。
(「ローリングストーン」誌は3人で終わっている)
ビートルズ研究家で有名だった香月利一執筆のアルバム解説、
海賊版研究、その他分析資料の掲載も多く、総力特集の多い音楽専門雑誌のひとつ。

発行は[音楽専科社]、「　」は表紙コピー。

① ② ③ ④ ⑤ ⑥

①音楽専科/10月号　1969/10/01　『John Lennon』※実際は名前のスペルダブルミスで「Jhon Lenon」と印刷されている。
②音楽専科/4月号　1970/04/01　『特集/ビートルズ解散説の周辺』
③音楽専科/6月号　1971/06/01　『ビートルズの4人はこうなる！ルポ、あなたにとってビートルズとは何か』
④音楽専科/3月号　1972/03/01　『特集バングラ・デシュ』
⑤音楽専科/9月号　1972/09/01　『誌面大刷新！ジョン・レノン・サイン付表紙・決定版！ビートルズ大年譜』
⑥音楽専科/7月号　1973/07/01　『最強特集/ビートルズ（全55頁）—完全ディスコグラフィー/海賊盤ガイド/大年譜[4]』etc

①ジョンのイラストカヴァーで本誌最初のビートルズ関連カヴァー。②ポールのイラストカヴァー。ビートルズ解散の特別読み物。③ジョージ・カヴァー、ビートルズ解散に関する特集。④ジョン&ポールのイラスト。難民救済コンサート、バングラ・デシュの巻頭&巻末特集グラフ他。⑤ジョンイラスト。ビートルズのディスコグラフィーと詳細年譜で構成した連載特集「決定版！ビートルズ大年譜/第1回」この特集は9月号以後、10月号、11月号と1973年7月号の4回連載されたシリーズ。⑥ビートルズのイラストカヴァーで最強特集と題した総力特集第4回の完結編（全55頁）。

① ② ③ ④ ⑤ ⑥

①音楽専科/9月号 1973/09/01『大特集/BEATLES SERIES ① ジョージ・ハリスン徹底解析』
②音楽専科/10月号 1973/10/01『緊急特集ジョン・レノンのニューアルバム・レコーディングを詳細レポート/特集/BEATLES SERIES ② P・マッカートニー』
③音楽専科/11月号 1973/11/01『特集/BEATLES SERIES ③リンゴ・スター 海賊盤ガイド付き』
④音楽専科/12月号 1973/12/01『特集/BEATLES SERIES ④ジョン・レノン』
⑤音楽専科/6月号 1974/06/01『総力特集 '74年 SUMMER BEATLES（海賊盤完全ガイド付き）』
⑥音楽専科/11月号 1974/11/01『特報！！ポール、ジョージの来日説を追う・総力特集/BEATLES 第3弾！！超詳細ビートルズ年表付』

①ジョージの企画特集「ジョージ・ハリスン徹底解析」他。②ポールの企画特集他。③リンゴの企画特集他。④ジョンの企画特集他。⑤32ページのビートルズ総力特集。⑥32ページの総力特集「BEATLES IMPACT/SPECIAL」。

   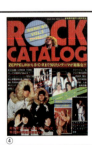  
① ② ③ ④ ⑤ ⑥

①音楽専科/4月号 1974/04/01『恐怖の大特集！！BEATLES 第4集登場/新連載・片岡義男のマイ・ビートルズ』
②音楽専科/12月号 1975/12/01『PAUL McCARTNEY 特集号/ロンドン公演カラー速報&大特集/ポール公演全詳細速報&G・ハリスン特別会見記』
③音楽専科/6月号 1976/06/01『P・マッカートニーにB4 再結集を聞く』
④音楽専科増刊/ロック・カタログ（ロックの本）VOL.1 1970/10/20 ※増刊号
⑤音楽専科臨時増刊/ザ・ビートルズ その栄光の軌跡 1979/06/30 ※臨時増刊のビートルズ企画号
⑥音楽専科/2月号 1980/02/01『緊急大特集 ウイングス初来日決定までのいきさつは？！』

①創刊8周年を記念して企画された40ページを超えるビートルズ総力特集。②ポール来日公演中止に関連する話題と資料など。③ポールの独占インタビューと特別企画のポール特集。④一部ビートルズカヴァー。同誌増刊号のロック・カタログでビートルズ関連ではポールのフォトなど。⑤臨時増刊のビートルズ特別企画号。香月利一によるビートルズの総合事典。⑥ポール&ウイングス来日決定に関連した特集。

「ニューミュージック・マガジン」ビートルズカヴァー

1969年に当時としては珍しいA5判サイズで創刊され、現在に至る音楽専門誌。
特に執筆・編集の中村とうようの存在が大きく、
流行や特定のジャンルにとらわれることがない、他誌とは趣の異なる音楽専門誌である。
ビートルズのカヴァーは、ジョン・レノン追悼増刊号を除き、すべてイラストである。
特集号では投稿・寄稿も多い。途中で雑誌タイトルから「ニュー」がとれた。

発行は[ニューミュージック・マガジン社→ミュージック・マガジン]、『　』は表紙コピー。

①ニューミュージック・マガジン/5月号 1970/05/01『特集=《音楽の国》の四人―ザ・ビートルズ』
②ニューミュージック・マガジン/9月号 1970/09/01
③ニューミュージック・マガジン/4月号 1971/04/01
④ニューミュージック・マガジン/1月号 1972/01/01『ジョン・レノンとオノ・ヨーコ』
⑤ニューミュージック・マガジン/2月号 1972/02/01『バングラ・デシュ・コンサート』
⑥ニューミュージック・マガジン/1月号 1974/01/01

①同誌初のビートルズイラストカヴァー。30ページのビートルズ特集。②ジョンのイラストカヴァー。映画《レット・イット・ビー》の評論。③表紙のみジョン。④ジョン&ヨーコのインタビューを含めた20ページ特集。⑤ジョージが提唱して開催された「バングラデシュ・コンサート」の特集。⑥リンゴとジョンのニューアルバム解説など。

①ニューミュージック・マガジン/6月号　1974/06/01『空間の感触 小野洋子』
②ニューミュージック・マガジン/4月号　1975/04/01『ビートルズ1975』
③ニューミュージック・マガジン/8月号　1975/08/01『P.McCartney』
④ニューミュージック・マガジン/8月号　1976/08/01『ビートルズの主題による変奏曲』
⑤ニューミュージック・マガジン/9月号　1979/09/01『ウイングス、フー、マンフレッド・マン etc』
⑥ミュージック・マガジン/1月号　1981/01/01『ジョン・レノン、凶弾に倒れる！』

①ヨーコの手記や詩集など。②内田裕也、タケカワユキヒデなどによるビートルズへのメッセージ集と小論文など。③ポールの目？のイラスト。④佐々木マキ、鈴木志郎康、小島武、清水哲男など24名のビートルズ・エッセイ大特集。⑤ポールのニューアルバム「バック・トゥ・ジ・エッグ」の話題など。⑥ジョンの悲報を速報した「ジョン・レノン、凶弾に倒れる！／中村とうよう」。

①ミュージック・マガジン3月増刊/ジョン・レノンを抱きしめて　1981/03/01　※ジョン・レノン追悼号
②ミュージック・マガジン/2月号　1984/02/01『ジョン&ヨーコ"ニュー・アルバム"』
③ミュージック・マガジン/4月号　1987/04/01『THE BEATLES／ついに発売！ザ・ビートルズのCD第1回分4枚を徹底解説』
④ミュージック・マガジン/1月号　1989/01/01
⑤ミュージック・マガジン/5月号　1989/05/01
⑥ミュージック・マガジン/5月号　1995/05/01『特集 終結から20年―音楽を変えたヴェトナム戦争、ボブ・ディラン/ジョン・レノンetc』
⑦ミュージック・マガジン増刊／スペシャル・エディション（2）1974-1977　1996/06/25『ジョン・レノン・インタビュー』

①ジョンの追悼特集号の中でも内容が充実した一冊。事件以外にも多くの資料を満載した貴重増刊号（B5判）。②ジョンのイラストカヴァー。ニューアルバム『ミルク・アンド・ハニー』の紹介など。③徹底連載「ビートルズをCDで聞く」第1回。オリジナルアルバムの解説。この連載企画は本号以降、7回にわたり不定期掲載された。④映画《イマジン》に関するレポート。⑤表紙のみビートルズのイラスト。⑥特集がジョン・レノン関連。⑦1994年発行の「ミュージック・マガジン」のダイジェスト版「スペシャル・エディション（1）」の続編。1974年〜1977年の3年間の記事を一冊に再編集したもの。

「ライトミュージック」「ロッキング・オン」
ビートルズ関連カヴァー

1970年創刊の「ライトミュージック」は、創刊当時の方がB5判サイズでページ数も多く、
内容も充実していたように思う。その後、形態は何度も変更になった。
「ガッツ」と同様、どちらかといえば楽譜集としての役割を担った音楽雑誌である。
また、1973年創刊の「ロッキング・オン」も、当時は隔月刊行で、手作り的な雰囲気が残る。
個人的には、この当時のものに、創刊者である渋谷陽一、松村雄策両氏のパワーを感じる。

発行は［ヤマハ音楽振興会］、「 」は表紙コピー。

①ライトミュージック /6月号 1971/06/01『ジョン・レノン大特集』
②ライトミュージック /2月号 1972/02/01『特集／ビートルズはいま』
③ライトミュージック /8月号 1972/08/01
④ライトミュージック /3月号 1973/03/01
⑤ライトミュージック /6月号 1973/06/01『特集／オノ・ヨーコ』
⑥ライトミュージック /9月号 1973/09/01『楽譜特集／G・ハリスン』

①同誌初のビートルズ（ジョン）カヴァー。36ページのジョン大特集。②ビートルズ・イラストカヴァー、巻頭16ページのビートルズ特集。③ジョン＆ヨーコカヴァー。④ポールとビートルズのイラストカヴァー。⑤イラストの一部がジョン＆ヨーコ。ヨーコの読物特集。⑥ジョージのイラストカヴァー他、楽譜特集。

   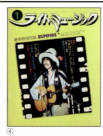  

①ライトミュージック /2月号 1974/02/01
②ライトミュージック /10月号 1974/10/01
③ライトミュージック /11月号 1974/11/01『ビートルズ百科《ベース奏法》』
④ライトミュージック /1月号 1975/01/01『ビートルズ百科 アルバム編』
⑤ライトミュージック /11月号 1975/11/01『PAUL McCARTNEY』
⑥ライトミュージック /12月号 1975/12/01『緊急大特集ポール・マッカートニー／来日直前インタビュー／だれも知らなかったポール』etc

①表紙のみポールカヴァー。②ジョン＆ニルソンカヴァー。連載「ビートルズ百科」など。③連載「ビートルズ百科」エレキベース編。④連載「ビートルズ百科」アルバム編。⑤ポール来日決定のニュース小記事。⑥ポール来日決定のニュースを受けたポールの緊急大特集。

発行は［ロッキング・オン］、「 」は表紙コピー。

①ロッキング・オン / 隔月刊 VOL.Ⅵ 1973/07/15
②ロッキング・オン /4月号 1974/04/15『架空インタビュー ジョン・レノン／特別付録 ビートルズ大訳詞集』
③ロッキング・オン /1月号 1976/01/25
④ロッキング・オン /3月号 1990/03/01『PAUL McCARTNEY ／来日直前、単独インタビューに成功！』
⑤ロッキング・オン /3月号 1994/03/01『THE BEATLES／今、明かされる赤盤・青盤、歴史的バイブルの裏側』
⑥ロッキング・オン /1月号 1996/01/01『THE BEATLES All Together Now！』
⑦ロッキング・オン /10月号 1996/10/01『THE BEATLES／誰も明かさなかった「ザ・ビートルズ、その栄光と影」』

①同誌初のビートルズ（ジョン＆ヨーコ）カヴァー。ポールのニューアルバム評「Red Rose Spead Way／松村雄策」。②連載シリーズ「アビイ・ロードへの裏通り／松村雄策」「特別付録大訳詞58／岩谷宏」など。③ジョンのアルバム「シェイヴド・フィッシュ」の解説。④巻頭カラーグラビアページでポール来日直前インタビューなど。⑤ビートルズ・グラビア特集。⑥18ページのビートルズグラビア特集「The Continuing Story of FAB FOUR」。⑦ビートルズの「アンソロジー・シリーズ」に関連して20ページの総力特集。

「Guts」「レコード・コレクターズ」ビートルズ関連カヴァー

当時、私はタイムリーなロック＆フォークの楽譜集として「ガッツ」を定期購読していた。
ギターコードがしっかり載っていたのが嬉しかった。
今やロックがメインの「レコード・コレクターズ」だが、
1982年創刊当時は隔月刊で、「ニューミュージック・マガジン」の別冊扱い。
ジャズ、ポピュラー、カントリー、ブルースなど幅広いジャンルを取り上げていた。
ロックがメインになったのは1987年頃から。

発行は［集英社］、『　』は表紙コピー。

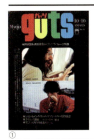   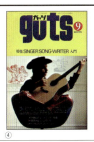 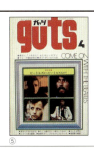 

① ② ③ ④ ⑤ ⑥

①ガッツ／10月10日号 1969/10/10『ジョン・レノン＆ポール・マッカートニーの作曲法』
②ガッツ／10月10日号 1970/10/10
③ガッツ／2月号 1971/02/01『コノヘンナ外人ハ、リンゴ・スターデス』
④ガッツ／9月号 1971/09/01『メアリーの子羊』
⑤ガッツ／4月号 1974/04/01『研究特集／ビートルズからビートルズ×4まで』
⑥ガッツ／6月号 1974/06/01『ポール・マッカートニーと愛妻リンダ』

①同誌初のビートルズカヴァー。レノン＝マッカートニーの音楽解説と楽譜集。②カヴァー一部がジョン＆ヨーコ。③表紙のみリンゴ。④「ポール・マッカートニー／メアリーの小羊」とジョンの最新アルバム情報など。⑤ビートルズに詳しい木崎義二、渋谷陽一、石坂敬一各氏によるユニークなビートルズ研究資料掲載。⑥表紙のみポール＆リンダカヴァー。

発行は［ミュージック・マガジン］、『　』は表紙コピー。

   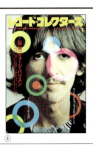  

① ② ③ ④ ⑤ ⑥

①レコード・コレクターズ／11月号 1986/11/01『The Beatles』
②レコード・コレクターズ／1月号 1989/01/01［特集］アップル・レコード／アップル時代のビートルズ』 etc
③レコード・コレクターズ／12月号 1990/12/01『［特集］ジョン・レノン・没後10年を機に歩みをたどる／ビートルズのなかのレノン／ソロ活動』etc
④レコード・コレクターズ／1月号 1992/01/01『［特集］ジョージ・ハリスン・ビートルズの中で果たした役割／ソロ時代の歩み／アルバム・ガイド』etc
⑤レコード・コレクターズ／5月号 1993/05/01『［特集］ポール・マッカートニー・ビートルズ解散後の歩み／ロックンロールとポップスの間で』etc
⑥レコード・コレクターズ／10月号 1993/10/01『［特集］ビートルズ①「サージェント・ペパーズ・ロンリー・ハーツ・クラブ・バンド」ロック史上最大の問題作』etc

①同誌初のビートルズカヴァー。特集に「リヴァプール、ハンブルグ時代のビートルズ／大鷹俊一」がある。②45ページのビートルズ大特集。③60ページのジョン総力特集。④53ページのジョージ総力特集。⑤71ページのポール総力特集。⑥53ページのアルバム『サージェント・ペパーズ・ロンリー・ハーツ・クラブ・バンド』特集。

① ② ③ ④ ⑤ ⑥ ⑦

①レコード・コレクターズ／2月号 1994/02/01『［特集］ビートルズ②「プリーズ・プリーズ・ミー」全曲紹介』etc
②レコード・コレクターズ／8月号 1994/08/01『［特集］ビートルズ③「ラバー・ソウル」全曲ガイド』etc
③レコード・コレクターズ／2月号 1995/02/01『［特集］ビートルズ④「ウィズ・ザ・ビートルズ」全曲ガイド』etc
④レコード・コレクターズ／7月号 1995/07/01『ビートルズ⑤リンゴ・スター／イエロー・サブマリン／大瀧詠一のビートルズ論』
⑤レコード・コレクターズ／1月号 1996/01/01『ビートルズ⑥「ア・ハード・デイズ・ナイト」ロック時代のアイドル映画』etc
⑥レコード・コレクターズ／4月号 1996/04/01『ビートルズ⑦「リヴォルヴァー」』
⑦レコード・コレクターズ／11月号 1996/11/01『ビートルズ⑧「ホワイト・アルバム」』etc

①ビートルズ、アルバム特集シリーズ第2弾『プリーズ・プリーズ・ミー』35ページ。②アルバム特集シリーズ『ラバー・ソウル』25ページ。③アルバム特集シリーズ『ウィズ・ザ・ビートルズ』38ページ。④リンゴの特集とアルバム『イエロー・サブマリン』の合併特集54ページ。⑤アルバム『ア・ハード・デイズ・ナイト』の特集40ページ。⑥ビートルズ特集の第7弾『リヴォルヴァー』34ページ。⑦56ページの特集『ホワイト・アルバム』。

「GOLD WAX」ビートルズカヴァー全号

「GOLD WAX」は、第1号(1989/07/10)から第4号(1990/04/10)まで白夜書房から刊行され、
第5号から版元をバロック出版に移し、94号(最終号:2003/02/20)まで刊行された。
ブリティッシュ・ロックを中心に、特に貴重音源の発掘・解説情報資料として、
ブートレッグ・マニアには貴重な情報源であった。
ビートルズ特集も数多いが、ビートルズカヴァーはこの20点でコンプリート。

発行は[バロック出版]。

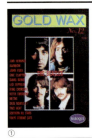  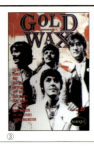 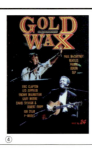  

① ② ③ ④ ⑤ ⑥

① GOLD WAX 12号 1991/12/20
② GOLD WAX 17号 1992/10/20
③ GOLD WAX 21号 1993/06/20
④ GOLD WAX 24号 1993/12/20
⑤ GOLD WAX 31号 1995/02/20
⑥ GOLD WAX 38号 1996/04/20

① ② ③ ④ ⑤ ⑥ ⑦

① GOLD WAX 42号 1996/12/20
② GOLD WAX 45号 1997/06/20
③ GOLD WAX 48号 1997/12/20
④ GOLD WAX 52号 1998/08/20
⑤ GOLD WAX 59号 1999/10/20
⑥ GOLD WAX 64号 2000/08/20
⑦ GOLD WAX 65号 2000/09/20

① ② ③ ④ ⑤ ⑥ ⑦

① GOLD WAX 66号 2000/10/20
② GOLD WAX 68号 2000/12/20
③ GOLD WAX 73号 2001/05/20
④ GOLD WAX 80号 2001/12/20
⑤ GOLD WAX 81号 2002/01/20
⑥ GOLD WAX 91号 2002/11/20
⑦ GOLD WAX 92号 2002/12/20

「GOLD WAX」最初期号&他音楽雑誌の
ビートルズカヴァー

上段の①〜④が「GOLD WAX」の1号〜4号（季刊）で、この4冊のみ白夜書房刊。
サイズはいずれもB5判だが、装丁も豪華でページ数も170ページ前後と多く、定価も1,800円だった。
「GOLD WAX」以外では、ちょっとマイナーな音楽雑誌のビートルズカヴァーを拾ってみた。
もちろん他の音楽雑誌にも多数ビートルズカヴァーは存在するが、それらは年代順リストにまとめて収録した。

発行は［白夜書房］、『 』は表紙コピー。

① GOLD WAX1号/1989 SUMMER 1989/07/10『SPECIAL EDITION/JOHN LENNON・APPLE RECORDS/The Beatles etc』
② GOLD WAX2号/1989 AUTUMN 1989/10/20
③ GOLD WAX3号/1990 WINTWR 1990/01/10
④ GOLD WAX4号/1990 SPRING 1990/04/10『PAUL McCARTNEY』

①ブートレグ&「アップル・レーベル/コレクション・ガイドと完全ディスコグラフィー/ピーター・ドジェット」他。②③④ビートルズ他、ブートレグ情報。

①ぷらすわん/7月号［新興楽譜出版社］1973/07/01
②オーディオファン/創刊号［オーディオファン研究所］1973/07/01
③月刊ヤングメイツ・ミュージック/5月号［ヤングメイツ・ミュージック］1974/04/15
④ギター・ライフ/1974年 SUMMER［自由国民社］1974/07/20
⑤MM Japan/10月15日号［エムティー企画］1974/10/15
⑥月刊サウンド/1月号［サウンド総合研究所］1975/01/01

①表紙がビートルズのイラスト。ポールのニューアルバムのリリースニュース程度。②モノクログラフとアップルレーベルや解散についての解説。「ビートルズ再結集の噂は事実か/石坂敬一」③13ページの特集「ビートルズのサウンド」。④特集「ビートルズ・サウンド徹底研究」他、ビートルズ記事など。⑤ジョージの話題やポールのサウンド解説など。⑥特集「ビートルズの再編成はないとすれば—彼らの今後のゆくえは……/石坂敬一」。

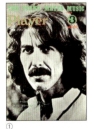    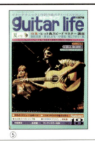 

①月刊ヤングメイツ・ミュージック・プレイヤー/3月号［YMMプレイヤー］1975/02/15
②MM Japan/8月号［エムティー企画］1975/07/01 ※この時期の発行日は前月。
③MM Japan/10月号［エムティー企画］1975/09/01 ※この時期の発行日は前月。
④ヤング・ギター/12月号［シンコーミュージック］1975/12/01
⑤ギター・ライフ/1976年 夏の号［自由国民社］1976/07/10
⑥ヤング・ギター/8月号［シンコーミュージック］1976/08/01

①表紙のジョージ以外には特に目立った記事はない。②12ページの特集、最新直撃インタビュー「特集/ジョン・レノン&ポール・マッカートニーは語る」。③特集記事「ポール・マッカートニー/円熟味を増すサウンド・メイカー」「ジョン・レノン/芸術家？いや人間でありたい！」など。④緊急来日特集「遂にやってくるポール・マッカートニー&ウイングス」4ページ他。⑤「特集企画ビートルズ！！/14年間の足跡を辿る/石坂敬一」⑥表紙のみポールで記事はない。

作為か？不作為か？珍アイテム

印刷・製本ミスで、本来市場に出回るハズがなかったもの、
発行日が同じなのに何かの理由で2ヴァージョンの表紙が存在するもの、
「ビートルズを目立たせた方が売れるだろう」と、突如表紙だけが差し替えられたもの、
中身がほとんど同じ内容なのに、違うアイテムのように見せかけた(?)ものなどをピックアップした。
オリジナルのコピー品(復刻版)や再版などは原則除外している。

◀ポップス 8月臨時増刊／
ビートルズがやって来る
ヤァ！ヤァ！ヤァ！（タイプ1）
[音楽之友社] 1964/08/15

国内雑誌初のビートルズ特集臨時増刊号。

◀ミュージックライフ別冊／
特集 The Beatles'65 春の臨時増刊号
[新興楽譜出版社] 1965/04/01

フォトグラビアページとビートルズの最新情報やトピックスで構成した特集号。

◀プレイファイブ別冊／
スリービーのすべて
[連合通信出版部] 1966/05/01

グラフ情報誌「プレイファイブ」が企画した別冊特集号。

◀ポップス／ビートルズがやって来るヤァ！ヤァ！ヤァ！（タイプ2）
[音楽之友社] 1964/08/15
※臨時増刊等の印刷なし

表紙にあるはずの承認雑誌番号、郵便物認可、発行日等の記載がなく、「8月臨時増刊」の印刷がなされていない。

◀ミュージックライフ編集／
ビートルズ写真集
[新興楽譜出版社] 1965/11/01

「ミュージック・ライフ別冊／特集 The Beatles'65 春の臨時増刊号」と全く同じ写真が使用されるなど、内容・構成がほぼ同じ。

◀来日記念 THE BEATLES
（非売品）
[東芝音楽工業／連合通信出版部]
1966/07

ビートルズ来日に伴い、レコード販促キャンペーンセール期間中に抽選で配布された非売品だが、「スリービーのすべて」のグラフ部分をそのまま流用したもの。

◀呼び屋・その生態と興亡／竹中労
（タイプ1）
[弘文堂] 1966/07/30

表紙一部がビートルズの単行本。同じ発行日の初版でありながら2種存在。この単行本「FRONTIER BOOKS」シリーズが、上下色違いの配色＆同様のデザインのため、こちらが初刷と思われる。

◀ミュージック・グラフ／
創刊3周年記念ヒットパレード・ベスト20
[ミュージック・グラフ]
1966/08/01

ビートルズ来日のグラフ特集。ソノシート10枚セット。

◀話の特集 臨時増刊／
ビートルズ・レポート
（贈呈版カヴァー付）
[日本社] 1966/08/15

幻の名著「話の特集 臨時増刊／ビートルズレポート」の表紙カヴァー付「贈呈版」タイプ。オリジナルにペラの表紙「贈呈版」カヴァーのみを被せたもので、責任編集の竹中労らが関係者のみに配布した超レアアイテム。

◀呼び屋・その生態と興亡／竹中労
（タイプ2）
[弘文堂] 1966/07/30

こちらも初版。表紙上下帯が紫色に統一されたタイプで、タイトルも白抜き、上段帯内のシリーズ「FRONTIER BOOKS」ロゴもセンタリングされている。

◀ミュージック・グラフ／
ヤング・ヒット・パレード
[ミュージック・グラフ]
1966/08/01

「ヒットパレード・ベスト20」の別表紙ヴァージョン。こちらの品番がなぜか新しく後発のようだ。

◀話の特集 臨時増刊／
ビートルズ・レポート（市販品）
[日本社] 1966/08/15

こちらの市販品ですらレア。

◀THE BEATLES
(THE IMMORTAL BEATLES FAN CLUB)
[IBFC] 1972/06/15

70年代に活動していた東芝音楽工業公認サークル「イモータル・ビートルズ・ファンクラブ」会誌の創刊号。

◀ビートルズの軌跡
（タイプ1）
[新興楽譜出版社] 1972/10/10

◀バングラデシュのコンサート
（スバル座館名入り）
[東宝事業部] 1972/10/21

映画《バングラデシュのコンサート》スバル座館名入りパンフレット。

◀THE BEATLES／
BEATLES (FAIR 1972)
[ユニ・パブリシティ]
1972/10/01

1972年、全国各地で開催されたイベント「ビートルズ・フェアー」に先駆けて発行された資料集で、なぜか上と外観が酷似している。内容は別物。

◀ビートルズの軌跡
（タイプ2）
[新興楽譜出版社] 1972/10/10
※（ROCK BOOKシリーズ）

タイプ1とタイプ2は表紙タイトルの色や背表紙が異なる。

◀バングラデシュのコンサート
（表紙裏焼き）
[東宝事業部] 1972以降

表紙のジョージの写真が誤って裏焼きされたもの。

1975-1994

◀ MUSIC-JACK
THE BEATLES／
ビートルズの歴史（タイプ1）
［アロー出版社］1975/03/01
※MUSIC-JACK 版

「年代順ソロ・アルバム」「ビートルズの恋人たち」「ビートルズの歴史」3部構成のほぼ写真集。

◀ THE BEATLES／
ビートルズの歴史（タイプ2）
［アロー出版社］1975/07/01

内容はタイプ1と同じだが、タイトル、表紙を一部改訂しハードカヴァーに変更。

◀ THE BEATLES／
BEATLES FAIR 1975（タイプ1）
［ユニ・パブリシティ］1975/

1975年に開催されたビートルズ・フェアのパンフレット（タイプ1）。1972年発行のビートルズ結成10周年記念パンフレットとほぼ同じ構成。

◀ THE BEATLES／
BEATLES FAIR 1975（タイプ2）
［ユニ・パブリシティ］1975/

表紙のカラーが違うが、タイプ1と仕様は同じ。

◀ ザ・ミュージック／創刊特別号
［小学館］1976/11/01

完璧に製本されているが、中身に一部空白箇所があり、定価などの印刷もない。創刊に向けた試作準備号と思われ市販品でないため超レア。この号には表紙コピー「ポールも燃えたアメリカも燃えた」と巻頭にポールのカラーグラフ7pがある。出所は当時の関係者に違いない。

◀ ザ・ミュージック／創刊特別号
［小学館］1976/11/01

実際に市販された創刊号。試作準備号にはあったポールの表紙コピー及び巻頭カラーグラフ7pもすべて削除されポールはもとよりビートルズ関連記事の掲載もない。恐らく試作版掲載のグラフは単なるダミーページだったのだろう。

◀「えっ？」ビートルズ／
奇想天外抱腹絶倒物語
（タイプ1）
［新興楽譜出版社］1979/08/20

イギリス特有のジョークを随所に取り入れたユーモラスな異色パロディ小説。

◀「えっ？」ビートルズ／
奇想天外抱腹絶倒物語
（タイプ2）
［新興楽譜出版社］1979/08/20

中身はタイプ1と同じだが、この「ロック・ブック・シリーズ」の方は、背表紙が白色で「ROCK BOOK」と印刷あり。

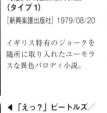

◀ 女性セブン／1月1日号
（タイプ1）
［小学館］1981/01/01
※表紙コピーなし

ジョンの追悼記事『ジョン・レノン／ニューヨークで凶弾にたおれる！』があるが、表紙コピーなし。

◀ 女性セブン／1月1日号
（タイプ2）
［小学館］1981/01/01
※表紙コピーあり

急遽表紙コピーを印刷したもので、恐らくこちらが後に印刷されたものだろう。

◀ The Beatles Forever
1981-1982（タイプ1）
［東芝EMI］1981/11/15

東芝EMIより不定期発行されている非売品の資料集「FOREVER 小冊子シリーズ」。

◀ The Beatles Forever
1981-1982（タイプ2）
［東芝EMI］1982/05/15

中身はタイプ1とまったく同じ、表紙違いの新装版。理由は不明だが、ジョン射殺事件に伴う追悼レコード発売や関連企画で忙しかったのかも。

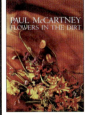

◀ ジョン・レノン／
家族生活
［角川書店］1982/12/26

ジョン＆ヨーコ一家のプライベート写真を収めた西丸文也の写真集。

◀ ジョン・レノン／
家族生活
［小学館］1990/12/01

発行元違い、上の再編集版。

◀ PAUL McCARTNEY
FLOWERS IN THE DIRT
（非売品）
［東芝EMI］1989/12/

ポールのニュー・アルバム『フラワーズ・イン・ザ・ダート』発売に伴いプロモーション用に制作された非売品小冊子。

◀ やっとあえたね。（非売品）
［東芝EMI］1990/02/01

ほぼ上と同内容で、ポールの来日決定後、表紙と最終ページの解説部分のみ改訂し発行されたもの。内容はポールのソロアルバム及びシングルのディスコグラフィー。

◀ シャウト・ザ・ビートルズ
（上／下）
［ソニー・マガジンズ］
1994/05/25

1982年2月2日に刊行された単行本「シャウト・ザ・ビートルズ」の文庫版。文庫化にあたり分冊で発行された。2種類の表紙があり、おそらくビートルズカヴァーのほうが後発版だと思うが、写真版権の問題で逆なのかもしれない。発行日も同じなので正確なところは不明。

◀ シャウト・ザ・ビートルズ
（上／下）
［ソニー・マガジンズ］
1994/05/25
※ビートルズカヴァー。

the beatles collection 2 | 203

フォトシートキット&ポスターブック／
カセット、FD、CD付録付

上段6アイテムは、ビートルズのポートレート、スティール写真などを数枚単位でセットした写真キット類と、
直輸入され、国内で販売されたA3判の切り取り可能なポスターブック。
ヴィジュアル品だけあって、収録写真は精度が高く美しい。
中段以降の12アイテムは、教材・資料としてセット販売された、
カセットテープ、FD（フロッピーディスク）、CD。
一部、別売もしくは単体販売ものもある。

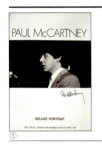 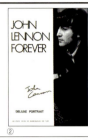    

① PAUL McCARTNEY/DELUXE PORTRAIT [BCC] 1980/02/01
② JOHN LENNON FOREVER/DELUXE PORTRAIT [BCC] 1981/02/01
③ LET IT BE [BCC] 1981/04/
④ THE BEATLES（ポートレート・キット）[BCC] 1982/
⑤ THE BEATLES POSTER BOOK [Colour Library Books Ltd.,] 1983/
⑥ SGT.PEPPER'S LONELY HEARTS CLUB BAND [ATALANTA PRESS] 1987/

①大判サイズ（360mm × 257mm）のポールのモノクロ・ポートレートを8枚収めたスペシャル・コレクション・セット。②大判サイズ（360mm × 257mm）のジョンのモノクロ・ポートレート8枚とビートルズのカラー・ポートレート、ジョン色紙を収めたスペシャル・コレクション・セット。③映画《レット・イット・ビー》からセレクトした210mm × 280mmのスティール・フォト16枚をセットしたケース入り写真集。④ビートルズのA4判ポートレート・キット（6枚入り）。⑤⑥ビートルズの写真の中でも特に美しい各20アイテムをセレクトし、切り取り可能な形式で収録したA3判ポスターブック。※直輸入版。

① ROOTS OF THE BEATLES [BCC] 1988/03/ ※カセットテープ付
② The Beatles INTERVIEW [BCC] 1988/ ※対訳冊子＆カセットテープ付
③ ビートルズでヒアリング [明日香出版社] 1989/06/10 ※CD付
④ ビートルズで英語 [明日香出版社] 1991/02/01 ※CD付
⑤ 月刊フィロ/10月号 [日本スタックマガジン社] 1991/09/25 『特集リメンバー・ビートルズ』 ※FD付
⑥ 百万人の英語 / 全米スターBIGインタビュー [日本英語教育協会／旺文社] 1993/05/21 『ポール・マッカートニー』 ※CD付
⑦ MIDIプレイ / ビートルズ・セレクション [東亜音楽社／音楽之友社] 1994/01/10 ※FD付

①ビートルズがアルバムに採用したカヴァー曲を収録した資料集。カセットテープ付。②ジョンとポールのインタビューを収録したカセットテープと24ページの対訳冊子のセット資料集。③西村式英会話ヒアリング用テキスト。付録【イエスタデイ】【レット・イット・ビー】等オリジナル・ナンバー6曲収録のCD付き。④英語テキスト（日野信行：著）【ヘルプ】【キャント・バイ・ミ・ラヴ】ほかオリジナル・ナンバー6曲収録のCD付き。⑤写真を含め16ページの特集『リメンバー・ビートルズ』がある。FD3枚付き。⑥ポールはじめ全米ビッグスター15人のインタビューを収録したCD付の英語教材。⑦FD付きビートルズナンバーを収録したMIDIプレイ用専門書。

① The English Journal/3月号 [アルク] 1995/03/01『新世代のための「芸術大学」を提唱する ポール・マッカートニー』
② The English Journal/3月号 （別売カセットテープ）
③ CNN ENGLISH EXPRESS/3月号 [朝日出版社] 1996/03/01『オノ・ヨーコ「ビートルズと私」』
④ CNN ENGLISH EXPRESS/3月号 （カセットテープ）
⑤ PC music/3月号 [ソフトバンク] 1996/03/01『The Beatles「FREE AS A BIRD」』※CD付
⑥ PC music/4月号 [ソフトバンク] 1996/04/01『The Beatles「A DAY IN THE LIFE」』※CD付

①ポールが提唱してリバプールに開校の芸術学校LIPA（リバプール・インスティテュート・フォー・パフォーミング・アーツ）の入学要項など関連情報を掲載。②LIPAの記事とポールのインタビューを収録したカセットテープ。③ヨーコをゲストに迎えて行われたインタビュー「Let It Be／ビートルズと私」など。④ヨーコのインタビューを収録したカセットテープ。⑤⑥特別付録CD-ROMにビートルズの曲を収録。4月号には一部解説もあり。

とりあえず、こんなものもあります

ビートルズ現役時代の古い短編漫画本「オッス！！」。
「話の特集」横尾忠則の表紙イラストに、よく見るとビートルズの写真。
ビートルズファンとは購買層がまったく異なると思われる「歴史読本」の裏表紙広告、など……。
「漫画大快楽11月増刊号／天使のためいき」収録のエロス漫画大作「ビートルズなんかしらない」に至っては、
まさに泣く子もだまる関係なさである。
「ベッピン／1月号」に掲載の、たった4ページの「ビートルズ徹底大特集」も恐れ入る。

    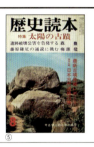 

①オッス！[日の丸文庫] 1965/
②話の特集 /5月号 [日本社] 1966/05/01
③中二時代 /6月号第2付録 海外交通ガイドブック [旺文社] 1966/06/01
④NEW HIT POPS [新興楽譜出版社] 1969/
⑤歴史読本 /8月号 [新人物往来社] 1971/07/10
⑥※⑤の裏表紙

①収録作品のひとつに33ページ読み切り漫画「ビートルズで今晩は／篠原とおる作」がある。②目立たないが表紙一部のみビートルズ4人の写真。③「ビートルズは日本でも人気者／1965年9月30日」の英文と対訳がある。④珍しい横型の楽譜集。巻頭30ページにイラスト含めた「ザ・ビートルズ特集」がある。表紙のジミヘン若いなぁ……。定価300円の市販品。⑤歴史雑誌に不似合いな、裏表紙のビートルズと東芝ステレオの広告。ちなみに、未入手だがもっとすごいのが雑誌「大相撲」のビートルズ裏表紙広告なんですね。相撲にビートルズはどう転んでも結びつかないでしょ。広告掲載の気持ちはわかるけど。

   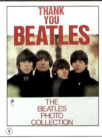  

① YUZO KAYAMA/ 加山雄三コンサートパンフ '76 [DAY BLACK 505] 1976/06/01
② Miss Peggy Lee/ ペギー・リー来日パンフ [Universal Orient Promotions] 1975/04/23
③漫画大快楽11月増刊号 / 天使のためいき [檸檬社] 1978/11/25『ビートルズなんかしらない』
④ THANK YOU BEATLES（タイプ1）[プロデュース・センター出版局] 1986/10/15 ※表紙は市販品も非売品とも同じ。
⑤※裏表紙
⑥※裏表紙（非売品）

①加山雄三自身によるポールとの会見回想エッセイ。②パンフの見開きページにポールとペギー・リーのツーショット大判写真。③能條純一傑作選集『天使のためいき第二話／ビートルズなんかしらない』。タイトル以外にビートルズに触れる部分はない。驚くほど無関係でレア。④ビートルズ前期～中期の貴重フォト160点を集めたオールカラーの写真集。1982年に発売された資料集「ビートルズ・フォーエヴァー」掲載の写真を再編集したもの。⑤市販品の裏表紙。⑥日産自動車のノベルティ版の裏表紙。乗用車の広告に差し替えられている（非売品）。

① LOVE KNOT/ 白井貴子コンサートパンフ [HEAT LAND] 1986/
②広告批評 /5月号 [マドラ出版] 1987/05/01『when I'm 64 ビートルズ世代の老人モンダイ』
③週刊プロレス /9月12日号 [ベースボール・マガジン社] 1989/09/12『元ビートルズのマネージャー、シッド・バーンステイン氏とは何者』
④宝島 /11月24日号 [JICC出版局] 1991/11/24
⑤ベッピン /1月号 [英知出版] 1993/01/01『ビートルズ徹底大特集』
⑥微熱少年 [講談社] 1993/04/23

①プロフィール紹介の中に、ヨーコとビートルズについて数行のみ。②企画特集「ビートルズ世代の老人モンダイ」があるが、直接ビートルズに触れる部分はない。③プロレス団体UWFのアメリカ進出関連記事に「元ビートルズのマネージャー、シッド・バーンスティン氏とは何者」（表紙コピー）がある。④表紙がアルバム「レット・イット・ビー」のパロディ。⑤たかが4ページで「ビートルズ徹底大特集」とはいかに！！⑥元「はっぴいえんど」のドラマー松本隆の青春小説を漫画化（画：大前田りん）したもので、表紙もビートルズ。来日当時の記述も多い。

単行本の改題版

ビートルズに関連する単行本のうち、初版タイトルを改題し再発行されたものを集めた。
「ビートルズ革命」は、一度「回想するジョン・レノン」に改題されたものの、
また元のタイトルに戻されている。
また、「ビートルズは語る」→「ビートルズ語録」→「ビートルズ伝説」は
二度も改題されており、新装・改題版コレクションにふさわしい逸品。
これら以外にも、増刷時にサブタイトルがメインタイトルに変更されたものなどもある。

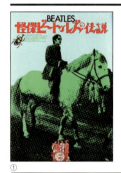

①
②改題版
③再改題版

①
②改題文庫版

①ビートルズ革命 / ジョン・レノン
[草思社] 1972/04/15
②回想するジョン・レノン『ビートルズ革命』改題
[草思社] 1974/06/16
③ビートルズ革命 / ジョン・レノン
[草思社] 1980/12/25 ※新装版

①1970年12月、ニューヨークで行われたジョン＆ヨーコのロングインタビューを完全収録した貴重本。②改題版。③再改題版。タイトルが「ビートルズ革命」に戻っている。

①怪傑ビートルズの伝説
[新興楽譜出版社] 1975/07/01
②ビートルズ王国／4人の歴史
[シンコー・ミュージック] 1993/01/06

①リンゴが誕生した1940年から1974年までのビートルズの軌跡を記録した年譜集と「ビートルズのなんでも大百科」、アルバム・ディスコグラフィー等で構成した資料本。②改題文庫版。

①
②改題版

①
②改題文庫版

①ビートルズ派手にやれ！無名時代
[草思社] 1976/05/25
②ビートルズはこうして誕生した
[草思社] 1987/09/10

①ビートルズ初代のマネージャー、アラン・ウイリアムズによる自由奔放な無名時代のビートルズ伝説。②改題版。

①愛と芸術 / ジョン・レノン
[新興楽譜出版社] 1977/12/01
②愛と芸術―革命家ジョン・レノン
[シンコー・ミュージック] 1987/07/10

①ジョンとヨーコをよく知る著者アントニー・フォーセットがジョンの人間性と芸術性にスポットをあて感性や生き方を解析した評伝。②改題文庫版。

①
②改訂再編集版
③改題再編集版

①
②改題版

①ビートルズは語る
[クイック・フォックス社] 1979/02/15
②ビートルズ語録
[新興楽譜出版社] 1982/0915
③ビートルズ伝説
[シンコー・ミュージック] 1986/09/25

①インタビューや記者会見の発言、コメントを再編集した石坂敬一監修のビートルズ語録集。大半が新聞・雑誌からの語録。②改訂再編集本で、内容はほぼ同じもの。③改題再編集文庫版。

①瓦解へのプレリュード
[新興楽譜出版社] 1979/07/01
②素顔のジョン・レノン / 瓦解へのプレリュード
[新興楽譜出版社] 1981/03/01

①ジョンの先妻、シンシア・レノンによる偽りのない貴重な手記。②改題版。ジョンの死後、表紙を改訂し「素顔のジョン・レノン」として発行された。初版タイトル「瓦解へのプレリュード」はサブタイトルとなっている。

① All You Need Is Ears/ 耳こそはすべて
［ミュージック・セールス社 / クイックフォックス社］1980/05/20
②耳こそはすべて / ビートルズを創った男
［河出文庫］1992/12/04

①ジョージ・マーティン自身の著で、ビートルズ・サウンドの秘密を完全公開した貴重本。②改題文庫版。サブタイトルがメインタイトルに変更され、新たなサブタイトルが付けられた。

①ジョン・レノン語録 / 生と死の追憶
［シンコー・ミュージック］1981/04/01
②人間ジョン・レノン
［シンコー・ミュージック］1986/09/25

①ジョンの名言やユニークなコメントを年代順に整理収録した語録。②改題文庫本。

①レノン＆マッカートニー / 明日への転調
［シンコー・ミュージック］1983/11/15
②明日への転調 / レノン＆マッカートニー
［シンコー・ミュージック］1987/07/10

①ジョンとポール二人の生い立ち、性格、才能、思想などを比較しながらジョンの殺害事件までを描いた異色伝記。②改題文庫版。サブタイトルがメインタイトルに変更された。

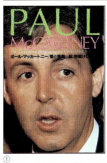 

①PAUL McCARTNEY 愛と音楽
［シンコー・ミュージック］1985/06/10
②ポール・マッカートニー 夢の旅人
［シンコー・ミュージック］1990/03/21

①ポールの生誕からウイングス解散までのおもな足どりを綴った伝記本。②改題文庫版。

単行本の増補版・改訂版・新装版 etc.

ビートルズをテーマにして出版された単行本の中で、よく売れたものは増刷が繰り返された。
増刷にあたって、初版の装丁のまま変更のないもの(重版)、表紙含めた装丁・タイトルを一新したもの(新装版／改題版)、
補足資料や追筆を加え内容を充実させたり、一部内容を訂正・変更し再編集したもの(増補版／改訂版)などがあり、
ここでは重版以外のものを紹介した。

① ②増補版 　　　　　　　　　　　　　　　　① ②新装版

①ビートルズ—その誕生から現在まで
[草思社] 1969/07/10
②増補版 ビートルズ
[草思社] 1987/09/10

①サンデー・タイムズ紙のライター、ハンター・デヴィス著の本格的な伝記。②増補版。1969年以降のビートルズの足取り・出来事などを追記した「1985年版への序文」「1985年版あとがき」を加え増頁。

①ビートルズ神話／エプスタイン回想録
[新書館] 1972/11/05
②ビートルズ神話／エプスタイン回想録
[新書館] 1981/03/05

①ビートルズのマネージャー、ブライアン・エプスタインによる自叙伝「A CELLARFUL OF NOISE／地下室の雑音」の邦訳。②新装版。

① ② ③新装版(文庫) ④新装版(文庫) 　　　　① ②増補版

①ビートルズ詩集1
[角川書店] 1973/05/30
②ビートルズ詩集2
[角川書店] 1973/06/15
③ビートルズ詩集1
[角川書店] 1978/07/20
④ビートルズ詩集2
[角川書店] 1978/07/20

①ビートルズ訳詩集(片岡義男訳)。第1集・第2集を合わせて156曲を収録(文庫版)。第1集はアルファベット順に80曲を収録。②第2集は76曲を収録。③④とも「ビートルズ詩集」の新装版(文庫版)。その後、初版のビートルズ写真表紙に戻された。

①ビートルズの復活
[二見書房] 1974/02/15
②ビートルズの復活
[二見書房] 1977/05/25

①ビートルズの史実や資料をもとに書下ろしたエッセイ調のビートルズ・インサイド・ストーリー。②増補版。第7章「ビートルズ再編成への道」の追筆や「増補版あとがき」「ビートルズ音楽解剖」「その後の事件簿」などが追加されている。

① ②新装版 ③増補改訂版 　　　　① ②増補版 　　　　① ②新装版

①永遠のビートルズ
[ホーチキ商事出版部／ビートルズ研究会] 1974/07/20
②永遠のビートルズ
[ホーチキ商事出版部／ビートルズ研究会] 1976/02/10
③永遠のビートルズ
[英知出版／ビートルズ研究会] 1983/01/15

①ビートルズ時代及びソロ活動に入った4人の写真を中心に構成したヴィジュアル本。②新装版。③増補改訂版。巻頭カラーページが新たな写真に差し替えられている他、ディスコグラフィー、年譜など追加改訂がある。発行元も違う。

①ビートルズ事典
[立風書房] 1974/12/01
②ビートルズ事典
[立風書房] 1988/07/01

①ビートルズの研究資料として、発売以来長期にわたりベストセラーを記録した香月利一編著の総合事典。②増補版。巻末に1971年～1987年までの4人のバイオグラフィー、ソロアルバム・ディスコグラフィー、書籍リストなどを追加。

①ビートルズ・カタログ
[講談社] 1977/02/21
②ビートルズ・カタログ
[講談社] 1984/01/01

①ビートルズ・グッズを紹介したヴィジュアル構成のコレクション・カタログ。後半は年譜、寄稿、解説の読み物ページ。②新装版。

①　　　　　　　②新装版　　　　　③新装文庫版　　　　　　①　　　　　　　②増補版　　　　　③増補文庫版

①ビートルズで英語を学ぼう
［講談社］1977/08/01
②ビートルズで英語を学ぼう
［講談社］1984/04/20
③ビートルズで英語を学ぼう
［講談社］1984/04/20

①ビートルズのヒットナンバーからの例文をもとに解説した英文法書。②新装版。③新装文庫版。表紙は初版のイラストに戻った。単行本の段階で一度新装されたものを文庫化。

①ビートルズ・エピソード 550
［立風書房］1978/07/20
②ビートルズ・エピソード 550
［立風書房］1980/12/25
③P.S アイ・ラブ・ビートルズ
［講談社］1991/04/15

①ビートルズ語録や逸話を年代順に整理、まとめあげた香月利一著のエピソード大全。②増補版。巻末追筆あり。③大幅に再編集した増補文庫版。改題しエピソードを929篇収録。単行本の段階で一度新装されたものを文庫化。

①　　　　　　　②増補版　　　　　　　　　　①　　　　　　　②増補版　　　　　　　　①　　　　　　　②増補版　　　　　③文庫版

①音楽専科臨時増刊／ザ・ビートルズ その栄光の軌跡
［音楽専科社］1979/06/30
②音楽専科臨時増刊／ザ・ビートルズ その栄光の軌跡
［音楽専科社］1981/05/30

①音楽専科臨時増刊の企画号で、香月利一によるビートルズの総合事典。②増補版。ジョン射殺事件の特集ページ「追悼……ジョン・レノンが撃たれた日!!」を追加。表紙も一部改訂。

①マイ・ビートルズ
［講談社］1981/04/20
②ビートルズってなんだ？ 53人のマイ・ビートルズ
［講談社文庫］1984/09/15

①著名人によるビートルズ評やエッセイを香月利一が年代順に整理・編集したアンソロジー。②増補文庫版。

①アビイ・ロードからの裏通り
［ロッキング・オン］1981/11/10
②アビイ・ロードからの裏通り
［ロッキング・オン］1981/11/10
③アビイ・ロードからの裏通り
［ちくま文庫］1988/12/01

①「ロッキング・オン」に連載された松村雄策「アビイ・ロードからの裏通り」を、ジョンの死を契機に一冊にまとめたもの。②新装版。③文庫版。単行本の段階で一度新装されたものを文庫化。

①　　　　　　②増補改訂版　　　　　　　　①　　　　　　②増補改訂版　　　　　　　①　　　　　　②改題版

①THE BEATLES 大百科
［CBS・ソニー出版］1983/05/20
②改訂版 THE BEATLES ビートルズ大百科
［ソニー・マガジンズ］1994/08/10

①アナログ・レコードのディスコグラフィーでイギリス盤、アメリカ盤に整理し年代順に説明、解説を加えた資料本。②増補改訂版。巻末に増頁。

①Rock'n'Roll BABYLON
［白夜書房］1988/01/30
②Rock'n'Roll BABYLON
［白夜書房］1992/12/01

①「モンタレー・ポップ・フェスティバル」の側面と影響を考察した研究書。ビートルズの衝撃的な記述もある。②増補改訂版。ジョン射殺事件などの追記がある。

①コンパクト・ビートルズ
［マガジンハウス］1993/12/16
②ビートルズの軌跡／THE BEATLES COMPACT DISC SUIDE
［マガジンハウス］1996/03/21

①公式発売されたビートルズ＆ソロの全CDガイド。索引付。②改題版。携帯用にスリム化され一部索引が省かれている。

ディスコグラフィー、レコーディング、曲解説等サウンド関連研究資料

絶版の「ビートルズ海賊盤事典」と「THE BEATLES 日本盤ディスコグラフィー」は人気のアイテム。オークションでも高値で取引されている。

   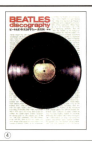  

① ② ③ ④ ⑤ ⑥

①WINGS/ ポール・マッカートニーとスーパー・グループの輝かしい全貌 [新興楽譜出版社] 1977/08/20
②ポール・マッカートニー & ウイングス [東芝EMI音楽出版 / 日音楽譜出版社] 1978/06/20
③THE BEATLES' SOUND/ ビートルズサウンド [CBS・ソニー出版] 1979/04/10
④ビートルズ・ディスコグラフィー [立風書房] 1979/10/10
⑤THE BEATLES 大百科 [CBS・ソニー出版] 1983/05/20
⑥ビートルズ音楽学 [晶文社] 1984/12/20

①ウイングスのコンサートを支えるスタッフと音響設備、機器など舞台裏を詳しく調査した異色本。②ウイングス7年間の活動全記録をはじめ、アルバム&シングルのディスコグラフィー、スタジオセッション、使用楽器データなどの資料本。③ビートルズの音楽性とサウンドに焦点をあてて解析した研究書。④香月利一著のディスコグラフィーでオリジナル・アルバムから貴重盤、シングル盤、海賊盤など広範囲にわたるレコードデータと解説を記載した560ページの労作。⑤イギリス盤・アメリカ盤などアナログ・レコードのディスコグラフィー他。⑥曲作りの解析と楽曲分析を試みた本格的な専門研究書。

   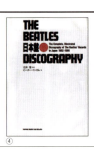  

① ② ③ ④ ⑤ ⑥

①ビートルズ海賊盤事典 /BEATLES'BOOTLEGS [講談社] 1985/10/15 ※文庫本
②アビイ・ロード / ザ・ビートルズ最後の伝説 [JICC出版局] 1985/10/31
③ビートルズ・ライヴ大百科 [CBS・ソニー出版] 1986/09/05
④THE BEATLES 日本盤ディスコグラフィ [シンコー・ミュージック] 1986/09/20
⑤THE BEATLES LIVE HISTORY/FILM BOOK1962-66 [BCC] 1987/08/
⑥LENNON McCARTNEY/ レノン・マッカートニー [プロデュース・センター出版局 / ビートルズ・シネ・クラブ編] 1988/01/

①海賊盤400枚以上を解説した大作資料集でブート盤コレクター必携のバイブル。②EMIスタジオ（通称アビイ・ロード・スタジオ）を舞台にしたビートルズ伝説や創作活動のようすをまとめた異色本。③約1,400回に及ぶビートルズ全ライヴを徹底調査・記録した貴重な資料集。④ビートルズの日本盤レコードをカラー掲載したディスコグラフィーで公式アナログ盤コレクター必携の貴重本。OP/AP盤など各発売日も細かく網羅明記。⑤ビートルズが行ったライヴ活動（1962～1966）の全記録を年代順に整理解説した資料集。⑥ジョンとポールの写真集&公式ソング・データ・ブック。

① ② ③ ④ ⑤ ⑥

①THE BEATLES SOUND BOOK VOL.1/STUDIO SESSIONS [プロデュース・センター出版局 /BCC サウンド研究会編] 1988/08/01
②THE BEATLES SOUND BOOK VOL.2/LIVE [プロデュース・センター出版局 /BCC サウンド研究会編] 1989/01/01
③THE BEATLES MAKING MUSIC [プロデュース・センター出版局 /BCC サウンド研究会編] 1989/04/01
④THE BEATLES SOUND BOOK VOL.3①/OFFICIAL NUMBERS 213 [プロデュース・センター出版局 /BCC サウンド研究会編] 1989/08/01
⑤THE BEATLES SOUND BOOK VOL.3②/OFFICIAL NUMBERS 213 [プロデュース・センター出版局 /BCC サウンド研究会編] 1989/08/01
⑥THE BEATLES SOUND BOOK VOL.4/J,P,G.R.THEIR SOLO ALBUMS [プロデュース・センター出版局 /BCC サウンド研究会編] 1990/01/01

①スタジオ・セッションの全貌を解明した研究資料（VOL.1）。②1962年から1966年までのライヴ活動をテーマにまとめたビートルズ全ライヴ研究資料（VOL.2）。③ビートルズサウンド魅力や音楽の変遷をテーマごとに取り上げ、資料とともに徹底解析を試みた研究書。④⑤ビートルズが残した公式ナンバー全213曲をパート1とパート2に分けて徹底解説した研究資料（VOL.3）。⑥ビートルズ4人が発表した1989年までのソロアルバムを写真付で解説した全ディスコグラフィー（VOL.4）。

単にディスコグラフィーを例にとっても、レコードもあればCDもある。
またアルバム、シングルがあり、これにオフィシャル（公式盤）、ハーフオフィシャル、編集盤、
ブート（海賊盤）、はたまたイギリス盤、アメリカ盤、日本盤、ドイツ盤はもとより世界各国盤が存在する。
資料化以前に整理するだけでも困難を極めるはず。
無論、出来の良し悪しはあろうが、その困難を乗り越えた研究資料には敬意を表したい。

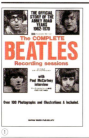     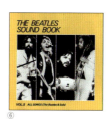

①コンプリート・レコーディング・セッションズ / ビートルズ ［シンコー・ミュージック］ 1990/07/20
②ビートルズ全曲解説 ［東京書籍］ 1990/10/01
③THE BEATLES' ALBUMS/ ビートルズ・アルバム研究 ［プロデュース・センター出版局 /BCC 編］ 1991/09/09
④ビートルズ・ソングス ［ソニー・マガジンズ］ 1992/02/05
⑤モア・ビートルズソングス ［ソニー・マガジンズ］ 1992/02/05
⑥THE BEATLES SOUND BOOK VOL.5/ALL SONGS（The Beatles&Solo）[/ プロデュース・センター出版局 /BCC サウンド研究会編] 1992/03/01

①全オフィシャル・ナンバーのレコーディング・セッションを詳細解説した研究資料集。②公式レコーディングされたビートルズ・ナンバー全 213 曲をシングルとアルバムに分けた全曲解説集。③オリジナル・アルバム全 15 タイトル（アメリカ編集盤含む）を徹底解析したベーシックな研究資料。④ビートルズ公式アルバムに収録されたナンバー全 213 曲を詳細解説した資料集。⑤未発表曲、カヴァー曲、スタジオセッションなど、ビートルズのオリジナル・アルバム未収録曲を解説した貴重資料集。⑥1991 年 6 月までに公式発表されたソロを含むオリジナル・ナンバー（921 曲）をアルファベット順に整理した簡易全曲ガイド。

①ビートルズ & アップル・マテリアル ［ビー・エヌ・エヌ］ 1992/10/20
②コンパクト・ビートルズ ［マガジンハウス］ 1993/12/16 ※一部改訂を加えた「ビートルズの軌跡（改題）」1966/03/21 発行のものもある。
③the complete BEATLES chronicle 1957 - 1964/ ザ・ビートルズ全記録 Vol.1 ［プロデュース・センター出版局］ 1994/06/30
④the complete BEATLES chronicle 1965 - 1970/ ザ・ビートルズ全記録 Vol.2 ［プロデュース・センター出版局］ 1994/08/31
⑤ビートルズのつくり方 ［太田出版］ 1994/09/27
⑥SUPER ROCK GUIDE / ビートルズ全曲解説 ［シンコー・ミュージック］ 1994/12/14

①ビートルズを含めた全アップル・レーベルの貴重なディスコグラフィー。②公式発売されたビートルズの全 CD ガイド。③ビートルズ研究家、マーク・ルイソン著のビートルズ完全クロニクル（編年史）の上巻。クオリーメン時代の 1957 年から 1964 年までの全活動（レコーディング、セッション、ライヴ、フィルム）を克明に記録した第一級資料集。④下巻は 1965 年から 1970 年解散までの全活動記録。⑤ビートルズ・サウンドの魅力を譜例、コード進行法則、他文献の引用や資料で解析を試みた研究書。⑥ビートルズのアルバムや収録曲の全体像をざっと知るには手頃な一冊。

    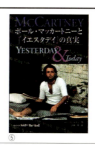 

①RICKENBACKER ［リットーミュージック］ 1995/02/10
②全曲解明！！ビートルズ・サウンズ・大研究（上）［バーン・コーポレーション］ 1995/11/19
③全曲解明！！ビートルズ・サウンズ・大研究（下）［バーン・コーポレーション］ 1996/03/20
④メイキング・オブ・サージェント・ペパー ［キネマ旬報社］ 1996/05/01
⑤ポール・マッカートニーと『イエスタデイ』の真実 ［シンコー・ミュージック］ 1996/05/10
⑥ビートルズサウンズのツボ ［バーン・コーポレーション / シンコー・ミュージック］ 1996/12/27

①リッケンバッカーのギターカタログ。ビートルズ特集 17 ページ。②ビートルズ公式アルバム『プリーズ・プリーズ・ミー』から『リボルヴァー』までの収録曲他を含め全 114 曲についてサウンドの魅力や秘密を徹底解明した研究書の上巻。③アルバム『サージェント・ペパーズ』から『アビイ・ロード』他全 99 曲の研究書下巻。④アルバム『サージェント・ペパーズ』の制作プロジェクトをジョージ・マーティンが徹底解説した貴重資料本。⑤名曲【イエスタデイ】の誕生を、ポールや関係者の協力を得て、あらゆる角度から解析を試みた研究書。⑥チャック近藤著のビートルズサウンド研究書。

ビートルズ関連写真集

ビートルズの写真集も数が多く、分類・整理に困るアイテム群である。
ここで紹介の写真集は、市販品（「ゲット・バック写真集」のみ非売品）で、
かつ定期刊行物ではない書籍のアイテムに絞った。
ほぼ写真集に近い「ティーンビート」「スクリーン」「ミュージックライフ」
別冊・臨時増刊などのグラフ特集号やヴィジュアル企画の特集号、
その他パンフレット、非売品小冊子類は除外した。

① ② ③ ④ ⑤ ⑥

① ミュージックライフ編集 ビートルズ写真集 [新興楽譜出版社] 1965/11/01
② ビートルズ東京 100時間のロマン [中部日本放送] 1966/08/01
③ THE BEATLES/ ビートルズ写真アルバム [新興楽譜出版社] 1967/
④ ビートルズ・ゲット・バック写真集（Let it be アナログ盤ボックス特典品）[Apple Publishing] 1970/06/05
⑤ ミュージックライフ臨時増刊 / さよならびぃとるず [新興楽譜出版社] 1971/09/15
⑥ ビートルズ / 豪華写真集 [新興楽譜出版社] 1973/07/10

①「ミュージック・ライフ」誌に掲載されたフォトに巻末新着フォトを加え再編集した写真集。② 公式カメラマンとして密着取材を許された浅井慎平が独占撮影した貴重なビートルズ来日写真集。復刻版に注意！！③ 未公開、来日関連など新着フォト51点を掲載したB4判よりも若干大きめの大判写真集。④ BOX アルバム『レット・イット・ビー』にセットされていた164ページの豪華写真集。⑤ ビートルズの解散を機に制作発行された写真集。⑥ デビューから1970年半ばまでのビートルズ、およびソロになった4人の軌跡160点余りを収録した写真集。

     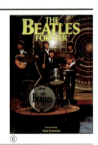
① ② ③ ④ ⑤ ⑥

① ニューミュージック・マガジン /ROC-PIC ボブ・グルーエン写真集 [ニューミュージック・マガジン社] 1975/04/05
② デゾ・ホフマン未公開写真集 /BEATLES [新興楽譜出版社] 1976/08/01
③ ロック・ファン NO.8/ ウイングス写真集 [新興楽譜出版社] 1977/12/15
④ スクリーン特別編集 / ビートルズ写真集 [近代映画社] 1982/10/10
⑤ ジョン・レノン / 家族生活 [角川書店] 1982/12/26
⑥ THE BEATLES FOREVER [シンコー・ミュージック] 1982/

① ロック・アーティストの素顔を追い続けたカメラマン、ボブ・グルーエンの写真集。ビートルズ関連は12ページ程度。② ビートルズの公式カメラマン、デゾ・ホフマンのモノクロ未公開写真集。③ ロックアーティストフォトグラフシリーズのウイングス写真集。④ ビートルズのデビュー20周年を記念して発行されたカラー写真集。⑤ 1970年代後半のジョン一家（ジョン＆ヨーコと息子ショーン）の私生活を記録した、写真家西丸文也の写真集。⑥ シンコーミュージックがスペインから直輸入したカラー写真の多いヴィジュアル本。写真集としても魅力的な一冊。

   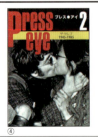  
① ② ③ ④ ⑤ ⑥

① With The Beatles/ その青春の日々 未公開写真集 [シンコー・ミュージック] 1983/02/01
② ザ・ビートルズ写真集 [勁文社] 1983/12/15 ※文庫本
③ YESTERDAY ビートルズ写真集 [早川書房] 1984/12/25
④ プレス・アイ2/ ザ・セレブ（Press eye）[文藝春秋] 1985/08/25 ※文庫本
⑤ THANK YOU BEATLES（タイプ1）[プロデュース・センター出版局] 1986/10/15
⑥ BEATLES IN LIVERPOOL/ 日本未公開写真集 [大陸書房] 1988/02/11

① 専属カメラマン、デゾ・ホフマンのビートルズ写真集。② 石坂敬一編のビートルズ写真集で文庫サイズのポケット版。価格も安くお手頃。③ ロバート・フリーマンのビートルズ（1963年～1965年）写真集で、どちらかといえば4人のポートレートを中心に編集されたもの。ハードケース付き。④ ビートルズ関連写真は表紙とビートルズ来日写真「偽りのチームワーク」他、ジョン＆ヨーコ、ポール＆リンダ、ジョン＆メイ・パンのディープキスなど5ページ。⑤ ビートルズ前期～中期の貴重フォトを集めたオールカラーの写真集。※日産自動車のノベルティ仕様もあり。⑥ リバプール時代の未公開ショットを含む貴重フォトを集めた写真集。

  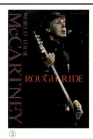   

① LET IT BE SESSIONS [BCC] 1988/04/
② イマジン / ジョン・レノン [河出書房新社] 1989/01/10
③ ポール・マッカートニー写真集 /ROUGH RIDE WORLD TOUR [JAM 出版 / 星雲社] 1990/01/25
④ ジョン・レノン / 家族生活 [小学館] 1990/12/01
⑤ BOB GRUEN'S WORKS/JOHN LENNON [JAM 出版 / 星雲社] 1990/12/08
⑥ THE UNSEEN BEATLES/ ビートルズ未公開写真集 [ファンハウス] 1992/08/01

①1969年のドキュメンタリー映画《レット・イット・ビー》のスティール・フォトを集めた写真集。②ジョンの生涯を膨大な未公開写真で綴った256ページの豪華版写真集。③1989年のワールド・ツアーからステージ・フォトを多く収録したポールの写真集。④1982年に発行された同名タイトル「ジョン・レノン／家族生活」の再編集版。⑤ロックアーティストを中心に写真を撮り続けたフォトグラファー、ボブ・グルーエンのジョン・レノン写真集。⑥「ブッチャー・カヴァー」を撮影したカメラマン、ボブ・ウイタカーによる、未公開フォトを多く収録した豪華版写真集。

① THE BEATLES ON PRESS [シンコー・ミュージック] 1992/10/25
② LINDA McCARTNEY SIXTIES/ リンダ・マッカートニー写真集 [プロデュース・センター出版局] 1993/11/25
③ THE BEATLES イン・ザ・ビギニング / ハリー・ベンソン写真集 [リブロポート] 1994/02/14
④ Backstage/ ザ・ビートルズ [もうひとつの顔] [同朋舎出版] 1994/11/28
⑤ The ROLLING STONES/ROCK&ROLL CIRCUS [プロデュース・センター出版局] 1995/01/20
⑥ ビジュアル・ダイアリー / ビートルズ・1000 [シンコー・ミュージック] 1995/02/08

①「ミュージック・ライフ」誌をはじめ日本のマスコミに送付されたプレス用フォト約200点を収録した豪華モノクロ写真集。②リンダが撮影した1960年代を代表するロック・アーティストの写真集。ビートルズ関係は数点。③ハリー・ベンソンの豪華写真集。シェアスタジアム公演までを収録。④報道カメラマン、テレンス・スペンサーの初期ビートルズ秘蔵写真約140点を収録した224ページの豪華写真集。⑤テレビ用に収録されたスーパー・セッション「ロックン・ロール・サーカス」より編集した写真集。ジョン関連20ページ。⑥約1,000点に及ぶ膨大な写真とデータで構成したヴィジュアル総合資料集。

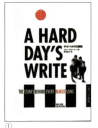 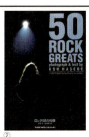 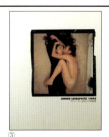   

① A HARD DAY'S WRITE/ ザ・ビートルズ大画報 [ソニー・マガジンズ] 1995/04/28
② ロック50の肖像 [シンコー・ミュージック] 1995/06/22
③ アニー・リーボビッツ写真展 1995 [日本テレビ放送網] 1995/07/01
④ THE BEATLES IN TOKYO 1966 [ジャパンタイムズ] 1995/12/25
⑤ イマジン / ジョン・レノン [ソニー・マガジンズ] 1995/12/26
⑥ THE BEATLES 1965/1966/1967 [シンコー・ミュージック] 1996/12/22

①200点以上の写真を添えてビートルズ・ナンバーを全曲解説したヴィジュアル資料集。②ミュージック・ライフ誌のカメラマン、長谷部宏の写真集。ビートルズ関係は巻頭10ページ程度。③写真家アニー・リーボビッツ写真展の豪華出展写真カタログ。ジョン1点のみ。④浅井慎平の来日写真集で当時発売された「ビートルズ東京／100時間のロマン」の再編集モノクロ版。⑤トム・ハリーが撮影したジョン＆ヨーコの写真に名作『イマジン』の歌詞を散りばめたメモリアル写真集。⑥長谷部宏が撮影した1965年〜1967年のビートルズ写真集。

ビートルズ詩集（訳詞集・歌詞集）

ビートルズ＆ジョン・レノン、ポール・マッカートニーの詩集。

① ② ③ ④ ⑤ ⑥

①ミュージックライフ臨時増刊／ビートルズ詩集［新興楽譜出版社］1969/02/05
②ビートルズ詩集：愛こそすべて［新書館］1971/06/20
③ビートルズ詩集2：世界のはてまでも［新書館］1972/03/20
④※ビートルズ詩集の初版背表紙
⑤アサヒカメラ／1月号［朝日新聞社］1973/01/01
⑥ビートルズ詩集［新興楽譜出版社］1973/04/20

①当時のビートルズヒットナンバー、【イエスタデイ】【レディ・マドンナ】【ヘイ・ジュード】など28曲を集めた訳詞集。②レノン＝マッカートニーのヒットナンバーをはじめ、52曲を収めた訳詞集（初版）。③1971年に同社より発行された「ビートルズ詩集：愛こそすべて」のパート2（初版）。④初版は背表紙がオレンジ、再版はホワイト。⑤篠山紀信・浅井慎平・横尾忠則ほかのフォト作品にビートルズ・ナンバーの訳詞をつけたもの。

① ② ③ ④ ⑤ ⑥

①ビートルズ詩集1［角川書店］1973/05/30
②ビートルズ詩集2［角川書店］1973/06/15
③ビートルズ詩集1［角川書店］1978/07/20 ※新装版
④ビートルズ詩集2［角川書店］1978/07/20 ※新装版
⑤ビートルズ詩の世界［実業之日本社］1981/03/20
⑥ビートルズ詩集［シンコー・ミュージック］1984/04/05

①レノン＝マッカートニーの共作曲を集めた訳詞集で第1集、第2集を合わせて156曲を収録した文庫本。片岡義男が原詩に忠実な対訳を付けている。この第1集ではアルファベット順に80曲を収録。なお初版は背表紙が白、再版はブルー。②第2集では76曲を収録。③④新装版。⑤単なるビートルズ訳詞集に留まらず、訳詩の後にユニークなエッセイ調の解説やイラストを付け加えたもの。⑥ビートルズ公式ナンバーからの抜粋訳詞集。ヒットナンバーを中心に104曲を年代順に収録。

① ② ③ ④ ⑤

①ジョン・レノン詩集［シンコー・ミュージック］1986/11/05
②ポール・マッカートニー詩集／PAUL McCARTNEY LYRICS AnotherDay［シンコー・ミュージック］1988/10/17
③ビートルズ全詩集／COMPLETE LYRICS OF THE BEATLES［シンコー・ミュージック］1990/05/10
④ビートルズ全歌詩集［シンコー・ミュージック］1991/02/15
⑤ジョン・レノン詩集イマジン／The Anthology John Lennon Lyrics［シンコー・ミュージック］1994/12/28

①ソロ活動に入ってから1980年の射殺事件に至るまで、ジョンが残した作品の中から53篇をセレクトした詩集。②ポールのヒットナンバー69曲を収めた訳詞集。③ビートルズが残したオリジナル・ナンバー183曲を公式アルバム順に完全収録した詩集。④公式アルバムの英文詩集でコンパクトな文庫本。全曲英文掲載で日本語訳はないが、歌詞を覚えるには手頃な本。⑤ジョンのソロ作品72曲を収録した訳詞集。

ビートルズ関連アート&イラスト作品集

ジョン・レノン、ポール・マッカートニーのほか、オノ・ヨーコ、ステュアート・サトクリフ、ショーン・レノンなど
自身による自筆イラスト作品や、前衛アート作品を収録したアイテムと、有名イラストレーターによるビートルズ作品集。

① THE BEATLES ILLUSTRATED LYRICS・1/ ビートルズ・ソング・イラスト集［誠文堂新光社］1970/03/20
② THE BEATLES ILLUSTRATED LYRICS・2/ ビートルズ・ソング・イラスト集［誠文堂新光社］1971/11/20
③ 絵本ジョン・レノン・センス［晶文社］1975/12/25
④ ロック・ドリーム［クイック・フォックス社］1978/03/10
⑤ John Lennon/bag one［A to Z］1981/12/01
⑥ PAUL McCARTNEY COMPOSER/ARTIST［直輸入元：シンコー・ミュージック］1981/

①アラン・オルドリッジの編集によるビートルズ・ソング・イラスト集(日本編集版)。ビニールカバー付完品。②横尾忠則など日本のアーティスト作品を含むソング・イラスト集その2。③ジョン・レノンの初著「In His Own Write」(1964年)の邦訳版。ジョン自筆のユニークなイラストとナンセンスポエムを収録。序文はポールによるもの。④フランスのイラストレーター、ガイ・ピラートの作品集。ビートルズのイラストも3点7ページ掲載。⑤東京で開催された「bag one」のイベントパンフレット。ジョン自筆のユニークなイラストを収録。⑥ポールのヒットナンバー48曲と自筆イラスト作品を収録した272ページの楽譜&イラスト集。

   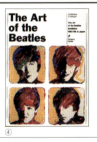  

① グレープフルーツ・ブック［新書館］1982/11/25
② John Lennon/bag one（1983バッグワン展覧会リトグラフセット）［ザ・ビートルズ・アメリカン・コンベンション実行委員会］1983/
③ The Art of the Beatles/ アート・オブ・ザ・ビートルズ［日本テレビ放送網］1986/03/13
④ The Art of the Beatles/ アート・オブ・ザ・ビートルズ［プロデュース・センター出版局］1987/10/01
⑤ エッシャーからの贈り物［小学館］1990/05/20
⑥ 踏絵／オノ・ヨーコ展［財団法人草月会］1990/05/21

①「グレープ・フルーツ」のオリジナルは1964年にWunternaum Pressから限定500部で発売された。本書はヨーコ自身が新たにイラストや詩などを追記した再編集版。②1983年、ニューヨークと東京で開催された「bag one」展で販売されたB4ケース入りのレアなリトグラフセット。③アートコレクションを掲載し、視覚芸術分野に与えたビートルズの影響を考察した研究資料本。④「アート・オブ・ザ・ビートルズ展」に出展されたアート作品のコレクション・カタログ。⑤ショーン・レノンとエッシャー作品のコラボCG写真集。⑥1990年5月21日〜7月14日まで東京の草月会館で開催されたオノ・ヨーコ展『踏絵』のイベントカタログ。

  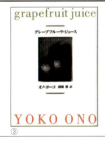   

① ジョン・レノンが見た日本 ai［小学館］1990/12/01
② John Lennon/ ジョン&ヨーコ・二人の世界（自筆画集）［マーランド／BAG ONE INC］1990/
③ グレープフルーツ・ジュース［講談社］1993/10/17
④ もうひとりのビートルズ展［ブンユー社］1994/
⑤ YOKO ONO/ 頭の中で組み立てる絵［淡交社］1995/10/04
⑥ ジョン・レノン 祝福／グロー・オールド・ウィズ・ミー［三五館］1996/04/03

①ジョンが日本語の練習としてスケッチ・ブックに書き残した自筆落書きノート。②ジョン生誕50周年、没後10年という年に制作されたジョン自筆画集ケース付カタログ。③前衛作品集「グレープフルーツ」からのインストラクション50点と、現代写真家の写真をともに掲載した作品集。④元ビートルズのメンバー、ステュアート・サトクリフの展示会カタログ。斬新な絵画作品とビートルズの写真を収録。⑤ヨーコが1961年〜1962年の期間に手掛けたコンセプチュアル・アートを収録した作品集。⑥ビートルズとは無縁のイメージ・フォトにジョンの詩の一部を引用したヴィジュアル詩集。

マイ・レア・アイテム

ビートルズ現役時代を中心とした自慢のレア・コレクション。
これだけ全部揃えるのは至難の業？
長年の情報収集の蓄積と、ド根性＆軍資金の賜物だが、
いずれもビートルズのコアなマニア以外の人にとっては何の価値のない代物に違いない。自己満足の逸品である。
1966年（昭和41年）のビートルズ来日前後のアイテムはタイムリーな記事も多く、
コレクター諸氏には、これらの資料的価値をご理解いただけると思う。

① ② ③ ④ ⑤ ⑥

①ミュージックライフ/4月号［新興楽譜出版］1964/04/01『特集 話題の"ビートルズ"ピンからキリまで』
②ポップス8月臨時増刊/ビートルズがやって来る ヤァ！ヤァ！ヤァ！（臨時増刊印刷なしタイプ）［音楽之友社］1964/08/15『ビートルズがやって来る〜』
③週刊女性/11月25日号［主婦と生活社］1964/11/25『特報 ローリングストーンの嵐にゆらぐビートルズ！！』
④マドモアゼル/6月号［小学館］1965/06/01『特集 ビートルズのすべて』
⑤週刊TVガイド/7月2日号［東京ニュース通信社］1965/06/24『特集！！ビートルズをニッポンへ呼ぼう』
⑥週刊TVガイド/7月16日号［東京ニュース通信社］1965/07/08『緊急特集！！「ビートルズ大会」詳報』

①ミュージックライフ誌初のビートルズカヴァー。②通常品はさほどレアではないが、これは表紙に8月臨時増刊の印刷がない超レアなタイプ。③この当時ではレアな、表紙コピーがある女性週刊誌。④女性月刊誌の16ページに及ぶ貴重なビートルズ初特集。⑤ビートルズ初表紙コピーの週刊TVガイド。⑥同じく表紙コピーあり。⑤⑥2冊のTVガイドもレア。

    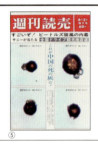 
① ② ③ ④ ⑤ ⑥

①R&B THE BEATLES '65.8/ザ・ビートルズ［サイン楽譜出版社］1965/08/01
②ポップスを楽しもう（非売品）［東芝音楽工業］1965/『ナット・キング・コールからビートルズまで』
③THE BEATLES/ビートルズのすべて（非売品）［東芝音楽工業］1966/04/『ビートルズのすべて』
④話の特集/5月号［日本社］1966/05/01
⑤週刊読売/6月3日号［読売新聞社］1966/06/03『すごいぞ！ビートルズ旋風の内幕』
⑥週刊サンケイ/6月6日号［産経新聞出版局］1966/06/06『立体特集 ビートルズ「日本占領」〜』

①イラストを含めたR&Bファン向けの簡単なものだが、ビートルズ特集号の中では極めて入手困難なアイテム。②東芝音楽工業のレコードを紹介した非売品小冊子。表紙コピーがある。裏表紙はビートルズ。③「ビートルズヤァ！ヤァ！セール」」用の非売品16ページ小冊子。珍しい小型文庫判サイズ。④目立たないが表紙の一部がビートルズの写真。⑤表紙コピーあり。来日直前レポート6ページ。⑥一般週刊誌の初ビートルズカヴァー。特集記事など13ページ。

① ② ③ ④ ⑤ ⑥

①世界週報/6月7日号［時事通信社］1966/06/07
②漫画天国/6月24日号［芸文社］1966/06/24『ビートルズ来日！テケテケテケテケ……』
③漫画ストーリー/6月25日号［双葉社］1966/06/25
④毎日グラフ/6月26日号［毎日新聞社］1966/06/26
⑤週刊大衆/6月30日号［双葉社］1966/06/30『特集 爆発的人気の中のビートルズ批判』
⑥週刊TVガイド/7月1日号［東京ニュース通信社］1966/06/23『特集 佐藤総理をまきこんだ？ビートルズ台風の前ぶれ……』

①掲載記事「ビートルズはダメ、ジャズは解禁になったが」。1/2ページ程度だが、雑誌自体がマイナーなため超レア。②表紙コピーあり。ビートルズ来日読み切り漫画3作品を一挙掲載。③ビートルズ来日関連の読み切り8ページ漫画。④7ページのモノクログラフ「くたばれビートルズ／そこまで来たビートルズ」⑤辛口記事5ページと表紙コピー。⑥この号以降、3週にわたり表紙にビートルズコピーありの関連号。

1966

ビートルズ来日関連アイテムについては、
グラフや記事の掲載内容としては、来日前よりも、やはり来日後の方が資料価値は高い。
日本武道館でのコンサートのようす、警備体制、演奏曲目、熱狂的ファン、マスコミ報道、ビートルズ批判など、多岐にわたる。
もっとも、日本公演は1966年が最初で最後、たった1度だけなので、
資料価値が高くなって当然なのかもしれない。

①プレイファイブ/7月号[プレイファイブ社]/1966/07/01『ビートルズついに日本にも上陸！注目の一週間のスケジュール』
②週刊読売/7月1日号[読売新聞社] 1966/07/01『特別読み物 ビートルズ独占会見記』
③週刊漫画エース/7月1日号[東光社] 1966/07/01『爆笑パンチまんが・花のお江戸にビートルズ』
④週刊漫画TIMES/7月2日号[芳文社] 1966/07/02『長編漫画：ビートルズ日本上陸前夜』
⑤週刊漫画サンデー/7月6日号[実業之日本社] 1966/07/06『漫画特集ビートルズ上陸す』
⑥週刊言論/7月6日号[自由言論社] 1966/07/06『〈座談会〉ビートルズ来日の舞台裏』

①来日直前の巻末グラフ集のあるレアな雑誌。②13ページの会見記を含めた読物特集など。③ビートルズ関連の短編漫画掲載。④7ページのビートルズ漫画掲載。⑤11ページ程度の短編漫画集など。⑥ビートルズ来日の舞台裏に迫る座談会「マスコミ、ビートルズ旋風を演出」。これも表紙コピーありでレアな雑誌。

①週刊TVガイド/7月8日号[東京ニュース通信社] 1966/06/30『特選カラー 誌上録音 ビートルズ大特集！！』
②週刊漫画TIMES/7月9日号[芳文社] 1966/07/09『巻末特集・オール私行調査・ビートルズ4人の秘密夫人』
③ニュース特報/7月13日号[双葉社] 1966/07/13『特ダネ、中継料四千万円のビートルズ騒動』
④週刊平凡/7月14日号[平凡出版] 1966/07/14『加山雄三ビートルズ単独会見』
⑤笑の泉サンデー/7月14日号[TBS・ブリタニカ] 1966/07/14『三百万のファンを熱狂させる彼らの秘めたる生活 ビートルズのセックス・ライフ』
⑥週刊現代/7月14日号[講談社] 1966/07/14

①TVガイド唯一のビートルズ・カヴァー。グラフ含め7ページ程度の内容。この当時のTVガイドは表紙表記の日付と発行日にズレあり。②ビートルズのイラスト・カヴァーと巻末の記事特集。③ビートルズ中継料に関する特集記事など。④グラフ他、ビートルズと加山雄三との会見記。⑤ビートルズ4人の私生活の裏側を暴いた4ページのレポート。⑥ビートルズ滞在先の東京ヒルトンホテル極秘潜入追跡レポートが6ページ。表紙コピーなし。

①アサヒグラフ/7月15日号[朝日新聞社] 1966/07/15『ビートルズがやってきた』
②週刊TVガイド/7月15日号[東京ニュース通信社] 1966/07/07『特報！！ビートルズ台風 日本を襲った5日間』
③週刊朝日/7月15日号[朝日新聞社] 1966/07/15『ザ・ビートルズ「おさわがせしました」』
④週刊読売/7月15日号[読売新聞社] 1966/07/15『東京のビートルズ グラビアと記事特集／羽田空港のビートルズ』
⑤F6セブン/7月16日号[恒文社] 1966/07/16
⑥週刊女性/7月16日号[主婦と生活社] 1966/07/16『本誌独占立体取材 追跡ビートルズ』

①来日公演カヴァー。グラフ特集6ページもあり。②来日特集以外にウルトラマン特集もあり、高額アイテムのひとつ。③ヴィジュアルページの多い来日特集。④週刊サンケイ、サンデー毎日含め、一般週刊誌の3大ビートルズ・カヴァーのひとつ。中でもこれが一番レア。内容も来日記事含め12ページほど。⑤女性ファンのコメントや来日直前インタビューなど。表紙コピーなし。⑥カラーグラフ含め22ページほどの来日大特集。

①週刊新潮/7月16日号［新潮社］1966/07/16
②サンデー毎日/7月17日増大号［毎日新聞社］1966/07/17『カバーストーリー ビートルズ始末記』
③週刊アサヒ芸能/7月17日号［アサヒ芸能出版社］1966/07/17『ビートルズの贈呈された銀座女給四人の告白』
④週刊明星/7月17日号［集英社］1966/07/17『独占掲載 加山雄三がビートルズに独占インタビュー！』
⑤毎日グラフ/7月17日号［毎日新聞社］1966/07/17
⑥ヤングレディ/7月18日号［講談社］1966/07/18『ビートルズ独占会見記 加山雄三』

①日本航空スチュワーデスの日記「ビートルズと飛んだ7時間」など。②数ある来日関連の一般週刊誌の中で、このサンデー毎日と週刊読売だけがビートルズ来日カヴァー。特集記事も12ページほど。週刊サンケイ6月6日号もビートルズ・カヴァーだが来日以前のもの。③銀座のホステス4人がビートルズの部屋に送り込まれたという告白記事。④巻頭来日グラフ他、加山雄三の独占会見記など。⑤ビートルズ・カヴァーでもなく表紙コピーもないが、中綴じ折込み(4ページ)ステージピンナップあり。意外にレア。⑥加山雄三会見記含め19ページに及ぶ来日特集。

①週刊サンケイ/7月18日号［産経新聞出版局］1966/07/18『立体特集 ビートルズにっぽん迷惑騒動』
②週刊文春/7月18日号［文藝春秋］1966/07/18
③週刊平凡パンチ/7月18日号［平凡出版］1966/07/18
④女性自身/7月18日特別号［光文社］1966/07/18
⑤報知グラフ夏季号/7月20日号［報知新聞社］1966/07/20
⑥女性セブン/7月20日号［小学館］1966/07/20『ビートルズ大特集・到着から離日まで東京の5日間』

①来日関連の一般週刊誌の中では最もレア。8ページ程度の来日特集。②巻頭「ビートルズ考現学」と題したグラフ4ページ。③巻頭グラフ他、来日記事7ページほど。④来日公演後の記事が中心で6ページ。⑤レアなB5判グラフ誌で巻末に8ページの来日グラフ特集「ビートルズを追った102時間30分」がある。⑥来日特集は23ページのボリューム。

   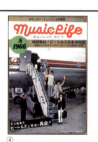  

①週刊漫画サンデー/7月20日号［実業之日本社］1966/07/20
②週刊実話と秘録/7月22日号［名文社］1966/07/25『ビートルズもあきれた／人目を気にしない娘・BGのはげしいSEX』
③週刊実話/7月25日号［日本ジャーナルプレス］1966/07/22『ビートルズが日本女性と深夜にデイト！？』
④ミュージックライフ/8月号［新興楽譜出版社］1966/08/01
⑤ポップス/8月号［音楽之友社］1966/08/01
⑥ティーンビート/8月号［映画と音楽社］1966/08/01

①漫画週刊誌だがグラフ含め来日特集12ページあり。②アダルト系雑誌だが来日の便乗特集6ページ。③来日グラフ他、ヒルトンホテルに缶詰状態だったビートルズメンバーたちの夜のスキャンダルを紹介。④⑤⑥は当時の3大音楽雑誌のビートルズ来日特集号。週刊誌に比べれば入手しやすい。いずれも特集ページは多く内容も充実している。

①来日記念 THE BEATLES（非売品）[東芝音楽工業] 1966/07
②朝日ソノラマ /8 月号 [朝日ソノプレス] 1966/08/01 『"ビートルズ"がやってきた"』
③ミュージック・グラフ創刊 3 周年記念 / ヒットパレード・ベスト 20 [ミュージックグラフ] 1966/08/ 『≪特集グラフ≫ビートルズ来日のすべて』
④ミュージック・グラフ / ヤング・ヒット・パレード [ミュージックグラフ] 1966/08/ 『≪特集グラフ≫ビートルズ来日のすべて』
⑤ビートルズ東京／100 時間のロマン [中部日本放送] 1966/08/01
⑥世界画報 /8 月号 [国際情報社] 1966/08/01

①東芝レコードの抽選品。意外に数は多い。②ソノシート 2 枚付きのレアアイテム。ビートルズ関連の 1 枚のソノシートの内容は、1) ファンの歓声、2) 警備員とファン、3) ビートルズの記者会見、4) 公演を見終わったファン、その泣き声、5) ヒルトンホテルで騒ぐ少女たち。③来日写真満載の記念ソノシート。表紙だけが差し替えられたヴァージョン違いの 2 種で、8 枚のソノシートの内容はまったく同じ。⑤浅井慎平のオリジナル写真集。⑥ビートルズカヴァーのグラフ誌。

①小学六年生 /8 月号 [小学館] 1966/08/01
②国際写真情報 /8 月号 [国際情報社] 1966/08/01
③高一時代 /8 月号 [旺文社] 1966/08/01
④週刊マーガレット /8 月 7 日号 [集英社] 1966/08/07 『ザ・ビートルズと寺尾真知子ちゃん』
⑤漫画紳士 /8 月 8 日号 [暮らしの手帖社] 1966/08/08 『ビートルズ台風は去ったが……ビートルズ招致ナンセンス内幕記』
⑥話の特集 臨時増刊 / ビートルズ・レポート（贈呈版カヴァー付）[日本社] 1966/08/15

①特別企画「世界じゅうの若者のアイドル／これがビートルズ」が 4 ページ。小学六年生にも人気のビートルズを紹介。②来日公演関連グラフあり。③来日特集ページ。④一部ビートルズ写真のあるカヴァー。掲載記事はごくわずか。⑤レアな漫画雑誌、来日の裏話 6 ページほど。⑥ビートルズ特集号の中で最も良質で評価が高い。贈呈版カヴァーは超レア。

①若い生活 [日本社] 1966/09/01 『特別レポ＝ bye！ bye！ビートルズ』
②中学二年コース [学習研究社] 1966/09/01
③世界歌のアルバム (女学生の友 11 月号付録) [小学館] 1966/11/01
④FM fan/11 月 7 日－11 月 20 日号 (NO.10) [共同通信開発局] 1966/11/03 『草野心平 若者たちとビートルズ』
⑤ミュージックガイド /8 月号 [ミュージックスター社] 1967/08/01
⑥スクリーン別冊 /8 月号　世界のグループ・サウンド [近代映画社] 1968/08/01

①来日グラビアと公演レポート含め 6 ページ。表紙コピーもあり。②グラフと特集記事あわせて 10 ページの来日特集号。③ビートルズ来日カヴァーの歌本（「女学生の友」の付録）。収録は【イエスタデイ】2 ページのみ。④表紙コピー『草野心平／若者とビートルズ』エッセイ。発行日は 11 月 3 日。⑤⑥とも掲載はごくわずかだが、意外に数が少ないビートルズ・カヴァーの雑誌。

the beatles collection 2 | 219

これだけ揃えばビートルズ通!?
コレクション可能な厳選180アイテム

いうまでもなく、洋楽アーティストの中で、ビートルズに関する出版物の数は他を圧倒している。
ビートルズファンだからといって、「出版物」を集める人は少ないのかもしれないが、
「こんなコレクションもありだ」と共感し、あらためてビートルズ・コレクター道に深入りしたくなった人のために、
20余年のコレクター経験から、比較的蒐集が可能な180アイテムを紹介する。

①The Beatles"A HARD DAY'S NIGHT"（関東版）［ユナイト映画］1964/08/01
②ポップス 8月臨時増刊/ビートルズがやって来る ヤァ!ヤァ!ヤァ!［音楽之友社］1964/08/15
③版権独占 これがビートルズ［新興楽譜出版社］1965/04/01
④映画ストーリー臨時増刊/ビートルズのすべて!!［雄鶏社］1965/07/15
⑤HELP!/ヘルプ 4人はアイドル（有楽座館名入り）［ユナイト映画］1965/11/13
⑥スクリーン別冊/ビートルズ特別グラフ［近代映画社］1966/01/01

①ビートルズが初主演した映画＜邦題：ビートルズがやって来るヤァ!ヤァ!ヤァ!＞の関東版パンフレット。②国内音楽雑誌としては一番最初のビートルズオンリーの臨時増刊特集号。復刻版に注意!。③イギリスで刊行されたビートルズの伝記「The True Story Of The Beatles」の邦訳書。国内最初の本格伝記本。④ビートルズの歩みを多くの写真で綴ったヴィジュアルグラフ大特集号。⑤ビートルズ主演第2作映画の東京有楽座館名入りパンフレット。※オリジナルでは他にニュー東宝館名入り、館名なしもある。また復刻版も多い。⑥映画専門誌「スクリーン」が企画したビートルズ・オンリーの特別グラフ集。

  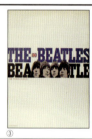 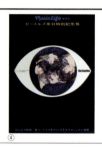  

①週刊読売 臨時増刊/ビートルズが来た![読売新聞社] 1966/06/16
②週刊明星 臨時増刊/これがビートルズだ!来日記念デラックス号［集英社］1966/06/25
③THE BEATLES/日本公演パンフレット［中部日本放送］1966/06/30
④ミュージックライフ増刊号/ビートルズ来日特別記念号［新興楽譜出版社］1966/07/01
⑤ショック映画/くたばれビートルズ!［プレイグラフ社］1966/07/01
⑥ティーンビート臨時増刊/ビートルズがやって来た![映画と音楽社] 1966/07/15

①来日決定で臨時発行されたフォト中心のヴィジュアル特集号。読物も多い。②来日決定直後に臨時発行された全ページビートルズ・オンリーの総力特集号。③日本公演公式オリジナルパンフレット。ポートレート付が完品だが、オリジナルでなく復刻版でも当時の雰囲気は十分味わえる。④ティーンエージャー向きの特集号。オリジナルも入手し易いが、復刻版（BCC発行）でも十分。⑤アンチ・ビートルズ的な特集。客観的な来日情報を知る上で持っていたい一冊。⑥来日を記念して制作されたTBグラフ特集号。公演や記者会見他、来日関連のフォトが多く貴重な資料。

①アサヒグラフ/7月15日号［朝日新聞社］1966/07/15
②週刊読売 臨時増刊/THE BEATLES IN TOKYO［読売新聞社］1966/07/16
③ビートルズ東京/100時間のロマン［中部日本放送］1966/08/01
④ミュージックライフ/8月号［新興楽譜出版社］1966/08/01
⑤ティーンビート/8月号［映画と音楽社］1966/08/01
⑥ポップス/8月号［音楽之友社］1966/08/01

①表紙が武道館のコンサート写真。ポール表紙の週刊読売臨時増刊（②）と比べると情報量は少ない。②一連の来日騒動を写真と記事で綴った良質グラフ特集号。③浅井慎平が独占撮影したビートルズ来日写真集。内容が同じで出来のよい完全復刻版（BCC発行）なら入手は楽勝。④来日特集企画があり、日本公演記録やビートルズの滞在記など、資料87ページ掲載。⑤来日記念特別号。ビートルズ来日関連のフォト、レポートなど情報62ページ掲載。⑥客観的な批評・論評も多いビートルズ来日特集他、63ページ掲載。音楽雑誌の来日特集のなかで入手は最も困難。

   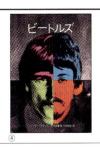  

①話の特集 臨時増刊／ビートルズ・レポート［日本社］1966/08/15
②ティーンビート臨時増刊／ビートルズ特別号［映画と音楽社］1967/04/15
③ティーンビート臨時増刊／ビートルズ特集号［映画と音楽社］1967/08/31
④ビートルズ─その誕生から現在まで［草思社］1969/07/10
⑤ビートルズ・イエロー・サブマリン（関東版）1969/07/23
⑥ぶっく・れびゅう VOL.1［日本書籍センター］1970/04/27

①来日を扱った多くの特集雑誌の中で、最も良質希少なもの。オリジナルの入手は極めて困難だが近年刊行の完全復刻版（1995年）なら簡単に入手できる。②プロモーションフィルムや新着フォトなどで構成したグラフ特集号。ソノシート付。③ビートルズグラフ特集号第2弾。ソノシート付。④ビートルズ現役時代に刊行された伝記（サンデー・タイムズ紙ライター、ハンター・デヴィス著）。⑤映画のパンフレット。表紙が同じ復刻版に注意！⑥創刊号でエッセイや論評中心の「特集 ジョン・レノンと小野洋子」がある。

①ビートルズ・ゲット・バック写真集（Let it be アナログ盤ボックス特典品）［Apple Publising］1970/06/05
②ビートルズ／レット・イット・ビー（スバル座館名入り）［東宝事業部／ユナイテッド・アーチスト映画会社］1970/08/25
③レノンとヨーコ／ビートルズの異端のカップル［実業之日本社］1970/10/20
④サブ／季刊2号［サブ編集室］1971/04/25
⑤ライトミュージック／6月号［ヤマハ音楽振興会］1971/06/01
⑥ミュージックライフ臨時増刊／さよならびいとるず［新興楽譜出版社］1971/09/15

①BOXアルバム『レット・イット・ビー』にセットされていた164ページの豪華写真集。※イギリス・アップル社で制作されたもの。②映画＜レット・イット・ビー＞のスバル座館名入りパンフレット。復刻版に注意！③ジョンとヨーコの近況フォトやヨーコの前衛アート作品集「ペンギン」「グレープフルーツ」からの抜粋訳などを収録した貴重本。④サブカルチャー雑誌の草分け的存在。ビートルズを取り上げたエッセイ、評論大特集「ビートルズ・フォーエバー」。⑤本誌としては異例の38ページを割いたジョン・レノン大特集がある。⑥ビートルズの解散を機に制作発行された写真集。

     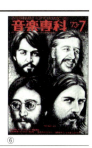

①ビートルズ革命／ジョン・レノン［草思社］1972/04/15
② THE BEATLES FOREVER/10th Anniversary（非売品）［東芝音楽工業洋楽販売部］1972/09/01
③バングラデシュのコンサート（スバル座館名入り）［東宝事業部／ケンリック極東］1972/10/21
④ THE BEATLES/ビートルズ［角川文庫］1972/10/25
⑤ユリイカ 詩と批評／1月号［青土社］1973/01/01
⑥音楽専科／7月号［音楽専科社］1973/07/01

①1970年12月、ニューヨークで行われたジョン＆ヨーコのロングインタビューを完全収録。②ビートルズ結成10周年を記念して発行された非売品の66ページ小冊子資料集。③＜バングラデシュのコンサート＞スバル座館名入りパンフレット。復刻版もある。④アメリカのジャーナリスト、社会学者のジュリアス・ファストのビートルズ初の文庫判伝記。手頃な一冊。⑤「ユリイカ」誌が初めて企画したビートルズ特集。⑥ビートルズ最強特集と題した全55ページの特集。

純粋にビートルズの音楽が好き、また生き方・考え方に共感した――。など、
いわゆる「普通のビートルズ・ファン」の方がずっと幸福だ。
苦節20余年のコレクション経験を通し、私が得たものは？
自己満足という「体感」1点なのかも。
しかし、ここに資料化できたことで、苦労しただけの甲斐はあった。

① ② ③ ④ ⑤ ⑥

①ビートルズ/豪華写真集［新興楽譜出版社］1973/07/10
②音楽専科/9月号［音楽専科社］1973/09/01
③音楽専科/10月号［音楽専科社］1973/10/01
④音楽専科/11月号［音楽専科社］1973/11/01
⑤音楽専科/12月号［音楽専科社］1973/12/01
⑥ビートルズの復活［二見書房］1974/02/15

①ビートルズ解散後に出版された豪華写真集。②ジョージの企画特集「ジョージ・ハリスン徹底解析」ほか。この9月号がジョージ、10月号がポール、11月号がリンゴ、12月号がジョンと、4人の個別特集を連続企画し、表紙もそれぞれメンバーのイラスト。この4冊はセットでコレクションしたい。③ポールの企画特集ほか。④リンゴの企画特集など。⑤ジョンの企画特集など。⑥史実や資料をもとに書下ろしたエッセイ調のビートルズ・インサイド・ストーリー。

 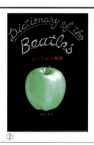  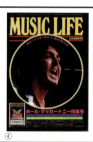  

① ② ③ ④ ⑤ ⑥

①音楽専科/11月号［音楽専科社］1974/11/01
②ビートルズ事典［立風書房］1974/12/01
③ローリングストーン/1月号［ローリングストーン・ジャパン］1975/01/01
④ミュージックライフ/2月臨時増刊号/ポール・マッカートニー特集号［新興楽譜出版社］
⑤The Beatles Forever'76（非売品）［東芝EMIポピュラー販売部］1976/06/10
⑥ニューミュージック・マガジン/8月号［ニューミュージック・マガジン社］1976/08/01

①総力特集「BEATLES IMPACT/SPECIAL」。ビートルズ情報が満載。②ビートルズの研究資料として、発売以来長期にわたりベストセラーを記録した、香月利一編著、国内初の総合事典。③米ローリング・ストーン誌の日本版。解散後の話題や近況ニュースをまとめた58ページに及ぶビートルズ総力特集。④レアフォトなどを多く掲載したヴィジュアル構成のポール特集号。⑤ディスコグラフィー他、ビートルズの資料が満載された非売品の小冊子。来日10周年を記念して制作されたもの。⑥ビートルズに対する想いを綴ったエッセイ特集「ビートルズの主題による変奏曲」。

① ② ③ ④ ⑤ ⑥

①ユリイカ 詩と批評/9月号［青土社］1976/09/01 ※表紙等の発行日が10月1日とミスプリントされている。
②ビートルズ・クイズ［新書館］1976/10/25
③月刊ポエム/11月号［すばる書房］1976/11/01
④月刊ポエム/12月号［すばる書房］1976/12/01
⑤ビートルズ・カタログ［講談社］1977/02/21
⑥BEATLESの事典［ごま書房］1977/04/10

①「ユリイカ」誌のビートルズ特集としては1973年1月号に続く第2弾。エッセイ、評論など。②全体的にやさしいビートルズに関する雑学クイズ事典。写真の掲載も多い。③ビートルズ特集Ⅰがあり、来日写真ページや対談、ヨーコの詩集などを掲載。④ビートルズ特集Ⅱ。ジョン＆ヨーコの極秘来日関連記事や関係者のエッセイ・対談、ビートルズ年表など。⑤ビートルズ・グッズなどコレクション中心の総合カタログ。⑥ビートルズの主要な出来事やキーワードなど、あらゆる項目をあいうえお順に整理収録したミニ百科事典。ビートルズに大変詳しい石坂敬一著とあって、話題になった一冊。

     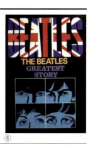

①永遠に燃える ビートルズの本 [広済堂出版] 1977/04/10
②ザ・ミュージック /7月号 [小学館] 1977/07/01
③ザ・ミュージック /12月号 [小学館] 1977/12/01
④ THE BEATLES シェア・スタジアム / マジカル・ミステリー・ツアー [松竹事業部 / グローバル・フィルム・富士映画配給] 1977/
⑤ポール・マッカートニー & ウイングス [東芝EMI音楽出版 / 日音楽譜出版社] 1978/06/20
⑥ THE BEATLES GREATEST STORY（スバル座館名入り）[東宝事業部 / インター・ナショナル・プロモーション] 1978/07/15

①立川直樹著、出来事・事件をピックアップしそれぞれに簡単な説明を加えた資料本。② 40ページのビートルズ特集「保存版／大特集ビートルズ」がある。③同年7月号に続き、トータル32ページの大特集第2弾。④シェア・スタジアムとマジカル・ミステリー・ツアーの2本立て映画のパンフレット。⑤イギリスEMI社とポールのプロダクションMPLの協力を得て制作されたディスコグラフィー、コンサート・スタジオセッション・使用楽器データなど、ポール&ウイングスの研究資料本。⑥デビューから解散までの貴重映像を再編集したドキュメンタリー映画のパンフレット。

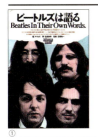     

①ビートルズは語る [クイック・フォックス社] 1979/02/15
② THE BEATLES' SOUND/ ビートルズサウンド [CBS・ソニー出版] 1979/04/10
③音楽専科臨時増刊 / ザ・ビートルズ その栄光の軌跡 [音楽専科社] 1979/06/30
④瓦解へのプレリュード [新興楽譜出版社] 1979/07/01
⑤詩の世界 /NO.13（特集 いまでもビートルズがすき）[詩の世界社] 1979/07/20
⑥ビートルズ・ムービー・カタログ [講談社] 1979/07/30

①インタビューや記者会見の発言、コメントを再編集したビートルズ語録集。改題増補版「ビートルズ語録」（1982年）もある。②ビートルズの音楽性とサウンドに焦点をあて解析した研究資料本。③香月利一編著のビートルズ総合事典。増補版（1981年）もある。④ジョンの先妻、シンシア・レノンによる貴重な手記。改題版「素顔のジョン・レノン」（1981年）もある。⑤年譜、ディスコグラフィーなどの資料とエッセイ、対談、レポート、インタビューで構成したビートルズ大特集がある。JUNE（6月号）との記載があるが、発行は7月20日。⑥劇場映画、ライヴフィルム、プロモーションフィルム、TV映画など映像作品を収録したムービーカタログ。

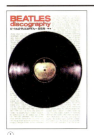     

①ビートルズ・ディスコグラフィー [立風書房] 1979/10/10
② WINGS JAPAN TOUR 1980 [ウドー音楽事務所] 1980/01/
③音楽専科緊急増刊 / ウイングス幻の日本ライヴ [音楽専科] 1980/02/20
④ポール・マッカートニー・ニュース・コレクション [やじろべえ社 / 合同出版事業部] 1980/04/01
⑤ All You Need Is Ears/ 耳こそはすべて [ミュージック・セールス社 / クイックフォックス社] 1980/05/20
⑥週刊朝日 /12月26日号 [朝日新聞社] 1980/12/26

①ビートルズ研究家として名高い香月利一による、560ページの労作レコード・ディスコグラフィー。②急遽中止となったウイングス幻の日本公演パンフレット。③ポールの日本公演中止事件の全容を解明した緊急特集号。④ポール逮捕事件のニュース記事やスクラップ資料集。⑤ジョージ・マーティンの著。ビートルズ・サウンドの秘密を完全公開した貴重本。⑥篠山紀信のジョン&ヨーコ巻頭グラビアや追悼レポートなど。

①サンデー毎日/12月28日号［毎日新聞社］1980/12/28
②写楽/1月号［小学館］1981/01/01
③ミュージックライフ臨時増刊/追悼版ジョン・レノン 愛と死の鎮魂歌［新興楽譜出版社］1981/01/15
④PLAYBOY/2月号［集英社］1981/02/01
⑤宝島臨時増刊号/JOHN ONO LENNON 1940－1980［JICC出版局］1981/02/15
⑥PLAYBOY/3月号［集英社］1981/03/01

①ジョン追悼グラビアと湯川れい子の電話インタビュー「射殺4日前、私はジョン・レノンと電話で語り合った／湯川れい子」など。②「人間の歌―ジョン・レノン＆ヨーコ、5年ぶりの復活／篠山紀信」のグラビア特集がある。付録折込ジョン＆ヨーコポスター付。③射殺事件直前の秘蔵フォトやビートルズ時代のレアフォト中心のジョン追悼特集号。④凶弾に倒れる数カ月前に収録されたジョン＆ヨーコのロング・インタビュー。特集扱いでこの2月号と次号の2回に分けて掲載。⑤ジョン射殺事件後に緊急出版されたジョン特集号で内容は濃い。⑥2月号に続き「PLAYBOYインタビューPART2／ジョン・レノン」がある。

     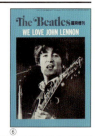

①ミュージック・マガジン3月増刊/ジョン・レノンを抱きしめて［ニューミュージック・マガジン社］1981/03/01
②ジョン・レノン語録/生と死の追憶［シンコー・ミュージック］1981/04/01
③ビートルズの時代［草思社］1981/04/10
④The Beatles 臨時増刊（第48号）/ビートルズ研究特集（5&6号）ジョン・レノン追悼号［BCC出版］1981/05/10
⑤おかしなおかしな石器人［東宝事業部／日本ユナイテッド・アーティスツ映画社］1981/10/10
⑥The Beatles 臨時増刊（第58号）/WE LOVE JOHN LENNON［BCC出版］1982/02/10

①数あるジョン追悼企画号のなかでも、特に内容が充実した大特集号。②ジョンの名言やユニークなコメントを年代順に整理収録した語録。③250点を超える写真構成のヴィジュアル・ドキュメンタリー。④ジョンに関する記事・読物やフォト・貴重資料で構成した研究特集。5号・6号合併扱いの臨時増刊。⑤リンゴ主演のコメディ映画のパンフレット。⑥ビートルズ、ジョン、ファンの投稿、寄稿、メッセージを収録した追悼企画号。

①シャウト・ザ・ビートルズ［CBS・ソニー出版］1982/02/20
②素顔のマッカートニー［CBS・ソニー出版］1982/05/10
③the Beatles' England［CBS・ソニー出版］1982/07/01
④スクリーン特別編集/ビートルズ写真集［近代映画社］1982/10/10
⑤The Beatles Forever［旺文社／BCC編］1982/11/05
⑥THE BEATLES APART/ビートルズ解散からジョン・レノンの死まで［新興楽譜出版社］1982/12/20

①ビートルズの本格伝記としては、1969年ハンター・デイビス著の「ザ・ビートルズ」と並んで評価の高い一冊。②ポールの実弟、マイクのみが知る兄ポールの素顔を書き記した貴重な評伝。③ビートルズの母国イギリスにスポットをあて、ロンドン、リバプールなどゆかりの地を紹介した資料＆写真集。④ビートルズのデビュー20周年を記念して発行されたカラー写真集。⑤ビートルズ・シネ・クラブ編著のヴィジュアル総合事典。⑥1967年から解散に至るまでの軌跡と、ソロ活動の履歴を記録した書。

1982-1988

①ジョン・レノン／家族生活［角川書店］1982/12/26
②バンデットQ［東宝・出版事業室／東和プロモーション］1983/03/05
③THE BEATLES 大百科［CBS・ソニー出版］1983/05/20
④アンソロジー・ビートルズ［シンコー・ミュージック］1984/09/10
⑤ヤァ！ブロード・ストリート［東宝出版・商品販促室／20世紀フォックス極東映画会社］1984/12/22
⑥ピート・ベスト・ストーリー／もう一人のビートルズ［CBS・ソニー出版］1985/07/21

①1970年代後半のジョン一家（ジョン＆ヨーコと息子ショーン）の私生活を記録した写真家、西丸文也の写真集。②ジョージとデニス・オブライエンの製作総指揮によりつくられた映画のパンフレット。一部ジョージも出演。③イギリス盤・アメリカ盤などのアナログ・レコードのディスコグラフィー他、資料。④ビートルズ・ストーリーをはじめ、資料を含めたヴィジュアル総合事典。⑤ポールが主演し、脚本を手掛けた異色ミュージカル映画のパンフレット。⑥元ビートルズのドラマー、ピート・ベストが中心となって書き下ろした1960年初頭のビートルズ・ドキュメンタリー。

①ビートルズ海賊盤事典／BEATLES' BOOTLEGS［講談社］1985/10/15
②THE BEATLES FOREVER/20th ANNIVERSARY OF JAPAN CONCERT［東芝EMI］1986/05/20
③ザ・ビートルズ・イン・東京［シンコー・ミュージック］1986/06/29
④ジョン・レノン（上）1940-1966［音楽之友社］1986/08/30
⑤ジョン・レノン（下）1967-1980［音楽之友社］1986/12/01
⑥ビートルズ・ライヴ大百科［CBS・ソニー出版］1986/09/05

①400枚を超えるビートルズ海賊盤レコードの大作資料集。ブート・レコードのコレクター必携のバイブルで人気のアイテム。②東芝EMI発行の非売品小冊子。ディスコグラフィー、年譜などの参考資料集。小冊子の中でも内容の濃いアイテム。③ビートルズ来日を多くの写真と資料で再現したヴィジュアル・ドキュメンタリー。④⑤ジョン・レノンの生涯を綴った正統派の伝記。上下2巻の大作。また上下巻とも巻頭写真集や年譜、名作詞集などの巻末資料がある。⑥約1,400回に及ぶビートルズの全ライヴを徹底調査・記録した貴重な資料集。

①THE BEATLES 日本盤ディスコグラフィ［シンコー・ミュージック］1986/09/20
②FOUR EVER／ビートルズの25年［日本テレビ放送網］1987/03/31
③THE BEATLES LIVE HISTORY/FILM BOOK 1962-66［BCC］1987/08/
④ビートルズ現役時代／1964-1970［シンコー・ミュージック］1987/10/20
⑤ポール・マッカートニー［音楽之友社］1987/10/20
⑥オノ・ヨーコ［KKダイナミックセラーズ］1988/05/12

①ビートルズ日本盤レコードの完全ディスコグラフィー。コレクター必携の貴重本。②ビートルズのヴィジュアル・ヒストリー。写真が多く美しい。巻末にはディスコグラフィーや映画リストなどの資料もある。③ビートルズが行ったライヴ活動（1962～1966）の全記録を年代順に整理解説した資料集。④1964年～1970年の期間に「ミュージック・ライフ」誌に掲載されたビートルズ関連の記事のみを収録したスクラップ集。⑤特にビートルズデビュー以前とビートルズ解散前後に重点を置いたポールの本格的伝記。⑥ヨーコの伝記。資料が乏しいとされる幼年期からジョン射殺事件後の1980年代後半までを詳細に記録。

1988-1990

① COME TOGETHER/ ジョン・レノンとその時代 [PMC出版] 1988/05/30
② ポール・マッカートニー詩集 /PAUL McCARTNEY LYRICS AnotherDay [シンコー・ミュージック] 1988/10/17
③ IMAGINE －ジョン・レノン [松竹事業部／ワーナー・ブラザーズ映画会社] 1989/01/21
④ レノン・コンパニオン /25年間、60篇のレノン論 [CBS・ソニー出版] 1989/02/15
⑤ RINGO STARR AND HIS ALL-STARR BAND [ウドー音楽事務所／LD企画] 1989/10/
⑥ ビートルズ独立時代 /1970 - 1980 [シンコー・ミュージック] 1989/11/26

①反体制的な運動やアーティストとしての創作活動をもとにジョン・レノン像に迫った評伝。②ポールのヒットナンバー69曲を収めた訳詩集。③ジョンの生涯を貴重な映像と音源で綴ったドキュメンタリー映画のパンフレット。関連資料も多い。④音楽ジャーナリストをはじめ、多くの著名人が執筆したジョンに関する批評、論評などを収録。⑤ビートルズ来日公演以来のコンサートとなった「リンゴ・スター＆ヒズ・オール・スター・バンド」日本公演パンフレット。⑥ビートルズ解散後のトピックス・関連記事を集め、480ページにスクラップ掲載したミュージックライフ復刻本シリーズ。

  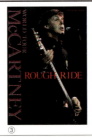   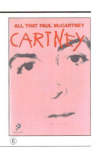

① ハウ・ゼイ・ビケイム・ザ・ビートルズ / 誰も知らなかったビートルズ・ストーリー [竹書房] 1989/12/31
② MERSEY BEAT & BEATLES MONTHLY [プロデュース・センター出版局] 1990/01/01
③ ポール・マッカートニー写真集 / ROUGH RIDE WORLD TOUR [JAM出版／星雲社] 1990/01/25
④ ロッキング・オン /3月号 [ロッキング・オン] 1990/03/01
⑤ PAUL McCARTNEY/ ワールド・ツアー 1989-90 [ウドー音楽事務所／LD企画] 1990/03/03
⑥ ALL THAT PAUL McCARTNEY [プロデュース・センター出版局] 1990/03/03

①若きビートルズの歴史を未公開写真や参考資料、レアコレクションとともに記録した最初期のビートルズ・ストーリー。②1960年代前半に刊行されたリヴァプールの音楽情報紙「マージービート」とドキュメンタリー誌「ビートルズ・マンスリー」全77冊の全容を解説した資料集。③1989年のポール・ワールド・ツアーの写真集。④ポールのカヴァー、巻頭グラビア。来日直前インタビューを掲載。⑤24年ぶり、2度目の来日を果たしたポール日本公演パンフレット。⑥レノン＝マッカートニー研究の第1弾「ポール・マッカートニー篇」。ポールの資料満載の貴重な研究書。

 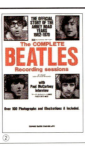    

① ビートルズ全詩集 /COMPLETE LYRICS OF THE BEATLES [シンコー・ミュージック] 1990/05/10
② コンプリート・レコーディング・セッションズ / ビートルズ [シンコー・ミュージック] 1990/07/20
③ ビートルズ全曲解説 [東京書籍] 1990/10/01
④ レコード・コレクターズ /12月号 [ミュージック・マガジン] 1990/12/01
⑤ BOB GRUEN'S WORKS/JOHN LENNON [JAM出版／星雲社] 1990/12/08
⑥ ALL THAT JOHN LENNON [プロデュース・センター出版局] 1990/12/08

①ビートルズのオリジナル・ナンバー183曲を完全収録した訳詩集。②全オフィシャル・ナンバーのレコーディング・セッションを詳細に解説した研究資料集の邦訳版。レコーディング資料として欠かすことのできない一冊。③公式レコーディングされたビートルズ・ナンバー全213曲を、シングルとアルバムに分けて全曲解説。④ディスコグラフィー、評論・エッセイ他、60ページに及ぶジョン・レノンの総力特集がある。⑤写真家ボブ・グルーエンによる1971年から1980年までのジョン写真集。⑥レノン＝マッカートニー研究の第2弾「ジョン・レノン篇」。ジョンの資料満載の貴重な研究書。ポール編と双璧をなす。

 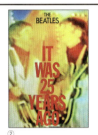   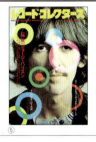 

①DARK HORSE/ ジョージ・ハリスン・ストーリー［CBS・ソニー出版］1991/01/19
②THE BEATLES/IT WAS 25 YEARS AGO［BCC］1991/08/
③THE BEATLES' ALBUMS/ ビートルズ・アルバム研究［プロデュース・センター出版局］1991/09/09
④GEORGE HARRISON with ERIC CLAPPTON and HIS BAND［ウドー音楽事務所］1991/12/01
⑤レコード・コレクターズ /1 月号［ミュージック・マガジン］1992/01/01
⑥ビートルズ・ソングス［ソニー・マガジンズ］1992/02/05

①ジョージ初の本格的伝記。②ビートルズ来日及ビートルズ・シネ・クラブ（BCC）設立 25 周年を記念して開催されたイベントパンフ。ジョンのインタビュー、ポールのワールドツアーエピソード、コレクション資料など。③オリジナル・アルバム全 15 タイトルを徹底解析したベーシックな研究資料。④ビートルズの日本公演以来、25 年ぶりに親友エリック・クラプトンを伴って来日したジョージの日本公演パンフレット。⑤1990 年 12 月号のジョン特集に続き、53 ページに及ぶジョージの総力特集。⑥ビートルズ公式アルバムに収録されたナンバー全 213 曲を詳細解説した資料集。

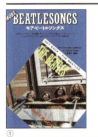   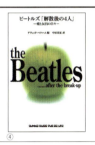  

①モア・ビートルズソングス［ソニー・マガジンズ］1992/02/05
②ジョン・レノン伝説（上）［朝日新聞社］1992/03/05
③ジョン・レノン伝説（下）［朝日新聞社］1992/03/05
④ビートルズ「解散後の 4 人」—愛と反目の日々—［シンコー・ミュージック］1992/04/08
⑤THE BEATLES/ 伝説の足跡［音楽専科社］1992/05/28
⑥THE UNSEEN BEATLES/ ビートルズ未公開写真集［ファンハウス］1992/08/01

①未発表曲、カヴァー曲、スタジオセッションなど、ビートルズのオリジナル・アルバム未収録曲を解説した貴重資料集。②③ジョンに対する記述があまりに衝撃的な内容であったため、告訴騒ぎまで起こした異色伝記（上下巻）。④解散以降、20 年の間に語られた 4 人の注目発言を項目別に整理編集したビートルズ語録集。⑤同社発行の「音楽専科」誌に掲載されたビートルズ関連記事・写真を再編集。⑥ビートルズ初期から中期にかけての未公開フォトを多く収録した写真集。

   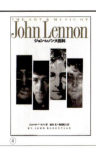  

①リンダ・マッカートニーの地球と私のベジタリアン料理［文化出版局］1992/09/28
②もっとビートルズ！この一冊でビートルズがわかる［音楽之友社］1992/10/05
③ビートルズ＆アップル・マテリアル［ビー・エヌ・エヌ］1992/10/20
④ジョン・レノン大百科 / ジョンの芸術［ソニー・マガジンズ］1993/03/19
⑤ポール・マッカートニー / ビートルズ神話の光と影［近代映画社］1993/03/31
⑥レコード・コレクターズ /5 月号［ミュージック・マガジン］1993/05/01

①リンダ著、手軽にできるベジタリアン料理を紹介したホーム・クッキング本。②ベストセラーになった名著「ビートルズ事典」（香月利一）のダイジェスト版的構成。③ビートルズを含め、アップル・レーベルの全レコードを写真付で掲載した貴重なディスコグラフィー（和久井光司著）。④音楽作品、映画、リトグラフ、詩・文学などの芸術作品と、その創作活動を年代順に整理し解説した研究資料集。⑤第 1 章「リヴァプール 1942」〜第 17 章「ギヴアップしない男」まで、400 ページにわたるポールの本質を追求した伝記。⑥ジョン、ジョージに続き、トータル 71 ページに及ぶポールの総力特集。

① ② ③ ④ ⑤ ⑥

①ブラックバード / ポール・マッカートニーの真実 [音楽之友社] 1993/09/25
② PAUL McCARTNEY/The New World Tour [M.P.L] 1993/11/12
③ nowhere/1993 WINTER Vol.1 [プロデュース・センター出版局] 1993/12/08
④コンパクト・ビートルズ [マガジンハウス] 1993/12/16
⑤アサヒグラフ /12月17日号 [朝日新聞社] 1993/12/17
⑥ nowhere/1994 SPRING Vol.2 [プロデュース・センター出版局] 1994/05/16

①ポールの本格的な伝記。少年時代から1990年頃までの足取りを詳しく綴ったもの。②ポールの「ニュー・ワールド・ツアー」の日本公演パンフレット。※完品は薄手のクラフト紙袋入り。③当初、季刊発行だった良質ビートルズ研究資料集(Vol.1)。特集「ポール・マッカートニー / ニュー・ワールド・ツアー」。④岩本晃市郎著、公式発売されたビートルズの全CDのガイド。⑤ポール来日に伴い、巻頭カラーグラビアで特集「リメンバー・ビートルズ」を掲載。⑥構成・内容ともに充実したビートルズ研究資料集(Vol.2)。特集「ポール日本公演／ジョージ・マーティン単独インタビュー」。

① ② ③ ④ ⑤ ⑥

① the complete BEATLES chronicle 1957 - 1964/ ザ・ビートルズ全記録 Vol.1 [プロデュース・センター出版局] 1994/06/30
② the complete BEATLES chronicle 1965 - 1970/ ザ・ビートルズ全記録 Vol.2 [プロデュース・センター出版局] 1994/08/31
③ nowhere/1994 AUTUMN Vol.3 [プロデュース・センター出版局] 1994/10/05
④ nowhere/1994 WINTER Vol.4 [プロデュース・センター出版局] 1994/12/08
⑤ SUPER ROCK GUIDE/ ビートルズ全曲解説 [シンコー・ミュージック] 1994/12/14
⑥ジョン・レノン詩集 イマジン /The Anthology John Lennon Lyrics [シンコー・ミュージック] 1994/12/28

①ビートルズ研究家、マーク・ルイソン著のビートルズ完全クロニクル（編年史）の上巻。デビュー以前のクオリーメン時代（1957年）から1964年までのビートルズの全活動（レコーディング、セッション、ライヴ、フィルム、インタビューなど）を克明に記録した資料集。②下巻。1965年から1970年の解散までのビートルズ全活動記録。※上下巻先行予約特典で別冊索引が付いた。③ビートルズ研究資料集(Vol.3)。特集「ビートルズ誕生の瞬間」。④ビートルズ研究資料集(Vol.4)。特集「ジョン・レノン夢の夢」。⑤ UKオリジナル・アルバムの全収録曲を解説。⑥ジョンのソロ作品72曲を収録した訳詩集。

   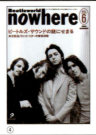  

① ② ③ ④ ⑤ ⑥

①ビジュアル・ダイアリー / ビートルズ・1000 [シンコー・ミュージック] 1995/02/08
② nowhere/1995 SPRING Vol.5 [プロデュース・センター出版局] 1995/03/20
③ A HARD DAY'S WRITE/ ザ・ビートルズ大画報 [ソニー・マガジンズ] 1995/04/28
④ nowhere/1995 SUMMER Vol.6 [プロデュース・センター出版局] 1995/06/01
⑤リンゴ・スター / 遅れてきたビートルズ [プロデュース・センター出版局] 1995/06/12
⑥ RINGO STARR and his third ALL STARR BAND WORLD TOUR [DAVID FISHOF] 1995/06/14

①約1,000点のモノクロ写真とデータで構成したヴィジュアル資料集。②ビートルズ研究資料集(Vol.5)。特集「ビートルズ世界制覇の瞬間」。③200点以上の写真を添えてビートルズ・ナンバーを全曲解説したヴィジュアル資料集。④ビートルズ研究資料集(Vol.6)。特集「ビートルズ・サウンドの謎にせまる」。⑤リンゴについて書かれた初の本格伝記。⑥ビートルズ時代を含め、3回目となったリンゴの日本公演パンフレット（ワールド・ツアー共通の英文パンフ）。

 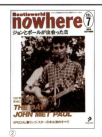    

①レコード・コレクターズ /7月号［ミュージック・マガジン］1995/07/01
② nowhere/1995 AUTUMN Vol.7 ［プロデュース・センター出版局］1995/09/20
③ YOKO ONO/ 頭の中で組み立てる絵［淡交社］1995/10/04
④アストリッド・Kの存在 / ビートルズが愛した女［世界文化社］1995/10/20
⑤ノーサイド /11月号［文藝春秋］1995/11/01
⑥全曲解明！！ビートルズ・サウンズ・大研究（上）［バーン・コーポレーション］1995/11/19

①リンゴとアルバム『イエロー・サブマリン』の合併特集。②ビートルズ研究資料集（Vol.7）。特集「ジョンとポールが出会った日／リンゴ来日」。③ヨーコが1961年〜1962年の期間に手掛けたコンセプチュアル・アートを収録した作品集。④スチュアート・サトクリフの元恋人、アストリッド・キルヒャーへのロング・インタビューに基づいた初期ビートルズ伝。⑤ 88ページに及ぶ企画大特集「ビートルズ同時代／ビートルズこそがすべて」。ファンなら楽しめる一冊。⑥ビートルズの公式アルバムに収録の213曲について、サウンドの魅力や秘密を徹底解明した研究資料の上巻（チャック近藤著）。こちらはアルバム『リボルヴァー』までと『パスト・マスターズ VOL.1』を加えた114曲。

   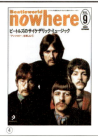  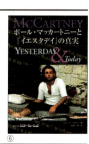

①全曲解明！！ビートルズ・サウンズ・大研究（下）［バーン・コーポレーション］1996/03/20 ※発行は1996年だが上下巻のためここに収録。
② nowhere/1995 WINTER Vol.8 ［プロデュース・センター出版局］1995/12/08
③別冊クロスビート /THE DIG NO.5［シンコー・ミュージック］1996/02/15
④ nowhere/1996 SPRING Vol.9 ［プロデュース・センター出版局］1996/03/20
⑤メイキング・オブ・サージェント・ペパー［キネマ旬報社］1996/05/01
⑥ポール・マッカートニーと『イエスタデイ』の真実［シンコー・ミュージック］1996/05/10

①ビートルズの公式アルバムに収録の213曲について、サウンドの魅力や秘密を徹底解明した研究資料の下巻（チャック近藤著）。『サージェント・ペパーズ』から『アビイ・ロード』までと『パスト・マスターズ VOL.2』を加えた全99曲。②ビートルズ研究資料集（Vol.8）。特集「ジョン・レノンの僕の人生」。③独占ロング・インタビューをはじめ、レコードコレクション、「アンソロジー」解説ほか資料・読物構成の特集。④ビートルズ研究資料集（Vol.9）。特集「ビートルズのサイケデリック・ミュージック」。⑤アルバム『サージェント・ペパーズ』の制作プロジェクトをジョージ・マーティンが徹底解説した資料本。⑥ポールと名曲「イエスタデイ」の秘密を徹底解析。

    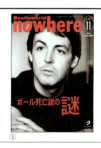 

① nowhere/1996 SUMMER Vol.10 ［プロデュース・センター出版局］1996/06/20
②ビートルズ・ロッキュメンタリー / 太陽を追いかけて［TOKYO FM出版］1996/06/29
③ビートルズの社会学［朝日新聞社］1996/07/01
④ THE BEATLES 103 hours DOCUMENT IN JAPAN ［プロデュース・センター出版局］1996/07/02
⑤ nowhere/1996 AUTUMN Vol.11 ［プロデュース・センター出版局］1996/09/20
⑥ nowhere/1996 WINTER Vol.12 ［プロデュース・センター出版局］1996/12/20

①ビートルズ研究資料集（Vol.10）。特集「ビートルズと日本」。②来日30周年記念として出版された星加ルミ子の貴重な会見記などを含めた手記。③ビートルズ来日を当時の参考資料と著名人の論評で解析した文庫本。④ 1996年7月2日〜7月12日に東京原宿の3会場で開催された「ビートルズ 日本滞在103時間全記録展」のパンフ。来日ヴィジュアル資料として一級品。⑤ビートルズ研究資料集（Vol.11）。特集「ポール・マッカートニー死亡説の謎」。⑥ビートルズ研究資料集（Vol.12）。特集「ビートルズと映画」。

ザ・ビートルズ・クラブ／BCC
会報「The Beatles」臨時増刊号全号

毎月発行の会報ではなく、不定期発行された臨時増刊号。1996年までに限ると、これがすべてである。
貴重なものは、1979年〜1986年にかけて刊行された研究特集シリーズ（第1号〜第10号）で、
ビートルズ研究には欠かせない資料集のひとつ。
その他に貴重アイテムとして「復活祭案内」があるが、
不定期刊行のため、すべてをコレクションするのは困難なアイテム。

     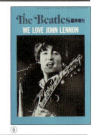

① The Beatles/9月号 臨時増刊 24号 ビートルズ研究特集（1号）秋の臨時増刊号 1979/09/10
② The Beatles/12月号 臨時増刊 28号 ビートルズ研究特集（2号）冬の臨時増刊号 1979/12/10
③ The Beatles/3月号 臨時増刊 32号 ビートルズ研究特集（3号）春の臨時増刊号 1980/03/10
④ The Beatles/9月号 臨時増刊 39号 ビートルズ研究特集（4号）夏の臨時増刊号 1980/09/10
⑤ The Beatles/5月号 臨時増刊 48号 ビートルズ研究特集（5&6号）ジョン・レノン追悼号 1981/05/10
⑥ The Beatles/2月号 臨時増刊 58号 WE LOVE JOHN LENNON 1982/02/10

①研究特集第1号。本号以降、第10号まで続くこのシリーズは、ビートルズ研究には欠かせない資料集のひとつ。巻頭座談会（石坂敬一×吉成伸幸×浜田哲生）他。②サウンド研究／ビートルズ・サウンドのルーツ（田中唯士）他。③特集1：ポールの逮捕、日本公演中止についての疑問符（佐伯徹）他。④「マージー・ビート」紙による初期ビートルズの研究他。⑤ 5号・6号合併扱いのジョン追悼特集。⑥ビートルズ、ジョン、ファンの投稿、寄稿、メッセージを収録した222ページの追悼企画号。

  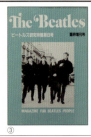  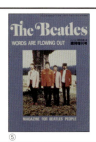 

① The Beatles/6月号 臨時増刊 63号 ビートルズ研究特集（7号）臨時増刊号 1982/06/10
② The Beatles/10月号 臨時増刊 68号 デビュー20周年記念臨時増刊号 1982/10/05
③ The Beatles/9月号 臨時増刊 80号 ビートルズ研究特集（8号）臨時増刊号 1983/09/10
④ The Beatles/1月号 臨時増刊 85号 マンスリー創刊20周年記念臨時増刊号 1984/01/05
⑤ The Beatles/7月号 臨時増刊 92号 ビートルズ研究特集（9号）臨時増刊 WORDS ARE FLOWING OUT 1984/07/10
⑥ The Beatles/7月号 臨時増刊 105号 ビートルズ復活祭スペシャルビートルズSHOW特集 1985/07/10

①ビートルズ研究特集の第7号。ビートルズ・ブック論他。ちなみに、私がビートルズ書籍・雑誌を蒐集するきっかけとなったバイブルでもある。② 12ページの冊子。特集「新刊 THE BEATLES FOREVER 徹底紹介」他。③リバプール紀行「ビートルズの息吹を求めて」他。④ 16ページの冊子。特集「ビートルズ・マンスリー全77冊一挙出版」他。⑤ビートルズの詞の研究他。⑥ 16ページ冊子。復活祭スペシャル、ビートルズSHOW案内。

① The Beatles/12月号 臨時増刊 111号 冬のビートルズ復活祭のお知らせ 1985/12/10
② The Beatles/3月号 臨時増刊 115号 春のビートルズ復活祭のお知らせ 1986/03/10
③ The Beatles/5月号 臨時増刊 118号 オリジナル・モノ・レコード・ボックス限定発売 1986/05/10
④ The Beatles/7月号 臨時増刊 121号 夏のビートルズ復活祭のお知らせ 1986/07/10
⑤ The Beatles/12月号 臨時増刊 127号 冬のビートルズ復活祭のお知らせ 1986/12/10
⑥ The Beatles/12月号 臨時増刊 128号 ビートルズ研究特集（10号）ポール・マッカートニー幻の来日公演全記録 1986/12/20

①②④⑤全国縦断イヴェントとして開催された「ビートルズ復活祭」の16ページ案内冊子。復活祭プログラム、ビートルズ・ライヴの映像、コレクション紹介、最新情報など。⑥「ポール・マッカートニー幻の来日公演全記録」と題した研究特集シリーズの第10弾。

① The Beatles/3月号 臨時増刊 132号 春のビートルズ復活祭のお知らせ 1987/03/10
② The Beatles/7月号 臨時増刊 137号 夏のビートルズ復活祭 1987/03/10
③ The Beatles/12月号 臨時増刊 143号 冬のビートルズ復活祭申込受付開始 1987/12/10
④ The Beatles/3月号 臨時増刊 147号 春のビートルズ復活祭のご案内 1988/03/10
⑤ The Beatles/7月号 臨時増刊 152号 夏のビートルズ復活祭申込受付開始 1988/07/10
⑥ The Beatles/12月号 臨時増刊 158号 冬のビートルズ復活祭申込受付開始 1988/12/10

①②③④⑤⑥全国縦断イヴェントとして開催された「ビートルズ復活祭」の16ページ案内冊子。復活祭プログラム、ビートルズ・ライヴの映像、コレクション紹介、最新情報など。

① The Beatles/3月号 臨時増刊 162号 春のビートルズ復活祭申込受付開始 1989/03/10
② The Beatles/7月号 臨時増刊 167号 夏のビートルズ復活祭優先申込受付中 1989/07/10
③ The Beatles/12月号 臨時増刊 173号 ビートルズ・パーティ参加申込受付開始 1989/12/10
④ The Beatles/3月号 臨時増刊 177号 ビートルズ復活祭参加申込受付開始 1990/03/10
⑤ The Beatles/7月号 臨時増刊 181号 ビートルズ復活祭＆通信販売申込受付開始 1990/07/10
⑥ The Beatles/5月号 臨時増刊 192号 BCC創立25周年記念 1992年2月ポール2度目の来日公演へ 1991/05/10

①②③④⑤全国縦断イヴェントとして開催された「ビートルズ復活祭」の16ページ案内冊子。復活祭プログラム、ビートルズ・ライヴの映像、コレクション紹介、最新情報など。⑥BCC設立25周年記念「ビートルズ・スーパー・イベント」の24ページ案内冊子。

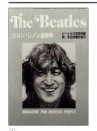 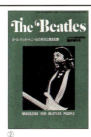  

① The Beatles/5月号 臨時増刊 48号 ビートルズ研究特集（5&6号）ジョン・レノン追悼号 1981/05/10 ※再版
② The Beatles/12月号 臨時増刊 128号 ビートルズ研究特集（10号）ポール・マッカートニー幻の来日公演全記録 1986/12/20 ※再版
③ The Beatles/4月&5月合併号 ポール・マッカートニー日本公演全記録 1990/05/01 ※定期会報の合併号
④ The Beatles/3月特別増頁号 ジョージ・ハリスン日本公演全記録 1992/03/01 ※定期会報の増頁号

①1995年6月発行の「ジョン・レノン追悼号」の増刷再版で、1981年5月1日に発行された。表紙カヴァーのみ差し替えられたもので、発行日、発行元なども改訂されておらず、価格もオリジナルと同じ900円。背表紙はシルバー。②「ポール・マッカートニー幻の来日公演全記録」と題した研究特集シリーズの第10弾（1995年6月発行の再版タイプ）。表紙の紙質と色が1986年オリジナルと少し違う。③臨時増刊号ではなく定期会報だが、特殊な合併号のポール来日特集号。④これも臨時増刊号ではなく定期会報。特別増頁のジョージ来日特集号。

ザ・ビートルズ・クラブ／BCC
会報「The Beatles」

1960年代後半、ビートルズのファンクラブは公認・未公認含めて全国に数団体存在し、
一部のファンクラブでは会員向けの会報や情報誌を発行していた。
その中でも、1966年に発足したビートルズ・シネ・クラブ（BCC：現ザ・ビートルズ・クラブ）の会報の歴史は古く、
初期会報創刊から数々の苦節を経て、現在もファンクラブ会報のなかで唯一継続中である。
ビートルズ一筋でここまで長く続いたことについて、ただただ敬服する。

1968-1970

BCC（ザ・ビートルズ・クラブ）初期会報の創刊号（1968年9月28日発行）の復刻版で、1980年に会員向けの企画でプレゼントされたもの。1968年発行の創刊号と創刊第2号のみが新聞形態（W265mm × H375mm）のタブロイド版で、後のBCC会報月刊「The Beatles」（通称マンスリー）の前身となった。1969年発行の第1期会報についても創刊号〜7号で休刊。下段の1975年8月（資料には5月とあるが正確には8月）に始まった第2期創刊号が正式に「The Beatles」第1号としてスタートし、現在に至るというのが正しい歴史のようである。【「The Beatles」1985年3月号掲載資料参照】

1975-1978

1975年8月創刊号（未入手）が現在のBCC会報「The Beatles」の第1号となった。この第1号〜第21号までは不定期刊行で、表紙もモノクロ写真。また「2号＆3号（1975/10）」「4号＆5号（1976/01）」「10号＆11号（1977/09）」「12号＆13号（1978/01）」の4冊は合併号として扱われている。

1978-1979

正式に月刊誌になったのはカラー表紙の1979年8月号（通巻第22号）から。

1980

この年より通年12ヵ月、毎月1日に定期刊行されるようになった。

1981

1982

なお、BCC会報に関する記事目録や資料についてもっと詳しく知りたい人は、
同クラブ1992年発行のビートルズ復活祭イヴェントパンフレット
「BEATLES FUKKATSUSAI/Film Showing Of The Beatles 1992」や、
1985年3月1日発行の会報「The Beatles／3月号」が参考になる。
特に1992年の復活祭パンフには、1975年8月の第2期創刊1号〜200号までの目録を含めた詳細資料が掲載されている。

1983

1984

1985

1986

1987

1988

私も一時期入会し、ポールの来日公演のチケット入手や
その後のコレクションの収集などでお世話になった。

1989

1990

ポール・マッカートニー来日特集号は4月&5月合併号のため、1990年は11冊。

1991

1992

1993

1994

1995

この年以降、毎年4月号から装丁を改めるようになった。

1996

1997

原則、本書掲載アイテムは1996年までの刊行物に限定しているが、同誌については2000年まで紹介した。

1998

1999

2000

4月号よりイラスト表紙となる。

「The Beatles Monthly Book」再発限定BOXセット

1963年8月(1号)から1969年12月(77号)まで、
イギリスのBeat Publication社が毎月発行した全77冊の公式ファン・マガジン(B6判)。
現役時代のビートルズを知るための貴重資料で、多くの写真、最新ニュース、トピックス、インタビュー、
レポートなどを掲載したドキュメンタリーの再発品。
日本では、1984年にBCCがマンスリー発行20周年記念として、限定3,000セット、BOX仕様＆特典付で独占販売した。

1963

限定BOX　ガイドブック

1963/08/01　1963/09/01　1963/10/01　1963/11/01　1963/12/01

BCC が 1984 年に発売した「The Beatles Monthly Book」には、全 100 ページの日本語ガイドブック「特別編集ガイド BOOK」や、20 周年記念特別プレゼント「創刊号ゴールドカヴァー」などが特典でセットされ、定価 39,800 円で販売された。

1964

1964/01/01　1964/02/01　1964/03/01　1964/04/01　1964/05/01　1964/06/01　1964/07/01　1964/08/01　1964/09/01　1964/10/01　1964/11/01　1964/12/01

1965

1965/01/01　1965/02/01　1965/03/01　1965/04/01　1965/05/01　1965/06/01　1965/07/01　1965/08/01　1965/09/01　1965/10/01　1965/11/01　1965/12/01

1966

1966/01/01　1966/02/01　1966/03/01　1966/04/01　1966/05/01　1966/06/01　1966/07/01　1966/08/01　1966/09/01　1966/10/01　1966/11/01　1966/12/01

1967

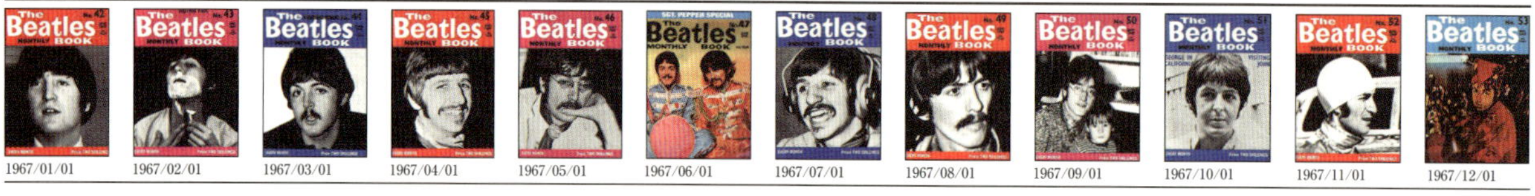

1967/01/01　1967/02/01　1967/03/01　1967/04/01　1967/05/01　1967/06/01　1967/07/01　1967/08/01　1967/09/01　1967/10/01　1967/11/01　1967/12/01

1968

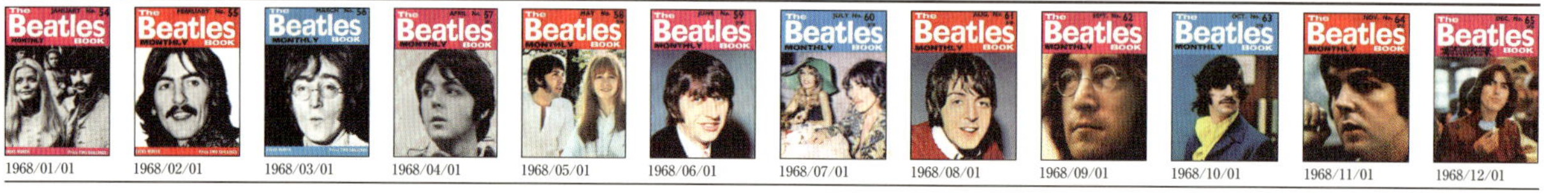

1968/01/01　1968/02/01　1968/03/01　1968/04/01　1968/05/01　1968/06/01　1968/07/01　1968/08/01　1968/09/01　1968/10/01　1968/11/01　1968/12/01

1969

1969/01/01　1969/02/01　1969/03/01　1969/04/01　1969/05/01　1969/06/01　1969/07/01　1969/08/01　1969/09/01　1969/10/01　1969/11/01　1969/12/01

ビートルズの解散が現実のものとなりつつあったこの年の 12 月号（No.77）が最終号となった。

その他、ファンクラブ会報＆公認情報紙

1975年発足のポール・マッカートニー＆ウィングス公認ファンクラブの会報「ぽうる」と
1978年前後に発足したザ・コンプリート・ビートルズ・ファンクラブの会報「BEATLE MAGAZINE」、
1991年発足の東京ビートルズ・ファン・クラブの会報
「TOKYO BEATLES FAN CLUB MAGAZINE(TBFC MAGAZINE)」。

●ぽうる 1975-1977

1号 1975/06　2号 1975/08　3号 1975/10　4号 1975/12　5号 1976/02　6号 1976/04　7号 1976/06　8号 1976/09　9号 1976/12　10号 1977/02　11号 1977/05　12号 1977/08

1975年に発足したJapan Official Paul McCartney & Wings Fan Club 会報「ぽうる」。当時の資料や情報、投稿・寄稿も多く、ファンの声がそのまま活かされている。さすがに手作り感は否めないが、女性スタッフによるきめ細かな気配りや企画・編集の苦労がしのばれる。こういったものが真のファンクラブなのかもしれない。

1977-1980

13号 1977/11　14号 1978/02　15号 1978/05　16号 1978/08　17号 1978/11　18号 1979/02　19号 1979/05　20&21号 1979/10　22号 1980/02　23号 1980/05　臨時増刊号 1976/01

20号と21号は合併号。

● BEATLE MAGAZINE 1979-1982

NO.2:1979/03　NO.6:1981/03　※ NO.1:1982　※ NO.2:1982

※ 1982年より隔月刊とし、改めて年間通し番号 NO.1 が付けられた。
この CBFC 会報は左の4アイテムのみ所有。この他にも、少なくとも十数冊は発行されている。

ザ・コンプリート・ビートルズ・ファンクラブ（CBFC）の会報。サウンド分析・アウトテイク解説・ブックレビューなど、資料価値も高く、創刊は1978年末から1979年初頭と思われる。当初は季刊刊行を目指したようだが、初期は不定期刊行が目立った。サイズは A5 判。

● TOKYO BEATLES FAN CLUB MAGAZINE (TBFC MAGAZINE) 1991-1995

1号 1991　2号 1991　3号 1991　4号 1992　5号 1992　6号 1993　7号 1993　8号 1994　9号 1994　10号 1995　11号 1995　12号 1995

TBFC/TOKYO BEATLES FAN CLUB MAGAZINE／東京ビートルズ・ファン・クラブ会報。TBFC はロンドン・ビートルズ・ファン・クラブ（LBFC）の全面協力で、ファンの立場での活動方針に基づき1991年に発足した。第1号〜10号まではモノクロ表紙だが、特に前半の会報はページ数も多かった。

1995-1999

13号 1996　14号 1996　15号 1996　16号 1997　17号 1997　18号 1997　19号 1998　20号 1998　21号 1998　22号 1999　23号 1999　24号 1999

筆者も初期に一時期入会し購読。不定期ではあったが年に2〜3回会員向けに刊行され、ブックレビューのコーナーは書籍の情報収集に役立った。

1999-2005

25号 1999　26号 2000　27号 2000　28号 2001　29号 2002　30号 2004　31号 2004　32号 2004　33号 2004　34号 2004　35号 2005　36号 2005

2005-2006

37号 2005　38号 2006　39号 2006　40号 2006

残念ながら TBFC 会報も廃刊となった。詳細は不明だが、第40号あたりと思われる。

「KEIBUYオークション・カタログ」全40冊

KEIBUY JAPAN発行の「KEIBUYオークション・カタログ」は、
ビートルズやストーンズなどのビッグ・アーティストの直筆サイン、
アーティストの私物(愛用ギター／衣装／自動車／絵画)、超レア盤など、
海外から直接買い付けた逸品の国内競売カタログである。
当時はインターネット普及前で、店頭もしくは添付ハガキ、後に電話による入札も受け付けた。
1988年(Vol.1)〜1991年(Vol.40／最終号)まで全40冊のコンプリート・コレクション。

     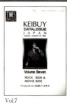 

Vol.1　Vol.2　Vol.3　Vol.4　Vol.5　Vol.6　Vol.7　Vol.8

A4判。Vol.1〜Vol.5までは三つ折りで郵送されたが、ページ数の多くなったVol.6あたりからはA4封筒で郵送されたようだ。定価は大半が194円。毎号、数ページのビートルズ・コーナーが設けられ、直筆サインを中心にレアなコレクションも多く掲載されていた。ビートルズに関係のあるコレクション写真のカヴァーは、Vol.1、2、4、5、9、13、14、18、20、22、23、24、27、29、33、34、36の17冊。

Vol.9　Vol.10　Vol.11　Vol.12　Vol.13　Vol.14　Vol.15　Vol.16

Vol.13の表紙写真「1966年の来日時にビートルズ4人が缶詰状態の東京ヒルトンホテルで描いた伝説の水彩画／IMAGES OF A WOMAN」より、表紙及び中身の一部がカラー印刷となった。また、この号から発行元も「スターウォーク」から「Gallery KEIBUY JAPAN」に引き継がれ、その後「マイライフ社」に変更されている。

   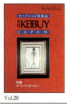 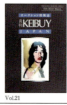   

Vol.17　Vol.18　Vol.19　Vol.20　Vol.21　Vol.22　Vol.23　Vol.24

Vol.18「特集 ジョン・レノン」より、発行が「マイライフ社」になり、月末から毎月25日の定期刊行に。以降Vol.39まで「月刊KEIBUY」と表記されている。この「特集 ジョン・レノン」から、Vol.19「特集 ローリング・ストーンズ」、Vol.20「特集 ポール・マッカートニー」と、連続3号にわたり特集が組まれた。

     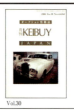 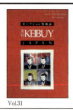 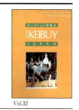

Vol.25　Vol.26　Vol.27　Vol.28　Vol.29　Vol.30　Vol.31　Vol.32

Vol.25は唯一の臨時増刊号でアメリカのコレクター、ジョセフ・マドレーナの映画スター・コレクション出品掲載号。KEIBUY特別企画「HOLLYWOOD・AUCTION」で、ビートルズをはじめ音楽関係の掲載はない。Vol.31は合併号。

   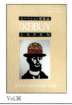 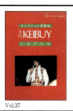 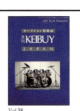 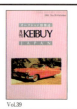 

Vol.33　Vol.34　Vol.35　Vol.36　Vol.37　Vol.38　Vol.39　Vol.40

Vol.36までが定期月刊号。Vol.37で一度隔月になった後、出品数にあわせページ数も少なくなり、誌名が「オークション情報誌／ROCK' N' ROLL PARK」に変更された。Vol.40(1991年11月25日発行)をもって最終号となった。

1988-1991

発行元のスターウォークは、当時渋谷区にあったグッズ専門店グループ「GET BACK（ビートルズ）」
「GIMME SHELTER（ローリング・ストーンズ）」「LOVE ME TENDER（エルヴィス・プレスリー）」
「YARDBIRDS（'60sブリティッシュ・ロック）」「HOLLYWOOD（ハリウッド・スター）」の総称で、
オークション事業の窓口は「KEIBUY事務局」だった。
貴重な個人コレクションの依頼出品が可能だったこともあり、マニア・コレクター間の売買を含めた情報源ともなった。
下記の通り、表紙写真もビートルズコレクションが多く、ビートルズコーナーには毎号入手困難な逸品が紹介されていた。
今となっては、「バブル時代の遺産」的参考資料として興味深いものがある。

Vol.1	1988/07/31：表紙写真「ジョン＆ヨーコの直筆サイン入りイラスト」 主な掲載品：ビートルズ直筆サイン入り「Let it be・BOX セット」／ジョージ直筆サイン入り豪華本「I Me Mine」／ポール直筆サイン入りプロモ・シングル『Press』他。
Vol.2	1988/08/28：表紙写真「ビートルズ直筆サイン入りアルバム『Revolver』」 主な掲載品：オノ・ヨーコ直筆サイン／Beatles VS Four seasons ポスターオリジナル原紙／ジョンのブルー・ジャケット＆ステージ衣装／HMV CD BOX SET他。
Vol.3	1988/09/25：表紙写真「レッド・ツェッペリン・プロモ・ポスター」 主な掲載品：ビートルズ直筆サイン／「Please Please Me（Gold Parlophone）」／「Yesterday & Today」ブッチャーカバー＆トランクカバー／「Two Virgins」US盤他。
Vol.4	1988/10/30：表紙写真「ジョン・レノン直筆サイン入り Original Bag One リトグラフセット限定No.（17/300） 主な掲載品：日本ビートルズ・ファンクラブ（BFC）会長、下山鉄三郎氏が来日時にビートルズから手渡された有名な水彩画／ビートルズの直筆サイン他。
Vol.5	1988/11/27：表紙写真「ジョン・レノン・ブロンズ像（Kenneth Carter 作品・限定15体）」 主な掲載品：オディオン赤盤14枚セット／ジョン直筆サイン／ビートルズ直筆サイン入りUK盤『Rubber Soul』他。
Vol.6	1988/12/25：表紙写真「キース・リチャーズのリトグラフ」 主な掲載品：「Meet The Beatles」ゴールドディスク／『John Lennon Collection』メタル・アセテート／『Yesterday&Today』MONO／ビートルズ直筆サイン他。
Vol.7	1989/01/29：表紙写真「エルヴィス・プレスリー水彩画」 主な掲載品：ブライアン・エプスタイン直筆サイン／「Let it be」プレミアム・ゴールド・ディスク／ビートルズ直筆サイン入りヴィンテージ・ポートレート他。
Vol.8	1989/02/29：表紙写真「ストーンズ『Let it Bleed』シルバー・ディスク」 主な掲載品：ビートルズ直筆サイン入り「ホワイト・アルバム」／ジョン直筆サインの雑誌 LOOK／ジョージのプロモーション・サテン・ジャンパー他。
Vol.9	1989/03/26：表紙写真「ビートルズ・オリジナル・マスター・テープ『Love Me Do/PS.I Love You』」 主な掲載品：ジョン愛用ホワイト・ゴールド・サングラス／ジョン直筆サイン入りリトグラフ／ポール＆リンダ直筆サイン入りプロモ・ポスター他。
Vol.10	1989/04/30：表紙写真「ストーンズ UK・DECCA『Poison Ivy』メタル・アセテート盤」 主な掲載品：ビートルズ直筆サイン額装／ジョン直筆サイン／ポール直筆サイン／ジョージ直筆サイン／リンゴ直筆サイン／『Double Fantasy』テストプレス盤他。
Vol.11	1989/05/28：表紙写真「クラプトン直筆サイン入りアルバム『AUGUST』」 主な掲載品：ジョージ直筆サイン、ジョージ・マーティン直筆サイン／1966年、ラスト全米ツアー・チケット／『Magical Mystery Tour』プレミアム・ゴールド・ディスク他。
Vol.12	1989/06/25：表紙写真「ヤードバーズ1968 フィルモア・オーディトラム公演ポスター」 主な掲載品：日本製・ザ・ビートルズ・ボックス用、東芝EMI オリジナル・マスター・テープ全16巻／『The Beeb's Lost Beatles Tapes』原盤7枚／ジョン・ステージ衣装他。
Vol.13	1989/07/30：表紙写真「来日時の伝説の絵画・ビートルズ水彩画" IMAGES OF A WOMAN "」※この号より表紙カラー＆デザインも一新。 主な掲載品：ビートルズ額装直筆サイン／ジョージ『Cloud Nine』プラチナ・ディスク／『Yellow Submarine』日本レッド・ワックス盤／『The Lost Lennon Tapes』原盤101枚他。
Vol.14	1989/08/27：表紙写真「初代オーナーがジョージだったアストン・マーチン車」 主な掲載品：ジョン直筆サイン／ジョン、"bag one"オリジナル・リトグラフ／ポールのサイン入りアルバム『Tug Of War』／ビートルズ直筆サイン他。
Vol.15	1989/09/24：表紙写真「US、SEE BURG社1953年製ジューク・ボックス」 主な掲載品：ジョン特別記念シングル「JOHN&YOKO」／シングル盤『Let it be』日本テスト盤／デニー・レイン宛て『Wings Greatest』ゴールド・ディスク他。
Vol.16	1989/10/25：表紙写真「ブルース・スプリングスティーン直筆サイン入りストラトキャスター」 主な掲載品：ビートルズ直筆サイン入り1966年全米ツアーチケット／ポールのサイン入りトレーナー＆ハンカチ／オノ・ヨーコ直筆サイン／リンゴ直筆サイン他。
Vol.17	1989/11/26：表紙写真「マイケル・ジャクソン直筆サイン入りチャプリン・ドローイング」 主な掲載品：BBC 放送収録レコード13枚ボックス『The Beatles Story』／ブッチャー・カヴァー・MONO／ジョン・ソロアルバムUK盤4枚セット／ビートルズ映画ポスター他。
Vol.18	1989/12/25：表紙写真「ジョン・レノン・イラスト」／特集ジョン・レノン　※表紙デザインを一新、発行日は以降、毎月25日に。 主な掲載品：ジョン、ブロンズ像（限定No.1/15）／ジョン直筆サイン入りイラスト＆プロモ盤／『MILK&HONEY』プロモ・ジャンパー／キャバーン・クラブ赤色レンガ他。
Vol.19	1990/01/25：表紙写真「ローリング・ストーンズ・グッズ」／特集ローリング・ストーンズ 主な掲載品：ビートルズ直筆サイン入りタイピング・レター／12inch盤『The Beatles First!』／『Imagine』日本テストプレス盤／『Abbey Road』初CD他。
Vol.20	1990/02/25：表紙写真「ポール・マッカートニー直筆イラスト」／特集ポール・マッカートニー 主な掲載品：ポール1970年ビートルズ解散及びアップル解散要求、全訴状コピー／ポール直筆サイン／モービル・フィデリティ製『The Collection』14枚組みBOXセット他。
Vol.21	1990/03/25：表紙写真「アンディ・ウォーホル作・ミック・ジャガー・スクリーン・プリント」 主な掲載品：オノ・ヨーコ直筆サイン入りのリトグラフ／1956年ジョン自筆スケッチ／ジョン＆ヨーコ『Happy Xmas』日本テストプレス盤／ポール直筆サイン他。
Vol.22	1990/04/25：表紙写真「ジョン・レノン・ポートフォリオ」 主な掲載品：ビートルズ直筆サイン／1970年オランダ限定製作"bag one"図録／HMV CD10枚ボックスセット／Yellow Submarin ランチボックス他。
Vol.23	1990/05/25：表紙写真「ジョン・レノン・bag one（限定No.91/300）」 主な掲載品：ジョン直筆サイン／ポール直筆サイン／『Imagine』4チャンネル・レコード／アラン・ウォルドリッジ直筆サイン入りジョン・イラストポスター他。
Vol.24	1990/06/25：表紙写真「ジョン・レノン・リトグラフ」 主な掲載品：ビートルズ直筆サイン入り色紙／ジョージ直筆サイン／ジョン使用サングラス／『John Lennon Imagine Session』マスター・テープ他。
Vol.25	1990/07/15（臨時増刊号）：表紙「オズの魔法使いのスターたち／サイン入りテーマ曲楽譜」 主な掲載品：この号は臨時増刊号で全頁「ハリウッド特集・出品者：ジョセフ・マドレーナ・コレクション」のため、映画関連が中心でビートルズ含め音楽関係の掲載はない。
Vol.26	1990/07/25：表紙写真「ジミ・ヘンドリックス・パフォーミング・アート」 主な掲載品：ビートルズ＆ビート・ベスト直筆サイン／ジョン・レノン・スケッチ画集／ジョン＆ヨーコ直筆サイン入り"bag one"図録／リンゴ直筆サイン／ジョージ直筆サイン他。
Vol.27	1990/08/25：表紙写真「ジョン・レノン・シルクスクリーン・ポートレート」 主な掲載品：ビートルズ直筆サイン入り"The Beatles Book"／ポール『London Town』ゴールドディスク／リチャード・アベドン製作ポスター5枚セット他。
Vol.28	1990/09/25：表紙写真「デボラ・ハリー・ナイトドレス（ロック歌手）」 主な掲載品：ビートルズ直筆サイン入りアルバム『Abbey Road』／ポール着用キルティング・ジャケット／プロ・ユース・シリーズ『Abbey Road』見本盤他。
Vol.29	1990/10/25：表紙写真「ジョン・レノン・リトグラフ」 主な掲載品：ビートルズ直筆サイン／ジョン初期公演プログラム／ビートルズ当時の関連雑誌ミュージックライフ、映画ストーリー、映画の友／ポール直筆サイン他。
Vol.30	1990/11/25：表紙写真「エルヴィス使用、ロールス・ロイス車」 主な掲載品：ジョン直筆サイン入り『Please Please Me』シングル盤／『Let it be』未発表LPスリック／ジョン着用Tシャツ／SGT ペパーズ・プロモ・ポスター4枚セット他。
Vol.31	1991/01/25 合併号：表紙写真「J.F.ケネディ／ピーター・マックス・リトグラフ」※1990/12-1991/01の合併号 主な掲載品：ジョン・リトグラフ・ポスター／ジョン・シルクスクリーン・ポートレート／ジョン着用ジャケット＆スラックス／『ジョンの魂』オープンリール・テープ他。
Vol.32	1991/02/25：表紙写真「リロイ・ニューマン・リトグラフ」 主な掲載品：ビートルズ直筆サイン／ポール直筆サイン／ジョージ直筆サイン／リンゴ直筆サイン／レノン＆マッカートニー未発表オリジナル・スチール他。
Vol.33	1991/03/25：表紙写真「ジョン＆ヨーコ・サイン（at BED IN）」 主な掲載品：ジョン・リトグラフ／ビートルズ直筆サイン／ポール＆リンダ直筆サイン／未開封ブッチャー・カヴァー／『Rubber Soul』ミスプレスCD他。
Vol.34	1991/04/25：表紙写真「ジョン・レノンROOTS」 主な掲載品：ジョン所有『The Beatles（ホワイトアルバム）』シリアルNo.0000002／映画イマジン収録邸宅の木製ドア／ビートルズ・ジャイアント・ポスター他。
Vol.35	1991/05/25：表紙写真「Doors ジム・モリスン・ドアーズ直筆サイン」 主な掲載品：映画ヘルプ関係者で全員（17人）寄せ書き／ビートルズ直筆サイン入りテーブルクロス／ポール、1970年初頭インタビュー・テープ他。
Vol.36	1991/06/25：表紙写真「リンゴ・スター・ポスター・ピーター・マックス作品」／ロック・アートワーク特集 主な掲載品：ジョン直筆サイン入りミュージック・シート／ビートルズ来日記念セット／US盤『Mother』／ジョージ直筆サイン／ビートルズ直筆サイン他。
Vol.37	1991/08/25：表紙写真「エルヴィス・プレスリー」 主な掲載品：ビートルズ直筆サイン／映画イマジン、サウンド・トラック・ゴールドディスク／『Can't Buy Me Love』メタル・アセテート盤／日本公演チケット他。
Vol.38	1991/09/25：表紙写真「ドン・パウエル・ドラム・セット」 主な掲載品：ジョン、セルフ・ポートレート4枚セット／ビートルズ直筆サイン／ビートルズ・オリジナル・ガム・カード48枚セット／ビートルズ・ボビン・ヘッドドール他。
Vol.39	1991/10/25：表紙写真「エルヴィス・プレスリー・ドリーム・キャデラック」 主な掲載品：ビートルズ直筆サイン／ジョージ＆エリック・クラプトン直筆サイン／ビートルズ・クリスマス盤／プロモ・グッズ付き『The Beatles Collection』ボックス他。
Vol.40	1991/11/25：表紙「ローリング・ストーンズ（キース＆ロン）」※最終号で雑誌名「オークション情報誌・ROCK'N'ROLL PARK」に変更。 主な掲載品：ジョン、「グリーン・オブ・ザ・ワールド」のプレスキット／ジョージ来日公演プレスキット／ジョン・リトグラフ"FAMILY"他。

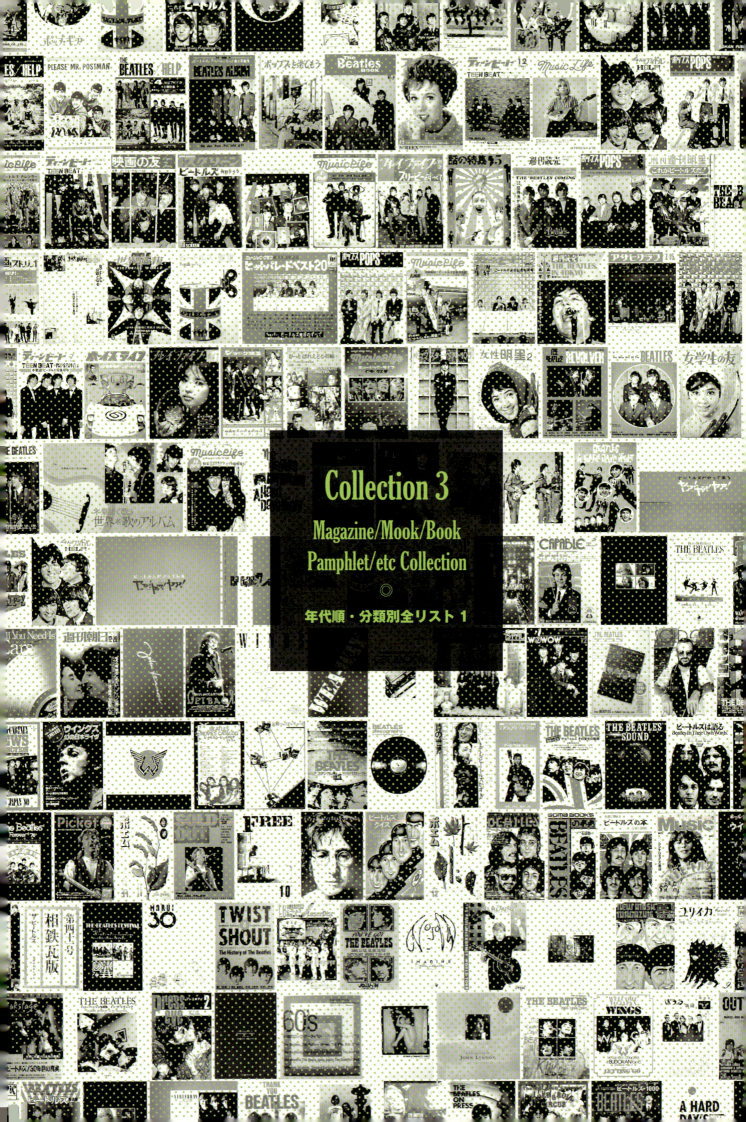

Collection 3
Magazine/Mook/Book Pamphlet/etc Collection
◎
年代順・分類別全リスト 1

国内で刊行されたビートルズ関連出版物の膨大なコレクションを紹介するにあたり、どのように整理し、分類するかが最も大きな課題だった。単純に発行年代順に並べるだけでは、価値の優劣があり散漫になる気がしたため、このCollection-3は「ビートルズ関連カヴァー&コピーのあるアイテム」、Collection-4は、カヴァーや表紙コピーはないものの、何らかの掲載記事などがある「ビートルズ関連記事・写真等掲載アイテム」とした。一部例外もあるが、原則として音楽雑誌の「表紙コピーのないビートルズ関連記事・写真掲載アイテム」、また洋書は、特に重要でないもの以外は割愛した。

　ビートルズやポール・マッカートニーのファンクラブが発行した会報などは別ページにまとめて掲載したため、ごく一部の希少なものを除き、この章では掲載していない。しかしながら例外として、来日関連やジョンの射殺事件、ポールの公演中止など重大な出来事や事件のコレクションは、音楽雑誌などで表紙コピーがないもの、あるいは1996年以降のアイテムであっても、重要なものについては紹介している。楽譜類も、写真集的要素が強くレアなものも多いので、ビートルズ現役当時に限り、参考までに紹介した。

　労力を掛けて蒐集したコレクションの中から、(これがすべてではないものの) レアアイテムと呼べるものの9割以上は収録できたつもりでいる。ビートルズ現役時代 (1964～1969) 頃のアイテムは、当時の最新ニュースや、知られざるエピソードなど、タイムリーな内容の記事が多く、加熱ぶりを知る手掛りとなるが、特にビートルズが来日を果たした1966年については、最もコレクションに力を入れた年で、ビートルズのカヴァーや表紙コピーのあるものはもちろん、わずかな記事や小コラム、写真・イラスト1点や、数行の記事しかない出版物に至るまで蒐集している。これらのアイテムは、いわゆる「来日資料」として役立つものではないかもしれないが、当時のマスメディアの、ビートルズに対する報道の雰囲気だけでも感じ取ってもらえればと思っている。

　長年探し続けていた貴重アイテムを入手した時の嬉しさと感動は、はかり知れないものがある。大げさに言えば、これは「コレクター」と称する人間だけに与えられた「悦」の世界かもしれない(笑)。オリジナルのヴァージョン違いやまがいもの、復刻ものなどでも、その存在が確認できた時は、不思議と心が高揚することも少なくない。分野こそ違うが、アナログレコードのコレクターも、プレス時期によるヴァージョン違いや微妙なジャケット違い、ミスプリントの発見など、とにかく「情報を得る」ということに生きがいを感じ、ハマってしまうという人たちだ。きっとこの方たちになら、「コレクション道」の奥深さや、その熱意・根性・努力・精進について、共感してもらえるだろう。
　そんなコレクターが数多く存在するのも、ビートルズにそうさせる魅力があるからである。楽曲研究や、私のようなコレクションなど「深く掘り下げる」こともビートルズを愛するひとつの手段だが、単純に「ビートルズの曲が好き」「ジョンが好き」「ポールが好き」「ジョージが好き」「リンゴが好き」でも全く問題ない。ビートルズに出達ったことで、何かしら人生が豊かになったとすれば、それが一番すばらしいことなのだから。

1964

ミュージック・ライフ/4月号
新興楽譜出版社
1964/04/01	音楽雑誌	6

同誌初のビートルズカヴァー。『特集 "ビートルズ" ピンからキリまで/湯川れい子』「その顕微鏡的拡大」「その解剖的研究」「その臨床学的研究」「その診察的レポート」「その蛇足的研究報告」など。

ポップス/4月号
音楽之友社
1964/04/01	音楽雑誌	6

本誌では表紙にはじめてビートルズに関するコピー『吹きまくるビートルズ旋風』が記載された。

ミュージック・ライフ/6月号
新興楽譜出版社
1964/06/01	音楽雑誌	16

ビートルズ・カヴァーの特集号。『ビートルズとリバプール・サウンド騒動』など。

ミュージック・ライフ/8月号
新興楽譜出版社
1964/08/01	音楽雑誌	10

『特報!私はビートルズに会って来た』ほか、ビートルズタイムリーニュースや映画解説、ビートルズ会見記(水野晴郎)など。

ポップス/8月号
音楽之友社
1964/08/01	音楽雑誌	2

水野晴郎による日本人初のビートルズ共同記者会見レポート『特報ビートルズに会う!』など。

"A HARD DAY'S NIGHT"(関東版1)
ユナイト映画
1964/08/01	映画パンフレット	全20

ビートルズの初主演映画〈ビートルズがやって来るヤァ!ヤァ!ヤァ!〉関東版パンフレットのオリジナル。

"A HARD DAY'S NIGHT"(関東版2)
ユナイト映画
1964/08/01	映画パンフレット	全20

オリジナルの一部ミスプリントタイプ。

ポップス/8月臨時増刊(タイプ1)
音楽之友社
1964/08/15	音楽雑誌	48全

雑誌としては最初のビートルズ特集号。映画〈ビートルズがやって来るヤァ!ヤァ!ヤァ!〉の特集記事と写真を中心にビートルズ最新情報満載。「8月臨時増刊」の印刷ありの正規品。

ポップス/8月臨時増刊(タイプ2)
音楽之友社
1964/08/15	音楽雑誌	全48

「ポップス8月臨時増刊/ビートルズがやって来るヤァ!ヤァ!ヤァ!」の表紙カヴァーに「8月臨時増刊」の印刷なしヴァージョン。超珍品。

ビートルズがやって来るヤァ!ヤァ!ヤァ!(関西版1)
ユナイト映画
1964/08/20	映画パンフレット	全16

〈ビートルズがやって来るヤァ!ヤァ!ヤァ!〉の関西版オリジナルパンフレット。3色カラー表紙。1968年のリバイバル版など諸説ある。

ビートルズがやって来るヤァ!ヤァ!ヤァ!(関西版2)
ユナイト映画
1964/08/20	映画パンフレット	全16

中部地区を中心に多く出回った、表紙がブルーの関西版タイプ2。こちらも翌1965年のリバイバルで使用されたものという説もあり、確認はできていない。

ミュージック・ライフ/9月号
新興楽譜出版社
1964/09/01	音楽雑誌	2

巻頭モノクロ・グラビア1ページ以外はレコード紹介や雑誌「ミュージック・ライフ別冊/ビートルズ特集号」の綴込み広告がある程度。表紙はビートルズ。

ミュージック・ライフ別冊
新興楽譜出版社
1964/09/01	音楽雑誌	42

『ビートルズとリバプール・サウンドのすべて』。豊富な写真と記事でビートルズを含めたリバプールの人気グループを紹介したグラフ特集号。全66ページのうちビートルズ関連は42ページ。

ミュージック・ライフ/10月号
新興楽譜出版社
1964/10/01	音楽雑誌	2

特集「ビートルズに沸いた日劇ウエスタン・カーニバル」があるが、ビートルズとは直接関係ない内容。ジョンのグラビアと広告ページのみ。

ポップス/10月号
音楽之友社
1964/10/01	音楽雑誌	6

『特報!ビートルズをめぐる三つのウワサ』と題した解析レポートなど。表紙コピーあり。

週刊女性/11月25日号
主婦と生活社
1964/11/25	楽譜等	4

特報記事『ビートルズのつぎにきた、この不潔な若者たち』がある。ビートルズに続き、いろいろなバンドが登場しているようす。「ビートルズ熱冷める?」「もっと強烈なリズムを」「不潔さが性的魅力で」ほか。

big hits BEATLES/ビートルズのビッグ・ヒット集
東芝音楽芸能出版/新興楽譜出版社
1964/	楽譜等	全126

ギター指盤付きA5判の楽譜集。巻頭16ページはモノクログラビア写真。初期ビートルズのヒット48曲を収録。

映画ビートルズがやって来るヤァ!ヤァ!ヤァ!主題歌集
東芝音楽芸能出版
1964/	楽譜等	全40

映画〈ビートルズがやって来るヤァ!ヤァ!ヤァ!〉の主題歌集。一部映画のスチール写真ページもある。

ビートルズのヒットパレード
新興楽譜出版社
1964/	楽譜等	全96

巻頭16ページはビートルズのグラビア写真集。楽譜はギターコード付き80曲収録。

ザ・ビートルズのヒット曲と写真集
東芝音楽芸能出版
1964/	楽譜等	全98

ビートルズの楽譜&写真集。初期ビートルズのヒット39曲の楽譜と貴重な写真を収録。

ポピュラーフェスティバル
全音楽譜出版社
1964/	楽譜等	9

レアなビートルズカヴァーのコンパクト楽譜集(B6判)。当時の楽譜で、全ページビートルズオンリーの楽譜集は何点かあるが、これはビートルズがメインでないもの。

1965

ミュージック・ライフ/1月号
新興楽譜出版社
1965/01/01	音楽雑誌	8

『新着ビートルズ写真集』などビートルズ新春カレンダーとビートルズの新着フォトで綴った8ページのグラビア特集ほか、表紙もビートルズ。

ミュージック・ライフ/2月号
新興楽譜出版社
1965/02/01	音楽雑誌	7

『特集ビートルズをKOしたローリング・ストーンズ』ほか、新着フォトのグラビア特集と近況報告など。

Out of the mouths of BEATLES(ビートルズ傑作写真集)
洋販出版/アダム・プレシング
1965/02/01	ムック/企画誌	全64

アメリカで発行されたキャプション付モノクロ写真集の日本編集版。コンパクト・サイズの横型写真集である。(編:アダム・プレシング)

ミュージック・ライフ/3月号
新興楽譜出版社
1965/03/01	音楽雑誌	4

スナップフォトや近況ニュースなどを数ヵ所に分けて掲載。ビートルズカヴァー。

ポップス/3月号
音楽之友社
1965/03/01	音楽雑誌	6

ビートルズの音楽とその実力を解説した『ビートルズをもう一度見なおそう』など。

ミュージック・ライフ/4月号
新興楽譜出版社
1965/04/01	音楽雑誌	19

『ビートルズのリンゴ・スターが結婚した!!』『リンゴの結婚と残されたガールフレンド達』『ポールとジョンの心境・ジョン・レノンの悩み』などの特集。

ミュージックライフ別冊/特集 The Beatles '65
新興楽譜出版社
1965/04/01	音楽雑誌	50

フォトグラビアページとビートルズの最新情報やトピックス満載の大特集。全98ページのうち、ビートルズ関連は50ページ。

ポップス/4月号
音楽之友社
1965/04/01	音楽雑誌	5

『誰がビートルズを殺した』リンゴ・スターの刺殺誤報事件やビートルズのゴシップなど。

版権独占これがビートルズ
新興楽譜出版社/ビリー・ジェファード
1965/04/01	単行本	全286

イギリスで刊行されたビートルズの伝記「The True Story Of The Beatles」の邦訳書。国内初の伝記。著:ビリー・ジェファード、訳:星加ルミ子/青柳茂樹。

1965

ミュージック・ライフ /5月号
新興楽譜出版社
1965/05/01　音楽雑誌　10
特集『ビートルズの最新レポート集』、映画〈ヘルプ！4人はアイドル〉に関する新着フォトや解説評など。

ポップス /5月号
音楽之友社
1965/05/01　音楽雑誌　3
ビートルズのプレイボーイ誌インタビュー『プレイボーイとビートルズ』やコラムなど。

レッツゴービートルズ /LGB 会報 NO.1
LGB 事務局
1965/05/25　会報　全16
ファンクラブ会報は、このような初期のごく一部のアイテムに限って収録。ビートルズ古参のファンクラブ LGB（レッツ・ゴー・ビートルズ）のファンクラブ会報。希少な NO.1で A5判、16ページの小冊子。

ミュージック・ライフ /6月号
新興楽譜出版社
1965/06/01　音楽雑誌　16
特集『ぼくとビートルズ…リンゴ・スター記』『これからのビートルズ』など映画の新着フォトほかヴィジュアルページが多い。リンゴのインタビューも掲載。

マドモアゼル /6月号
小学館
1965/06/01　一般雑誌　16
当時の女性月刊誌では極めて珍しいビートルズ特集『特集！これがビートルズのすべて!!』がある。16 ページにおよぶ目次付きの総力特集で、写真の掲載も多く内容も悪くない。

映画ストーリー /6月号
雄鶏社
1965/06/01　一般雑誌　9
ポールの独占インタビューなど、特集『本誌独占ビートルズの秘密のすべて』。

女学生の友 /6月号
小学館
1965/06/01　一般雑誌　3
『デビー・ワトソンヘカレンな 30 周 ノッポが悩みのビートルズ・ファンです』ビートルズのプロフィールと質問を一覧表にした『ビートルズ4人の私の秘密』ほか。

週刊平凡 /6月3日号
平凡出版
1965/06/03　週刊誌　5
独占扱いの特集記事『3年間で 140 億かせいだ 20 代の億万長者 / ビートルズの財産前公開』がある。

ミュージック・ライフ /7月号
新興楽譜出版社
1965/07/01　音楽雑誌　20
映画〈ヘルプ！4人はアイドル〉のフォト、関連記事とビートルズの貴重インタビューを含めた大特集『ビートルズの「HELP」撮影完了』『ビートルズ大いに語る』。表紙もビートルズ。

映画ストーリー /7月号
雄鶏社
1965/07/01　一般雑誌　6
『特集ビートルズのロマンスと結婚を探る』ほか、特別読物『ビートルズ最新情報！/ 高崎一郎』など。

女学生の友 /7月号
小学館
1965/07/01　一般雑誌　0
本号付録の④が『ビートルズのプロマイド』。ほかは表紙コピーと広告写真のみ。

スクリーン /7月号
近代映画社
1965/07/01　一般雑誌　8
『ミュージカルと映画とシルヴィ・ヴァルタン、ビートルズ特集増大号』ビートルズ第2作目の映画〈ヘルプ！4人はアイドル〉に関する特集記事。

週刊 TV ガイド /7月2日号
東京ニュース通信社
1965/06/24　週刊誌　4
『特集!! ビートルズをニッポンへ呼ぼう』があり、来日の噂に関する記事『ビートルズが東京に上陸する日はいつ？』など。TV ガイドの発行日は、表紙表示の 1 週間前の 6 月 24 日。

週刊明星 /7月11日号
集英社
1965/07/11　週刊誌　4
ミュージック・ライフ誌編集長・星加ルミ子のビートルズ独占会見記『緊急特報 / 本誌特派記者に来春来日を約束』を 4 ページ掲載。

ヤングレディ /7月12日号
講談社
1965/07/12　週刊誌　5
星加ルミ子のビートルズ独占会見記『ビートルズとの楽しかった三時間』がある。

少女フレンド /7月13日号
講談社
1965/07/13　週刊誌　6
ビートルズと日本のジャニーズを徹底比較した巻頭 6 ページ特集『人気コーラスくらべ /ビートルズとジャニーズ』がある。「ビートルズの住所」「ビートルズの魅力」「ビートルズの休日」ほか、4 人のプロフィールなど。

映画ストーリー臨時増刊 / ビートルズのすべて!!
雄鶏社
1965/07/15　音楽雑誌　130
映画からのスチールなど新着フォトを含め、ビートルズの歩みを多くの写真で綴ったヴィジュアルグラフ大特集号。9 割以上がビートルズ関連。

週刊 TV ガイド /7月16日号
東京ニュース通信社
1965/07/08　週刊誌　5
『緊急特集!! ビートルズ大会」詳報』はファン・クラブ（BFC）臨時大会レポート。『緊急ルポ!! 絶叫、身悶え、そして失神 / ビートルズ・ファン・クラブ臨時大会』など。発行日は 7 月 8 日。

レッツゴービートルズ /LGB 会報 NO.2
LGB 事務局
1965/07/20　会報　全16
ファンクラブ会報 NO.2。A5 判、16 ページの小冊子。「ビートルズアルバム・四人はアイドル HELP」／ユナイト映画提供」「映画解説」「ファンのひろば」「その後の LGB」など。

ミュージック・ライフ /8月号
新興楽譜出版社
1965/08/01　音楽雑誌　22
星加ルミ子によるビートルズ独占会見を大特集。ミュージック・ライフ誌の中でも特に資料価値の高い貴重版。表紙もビートルズ会見のショット。

映画ストーリー /8月号
雄鶏社
1965/08/01　一般雑誌　4
巻頭に4人のモノクロポートレート綴じこみ。表紙コピー『特別付録ザ・ビートルズ・ポートレート』あり。

女性自身別冊 /8月2日号
光文社
1965/08/02　週刊誌　6
6 ページの巻頭カラーグラフ『ザ・ビートルズ 20 代、月収 3500 万円！』がある。

our BEATLES
洋販出版
1965/08/15　パンフレット / 小冊子　全32
洋書の写真集「our BEATLES」の日本編集版で、洋販出版が版権を獲得し国内で発行したもの。これは初版オリジナルで、最終ページに発行日、発行所、定価 300 円の印刷とオレンジ色のチラシ、書籍注文ハガキが挟まれている。

R&B THE BEATLES '65.8/ ザ・ビートルズ
サイン楽譜出版社
1965/08/15　音楽雑誌　全28
ビートルズなどリバプールのグループや関連情報を写真とイラストで紹介した 28 ページ仕様の雑誌。内容はともかく超レアなアイテム。

別冊明星 / 歌うオールスターパレード
集英社
1965/08/15　一般雑誌　1
映画『4 人はアイドル！HELP』の新着スチール写真で構成された折込みピンナップがあるのみ。『別冊付録①ジャーニーズ・ビートルズ超大型プロマイド』付き。

POP GEAR/ ポップギア（関東版 1）
大阪映画実業社 / 松竹映配
1965/08/25　映画パンフレット　8
ビートルズをはじめ、イギリスのポップグループが出演した映画〈ポップ・ギア〉のパンフレット（モスグリーンタイプ）。全 24 ページ仕様。

POP GEAR/ ポップギア（関東版 2）
大阪映画実業社 / 松竹映配
1965/08/25　映画パンフレット　8
関東版のうち、カラーページを除いた各ページの印刷色がブラックのタイプ。

POP GEAR/ ポップギア（関西版）
大阪映画実業社 / 松竹映配
1965/08/25　映画パンフレット　1
〈POP GEAR〉の関西版パンフレット。関東版よりレア。全 12 ページ仕様。

ミュージック・ライフ /9月号
新興楽譜出版社
1965/09/01　音楽雑誌　7
星加ルミ子の取材によるフォトなどをグラビアページで紹介した『新着グラビア、バルセローナのビートルズ』など。

ティーンビート /9月号（創刊号）
映画と音楽社
1965/09/01　音楽雑誌　20
ティーンビート誌の創刊号。ビートルズの特集『グラビア特集「ビートルズ NO.2」「四人はアイドル」「HELP !」』ほか関連情報多い。フォノシート付。

近代映画 /9月号
近代映画社
1965/09/01　一般雑誌　6
写真 1 ページを含め 6 ページの特別読物『世界を征服したビートルズ・人気の秘密 / 高橋一郎』「うずまれいる宝 / ビートルズの素顔」「イギリスの歴史の香り / その人気と実力」「アメリカに上陸して / その人気と演出」ほか。

スクリーン別冊 / ミュージカルとビートルズ
近代映画社
1965/09/01　一般雑誌　80
『グラフ特集「4人はアイドル」』『ビートルズ誕生物語』『ビートルズ・ロマンス情報』など、約 7 割がビートルズの写真を中心にしたグラフ特集。

週刊明星 /9月5日号
集英社
1965/09/05　週刊誌　5
5 ページの独占特報『ビートルズのポールが結婚する / 花嫁ジェーンに単独会見』がある。

1965

BFC 会報 / BFC レポート NO.9
BFC 事務所
1965/09/20 会報 1
ビートルズ・ファン・クラブ（BFC）の初期の会報。この9号が最初のビートルズ写真掲載号である。この号より、B4判のガリ版からA4判の活字印刷に変わった。

平凡パンチ / 9月20日号
平凡出版
1965/09/20 週刊誌 7
巻頭7ページにわたり『アメリカのビートルズ騒動 / 大リーガーも顔負け！ニューヨーク・シェア・スタジアム超満員の熱演』と題した特報グラフがある。

ミュージック・ライフ / 10月号
新興楽譜出版社
1965/10/01 音楽雑誌 20
ビートルズの独占インタビューやポールの記事、特別付録フォノシート。『ビートルズとクリフの声をきいて下さい！』『アメリカ公演中のビートルズと特別インタヴュー』『ポール・マッカートニーは婚約を発表しなかった！』など。

ビートルズからのプレゼント
（ミュージック・ライフ特別付録フォノシート）
新興楽譜出版社
1965/10/01 付録 / その他 ※
ミュージック・ライフ10月号特別付録フォノシート。ニューヨークで収録されたビートルズのメッセージをはじめ、ハーマンズ・ハーミッツ、クリフ・リチャードなどの貴重な肉声を収めたもの。

ティーンビート / 10月号
映画と音楽社
1965/10/01 音楽雑誌 12
同誌初のビートルズ・カヴァー。映画《ヘルプ！4人はアイドル》の新着フォトを集めた『グラビア特集 / 新着スチール』『ビートルズNO.2「4人はアイドル」（HELP！）』ほか。

週刊平凡 / 10月21日号
平凡出版
1965/10/21 週刊誌 10
ビートルズの中綴じ（一部折込み）コンパクトカラー写真集『デラックス・カラー・プレゼント / あなたのビートルズ』がある。写真9点は全てカラー。

レッツゴービートルズ / LGB 会報 NO.3
LGB 事務局
1965/10/25 会報 全16
ファンクラブ会報NO.3。A5判16ページの小冊子。「ビートルズ、シェア・スタジアムの嵐!! / 竹内はゆる」「1965年来日アーチスト」「愛妻家ジョン・レノンの休日」「LGB支部長紹介」「ファンのひろば」など。

ミュージック・ライフ / 11月号
新興楽譜出版社
1965/11/01 音楽雑誌 16
リンゴの新着フォトやジョンの父親のインタビュー、『本誌独占特報 / ビートルズと会ったエルヴィス』など。リンゴカヴァー。

ミュージックライフ編集号 / ビートルズ写真集
新興楽譜出版社
1965/11/01 音楽雑誌 94
同年4月1日に先行発売された『ミュージック・ライフ別冊 / 特集 The BEATLES'65 春』の臨時増刊号や『ミュージック・ライフ』誌既載のフォトに巻末新着フォトを加えて再編集した企画写真集。

ティーンビート / 11月号
映画と音楽社
1965/11/01 音楽雑誌 6
グラビア特集『こんにちはZAKちゃん / リンゴ二世誕生!!』があり、リンゴとモーリン夫妻の間に生まれた長男ザックの写真を掲載。そのほかビートルズの最新グラビアページもある。

映画ストーリー / 11月号
雄鶏社
1965/11/01 一般雑誌 9
カラーグラビアほか「ビートルズをとりまくリヴァプールの惑星 / 高崎一郎」など関連記事あり。表紙一部がビートルズ。

近代映画 / 11月号
近代映画社
1965/11/01 一般雑誌 6
企画『ビートルズの私生活公開 / 木崎義二』『プロローグ』『女-女-女』『ひま-暇-ヒマ』約5ページほか。

HELP！/ ヘルプ 4人はアイドル（有楽座館名）
ユナイト映画
1965/11/13 映画パンフレット 全20
東京有楽座の館名入りパンフレット。映画パンフレットの場合、「館名なし」より「あり」の方が当然レアである。

HELP！/ ヘルプ 4人はアイドル（ニュー東宝館名）
ユナイト映画
1965/11/13 映画パンフレット 全20
ニュー東宝館名入りパンフレット。

HELP！/ ヘルプ 4人はアイドル（館名なし）
ユナイト映画
1965/11/13 映画パンフレット 全20
館名なし初版オリジナル・パンフレット。

ヘルプ！4人はアイドル / 映画プレスシート
ユナイト映画
1965/11/13 非売品 / その他 4
《ヘルプ！4人はアイドル》の横型2つ折、4ページのプレスシート。サイズは幅360mm×高256mm。ストーリーほか、解説「HELP！を楽しむために」、4人のプロフィールなど。

ミュージック・ライフ / 12月号
新興楽譜出版社
1965/12/01 音楽雑誌 13
『独占特報！ビートルズ、ヘアースタイルの秘密』『エド・サリバン・ショーのカラーグラビアとビートルズ・エピソード』など。

ティーンビート / 12月号
映画と音楽社
1965/12/01 音楽雑誌 29
『グラビア特集 / 特報！』『ビートルズとプレスリー世紀の会見！』『OBE勲章を受けたビートルズ』など。プレスリーとの貴重ショットや映画《ヘルプ！4人はアイドル》の写真、座談会などビートルズ情報が多い。特別付録フォノシート付。

スクリーン / 12月号
近代映画社
1965/12/01 一般雑誌 8
映画《ヘルプ！4人はアイドル》のグラフ特集『エレキは現代の救い「4人はアイドルとベンチャーズ」』ほか。

The Beatles BOOK / ビートルズ・ブック
大洋音楽
1965/ パンフレット / 小冊子 全60
イギリスのBEAT PUBLICATIONSより出版された写真集「The Beatles BOOK」の日本編集版（初版）。初版には定価￥350の印刷あり。

THE BEATLES / HELP 映画「4人はアイドル」主題歌集
東芝音楽芸能出版 / 新興楽譜出版社
1965/ 楽譜等 全60
映画《ヘルプ！4人はアイドル》の主題歌集。巻頭は8ページはモノクロ写真ページ。

ビートルズ・アルバム ヒット曲と写真集
東芝音楽芸能出版 / 新興楽譜出版社
1965/ 楽譜等 全128
ビートルズの楽譜＆写真集。巻頭32ページが写真集の構成で残りのページはヒット43曲の楽譜集。

ビートルズのヒット全集 / The BEATLES TOP 60HITS
東芝音楽芸能出版 / 新興楽譜出版社
1965/ 楽譜集 全168
B5判のレアな楽譜集で巻頭から32ページまでがギター指盤表付で「抱きしめたい」から《ヘルプ！4人はアイドル》の主題歌【ヘルプ！】まで60曲を収録した全168ページの楽譜集。

ALL OF THE BEATLES / 写真と話題ビートルズのすべて
東芝音楽芸能出版 / 全音楽譜出版社
1965/ 楽譜等 全112
B6判の楽譜集。43曲の楽譜ほか、写真と話題『ビートルズのすべて』『ビートルズと女の子』『ビートルズと映画』『ビートルズとインタビュー』『マッシュルーム・カット』『WELCOME THE BEATLES』など。

プリーズ・ミスター・ポストマン楽譜ピース
大洋音楽
1965/ 楽譜等 全4
カヴァー曲『プリーズ・ミスター・ポストマン』の見開き4ページ100円の日本語歌詞付楽譜ピース。カヴァーしたビートルズと日本のクール・キャッツが表紙写真。

THE BEATLES / HELP ヘルプ楽譜ピース
大洋音楽
1965/ 楽譜等 全6
映画主演歌【ヘルプ！】1曲のみの6ページ楽譜ピース。

ポップスを楽しもうⅠ
東芝音楽工業
1965/ 非売品小冊子 1/2
東芝音楽工業のレコードを紹介した販促用の非売品小冊子。表紙コピーに『ナット・キング・コールからビートルズまで』とあるがビートルズ記事は広告ページにディスコグラフィーが1/2ページ程度。裏表紙はビートルズ。

1966

ミュージック・ライフ/1月号
新興楽譜出版社
1966/01/01　音楽雑誌　7
巻頭にビートルズ・カラーカレンダー6枚が折込まれている。サイズも大きく、切り取ればそのままピンナップとしても利用できた豪華版。本文の記事では、前年末に公開された映画〈ヘルプ！4人はアイドル〉関連。

ティーンビート/1月号
映画と音楽社
1966/01/01　音楽雑誌　22
1965年のビートルズ総括や新着フォトグラビア、「ビートルズ年賀状」「ビートルズ・カレンダー」の綴じ込み付録もある。関連記事も多い。

映画ストーリー/1月号（特集HELP！）
雄鶏社
1966/01/01　一般雑誌　88
新作映画〈ヘルプ！4人はアイドル〉をテーマにした80ページを超える大特集があり、巻頭カラーグラビアページを含め映画からのスチール、スナップフォト、新着フォトや情報が満載。

スクリーン別冊/ビートルズ特別グラフ
近代映画社
1966/01/01　一般雑誌　全136
映画専門誌「スクリーン」が企画したビートルズ・オンリーの特別グラフ集。新作映画〈ヘルプ！4人はアイドル〉からのカラースチールや、撮影中のスナップなどのレアショットと読物。

映画の友/1月号特集プレスリー対ビートルズ
映画の友
1966/01/05　一般雑誌　21
エルビス・プレスリーとビートルズを徹底比較した特集を掲載。ただ、音楽性やアーティストとしての魅力というよりは、映画やファッション動向など、アイドル的見地からの比較論が多い。

ポップス/2月号
音楽之友社
1966/02/01　音楽雑誌　8
「特別企画　ビートルズの来日は可能か！？」で来日を徹底検証。

女学生の友/2月号
小学館
1966/02/01　一般雑誌　6
プレスリーファン（日本エルビス・プレスリー・ファンクラブ）とビートルズファン（オデオン・ファンクラブ）両派3人ずつ出席の座談会「プレスリーとビートルズは絶対共演しない！？」など。

女性明星/2月号
集英社
1966/02/01　一般雑誌　6
『特別企画　ジャニーズからビートルズへ国際電話』。日本の人気グループ、ジャニーズがビートルズと国際電話で対談したときのようすや会話内容、写真など。

レッツゴービートルズ/LGB会報 NO.4
LGB事務局
1966/02/20　会報　全24
ファンクラブ会報NO.4。前号までのA5判でなく、少し小さいサイズ（W13cm×H18cm）で、表紙がカラーとなり、ページ数は増えて24ページになった。同時に会報名も「LGB MAGAZINE」に変わった。

ミュージック・ライフ/3月号
新興楽譜出版社
1966/03/01　音楽雑誌　13
ジョージとパティ電撃結婚のニュースや、ポールとジェーンの婚約の話題『本誌独占ポールの婚約問題とジョージの結婚』ほか。

ティーンビート/3月号
映画と音楽社
1966/03/01　音楽雑誌　18
電撃結婚したジョージとパティの結婚会見のフォトや2人のスナップを掲載の12ページを割いた特集『特報!!ジョージ・ハリスンの秘密結婚』ほか。

ミュージック・ライフ/4月号
新興楽譜出版社
1966/04/01　音楽雑誌　11
ビートルズ来日の可能性についての記事「ビートルズが8月に来日する？」やジョージとパティのハネムーン関連フォトなど。

週刊明星/4月17日号
集英社
1966/04/17　週刊誌　4
『ビートルズ6月ついに来日！/ド肝をぬく潜入作戦と空前の歓迎陣』と称した独占情報を4ページ掲載。

THE BEATLES/ビートルズのすべて
東芝音楽工業
1966/04/　非売品小冊子　全16
来日決定を受けて東芝音楽工業が実施したレコードキャンペーン「ビートルズヤァ！ヤァ！セール」用に制作された、小型文庫サイズ、16ページの小冊子（非売品）。

ミュージック・ライフ/5月号
新興楽譜出版社
1966/05/01　音楽雑誌　15
来日が6月30日に決定したニュースを伝える記事特集「6月30日に決定！ビートルズの来日」やレポートなど。

ティーンビート/5月号
映画と音楽社
1966/05/01　音楽雑誌　5
ビートルズの実力を分析した論文『ビートルズの考え方と行動』や来日に関連する情報など。

プレイファイブ別冊/スリービーのすべて
連合通信出版部
1966/05/01　一般雑誌　20
映画、音楽、芸能を扱うグラフ誌「プレイファイブ」が企画した3大グループの別冊特集号。「スリービー（B）」とは①ビートルズ②ビーチ・ボーイズ③ベンチャーズのこと。しかしベンチャーズはどう考えてもVである。

週刊明星/5月1日号
集英社
1966/05/01　週刊誌
本誌独自扱いの記事『ビートルズの日本スケジュール公開発表!!/6月30日〜7月5日来日から離日までの極秘情報』を掲載。

話の特集/5月号
日本社
1966/05/01　一般雑誌　1
あまり目立たないが、表紙の一部にビートルズの写真が使われている。表紙の裏にも同様に一部ビートルズの写真。いずれも今や日本を代表するアーティスト・横尾忠則の作品。

週刊明星/5月29日号
集英社
1966/05/29　週刊誌　4
4ページの本誌独占記事『ビートルズの来日準備完了！ロンドン-ニューヨークで打ち合わせた詳細』。

週刊明星別冊/5月31日号
集英社
1966/05/31　週刊誌　4
来日決定を受けた4ページの特報「来日決定！ビートルズにあなたはあえるか」。

ミュージック・ライフ/6月号
新興楽譜出版社
1966/06/01　音楽雑誌　16
ビートルズの来日直前の特別レポート『ビートルズの来日に関する特別レポート』があり、ビートルズ・ファンへの各情報を紹介。そのほか、グラビアやピンナップ・ポートレートなどビートルズフォトも多い。

ポップス/6月号
音楽之友社
1966/06/01　音楽雑誌　16
ポップス誌初のビートルズ特集『ビートルズの徹底的解剖』がある。また同誌で初めてビートルズが表紙を飾ったレアな一冊。

ティーンビート/6月号
映画と音楽社
1966/06/01　音楽雑誌　13
「ビートルズ・フォト・セッション」グラビアほか、来日情報の分析や関係者の思惑を解説した『特報!!ビートルズ来日の舞台裏/福田一郎』など。

週刊平凡/6月2日号
平凡出版
1966/06/02　週刊誌　10
7ページの巻頭特報グラフ『爆発するエネルギー・ザ・ビートルズ6月28日来日！』と本文特集『史上論争くたばれ！ビートルズ』など。

週刊読売/6月3日号
読売新聞社
1966/06/03　週刊誌　6
来日直前レポート『すごいぞ！ビートルズ旋風の内幕』がある。「あしたの新聞見せて」「金の卵を産むカブトムシ」「小気味よい言動」「申し込み戦術テンヤワンヤ」「いまから頭をかかえる警視庁」など。

週刊漫画TIMES/6月4日号
芳文社
1966/06/04　週刊誌　9
来日に関連した読切漫画、長編爆笑ストーリー「ビートルズGOホーム/上田一平」あり。また「芸能はいらいと」のコーナーに「利権争いと化した？ビートルズ公演」など。

週刊サンケイ/6月6日号
産経新聞出版局
1966/06/06　週刊誌　12
来日を控え、巻頭グラビアと来日直前情報に立体特集ビートルズ「日本占領」を掲載。一般週刊誌ではレアなビートルズカヴァー。

週刊明星/6月12日号
集英社
1966/06/12　週刊誌　4
ビートルズ来日余波のレポート『舟木一夫がビートルズと正面衝突！』があるが、直接ビートルズに触れる部分は少ない。

週刊読売臨時増刊/ビートルズが来た！
読売新聞社
1966/06/16　週刊誌　全136
来日決定を記念して臨時発行されたフォト中心のヴィジュアル特集号。関係者の執筆や読物も多い。一冊すべてビートルズ特集。

週刊漫画TIMES/6月18日号
芳文社
1966/06/18　週刊誌　6
来日を題材にした6ページの漫画「ビートルズ極秘司報・ピンク・スパイ/市村章」がある。漫画1コマ目は「羽田着17時15分いよいよビートルズが日本にやってきます」から始まる。

週刊マーガレット/6月19日号
集英社
1966/06/19　週刊誌　4
ビートルズ日本上陸直前企画「とくべつよみものザ・ビートルズがやってくる！」の連載開始。第1回は「ビートルズ物語①/夢いっぱいの若者たち…」で、来日直前の7月3日号まで3週にわたり連載。

週刊少年サンデー/6月19日号
小学館
1966/06/19　週刊誌　3
7週連続の連載シリーズ『ビートルズ物語④/文：星加ルミ子』がある。毎号2ページ程度で、写真を添えたビートルズストーリー。表紙に小さなジョンの顔写真。

1966

漫画天国 /6月24日号
芸文社
1966/06/24 隔週刊誌 15
ビートルズ来日漫画特集『ビートルズ本土上陸!!テケテケテケテケ/菅沼恭』があり、「HELP！熱狂ファンアンチ・ファンの巻/ホリオ剣」「ヤァヤァヤァヨロヒヤX氏の巻/トリポリ茂」の漫画3作を掲載。

増刊週刊明星 / これがビートルズだ！来日記念デラックス号
集英社
1966/06/25 週刊誌 全158
来日決定直後に発売された全ページビートルズ・オンリーの総力特集号。ワイドカラーポート、ブロマイドなどの綴じ込み付録のほか、カラーグラフ特集も充実。

週刊大衆 /6月30日号
双葉社
1966/06/30 週刊誌 4
4ページの特別企画「特集爆発的人気の中のビートルズ」。「史上最大台風の上陸」「熱狂する一部マスコミ」「足場にされる日本市場」など。

日本公演パンフレット / オリジナル
中部日本放送
1966/06/30 公演パンフレット 全34
1966年6月30日(木)、7月1日(金)、7月2日(土)の3日間、日本武道館で計5回行われた日本公演公式パンフレットのオリジナル。ヴァージョン違いのポートレート(右)いずれかが付いていた。

ポートレート（初回ヴァージョン）
中部日本放送
1966/06/30 その他 1
ビートルズ日本公演公式パンフレットに挿入されていた決して良質とはいえない一枚のポートレート(肖像写真)。斜めアングルのこちらのポートレートは写真が鮮明でないものの初回ヴァージョンで希少なアイテム。

ポートレート（改訂ヴァージョン）
中部日本放送
1966/06/30 その他 1
正面アングルのこちらのポートレートは到着時刻の訂正と鮮明な写真に変更した改訂ヴァージョンで一般に多く出回っているタイプ。

女性自身 /6月30日特大号
光文社
1966/06/30 週刊誌 15
ビートルズ来日直前の巻頭グラフ特集『ビートルズ来日の全内幕』や、ビートルズ来日批評『ビートルズ/その内幕！ビートルズ・ゴー・ホーム/竹中労』ほか、ビートルズグッズの紹介など。

ミュージック・ライフ増刊号 / ビートルズ来日特別記念号
新興楽譜出版社
1966/07/01 ムック/企画誌 全54
来日決定記念発行のティーンエイジャー向けのグラフ特集号。これはオリジナル版で、①定価300円が印刷されている②裏表紙部分が黒色③製本サイズが右寄復刻版より若干大きいことが特徴。

ミュージック・ライフ /7月号
新興楽譜出版社
1966/07/01 音楽雑誌 29
『来日まえのビートルズに独占取材！』『ピンナップ用ビートルズ・カレンダー』『Welcome BEATLES！』など、来日を控えたビートルズのフォトや関連記事を多く掲載。

ポップス /7月号
音楽之友社
1966/07/01 音楽雑誌 18
1966/07/01 音楽雑誌 18
ビートルズあと10日で！《会場変更騒動・追加公演》『くたばれビートルズというけれど』など、来日を目前に控えた特集記事とグラフ多数。

ティーンビート /7月号
映画と音楽社
1966/07/01 音楽雑誌 37
『歓迎！ビートルズ特集号』『WELCOME THE BEATLES』など、来日直前号ということで、フォトグラビアをはじめ多くの読み物で構成した大特集。

ショック映画 /7月号〈くたばれ！ビートルズ〉
プレイグラフ社
1966/07/01 一般雑誌 28
ポルノ映画や特異な芸能情報を取り上げた異色の映画専門誌。当時としてはめずらしく真っ向からビートルズを批判したアンチ・ビートルズ特集《くたばれ！ビートルズ》を掲載。

週刊TVガイド /7月1日号
東京ニュース通信社
1966/06/23 週刊誌 6
ビートルズ日本上陸を前にその経緯を追った6ページの特集「佐藤首相も巻き込んだ？ビートルズ旋風／中止説にも乱れ飛んだ日本公演が確定するまで」。発行日は6月23日。

プレイファイブ /7月号
連合通信出版部
1966/07/01 一般雑誌 5
来日を直前に控え、5ページの巻末グラフ『ビートルズついに日本にも上陸！／注目の一週間のスケジュール』。

ボーイズライフ /7月号
小学館
196607/01 一般雑誌 18
ビートルズのグラフページと16ページの中綴じ特集『ビートルズのすべて／マニア宝典』がある。

週刊読売 /7月1日号
読売新聞社
1966/07/01 週刊誌 13
12ページの来日関連記事を含めた読み物特集『ビートルズ独占会見記／ハロー、すばらしきニッポン！』がある。「ぼくは微笑を忘れた男/リンゴ」「教養ある、かわい子ちゃん/ポール」ほか。

女性明星 /7月号
集英社
1966/07/01 一般雑誌 6
6ページの企画特集『立体調査、ビートルズ歓迎大作戦！／在日スケジュールのすべて…』。

土曜漫画 /7月1日号
土曜通信社
1966/07/01 週刊誌 1/2
表紙は「ビートルズ来日」と題された坂本のるのビートルズイラスト。あとは来日関連のイラスト『ある歓迎／このウタ、エレキで歌ってくれませんか』があるのみ。

週刊漫画エース /7月1日号
東光社
1966/07/01 週刊誌 8
来日を題材にした短編漫画『花のお江戸にビートルズ／ヤマネヒフミ』8ページ掲載。

明星 /7月号
集英社
1966/07/01 一般雑誌 5
簡単なメンバー紹介と写真数点を掲載した『右国ビートルズがやってくる！』のグラフページほか、ソングブック『歌うヤングヤングデート』には訪日記念特集『ビートルズのすべて』の付録つき。

明星 /7月号付録：歌うヤングヤングデート
集英社
1966/07/01 付録 28
明星7月号の付録で、ギターコード、訳詞、楽譜付290ページのコンパクトソングブック。『訪日記念特集①ビートルズのすべて』があり、写真とビートルズナンバー14曲収録。

週刊漫画TIMES /7月2日号
芳文社
1966/07/02 週刊誌 7
7ページの長編漫画『ビートルズ日本上陸前夜 HUNGRY YOUNGMEN／市村章』がある。

週刊アサヒ芸能 /7月3日号
アサヒ芸能出版社
1966/07/03 週刊誌 5
緊急特報『右翼の「亡国ビートルズ」襲撃計画』を掲載。ビートルズを迎える熱狂的ファン300万人、警備は延べ3万5千人態勢の史上最大の狂騒など。

ヤングレディ /7月4日号
講談社
1966/07/04 週刊誌 10
特集「ビートルズ来日マル秘グラフ／寝室から持ち物まで」など7ページのモノクログラフと、特集記事「そんなことを言うおじさまっておかわいそうね！／ビートルズなんて気違い芸人だ！」など。

ポピュラー専科 / 軽音楽を楽しむ本
実業之日本社 / 中村とうよう
1966/07/05 単行本 21
中村とうよう著のポピュラー音楽小事典。ビートルズに関してはモノクロ写真『世界の十代のアイドル：ビートルズ』と輝く10人のスター物語『ジョン・レノン／ザ・ビートルズ』など。

週刊言論 /7月6日号
自由言論社
1966/07/06 週刊誌 6
来日の舞台裏に迫る座談会「マスコミ、ビートルズ旋風を演出」などを掲載して6ページ。音楽評論家諸氏、匿名にて「ダブついている入場券」「無節操なマスコミ」「日本ではこれ以上伸びない」ほか。

漫画サンデー /7月6日号
実業之日本社
1966/07/06 週刊誌 11
来日を迎え「ビートルズ上陸す」と題した漫画特集を企画。水野良太郎のイラストをはじめ特集漫画コーナーで「おさわり作戦／佐藤六朗」「くたばれビートルズ／北山竜」ほか。

週刊TVガイド /7月8日号
東京ニュース通信社
1966/06/30 週刊誌
同誌唯一の別冊ビートルズカヴァー。『特選カラー誌上録音ビートルズ大特集!!』があり、ビートルズの巻頭カラーグラフのほか、記事特集『私たちは気違いじゃありません／テレビで抗議したビートルズファンたち』など。発行日は6月30日。

F6セブン /7月9日号
恒文社
1966/07/09 週刊誌 6
来日特集に企画されたややアンチ系ビートルズ特集『F6採点簿 くたばれ！ビートルズ』がある。来日関係者の思惑、過熱報道批評など。

週刊漫画TIMES /7月9日号
芳文社
1966/07/09 週刊誌 7
巻末特集と題した7ページの記事特集「巻末・オール私行調査／ビートルズ4人の秘密夫人」「カンカン踊りに合わせて飛んだり跳ねたり」「あの叫び声は女たちの出産リハーサル」ほかがある。表紙はレアなビートルズイラスト。

週刊少年サンデー /7月10日号
小学館
1966/07/10 週刊誌 4
7週連続の連載シリーズ「ビートルズ物語⑦／文：星加ルミ子」がある。毎号2ページ程度の写真を含めたシリーズで、今回は最終回で「続出する大ヒット曲」「ばんざいビートルズ」など4ページ。

ヤングレディ /7月11日号
講談社
1966/07/11 週刊誌 10
本文特集記事「速報！嵐をついてやって来た／ビートルズと七時間を過ごした四人の女性」がある。ビートルズ来日の第1報「拍子ぬけした3000人の警戒陣」「青のハッピ着て嵐のあとの羽田に上陸」など。

女性自身 /7月11日号
光文社
1966/07/11 週刊誌 21
『女性自身だけが取材／日航412便に同乗！ビートルズ』「機内からホテルの自室まで」「日航412便同乗記／私は飛んだ！ビートルズと15時間30分」など、来日に関するグラフと特集記事21ページ。

1966

ニュース特報 /7月13日号
双葉社
1966/07/13　週刊誌　4
特集記事「中継料四千万円のビートルズ騒動」「激烈だった中継権争奪戦」「追い出された明治天皇」「日本側は大変な神経を使う」「一分間で23万円の出演料」「気違いじみた人気」など。

女性セブン /7月13日号
小学館
1966/07/13　週刊誌　7
巻頭カラー写真「Welcome The Beatles/この四つの顔で日本じゅうが騒然 !!」と「ビートルズがやってきた！見どころ、聞きどころはこれ!!」の記事特集を掲載しているが、いずれも来日直前の企画。

週刊平凡 /7月14日号
平凡出版社
1966/07/14　週刊誌　9
単独会見に成功した加山雄三の会見録「加山雄三の単独会見記 / ザ・ビートルズとの3時間半 悲しそうな四人の若者」ほか、演奏中のステージ、記者会見、会場移動中のフォトを含む巻頭モノクログラビアなど。

笑の泉サンデー /7月14日号
ティービーエス・ブリタニカ
1966/07/14　週刊誌　4
ビートルズ4人の私生活の裏側を暴いた4ページのレポート「三百万のファンを熱狂させる彼らの秘めたる生活」「ビートルズのセックス・ライフ」「ビートルズのセックス・ライフ / ハリウッド・コラム記者マイク・コノロイ」など。

ティーンビート臨時増刊 / ビートルズがやって来た！
映画と音楽社
1966/07/15　ムック / 企画誌　全84
来日を記念して制作された グラフ特集号。前半グラビアページは「ビートルズがやって来た！」「記者会見」「熱狂のコンサート」「帰国するビートルズ」など、来日関連のフォトを一挙公開。貴重な来日写真集。

アサヒグラフ /7月15日号
朝日新聞社
1966/07/15　週刊誌　6
日本公演のステージフォトを表紙に使用したグラフ誌。特集グラフ「ビートルズがやってきた」があり、公演会場内外のビートルズファンの熱狂ぶりを伝えるフォトが中心。

週刊TVガイド /7月15日号
東京ニュース通信社
1966/07/08　週刊誌　9
『特報!! ザ・ビートルズ来日 / ついに日本公演の開幕をつげた4人』が大きく紹介され、特集記事『緊急特集!! ザ・ビートルズ東京の5日間』があり、日本滞在中の5日間を写真を添えて詳細レポート。発行日は7月8日。

週刊朝日 /7月15日号
朝日新聞社
1966/07/15　週刊誌　13
カラー3ページを含め、巻頭グラビア9ページにわたり4人を紹介。特集記事は「ザ・ビートルズおさわがせしました / 遠藤周作氏らが見たファンの興奮度」ほか。

週刊読売 /7月15日号
読売新聞社
1966/07/15　週刊誌　12
「東京のビートルズグラビアと記事特集」「羽田空港のビートルズ」など、グラビアをもって来日から日本公演など滞在記をまとめた「しびれ台風ビートルズの5日間」を掲載。一般週刊誌の超レアな来日カヴァー。

週刊女性 /7月16日号
主婦と生活社
1966/07/16　週刊誌　22
巻頭グラフと竹中労のレポート「追跡 ! ビートルズ」を大々的に掲載。追跡①「ビートルズ監禁の内幕」、追跡②「狂乱の会場にうずまく日本人同士の憎悪」、追跡③「もうイヤだ日本なんかにいたくない !」など。

週刊読売臨時増刊 / THE BEATLES IN TOKYO
読売新聞社
1966/07/16　週刊誌　全58
来日から記者会見、武道館公演、滞在記など一連の来日騒動を写真で綴った大判のグラフ特集号。特集記事は「入国記録」「トピックス、スケジュール」など来日に関連する貴重な資料も多く、数ある来日グラフ集の中でも特に良質なもの。

サンデー毎日 /7月17日増大号
毎日新聞社
1966/07/17　週刊誌　12
数ある来日関連の一般週刊誌の中で、この「サンデー毎日」と「週刊読売」だけビートルズの来日カヴァー。特集記事は日本公演総括と批評「カバーストーリービートルズ始末記」。武道館の厳重な警備体制や熱狂ぶりを紹介。

週刊アサヒ芸能 /7月17日号
アサヒ芸能出版社
1966/07/17　週刊誌　5
特集「贈呈された日本女性4人の告白 / ビートルズ帰国前夜までの国辱的奉仕のすべて」がある。銀座のホステス4人がビートルズの部屋に送り込まれたというゴシップ記事。

週刊明星 /7月17日号
集英社
1966/07/17　週刊誌　17
巻頭来日グラフ特報「東京の5日間 ! ビートルズ狂騒曲」と加山雄三の「独占掲載 加山雄三がビートルズに独占インタビュー !」ほか、滞在中のエピソードをまとめた「独占取材 / ビートルズ誰も知らなかった意外な行動 !」など。

ヤングレディ /7月18日号
講談社
1966/07/18　週刊誌　19
来日公演からのステージショット「エレキとドラムの超騒動 / ビートルズの日本初公演」の巻頭グラビアほか、3時間半に及ぶ加山雄三との会見記「ビートルズ独占会見記 / 加山雄三」などの特集記事。

週刊サンケイ /7月18日号
産経新聞出版局
1966/07/18　週刊誌　8
約8ページに来日特集「立体特集 ビートルズにっぽん迷惑騒動」がある。巻頭モノクログラフと特集記事「ビートルズにっぽん迷惑騒動 /1億円興行にかりだされた1万人の警備陣」など。

女性セブン /7月20日号
小学館
1966/07/20　週刊誌　23
「ビートルズ大特集・到着から帰国まで東京の5日間」のタイトル通り、来日を写真と記事で23ページにわたり大々的に特集。来日フォト中心のヴィジュアルページとビートルズとの単独会見記、特別寄稿や手記など。

週刊実話と秘録 /7月22日号
名文社
1966/07/22　週刊誌　6
なんでもかんでもビートルズに便乗 ? という訳か、「ビートルズもあきれた / 人目を気にしない娘・BGのはげしいSEX」の特集あり。「ビートルズの胸毛をブラジャーに入れておきたいの」など。

LIFE ASIA EDITION/7月25日号
TIME
1966/07/25　隔週刊誌　5
隔週発行のLIFE誌アジア版。来日モノクログラフ特集「The Beatles in Japan」5ページ。掲載写真の多くが当時の国内雑誌・週刊誌には見られない貴重ショットなので来日資料として価値がある。英文。

週刊実話 /7月25日号
日本ジャーナルプレス
1966/07/25　週刊誌　8
巻頭モノクログラフほか、独占報告「ビートルズが日本女性と深夜にデイト !?」「ビートルズが赤坂芸者と深夜のデイト」など。来日後、ヒルトンホテルに缶詰状態だったメンバーたちの夜のスキャンダルを紹介。

呼び屋・その生態と興亡 / 竹中労（タイプ1）
弘文堂 / 竹中労
1966/07/30　単行本　10
表紙中央がビートルズ。巻頭写真と第四章「ビートルズ狂燥曲へ」の一部で10ページ程度。表紙デザインが異なる初版2種が存在する。こちらが一連の版元FRONTIER BOOKSシリーズ本と同じ配色デザインのため初刷りと思われる。

呼び屋・その生態と興亡 / 竹中労（タイプ2）
弘文堂 / 竹中労
1966/07/30　単行本　10
表紙デザイン&カラーが異なる初版タイプ2。発行日もタイプ1同様、昭和41年7月30日と印刷あり。なぜ2種存在するかは不明だが、竹中労は「話の特集 / ビートルズ・レポート」でも表紙を変更しており拘りがあったのでは。

来日記念 THE BEATLES
東芝音楽工業 / 連合通信出版部
1966/07　非売品小冊子　全24
来日に伴い東芝音楽工業が企画したレコード販売キャンペーン「ビートルズ来日記念セール」期間中に、抽選によって当選者（3万名）のみに配布された非売品。グラフ中心の冊子。

ミュージック・ライフ /8月号
新興楽譜出版社
1966/08/01　音楽雑誌　87
来日特集企画「特別取材 ! ビートルズ日本滞在記」「本誌カメラマンがスクープ !! ビートルズ居室の全貌」「星加編集長、ビートルズと感激の再会 !!」があり、日本公演やビートルズの滞在記など87ページの貴重資料。

ティーンビート /8月号
映画と音楽社
1966/08/01　音楽雑誌　62
「ビートルズ来日記念特別号」。来日関連のフォト、特集記事「ビートルズ記者会見報告書」「ビートルズ東京の5日間」「ビートルズ・コンサート」や詳細レポート、対談、アンケートなど62ページ。

ポップス /8月号
音楽之友社
1966/08/01　音楽雑誌　63
客観的な批評・論評が多い貴重な来日特集「ビートルズ来日記念特集号「湧きに湧いたビートルズ・デイ」」。巻頭グラフから、来日記者会見、ビートルズ来日批評、興奮の日本公演、滞在トピックスなど63ページ。

ミュージック・グラフ創刊3周年記念 / ヒットパレード・ベスト20
ミュージック・グラフ
1966/08/01　ソノシート付雑誌　全24
当時、ソノシートを多く発行していたミュージック・グラフ社が創刊3周年を記念して丸ごとビートルズ企画。グラフ特集。全24ページに大変貴重な来日関連フォトとソノシート10枚をセットした仕様。

ミュージック・グラフ / ヤング・ヒット・パレード
ミュージック・グラフ
1966/08/01　ソノシート付雑誌　全24
左の雑誌の別カヴァーヴァージョン。表紙と、ビートルズのピンナップがセットされていないこと以外は左と全く同じで、品番からするとこちらが後発のようだ。サブタイトルは「《特集グラフ》ビートルズ来日のすべて」。

朝日ソノラマ /8月号
朝日ソノプレス社
1966/08/01　ソノシート付雑誌　3
巻末に3ページの記事特集「ビートルズがやってきた」があり、羽田空港到着から、日本武道館公演、記者会見、離日、警備体制のフォトを添えた来日レポート「ビートルズ東京"攻撃"を見た / 井沢淳」を掲載。貴重なソノシート付き雑誌。

ビートルズ東京 100時間のロマン
中部日本放送 / 浅井慎平（写真）
1966/08/01　ムック / 企画誌　全80
公式カメラマンとして密着取材を許された浅井慎平が独占撮影した最も貴重な来日写真集。定価400円の初版。

世界画報 /8月号
国際情報社
1966/08/01　一般雑誌　4
ビートルズカヴァーのレアアイテム。巻末にモノクロ4ページの来日グラフ集「ビートルズ台風に乗って上陸」がある。

平凡 /8月号
平凡出版社
1966/08/05　一般雑誌　2
差し込み付録のひとつが「来日記念ビートルズ・ブロマイド」ほか、来日直前の読者企画「ビートルズ風のような3日間」「ビックリしたなモウ 4人で1分間に29万円 !」など。

週刊マーガレット /8月7日号
集英社
1966/08/07　週刊誌　1/4
表紙にビートルズの写真が使用されたちょっとレアな少女漫画週刊誌。記事はわずかで「ザ・ビートルズのとんだ災難 ?」のみ。

1966

漫画紳士 /8月8日号
暮らしの手帖社
1966/08/08 | 隔週刊誌 | 6
ビートルズ日本招致にまつわる裏話『ビートルズ台風は去ったが…ひっかきまわされたのは女ばかりではない / ビートルズ招致ナンセンス内幕記』など6ページ。

話の特集臨時増刊 / ビートルズ・レポート（贈呈版）
日本社
1966/08/15 | 一般雑誌 | 全128
表紙カヴァー付「贈呈版」タイプ。オリジナルにペラの贈呈版カヴァーのみを被せたもので、責任編集者の竹中労などが関係者のみに配布したまさに激レアアイテム。

話の特集臨時増刊 / ビートルズ・レポート
日本社
1966/08/15 | 一般雑誌 | 全128
今日「幻の名著」とまで呼ばれる同誌は、来日特集雑誌誌の中で最もレアなアイテム。竹中労がビートルズと同じホテルに滞在し、ビートルズ来日の102時間を徹底レポート。

BFC会報 / BEATLES REPORT NO.12
B・F・C事務局
1966/08/20 | 会報 | 全4
山下鉄三郎が会長を務めたB.F.C（ビートルズ・ファン・クラブ）の会報NO.12（B4判4ページ）。山下氏自身のビートルズ会見記「ビートルズと過ごした一時間の印象と感想」などを掲載し、来日資料として貴重なアイテム。

ティーンビート /9月号
映画と音楽社
1966/09/01 | 音楽雑誌 | 12
ドイツ公演時に撮影されたスナップなどを多く掲載した「グラビア / ビートルズ、ドイツの旅」と最新アルバムの記事など。

ひっと・ぱれえど心得帖
東亜音楽社 / 音楽之友社
1966/09/01 | 単行本 | 16
1966年8月までのポピュラー音楽界の動向・最新情報を一冊にまとめた福田一郎著の貴重単行本。平凡パンチに掲載された「海外の話題」を再編集したもので、ビートルズ関連は16ページ。

ヤング・ヒット・パレード9月号 / ベスト14
現代芸術社
1966/09/01 | その他 | 11
来日直後のソノシートブック。貴重な日本公演グラビア大特集「ビートルズ来日」ほか、記事「ビートルズ対フォークソング」「ソンググラフ」など計11ページ。ソノシートの演奏はビートルズではないが【ガール】【ミッシェル】など4曲含め3枚付。

若い生活 /9月号
日本社
1966/09/01 | 一般雑誌 | 6
来日記者会見時のフォト2ページと日高実在の貴重なコンサート体験レポート4ページ。表紙コピーは「特別レポbye！bye！ビートルズ」。

ミュージック・ライフ /10月号
新興楽譜出版社
1966/10/01 | 音楽雑誌 | 12
星加ルミ子と「ミュージック・ライフ」誌カメラマン長谷部宏によるアメリカ公演取材レポートや2度目の会見記など。

ティーンビート /10月号
映画と音楽社
1966/10/01 | 音楽雑誌 | 18
アメリカ公演からのレアフォトを収録したグラビア特集ほか、公演レポート「詳報 / ビートルズ、アメリカ公演」など。

ミュージック・ライフ増刊 / デラックス号
新興楽譜出版社
1966/10/18 | ムック / 企画誌 | 13
ビートルズ最後のアメリカ・ツアーのグラビア特集ページがある。ただビートルズのグラビア特集よりも他のグループのフォトや記事で多くのページを割いている。

ポップス /11月号
音楽之友社
1966/11/01 | 音楽雑誌 | 4
「ビートルズとPPMの挑む世界」ほか、最新アルバム『リボルバー』の解説や評など。

原語で歌う / 世界歌のアルバム（付録）
小学館
1966/11/01 | 付録 | 2
「女学生の友 /11月号」の付録で珍しいビートルズ来日カヴァーの歌本。ビートルズの掲載曲は【イエスタデイ】のみ。

FM fan /11月7日 -11月20日号 (NO.10)
共同通信社開発局
1966/11/03 | 隔週誌 | 1
詩人、草野心平による音楽随想「若者たちとビートルズ」がある。1966年創刊で隔週木曜日刊行のNO.10号「FM fan/11月7日-11月20日号」だが発行日は11月3日。

週刊実話 /11月8日号
日本ジャーナルプレス
1966/11/08 | 週刊誌 | 4
「ビートルズに襲いかかった"四つの暗黒事件"」4ページ。「裏切られたファンの嘆き」「悲鳴を掻き消す大歓声」「警官が動員された隙に」「一年に米国から三百億円」など。

ティーンビート臨時増刊 / ポップ・スター・ベスト100
映画と音楽社
1966/11/15 | ムック / 企画誌 | 2
ビートルズをはじめ話題の人気ポップスター100人を紹介したアーティスト名鑑。表紙のポール以外に、ビートルズ関連はフォトやグループ紹介など2ページ程度。

週刊平凡 /11月24日号
平凡出版社
1966/11/24 | 週刊誌 | 3
特集「ビートルズ解散情報の深刻な内幕」「ビートルズはほんとうに解散するか / 騒然！分裂ニュースに日本のファンは大ショック」など3ページ。

ミュージック・ライフ /12月号
平凡出版社
1966/12/01 | 新興楽譜出版社 | 20
ジョンが単独出演した映画《いかにして僕は戦争に勝ったか》（ジョン・レノンの僕の戦争）に関するスチールフォトやスナップを多く掲載し、ジョン単独出演に係わる憶測や真意、映画解説をまとめている。

ティーンビート /12月号
映画と音楽社
1966/12/01 | 音楽雑誌 | 5
「特集！ビートルズは解散か！？」がある。ビートルズの不仲説や解散の噂を解明したレポートほか。

THIS IS THE BEATLES / これぞビートルズ
東芝音楽芸能出版 / 新興楽譜出版社
1966/ | | 全112
当時としては珍しいB6版サイズのコンパクトな写真＆楽譜集。4人のプロフィール、コメントほか、映画スチール写真など。

ビートルズのリボルヴァー全曲集 / THE BEATLES REVOLVER
東芝音楽芸能出版 / 新興楽譜出版社
1966/ | 楽譜等 | 全64
当時のLPジャケット『リボルヴァー / オデオンOP-7600』写真ほか、【イエロー・サブマリン】【エリナー・リグビー】【デイ・トリッパー】【恋を抱きしめよう】など18曲を収録したビートルズの楽譜集。

ビートルズの最新ヒット集 / The New Hits Of The BEATLES
東芝音楽芸能出版 / 新興楽譜出版社
1966/ | 楽譜等 | 全56
ビートルズ初期の楽譜集。【恋を抱きしめよう】【デイ・トリッパー】など全16曲。

1967

ティーンビート / 1月号
映画と音楽社
1967/01/01 | 音楽雑誌 | 5
ビートルズが稼ぎ出した1966年度の収入を各項目別に推計した資料『ビートルズ '66年の稼ぎ高 / 木崎義二』など。

ヤング・ミュージック / 1月号（創刊号）
集英社
1967/01/01 | 音楽雑誌 | 15
多くのロック・アーティストの情報を多く掲載した音楽誌「ヤング・ミュージック」の創刊号で同年8月号までは隔月発売された。ビートルズ関連記事としては解散説を分析したレポート『特集＝詳報・空中分解するか？ビートルズ』など。

ミュージック・ライフ / 2月号
新興楽譜出版社
1967/02/01 | 音楽雑誌 | 10
『特約掲載ビートルズ一年間の稼ぎだか！』『ベートーベンと共演する P. マッカートニー』など特集記事。

TEENBEAT WEEKLY / 2月23日号
映画と音楽社
1967/02/23 | 会報 | 1
第12号、ビートルズの写真と記事『ビートルズEMI、レコードと9年間契約!!』。EMIとの契約や現在レコード売り上げが1億8千万枚に達したこと、ニューLP作成中など。

ミュージック・ライフ / 3月号
新興楽譜出版社
1967/03/01 | 音楽雑誌 | 4
ビートルズ解散報道の調査レポート『ビートルズは解散しません！』など。

ティーンビート / 3月号
映画と音楽社
1967/03/01 | 音楽雑誌 | 5
再燃したビートルズ解散の噂について真相究明を試みた『特集!! ビートルズの時代は終わったのか？』ほか、最新情報など。

ヤング・ミュージック / 3月号
集英社
1967/03/01 | 音楽雑誌 | 13
巻頭グラビア特集「カラーでビートルズの邸宅を訪問」やジョージの手記『ビートルズからの特別手記〈ジョージ・ハリスン〉』。

TEENBEAT WEEKLY / 3月23日号
映画と音楽社
1967/03/23 | 会報 | 1
第16号、ビートルズの写真と記事『今日この頃のビートルズ』。久しぶりにファンの前に「ヒゲ姿」で登場したビートルズの写真とその話題。

ミュージック・ライフ / 4月号
新興楽譜出版社
1967/04/01 | 音楽雑誌 | 10
『姿を現したビートルズ！』ほか、新曲【ペニー・レイン】【ストロベリー・フィールズ・フォーエヴァー】のプロモーションフィルムBBC放映の話題など。

ティーンビート / 4月号
映画と音楽社
1967/04/01 | 音楽雑誌 | 8
シタールとジョージ・ハリスンやビートルズのグラビアページほか、特集『激突するビートルズ対ローリング・ストーンズ』『ペニー・レイン対ルビー・テューズデイ』『ビートルズは強かった』。

ティーンビート臨時増刊 / ビートルズ特別号
映画と音楽社
1967/04/15 | ムック／企画誌 | 全94
BBCプロモーションフィルムのスチールフォトや日本公演、アメリカ公演、マニラ公演からの新着フォトなどで構成したビートルズ写真集。特別付録としてビートルズ・ヒット・ナンバー4曲入のカラオケ・フォノシートが本誌に中綴じ。

ミュージック・ライフ / 5月号
新興楽譜出版社
1967/05/01 | 音楽雑誌 | 4
ジョージ・マーティン電話インタビュー『国際電話できくビートルズの最新情報』やニューアルバム『サージェント・ペパーズ』の話題。

ヤング・ミュージック / 5月号
集英社
1967/05/01 | 音楽雑誌 | 11
プロモーション新着グラフ『緊急グラフ速報＝ビートルズが演奏再開！』のヴィジュアルページやビートルズの手記「NO.3〈リンゴ・スターの巻〉」。

ミュージック・ライフ / 6月号
新興楽譜出版社
1967/06/01 | 音楽雑誌 | 20
ビートルズのプライベートライフを紹介したレポート『ビートルズはこんな暮らしをしている』や読者人気投票企画『ポールとスコットが世紀の対決！あなたはどちらが好き？』ほか。

TEENBEAT WEEKLY / 6月1日号
映画と音楽社
1967/06/01 | 会報 | 1
26号、ビートルズのニューアルバム『サージェント・ペパーズ・ロンリー・ハーツ・クラブ・バンド』発売関連。『ビートルズのディレクタートロッグスのTVフィルムを製作』。

TEENBEAT WEEKLY / 6月29日号
映画と音楽社
1967/06/29 | 会報 | 1
第30号、ビートルズ初衛星中継のTV写真と記事『再び活発に動き出したビートルズ』がある。記事は7月5日発売予定の最新アルバム『サージェント・ペパーズ』の解説と映画『イエロー・サブマリン』制作最新情報など。

ミュージック・ライフ / 7月号
新興楽譜出版社
1967/07/01 | 音楽雑誌 | 19
特集記事『ポールがひげをそりました』『ビートルズの最新LPが届いた』『ポールとスコットが世紀の対決！あなたはどちらが好き？』ほか、最新アルバム『サージェント・ペパーズ』の全曲解説。

ティーンビート / 7月号
映画と音楽社
1967/07/01 | 音楽雑誌 | 6
ビートルズの最新アルバム記事『特集ビートルズ話題の最新LP「サージェント・ペパーズ・ロンリー・ハーツ・クラブ・バンド」のすべて』など。

ヤング・ミュージック / 7月号
集英社
1967/07/01 | 音楽雑誌 | 5
グラビア「5月22日撮影＝ビートルズ速報！ひげをおとしたポール・マッカートニー」とビートルズの手記『ジョン・レノンからYM読者への手記』。

ミュージック・ライフ / 7月号臨時増刊号
新興楽譜出版社
1967/07/05 | ムック／企画誌 | 14
ポールとスコット・ウォーカーの写真を中心にしたグラフ特集号。ポールとスコット両面表紙扱いの仕様で、近況情報と資料関連以外はイラストやファンによる人気投票中間発表などミーハー的な内容。

TEENBEAT WEEKLY / 7月27日号
映画と音楽社
1967/07/27 | 会報 | 1
8月5日発売予定のシングル『愛こそはすべて』のジャケット写真と記事『ビートルズの宇宙中継曲ついに発売！』/ 全英ヒット・パレードでは初登場でNO.1。

ミュージック・ライフ / 8月号
新興楽譜出版社
1967/08/01 | 音楽雑誌 | 27
【愛こそはすべて】が衛星中継によりTV放映されたニュースとリポート『ポールがLSDを常用している！?』『誌上再中継・ビートルズが宇宙中継に出演！』『バトル・オブ・2 ポール対スコット最終結果発表』など。

ティーンビート / 8月号
映画と音楽社
1967/08/01 | 音楽雑誌 | 18
宇宙中継のグラフ特集やビートルズ近況レポート『グラフ特集！4億人がみたビートルズのレコーディング』『特集！第4次黄金時代を迎えたビートルズ』ほか。

ミュージック・ガイド / 8月号
ミュージックスター社
1967/08/01 | 音楽雑誌 |
ビートルズに関しては表紙以外にはアルバム紹介と広告ページのみ。

ヤング・ミュージック / 8月号
集英社
1967/08/01 | 音楽雑誌 | 14
独占発表折込みグラビアフォト『ビートルズの愛車カラー口絵』と最新レポート、ビートルズイラスト集など。

TEENBEAT WEEKLY / 8月24日号
映画と音楽社
1967/08/24 | 会報 | 1
第38号。「リンゴ・スター2児の父親に / 赤ちゃんの名前はジェイソン」。同誌、1966年12月創刊、1967年8月末に廃刊になったらしい。この38号か、次週の39号が最終号。

ティーンビート臨時増刊 / ビートルズ特集号
映画と音楽社
1967/08/31 | ムック／企画誌 | 全94
同年4月発売の『ビートルズ臨時増刊 / ビートルズ特別号』同様、新着フォトで構成したビートルズ写真集第2弾。衛星中継番組『アワ・ワールド』やプロモーション・フィルムからの新着フォトを多く掲載。特別付録フォノシート中綴じ。

ミュージック・ライフ / 9月号
新興楽譜出版社
1967/09/01 | 音楽雑誌 | 14
宇宙中継『アワ・ワールド』からのフォトやビートルズの映画制作に関する話題『ビートルズ3作目の映画を準備中！』など。

ティーンビート / 9月号
映画と音楽社
1967/09/01 | 音楽雑誌 | 12
ニューシングル【愛こそはすべて】発売の話題やプロモーションフィルム関連情報『ビートルズ「愛こそはすべて」の快進撃』『グラフ / ジョン・レノンの優雅なロケ生活』など。

ヤング・ミュージック / 9月号
集英社
1967/09/01 | 音楽雑誌 | 10
ビートルズ宇宙中継のフォトを掲載したグラフ特集『ビートルズ未発表グラフ特集』やビートルズサウンド解説など。

平凡パンチ / 9月18日号
平凡出版
1967/09/18 | 週刊誌 | 2
ビートルズのマネージャー、ブライアン・エプスタイン急死のニュースとその波紋『ビートルズがダメになる！』。

週刊プレイボーイ / 9月19日号
集英社
1967/09/19 | 週刊誌 | 4
『ビートルズ、ポール・マッカートニーが捨てた女』と題した独占記事『私はビートルズ、ポール・マッカートニー家のフリーセックスを見た！ 秘書ケリーが暴いたLSDとセックスの世紀の野郎たちの内幕』。

ミュージック・ライフ / 10月号
新興楽譜出版社
1967/10/01 | 音楽雑誌 | 19
マネージャー、ブライアン・エプスタイン死去に関する特集記事『特集・ブライアン・エプスタイン死去！』『ビートルズを国際電話できく』『死の直前にエプスタインとインタヴュー』。

1967-1968

ティーンビート /10月号
映画と音楽社
1967/10/01 音楽雑誌 10
モノクログラフ「こんにちはジェイソン/リンゴ・スター次男生まれる」「ブライアン・エプスタイン日曜日の朝ロンドンにて死す」「瞑想の世界とビートルズ」と「エプスタインの死とビートルズ」。表紙コピーは『THE BEATLES』。

ヤング・ミュージック /10月号
集英社
1967/10/01 音楽雑誌 11
ビートルズと日本のタイガースにスポットをあてた2大特集。ビートルズ特集は新着フォト集と「本誌版権独占・ジョン・レノンのエッセイ、連載第1回」など。

ふたりだけの窓 /THE FAMILY WAY
東宝事業・開発部出版課
1967/10/14 映画パンフレット 1未満
ポールが映画のために初めて作曲した、当時話題となった作品のパンフレット。ジョージ・マーティンも編曲を担当している。初版オリジナル・みゆき座館名入り。

ふたりだけの窓 /THE FAMILY WAY（館名なし）
東宝事業・開発部出版課
1967/10/14 映画パンフレット 1未満
パンフレットには「音楽：ポール・マッカートニー」のクレジットやポールについての記述がある。曲は【ラヴ・イン・ジ・オープン・エア】【ザ・ファミリー・ウェイ】の2曲。初版オリジナル、館名なし。

ふたりだけの窓 /THE FAMILY WAY（関西版）
大阪映画実業社
1967/10/14 映画パンフレット 1未満
パンフレット、レアな関西版。

週刊プレイボーイ /10月24日号
集英社
1967/10/24 週刊誌 5
ビートルズの近況報告「インドの行者ヨギに導かれたビートルズの完全な変身」。

週刊明星 /10月29日号
集英社
1967/10/29 週刊誌 4
中綴じ、175mm×170mmのビートルズ4人のカラー・ポート・イラスト集「THE BEATLES DELUXE JACKET」がある。表紙コピーは『特別ポート・ビートルズ4人集』。

ミュージック・ライフ /11月号
新興楽譜出版社
1967/11/01 音楽雑誌 29
アビー・ロード・スタジオにおける星加ルミ子独占会見記「本誌独占取材・ビートルズは元気でした！」と〈マジカル・ミステリー・ツアー〉の撮影の話題、故ブライアン・エプスタインのインタビューなど多数。

ティーンビート /11月号
映画と音楽社
1967/11/01 音楽雑誌 16
グラビア特集でTV映画〈マジカル・ミステリー・ツアー〉とジョンの主演映画〈戦争を愛す（仮題）〉の新着フォトを紹介。そのほか、折込ワイド・ポートや「ビートルズに関する10章」など。表紙コピーは『THE BEATLES』。

ティーンビート臨時増刊/THE BEATLES DELUXE
映画と音楽社
1967/11/25 ムック/企画誌 全78
映画〈マジカル・ミステリー・ツアー〉新着カラーフォトをはじめ「ジョン・レノン新車を購入」「しめやかに行われたエプスタインの追悼式」「プレミアショウでのポールとジェーン」ほか、グラフ集、読み物や巻末資料もあり。

ティーンビート /12月号
映画と音楽社
1967/12/01 音楽雑誌 11
ポールのモノクログラビア「ポール・マッカートニーのひとり暮し」と「ジョン・レノン単独出演映画〈戦争を愛す〉プレミアの興奮」。本文記事では「'67年ビートルズ10大ニュース」など。

テアトロ /12月号
テアトロ
1967/12/01 一般雑誌 24
レアな総合演劇雑誌。佐藤信の戯曲「あたしのビートルズ/A Hard Day's Night」の脚本を24ページにわたり掲載。

ヤング・ミュージック /12月号
集英社
1967/12/01 音楽雑誌 15
映画〈マジカル・ミステリー・ツアー〉のロケシーンを集めたカラースナップや、1967年の詳細年譜「ビートルズ 67年のあゆみ」。表紙コピーは「ビートルズ・モンキーズ・タイガース・ウォーカーズ etc」。

ALL YOU NEED IS LOVE/BABY YOU'RE A RICH MAN
東芝音楽芸能出版/新興楽譜出版社
1967/ 楽譜等 全8
シングル〈愛こそはすべて〉のレアな8ページ楽譜集。

STRAWBEEEY FIELDS FOREVER/PANNY LANE
東芝音楽芸能出版/新興楽譜出版社
1967/ 楽譜等 全8
ヒットナンバー【ストロベリー・フィールズ・フォーエヴァー/ペニー・レイン】のレアな8ページ楽譜集。

SERGEANT PEPPER'S LONELY HEARTS CLUB BAND
東芝音楽芸能出版/新興楽譜出版社
1967/ 楽譜等 全64
1967年発表のアルバム『サージェント・ペパーズ・ロンリー・ハーツ・クラブ・バンド』全楽譜集。

ビートルズ写真アルバム /THE BEATLES
新興楽譜出版社
1967/ パンフレット/小冊子 全16
未公開、来日関連など新着フォト51点を掲載したB4判よりも若干大きなサイズの16ページ写真集。デビューから1967年の『サージェント・ペパーズ』LP完成記念パーティーの頃までの写真を収録。

レコード百科ポピュラー編
東芝音楽工業
1967/ 非売品小冊子 1
東芝音楽工業の自社レコード販売促進としてレコード店用に配布した非売品の小冊子。表紙がビートルズ4人顔写真。ほかにはLP『ラバー・ソウル』『サージェント・ペパーズ〜』『ヘルプ』の紹介ページがある程度。

1968

ミュージック・ライフ /1月号
新興楽譜出版社
1968/01/01 音楽雑誌 13
TV映画〈マジカル・ミステリー・ツアー〉ほか、「ビートルズ、またはウォーカーズのカラースライド」を7ページ掲載。サージェント・ペパーズのアルバムの話題ほか、「ピンナップ・ビートルズからおめでとう」「ビートルズのロケ・スナップ」などグラビア多数。

ティーンビート /1月号
映画と音楽社
1968/01/01 音楽雑誌 19
映画〈マジカル・ミステリー・ツアー〉ロケ先スナップ、映画〈キャンディ〉のスチール・フォトや貴重資料ビートルズ独占会見記「LSDと瞑想と将来」など。

ヤング・ミュージック /1月号
集英社
1968/01/01 音楽雑誌 7
映画〈ジョン・レノンの僕の戦争〉プレミアショーに出席したビートルズ各夫妻のスナップ写真ほか、日本版権独占「ジョン・レノンが書いたエッセイとイラスト集」など。表紙一部がビートルズ。

リーダーズ・ダイジェスト /1月号
日本リーダーズダイジェスト社
1968/01/01 一般雑誌 7
タイム誌からの要約「脱皮したビートルズ」を7ページ掲載。サージェント・ペパーズのアルバムの話題ほか、「巧みな組合わせ」「大衆音楽の預言者」「停滞」「素直に歌う」「迷宮の奥で」「音の絵画」など。

平凡パンチデラックス付録/SONG BOOK NO.2
平凡社
1968/01/15 付録 4
『平凡パンチ・デラックス』の付録歌本。表紙がジョージのイラスト。ビートルズの収録曲は【愛こそはすべて】と【エリナー・リグビー】の2曲。

ティーンビート臨時増刊 /ポップ・スター名鑑
映画と音楽社
1968/01/31 ムック/企画誌 2
ビートルズをはじめイギリス、アメリカ、フランス、イタリアのポピュラー・アーティストの経歴とプロフィールなどを簡単に収録した名鑑。巻頭モノクログラビアでビートルズを一番最初に紹介。表紙ポール。

ミュージック・ライフ /2月号
新興楽譜出版社
1968/02/01 音楽雑誌 21
インタビュー記事「リンゴにインタビュー/ぼくはドラムを持っていない」、ポール結婚の話題「ポールいよいよ結婚を決意！」ほか、映画関連のグラビアページなど多数。

ヤング・ミュージック /2月号
集英社
1968/02/01 音楽雑誌 3
巻頭カラーグラビアで映画〈マジカル・ミステリー・ツアー〉からのスチール・フォトを紹介。表紙一部がポール・マッカートニー。

ミュージック・ライフ /3月号
新興楽譜出版社
1968/03/01 音楽雑誌 27
ジョージ・ハリスンのインタビュー、TV映画〈マジカル・ミステリー・ツアー〉寸評「ビートルズ3作目の映画は今年中に完成！」ほか、ニューアルバム『マジカル・ミステリー・ツアー』の詳細解説など興味深い内容が多い。

別冊スクリーン/世界のグループ・サウンド
近代映画社
1968/03/01 一般雑誌 13
近況フォトを集めたグラビア特集「ますます大活躍のビートルズ」やビートルズ4人の個性や変革を考察した読物「ビートルズに変革が起こった！/河原昌子」など。

ミュージック・ライフ /4月号
新興楽譜出版社
1968/04/01 音楽雑誌 19
ラビ・シャンカールのインタビュー「特別インタヴュー/ジョージ・ハリスンとラビの深い関係」やアップル・カンパニーの事業内容報告「実業家に転身した(?)ビートルズ」など。

MEN'S CLUB /4月号
婦人画報社
1968/04/01 一般雑誌 2
カメラマン、リチャード・アベドンが撮影したビートルズのポスター（天地80cm折込み）ページ『THE BEATLES' POSTER』のみ。

1968

ヤング・ミュージック /4月号
集英社
1968/04/01　音楽雑誌　5

ビートルズが設立した新会社、アップルのカラーフォトや映画《マジカル・ミステリー・ツアー》の解説などを掲載。表紙一部がリンゴ。

ミュージック・ライフ /5月号
新興楽譜出版社
1968/05/01　音楽雑誌　29

『〈マジカル・ミステリー・ツアー〉日本上陸決定!!』『本誌独占・B4、インドで何が起こったか?』『トニー・バーロウ"ボール"を語る』など映画公開のニュース、インド滞在中のビートルズの詳細レポート、ジョンのグラビア特集など多数。

スクリーン / 世界のグループ・サウンド創刊号
近代映画社
1968/05/01　一般雑誌　21

折込みピンナップ「特別付録モンキーズ / ビートルズ大型ポスター」、《イエロー・サブマリン》映画の話題『ビートルズ主演?の奇抜な漫画映画』ほか、グラビアページも充実。

ヤング・ミュージック /5月号
集英社
1968/05/01　音楽雑誌　4

ジョンの愛車や邸宅をカラーフォトで紹介したグラビア「Y.M.スクープ / ジョン・レノンのお宅をカラーで訪問」やビートルズ最新情報など。

ミュージック・ライフ /6月号
新興楽譜出版社
1968/06/01　音楽雑誌　18

星加ルミ子のアップル訪問レポート『ポール、リンゴ、ドノバンとアップルの社長室で…』『トニー・バーロウ手記 / ジョン・レノンの巻』ほか、インド修行中のビートルズ近況フォトなど。

週刊プレイボーイ /6月11日号
集英社
1968/06/11　週刊誌　5

マハリシ・マヘシ・ヨギと宇能鴻一郎との対談4ページ『ビートルズの人生を変えた行者マハリシ師にズバリ質問 / ただ座るだけ超越的瞑想に至る極意を伝授』があるほか、折り込みカラーグラビアに【レディ・マドンナ】の楽譜など。

臨時増刊週刊明星 / これがグループ・サウンドだ!
集英社
1968/06/29　週刊誌　1未満

表紙がビートルズのイラストである以外、最新アルバム『サージェント・ペパーズ・ロンリー・ハーツ・クラブ・バンド』の紹介がある程度。

ミュージック・ライフ /7月号
新興楽譜出版社
1968/07/01　音楽雑誌　27

映画〈マジカル・ミステリー・ツアー〉のグラビア特集『独占特写マジカル・ミステリー・ツアー』や特別企画『人間ビートルズのほほえみと苦悩』、ジョージの特集、アニメーション映画〈イエロー・サブマリン〉日本公開ニュースなど。

ヤング・ミュージック /7月号
集英社
1968/07/01　音楽雑誌　8

デビュー以前の写真を集めた特集グラフや「懸賞ビートルズのポスター(79cm×57cm)」プレゼント記事ほか。

ミュージック・ライフ /8月号
新興楽譜出版社
1968/08/01　音楽雑誌　24

映画〈マジカル・ミステリー・ツアー〉〈イエロー・サブマリン〉に関する話題『MMT9/28 武道館で上映決定 10,000名をご招待』や最新グラフ、ジョンの「ショッキング・レポート」など。

スクリーン / 世界のグループ・サウンド /8月号
近代映画社
1968/08/01　一般雑誌　2

ありそうで滅多にお目にかかれない稀少なビートルズカヴァー。ビートルズ4人のモノクロポートレートページがある程度。

週刊プレイボーイ /8月6日号
集英社
1968/08/06　週刊誌　4

米紙に掲載されたスクープ写真を取り上げた独占企画「ジョン・レノンの恋人、小野洋子が全裸正面写真を発表」

ミュージック・ライフ /9月号
新興楽譜出版社
1968/09/01　音楽雑誌　22

映画《イエロー・サブマリン》のプレミアショー出席のビートルズフォトやポールとジェーンの破局の話題『ポールとジェーンの愛は終わった!』など。

THE BEATLES(BCC会報)創刊号(復刻版)
BCC
1968/09/28　会報　全4

※写真は復刻版。ビートルズシネクラブ発行の初期会報創刊号。先日来日した1966年に発足したビートルズ・シネ・クラブが発行したタブロイド版新聞形態のファンクラブ会報の創刊号。

ミュージック・ライフ /10月号
新興楽譜出版社
1968/10/01　音楽雑誌　14

新曲【ヘイ・ジュード】【レボリューション】のスタジオ・レコーディング風景や映画〈イエロー・サブマリン〉プレミアショー関連グラビアページほか、ビートルズ最新インタビューなど。

スクリーン / 世界のグループ・サウンド /10月号
近代映画社
1968/10/01　一般雑誌　30

近況フォトを集めたグラビアページを含むビートルズ関連のワイド特集『R&Bのすべて / 映画「マジカル・ミステリー・ツアー」のサイケな魅力を語る』や読み物『ビートルズはいま悩んでいる!?』など、合わせて30ページの特集。

ヤング・ミュージック /10月号
集英社
1968/10/01　音楽雑誌　5

表紙の一部がビートルズ4人のイラスト。グラフ「ポール・マッカートニー、オーケストラの指揮者になる」「リボリューションを録音するビートルズたち」など5ページ程度。

音楽専科 /10月号
音楽専科社
1968/10/01　音楽雑誌　1/2

表紙の1枚がビートルズのストリングス・カバーアルバム「GREATEST SONG BY THE BEATLES」ほか、小記事「ビートルズ7分5秒の大勝負」、湯川れい子のエッセイ内に関連記述が少し。

ボーイズライフ /11月号
小学館
1968/11/01　一般雑誌　6

最新情報「ビートルズの黄金生活」6ページ。「ビートルズをめぐるハプニングな話題」「ジョン・レノンのハプニング恋愛」「ぼくたちは現状に抵抗する」など。

新譜ジャーナル /11月号
自由国民社
1968/11/01　音楽雑誌　10

ヒットナンバー中綴じ楽譜集10ページと音楽時評「ビートルズの魅力 / 福田一郎」など。表紙はビートルズのイラスト。

ヤングレディ /11月4日号
講談社
1968/11/04　週刊誌　2

有名な全裸写真とその記事「ハレンチ!小野洋子とジョン・レノンとの全裸写真公開! / ジョンはシンシア夫人と正式に離婚して…」がある。「裸になるのも芸のうち」「非難の中で…」など。

女性セブン /11月13日号
光文社
1968/11/13　週刊誌　2

イギリスの新聞に掲載された全裸ツーショット写真と記事「まあすごい全裸の小野洋子さんとジョン・レノン / 今年いちばんハレンチな日本女性」がある。表紙コピーも「独占初公開 今年、いちばんハレンチな写真」。

ヤング・ミュージック /12月号
集英社
1968/12/01　音楽雑誌　9

スター小説、連載第2回「ビートルズはいかにして成功したか」ほか、写真や関連記事など。

BFC会報 BEATLES REPORT /12月25日号
BFC
1968/12/25　会報　全4

BFCの会報。4ページ、B4判。BFC会長・下山鉄三郎のBFC活動再開のメッセージ「BFC再開にあたり」ほか、映画イエローサブマリンの紹介、ビートルズの近況ニュースなど。

THE BEATLES/ ビートルズ・プレゼント・セール
東芝音楽工業
1968/　非売品/その他　全4

レコード購入者特典セール「ビートルズ・プレゼント・セール」用に東芝音楽工業が製作した非売品4つ折リーフレット(折り畳んだ状態でほぼシングル盤ジャケットサイズ)。内容はディスコグラフィー。

BEATLES NEW HITS/ ビートルズ・ニュー・ヒット集
東芝音楽芸能出版 / 新興楽譜出版社
1968/　楽譜等　32

楽譜集。【マジカル・ミステリー・ツアー】【レディ・マドンナ】など8曲収録。

ビートルズ・ヒット・パレード /TOP 70 HITS
東芝音楽芸能出版 / 新興楽譜出版社
1968/　楽譜等　全208

ビートルズの写真40ページを含めたギターダイヤグラム付楽譜集。1967年までのヒットナンバー70曲を収録。東芝音楽芸能出版、新興楽譜出版社、ニュー・オリエント音楽出版社の共同企画。

THE BEATLES/OB-LA-DI,OB-LA-DA
東芝音楽芸能出版 / 新興楽譜出版社
1968/　楽譜集　全6

【オブ・ラ・ディ・オブ・ラ・ダ】1曲のみの6ページ楽譜ピース。

1969

BFC 会報 BEATLES REPORT/1月号		
BFC 事務所		
1969/01/01	会報	1
ビートルズ・ファン・クラブの会報。B4判1枚ペラもの（印刷は表だけで裏は白紙）。ビートルズニュース、1968年X'マスレコード、BFC通信など。		

THE BEATLES（BCC第1期会報）創刊号（通巻第3号）		
BCC		
1969/02/01	会報	30
ビートルズシネクラブ発行（浜田哲生）の第1期会報創刊号（通巻第3号）。この第1期創刊号より雑誌形態（A5判）に刷新され再スタートとなったとのことである。（BCC会報「The Beatles」1985年3月号より）		

BFC 会報 BEATLES REPORT/2月号		
BFC 事務所		
1969/02/01	会報	1
ビートルズ・ファン・クラブの会報。B4判1枚ペラもの（印刷は表だけで裏は白紙）。ビートルズニュース、LP『ザ・ビートルズ』情報など。		

ミュージック・ライフ/2月号		
新興楽譜出版社		
1969/02/01	音楽雑誌	8
TV特番「ロックン・ロール・サーカス」のグラビアや星加ルミ子のアップル取材レポートなど。表紙はジョン&ヨーコ&ショーンほか。		

ポップス/2月号		
音楽之友社		
1969/02/01	音楽雑誌	6
ビートルズの最新アルバム『ザ・ビートルズ』収録曲詳細解説「ザ・ビートルズ、30曲を解剖！」など。		

ヒット・ポップス/2月号		
学習研究社		
1969/02/01	音楽雑誌	4
最新アルバム『ザ・ビートルズ』の総評やグラビアなど。表紙もビートルズ。		

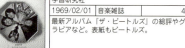
ヤング・ミュージック/2月号		
集英社		
1969/02/01	音楽雑誌	12
特集「ビートルズとストーンズの音楽コントラスト研究」があり、両グループを比較考察。		

音楽専科/2月号		
音楽専科社		
1969/02/01	音楽雑誌	4
新アルバム『ザ・ビートルズ』の収録曲解説などをまとめた3ページ程度の特集「特集・詳報！ビートルズの新録音」ほか。		

ミュージックライフ臨時増刊/ビートルズ詩集		
新興楽譜出版社		
1969/02/05	単行本	全64
ビートルズのヒットナンバー、【イエスタデイ】【レディ・マドンナ】【ヘイ・ジュード】など28曲の訳詞集。星加ルミ子編・訳。		

BFC 会報 BEATLES REPORT/3月号		
BFC 事務所		
1969/03/01	会報	1
ビートルズ・ファン・クラブの会報。B4判1枚ペラもの（印刷は表だけで裏は白紙）。ビートルズニュース、ジョージのアメリカ訪問、会員情報など。		

ヒット・ポップス/3月号		
学習研究社		
1969/03/01	音楽雑誌	1+
表紙メインはポールだが他のメンバー3人の顔写真も「pop」の文字内に使われている。【オブ・ラ・ディ・オブ・ラ・ダ】の楽譜ほか、一部ジョンとヨーコの写真など。		

ヤング・ミュージック/3月号		
集英社		
1969/03/01	音楽雑誌	29
最新アルバム『ザ・ビートルズ』からの綴じ込みスコア集「ビートルズ最新LP盤スコアをキミに」ほか。スコア含めたページ数多い。		

BFC 会報 BEATLES REPORT/4月号		
BFC 事務所		
1969/04/01	会報	1
ビートルズ・ファン・クラブの会報。B4判1枚ペラもの（印刷は表だけで裏は白紙）。ビートルズニュース、会員情報など。		

平凡パンチデラックス付録/ザ・ビートルズ新曲特集		
平凡社		
1969/04/05	付録	24
1969年4月5日発行の「平凡パンチ・デラックス」の付録歌本。ビートルズソング特集「ザ・ビートルズ・ニュー・ヒット集」有。収録曲はホワイトアルバムから10曲。		

THE BEATLES（BCC第1期会報）2号		
BCC		
1969/05/01	会報	全30
ビートルズシネクラブ発行の第1期会報2号（通巻第4号）◆おもな内容「5人目のビートルは誰だ？」「時代を表現するビートルズの情念/浜田哲生」「ビートルズ・ニュース」「ポール・リンダおめでとう！」「アップル情報」など。		

BFC 会報 BEATLES REPORT/5月号		
BFC 事務所		
1969/05/01	会報	1
ビートルズ・ファン・クラブの会報。B4判1枚ペラもの（印刷は表だけで裏は白紙）。ビートルズニュース、会員情報など。		

BFC 会報 BEATLES REPORT/6月号		
BFC 事務所		
1969/06/01	会報	1
ビートルズ・ファン・クラブの会報。B4判1枚ペラもの（印刷は表だけで裏は白紙）。ビートルズニュース、リンゴ、BFC通信、会員情報など。		

ヒット・ポップス/6月号		
学習研究社		
1969/06/01	音楽雑誌	3
4人の各モノクログラビア「ビートルズ/4つの話題」ほか、近況記事「わが道をゆくビートルズ」など。表紙一部もビートルズ。		

音楽専科/7月号		
音楽専科社		
1969/07/01	音楽雑誌	19
ヴィジュアルページはないものの、17ページに及ぶ本文読み物特集「最新、ビートルズのすべて」など。		

THE BEATLES（BCC第1期会報）3号		
BCC		
1969/07/10	会報	全20
BCCの第1期会報3号（通巻第5号）。「3年前の私だけの記憶」「ジョンとヨーコのバラード」「内部世界としてのビートルズ/浜田哲生」「ビートルズ・ニュース」「ジョン・レノン、ヨーコ・オノ」など。		

ビートルズ―その誕生から現在まで		
草思社/ハンター・デヴィス		
1969/07/10	単行本	全352
サンデー・タイムス紙のライター、ハンター・デヴィスがビートルズや関係者への取材を元にまとめ上げた本格的な伝記。初版。		

ビートルズ批評集27の宣言・直言賞賛非難		
草思社		
1969/07/10	付録	12
「ビートルズ―その誕生から現在まで」初版に挿入されていた付録。リチャード・レスター、草野心平、寺山修司、横尾忠則、淡谷のり子、高島弘之、浜田哲生などによるビートルズを批評したコメント集。		

イエロー・サブマリン/映画プレスシート		
ユナイト映画		
1969/07/23	非売品/その他	2
大判縦型サイズ（幅364mm×高514mm）の映画《イエロー・サブマリン》のプレスシート。1枚もので裏面には映画解説、ストーリー、久里洋二の映画評など。		

イエロー・サブマリン（関東版・初版）		
ユナイト映画		
1969/07/23	映画パンフレット	全16
ビートルズの音楽と4人のキャラクターをコンテンツに製作されたアニメーション映画のパンフレット。初版オリジナル。		

イエロー・サブマリン（関西版・初版）		
ユナイト映画		
1969/07/23	映画パンフレット	全16
映画《イエロー・サブマリン》の関西版模型パンフレット。映画解説やストーリーなど、主内容は関東版とほぼ同様だが、文章の掲載数、写真のレイアウトなどが異なる。裏表紙に縦書きで発行所などの表記あり。		

BFC 会報 BEATLES REPORT/8月号		
BFC 事務所		
1969/08/01	会報	1
BFCの会報。B4判1枚ペラもの（印刷は表だけで裏は白紙）。ビートルズニュース、新LPについてマルコム・エバンス、会員情報など。		

ガッツ/8月25日創刊号		
集英社		
1969/08/25	音楽雑誌	6
イラストおよびビートルズの写真付きで6ページの楽譜集「ジョンとヨーコのバラード」がある。		

THE BEATLES（BCC第1期会報）4号		
BCC		
1969/09/01	会報	全22
BCC発行の第1期会報4号（通巻第6号）。「赤頭巾ちゃん風あるいはライ麦畑風に」「イエロー・サブマリンの世界」「ビートルズ・ニュース」「ニューロックとビートルズ/金子ルミ子」など。		

BFC 会報 BEATLES REPORT/9月号		
BFC 事務所		
1969/09/01	会報	1
BFCの会報。B4判1枚ペラもの（印刷は表だけで裏は白紙）。ビートルズニュース、ジョン、会員情報など。		

ミュージック・ライフ/9月号		
新興楽譜出版社		
1969/09/01	音楽雑誌	15
ビートルズのプライベートフォトや最新の「不穏な行動」をレポートした「ビートルズはゲット・バックしている」など。		

新譜ジャーナル/9月号		
自由国民社		
1969/09/01	音楽雑誌	12
ジョンとヨーコのハネムーンや、ホワイト・アルバムについての最新情報「ビートルズの新しい魅力/木崎義二」や10ページの楽譜特集「ザ・ビートルズ新曲集」など。表紙コピー「特集ビートルズ最新ヒット曲集/ジョンとヨーコのバラード」etc.		

週刊プレイボーイ/9月30日号		
集英社		
1969/09/30	週刊誌	5
アムステルダム、ヒルトンホテル9階での「ベッド・イン」はじめ、何かと話題の絶えないジョンとヨーコの近況ニュース「情報！ジョン・レノン、小野洋子夫妻来日の奇怪な内幕」がある。		

BFC 会報 BEATLES REPORT/10月号		
BFC 事務所		
1969/10/01	会報	1
BFCの会報。B4判1枚ペラもの（印刷は表だけで裏は白紙）。ビートルズニュース、ポール、会員情報など。		

1969-1970

ヒット・ポップス/10月号
学習研究社
1969/10/01　音楽雑誌　16
ビートルズのヒット・ナンバーを集めた楽譜特集「楽譜特集/ビートルズ・ベスト10」など。ビートルズ・イラストカヴァー。

音楽専科/10月号
音楽専科社
1969/10/01　音楽雑誌　9+
表紙のイラストがジョン・レノン。本文では「映像づくりでポールに猛烈な対抗意識/ジョン＆ヨーコ」など3ページ他、新譜「ドント・レット・ミー・ダウン」の楽譜が6ページ。

明星/10月号付録：ああ不滅のGS名曲集
集英社
1969/10/01　付録　3
明星1969年10月号の付録。「ビートルズからタイガースまで」不滅の名曲を収録したコンパクト冊子。ビートルズについては【抱きしめたい】【ミッシェル】の歌詞などを3ページ収録。

ガッツ/10月10日号
集英社
1969/10/10　音楽雑誌　6
ビートルズの音楽解説「ジョン・レノン＆ポール・マッカートニーの作曲法」と楽譜集。

TOSHIBA RECORDS MONTHLY SUPPLEMENT/11月号
東芝音楽工業
1969/11/01　非売品/小冊子　?
東芝音楽工業の自社レコード販促品としてレコード店用に配布した非売品の小冊子。国内外のレコード新譜紹介など。所持品は切り取り有のため、掲載内容は不明。表紙が「アビイ・ロード」。

THE BEATLES（BCC第1期会報）5号
BCC
1969/11/01　会報　全16
BCC発行の第1期会報5号（通巻第7号）。特集「ビートルズについてぼくらは証言する！」。「季節はずれのアイスクリーム」「ぼくらにとって4つのビートルズ論」など。

ミュージック・ライフ/11月号
新興楽譜出版社
1969/11/01　音楽雑誌　8
最新アルバム「アビイ・ロード」の解説や手記「ビートルズ、その人間性と才能を冷酷に批評（ジョン・レノンの章）」など。

ガッツ/11月25日号
集英社
1969/11/25　音楽雑誌　17
17ページにわたり最新アルバム「アビイ・ロード」の全楽譜「（特別企画）ビートルズの最新LP全楽譜集」を掲載。

BFC会報 BEATLES REPORT/12月号
BFC事務所
1969/12/01　会報　2
BFCの会報。B4判1枚ペラもの（表裏両面に情報あり）。ビートルズニュース、ディランとともにワイト島にて、会員情報など。

ミュージック・ライフ/12月号
新興楽譜出版社
1969/12/01　音楽雑誌　10
デレク・テイラーの連載手記「ポール・マッカートニーの章」やフォトなど。

ヒット・ポップス/12月号
学習研究社
1969/12/01　音楽雑誌　11
APPLE特報として「やった!!初公開・独占ルポ/ビートルズ王国潜入！」がある。アップル関係の特報記事が6ページ。グラフページ「スタジオは地下1階にあった!!」など5ページ。

LIFE日本語版/倍大特集号
TIME
1969/12/22　一般雑誌　3
グラフ特集のなかでビートルズのカラー・ポートレートやシェア・スタジアムで行われたコンサートの貴重フォトなどを掲載。また表紙の一部がビートルズのイラスト。

ガッツ/12月25日号
集英社
1969/12/25　音楽雑誌　10
巻頭カラー折込ポスターほか、表紙コピーのある【カム・トゥゲザー】のスコア9ページ。

THE BEATLES ABBEY ROAD/楽譜集
東芝音楽芸能出版/新興楽譜出版社
1969/　楽譜等　全48
アルバム「アビイ・ロード」収録14曲の楽譜集。

BEATLES/ビートルズ・デビュー5周年記念セール
東芝音楽工業
1969/　非売品/その他　全4
前年に続き、LPレコード購入者特典セール「ビートルズデビュー5周年記念セール」用に東芝音楽工業が製作した非売品4つ折リーフレット（折り畳んだ状態でB5サイズ）。アルバム、シングル、コンパクト盤ディスコグラフィー。

THE BEATLES/楽譜集
東芝音楽芸能出版/新興楽譜出版社
1969/　楽譜等　全96
『ザ・ビートルズ』（ホワイト・アルバム）からのヒットナンバー22曲を収録した楽譜集。

1970

BFC会報 BEATLES REPORT/1＆2月合併号
BFC事務所
1970/01/01　会報　2
ビートルズ・ファン・クラブの会報。B4判1枚ペラもの（表裏両面に情報）。ビートルズニュース、彼等は変わらなければならなかった、ロックン・ロール・リバイバル、ジョン四年ぶりにステージに立つ、会員情報など。

ヒット・ポップス/1月号
学習研究社
1970/01/01　音楽雑誌　20
ポール死亡説に関するインタビュー「オレをコロシたのはだれだ！?/ポール・マッカートニー」や特集「ビートルズ最新アルバム「アビイ・ロード」」ほか。

ミュージック・ライフ/2月号
新興楽譜出版社
1970/02/01　音楽雑誌　10
平和運動キャンペーンを開始したジョン＆ヨーコのグラフ「特報/プラスチック・オノ・バンドに見るビートルズの行き方」やビートルズの解散を解析したレポート、「ビートルズ、その人間性と才能を冷酷に批評（リンゴ・スターの章）」など。

ヒット・ポップス/2月号
学習研究社
1970/02/01　音楽雑誌　13
アルバム解説「ビートルズ・ディスコグラフィー」や近況フォトを含めたヴィジュアルページ。

展望/2月号
筑摩書房
1970/02/01　一般雑誌　10
いちファンの立場で書き下ろした、作家・なだいなだのエッセイ「ビートルズは自由にする」。好きなアルバム「リボルバー」の感想からビートルズ現象についての考察など多岐にわたる内容。

週刊プレイボーイ/2月10日号
集英社
1970/02/10　週刊誌　4
「奇行」が目立つジョンとヨーコの精神鑑定を試みた「特報ジョン・レノンが発狂した！?」がある。「おのがペニスの映画をヨーコにプレゼント」「とつじょとして断髪式」「ズバリ、踵型の露出マニア」など。

THE BEATLES第6号（通巻第8号）
BCC
1970/02/25　会報　全20
ビートルズ・シネ・クラブ発行の第1期会報6号（通巻第8号）。※表紙：ジョン・レノン＆ヨーコ◆特集：ぼくらにとってビートルズは何か！海外通信レポート①ドキュメントプラスチック・オノ・バンドほか。

ヤングギター/3月号
新興楽譜出版社
1970/03/01　音楽雑誌　11
巻末に11ページの楽譜集【イエスタデイ】【ミッシェル】【オール・マイ・ラヴィング】【オブ・ラ・ディ・オブ・ラ・ダ】ほか。

BFC会報 BEATLES REPORT/3＆4月合併号
BFC事務所
1970/03/01　会報　全8
ビートルズ・ファン・クラブの会報。この号より、B5判8ページの冊子形態になる。ビートルズニュース、「ポール、ビートルズを脱退」「ビートルズの故郷を追って」ほか会員情報など。

ミュージック・ライフ/3月号
新興楽譜出版社
1970/03/01　音楽雑誌　15
ジョン＆ヨーコの近況グラフやキース・リチャーズのビートルズ評「ビートルズとストーンズの知られざる反目」など。

ヒット・ポップス/3月号
学習研究社
1970/03/01　音楽雑誌　15
「特集ビートルズ対ストーンズ」や近況フォト、年譜、楽譜集など。

ビートルズ・ソング・イラスト集
誠文堂新光社/アラン・オルドリッジ（編）
1970/03/20　ムック/企画版　全158
イギリスのグラフィック・デザイナー、アラン・オルドリッジの編集による「THE BEATLES ILLUSTRATED LYRICS/ビートルズ・ソング・イラスト集1」（日本語編集版）。ビニールカバー付。

the beatles collection 3 | 253

1970

ビートルズ・ソング・イラスト集日本語版付録
誠文堂新光社 / アラン・オルドリッジ（編）
1970/03/20　付録　　　　　　　　全24
ビートルズ・ソング・イラスト集（日本編集版）の解説付録。コンテンツは①コメント集／植草甚一訳②ビートルズ・ソング・イラスト集の索引など。

ミュージック・ライフ／4月号
新興楽譜出版社
1970/04/01　音楽雑誌　　　　　　　6
ジョン＆ヨーコのスクープフォトや特集企画「裁判ビートルズ、ストーンズを公平に裁く」など。

コンピュートピア／4月号
コンピュータ・エージ社
1970/04/01　一般雑誌　　　　　　　0
表紙のみビートルズのアニメーション映画《イエロー・サブマリン》。1970年代のコンピューター専門誌。

ヒット・ポップス／4月号
学習研究社
1970/04/01　音楽雑誌　　　　　　　8
ジョン＆ヨーコの貴重インタビュー「〈本誌独占インタビュー〉ジョンとヨーコにきくビートルズ――音楽の秘密――」や最新フォトを掲載。

音楽専科／4月号
音楽専科社
1970/04/01　音楽雑誌　　　　　　　15
解散を分析した特別読物「特集ビートルズ解散説の周辺」やグラビアページ、対談など。

ぶっく・れびゅう VOL.1
日本書籍センター
1970/04/27　一般雑誌　　　　　　　52
特集形式の雑誌「ぶっくれびゅう」の創刊号。企画第1弾として「特集ジョン・レノンと小野洋子」があり、対談、インタビューをはじめヨーコの「グレープフルーツ」からの詩集・エッセイなど貴重資料をまとめて掲載。

キャンディ
松竹事業開発部 / 松竹映配
1970/04/　映画パンフレット　　　全16
リンゴが単独出演した第1作目の映画《キャンディ》のパンフレット。リンゴはメキシコ人の庭師という設定で出演。日本での公開は1970年。

BFC 会報 BEATLES REPORT／5月号
BFC 事務所
1970/05/01　会報　　　　　　　　全8
ビートルズ・ファン・クラブの会報。B5判の8ページ冊子形態。ビートルズニュース、「ポール脱退の真相と背景」「ソロアルバム紹介」ほか会員情報など。

ヒット・ポップス／5月号
学習研究社
1970/05/01　音楽雑誌　　　　　　　8
ビートルズ、ジョン＆ヨーコの貴重フォトや関連記事「特集／ビートルズなんてメじゃないぜ CCR ザ・バンド」など。

ニューミュージック・マガジン／5月号
ニューミュージック・マガジン社
1970/05/01　音楽雑誌　　　　　　　30
30ページの「特集《音楽の国》の四人――ザ・ビートルズ」がある。「作曲家ビートルズ／林光」「ジョン・レノン／室謙二」「ポール・マッカートニーをめぐる動き／亀淵昭信」「ジョージ・ハリスン／田川律」ほか。

ヤングセンス／5月25日号 Spring
集英社
1970/05/25　音楽雑誌　　　　　　　1
ジョンとポールの写真とサウンド解説「ブームの先駆者ビートルズ」や【アンド・アイ・ラヴ・ハー】の楽譜を掲載。表紙コピーは「スーパー付録・ビートルズ大全集」。付録は右の「全曲保存版 BEATLES DICTIONARY」。

ヤングセンス春号付録／全曲保存版 BEATLES DICTIONARY
集英社
1970/05/25　付録　　　　　　　　全196
ヤングセンス春号付録。単に付録といってもビートルズの曲すべてを収録した全196ページ（サイズ：210mm × 130mm）仕様で、市販の楽譜集並のなかなか立派なもの。

ミュージック・ライフ／6月号
新興楽譜出版社
1970/06/01　音楽雑誌　　　　　　　8
脱退声明を発表したポールの国際電話リポート「現地取材／ビートルズ王国の断絶」やポールの最新アルバム『マッカートニー』の解説。

ポップス／6月号
音楽之友社
1970/06/01　音楽雑誌　　　　　　　44
貴重レポート、研究資料、インタビューなどかなり突っ込んだ内容の特集企画「特集＝ザ・ビートルズ」と楽譜特集「レット・イット・ビー／エリノア・リグビー／ア・デイ・イン・ザ・ライフ」。

ヒット・ポップス／6月号
学習研究社
1970/06/01　音楽雑誌　　　　　　　8
ビートルズ解散の電撃ニュースに伴う、今後の動きを考察した「アップルとヨーコで対立・ポール脱退声明発表！／津久井洋」がある。

ヒット・ポップス・GT／6月号別冊付録
学習研究社
1970/06/01　付録　　　　　　　　　4
「ヒット・ポップス／6月号」の別冊付録。最新ヒット曲の楽譜集「特集海外最新ヒット20曲／レット・イット・ビー etc」。収録曲は【レット・イット・ビー】とジョンのソロ作【インスタント・カーマ】2曲。一部ジョン＆ヨーコのイラスト表紙。

ビートルズ・ゲット・バック写真集
Apple Publising
1970/06/05　付録　　　　　　　　全164
ビートルズのアナログ盤 BOX アルバム「レット・イット・ビー」にセットされていた164ページの豪華写真集。映画《レット・イット・ビー》からのカラー・スチールを多数収録した大変貴重なもの。※イギリス制作。

週刊プレイボーイ／6月30日号
集英社
1970/06/30　週刊誌　　　　　　　　4
最新映画《レット・イット・ビー》の話題や解散を迎えたビートルズの軌跡を総括した「世界を変えた4人《ビートルズ》総括ティーチ・イン」など。

BFC 会報 BEATLES REPORT／7 & 8月合併号
BFC 事務所
1970/07/01　会報　　　　　　　　全10
ビートルズ・ファン・クラブの会報。B5判の10ページ冊子形態。ビートルズニュース、「レット・イット・ビーとはこんな映画！」「故郷のビートルズを追って」ほか会員情報など。

ミュージック・ライフ／7月号 特別付録ミニミニポスター9人集
新興楽譜出版社
1970/07/01　付録　　　　　　　　※
袋入り特別付録「ミニ・ミニ・ポスター9人集」。一部がジョン、ポール、ジョージ、リンゴの4人のポスター。

ヒット・ポップス／7月号
学習研究社
1970/07/01　音楽雑誌　　　　　　　9
ポールの脱退声明後の貴重な会見レポート「本誌独占、ビートルズがビートルズを去ったのだ！！ポールついにすべてを語る／津久井洋」がある。

レット・イット・ビー／映画プレスシート
ユナイト映画
1970/07/02　非売品 / その他
大判横型サイズ幅514mm × 高364mmの映画《レット・イット・ビー》のプレスシート。1枚もので裏面は映画解説「この映画の音楽／明妻一郎」「この映画にて」など。裏面下に昭和45年7月2日のゴム印あり。

FM fan／7月20日号
共同通信社
1970/07/16　音楽雑誌　　　　　　　2
映画《レット・イット・ビー》のスチールフォトを掲載した「シネマ・コーナー／ビートルズのレット・イット・ビー」のグラフ2ページのみ。発行日は7月16日。

THE BEATLES 第7号（通巻第9号）
BCC
1970/07/25　会報　　　　　　　　全20
ビートルズ・シネ・クラブ発行の第1期会報7号（通巻第9号）で、この号をもって第1期会報は休刊となった。1975年5月より第2期会報が創刊され、月刊「The Beatles」（通称月刊マンスリー）として現在に至る。

ヒット・ポップス／8月号
学習研究社
1970/08/01　音楽雑誌　　　　　　　12
最新アルバムおよび映画《レット・イット・ビー》に関連する記事やフォトのほか、「別冊付録 GT／ビートルズ最新アルバム『レット・イット・ビー』全曲集」付。

ヒット・ポップス・GT／8月号別冊付録
学習研究社
1970/08/01　付録　　　　　　　　　22
「ヒット・ポップス／8月号」の別冊付録。最新アルバム【レット・イット・ビー】の全曲楽譜特集がある。表紙イラストもビートルズ。

キネマ旬報／8月15日号
キネマ旬報社
1970/08/15　一般雑誌　　　　　　　1
リンゴの表紙と映画《レット・イット・ビー》関連記事「愛する青年がもつ永遠の苦悩／今野雄二」のみ。

レット・イット・ビー（オリジナル：スバル座館）
東宝事業部 / ユナイテッド・アーチスト映画社
1970/08/25　映画パンフレット　　　全20
映画《レット・イット・ビー》の公開時のスバル座館名入りパンフレット。ビートルズ主演映画としては第3作目。アップルにおけるスタジオ・セッションと当ビル屋上で行われた世紀のライヴ・レコーディングなど貴重音源と映像を収録。

レット・イット・ビー（オリジナル：館名なし）
東宝事業部 / ユナイテッド・アーチスト映画社
1970/08/25　映画パンフレット　　　全20
映画《レット・イット・ビー》の公開時のパンフレットで館名なしのタイプ。

BFC 会報 BEATLES REPORT／9 & 10月合併
BFC 事務所
1970/09/01　会報　　　　　　　　全8
ビートルズ・ファン・クラブの会報。B5判の8ページ冊子形態。ビートルズニュース、「リンゴ主演映画マジック・クリスチャン」「故郷のビートルズを追って」ほか会員情報など。

ニューミュージック・マガジン／9月号
ニューミュージック・マガジン社
1970/09/01　音楽雑誌　　　　　　　2
特集「ニュー・シネマ」のなかで映画《レット・イット・ビー》の評論「裏切者よ、その名はレノン／清水哲男」がある。ジョンのイラストカヴァー。

ヤング・ギター／9月号
シンコー・ミュージック
1970/09/01　楽譜等　　　　　　　　13
最新アルバム「レット・イット・ビー」の全曲楽譜特集が13ページ。パート別のスコア譜ではないがコード付で、当時もっともタイムリーな全楽譜集と思われる。

LET IT BE／レット・イット・ビー
新興楽譜出版社
1970/09/20　楽譜等　　　　　　　全36
アルバム「レット・イット・ビー」発売直後の1970年に発行された楽譜集。意外にレア。

1970-1971

ミュージック・ライフ/10月号
新興楽譜出版社
1970/10/01　音楽雑誌　6
ストーンズ、ビートルズの近況を記した取材レポート「特集/最近のストーンズ、ビートルズ:現地取材」ほか、映画《キャンディ》のグラビアページなど。

週刊プレイボーイ/10月6日号
集英社
1970/10/06　週刊誌　6
「日本語版ビートルズ・ナンバー20曲を初公開!/渋谷の音楽喫茶の5人が音楽の"心臓移植"をやってのけた!」が6ページ。ヒットナンバーの日本語訳とその作業過程などを掲載。この号は関根恵子などのグラフがあり希少品。

ガッツ/10月10日号
集英社
1970/10/10　音楽雑誌　0
表紙イラストの一部がビートルズ&ヨーコ。それ以外に特に記事はない。

アンアン/10月20日号
平凡出版
1970/10/20　一般雑誌　6
「BEATLESを撮る!/横尾忠則」カラーグラビア特集「LONDON BEATLES」がある。またロンドンで横尾忠則がとらえたジョージ・ハリスンのスクープ写真も掲載。

レノンとヨーコ/ビートルズ異端のカップル
実業之日本社
1970/10/20　単行本　全154
ジョンとヨーコの近況フォトをはじめ、センセーショナルな全裸ポートフォリオ、ジョンが描いたイラスト集、ヨーコの前衛アート作品集「ペンギン」「グレープフルーツ」より作品と抜粋訳を収録した貴重本。

キネマ旬報/11月1日上旬号
キネマ旬報社
1970/11/01　一般雑誌　7-
リンゴ出演映画《マジック・クリスチャン》の特集がある。モノクログラフと本文映画解説「反体制的なバラエティ・コメディ、映画マジック・クリスチャン」など7ページ弱。表紙コピーは「特集マジック・クリスチャン」。

マジック・クリスチャン
松竹事業部
1970/11/21　映画パンフレット　全16
リンゴとピーター・セラーズ共演による異色コメディ映画のパンフレット。リンゴが単独出演した映画としては《キャンディ》に続き2作目。

マジック・クリスチャン/映画プレスシート(小)
グランドフィルム/松竹事業部
1970/11/21　非売品/その他　6
リンゴ主演映画《マジック・クリスチャン》の三つ折り6ページのプレスシート。折り畳んだ際のサイズは150mm×150mm。裏面は映画解説、ストーリー、撮影余談など。

マジック・クリスチャン/映画プレスシート(大)
グランドフィルム/松竹事業部
1970/11/21　非売品/その他　6
リンゴ主演映画《マジック・クリスチャン》の横型長尺二つ折りのプレスシート。伸ばすと840mm×300mm。裏面は映画解説、スター紹介、ストーリー、プロダクション・ノートなど。

1971

週刊プレイボーイ/1月26日号
集英社
1971/01/26　週刊誌　4
解散と財産問題のスキャンダルを取り上げた記事「360億円の資産配分に真モメ/血で血を洗うビートルズ完全分裂の真相」がある。

週刊明星/1月31日号
集英社
1971/01/31　週刊誌　7
来日したジョンとヨーコの日本滞在レポート「極秘来日のビートルズ、ジョン・レノン、小野洋子夫妻を独占同行ルポ」や貴重フォトなど。

ガッツ/2月1日号
集英社
1971/02/01　音楽雑誌　0
表紙がリンゴ。表紙コピー「コノヘンナ外人ハ、リンゴ・スターデス」以外に目立った記事はない。

アサヒグラフ/2月12日号
朝日新聞社
1971/02/12　週刊誌　8
1971年に極秘来日したジョンとヨーコが京都を訪れた際のスナップショット8点「京都のジョン・レノンと小野洋子」を独占掲載。

BFC会報 BEATLES REPORT/NO.1
BFC事務所
1971/03/01　会報　全8
ビートルズ・ファン・クラブの会報。B5判の8ページ冊子形態。ビートルズニュース、「ジョンとヨーコ来日」「故郷のビートルズを追って」ほか会員情報など。ナンバリングはNO.1と記載されている。

ミュージック・ライフ/3月号
新興楽譜出版社
1971/03/01　音楽雑誌　25
ジョン&ヨーコの独占来日インタビュー「特報①来日したジョンとヨーコと1時間30分」、ジョージの特別インタビュー「特報②ビートルズの亡霊と闘うジョージ・ハリスン」ほか、巻末のビートルズグラフ特集など多数。

週刊FM/3月15日-3月21日号
音楽之友社
1971/03/15　音楽雑誌　0
表紙のみジョン&ヨーコ。

音楽の革命/バロック・ジャズ・ビートルズ
晶文社/ヘンリー・プレザンツ
1971/03/20　単行本　数
音楽史の考察を通し、バロック・ジャズ・ポップスなど現代音楽のスタイルのルーツに迫った研究書。ビートルズ関連は数ページ。

ニューミュージック・マガジン/4月号
ニューミュージック社
1971/04/01　音楽雑誌　1未満
表紙がジョンのイラスト。ビートルズ関連ではアルバム・レビュー記事程度。

音楽専科/4月号
楽専科社
1971/04/01　音楽雑誌　4
「ジョージ・ハリスンの新しい世界/話題を呼ぶ3枚組『All Things Must Pass』(水上はる子)」が4ページ。「ジョージの青春がはじまった」「根底から湧き上がる熱い闘志」「ゲストプレイヤーに強豪揃い」ほか。

サブ/季刊2号
サブ編集室
1971/04/25　一般雑誌　105
1970年4月創刊の「ぶっくれびゅう(日本書籍センター)」が前身。ビートルズ大特集「ビートルズ・フォア・エバー」。「僕とビートルズの出逢い/かまやつひろし」「私のビートルズ遍歴/横尾忠則」ほか多数。

ミュージック・ライフ/5月号
新興楽譜出版社
1971/05/01　音楽雑誌　12
連載シリーズ第1回「書簡:親愛なるジョン・レノンへ」や「ぼくはビートルズに、ニールはディランになりたかった」ほか、ポールのフォトなど。

美術手帖/5月号
美術出版社
1971/05/01　一般雑誌　20
「巻頭口絵解説:ビートルズは永遠にぼくの敵/横尾忠則」を含む19ページが横尾忠則構成・デザインのカラーアート作品集。表紙のジョンのイラストはアラン・オルドリッジの作品。

週刊少年マガジン/5月9日号
講談社
1971/05/09　週刊誌　17
写真、ストーリー、読物、ディスコグラフィーなど15ページ特集「決定版シリーズ・ビートルズの遺書」ほか、「ビートルズ・ヒットレコード大プレゼント」。

ミュージック・ライフ/6月号
新興楽譜出版社
1971/06/01　音楽雑誌　5
リンゴに対するエッセイ「ビートルズへの手紙」第2回「親愛なるリンゴ・スター様へ」ほか、カラーグラビアなど。

ライトミュージック/6月号
ヤマハ音楽振興会
1971/06/01　音楽雑誌　38
同誌としては異例のページを割いた「ジョン・レノン大特集」がある。アーティストや著名人によるエッセイをはじめブライアン・エプスタインを司会役にまわしたジョンとポールの架空対談集など。

音楽専科/6月号
音楽専科社
1971/06/01　音楽雑誌　13
特集「ビートルズ4人はこうなる」「ルポ、あなたにとってビートルズとは何か」がある。「ポールの告訴が投げかけた波紋/小清水勇」「ブートレグ・レコードについて/大森庸雄」ほか。

ビートルズ詩集:愛こそすべて
新書館
1971/06/20　単行本　全96
レノン=マッカートニーのヒットナンバーを含め52曲を収めた訳詩集。イラストや写真の掲載もあるコンパクトサイズ。※初版は背表紙がピンク、再版はホワイト。

きんぽうげ
コロムビア映画
1971/06/　映画パンフレット　1未満
映画の中でマーガレットに扮するのがジェーン・アッシャー。ポールの元恋人で有名。日本では1971年6月に初公開された。映画解説にポール関連記述あり。

BFC会報 BEATLES REPORT/NO.2
BFC事務所
1971/07/01　会報　全8
ビートルズ・ファン・クラブの会報。B5判の8ページ冊子形態。ビートルズニュース、「ポール・マッカートニー、ビートルズの解散と自身の新しき方向について語る」ほか会員情報など。

ミュージック・ライフ/7月号
新興楽譜出版社
1971/07/01　音楽雑誌　7
連載シリーズ「ビートルズへの手紙」ジョージ編「親愛なるジョージ・ハリスン様へ」やポールのアルバム『ラム』の記事など。

the beatles collection 3　255

1971-1972

ミュージック・ライフ臨時増刊/さよならビートルズ
新興楽譜出版社
1971/09/15 ムック/企画誌 全80
ビートルズの解散を惜しんで制作発行された写真集。過去に『ミュージック・ライフ』誌に掲載された写真を中心に再編集したもの。

ミュージック・ライフ/10月号
新興楽譜出版社
1971/10/01 音楽雑誌 6
バングラデシュ・コンサートのグラビア特集「その夜、ジョージとリンゴとディランが顔を合わせた……」やジョン&ヨーコのフォトなど。

週刊特ダネ/10月21日号
双葉社
1971/10/21 週刊誌 2
ワイド特集「小野ヨーコ ジョン・レノンの別れ話はなんと五百億円?」がある。ジョンとヨーコの離婚話を取り上げ、離婚した場合のヨーコの財産分与を試算したもの。その他、解散後の近況「ビートルズは仲直り」や写真など。

ビートルズその後
主婦と生活社
1971/10/30 単行本 全256
ビートルズ解散後の出来事や噂の真相、衝撃的事件について詳しく分析・究明を試みた貴重本。第1章「ビートルズ解散の軌跡」、第2章「ビートルズ裁判の真相」ほか。

ライトミュージック/11月号
ヤマハ音楽振興会
1971/11/01 音楽雑誌 9
ジョンの最新アルバム『イマジン』より、「ジェラス・ガイ」「イマジン」「真実が欲しい」「オー・ヨーコ」「オー・マイ・ラヴ」5曲の全楽譜と訳詞を特集扱いで掲載。

音楽専科/11月号
音楽専科社
1971/11/01 音楽雑誌 6
読み切り連載第3回「私のビートルズ・その1/香月利一」が6ページ。ビートルズの写真などを散りばめた構成のエッセイの前編。

工芸ニュース NO.3
丸善/工業技術院製品科学研究所（編）
1971/11/10 一般雑誌 0
ビートルズには超レアな工芸専門誌。表紙のみビートルズのアルバム『レット・イット・ビー』よりデザインされたポールを除く3人のイラスト。最下段だけプレスリーのようで、なぜポールでないのかが実に不思議。

ビートルズ・ソング・イラスト集 2
誠文堂新光社/アラン・オルドリッジ（編）
1971/11/20 ムック/企画誌 全128
1970年発行の第1集の続編として出版されたビートルズ・ソング・イラスト集 2。今回は世界の有名なイラストレーターに加え横尾忠則、宇野亜喜良、辰巳四郎、松永謙一、タイガー立石など日本のアーティスト作品も収録。

ビートルズ・ソング・イラスト集 2付録
誠文堂新光社/アラン・オルドリッジ（編）
1971/11/20 付録 12
ビートルズ・ソング・イラスト第2集（日本編集版）の特別付録。収録曲とイラスト作品の索引・解説。

ミュージック・ライフ/12月号
新興楽譜出版社
1971/12/01 音楽雑誌 9
ジョージのフォトやジョンのアルバム『イマジン』からの歌詞解説など。

音楽専科/12月号
音楽専科社
1971/12/01 音楽雑誌 6
前号に続き、読み切り連載第4回「私のビートルズ・その2/香月利一」が6ページ。ビートルズの写真などを散りばめた構成のエッセイの後編。

レット・イット・ビー（リバイバル：スバル座館）
東宝事業部/ユナイテッド・アーチスト映画社
1971/12/04 映画パンフレット 全20
1971年12月4日にリバイバル上映された際のスバル座館名入り（シルバー印刷）のレアパンフレット。

レット・イット・ビー（リバイバル：館名なし）
東宝事業部/ユナイテッド・アーチスト映画社
1971/12/04 映画パンフレット 全20
1971年12月4日にスバル座でリバイバル上映されたものと同じ仕様の館名なしタイプ。

フォークからロックへ
主婦と生活社/中村とうよう
1971/12/20 単行本 数行
表紙下部にポールの小イラスト。1955年〜1971年のポピュラー音楽変遷シーンの記録本。中村とうよう著で、多くの初出掲載誌より再編集したもの。ごく一部ビートルズに関する記述もある。

THE BEATLES
東芝音楽工業
1971/ 非売品小冊子 全40
東芝より発売された非売品小冊子。ビートルズのアルバム、シングル、コンパクトなどの完全ディスコグラフィー。

1972

ニューミュージック・マガジン/1月号
ニューミュージック・マガジン社
1972/01/01 音楽雑誌 20
特集「ジョン・レノンとオノ・ヨーコ」。貴重インタビュー「ジョン・レノン、多いに語る/矢野純一」「ヨーコ、大いに語る/ヘンリー・エドワーズ」やジョンに関するエッセイ集「ジョンとヨーコの出会い/片岡義男」ほか。

深夜放送ファン/1月号
自由国民社
1972/01/01 一般雑誌 0
表紙がイエロー・サブマリンのビートルズ4人のアニメイラスト。表紙以外、ビートルズ関連記事の掲載はないがビートルズカヴァーとしてはレア。

美術手帖/1月号
美術出版社
1972/01/01 一般雑誌 28
28ページの特集「ヨーコのすべて」がある。「インタヴュー 小野洋子/飯村隆彦」やエバーソン美術館で開催されたヨーコのアート展の写真グラフ集など、前衛アーティストとしてのヨーコのすべてを紹介。

平凡パンチ/01月24日号
平凡出版
1972/01/24 週刊誌 10
同誌では初の、ジョン&ヨーコ with 横尾忠則のカヴァー。ジョンの自宅を訪問した横尾の貴重フォト&記事を掲載。

週刊プレイボーイ/1月25日号
集英社
1972/01/25 週刊誌 4
ニューヨーク緊急レポート「横尾忠則、森山大道が目撃したレノン・ヨーコのニューヨーク秘密パーティー」「ジョン・ヨーコの衝撃の私生活とドッキング」など。

ミュージック・ライフ/2月号
新興楽譜出版社
1972/02/01 音楽雑誌 12
ポールの独占会見記、リンゴの取材記などの貴重資料「本誌特別取材！ポール、リンゴに会見インタビュー」ほか。

ニューミュージック・マガジン/2月号
ニューミュージック・マガジン社
1972/02/01 音楽雑誌 24
ジョージが提唱して開催された「バングラデシュ・コンサート」の特集がある。「ラビ・シャンカールのふるさとベンガル/小泉文夫」「白熱のコンサートとその前後/木崎義二」「ジョージになにが起こったか/宮原安春」など。

ライトミュージック/2月号
ヤマハ音楽振興会
1972/02/01 音楽雑誌 16
巻頭16ページにわたる特集「ビートルズはいま」がある。ビートルズ4人の近況フォト以外は「ポールの告白」「ニューヨークでのジョン&ヨーコ」「ジョージ・ハリスン アビイ・ロードを語る」など貴重インタビューが中心。

プレイマップ/2月号
田辺茂編集室
1972/02/03 一般雑誌 16
14ページのジョン特集「瞑想ライフ・スタイル②ジョン・レノン/ふじせいいち」。読み応えのあるエッセイで、映画《レット・イット・ビー》、ビートルズ解散、LSD、アルバム『ジョンの魂』のことなど、内容は多岐にわたる。

NONNO（ノンノ）1月20日-2月5日合併号
集英社
1972/02/05 一般雑誌 10
特集「ビートルズ・ファンに捧げる挽歌/あの栄光の日々がよみがえるのはいつか」がある。カラー写真ほか、「ビートルズ賛!!/木崎義二」「ビートルズがロンドンを変えた/コシノ・ジュンコ」、ビートルズ物語「その誕生から現在まで」などの読物。

BFC 会報 BEATLES REPORT/最終号
BFC 事務所
1972/03/01 会報
ビートルズ・ファン・クラブの会報。B5判冊子形態。ビートルズニュース、「ポールの告白」「バングラデシュコンサートの再現」「ファンクラブ・閉会のあいさつ」ほか会員情報など。会報はこの号をもって最終号とし、BFCも閉会した。

音楽専科/3月号
音楽専科社
1972/03/01 音楽雑誌 18
バングラデシュ難民救済コンサートの巻頭&巻末特集グラフほか、「POEM&POEM Here Comes the sun/落流鳥」「心象風景画ウィング/岡山宏」など多数。表紙もジョンとポールのイラスト。

THIS IS A PEN（ジス・イズ・ア・ペン）/創刊号
モリスフォーム
1972/03/01 一般雑誌 7
大阪発でレアな月刊サブカル誌の創刊号。表紙がジョージ・ハリスンで特集「バングラデッシュのためのコンサート」等が7ページ。内容はバングラデシュ関連グラフ、カレンダー、レポートなど。（A4判、全16ページの冊子形態で定価は30円）。

ヤングコミック/3月8日号
少年画報社
1972/03/08 隔週刊誌 11
11ページにおよぶビートルズ特集「青年誌初の快挙!!立体版ビートルズのすべて」がある。ビートルズの歴史を写真を添えて簡単に紹介したグラフ集。

1972

ビートルズ詩集2：世界のはてまでも
新書館
1972/03/20　単行本　全96
1971年に発行された『ビートルズ詩集：愛こそはすべて』の第2弾。ビートルズ中期以降のヒットナンバーとジョンのソロナンバーを収録したコンパクトサイズの訳詩集。

ビートルズ革命 / ジョン・レノン
草思社
1972/04/15　単行本　全336
1970年12月、ニューヨークで行われたジョン＆ヨーコのロングインタビューを完全収録した貴重本。

ミュージック・ライフ /5月号
新興楽譜出版社
1972/05/01　音楽雑誌　9
ジョージ夫妻、自動車事故のスクープフォトやポール、ジョンの近況レポート「ポールとジョンは本当に決裂している？」など。

ライトミュージック /5月号
ヤマハ音楽振興会
1972/05/01　音楽雑誌　16
10ページの特集「エレキ・ベース入門／ビートルズを支えたものポール・マッカートニー奏法」ほか、6ページのビートルズサウンド解析「かぶと虫ヤローの音楽をさぐっちゃえ！栄光のビートルズ!!／中川賢二」など。

ロックへの視点
音楽之友社 / カール・ベルツ
1972/05/01　単行本　11
64章「ビートルズから現代まで」でビートルズが登場する当時のイギリスの状況や音楽的背景、またビートルズ誕生の必然性とサウンドの魅力などについても詳細解析。

サンデー毎日 /5月21日号
毎日新聞社
1972/05/21　週刊誌
表紙のみ、ニューヨークのタイムズ・スクエアの「北爆反対」集会に飛び入り参加したジョン＆ヨーコ。

68+1（プラス・ワン /6月創刊号）
新興楽譜出版社
1972/06/10　一般雑誌　4
タイトル「68+1」＝69。6と9でズバリROCKなんだって!!　一瞬笑えるけどよくよく考えると奥深い。特集「ビートルズ革命とジョン自身の反革命理論／金坂健二」は音楽活動に留まらず、思想、影響力にまで掘り下げた内容。

THE BEATLES/ THE IMMORTAL BEATLES FAN CLUB
IBFC
1972/06/15　小冊子　全40
IBFC（THE IMMORTAL BEATLES FAN CLUB）が編集・発行の会誌創刊号。渋谷陽一の寄稿、バングラデシュ・コンサートのレポート、ラヴィ・シャンカール来日、アルバム情報など。

ミュージック・ライフ /7月号
新興楽譜出版社
1972/07/01　音楽雑誌　21
ML特別企画『ビートルズ結成10年周年記念グラフ集（第1回）』やジョンの作品解説「この曲はジョン・レノンが作った！」など。

ライトミュージック /7月号
ヤマハ音楽振興会
1972/07/01　音楽雑誌　14
「アイルランドに平和を」「女は世界の奴隷か！」、リンゴの「バック・オフ・ブーガルー」など、最新曲のバンドスコアを14ページに掲載。

音楽専科 /7月号
音楽専科社
1972/07/01　音楽雑誌　13
13ページの特集「大特集　ビートルズ最新情報総点検！」がある。「ジョンとヨーコがアメリカに永住するほんとの理由ってナニ？」「ポールは【アイルランドに平和を】で政治的な歌を何故うたったのか」ほか。

ミュージック・ライフ /8月号
新興楽譜出版社
1972/08/01　音楽雑誌　18
連載シリーズ『ビートルズ結成10周年記念グラフ集（第2回）』やジョン、リンゴのグラビアなど。

ライトミュージック /8月号
ヤマハ音楽振興会
1972/08/01　音楽雑誌　1未満
表紙のジョン＆ヨーコのイラスト以外はわずかな記事とアルバム紹介があるのみ。

音楽専科 /8月号
音楽専科社
1972/08/01　音楽雑誌　3
ビートルズ最新情報コーナーで、ジョンが参加した「ジョン・シンクレア保釈チャリティ・コンサート」の3ページ詳細レポート。ビートルズ以外では、T・レックスやボブ・ディランのワイド特集など、興味深い記事が多い。

ロック・ジャイアンツ
合同出版／P・リヴェリ／R・レヴィン（編）
1972/08/05　単行本　32
ビートルズ関連ページは、ジョンとヨーコのインタビューほか、ポール死亡説、マジカル・ミステリー・ツアーのアルバムの話題など32ページ。

ビートルズと歌った女
角川文庫
1972/08/20　文庫本　33
ビートルズの公演、ケネディ大統領暗殺事件など、ビートルズ現役時代の世相を背景に展開される短篇恋愛小説集。表題の「ビートルズと歌った女」ほか8篇を収録。

ボブ・ディランの軌跡
主婦と生活社
1972/08/25　単行本　数行
これも同社シリーズ本なので表紙下部に同じポールのイラストがある。三橋一夫著、ボブ・ディラン読本。一部「バングラディシュ・コンサート」にジョージ・ハリスン写真や関連記述が少々。

ミュージック・ライフ /9月号
新興楽譜出版社
1972/09/01　音楽雑誌　17
ML特別企画『ビートルズ結成10周年記念グラフ集（第3回）』ほか、バングラデシュ・コンサートのグラフなど。

ガッツ /9月号
集英社
1972/09/01　音楽雑誌　5
楽譜集「ボンゴでたたこう！アンド・アイ・ラブ・ハー」、「ポール・マッカートニー／メアリーの小羊」とジョンの最新アルバム情報など。表紙はリンゴ。

音楽専科 /9月号
音楽専科社
1972/09/01　音楽雑誌　17
ビートルズのディスコグラフィや詳細年譜などの資料集「決定版！ビートルズ大年表」第1回がある。なおこの特集は9月号以後、10月号、11月号と1973年7月号の4回連載された。

THE BEATLES FOREVER/ 10th Anniversary
東芝音楽工業洋楽販売部
1972/09/01　非売品小冊子　全66
結成10周年記念発行の非売品資料集。全てビートルズ関連記事やディスコグラフィー、作品リスト、年譜などで構成。このシリーズは通称「FOREVER資料集」と呼ばれる。

68+1（プラス・ワン /9月創刊2号）
新興楽譜出版社
1972/09/10　音楽雑誌　2
「ジョン＆ヨーコ、そのマクロ的考察とミクロ的観察／アルバム・レヴュー」があり、ジョンのニューアルバム『サムタイム・イン・ニューヨーク・シティー』に関して立川直樹、横尾忠則のアルバム・レヴューを掲載。

THE BEATLES/BEATLES FAIR 1972
ユニ・パブリシティ
1972/10/01　小冊子　全44
1972年に全国各地で開催されたイベント「ビートルズ・フェアー」に先駆けて発行されたイベント案内（小冊子）。数多くのビートルズ写真や関連資料で構成したもの。

THE BEATLES/BEATLES FAIR 1972（パンフ）
ユニ・パブリシティ
1972/10/01　パンフレット　全32
1972年、ビートルズ結成10周年を記念して企画開催された全国縦断「ビートルズ・フェア」のイベントパンフレット。内容はビジュアル構成で資料写真他、年譜「ビートルズの歩み」、ディスコグラフィーなど。

ミュージック・ライフ /10月号
新興楽譜出版社
1972/10/01　音楽雑誌　26
ML特別企画『ビートルズ結成10周年記念グラフ集（第4回）』やポール＆リンダの独占インタビューなど。

音楽専科 /10月号
音楽専科社
1972/10/01　音楽雑誌　16
連載特集「決定版！ビートルズ大年譜／第2回」がある。オリジナル・アルバムのディスコグラフィーと詳細年譜ほか。

ビートルズの軌跡
新興楽譜出版社 / ミュージック・ライフ（編）
1972/10/10　単行本　全480
1972年までの『ミュージック・ライフ』誌に掲載されたビートルズ関連記事のみを抜粋・整理し、一冊にまとめたもの。ビートルズ現役時代のタイムリーなニュース、トピックス、取材記事など、貴重資料が多い。

ビートルズの軌跡（ROCK BOOKシリーズ）
新興楽譜出版社 / ミュージック・ライフ（編）
1972/10/10　単行本　全480
右上「ビートルズの軌跡」と内容は同じ。こちらはロックのスーパー・アーティストの伝説、物語、詩集などを集めた「ROCK BOOKシリーズ」のひとつ。

Viva Young/10月号
ニッポン放送
1972/10/10　一般雑誌　12
ニッポン放送がリスナー向けに発行したミニ情報誌。ビートルズ特集の内容は「B.B.紀元の創始者／朝妻一郎」「ビートルズの不滅性／星加ルミ子」「私のなかのビートルズ／門谷憲二、泉谷しげる etc」ほか。

週刊プレイボーイ /10月10日号
集英社
1972/10/10　週刊誌　10
10週連続特別企画「絵で知るビートルズ大事典」の第1回「4人のプロフィール」がある。イラストと簡単な年譜、楽譜などの入門編。表紙コピーあり。

盲目ガンマン / 映画プレスシート
20世紀FOX映画
1972/10/14　プレスシート／キット　2
B2判サイズ幅364mm×高515mmのリンゴ・スター出演映画《盲目ガンマン／BLINDMAN》の表は絵で裏側は横向きプレスシート。1枚ものでの映画解説、ストーリー、キャスト紹介など。

週刊プレイボーイ /10月17日号
集英社
1972/10/17　週刊誌　10
10週連続特別企画「絵で知るビートルズ大事典」の第2回である。ディスコグラフィー、年譜、楽譜ほか、「ビートルズとファッション――彼らが若者に残したものは」など。表紙コピー＆イラストあり。

バングラデシュのコンサート（スバル座）
東宝事業部 / ケンリック極東
1972/10/21　映画パンフレット　全20
映画《バングラデシュのコンサート》スバル座記念入リパンフレット。ジョージが提唱し1971年8月1日にニューヨークのマディソン・スクエア・ガーデンで行われた難民救済コンサートの記録映画。

the beatles collection 3 | 257

1972-1973

バングラデシュのコンサート（館名なし）
東宝事業部／ケンリック極東
1972/10/21　映画パンフレット　全20
映画《バングラデシュのコンサート》館名なしパンフレット。館名はないが東宝と20世紀フォックスのロゴマークがあるタイプ。

THE BEATLES／ビートルズ
角川文庫／ジュリアス・ファスト
1972/10/25　文庫本　全368
アメリカのジャーナリストで社会学者、ジュリアス・ファストによる、ビートルズ初の文庫版伝記。手頃な一冊。

ミュージック・ライフ／11月号
新興楽譜出版社
1972/11/01　音楽雑誌　21
ML特別企画「ビートルズ結成10周年記念グラフ集（第5回）」やポール＆リンダの独占インタビュー（2）など。

音楽専科／11月号
音楽専科社
1972/11/01　音楽雑誌　15
ビートルズの詳細年譜を記録した特集「決定版！ビートルズ大年譜」第3回がある。特集はひとまずこの第3回で完結したが、1973年7月号に追記を加え掲載され、最終的に4回連載となった。

ビートルズ神話／エプスタイン回想録
新書館／ブライアン・エプスタイン
1972/11/05　単行本　全256
ビートルズのマネージャー、ブライアン・エプスタインによる自叙伝「A CELLARFUL OF NOISE／地下室の雑音」の邦訳。

THE BEATLES FESTIVAL（映画解説小冊子）
東宝事業部／ユナイテッド・アーチスト映画会社
1972/11/17　小冊子　全8
「ザ・ビートルズ・フェスティバル」映画上映時、テアトル銀座や武蔵野館など一部の映画館で無料配布された映画解説の小冊子。

ザ・ビートルズ・フェスティバル（テアトル銀座）
東宝事業部／ユナイテッド・アーチスト映画会社
1972/11/17　映画パンフレット　全20
ビートルズの主演映画《ビートルズがやって来るヤァ！ヤァ！ヤァ！》《ヘルプ！4人はアイドル》《レット・イット・ビー》とアニメ映画《イエロー・サブマリン》の4作品を日替り上映した映画イベントのパンフレット。テアトル銀座館。

ザ・ビートルズ・フェスティバル（武蔵野館）
東宝事業部／ユナイテッド・アーチスト映画会社
1972/11/17　映画パンフレット　全20
ビートルズ主演映画4作品を日替わり上映した映画イベントのパンフレット。武蔵野館名入り。

ザ・ビートルズ・フェスティバル（館名なし）
東宝事業部／ユナイテッド・アーチスト映画会社
1972/11/17　映画パンフレット　全20
ビートルズ主演映画4作品を日替わり上映した映画イベントのパンフレット。表紙右上に東宝ロゴマークあり。全国汎用版のため館名なし。

ミュージック・ライフ／12月号
新興楽譜出版社
1972/12/01　音楽雑誌　22
連載シリーズ最終回、ML特別企画「ビートルズ結成10周年記念グラフ集（第6回）」とジョン＆ヨーコのインタビューなど。

東芝'73ポピュラーベストセラーアルバム
東芝音楽工業
1972/　非売品小冊子　6
東芝「ポピュラー・ベスト・セラー・アルバム」の非売品小冊子。巻頭最初の6ページ分がビートルズ＆ソロのディスコグラフィー。タイトルに「'73」と記載があるが、発行は1972年。

1973

ミュージック・ライフ／1月号
新興楽譜出版社
1973/01/01　付録　7
人種差別や愛について語ったロング・インタビュー「ジョン＆ヨーコ、インタヴュー②」ほか、グラビア特集にポール＆リンダのフォト。別冊付録「ROCK」付。

ミュージック・ライフ／1月号付録 ROCK
新興楽譜出版社
1973/01/01　付録　6
『ミュージック・ライフ』1973年1月号にセットされていた付録。B4サイズ新聞形態。ジョンとヨーコのインタビューと写真、記事（英文）。

アサヒカメラ／1月号
朝日新聞社
1973/01/01　一般雑誌　50
ビートルズ・ナンバーの訳詞をつけた篠山紀信、浅井慎平、横尾忠則ほかのフォト作品集「特集・競作――24人の〈ビートルズ〉」があるが、いずれもビートルズとは無関係の作品。

ヤング・ギター／1月号
シンコー・ミュージック
1972/01/01　音楽雑誌　10
特集「ビートルズを生ギターで」が10ページ。楽譜〔ロッキー・ラクーン〕〔マザー・ネイチャーズ・サン〕〔ブラックバード〕〔ヒア・カムズ・ザ・サン〕、ポールの〔ジャンク〕など8曲とディスコグラフィー。

ユリイカ詩と批評／1月号
青土社
1973/01/01　一般雑誌　62
詩と批評をテーマに数々の特集を掲載してきた『ユリイカ』誌が初めて企画した、エッセイ、評論中心のビートルズ大特集がある。表紙イラストもビートルズ。

ライトミュージック／1月号
ヤマハ音楽振興会
1973/01/01　音楽雑誌　8
ジョンの最新アルバム『サムタイム・イン・ニューヨーク・シティ』関連情報とジョンの研究「何故ジョン・レノンはニューヨークに執着し、ラジカルであるのか？」など。

ヤングセンス／1973WIMTER
集英社
1973/01/10　音楽雑誌　8
〔イエスタデイ〕〔ガール〕などビートルズの楽譜特集「ビートルズ初期作品集」6ページと、ポールの〔アイルランドに平和を〕、ジョンの〔女は世界の奴隷か！〕各1ページずつ。

ロッキング・オン／冬VOL.3
ロッキング・オン編集部
1973/01/15　音楽雑誌　18
同誌初のビートルズ特集「ビートルズを葬り去るために」がある。直接ジョンには関係ないが、1980年の射殺事件を予感させるようなタイトルが付けられた「眩惑のおとしまえ――ジョン・レノン暗殺事件／岩谷宏」ほか。

ミュージック・ライフ／2月号
新興楽譜出版社
1973/02/01　音楽雑誌　9
『ジョン＆ヨーコ、インタヴュー③』やビートルズ4人の近況報告など。

シネロマン／創刊号
近代映画社
1973/02/01　一般雑誌　9
映画からのグラフ集。ディスコグラフィーを簡単に紹介した企画特集「立体特集 プレスリー／ビートルズ」「ザ・ビートルズ再発見」がある。

音楽専科／2月号
音楽専科社
1973/02/01　音楽雑誌　15
ジョンについてのエッセイや資料を掲載した特集企画「大特集――J.レノンとエレファンツ・メモリー」ほか。

ライトミュージック／3月号
ヤマハ音楽振興会
1973/03/01　音楽雑誌　1未満
表紙がポールとビートルズのイラスト。「HOT HOT NEWS」および対談コーナーに関連小記事。

だぶだぼ第19号
スピン
1973/03/20　一般雑誌　20
直接ビートルズに関する記事のない20ページほどの異質特集「ビートルズの出てこないビートルズ」。イメージイラストやアート詩集・エッセイに一部ビートルズやヒットナンバーの文字が登場する程度。

ビートルズの不思議な旅
草思社／ピーター・マッケイブ／ショーンフェルド
1973/04/09　単行本　全344
ブライアン・エプスタインの死、アップルの設立、権力闘争、ショービジネスの台頭を経て、最終的に解散に至った原因を徹底究明した意欲作。

ビートルズ詩集
新興楽譜出版社／岩谷宏（訳）
1973/04/20　単行本　全176
原詩に忠実な対訳というより、曲全体のイメージからビートルズの本質を探ろうと独創的な訳詩を試みた詩集。53曲を収録。

ニューミュージック・マガジン／5月号
ニューミュージック・マガジン社
1973/05/01　音楽雑誌　8
『特別寄稿＝小野洋子』がある。ジョン＆ヨーコの写真や詩を交えて、女性の地位向上、解放運動などを熱く表現。

音楽専科／5月号
音楽専科社
1973/05/01　音楽雑誌　12
特別企画「知られざるBEATLES――第3回」で、片岡義男のビートルズ・ストーリー「イエスタデイ OH！イエスタデイ」を掲載。

高1コース／5月号
学習研究社
1973/05/01　一般雑誌　13
ビートルズのカラーグラフ特集「★カラー★ビートルズ」「ミュージック・オン・ステージ／不死鳥ビートルズ〈世界にリバプール・サウンドを売ったすごいやつら〉」など13ページ。

1973

ROCK NOW/rock around the beatles'73
東芝EMI／ミュージック・ライフ編集部（編）
1973/05/05　非売品小冊子　7
「アート・ポスター」「それはビートルズからはじまった!!」「ポップスとビートルズの間に何が起こった？」「行動力あふれた正義の味方／ジョン＆ヨーコ」など読物が中心。

ビートルズ詩集1
角川書店／片岡義男（訳）
1973/05/30　文庫本　全320
レノン＝マッカートニーの共作曲をあつめた訳詩集。第1集、第2集を合わせて156曲を収録。片岡義男の原詩に忠実な対訳。この第1集ではアルファベット順に80曲を収録。初版は背表紙が白。

ビートルズ詩集2
角川書店／片岡義男（訳）
1973/06/15　文庫本　全320
レノン＝マッカートニーの作品を収録した訳詩集。この第2集では76曲収録。初版は背表紙が白だが、増刷は背表紙が青。

ミュージック・ライフ/6月号
新興楽譜出版社
1973/06/01　音楽雑誌　14
1972年12月号より連続連載された「ジョン＆ヨーコ、インタヴュー」の最終回（第7回）と『特別取材レポート／海外特約記者を動員して徹底調査したビートルズ再編成の真偽をここに公開！』など。

ライトミュージック/6月号
ヤマハ音楽振興会
1973/06/01　音楽雑誌　7
巻頭に、ヨーコにスポットをあてた読物特集「特集オノ・ヨーコ」がある。「誰よりも戦闘的で誰よりも優しいヨーコ」「ヨーコは耳で聞くな。コンセプショナルを聞かなければダメだ／横尾忠則」ほか。

FM fan/6月18日-7月1日号
共同通信社
1973/06/18　音楽雑誌　0
表紙のみポール。

ぶらすわん/7月号
新興楽譜出版社／草野貞二（著）
1973/07/01　音楽雑誌　1
表紙がビートルズのイラスト。ポールのニューアルバムのリリースニュース程度。

深夜放送ファン/7月号
自由国民社
1973/07/01　音楽雑誌　2
ポールのインタビューと記事「本誌独占スクープ!!／俺たちビートルズの再編成を妨げているのはドラッグとアメリカ政府だ!!／ポール・マッカートニー重大発言!!」がある。表紙コピーと掲載内容はいささか違う。

ライトミュージック/7月号
ヤマハ音楽振興会
1973/06/01　音楽雑誌　4
メンバーの最新情報とポールのインタビューから再結成を考察した『特集②ビートルズ再編成に注目せよ!!』がある。

音楽専科/7月号
音楽専科社
1973/07/01　音楽雑誌　58
ビートルズ最強特集と題した全55ページの特集『最強特集／ビートルズ（全55項）完全ディスコグラフィー／海賊盤ガイド／大年譜④』があり、読物に「ビートルズ・ブートレグ・ディスコグラフィー／香月利一」など貴重資料満載。

オーディオファン/創刊号
オーディオファン研究所
1973/07/01　音楽雑誌　5
『特集ビートルズ（アップルレコード）最新情報』がある。モノクログラビアと「ビートルズ再結集の噂は事実か／石坂敬一」。アップルレーベルや解散についての解説など。

ヤング・ギター/7月号
新興楽譜出版社
1973/07/01　音楽雑誌　4
「小野洋子（オノ・ヨーコ）万才」が4ページ。内容はエッセイ「オノ・ヨーコに感じたこと」と『ナウ・オア・ネヴァー』【アイ・ドント・ノウ】の楽譜など。

NONNO（ノンノ）7月5日号
集英社
1973/07/05　一般雑誌　7
4人の近況グラフとレポート『特別企画ビートルズの復活』がある。「ビートルズの話題を追う」「復活の機は熟した羽ばたけ！ザ・ビートルズ／立川直樹」など。

ビートルズ／豪華写真集
新興楽譜出版社
1973/07/10　ムック／企画誌　全128
デビューから1970年前半までの、ビートルズおよびソロ4人の軌跡を記録した写真集。コンサートや映画からの写真も多く、カラーを含め160点を超える貴重ショットを収録。

007／死ぬのは奴らだ
東宝事業部／ケンリック極東
1973/07/14　映画パンフレット　1未満
ポールが音楽を担当して話題となった映画〈007／死ぬのは奴らだ〉の映画パンフレット。主題歌「007 死ぬのは奴らだ」はポールのコンサートでも良く演奏されるナンバーで、映画音楽としても歴史に残る名曲のひとつ。

ロッキング・オン／隔月刊 VOL.Ⅵ
ロッキング・オン編集室
1973/07/15　音楽雑誌　2
ポールのニュー・アルバム『レッド・ローズ・スピードウェイ』評「Red Rose Speed Way／松村雄策」がある。一部ジョン＆ヨーコの表紙。

ニューミュージック・マガジン/9月号
ニューミュージック・マガジン社
1973/09/01　音楽雑誌　28
ジョン＆ヨーコのロングインタビューを含めた特集『内田裕也、特別取材小野洋子』がある。いずれも突っ込んだ内容の貴重インタビューで「ヨーコもジョンもすばらしい人たちだった」「死んでるみたいな生き方はしたくない」など。

ヤングギター/9月号
新興楽譜出版社
1973/09/01　音楽雑誌　10
【ラヴ・ミー・ドゥ】【プリーズ・プリーズ・ミー】【シー・ラヴズ・ユー】など1962年～1966年のヒットナンバー13曲のギターコード付歌詞特集『特集ビートルズ／1962-1966全曲集』など。

ライトミュージック/9月号
ヤマハ音楽振興会
1973/09/01　音楽雑誌　6
【ギヴ・ミー・ラヴ】【ドント・レット・ミー・ウェイト・トゥー・ロング】【ザ・ライト・ザット・ハズ・ライテッド・ザ・ワールド】3曲を掲載したジョージの楽譜特集ほか。ジョージのイラストカヴァー。

音楽専科/9月号
音楽専科社
1973/09/01　音楽雑誌　22
ジョージを解析した特集『BEATLES SERIES①ジョージ・ハリスン徹底解析』。「G・ハリスン、ニューアルバムの秘密／三橋一夫」「そのサウンドからみたジョージの本質とは／三好伸一」ほか。

週刊FM/9月24日-9月30日号
音楽之友社
1973/09/24　音楽雑誌　1/8
表紙のポール以外には極小記事「ビートルズ11年前の録音現われる」程度。ちなみに表紙コピーのPAUL McCARTNEYのスペルが間違っている。「O」が余分。

プラス・ワン/10月号
新興楽譜出版社
1973/10/01　音楽雑誌　18
ビートルズとストーンズ、2大ロックグループの企画読物特集「何故ロック・スーパー・スターなのか…ビートルズ／ストーンズ」がある。

ヤング・ギター/10月号
新興楽譜出版社
1973/10/01　音楽雑誌　10
特集「ビートルズ1966-1970全曲集」が10ページ。内容は楽譜ではなく【ストロベリー・フィールズ・フォーエバー】から【ザ・ロング・アンド・ワインディング・ロード】までのギターコード付きビートルズ歌詞集。

音楽専科/10月号
音楽専科社
1973/10/01　音楽雑誌　19
ジョンとヨーコの最新レポート「この目で確認、ジョン＆ヨーコのレコーディング／石坂敬一」と先月号に続きポール特集を企画。「リンゴとポールはいかに手を結んだか」「ポールを取りまくウイングスの仲間たち」ほか。

ビートルズが教えてくれた
自由国民社／岡本おさみ
1973/10/10　単行本　数
吉田拓郎、長谷川きよし、泉谷しげる、かまやつひろし、加藤登紀子などによる対談と岡本おさみの作品集（執筆）で構成された書籍。巻末には岡本おさみ作詞、吉田拓郎作曲による楽譜【ビートルズが教えてくれた】も掲載。

ROCK NOW '73（表紙）
東芝EMI
1973/10/16　非売品小冊子　3
両面表紙、12ページの折込形式の冊子。東芝レコード1973年度ディスコグラフィー。ビートルズ＆ソロディスコグラフィー「ビートルズ・デビュー10周年記念／ビートルズは永遠なり」が3ページ。裏表紙のようだがこちらが表紙。

ROCK NOW '73（裏表紙）
東芝EMI
1973/10/16　非売品小冊子　3
両面表紙、12ページの折込形式の冊子で、東芝レコード1973年度ディスコグラフィー。ビートルズ＆ソロディスコグラフィー「ビートルズ・デビュー10周年記念／ビートルズは永遠なり」が3ページ。

音楽専科/11月号
音楽専科社
1973/11/01　音楽雑誌　15
リンゴ特集企画「特集/BEATLES SERIES③リンゴ・スター海賊盤ガイド」「リンゴ・スターが彩る世界」「リンゴ一人ぼっちのセンチメンタルな旅／編集部」「リンゴよ、お前は一体何ものだ！／ゲン新岩」など。

宝島/11月号
ワンダーランド
1973/11/01　一般雑誌　15
ビートルズのオリジナル・ナンバー157曲の歌詞の中からキーワードをピック・アップし、アルファベット順に整理・解説を加えた『ビートルズ英和辞典』がある。

音楽専科/12月号
音楽専科社
1973/11/01　音楽雑誌　15
ビートルズ4人を個々に取上げた特集「BEATLES SERIES」の最終回で、ジョンの特集。「ジョン＆ヨーコのアルバム最新情報／石坂敬一」「ビートルズ以後、ジョンの歌にみるリアリティとは」など。

ヤングセンス/1973AUTUMN（付録）
集英社
1973/11/10　付録　5
「ヤングセンス/1973AUTUMN」の別冊付録。最終4ページに簡単なプロフィールやディスコグラフィーを掲載。表紙の一部がジョン。

ミュージックエコー
学習研究社
1973/12/01　一般雑誌　47
『特集ビートルズ／語録＆思い出のビートルズ・アルバム』21ページと『楽譜集・ビートルズ・ヒット・アルバム』26ページ。合わせて47ページの特集がある。

高一時代/12月号
旺文社
1973/12/01　一般雑誌　0
右の小冊子付録がセットされていた「高一時代/12月号」。表紙コピー「〈付録〉③ The Beatles」以外に本誌にビートルズ記事はない。

1973-1974

The Beatles/ 高一時代 12月号の付録
旺文社
1973/12/01　付録　　　全48
「高一時代/12月号」の付録。48ページの小冊子ですべてがビートルズの総力特集。4人のプロフィール、ビートルズ物語、解散後のビートルズ、ビートルズ5つの疑問、ビートルズ・レコード・アルバムなど。

レット・イット・ビー（リバイバル2：テアトル銀座）
東宝事業部/ユナイテッド・アーチスト映画会社
1973/12/15　映画パンフレット　　　全20
1973年末にテアトル銀座でリバイバル上映された際の館名入りパンフレット。

レット・イット・ビー（リバイバル2：武蔵野館）
東宝事業部/ユナイテッド・アーチスト映画会社
1973/12/15　映画パンフレット　　　全20
1973年リバイバル上映時の「武蔵野館」館名入りパンフレット。

レット・イット・ビー（リバイバル2：館名なし）
東宝事業部/ユナイテッド・アーチスト映画会社
1973/12/15　映画パンフレット　　　全20
1973年末含め、以降の全国リバイバル上映時に使用された館名なしパンフレット。

FM fan/ 12月31日-1月13日号
共同通信社
1973/12/31　音楽雑誌　　　0
表紙のみリンゴの最新アルバムジャケットだが、本文には目立った記事はない。

Beatles Hits/ ビートルズ80曲集
新興楽譜出版社
1973/　楽譜等　　　全240
ビートルズのヒットナンバー80曲を収録したコンパクトサイズのソング＆楽譜集。写真に48ページのボリュームを割いている。

1974

ニューミュージック・マガジン/ 1月号
ニューミュージック・マガジン社
1974/01/01　音楽雑誌　　　4
リンゴのニューアルバム「リンゴ」と、ジョンの「マインド・ゲームス」のリリース解説「リンゴとジョンのニュー・アルバム/小倉エージ」がある。表紙イラストもリンゴ。

ライトミュージック/ 1月号
ヤマハ音楽振興会
1974/01/01　音楽雑誌　　　8
巻頭のリンゴのカラーグラビアほか、記事「最新ビートルズ情報・徹底レポート、僕たちが1974年に再結集する可能性！？/石坂敬一」、データ資料「とっておきビートルズ・レコーディング代年表」、リンゴの楽譜など。

音楽専科/ 1月号
音楽専科社
1974/01/01　音楽雑誌　　　7
ビートルズの最新情報「新企画/BEATLES IMPACT ①ジョンとリンゴのニューアルバム」と、資料を紹介する連載企画「BEATLES IMPACT/香月利一」の第1回を掲載。

ヤング・ギター/ 2月号
新興楽譜出版社
1974/01/01　音楽雑誌　　　4
「ビートルズそっくりコピーショウ」のタイトルで【アイ・ニード・ユー】と【すてきなダンス】のギターコード付き楽譜が4ページ。

ライトミュージック/ 2月号
ヤマハ音楽振興会
1974/02/01　音楽雑誌　　　0
表紙のみポール。

音楽専科/ 2月号
音楽専科社
1974/02/01　音楽雑誌　　　5
前月号から始まった香月利一の解説・編集による連載企画シリーズ「BEATLES IMPACT ②/幻のライブ・アルバムの全貌」がある。

ビートルズの復活
二見書房/庄司英樹
1974/02/15　単行本　　　全288
史実や資料をもとに書下ろしたエッセイ調のビートルズ・インサイド・ストーリー。

ブラス・ワン/ 3月号
新興楽譜出版社
1974/03/01　音楽雑誌　　　8
ジョンとヨーコのニューアルバム「マインド・ゲームス」「空間の感触」の総評を記載した「特別寄稿 田中小美昌のビートルズそして待望のジョンとヨーコの新盤」がある。

ライトミュージック/ 3月号
ヤマハ音楽振興会
1974/03/01　音楽雑誌　　　3
ビートルズ4人それぞれの最新情報にしたレポート「伝説から現実に再び舞戻るか！？/石坂敬一」など。表紙コピーは「ビートルズ」。

音楽専科/ 3月号
音楽専科社
1974/03/01　音楽雑誌　　　6
香月利一の連載企画「BEATLES IMPACT ③海賊盤ガイド（その3）」がある。「幻のアルバム、ゲット・バックの全貌」「ゲット・バック関連ブートレグ・ディスコグラフィー」など。

新譜ジャーナル/ 3月号
自由国民社
1974/03/01　音楽雑誌　　　5
「特集Ⅱ緊急ルポ！ビートルズ再編を占う！/田川律」が5ページ。ビートルズ4人の近況含めた再結成の話題と【アンド・アイ・ラヴ・ハー】【イエスタデイ】の楽譜など。ちなみに特集Ⅰは吉田拓郎関連。

THE BEATLES MONTHLY REPORT1/ 東芝EMI公認 (I.B.F.C)
東芝EMI ファンクラブ
1974/03/12　情報紙/専門紙　　　全6
東芝EMI公認のビートルズ・ファンクラブ(I.B.F.C)のマンスリー・レポートの第1号（全6ページ）。この号は、あくまでも正式公認を受けた直後のレポートのようで同年9月頃に手作りの会報が正式に発刊されている。

週刊大衆/ 3月21日号
双葉社
1974/03/21　週刊誌　　　3
ジョンとヨーコの近況報道「肉親や友人たちが語る…真相追及 オノ・ヨーコとジョン・レノン離婚騒動の一部始終」がある。「あの二人は超人的だから」「醜聞専門家がふりまいた？」など。

ミュージック・ライフ/ 4月号
新興楽譜出版社
1974/04/01　音楽雑誌　　　3
リンゴやジョンのグラビアほかヨーコの近況レポート「オノ・ヨーコ、「たった一人の里帰り」の気になる噂」など。

ガッツ/ 4月号
集英社
1974/04/01　音楽雑誌　　　12
ビートルズに詳しい木崎義二、渋谷陽一、石坂敬一の各氏によるユニークなビートルズ研究資料「研究特集/ビートルズからビートルズ×4まで」がある。

音楽専科/ 4月号
音楽専科社
1974/04/01　音楽雑誌　　　8
ジョンとヨーコの貴重ショットほか、年間連載企画「BEATLES IMPACT ④ビートルズ最新情報」など。

高1コース/ 4月号
学習研究社
1974/04/01　一般雑誌　　　13
13ページの巻中オールカラー特集「ザ・ビートルズ/まだ走り続ける四人のかぶと虫たち」がある。写真、イラスト含めた4人のプロフィールはじめ、年表など。

ライトミュージック/ 4月号
ヤマハ音楽振興会
1974/04/01　音楽雑誌　　　10
リンゴやジョンの近況フォトをグラビアで紹介。本文ではヨーコが5月に来日する話題に関連して最新情報や噂をまとめた「たった一人の里帰り、の気になる噂/石坂敬一」がある。

週刊明星/ 4月14日号
集英社
1974/04/14　週刊誌　　　2
ジョンと別居中のヨーコに関する取材記事「ジョン・レノンと離婚は本当か？オノ・ヨーコ8月来日の全真相！」発行日は4月15日。

月刊ヤングメイツ・ミュージック/ 5月号
ヤングメイツ・ミュージック
1974/04/15　音楽雑誌　　　13
13ページの「特集 ビートルズのサウンド」がある。「対談/なんで今更、ビートルズなの？」「アンケート/私のビートルズ」「ティディー・ボーイのシャウトが、ゲンナマになった？/工藤朗生」ほか。

ロッキング・オン/ 4月号
ロッキング・オン編集室
1974/04/15　音楽雑誌　　　11
ロッキング・オンが企画した架空インタビュー「ジョン・レノン対ロッキングオン」、連載シリーズ「アビイ・ロードへの裏通り/松村雄策」、ビートルズ・ヒットナンバーの訳詞を掲載した「特別付録大訳詞58/岩谷宏」など。

週刊ポスト/ 4月26日号
小学館
1974/04/26　週刊誌　　　5
「独占インタビュー 小野洋子が"ジョン・レノンとの離婚・創価学会・小野田を語る"」ジョンとの近況や自身の哲学、8月予定の「ワンステップ・フェスティバル」来日までを語ったもの。

ミュージック・ライフ/ 5月号
新興楽譜出版社
1974/05/01　音楽雑誌　　　3
映画でリンゴと共演したハリー・ニルソンのインタビュー「リンゴ・スターと映画で共演するニルソンにきく後日談」やグラビアフォトなど。

ライトミュージック/ 5月号
ヤマハ音楽振興会
1974/05/01　音楽雑誌　　　5
ビルボード誌とキャッシュ・ボックス誌上位にランキングされたビートルズのヒット曲詳細データ集「堂々新連載ビートルズ百科」がある。

1974

ローリングストーン /5月号
ローリングストーン・ジャパン
1974/05/01　一般雑誌　18
インタビュー特集「ポール・マッカートニー/ビートルズ再結成を語る」ほか、リンゴのインタビュー、ジョージの全米ツアー情報など。

音楽専科 /5月号
音楽専科社
1974/05/01　音楽雑誌　5
「ビートルズ語録が語る彼らの素顔」ほか、香月利一の連載企画シリーズ『BEATLES IMPACT ⑤』。

週刊プレイボーイ /5月7日号
集英社
1974/05/07　週刊誌　4
ニューヨークで行われたヨーコのインタビュー「ビートルズが再編成する!?話題の女、小野洋子にニューヨークで緊急インタビュー」を掲載。

ポップ・ソングの英語 /プレスリーからビートルズまで
研究社出版
1974/05/10　単行本　25
ユニークな英語対訳解説本（著：高山宏之）。巻末25ページ分がビートルズ関連で、「ヘイ・ジュード」「イエロー・サブマリン」「ア・デイ・イン・ザ・ライフ」、ウイングスの「メアリーの子羊」の対訳解説ほか。

ニューミュージック・マガジン /6月号
ニューミュージック・マガジン社
1974/06/01　音楽雑誌　9
ヨーコの手記「空間の感触」と、「育つ苦しみ」「ラン・ラン・ラン」「ウーマン・パワー」など10数篇の詩集。

ガッツ /6月号
集英社
1974/06/01　音楽雑誌　0
ポール＆リンダ表紙と「ポール・マッカートニーと愛妻リンダ」のコピーのみ。

rock around the beatles'74/ROCK NOW
東芝EMI/ミュージック・ライフ編集部（編）
1974/06/01　非売品小冊子　10
東芝EMI発売、ロック界の動きや最新情報を掲載した非売品資料集。レコード・リストとロック・アーティスト名鑑、ロック用語集などで、ビートルズに関してもアルバムリストほか、関連記事がある。

音楽専科 /6月号
音楽専科社
1974/06/01　音楽雑誌　35
同誌1974年1月号から始まった連載企画シリーズ『BEATLES IMPACT』の特別スペシャル編ほか、ビートルズの総力特集「'74年 SUMMER BEATLES（海賊盤完全ガイド付き）」など。

GORO /創刊記念特大号
小学館
1974/06/13　一般雑誌　3
「GORO」創刊号。横尾忠則のジョージのイラスト「ビートルズからヒトラーまで現代の英雄100人解剖展」ほか、「ビートルズとの対話/三木卓」などのエッセイ。

ビートルズ革命 /ジョン・レノン
草思社/ジョン＆ヨーコ（談）
1974/06/16　単行本　全336
1970年12月、ニューヨークで行われたジョン＆ヨーコのロングインタビューを完全収録した貴重本の新装版。※初版は同名タイトルで1972年発行。

GORO /6月27日号
小学館
1974/06/27　一般雑誌　20
「大特集 ビートルズ"再編成"の真相をえぐる」ほか、解散の経緯や内幕を暴露した「ビートルズ帝国崩壊の内幕はこうだった」「ポール・マッカートニー単独会見記」など。

ミュージック・ライフ /7月号
新興楽譜出版社
1974/07/01　音楽雑誌　5
ロック・エッセイ「ビートルズに関する回顧秘録/星加ルミ子」や、ビートルズに触れる部分は少ないものの、「ビートルズ、クリーム、ツェッペリンそして第4期の胎動がきこえる」。

ライトミュージック /7月号
ヤマハ音楽振興会
1974/07/01　音楽雑誌　6
ビートルズの愛用ギターの解説とサウンドを解析した完全保存版「ビートルズ百科/エレキ・ギター編」が6ページ。

音楽専科 /7月号
音楽専科社
1974/07/01　音楽雑誌　5
連載企画「BEATLES IMPACT ⑦」がある。来日前後のニュース、トピックスを記録した「ドキュメント/ビートルズ来日10日間完全レポート（その2）」など。

ビートルズ・サマー・フェスティバル'74
東宝事業部/ユナイテッド・アーチスト映画会社
1974/07/13　映画パンフレット　全20
1972年に開催された「ザ・ビートルズ・フェスティバル」と同企画で、1974年の夏に再開催された映画イベントのパンフレット。このイベントでは〈イエロー・サブマリン〉を除く3作品が同時上映された。館名なし。

週刊FM /7月15日-7月21日号
音楽之友社
1974/07/15　音楽雑誌　1/10
表紙一郎がポールとリンダの写真。それ以外は、「週刊FM レーダー海外コーナー」に極小記事でウイングスの話題「マッカートニー夫妻、ナッシュヴィルへ」がある程度。

ギター・ライフ /1974年 SUMMER
自由国民社
1974/07/20　音楽雑誌　17
特集「ビートルズ・サウンド徹底研究」【イエスタデイ】【プリーズ・プリーズ・ミー】の詳細解説やホット・レポート「ビートルズの動向を探る/石坂敬一」など。

THE BEATLES/ 永遠のビートルズ（タイプ1）
ホーチキ商事出版部/ビートルズ研究会（編）
1974/07/20　単行本　全202
ビートルズ時代およびソロ活動に入った4人の写真中心に構成したヴィジュアル本。大半が写真だが、一部ディスコグラフィー、年譜、読物ページもある。当初より表紙2種で発売されたようで、同発行日で表紙が違うものがある。

THE BEATLES/ 永遠のビートルズ（タイプ2）
ホーチキ商事出版部/ビートルズ研究会（編）
1974/07/20　単行本　全202
「永遠のビートルズ」の表紙カヴァー違い。以降、幾度となく表紙や一部内容が編集・変更されており、紛らわしい書籍のひとつ。

週刊FM /7月22日号
音楽之友社
1974/07/22　音楽雑誌　2
直接ビートルズに触れる部分は少ないものの、「ビートルズ神話を剥ぐ②/庄司英樹」と題した隔週連載小説がある。

平凡パンチ /7月29日号
平凡出版
1974/07/29　週刊誌　4
特集「狂気の沙汰？この夏…郡山で爆発する…ワン・ステップ・フェスティバルを支える群像と…前夜の苦闘」がある。フェスティバルの公演日程表など、資料を含めた詳細レポート。

郡山ワンステップ・フェスティバル・パンフ
ワンステップフェスティバル実行委員会
1974/07/31　公演パンフレット　数
郡山ワンステップ・フェスティバルのパンフレット（全64ページ）。郡山市制50周年を記念し、7月31日の前夜祭から8月10日まで郡山市開成山公園で開催された野外ロックコンサート。パンフの中では入手困難なアイテム。

ミュージック・ライフ /8月号
新興楽譜出版社
1974/08/01　音楽雑誌　16
小林信彦、星加ルミ子のビートルズをテーマにしたエッセイや、ヨーコの取材レポート「オノ・ヨーコさんに国際電話取材」など。

宝島 /8月号
JICC出版局
1974/08/01　一般雑誌　11
特集「緊急報告・ワンステップフェスティバル」がある。開催まで1カ月に迫ったフェスティバル関連の詳細レポートで、「ワンステップとBY YOUTHのドッキング」「本番2ヶ月前の記者会見に現れた人々」など。

週刊プレイボーイ /8月6日号
集英社
1974/08/06　週刊誌　1未満
ビートルズ、ストーンズ、デヴィット・ボウイなど、ロック・ミュージシャンの女性関係を中心に紹介したグラフがある。ビートルズは一部。

週刊朝日 /8月9日号
朝日新聞社
1974/08/09　週刊誌　4
ヨーコのインタビュー「十年ぶりに来日する"怪女"オノ・ヨーコとズバリ問答」がある。「騒ぎ方がおかしいわ」「テレパシーで影響が出ちゃうの」ほか。

YOKO ONO&PLASTIC ONO SUPER BAND
ウドー音楽事務所
1974/08/10　公演パンフレット　全22
郡山ワンステップ・フェスティバル会場を皮切りに、東京・名古屋・広島・大阪と6回行われたヨーコ初の来日コンサート・パンフレット。

ビッグ・コミック /8月10日号
小学館
1974/08/10　隔週刊誌　0
表紙イラストのみヨーコ。

MM Japan/ 創刊3号
エムティー企画
1974/08/15　音楽雑誌　1
「YOKO WELCOME」ほか、ジョン＆ヨーコ最新情報「YOKO ONO LENNON」、トピックス「ビートルズがいた！」など。

アサヒグラフ /8月16日号
朝日新聞社
1974/08/16　週刊誌　8
グラフページ「オノ・ヨーコからのメッセージ」があり、ヨーコの写真や7篇の詩を掲載。

週刊明星 /8月25日号
集英社
1974/08/25　週刊誌　5
郡山ワンステップフェスティバルに出演のため来日したヨーコのグラフページとフェスティバルの記事「ヨーコを迎えて郡山フェスティバル3万人の若者が狂乱の一夜！」。

女性セブン /8月28日号
小学館
1974/08/28　週刊誌　7
巻頭モノクログラフ「魔女と呼ばれ、怪女といわれ、神秘の伝説の中に生きるおんながやってきた」3ページと独占同行取材「オノ・ヨーコ＝10年目の帰国、全言行録！」が4ページ。

週刊現代 /8月29日号
講談社
1974/08/29　週刊誌　4
ヨーコのインタビュー告白記事「告白・私のセックス神話の本当の部分/オノ・ヨーコ」が4ページ。「二十四歳まで処女だった！」「みんなグッド・ファックだ」「ジョン・レノンとの私生活」「自然の法則に従っただけ」など。

1974

週刊ポスト /8月30日号
小学館
1974/08/30 週刊誌 12

来日したヨーコのグラフ「オノ・ヨーコ/世界の名声とともに日本へ凱旋公演したロック世代のゴッド・マザー」「日本版"ウッドストック"からの報告」ほか、ヨーコと戸川昌子の対談「レノンとは THE END なの?」など企画特集あり。

アイ /9月号
主婦の友社
1974/09/01 一般雑誌 6

特集「日本女性で世界一有名なオノ・ヨーコの素顔」がある。「彼女の非凡な勇気に敬服、私の会ったオノ・ヨーコ/星加ルミ子」「スーパー・ウーマン、ヨーコの私生活/石坂敬一」など。

ライトミュージック /9月号
ヤマハ音楽振興会
1974/09/01 音楽雑誌 23

ビートルズのユニークな特集「ビートルズ①ファッション②P・マッカートニー最新情報③シングル盤のすべて④ピアノ奏法」がある。中でもシングル盤ディスコグラフィーはジャケットが写真付きで紹介されている。

週刊FM /9月2日-9月8日号
音楽之友社
1974/09/02 音楽雑誌 2

「"来日した"ビートルズ・オノ/なまみの"人間"がそこに(三橋一夫)」が2ページ。郡山ワン・ステップ・フェスティヴァルの最終日に登場したヨーコのコンサートレポートほか。

週刊文春 /9月2日号
文藝春秋
1974/09/02 週刊誌

郡山フェスティバル参加、東京中野サンプラザホール公演のため来日したヨーコの密着取材とその生い立ち、近況レポート「この人と一週間、聖女・小野洋子に同行してみたら」が5ページ。

週刊プレイボーイ /9月3日号
集英社
1974/09/03 週刊誌 5

カラーグラフ《カラー速報》オノ・ヨーコに沸いた/郡山ワンステップ・ロック・フェスティバル」がある。

FM fan /9月9日-9月22日号
共同通信社
1974/09/09 音楽雑誌 5

5ページの巻頭カラーグラフ「郡山ワンステップ・フェスティバル/10年ぶりのヨーコ・オノ」がある。イベントのカラードキュメント。

週刊明星 /9月15日号
集英社
1974/09/15 週刊誌 3

本誌独占来日秘話「秘話、沢田研二がオノ・ヨーコと過ごした名古屋の夜!」「ジョン・レノンが結婚した理由がよくわかったと、ジュリーは大感激」など、さすがの沢田研二もヨーコとの初対面は緊張したらしい。

週刊FM /9月16日-9月22日号
音楽之友社
1974/09/16 音楽雑誌 2

隔週連載シリーズ「ビートルズ神話を剥ぐ⑥/庄司英樹」が2ページ。サブタイトルは「侵食」で内容は1968年アップル当時のエピソードなど。

レコード・ブック
新興楽譜出版社/渋谷陽一
1974/09/25 単行本 22

ロッキング・オンの創始者、渋谷陽一著のロック系アルバム解説選書。当時、新興楽譜出版社から刊行されているのが面白い。表紙がポール。

GORO/9月26日号
小学館
1974/09/26 一般雑誌 4

「共感と反発で迎えられた"ロック世代の母"の10年目の"凱旋"」があり、来日したヨーコのグラフとインタビュー「シリーズ人間写真館/オノ・ヨーコ」を掲載。

週刊FM /9月30日-10月6日号
音楽之友社
1974/09/30 音楽雑誌 2

元アップル報道部アシスタント、リチャード・ディレロ著のビートルズ・ドキュメンタリー隔週連載企画「ビートルズ神話を剥ぐ⑦/リチャード・ディレロ(著)/庄司英樹(訳)」がある。表紙コピーあり。

THE BEATLES MONTHLY REPORT2/ざ・びいとるず(I.B.F.C会報)
東芝 EMI ファンクラブ(I.B.F.C)
1974/09/ 会報/情報紙/専門紙 12

発行日の記載はないが、1974年9月頃に刊行されたザ・イモータル・ビートルズ・ファン・クラブ(I.B.F.C)のいわば最初の会報。手作り形態、B5判12ページ。会長は辻和博で、東芝 EMIの石坂敬一のインタビューなども紹介されている。

東芝公認ファンクラブ(I.B.F.C) ビートルズ写真集
東芝 EMI ファンクラブ(I.B.F.C)
1974/09/ その他 ※16

東芝 EMI 公認ファンクラブの冊子形態の写真集。開くとB4判4枚二つ折りの状態で16ページ。発行日の記載がなく、詳細不明のため同一ファンクラブ群に掲載。※掲載写真は開いたB4の状態。

ミュージック・ライフ /10月号
新興楽譜出版社
1974/10/01 音楽雑誌 18

ジョンやジョージのグラビアページ、ジョージが設立した新レーベル「ダーク・ホース」の記事ほか、大島渚とヨーコの対談「異色白熱対談――ヨーコ・オノ vs 大島渚」など。

ニューミュージック・マガジン /10月号
ニューミュージック・マガジン社
1974/10/01 音楽雑誌 18

郡山ワンステップ・フェスティバルにも参加した内田裕也自身による5ページのレポート「俺の見たワンステップ・フェスティバル白書/内田裕也」がある。

ヤング・ギター /10月号
新興楽譜出版社
1974/10/01 音楽雑誌 8

郡山ワンステップ・フェスティバルのオノ・ヨーコ他グラフ2ページと詳細リポート「空と緑の広場に集った10万人郡山7日間アート」が6ページ。この現地リポートは参加アーティストもほぼ全紹介されており貴重な内容。

ライトミュージック /10月号
ヤマハ音楽振興会
1974/10/01 音楽雑誌 6

ワン・ステップ・フェスティバルのフォトを掲載したグラビアページほか、連載シリーズ「ビートルズ百科⑥/映画編」がある。表紙はジョンとハリー・ニルソン。

週刊FM /10月14日-10月20日号
音楽之友社
1974/10/14 音楽雑誌 2

元アップル報道部アシスタント、リチャード・ディレロによるビートルズ・ドキュメンタリー隔週連載企画「ビートルズ神話を剥ぐ⑧/リチャード・ディレロ(著)/庄司英樹(訳)」がある。表紙コピーあり。

MM Japan /10月15日号
エムティー企画
1974/10/15 音楽雑誌 4

ジョージの話題『速報 ジョージ・ハリスン期待の新鋭スプリンター勇躍登場!!』やポールのサウンド解説「連載ロック・ジャイアント/ポール・マッカートニー」など。

民衆の音楽 / ベイオウルフからビートルズまで
音楽之友社 / エドワド・リー
1974/10/15 単行本 数

本書サブタイトル及び表紙一部がビートルズ小冊章による全398pの労作研究書。ビートルズは口絵写真1p他、特化した項目はないが記述は随所に登場する。単行本ではレア。

ROCK&SOUL NOW'75 DISCOLOGY
東芝 EMI
1974/10/20 非売品小冊子 5

ビートルズについて、公式アルバムなど28タイトルに加え、簡単な4人のソロアルバムの紹介があるレコードカタログ(非売品)。

ビートルズ神話を剥ぐ
音楽之友社 / リチャード・ディレロ
1974/10/25 単行本 全416

ビートルズ解散時に焦点をあてて描いたインサイド・ストーリー。「1968年/アップルの仕事と遊び」～「法廷では判事が鼻をかむので沈黙」ほか、ビートルズ解散関連の興味深い内容。

NOW/別冊秋の号
文化出版局
1974/11/01 一般雑誌 20

ビートルズのメンバー4人をテーマにした特集「ビートルズ特集 ジョン・レノン、ジョージ・ハリスン、ポール・マッカートニー、リンゴ・スターの過去・現在・未来のすべて」を掲載。

ライトミュージック /11月号
ヤマハ音楽振興会
1974/11/01 音楽雑誌 6

連載シリーズ⑦『ビートルズ百科《ベース奏法》』がある。特集のテーマはビートルズ・サウンド研究。ポールのベース・テクニック、サウンド作りについて。

ヤングギター /11月号
新興楽譜出版社
1974/11/01 音楽雑誌 7

バッド・ボーイズのコピーテクニックを解説した特別企画「バッド・ボーイズが明かすビートルズ・コピーの仕方」ほか、「ビートルズの名曲を弾こう:Hey Jude/大塚康一」など。

音楽専科 /11月号
音楽専科社
1974/11/01 音楽雑誌 34

総力特集「BEATLES IMPACT/SPECIAL」があり、特別読物「変幻自在な活火山、BEATLES/湯川れい子」「サージェントの延長線を探る/落流鳥」「ビートルズへの質問に回答致します/香月利一」など情報満載。

だぶだぼ第29号
スピン / だぶだぼ編集室
1974/11/20 一般雑誌 19

多角的、マニアックかつユニークな特集「ビートルズの使い方」がある。掲載データ含め、数あるビートルズ特集の中でも異色のもの。

ライトミュージック /12月号
ヤマハ音楽振興会
1974/12/01 音楽雑誌 9

シリーズ特集「ビートルズ百科/コード進行編」7ページとジョンのスペシャルインタビュー「私は熱狂的ビートルズ・ファンですよ」2ページ。

ヤングギター /12月号
新興楽譜出版社
1974/12/01 音楽雑誌 9

前号のバッド・ボーイズに続く特別企画「ビートルズもびっくり:ビートルズ・サウンドの徹底解剖!!/工藤朗生・大塚康一」ほか、ジョンとポールのポートレートや「ビートルズの名曲を弾こう: let it be/大塚康一」の楽譜と解説など。

ビートルズ事典
立風書房 / 香月利一
1974/12/01 ムック/企画本 全280

ビートルズの研究資料として発売以来長きにわたりベストセラーを記録した香月利一著ビートルズの総合事典。詳細年譜、コンサート・映画データ、書籍・ビデオコレクション、ディスコグラフィー、全曲解説、エピソード集ほか、貴重資料も満載。

ニューミュージック・マガジン /12月号
ニューミュージック・マガジン社
1974/12/01 音楽雑誌 4

ヨーコの手記「ニューヨークのアパートに戻ってきて……小野洋子」がある。

コース別冊 / ヤング・オーディオ・ナウ '75
学習研究社
1974/12/05 音楽雑誌 11

特別読物「ビートルズ・フォーエバー/永遠のグループ、ビートルズ物語」ほか、折込みビートルズ・ポスターも中綴じ。表紙一部もビートルズ。

1974-1975

週刊プレイボーイ /12月10日号
集英社
1974/12/10　週刊誌　16
綴じ込み16ページのビートルズ特集『保存版 / オール・マイ・ビートルズ!!』がある。全アルバムディスコグラフィー、近況レポートほか。

ミュージック・ライフ臨時増刊 / 若きロック野郎ども
新興楽譜出版社
1974/12/15　ムック / 企画誌　14
すべて読物構成の特集号。ジョン、ミック・ジャガー、ボブ・ディラン、エリック・クラプトンなど、11人のビッグ・アーティストの実名小説集。『本邦初公開の実名小説集 ジョン・レノン』「ジョン・レノンと黄色い潜水艦 / 田川律」。

'74 POPULAR BEST COLLECTION
東芝EMI
1974/　非売品小冊子　6
東芝EMI発行の非売品小冊子で、ロックおよびポピュラーアーティストのアルバムディスコグラフィー。巻頭ページがビートルズ&ソロのレコード・ディスコグラフィー。

1975

ミュージック・ライフ /1月号
新興楽譜出版社
1975/01/01　音楽雑誌　11
『新春二大特別インタビュー、ジョン・レノン / ジョージ・ハリスン』。特にジョージのインタビューは興味深い内容。そのほかグラビアの一部にリンゴのフォト。

月刊オーディオ /1月号
電波新聞社
1975/01/01　音楽雑誌　12
ビートルズの代表的なアルバム9点のかなり詳しい解説中心にした特集「ビートルズ栄光の軌跡 / 石坂敬一」と4ページの詳細年譜「年表、解散に至るまで」など。

ヤング・ギター /1月号
新興楽譜出版社
1975/01/01　音楽雑誌　6
「ビートルズ・サウンドの徹底解剖 / 中期編："ヘルプ"から"ザ・ビートルズ"まで / 工藤剛生」が5ページ。他にジョージ・ハリスンのグラフなど。

ライトミュージック /1月号
ヤマハ音楽振興会
1975/01/01　音楽雑誌　10
連載シリーズ『ビートルズ百科⑨ / アルバム編』があり、木崎義二によるアルバム研究編を掲載。『プリーズ・プリーズ・ミー』〜『レット・イット・ビー』のオリジナルアルバムをはじめ、輸入盤などを写真を添えて解説。

ローリングストーン /1月号
ローリングストーン・ジャパン
1975/01/01　一般雑誌　58
ビートルズ解散前後の話題や、ソロ活動に入った4人の近況ニュースほか、58ページにおよぶビートルズ総力特集がある。①ペパーランド再訪②あるアップル・ガールのビートルズ帝国潜入記③ビートルズ崩壊の日々、ほか多数。

月刊サウンド /1月号
サウンド総合研究所
1975/01/01　音楽雑誌　10
特集「ビートルズの再編成はないとすれば——彼らの今後のゆくえは… / 石坂敬一」がある。4人のそれぞれの近況ニュースと最新レポート。ほかジョン、ポール、ビートルズのグラフなど。

ニュー・ソング・ブック6 / ザ・ビートルズ特集号
勁文社
1975/01/01　ムック / 企画誌　全96
人気アーティストをテーマにした特集シリーズのビートルズ編。巻頭グラフ特集と「物語ビートルズ」「研究ジョン・レノン、ポール・マッカートニー / 誌上対談石坂敬一・今野雄二」「研究ジョージ・ハリスン / 渋谷陽一」ほか。

MM Japan /2月1日号
エムティー企画
1975/01/15　音楽雑誌　8
「大特集 ビートルズ最新情報」がある。「我ら生涯最良の年!! ポール&ウイングス」「グッドナイト・ウィーン / リンゴ・スターとインタビュー」「エルトン・ジョン、ジョン・レノン共演」「ジョージ・ハリスン・ツアー」など。

The Beatles in Yellow Submarine
研究社出版
1975/01/20　単行本　全144
ビートルズのアニメ映画《イエロー・サブマリン》の原作にnotesを付け加え、英語のテキストとして再編集したもの。映画からのカラースチールを多く挿入したヴィジュアル仕様。

GORO /1月23日号
小学館
1975/01/23　一般雑誌　2
ロック界のスーパースターのカラー・イラスト名鑑「ビートルズからミック・ジャガーまで世界のトップスターを収録！ロック・スーパースター名鑑集」のみ。

FMレコパル /1月27日-2月9日号
小学館
1975/01/27　音楽雑誌　3
ジョンもPRに駆けつけた最新ミュージカル「サージェント・ペパーズ〜」の緊急レポート「ビートルズ話題のミュージカル」がある。

ミュージック・ライフ /2月号
新興楽譜出版社
1975/02/01　音楽雑誌　15
4人のソロ活動をまとめたグラビアやリンゴの独占インタビュー「独占掲載インタビュー / リンゴ・スターとその仲間達の友情とふれあい」「ビートルズ以来の大物 / スティービー・ワンダー」など。

MM Japan /3月号
エムティー企画
1975/02/01　音楽雑誌　1未満
「ロックの巨人たち語録 ジョン・レノン他30余名収録」の中にジョンの語録。ほか、ジョージの最新アルバムレビューなど。

ミスター・ダンディ /2月号
ダンディ社
1975/02/01　一般雑誌　8
ジョージの全米ツアーの記者会見記録と、ロス公演からのステージフォトを紹介したグラフ特集「速報特写ジョージ・ハリスン演奏旅行」ほか、折込みポスター有。

ヤング・ギター /2月号
新興楽譜出版社
1975/02/01　音楽雑誌　6
ビートルズ・サウンド研究シリーズのパートⅡで、ソロ活動を含む後期のサウンドを探求した「ビートルズ・サウンド徹底解剖・後期編 / アビー・ロード以降のビートルズ」がある。

音楽専科 /2月号
音楽専科社
1975/02/01　音楽雑誌　11
ジョージの全米ツアーのグラビアフォトやツアーレポート『速報!! ジョージのツアー報告』など。

ライトミュージック /2月号
ヤマハ音楽振興会
1975/02/01　音楽雑誌　9
リンゴのインタビュー「4枚目のソロ・アルバムに集まった超豪華な顔ぶれ / リンゴ・スター」と「完全保存版・ビートルズ百科 / 歌詞編」など、合わせて9ページ程度の内容。

週刊明星 /2月9日号
集英社
1975/02/09　週刊誌　3
「ビートルズこの夏再来日がついに決定！」。「ビートルズ復活は4人が破産を待ってくれ」「犬猿の仲ポールとジョージの激突こそ興味シンシン」ほか。

週刊FM /2月10日-2月16日号
音楽之友社
1975/02/10　音楽雑誌　8
6ページの特集「ビートルズは絶対に再結成しない！・黒田史朗」のほか、巻頭にポールの折込みカラーピンナップ。特集内容は、噂が耐えない再結成についての検証など。

ヤングメイツ・ミュージック（プレイヤー）/3月号
YMMプレイヤー
1975/02/15　音楽雑誌　1未満
表紙のジョージ以外には特に目立った記事はない。

ミュージック・ライフ /3月号
新興楽譜出版社
1975/03/01　音楽雑誌　4
ドラッグとアーティストとの関係を述べたジョンのTVインタビューやポールのグラビアなど。

MUSIC-JACK THE BEATLES / ビートルズの歴史
アロー出版社 / 石坂敬一（監修）
1975/03/01　ムック / 企画誌　全110
「年代順ソロ・アルバム」「ビートルズの恋人たち」「ビートルズの歴史」3部構成の写真集。また名言集、ディスコグラフィーほか読物ページも多い。ミュージックジャック仕様の初版。

ライトミュージック /3月号
ヤマハ音楽振興会
1975/03/01　音楽雑誌　8
連載シリーズ「ビートルズ百科 / 座談会」の最終回として、井上堯之、矢野誠、財津和夫3名のミュージシャンによるビートルズ対談集を掲載。

ローリングストーン /3月号
ローリングストーン・ジャパン
1975/03/01　一般雑誌　10
ローリングストーン独占インタビュー「ジョージ・ハリスン・ツアー・レポート マテリアル・ワールド"放浪の果てに"」があるが、直接インタビューを収録したのものではない。

週刊FM /3月10日-3月16日号
音楽之友社
1975/03/10　音楽雑誌　1
表紙がジョンのイラスト。ほかにラヴィ・シャンカールのカラーグラフが1ページ。

GORO /3月13日号
小学館
1975/03/13　一般雑誌　5
ロック・スーパースター名鑑集第2弾『ビートルズ特集★版権独占ロック・スーパースター名鑑集』がある。

ニューミュージック・マガジン /4月号
ニューミュージック・マガジン社
1975/04/01　音楽雑誌　12
内田裕也、タケカワ・ユキヒデ、小倉エージ、亀渕昭信などによるビートルズへのメッセージ集「4人のビートルズへのメッセージ」や、小学生のアンケートを題材にした小論文「小学生とビートルズ」などがある。ビートルズのイラスト表紙。

1975

アドリブ/4月号
スイング・ジャーナル社
| 1975/04/01 | 音楽雑誌 | 8 |

ビートルズ解散から5年、ジョージの近況と音楽活動をテーマにしたヴィジュアル・レポート「ビートルズとの訣別 ジョージ・ハリスン/小倉エージ」がある。

音楽専科/4月号
音楽専科
| 1975/04/01 | 音楽雑誌 | 43 |

同誌創刊8周年記念特別企画として、ビートルズ特集第4集『恐怖の大特集!!THE BEATLES』と「新連載・片岡義男のマイ・ビートルズ」を掲載。読物中心にビートルズを大々的に取り上げた一冊。

ROC-PIC ボブ・グルーエン写真集
ニューミュージック・マガジン社
| 1975/04/05 | ムック/企画誌 | 14 |

ロック・アーティストの素顔を追い続けたカメラマン、ボブ・グルーエンのモノクロ写真集。巻頭に、プラスティック・オノ・バンドやヨーコと沢田研二のレア・ショットなども含む、ジョンとヨーコの写真を掲載。

週刊FM/4月21日-4月27日号
音楽之友社
| 1975/04/21 | 音楽雑誌 | 1- |

表紙の一部がリンゴのイラスト。いずれも小記事だが「リンゴとエルトンの激突」、ジョンの最新アルバム『ロックンロール』紹介がある程度。ほか、ビートルズに関係する記事ではフィル・スペクターの特集が4ページある。

ミュージック・ライフ/臨時増刊号国際版
新興楽譜出版社
| 1975/04/25 | ムック/企画誌 | 10 |

ビートルズ、ディープ・パープルなど人気ロックグループを取り上げたグラフ特集号。ビートルズ関係では巻頭カラーを含め約10ページのヴィジュアル特集「The Beatles」がある。

ライトミュージック/5月号
ヤマハ音楽振興会
| 1975/05/01 | 音楽雑誌 | 9 |

特集「ビートルズを支えたミュージシャン」があるほか、ポール&ウイングスとジョン&エルトン・ジョンのグラフ、リンゴの楽譜など。

音楽専科/5月号
音楽専科社
| 1975/05/01 | 音楽雑誌 | 13 |

リンダの独占インタビュー「独占会見!!リンダにポールを訊く」「ぼくのBEATLES」ほか。アルバム『バンド・オン・ザ・ラン』制作エピソードやポールの近況などは貴重。

THE BEATLES FOREVER (非売品BOXケース)
東芝EMI
| 1975/05/ | 非売品その他 | ※ |

ビートルズの2枚組ベストアルバム(通称:前期赤盤・後期青盤/LPレコード)を購入すると店頭でもらえた非売品のレコード保管用ボックスケース。

Music is from me to you(非売品 BOX特典)
東芝EMI
| 1975/05/ | 非売品冊子 | 3 |

非売品ボックス内に挿入されていたLPと同サイズの冊子。最初の3ページにビートルズのレコード紹介や石坂敬一の「THE BEATLES FOREVER/ビートルズのその後/ビートルズ最新情報」など。

音楽専科/6月号
音楽専科社
| 1975/06/01 | 音楽雑誌 | 11 |

先月号に続いてリンダのインタビュー「独占会見!!リンダが語るポールのこと」があり、夫ポールの話題やビートルズ再結成の可能性を語っている。そのほか、「好評連載小説・片岡義男《ぼくのBEATLES》」

ビートルズも人間だった
青年書館/デレク・テイラー
| 1975/06/16 | 単行本 | 全304 |

ブライアン・エプスタインのもとでプレス・エージェントをつとめ、アップル時代においてもビートルズと近い存在であった著者が描いたビートルズ回想ドキュメンタリー。

週刊FM/6月23日-6月29日号
音楽之友社
| 1975/06/23 | 音楽雑誌 | 1- |

ヨーコのイラスト表紙。特集「75年前半のポップ・シーン総まとめ/ロックが落馬する日」の中に「一斉にスタート!飛び出した元ビートルズたち」ほか、新譜コーナーでポールのアルバム『ヴィーナス・アンド・マース』のアルバム紹介。

週刊プレイボーイ/6月24日号
集英社
| 1975/06/24 | 週刊誌 | 1未満 |

特別企画「ビートルズからダウンタウンまでNOW SOUND70種をキミに…」のなかで、ビートルズのアルバムのプレゼント記事がある程度。

ビートルズ・フェスティバル(スバル座)
東宝事業部/ユナイテッド・アーチスト映画会社
| 1975/06/28 | 映画パンフレット | 全20 |

〈イエロー・サブマリン〉を除く3作品を同時上映したイベント「ビートルズ・フェスティバル」の1975年リバイバルパンフレット。スバル座館名入り。

ビートルズ・フェスティバル(館名なし)
東宝事業部/ユナイテッド・アーチスト映画会社
| 1975/06/28 | 映画パンフレット | 全20 |

上映3作品の1975年リバイバルパンフレット。全国汎用版のため館名なし。

週刊FM/6月30日-7月6日号
音楽之友社
| 1975/06/30 | 音楽雑誌 | 数行 |

表紙の一部がポール&リンダのイラスト。ほかに極小記事で「ポール・マッカートニーの世界公演旅行」がある程度。

ミュージック・ライフ/7月号
新興楽譜出版社
| 1975/07/01 | 音楽雑誌 | 2 |

ビートルズの譜面&訳詞「保存版 ビートルズ・ソング・フォリオ③/ア・ハード・デイズ・ナイト」がある。このソング・フォリオはシリーズもの。

MM Japan/8月号
エムティー企画
| 1975/07/01 | 音楽雑誌 | 12 |

ニューヨークとロンドンでそれぞれ収録されたジョンとポールの2大インタビュー「最新直撃インタビュー、ジョン・レノン大いに語る」「ポール・マッカートニーに聞く」がある。近況と最新アルバム関連など、大変貴重な内容。発行日は7月1日。

THE BEATLES/ビートルズの歴史
アロー出版社/石坂敬一(監修)
| 1975/07/01 | ムック/企画誌 | 全110 |

1975年3月同社発行書籍の別ヴァージョン。「年代順ソロ・アルバム」「ビートルズの恋人たち」「ビートルズの歴史」の3部構成の写真集。また名言集、ディスコグラフィーほか読物ページも多い。表紙が一部変更され、ハードカヴァー。

怪傑ビートルズの伝説
新興楽譜出版社/立川直樹
| 1975/07/01 | 単行本 | 全416 |

リンゴが誕生した1940年から1974年までのビートルズの軌跡を記録した年譜集と「ビートルズのなんでも大百科」、アルバム・ディスコグラフィーなどで構成された資料本。

週刊明星/7月20日号
集英社
| 1975/07/20 | 週刊誌 | 5 |

特集記事5ページ、現地完全独占インタビュー「オノ・ヨーコがジョン・レノンの子を妊娠、最終定住を決意!」がある。ヨーコとジョン夫妻に男の子が生まれる話題とインタビュー。

週刊FM/7月21日-7月27日号
音楽之友社
| 1975/07/21 | 音楽雑誌 | 5 |

「特集:いま打ち破られるか?ビートルズ伝説」/「異常なブームを呼ぶふたつのニュー・アイドル登場」がある。ビートルズに直接関係のない内容で、ベイ・シティ・ローラーズとパイロットの話題。

ミュージック・ライフ/8月号
新興楽譜出版社
| 1975/08/01 | 音楽雑誌 | 7 |

独占インタビュー「ポール、ウイングスのニュー・アルバムを語る/ヴィーナス&マースは僕の最高傑作」ほか、「ウイングス・あらかると」「ポール・マッカートニー年表」、ウイングスのカラーグラフなど。

ニューミュージック・マガジン
ニューミュージック・マガジン社
| 1975/08/01 | 音楽雑誌 | 1 |

表紙がポールの目?のイラスト。特に目立つ記事はないが今月のレコード紹介でウイングスの最新アルバム『ヴィーナス&マース』の解説が1ページほど。

ミスター・アクション(Mr.Action)/8月号
双葉社
| 1975/08/01 | 一般雑誌 | 8 |

巻末に8ページのイラスト特集「永遠のビートルズ/イラスト:森一美・文:浜野サトル」がある。ビートルズの誕生から解散までの軌跡をイラストと文で紹介した特集。

ユリイカ 詩と批評/8月号
青土社
| 1975/08/01 | 一般雑誌 | 数 |

エッセイ・評論特集「現代の吟遊詩人ビートルズ以後」のなかに、ロック界の2大アーティストをともに考察した「ビートルズ vs ストーンズ:サウンドとことばの狩人たち/鍵谷幸信」がある。

音楽専科/8月号
音楽専科社
| 1975/08/01 | 音楽雑誌 | 14 |

独占インタビュー集「ポール・マッカートニー」ほか、アルバム解説、「連載小説・片岡義男《ぼくのBEATLES》」など。

週刊FM/8月11日-8月24日号
音楽之友社
| 1975/08/11 | 音楽雑誌 | 0 |

表紙のみポール。

ヤングフォーク/ジャンボ夏休み特別号
講談社
| 1975/08/20 | 音楽雑誌 | 4 |

【イエスタデイ】【ザ・ロング・アンド・ワインディング・ロード】【アンド・アイ・ラブ・ハー】【恋におちたら】【ガール】5曲の楽譜を収録した「特集 ビートルズ/カーペンターズベストヒット」あり。

MM Japan/10月号
エムティー企画
| 1975/09/01 | 音楽雑誌 | 5 |

ジョージのニューアルバム『ジョージ・ハリスン帝国』発売に伴い、ビートルズ回想録や近況インタビューなどを掲載。「衝撃的だった、ビートルズの登場」「ビートルズらしからぬジョージは黙考型」ほか。発行は9月1日。

ライトミュージック/9月号
ヤマハ音楽振興会
| 1975/09/01 | 音楽雑誌 | 8 |

ビートルズ4人のソロ活動をテーマにした特集「解散後ビートルズのすべて」がある。1970年以降のソロ活動記録とソロ・アルバム解説をまとめた「全アルバム/年表編」など。

ローリングストーン/9月号
ローリングストーン・ジャパン
| 1975/09/01 | 一般雑誌 | 12 |

ニューアルバム『ロックン・ロール』リリースの話題、音楽活動及び私生活近況などについて語った特集「ジョン・レノンの帰還」ほか、ボブ・グルーエンのカラーフォトなど。

FMレコパル/9月8日-9月21日号
小学館
| 1975/09/08 | 音楽雑誌 | 37 |

大増37ページにおよぶレコパル・ライブコミック「ビートルズ/黒鉄ヒロシ」がある。この短編劇画は1981年に立風書房より黒鉄ヒロシ文庫として刊行されている。「ビートルズ革命の再来!?」はビートルズと直接関係ない。

1975

ライトミュージック増刊 / アコースティック・ギター
ヤマハ音楽振興会
1975/09/10 ／ 音楽雑誌 ／ 1+
アコースティック・ギター関連の特集号。ビートルズ関係ではポールとジョージに絡めた「ビートルズはアコースティックを駆使した!!/ 安田裕美」が1ページ程度。※表紙写真の一部がポール。

MM Japan/11月号
エムティー企画
1975/10/01 ／ 音楽雑誌 ／ 5
ジョージのビートルズ回想録や近況インタビュー『特集Ⅰ★沈黙を破った! ジョージ・ハリスン』がある。発行は10月1日。

週刊プレイボーイ /10月14日号
集英社
1975/10/14 ／ 週刊誌 ／ 6
本誌独占スクープ「11月来日決定!? ポール・マッカートニーに電撃インタビュー!!」がある。ポール&ウイングスの近況報告とコンサート演奏曲リスト、日本のファンへのメッセージほか。

guts（ガッツ）増刊 / ロック・アイドルたち ! Vol.1
集英社
1975/10/15 ／ 音楽雑誌 ／ 2
ロック・アイドルたちのA4判グラフ集「ロック・アイドルたち」のVol.1。ポール&ウイングスのモノクログラフが2ページ。

週刊読売 /10月18日号
読売新聞社
1975/10/18 ／ 週刊誌 ／ 4
特別企画『昭和30年代の英雄、スター総登場、赤胴鈴之助 / 月光仮面 / 鉄腕アトム / ビートルズ』で【抱きしめたい】【イエスタデイ】【ミッシェル】【ヘイ・ジュード】【レット・イット・ビー】の英文全歌詞などを掲載。表紙一部もビートルズ。

THE BEATLES AN ILLUSTRATED RECORD
インターナショナルタイムズ / ロイ・カー他
1975/10/31 ／ ムック / 企画本 ／ 全128
ビートルズ誕生から解散後（1962年～1974年）までのヒストリーとともに、アルバムレコード解説を加えたLPサイズのヴィジュアル・ディスコグラフィー。

プリンセス /11月号
秋田書店
1972/11/01 ／ 一般雑誌 ／ 3
巻頭カラーに里中満智子のイラスト&ポエム「あなたの愛したビートルズ」が3ページ。内容はビートルズのアルバム小イラストが一部と関連ポエム。

ライトミュージック /11月号
ヤマハ音楽振興会
1975/11/01 ／ 音楽雑誌 ／ 1未満
表紙のポール以外には、来日決定のニュースやイラストを掲載した小記事「ポールがやって来る!」のみ。

音楽専科 /11月号
音楽専科社
1975/11/01 ／ 音楽雑誌 ／ 18
ポール&ウイングスの来日レポートやジョージの特別会見記『2大版権独占★P・マッカートニー公演全詳細速報&G・ハリスン特別会見記』ほか。

月刊サウンド /11月号
サウンド総合研究所
1975/11/01 ／ 音楽雑誌 ／ 8
特集「元ビートルズ・メンバーたちの動き / 石坂敬一」「ポール・マッカートニー11月に来日!!」ほか、グラフページなど。

FM fan/11月3日-11月16日号
共同通信社
1975/11/03 ／ 音楽雑誌 ／ 2
巻頭カラーグラフ『ついに待望の日本公演決定! / ポール・マッカートニー&ザ・ウイングス』があるが、写真はポールとリンダのみ。

週刊プレイボーイ /11月11日号
集英社
1975/11/11 ／ 週刊誌 ／ 4
独占スクープ「ジョン・レノンが爆弾宣言! オレは親子3人で日本永住を決意した」「オノ・ヨーコが明かしたジョン・レノン日本永住決意への大いなる理由!」がある。ジョンの国外退去命令停止や、日本永住に関する話題など。

だれも知らなかったポール・マッカートニー
ヤマハ音楽振興会 / ジョージ・トムレット
1975/11/15 ／ 単行本 ／ 全208
音楽ジャーナリストである著者が、ポール&リンダをはじめ多くの関係者に行ったインタビューや証言を参考に綴ったポールのストーリー。巻末には「完全バイオグラフィー（1942～1974）」とディスコグラフィーがある。

FMレコパル /11月17日-11月30日号
小学館
1975/11/17 ／ 音楽雑誌 ／ 4
ポールとリンダ、ウイングスの最新フォトを紹介した4ページの巻頭カラーグラフ「来日直前!! Jumping to Venus &Mars Paul & Linda」のみ。

週刊読売 /11月22日号
読売新聞社
1975/11/22 ／ 週刊誌 ／ 3
ポール来日ニュースにまつわる騒動「ヤァヤァヤァ! 帰って来たビートルズ!! P/マッカートニー来日大騒動」がある。

GORO/11月27日号
小学館
1975/11/27 ／ 一般雑誌 ／ 5
『独占取材 来日前のポールに直撃インタヴュー』がある。「日本に行くウイングスは、ぼくの音楽を表現できる最高のバンドだ。」「家族はぼくにとって生命以上のものだ。ぼくは平凡なパパだと思う。」ほか。

WELCOME TO JAPAN WINGS プレスキット
東芝EMI
1975/11/ ／ プレスキット ／ ※
1975年11月19日・20日・21日に日本武道館で開催されるはずだったウイングス初来日コンサートのプレスキット。シート6枚、カヴァーケース入り仕様。

ミュージック・ライフ /12月号
新興楽譜出版社
1975/12/01 ／ 音楽雑誌 ／ 27
来日直前インタビュー、公演レポート、ポール&ウイングスの大特集「ポール・マッカートニーに来日直前インタビュー」「リンダ夫人が語ったウイングスのすべて」など。

ヤングギター /12月号
シンコーミュージック
1975/12/01 ／ 音楽雑誌 ／ 5
緊急来日特集「遂にやってくるポール・マッカートニー&ウイングス」4ページ。本格的なコンサート活動、どうなる日本でのコンサートなど。

ヤングフォーク /NO.15 冬号
講談社
1975/12/01 ／ 音楽雑誌 ／ 1未満
『カラーピンナップ ポール・マッカートニー』が1点あるのみ。

ライトミュージック /12月号
ヤマハ音楽振興会
1975/12/01 ／ 音楽雑誌 ／ 38
来日決定のニュースを受けたポールの緊急大特集『ポール・マッカートニー / 来日直前インタビュー / だれも知らなかったポール / 永遠のサウンド・クリエーター、ポールについて語ろう! etc』がある。

音楽専科 /12月号
音楽専科社
1975/12/01 ／ 音楽雑誌 ／ 27
ポール来日公演中止に関連する緊急特集『PAUL McCARTNEY特集号 — ロンドン公演カラー速報&大特集』ほか、『2大版権独占!! ポール公演全詳細速報&G・ハリスン特別会見記』など。

平凡パンチ /12月5日号臨時増刊
平凡出版
1975/12/05 ／ ムック / 企画誌 ／ 2
ポール&ウイングスのフォトを紹介した巻頭グラビア『ポール・マッカートニー』のみ。

スーパー・ロック '76/ ライトミュージック増刊
ヤマハ音楽振興会
1975/12/10 ／ 音楽雑誌 ／ 8
ポールのグラビア特集「マッカートニー家の優雅な生活」とジョンのフィクション「SFドキュメント / クラプトンのバックでレノンが歌う」など。

絵本ジョン・レノン・センス
晶文社 / ジョン・レノン
1975/12/25 ／ 単行本 ／ 全88
ジョン・レノンの初著「In His Own Write」（1964年）の邦訳版。ジョン自筆のユニークなイラストとともにナンセンスポエムを収録した貴重本。ポールが序文を執筆。

ビートルズカレンダー '75（非売品）
東芝EMI
1975/ ／ 非売品その他 ／ ※
東芝EMIの非売品ビートルズカレンダー。1975年用のカレンダーなので印刷はおそらく1974年末だろう。

BEATLES FAIR 1975（タイプ1）
ユニ・パブリシティ
1975/ ／ パンフレット / 小冊子 ／ 全24
1975年に開催されたビートルズ・フェアのパンフレット（タイプ1）。1972年発行のビートルズ結成10周年記念パンフレットとほぼ同じ構成で、年譜や関係者の読物ほか写真も多く掲載。

BEATLES FAIR 1975（タイプ2）
ユニ・パブリシティ
1975/ ／ パンフレット / 小冊子 ／ 全24
タイプ2は、タイプ1と比べて次の3点が違う。①表紙全体の色②裏表紙のデザイン③ページ数がオリジナルより2ページ少ない（広告ページなど）。1975年以降のビートルズフェアでも使用された再版タイプ。

1976

ミュージック・ライフ / 1月号
新興楽譜出版社
1976/01/01　音楽雑誌　23
グラビアをはじめポール＆ウイングスの特集記事やレポート「オーストラリアで直撃取材第2弾!! ポール・マッカートニー来日中止、その時彼は…」など。

ニューミュージック・マガジン / 1月号
ニューミュージック社
1976/01/01　音楽雑誌　6
ポール来日公演中止の詳細レポート「ポール来日中止問題」「ポール来日中止の投げかけた波紋／中村とうよう」など。

ロードショー / 1月号
集英社
1976/01/01　一般雑誌　5
グラフ＆読物でポール来日記念特集あり。特集①はグラフ「WELCOME! ポール・マッカートニー 35の顔」。特集②は「元ビートルズの肩書なしで通用する唯一の男・新ポール・マッカートニー論／立川直樹」。

ビートルズ・フェスティバル（館名なし）
東宝事業部／ユナイテッド・アーチスト映画会社
1976/01/03　映画パンフレット　全20
映画《イエロー・サブマリン》が追加上映されたことにより、表紙に追加印刷があるほか、解説なども一部変更が加えられている。

ロッキング・オン / 1月号
ロッキング・オン編集室
1976/01/25　音楽雑誌　3
ジョンのベスト・アルバム『シェイヴド・フィッシュ』についての収録曲解説、評論「昨日はあった ジョン・レノン シェイヴド・フィッシュ／松村雄策」がある。ジョンの表紙。

中二時代 / 2月号
旺文社
1976/02/01　一般雑誌　7
7ページのグラフ特集「ビートルズは永遠に／ビートルズ・フォーエバー」がある。写真と読物「今世紀最高のグループ、ザ・ビートルズを今一度…／落流鳥」「なぜ英雄、神と呼ばれるか!?」「4人の素顔は…」など。

ミュージック・ライフ増刊／ポール・マッカートニー特集号
新興楽譜出版社
1976/02/10　ムック／企画誌　全128
レアフォトを多く掲載したヴィジュアル構成のポール特集号。写真以外にはウイングスのオーストラリア公演レポート、ウイングスのサクセスストーリー、ディスコグラフィーほか。

気分はビートルズ 1　浅井愼平
立風書房／浅井愼平
1976/02/15　単行本　数
1966年のビートルズ来日時、公式カメラマンを務めた浅井愼平によるフォト＆エッセイ集。掲載写真の一部に来日の貴重フォトや関連エッセイが含まれているが、全体的にはビートルズ以外の写真で構成したヴィジュアル本。

週刊プレイボーイ / 2月17日号
集英社
1976/02/17　週刊誌　3
国際電話によるインタビュー「ポール・マッカートニーが語るビートルズ再編の問題はこれだ」がある。ただし、ビートルズ再結成の話題には、ポール自身ノーコメントを貫いている。

平凡パンチ / 3月1日号
平凡出版
1976/03/01　週刊誌　3
財津和夫の取材レポート「WIDE INTERVIEW P・マッカートニー」を掲載。ロンドン EMI スタジオでポールとの会見に成功し、思いもよらぬ即興セッションができたという感動体験記。

guts（ガッツ）/ 3月号
集英社
1976/03/01　音楽雑誌　6
「ビートルズ新研究その2／ロック風雲児ジョン／山本安見」が約5ページ。ジョンの軌跡、最新ニュース、訳詞、ディスコグラフィー。ほかポールの【ロック・ショウ】楽譜1ページなど。

平凡パンチ / 3月15日号
平凡出版
1976/03/15　週刊誌　5
ビートルズ再結成や来日の話題などに触れたジョージのインタビュー「in フランス ジョージ・ハリスンと独占会見 70分」がある。

GORO / 3月25日号
小学館
1976/03/25　一般雑誌　6
「いま TV・CF で話題爆発! ロンドン～ロス～東京／リンゴ・スターの独占会見記」を掲載。「起こされなけりゃ、夜まで眠っていたよ。ぼくもそう若くないんでね。」ほか。

ミュージック・ライフ / 4月号
新興楽譜出版社
1976/04/01　音楽雑誌　17
水上はる子のウイングス独占取材レポートや、財津和夫のジョージ会見記「ロンドンでポール・マッカートニーに再会! 記事とグラビアで立体取材」「ジョージ・ハリスンが語るビートルズ再編成の噂???」など。

女性自身 / 4月1日号
光文社
1976/04/01　週刊誌　4
特集「解散から5年 アメリカでビートルズが7月に復活公演!」がある。アメリカ公演の噂と4人のソロ活動の近況など。

中学三年コース / 4月号
学習研究社
1976/04/01　一般雑誌　9
巻中グラフ特集「ポップス界のビッグ2・ビートルズ VS カーペンターズその魅力のすべて」が9ページ。ビートルズとカーペンターズを比較するもので、魅力、サウンド作り、ミニメモなど。

平凡パンチ / 4月19日号
平凡出版
1976/04/19　週刊誌　4
アムステルダムのホテルで1976年3月25日に行われたポールの独占インタビュー「P・マッカートニーと独占会見!!」がある。

音楽専科 4月増刊 / BEATLES CATALOG
音楽専科社
1976/04/20　ムック／企画誌　全134
ビートルズ来日10周年を記念して企画されたビートルズ・オンリーの特別号。特に1966年のドキュメント「ビートルズ来日レポート／香月利一」や研究特集「全アルバムを徹底試聴」「ビートルズ・ブートレッグ・ディスコグラフィー」は貴重。

SUPER HEAD MAGAZINE ZOO / ズー
ZOO
1976/04/25　音楽雑誌　2
「JOHN LENNON 僕かい? 君なら OK だよ／佐藤じゅん」ほか、ポールのアルバム紹介など。同誌は音楽雑誌「DOLL」の前身で、当時は隔月刊の52ページ仕様だった。表紙コピーは「JOHN LENNON ジョン・レノン」。

音楽専科 / 5月号
音楽専科社
1976/05/01　音楽雑誌　9
特集「'60年代後期、英ロック・シーンは ROCK の宝庫だった」に渋谷陽一のビートルズ読物のほか、『好評連載小説・片岡義男「ぼくのビートルズ」』。

guts（ガッツ）/ 5月号
集英社
1976/05/01　音楽雑誌　5
「ビートルズ新研究その4／二重人格の愛嬌者ポール／山本安見」が約5ページ。ポールの軌跡、最新ニュース、訳詞、ディスコグラフィーなど。

GORO / 5月13日号
小学館
1976/05/13　一般雑誌　5
企画レポート「ニューヨーク・ロンドン発／激録ビートルズ復活の真相／レポーター立川直樹」がある。ビートルズ再結成がテーマで、復活の新説など。

ビートルズ派手にやれ! 無名時代
草思社／アラン・ウイリアムズ
1976/05/25　単行本　全352
ビートルズ初代マネージャー、アラン・ウイリアムズによる自由奔放な無名時代のビートルズ伝説。まさかこのグループがポップス界の頂点に立つとは予想し得なかった、という複雑な思いとともに、無名時代の伝説を描いた意欲作。

Pocket パンチ / 6月号
平凡出版
1976/06/01　一般雑誌　8
再結成のうわさを紹介した8ページの2色グラフ集「復活!? ビートルズの研究」「ビートルズ神話は復活するか?」がある。

ロードショー / 6月号
集英社
1976/06/01　一般雑誌　3
ビートルズ再結成の噂にちなんだ3ページの特別グラフ「復活!? ビートルズ・グラフ」がある。

音楽専科 / 6月号
音楽専科社
1976/06/01　音楽雑誌　21
独占インタビュー「P・マッカートニーに B4 再結集を聞く」、ポール＆ウイングスの特集「話題の WINGS は今…」ほか、連載企画小説「ぼくのビートルズ」第15回など。

男子専科（dansen）/ 6月号
スタイル社
1976/06/01　一般雑誌　6
表紙がリンゴ。そのほか、カラーを含めた6ページの特集「リンゴ・スター 星からやってきた男／日下部亮」。レナウン simplelife のテレビ CM 撮影時のカラーフォトや、リンゴのストーリーなど。

YOUNG SONG（明星6月号付録）
集英社
1976/06/01　付録　9
9ページの「第3回・復活! ビートルズ・ヒット全集」がある。「抱きしめたい」「ア・ハード・デイズ・ナイト」「ミッシェル」「ヘルプ」「ゲット・バック」などヒット・ナンバー12曲を収録。※月刊明星の付録。

高1コース / 6月号
学習研究社
1976/06/01　一般雑誌　8
グラフ特集「20世紀の神話・不滅の光ビートルズ／落流鳥」。簡単なビートルズのサクセスストーリーとエピソード、写真と年譜など。

The Beatles Forever'76
東芝 EMI ポピュラー販売部
1976/06/10　非売品小冊子　全96
来日10周年を記念して制作された資料満載の非売品小冊子。読物ほか、ディスコグラフィー、年譜などの資料も充実しており、「THE BEATLES FOREVER」シリーズの中でも最も内容の濃い一冊。

ノンフィクション全集19／ビートルズ etc
筑摩書房／ハンター・デヴィス
1976/06/10　単行本　140
筑摩書房の全24巻のシリーズ図書「ノンフィクション全集」のひとつで、ビートルズ、チャーリー・パーカー、ストーリー・シンガーズの各ストーリー3作品。ハンター・デヴィス著「ビートルズ」（1968年）の抜粋篇。

平凡パンチ / 6月14日号
平凡出版
1976/06/14　週刊誌　9
「なぬ? THE BEATLES 特大号／不滅のビートルズ永遠のアルバム」の表紙タイトルで、中綴じカラーグラフ「THE BEATLES FOREVER」がある。ほかに再結成トピックス。表紙一部もビートルズ。

抱きしめたい
大和書房／北山耕平
1976/06/20　単行本　20
月刊「宝島」元編集長、北山耕平によるテレビ世代の映像文化をテーマにしたエッセイと評論、イラスト、写真で構成のグラフィティー。サブタイトルは「ビートルズと20000時間のテレビジョン」。ビートルズ関連も多い。

1976

FM fan/6月28日-7月11日号
共同通信社
1976/06/28 音楽雑誌 1未満
表紙以外には、わずかにビートルズのアルバム解説がある程度。

ロッキンf/創刊号
立東社
1976/07/01 音楽雑誌 9
ポールの綴じ込みピンナップほか、読物と楽譜「ビートルズのハード・ロックを解剖！」など。

別冊宝島/道具としての英語
JICC出版局
1976/07/01 一般雑誌 5
表紙一部がビートルズ。ジョンの【イマジン】の歌詞と写真や、ポールの写真など掲載。

ギター・ライフ/1976年夏の号
自由国民社
1976/07/10 音楽雑誌 4
ビートルズ・サウンドの魅力やジョン＆ポールのソロアルバム、再結成のうわさをまとめた「特集企画ビートルズ!!/14年間の足跡を辿る/石坂敬一」など。表紙もポール＆リンダ。

小説ビートルズ
秋元書房/草川隆
1976/07/10 文庫本 全184
ビートルズ4人の誕生と生いたちを含め、ビートルズとしてデビューするまでのドラマティックな軌跡を初心者向けにまとめたドキュメンタリー小説。

FM fan/7月26日-8月8日号
共同通信社
1976/07/26 音楽雑誌 8
ビートルズの人気と魅力を分析した「ビートルズ その永遠的人気と不思議な魅力/ミリオンセラー物語 ビートルズ/P・マッカートニー」がある。「FMリクエスト20」「詩によるベスト5」「日本でのレコード売上げ・ベスト10」ほか。

ミュージック・ライフ/8月号
新興楽譜出版社
1976/08/01 音楽雑誌 20
ポール＆ウイングス取材レポート「マジソン・スクエア・ガーデンで大取材」や、グラビア特集「巻頭大特集、ポール・マッカートニーとウイングス」ほか、ビートルズ関連トピックスなど。

ニューミュージック・マガジン/8月号
ニューミュージック・マガジン社
1976/08/01 音楽雑誌 25
佐々木マキ、鈴木志郎康、小島武、清水哲男、悠木千帆など24名のエッセイ特集「ビートルズの主題による変奏曲」があり、多くのページを割いてビートルズに対するそれぞれの想いが綴られている。

デゾ・ホフマン未公開写真集/BEATLES
新興楽譜出版社/デゾ・ホフマン（写真）
1976/08/01 ムック／企画誌 全120
ビートルズ来日10周年を記念して出版された写真集で、公式カメラマンであったデゾ・ホフマンが撮影したレアショット約110点（モノクロ）を収録。「未公開写真集」というタイトルで発売されたが、公開済の写真も多い。

ヤング・ギター/8月号
新興楽譜出版社
1976/08/01 音楽雑誌 0
表紙のみポール。

ロードショー/8月号
集英社
1976/08/01 一般雑誌 8
来日10周年記念ビートルズグラフ大特集「来日10周年記念/奇跡の復活！？ビートルズ総特集」がある。「ビートルズ語録」「フィルモグラフィー」「ディスコグラフィー」などで、解説や語録以外は写真が中心。

週刊FM/8月9日-8月22日号
音楽之友社
1976/08/09 音楽雑誌 2
ビートルズ4人の個別インタビュー「独占掲載！ビートルズ未公開インタビュー①」がある。

ヤングギター8月増刊/チューリップ'77
学習研究社
1976/08/20 音楽雑誌 8
チューリップの特集号。ポールとのアビーロード・セッション当日（1976年1月19日）の詳報「大特集 やった!!アビー・ロード・スタジオでポール・マッカートニーと大セッション!!/あの夢のような現実の日を完全再現」が8ページ。

週刊FM/8月23日-9月5日号
音楽之友社
1976/08/23 音楽雑誌 9
前号に続き9ページの特集「独占掲載！ビートルズ未公開インタビュー」パート2がある。メンバー4人の個別インタビュー「ジョン・レノン/人生は幸福でいるための重大な仕事なのだ」ほか。

別冊ヤング・フォーク/ジャンボ
講談社
1976/08/30 ムック／企画誌 5
1960年～1976年までの、フォーク・歌謡曲・ポップスのヒット曲を収録したソング・ブック。ビートルズのカラーグラビア「ビートルズ」と楽譜集、表紙の一部にビートルズ・イラストあり。

スクリーン/9月号
近代映画社
1976/09/01 一般雑誌 6
出演映画を中心にしたビートルズのグラフ集「特別グラフ/ビートルズ誕生から今日まで」が6ページ。

ペーパームーン/秋号
新書館
1976/09/01 一般雑誌 2
「ビートルズクイズ」が2ページ。「歌いだしテスト」「A面・B面テスト」「ビートルズ映画クイズ」「そのウソ、ほんと？」など。

やんろーど/9月号
日本ヤングパワー
1976/09/01 一般雑誌 35
来日10周年記念特集「ビートルズ文化論」「対談ビートルズが最初の"事件"だった/渋谷陽一vs北山耕平」がある。読物および対談中心の大特集。

ユリイカ 詩と批評/9月号
青土社
1976/09/01 一般雑誌 126
同誌のビートルズ特集としては1973年1月号に続く第2弾。ビートルズに詳しい多くの著名人などによるエッセイ、評論など、126ページに及ぶ特集「ビートルズ甦る神話」を掲載。

ロッキンf/9月号
立東社
1976/09/01 音楽雑誌 5
一部カラーの5ページのグラフ「P・マッカートニー＆ウイングスなど第2弾「P・マッカートニー＆ウイングスのアメリカツアー関連記事やポールのインタビューなど。

週刊明星/9月5日号
1976/09/05 週刊誌 8
8ページのモノクロ特集グラフ「永遠に生き続ける4人！今世紀最大のアイドル・ビートルズの15年の歴史を追う」がある。最新フォトと記事のほか、ディスコグラフィー「売上げ2,300億円の軌跡！ヒット・アルバム物語！」など。

週刊プレイボーイ/9月7日号
集英社
1976/09/07 週刊誌 6
10年前のビートルズ来日をタイムリーに体験した人々の証言や回想録をまとめた「NEWビートルズエイジに贈る特別企画」を掲載。おもな執筆者は東郷かおる子、いかりや長助、加山雄三、小林一成、立川直樹、星加ルミ子など。

ロックアーティスト名言集
新興楽譜出版社
1976/09/10 単行本 数
ロックアーティストたちが残した名言の数々を収録した語録集。ジョンをはじめビートルズのメンバーの名言も数多く記載。表紙写真の一部がビートルズ。

ヤングコミック/9月22日号
少年画報社
1976/09/22 週刊誌 30
30ページの読切青春マンガ「ビートルズなんか知らないよ/長谷川法世」がある。1960年代、高校生たちの青春のロマンを描いたビートルズ来日直前の物語。

スターランド臨時増刊/Hey！ビートルズ
徳間書店/石坂敬一（監修）
1976/09/30 ムック／企画誌 全114
グラフ、ビートルズストーリー、エピソード、ディスコグラフィー、年譜などで構成したビートルズ特集号。ビートルズの入門書としては手頃。

映画ファン/10月号
愛宕書房
1976/10/01 一般雑誌 15
来日10周年記念企画としてビートルズのグラフ特集「来日10周年記念 大特集/The Bealtes」があり、全米コンサートの写真を中心に数々のスナップフォトを紹介。

高1コース/10月号
学習研究社
1976/10/01 一般雑誌 32
なんと32ページにおよぶ総力特集「保存版ミュージック・ワイド企画/これですべてがわかる永遠のスーパースター、ザ・ビートルズ」がある。PART1～8に分かれた特集で内容も充実。

中一時代/10月号
旺文社
1976/10/01 一般雑誌 7
巻頭7ページのカラービッグ企画①ヤングをとらえる永遠のロックン・ロール「ああ、神様！ザ・ビートルズ」がある。ビートルズストーリー、映画紹介、アルバム紹介、ビートルズフェア紹介など。

Guts（ガッツ）増刊/ロック・アイドルたち！Vol.3
集英社
1976/10/10 音楽雑誌 5
ロック・アイドルのA4判グラフ集。ビートルズについてはリンゴ、ポール＆ウイングス、ジョージ、ジョンの順に4人の近況グラフが5ページ。

平凡パンチ/10月11日号
平凡出版
1976/10/11 週刊誌 5
「吹きすさぶ…ビートルズ熱風 全話題を集録!!」がある。ビートルズ年表と最新情報「ニューヨーク、シェア・スタジアム・ライブ公開!!」「リンゴ・スター来日」「ポール招聘運動再燃!!」「変種アルバムの登場」など。

週刊プレイボーイ/10月12日号
集英社
1976/09/07 週刊誌 0
ビートルズ、ストーンズに続くロックとして、8ページの色刷り特集「ブリティッシュ76」がある。ただビートルズに関する記事はない。

週刊マーガレット/10月17日号
1976/10/17 週刊誌 1/3
表紙イラストの一部にビートルズのレコードタイトルあり。記事「マーガレットNEWSレーダー」にリンゴと小記事「ビートルズ情報/あのリンゴ・スターがやってくる」がある。1/3p程度。

セブンティーン/10月19日号
1976/10/19 週刊誌 7
ビートルズのカラーグラフ特集「不滅のビートルズ」がある。デビューから解散までの軌跡の写真や、星加ルミ子による簡単なビートルズ・ストーリーなど。

the beatles collection 3 | 267

1976

アサヒグラフ／10月22日号
朝日新聞社
| 1976/10/22 | 週刊誌 | 10 |

『誌上初公開 幻のビートルズ・コンサート・フィルム／THE BEATLES AT SHEA STDIUM 15th AUGUST 1965』のカラー特集グラフがある。写真はすべてシェア・スタジアム・コンサートのもの。

ビートルズ・クイズ
新書館／エドウィン・グッドゴールド他
| 1976/10/25 | 単行本 | 全184 |

ビートルズに関する雑学クイズ事典。クイズの内容は全体的にやさしいものが多く、ビートルズの一般常識を学ぶには手頃な参考書といえる。写真の掲載も多い。

GORO／10月28日号
小学館
| 1976/10/28 | 一般雑誌 | 4 |

リンゴのインタビュー「来日直前独占インタヴュー／リンゴ・スターの「長髪から丸坊主までの軌跡」」がある。「ビートルズの再編成はない」ほか、レポーターは立川直樹。

月刊ポエム／11月号
すばる書房
| 1976/11/01 | 一般雑誌 | 47 |

『特集 ビートルズI』『ビートルズ写真集』『オノ・ヨーコ小詩集』があり、来日写真ページや対談、ヨーコの詩集など47ページのボリューム。表紙一部もジョン＆ヨーコの顔写真。

音楽専科／11月号
音楽専科社
| 1976/11/01 | 音楽雑誌 | 10 |

『カラー・スコープ P．McCARTNEY』と表記があるが、ポールのカラーフォトが一枚紹介されているのみ。『特集ビートルズII 本誌総力特集!! BEATLES NEWS PAPER』や『本誌独占インタヴュー集リンゴ・スター』もある。

平凡／11月号
平凡出版
| 1976/11/01 | 音楽雑誌 | 3 |

「ビートルズは世界一 ぼくらも世界一！ ずうとるび」が3ページ。ビートルズの写真やプロフィール含め、恐れ多くも「ずうとるび」とビートルズとの比較という妙な企画。

ザ・ミュージック／11月・特別創刊号
小学館
| 1976/11/01 | その他(音楽雑誌) | 7 |

製本試作用のレアな創刊準備号。巻頭カラー特写『Wings OVER AMERICA』「ようこそマッカートニー家へ！」ほか、「ビートルズ再結成のうわさの波紋」などあわせて7ページ。実際に刊行された創刊号とは仕様が違うテスト品。

女性セブン／11月3日号
小学館
| 1976/11/03 | 週刊誌 | 6 |

リンゴのモノクログラフと来日インタビュー「リンゴ・スターが10月17日来日！ 全行動を追跡！」がある。

週刊明星／11月7日号
集英社
| 1976/11/07 | 週刊誌 | 6 |

リンゴ来日モノクログラフと、打楽器奏者のツトム・ヤマシタとリンゴとの独占会見記「リンゴ・スターのどっきり内幕／独占私室の素顔から日本式酒盛りまで」など。

平凡パンチ／11月8日号
平凡出版
| 1976/11/08 | 週刊誌 | 6 |

松本たえこヒルトン・ホテルで行われた来日インタビュー「リンゴ・スターに独占インタビュー成功!!」など。

ヤングセンス／1976AUTUMN
集英社
| 1976/11/10 | 音楽雑誌 | 2 |

ポールとリンダの巻頭カラー写真や【幸せのノック】の楽譜など。別冊付録に『ビートルズの3曲ストローク・マスター』があるもよう。

ギター中級テクへの招待／ヤングセンス付録
集英社
| 1976/11/10 | 付録 | 11 |

音楽雑誌「ヤング・センス／1976年秋号」の付録。巻末11ページにわたり、『ビートルズ・ナンバー・ストローク全マスター』がある。楽譜とギターコード、簡単なストローク解説など。

FMレコパル／11月15日-11月28日号
小学館
| 1976/11/15 | 音楽雑誌 | 3 |

ビートルズの来日公演以来、10年ぶりに来日したリンゴの京都観光1日をレポートしたグラフ『リンゴ・スター京都大追跡』「やっとホッとしたリンゴ、京都の一日」がある。

映画ファン臨時増刊号／ビートルズ全米コンサート・ツアーのすべて！
愛宕書房
| 1976/11/15 | ムック／企画誌 | 全112 |

1966年8月12日のシカゴを皮切りに開催されたビートルズ全米コンサート・ツアーの全容を貴重フォトで綴ったヴィジュアルグラフ集。

週刊プレイボーイ／11月16日号
集英社
| 1976/11/16 | 週刊誌 | 8 |

ディスコグラフィーを含めた中綴じ特集『1976年晩ロックスピリットの聖書、ザ・ビートルズ・コレクション』がある。表紙コピーは「保存版色刷り特集「ビートルズ」オール・コレクション」。

週刊FM／11月15日-11月28日号
音楽之友社
| 1976/11/28 | 音楽雑誌 | 16 |

リンゴのグラビアグラフほか、特集『リンゴ・スター、滞在2週間の陰謀作戦大成功』がある。「リンゴの気持ちわからなかった記者会見」「北海道CF撮りも大成功、ナンシー連れの京は暮れゆく」「リンゴ・スター年表」など。

ミュージック・ライフ／12月号
新興楽譜出版社
| 1976/12/01 | 音楽雑誌 | 4 |

来日したリンゴ・スターと人気作家つかこうへいが熱烈対談や、グラビアフォトなど。

ペーパームーン／冬号
新書館
| 1976/12/01 | 一般雑誌 | 2 |

エッセイ「つかこうへい「ビートルズを語る」」がある。「ビートルズとの出会い」「ビートルズは何色？」「ビートルズと僕の劇」「ビートルズはテクニシャン」など。

月刊ポエム／12月号
すばる書房
| 1976/12/01 | 一般雑誌 | 50 |

同誌11月号に続き、約50ページの『特集ビートルズII』がある。ジョン＆ヨーコの極秘来日関連記事や関係者のエッセイ・対談、ビートルズ年表などを多数掲載。

音楽専科／12月号
音楽専科社
| 1976/12/01 | 音楽雑誌 | 14 |

リンゴと宇崎竜童の対談集『本誌独占つっぱり対談!! リンゴ・スター対宇崎竜童』や来日レポート、エピソードなど。

コース別冊／ヤング・オーディオ・ナウ '77
学習研究社
| 1976/12/10 | ムック／企画誌 | 8 |

カラーグラビアほか、YANミュージック特集『ビートルズ雑学事典』がある。「ビートルズ・ライヴ・イン・トーキョー」「ビートルズが来日したとき手に入れたもの」「ビートルズと共演した人々」など、1966年の来日関連記事など。

English today（イングリッシュ・トゥデイ）12月号
語研
| 1976/12/15 | 一般雑誌 | 25 |

隔月刊の現代英語雑誌。巻頭3ページのグラフを含め、トータル25ページの大特集「The Beatles Now！／ビートルズよ、どこへ行く？」がある。「ジョンの内なる世界／北山耕平」「インドとジョージとわたし／横尾忠則」ほか。

週刊FM／12月27日-1月9日号
音楽之友社
| 1976/12/27 | 音楽雑誌 | 3 |

3ページの巻頭カラーグラフ「北海道のリンゴ・スター」がある。来日中、北海道で行われたレナウンのCF撮影のようす。表紙が一部ポール＆ウイングスのイラスト。

ビートルズカレンダー '76（非売品）
東芝EMI
| 1976/ | 非売品その他 | ※ |

東芝EMIの非売品ビートルズカレンダー。

THE BEATLES／復活フェア公認プログラム
PUMPKIN MUSIC／ビートルズ復活フェア事務局
| 1976/ | パンフレット／小冊子 | 全16 |

ビートルズ来日10周年記念復活フェアの公認プログラム。「来日公演てんやわんや記／星加ルミ子」「来日取材てんやわんや記／大森庸雄」「ポールのコンサートを見た！／高橋憲一郎」ほか。

ザ・ビートルズフィルム・ライブ!!
ニッポン放送
| 1976/ | パンフレット／小冊子 | 8 |

内田裕也がフィルム所有者と折衝して実現したビートルズのドキュメンタリーフィルム【ライヴ・アット・シェア・スタジアム】の国内初回公開時の小冊子。全国の主要映画館で一般上映される前、六本木の俳優座にて先行上映された。

日本公演パンフレット／来日10周年記念復刻版
ビートルズ来日／中部日本放送
| 1976/ | 公演パンフレット | 全34 |

来日10周年記念の復刻版でテイチク版の原型となったもの。東急デパートで開催された「来日10周年記念ビートルズ・フェア」用に製作されたもの、或いはCBCの記念イベントのため社外復刻されたものなど諸説あるが未確認。

1977

ミュージック・ライフ/1月号
新興楽譜出版社
1977/01/01　音楽雑誌　11
ポール＆ウイングスのイギリス公演フォトやリンゴのグラビア・ページほか、日本公演実現へ向けての抱負やビートルズ再結成の可能性を語った最新インタビュー『ポール・マッカートニーとジミー・ペイジ 最近の心境を語る!!』など。

WINGPOP PHOTOGRAPHY
東芝EMI ポピュラー販売部
1977/01/01　非売品小冊子　全28
東芝EMIがウイングスの2枚組アルバム『ウイングス U.S.A. ライヴ!!/WINGS OVER AMERICA』の発売を記念して制作したプロモーション用の非売品写真集（サイズ200mm×200mm）。

ロードショー/1月号
集英社
1977/01/01　一般雑誌　4
新連載『青春の系譜』シリーズ第1回、4ページの読物「不滅の偶像ビートルズ！」がある。

プレイガイドNOW'77/高2コース1月号付録
学習研究社
1977/01/01　付録　1
表紙はアグネス・ラムとビートルズ。巻末カラーグラフ集『世界をハッピーにするビッグ・ミュージシャンたち』の最終ページがビートルズ。

明星編集・ヒットソング全集うたの世界1001
集英社
1977/01/01　ムック/企画誌　8
1977年版、418ページのボリュームのヒットソング集。表紙イラストの一部がビートルズ。ビートルズはヒットナンバー中心に7ページの特集で、ジョンも1ページ。

洋版ピクチャー・ライブラリー/ビートルズ・ストーリー
洋販出版／ジェレミー・パスカル
1977/01/01　ムック/企画誌　全64
イラストや写真とともに、ビートルズの軌跡、解散以降のソロになってからの活躍に分けて簡潔に綴ったヴィジュアル・ストーリー。

週刊プレイボーイ/1月11日号
集英社
1977/01/11　週刊誌　6
ジョージのインタビュー「独占会見、ジョージ・ハリスン〈元「ビートルズ」の哲人〉」を掲載。ニューアルバムの話題、ソロ活動の近況、来日公演の可能性についてなど。

音楽全書/第3号冬
海潮社
1977/02/01　ムック/企画誌　4
表紙がビートルズのイラスト。第2号に続き総特集『ブリティッシュ・ロック・シーンII』があり、ビートルズの写真も。ビートルズ関連記事「ウイングス待望の3枚組ライヴ!! 遂に登場」など。

FMレコパル/2月7日-2月20日号
小学館
1977/02/07　音楽雑誌　5
巻頭カラーグラフ「ジョージ・ハリスン 華麗なる復活」が5ページ。最新カラーフォトと「試練をのり越えたジョージ・ハリスン／大森庸雄」など。

週刊明星/2月13日号
集英社
1977/02/13　週刊誌　3
カーター大統領がジョン＆ヨーコをレセプションに招待した際の記事「ジョン・レノン、洋子夫人とカーター大統領の意外な関係」「えっ、あのふたりがタキシード、ドレスで就任レセプションに！？」など。

ビートルズ・カタログ
講談社／又平亨（編著）
1977/02/21　ムック/企画誌　全220
ムービー、ポスター、書籍、アルバム、チラシ、新聞スクラップ、チケット、ブートレッグなど、コレクション中心の総合カタログ。読物としてはビートルズ最新レポート、解散後の4人のソロ活動を記録した年譜、寄稿ほか。

ロッキンf/3月号
立東社リットー・ミュージック
1977/03/01　音楽雑誌　7
ポール＆ウイングスのニューアルバム『ウイングス U.S.A. ライヴ!!』発表に関するメンバーの証言とレポート「ポール・マッカートニー＆ウイングスの新LP」ほか、別冊企画で収録曲『レッティング・ゴー』の楽譜と解説を掲載。

ロック・ショウ/3月号
シンコー・ミュージック
1977/03/01　音楽雑誌　8
「名盤徹底特集／ビートルズ関係のアルバムはロック・ファン必携レコード。今回はその中から50枚ほど選んでみました：星加ルミ子」3ページほか。

GORO/3月10日号
小学館
1977/03/10　一般雑誌　0
表紙コピー「大付録！話題爆発ビートルズ大特集」のみ。B4判折込カラー付録「GO ROCKING PAPER」付。ビートルズ関連記事はなく。

GORO/3月10日号付録『GO ROCKING PAPER』
小学館
1977/03/10　付録　1
B4判折込8ページの付録「GO ROCKING PAPER」。表紙に特集記事「ビートルズたちは最高にハッピー！／ジョン、ポール、ジョージ、リンゴの近況と来日の可能性を探る」が1ページ。

週刊少年マガジン/3月20日号
講談社
1977/03/20　週刊誌　5
『結成15周年記念特別企画 ビートルズポスター41』があり、巻頭カラー5ページでビートルズのポスターコレクションなど41点を紹介。

音楽専科/4月号
音楽専科社
1977/04/01　音楽雑誌　8
最新インタビュー『ジョージ・ハリスンに独占会見』を掲載。マイ・スウィート・ロード告訴問題とインド音楽との出会い・影響などについて心境を語ったもの。

高1コース/4月号
学習研究社
1977/04/01　一般雑誌　20
中綴じ20ページに及ぶ特集『グループ結成15周年特別企画 ザ・ビートルズ／落流鳥』がある。「20世紀を走り続ける4人のかぶと虫たち」「永遠の偶像ビートルズ・ストーリー」ほか。

高2コース/4月号
学習研究社
1977/04/01　一般雑誌　5
ビートルズのイラスト表紙。イラスト、グラフ中心に10ページの祝進級特別企画「ビートルズVSベイ・シティ・ローラーズ」がある。両者の人気や魅力を比較したもの。そのうちビートルズは5ページ。

BEATLESの事典
ごま書房／石坂敬一
1977/04/10　単行本　全272
ビートルズの主要な出来事やキーワードなど、あらゆる項目をあいうえお順に整理収録したミニ百科事典。ビートルズに大変詳しい石坂敬一著とあって話題になった一冊。

永遠に燃えるビートルズの本
広済堂出版／立川直樹
1977/04/10　単行本　全256
4人の出会いからソロ活動に至るまでのエピソードや話題になった出来事・事件を数多くピックアップし、それぞれに簡単な説明を加えた資料本。

レコードの本／ポピュラー・ミュージック大全集
講談社
1977/04/20　ムック/企画誌　14
ポップス、ロックなどポピュラー・ミュージック・アーティストの紹介とディスコグラフィーを収録した総合大全集。ビートルズについては巻頭カラーグラビアページで4人のプロフィールと語録を掲載。ポールのイラストカヴァー。

メロディハウス/5月号
海潮社
1977/05/01　音楽雑誌　5
2つのライヴアルバム『デビュー！ビートルズ・ライヴ'62』と『ザ・ビートルズ・スーパー・ライヴ！』発売に関する特集『ビートルズ特集 マッシュルームを忘れるな!!』ほか。

ロッキング・オン/5月号
ロッキング・オン
1977/05/01　音楽雑誌　2
ビートルズのエッセイ「あるビートルズ病患者の告白、ザ・ビートルズ・スーパー・ライヴ！／松村雄策」ほか。表紙コピーは「Beatles」。

音らんど/5月号
芸文社
1977/05/01　音楽雑誌　0
表紙に一部ポールの写真があるのみ。

音楽専科/5月号
音楽専科社
1977/05/01　音楽雑誌　9
対談形式の特別企画「緊急報告 これが幻のテープだ」で、香月利一と藤本藤が1962年、ハンブルクで収録された貴重なライヴ・テープのレコード化に関する話題を追求。また連載小説「ぼくのビートルズ」第23回もある。

ロック白書'77
エイプリル・ミュージック
1977/05/10　ムック/企画誌　6
ロック黄金時代を築いたアーティストの名鑑と歴史を簡単に紹介したヴィジュアルカタログ。表紙イラストの一部がビートルズで、それ以外は4人の近況フォトなど。

FM fan/5月16日-5月29日号
共同通信社
1977/05/16　音楽雑誌　1
表紙がライヴアルバム『ザ・ビートルズ・スーパー・ライヴ！』のジャケットであるほか、同アルバムのFM放送の解説。

ヤングロック VOL.4
徳間書店／スターランド社（編）
1977/05/30　ムック/企画誌　20
『ヤングロック』誌の企画雑誌「スーパー・グループ・グラフシリーズ」のVOL.4。今回はポール＆ウイングスのグラフ特集『P・マッカートニー＆ウイングス最新カラー大特集』がある。

ヤング・ギター/6月号
新興楽譜出版社
1977/06/01　音楽雑誌　30
大特集「WINGS Special」が30ページ。ウイングスのメンバー紹介、ストーリー、使用楽器ほか、アルバム『ヴィーナス・アンド・マース』や『USAライヴ!!』からの楽譜など。表紙もウイングスの写真とポール＆リンダのイラスト。

ロッキンf/6月号
立東社
1977/06/01　音楽雑誌　4
4ページのモノクロ企画「待ちに待ったライヴ・テイクの大激突/BEATLES LIVE」がある。ライヴアルバム『デビュー！ビートルズ・ライヴ'62』と『ザ・ビートルズ・スーパー・ライヴ！』の解説、視聴比較など。

音楽専科/6月号
音楽専科社
1977/06/01　音楽雑誌　9
『ザ・ビートルズ・スーパー・ライヴ！』のレコード発売の話題をまとめた対談「緊急報告 これが幻のビートルズ・スーパー・ライヴだ」ほか、連載小説「ぼくのビートルズ／片岡義男」第24回。

週刊少年マガジン/6月5日号
講談社
1977/06/05　週刊誌　5
3月20日号に続く巻頭カラー企画。ビートルズのポスターコレクションなど23点を紹介した「大人気にこたえてまたまた放つ秘蔵コレクション／ビートルズポスターPART2」がある。

1977

週刊平凡/6月9日号特大号
集英社
1977/06/09　週刊誌　2
息子ショーンを伴って極秘来日したジョン&ヨーコの写真と記事「独占!ジョン・レノン、洋子・来日を極秘撮影!」がある。

ポール・マッカートニー/スーパースターの自画像
新興楽譜出版社/ポール・ガンバッチーニ
1977/06/10　単行本　全242
ポールの少年時代から1975年までの生い立ちや音楽活動などを、ポール自身の言葉を引用してまとめた自叙伝的ヒストリー。

週刊FM/6月27日-7月10日号
音楽之友社
1977/06/27　音楽雑誌　11
ビートルズ・イラストカヴァー。大特集①「不滅の大記録を徹底調査!」②「君自身のビートルズ・アルバムを作ろう」など。

ミュージック・ライフ/7月号
新興楽譜出版社
1977/07/01　音楽雑誌　5
ウイングスのギタリスト、ジミーの国際電話インタビュー「国際電話でジミー・マックローがウイングスの近況を報告!!」と、ジョン&ヨーコのグラビアフォト。

ガッツ/7月号
集英社
1977/07/01　音楽雑誌　7
ポール&ウイングスの最新情報、【レット・イット・ビー】のピアノ譜、「ビートルズと拓郎に驚き/中村とうよう」などあわせて7ページほど。

ギャラントメン/創刊号
メール・オーダー
1977/07/01　一般雑誌　4
特別寄稿「ビートルズを超えて!/横尾忠則」がある。「五人目のビートルズにぼくはなりたかった」「ビートルズはいったいなにを救ったのか」「すでに消えてしまったビートルズの痕跡」

ザ・ミュージック/7月号
小学館
1977/07/01　音楽雑誌　40
フォトを含むヴィジュアルページや貴重コレクション、ディスコグラフィー、映画ガイド、年譜などで構成したビートルズ特集「堂々40ページ大特集 ビートルズ」がある。「ビートルズ徹底研究/立川直樹」ほか多数。

中学三年コース/7月号
学習研究社
1977/07/01　一般雑誌　9
2色刷り中綴じグラフ特集「ミュージック・ワイド/ザ★永遠の魂」がある。ビートルズの歴史、年表のほか4人のプロフィールを写真と最新アルバムを添えて紹介したもの。

ギター・ライフ/1977年夏の号
自由国民社
1977/07/15　音楽雑誌　12
ポール&リンダの写真や「不滅のビートルズ/ヒットナンバー・スピードマスター講座」含めた8ページの楽譜特集「ビートルズ名曲集」など。

小説ビートルズの栄光
秋元書房/草川隆
1977/07/31　文庫本　全176
1976年に刊行された「小説ビートルズ」の続編で、ビートルズ結成以降、エプスタインとの出会いや世界ツアーなどおもな出来事を小説風にまとめたドキュメンタリー。

ビートルズで英語を学ぼう
講談社/林育男
1977/08/01　単行本　全256
ビートルズのヒットナンバー168曲から引用した例文をもとに解説を加えた英文法書。ビートルズのイラストや写真も多く挿入。著者本人も古くからビートルズファンとのこと。※初版の新書判タイプ。文庫判も後に発売されている。

中一時代8月号付録/ロック&ポップス大行進
旺文社
1977/08/01　付録　6
中一時代の全36ページ付録冊子。6ページのストーリーを含めたカラー特集「ザ・ビートルズ、フォーエバー/はじめにザ・ビートルズがあった」がある。

高一時代/8月号
旺文社
1977/08/01　一般雑誌　8
「ビートルズ名場面シール」付の8ページ特集「あのビートルズをもう一度 THE BEATLES STORY/中山久民」がある。デビューから解散までのストーリー「2枚のライヴが火つけ役」「日本に上陸!」ほか。

JAPAN創刊号/フェミニスト
フェミニスト
1977/08/15　一般雑誌　4
女性のスタッフオンリーで制作出版された異色雑誌「フェミニスト」の創刊号。「オノ・ヨーコの哲学/松本路子」や対談集「オノ・ヨーコとフェミニスト創刊号について語る/渥美育子」がある。

WINGS/ポール・マッカートニーの輝かしい全貌
新興楽譜出版社/デイブ・ゲリー
1977/08/20　ムック/企画誌　全58
ウイングスのコンサートを支えるスタッフと、音響設備、機器などの舞台裏を詳しく調査した貴重資料本。レコードが発売されるまでのプロジェクト全貌を考察。※正式名「WINGS/ポール・マッカートニーとスーパー・グループの輝かしい全貌」

VIVA!FOURTEEN/中二時代9月号付録
旺文社
1977/09/01　付録　6
カラーグラフを含め、6ページの企画特集「永遠のスター/ザ・ビートルズ」がある。「不良少年」「熱狂」「黄金時代」「永遠の音楽」など、ビートルズの生い立ちとストーリー。表紙の一部がビートルズのイラスト。

ビートルズをおねがい
秋元書房/玉井真知子
1977/09/05　文庫本　232
ビートルズの著者がまとめたグラフィティー。【抱きしめたい】【プリーズ・プリーズ・ミー】【シー・ラヴズ・ユー】など前期17曲の訳詞集、中・高生向けに引用した英詞の文法解説、ビートルズエッセイ、イラストなど。

週刊TVガイド/9月9日号
東京ニュース通信社
1977/09/09　一般雑誌　2
ビートルズ結成15周年記念番組「NHK特集・ビートルズ〈8日夜〉」関連記事ほか、「ビートルズはなにを伝えてくれたか」など2ページ。この特集番組ではビートルズナンバー27曲を聴くことができた。

月刊小説エンペラー/10月号
大洋書房
1977/10/10　一般雑誌　24
24ページのHowTo劇画「栄光への記録!全曲ギター・コード解説付/THE BEATLES/宮沢昭裕」(第1章)がある。ビートルズとブライアン・エプスタインの出逢いなど、1961年当時の初期の物語。

音楽専科増刊/ロック・カタログVOL.2
音楽専科社
1977/10/20　ムック/企画誌　11
香月利一編集の11ページの来日グラフ&記事特集「未公開写真によるビートルズ来日時の興奮超精密ルポ」「ビートルズ・カタログ/あの日、武道館が燃えた!来日時未公開フォト独占掲載」がある。

月刊小説エンペラー/11月号
大洋書房
1977/11/10　一般雑誌　30
30ページのビートルズのHowTo劇画新生ビートルズ第2章「全曲ギター・コード解説付/THE BEATLES/近藤悦之」がある。表紙一部もビートルズのイラスト。

THE BEATLES FOREVER 78(LOVE SONGS)
東芝EMI
1977/11/15　非売品小冊子　全48
ビートルズのラブ・ナンバーを集めて再編集されたアルバム「ラヴ・ソングズ」を表紙に使用した非売品の超小型冊子。ビートルズおよびソロアルバム全タイトルを収録したディスコグラフィー。

ザ・ミュージック/12月号
小学館
1977/12/01　音楽雑誌　32
同誌同年7月号「大特集ビートルズ」に続き、特集第2弾「ワイド特集ビートルズ全カタログ」がある。「ビートルズ再結成の可能性」「金銭問題」「ソロ・アルバム・ディスコグラフィー」ほか。

愛と芸術/ジョン・レノン
新興楽譜出版社/アントニー・フォーセット(著)
1977/12/01　単行本　全352
ジョンとヨーコをよく知る著者アントニー・フォーセットがジョンの人間性と芸術性にスポットをあて感性や生き方を解析した評伝。

月刊小説エンペラー/12月特大号
大洋書房
1977/12/10　一般雑誌　26
26ページのビートルズのHowTo劇画第3章「栄光への記録!全曲ギター・コード解説付/THE BEATLES/近藤悦之」がある。レコードデビューに至るまでの初期物語。

ヤングレディ/12月13日号
講談社
1977/12/13　週刊誌　5
5ページのモノクログラフ特集「私たちはこの偉大なロックのルーツを忘れない!」「ビートルズ、4人の男の燃えつきた記録」がある。写真とビートルズ解散後の近況ほか。

ロック・ファンNO.8/ウイングス写真集
新興楽譜出版社
1977/12/15　ムック/企画誌　全96
ポール&ウイングスを取り上げ「ウイングス写真集」として企画出版されたロック・アーティストのフォトグラフシリーズ(NO.8)。全編モノクロ写真だが内容は充実。

平凡パンチ/12月26日号
平凡出版
1977/12/26　週刊誌　1
KAZO KUBO作のビートルズ・カラー・イラスト綴じ込みワイド・ピンナップ「ビートルズ・イラストPINUP」があるのみ。

GO!GO!The BEATLES
東芝EMI
1977/　非売品　8
4つ折り8ページの東芝EMIの非売品冊子で、アメリカ編集盤を含めたアルバム・ディスコグラフィー。「プリーズ・プリーズ・ミー」から2枚組「ビートルズ/ラヴ・ソングズ」まで31アルバムを紹介。

ビートルズカレンダー'77(非売品)
東芝EMI
1977/　非売品その他　全12
東芝EMIの非売品カレンダー。1977年版。

シェア・スタジアム/マジカル・ミステリー・ツアー
松竹事業部/グローバル・フィルム/富士映画
1977/　映画パンフレット　全12
1965年にニューヨークで行われた野外コンサートのドキュメンタリー・フィルム「シェア・スタジアム」とテレビ用に製作された映画〈マジカル・ミステリー・ツアー〉からなる2本立て映画のパンフレット。

The BEATLES'DEBUT 15th ANNIVERSARY
東芝EMI
1977/　非売品小冊子　全20
結成15周年を記念して発行された非売品の横型小冊子。一部ディスコグラフィー、コンサート参考データなどが掲載されているが、全体の構成はビートルズのカラーグラフおよび写真集。

1978

ミュージック・ライフ/1月号
新興楽譜出版社
1978/01/01　音楽雑誌　11

新春ML独占会見記『新春恒例インタビュー特集/ポール・マッカートニーとデニー・レーン』や特別寄稿『ジョン＆ヨーコ会見記』ほか、ジョージやウイングスのグラビアページなど。

エンタテイメント'78/高2コース1月号付録
学習研究社
1978/01/01　付録　1

高2コース1月特大号の付録。中綴じ『'78スターカレンダー』にビートルズのカラーカレンダーが1点。表紙一部写真がビートルズ。

ヤング・ロック特別増刊/ロック・アイドル'78
徳間書店／スターランド社
1978/01/15　ムック／企画本　2

ロック界のスーパースターを簡単に紹介したアーティストカタログ。ビートルズはカラー2ページ。表紙一部にビートルズのイラスト。

FM fan/1月23日-2月5日号
共同通信社
1978/01/23　音楽雑誌　0

表紙のみバロック調のビートルズ4人のイラスト。特にビートルズに関する掲載記事はない。ちなみに特集はボブ・ディラン。

ビートルズ現象
紀伊國屋書店／中野収
1978/01/31　単行本　全190

音楽性のみならず、言動や行動を通してビートルズが若者や社会に与えた影響・現象をエッセイ風にまとめたビートルズ論。ビートルズが創造した新たな文化・現象を再考察することで、ビートルズの存在意義を解明したもの。

音楽専科 2月号
音楽専科社
1978/02/01　音楽雑誌　9

本誌独占インタビュー『PAUL McCARTNEY――低次元のなり方で終わったビートルズ解散』があり、ニューアルバムやビートルズ解散の話題を4ページ程度で紹介。ほか、連載小説『ぼくのビートルズ』第30回など。

ギター・ライフ/1978年冬の号
自由国民社
1978/02/10　音楽雑誌　10

『ワイド特集 ポール・マッカートニー総合研究』がある。シングル『夢の旅人』大ヒットの話題や、ニューアルバム発表に関するニュースを紹介した『ポール・マッカートニー近況報告／石坂敬一』ほか。

ターゲット/3月号
辰巳出版
1978/03/01　一般雑誌　7

カラーグラフ『ポール・マッカートニー＆ウイングス版権独占／大西洋の離島でレコーディング』とその関連記事など。

洋版ピクチャー・ライブラリー／ウイングス
洋販出版／ジェレミー・パスカル
1978/03/01　ムック／企画本　全64

ポールの証言に基づきウイングス結成後の創作活動中心に描かれた伝記。アルバム制作秘話やメンバーとのトラブルなど興味深い内容も随所に記載されたヴィジュアル・インサイドストーリー。

ミュージック・ライフ/4月号
新興楽譜出版社
1978/04/01　音楽雑誌　1未満

パンクに関する記事のなかで、わずかにビートルズ関連の記述がある。『ストーンズ、クイーン、ウイングスのニュー・ウェイヴ体あたり作戦』の表紙コピーあり。

ザ・ミュージック/4月号
小学館
1978/04/01　音楽雑誌　7

ビートルズの歩みを綴った連載企画『ミュージシャン物語／ビートルズ』を6ページ掲載。そのほか、ベストセラー物語『あの「アビイ・ロード」が1300万枚売れた影には…／立川直樹』。

FM fan/4月17日-4月30日号
共同通信社
1978/04/17　音楽雑誌　1/8

表紙がポール＆ウイングスのアルバム『ロンドン・タウン』。そのほか、『ウィングス／最新アルバム』の小記事のみ。

週刊FM/4月17日-4月30日号
音楽之友社
1978/04/17　音楽雑誌　0

表紙右下部が『ヘルプ』のイラスト。関連記事は特になし。

ザ・ミュージック/5月号
小学館
1978/05/01　音楽雑誌　23

総力特集『ワイド特集／ポール・マッカートニー』がある。カラーヴィジュアルページのほか、『ポール・マッカートニー ゴ腕実業家説 7つの証言／大伴良則』『ポール・マッカートニー天才アーティスト説 7つの証言／大森庸雄』など。

音楽専科/5月号
音楽専科社
1978/05/01　音楽雑誌　23

ポール＆ウイングスの大特集『これは本当に面白い!!ポール・マッカートニー大いに語る』がある。特別会見記をはじめ、松村雄策のポールのソロアルバム全解説、読物、写真など多数。

週刊FM/5月29日-6月11日号
音楽之友社
1978/05/29　音楽雑誌　0

ポールのイラスト表紙のみ。

ザ・ミュージック/6月号
小学館
1978/06/01　音楽雑誌　9

新着カラーフォトを紹介したグラビアページ『ポール・マッカートニー／イン・ロンドン』やビートルズの軌跡を綴った連載企画『ビートルズ物語③』など。

のびやかな女たち／松本路子写真集
話の特集
1978/06/01　ムック／企画本　12

当時の自立した女性たちを記録した全196ページのモノクロ・ドキュメント写真集。『私が出会ったいい女』の一人にオノ・ヨーコが12ページ。貴重な写真が多い。表紙一部もヨーコの写真。

フランソワ・グローリュー・プレイズ・ザ・ビートルズ
ビクター音楽産業／シンコー・ミュージック(提供)
1978/06/01　公演パンフレット　6

ベルギー生まれのピアニスト、フランソワ・グローリューの来日コンサートパンフレット。ビートルズサウンドとの出会い、関わりや演奏ナンバーの解説が中心。

ポール・マッカートニー＆ウイングス
東芝EMI／日音楽譜出版社／黒田史郎
1978/06/20　単行本　全260

イギリスEMIとMPL（ポール・マッカートニー・プロダクション）の協力を得て制作されたポール＆ウイングスの研究資料集。アルバム＆シングルのディスコグラフィー、コンサート・スタジオセッション・使用楽器データなど貴重資料を満載。

ザ・ミュージック/7月号
小学館
1978/07/01　音楽雑誌　5

連載企画『ビートルズ物語 6人目の紳士ビートルズとジョージ・マーティン』がある。プロデューサーのジョージ・マーティンに関する内容。

ぴあ/7月1日号
ぴあ
1978/07/01　週刊誌　1/2

表紙イラスト一部がリンゴ（イラスト：及川正通）。ロードショーのコーナーおよび『フィルム＆レコード・コンサート』ページに数カ所記事あり。

高二時代/7月号
旺文社
1978/07/01　一般雑誌　8

8ページの巻頭カラーグラフ『The Beatles Greatest Story』がある。デビューから解散までのビートルズ物語。

THE BEATLES FOREVER'78
東芝EMI ポピュラー販売部
1978/07/01　非売品小冊子　全64

ビートルズオンリーの非売品小冊子資料集。『僕の好きなザ・ビートルズ／越谷政義』『ビートルズ概論／石坂敬一』などの読物、恒例のディスコグラフィー、作品集、年譜など。

週刊マーガレット/7月2日号
集英社
1978/07/02　週刊誌　58

なんと58ページに及ぶ大特集『ビートルズ物語 カム・トゥギャザー／The Beatles Greatest Story』がある。『レコード売り上げも人気も驚異的!!これが日本発売の全LPディスコグラフィー』ほか、ビートルズ情報満載。

ヤングロック増刊／ビートルズ・ストーリー
徳間書店／スターランド社
1978/07/10　ムック／企画本　全90

結成から解散までのストーリーを劇画調に描いたカラーコミック部分と、写真、映画解説、ディスコグラフィーなどの資料で構成したコミック。日本版編集本。

THE LAST WALTZ/ラスト・ワルツ（館名なし）
東芝EMI／日本ユナイテッド・アーティスト
1978/07/14　映画パンフレット　1未満

ロックグループ『ザ・バンド』のラストコンサートを収録したドキュメンタリー映画のパンフレット。友情出演したリンゴの名前もクレジットされている。館名なし。

THE LAST WALTZ/ラスト・ワルツ（みゆき座）
東宝事業部／日本ユナイテッド・アーティスト
1978/07/14　映画パンフレット　1未満

みゆき座館名入り。

THE BEATLES GREATEST STORY（館名なし）
東宝事業部／インター・ナショナル・プロモーション
1978/07/15　映画パンフレット　全16

デビューから解散までの貴重映像を集めて再編集したドキュメンタリー映画のパンフレット。館名なし。

THE BEATLES GREATEST STORY（スバル座）
東宝事業部／インター・ナショナル・プロモーション
1978/07/15　映画パンフレット　全16

デビューから解散までの貴重映像を集めて再編集したドキュメンタリー映画のパンフレット。スバル座館名入り。

ビートルズ・エピソード550
立風書房／香月利一
1978/07/20　単行本　全224

数多くの文献や新聞・雑誌など、メディアからの情報を元に、著者が個々の語録や逸話を年代順に整理し、まとめあげたエピソード大全集。

カムバック・ビートルズ／洋版ピクチャーL
洋販出版／ハワード・ブリュメンタール（著）
1978/08/01　ムック／企画本　全66

ビートルズの再結成を空想し、写真を添えてまとめたフィクション作品。①カムバックのきざし②再出発へ踏み出す③氷上のレコーディング――アイスランドのセッション④アイスランド時代の終わり、ほか。

ザ・ミュージック/8月号
小学館
1978/08/01　音楽雑誌　6

連載企画『ビートルズ物語／ビートルズとアラン・クライン』がある。ビートルズ第二のマネージャー、アラン・クラインとの確執やエピソードなど。

1978-1979

ミスター・ダンディ /9 月号
サンデー社
1978/09/01　一般雑誌　2

解散後の 4 人のニュースをまとめた「崩壊するビートルズ神話」がある。「シリーズ・誰も書けなかったロック・ミュージシャンの素顔——ビートルズ神話が崩れるとき 1 / 結城ちよ」ほか。

漫画専門誌だっく /9・10 月号
清彗社
1978/09/05　一般雑誌　8

特集企画『ビートルズがやってきた / たけなか・ろう』がある。本誌読者に向けた前書きのあと、1966 年に発行された『話の特集臨時増刊 / ビートルズ・レポート』からの抜粋版を掲載。

小説ポール・マッカートニー
秋元書房 / 草川隆
1978/09/05　文庫本　全 176

来日公演からブライアイン・エプスタインの死、ビートルズ解散、そして解散後のポールの活躍などを描いたドキュメンタリー小説。『小説ビートルズ /1976 年』『小説ビートルズの栄光 /1977 年』から続く 3 部作の完結編。

話の特集臨時増刊 / ビートルズ・レポート (復刻版 I)
リプリント・コーポレーション
1978/09/08　ムック / 企画誌　全 128

1966 年に日本社より発行された『話の特集臨時増刊 / ビートルズ・レポート (贈呈版)』からリプリントされた完全復刻版。詳しくは 1966 年 8 月 15 日のオリジナル版掲載ページ参照。

ロック・366
サンリオ / バース・マーチバンク & マイルズ (編)
1978/09/20　ムック / 企画誌　5

サブタイトル「日々のエピソードが語るロック・カルチュア史」の通り、ロックの歴史と文化を、1 年 366 日のカレンダー形式で綴った詳細資料集。ビートルズについても随所に記録されている。表紙一部がポール。

ザ・ミュージック /10 月号
小学館
1978/10/01　音楽雑誌　12

名盤をもとに制作されたミュージカル映画『サージェント・ペパーズ・ロンリー・ハーツ・クラブ・バンド』のカラーワイド特集がある。ストーリーや映画解説ほか、出演者の顔ぶれ、収録曲紹介など。

ヤングフォーク / 秋の涼風号
講談社
1978/10/01　一般雑誌　7

楽譜特集「YUMIN フォーク・ギター教室 / 永遠の旋律ビートルズ、サイモン & ガーファンクルの名曲をマスターしよう!」がある。ビートルズは【レット・イット・ビー】【オブ・ラ・ディ・オブ・ラ・ダ】【ミッシェル】の 3 曲を収録。

映画ファン /10 月号 (広島・映画友の会誌)
辻登 / 映画ファン友の会
1978/10/01　会誌 / 小冊子　1

広島の「映画友の会」会員に配布されたレアな 24 ページの映画情報小冊子 (文庫判よりやや小さい 90mm × 130mm)。ビートルズ新着映画『THE BEATLES/GREATEST STORY』の上映情報など。

FM レコパル /10 月 2 日 -10 月 15 日号
小学館
1978/10/02　音楽雑誌　0

ウイングス時代、1977 年のヴァージン諸島でのバケーションを題材にした 15 ページの読切コミック「帰島ポール・マッカートニー / わたなべまさこ」がある。

週刊プレイボーイ /10 月 10 日号
集英社
1978/10/10　週刊誌　0

「舶来文字 " 漢訳 " 辞典「ギター」「ウィスキー」「ビートルズ」だってさ」の表紙コピーがあるが、掲載内容は直接ビートルズに触れるものではない。

週刊 TV ガイド /10 月 13 日号
東京ニュース通信社
1978/10/13　週刊誌　4

日本公演のテレビ再放送に関連する記事「ビートルズ日本公演 12 (木) 夜」「これが最後! ビートルズ日本公演!! 見逃したら、もう見られないよ」がある。

STUDIO VOICE (スタジオヴォイス)
スタジオヴォイス
1978/10/15　一般雑誌　4

ジョン自身が自問自答した前代未聞の独占インタビュー「ジョン・レノン、ジョンとポールはデキていた!?」を掲載。最後の表題「人生は 40 才から???」は、2 年後に凶弾に倒れたことを思うと、内容含め意味深々。

漫画大快楽 11 月増刊号 / 天使のためいき
檸檬社
1978/11/15　一般雑誌　24

能條純一による漫画『ビートルズなんかしらない』がある。24 ページのエロス大作だが、タイトル以外、驚くほどビートルズとは無関係。

GORO/11 月 23 日号
小学館
1978/11/23　一般雑誌　4

「特集ビートルズ」があり、中ほどにカラーグラフ「トータルなビートルズ像の把握のために不可欠な 3 つの転換点の謎を探る / いま再び世界をおおうビートルズ・ブーム! 解散後 8 年のいま、4 人組の永遠性を解明する!!」がある。

ステディ /12 月号
インターナショナル音楽産業
1978/12/01　音楽雑誌　9

特集「ポール・マッカートニー」がある。「ビートルズ初期のポールは他の 3 人と同じ音楽を志していた / 両津さぎっ」「ビートルズ後期は他の 3 人と音楽趣向・思想が違ってきた / 水田静子」ほか、ディスコグラフィーなど。

音楽専科 /12 月号
音楽専科社
1978/12/01　音楽雑誌　5

「ビートルズ「サージェント」の果たした役割と今日の状況を分析」の企画コーナーでビートルズの転換期を解析。

ビートルズカレンダー '78 (非売品)
東芝 EMI
1978/　非売品その他　全 12

東芝 EMI の非売品ビートルズカレンダー。1978 年版。

ロック・クオーツ
ミュージックセールス社 / クイックフォックス社
1978/　ムック / 企画誌　数

有名ロック・ミュージシャンの発言、放言、捨て台詞など、2,000 句を収録した名言集。ビートルズのメンバーも写真を含め語録の収録あり。表紙一部がビートルズ。ジョナソン・グリーン (編)、中川五郎 (監修)。

1979

JACKER/2 月号
辰巳出版
1979/02/01　一般雑誌　4

ビートルズを真似たパロディ・グループ「ビートルズメイニア」のイベントショーの記事と写真「'79 パロディ・イヤーの開幕をかざる / ビートルズ再編成!!」がある。

ビートルズは語る
クイック・フォックス社 / マイルズ (編)
1979/02/15　ムック / 企画誌　全 144

インタビューや記者会見の発言、コメントを再編集したビートルズ語録集。「4 人の人気者」「神話の崩壊」「記者会見」「映画」「ドラッグ」「政治」など、新聞・雑誌からの引用が大半。

音楽専科緊急増刊 / ロッドとその仲間たち
音楽専科社
1979/02/28　音楽雑誌　2

ロッド・スチュアートの特集号。巻末にロッドの友人としてエルトン・ジョンやミック・ジャガーとともにポールの写真とコメントがある。

FM fan/3 月 5 日 -3 月 18 日号
共同通信社
1979/03/05　音楽雑誌　1 未満

表紙がジョージ。レコード・レヴューコーナーでジョージのニューアルバム『慈愛の輝き』の紹介記事があるのみ。

FM fan/3 月 19 日 -4 月 1 日号
共同通信社
1979/03/19　音楽雑誌　9

9 ページの特集「ロック講座 (3) / ビートルズ」がある。「60 年代現役時代の偉業 / 香月利一」「70 年代生き続ける存在感 / 朝妻一郎」「ラトルズ / 岡部良雄」「ビートルマニア / 上野シゲル」など。

高 1 コース /4 月号
学習研究社
1979/04/01　一般雑誌　2

読物特集「ミュージック・スペシャル・永遠のスーパーシンガーたち / 東理夫」があり、最初 2 ページが「ビートルズ 歴史を変えた不滅のグループ」。ほかにボブ・ディラン、サイモン & ガーファンクル、カーペンターズ、アバなど多数。

平凡パンチ /4 月 9 日号
平凡出版
1979/04/09　週刊誌

平凡パンチ取材班によるジョージの 60 分の独占インタビュー「ロス…記者会見場より特急便!! ジョージ・ハリスン日本版独占」を掲載。ニューアルバム『慈愛の輝き』やバングラデシュ・コンサートなどについて多くを語ったもの。

THE BEATLES' SOUND/ ビートルズサウンド
CBS・ソニー出版
1979/04/10　ムック / 企画誌　全 256

ビートルズの音楽性とサウンドに焦点をあてて解析した研究資料集。第 1 章「テクニック / 演奏テクニックの解説」第 2 章「イクイップメント / 使用楽器とレコーディングデータ調査」ほか第 4 章「ディスコグラフィーと収録曲の資料」まで。

OUT5 月号増刊 / ファンクラブ・501 ガイド
みのり書房
1979/05/05　ムック / 企画誌　3

国内のあらゆるジャンルのファンクラブ情報を収録したガイドブック。ビートルズ関連ではビートルズ・シネ・クラブの活動状況を 2 ページ程度に紹介。表紙一部がビートルズのイラスト。

週刊 FM/5 月 14 日 -5 月 27 日号
音楽之友社
1979/05/14　音楽雑誌　6

ウイングスの最新アルバム『バック・トゥ・ジ・エッグ』とワールドツアーに関するイギリス現地取材の特別レポート「ポール・マッカートニー & 新生ウイングス翔ぶ!」を掲載。最新アルバム・リリースや自作映画についてなど。

ビートルズの優しい夜
新潮社 / 小林信彦
1979/05/25　単行本　54

ビートルズが来日した 1966 年を舞台にした表題作ほか 3 篇からなるオムニバス小説。

ぼうる新聞特別号
Japan official Paul McCartney&Wings Fan Club
1979/05/　会誌その他　全 4

ポール & ウイングスの日本ファンクラブが、ポール 37 歳の誕生日と日本公演実現に対して制作した会報とは別物の「ぼうる新聞特別号」。ニューアルバム『バック・トゥ・ジ・エッグ』リリースやウイングスの最新情報ほか。

1979

中三時代 / 6月号
旺文社
1979/06/01 　一般雑誌　　11
11ページのビートルズ特集「20世紀のスーパー・スター/ビートルズの軌跡」がある。グラフ中心で、ストーリー、エピソード、簡単なディスコグラフィーほか、バラエティに富んだ内容。特集の少ない1979年では希少。

Best Record Catalog 684
東芝EMI
1979/06/01 　非売品小冊子　　7
東芝EMI発行のレコードカタログ。ビートルズのレコード・ディスコグラフィーはソロ作品を含め巻頭7ページ分。表紙はビートルズ。

サージャント・ペッパー（館名なし）
東宝事業部 /CIC/ パラマウント映画
1979/06/09 　映画パンフレット　　1未満
ビートルズの【サージェント・ペッパーズ・ロンリー・ハーツ・クラブ・バンド】をベースにしたミュージックバラエティ映画のパンフレット。ビートルズに関する記述あり。館名なし。

サージャント・ペッパー / スカラ座
東宝事業部 /CIC/ パラマウント映画
1979/06/09 　映画パンフレット　　1未満
スカラ座館名入り。

音楽専科臨時増刊 / ザ・ビートルズその栄光の軌跡
音楽専科社 / 香月利一（編・著）
1979/06/30 　ムック / 企画誌　　全162
音楽専科臨時増刊の企画号。香月利一編・著によるビートルズの総合事典。「フォト・ドキュメント」「オリジナル・アルバム14徹底視聴」「特別インタヴュー」「ビートルズ人名辞典」ほか。

瓦解へのプレリュード
新興楽譜出版社 / シンシア・レノン
1979/06/30 　単行本　　全288
ジョンの先妻、シンシア・レノンによる手記。ジョンとの出会いから破局に至るまでの回想が綴られ、私生活におけるジョンの一面を垣間見ることのできる興味深い書。

月刊YMMプレイヤー / 7月号
プレイヤー・コーポレーション
1979/07/15 　音楽雑誌　　6
ジョージのスペシャル・インタビュー「ビートルズが崩壊した時、思ったね。助かったね。」がある。ニューアルバム「慈愛の輝き」について、ビートルズ再結成のうわさ、モンティ・パイソンの映画の話題など。

詩の世界 / 特集いまでもビートルズがすき
詩の世界社
1979/07/20 　一般雑誌　　123
年譜、ディスコグラフィーなどの資料と、著名人らによるエッセイ、対談、レポート、インタビューで構成した大特集号。JUNE（6月号）との記載があるが、発行は7月20日。

BEATLEMANIA / ビートルマニア
FM東京
1979/07/22 　公演パンフレット　　数
ビートルズのヒット・ナンバー30曲と1万枚以上のスライド映像で1960年代を再現したマルチメディア・ライヴのパンフレット。一部、福田一郎、湯川れい子、星加ルミ子らのビートルズ関連コメントもある。

週刊FM / 7月23日-8月5日号
音楽之友社
1979/07/23 　音楽雑誌　　4
ビートルズを題材にした異色ミュージカル「ビートルマニア」の特集。解説や日本公演日程など。

ビートルズ・ムービー・カタログ
講談社 / 又平亨（編）
1979/07/30 　ムック / 企画誌　　全256
主演映画《ビートルズがやって来るヤァ！ヤァ！ヤァ！》《ヘルプ！4人はアイドル》《レット・イット・ビー》はじめ劇場映画、ライヴフィルム、プロモーションフィルム、TV映画などあらゆる映像作品を収録したムービーカタログ。

高1コース / 8月号
学習研究社
1979/08/01 　一般雑誌　　10
ビートルズ特集「ミュージック・スペシャル 不滅のサウンド / ビートルズ」があり、写真とともにビートルズの軌跡を紹介。そのほか「ビートルズと私」と題した芸能人のコメントなど。

虚実の接点 / ビートルズをめぐる噂と真実
新興楽譜出版社 / マーティン・A・グローヴ
1979/08/10 　単行本　　全320
ビートルズ人気の秘密、再結成の噂、ビートルズの偉業、デビューの真実など、各テーマを掲げ、その真相究明を試みた書。

月刊YMMプレイヤー / 8月号
プレイヤー・コーポレーション
1979/08/15 　音楽雑誌　　8
表紙コピーには「SPECIAL INTERVIEW/PAUL McCARTNEY」とあるが、実際はポール自身が語った言葉をレポート形式にまとめたもの。大半がウイングスの音楽活動に関する内容。

「えっ？」ビートルズ / 奇想天外抱腹絶倒物語（タイプ1）
新興楽譜出版社 / マーク・シッパー
1979/08/20 　単行本　　全400
イギリス特有のジョークを随所に取り入れたユーモラスな異色パロディ小説で、ビートルズの歩みを面白く描いたもの。シンコーミュージック「ロック・ブック・シリーズ」として発売された背表紙白ヴァージョン。

「えっ？」ビートルズ / 奇想天外抱腹絶倒物語（タイプ2）
新興楽譜出版社 / マーク・シッパー
1979/08/20 　単行本　　全400
背表紙の色が青色のヴァージョンで、単行本として発売されたタイプ。

ニューミュージック・マガジン / 9月号
ニューミュージック・マガジン社
1979/09/01 　音楽雑誌　　7
ポール&ウイングスの最新アルバムや近況を記した「バック・トゥ・ジ・エッグで新境地に踏み込んだポール / 小倉エージ」がある。ポールのイラストカヴァー。

The Beatles / ビートルズ研究特集（1号）
BCC出版 / ビートルズ編集室（編）
1979/09/10 　会報その他　　全50
BCCの月刊誌「The Beatles」の臨時増刊として不定期発行された研究特集（第1号）。本号以降10号まで続くこの「ビートルズ研究特集」シリーズは、ビートルズ研究には欠かせない資料集のひとつ。

ビートルズ・ディスコグラフィー
立風書房 / 香月利一（編・著）
1979/10/10 　ムック / 企画誌　　全560
ビートルズ研究家として名高い香月利一編著のレコード・ディスコグラフィー。オリジナル・アルバムから貴重盤、シングル盤、海賊盤など広範囲にわたるレコードデータと解説を記載した560ページの労作。

The Beatles / ビートルズ研究特集（2号）
BCC出版 / ビートルズ編集室（編）
1979/12/10 　会報その他　　全50
BCC発行の研究特集（第2号）。「サウンド研究」「アルバム比較研究」「マンスリー徹底研究」など、ビートルズについてあらゆる視点から各分野の研究を試みた貴重シリーズ。

SGT.PEPPER'S LONELY HEARTS CLUB BAND
ATALANTA PRESS
1979/ 　パンフレット / 小冊子　　全48
切り取り可能な特大ポスター（300mm×420mm）約30枚をセットしたスペシャル・ポスター・ブック。BCC直輸入版。1982年には「国内デビュー20周年」として多く販売された。

1980

週刊明星 /1月13日号
集英社
1980/01/13 週刊誌 3
14年ぶりの来日を控えたポールのレポート『独占来日直前!ポール・マッカートニーを直撃!!』がある。「ピンクレディーのナンバーを歌いたい」「最終日にジョン・レノンも飛び入り!?」などゴシップ記事が多い。

平凡パンチ /1月14日号
平凡出版
1980/01/14 週刊誌 6
ワールド・ツアーについて語ったポールの来日直前インタビュー『来日直前…英国で独占インタビューに成功 / ポール・マッカートニーを直撃!!』がある。ツアーのエピソードや演奏曲情報など興味深い内容。

週刊FM /1月21日-2月3日号
音楽之友社
1980/01/21 音楽雑誌 4
ステージ写真とインタビューを掲載した巻頭カラーグラフ『来日直前ポールに独占インタビュー / カラーポール・マッカートニー&ウイングス』ほか、「夏には2枚組みソロ・アルバムも発表するよ」など。

FM fan /1月21日-2月3日号
共同通信社
1980/01/21 音楽雑誌 3
来日直前のモノクログラフ「WINGS OVER JAPAN」が3ページ。写真ほか、「日本公演への期待:今から興奮、仕事なんかやってられないよ / 松村雄策」「言葉にできない大きな感動を再び / 町田悦子」など。

GORO /1月24日号
小学館
1980/01/24 一般雑誌 4
『来日直前インタビュー / ポール・マッカートニーを直撃!』と題した単独インタビュー。「リバプール発!/1月1日来日決定!!ポール・マッカートニー / 僕が奏っている音楽はニュー・ウェーブというより、パーマネント・ウェーブだ!」ほか。

オリコン /1月30日号
オリジナルコンフィデンス
1980/01/30 音楽雑誌 1
表紙面 CHART TOPICS 欄に「P・マッカートニーに同情票集まる?」があるほか、ポールのセンセーショナルなニュースを総括した記事「責められるべきはポール・マッカートニー!?」など。

週刊平凡 /1月31日号
平凡出版
1980/01/31 週刊誌 9
3ページのモノクログラフ「手錠のスーパースター / 大麻不法所持で衝撃的逮捕劇の主役を演じたポール・マッカートニー」と6ページの総力取材レポート『衝撃!ポール・マッカートニー、逮捕事件の全真相』ほか。

女性自身 /1月31日号
光文社
1980/01/31 週刊誌 3
来日前企画「ポール・マッカートニーとリンダ 富士の愛情10年 / 世界のスーパースターを射止めたリンダ。初公演を前に素顔の夫妻を…」がある。プライベート写真ほか、リンダとの出会い、来日公演メンバー紹介など。

WINGS JAPAN TOUR 1980/ 寿ケース付
ウドー音楽事務所
1980/01 公演パンフレット 全48
あらかじめ準備されていたポール&ウイングスのケース入り日本公演パンフレット。寿ケース。

WINGS JAPAN TOUR 1980
ウドー音楽事務所
1980/01 公演パンフレット 全48
寿ケース内にセットされた日本公演パンフレットの本体。

ミュージック・ライフ /2月号
新興楽譜出版社
1980/02/01 音楽雑誌 8
巻頭グラビアページほか、特集記事「最後の大物、ポール・マッカートニーついに来日!」があり、来日が決定したポールの話題を取り上げ、公演の演奏曲、11日間のスケジュールなど日本公演情報とポール自身のインタビューを掲載。

ジャム /2月号
新興楽譜出版社
1980/02/01 音楽雑誌 7
来日直前企画「3部構成大研究 / ポール・マッカートニー」「ポール・マッカートニー / 時を超える長距離ランナー」がある。プロフィール、ディスコグラフィー、語録、寄稿ほか。

PAUL McCARTNEY/DELUXE PORTRAIT
BCC
1980/02/01 その他 ※
大判サイズ(360mm×257mm)のポールのモノクロ・ポートレートを8枚収めたスペシャル・コレクション・セット。

ぴあ /2月1日号
ぴあ
1980/02/01 週刊誌 1未満
ポールのイラスト表紙(及川正通)。来日アーティストコーナーにウィングス公演日程と小情報など。

音楽専科 /2月号
音楽専科社
1980/02/01 音楽雑誌 13
1979年12月11日に発表された来日決定のニュースに基づく特集「緊急大特集 ウイングス初来日 決定までのいきさつは?!」がある。来日決定までの動きや最新コンサート・レポート、ディスコグラフィーほか。

週刊ポスト /2月1日号
小学館
1980/02/01 週刊誌 2
「P・マッカートニー麻薬で逮捕!」があり、「大麻取締法違反 /P・マッカートニー来日逮捕のてんやわんや」「賠償金は支払われるのか」など、連行時の写真も添えて約2ページ掲載。

週刊女性 /2月5日号
主婦と生活社
1980/02/05 週刊誌 8
モノクログラフと特集「グラフと記事留置場でのぞかせた14年ぶりの素顔!衝撃、ポール・マッカートニー大麻所持逮捕、裏切りの全真相!」がある。「雑居房で豆腐のみそをおいしそうに」「スーツケースに大麻が無造作に」ほか。

週刊サンケイ /2月7日号
サンケイ出版
1980/02/07 週刊誌 2
日本公演中止に伴う収益・損失を試算した「演奏11日」が「留置10日」マッカートニー騒動の収支決算」「マッカートニー騒動の収支決算」など。

女性セブン /2月7日号
小学館
1980/02/07 週刊誌 4
ポールの逮捕と獄中レポート『ファンは泣いている / 大麻取締法違反で逮捕!ポール・マッカートニー』がある。「ファンは留置場の外でイエスタデイを大合唱した!」「日本でポールの公演はもう見られない!」ほか。

女性自身 /2月7日号
光文社
1980/02/07 週刊誌 10
ポール逮捕事件のグラフ&リポート合わせて10ページの特集『ポール・マッカートニー逮捕劇の全貌の3日間』がある。「留置場 / 日本に大麻を持ち込んでも罰金刑ですと思っていた」ほか。

オリコン /2月8日号
オリジナルコンフィデンス
1980/02/08 音楽雑誌 1
表紙側の WEEKLY TOPICS に「ポール帰国!」「P・マッカートニー、イギリスに帰る!」の記事ほか「ポール騒動でふたたびクローズアップ!/ マリファナっていったいナニ!?」。

ビッグコミック /2月10日号
小学館
1980/02/10 隔週刊誌 0
ポール逮捕のイラスト。表紙コピー「14年ぶりに来日するポール・マッカートニー」のみ。

週刊明星 /2月10日号
集英社
1980/02/10 週刊誌 6
ポールのスクープ写真「219グラムの重さ / ポール上陸すれども歌聞こえず」や関連記事「ポール・マッカートニー大麻逮捕の衝撃波!」「リンダ夫人と子供たちが涙で訴えた新事実」など。

週刊女性 /2月12日号
主婦と生活社
1980/02/12 週刊誌 4
特集記事「ポール・マッカートニー起訴猶予・国外退去までの狂騒ドラマ!」がある。写真と記事「国外退去:1月25日、午後9時30分グッド・バイ…」「推理:騒動の仕掛け人!?果たして…」ほか。

GORO /2月14日号
小学館
1980/02/14 一般雑誌 4
ポールのカラー特集『緊急スペシャル大麻持ち込みで逮捕、公演はまたも中止…ポール・マッカートニー不滅の法則大研究』がある。

女性セブン /2月14日号
小学館
1980/02/14 週刊誌 4
モノクログラビア「ポール・マッカートニー、1月25日、強制国外退去 / ファンに申し訳なかった」と、会見記「ポール・マッカートニーにアンカレッジで独占会見」など。

週刊明星 /2月17日号
集英社
1980/02/17 週刊誌 4
国外退去処分を受けたポールの追跡取材「密着ルポP・マッカートニー 国外退去からロンドン帰宅まで留置場でひとりで歌った『イエスタデイ』の感動」やインタビューなど。

音楽専科緊急増刊 / ウィングス幻の日本ライヴ
音楽専科社
1980/02/20 ムック / 企画誌 全66
ポール日本公演中止の全容を解明した緊急特集号。ポール逮捕と公演中止を大々的に報じた新聞各社の切抜き記事のスクラップや事件記録、逮捕拘留中のポールのエピソードなど貴重資料満載。

微笑 /2月23日号
小学館
1980/02/23 週刊誌 9
モノクログラビア「ポール・マッカートニー釈放の瞬間!」ほか、8ページ2部構成の読物特集「P・マッカートニーの痛恨告白 / 獄中9日間私は最長刑期8年を覚悟していた」「P・マッカートニー、37年8ヶ月の人生経路」がある。

ミュージック・ライフ /3月号
新興楽譜出版社
1980/03/01 音楽雑誌 5
ポール逮捕事件の全貌をまとめた記事「大逆転!!ポール・マッカートニー公演中止」や星加ルミ子、水上はる子らの苦渋のコメントなど。

音楽専科 /3月号
音楽専科社
1980/03/01 音楽雑誌 9
ポール来日ニュースと逮捕の話題をまとめた特集「深層追求 ポール・マッカートニー大麻所持の真相!!」「妻、リンダが語るポールの素顔」ほか、ジョンの企画など。

なんたってビートルズ
東芝EMI音楽出版 / 新興楽譜出版社
1980/03/01 単行本 全256
曲目解説、証言集、座談会、レコード、フィルム、ブックなどコレクションガイドなどを収録した3部構成の資料集。フィリップ・コワン著、ビートルズ・シネ・クラブ編。

週刊明星 /3月2日号
集英社
1980/03/02 週刊誌 4
合わせて4ページのカラーグラフとモノクロ・グラフ「初公開!リンダ・マッカートニーが撮り続けた愛しきファミリー / わたしと彼だけのフォト・メロディー」がある。来日時の大麻騒動について一部触れたコメントがある。

1980

The Beatles/ ビートルズ研究特集（3号）
BCC出版／ビートルズ編集室（編）
1980/03/10　会報その他　全50
ビートルズ研究特集シリーズの第3号。おもな内容は特集1：ポールの逮捕、日本公演中止についての疑問符（佐伯徹）ほか、特集7まで。発行日が1979年3月10日とミスプリントされている。

PLAYBOY/ 4月号
集英社
1980/04/01　一般雑誌　6
「ポール・マッカートニー VS.日本麻薬取締官の10日間」の供述調書公開」があり、警視庁に10日間拘留された際の供述調書を「ドキュメント東京日記」と題して掲載。

フォーク・ギター教室／別冊ヤングフォーク
講談社
1980/04/01　ムック／企画誌　0
表紙のみ山本哲茂のボールのイラスト。表紙以外にポールやビートルズに関する記事はない。マーチンのフォーク・ギター特集ほか、フォークヒット曲の楽譜集。

ロッキンf/ 4月号
立東社
1980/04/01　音楽雑誌　1/2
一部ポールの来日公演中止事件に関する投稿などがある。ほか、特別付録「SCORE&SONG Book」と「特別付録ポール・マッカートニー特製ポスター」付。

SCORE&SONG Book（ロッキンf/4月号付録）
立東社
1980/04/01　付録　9
ロッキンf/4月号の特別付録で、ギタータブ譜付のバンドスコアブック。ビートルズの【ゲット・バック】とスティクスの【ボート・オン・ザ・リヴァー】の2曲を完全収録。表紙一部がビートルズ。

ポール・マッカートニー・ニュース・コレクション
やじろべえ／合同出版事業部
1980/04/01　ムック／企画誌　全96
ポール逮捕事件のニュース記事のスクラップ資料。事件に関連の新聞・雑誌などの切抜き記事を数多くスクラップし、日付順に整理掲載したもの。

All You Need Is Ears/ 耳こそはすべて
ミュージック・セールス社／クイックフォックス社
1980/05/20　単行本　全360
ジョージ・マーティン自身の著でビートルズ・サウンドの秘密を完全公開した貴重本。ビートルズのエピソードほか、レコーディング・テクニック、アレンジ手法、作曲手順、音響設備などを詳細解説したもの。

FM fan/ 6月9日-6月22日号
共同通信社
1980/06/09　音楽雑誌　3
ポールの独占インタビューを掲載したモノクログラフ「ポール・マッカートニー・トークス／アナザー・デイ」から「McCARTNEY II」まで」がある。新生ウイングスや最新アルバム『マッカートニーII』についてなど。

GORO/ 6月12日号
小学館
1980/06/12　一般雑誌　4
リンダ撮影の新着フォト「独占公開 強制送還後の初仕事、ポールが日本のファンのために特写した9枚のスクープ写真」を紹介。

オリコン/ 6月20日号
オリジナルコンフィデンス
1980/06/20　音楽雑誌　数行
「チャート・トピックス」欄に、ポール・マッカートニー『マッカートニーII』10位にチャートイン」など。

週刊FM/ 6月23日-7月6日号
音楽之友社
1980/06/23　音楽雑誌　4
アルバム『マッカートニーII』についての海外レポート「水上はるこの海外レポート／ポール・マッカートニー」がある。

ジャム/ 7月号
新興楽譜出版社
1980/07/01　音楽雑誌　5
ポールが撮ったユニークポートレート集「独占掲載／ポール・マッカートニーのユーモア・パロディ」をモノクロ掲載。

音楽専科/ 7月号
音楽専科社
1980/07/01　音楽雑誌　8
ポールのニューアルバム『マッカートニーII』発表に関する記者会見記「速報 ポール・マッカートニー新作発表会見記」など。

ジャム/ 8月号
新興楽譜出版社
1980/08/01　音楽雑誌　3
ポールの最新アルバム『マッカートニーII』近況インタビュー「不死身のポップス王者発言ポール・マッカートニー」があり、アルバム収録曲【フローズン・ジャパニーズ】のエピソードも紹介。

プレイヤー/ 8月30日号
プレイヤー・コーポレーション
1980/08/30　音楽雑誌　6
アルバム『マッカートニーII』や日本公演中止事件に関するポールのインタビュー「PAUL McCARTNEY」がある。この号と次号の2回に分けて掲載。

ロッキンf/ 9月号
立東社
1980/09/01　音楽雑誌　10
10ページにおよぶポールのインタビュー「PAUL McCARTNEY／超ロングインタビューでポール〜ビートルズが見える!!」がある。あえて日本公演中止事件には触れていない。

ロッキング・オン/ 9月号
ロッキング・オン
1980/09/01　音楽雑誌　3
アルバム『マッカートニーII』とヒット曲【カミング・アップ】などについて語ったインタビュー「ポール・マッカートニー インタヴュー」「ジョンとは電話で話すんだ／刑務所体験とマッカートニーIIについて語る」など。

The Beatles/ ビートルズ研究特集（4号）
BCC出版／ビートルズ編集室（編）
1980/09/10　会報その他　全50
各シリーズごとにテーマを決め、研究資料を満載した「TheBeatles/ 研究特集」の第4弾。「マージー・ビート」とビートルズをテーマにした大特集ほか、ソロアルバム研究など。

プレイヤー/ 9月15日号
プレイヤー・コーポレーション
1980/09/15　音楽雑誌　3
前号に続き、ポールのインタビュー「PAUL McCARTNEY」がある。日本公演中止に関する現在の心境やニューアルバム・リリースの話題など。

さよなら！ビートルズ
青年書館／ジョン・スウェンソン
1980/09/15　単行本　全200
1957年から1977年までのビートルズ4人のおもな足取りを音楽評論、作品解説、ライヴレポートに分けて総括した資料本。ビートルズ語録などの収録もある。

週刊読売/ 9月21日号
読売新聞社
1980/09/21　週刊誌　12
巻頭カラーグラビア「甦るビートルズ」、巻末カラー「ビートルズ・ディスコグラフィー全35集」ほか、「ビートルズ・ベスト5」など合わせて12ページの特集。

FMレコパル/ 10月13日-10月26日号
小学館
1980/10/13　音楽雑誌　3
ポールの詞に関する考察「連載第11回 ポール・マッカートニー詞の中に人生が見える／北中正和」が2ページ。大麻所持で逮捕された話題などにも触れている。

 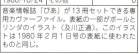
ぴあとじっ（専用カバーファイル）
ぴあ
1980/10/24　その他　0
音楽情報誌『ぴあ』が13冊セットできる専用カヴァーファイル。表紙の一部がポールとリンダのイラスト（及川正通）。このイラストは1980年2月1日号の表紙に使われたものと同じ。

曖昧な水／レオナルド・アリス・ビートルズ
現代企画室／東野芳朗
1980/11/10　単行本　32
1970年代をテーマに、哲学、音楽、ファッション、感性、メディアなどを解体したメッセージグラフィティー。第5章で「アビー・ロードの行方」など、ビートルズのナンバーに関するエッセイを掲載。

GORO/ 11月27日号
小学館
1980/11/27　一般雑誌　4
篠山紀信による直撃インタビュー「スクープ！ジョン・レノンに独占会見！」がある。「ヨーコからの緊急依頼――写真を撮ってよ」「5年間ギターの代わりに本を持っていたよ」ほか、ジョンの生前インタビューとしては貴重。

オリコン/ 12月19日号
オリジナルコンフィデンス
1980/12/19　音楽雑誌　1
1ページの追悼スペシャル企画「ジョンはもう歌ってくれない」がある。射殺事件についての記事「'80年12月9日午後12時50分」ほか、追悼寄稿など。ジョンの訃報を伝えた最初のスクープ掲載誌。

FM fan/ 12月22日-1月4日
共同通信社
1980/12/22　音楽雑誌　6
巻頭カラーページでジョンの生前フォト「カラージョン・レノン＆ヨーコ・オノ／ハーフ・アルバート」や最新アルバム『ダブル・ファンタジー』関連記事「ジョン・レノン追悼／表紙レコード特別プレゼント」など。※西版

FMレコパル/ 12月22日-1月4日号
小学館
1980/12/22　音楽雑誌　3
ジョン追悼企画「追悼!!ジョン・レノン」「ジョン・レノンの魂は永遠に／北中正和」、射殺事件関連記事速報ほか、「ビートルズは一つの文化だった」「今、ジョンのために祈ろう!!」など。

週刊文春/ 12月25日号
文藝春秋
1980/12/25　週刊誌　9
ジョン射殺事件に関連した4ページの記事「ジョン・レノンの妻ヨーコ夫人 47年間の軌跡」「J.レノンの遺産66億円を相続するオノ・ヨーコ外助の功」と追悼グラフ5ページ。

週刊平凡/ 12月25日号
平凡出版
1980/12/25　週刊誌　3
「殺されたジョン・レノンの波紋」でニュースを速報。「ジョン・レノン死す――死の衝撃は世界を駆けた／悲報、射殺された！ジョン・レノン」「犯人の妻も日系人だった」ほか。

アサヒグラフ/ 12月26日号
朝日新聞社
1980/12/26　週刊誌　8
ジョン射殺事件の速報グラフとともに生前の活動記録をビジュアル掲載した「ジョン・レノン射殺される」がある。生前フォトや追悼の意を込めた記事「未完成に終わった出直し／田川律」など。

週刊朝日/ 12月26日号
朝日新聞社
1980/12/26　週刊誌　8
篠山紀信のジョン＆ヨーコ巻頭グラビアや追悼レポート「もう一度「抱きしめたい」J.レノン凶変！」「ジョン・レノン／オノ・ヨーコ、紀信の表紙写真館」など。

サンデー毎日/ 12月28日号
毎日新聞社
1980/12/28　週刊誌　5
1969年の貴重フォトを含めたジョンの追悼グラビア「さよならジョン・レノン」と事件直前にジョンに掛けた湯川れい子の電話インタビュー「4日前私はレノンと語り合った」など。

the beatles collection 3 | 275

1980-1981

1980

週刊読売／12月28日号
読売新聞社
1980/12/28　週刊誌　　4
ジョン射殺事件についての宇崎竜童、中村紘子、渡辺貞夫の特別寄稿「ジョン・レノンの死・ビートルズと私」などを4ページ掲載。

平凡パンチ／12月29日号
平凡出版
1980/12/29　週刊誌　　6
ジョン射殺事件および追悼集会レポートや事件直前の国際電話インタビュー「追悼★12月8日悲劇の直前…レノン・ヨーコ夫妻と国際電話ジョン・レノン（40歳）最後の肉声」を掲載。

1981

ミュージック・ライフ／1月号
新興楽譜出版社
1981/01/01　音楽雑誌　　4
ジョン5年ぶりのニューアルバム『ダブル・ファンタジー』発売に伴い、星加ルミ子、吉成伸幸、山田道成、横尾忠則らによる特別寄稿「ジョン・レノン」を掲載。

ミュージック・マガジン／1月号
ニューミュージック・マガジン社
1981/01/01　音楽雑誌　　4
突然のジョンの悲報を速報した「ジョン・レノン、凶弾に倒れる！」（中村とうよう）がある。表紙もジョンのイラスト。

サウンドール／1月号
学習研究社
1981/01/01　音楽雑誌　　7
中綴じ4ページの緊急特報「ジョン・レノン凶弾に倒る‼︎」「ビートルズは死んだ！」「まだ信じられない…」「遺言になったメッセージ」「かけ足の、波乱の40年」などメッセージや関連写真。そのほか、巻頭カラーグラフなど。

ジャム／1月号
新興楽譜出版社
1981/01/01　音楽雑誌　　6
アルバム『ダブル・ファンタジー』とジョンの追悼レポート「空白の部分を追う！ジョン・レノン」ほか。内容は事件前の話題が中心。

ヒップ（HIP）／1月号
NONSTOP
1981/01/01　一般雑誌　　2+
大阪のサブカルチャー系タウン誌で、表紙がジョン。それ以外には、見開き2ページを使ったデザインの追悼コピー「JOHN LENNON EAZY SHANKING/1980.12.8. Liverpool-NewYork」がある。そのほかアルバムリリース記事。

ユリイカ 詩と批評／1月号
青土社
1981/01/01　一般雑誌　　13
射殺事件後、急遽企画されたエッセイ中心の追悼特集「緊急特集ジョン・レノンを偲ぶ」がある。「残酷なファンタジー／高橋康也」「コンセプチュアル・ヴィデオ・アーティストがジョンとヨーコに振り回された話／東野芳明」ほか。

写楽／1月号
小学館
1981/01/01　一般雑誌　　13
「人間の歌――ジョン・レノン＆ヨーコ、5年ぶりの復活／篠山紀信」のグラビア特集がある。付録ポスター付。

写楽／1月号付録ポスター
小学館
1981/01/01　付録　　※
「写楽」1981年1月号の折込み特別付録「ジョン＆ヨーコ／撮影：篠山紀信」ポスター。

週刊サンケイ／1月1日号
サンケイ出版
1981/01/01　週刊誌　　6
ジョン射殺事件とその波紋をまとめた追悼特集「遺産70億円、凶弾に倒れたジョン鎮魂曲」「名実ともにビートルズは消滅した」「A HARD DAY'S NIGHT――私のビートルズは死んだ」「ジョン・レノン軽井沢の休日」がある。

週刊ポスト／1月1日号
小学館
1981/01/01　週刊誌　　8
巻頭追悼グラフ「イエスタデイに葬られ／射殺されたジョン・レノンとともにビートルズは永逝した」と本文スクープ記事「ケネディ射殺以来の現地衝撃！ジョン・レノン射殺と米国の狂気」がある。

女性セブン／1月1日号（ヴァージョンⅠ）
小学館
1981/01/01　週刊誌
表紙コピー「ジョン・レノン凶弾にたおれる！」の追悼記事。篠山紀信の写真ほか、ジョンの近況、事件の記事「あまりにも衝撃的なニュース」「ジョンはいとこのために自らの手でパンを焼いた」など。

週刊大衆／1月1日号
双葉社
1981/01/01　週刊誌　　3
記事特集「緊急特報・ジョン・レノン（元ビートルズ）射殺の謎と凄い波紋」がある。ジョンの写真と「100億円の復帰が決まった矢先、ニューヨークの豪華邸宅前で5発の銃弾を浴びる」「オピニオンリーダーの悲劇」など。

GORO／1月8日号
小学館
1981/01/08　一般雑誌　　4
表紙コピーの「追悼大特集」には程遠いが、4ページのカラーグラフ「GOODBYE ジョン・レノン 追悼大特集」ほか、国内のアーティスト、著名人などの追悼寄稿を掲載。

微笑／1月10日号
小学館
1981/01/10　週刊誌　　4
追悼企画「独占連弾‼︎オノ・ヨーコ肉声！型破りだった結婚生活12年の全記録、ああ、ジョン・レノン！500億円の遺産とジョンと藤はどうなる？」がある。ジョン＆ヨーコの結婚生活を振り返った記事や追悼寄稿。

週刊プレイボーイ／1月6日-1月13日合併号
集英社
1981/01/13　週刊誌　　7
篠山紀信が撮影したジョンのグラビアフォトと、射殺事件直前に収録された貴重インタビューを掲載した追悼特集「グラフと記事で緊急・立体特集／追悼！ジョン・レノン」がある。

週刊女性／1月6日-1月13日合併号
主婦と生活社
1981/01/13　週刊誌　　8-
ジョンの追悼特集が約8ページ。グラフが4ページで「青春のヒーローはもう帰らない！／愛妻ヨーコ夫人の目前で暴漢の凶弾に逝ったジョン・レノン」、特集記事も約4ページあり「追悼秘話・ジョン・レノン、オノ・ヨーコ夫妻愛と葛藤、波乱の11年」。

ミュージック・ライフ臨時増刊／追悼版ジョン・レノン愛と死の鎮魂歌
新興楽譜出版社
1981/01/15　ムック／企画版　　全84
射殺事件直前の秘蔵フォトやビートルズ時代のレアフォトで構成したヴィジュアル追悼特集号。一部、詳細年譜、ディスコグラフィーもある。

週刊明星／1月11日-1月18日合併号
集英社
1981/01/18　週刊誌　　5
5ページのジョン追悼特集第1弾「ポール・マッカートニーが涙のメッセージ／ジョン・レノンは偉大な男だった！」がある。「ジョン・レノンの死にショック。家に閉じこもりきりのポール」など、ポールの近況をレポート。

週刊FM／1月19日-2月1日号
音楽之友社
1981/01/19　音楽雑誌　　1
巻頭グラフ「永遠のビートルズそしてジミ・ヘン／ピクチャー・レコード全員集合！」でビートルズのピクチャーレコードの写真と記事があるのみ。表紙もビートルズのピクチャーレコードイラスト。

微笑／1月24日号
小学館
1981/01/24　一般雑誌　　3
射殺事件48時間後、ニューヨーク市の遺体安置所に横たわるジョンの写真2枚を掲載した巻頭カラーグラフ「ジョンレノンの臨終直後の顔／いま死物安らか…！」「孤独な眠り…！」が3ページ。

ヤングコミック／1月28日号
少年画報社
1981/01/28　週刊誌　　1/4
表紙がビートルズのイラスト。ほかには巻末グラフ集にビートルズの写真が1点と編集者欄にわずかなコメントのみ。

ミュージック・ライフ／2月号
新興楽譜出版社
1981/02/01　音楽雑誌　　6
追悼グラフ「さよならジョン・レノン」があり、射殺事件に関する記事を中心に、横尾忠則、星加ルミ子、内田裕也らによる追悼コメントやジョンのバイオグラフィーをまとめて掲載。表紙コピーは「追悼グラフ、ジョン・レノン非業の死」。

ミュージック・マガジン／2月号
ニューミュージック・マガジン社
1981/02/01　音楽雑誌　　10
ジョン射殺事件の直前に湯川れい子がニューヨークのジョン＆ヨーコに国際電話で行ったインタビュー「ジョンとヨーコの国際電話トーク」がある。生前インタヴューのなかでも貴重なもの。

PLAYBOY／2月号
集英社
1981/02/01　一般雑誌　　21
凶弾に倒れる数カ月前に収録されたジョン＆ヨーコのロング・インタビュー「射殺直前！PLAYBOYインタビュー」掲載。特集扱いで、この2月号と3月号の2回に分けて掲載。このインタビューは後に単行本化された。

JOHN LENNON FOREVER／DELUX EPORTRAIT
BCC
1981/02/01　その他　　※
ジョンのモノクロ・ポートレート8枚と、ビートルズのカラー・ポートレート、ジョンの色紙を収めたスペシャル・コレクション・セット（サイズ 360mm × 257mm）。

ステレオ／2月号
音楽之友社
1981/02/01　音楽雑誌　　9
9ページのジョン追悼特集「ジョンに捧げるレクイエム1940〜1980／小倉エージ」がある。追悼特集関連のなかでは内容も濃く良質な特集。アーティストの追悼コメントや射殺事件直後の各社新聞コレクション写真ほか。

BRUTUS／2月1日号
マガジンハウス
1981/02/01　一般雑誌　　1
ジョンとショーンの写真1点を掲載した「世界中のジョン・レノンである」「いまでもジョン・レノンがシンボル／森永博志」が1ページ。一部射殺事件にも触れている。

1981

ロッキンf/2月号
立東社リットー・ミュージック
1981/02/01　音楽雑誌　3
緊急特報のジョン追悼グラフ「愛は終わった・愛とロックを武器に闘ったジョン・レノン死す!!」がある。ジョンの写真と追悼記事が3ページ。表紙コピーは『緊急特報!追悼——ジョン・レノン』。

映画ファン/2月号
愛宕書房
1981/02/01　一般雑誌　4
4ページの緊急追悼特集「さらば!!スーパースター・ジョン・レノン/1980年12月9日午後0時半（日本時間）、遂にビートルズ崩壊!!」がある。写真と「不良少年も六君・ロールの威力にとりつかれて…」ほか。

音楽専科/2月号
音楽専科社
1981/02/01　音楽雑誌　14
ジョン追悼グラフ特集「FOREVER！ジョン・レノン」がある。事件の追跡レポート、追悼グラフ、関係者やファンによる投稿メッセージなど。

写楽/2月号
小学館
1981/02/01　一般雑誌　2
篠山紀信が撮影した貴重フォトをコメントで掲載。表紙コピーはないが、ジョン＆ヨーコの折込みカレンダー付。

写楽/2月号付録カレンダー
小学館
1981/02/01　付録　※
写楽2月号の付録、ジョン＆ヨーコの折込みピンナップ・カレンダー。

大学マガジン/2月号
芳文社
1981/02/01　一般雑誌　8
追悼特集「ジョンレノンその魂と"Love"」「ジョン・レノン、その魂の告白！/鳥居幹生」がある。「ジョンは美し過ぎた。だから殺されたんだ」「ジョン・フォーエバー、ストロベリーの衝撃」「LOVEが生まれYOKOが現れた」ほか。

文藝雑誌 海/2月号
中央公論社
1981/02/01　一般雑誌　5
ジョン射殺事件掲載の新聞記事に触れ、ビートルズとの出会いとその回想を記した「ジョン・レノンのこと/村上龍」がある。

宝島/2月号
JICC出版局
1981/02/01　一般雑誌　8
7ページの巻頭グラビア「REMEMBER/さよなら、ジョン・レノン！」ほか、追悼関連「ワシらは誰が死んだ時にショックを受けるというのか/増井修」がある。巻頭グラビアはジョン追悼の写真コラージュなど。

放送批評/1&2月号
放送批評懇親会
1981/02/01　一般雑誌　7
1月＆2月合併号。シリーズ「人物研究」でジョンを取り上げる。射殺事件にも触れ、写真を含め7ページの追悼特集「人物研究ジョンレノン・ボクの耳もとでは永遠にイマジンが鳴っているだろう/放送作家：田家秀樹」がある。

プレイコミック/2月12日号
秋田書店
1981/02/12　週刊誌　0
射殺事件を意識してなのか、表紙の左下の一部にジョンのイラスト（本間憲一）。ほかに掲載はなし。

宝島臨時増刊号/JOHN ONO LENNON
JICC出版局
1981/02/15　ムック/企画誌　全212
緊急出版されたジョン追悼特集号で、全ページにジョンに関する写真、記事、資料などを満載。事件後のジョン追悼集会取材レポート、新聞・雑誌スクラップ、ディスコグラフィ、ジョンの語録、インタビューなど、内容も濃い。

John Lennon/All You Need is Love
笠倉出版社
1981/02/15　ムック/企画誌　全90
ジョン射殺事件後に制作されたヴィジュアル追悼特集号（日本版）。カラーフォト中心にジョンの生涯を振り返り一冊にまとめたもの。

FM fan/2月16日-3月1日号
共同通信社
1981/02/16　音楽雑誌　9
「FMプログラム特集/アフター・ザ・ビートルズ」（香月利一）があり、4人のソロアルバム制作をマーケティングと4人の思考・手腕という切り口から分析・解説。

週刊FM/2月16日-3月1日号
音楽之友社
1981/02/16　音楽雑誌　1未満
ジョンの悲報に関する記事やフォトなどのほか、一部ビートルズ関連もあるが目立った記事ではない。

ALL THAT JOHN LENNON 1940-1980
中央公論社/北山修 etc
1981/02/25　ムック/企画誌　全346
BBCのロングインタビューや著名人の追悼エッセイ、年譜、ディスコグラフィー、写真などの資料から構成するジョン追悼企画本。特に完全収録のロングインタビューは貴重。

ミュージック・ライフ/3月号
新興楽譜出版社
1981/03/01　音楽雑誌　14
巻頭カラーグラビアで「ジョン・レノン最後のフォト・セッション」と題し、ヨーコとともに撮影された貴重フォトを掲載。記事特集は『特別読み物/ジョン・レノン物語（前編）』のほか、ビートルズ・グラフのコーナーなど。

PLAYBOY/3月号
集英社
1981/03/01　一般雑誌　9
2月号に続き『PBインタビューPART2/ジョン・レノン完結篇』があり、アルバム『ダブル・ファンタジー』リリースに伴うジョンのロングインタビューを掲載。ジョン自身が手掛けたビートルズ・ナンバーの制作秘話など。

くるまにあ/3月号
大亜出版
1981/03/01　一般雑誌　2
60年代の自動車大特集『ビートルズ世代のクルマたち！』の一部に、ビートルズのディスコグラフィー、写真、年譜など。

スクリーン/3月号
近代映画社
1981/03/01　一般雑誌　8
「ジョン・レノン追悼グラフ集」とビートルズ特集を併設したグラフ特集がある。追悼企画の方はアルバム・ディスコグラフィーとジョン＆ヨーコのフォトなど。

TWIST&SHOUT/ツイスト・アンド・シャウト
TWIST&SHOUT
1981/03/01　音楽雑誌　76
76ページにおよぶ大特集『特集ビートルズ』がある。4人のプロフィール、生い立ち、絵物語、イラスト、ビートルズ豆事典、カヴァー曲データ、レア・アルバムコレクションなど多彩。

ビッグコミック・フォアレディ/3月号
小学館
1981/03/01　一般雑誌　4
巻末にビートルズのイラストとエッセイ『ビートルズのころ』（萩尾望都）が4ページ。

BRUTUS/3月1日号
平凡出版
1981/03/01　一般雑誌　9
米ローリングストーン誌の「ジョン・レノン追悼特集号」からの抄訳を中心にした記事『RollingStone誌特約 JOHN LENNON』を掲載。「ジョンの死によせて…」「ジョンはローリングストーン誌の創刊号の表紙を飾った」ほか。

ミュージック・マガジン増刊/ジョン・レノンを抱きしめて
ニューミュージック・マガジン社
1981/03/01　ムック/企画誌　6
数ある追悼のなかでも特に内容が充実した一冊で、ジョンに関するあらゆる情報と資料を満載した貴重本。著名人らのエッセイや評論、ジョンディスコグラフィー、年譜、貴重コレクション、研究資料など。

ロードショー/3月号
集英社
1981/03/01　一般雑誌　2
「ジョン・レノン・フォーエバー」と題したグラフページ「ジョン・レノン追悼グラフ」ほか、ミニ・ニュース「ジョン・レノンの死の衝撃から立ち直ったヨーコとショーン君」など。

写楽/3月号
小学館
1981/03/01　一般雑誌　2
ジョン射殺事件を取上げた各雑誌紹介など、所々にジョン関連の記事あり。特別付録と追悼写真集「YOU HAVE TO DO IT YOURSELF : LENNON/篠山紀信」付。表紙コピーなし。

YOU HAVE TO DO IT YOURSELF : LENNON
小学館
1981/03/01　付録　全16
ジョン射殺事件の直前に篠山紀信が撮影したメモリアル・フォトを集めた追悼写真集。「写楽」1981年3月号の特別付録。

新鮮/3月号
小学館
1981/03/01　一般雑誌　2
「オノ・ヨーコの決意」「愛と平和の形見・ショーン君のために/悲嘆のオノ・ヨーコ(47)が肉親に告げた愛の決意"母としても生きていきます！"」がある。ヨーコのコメントやレア写真など。

新譜ジャーナル/3月号
自由国民社
1981/03/01　音楽雑誌　12
ジョン追悼企画「ジョン・レノン逝く/1980.12.9」とジョンの楽譜集合わせて12ページ。追悼特集記事は「ジョン・レノンの死を偲ぶ/三橋一夫」「ビートルズの共有感覚」「レノンの示した自己表現」など。

中央公論/3月号
中央公論社
1981/03/01　一般雑誌　34
イギリスBBC放送のインタビュー「ジョン・レノン射殺48時間前英国国営放送インタビュー」を独占掲載。音楽活動再開の話題、私生活のよう、ビートルズ時代の回顧証言など興味深い内容である。

YOUNG SONG（明星3月号付録）
集英社
1981/03/01　付録　10
明星1981年3月号の付録。特集『ビートルズをピアノで弾こう！』があり『イエスタデイ』『ミッシェル』『レット・イット・ビー』、ジョンの『イマジン』と『スターティング・オーヴァー』の5曲の楽譜を収録。

話の特集/3月号
話の特集
1981/03/01　一般雑誌　12
ジョン射殺事件を扱った「ジョン・レノンを撃った男/鈴木慶一」や、インタビューとエッセイをまとめた「ぼくたちのLOVEを歌っていたジョンが死んだ/飯村隆彦」など追悼特集『今月登場ジョン・レノン飯村隆彦』がある。

平凡パンチ/3月2日号
平凡出版
1981/03/02　週刊誌　5
ジョンゆかりの地を辿りながら記した石坂敬一の追悼レポート『J.レノンリバプール追跡MAP』「リバプールにジョン・レノンの幻影を追って…」など。

ジョン・レノンPLAYBOYインタビュー
集英社/PLAYBOY編集部（編）
1981/03/10　単行本　全192
ジョンが凶弾に倒れる数月前に収録された米プレイボーイ誌による貴重インタビューの完全本。このインタビューは1981年2月号、3月号の月刊プレイボーイ（日本版）にも掲載されている。巻末にオリジナルナンバー解説あり。

1981

ジョン・レノン いちご畑よ、永遠に
河出書房新社 / ヴィック・ガルバリーニ他
1981/03/20　単行本　全256
ジョンを良く知るジャーナリストたちによって、アーティストとしてのジョンの存在意義を改めて問うた追悼版構成の編集本。取材を通したジョン生前のエピソードやインタビューなども収録。

ビートルズ詩の世界
実業之日本社 / 高山宏之
1981/03/20　単行本　全264
単なるビートルズ訳詩集に留まらず、訳詩のあとにユニークなエッセイ調の解説やイラストを付け加えたもの。原詩に忠実というよりは曲のイメージを膨らませた感じの対訳。

ジョン・レノン愛の遺言
講談社 / ジョン・レノン、オノ・ヨーコ
1981/03/30　単行本　全216
1980年12月8日、ジョンが凶弾に倒れる6時間前に行われたアメリカRKOラジオの貴重インタビューを完全収録したもので、ジョンの生前最後のインタビューとなった。

BEATLE MAGAZINE 1981 SPRING NO.6
CBFC /
1981/03　会報 / 情報紙 / 専門紙　36
CBFC会報のNO.6。内容は前半がジョン・レノンの追悼特集で生前インタビュー、射殺事件記事、追悼寄稿、後半は恒例のサウンド分析、アウトテイク解説など。

ミュージック・ライフ / 4月号
新興楽譜出版社
1981/04/01　音楽雑誌　5
「ミュージック・ライフ」3月号の前編に続き、サブタイトル「愛と平和をみとどけずにジョンは逝った！」を付したジョンのストーリー「ジョン・レノン物語」の後編を掲載。

クールガイ / 4月号
蒼竜社
1981/04/01　一般雑誌　6
アダルト雑誌では珍しく、6ページに及ぶ追跡取材レポート「ジョン・レノンを殺してしまった男」がある。犯人マーク・チャップマンの生い立ちから事件に至る経緯を、貴重な証言を添えて詳細レポート。

ジョン・レノン語録 / 生と死の追憶
シンコー・ミュージック
1981/04/01　ムック / 企画誌　128
ジョンの生誕から射殺事件までの名言やユニークなコメントを年代順に整理収録した語録。最後に事件に触れた「1980年12月8日：ジョン・レノンはニューヨークの自宅の外で凶弾に倒れた」もある。

ビートルズの時代
草思社 / ジェフリー・ストークス
1981/04/10　ムック / 企画誌　全268
ビートルズの誕生から解散までの歴史を、多くのフォトとエピソードを織り交ぜて綴ったヴィジュアル・ドキュメンタリー。初期ビートルズのレアフォトを含め250点を超える写真が掲載され、内容の約半分が写真集のような構成。

ビートルズで英語を学ぼう（新装版）
講談社 / 林育男
1981/04/20　単行本　全256
ビートルズのヒットナンバーからの例文をもとに解説した英文法書。1977年8月1日発行の初版（イラスト表紙）と異なる表紙（来日公演の写真）を使った新装版。

マイ・ビートルズ
講談社 / 寺山修司etc（著）/ 香月利一（編）
1981/04/20　単行本　全300
1966年から1981年の間に各誌に掲載・発表された浅井慎平、横尾忠則、片岡義男、北杜夫、遠藤周作、永六輔など、各界の著名人のビートルズ評やエッセイを、香月利一が年代順に整理・編集したアンソロジー。

GROWING UP WITH THE BEATLES
新興楽譜出版社 / ロン・ショウンバーグ
1981/04/25　単行本　全160
数多くのカメラマンが撮影したビートルズのフォトコレクションを掲載したヴィジュアルストーリー。1964年～1969年までを綴った現役時代と、1970年～1975年のソロ活動時代に分けてまとめたもの。

LET IT BE / フォト・セット
BCC
1981/04/16　その他　16枚
映画「レット・イット・ビー」からセレクトした210mm×280mmサイズのスチール・フォト16枚をセットしたケース入り写真集。

ジョン・レノン・メモリー
CBS・ソニー出版 / ポール・ヤングetc
1981/05/05　ムック / 企画誌　全144
ジョンのファンである著者が、ジョンについて書かれた詩やエッセイを集め追記を加えた編集本。一部ジョン自身による日本語ノートからの抜粋ページもあるが、大半が個人的な詩やエッセイで構成されたもの。

The Beatles / ビートルズ研究特集（5&6号）
BCC
1981/05/10　会報その他　全114
5号&6号合併扱いの追悼企画号（臨時増刊48号）。ジョンに関するエッセイ・読物やフォト・貴重資料で構成された研究特集。ジョンの生前グラビア特集をはじめ、巻頭の特別寄稿ほか、資料。この初版は背表紙がホワイト。

音楽の手帖 / ビートルズ
青土社
1981/05/10　一般雑誌　全314
全篇ビートルズ・オンリーの企画特集号で、数々の著名人によるエッセイをはじめ、レポート、イラスト、評論、対談、詩集のほかグラビア特集や年譜、ディスコグラフィーなどバラエティーに富んだ構成。表紙イラストもビートルズのようだ。

ビートルズ / BEATLES
立風書房 / 黒鉄ヒロシ
1981/05/15　文庫本　38
漫画家、黒鉄ヒロシの漫画文庫シリーズのひとつでビートルズをテーマにした作品がある。デビューから解散までの歩みを分かりやすく漫画で紹介したもの。

音楽専科臨時増刊 / ザ・ビートルズその栄光の軌跡
音楽専科社 / 香月利一（編・著）
1981/05/30　ムック / 企画誌　全178
1979年に発行された初版「音楽専科臨時増刊号 / ザ・ビートルズその栄光の軌跡」にジョンの射殺事件の特集ページ「追悼…ジョン・レノンが撃たれた日!!」を増補した改訂版。

FM fan / 6月1日臨時増刊
共同通信社
1981/06/01　音楽雑誌　7
音楽シーンにおける1966年～1981年までの重大事件や出来事を一挙まとめた回想集。ビートルズ来日には6ページ強を割いて貴重な来日写真を多く掲載。『ビートルズ初来日の写真集付FMグラフィティSINCE 1966』。

宝島 / 6月号
JICC出版局
1981/06/01　一般雑誌　9
カメラマン、ボブ・グルーエンが撮影したジョン＆ヨーコのフォトとインタビュー「ジョン＆洋子の素顔」がある。おもにジョン射殺事件直前の私生活のようすやレコーディング再開の話題について触れたもの。

女性自身 / 6月11日号
光文社
1981/06/11　週刊誌　2
マンハッタンにあるディスコ「ザ・リッツ」で毎晩上映されているビデオに関する記事「ニューヨークへ行ったら見てみよう！凄いレノンとヨーコとのSEXビデオ」がある。

ビートルズ・グラフィティ
集英社 / 名田貴好・橋倉正信
1981/06/15　文庫本　全344
①ビートルズは神話のヒーローだ②ザ・ビートルズ / ライフ・ストーリー③ビートルズの星は今も輝く！④ビートルズが先生だった⑤ビートルズの世界は映画が教えてくれる⑥ビートルズ / 全曲解説など、バラエティに富んだ内容のグラフィティ。

えるまあな / 創刊2号
えるまあな編集部 / 林田茂（編）
1981/07/05　音楽雑誌　27
レアな音楽専門誌。事件を受け、ジョンの大特集を企画。「小林万里子、J・レノンを語る」など、人間ジョン・レノンの生き方、思想を深く掘り下げた読物や、ディスコグラフィー、系譜、ブックコレクションほか、マニアックな内容。

今日もロック・ステディ
冬樹社 / 山川健一
1981/07/10　単行本　48
ジョン、ストーンズ、ツェッペリンなど、ロック・アーティストについて書き下ろしたロックエッセイ集。ビートルズ関連では、ジョンに関するエッセイと坂本龍一とのビートルズ対談。表紙コピーは『JOHN&YOKO』。

週刊FM別冊 / FMスペシャル
音楽之友社
1981/07/20　音楽雑誌　2
夏の3大特別プレゼントのひとつに巻中折込み「FMスペシャルがえらんだ、ビートルズ・ベスト・アルバム8」がある。折込みにビートルズのアルバム8枚の写真程度の内容。

ミスター・ダンディ / 8月号
サンデー社
1981/08/01　一般雑誌　3
ジョンの衝撃的な事件から半年、アメリカのアダルト新聞スクリュー紙が1969年6月に行った異色インタビュー「SEXインタビューJohn&Yoko」を写真を添えて3ページに再掲載。文頭、ジョンの射殺事件にも触れている。

ROCK SHOW（館名なし）
東宝事業部 / デラ・コーポレーション / BCC（編）
1981/08/15　映画パンフレット　全24
アメリカのシアトルで行われたポール&ウィングスのコンサートを収録した映画パンフレット。館名なし。

ROCK SHOW（テアトル東京）
東宝事業部 / デラ・コーポレーション / BCC（編）
1981/08/15　映画パンフレット　全24
テアトル東京館名入り映画パンフレット。

ROCK SHOW / ロックショウ・プレスシート
東宝事業部 / デラ・コーポレーション / BCC（編）
1981/08/15　映画プレス　全4
見開きLPレコードサイズのポール&ウィングスのライヴ映画〈ロック・ショウ〉のプレスシート。映画解説ほか、演奏曲目リストなど。

週刊読売 / 10月4日号
読売新聞社
1981/10/04　週刊誌　2+
特別企画「裕次郎、小百合そしてビートルズの日々 / 昭和30年代栄光の中の青春」で、日本の音楽シーンに影響を与えたビートルズの功績について「裸の言葉で真実を歌ったあの四人」『拓郎・揚水もビートルズから生まれた』など。

ポータサウンド・ファン / 10月5日号
ヤマハ音楽振興会
1981/10/05　音楽雑誌　11
1ページの楽譜特集「カム・トゥギャザー 帰ってこないビートルズ」がある。「過ぎ去りし日々」【ウーマン】【ヒア・ゼア・アンド・エブリホエア】【レット・イット・ビー】【ミッシェル】【心のラブソング】【イエスタデイ】の楽譜を収録。

おかしなおかしな石器人（館名なし）
東宝事業部 / 日本ユナイテッド・アーティスツ
1981/10/10　映画パンフレット　全24
リンゴとバーバラはこの映画の共演で結婚した。館名なし。

おかしなおかしな石器人（みゆき座）
東宝事業部 / 日本ユナイテッド・アーティスツ
1981/10/10　映画パンフレット　全24
石器時代を舞台にしたリンゴ主演のコメディ映画のパンフレット。みゆき座館名入り。

レコードの歴史 / エディソンからビートルズまで
音楽之友社 / ローランド・ジェラット
1981/10/20　　数
蓄音機からレコード盤の技術開発の経緯に至るまで、レコードの歴史を紐解いた音響マニア向け専門書。ビートルズの最初のレコード【ラヴ・ミー・ドゥ / P.S.アイ・ラヴ・ユー】や、EMIのパーロフォンレーベル、キャピトルなどに関する記事ほか。

1981-1982

週刊ポスト/10月23日号
小学館
1981/10/23　週刊誌　3
ジョン殺害犯マーク・チャップマンの獄中会見記「やつを殺せば大統領になれると思った」をジョンの写真を添えて3ページ掲載。

スクリーン/11月号
近代映画社
1981/11/01　一般雑誌　3
『ロックエイジの青春 エルビスからビートルズまで』の中で、エルビス・プレスリーやビートルズとともに青春を過ごした「ロック世代」を簡単に再検証。

アビイ・ロードからの裏通り
ロッキング・オン/松村雄策
1981/11/10　単行本　全262
「ロッキング・オン」誌に連載された松村雄策「アビイ・ロードからの裏通り」を、ジョンの死を契機に一冊にまとめたもの。ロック・アーティストたちに関するエッセイ集。

The Beatles Forever 1981-1982（タイプ1）
東芝 EMI
1981/11/15　非売品小冊子　全40
東芝EMIの非売品資料誌「FOREVER」シリーズ。この小冊子は「スペシャル・イシュー」として通常のものより一回り大きいB5判で発行された。ディスコグラフィーを中心に年譜、寄稿、フォトほか。

アサヒグラフ/11月20日号
朝日新聞社
1981/11/20　週刊誌　14
フランスのコミック誌「ア・シュイーブル」に掲載されたジョンの追悼特集から劇画作品など数点を抜粋し、再掲載したもの。射殺事件に関するものが多い。表紙コピーは「本誌独占 フランス気鋭劇画家による冥府のジョン・レノン」。

決定版!!ビートルズ白書
東芝 EMI 音楽出版/オールナイト・ニッポン
1981/11/20　単行本　全190
ビートルズ研究家、著名人によるレポート、論文、エッセイをはじめ、一般のビートルズファンからのラジオ投稿を集めて編集したメッセージ&グラフィティー集。

John Lennon/bag one
AtoZ
1981/12/01　パンフレット/小冊子　全12
1981年12月1日〜12月30日まで東京AtoZシアターで開催されたジョンのリトグラフなどを集めた展示会「bag one」のイベントパンフレット。ジョン自筆のユニークなイラストを収録。

ミュージック・ライフ/12月号
新興楽譜出版社
1981/12/01　音楽雑誌　4
「ロック界の黒い事件簿」シリーズの最終回に、立川直樹の手記「ジョン・レノン一周忌によせて…誰がジョン・レノンを射ったのか？」がある。表紙コピーは「ジョン・レノン一周忌」。

ミュージック・ライフ/12月号
新興楽譜出版社
1981/12/01　音楽雑誌　4
「ロック界の黒い事件簿」シリーズの最終回に、立川直樹の手記「ジョン・レノン一周忌によせて…誰がジョン・レノンを射ったのか？」がある。表紙コピーは「ジョン・レノン一周忌」。

FMレコパル/12月7日-12月20日号
小学館
1981/12/07　音楽雑誌　15
ヨーコの回想読切コミック「オノ・ヨーコ/ジョンの手は温かかった…/バロン吉元」を掲載。表紙コピーは「オノ・ヨーコ/バロン吉元」。

ジョン・レノン/ノー・リプライ
文化出版局/ジョージ・カルポジ・ジュニア
1981/12/08　単行本　全248
ジョン追悼の意味を込めて制作された伝記であるが、半分以上は射殺事件録とジョンへの賛辞、評論など。ヨーコのメッセージや、ディスコグラフィーなどの資料もあり。

フォーカス/12月11日号
新潮社
1981/12/11　週刊誌　2
ヨーコの新たな恋の噂のスクープ写真と記事「オノ・ヨーコの新しい男」「レノン一周忌直前の2人だけのお散歩」がある。

LOVE JOHN LENNON
新評論/フランスの漫画家
1981/12/15　ムック/企画誌　全112
フランスの人気漫画家の作品を主体に、ジョンの語録や写真、コメントを添えたレノン讃画集。一部、大島渚、篠田正浩、清水哲男によるエッセイ「Messages 私のジョン・レノン」の掲載もある。

LOVE JOHN LENNON/日本版オリジナルブックレット
新評論
1981/12/15　付録　全56
ジョンの讃歌集「LOVE JOHN LENNON（日本語版）」の付録冊子。「ビートルズと生きて/出会いからレノンの死まで」など、石坂敬一と三好伸一の貴重インタビューほか。

ミュージックライフ増刊号/ビートルズ来日特別記念号（復刻版）
BCC/ビートルズ・シネ・クラブ
1981/　ムック/企画誌　全54
BCC復刻シリーズのひとつで1966年オリジナル「ビートルズ来日特別記念号」の復刻タイプ。オリジナルとの相異点は、背表紙のベースカラーが白色、サイズが若干小さい、裏表紙右下に定価300円の印刷がないこと。

PAUL McCARTNEY COMPOSER/ARTIST
MPL Inc./輸入元：シンコー・ミュージック
1981/　楽譜等　全272
ポールのヒットナンバー48曲とユニークな自筆イラスト作品を収録した272ページの楽譜&イラスト集。シンコーミュージックがイギリスw輸入した洋書だが、貴重なイラスト作品の掲載が多いのであえて紹介した。

1982

FMレコパル/1月18日-1月31日号
小学館
1982/01/18　音楽雑誌　3
『デビュー20年めのビートルズ・ミュージック』として、未だ衰えることのないビートルズの人気と話題をまとめたエッセイ「いつだってビートルズ/北中正和」を掲載。

アウトプット/YMM Player 別冊
プレイヤー・コーポレーション
1982/01/20　ムック/企画誌　9
1966年のビートルズ来日を取り上げた特集ページ『ビートルズがやって来たャァ！ャァ！ャァ！/ドキュメント、ビートルズの5日間』がある。ビートルズの来日から記者会見、初公演、離日までを追った回想ドキュメント。

The Beatles/WE LOVE JOHN LENNON
BCC
1982/02/10　会報その他　全222
BCC発行の月刊会報『TheBeatles』の臨時増刊号。ビートルズ、ジョン、ファンの投稿、寄稿、メッセージを収録した追悼企画号。

シャウト・ザ・ビートルズ
CBS・ソニー出版/フィリップ・ノーマン
1982/02/20　単行本　全520
ビートルズの本格伝記としては、1969年に草思社より発行されたハンター・デイビス著の「ザ・ビートルズ」と並んで評価の高い一冊。ビートルズ誕生から解散までの歴史を忠実に綴った労作。

美術手帖/3月号
美術出版社
1982/03/01　一般雑誌　1
表紙コピーに「ビートルズの救われた男/驚見霊」がある。絵画を描くことができなくなった作者がビートルズの音楽によってスランプから脱出できたという小エピソード。

ロックの心1 ロックで英語を
大修館書店/アラン・ローゼン・福田昇八
1982/03/10　単行本　数
ロック、フォークの代表的な作品の中から25曲をセレクト、歌詞を添えて英文解説を加えた英語テキスト。表紙もジョン。

平凡パンチ/3月22日号
平凡出版
1982/03/22　週刊誌　6
ロンドン、エア・スタジオにおいて収録のインタビュー「P・マッカートニー独占インタビュー60分！」を掲載。最新アルバム「タッグ・オヴ・ウォー」の話題やファンへのメッセージなど。

週刊明星/3月25日号
集英社
1982/03/25　週刊誌　3
ジョンの事件以来、沈黙を守っていたポールのロンドン緊急インタビュー「ポール・マッカートニーが初めて語ったジョン・レノン そして知られざる家庭生活」がある。

ラジオマガジン/4月号
モーターマガジン社
1982/04/01　一般雑誌　10
10ページに及ぶ総力特集「やっぱりビートルズは最高だ！/未公開のハナシをたっぷり・ストーリー」がある。写真やアルバム、コレクションなどを散りばめたビートルズ・ストーリー。

週刊FM/4月12日-4月25日号
音楽之友社
1982/04/12　音楽雑誌　4
ニューアルバム「タッグ・オブ・ウォー」リリースに伴うポールのインタビュー「最新アルバムはジョン・レノンのためにも頑張ったよ！」を掲載。スティーヴィー・ワンダーとの共作「エボニー・アンド・アイボリー」の話題など。

週刊FM/4月26日-5月9日号
音楽之友社
1982/04/26　音楽雑誌　3
ビートルズ結成20周年のFMラジオ特番特集『ビートルズ結成20年を迎えて』『こちらFM特捜班/今までにトドいたハガキが吹きあれた！全255曲を網羅した1150分』がある。10日間にわたるビートルズ大特集の番組表など。

FMレコパル/4月26日-5月9日号
小学館
1982/04/26　音楽雑誌　1
特別付録として『特別付録ポスター/ポール・マッカートニー』の特大ポスターがある程度。

the beatles collection 3 | 279

1982

AZ（アズ）/創刊号
ハイセンス
1982/05/01　一般雑誌　　　6
ポールの独占インタビューがカラーグラフ、含め6ページ。「ぼくにとって音楽をつくることは趣味」「リンダもすばらしい女性…」「日本で刑務所に入れられたのは、ぼくが法律を破ったからだ」ほか。

音楽専科/5月号
音楽専科社
1982/05/01　音楽雑誌　　　3
ニューアルバム『タッグ・オブ・ウォー』発表やジョージ・マーティンとのレコーディングに関するポールの会見記『ポール・マッカートニー』『新曲『ヒア・トゥデイ』はジョン・レノンに捧げた曲だ。2人の永遠の友情を歌ったものさ」を掲載。

素顔のマッカートニー/THE MACS
CBS・ソニー出版／マイク・マッカートニー
1982/05/10　ムック／企画誌　　　全208
ポールの実弟、マイク・マッカートニーのみが知る、兄ポールの素顔を書き記した貴重な評伝。ポールとともに過ごした幼年期〜ビートルズ時代のエピソードや真実を数多く紹介。未公開フォトやポール自筆のイラストなども掲載の貴重資料。

The Beatles Forever1981-1982（タイプ2）
東芝EMI
1982/05/15　非売品小冊子　　　全40
ビートルズのディスコグラフィーや、資料集。1981年に発行された小冊子「The Beatles Forever 1981-1982」の刷新版で、表紙のみ変更されているが内容は初版と全く同じもの。

FM fan/5月24日-6月6日号
共同通信社
1982/05/24　音楽雑誌　　　8
「FMプログラム特集・結成20周年企画／1982年のTHE BEATLES」が8ページ。高橋幸宏と鮎川誠のビートルズ対談他、「ポール・マッカートニーに会った」「6月にビートルズ特集決定版を！」など。

アドリブ/6月号
スイング・ジャーナル社
1982/06/01　音楽雑誌　　　2
ポールとスティーヴィー・ワンダーの初共演となったシングル『エボニー・アンド・アイボリー』の話題とグラフ『ポール・マッカートニーの新作』。

サウンドール/6月号
学習研究社
1982/06/01　音楽雑誌　　　10
中綴じ10ページの連載特集「THE BEATLES COME AGAIN／グループ結成20年！ボクらのビートルズを再発見！第4回」がある。

ザ・ビートルズレポート
白夜書房／竹中労
1982/06/10　単行本　　　全304
幻の名著「話の特集臨時増刊／ビートルズ・レポート」の復刻版で、単行本形態で発行されたもの。オリジナルとは編集が異なる。

ザ・ビートルズ・ニュース・スクラップ集／第1号
東芝EMI/BCC（編）
1982/06/15　非売品／その他　　　全4
「衝撃のデビュー」「ビートルズMBE勲章受賞!!」「ビートルズ旋風日本へ!!」「ビートルズ来日決定!!」など、全ページビートルズに関する新聞記事を集めた貴重なスクラップ集。来日記事は特に貴重。4ページB4サイズ新聞形態（非売品）。

The Beatles/ビートルズ研究特集（7号）
BCC
1982/06/10　会報その他　　　全50
「ビートルズ研究特集」の第7弾で、日本国内で出版された書籍・雑誌はもとより、英・米などで出版されたものを年代順に整理、掲載したビートルズ全ブック・ガイド（収録範囲は1963年〜1982年）。書籍・雑誌の大変貴重な資料集。

エレクトーン/7月号
ヤマハ音楽振興会
1982/06/20　音楽雑誌　　　2
ニューソングコーナーにポールとスティーヴィー・ワンダーの新曲「エボニー・アンド・アイボリー」の楽譜がある。そのほか、THE POP TIMESのコーナーにも同曲の紹介など。

ビートルズの優しい夜
新潮社／小林信彦
1982/06/25　文庫本　　　全256
ビートルズ日本公演を題材にしたオムニバス小説。1979年5月25日に新潮社より刊行された同名の単行本を文庫化したもの。

キーボード・マガジン/7月号
リットーミュージック
1982/07/01　音楽雑誌　　　11
ソングライター、キーボードプレイヤーとしてのポールの魅力に迫った特集『ポール・マッカートニー S. ワンダーも参加した新作』がある。メロディ・メーカーとしてのポールの背景にあるものを探る／井上鑑　ほか。

サウンドール/7月号
学習研究社
1982/07/01　音楽雑誌　　　8
8ページの連載特集「THE BEATLES COME AGAIN/グループ結成20年！ボクらのビートルズを再発見！第5回」「ビートルズが君に教える青春語録」「ヨーコ＆リンダ架空こっそり対談」「みんな集まれビートルズ広場」など。

the Beatles' England
CBS・ソニー出版／デビッド・ベイコン／ノーマン
1982/07/01　ムック／企画誌　　　全144
ビートルズの母国、イギリスにスポットをあて、ロンドン、リバプールなどビートルズゆかりの地を紹介した資料＆写真集。アビイ・ロード、アップル・オフィス、ペニー・レインや4人の生家ほか。

FMステーション/7月5日-7月18日号
ダイヤモンド社
1982/07/05　音楽雑誌　　　4
小特集「とじ込み保存版ビートルズ・メモリアル／来日コンサートと映画のパンフレット大紹介」がある。1966年日本公演コンサートのパンフ、チケット、新聞、雑誌の写真など。

月刊YMMプレーヤー/7月号
プレーヤー・コーポレーション
1982/07/15　音楽雑誌　　　5
インタヴュー「PAUL McCARTNEY」「PAUL, THE MACC」を掲載。ポールとウイングスの関係、ジョン射殺事件とビートルズ解散後のジョンとの関係など、かなり突っ込んだ内容。

サウンド＆レコーディング・マガジン/8月号
リットーミュージック
1982/08/01　音楽雑誌　　　9
サウンド研究特集「サウンド・アナライズ／ポール・マッカートニー」がある。「ポールとジョージ・マーティン／森田和隆」「サウンド・アナライズ／藤田厚生」「レコーディング・ディスコグラフィー」「エボニー＆アイボリー」など。

FMレコパル/8月16日-8月29日号
小学館
1982/08/16　音楽雑誌　　　3
「得する情報ぎっしり!!ビートルズわいわいパック」があり、ファン向けのユニークな情報を紹介。当時に滞在したホテルに宿泊できるという記事「同じホテルの同じ部屋でビートルズと同じ食事をとる!!」や、ファンクラブ情報ほか。

ヤングコミック/8月25日号
少年画報社
1982/08/25　隔週誌　　　28
「ビートルズ・ナンバーを追想する、サスペンス・ドラマ」との見出しで、特別読切マンガ「イエスタデイ／司敬」がある。「ビートルズが好き」と主人公の告白で始まるマンガの一部にビートルズ「Let It Be」のアルバムジャケットのイラストなどが登場する。

Do（ドゥ）Vol.1/創刊号
徳間書店
1982/09/01　一般雑誌　　　8
特集「結成20周年、時を越えて生きつづけるザ・ビートルズ」「THE BEATLES世界を変えた4人の男たち」。紙面を上下に分割し、上段は写真を添えた年代別ストーリー、下段が「ビートルズをめぐる20の？（疑問）」という構成。

ビートルズ語録
新興楽譜出版社／マイルズ／石坂敬一（監修）
1982/09/15　ムック／企画誌　　　全128
現役時代のインタビューや記者会見などの記録からビートルズが残した貴重な発言・語録を再編集しまとめた語録集。1979年にクイック・フォックス社から刊行された「ビートルズは語る」の改題再編集本。

NON-NO（ノンノ）9月20日号
集英社
1982/09/20　一般雑誌　　　6
6ページのカラーグラフ「NON-NO特別企画 BEATLES GRAFFITI」がある。浅井慎平、松本隆、山下久美子などの寄稿やビートルズ・ヒストリーなど。

カメラ情報誌キャパ/10月号
学習研究社
1982/10/01　一般雑誌　　　8
写真雑誌とあって、写真をメインにした8ページのグラフ「人間ズームアップ 不滅のスーパースター、ビートルズ／和田誠」がある。ビートルズ4人のプロフィールほか、エピソードと貴重ショットなどで構成。

ザ・テレビジョン/創刊号
角川書店
1982/10/01　一般雑誌　　　3
1966年のビートルズ来日を、写真と簡単な年譜とともに紹介した「大感激特集ワイ！ワイ！ワイ！結成20年 ビートルズがやって来た」を掲載。表紙コピーは「ビートルズ20年目の復活」。

週刊テレビ番組/9月25日-10月1日号
東京ポスト
1982/10/01　隔週誌　　　1
番組紹介コーナーに「9・28 ビートルズ・ベスト20曲」が1ページある。ビートルズ番組の紹介と曲の簡単な解説＆紹介。番組は「ベスト20」だが、誌上では40曲を解説。

スクリーン特別編集／ビートルズ写真集
近代映画社
1982/10/10　ムック／企画誌　　　全104
ビートルズのデビュー20周年を記念して発行されたカラー写真集。映画〈ヘルプ！4人はアイドル〉や企画番組『ロックン・ロール・サーカス』からのレアショットほか、ソロ活動におけるスナップショットなど。

別冊太陽/Get Back！60's [ビートルズとわれらの時代]
平凡社
1982/10/12　ムック／企画誌　　　45
ビートルズにスポットをあて、1960年代の大衆文化と世相を、資料、記事、証言で綴ったカルチャー年鑑。ビートルズ関連では「マジカル・ビートロジー・ツアー」と題した後…

週刊読売/10月17日
読売新聞社
1982/10/17　週刊誌　　　17
大特集「デビュー20周年 いま改めてビートルズを語ろう」がある。鍵谷幸信、湯川れい子、石坂敬一、浜田哲生の座談会や、バイオグラフィー、近況ニュース、エピソード、映画…

オリコン/10月29日号
オリジナルコンフィデンス
1982/10/29　音楽雑誌　　　1/2
ポールとマイケル・ジャクソンの共作「ガール・イズ・マイン」の話題とインタビューを掲載。ただ、インタビューはマイケルがメイン。表紙もポール＆マイケル。

ビデオプレス/11月号
大亜出版
1982/11/01　一般雑誌　　　3
「永遠のスーパースター 特集ビートルズ」がある。モノクロ3ページで大特集というには程遠いが、ビートルズが残した4枚のイベント・ニュースやドキュメンタリー・フィルム「グレイテスト・ストーリー」「レット・イット・ビー」などを簡単に紹介。

宝島/11月号
JICC出版局
1982/11/01　一般雑誌　　　5
国際電話インタビュー「LA.特派員によるスクープ取材!!スティーヴィ・ワンダー、ポール・マッカートニー」を掲載。

YOUNG SONG/明星 11月号付録
集英社
1982/11/01　付録　　　6
中綴じカラー6ページに「いまこそビートルズ！デビュー20周年総特集」「特別企画／ビートルズを10倍おいしく食べる大研究」がある。カラー写真、「レット・イット・ビー」など5曲のコード付き楽譜集、ビートルズアンケート。

1982

The Beatles Forever
旺文社 /BCC（編著）
1982/11/05　ムック / 企画誌　全128
ビートルズ・シネ・クラブ編著のヴィジュアル総合事典。ビートルズのアルバム・ディスコグラフィー、映画フィルモグラフィーをはじめ、年譜、全曲リスト、サウンドデータなどの参考資料や、書籍・海賊盤など貴重コレクションを掲載。

週刊読売 /11月14日号
読売新聞社
1982/11/14　週刊誌　3
巻頭カラーグラビア3ページに『ビートルズ衝撃の未公開写真集』「永遠のビートルズ /未公開写真集」がある。

グレープフルーツ・ブック
新書館 / オノ・ヨーコ
1982/11/25　単行本　全184
ヨーコ著の「グレープ・フルーツ」はもともと1964年にWunternaumPressから限定500部で発売されたもの。オリジナルにヨーコ自身が新たにイラストや詩などを追記した再編集国内版。

写楽 /12月号
小学館
1982/12/01　一般雑誌　8
西丸文也が撮影したジョン一家のカラー写真『世界初公開・J・レノンの家族記録』「家族の記録 / レノン＆ヨーコ未公開写真集」が8ページ。

週刊ヤングジャンプ /12月2日号
集英社
1982/12/02　週刊誌　10
巻頭特集『ワイドカラー特集 ビートルズの20年』「デビューから20年、かぶと虫の口笛が響く街 / リバプール、ロンドンのビートルズ」がある。4人の生家やペニー・レイン、アビイ・ロードなど、ゆかりの地を写真と記事で紹介。

アンアン /12月3日号
平凡出版社
1982/12/03　一般雑誌　2
グラフ「ジョン・レノンの家族生活を撮った素人写真家。」がある。ジョンのファミリーと3年間行動をともにした写真家、西丸文也のスナップ写真と記事。

ザ・テレビジョン /12月10日号
角川書店
1982/12/10　一般雑誌
『未発表写真とともに贈る / ジョン・レノン物語 / 北山耕平＆長野真』カラーグラビアが6ページ。掲載写真は角川書店より発行の「ジョン・レノン 家族生活 / 西丸文也」の抜粋。

週刊宝石 /12月10日号
光文社
1982/12/10　週刊誌　6
6ページのビートルズ HOW TO 特集『なるほど！ザ・ビートルズ』「1. まずはかる～く頭の体操！」「2. ビートルズ人気を証明する店」「3. 次は中級問題、ついてこれるかな？」ほか。

FM fan/12月20日~1月2日号
共同通信社
1982/12/20　音楽雑誌　1 未満
表紙がジョン。それ以外では、対談コーナーでポールに関する記述。東版。

THE BEATLES A PART
新興楽譜出版社 / ボブ・ウォッフィンデン
1982/12/20　ムック / 企画誌　全144
1967年から解散に至るまでの軌跡とソロ活動（ジョン・レノンの死まで）の履歴を記録した書。

ジョン・レノン / 家族生活
角川書店 / 西丸文也（撮影）
1982/12/26　ムック / 企画誌　全128
1970年代後半のジョン一家（ジョン＆ヨーコと息子ショーン）の私生活を記録した写真家、西丸文也の貴重写真集。

THE BEATLES/CASSETTE シリーズ
東芝 EMI
1982/　非売品その他　4
ビートルズ・オリジナル・カセット全集の4つ折り広告チラシ。意外にしっかりしたアルバム42枚のディスコグラフィー。

THE BEATLES FOREVER
Colour Library International/ ヘレン・スペンス
1982/　ムック / 企画誌　全96
ビートルズの歩みを美しいカラー写真とともに綴った良質のヴィジュアル本で、写真集としても存在する魅力的な一冊。シンコー・ミュージックがスペインから輸入したもの。

BEATLES CATALOG（ビートルズ・カタログ）
シンコー・ミュージック
1982/　非売品その他　6
シンコー・ミュージックが発行・輸入する書籍、楽譜の販促カタログ。楽譜がメインだが、単行本や写真集などあわせて80アイテムを写真紹介したA4サイズの三つ折りパンフレット。

抱きしめたい
松竹事業部
1982/　映画パンフレット　12
1964年頃を舞台にした青春映画。ビートルズの演奏シーンが多く登場する。パンフにもビートルズ関連記事・フォトを掲載。

THE BEATLES ROOTS COLLECTION（ケース）
BCC
1982/　その他　※
ビートルズのブロマイドや出生証明書（複製）、家系図、生家写真など、貴重コレクショングッズをセットにしたもの。

THE BEATLES ROOTS COLLECTION（中身）
BCC
1982/　その他　※
BCC が1982年の秋（10月5日より通販受付開始）にファンクラブ会員向けに限定ナンバーを入れ1300円で販売。

ビートルズ・ディスコグラフィー
東芝 EMI
1982/　非売品　4
東芝 EMI 発行の四つ折りリリーフ形式の簡易なディスコグラフィー。

THEBEATLES（ポートレート・キット）
BCC
1982/　その他　6枚
ビートルズ・ビュー 20周年記念を記念し製作された紙ケース付のカラー・ポートレート・キット（A4判：カラーポート6枚入り）。紙カバーケース付。

1983

ジュノン /1月号
主婦と生活社
1983/01/01 | 一般雑誌 | 4
4ページのビートルズ結成20年企画「ビートルズの子供たちはどんな道を歩むの？」がある。メンバーの子どもたちの今後についてなど。

THE BEATLES/ 永遠のビートルズ（改訂版）
英知出版 / ビートルズ研究会（編）
1983/01/15 | 単行本 | 全216
資料や読み物もあるが、全体的には写真集の構成。1974年にホーチキ出版より刊行された「永遠のビートルズ」とほぼ同内容であるが、巻頭が新たな写真に差し替えられているほか、ディスコグラフィー、年譜などの一部改訂がある。

With The Beatles/ その青春の日々未公開写真集
シンコー・ミュージック / デゾ・ホフマン
1983/02/01 | ムック / 企画誌 | 全128
1962年のビートルズとの出会いから、最も身近なポジションで写真を撮り続けたデゾ・ホフマンによるビートルズ写真集。

ロックの心2 ロックで英語を
大修館書店 / アラン・ローゼン / 福田昇八
1983/03/01 | 単行本 | 数
「ロックの心」シリーズの第2弾。ジョージとデニス・オブライエンの製作指揮により製作されたハンドメイドフィルムズ社の映画パンフレット。映画主題歌「オ・ラ・イ・ナ・エ」や挿入曲もジョージが担当し話題を呼んだ。【アンド・アイ・ラヴ・ハー】【レット・イット・ビー】など5曲を収録。

バンデットQ（館名なし）
東宝・出版事業部 / 東和プロモーション
1983/03/05 | 映画パンフレット | 全20
ジョージとデニス・オブライエンの製作指揮により製作されたハンドメイドフィルムズ社の映画パンフレット。映画主題歌「オ・ラ・イ・ナ・エ」や挿入曲もジョージが担当し話題を呼んだ。

バンデットQ（みゆき座）
東宝・出版事業部 / 東和プロモーション
1983/03/05 | 映画パンフレット | 全20
みゆき座館名入り。

バンデットQ/ 映画プレスシート
東宝東和
1983/03/05 | 非売品 / その他 | 2
映画《バンデットQ》のプレスシート（幅:364mm×高さ:514mm）で、裏面は映画ストーリーと解説など。

THE BEATLES/A HARD DAY'S NIGHT
東映・映像事業部 ・BCC 編
1983/03/12 | 映画パンフレット | 全20
BCC企画新編集による映画《ビートルズがやって来るヤァ！ヤァ！ヤァ！》の研究パンフレット。映画公開当時のエピソードをはじめ、年譜、関係者の寄稿、写真も多く掲載されており、オリジナル・パンフレットより内容は充実。

PLAYBOY/4月号
集英社
1983/04/01 | 一般雑誌 | 14
特集「あの"興奮"がいま新しく甦る！初公開ザ・ビートルズ／永久保存版1965年PBインタビュー＆1966年日本未発表写真一挙掲載」「タイム・カプセルTHE BEATLES」があり、来日時の秘蔵写真と回想インタビューなどを掲載。

アドリブ /5月号
スイング・ジャーナル社
1983/05/01 | 映画パンフレット | 8
8ページの特別企画「ビートルズを知らない世代のためのBEATLES Special」がある。初心者向けにしっかりまとまった内容で、エピソード集、ディスコグラフィー、ヒストリーなど。

フォトテクニック / アイ・ラブ記念写真
玄光社
1983/05/01 | 一般雑誌 | 7
西丸文也が撮影したジョン一家のカラー写真と貴重なインタビュー「密着インタビュー：西丸文也／ジョン・レノン・ファミリー撮影の裏話」を7ページ掲載。

ほっちぽっち / 創刊号
UNYCO、ララピア21 企画
1983/05/01 | 一般雑誌 | 10
名古屋中心に発行されたミニコミ誌。10ページ程度の特別企画「女たちのビートルズ」（C・J・キーム）がある。ジョン射殺事件をプロローグとして、ビートルズの生い立ちや女性問題を描いたもの。写真、アルバム紹介など。

女性セブン /5月5日号
小学館
1983/05/05 | 週刊誌 | 2
ジョンと良く似た男性（フリーカメラマン）と仲睦まじく歩くヨーコのスクープ写真と記事「デート現場！スクープ特撮／オノ・ヨーコ亡夫レノンとそっくりの恋人と再婚か！」がある。

週刊プレイボーイ /5月10日号
集英社
1983/05/10 | 週刊誌 | 5
ニューヨークの日本語学校に通っていたジョンが描いたイラスト10数点を収めた日本語練習ノートを解説付きで公開。表紙コピーは「スクープ!!自作の絵入り教科書を発見！これがジョン・レノン「おもしろ」日本語勉強術だ」。

THE BEATLES 大百科
CBS・ソニー出版 / ネヴィル・スタナード
1983/05/20 | ムック / 企画誌 | 全256
アナログ・レコードを集めたディスコグラフィー。イギリス盤、アメリカ盤ごとに整理し、リリース年代順に説明、解説を加えた資料本。ただ収録曲解説の方に重点が置かれている。

週刊朝日 /5月20日号
朝日新聞社
1983/05/20 | 週刊誌 | 2
集中連載「ビートルズになれなかった男①／高尾栄司」がある。初期ビートルズのメンバーだったピート・ベストにスポットを当てたもの。表紙コピーは『20年目の真相／ビートルズになりそこねた男』。

THE BEATLES once and foever
中央図書
1983/05/26 | 単行本 | 全62
中央図書発行の高校生向け英語テキスト（ジェフリー・L・バーグランド著）。ビートルズストーリー、アルバム紹介、来日を含めたコンサートツアーなど、全ページビートルズに関する内容。

ミュージック・ガイド・ブック
ミュージック・マガジン
1983/05/31 | ムック / 企画誌 | 数
ロック、ブルース、R&B、レゲエなど、ポピュラー音楽の歴史を総括したミュージックガイド。ロックに関しては人名事典・用語解説・アルバムディスコグラフィーなどで、ビートルズも随所に登場するが内容はいずれも紹介程度。

マリ・クレール /6月号
中央公論社
1983/06/01 | 一般雑誌 | 2
ページの「本誌独占・オノ・ヨーコからのメッセージ／平和への降伏」がある。1983年のはじめに米ロサンゼルス・タイムズに掲載されたヨーコのメッセージ文をそのまま掲載。

スクランブル PHOTO/6月10日号
スクランブル社
1983/06/10 | 一般雑誌 | 2
アメリカ、ホワイトハウスの前で1964年に撮影されたスナップ写真とともに『ビートルズ・プレスリー幻の共演テープ』と題した話題を掲載。

ジョンとヨーコ愛の詩
集英社 / ローリングストーン紙（編）
1983/06/10 | 単行本 | 全360
アメリカ、ローリングストーン誌に掲載されたジョン＆ヨーコのインタビューや取材レポート、新たに書き下ろした文章などで構成した編集本。ジョン＆ヨーコの参考資料や写真の掲載も多い。

気分はビートルズ
角川文庫／浅井慎平
1983/07/25 | 単行本 | 全224
浅井慎平の写真＆エッセイ集。1976年2月15日に立風書房から刊行されたものを文庫化したもの。

フォーカス /8月26日号
新潮社
1983/08/26 | 週刊誌 | 2
アメリカのポルノ雑誌「スワンク」に掲載された写真に対し、ヨーコが訴えた記事「オノ・ヨーコが15億円で訴えたポルノ雑誌のベッド写真」がある。

ミュージック・マガジン /9月号
ミュージック・マガジン
1983/09/01 | 音楽雑誌 | 1 未満
松任谷由実とポールの会見時の簡単な記事『ポールに会ってきたユーミン』がある程度。

世界画報 /9月号
国際情報社
1983/09/01 | ムック / 企画誌 | 40
公開写真、著名人によるエッセイ、論文など、読み物を多く掲載した40ページのビートルズ特集『ザ・ビートルズACROSS the UNIVERSE／未公開写真掲載、あの感動をもう一度。』がある。

The Beatles/ ビートルズ研究特集（8号）
BCC出版 / ビートルズ叢書編集室（編）
1983/09/10 | 会報その他 | 全50
月刊会報の臨時増刊号で、ビートルズ研究特集シリーズのひとつ。ビートルズの出身地であるリバプールにスポットをあて徹底研究を試みた特集号。

週刊サンケイ /9月22日号
サンケイ出版
1983/09/10 | 週刊誌 | 4
独占新連載企画の第1回『ヨーコ「公認」ジョン・レノンの中国系愛人がつづった「赤裸々な性」』がある。ジョンの愛人メイ・パンによる、アメリカで発表されたセンセーショナルな手記。

ビートルズとカンパイ！ / わたしの出会ったビートルズ
シンコー・ミュージック / 星加ルミ子
1983/10/01 | 単行本 | 全320
ビートルズ現役当時に「ミュージック・ライフ」誌の編集長を務めた星加ルミ子著の、取材レポートを含む回顧エッセイ。ビートルズ会見記、全米ツアー同行取材記、体験レポートやエピソード、ビートルズ語録など。

セブンティーン /10月4日
集英社
1983/10/04 | 週刊誌 | ※
ビートルズとは直接関係ないが、読切31ページのまんが「ビートルズはきらい／森千晶」がある。ビートルズに憧れる彼氏に嫉妬する彼女の物語。

PHOTO JAPON/ 創刊号
福武書店
1983/11/01 | 一般雑誌 | 2
「ローリングストーン」誌の表紙にもなったジョン＆ヨーコの話題のポートレート1点を掲載。フォトグラファーはアニー・リーボビッツ。表紙コピーは「ジョンとヨーコ」。

レノン＆マッカートニー／明日への転調
シンコー・ミュージック／マルコム・ドーニー
1983/11/15 | 単行本 | 全248
ジョンとポール二人の生い立ち、性格、才能、思想などを比較しながら、ジョンの殺害事件までを描いた異色伝記。個性的なふたりの作曲活動の相違点、解散へ向かう利害関係などは興味深い。

SECOND PRESS/DECEMBER 1983 VOL.2
セカンド・プレス
1983/12/01 | 音楽雑誌 | 15
レコード・コレクターズ誌が企画したビートルズ特集『BEATLES/ALL ABOUT TWELVE INCH』。12インチシングル、ブートレグなどの貴重コレクションを、写真を添えて詳細解説したもの。表紙は幼年期のジョン。

FMステーション /12月5日-12月18日号
ダイヤモンド社
1983/12/05 | 音楽雑誌 | 3
ジョンの三回忌に向けたカラーグラフ研究特集「マルチ研究 ジョン・レノンって誰――？」がある。ディスコグラフィーや近況ニュースほか。

1983-1984

ジョン・レノン最後の日々/DAKOTA DAYS
松文館／ジョン・グリーン
1983/12/08　単行本　全360
プロの占い師で、ジョン＆ヨーコと長年交流のあった著者が書き記したジョンのインサイド・ストーリー。

ザ・ビートルズ写真集
勁文館／石坂敬一（編）
1983/12/15　単行本　全224
文庫サイズのポケット写真集。価格も安くお手頃。

FMレコパル/12月19日-1月1日号
小学館
1983/12/19　音楽雑誌　1
ポールの最新アルバム『パイプス・オブ・ピース』ジャケット写真と同じ中綴じピンナップ・カレンダー「エイジア＆ポール・マッカートニー」があるのみ。

ホットメロディー300
日音楽譜出版／セントラルテープエージェンシー
1983/　楽譜等　2
カラオケテープ用の付録楽譜集。ビートルズは【ヘイ・ジュード】【ミッシェル】を収録。表紙コピーは「ビートルズ」。

ビートルズカレンダー'83（非売品）
東芝EMI
1983/　非売品　※
東芝EMIの非売品ビートルズカレンダー。1983年版。

John Lennon/bag one（1983展覧会セット）
ザ・ビートルズ・アメリカン・コンベンション実行委員会
1983/　その他　※
1983年、ニューヨークと東京で開催された「bag one」展で販売されたケース入りB4判のリトグラフセット。解説書1点を除き、限定タイトル1枚、アルファベットポエム1枚、リトグラフ14枚を合わせ、16枚がフルセット。

THE BEATLES POSTER BOOK/BCC直輸入
ColourLibraryBooksLtd.,
1983/　その他　全40
ビートルズの写真の中でも特に美しい20アイテムをセレクトし、切り取り可能な形式で収録したポスターブック。BCC直輸入版。国内出版物ではないが所有品として収録。

1984

ビデオプレス/1月号
大亜出版
1984/01/01　一般雑誌　2
ジョンの三回忌特別企画『ビートルズは永遠のスーパー・スター／かぶと虫は死なない。』がある。回想「誰もがジョンを愛していた」とビデオ「ビートルズ・武道館コンサート」の紹介記事など。

FM fan/1月16日-1月29日号
共同通信社
1984/01/16　音楽雑誌　0
表紙のみジョン＆ヨーコのアルバム『ミルク・アンド・ハニー』のジャケットカヴァー。

オリコン/1月27日号
オリジナルコンフィデンス
1984/01/27　音楽雑誌　1/3
『ミルク＆ハニー』のリリースニュースをアルバム写真、収録曲とともにカラー紹介した「POPGUN／ジョン・レノン＆オノ・ヨーコ」がある。

THE BEATLES MONTHLY BOX
BCC（予約販売）
1984/01/　その他　※
ビートルズ現役時代の第一級資料ともいわれる「ビートルズ・オフィシャル・マンスリー」全77冊を完全復刻したスペシャル・ボックスセット。

Free（フリー）/2月号
平凡社
1984/02/01　一般雑誌　8
ビートルズの知られざる61のエピソードをカラー写真など14点とともに8ページ掲載した「誰も知らないビートルズ61の新事実」がある。ビートルズのセックスライフ、ドラッグなどの秘話や新事実など。

ミュージック・マガジン/2月号
ミュージック・マガジン
1984/02/01　音楽雑誌　5
ジョン＆ヨーコのニューアルバム『ミルク・アンド・ハニー』の紹介や、ジョンのアルバム全般についての解説・総評をまとめた「僕とジョンとの接近は鮮烈な虹を残した／鈴木博文」ほか。ジョンのイラストカヴァー。

FM fan/2月27日-3月11日号
共同通信社
1984/02/27　音楽雑誌　8
ヨーコのインタビュー特集「カラー立体企画 悲しみを乗り越えて／湯川れい子」がある。カラー2ページほか、最新インタビュー「Part1/吸い込まれそうに優しい女性」「Part2/一粒の麦もし死なずば…」など。

ビートルズで英語を学ぼう
講談社文庫／林育男
1984/03/15　文庫本　全264
ビートルズのヒット・ナンバーの歌詞を引用して英語の文法解説を加えた参考書。1977年8月1日に刊行された単行本の文庫版。

月刊ミュージック・ステディ/3月号
ステディ出版
1984/03/15　音楽雑誌　16
特集「JOHN LENNON'S NEVER DIE」があり、杉真理、佐野元春、伊藤銀次、石橋凌、南佳孝など36人に対して行われた「ジョン・レノン・アンケート」の結果を掲載。

写楽/4月号
小学館
1984/04/01　一般雑誌　16
ジョンの死後、はじめて訪日旅行を楽しんだヨーコとショーンのスナップ写真（篠山紀信撮影）と、ヨーコのインタビューを掲載した「人間の絆／ヨーコ＆ショーン」がある。

PLAYBOY/5月号
集英社
1984/05/01　一般雑誌　12
ジョンが射殺された直後から1983年10月までのヨーコの心境を克明に綴ったレポート「ジョン・レノン死後3年レポート／黒い未亡人オノ・ヨーコの地獄」がある。

SECOND PRESS（セカンド・プレス）/NO.3
セカンド・プレス
1984/06/01　音楽雑誌　9
ブートを含めた超マニアックなレコード・コレクター向け希少誌。イタリアのブートレッグ「IN ABBEY ROAD」「GET BACK SESSION」他、コレクション情報など9ページ程度の内容。

Rio（リオ）/7月号
シンコー・ミュージック
1984/07/01　一般雑誌　2
リバプールにオープンしたビートルズ・シティを紹介した「ビートルズを知らないあなたのための ビートルズ博物館レポート」ほか、トピックス「オノ・ヨーコと玉三郎との関係」がある。表紙コピーは「ビートルズ博物館を訪ねて…」。

The Beatles/ビートルズ研究特集（9号）
BCC出版／アラン・ジョン・マーフィー（著）
1984/07/10　会報その他　全82
ビートルズ・ナンバー189曲の「詞」の徹底研究を試みた「ビートルズ研究特集」シリーズ第9弾。①ビートルズの詞の研究②ロマンスからロマンティシズムへ③ビートルズの詞の総データ集。ビートルズ叢書編集室編。

週刊大衆増刊/9月4日号
双葉社
1984/09/04　週刊誌　4
「ジョンとヨーコのバラードと関白宣言／田家秀樹」がある。表紙一部にジョンとポールの写真。

アンソロジー・ビートルズ
シンコー・ミュージック
1984/09/10　ムック／企画誌　全112
年代順にまとめたビートルズのストーリーをはじめ、主演映画記録、ビートルズ・マニア、詩集、ヒット曲の楽譜、語録、ディスコグラフィー、年表、クイズなど、幅広く一冊にまとめた総合事典。

ビートルズってなんだ？53人のマイ・ビートルズ
講談社文庫／村上龍他53人／香月利一（編）
1984/09/15　文庫本　全384
寺山修司、水野晴郎、星加ルミ子、北杜夫、遠藤周作、いいだもも、なだいなだ、竹中労、浅井慎平、淀川長治など、53名のビートルズファンによるエッセイ・論評集。1981年に刊行された「マイ・ビートルズ」の増補改題版。

ロッキング・オン/11月号
ロッキング・オン
1984/11/01　音楽雑誌　7
映画〈ヤァ！ブロード・ストリート〉やビートルズ時代、リンダと家族、日本公演中止事件についてのポールのインタビュー「PAUL McCARTNEY」「ポール・マッカートニー／新作から日本逮捕事件まで、じっくり語った」を掲載。

ビートルズ／ラヴ・ユー・メイク（上）
早川書房／ピーター・ブラウン／スティーヴン・ゲインズ
1984/11/15　単行本　全310
ブライアン・エプスタインやビートルズと公私にわたり交流があった著者、ピーター・ブラウンによる本格伝記。ビートルズの軌跡のみに留まらず、4人の素顔や衝撃的な真実を裏側からドラマティックに描く。

ビートルズ／ラヴ・ユー・メイク（下）
早川書房／ピーター・ブラウン／スティーヴン・ゲインズ
1984/11/15　単行本　全310
上下巻からなるビートルズの本格的な伝記。この下巻では1966年後半からビートルズ解散、ソロ活動時代、ジョン射殺事件までが収録されている。

週刊明星/11月22日号
集英社
1984/11/22　週刊誌　2
巻頭に、レコーディングのために訪米中の松田聖子がポールのカクテルパーティーに出席した際の2ショットカラー写真がある。『松田聖子ニューヨークレコーディング／P・マッカートニーに大感激！』が表紙コピー。

1984-1985

キーボード・マガジン / 12月号
リットーミュージック
1984/12/01　音楽雑誌　3
ポール・マッカートニーのヒットナンバー【ひとりぼっちのロンリー・ナイト(バラード編)】の楽譜が3ページ。

ヤァ!ブロード・ストリート（映画プレスシート）
東宝出版・商品販促室
1984/12/01　プレスシート　全4
ポール脚本の主演映画『ヤァ!ブロード・ストリート』のプレス・シート。映画解説、ストーリー、プロダクション・ノート、スタッフ・メモ、スター・メモなど。B4判でヴィジュアル構成。

週刊現代 / 12月1日号
講談社
1984/12/1　週刊誌　5
5ページのヨーコ・インタビュー「資産2300億円いまヨーコ・レノンが甦る／オノ・ヨーコ独占インタビュー」がある。「ずっと地獄の日々だった」「ガードマンがいつもついて」ほか、ジョン射殺事件後、4年を振り返ったもの。

FM fan / 12月3日-12月16日号
共同通信社
1984/12/03　音楽雑誌　4
ニューヨークでのロングインタビュー「ヨーコ・オノ・インタビュー/夏の回想」がある。ヨーコの近況、ジョンの写真集編集、「ジョン・レノン・ミュージアム」構想、日本のファンへのメッセージなど。

FMステーション / 12月3日-12月16日号
ダイヤモンド社
1984/12/03　音楽雑誌　2
新作映画を含めた最新レポート「ヤァ!ポール・マッカートニー」がある。『ヤァ!ブロード・ストリート』の話題や新作アルバムまでのディスコグラフィーなど。

キネマ旬報 / 12月15日号
キネマ旬報社
1984/12/15　一般雑誌　6
ポールの映画に関する特集『ヤァ!ブロード・ストリート』がある。「マジカル・ミステリー・ツアー／細越麟太郎」「やさしくリリカルなポールの音楽／柳生すみまろ」ほか、リンゴのコメントなど。

JOHN LENNON/SUMMER OF 1980
プロデュース・センター出版局／オノ・ヨーコ（編）
1984/12/05　ムック／企画誌　全110
ジョンが凶弾に倒れる直前に撮影された貴重フォトをはじめ、1980年のジョンとヨーコのプライベート写真を多く収録した写真集。掲載写真はすべてモノクロで、8人のカメラマンが撮影したものをヨーコが編集。

ビートルズになれなかった男
朝日新聞社／高尾栄司
1984/12/15　単行本　全292
国際ジャーナリスト高尾栄司が、ハンブルク時代のビートルズのメンバーであったドラマー、ピート・ベストの証言をもとに書き下ろしたドキュメンタリー。ピート・ベストの人間像とともに初期ビートルズの歴史を知る手掛かりとなる作品。

ビートルズ音楽学
晶文社／ウィルフリッド・メラーズ
1984/12/20　単行本　全328
イギリスの音楽学者である著者がビートルズの音楽をテーマに曲作りの解析と楽曲分析を試みた本格的な研究書。ビートルズの音楽性を専門的に解説した部分も多く、アルバム収録曲解説など、随所に譜例を記載。

ヤァ!ブロード・ストリート
東宝出版・商品販促室／20世紀フォックス
1984/12/22　映画パンフレット　全24
ポールが主演し、脚本を手掛けたミュージカル映画のパンフレット。妻リンダをはじめ、リンゴ＆バーバラ夫妻が友情出演している。

YESTERDAY ビートルズ写真集
早川書房／ロバート・フリーマン（写真・著）
1984/12/25　ムック／企画誌　全100
ロバート・フリーマンが1963年〜1965年に撮ったビートルズの写真集で、どちらかといえば4人のポートレートを中心に編集されたもの。ハードケース付。

THE BEATLES/ビートルズの世界
金星堂／クリス・モズデル（著）
1984/12/30　ムック／企画誌　全116
大学生向けに制作されたビートルズ・オンリーの英語テキストで、ビートルズのおもな歴史やエピソードのほか、ヒットナンバー解説などを掲載したもの。西光義弘／杉本孝司編注。

PEPPERLAND 数次旅券
BCC
1984/　その他　※
ビートルズ・シネ・クラブ発行のビートルズ復活祭出席者向けパスポート。復活祭入場券添付ページ、スタンプ押印ページなど。

The Beatles Forever
BCC
1984/　その他　※
ビートルズ・シネ・クラブ発行の手帖。

ビートルズカレンダー'84（非売品）
東芝EMI
1984/　非売品その他　※
東芝EMIの非売品ビートルズカレンダー。1984年版。

1985

週刊TVガイド / 12月29日-1月11日号
東京ニュース通信社
1985/01/11　週刊誌　1/3
表紙コピーに音楽『ビートルズ』と記載はあるが、音楽コーナーに小写真とNHK特番紹介がある程度の内容。他、別ページにポールの写真くらい。

FMレコパル / 1月14日-1月27日号
小学館
1985/01/14　音楽雑誌　3
インタビュー「独占会見に成功!!P.マッカートニー」「ポール・マッカートニーが語る映画、音楽、ジョン、家族…」がある。映画『ヤァ!ブロード・ストリート』のPRや音楽活動の近況など。

週刊明星 / 1月17日号
集英社
1985/01/17　週刊誌　6
新春スペシャル・インタビュー「ポール・マッカートニー／意外なパパの素顔、ビートルズ解散秘話」掲載。「リンダとは運命の結びつきを感じるんだ」「僕だって時には皿を洗ったりするんだよ」など。

ポール・マッカートニー／ヤァ!ブロード・ストリート
プロデュース・センター出版局
1985/01/20　ムック／企画誌　全128
映画《ヤァ!ブロードストリート》のスチールフォトを満載したヴィジュアル・映画ストーリー・ブック。

PLAYBOY / 2月号
集英社
1985/02/01　一般雑誌　8
特別インタビュー「ポール＆リンダ・マッカートニー／今、レノンをの決定的真実を語ろう」。ポール自らが語るジョン没後の心境、ビートルズ解散の真実、ウイングス結成の経緯、日本公演中止事件の真相など貴重な内容。

キーボード・マガジン / 2月号
リットーミュージック
1985/02/01　音楽雑誌　3
【ザ・ロング・アンド・ワインディング・ロード】の楽譜が3ページ。

音楽専科 / 2月号
音楽専科社
1985/02/01　音楽雑誌　3
ジュリアン・レノンのポートレートほか、ニューアルバムの話題を含めた2ページのグラフ記事「JULIAN LENNON」掲載。

YOKO ONO オノ・ヨーコ人と作品
文化出版局／飯村隆彦
1985/02/04　単行本　全216
1960年代のヨーコについての評伝とエッセイをまとめたもの。ヨーコの芸術活動や前衛的感性、人間像やジョンとの出会いなどが記されており、興味深い。

FMレコパル / 2月11日-2月24日号
小学館
1985/02/11　音楽雑誌　3
写真を添えたインタビュー「ジュリアン・レノン／音楽的には、父親とはまったく他人だよ!」掲載。「クリスマスに会おう!それが父の最期の言葉だった…」「父は父、ボクはボクなんだ!比較して欲しくないな!」など。

週刊宝石 / 2月15日号
光文社
1985/02/15　週刊誌　8
中綴じ8ページのカラーグラフ特集『ビートルズ/BEATLES COLLECTION やっぱりロックの神様』。「1962-1966/ デビューから、日本公演までのコンサート時代」ほか、1984年までの出来事とディスコグラフィーなどの資料。

THE BEATLES CINE CLUB NEWS 創刊号
BCC
1985/03/01　会報その他　全16
ビートルズ・シネ・クラブ発行のB6判小冊子。ビートルズの最新情報、ブートレコードの紹介、復活祭の案内、コレクション販売コーナーなどを掲載。

宝島 / 3月号
JICC出版局
1985/03/01　一般雑誌　3
取材レポート「ポール・マッカートニーの私生活」「ポール・マッカートニーのプライベート・ライフ／財産、結婚、ビートルズ時代の秘話まで／テリー・ビショップ」掲載。

FMステーション別冊イラストレイテッド 2
ダイヤモンド社
1985/03/20　ムック／企画誌　2
イラストレーター斎藤融の作品集。「FMステーション」に連続して掲載されたアーティスト・ピンナップを集めた作品集。ストーンズと一緒に描かれており、ほかにリンゴもある。表紙の一部もビートルズのイラスト。

カメラ毎日 / 4月号
毎日新聞社
1985/04/01　一般雑誌　2
表紙がジョン。記事に「ロバート・フリーマン、ビートルズ写真集『YESTERDAY』／あっけらかんのカクメイ性／森頴吾」ビートルズ写真集『YESTERDAY』の書評など。

フォーカス / 4月5日号
新潮社
1985/04/05　週刊誌　2
キャピトル発売の編集アルバム『イエスタデイ・アンド・トゥデイ』のジャケットカヴァーに関する記事と写真「発見されたビートルズの屠殺写真」「禁じられた写真——ビートルズの運命を変えた20年前のオリジナル」がある。

1985

ビートルズ詩集
シンコー・ミュージック / 岩谷宏（訳）
1985/04/05　単行本　全272
ビートルズ公式ナンバーからの抜粋訳詩集。ヒットナンバーを中心に104曲を年代順に収録。日本語訳は原詩に忠実な翻訳で知られた岩谷宏。

神話ザ・ビートルズの飛翔
廣済堂出版 / プロデュース・センター企画制作
1985/04/15　ムック、企画誌　全176
イギリスのカメラマン、デゾ・ホフマンが1964年のビートルズ世界ツアーに同行して記録したツアー写真集。写真の多くにはホフマン自身によるキャプションが添えられており、巻末にはツアー関連の資料もある。

ポップス・ヒット・パレード
旺文社文庫 / 茂木幹弘
1985/04/25　文庫本　数
1946年から1985年までのヒット・ポップスを中心に、その年の社会・放送の動き、歌謡曲、映画などを見開きページに簡潔にまとめたもの。表紙写真以外に1966年のビートルズ来日などにも触れている。

ダブリュー・ジャパン/5月号
フェアチャイルド・モリ出版 / 流行通信
1985/05/01　一般雑誌
ヨーコの近況インタビュー『オノ・ヨーコ/N.Y.からのメッセージ「今、思っていること」』がある（取材・飯村隆彦）。ジョンとのカラーフォトなどを含めたロングインタビューで、ジョンの死後思うこと、ジョンとの生活・前衛活動など。

週刊FM/5月20日-6月2日号
音楽之友社
1985/05/20　音楽雑誌　3
来日直前のグラフインタビュー『デリシャス・インタビュー/ジュリアン・レノン』がある。「自分の経験を大切に」「ユーモアも父ゆずり」「僕の犬をもらって！？」など。

ザ・テレビジョン5月31日号
角川書店
1985/05/31　一般雑誌　4
巻頭カラー4ページに『新レノン伝説/ジュリアン・レノン』のグラフ、父ジョン・レノンや来日関連の読物がある。表紙もジュリアン。

JULIAN LENNON
ウドー音楽事務所
1985/05/　公演パンフレット　全32
先妻シンシアとの間に生まれたジョンの息子ジュリアン・レノンの初来日コンサートパンフ。1985年に福岡・大阪・名古屋・東京の4都市で4回の公演が行われた時のもの。

ミュージック・ライフ/6月号
新興楽譜出版社
1985/06/01　音楽雑誌　4
22歳になったジュリアンの独占インタビューとアメリカ・ツアーのレポートなど。表紙コピーは『ジュリアン・レノン』。

リイドコミック/6月10日号
リイド社
1985/06/10　週刊誌　0
表紙のみジョンのイラストレーション（ペーパークラフト作品）。表紙コピーは『永遠のスーパースター故ジョン・レノン』。

PAUL McCARTNEY/愛と音楽
シンコー・ミュージック / クリス・ウェルチ
1985/06/10　単行本　全256
ポールの生誕からウイングスの解散までのおもな足取りを綴った伝記。①ポールの音楽的背景②ポール誕生③ビートルズ神話の真相④新たなる始まり、ウイングス⑤ビートルズの幻影など。

アサヒグラフ/6月14日号
朝日新聞社
1985/06/14　一般雑誌　2
日本武道館で行なわれたジュリアン・レノン日本公演のモノクログラフ『ジュリアン・レノン日本公演/ビートルズ世代！の青春をもちきたてて』が2ページ。表紙コピーは『武道館公演ジュリアン・レノン』。

ロックスーパースターの軌跡
講談社 / 北中正和
1985/06/20　単行本　12
エルビス・プレスリーの登場から、1980年代、ブルース・スプリングスティーンまでのロックシーンの軌跡を、アーティストを紹介しながら一冊にまとめたもの。表紙コピーは『ビートルズは「愛こそはすべて」と世界に歌いかけた』。

ビートルズSHOW/Thank You Beatles
BCC
1985/06/　イベントパンフレット　全20
ビートルズ・シネ・クラブ主催で1985年夏に開催されたイベント『ビートルズ復活祭スペシャル1985/ビートルズSHOW』の特別プログラム。ライブ、スタジオセッションのカラー写真や映画のスチールなどヴィジュアル構成。

ビートルズSHOW/Thank You Beatles
BCC
1985/06/　その他　全4
全国15都市17公演予定のビートルズイベント『ビートルズSHOW』の見開き案内チラシ。

セッション/7月号
シーズ
1985/07/1　一般雑誌　3
巻頭にジュリアン・レノンの綴じ込みポスター『POSTER/ジュリアン・レノン』がある。ほか、ジュリアン関連記事やアルバム『ブリーズ・ブリーズ・ミー』の解説など。

ビバ・ロック/7月号
音楽専科社
1985/07/01　音楽雑誌　3
ジュリアン来日直前のインタビュー記事『天国のオヤジさん、元気かな？/Julian Lennon』がある。プロモーションツアーの話題や自らの生い立ち、苦悩など。

ペントハウス/7月号
講談社
1985/07/01　一般雑誌　6
来日直前インタビュー『独占インタビュー/ジュリアン・レノン』がある。ファースト・アルバムの発表や父親ジョン・レノン、ビートルズの存在などについて現在の心境を語ったもの。

宝島/7月号
JICC出版局
1985/07/01　一般雑誌　3
総力特集『ロックン・ロール伝説　プレスリー、ビートルズ、ジミ・ヘンドリックス、ストーンズ…』のなかにビートルズを題材にしたエッセイ『生きながら神話になった4人/水上はる子』がある。ジョンのフィギュア表紙。

ビート・ベスト・ストーリー/もう一人のビートルズ
CBS・ソニー出版 / ビート・ベスト / パトリック
1985/07/21　単行本　全272
元ドラマー、ビート・ベストが書き下ろした初期ビートルズ・ドキュメンタリー。デビュー直前にグループを脱退させられた真意や知られざる秘話など、初期ビートルズの姿を描く。

週刊プレイボーイ/7月30日号
集英社
1985/07/30　週刊誌　5
『ザ・ビートルズ不良少年物語"もう1人のビートルズ"ビート・ベストが明かすセックス三昧の黎明期』を5ページ掲載。『神サマビートルズの不良物語』『狂気の都・ハンブルクにて』ほか。

ロック・ショウ/8月号
シンコー・ミュージック
1985/08/01　音楽雑誌　5
ジュリアンの来日に伴い、記者会見を含めた巻頭カラーグラフ『22歳のスーパースター/ジュリアン・レノン来日特写』ほか、ポスター大の折込カラーピンナップ付。

プレス・アイ2/ザ・セレブ
文藝春秋
1985/08/25　文庫本　5
文庫本サイズの報道写真集。ビートルズ関連写真は表紙とビートルズ来日写真『偽りのチームワーク』ほか、レノン＆ヨーコ、ポール＆リンダ、レノン＆メイ・パンのディープキスなど。

ギター・マガジン/9月号
リットーミュージック
1985/09/01　音楽雑誌　8
シリーズ『名盤ファイルVOL.3』でビートルズのアルバム『サージェント・ペパーズ・ロンリー・ハーツ・クラブ・バンド』の特集記事が8ページ。『700時間のスタジオワークの末完成した史上最強のアルバム』他、内容は濃い。

ユリイカ詩と批評/10月号
青土社
1985/10/01　一般雑誌　5
『特集 25人の恋人たち』のひとつに『オノ・ヨーコ—アヴァンギャルドとポップスの出会い/飯村隆彦』がある。ジョンとヨーコの出会いを事実に基づき深く考察したもの。

ビートルズ海賊盤事典/BEATLES' BOOTLEGS
講談社 / 松本常男
1985/10/15　文庫本　全864
ビートルズ研究家であり、ビートルズ・ファン・クラブ会長も務めた松本常男が手掛けた海賊盤レコードの資料集。400枚を超える海賊盤の詳細データ、解説、ジャケット写真などの資料満載で、海賊盤コレクター究極のバイブル。

アビイ・ロード/ザ・ビートルズ最後の伝説
JICC出版局 / ブライアン・サウソール
1985/10/31　単行本　全244
ビートルズの事実上最後のアルバムとなった『アビイ・ロード』のタイトルに使用されたEMIスタジオ（現アビー・ロード・スタジオ）を舞台として、ビートルズの伝説や当時の創作活動をまとめた異色本。

CITY/ホンダ・シティ（自動車カタログ）
本田技研工業
1985/11/15　パンフレット/その他　1未満
ホンダの乗用車『シティ』のカタログ。表紙の一部のみジュリアン・レノン。

英語のノンセンス/チョーサーからビートルズ〜
大修館書店 / 新倉俊一
1985/12/10　単行本　4
本書サブタイトルが『チョーサーからビートルズ笑いの系譜』。最終章の一部にビートルズの【アイ・アム・ザ・ウォルラス】原詩とユーモアセンスの解説がある程度。

朝日ジャーナル/12月13日号
朝日新聞社
1985/12/13　週刊誌　5
松本隆と荒川洋治の5ページの対談『僕らのジョン・レノン体験/「主題なき時代」に放り出されて』がある。『ラブソングに三人称をもちこむ』『R&Bにヨーロッパ的抒情を』ほか。

BEATLES CHRISTMAS SHOW（復刻版：英文）
BCC
1985/　その他　全20
ジョンが描いたイラスト表紙のパンフが挿入されたビートルズ・クリスマス・ショー（1964-1965）の復刻英文パンフレット（半券付）。所持品なので紹介した。

the beatles collection 3 | 285

1986

ジョン・レノン対火星人
角川書店／高橋源一郎
1986/01/30　単行本　0
ジョンの名をタイトルに借りた小説。内容はジョンとは無関係。

週刊FM/2月10日-2月23日号
音楽之友社
1986/02/10　音楽雑誌　1未満
ビートルズ関連のビデオソフトやアルバム紹介を部分的に掲載。表紙イラストはビートルズ。

FM fan/2月24日-3月9日号
共同通信社
1986/02/24　音楽雑誌　1未満
ジョンの表紙。ほかにはビートルズのアルバム紹介記事があるのみ。

週刊FM/2月24日-3月9日号
音楽之友社
1986/02/24　音楽雑誌　3
巻頭カラーグラビア『ポール・マッカートニー』でニューアルバム完成直前のポールの近況レポートを掲載。

ミュージック・マガジン/3月号
ミュージック・マガジン
1986/03/01　音楽雑誌　5
『ライヴ・イン・ニューヨーク・シティ』のLPとビデオを取り上げ、1972年当時のジョンをまとめた記事がある。表紙コピーは「ジョン・レノン」。

ポップ・ギア/3月号（創刊号）
CBS・ソニー出版
1986/03/01　音楽雑誌　4
ポールの独占インタビュー『ポール・マッカートニー』「アビー・ロード再訪」が4ページ。「ジョン・ランディスはビートルズの大ファンなんだ」「僕はギタリストです。ベースは押しつけられたんだ」など。

ビートルズの心
大修館書店／アラン・ローゼン／福田昇八
1986/03/10　単行本　全134
ビートルズのヒットナンバーの中から12曲を選んで歌詞と対訳を掲載し、基礎文法を解説した英語テキスト。一冊全てがビートルズ。

The Art of the Beatles
日本テレビ放送網／マイク・エバンス
1986/03/13　ムック／企画誌　全144
ビートルズ関連のアートコレクション（写真、グラフィックス、絵画、イラストレーション、映画ポスター、ヴィジュアル広告など）をカラー写真を交えて掲載し、視覚芸術分野に与えたビートルズの影響を考察した研究資料集。

ザ・テレビジョン 4月4日号
角川書店
1986/04/04　一般雑誌　1+
ポール＆ウイングスのライヴ写真と番組案内のほか、「ヨーコ・オノ、初の世界ツアー歌う彼女は屈託がなくステキだ！」や、ジョージとマドンナのツーショット写真など。表紙コピー「MUSIC ポール・マッカートニー」。

FM fan/4月7日-4月20日号
共同通信社
1986/04/07　音楽雑誌　1
表紙コピーは「ビートルズ・アンケート募集」だが、創刊20周年記念合併号の発行に際し、ビートルズについてのエッセイなどを誌上で募集したもので、記事ではない。

ただの私
講談社／オノ・ヨーコ
1986/04/30　単行本　全230
ヨーコの自伝的異色エッセイ。愛と芸術、思想について多くを記したもの。「わが愛、わが闘争」「日本男性沈没」「母性社会の必然性」「女性上位万歳」「家も政治も女と交代したら」ほか。

月刊サウンド・レコパル/5月号
小学館
1986/05/01　音楽雑誌　8
特集「保存版ビートルズ全カタログ」がある。サウンド＆ヴィジュアル・カタログ「今、だからビートルズ」と題し、アルバム、ビデオ、レコードセールスデータなどをまとめたほか。

ぴあ/5月2日号
ぴあ
1986/05/02　週刊誌　1/8
表紙が及川正通のヨーコイラスト。小記事「ビートルズ来日20周年記念オリジナル・モノLP登場」やヨーコの小写真がある程度。

週刊FM/5月5日-5月18日号（中部版）
音楽之友社
1986/05/05　音楽雑誌　18
ビートルズ来日20周年を記念した特集「日本上陸20周年記念ワイド企画／ビートルズ」があり、来日を再現したカラーグラビアページのほか、高橋幸宏＆鈴木慶一の特別対談「ビートルズを抱きしめて」、年譜など掲載。

THE BEATLES FOREVER
東芝 EMI
1986/05/20　非売品小冊子　全64
東芝EMI発行の非売品小冊子で、ディスコグラフィー、年譜など、ビートルズの参考資料集。同シリーズの小冊子の中でも内容の濃いアイテム。サブタイトルは「20th ANNIVERSARY OF JAPAN CONCERT／ビートルズ来日20周年を記念。」。

ロックは語れない
新潮文庫／渋谷陽一
1986/05/25　文庫本　22
浜田省吾、山下達郎、忌野清志郎、大貫妙子、仲井戸麗市、遠藤ミチロウの6人と渋谷陽一による対談集。ビートルズ関連では浜田省吾の対談のなかで「ビートルズだけしか愛せない」がある。表紙コピー「THE BEATLES」。

コミックハイ/6月号
主婦と生活社
1986/06/01　一般雑誌　67
表紙コピー20周年の特別企画として、巻頭カラー67ページのしらいあいの漫画「ジョン・レノン・フォーエバー」があるが、ジョンとは直接関係なく、ビートルズのイラストと曲名が登場する程度。

FM fan/6月2日-6月15日号（中部版）
共同通信社
1986/06/02　音楽雑誌　72
創刊20周年の特別企画として、全72ページにおよぶ総力特集「保存版／来日20周年記念 ザ・ビートルズ」がある。内容もバラエティに富み、読物、対談、アンケートほか、写真ヴィジュアルページと数多くの資料などで構成。

週刊FM/6月2日-6月15日号
音楽之友社
1986/06/02　音楽雑誌　3
読者投稿企画「わたしのビートルズ」のほか、「ビートルズだけじゃない 特集'60年代／ロック・ジャイアンツ」の中でもビートルズの記述がある。

PLUM（プラム）
立東社
1986/06/15　音楽雑誌　6
巻頭カラーグラビア3ページのほか、本文3ページにわたって「ジョン・レノン・フォーエバー／ひとりじめインタビュー／ジュリアン・レノン」「120%インタビュー／愛がいま、歌い継がれてゆく」がある。

ザ・ビートルズ・イン・東京
シンコー・ミュージック／JAMパブリッシング
1986/06/29　ムック／企画誌　全98
1966年のビートルズ来日を多くの写真と資料で再現したヴィジュアルドキュメンタリー。羽田空港到着から記者会見、日本公演ライヴ、滞在記録など当時の来日情報と資料を満載。来日の全貌を記録した貴重本。

THE BEATLES IN TOKYO/Added Bonus Photos
JAM PUBLISHING CO.LTD
1986/06/29　付録／その他　全6
「ザ・ビートルズ・イン・東京」の購入特典付録として追加挿入されていた8ページ（表紙含む）のモノクロ写真集。ビートルズ来日時の未公開フォト11点を掲載。

オリコン/6月30日号
オリジナルコンフィデンス
1986/06/30　音楽雑誌　2
来日20周年記念特別企画『SPECIAL 恐るべきザ・ビートルズの秘密』があり、ビートルズの簡単な紹介やコレクションなどを掲載。

TOKYO DAYS/THE BEATLES
テイチク
1986/07/01　その他　※
ビートルズ来日時のインタビュー、ファンへのメッセージなどを収録したスペシャルボックスのアナログレコード。日本公演パンフレットのレプリカがセットされているため参考までに写真を掲載した。

日本公演パンフレット／テイチク復刻版1
テイチク
1986/07/01　公演パンフレット　全34
ボックスセット『TOKYO DAYS』に付録としてセットされていたテイチク復刻版。詳しくは来日公演パンフレットの解説ページ参照。

ビバ・ロック/7月号
音楽専科社
1986/07/01　音楽雑誌　4
ジュリアン・レノンの写真とインタビュー「JULIAN LENNON AT HOME／ボクは人間を愛し、仕事を愛し、何よりも今のこの瞬間を愛しているからね。」がある。

コミックハイ/8月号
主婦と生活社
1986/08/01　一般雑誌　※
65ページのしらいあいの漫画「ジョン・レノン・フォーエバー」があるが、ジョンとは関係ない。ビートルズに関係があるとすれば「ブラックバード」「レット・イット・ビー」の言葉くらい。でもこの2曲はいずれもポール作品だし…。

フォトジャポン/8月号
福武書店
1986/08/01　一般雑誌　6
来日20周年記念の未公開写真を掲載した『ビートルズがやってくる、ヤァヤァヤァ 未公開写真発見！／来日20周年記念、随行カメラマンによる未公開写真！』。カメラマン、ボブ・ウィトカーの貴重記録フォト9点。

Pamland（パムランド）VOL.2
新和出版社
1986/08/05　一般雑誌　5
特集「来日20周年記念特集ビートルズ」「時代はビートルズで始まった」がある。「ビートルズ結成から解散までの軌跡」「ビートルズ来日騒動」「星加ルミ子」「地球×××年／財津和夫」、レコードデータ、年譜、写真など。

週刊FM/8月25日-9月7日号
音楽之友社
1986/08/25　音楽雑誌　3
ポールの最新アルバム「プレス・トゥ・プレイ」関連記事「ニュー・アルバムで再出発 ポール・マッカートニー」など。

ジョン・レノン（上）1940-1966
音楽之友社／レイ・コールマン
1986/08/30　単行本　全480
ジョンの生涯を綴った正統派の伝記で、上下2巻に分かれた大作。この上巻が1940年〜1966年までのジョンの軌跡。上下巻とも巻頭写真や年譜、名作詞集などの資料がある。

ジョン・レノン（下）1967-1980
音楽之友社／レイ・コールマン
1986/12/01　単行本　全428
下巻はビートルズ後期から射殺事件（1967年〜1980年）までのジョンの軌跡をエピソードや関係者の証言を交えて記載。

Julian Lennon/WORLD TOUR SUMMER 1986
ウドー音楽事務所
1986/08　公演パンフレット　全24
1985年の初来日コンサートに続き、翌86年に行われたジュリアン・レノンの来日コンサート・パンフレット。

1986

ビートルズ・ライヴ大百科
CBS・ソニー出版
1986/09/05 ムック/企画誌 全272
クォリーメン時代の1957年にリバプールで行われたファースト・ライヴから、1966年、サンフランシスコにおけるラストコンサートまで、約1,400回におよぶビートルズの全ライヴを徹底調査、記録した大変貴重な資料集。

週刊FM/9月8日-9月21日号
音楽之友社
1986/09/08 音楽雑誌 1未満
ジュリアン・レノン来日公演の話題を一部紹介。表紙コピーは「ジュリアン・レノン」。

THE BEATLES 日本盤ディスコグラフィ
シンコー・ミュージック/ピーター・イングマ
1986/09/20 ムック/企画誌 全168
1962年〜1986年の期間内に発売されたビートルズ日本盤レコードの完全ディスコグラフィーで、コレクター必修の貴重本。LP盤とシングル盤に分け、年順にレーベル、品番、発売日、カラーレコードの有無など詳細データを掲載。

FM fan/9月22日-10月5日号
共同通信社
1986/09/25 音楽雑誌 6
「インタヴュー ポール・マッカートニー」がある。ニューアルバム『プレス・トゥ・プレイ』制作に関する話題やビートルズとしての再レコーディングの噂、ジョン&ヨーコとの過去の関係について語ったもの。

ビートルズ伝説
シンコー・ミュージック/マイルズ(編)
1986/09/25 文庫本 全224
ビートルズ現役時代の記録を収録した資料本。1982年9月15日に刊行された単行本『ビートルズ語録』を改題、再編集して文庫化したもの。

人間ジョン・レノン
シンコー・ミュージック/マイルズ(編)
1986/09/25 文庫本 全208
ジョンの語録集。1981年4月1日に刊行された単行本『ジョン・レノン語録』を改題、再編集して文庫化したもの。

ジョン・レノンを探して/銀座の旅ノート
文藝春秋/枝川公一
1986/09/30 単行本 4
著者が東京の銀座を散策しながら書き下ろした日記調のエッセイ本。ジョンとヨーコが極秘来日した際、たまたま入店したという銀座の喫茶店での貴重なエピソードを紹介。

ビバ・ロック/10月号
音楽専科社
1986/10/01 音楽雑誌 4
ジュリアン・レノンのカラー写真とインタビュー記事「JULIAN LENNON in JAPAN/弟のショーンは、まだガキだもん。早く大きくならないかな」が4ページ。

音楽専科/10月号
音楽専科社
1986/10/01 音楽雑誌 4
ニューアルバム『プレス・トゥ・プレイ』リリースに関するポールのインタビュー「PAUL McCARTNEY」を、リンダの撮影したフォトとともに掲載。

THANK YOU BEATLES(タイプ1)
プロデュース・センター出版局
1986/10/15 ムック/企画誌 全64
ビートルズ前期〜中期の貴重フォト160点を集めたオールカラーの写真集で、1982年に発売された資料集『ビートルズ・フォー・エヴァー』掲載の写真を再編集したもの。スタジオセッション、コンサートほか、美しい写真が多い。

THANK YOU BEATLES(タイプ2)
プロデュース・センター出版局/日産自動車
1986/ 全64
こちらは日産自動車の「TWINCAM/TRAD SUNNY」発売イベントセールでノベルティとして配布されたもの。市販品と同じ内容であるが、裏表紙ほかが自動車の広告ページに差し替えられている。

THANK YOU BEATLES(タイプ1)裏表紙
プロデュース・センター出版局
1986/10/15 ムック/企画誌 全64
市販品『THANK YOU BEATLES』の裏表紙。

THANK YOU BEATLES(タイプ2)裏表紙
プロデュース・センター出版局/日産自動車
1986/ ムック/企画誌 全64
日産自動車ノベルティとして配布された別ヴァージョンの裏表紙。自動車の広告ページに差し替えられている。

ニューヨーク・ビュー/創刊号
マガジン・ワークショップ
1986/10/20 一般雑誌 3
ダコタ・ハウスで行われた最新アルバム『STAR PEACE』や長年のニューヨーク生活についてのインタビュー「InterView ヨーコ・オノ」がある。

レコード・コレクターズ/11月号
ミュージック・マガジン
1986/11/01 音楽雑誌 4
特集「マージー・ビート」に、クォリーメン、シルバービートルズとして活躍していた初期の時代について触れた「リヴァプール、ハンブルク時代のビートルズ/大鷹俊一」がある。表紙コピー「The Beatles」および表紙一部がビートルズ。

ジョン・レノン詩集
シンコー・ミュージック/岩谷宏(訳)
1986/11/05 単行本 全168
ソロ活動に入ってから1980年までにジョンが残した作品の中から53篇をセレクトした本格翻訳詩集。

平凡パンチ/11月24日号
平凡出版
1986/11/24 週刊誌 1
ロードパンチのコーナーに1ページ「スピルバーグが元ビートルズ起用の大作を」がある。英紙サンが報じた、スピルバーグがビートルズの自伝映画を制作するという話題を、ビートルズ4人の写真を添えて掲載。

ベース・マガジン/VOL.5
リットーミュージック
1986/11/29 音楽雑誌 10
ポールの特集「PAUL McCARTNEY/採譜・解説」が10ページ。ベースの技術的な解説ほか、エピソードやディスコグラフィーなど。

FM fan/12月1日-12月14日号
共同通信社
1986/12/01 音楽雑誌 8
特集「アフター・ザ・ビートルズ ジョン・レノンの10年」がある。ビートルズ解散後のジョンの軌跡をレコード解説とともにまとめた資料。

ポップ・ギア/12月号
CBS・ソニー出版
1986/12/01 音楽雑誌 1
ポールのカラー・ピンナップ「PIN-UP ポール・マッカートニー」があるのみ。

月刊バブルス/1月号
ライフレンタル友&愛本部
1986/12/05 一般雑誌 13
家具・電化製品などの生活用品やレコードなどのレンタルショップ「友&愛」発行の情報誌。会員に無料で配布された。特集「なにはともあれビートルズから始めよう」がある。ディスコグラフィーほか、初心者向けビートルズ特集。

The Beatles/ビートルズ研究特集(10号)
BCC出版/ビートルズ叢書編集室(編)
1986/12/20 会報その他 全64
BCC会報の臨時増刊128号で、「ポール・マッカートニー幻の来日公演全記録」と題した研究特集シリーズの第10弾。1980年の「ポール逮捕事件」の全貌を記録したもの。

TWIST&SHOUT/ツイスト・アンド・シャウト
FM大阪
1986/12/31 非売品 8
ビートルズ結成25周年記念に絡めて姫路セントラルパーク協賛&FM大阪が企画したラジオ番組「TWIST&SHOUT/ヒストリー・オブ・ザ・ビートルズ」の8折りのブックレット。ビートルズの貴重インタビュー等を収録したもの。(非売品)

BEATLES/MAGICAL MYSTERY TOUR
BCC出版/ビートルズ・シネ・クラブ編
1986/12 映画パンフレット 全20
1967年のテレビ映画『マジカル・ミステリー・ツアー』の、BCC企画編集の映画研究パンフレット。写真のほかエピソード、映画解説も詳細で資料価値は高い。

THE BEATLES SHOW セット(復刻版:英文)
BCC
1986/ パンフレットその他 ※
ビートルズデビュー当時の1963年に行われたショウのプログラムセットの復刻タイプ。写真、プロフィール紹介などを掲載した冊子「THE BEATLES SHOW」も挿入されている。所持品だが本来収録対象外。

SECOND PRESS/VOL.5
セカンド・プレス
1986/ 音楽雑誌 36
ブート盤などの超マニアックなレコード・コレクター向け希少品。ビートルズのピクチャー・ディスク(オフィシャル、コレクターズ、ブート)を紹介した36ページの「特集ビートルズ ピクチャー・ディスク」がある。

JOHN LENNON SPECIAL PORTRAITS
GLOBALPRESS
1986/ その他 16枚
ジョンのポートレートキット。B4判、カラー6枚、白黒6枚の計12枚の写真と、A4判の「抱きしめたい」「ヘルプ」の歌詞の自筆コピーや、ジョンのプロフィールを表記したシートなど4枚。洋物?

スパイ・ライク・アス/SPIES LIKE US
松竹事業部
1986/ 映画パンフレット 1未満
ポールが主題曲を担当したイギリス映画のパンフレット。主題曲名とポールの名前がクレジットされている。

1986年テイチクレコードカレンダー(非売品)
テイチク
1986/ 非売品 全8
1986年、テイチクレコード販促用に制作された非売品のカレンダー。

日本公演パンフレット/抜粋復刻版3
BCC
1986/ 公演パンフレット 28
ビートルズ来日20周年の記念イベントや会員に販売された復刻版。オリジナルやテイチク版が34ページ仕様であるのに対し、これは広告などが省かれた28ページで、裏表紙に一部ロゴもない。1980年代初期タイプと違い、巻末に「禁・無断転載」印刷のあるタイプ。

BEATLES FUKKATSUSAI/1986 SPRING
BCC
1986/ パンフレット 全20
BCC主催「ビートルズ復活祭/20th Anniversary of Japan Concert」のイベント・プログラム。「エド・サリバン・ショー」「1966年ビートルズ来日ドキュメント」「映画イエロー・サブマリン」「ジョン&ポールのライブフィルム」など。

BEATLES FUKKATSUSAI/1986 SUMMER
BCC
1986/ パンフレット 全20
BCC主催「ビートルズ復活祭/20th Anniversary of Japan Concert」のイベント・プログラム。「4人の貴重なプロモ」「日本公演の海外報道」「英国各紙のビートルズ報道スクラップ」「映画レット・イット・ビー」など。

BEATLES FUKKATSUSAI/1986 WINTER
BCC
1986/ パンフレット 全20
BCC主催「ビートルズ復活祭/20th Anniversary of Japan Concert」のイベント・プログラム。「1966年ビートルズ来日ドキュメント資料集」「カラー・ポートレート」「映画ヘルプ」など。日本公演チケット(レプリカ)付。

1987

ポップ・ギア/1月号
CBS・ソニー出版
1987/01/01　音楽雑誌　1+
ジョンの折込み特大ポスター(720mm×510mm/ブルース・スプリングスティーンと両面扱い)とポールの関連記事。表紙コピー「ジョン・レノンPIN-UP」。

ザ・ビートルズ・フォーエヴァーVOL.1
角川書店/ニコラス・シャフナー
1987/01/10　単行本　全192
二部構成でビートルズの歩みを綴ったヒストリー。このVOL.1は1964年のアメリカ公演から1968年前半までのおもな出来事を関連写真、エピソード、アルバム情報、ヒットチャートなどの参考資料を添えてまとめたもの。

ザ・ビートルズ・フォーエヴァーVOL.2
角川書店/ニコラス・シャフナー
1987/01/20　単行本　全208
このVOL.2は、1968年後半から、解散以降の1977年までのソロ活動中心に、4人の軌跡をまとめたヒストリー。VOL.1同様、関連写真とエピソードのほかアルバム情報、貴重コレクションなどが添えられている。

ミュージックタウン/2月号
新星堂
1987/02/01　音楽雑誌　2
2月27日にCD発売されるビートルズの初期アルバム4点の最新情報「春一番！強烈に吹き荒れる──ビートルズCD世界初登場！」がある。「CD化への障害克服」など、今後のCD発売予定など。

FM fan/2月9日-2月22日号
共同通信社
1987/02/09　音楽雑誌　0
表紙がビートルズ初期アルバム4点。それ以外に特に記事なし。

週刊FM/2月9日-2月22日号
音楽之友社
1987/02/09　音楽雑誌　数
オリジナル・アルバム12枚のCD発売ニュースとそのCDの簡単な解説や発売予定日などの情報を掲載した「ビートルズ/待望のCDリリース開始・さてその中身は？」「THE BEATLES 12CDs」ほか、中綴じでヒットアルバム・カタログもあり。

FMレコパル/2月23日-3月8日号
小学館
1987/02/23　音楽雑誌　3
ビートルズのオリジナル盤のCD全12枚が近日中に発売されるというニュース「ついに！CDで発売される!!ビートルズ」に関連して、プロフィールやアルバム紹介を簡単にまとめたもの。

週刊FM/3月9日-3月22日号
音楽之友社
1987/03/09　音楽雑誌　22
創刊16周年を記念しての総力特集。グラフ「もう一度ビートルズ！」をはじめ、綴じ込み16ページの「ビートルズを知る大辞典」「ビートルズ12のオリジナルアルバム/山本智志」「コンピレーションアルバム/香月利一」ほか。

FOUREVER/ビートルズの25年
日本テレビ放送網/ペーター・シュースターズ
1987/03/31　ムック/企画誌　全176
ハードカヴァーのヴィジュアル・ヒストリーで、美しい写真を多く掲載。巻末にはアルバム・ディスコグラフィーや映画リストなどの資料も。浅井愼平監修。

ミュージック・マガジン/4月号
ニューミュージック・マガジン
1987/04/01　音楽雑誌　16
徹底連載「ビートルズをCDで聞く」第1回があり、オリジナルアルバムを詳細解説。表紙コピーは「THE BEATLES/ついに発売！ザ・ビートルズのCD第1回分4枚を徹底解説。この連載企画は本号以降、7回にわたり不定期掲載。

ステレオ/4月号
音楽之友社
1987/04/01　音楽雑誌　15
15ページにおよぶ特別企画「THE BEATLES ON CD/CDで聞くビートルズ」vol.1がある。アルバム『プリーズ・プリーズ・ミー』から『リボルヴァー』までの解説やレコーディングデータ、エピソードなど。

FMステーション/4月6日-4月19日号
ダイヤモンド社
1987/04/06　音楽雑誌　1
ビートルズ・デビュー25周年を記念し、ヴィジュアル連載企画「Yeah！ビートルズ」を掲載。この連載企画は本号以降、第19回まで継続。第1回はビートルズ結成時の話題「リンゴ・ジョン・ポール・ジョージ登場！」と参考資料。

ビートルズの軌跡
シンコー・ミュージック/渋谷陽一(構成)
1987/04/10　文庫本　全320
1972年10月10日に刊行された単行本「ビートルズの軌跡」を再編集、文庫化したもの。ミュージック・ライフ誌からの抜粋編。

FMステーション/4月20日-5月3日号
ダイヤモンド社
1987/04/20　音楽雑誌　1
ビートルズ・ヴィジュアル連載企画「Yeah！ビートルズ」の第2回。1963年当時の話題「ホワッツ・ビートルズマニア？」や参考資料など。

ビートルズ
講談社/きたやまおさむ
1987/04/20　単行本　全248
ビートルズの史実に基づいてまとめたエッセイ調のグラフィティ。参考資料としてサウンド研究、年譜なども添えられており、ビートルズを知る入門書としては読みやすいもの。

ビデオコレクション/5月号
東京ニュース通信社
1987/05/01　一般雑誌　6
ビートルズ・デビュー25周年を記念して6ページのカラー映像特集「25th THE BEATLES/ビートルズAVソフト大全集」あり。ビートルズ関連映画やライヴ、ドキュメンタリー・スペシャル・ビデオの解説や年譜など。

広告批評/5月号
マドラ出版
1987/05/01　一般雑誌　1未満
企画特集「when I'm 64/ビートルズ世代の老人モンダイ」があるが、単にビートルズ世代によるエッセイ、座談会、詩を掲載したもの。直接ビートルズに触れる部分はない。

相鉄瓦版/第四十一号ザ・ビートルズ
相模鉄道・広報課
1987/05/01　非売品小冊子　全38
文庫本サイズ、非売品の社外広報誌。読切ビートルズ特集号。「ザ・ビートルズ・ヒストリー/BCC清水克一郎」「ビートルズがいて、ぼくがいる/財津和夫」「ヒットチャート史に輝く記録たち」と、一部カラーイラストで構成。

FMステーション/5月4日-5月17日号
ダイヤモンド社
1987/05/04　音楽雑誌　1
ヴィジュアル連載企画「Yeah！ビートルズ」の第3回。リバプール、マンチェスター、ロンドン、バーミンガムなど、ビートルズをはじめとする多くの人気グループの出身地データや、話題「リバプールの若者たち──疾風怒濤編」など。

FMステーション/5月18日-5月31日号
ダイヤモンド社
1987/05/18　音楽雑誌　2
ビートルズ・ヴィジュアル連載企画「Yeah！ビートルズ」の第4回。ビートルズに続きリバプール出身のグループでもっとも有名になったビートルズの話題「リバプールの若者たち──4人はアイドル編」と資料など。

週刊FM/5月18日-5月31日号
音楽之友社
1987/05/18　音楽雑誌　1未満
ジョージがプロデュースした映画《上海サプライズ》の話題やリンゴのフォトをカラーグラビアで簡単に紹介。表紙コピーは「ジョージ・ハリスン〜リンゴ・スターほか/活動再開！復活のあとに…」。

ミュージック・マガジン/6月号
ニューミュージック・マガジン
1987/06/01　音楽雑誌　14
徹底連載「ビートルズをCDで聞く」の第2回。「HELP！」「ラバー・ソウル」「リボルヴァー」のCD詳細解説や「ライヴからスタジオへ──転換期をむかえたビートルズ/大濱俊一」「重箱のスミから聞こえるミックス違い/松本常男」ほか。

FMステーション/6月15日-6月28日号
ダイヤモンド社
1987/06/15　音楽雑誌　3
ヴィジュアル連載企画「Yeah！ビートルズ」第6回。「ビートルズの音楽史を語ろう」(カラーグラフ)があり、アルバムや関連情報・カラーフォトとともに、ゲストの松尾清憲のビートルズ対談記事を掲載。

FMステーション/6月29日-7月12日号
ダイヤモンド社
1987/06/29　音楽雑誌　2
ヴィジュアル連載企画「Yeah！ビートルズ」の第7回。「ビートルズ東京に現る！」があり、1966年のビートルズ来日をテーマにしたもの。来日コレクションの紹介もある。

OUT TAKE
浜松すみや
1987/06/　音楽雑誌　14
静岡県浜松市にあるレコード店「浜松すみや」が制作したビートルズのアウトテイクCDコレクション・リスト。各CDの収録曲、レーベル、録音データなどの詳細解説ほかプライスリスト付。コレクター向けに限定200部配布された。

ミュージック・マガジン/7月号
ニューミュージック・マガジン
1987/07/01　音楽雑誌　10
連載企画「ビートルズをCDで聞く」第3回があり、「サージェント・ペパーズ・ロンリー・ハーツ・クラブ・バンド」に絞った詳細解説を掲載。また「サージェント・ペパーズはなぜ最高傑作なのか/北中正和」ほか。

PLAYBOY/7月号
集英社
1987/07/01　一般雑誌　7
「People誌、版権独占！短期集中連載」シリーズ、「ジョン・レノンを撃った男/6年目の告白 パート①」のカラーグラフページがある。ジョン射殺事件の犯人、マーク・チャップマンとの特別取材記事ほか。

サウンド＆レコーディング・マガジン/7月号
リットーミュージック
1987/07/01　音楽雑誌　12
特集「プロデューサー研究/ジョージ・マーティン」PARTⅠがある。ビートルズCDとレコーディングについての近況インタビューや、ディスコグラフィー、プロデュース研究など。

ロードショー/7月号付録映画音楽大事典
集英社
1987/07/01　付録　4+
「ロードショー」付録。1962〜1986年までのサウンドトラック350曲以上を収録。ビートルズでは《ビートルズがやって来るヤァ！ヤァ！ヤァ！》〈ヘルプ！4人はアイドル〉〈イエロー・サブマリン〉〈レット・イット・ビー〉ほか。

愛と芸術──革命家ジョン・レノン
シンコー・ミュージック/アントニー・フォーセット
1987/07/10　文庫本　全264
1977年12月1日に刊行された単行本「ジョン・レノン/愛と芸術」を再編集、文庫化したもの。

明日への転調──レノン&マッカートニー
シンコー・ミュージック/マルコム・ドーニー
1987/07/10　文庫本　全264
1983年11月15日に刊行された単行本「レノン&マッカートニー 明日への転調」を文庫化したもの。

FMステーション/7月13日-7月26日号
ダイヤモンド社
1987/07/13　音楽雑誌　2
ヴィジュアル連載企画「Yeah！ビートルズ」の第8回。ビートルズの主演映画《ビートルズがやって来るヤァ！ヤァ！ヤァ！》《4人はアイドル HELP！》ほかの解説を掲載。

FMステーション/7月27日-8月9日号
ダイヤモンド社
1987/07/27　音楽雑誌　1
ヴィジュアル連載企画「Yeah！ビートルズ」の第9回。初期のメンバー、ピート・ベストにスポットをあて、彼の軌跡を簡潔にまとめた「もうひとりのビートルズ/ピート・ベスト物語」がある。

1987

サウンド＆レコーディング・マガジン/8月号
リットーミュージック
1987/08/01　音楽雑誌　7

前号に続きジョージ・マーティンのインタビューPART IIを掲載。ビートルズ時代の回想を中心に、当時のアレンジ＆レコーディングのエピソードほか。またアルバム【サージェント・ペパーズ～】を取り上げた対談もある。

月刊ニュータイプ/8月号
角川書店
1987/08/01　一般雑誌　3

『CATCH！THE BEATLES』「THE BEATLES追体験/CDのヒットで何かと話題。甦った永遠のワン・アンド・オンリー、ビートルズの魅力に迫ります」がある。写真ほか、コレクショングッズの紹介と簡単なディスコグラフィーなど。

FMステーション/8月10-8月23日号
ダイヤモンド社
1987/08/10　音楽雑誌　1

ヴィジュアル連載企画「Yeah！ビートルズ」の第10回。「カラー・ビートルズ・A・LIVE」があり、ライヴアルバム『ザ・ビートルズ・アット・ザ・ハリウッド・ボウル』と『レア・ライヴ'62』の解説や情報。

FM fan/8月10-8月23日号
共同通信社
1987/08/10　音楽雑誌　4

米ビルボード、ヒットチャートにランクインされたエルビスとビートルズ各シングルとアルバムの比較データ及び対談「エルビス・プレスリーVSビートルズ/世紀の対決」がある。

週刊文春/8月13-20号
文藝春秋
1987/08/13　週刊誌　5

特別企画「対談、瀬戸内寂聴vs.オノ・ヨーコ/女におまかせ！」がある。ジョン射殺事件にも触れながらの記事「七年で人間は細胞から変わる」「霊魂を信じてらっしゃる」「死んだジョンに助けられる」など。

THE BEATLES LIVE HISTORY/FILM BOOK 1962-66
BCC
1987/08/　パンフレット　全28

ビートルズが行ったライヴ活動の全記録を年代順に整理解説した貴重な資料集。1962年のリバプールから最後のライヴとなった1966年アメリカ公演までを、写真を添えて詳細収録。

ミュージック・マガジン/9月号
ニューミュージック・マガジン
1987/09/01　音楽雑誌　16

連載企画「ビートルズをCDで聞く」の第4回があり、番外編として4人のソロアルバムの詳細解説「ジョン・レノン/サエキけんぞう」「ポール・マッカートニー/萩原健太」「ジョージ・ハリスン/矢口清治」「リンゴ・スター/矢口清治」を掲載。

アドリブ/9月号
スイング・ジャーナル社
1987/09/01　音楽雑誌　9

連載企画・ビートルサウンド研究特集「ビートルズ今に息づく革命的音楽＆CD特集・前編」がある。オリジナル・アルバムCD8枚の視聴解説など。

増補版ビートルズ
草思社/ハンター・デヴィス
1987/09/10　単行本　全400

1969年に刊行された伝記『ビートルズ/ハンター・デヴィス著』の増補版。旧版では1969年以降の足取りや出来事を追記した「1985年版への序文」「1985年版あとがき」を加え増頁。

ビートルズはこうして誕生した
草思社/アラン・ウィリアムズ/マーシャル
1987/09/10　単行本　全352

ビートルズの初代マネージャー、アラン・ウィリアムズが執筆した無名時代のビートルズ物語。1976年発行の「ビートルズ派手にやれ！」の改題版。

FMステーション/9月21日-10月4日号
ダイヤモンド社
1987/09/21　音楽雑誌　2

ヴィジュアル連載企画「Yeah！ビートルズ」の第13回。「ビートルズのプロデューサー、ジョージ・マーチンが語る『サージェント・ペパーズ』の秘密」が2ページ。

FM fan/9月21日-10月4日号
共同通信社
1987/09/21　音楽雑誌　3

巻頭カラーグラフ「ヒストリー・オブ・ザ・ビートルズ」「THE BEATLES SPECIAL/ビートルズ結成25周年記念アラカルト」がある。写真とCDリスト程度。

ミュージック・マガジン/10月号
ミュージックマガジン
1987/10/01　音楽雑誌　10

連載企画「ビートルズをCDで聞く」の第5回。仲井戸麗市がアルバム『ザ・ビートルズ（ホワイト・アルバム）』を、大鷹俊一が『イエロー・サブマリン』を詳細解説。

アドリブ/10月号
スイング・ジャーナル社
1987/10/01　音楽雑誌　8

前月号に続きビートルズサウンド研究「CDで聴くビートルズ・サウンド研究/後編」があり、『ザ・ビートルズ（ホワイト・アルバム）』から、解散後のソロ・アルバムの簡単な解説と4人のプロフィールを掲載。

ダイム/10月1日号
小学館
1987/10/01　一般雑誌　0

ビートルズはじめ、60年～70年代の名盤のCD化人気にともない、表紙のみがビートルズCD。

The Art of the Beatles
プロデュース・センター出版局
1987/10/01　ムック/企画誌　全80

「アート・オブ・ザ・ビートルズ展」に出展されたアート作品の数々を、写真と解説を添えて紹介するコレクション・カタログ。掲載コレクションはイラスト、ポスター、アニメーション原画、絵画、オブジェ、レコードスリーブなど多岐にわたる。

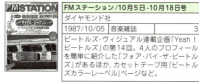
FMステーション/10月5日-10月18日号
ダイヤモンド社
1987/10/05　音楽雑誌　3

ヴィジュアル連載企画「Yeah！ビートルズ」の第14回。4人のプロフィールを簡単に紹介した「フォア・バイ・ザ・ビートルズ」があるほか、カセットテープ用「ビートルズカラーレーベル」ページなど。

週刊ポスト/10月9日号
小学館
1987/10/09　週刊誌　4

巻頭カラーグラフにレアレコードのコレクションを紹介した「マニア垂涎グラフ究極のビートルズ・グッズ」「25年目の熱狂コレクション大公開/10月5日はビートルズ記念日」がある。これらコレクションは岡本備氏所蔵品。

1962-1987 THE BEATLES/25th
東芝EMI/BCC編
1987/10/10　非売品小冊子　全64

東芝EMIの非売品小冊子資料集。表紙の変更はあるが前年の1986年に発行された来日20周年記念企画「THE BEATLES FOREVER」と全く同じ内容。サブタイトルは「25th ANNIVERSARY OF RECORD DEBUT」。

FMステーション/10月19日-11月1日号
ダイヤモンド社
1987/10/19　音楽雑誌　2

ヴィジュアル連載企画「Yeah！ビートルズ」の第15回。ビートルズのソロ・シリーズ第一弾としてリンゴにスポットをあてた話題「愛すべき男リンゴ・スターの憂鬱」ほか、「ビートルズとモータウンが爆発」など。

ビートルズ現役時代/1964-1970
シンコー・ミュージック
1987/10/20　ムック/企画誌　全480

1964年から1970年の間にミュージック・ライフ誌に掲載されたビートルズの記事のみを編集したスクラップ集。現役時代のニュース、トピックスをはじめ、レコード情報、ヒットチャート、新着フォトなどを多数収録。

ポール・マッカートニー
音楽之友社/クリス・サルウィッチ
1987/10/20　単行本　全368

ポールの本格的な伝記のひとつ。少年時代から解散までの軌跡が記されているが、「名門校の優等生…ジョンとの出会い」「クォーメンからビートルズへ」など、ビートルズデビュー以前とビートルズ解散前後に重点を置いたもの。

朝日ジャーナル/10月23日号
朝日新聞社
1987/10/23　週刊誌　3

細野晴臣の新連載「音楽少年漂流記」で、巻中カラー5ページでヨーコとの対談「10人の女ともだち大回、薄い氷の上を歩く人類の母、オノ・ヨーコさん」がある。貴重な内容。

月刊シーデイ/創刊号
デジタルネットワーク
1987/11/01　一般雑誌　4

ディスコグラフィー「Cday'sディスコグラフィー/エルビス・プレスリー＆ビートルズ」「はじめてのビートルズ」がある。ほかビートルズのカラーグラフページなど。

FMステーション/11月2日-11月15日号
ダイヤモンド社
1987/11/02　音楽雑誌　2

ヴィジュアル連載企画「Yeah！ビートルズ」の第16回。ポールにスポットをあてたソロ第2弾「ポール・マッカートニー光と影」を1ページ掲載。そのほかビートルズ関連ページあり。

60&70年代の青春
主婦と生活社/アングルムック編集部（編）
1987/11/10　ムック/企画誌　2

ビートルズ来日に関するフォトと記事のほか、レコードの紹介がわずかにある程度。表紙一部にジョンのイラスト。サブタイトルは「ビートルズからピンク・レディーまで」。

Nan?Da/11月号
コナミ出版
1987/11/12　一般雑誌　96

「特集まるごと一冊ビートルズ/永久保存版/特大号/ビートルズのしわざ」のタイトル通り、広告や一部のページ「ジョージ、ジョージ・ハリスン」を除き、大半がビートルズの写真と読物、資料、記事で構成されたもの。ビートルズ特集号としては良質のもの。

FM fan/11月16日-11月29日号
共同通信社
1987/11/16　音楽雑誌　0

表紙のみジョージのアルバム「cloud nine」の写真。

FMステーション/11月30日-12月13日号
ダイヤモンド社
1987/11/30　音楽雑誌　2

ヴィジュアル連載企画「Yeah！ビートルズ」の第18回。読者参加企画「あなたが選ぶBESTナンバー/アルバムアンケート結果発表！」があり、アルバム、シングルのベストナンバーや売上データを掲載。

FM fan/11月30-12月13日号
共同通信社
1987/11/30　音楽雑誌　9

ポール、ジョージ、ヨーコのローリングストーン誌貴重インタビュー「ポール、ジョージ、ヨーコがビートルズを語った！」がある。「やっぱりオレたちビートルズは最高のバンドだった/ポール・マッカートニー」ほか。

ジョン・レノン―愛こそはすべて―
佑学社
1987/11/30　単行本　全126

ジョン・レノンの生涯を描いた小中学生向けの伝記本で「愛と平和に生きた人びと」シリーズのひとつ。トニー・ブラッドマン/著、解説は片岡義男。小中学生向けということもあり簡潔で読みやすい一冊。

ミュージック・マガジン/12月号
ニューミュージック・マガジン
1987/12/01　音楽雑誌　16

『ビートルズをCDで聞く』第6回。ビートルズ後期の3枚のアルバム『マジカル・ミステリーツアー』『アビイ・ロード』『レット・イット・ビー』を恒村正敏、中村とうよう、ホッピー神山が順に視聴、解説。

FMステーション/12月14日-12月27日号
ダイヤモンド社
1987/12/14　音楽雑誌　2

1987年の4月より8カ月にわたり続いた連載企画「Yeah！ビートルズ」の最終回（第19回）を掲載。「そして―ジョン・レノン・フォー・エバー」と題し、ジョンの生涯を簡潔にまとめたものと、ビートルズ情報など。

1987-1988

THE BEATLES STORY／ビートルズ青春の軌跡
マクミラン・ランゲージハウス
1987/12/20　単行本　全120
ビートルズのストーリーを紹介した英文テキスト（一部日本語解説付き／編注者：杉本孝司）。カセットテープ別売。

エスクァイア／NO.4
ユー・ピー・ユー
1987/12/20　一般雑誌　0
表紙のみジョン。

週刊プレイボーイ／12月15日-12月22日合併号
集英社
1987/12/22　週刊誌　4
ジョージのインタビュー「5年ぶりのニューアルバムを発表した元ビートルズ」を掲載。ビートルズ時代の回想やニューアルバムへの抱負、映画製作への意欲を語ったもの。

ニューミュージック・ビジネスの内幕
東急エージェンシー出版事業部
1987/12/25　単行本　23
ビートルズ関係では、第2章「マネージメント」に23ページのレポート「ビートルズ／アレン・クラインのエゴの奇妙なケース」がある。表紙に一部ビートルズコピーあり。

THE BEATLES Compact Disc & XDR
東芝EMI
1987/12/　非売品／その他　16
東芝EMI発行の非売品8つ折りリーフレット（16ページ）。表面がCD、LP、XDRカセットのディスコグラフィーで、裏面が公式録音全曲集。CD化された品番のアルバム13点のディスコグラフィーと解説付。

SECOND PRESS／VOL.6
セカンド・プレス
1987/　音楽雑誌　7
ブートなどの超マニアックなレコード・コレクター向け希少誌。巻末にブートレコード中心の記載ページ「BEATLES COLLECTION NEWS」「EIGHT ARMS TO HOLD YOU」がある。

Yellow Submarine（セル画シートセット）
BCC
1987/　その他　※
リバイバル上映を記念して発売されたケース付のセル画コレクション。案外貴重かも。

25TH ANNIVERSARY・EXHIBITION・IN・JAPAN
BCC
1987/　パンフレット　全20
ビートルズデビュー25周年を記念して制作された特大パンフで、一級品のコレクションばかりを写真掲載。アップル社の扉、SGTのドラム・スキン、イマジン作詞原稿、限定番号A0000001ホワイトアルバムのジャケットなど。

SGT.PEPPER'Sポスターブック（直輸入品）
BCC直輸入
1987/　その他　8
切り取り可能な特大ポスター（300mm×420mm）約30枚をセットにしたスペシャル・ポスター・ブック。BCC直輸入品で、国内で出版されたものではないが、珍しいものなので1983年の第1弾同様、参考登録。

BEATLES FUKKATSUSAI／1987 SPRING
BCC
1987/　パンフレット　全20
BCC主催「ビートルズ復活祭／25thAnniversary of Debut」のイベント・プログラム。「シェア・スタジアム・コンサート」「ソング＆フィルム」「アラウンド・ザ・ビートルズ」「4人のコンサート情報」など。

BEATLES FUKKATSUSAI／1987 SUMMER
BCC
1987/　パンフレット　全20
BCC主催「ビートルズ復活祭／25thAnniversary of Debut」のイベント・プログラム。「ビートルズ・ライブ・ヒストリー／1962-1966」「イエロー・サブマリン・ソングス」ほか。

BEATLES FUKKATSUSAI／1987 WINTER
BCC
1987/　パンフレット　全20
BCC主催「ビートルズ復活祭／25thAnniversary of Debut」のイベント・プログラム。「誕生／出会い」「変化／成長」「好運／レコード・デビュー」「ヒストリー／ABCテレビ・スペシャル」「ヘルプ」「マジカル・ミステリー・ツアー」など。

TWIST&SHOUT／ツイストアンドシャウト
FM東京
1987/　非売品／小冊子　8
ビートルズ結成25周年記念スペシャルとしてFM東京が企画したラジオ番組「TWIST&SHOUT／ヒストリー・オブ・ザ・ビートルズ」の解説などを記載した8つ折りのブックレット。

1988

週刊FM／1月11日-1月24日号
音楽之友社
1988/01/11　音楽雑誌　2
巻頭カラーグラビアで、ジョージが5年ぶりに発表したニューアルバム『クラウド・ナイン』の話題とインタビュー「GEORGE HARRISON／ジョージ・ハリスン」を掲載。

Nan?Da別冊／BEATLES ROAD永久保存版
コナミ出版
1988/01/26　ムック／企画誌　全128
雑誌『Nan?Da』の別冊として企画されたヴィジュアル編集の資料本。ビートルズゆかりの地や生家を写真で綴った「BIGINNING」、コンサートツアー、レコーディング、映画などの資料、インタビュー、年譜ほか。

ギター・マガジン／2月号
リットーミュージック
1988/02/01　音楽雑誌　12
ビートルズ＆ジョージの特集「The Beatles+George Harrison Interview」がある。アルバム『クラウド・ナイン』を発表したジョージの話題とインタビュー、ディスコグラフィーほか、ギターアンサンブルなど。

宝島／2月号
JICC出版局
1988/02/01　一般雑誌　1未満
表紙コピーに「ポール・マッカートニーの衝撃写真発見!!」とあるが、白夜書房から発売された「ロックン・ロール・バビロン」の抜粋記事「1980年のポール・マッカートニーの逮捕」などの衝撃写真と関連記述、カラー広告がある程度。

BEATLES IN LIVERPOOL／日本未公開写真集
大陸書房／ピーター・ケイ
1988/02/11　ムック／企画誌　全96
リバプール時代の未公開ショットなど、貴重フォトを集めた写真集。収録写真はすべてモノクロだが、同一のカメラマンによるもの。統一された編集がなされており、解説もある。

THE LAST WALTZ／ラスト・ワルツ（リバイバル）
ギャガ・コミュニケーションズ
1988/03/05　映画パンフレット　1未満
1976年「ザ・バンド」解散コンサートのドキュメンタリー映画のパンフレット（リバイバルタイプ／148×420変形版）。リンゴが友情出演。

週刊FM／3月7日-3月20日号
音楽之友社
1988/03/07　音楽雑誌　2
ショート・インタビュー「独占カラー企画／マイケルから電話が入った。『あなたの著作権買ってからね』ポール・マッカートニー」。エルビス・コステロとの曲作りやマイケル・ジャクソンとの話題など。

ROOTS OF THE BEATLES／カセットテープ付
BCC
1988/03/　小冊子その他　全32
ビートルズがアルバムに採用したカヴァー24曲を収録した資料集。カセットテープ付。

ロッキング・オン／4月号
ロッキング・オン
1988/04/01　音楽雑誌　8
ロング・インタビュー「PAUL McCARTNEY／ジョンへの心境─悪いのは僕じゃなかった」。ビートルズとジョンをめぐる大いなる心境変化がある。ジョンに対する確執や葛藤と苦悩の軌跡などのほか、音楽活動の近況を語ったもの。

LET IT BE SESSIONS
BCC
1988/04/　ムック／企画誌　全24
映画「レット・イット・ビー」のスチール・フォトを集めたLPサイズの写真集。

オノ・ヨーコ
KKダイナミックセラーズ／ジェリー・ホプキンズ
1988/05/12　単行本　全512
ヨーコの伝記。貧困とされる幼年期をはじめ、前衛芸術家としての創作活動期、ジョンとの出会いと結婚〜平和運動の提唱〜ジョン射殺事件など、1980年代後半までの歩みを詳細に綴ったもの。

FM fan／5月16日-5月29日号
共同通信社
1988/05/16　音楽雑誌　8
カヴァーソングをテーマにした企画「ビートルズのいないビートルズ・ソング特集」がある。福田一郎、石坂敬一、加藤和彦、ちわきまゆみによるビートルズ座談会「23年後の抱きしめたい／ビートルズ1964-1988、英国から日本へ」。

週刊TVガイド／5月27日号（中部版）
東京ニュース通信社
1988/05/27　週刊誌　2
テレビ番組とアルバムディスコグラフィーをごく簡単に紹介したカラーグラフ「ビートルズグラフィティー／BEATLES抱きしめたい」がある。

COME TOGETHER／ジョン・レノンとその時代
PMC出版／ジョン・ウィナー
1988/05/30　単行本　全704
反体制運動やアーティストとしての創作活動をもとに、ジョンの実像に迫った704ページの労作本。①プロローグ②ロックと革命③アヴァンギャルドな平和主義者④個人的・政治的アーティストなど。

ミュージック・マガジン／6月号
ニューミュージック・マガジン
1988/06/01　音楽雑誌　10
1987年4月号からはじまった連載企画「ビートルズをCDで聞く」はこの第7回番外篇で完結。今回はジョンのアルバムについての視聴解説。

1988

MEN'S CLUB（メンズクラブ）/6月号
婦人画報社
1988/06/01　一般雑誌　11
ビートルズ総合特集「よみがえるビートルズ」「ビートルズグラフィティ」がある。横尾忠則、加藤和彦、堺正章のインタビュー、エッセイ、エピソード、ディスコグラフィーなど。

メンズノンノ/6月号
集英社
1988/06/01　一般雑誌　6
来日が予定されるジョージの近況インタビュー「SPECIAL INTERVIEWジョージ・ハリスン」を掲載。新曲「セット・オン・ユー」が大ヒットしている話題や、親友エリック・クラプトンとの交友関係、ビートルズ時代の回想など。

スタアの40年/平凡秘蔵写真集
マガジンハウス
1988/06/02　ムック/企画誌　2
表紙の一部がビートルズのイラストのほか、「現代音楽に革命を起こした男達／ザ・ビートルズ」と題した来日関連のグラフページが2ページある。

ロックンロール・ニューズメーカー創刊準備号
ビクターブックス/ニューズメーカー編集部
1988/06/20　音楽雑誌　0
隔月発売予定のロック・ヴィジュアル・マガジン創刊準備号。両面表紙扱いで片面がジョン。非売品。

ビートルズ事典（改訂増補版）
立風書房/香月利一
1988/07/01　ムック/企画誌　全280
1974年に発行のベストセラー「ビートルズ事典」の改訂増補版。巻末に1971年～1987年までの4人のバイオグラフィー、ポールのツアーリスト、ソロアルバム・ディスコグラフィー、書籍リストを追加。

週刊FM/7月11日-7月24日号
音楽之友社
1988/07/11　音楽雑誌　10
研究特集「オフィシャル・ナンバー全213曲を完全チェック/ビートルズ213曲完全ガイド」がある。①収録アルバム②録音年月日（録音場所）③演奏時間④作詞・作曲⑤リード・ヴォーカル⑥英・米のチャート、などのデータ集。

COMIC BEATLES HISTORY [1956-1963]
ドレミ楽譜出版社/池田俊一（作画）
1988/07/20　単行本　全256
1956年から1963年のデビューまでの物語を記したコミック（上巻）。漫画のため初心者にもわかりやすく内容もしっかりしたもの。

COMIC BEATLES HISTORY [1963-1970]
ドレミ楽譜出版社/池田俊一（作画）
1988/07/20　単行本　全256
ビートルズの軌跡を詳細に記録したコミック（下巻）。

サイケデリック・シンドローム
シンコー・ミュージック/デレク・テイラー
1988/07/27　単行本　全288
ビートルズを含め、ロック界にLSDが蔓延していた1967年を解析した異色本。「サージェント・ペパーズ・ロンリー・ハーツ・クラブ・バンド」発売前後のカウンターカルチャーなど、興味深い一冊。

KEIBUY（ケイバイ）/vol.01
KEIBUY事務局
1988/07/31　その他　1
おもにロックアーティストと映画関連グッズの通販オークション専門カタログ。表紙はジョンとヨーコのイラスト入り直筆サインで、最低落札価格は550,000。

THE BEATLES SOUND BOOK VOL.1/STUDIO SESSIONS
プロデュース・センター出版局/BCCサウンド研究会
1988/08/01　ムック/企画誌　全84
「ビートルズ・サウンド・ブック」シリーズVOL.1。貴重音源をもとにスタジオ・セッションの全貌を解明した資料集。1958年の自主制作盤セッションをはじめ、BBCラジオや「レット・イット・ビー」セッションほか。

週刊テレビ番組/7月30日-8月5日号
東京ポスト/
1988/08/05　週刊誌　1/2
ジョンとヨーコ似の俳優が出演して全米で話題になったテレビ映画「ジョン＆ヨーコ、ラブストーリー」の番組紹介とその解説。

KEIBUY（ケイバイ）/vol.02
KEIBUY事務局
1988/08/28　その他　2
通販オークション専門カタログ。表紙は「リボルヴァー」のポスターに書かれた直筆サイン。ビートルズ関連は2ページ程度。

DAYS JAPAN（デイズ・ジャパン）/9月号
講談社
1988/09/01　一般雑誌　8
「ロングインタビュー/オノ・ヨーコ」がある。「私は日本人として一人で闘ってきた」「父と初めて会ったのがサンフランシスコだった」「小さい時から孤独で辛かった」ほか。

ジョン・レノン対火星人
新潮文庫/高橋源一郎
1988/10/05　文庫本　※
1986年1月30日に刊行された単行本の文庫化。直接ジョンやビートルズに関する記述はない。

FMステーション/10月3日-10月16日号
ダイヤモンド社
1988/10/03　音楽雑誌　1/4
ジョンのドキュメンタリー映画（イマジン）紹介。表紙コピーは「ジョン・レノン」。

ポール・マッカートニー詩集
シンコー・ミュージック/落流鳥（訳）
1988/10/17　単行本　全160
ポールのヒットナンバー69曲を収めた訳詩集（落流鳥：訳）。原詩も全篇掲載されている。

ニューズ・ウィーク日本版/10月27日号
TBSブリタニカ
1988/10/27　週刊誌　7
特集「伝説をめぐって騒然 ジョン・レノン」がある。アメリカで出版された真偽不明の暴露本「The Lives of John Lennon」に関する話題と写真。「ファンは買わない本」「講義するヨーコ」など。

テレパル/10月29日－11月11日号
小学館
1988/10/29　一般雑誌　1
ビートルズを含めたカラーグラフ「今号の特選番組、今甦るビートルズ、プレスリー、マイケル・ジャクソン世紀の熱狂ライブ！世界同時完全独占公開!! ビッグ3アーティストの熱演に拍手！」があり、表紙一部もビートルズの写真。

KEIBUY（ケイバイ）/vol.04
KEIBUY事務局
1988/10/30　その他　3
表紙は世界300セットのジョンのイラスト入りコレクション「BAG ONE」。そのほか、ビートルズ来日時に会見したフラン・クラブ会長、下山鉄三郎の記事「ビートルズ来日劇の舞台裏」など、ビートルズ関連は3ページ程度。

週刊プレイボーイ/11月1日号
集英社
1988/11/01　週刊誌　5
ジョンの新旧夫人の貴重インタビュー「特別ダブル・インタビュー、オノ・ヨーコ＆シンシア・レノン」「もう一度、わが心のジョン・レノン」が5ページ。「ジョン・レノンは2度殺された!?」「ジョン、21歳の決断」など。

LD COLLECTION Vol.20/ビートルズ特集
レーザーディスク
1988/11/01　非売品/小冊子　4
新作紹介を含めた非売品のレーザーディスク情報誌。カラー4ページの「ビートルズ特集/4人の青春の軌跡をいまLDで！ The Beatles Forever」がある。表紙もビートルズ。

YOU'VE GOT THE BEATLES
FM東京
1988/11/12　非売品/その他　6
FM東京が企画したラジオ番組「YOU'VE GOT THE BEATLES」の宣伝用プログラム。1988年11月12日から1週間おきに連続4回多数のビートルズ・ナンバーが流された番組。

The BEATLES 1962-1989/25th
東芝EMI/BCC編
1988/11/30　非売品/小冊子　6
東芝EMI発行の非売品資料集。サブタイトルは「25th ANNIVERSARY OF OVER AMERICA」。①タイムリー・ドキュメント②メンバーの魅力③ビートルズ・サウンドの全貌④ビートルズの歴史⑤ビートルズの作品集⑥ビートルズ全楽曲、など。

キャラウェイ/創刊号
文化出版局
1988/12/01　一般雑誌　4
「ジョン・レノン・メモリアル・エイド・フォー・チルドレン'88」参加のため来日したヨーコへのインタビューを掲載。札幌で収録された平和コマーシャルの撮影について、平和運動の今後抱負など。

月刊オーディオビデオ/12月号
電波新聞社
1988/12/01　一般雑誌　7
カラー特集「偉大なる若者文化の先駆者、ビートルズのA（音）とV（映像）の歩み/黒須已」がある。主演映画をはじめ、今までにリリースされたレーザーディスク、ビデオ、CDの解説など。表紙コピーは「ビデオソフト特集/Ah！ビートルズ」。

ジョン・レノン/マイ・ブラザー
CBS・ソニー出版/ジュリア・ベアード/ジェフリー
1988/12/01　単行本　全240
ジョンの実妹、ジュリア・ベアードが兄ジョンの思い出を綴った手記。ともに過ごしたわずかな期間以外は、常に遠巻きでジョンを見守ることしかできなかった事など、当時の心境を克明に記載。

アビイ・ロードからの裏通り
ちくま文庫/松村雄策
1988/12/01　文庫本　全272
ロッキング・オン誌に連載された、ビートルズを中心にしたロックエッセイ。1981年11月10日に刊行された単行本の文庫化。

ROCK/ロック名曲名盤
スイング・ジャーナル社
1988/12/10　ムック/企画誌　数
ビートルズほか、ロックアーティストの名盤を集めたベストアルバムカタログ。ビートルズ関連ページもあり。また表紙アルバム写真の1点が「サージェント・ペパー」。

Switch/12月号（隔月）
スイッチ・コーポレイション/扶桑社
1988/12/20　音楽雑誌　12
1975年3月に行われたジョンのロングインタビュー「ジョンの魂/フランシス・シェーネンバーガー（インタビュアー）」を完全収録。「入国管理問題」「オノ・ヨーコと愛人噂されているメイ・パンとの関係」ほか。

FMステーション/12月26日-1月8日号
ダイヤモンド社
1988/12/26　音楽雑誌　2
新春スペシャル・インタビュー「ジョージ・ハリスン」が2ページ。内容はカラーグラフインタビューで来日時に突如明かされた謎の5人組「トラベリング・ウィルベリーズ」の誕生秘話など。

THE BEATLES/HELP！
BCC
1988/12/　映画パンフレット　全20
映画（ヘルプ！ 4人はアイドル）の、BCC企画編集による研究パンフレット。映画製作段階における数々のエピソードを含めた5人組「ビ」などの謎、写真も多く掲載されており、ヴィジュアル的にも出来のよい資料。

THE TRUE STORY OF THE BEATLES
BCC
1988/　ムック/企画誌　全80
1964年、イギリスで発行されたビートルズ初の公式伝記「THE TRUE STORY OF THE BEATLES」（ビリー・シェファード著）の日本語訳編集版。

1988-1989

LENNON McCARTNEY／レノン・マッカートニー
プロデュース・センター出版局／BCC
1988／　ムック／企画誌　全80
ジョンとポールの写真と、ビートルズ公式曲のデータ（曲目／作詞・作曲／ヴォーカル／収録レコード／解説）を、各対象ページに掲載した模型モノクロ写真集。一部プロフィールやアルバム紹介もある。1988年1月頃の発売と思われる。

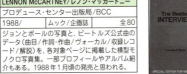

The Beatles INTERVIEW／カセットテープ付
BCC／ビートルズ・シネ・クラブ
1988／　その他　24
ジョンとポールの貴重インタビューを収録したカセットテープと24ページの完全対訳冊子のセット資料集。A面［JOHN］1968年8月、アビー・ロード・スタジオ、B面［PAUL］1982年4月、射殺事件後のポールのインタビュー。

BEATLES FUKKATSUSAI／1988 SPRING
BCC出版／BCC編
1988／　パンフレット　全20
BCC主催「ビートルズ復活祭／Film Showing of The Beatles」のイベント・プログラム。「エド・サリバン・ショー資料」「ソロ・フィルム」「カラー・ポートレート」「日本公演／ステージ衣装・使用楽器」「アップル屋上ライブ」など。

BEATLES FUKKATSUSAI／1988 SUMMER
BCC
1988／　パンフレット　全20
BCC主催「ビートルズ復活祭／Film Showing of The Beatles」のイベント・プログラム。「1964年ハリウッド・ボール公演」「オーストラリア公演」「ビートルズ・メモラビリア」「マイク・ダグラス・ショー」「マッカートニー・ラブソング」など。

BEATLES FUKKATSUSAI／1988WINTER
BCC
1988／　パンフレット　全20
BCC主催「ビートルズ復活祭／Film Showing of The Beatles」のイベント・プログラム。「ビートルズ祭言集」「パリ公演」「ソング・フィルム」「レノン＆マッカートニー」「ヘルプ4人はアイドル」など。

1989

ミュージック・マガジン／1月号
ニューミュージック・マガジン
1989/01/01　音楽雑誌　3
映画《イマジン》に関するレポート「愛と夢を伝えてくれる誠実なドキュメンタリー／今井智子」や新刊洋書コーナーにジョン関連書籍の紹介がある。ジョンのイラストカヴァー。

クロスビート／1月号
シンコー・ミュージック
1989/01/01　音楽雑誌　3
映画のインサイド・ストーリーを描いた話題の著書『THE LIVES OF JOHN LENNON』と、映画《イマジン》の解説とレポートを写真付きで掲載。表紙コピーは「JOHN LENNON」。

レコード・コレクターズ／1月号
ミュージック・マガジン
1989/01/01　音楽雑誌　45
大特集「アップル・レコード／アップル時代のビートルズ他」がある。アップルに関する「ビートルズが生んだ理想の果実／北中正和」「アップル時代のビートルズ／大鷹俊一」「年表アップル・レコード」など。

THE BEATLES SOUND BOOK VOL.2／LIVE
プロデュース・センター出版局／BCC（編・著）
1989/01/01　ムック／企画誌　全84
1962年から1966年までのライヴ活動全記録をはじめ、演奏テクニック、使用楽器、演奏曲目、サウンドの魅力、コンサートデータなどビートルズ・ライヴのすべてをまとめた研究資料集。

イマジン／ジョン・レノン
河出書房新社／アンドリュー・ヒーロー／サム・イーガン
1989/01/10　ムック／企画誌　全256
ジョンの生涯をカラーを含む膨大な未公開写真で綴った豪華版写真集。ジョンの幼年期からビートルズ結成、全盛期、解散の貴重フォト、またソロ活動時代のプライベート・フォトまで広範囲にわたる。

IMAGINE／ジョン・レノン・プレスシート
松竹事業部／ワーナー・ブラザーズ映画会社
1989/01/21　プレスシート　全4
映画《イマジン》のプレス見開きシート。

IMAGINE－ジョン・レノン
松竹事業部／ワーナー・ブラザーズ映画会社
1989/01/21　映画パンフレット　全20
映画《イマジン》のパンフレット。このパンフレットはBCCが編集協力しており、ジョンの貴重資料も多く掲載されている。

週刊FM／1月23日-2月5日号
音楽之友社
1989/01/23　音楽雑誌　4
4ページの企画特集「THE BEATLES-1989／特集今年、再び彼らに新たな拍手を」がある。各メンバーに関する最新情報やCDリリース情報など。表紙一部にジョンとヨーコ、ショーン。

SPA！（スパ！）／1月26日号
扶桑社
1989/01/26　週刊誌　6
映画《イマジン》公開を記念したカラーグラフ「ジョン・レノン大全集」が6ページ。映画スチル＆プライベートフォトのほか、石坂敬史、岸田智史、栗本慎一郎、北中正和の寄稿など。

月刊サウンド・レコパル／2月号
小学館
1989/02/01　音楽雑誌　2
映画《イマジン》収録の全20曲を解説した「音楽収録が新しい!!ジョン・レノン／イマジン」「見てから聴くか、聴いてから見るか!?／北中正和」がある。

宝島／2月号
JICC出版局
1989/02/01　一般雑誌　14
特集「SPECIAL 14PAGESジョン・レノンの生涯／世紀のロック史的記事」があり、年代順におもな出来事とバイオグラフィー、インタビューなどを掲載。表紙右下にジョンの写真。

レノン・コンパニオン／25年間、60篇のレノン論
CBS・ソニー出版／エリザベス・トムスン他
1989/02/15　単行本　全456
音楽ジャーナリストをはじめ多くの著名人が執筆したジョンに関する批評、論評などを収録した編集本。25年の間に新聞、雑誌、書籍に既載された60篇の論評を、執筆者名、掲載紙名、掲載日付を添えて再編集したもの。

She's（シーズ）／3月号
主婦と生活社
1989/03/01　一般雑誌　9
9ページのカラー特別企画「いま世界的ブーム／ビートルズのこと教えて」がある。横尾忠則、筒井ともみ、かまやつひろしなど、10人が語る感動体験談やディスコグラフィーほか。

レコード・コレクターズ／3月号
ミュージック・マガジン
1989/03/01　音楽雑誌　4
イギリスで出版された『ザ・コンプリート・レコーディング・セッションズ』というレコーディング研究資料本の紹介記事や、貴重音源の解説「明らかになったビートルズの全レコーディング」（大鷹俊一）がある。

THE BEATLES／ビートルズ公式録音213曲
東芝EMI
1989/03/06　非売品／その他　2
CD「パスト・マスターズ」VOL.1＆VOL.2のニューリリース紹介の見開き非売品冊子。

The Beatles 365 Days
プロデュース・センター出版局・BCC（編・著）
1989/04/01　ムック／企画誌　全36
過去に起こったビートルズの主な出来事を一年365日に振り分け掲載したビジュアル本（240mm×240mm）。

WINDS（ウィンズ）／APRIL 1989
日本航空
1989/04/01　会報／情報誌　12
ビートルズゆかりの地、リバプールとロンドンの12ページの総力特集「特集 ビートルズがいた場所／阿部卓二」がある。4人の生まれ育った家や「アビイ・ロード」「キャバーン・クラブ」「アップル社」ほか、写真とともに多数紹介。

ミュージック・マガジン／4月号
ニューミュージック・マガジン
1989/04/01　音楽雑誌　0
表紙のみビートルズイラスト。

THE BEATLES MAKING MUSIC
プロデュース・センター出版局／BCCサウンド研究会
1989/04/01　ムック／企画誌　全112
「ビートルズ研究ブックシリーズ」の第1弾。ビートルズサウンドの魅力や音作りの変遷を、テーマごとに取り上げ、資料とともに徹底解析を試みた研究書。名曲はいかにして制作されたかをパート1、パート2に分けて解析。

FM fan／4月3日-4月16日号
共同通信社
1989/04/03　音楽雑誌　4
レコーディング・セッション時のエピソードを紹介した「ビートルズ・レコーディング裏話」が4ページ。「ア・デイ・イン・ザ・ライフのクライマックス実はハミングだった」ほか。

別冊宝島／海外リアル・ロック名盤カタログ
JICC出版局
1989/05/08　ムック／企画誌　8
ビートルズのアルバムを含むロックの名盤を集めた総合カタログ。アルバム・ジャケットを添えたディスコグラフィー。表紙コピーは「BEATLES」。

FMレコパル／5月15日-5月28日号
小学館
1989/05/15　音楽雑誌　1
レコパルHOTインタビュー「ジュリアン・レノン」が1ページ。内容はLA電話インタビューで3年ぶりの新作アルバム『イン・ヘヴン』やジョンの映画《イマジン》に関する話題など。

BRUTUS／5月15日号
マガジンハウス
1989/05/15　一般雑誌　6
カラー6ページの「オノ・ヨーコ独占インタビュー／80年代は、ブロンズ・エイジ」がある。おもにニューヨークで開催中のヨーコの個展に関する内容で、出品作品もカラーで紹介。

週刊プレイボーイ／5月16日-5月23日合併号
集英社
1989/05/23　週刊誌　3
企画「ミュージシャン・スペシャル・インタビュー2」に、3枚目のアルバム「イン・ヘヴン」リリースや、父ジョンの話題に触れたジュリアンのインタビューがある。

FMレコパル/5月29日-6月11日号
小学館
1989/05/29 | 音楽雑誌 | 2
2ページの保存版企画「アルバム全カタログ/ポール・マッカートニー全データ」がある。バイオグラフィーとアルバムディスコグラフィー。

週刊TVガイド/6月3日-6月9日号
学習研究社
1989/06/09 | 週刊誌 | 1/2
「待望の新曲発表で復活!ロンドンからポールが奏でる美しいメロディー」が半ページ。内容は番組「夜のヒットスタジオDX」に衛星生出演するポールのグラフ。この内容でも表紙コピーあり。

週刊テレビライフ/6月9日号
東京ニュース通信社
1989/06/09 | 週刊誌 | 1/2
表紙の一部がポールの写真。それ以外には、テレビ番組「夜のヒットスタジオデラックス」に登場するポールの写真記事、FMラジオの番組紹介。

ビートルズでヒアリング
明日香出版社/西村喜久
1989/06/10 | 単行本 | 全128
「西村式英会話ホイホイ上達法」のサブタイトルがついた英会話とヒアリング用テキスト。付録として【イエスタデイ】【フォー・ノー・ワン】【レット・イット・ビー】ほかオリジナル・ナンバー6曲が収録されたCD付。

FM fan/6月12日-6月25日号
共同通信社
1989/06/12 | 音楽雑誌 | 1+
表紙がポールのアルバム『フラワーズ・イン・ザ・ダート』。ニューリリースコーナーにこのアルバムの情報があるほか、広告も1ページ。

週刊TVガイド/6月17日-6月23日号
東京ニュース通信社
1989/06/23 | 週刊誌 | 1
1972年、ニューヨーク・マディソン・スクエア・ガーデンで行われたジョンの貴重ライヴ『MUSIC ジョン・レノンショータイム』の解説など。

ビートルズ/世界をゆるがした少年ガキたち
ブロンズ新社/正津勉
1989/07/05 | 単行本 | 全192
ビートルズ誕生から解散までのおもな軌跡を、これからビートルズを知ろうとする小中学生向けにわかりやすく記したビートルズ・ストーリー。

日経トレンディ/臨時増刊号
日経ホーム出版
1989/07/05 | 一般雑誌 | 2
ニューヨークで18年ぶりに開いた個展のカラー「時代はガラスからブロンズへ 現代を見つめ、前衛活動を再開/オノ・ヨーコ」が2ページ。

FMステーション/7月10日-7月23日号
ダイヤモンド社
1989/07/10 | 音楽雑誌 | 3
巻頭カラーグラフ「SUPER INTERVIEW/ポール・マッカートニー」が3ページ。アルバム『フラワー・イン・ザ・ダート』発売に伴うロング・インタビューでジョンやジョージ、来日についても触れている。

FM fan/7月10日-7月23日号
共同通信社
1989/07/10 | 音楽雑誌 | 15
ポールの特集「ポール・マッカートニーのすべて」があり、ロングインタビューやアルバムとシングルの全ガイドなどを掲載。特にシングル盤ガイドでは1970年～1989年までの46枚を写真付で解説しており、資料価値が高い。

GOLD WAX①/1989SUMMER
白夜書房
1989/07/10 | 音楽雑誌 | 8
アップル・レーベルとリリリースされた数多くのアーティストのアルバム・ディスコグラフィーを掲載。表紙コピーは『SPECIAL EDITION/JOHN LENNON』『APPLE RECORDS/The Beatlesetc』。

ラバーソウルの弾みかた
岩波書店/左藤良明
1989/07/10 | 単行本 | 30
60年代の精神文化とビートルズなどを再考察したロックカルチャー論。『ビートルズから〈時〉のサイエンスへ』ほか、ビートルズの歌詞も多く登場する。

ワッツイン/7月号
CBS・ソニー出版
1989/07/15 | 一般雑誌 | 2
ポールのニューアルバム『フラワーズ・イン・ザ・ダート』関連記事ほか、「僕がポール・マッカートニーと会った日/佐野元春」、ディスコグラフィーなど。

KEIBUY(ケイバイ)vol.13
KEIBUY事務局
1989/07/30 | 会報/情報紙・専門紙 | 5+
表紙写真は来日時に4人が描いた「ビートルズ水彩画" IMAGES OF A WOMAN"」、掲載内容はビートルズ額装直筆サイン/ジョージ『Cloud Nine』、日本レッド・ワックス盤/『The Lost Lennon Tapes』原盤101枚他。

ベース・マガジン/8月号
リットーミュージック
1989/08/01 | 音楽雑誌 | 9
ポールのソロアルバムの全カラー写真と、ロングインタビュー「ポール・マッカートニー」を特集気味で掲載。インタビューはアルバム『フラワーズ・イン・ザ・ダート』関連のほか、現在の心境を語ったもの。表紙一部写真がポール。

プレイボーイ/8月1日号
集英社
1989/08/01 | 週刊誌 | 5
「超大物インタビュー大特集」のなかで、巨人復活インタビュー「ポール・マッカートニー」がある。最新アルバム『フラワーズ・イン・ザ・ダート』のアナウンス、創作活動、近況報告、今後の展開ほか。

THE BEATLES SOUND BOOK VOL.3①
プロデュース・センター出版局/BCCサウンド研究会
1989/08/01 | ムック/企画誌 | 全84
ビートルズが残した公式ナンバー全213曲を二部に分けて徹底解説した研究資料集のパート1。このパート1では、前中期を対象に【ラヴ・ミー・ドゥ】から【トゥモロー・ネヴァー・ノウズ】までの118曲の解説。

THE BEATLES SOUND BOOK VOL.3②
プロデュース・センター出版局/BCCサウンド研究会
1989/08/01 | ムック/企画誌 | 全84
公式ナンバー全213曲の研究資料集パート2。パート2では中後期を対象に【ストロベリー・フィールズ・フォーエヴァー】から【フォー・ユー・ブルー】までの95曲を解説。

YESTERDAY/想い出のビートルズ①
JICC出版局/アリステア・テイラー
1989/09/10 | 単行本 | 全240
ビートルズやブライアン・エプスタインに近い存在だった著者が、ビートルズのエピソードや知られざる自筆ストーリー(パート1)。ビートルズ誕生から1966年頃までの軌跡を収録。

YESTERDAY/想い出のビートルズ②
JICC出版局/アリステア・テイラー
1989/09/10 | 単行本 | 全240
パート2は1967年頃からビートルズ解散までの経緯を描いたもの。

週刊プロレス/9月12日号
ベースボール・マガジン社
1989/09/12 | 週刊誌 | 1
プロレス団体UWFのアメリカ進出関連記事に「元ビートルズのマネージャー、シド・バーンスティン氏は何者か」がある。1966年のシェア・スタジアム公演のプロモートを担当した人物で、ジョンなどとも親しかった、との内容。

週刊FM/9月18日-10月1日号
音楽之友社
1989/09/18 | 音楽雑誌 | 2
リンゴの来日関連レポートなど「特集②リンゴ・スター復活!ライブ・ツアー緊急リポート/RINGO STARR」「リンゴ・スター、ジョー・ウォルシュほか豪華メンバーをひきつれ10月に来日!」がある。

ビートルズ/レット・イット・ビー
BCC
1989/09/ | 映画パンフレット | 全20
映画『レット・イット・ビー』の、BCCが発行した映画研究シリーズのパンフレット。いわゆるオリジナル、復刻、再販タイプなどとは表紙も仕様も異なり、資料なども付け加えられたもの。

FMステーション/10月16日-10月29日号
ダイヤモンド社
1989/10/16 | 音楽雑誌 | 2
リンゴ来日直前の緊急インタビューとメンバー紹介「祝!来日リンゴ・スターAND HIS ALL STARR BAND」が2ページ。「ジョージと組むなんてありえないよ 素晴らしい仲間はたくさんいるしね」ほか。

FMレコパル/10月30日-11月12日号
小学館
1989/10/30 | 音楽雑誌 | 1/3
今週の顔「THE FACE」にリンゴの来日公演情報を掲載。表紙コピー『リンゴ・スター』。

RINGO STARR AND HIS ALL-STARRBAND
ウドー音楽事務所/LD企画
1989/10/ | 公演パンフレット | 全32
リンゴとしてはビートルズ来日公演以来のコンサートとなった「リンゴ・スター&ヒズ・オール・スター・バンド」日本公演パンフレット。

イエスタデイ/ポール・マッカートニーその愛と真実
東京書籍/チェット・フリッポ
1989/11/02 | 単行本 | 全432
ポールの歩みを描いた400ページを超える大作伝記。生誕からビートルズ時代、ソロ時代の1980年後半までの軌跡をエピソードや証言を交えて詳しく記載。

週刊FM/11月13日-11月26日号
音楽之友社
1989/11/13 | 音楽雑誌 | 2
ジョン射殺事件に疑問を投げかけた話題の著書「THE MUDER OF JOHN LENNON」からの抜粋「ジョン・レノンを撃ったのは誰だ」を、本号より3回にわたって連載。

ビートルズ独立時代/1970-1980
シンコー・ミュージック
1989/11/26 | ムック/企画誌 | 全480
「ビートルズ現役時代/1964-1970」に続き、ミュージック・ライフ誌に掲載されたビートルズ解散後のトピックス・関連記事を寄せ集め、スクラップ掲載した復刻本。

週刊FM/11月27日-12月10日号
音楽之友社
1989/11/27 | 音楽雑誌 | 4
リンゴ&ヒズ・オールスター・バンドの来日コンサートのリポートほか、連載「版権独占!話題のノンフィクション/ジョン・レノンを撃ったのは誰だ②」がある。

彼らの若き日々
JICC出版局
1989/11/30 | 単行本 | 3
内外のアーティスト、有名人、著名人等200名の16歳から25歳までの青春体験を一冊に収録した企画本。ビートルズ関連ではジョン・レノンとオノ・ヨーコで、いずれも1ページ半程度の内容。

ワッツイン/12月号
CBS・ソニー出版
1989/12/15 | 音楽雑誌 | 6
佐野元春とサエキけんぞうがジョンについて語ったインタビュー「ジョン・レノン/佐野元春スペシャル・インタヴューetc」を収録。「いつも本気だったジョン・レノン/山川健一」「BIOGRAPHY/清水浩司」ほかアルバム紹介など。

KEIBUY(ケイバイ)vol.18
KEIBUY事務局
1989/12/15 | その他 | 12
表紙はジョンのイラストで、特集もジョン。そのほか、ジョンやビートルズ関連は、貴重コレクション含め12ページ程度。

1989-1990

メカスの友人日記レノン／ヨーコ／マチューナス
晶文社
ジョナス・メカス（編）
1989/12/25　単行本　88

1970年12月18日、ニューヨークのリージェンシーホテルで行われたジョンとヨーコ、映像作家メカスの3人による屈託のない会話を完全収録した対談「映画祭のあとで」と、ヨーコの日記と前衛グラフィティーなど。

ハウ・ゼイ・ビケイム・ザ・ビートルズ
竹書房／ガレス・J・ボロウスキー／BCC（監修）
1989/12/31　単行本　全216

シルバー・ビートルズと名乗った1960年から、リンゴ加入、ビートルズ結成、デビューなど、1964年までの若きビートルズの歴史を150枚の未公開写真や資料、コレクションとともに記録したビートルズ・ストーリー。

PAUL McCARTNEY FLOWERS IN THE DIRT
東芝EMI
1989/12　非売品／小冊子　全8

ポールのニュー・アルバム「フラワーズ・イン・ザ・ダート」発売に伴いプロモーション用に制作された小冊子。ポールのソロアルバム、シングルのカラーディスコグラフィーと1970年以降の活動を年代順にまとめた資料。

PAUL McCARTNEY/THE NEW WORLD TOUR（洋書）
EMAP Metro
1989/　ムック／企画誌　全98

ロック・マガジン「Q」で有名なイギリスのEMAP Metroが編集発行したポールのニュー・ワールド・ツアーの特集雑誌（英文）。一部の欧米コンサート会場で自由に持ち帰ることができたフリーブック。

BEATLES FUKKATSUSAI/1989 SPRING
BCC
1989/　イベントパンフレット　全20

BCC主催「ビートルズ復活祭/Film Showing of The Beatles」のイベント・プログラム。「ビートルズ・イン・アメリカ」「シェア・スタジアム・ライブ」「ジョン・レノン・マインド・ゲームス」「ヤァ！ブロード・ストリート」など。

BEATLES FUKKATSUSAI/1989 SUMMER
BCC
1989/　イベントパンフレット　全20

BCC主催「ビートルズ復活祭/Film Showing of The Beatles」のイベント・プログラム。「ビートルズ・ショー　スペシャル／サンキュー・ビートルズ」「日本公演7月1日版」「劇場映画レット・イット・ビー」「ビートルマニア」など。

BEATLES FUKKATSUSAI/1989 WINTER
BCC
1989/　イベントパンフレット　全20

BCC主催「ビートルズ復活祭/Film Showing of The Beatles」のイベント・プログラム。「ビートルズがアメリカを制覇した15日間」「ワシントンDCコンサート」「ジョン・レノン／ソングフィルム」「ポール・ベスト・ライブショー」など。

1990

ミュージック・ライフ／1月号
シンコー・ミュージック
1990/01/01　音楽雑誌　4

創刊40周年記念スペシャル企画「ビートルズと再会した1時間／星加ルミ子」がある。同誌1966年8月号からの抜粋で、ビートルズ来日インタビューとグラフ集など。そのほか、表紙写真、当事者の回顧録もある。

SHOUT（シャウト）／1月号
シンコー・ミュージック
1990/01/01　音楽雑誌　43

巻頭グラビアを含め、43ページにおよぶフォト・エッセイ中心の総力特集「ビートルズの残像 CLOSE TO EDGE」がある。著名人のメッセージやファンの投稿集、「ビートルズとロックと'60年代／松村雄策」のほか、エッセイなど。

リズム＆ドラム・マガジンNO.29
リットーミュージック
1990/01/01　音楽雑誌　10

ドラム専門誌とあって、リンゴをテーマにした貴重な特集「リンゴ・スター/Ringo Starr」「ロック・ビートを創った男／リンゴ・スター」がある。ビートルズやジョン、ポールの特集は多いが、リンゴ1人の特集は数少ない。

MERSEY BEAT&BEATLES MONTHLY
プロデュース・センター出版局・BCCサウンド研究会
1990/01/01　ムック／企画誌　全96

1960年代前半にイギリスのリヴァプールの音楽情報紙「マージー・ビート」とドキュメンタリー誌「ビートルズ・マンスリー」全77冊の全容を詳細に解説した貴重資料集。

THE BEATLES SOUND BOOK VOL.4
プロデュース・センター出版局・BCCサウンド研究会
1990/01/01　ムック／企画誌　全108

1989年までのソロアルバムを写真付で詳細解説した全ディスコグラフィー。ビートルズ時代のソロアルバム「トゥー・ヴァージンズ」「ウェディング・アルバム」「不思議の壁」などレアアイテムをはじめ、「イマジン」「バンド・オン・ザ・ラン」など。

週刊FM／1月8日-1月21日号
音楽之友社
1990/01/08　音楽雑誌　1

来日を控えたポールの新着情報「ストーンズ、マッカートニー2月、3月東京ドーム決定」ほか、ロサンゼルス・コンサートのライヴレポートなど。

THE 300 ロックCD名盤コレクション／別冊付録
CBS・ソニー出版
1990/01/15　付録　3

音楽雑誌「ワッツイン」1990年1月号の別冊付録。50年代～80年代までのロックCD名盤300枚を収録した資料集。ビートルズ関連ページはソロを含めトータル3ページ程度。

アメリカン・エキスプレス・チケット・ガイド
アメリカン・エキスプレス・インターナショナル,Inc.
1990/01/15　その他　1

アメリカン・エキスプレス・カードのチケット・ガイド。日本公演のチケット購入案内「FRIEND OF THE EARTH」ほか。ポールについては、日本公演の紹介と公演スケジュールや料金情報など。3つ折り小冊子。

FMレコパル／1月22日-2月4日号
小学館
1990/01/22　音楽雑誌　2

カラーページ「来日詳報 ローリング・ストーンズ、ポール・マッカートニー」があり、それぞれのインタビューを掲載。ほかに「ポール・マッカートニー全米公演曲目」など。

週刊FM／1月22日-2月4日号
音楽之友社
1990/01/22　音楽雑誌　1未満

「WORLD MUSIC LINER」コーナーで、ポールの来日決定を報じる記事と写真「コンサート情報!!ストーンズ、マッカートニー」のみ。

ROUGH RIDE WORLD TOUR
JAM出版／星雲社
1990/01/25　ムック／企画誌　全94

来日公演を前に発売されたポールの写真集。1989年のワールド・ツアーからステージ・フォトを多く収録、巻末には公演開催ほか、演奏曲目、メンバー紹介などの資料も。

週刊TVガイド／1月26日号
東京ニュース通信社
1990/01/26　週刊誌　2

モノクログラフ「ジョン・レノン 初公開フィルムに見る知られざる素顔」「ジョン・レノン、知られざるもう一つの顔／初公開プライベートフィルムとFBIに残るレノン・ファイル」がある。

PAUL McCARTNEY/WORLD TOUR IN JAPAN
フジテレビジョン事業局
1990/01/　プレスキット　※

ポールの日本公演決定後、おもに報道関係者に配布された良質のプレスリリースキット。フジテレビ事業局内に設けられた日本公演運営事務局が制作したもの。

PAUL McCARTNEY/WORLD TOUR IN JAPAN（中身）
フジテレビジョン事業局
1990/01/　プレスキット　※

プレスキットの中身。①プレスリリースシート（A4判）10枚②日程、チケット発売日、メッセージ、来日メンバープロフィール、ワールドツアーレポート、スケジュールなどカラー印刷の厚手シート（A4判）が8枚など。

PLAY BOY／2月号
集英社
1990/02/01　一般雑誌　10

ヨーコのロングインタビュー「オノ・ヨーコあれから10年。沈黙を破って、今…」がある。このインタビューは本号以降4回にわたって連載された。

エニィ／2月1日号
西武タイム
1990/02/01　一般雑誌　3

カラーグラフ「最後のスーパースターついに来日！ポールとストーンズがビッグエッグにやって来る！」「まだ見ぬビッグアーティスト来日で、'90年代の幕が開いた／ポールもストーンズも、早く見たい！」がある。

MEMORIAL OF LANDING JAPAN 1990
東芝EMI
1990/02/01　非売品／小冊子　全32

ポールの来日記念を記念して東芝EMIが発行した非売品の小冊子。今回のワールド・ツアーの最新情報をはじめ、ポールの音楽的才能、魅力、栄光の軌跡、ディスコグラフィーなど。

FMステーション／2月5日-2月18日号
ダイヤモンド社
1990/02/05　音楽雑誌　4

来日記念スペシャル特集「ポール・マッカートニーVSローリング・ストーンズ」のカラーグラフが4ページ。ポールとストーンズのツアーレポート、年表、レコードセールス比較など。

FMレコパル／2月5日-2月18日号
小学館
1990/02/05　音楽雑誌　1/2

表紙コピーに「来日記念R・ストーンズvsP・マッカートニー」とあるが、BS第2音楽情報とFM番組ガイドにそれぞれポールの来日関連情報がある程度。

週刊FM／2月5日-2月18日号
音楽之友社
1990/02/05　音楽雑誌　4

インタビュー「ポール・マッカートニー」「日本に行くのは本当に楽しみ！根強いファンだとポールはカラーフォトとともに掲載。コンサート時に予想される演奏曲目なども。

Picket（ピケット）NO.15
ぴあ
1990/02/08　非売品／小冊子　1

チケットぴあ発行のフリー情報冊子。緊急情報「ポール・マッカートニー追加席緊急入荷!!」を写真を添えて1ページに掲載。

1990

ぴあ/2月15日号
ぴあ
1990/02/15	週刊誌	1

表紙イラストが4人ともポール(及川正通)。「PICK UP NEWS」で「19年ぶりのワールド・ツアーで、24年ぶりに日本へやってくる/ポール・マッカートニー」の記事1ページなど。

FMレコパル/2月19日-3月4日号
小学館
1990/02/19	音楽雑誌	1

ポールの緊急速報として「来日直前ロンドン・コンサート・レポート」があり、先行して行われたロンドン公演の詳細情報を掲載。

KEIBUY(ケイバイ)/vol.20
KEIBUY事務局
1990/02/25	その他	16

表紙はポールの自筆イラストで、来日にちなんだ特集記事「ポール・マッカートニー来日特別寄稿/誰もわからないポール・マッカートニー」含め、ビートルズ関連は16ページ程度。

ワッツイン/2月号増刊 ROCK GIANTS
CBS・ソニー出版
1990/02/25	音楽雑誌	8

ポールの特集「PAUL McCARTNEY 3度目の正直。新バンドを率いて初ソロ公演」がある。来日を控えた特集ページでアルバム・ディスコグラフィー、名盤ガイド、ポールの歩みなどを写真を添えて簡単に紹介。

週刊プレイボーイ/2月27日号
集英社
1990/02/27	週刊誌	4

表紙コピーには「ビートルズ、もうひとつの真実/元マネージャー・インタビュー」とあるが、ジョージ・マーティンのインタビューなのでマネージャーでなくプロデューサーの間違い。彼の音楽哲学やポールとの友好関係など。

GET BACK PRESS/VOL.4
GETBACK
1990/02/28	会報その他	全14

ビートルズ専門店「GET BACK」が正会員向けに制作発行したコレクション・カタログ。この号はポールの来日を記念して、正会員に留まらず準会員まで幅広く配布された。

やっとあえたね。
東芝EMI
1990/02/	非売品/小冊子	全8

ニューアルバムのプロモーション用に制作された冊子「PAUL McCARTNEY FLOWERS IN THE DIRT」とほぼ同内容で、来日が決定したことにより表紙と最終ページの解説部分を改訂し刷新されたもの。

SOLD OUT/1990 FEBRUARY
キョードー東京
1990/02/	非売品/その他	3

キョードー東京発行のライヴ&コンサート情報誌。ポールの来日決定を受け、エピソードや年譜を添えた3ページ程度の企画「PAUL McCARTNEY/SPECIAL」がある。非売品。

PLAY BOY/3月号
集英社
1990/03/01	一般雑誌	12

「日本初公開・新連載！ジョン・レノン&ヨーコ・オノ、ラストインタビュー全掲載」のVOL.1「脱出」がある。このインタビューは「ジョン・レノン/プレイボーイ・インタビュー」としてのちに単行本化されている。

ポップ・ギア/3月号
CBS・ソニー出版
1990/03/01	音楽雑誌	19

ポールとビートルズの特集「PAUL McCARTNEY 遂に来日公演実現!?」を企画。カラーグラビア「FRIENDS OF THE EARTH/萩原健太」をはじめ、レコードを解説特集、ビートルズの歴史、ディスコグラフィー、ヒットチャート資料など。

ロッキング・オン/3月号
ロッキング・オン
1990/03/01	音楽雑誌	10

巻頭グラビアでポールのインタビュー「来日直前、単独インタヴューに成功！」を掲載。最新アルバム「フラワー・イン・ザ・ダート」のPR、来日に向けて「日本のファンへのメッセージ、近況報告など。

週刊TVガイド/3月2日号
東京ニュース通信社
1990/03/02	週刊誌	4

特集グラフ「来日公演先取り情報 ポール・マッカートニー」「来日メッセージ&コンサート誌上プレビュー」がある。「ライブ活動再開の真意は？」「ポールからファンへのメッセージ」「HISTORY」「来日コンサートはこうなる」など。

PAUL McCARTNEY/1989-90
ウドー音楽事務所/LD企画
1990/03/03	公演パンフレット	全42

ポールの日本公演(1990年3月3日～3月11日)のパンフレット。1989年に始まった「ワールド・ツアー」のものを日本公演用に編集したもの。

ビートルズがいっぱい/THE BEATLES
東芝EMI
1990/02/	非売品/その他	2+

ビートルズおよびポールのCD広告宣伝用の見開きのチラシ。ポール来日を記念してレコード店およびコンサート会場で配布されたもの。

ALL THAT PAUL McCARTNEY
プロデュース・センター出版局
1990/03/03	ムック/企画誌	全208

レノン=マッカートニー研究の第1弾「ポール・マッカートニー篇」。ポールの資料満載の貴重研究書。ポールについてのあらゆる情報が満載され、研究には欠くことのできない貴重資料集である。

FM fan/3月5日-3月18日号
共同通信社
1990/03/05	音楽雑誌	4

来日直前インタビュー「ポール、君はなぜこんなどのコンサートであんなにビートルズの曲を歌うの？」がある。「僕は別人となって戻ってきた」「ギブアップするか、続けるか」ほか、予想される演奏曲情報など。

FMレコパル/3月5日-3月18日号
小学館
1990/03/05	音楽雑誌	3

巻頭カラー特集「来日直前！ポール・マッカートニー、ビートルズ～ウイングス栄光の軌跡」がある。「3度目の正直？今度こそのポール」「並はずれたソングライターだったポール」ほか。表紙一部もポール。

ジョン・レノンをめぐる旅/ニューヨーク感傷旅行
日之出出版/渥美餡児
1990/03/06	単行本	全228

ジョンのいちファンである著者が、ニューヨークにおけるジョンゆかりの地を散策しながら書き留めたエッセイ。

SPA！(スパ)/3月7日号
扶桑社
1990/03/07	週刊誌	2

ポール来日直前情報とワールド・ツアーの写真をカラー掲載した「ついに来日！ポール・マッカートニー日本公演はこうなる」がある。

スコラ/3月8日号
スコラ
1990/03/08	一般雑誌	3

ポールの日本公演直前の取材レポート中心に3ページの特集「ポール・マッカートニー」「ロンドン公演特別取材/天才ポールがビートルズを復活させる!!」がある。

ビートルズを知らなかった紅衛兵
岩波書店/唐亜明
1990/03/09	単行本	1未満

文化大革命の激動時代を生きた著者による近代中国史。ビートルズとは直接関係ないが、本文最後に「ビコーズ」の歌詞の一部が引用されている。

ザ・テレビジョン 3月16日号
角川書店
1990/03/16	週刊誌	1

来日記念の記者会見ライヴで【マッチボックス】を披露した記事と写真「ポール、24年ぶりの正式来日記者会見ライヴもゴキゲン！」のモノクログラフが1ページ。

FMステーション/3月19日-4月1日号
ダイヤモンド社
1990/03/19	音楽雑誌	1

来日記念スペシャル・レポート「ポール・マッカートニー in JAPAN/渡辺芳子」がある。3月1日の東京MZA有明での記者会見レポートと、3月3日の東京ドームでのLIVEレポートほか、ステージ写真もカラー掲載。

FMレコパル/3月19日-4月1日号
小学館
1990/03/19	音楽雑誌	1

公演レポート「ポール・マッカートニー in JAPAN」「夢にまで見た来日がついに実現！/ポール・マッカートニー」がある。「時代を超えて引き継がれているのは、偉大なメロディー・メーカーの名曲だった」ほか。

週刊FM/3月19日-4月1日号
音楽之友社
1990/03/19	音楽雑誌	3

「コンサート・レポート/ポール・マッカートニー」「ポールの指揮で4万3千人の『ヘイ・ジュード』大合唱が実現」がある。ライブをはじめ演奏曲目解説、取材記事を簡単に紹介。表紙一部もポール。

女性自身/3月20日号
光文社
1990/03/20	週刊誌	2

巻頭カラーフォト「ポールがやってきた！」ほか、別企画でビートルズのグラフ特集「あの『ビートルズ』想い出グラフ特集」がある。表紙一部にポールの写真。

ポール・マッカートニー夢の旅人
シンコー・ミュージック
1990/03/21	文庫本	全256

1985年6月10日に刊行された「ポール・マッカートニー/愛と音楽」を改題、再編集した文庫版。

週刊明星/3月22日号
集英社
1990/03/22	週刊誌	2

2ページの巻末カラーグラフ「東京パニック PAUL McCARTNEY 24年ぶりの来日公演！！」「ビートルズナンバーのオンパレードにポールの夢を見た！！」がある。妻リンダを含む来日メンバーとのステージショットなど。

フライデー/3月23日号
講談社
1990/03/23	週刊誌	1

来日中のポールが明治神宮や乗馬クラブで家族とともに休日を楽しんだようすを写真と記事「ポール・マッカートニー一家の乗馬&神社詣で」でスクープ。

PLAY BOY/4月号
集英社
1990/04/01	一般雑誌	10

インタビュー連載「ジョン&ヨーコ、ラストインタビュー/John Lennon&Yoko Ono Last Interview」のvol.2「挑戦」がある。

シュプール/4月号
集英社
1990/04/01	一般雑誌	7

来日を控えたポールの7ページカラー特集「CLOSE UP 伝説の4人にようやく会える。ポール・マッカートニー」がある。

エスクァイア/4月号
ユー・ピー・ユー
1990/04/01	一般雑誌	7

「ポール・マッカートニー・インタビュー/マイク・ツヴェーリン」があり、来日を控えたポールの独占インタビューを掲載。ジョンとの不仲説、ビートルズのほかメンバーによる訴訟、ドラッグ問題など興味深い。

ベース・マガジン/4月号
リットーミュージック
1990/04/01	音楽雑誌	6

「24年ぶりに帰ってきた最後の大物ベーシスト」と題した企画の中で、ポール評「永却の悪ガキ体質77歳」/小池清彦」とベースフレーズ徹底分析の資料を掲載。表紙コピーは「ポール・マッカートニー」。

1990

YOUNG SONG（明星4月号付録）
集英社
1990/04/01　付録　6
約6ページの来日記念特集『スーパースター来日記念！ポール・マッカートニー特集』がある。簡単な「ポール・マッカートニー・ストーリー」「楽器3点」「年表」「アルバム・ディスコグラフィー」など。月刊明星の付録。

FM fan/4月2日-4月15日号
共同通信社
1990/04/02　音楽雑誌　10
永久保存版「やっとあえたね。ポール・マッカートニー日本公演完全リポート」（猪俣憲司・根木正孝）がある。イラストや公演、ステージ写真を交え、演奏曲目解説、楽器リスト、使用楽器分析、記者会見記などの資料を掲載。

オリコン/4月2日号
オリジナルコンフィデンス
1990/04/02　音楽雑誌　1
巻末カラーグラフ「感涙の名演をプレイバック！PAUL McCARTNEY in TOKYO DOME」「待ちに待った日本公演24年振りのSHOUT炸裂!!」がある。公演日程ほかライブ・レポートなど。

週刊FM④/4月2日-4月15日号
音楽之友社
1990/04/02　音楽雑誌　4
特集「総力特集来日密着ドキュメント／ポール・マッカートニーの2週間」がある。成田空港到着から3月14日の離日までの行動や出来事を日付順にまとめたものや、コンサート評「とにかく最高のライヴだった！」など。

GOLD WAX/1990 SPRING
白夜書房
1990/04/10　音楽雑誌　24
1986年までのソロ活動のなかで製作されたデモ、プロモ、ソノシートほかレア盤を集めたコレクターズ・ガイドの特集『PAUL McCARTNEY』を掲載。CD「オール・ザ・ベスト」「プレス・トゥ・プレス」「フラワーズ・イン・ザ・ダート」の解説もある。

GORO/4月12日号
小学館
1990/04/12　一般雑誌　2
来日公演後のポールのインタビュー「ポール・マッカートニー独占会見記『ストーンズからの伝言は…』」がある。

朝日ジャーナル/4月20日号
朝日新聞社
1990/04/20　週刊誌　3
カラーイラストを添えた巻末連載企画「ジョン・レノン伝説」（アルバート・ゴールドマン）の第3回「ダコタハウスの一日（3）／失われた母親との対話」がある。この号のみ表紙コピー「新連載ジョン・レノン伝説」あり。

週刊ヤングマガジン/4月23日号
講談社
1990/04/23　週刊誌　5
巻頭カラー特集「追跡15日間 ポール・マッカートニー全記録『日本滞在15日間大追跡!!』」がある。ポールの来日関連の記録写真と記事。表紙もポールでレアなアイテム。

KEIBUY（ケイバイ）/vol.22
KEIBUY事務局
1990/04/25　その他　8
通販オークション専門カタログ。表紙はジョンのフォトフォリオ。そのほかビートルズ関連は8ページ程度。

CHA CHA CHA（チャチャチャ）/5月号
ゲオ
1990/04/30　一般雑誌　3
ニューヨークで12月11日～12月15日に行われたコンサートの最新グラフとレポート「ニューヨーク・マジソン・スクウェア・ガーデンにおけるポール・マッカートニー・コンサート」がある。

オリコン/4月30日号
オリジナルコンフィデンス
1990/04/30　音楽雑誌　1
ポール来日コンサートに合わせて贈るビートルズ・カヴァー集『ALL WE NEED IS LOVE』がある。高橋幸宏をはじめ多数の日本人アーティストが参加したカヴァー・アルバム発売に関するもの。ほかにビートルズ専門店「GET BACK」の紹介など。

ミュージック・マガジン/5月号
ミュージック・マガジン
1990/05/01　音楽雑誌　11
ポール来日コンサートの詳細レポート「ポール・マッカートニー東京公演」（萩原健太）ほか、巻頭カラーグラビアでも東京ドームのステージに立ったポールのフォトを掲載。

TOKYO JOURNAL（英文）
CROSS CULTURAL COMMUNICATIONS
1990/05/01　一般雑誌　5
関東在住の外国人向けに発行されている英文雑誌で、ポール来日に伴う特別インタヴューと、都内の小学校で行われた記念植樹イベントのトピック・フォトを掲載。洋書だが、国内刊行ということで紹介した。

サウンド＆レコーディング・マガジン/5月号
リットーミュージック
1990/05/01　音楽雑誌　4
巻頭カラー4ページにポール日本公演レポート「PA REPORT/PAUL McCARTNEY WORLD TOUR」がある。ステージフォトや演奏曲目解説。メインはコンサートのPA担当者のインタビュー。

ザ・ビッグマン/創刊号
世界文化社
1990/05/01　一般雑誌　5
年代別特集に「20年前ビートルズ回想／解散20年目の感傷行」がある。写真と深谷哲夫の回想録「ストロベリー・フィールズ」、財津和夫のレポートを掲載したヴィジュアルページ。

ヤング・ギター/5月号
シンコー・ミュージック
1990/05/01　音楽雑誌　5
来日公演レポートと全メンバーの使用楽器詳細解説「PAUL McCARTNEY WORLD TOUR IN JAPAN/人間ポール・マッカートニーの実像を改めて痛感！」がある。表紙コピーあり。

a tribute John Lennon（英文）
Concessions International
1990/05/05　イベントパンフレット　全24
ジョンの生誕50周年を記念して出身地リヴァプールで開催されたイベント・コンサートのオリジナル英文パンフレット。BCCが輸入し国内販売。国内で出版されたものではないが紹介。

ビートルズ全詩集
シンコー・ミュージック／内田久美子（訳）
1990/05/10　単行本　全480
ビートルズが残したオリジナル・ナンバー183曲をアルバム順に完全収録した訳詞集。原詩に忠実な対訳で、数あるビートルズ詩集の中で最も充実した一冊といえる。

ワッツイン/5月号
ソニー・マガジンズ
1990/05/15　音楽雑誌　3
1990年3月7日、TM NETWORKの木根尚登が「オールナイトニッポン」にポールを招いて行ったオンエア会見記「木根尚登MEETSポール・マッカートニー」を掲載。

エッシャーからの贈り物
小学館
1990/05/20　ムック／企画誌　全50
ジョンの息子、ショーンとだまし絵で有名なエッシャー作品のコラボ写真集。コンピューターグラフィックスを駆使した作品集。

路絵／オノ・ヨーコ展
財団法人草月会
1990/05/21　イベントカタログ　全54
1990年5月21日～7月14日まで東京の草月会館で開催されたオノ・ヨーコ展「路絵」のイベントカタログ。ヨーコのメッセージのほか、映像作品を含む全作品リストなど。おもな出展作品は写真付で掲載。

KEIBUY（ケイバイ）/vol.23
KEIBUY事務局
1990/05/25　その他　7
通販オークション専門カタログ。表紙はジョンの「BAG ONE」。そのほかビートルズ関連は7ページ程度。

週刊FM/5月28日-6月10日号
音楽之友社
1990/05/28　音楽雑誌　2
連載企画「90年代に解き明かされる新事実！ビートルズを抱きしめたい！」（香月利一）があり、現在もなお衰えることのないビートルズ人気とその魅力を紹介。表紙一部もビートルズ。

PLAY BOY/6月号
集英社
1990/06/01　一般雑誌　7
連載企画「Last interview ジョン＆ヨーコ・インタビュー」の第4回「調和」が掲載されている。このVOL.4をもって連載は終了。このインタビューは『ジョン・レノン／プレイボーイ・インタビュー』として単行本化された。

アエラ/6月5日号
朝日新聞社
1990/06/05　一般雑誌　1
ヨーコの表紙。「芸術家であり社会人であり、60年代から90年代へ心の変遷／オノ・ヨーコ」がある。「グリーニング・オブ・ザ・ワールド」を提唱したヨーコの近況活動「戦友ジョンの分も戦う」「レノン奨励金を創設」など。

月刊YMMプレイヤー/6月号
プレイヤー・コーポレーション
1990/06/05　音楽雑誌　5
ポール来日公演の話題と使用楽器の解説。愛用のヘフナー・ヴァイオリン・ベースはじめ、ウォルの5弦ベース、ギブソン・レスポールなどをカラー写真で大きく紹介し詳細解説。

週刊FM/6月11日-6月24日号
音楽之友社
1990/06/11　音楽雑誌　18
「完全保存版 ビートルズ・データ・ブック」と題した綴じ込み付録がある。内容は①ジョン、ポール、ジョージ、リンゴのパーソナル・データ②交友関係③オリジナル・アルバム・ガイド④オフィシャルナンバー213曲完全ガイド、ほか。

SPA!（スパ）/6月13日号
扶桑社
1990/06/13　週刊誌　5
巻頭カラー5ページに「篠山紀信・中森明夫『ニュースな女たち』第1回オノ・ヨーコ」があり、篠山紀信の写真ほか、記事「YENよりも問い尊い人／中森明夫」を掲載。

KEIBUY（ケイバイ）/vol.24
KEIBUY事務局
1990/06/25　その他　5
通販オークション専門カタログ。表紙はジョンのリトグラフ。そのほかビートルズ関連は5ページ程度。

週刊FM/6月25日-7月8日号
音楽之友社
1990/06/25　音楽雑誌　2
連載企画「ビートルズを抱きしめたい」（最終回）」がある。内容は「アビイ・ロードにお別れのメッセージが入っていた」「本当はポールとジョージの不仲が解散の原因だった！」「リード・ギタリストなんかビートルズにはいなかった」など。

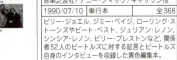
ビートルズを抱きしめたい！52人の仲間の想い出
音楽之友社／デニー・ソマック／キャサリン他
1990/07/10　単行本　全368
ビリー・ジョエル、ジミー・ペイジ、ローリング・ストーンズやビート・ベスト、ジュリアン・レノン、シンシア・レノン、ビリー・プレストンなど、著者52人のビートルズに対する証言とビートルズ自身のインタビューを収録した異色編集本。

コンプリート・レコーディング・セッションズ
シンコー・ミュージック／マーク・ルウィゾーン
1990/07/20　単行本　全352
1962年から1970年までに収録されたオフィシャル・ナンバーのレコーディング・セッションを解説した日付順に整理され、エピソード、サウンド・データ、用語集、ディスコグラフィーなども収録した貴重本。

リズム＆ドラム・マガジン/8月号
リットーミュージック
1990/08/01　音楽雑誌　2
リンゴの息子、ザック・スターキーのインタヴュー「Interview ザック・スターキー」「キース・ムーンから何を教わったかって？でかい音の出し方」がある。

1990

美術手帖/8月号
美術出版社
1990/08/01 一般雑誌 8
「オノ・ヨーコ展/路祷」のレポートと展示作品の紹介など。表紙コピーは『オノ・ヨーコ』。

KEIBUY（ケイバイ）/vol.27
KEIBUY事務局
1990/08/25 その他 8
通販オークション専門カタログ。表紙はジョンのシルクスクリーン・ポートレート。そのほかビートルズ関連は8ページ程度。

ユリイカ詩と批評/9月号
青土社
1990/09/01 一般雑誌 2
『大特集アンディ・ウォーホル』の中の「あぶないゴシップ日記」に「オノ・ヨーコ/ショーン・レノン」がある。アンディ・ウォーホルがヨーコのパーティに出席した際の日記。

THE ROCK BOOK/ロック名盤カタログ
JICC出版局/宝島編集部（編）
1990/09/01 ムック/企画誌 数
ロックの歴史と名盤をアーティストごとにまとめて収録。ビートルズは第2章「ブリティッシュ・ビート革命」でストーリーとともにベスト・アルバムを写真付で掲載。サージェント・ペパーズのアルバム表紙。

ただの私
講談社文庫/オノ・ヨーコ/飯村隆彦
1990/09/15 文庫本 全256
ヨーコのエッセイ、フォト集。1986年4月30日に刊行された単行本の文庫化。

GOLD WAX NO.5
バロック出版
1990/09/20 音楽雑誌 8
白夜書房から発行されていたコレクターズ専門誌「GOLD WAX」は、この号から装丁と価格を改定しバロック出版より継続発行されることになった。ジョンのソロ活動の軌跡など。表紙コピー「BEATLES」。

ビートルズ全曲解説
東京書籍/ティム・ライリー
1990/10/01 単行本 全436
公式レコーディングされたビートルズ・ナンバー全213曲をシングルとアルバムに分け、1曲ずつエピソードや証言を交えて紹介した全曲解説集。

FREE/10月号
MUSIC TIMES PUB/月刊FREE編集部
1990/10/01 音楽雑誌 0
名古屋のライヴハウス向けに発行された音楽情報誌で、その月のライヴ情報とレコード・楽器ショップの広告が中心。表紙のジョン以外にビートルズ関連の記事はない。

ジョン・レノン生誕50周年（プレスキット）
フジテレビジョン・レノン事務局
1990/10/09 プレスキット ※
ジョン生誕50周年を契機に、日本で企画開催された「ジョン・レノン展/Happy birthday to John」のプレスキット。イベントの主催でもあるフジテレビが、全国開催に先駆け報道関係者のみに配布した大変貴重なもの。

ジョン・レノン生誕50周年（プレスキット）
フジテレビジョン・レノン事務局
1990/10/09 プレスキット ※
「ジョン・レノン展/Happy birthday to John」のプレスキットの中身。主旨・開催案内、ヨーコのメッセージ、企画概要、ジョンの年譜、ディスコグラフィーなどの資料を10枚のシートに印刷し、見開きハードカヴァー内にセット。

KEIBUY（ケイバイ）/vol.29
KEIBUY事務局
1990/10/25 その他 7
通販オークション専門カタログ。表紙はジョンのリトグラフ。そのほかビートルズ関連は8ページ程度。

誰がジョン・レノンを殺したか？
音楽之友社/フェントン・ブレスラー
1990/10/25 単行本 全352
ジョン射殺事件を単にマーク・チャップマンによる単独犯行と断定せず、FBIやCIAの陰謀による計画的な犯行ではなかったかという仮説に基づいて事件の謎と背景を探ったもの。

Happy Birthday,John
O.N.O/BAG ONE ARTS INC/BCC他（編）
1990/11/01 イベントパンフレット 全86
ジョン生誕50年を記念して全国で開催された「Happy Birthday,john/ジョン・レノン展」のイベント用パンフレット。自筆イラスト、作詞メモなどの作品、ギターなどの愛用品や貴重コレクションを掲載。プロデュース・センター編。

ザ・テレビジョン11月2日号
角川書店
1990/11/02 週刊誌 1
生誕50周年企画「LOVE！永遠のジョン・レノン」の番組案内のカラーグラフが1ページ。ポール、ヨーコ、ショーンの写真も掲載。

オリコン/11月5日号
オリジナルコンフィデンス
1990/11/05 音楽雑誌 2
特別企画「解散20周年記念 ビートルズ」「最新マニアックNEWS」のモノクログラフ見開き2ページがある。最新ニュース「あと7日で東京ドームでのあの感動が帰ってくる！ポール・マッカートニーライブ発売!!」ほか。

ジョン・レノンを殺したのは誰か
八曜社/山川健一/後藤茂/山川哲etc
1990/11/05 ムック/企画誌 106
ルーティーズ・クラブが企画したジョン特集号で、山川健一、後藤茂、山川哲、大屋政忠ほかによる読物や、横尾忠則のインタビュー、対談などで構成したもの。

週刊ヤングジャンプ/11月8日号
集英社
1990/11/08 週刊誌 5
ジョン生誕50周年記念特集「巻頭グラビア＆ピンナップ/ジョン・レノン生涯祭」偉大なミュージシャンのすべて」がある。ジョンの生前の愛用品やコレクションの紹介ほか、折込みピンナップ。

週刊TVガイド/11月9日号
東京ニュース通信社
1990/11/09 週刊誌 2
生誕50周年を記念した「永遠のジョン・レノン/生誕50年、今甦る平和への想い」のテレビ番組の紹介とともに、カラーグラフ「イッツ・オールライト！佐野元春の胸に響くジョンの言葉」がある。

週刊テレビライフ/11月9日号
学習研究社
1990/11/09 週刊誌 1/2
表紙がジョン＆ヨーコ。ジョン生誕50周年企画番組の紹介を含めた巻頭カラーグラフ「平和を…今も生き続けるジョンの魂」がある。

ポピュラー音楽の研究
音楽之友社/三井徹（編・訳）
1990/11/10 単行本 数
ポピュラー音楽の研究書。音楽学、社会学、人類学、歴史学など各専門分野の執筆者達のポピュラー音楽に対する論文を翻訳掲載。一部ビートルズに関する記述もある。表紙一部もビートルズのイラスト。

ジョンとヨーコ、ラスト・インタビュー
集英社/デービッド・シェフ（著）/オノ・ヨーコ（監修）
1990/11/10 単行本 全312
米プレイボーイ誌から依頼を受けた著者デービッド・シェフが約3週間もの日数を費して行ったジョン＆ヨーコへの集中インタビューを完全収録したもの。

FMレコパル/11月12日-11月25日号
小学館
1990/11/12 音楽雑誌 5
5ページのカラーグラフ特集「生誕50周年、そしてあの悲劇から10年/ジョン・レノンを知るとロックの世界が見えてくる（北中正和）」がある。ジョンの功績やディスコグラフィーなど。

週刊プレイボーイ/11月13日号
集英社
1990/11/13 週刊誌 4
特別企画「G・ハリスン、J・リン、T・ペティ/トラベリング・ウィルベリーズ」がある。ジョージ、ボブ・ディラン、ジェフ・リン、トム・ペティ、ロイ・オービソンの5人が結成した覆面バンドに関するメンバーインタビュー。

BJ（ビジネスジャンプ）/11月15日号
集英社
1990/11/15 一般雑誌 3
表紙はジョン＆ヨーコ、ショーン。巻頭カラーグラフ小特集「ジョンの魂、再び」が3ページ。カラー、モノクロ写真7点とインタビューからの語録集など。

CRAZY about MACCA
CAM企画
1990/11/25 会報/その他 全76
ポールのコアなファンが作った手作り特集冊子VOL.2。ファンならではの等身大特集号。ネブワースの実態、グラスゴー公演などのコンサートレポート、生写真、イラストの掲載、ファン寄稿など。

FMステーション/11月26日-12月9日号
ダイヤモンド社
1990/11/26 音楽雑誌 4
「特別企画/オノ・ヨーコが語る・わが心のジョン・レノン」が4ページ。内容はモノクログラフ他、ヨーコが語ったドキュメンタリー記事やジョン・レノンの年譜など。

FMレコパル/11月26日-12月9日号
小学館
1990/11/26 音楽雑誌 3
NHK-FM放送番組「特別企画/永遠のスーパー・グループ、ビートルズをまるまる1日、生放送で特集!!」の記事と「アルバム・データ付きビートルズ略年表」「オンエア中必読！アイウエオ順ビートルズ曲目早見表」など。

ギター・マガジン/12月号
リットーミュージック
1990/12/01 音楽雑誌 4
ポールの愛用楽器やギタープレイに絞った詳細インタビュー企画「Paul McCartney Talks Guitar！」がある。表紙コピーは「ポール・マッカートニー」。

ザ・ビッグマン/12月号
世界文化社
1990/12/01 一般雑誌 12
追悼ヴィジュアル特集「Imagine今こそジョン・レノンの魂を/オノ・ヨーコ」がある。追悼エッセイ「イマジンのひと言につきたジョン・レノンへの想い/片岡義男」やヨーコのインタビューなど。

レコード・コレクターズ/12月号
ミュージック・マガジン
1990/12/01 音楽雑誌 60
ディスコグラフィー、評論・エッセイほか、60ページにおよぶジョンの総力特集がある。「没後10年を機に歩みをたどる/ビートルズのなかのレノン/ソロ活動、全セッション分析/アルバム・ガイド/ヴィデオ/関係者名鑑etc」。

ジョン・レノンが見た日本 ai
小学館/ジョン・レノン（絵）/オノ・ヨーコ（監修）
1990/12/01 単行本 全192
ジョンが生前に日本語の練習としてスケッチ・ブックに書き残した自筆ノートを編集したもの。陽気でユニークな絵と日本語（ローマ字）の落書き集で、一部ジョン＆ヨーコが撮影した写真も収録。

ジョン・レノン/家族生活
小学館/西丸文也（撮影）
1990/12/01 ムック/企画誌 全128
1982年に角川書店から発行された同名タイトル「ジョン・レノン/家族生活」の再編集版で、収録写真もほぼ同内容。ジョン＆ヨーコ、ショーン一家のプライベート写真を多数収めたカラー写真集。

BOB GRUEN'S WORKS/JOHNL ENNON
JAM出版/星雲社
1990/12/08 ムック/企画誌 全120
ロックアーティストを中心に写真を撮り続けたフォトグラファー、ボブ・グルーエンのジョン写真集。1971年のジョンとの出会い以来、ジョンが殺害されるまでに撮影されたドキュメント写真を完全収録。

the beatles collection 3 | 297

1990-1991

ALL THAT JOHN LENNON
プロデュース・センター出版局・BCC（編）
1990/12/08　ムック/企画誌　全208
レノン＝マッカートニー研究の第2弾ジョン・レノン篇。ジョン生誕50周年の貴重な研究書。この書籍は偉大なアーティスト2人をあらゆる面で比較研究するには大変参考になる良質資料といえる。

FM fan/12月10日-12月23日号
共同通信社
1990/12/10　音楽雑誌　13
ヴィジュアル構成の特集「生誕50周年特別企画/音楽、時代…そしてジョン・レノン」があり、おもな歩みを記した年譜、アルバム＆シングルを収録したディスコグラフィーなどをカラー掲載。

SPA！(スパ)/12月12日号
扶桑社
1990/12/12　週刊誌　4
ジョン生誕50周年の4ページカラーグラフ「ビートルズを知らない世代も夢中/ジョン・レノンは生きている」がある。ジョンのデスマスクのほか「ジョン・レノンの残してくれたもの、それは何だったのか」など。

ぴあ/12月19日号
ぴあ
1990/12/19　一般雑誌　4
『特集　ジョン・レノンメモリー』『僕らはジョン・レノンを知っている、か？』がある。ファン、コレクションの多かった1990年のジョン生誕50色の貴重な研究書。「ミーハーSIDE」と、ディスコグラフィー、音楽性など「メンタルSIDE」に分けてジョンを紹介。

GOLD WAX NO.6
バロック出版
1990　音楽雑誌　20
同誌取材班がビートルズ・アルバム・コレクター宅を訪問した際の対談集「コレクターズ・トーク第1回」があり、レア盤のジャケット・フォトなどを多く掲載。ほかジョン企画特集。

ぴあ/12月20日号
ぴあ
1990/12/20　週刊誌　0
表紙のみジョンのイラスト。

GREENING OF THE WORLD CONCERT IN JAPAN
三菱電機/フジテレビジョン/クリエイティヴ・ガレージ
1990/12/21　イベントパンフレット　数
ヨーコが提唱する環境保護運動の一環として、ジョン生誕50年の節目にあたる1990年に日本で開催されたチャリティコンサートのパンフレット。国内外の豪華アーティストが数多く参加した。

フライデー/12月21日号
講談社
1990/12/21　週刊誌　4
「独占インタヴュー/ジョン・レノンを殺した男」10年目の真実」がある。ジョン射殺事件の犯人マーク・チャップマンの獄中告白インタビュー。

ガリバー/12月27日号
マガジンハウス
1990/12/27　一般雑誌　50
旅行雑誌ということもあり、ユニークな50ページ特集「ジョン・レノン、大旅行人」を特集。「ジョン・レノンとビートルズのゆかりの地」を切り口に、ロンドン・リヴァプールを拠点に、生家など活躍の要所を徹底ガイド。

PAUL McCARTNEY'S GET BACK（非売品）
NHKエンタープライズ
1990　非売品/小冊子　全24
ポールのワールドツアー・ドキュメンタリー映画VHS（ゲット・バック）の非売品小冊子。ワールドツアーの写真や演奏曲目の解説や情報など24ページの冊子。

APPLE RECORDS CATALOGUES
東芝EMI
1990　非売品/小冊子　全10
アップル・レーベルによるレコード・ディスコグラフィー。所属アーティストはラヴィ・シャンカール、バッドフィンガー、ビリー・プレストン、メリー・ホプキンなど。東芝EMIの非売品小冊子。

John Lennon/ジョン＆ヨーコ・二人の世界
マーランド/BAGONEINC
1990　イベントパンフレット　※
ジョン生誕50周年、没後10年の1990年に制作・販売されたジョン＆ヨーコの自筆画集（リトグラフ、エッチングなど）のハードケース付カタログ。

BEATLES FUKKATSUSAI/1990 SPRING
BCC
1990　イベントパンフレット　全20
BCC主催「ビートルズ復活祭/SpringFestival 1990」のイベント・プログラム。「ビートルズ・プロモーション・レビュー」「ビートルズ・レア・ライブ・スペシャル」「ジョン・レノン・トーク・ショー」など。

BEATLES FUKKATSUSAI/1990 SUMMER
BCC
1990　イベントパンフレット　全20
BCC主催「ビートルズ復活祭/1990 SUMMER SPECIAL」イベントプログラム。「初期ビートルズの歩み」「サンク・ユア・ラッキー・スターズ」「ポール・マッカートニー・ワールドツアー 1989-1990」など。

BEATLES FUKKATSUSAI/1990 WINTER
BCC
1990　イベントパンフレット　全20
BCC主催「ビートルズ復活祭/THE BEATLES PARTY」のイベントプログラム。「ビートルズ・オランダ・ツアーTVショー」「ビートルズ・パリ・ライブ」「ビートルズ寸劇」「ジョン・レノン・アン・アーバー・コンサート」など。

1991

キーボード・マガジン/1月号
リットーミュージック
1991/01/01　音楽雑誌　8
4章からなる8ページの特集「SUPER ARTIST FILEザ・ビートルズ」がある。「ザ・ビートルズのキーボーディストたち」「ザ・ビートルズのサウンドの秘密を探る」「代表曲を徹底分析」「ブートレッグに見るビートルズ・マジック」など。

レコード・コレクターズ/1月号
ミュージック・マガジン
1991/01/01　音楽雑誌　6
前月号のジョン特集に続き「ジョン・レノンのソロ・セッション（第2回）」（速水丈）。1970年頃に行われたライヴ、デモ、スタジオ・セッションなどのデータを整理し解説。

FM fan/1月7日-1月20日号
共同通信社
1991/01/07　音楽雑誌　4
ビートルズのアルバム・ディスコグラフィーがある。そのほか、ジョン生誕50周年記念企画の4枚組CD BOXセットの記事あり。表紙コピーは「ボックス＆ベスト盤ジョン・レノンetc/6人のミュージシャンが選ぶビートルズetc」。

DARKHORSE/ジョージ・ハリスン・ストーリー
CBS・ソニー出版/ジェフリー・ジウリアーノ
1991/01/19　単行本　全384
ジョージ初の本格的な伝記。幼年時代、ビートルズマニア、ジョージとパティ、ビートルズの終焉、ソロ活動、私生活などに分けて、やや謎めいたジョージの軌跡を綴った貴重本。

The Beatles Auction&Collection Catalogue
BCCインターナショナルクラブ
1991/02/01　ムック/企画誌　全60
BCC主催で1991年に開催された「第1回 TOKYOビートルズ・オークション＆コレクション」のカタログ。直筆サインから、ゴールドディスク、稀少・珍品レコード、愛用楽器など、オークション対象のレアコレクションをカラー掲載。

ビートルズで英語
明日香出版社/日野信行
1991/02/01　単行本　全176
ビートルズのヒット曲とともに英語を学ぶテキスト。付録として【アンド・アイ・ラヴ・ハー】【ヘルプ】【キャント・バイ・ミー・ラヴ】ほか、オリジナルヒットナンバー6曲が収録されたCD付。

レコード・コレクターズ/2月号
ミュージック・マガジン
1991/02/01　音楽雑誌　6
連載企画「ジョン・レノンのソロ・セッション（速水丈）」の第3回を掲載。1971年～1974年の間に収録されたライヴおよびスタジオ・セッションの記録と解説。

ビートルズ全歌詩集
シンコー・ミュージック
1991/02/15　単行本　全288
公式アルバム全曲の歌詩集で、UKオリジナル『プリーズ・プリーズ・ミー』から『パスト・マスターズ』までアルバム発売順に記載されている。収録曲の概要やビートルズの歌詞を覚えようとする人には手頃な一冊。ただし日本語訳はない。

エスクァイア/4月号
ユー・ピー・ユー
1991/04/01　一般雑誌　1
ヨーコがジョンの遺志を継いで提唱した「GREENING OF THE WORLD（地球緑化運動）」の立ち上げコンサートが東京で行われたことを伝える記事「レノンの平和の意志が、世界に届く日。」がある。表紙がショーン。

小説新潮/4月号
新潮社
1991/04/01　一般雑誌　51
小林信彦の小説「ミート・ザ・ビートルズ」の前編を約51ページ掲載。表紙コピーは「ミート・ザ・ビートルズ/前編162枚小林信彦」。

エスクァイア/別冊NO.7
ユー・ピー・ユー
1991/04/05　ムック/企画誌　6
レイチェル・グッドマンによる手記「ビートルズ、スウィングの王様に謁見す。」などビートルズ秘話を掲載。表紙コピーは「ビートルズ」。

P.S.アイ・ラブ・ビートルズ/エピソード・929
講談社文庫/香月利一
1991/04/15　文庫本　全478
ビートルズに関するエピソード929篇を年代順に収録した資料集。1978年に「ビートルズ・エピソード550」のタイトルで刊行されたものに追記・改訂を加えたもの。

KEIBUY(ケイバイ)/vol.34
KEIBUY事務局
1991/04/25　会報/情報紙/専門紙　10
表紙写真「ジョン・レノンROOTS」、内容はジョン所有『The Beatles(ホワイトアルバム)』シリアルNo.0000002/映画イマジン収録邸宅の木製ドア/ビートルズ・ジャイアント・ポスター他。

小説新潮/5月号
新潮社
1991/05/01　一般雑誌　64
前月号に続き小林信彦の小説「ミート・ザ・ビートルズ」の後編を掲載。そのほか、日本公演チケット（実物）や当時取材雑誌の写真、萩原健太と小林信彦の対談「ビートルズ元年の東京」もある。

GOLD WAX NO.8
バロック出版
1991/05/01　音楽雑誌　10
ビートルズ・オフィシャル・アルバムのディスコグラフィーなど。レアアルバム中心。表紙コピーは「THE BEATLES」。

1991

週刊朝日百科世界の歴史/5月19日号
朝日新聞社
1991/05/19　一般雑誌　1
ビートルズとジョン関連のカラー写真「ビートルズのスタジオ録音風景」「会場の演奏風景」「レコード・ジャケット」「レノンの死を悼む人々」を含めたグラフページがある。表紙コピー「ビートルズ 毛沢東 サルトルetc」。

クロスビート/6月号
シンコー・ミュージック
1991/06/01　音楽雑誌　1未満
表紙の一部がジョン。それ以外には、総力特集「ロックの視界」でわずかにビートルズのアルバムや写真の記載がある程度。

The Beatles Last Concert
プロデュース・センター出版局/ジム・マーシャル(写真)
1991/06/01　ムック/企画誌　全112
「ビートルズがアイドルをやめた日」のサブタイトルがつけられた、ビートルズ最後のコンサートを記録したモノクロ写真集。コンサートはサンフランシスコで1966年8月29日に行われた。撮影ジム・マーシャル、著者エリック・レフコビッツ。

十人十色/6月号
メディアハウス
1991/06/15　一般雑誌　9
企画特集「志なかばで倒れた無念！昭和七天才/ジョン・レノン」「徹底ひとデータ・音楽で世界を変えた天才ミュージシャン/ジョン・レノン」がある。ジョンの生い立ちや数々のエピソードを写真を添えて掲載。

月刊YMMプレイヤー/7月号
プレイヤー・コーポレーション
1991/07/05　音楽雑誌　15
「ザ・パイオニアズ・オブ・ロック・シリーズ」最終回。ビートルズの大特集「ザ・ビートルズ Part2」がある。ビートルズ・ギネス・ブックなどの資料、各メンバーの紹介、ソロアルバム・ディスコグラフィー、使用楽器あれこれ、語録など。

BEATLES'64[走れ！ビートルズ]
JICC出版局/A・J・S・レイル(著)
1991/07/07　単行本　全304
ビートルズ初期のアメリカツアー時の写真と詳細な年譜を中心にしたドキュメントリーで、二部構成(第1部[1962年12月-64年2月]、第2部[1964年8月18日-9月21日])。カート・ガンサーが撮影したレアフォトも多く収録。

週刊ヤングマガジン/7月22日号
講談社
1991/07/22　週刊誌　3
ジム・マーシャルの未公開写真数点を紹介したグラフ「発掘！25年ぶりにビートルズ未公開写真」と、財津和夫、タケカワユキヒデ、杉真理によるトーク「スペシャル誌上トーク/女の子が泣きだすステージの魔力！？」など。

PAUL McCARTNEY/GET BACK
東宝東和/ケイエスエス
1991/08/07　映画パンフレット　4+
ビートルズ来日25周年を記念して上映されたポールのワールド・ツアーのライヴ映画《ゲット・バック》の見開きパンフレット(収録全23曲の解説書付)。一般公開当日先着400人に配布されたレアアイテム。

YOKO ONO IN/HOMELESS
東宝東和/ケイエスエス
1991/08/07　映画パンフレット　4
ホームレスをコンセプトに制作されたヨーコ主演の短編映画の見開きパンフレット。ポールの《ゲット・バック》と2本立てで同時上映されたもので、監督は堤ユキヒコ、製作・脚本は秋元康。

1960年大百科/東京タワーからビートルズまで
JICC出版局
1991/08/15　ムック/企画誌　数
サブタイトルにあるように、一部ビートルズのレコード、雑誌コレクションや来日に関する記事などがあるが、特に貴重なものではない。

THE BEATLES/IT WAS 25 YEARS AGO
BCC
1991/08/　イベントパンフレット　全28
ビートルズ来日および設立25周年を記念して開催されたBCC特別イベント「IT WAS 25 YEARS AGO」のB4判のパンフレット。イベントパンフレットのなかでもかなり気合の入った豪華版。

WINDS(ウィンズ)/SEPTEMBER 1991
日本航空
1991/09/01　非売品/その他　8
JAL国際線の機内誌。8ページにわたりジョン自筆のユーモラスなイラストが掲載されている。英語と日本語の記事を半分ずつ振り分けた構成で、ジョンのイラスト表紙は英語ページの方。

季刊THE軽井沢/'91 SPRING
D・KネットワークTHE軽井沢編集室
1991/09/01　一般雑誌　3
ノンフィクション作家、音楽評論家である宮原安春の「THE HISTORY OF軽井沢」特別企画インタビュー「軽井沢にはジョン・レノンが似合う」がある。軽井沢への想いとともに、ジョンの写真やイマジンの訳詞なども掲載。

ダカーポ/9月4日号
マガジンハウス
1991/09/04　一般雑誌　1/8
特集「'60年が戻ってきた」の年表の中で、わずかに「ビートルズ来日」の記事と写真があるほか、表紙の一部がビートルズ。

THE BEATLES' ALBUMS/ビートルズ・アルバム
プロデュース・センター出版局/BCC(編)
1991/09/09　ムック/企画誌　全208
BCC編著の徹底研究シリーズ「ビートルズアルバム研究」。公式アルバム全15タイトルを徹底分析したベーシックな資料。「基本データ」「制作過程」「サウンド解説」「曲作りと作詞」「音作り」「ミキシング」「発売の経緯」など。

LPレコードの逆襲
毎日新聞社/かまち潤
1991/09/10　単行本　数
CDの台頭にともない、アナログ・レコードをあらゆる角度から再考察したユニークな研究書。表紙一部にビートルズのイラスト。ほかレコード関連。

ミート・ザ・ビートルズ/イエスタデイ・ワンス・モア
新潮社/小林信彦
1991/09/15　単行本　全256
30年前にタイムスリップした主人公がビートルズ来日公演を舞台に繰り広げる冒険物語。本書は、前作『イエスタデイ・ワンス・モア』のパート2にあたる。

月刊フィロ/10月号
日本スタックマガジン社
1991/09/25　一般雑誌　16
写真を含めた16ページの特集「リメンバー・ビートルズ」がある。「リメンバービートルズ」「ビートルズ年表(1962～1970)」「懐かしうて、やがて哀しき60年代/紀田順一郎」「ビートルズ・オリジナルアルバムリスト」など。

THANK YOU JOHN LENNON
BCC
1991/10/09　ムック/企画誌　全144
1982年にBCCより刊行された「We Love John Lennon」の続編として制作されたジョンへのメッセージ文集。全篇ジョンを愛するファンからの投稿で構成。

ユリイカ詩と批評/11月号
青土社
1991/11/01　一般雑誌　15
特集「ポップス」のなかに『ポップ・マインド――ビートルズとその余波』(ブライアン・マスターズ)があり、ポップス界に多大な影響を与えたビートルズの論評などを掲載。

Vanda vol.4
MOON FLOWER Vanda編集部
1991/11/10　一般雑誌　22
ビートルズ・ファンやコアなマニアのエッセイ、インタビュー、対談を中心とした特集「BEATLESレアマスター辞典/THE BEATLES」がある。ほか、一部ディスコグラフィーもあり。

芸能BOX/11月20日号
辰巳出版
1991/11/20　一般雑誌　4
「実話プレス」増刊号。業界暴露レポート「人気作家/小林信彦がビートルズで墓穴/音楽評論家・松村雄策がクレームをつける！」があり、当時話題となったいわゆる「ビートルズ論争」。

ジョン・レノンIN MY LIFE
日本放送出版協会/ケヴィン・ホウレット他
1991/11/20　単行本　全256
ジョン40年の生涯を、アルバム制作、レコーディングなど音楽活動を中心に描いた評伝。創作活動に取り組む姿勢やミュージシャンとの交友関係など、音楽家としてのジョンを知るには良質の書。

宝島/11月24日号
JICC出版局
1991/11/24　一般雑誌　1未満
表紙がビートルズのアルバムのパロディ。企画「洋楽ロック歴史的名盤100選」のなかでビートルズのアルバムを紹介。

ぴあ/11月28日号
ぴあ
1991/11/28　週刊誌　5
「ジョージ&クラプトン栄光の軌跡を探る/ジョージ・ハリスン来日！」があり、巻頭カラーページで近況のほか、ジョージの来日関連情報、ディスコグラフィーなどを掲載。表紙もジョージのイラストカヴァー。

GEORGE HARRISON with ERIC CLAPPTON
ウドー音楽事務所
1991/12/01　公演パンフレット　全36
25年ぶりに親友エリック・クラプトンを伴って来日したジョージの日本公演パンフレット(LPサイズ)。ジョージとクラプトンの近況フォト、ビートルズ時代のフォトを多く収録した写真集構成の豪華版。

月刊ビーコモン/12月号
日本放送出版協会
1991/12/01　一般雑誌　5
ジョンの伝記「ジョン・レノン/IN MY LIFE」(ケヴィン・ホウレット&マーク・ルイソン著)に合わせた特集「ジョン・レノン未発表インタビュー・平和と暴力が交錯する波乱に満ちた40年の生涯」がある。

オリコン/12月2日号
オリジナルコンフィデンス
1991/12/02　音楽雑誌　1
モノクロページに特集「25年ぶりの来日公演中！ジョージ・ハリスンのススメ！」が1ページ。公演前情報とアルバムディスコグラフィー。

SPA！(スパ)/12月4日号
扶桑社
1991/12/04　週刊誌　1
ジョージ・クラプトン来日のカラー写真と記事「文化バザール ジョージ・ハリスン、エリック・クラプトン」「2人の間の友情は20年来変わらないよ/東郷かおる子」がある。

毎日グラフ/12月8日号
毎日新聞社
1991/12/08　週刊誌　7
クラプトンとともに来日するジョージの近況情報を掲載した巻頭グラフ特集「伝説のビートルズ 25年ぶりジョージ・ハリスン来日！！」がある。

FMステーション/12月9日-12月22日号
ダイヤモンド社
1991/12/09　音楽雑誌　2
カラー2ページの来日直前インタビュー「ジョージ・ハリスンwithエリック・クラプトン」がある。日本公演ライヴのアルバム化、二人の間柄、公演日程など多くを語った貴重な内容。

アサヒグラフ/12月13日号
朝日新聞社
1991/12/13　週刊誌　3
横浜アリーナで開催されたジョージの来日公演のカラーグラフ「来日ライヴジョージ・ハリスン&E・クラプトン」「クラプトンを伴って来日公演」「ビートルズの栄光再びジョージ・ハリスン」がある。

日経エンタテイメント/12月18日号
日経新聞社
1991/12/18　週刊誌　1未満
表紙がジョージ。エリック・クラプトンとのツーショット写真を添え、来日コンサートについてのわずかな記事「アーティストジョージ・ハリスン」があるのみ。

1991-1992

GOLD WAX NO.12		
バロック出版		
1991/12/20	音楽雑誌	9
映像コレクションを網羅、解説した資料集「THE BEATLES」「ヒストリー・オブ・フィルムス VOL.1/村上勉」がある。キャバーン・クラブでの貴重ライヴ映像から、1969年〈レット・イット・ビー・アウトテイク1&2〉までの作品を収録。		

BEATLES FUKKATSUSAI/1991		
BCC		
1991/	イベントパンフレット	全20
BCC主催「ビートルズ復活祭/Film Showing Of The Beatles1991」のイベントプログラム。「劇場映画/レット・イット・ビー」「レット・イット・ビー・テスト・フィルム」「映画レット・イット・ビーに登場する楽器たち」ほか。		

1992

レコード・コレクターズ/1月号		
ミュージック・マガジン		
1992/01/01	音楽雑誌	53
53ページにおよぶジョージの総力特集「特集ジョージ・ハリスン」がある。「ビートルズの中で果たした役割/ソロ時代の歩み/アルバム・ガイド/ダーク・ホース・レーベルの全作品/プロデュース、参加アルバム」など。		

月刊Asahi(アサヒ)/1月号		
朝日新聞社		
1992/01/01	一般雑誌	9
ジョンの特集「個人秘書が初めて明かす、ジョン・レノン最後の日々」がある。ジョンの個人秘書だったフレディック・シーマンのベストセラー著書「ジョン・レノン最後の日々」からの抜粋。		

FMステーション/1月6日-1月19日号		
ダイヤモンド社		
1992/01/06	音楽雑誌	1/3
表紙コピーがあるものの掲載内容はわずかで巻末、今週のLIVE!コーナーに公演の演奏曲目と小グラフ「ジョージ・ハリスンwithエリック・クラプトン」のみ。		

FM fan/1月20日-2月2日号		
共同通信社		
1992/01/20	音楽雑誌	7
巻頭カラー7ページに「ジョージ・ハリスンの来日公演特集」「世界が注目したジョージ・ハリスン25年ぶりの来日公演徹底分析」がある。「演奏曲目徹底分析」「演奏楽曲別使用楽器一覧」ほか、CDディスコグラフィーなど。		

宝島/1月24日号		
JICC出版局		
1992/01/24	一般雑誌	1未満
わずかにジョージのビデオ紹介などがある程度。表紙コピーは「60年代はビデオで学べビートルズからイージー・ライダーまで」。		

ミュージック・マガジン/2月号		
ニューミュージック・マガジン		
1992/02/01	音楽雑誌	8
来日を果たしたジョージのコンサートレポート「'92年、注目のアーティストたちハリスン&クラプトン/テンプテイションズetc」ほか、ステージ・フォトや演奏曲目の紹介などもある。		

メンズノンノ/2月号		
集英社		
1992/02/01	一般雑誌	7
特集カラーグラフ「偉人発見伝②ジョン・レノン」「本当の自分と愛を探し続けたミュージシャン/ジョン・レノン」がある。「早熟のジョンは、手のつけられない反抗児だった」ほか、写真と記事、年譜でジョンの生涯を紹介。		

ビートルズ・ソングス		
ソニー・マガジンズ/ウィリアム・J・ダウルディン		
1992/02/05	単行本	全200
ビートルズ公式アルバムに収録された全213曲を詳細に解説した資料集。各収録曲のレコーディング・データをはじめ、ヒットチャート・ランキング、作詞作曲、担当楽器、コメントをアルバム順に掲載したもの。		

モア・ビートルズソングス		
ソニー・マガジンズ/不破寿夫(編・著)		
1992/02/05	ムック/企画誌	全160
「ビートルズ・ソングス」と同時発売された資料集。未発表曲、カヴァー曲、デモ・レコーディング、ライヴ、スタジオセッションなど、原則ビートルズのアルバム未収録曲を中心に解説したもの。		

宝島/2月9日号		
JICC出版局		
1992/02/09	一般雑誌	3
ジョージの来日コンサート・レポートなど。表紙コピーは「ジミヘン、ジャニス、レノンからフレディ・マーキュリーまで逝ってしまった巨人たち/ロック伝説写真集」。		

オリーブ/2月18日号		
マガジンハウス		
1992/02/18	一般雑誌	8
特集は先生はビートルズ。「おしゃれも音楽もビートルズが教えてくれた」がある。「大発見!ビートルズが今、こんなに注目を浴びているよ。」「知っておきたい!ビートルズのおしゃれ事典」ほか、ファッションとビートルズグッズ。		

GOLD WAX NO.13		
バロック出版		
1992/02/20	音楽雑誌	5
ビートルズのアウトテイクのブートCD「UNSURP ASSED MASTERS」シリーズの解説ほか、ビートルズ、ジョン、ポールのコレクターズCDレビューなど。表紙コピーは「BEATLES」。		

THE BEATLES SOUND BOOK VOL.5		
プロデュース・センター出版局/BCCサウンド研究会		
1992/03/01	ムック/企画誌	全120
1991年6月までに公式発表されたソロを含むオリジナル・ナンバー(921曲)をアルファベット順に整理した簡易全曲ガイド「ALL SONGS/The Beatles&Solo」。		

ジョン・レノン伝説(上)		
朝日新聞社/アルバート・ゴールドマン		
1992/03/05	単行本	全528
ジョンに対する記述があまりに衝撃的な内容であったため、告訴騒ぎまで巻き起こした異色伝記(上巻)。ジョンを慕う関係者やファンから「事実誤認」とのクレームがつき話題となった。		

ジョン・レノン伝説(下)		
朝日新聞社/アルバート・ゴールドマン		
1992/03/05	単行本	全630
下巻。いわく付きの伝記だが、大作ということだけは確か。		

ロックの伝道者──インタビュー集──		
シンコー・ミュージック/草野昌一		
1992/03/16	単行本	53
ミュージック・ライフ誌に掲載されたロックアーティスト13人のインタビューを再録した編集本。「ビートルズ解散後のポールの言い分/ポール・マッカートニー」と「ジョンとヨーコ、二人三脚の芸術観と社会観/ジョン・レノン」がある。		

宝島/3月24日号		
JICC出版局		
1992/03/24	音楽雑誌	0
表紙にレノンのコピーがあるが内容は内田裕也のインタビュー記事。特筆すべき記事は見あたらない。		

ビートルズ「解散後の4人」─愛と反目の日々		
シンコー・ミュージック/デヴィッド・ベナハム		
1992/04/08	単行本	全224
1970年の解散以降、20年間に語られた4人の注目発言を項目別に整理編集したビートルズ語録集。「解散」「ソロ活動」「ロックンロール」「ドラッグ」「宗教と哲学」「家族」など12章に分けて収録。		

FMステーション/4月13日-4月26日号		
ダイヤモンド社		
1992/04/13	音楽雑誌	5
インサイドストーリー、年表、記録、オリジナルCDガイド、解散後の活躍とプロフィールなど、5ページの結成30周年記念特集「ビートルズがいたからロックがある!」。		

GOLD WAX NO.14		
バロック出版		
1992/04/20	音楽雑誌	5
ジョンの絵画コレクションの話題「レノンの絵を求めて/五味暮席」や、ブートCD「GET BACK SESSION」解説ほか。表紙コピー「BEATLES/JOHN LENNON」。		

レコパル/5月11日-5月24日号		
小学館		
1992/05/11	音楽雑誌	1未満
特集「東へ西へアナログ見聞録」にビートルズのアナログレコード盤の写真と復刻の話題「ビートルズのレコード盤復刻」。		

THE BEATLES/伝説の足跡		
音楽専科社		
1992/05/28	ムック/企画誌	全194
音楽専科、1967年4月の創刊号から1981年12月号までに掲載されたビートルズ関連記事、写真を集めて再編集した抜粋編で、タイムリーなレポートや参考資料を収録。		

THE BEATLES 30th Anniversary their debut		
東芝EMI/BCC(編)		
1992/06/12	非売品/小冊子	全64
サブタイトル「30th Anniversary of Their debut 1962-1992」と題した非売品の資料集。ビートルズのレコード・デビュー30周年の記念企画として発行されたもので、①ビートルズを知るための30の鍵②メンバーの素顔と魅力ほか。		

YOKO ONOオノ・ヨーコ人と作品		
講談社/飯村隆彦		
1992/06/15	文庫本	全240
1985年2月4日に文化出版局より発行された単行本の文庫版。		

ポール・マッカートニー・リヴァプール・オラトリオ		
新日本フィルハーモニー交響楽団		
1992/06/18	公演パンフレット	全20
1992年6月18日、19日、新日本フィルハーモニー交響楽団創立20周年を記念して、東京オーチャードホールで行われた「ポール・マッカートニー・リヴァプール・オラトリオ」のコンサートパンフレット。		

ポール・マッカートニー・リヴァプール・オラトリオ/対訳解説集		
新日本フィルハーモニー交響楽団		
1992/06/18	公演パンフレット	全12
「ポール・マッカートニー・リヴァプール・オラトリオ」コンサートの別冊対訳解説集。		

ポップ・ミュージック・ストリーム		
ピー・エヌ・エヌ		
1992/06/18	単行本	20
著者選によるポピュラー・ミュージック・アルバム151を写真付で掲載し、解説を加えたガイドブック。「それはサージェント・ペパーズから始まった」など。		

1992

SPA！(スパ)／6月24日号
扶桑社
1992/06/24　週刊誌　1
ジュリアン・レノンの来日記事と写真「今週のひとり立ち／ジュリアン・レノン」が1ページ。表紙コピー「今週の顔 ジュリアン・レノン」。

ザ・ロック・レガシー
JICC出版局／宝島編集部
1992/06/25　単行本　25
ジョン、ジム・モリスン、ジミ・ヘンドリックス、ジャニス・ジョップリンなど、若くしてこの世を去ったロック・アーティスト9人のレクイエム。各アーティストのフォト数点とともに、生涯を簡潔に掲載。表紙写真一部がジョン。

サンタクロース／7月1日号
文藝春秋情報出版
1992/07/01　一般雑誌　4
ビートルズ主演映画のカラー小特集「ビートルズ映画のもう一度！／品田雄吉」がある。リチャード・レスター監督作品《ビートルズがやって来るヤァ！ヤァ！ヤァ！》《ヘルプ！4人はアイドル》などに関する話題と写真が中心。

マンボウ／7月号
光文社
1992/07/01　一般雑誌　12
12ページのリンダのインタビュー特集「ポールとリンダの農園生活「リンダ・マッカートニー特別取材」家族、農場、音楽…／マッカートニー家のカントリーライフ」がある。

LSDと仏陀とビートルズ
第三書館／おきひかる
1992/07/01　単行本　数
LSDとエクスタシー(MDMA)のドラッグ体験をまとめた異色本。直接ビートルズに触れる部分はないが、ジョンの【ラヴ】やビートルズの【レット・イット・ビー】の対訳などがわずかに引用されている。

FM fan／7月6日-7月19日号
共同通信社
1992/07/06　音楽雑誌　1未満
表紙がリンゴの最新アルバム「タイムス・テイクス・タイム」。CDプレゼントコーナーに同アルバムの紹介がある程度。

オリコン／7月6日号
オリジナルコンフィデンス
1992/07/06　音楽雑誌　2
デビュー30周年記念の簡単なビートルズ特集「21世紀へと語り継がれる今世紀最大のROCK BAND！ザ・ビートルズ」がある。ディスコグラフィー、ファンアンケート、メッセージなど。

フライデー・スペシャル／7月14日増刊号
講談社
1992/07/14　一般雑誌　3
簡単なディスコグラフィーを含めたモノクロ・グラフ「ビートルズ30年」「あれから30年…ビートルズは不滅です！」が3ページ。

フラウ／7月14日号
講談社
1992/07/14　一般雑誌　13
13ページにおよぶカラー・グラフ・ロングインタビュー「オノ・ヨーコ独占インタビュー／90年代への黙示」がある。ジョンやショーンのほか、ヨーコ自身の貴重フォトも多く掲載されインタビューも貴重な内容。

週刊プレイボーイ／7月14日号
集英社
1992/07/14　週刊誌　3
「ビートルズ結成30周年記念インタビュー／リンゴ・スター」がある。リンゴが中心となって結成したオール・スター・バンドの近況や、アルコール中毒からリハビリ療養生活を送っていた事実を語ったもの。取材は松村雄策。

Cut／7月号
ロッキング・オン／松村雄策(監修)
1992/07/20　一般雑誌　35
ヴィジュアル構成のビートルズ特集「神話ではなかったビートルズ」があり、多くのカラーフォトをはじめポール、ジョージ、ジョンの順に貴重インタビューを掲載。

FM fan／7月20日-8月2日号
共同通信社
1992/07/20　音楽雑誌　2
カラー・グラフ「リンゴ・スター／なんといっても僕はドラマーなんだ」が2ページ。東郷かおる子によるインタビュー「自然に気が向いて作ったアルバム」「ワールド・ツアーには息子も参加」など。

リズム&ドラム・マガジン／8月号(隔月)
リットーミュージック
1992/08/01　音楽雑誌　3
ニューアルバム「タイムス・テイクス・タイム」のリリースと、本格的な音楽活動再開に関する近況インタビュー「リンゴ・スター」を巻頭カラーで掲載。

THE UNSEEN BEATLES／ビートルズ未公開写真集
ファンハウス／ボブ・ウイタカー(写真)
1992/08/01　ムック／企画誌　全160
「ブッチャー・カヴァー」を撮影したカメラマン、ボブ・ウイタカーによる、ビートルズ初期から中期にかけての未公開フォトを収録したハードカヴァー豪華版写真集。

フィガロ・ジャポン／8月号
ティービーエス・ブリタニカ
1992/08/01　一般雑誌　1
特集「男の顔には、ストーリーがある」の中で「父よりいい顔を予感させる男たち／ジュリアン・レノン、ショーン・レノン」の記事と写真など。表紙写真の一部とコピーが「Sean Lennon」。

GOLD WAX NO.16
バロック出版
1992/08/20　音楽雑誌　2
ブートCD「GET BACK SESSION」の連載解説シリーズなど。表紙コピー「BEATLES」。

任天堂公式ガイドブック／マリオペイント
小学館
1992/08/20　一般雑誌　0
任天堂「マリオペイント」の公式ガイドブック。サブタイトルが「マリオペイント・末はピカソか、ビートルズ。」サブタイトル以外にビートルズとは関係なし。

レコパル／8月31日-9月13日号
小学館
1992/08/31　音楽雑誌　25
三部構成、トータル25ページのビジュアル特集「ビートルズデビュー30周年特集号」がある。1966年の来日公演体験記や評論、エッセイが中心。

30th Anniversary Of Debut BEATLES
BCC
1992/08/　イベントパンフレット　全36
ビートルズ・デビュー30周年を記念して開催された「ビートルズ復活祭」のイベントパンフレット。未公開フォトやピート・ベストのインタビュー、ビートルズ・ライブ・フィルムの解説などを掲載したヴィジュアル構成。

アサヒグラフ／9月4日号
朝日新聞社
1992/09/04　週刊誌　8
カラーグラフ「ビートルズとその時代・デビュー30周年記念」がある。写真や年譜、ディスコグラフィーと「ジョン・レノンは今もぼくらの希望である／山川健一」「若者たちは髪をのばし、フォークをエレキに持ちかえた／北中正和」ほか。

宝島／9月9日号
JICC出版局
1992/09/09　一般雑誌　21
初代ドラマー、ピート・ベストと星加ルミ子のスペシャルインタビューとともに、『ザ・ビートルズ物語』と題した特集を企画。ビートルズが活動した1961年〜1970年のおもな出来事を、年代順、各2ページ程度にまとめたもの。

リンダ・マッカートニーの地球と私のベジタリアン料理
文化出版局／リンダ・マッカートニー／ピーター
1992/09/28　単行本　全128
ベジタリアンで知られるリンダによる、手軽にできるベジタリアン料理を紹介したホーム・クッキング・レシピ集。

DREAM of THE BEATLES
BCC
1992/10/01　イベントパンフレット　全28
1992年9月28日〜11月に東京・大阪・静岡で開催されたビートルズ結成30周年イベント「DREAM of THE BEATLES」のパンフレット。財津和夫、タケカワ・ユキヒデ、杉真理、坂崎幸之助、清水仁などが参加。

もっとビートルズ！この一冊でビートルズがわかる
音楽之友社／香月利一
1992/10/05　単行本　全384
ベストセラーになった名著「ビートルズ事典」のダイジェスト版的な構成の総合資料集。ビートルズの軌跡をまとめた年譜、ストーリー、ディスコグラフィーなどベーシックなデータを収録。

GET BACK'62
GET BACK62実行委員会／キネスト
1992/10/09　イベントパンフレット　全16
デビュー30周年記念イベントとして京都府立文化芸術会館で開催された「GET BACK'62」のパンフレット。フィルム上映、トーク&ライヴショー、コレクションの展示など。東京ビートルズ・ファン・クラブ(TBFC)が後援。

VIEWS(ヴューズ)VOL.2
講談社
1992/10/14　一般雑誌　14
14ページのカラーグラフ特集「デビュー30周年の記念テーゼ「人類、皆、ビートルズの子ども」を証明する！」がある。掲載写真も初期レアショットから日本公演、衛星中継など、いずれも意外に貴重なもの。表紙一部もビートルズ。

究極のビートルズ・クイズ(上)
音楽之友社／マイケル・J・ホッキンソン
1992/10/20　単行本　全256
ビートルズの雑学やエピソードの数々を26のテーマに分け、マニア向けの665問のクイズに仕上げたもの(上巻)。クイズとはいえあまりに難問・奇問が多く、超マニアであってもおそらく半分も解答できないほどのレベル。

究極のビートルズ・クイズ(下)
音楽之友社／マイケル・J・ホッキンソン
1992/12/05　単行本　全240
下巻は24のテーマで合計630問の究極クイズが掲載されている。上巻同様、超ビートルズ・マニアでもお手上げの難問・奇問がいっぱい。下巻の発行日は1992年12月5日。

GOLD WAX NO.17
バロック出版
1992/10/20　音楽雑誌　10
ビートルズ結成30周年企画として『THE BEATLES THE 30th ANNIVERSARY ISSUE』「ビートルズ・オフィシャル・レア・トラックス特集」があり、アルファベット順にリミックス、ヴァージョン、テイク違いなどを解説。

ビートルズ&アップル・マテリアル
ビー・エヌ・エヌ／和久井光司
1992/10/20　ムック／企画誌　全320
ビートルズを含め、アップル・レーベルの全レコードを写真付で掲載した貴重なディスコグラフィー。ビートルズおよび4人のソロ・アルバムから、アップル関連アーティストのアルバムを詳細に掲載。

THE BEATLES ON PRESS
シンコー・ミュージック／高橋周平(企画編集)
1992/10/25　ムック／企画誌　全320
ミュージック・ライフ誌をはじめ、日本の出版関係者に送付されたビートルズ現役時代のプレス用フォト約200点を収録した豪華モノクロ写真集。定価が7,000円と少々高め。

フリックス／12月号
ビクター音楽産業
1992/11/21　一般雑誌　7
グラビアページ「ザ・ビートルズ」があるほか、「20世紀の歴史を変えた4人／馬場啓一」「映画は唄う／里見恭助」など、ロックシーンや映画に関する読物も掲載。

耳こそはすべて／ビートルズを創った男
河出文庫／ジョージ・マーティン
1992/12/04　文庫本　全456
プロデューサー、ジョージ・マーティンによる貴重本。1980年5月20日にクイックフォックス社より刊行された作品を文庫化したもの。

the beatles collection 3 | 301

1992-1993

JOHN LENNON DAYS	「ジョン・レノンもう一つの顔」
プロデュース・センター出版局・BCC（編）	
1992/12/05	イベントパンフレット	全32

ジョンが残したアート作品、愛用品などの貴重コレクションを集めて開催されたメモリアル・イベント「ジョン・レノン、もう一つの顔」のパンフレット。

ピーウィー/12月号
ソニー・マガジンズ
1992/12/07	一般雑誌	6

読者アンケートにより選ばれた大特集の企画の中にビートルズのグラフ企画「THE BEATLES」がある。プロフィールなどを簡単に紹介した「ビートルズ様へ、30年越しのラヴコール」ほか。

ビートルズをつくった男/ブライアン・エプスタイン
新潮文庫/レイ・コールマン
1992/12/15	文庫本	全678

ビートルズのマネージャー、ブライアン・エプスタインの生涯を描いた伝記。ビートルズとの出会い、ともに歩んだ栄光の軌跡、そして事故死に至る数々の出来事を調査・分析しまとめ上げた大作。

GOLD WAX NO.18
バロック出版
1992/12/20	音楽雑誌	4

連載企画ほか、コレクターズCDレヴューにビートルズCD4タイトルの解説など。表紙コピーは「BEATLES」。

ビートルズになれなかった男
光文社/髙尾栄司
1992/12/20	文庫本	全320

初代ドラマー、ピート・ベストにスポットをあて、当時のビートルズとその人間像に迫ったもの。本人との会見談をもとに、貴重な証言や新事実を掲載。1984年12月15日に朝日新聞社より刊行されたものを文庫化。

JAPAN WAX/コレクターズCDガイド
バロック出版
1992/12/29	ムック/企画誌	36

「GOLD WAX」の増刊号扱い。マニアックなCD、アナログ盤の最新情報と解説で構成したコレクター向け専門誌。ビートルズ関連ではソロのものも含め134枚のブートCDを中心に、写真付で詳細に解説。

THE BEATLES 30th Anniversary their debut
東芝EMI
1992/	非売品/小冊子	6

「30th Anniversary of Their debut/ビートルズ・レコード・デビュー30周年記念!!」企画で、UKオリジナル・アナログ・アルバム全13点限定プレス決定の3つ折り小冊子。アルバム・カラーディスコグラフィー。

栄光のザ・ビートルズ展（非売品ポートレート）
S-PAL
1992/	非売品/その他	※

ビートルズ・デビュー30周年を記念して開催された「栄光のザ・ビートルズ展」の大型ポートレート（364×330）6枚セット。来場者に配布された非売品。

ザ・ビートルズ/ザ・ファーストU.Sヴィジット
バップ
1992/	非売品/小冊子	2

VAPビデオのニューリリース案内情報誌。1964年の初アメリカ・ツアー、エド・サリバン・ショーのドキュメントビデオ「ザ・ビートルズ/ザ・ファーストU.Sヴィジット」の広告とレビュー記事、ビデオ収録曲データなど。非売品。

ビートルズ・デビュー30周年記念/リーフ
SEIKODO
1992/	その他	4

ビートルズ・デビュー30周年記念のUSツアードキュメント映像等を収録した東芝EMIのビデオ＆バップLD発売のA5サイズ・リーフ。

BEATLES FUKKATSUSAI/1992
BCC
1992/	イベントパンフレット	全20

BCC主催「ビートルズ復活祭/Film Showing of The Beatles1992」のイベントプログラム。「ジョージ日本公演演奏曲」「エド・サリバン・ショー」「The Beatles（BCCマンスリー）記事目録（1号～200号）資料集」ほか。

1993

ベッピン/1月号
英知出版
1993/01/01	一般雑誌	4

ビートルズ・デビュー30周年を記念して、年譜やエピソード、アルバム解説など写真を添えた4ページのグラフ特集を掲載。ただ「ビートルズ徹底大特集」と表紙コピーに記すほどの内容ではない。

ビートルズ王国/4人の歴史
シンコー・ミュージック/立川直樹
1993/01/06	単行本	全448

1975年7月1日に刊行された単行本「怪傑ビートルズの伝説」の改題・改訂文庫版。リンゴが生まれた1940年から1974年までのビートルズ年譜・伝説をまとめたもの。

スーパーコラム VOL.3/ロック黄金狂時代
ソニー・マガジンズ
1993/01/12	ムック/企画誌	数

同シリーズでは「カルトTV」「大相撲」に続いて「ビートルズ、ウッドストックからロックの時代へ」を企画。一部ビートルズに関する紹介やレコード解説など。

GOLD WAX NO.19
バロック出版
1993/02/20	音楽雑誌	10

レーザー・ディスク「ジョン・レノン/ビデオ・コレクション」と「ワン・トゥー・ワン/ジョン・レノン」について、視聴レポートと詳細な解説を加えた「ジョン・レノンのレーザー・ディスク/森山直明」ほか。表紙コピーは「JOHN LENNON/BEATLES」。

ビートルズ概論'93&ディスコグラフィー
東芝EMI
1993/02/25	非売品/小冊子	全56

東芝EMI発行の非売品。「イントロダクション/石坂敬一」ほか、ビートルズ時代～ソロを含めたディスコグラフィー。写真はケース表紙。

SPA！（スパ）/3月10日号
扶桑社
1993/03/10	一般雑誌	2

ビートルズ新曲発表のニュース記事「再結成ビートルズのこれが23年ぶりの新譜だ！」がある。

ジョン・レノン大百科/ジョンの芸術
ソニー・マガジンズ/ジョン・ロバートソン（著）
1993/03/19	単行本	全208

ジョンの音楽作品、映画、リトグラフ、詩・文学などの芸術作品と、その創作活動を年代順に整理し解説した研究資料集。作品資料のほか、インタビューやディスコグラフィーなどの添付もある。速水丈（文）/奥田祐士（訳）。

ポール・マッカートニー/ビートルズ神話の光と影
近代映画社/ロス・ベンソン
1993/03/31	単行本	全400

基本的にはポールの伝記だが、著者がジャーナリストということもあり、取材から得たポールの光と影の両面を鋭く描いたもの。第1章「リヴァプール1942」～第17章「ギヴアップしない男」まで400ページの大作。

サウンド＆レコーディング・マガジン/4月号
リットーミュージック
1993/04/01	音楽雑誌	3

表紙には「ポール・マッカートニー」とあるが、実際はポールの最新アルバム「オフ・ザ・グラウンド」でポールとともにプロデュースを務めたジュリアン・メンデルソンのインタビュー。ポールのレコーディング時のエピソードなどを紹介。

ビッグ・コミック・スピリッツ/4月5日号
小学館
1993/04/05	週刊誌	2

ビートルズゆかりの地を散策したレポート「算数王子、中山雅也氏と本誌読者特派記者3名がロンドン＆リバプールでビートルズ三昧!!」がある。表紙コピーは「ビートルズ、ジャケットフォト・ツアー報告!!」。

ワッツイン/4月号
ソニー・マガジンズ
1993/04/15	音楽雑誌	4

巻頭スペシャルでジョージ・マーティンとYOSHIKIのレコーディングに関するレポート「YOSHIKI Withビートルズの名プロデューサージョージ・マーティン」があるが、ビートルズに直接触れる部分はない。

GOLD WAX NO.20
バロック出版
1993/04/20	音楽雑誌	12

「ビートルズの初期スタジオ・ライヴの楽しみ方に関する一考察/森山直明」ほか、「7インチ写真版THE BEATLES」やコレクターズCDレヴューなど。表紙コピーは「BEATLES」。

微熱少年
講談社/松本隆（作）/大前田りん（画）
1993/04/23	単行本	26

1985年11月20日に新潮社より発行された、元はっぴいえんどのドラマー松本隆の青春小説を漫画化したもの。漫画の中でもビートルズが登場するほか、後半に1966年ビートルズ来日の出来事も紹介。表紙もビートルズのイラスト。

サウンド＆レコーディング・マガジン/5月号
リットーミュージック
1993/05/01	音楽雑誌	4

67歳になったジョージ・マーティンのインタビューがある。レコーディング技術・設備機器など、終始専門的な内容で、ビートルズに触れる部分はほとんどない。

レコード・コレクターズ/5月号
ミュージック・マガジン
1993/05/01	音楽雑誌	71

トータル71ページにおよぶポールの大特集を掲載。「ビートルズ解散後の歩み/ロックンロールとポップスの間で/音楽的背景を探る/オリジナルアルバム・ガイド/アルバム未収録音源etc」。

世界史迷宮のミステリー2
KKベストセラーズ
1993/05/05	文庫本	17

ジョン射殺事件の動機と真相に迫った「チャップマンが犯行におよんだ動機とは/ジョン・レノン」のほか、ジョン以外にもマリリン・モンロー、リンカーン、シャロン・テートなどの怪事件を取り上げている。

百万人の英語/全米スターBIGインタビュー
日本英語教育協会/旺文社
1993/05/21	一般雑誌	5

ポールはじめ全米ビッグスター15人のインタビューを収録したCD付の英語教材。ポールのインタビューは全文訳とその解説を掲載。表紙写真の一部はポール。

ROCK GIANTS 70's
ロッキング・オン
1993/05/31	単行本	44

ロッキング・オンが厳選した1970年代を象徴するロック・アーティストのインタビュー集。ビートルズ関連ではジョン、ポール、ジョージの順にレポートやインタビュー『AFTER THE BEATLES』を収録。

1993

レコード・コレクターズ/6月号
ミュージック・マガジン
1993/06/01 音楽雑誌 4
前月号から続く特集「ポール・マッカートニー」の第2回「ポール・マッカートニーのプロデュース・参加レコード/速水丈」がある。

GOLD WAX NO.21
バロック出版
1993/06/20 音楽雑誌 4
ビートルズのブートCD、ビデオの新着ニュースやグラフィティをまとめた「もっともっとビートルズ！/森山直樹」ほか、ビートルズ関連のCD紹介コーナーがある。表紙もビートルズ。

レコード・コレクターズ/7月号
ミュージック・マガジン
1993/07/01 音楽雑誌 6
連載「ポール・マッカートニー」の第3回「ポール・マッカートニーのプロデュース・参加レコード/速水丈」がある。1977年～1993年までのポールの参加したレコードをまとめて紹介。

Bad News/7月号
バッド・ニュース
1993/07/15 音楽雑誌 3
特別企画「日本を代表する音楽評論家が選んだ永遠のベスト・アルバム100」のなかで、ビートルズ関連アルバム『ヨシの魂』『サージェント・ペパーズ～』『アビイ・ロード』の紹介と解説がある。表紙一部がビートルズのアルバムイラスト。

フィリックス/8月号
ビクター音楽産業
1993/07/31 一般雑誌 1
フォトインタビュー「カンヌの想い出」にモノクロフォト「ジョン・レノン、オノ・ヨーコ、ルイ・マイル」がある。表紙コピー「ジョン・レノン」。

CDジャーナル/8月号
音楽出版社
1993/08/01 音楽雑誌 4
氷上はる子によるリンゴのインタビュー「ぼくらはみんなプロフェッショナルなんだぜ」とポールの全CD紹介がある。表紙の一部がリンゴのアルバム。

ビートルズが流れていた
PHP研究所/林哲司
1993/08/06 単行本 全192
ビートルズに関する想いや著者の音楽体験をもとにした16篇のエッセイ集。大半がビートルズがらみの作品で、日本公演「ビートルズはやって来た！」や、ポールの2ショット会見記「オッス、オッスと言ってポールは現れた」は特に面白い。

GOLD WAX NO.22
バロック出版
1993/08/20 音楽雑誌 4
「武道館コンサート再発！/森山直樹」ほか、ポールのコレクターズCD情報など。表紙コピーは「BEATLES/PAUL McCARTNEY」。

The Beatles CHRONICLE 1962 - 1966
東芝EMI
1993/09/20 非売品/小冊子 全136
東芝EMI発売のベスト盤2枚組CD(赤盤・青盤)の販促非売品小冊子で、136ページのコンパクト資料集(CDケースサイズ)。4人のプロフィール、クロニクル、ディスコグラフィー、オールソングデータなど、ボリュームのある資料集。

The Beatles CHRONICLE 1967 - 1970
東芝EMI
1993/09/20 非売品/小冊子 全136
ベスト盤2枚組CD(赤盤・青盤)の販促非売品小冊子で、全136ページのコンパクト資料集。こちらは後期1967～1970年までの資料を収録。

Vanda⑪/1993年SEPTEMBER
MOON FLOWER Vanda編集部
1993/09/25 音楽雑誌 19
レノン=マッカートニーをテーマにした音楽特集「JOHN LENNON,PAUL McCARTNEY」があり、ビートルズ時代を含む二人の創作活動を佐野邦彦が徹底解説。

ブラックバード/ポール・マッカートニーの真実
音楽之友社/ジェフリー・ジュリアーノ
1993/09/25 単行本 全392
ポールの本格的な伝記。少年時代から1990年頃までの足取りを詳しく綴ったもの。ポールのインタビュー、年譜、ソロ・ディスコグラフィー、ブートレグなど、巻末資料集も充実。

マリ・クレール/10月号
中央公論社
1993/10/01 一般雑誌 8
グラフ特集「もう一人のビートルズ/スチュアート・サトクリフ」がある。ビートルズ最初期、ハンブルク時代のメンバーだったベーシスト、スチュアート・サトクリフの恋人アストリッド・キルヒヘアのインタビューや貴重な写真など。

レコード・コレクターズ/10月号
ミュージック・マガジン
1993/10/01 音楽雑誌 53
アルバム『サージェント・ペパーズ～』についての特集がある。同誌でのビートルズの各アルバムごとの大特集は、以降シリーズ化された。

ロッキング・オン/10月号
ロッキング・オン
1993/10/01 音楽雑誌 3
1971年のジョンの貴重フォト「ジョン・レノン＋マーク・ボラン秘蔵写真集」を掲載。

グレープフルーツ・ジュース
講談社
1993/10/17 単行本 全102
1969年に出版されたヨーコの前衛詩集『グレープフルーツ』からのインストラクション(伝達・命令の詩文)50点にあわせて、現代を代表する写真家の写真を掲載した作品集。

GOLD WAX NO.23
バロック出版
1993/10/20 音楽雑誌 6
「いいぞぉ、ビートルズ/森山直樹」ほか、「GET BACK SESSION」コレクターズCDボックスセットの解説など。表紙コピー「BEATLES」。

PLAYBOY/11月号
集英社
1993/11/01 一般雑誌 1未満
「FBIマル秘調査ファイル 世界のトップスター知られざる素顔/J.レノンetc」のなかで、わずかにジョンの写真と記事があるのみ。

CDでーた/10月21日-11月5日号
角川書店
1993/10/21 音楽雑誌 2
ベストアルバム(赤盤・青盤)がCD化された話題「ベスト作"赤盤""青盤"がCD化 ザ・ビートルズ」をカラーグラビアページで紹介。

FMステーション/11月8日-11月21日号
ダイヤモンド社
1993/11/08 音楽雑誌 16
綴じ込み16ページのビートルズ大特集「THE BEST OF THE BEATLES」がある。「赤盤・青盤完全ガイド」「ジョージ・マーティンが語るビートルズサウンドの秘密」「人気アーティストが選んだビートルズナンバーMyベスト14」ほか。

FM fan/11月8日-11月21日号
共同通信社
1993/11/08 音楽雑誌 10
「スーパー特集」と銘打った10ページの企画特集「SINCE1962・よみがえる伝説のサウンド/ザ・コンプリート・ビートルズ」がある。「よみがえる伝説の作品たち/東ひさゆき」ほか。

PAUL McCARTNEY/The New World Tour
M.P.L
1993/11/12 公演パンフレット 全30
1993年のポールの「ニュー・ワールド・ツアー」の日本公演パンフレット(中身)。一部リンダのミニ・レポート集が添えられているものの、ほぼ全ページが写真とコラージュで構成したイメージパンフレット。

PAUL McCARTNEY/The New World Tour1
M.P.L
1993/11/12 公演パンフレット 全30
「ニュー・ワールド・ツアー」パンフレット。ヴァージョン違いの存在が発見されている(TBFC会報ISSUE16記事より)。正式なものは、写真のようにポールの顔が鎖の右側に配置されている。

PAUL McCARTNEY/The New World Tour2
M.P.L
1993/11/12 公演パンフレット 全30
「ニュー・ワールド・ツアー」パンフレット。ヴァージョン違い、裏焼きのもの。

PAUL McCARTNEY/The New World Tour
M.P.L
1993/11/12 公演パンフレット 全30
1993年11月12日～11月19日の日程で東京ドーム、福岡ドームの2会場で行われたポール「ニュー・ワールド・ツアー」の日本公演パンフレット。この写真のクラフト袋入り状態が完品。

PAUL McCARTNEY/THE NEW WORLD TOUR
1993/
EMAPMetro ムック/企画誌 全98
EPLが企画した「ニュー・ワールド・ツアー」の特集雑誌(洋書)。海外の一部のコンサート会場で無料配布されたフリーブック。

GUITAR/創刊号(日本語版)
シンコー・ミュージック
1993/11/15 音楽雑誌 4
「ギグス」11月号増刊として刊行された「GUITAR」日本語版創刊号。巻頭カラー4ページに、1991年日本公演後のジョージのインタビュー「GEORGE HARRISON TALKS BEATLES」を掲載。

Tomorrow Never Knows
同朋舎出版/ジェフリー・ジュリアーノ
1993/11/15 ムック/企画誌 全256
公式アルバムのほか、海賊盤、EP盤、写真、ポスター、アート作品、プレミアム・グッズなどプライベート・コレクションをカラー写真で紹介するコレクション・カタログ。サブタイトルは「ビートルズ30年史コンプリート・コレクション」。

ロック偉人伝(上巻)
シンコー・ミュージック/デイヴィッド・ダルトン他
1993/11/19 文庫本 12
ビートルズのほか、アーティスト40人の偉人伝。この上巻では1950年代～1960年代前半に活躍したロックアーティストを収録。表紙写真の一部がジョンとポール。

CDでーた増刊/ミュージックダダ
角川書店
1993/11/19 音楽雑誌 1未満
表紙コピーは「特別付録 THE BEATLES BOOK/ヒストリー＋オリジナル・アルバム・ガイド」。来日間近のポールに関する記事。特別付録「THE BEATLES BOOK」付。

完全保存版 THE BEATLES BOOK
角川書店
1993/11/19 付録 全18
「CDでーた増刊/ミュージックダダ」1993年11月19日の特別付録小冊子。「ヒストリー 1962-1970」「オリジナル・アルバム・ガイド」「曲名インデックス」「映画＆ビデオ・ガイド」「ビートルズDATA」など、ビートルズ資料集。

LINDA McCARTNEY SIXTIES
プロデュース・センター出版局/リンダ・マッカートニー
1993/11/25 ムック/企画誌 全176
本来フォトグラファーだったリンダが撮影した1960年代を代表するロック・アーティストたちの豪華写真集。ビートルズの写真のほか、240点のレアショットを収録。夫ポールによる序文もある。

オリコン/11月29日号
1993/11/29 音楽雑誌 2
モノクロ見開き2ページに「特集 ビートルズが、止まらない！」「バンド、ソロ合わせて5回の来日を体験できた幸運！」「マニアなら微妙なヴァージョン違いも楽しめる赤・青」など、写真中心のグラフ集。

1993-1994

WOWOW/12月号
日本衛星放送株式会社
1993/12/01　一般雑誌　3
クリスマス特別企画のスペシャル番組『ザ・ビートルズ』「ビートルズ〜すべてはここから始まった…17時間スペシャル」の紹介記事ほか。インタビュー、オリジナル映画、武道館コンサートほか、一挙17時間放送。

ニュールーディーズ・クラブ/VOL.1
シンコー・ミュージック
1993/12/05　音楽雑誌　数
特集「ブリティッシュ・ロック黎明期/ビートルズ、フー、キンクス、アニマルズ、ヤードバーズ」のなかで、ビートルズ・デビュー前後のロック・シーンが紹介されている程度。

nowhere/1993 WINTER Vol.1
プロデュース・センター出版局/nowhere編集室
1993/12/08　ムック/企画誌　全112
当初は季刊発行だった良質ビートルズ研究資料誌のVol.1。以降のシリーズも資料価値は高い。特集「ポール・マッカートニー/ニュー・ワールド・ツアー」。

ロック・アナログ名盤1967-1977
シンコー・ミュージック
1993/12/10　ムック/企画誌　数
1967年から1977年までにミュージック・ライフ誌に掲載されたロックの「アルバム・コーナー」をピックアップした復刻編集本。ビートルズについてもソロを含めたアナログ時代の名盤が多く紹介されている。

コンパクト・ビートルズ
マガジンハウス/岩本晃市郎
1993/12/16　単行本　全200
ビートルズの全CDガイド。収録順は①ビートルズ②ポール・マッカートニー③ジョン・レノン④ジョージ・ハリスン⑤リンゴ・スター。

アサヒグラフ/12月17日号
朝日新聞社
1993/12/17　週刊誌　12
巻頭カラーグラビアで特集「リメンバー・ビートルズ30年」を掲載。①ポールの東京公演②ザ・ビートルズ17時間/WOWOWクリスマス・スペシャル③ビートルズ・ビデオ12。

GOLD WAX NO.24
バロック出版
1993/12/20　音楽雑誌　6
ポールのニュー・アルバム『オフ・ザ・グラウンド』の紹介と、コンサート・ツアー情報をまとめた「コンサート・プレヴュー・ポール・マッカートニー/森山直明」ほか、「THE BEST OF BEATLES/森山直明」など。

週に8日はビートルズ
立風書房/香月利一
1993/12/25　単行本　全256
ビートルズに関する資料集、カタログ事典、研究書などの執筆の多い香月利一が、ビートルズとの出会いから今日に至る出来事や、特別の想いを気ままに綴ったエッセイ集。

ロックの歴史/ビートルズの時代
シンコー・ミュージック/大鷹俊一
1993/12/29　単行本　40
「ロックの歴史」シリーズの第2弾。1960年代のブリティッシュ・ロックの伝説を主体に、アーティストのロックシーンをまとめたもの。この巻では第2章に「ビートルズ、マージー・ビートの登場」がある。

THE BEATLES（非売品小冊子）
東芝EMI
1993/　非売品小冊子　全12
東芝EMI発行のコンパクト非売品小冊子（120mm×120mmサイズ）。ビートルズのベストアルバム（赤盤・青盤）のCD化の宣伝ほか、各アルバムとCDBOXセットのディスコグラフィー。

THE BEATLES FUKKATSUSAI 1993 WINTER
BCC
1993/　イベントパンフレット　全28
BCC恒例「ビートルズ復活祭'93」のパンフ。「MAKING OF SGT.PAPER」「DOCUMENTARY LET IT BE」の資料や、ポールが設立したリバプール芸術学校（LIPA）の紹介ページなど。

1994

クロスビート/1月号
シンコー・ミュージック
1994/01/01　音楽雑誌　6
来日中のポールへのスペシャル・インタビュー「PAUL McCARTNEY[決定版]来日インタヴュー!!」や、コンサート・レポート「本家本元が鳴らす"5万人のパブ・ロック"/和久井光司」など。

美術手帖BT/1月号
美術出版社
1994/01/01　一般雑誌　4
ヨーコの作品写真とインタビュー「オノ・ヨーコ」「Endangered Species 2319-2332 1992/慈しむべき未来」がある。

婦人画報/1月号
婦人画報社
1994/01/01　一般雑誌　全78
女性解放運動の先駆者、加藤シヅエ（97歳）とオノ・ヨーコ（60歳）のロング対談「新春特別対談：生きて愛した二人が語る21世紀への提言」が7ページ。「生き方がどこか通じる学習院の先輩と後輩」。表紙コピーあり。

MIDIプレイ/ビートルズ・セレクション
東亜音楽社/音楽之友社
1994/01/10　ムック/企画誌　全78
パソコン（MS-DOS/マック）およびシーケンサ対応のMIDIプレイに関するデータマニュアルを収録解説した専門書。ビートルズのヒットナンバーを8曲収録。3.5インチFD付き。

ビートルズの謎/なぜビートルズは偉大なのか?
光栄/高田健太郎/長谷川友二/降旗雄二
1994/01/15　単行本　全160
6項目の基本的な疑問や質問を列挙したクイズ形式のビートルズ入門書。「1970解散、本当の言い出しっぺは誰?」「レノン=マッカートニーは本当に一緒に曲を書いたのか?」ほか。

レコード・コレクターズ/2月号
ミュージック・マガジン
1994/02/01　音楽雑誌　35
ビートルズのアルバム特集シリーズ第2弾「プリーズ・プリーズ・ミー」がある。「全曲紹介/ハンブルク時代の全音源/それ以前のブリティッシュ・ビート」など。

流行通信/2月号
流行通信社
1994/02/01　一般雑誌　8
8ページのカラーグラフ特集「1歳で生涯を終えた5人目のビートルズ、スチュワート・サトクリフの青春」がある。ほか、映画〈バック・ビート〉関連、スチュワートの元恋人アストリッド・キルヒャーのインタビューなど。

FMステーション/2月14日-2月27日号
シティ出版/ダイヤモンド社
1994/02/14　音楽雑誌　8
映画〈バック・ビート〉に関するグラフ＆記事「秘蔵写真を満載!もうひとつのビートルズ物語/ビートルズ青春ラブストーリー」など。

THE BEATLESイン・ザ・ビギニン
リブロポート/ハリー・ベンソン
1994/02/14　ムック/企画誌　全130
写真家ハリー・ベンソンが、1964年から1965年のシェアスタジアムコンサートまでの、短期間の同行写真を収録した豪華写真集。すべてモノクロであるが、プライベートショットも数多く、大変貴重なもの。

GOLD WAX NO.25
バロック出版
1994/02/20　音楽雑誌　6
「しあわせの予感〜1994年のビートルマニア〜/森山直明」、ホワイトアルバムの貴重音源＆映像を収録した「WHITE GOLD」の話題など。表紙コピーは『BEATLES』。

エレクトーン/3月号
ヤマハ音楽振興会
1994/02/20　音楽雑誌　2
「特集 愛しの70'sコレクション/ゲット・バック（ビートルズ）etc」があり、ビートルズ関連記事と「ゲット・バック」の楽譜がある。

バック・ビート
扶桑社/田村章
1994/02/28　単行本　全248
リンゴ加入以前の初期ビートルズのメンバー、スチュアート・サトクリフを主人公に制作された映画〈バック・ビート〉のシナリオをもとに書き下ろしたノヴェライズ。

BRUTUS/3月1日号
マガジンハウス
1994/03/01　一般雑誌　6
スチュアート・サトクリフにスポットをあてたグラビア特集「ビートルズを見捨てた男」「スチュアート・サトクリフの伝説」があり、ストーリーやアート作品（絵画）、写真を紹介。

ロッキング・オン/3月号
ロッキング・オン
1994/03/01　音楽雑誌　10
「ジョージ・マーティンが語る真実のストーリー」と題したグラビア読物特集「THE BEATLES 今、明かされる赤盤・青盤、歴史的バイブルの裏側」があり、貴重な証言とエピソードを交え、ビートルズの知られざる事実を写真とともに再現。

エル・ジャポン/3月5日号
アシェット・ジャパン
1994/03/05　一般雑誌　10
おもにビートルズゆかりの地を写真と記事で紹介したグラフ特集「DOCUMENT '60年代のビートルズとロンドンを追いかけて」がある。

CRAZY about MACCA
CAM企画
1994/03/10　会報/その他　全76
ポールのコアなファンが作った手作り特集冊子VOL.4。1993年の来日特集号。

FM[FAN]/3月14日-3月27日号
共同通信社
1994/03/14　音楽雑誌2　2
本誌独占リポート「ロックの殿堂授賞式でのヨーコ・オノとP・マッカートニー」「ポールとヨーコが和解の歴史的瞬間」がある。ポールとヨーコ、ショーン3人一緒に撮られた貴重ショットと記事。

GUITAR/SPRING（日本語版）
シンコー・ミュージック
1994/03/15　音楽雑誌　4
ポールのカラーフォトとインタビュー「PAUL McCARTNEY」「TALKS BEATLES」「もうビートルズの曲はやらない！なんていうナンセンスは脱したよ！」「もし素晴らしい曲を書くのに決まった型があるなら瓶詰めにしておく!?」ほか。

1994

BACKBEAT/バック・ビート
BCC/デラ・コーポレーション/スカラ・プロダクション
1994/03/ 映画パンフレット 全20
スチュアート・サトクリフにスポットを当てた映画のパンフレット。映画は当時の彼の恋人、アストリッド・キルヒャーの証言をもとに製作されたもので、ビートルズ・ナンバーの挿入曲も多い。

キネマ旬報/4月1日号
キネマ旬報社
1994/04/01 一般雑誌 12
映画《バック・ビート》の特集。ビートルズ主演映画などの特集もある。表紙コピーは「特集『バック・ビート』とビートルズ映画」。

GOLD WAX NO.26
バロック出版
1994/04/20 音楽雑誌 6
「WORST OF THE BEATLES/森山直樹」ほか、ビートルズのコレクターズCD解説など。表紙コピーは「BEATLES」。

JAPAN WAX/1994
バロック出版
1994/05/10 ムック/企画誌 20
『レット・イット・ビー・フィルム・セッション』『ロスト・レノン・テープ』ほか、近年発売されたアナログおよびCDのハーフオフィシャルやブートレグ約90点の詳細解説「ビートルズのコレクターズCD/森山直明」を掲載。表紙の一部がビートルズ。

nowhere/1994 SPRING Vol.2
プロデュース・センター出版局/nowhere編集室
1994/05/16 ムック/企画誌 112
構成・内容ともに充実したビートルズ研究資料誌(Vol.2)。特集「ポール日本公演/ジョージ・マーティン単独インタビュー」ほか、「ザ・ニュー・ワールド・ツアー1993」「オフィシャル・フォト・ドキュメント」「サウンド・チェック・レポート」など。

シャウト・ザ・ビートルズ(上)
ソニー・マガジンズ/フィリップ・ノーマン
1994/05/25 文庫本 全336
ビートルズの本格伝記(上巻)。1982年2月2日に刊行された単行本を上下巻に分け、文庫として再発したもの。表紙が2種類あり、先に店頭に並んだのはこちらのタイプ。

シャウト・ザ・ビートルズ(下)
ソニー・マガジンズ/フィリップ・ノーマン
1994/05/25 文庫本 全336
ビートルズの本格伝記。下巻。

シャウト・ザ・ビートルズ(上)
ソニー・マガジンズ/フィリップ・ノーマン
1994/05/25 文庫本 全336
「シャウト・ザ・ビートルズ」の表紙違いヴァージョン。ビートルズの写真に差し替えたもの。

シャウト・ザ・ビートルズ(下)
ソニー・マガジンズ/フィリップ・ノーマン
1994/05/25 文庫本 全336
「シャウト・ザ・ビートルズ」表紙違いヴァージョン下巻。

ニュールーディーズ・クラブ/VOL.3
シンコー・ミュージック
1994/06/17 音楽雑誌 86
回顧録やエッセイ中心の「特集 ザ・ビートルズ ロックの思春期」がある。「四人の壊し屋たちは青春そのもの、人生における〈知的クーデタ〉だった/山川健一」ほか、インタビュー、アルバム・ガイド、投稿、グラフィティーなど。

GOLD WAX NO.27
バロック出版
1994/06/20 音楽雑誌 7
「TV BEATLES SPECIAL/森山直樹」「地方在住コレクターの生態」ほか、ビートルズ・コレクターズCD解説など。表紙コピーは「BEATLES」。

ジョン・レノンと龍之介
近代文藝社/物部龍太郎
1994/06/20 単行本 全268
ジョンと芥川龍之介の両者を題材にしたエッセイ集で大半がジョンに関する内容。ただジョンに関する出版物からの引用が多く、オリジナルの部分は少ない。

ビートルズ百科全書
集英社/ビル・ハリー(著)/三井徹(監修・訳)
1994/06/25 単行本 全840
豪華装丁、840ページにおよぶビートルズ百科事典で、ビートルズに関するキーワード、出来事、関連人物などあらゆる情報を1,500項目をアルファベット順に収録したもの。おおむね必要事項は網羅されている。

the complete BEATLES chronicle 1957-1964
プロデュース・センター出版局/マーク・ルイソン(著)
1994/06/30 ムック/企画誌 全224
BCC編のビートルズ完全クロニクルの上巻。サブタイトルは「ザ・ビートルズ全記録」。1957年から1964年までの全活動(レコーディング、セッション、ライヴ、フィルム、インタビュー)を網羅した一級資料。

the complete BEATLES chronicle 1965-1970
プロデュース・センター出版局/マーク・ルイソン(著)
1994/08/31 ムック/企画誌 全224
上下巻で発売されたビートルズ完全クロニクルの下巻。1965年から1970年解散までのビートルズ全活動を詳細に記録。ビートルズ研究には欠くことのできない貴重資料。

DATA INDEX/1957-1970
プロデュース・センター出版局/BCC
1994/08/31 付録/その他 全48
通販で予約販売された「ザ・ビートルズ全記録」上下巻2冊セット購入者のみにプレゼントされた索引・完全データ集。

季刊・オーディオアクセサリー/1994 SUMMER
音元出版
1994/07/01 音楽雑誌 6
ビートルズの音楽をよりビートルズらしく再生するためのオーディオシステムについて、筆者4人の討論「BEATLES Hi-Fi Project」「パート1/徹底討論～ビートルズとオーディオ」が6ページ。内容はさすがにマニアック。

美術手帖BT/7月号
美術出版社
1994/07/01 一般雑誌 2
特集「美術への越境者たち/ジョン・レノン etc」がある。ジョンのリトグラフ4点を紹介。

FM [FAN]/7月4日-7月17日号
共同通信社
1994/07/04 音楽雑誌 5
創刊28周年記念特別企画「ビートルズ・グラフィティ」がある。鮎川誠が語るビートルズ回想記と、多くの写真を散りばめたカラー5ページのグラフ集。

週刊ヤングジャンプ/7月14日号
集英社
1994/07/14 週刊誌 8
「偉大なる天才音楽集団『ビートルズ』大特集あなたはどこまで知ってますか?」がある。集英社発行の「ビートルズ百科全書」の宣伝を兼ねた抜粋ほか、ディスコグラフィーなど。

MEET THE BEATLES/ビートルズがやってきた!
シンコー・ミュージック/大鷹俊一(監修)
1994/07/20 ムック/企画誌 全144
初期ビートルズ(1963年～1964年)にスポットをあてたヴィジュアル本。多くの写真とともに、ディスコグラフィー、コレクションコーナー、著名人によるアンケート集など。

クロスビート/8月号
シンコー・ミュージック
1994/08/01 音楽雑誌 2
「ブリティッシュ・ポップ大全集/ビートルズからブラーまで」の中でビートルズのグラビアページと記事「THE BEATLES」がある程度。

レコード・コレクターズ/8月号
ミュージック・マガジン
1994/08/01 音楽雑誌 25
ビートルズのアルバム特集シリーズ「ビートルズ③ラバー・ソウル」編。「全曲ガイド/抜きん出ていたメロディ感覚/全ヴァージョン違い/ジョージ・マーティンのインストもの etc」など、内容も貴重かつ充実。

改訂版 THE BEATLES ビートルズ大百科
ソニー・マガジンズ/ネヴィル・スタナード
1994/08/10 ムック/企画誌 全264
1983年に刊行されたディスコグラフィー&レコーディング・データ集「ビートルズ大百科」の改訂版。巻末に①「ビートルズのブートレグ・パート2」②「ビートルズのCD」の増補がある。

現代ギター/9月号
現代ギター社
1994/09/01 音楽雑誌 3
レノン&マッカートニー作品「イエスタデイ」の楽譜が3ページとその解説「J.レノン&P.マッカートニー/冨山詩曜・編イエスタデイ」が少々。

オリコンウィーク・ザ1番/9月19日号
オリコン
1994/09/19 音楽雑誌 1
巻頭カラー見開きページに「特集・徹底比較!死後も衰えない魅力とは何?共通する二人の秘密/アイルトン・セナ、ジョン・レノン」があり、片側1ページがジョンの小特集。

BEATLES CINE CLUB 入会案内書
BCC
1994/09/ 非売品/その他 全2
BCCの見開き入会案内書。サイズは100×210。

the BEATLES exhibiton japan
BCC
1994/09/ イベントパンフレット 全32
1994年9月より東京(上野松坂屋)ほか全国主要都市で開催された「大ビートルズ展」のイベントパンフレット。B4判でビートルズの愛用楽器、自筆の作詞原稿など貴重コレクションと写真を掲載。

THE BEATLES NEWS&TOPICS VOL.1
プロデュース・センター出版局/BCC
1994/09/ 非売品/その他 全8
1994年から1995年にかけて全国主要都市で開催された「大ビートルズ展」用に制作、配布されたビートルズ・コレクション・グッズの大判冊子。

ニュールーディーズ・クラブ/VOL.4
シンコー・ミュージック
1994/09/25 音楽雑誌 4
特集「フェスティバルの反逆者1969年のローリング・ストーンズ、ジョン・レノン、ボブ・ディラン」の一部に「ヨーコへの愛、ジョンの平和」などがある。

ビートルズのつくり方
太田出版/山下邦彦
1994/09/27 単行本 全280
ビートルズ・サウンドの創造性とその魅力について、多くの譜例、コード進行法則、他文献の引用や資料を紹介しようとする試みの研究書。ある程度の音楽知識がないと難解。

季刊・オーディオアクセサリー/1994 AUTUMN
音元出版
1994/10/#01 音楽雑誌 6
「ビートルズHi-Fiパート2」「Hi-Fi Project」がある。「1stアルバムをオリジナル日本盤で楽しむ/松原遠仁・和久井光司」「ブリティッシュモニターで聴く前・中・後期/松原遠仁」で、オーディオシステムの違いによる聴き比べなど。

イエスタデイ・ワンス・モア Part1
新潮文庫/小林信彦
1994/10/01 単行本 1未満
30年前にタイムスリップした主人公がビートルズ来日を舞台に繰り広げる冒険物語。1989年9月15日に新潮社から発行の単行本「ミート・ザ・ビートルズ/イエスタデイ・ワンス・モア」の改題文庫版。

1994-1995

イエスタデイ・ワンス・モア Part2
新潮文庫／小林信彦
1994/10/01　単行本　　　　数
「イエスタデイ・ワンス・モア」の下巻。

nowhere/1994 AUTUMN Vol.3
プロデュース・センター出版局／nowhere編集室
1994/10/05　ムック／企画誌　全128
ビートルズ研究誌のVol.3。初期ビートルズの大特集「ビートルズ誕生の瞬間」がある。「ハンブルク時代、幻のライブ・フォト集」「アストリット・キルヘルフ」「ポーリーン・サトクリフ」ほか貴重資料。

ビートルズとは何か？
芸文社／オフィス三木（編）
1994/10/15　単行本　　　　全192
「ビートルズ超ウルトラ貴重盤レコード紹介」「本邦初公開！ビートルズ未発表写真集」「ビートルズに乾杯！著名人インタビュー」ほか、ディスコグラフィーや写真を含んだバラエティ企画本。

GOLD WAX NO.29
バロック出版
1994/10/20　音楽雑誌　　　4
ビートルズのファンクラブ関連「こちらGWBFC／森山直樹」など。表紙コピー『BEATLES』。

FM [FAN]／スーパー伝説 vol.2
共同通信社／出版局
1994/11/01　ムック／企画誌　10
「ロック＆ポップスのスーパースターたちの系譜」と題したアーティスト名鑑。ビートルズは写真中心の巻頭カラーグラビア「ビートルズ／THE BEATLES」ほか、一部アルバムリストなど、資料の掲載もある。

「ジョンの魂」との対話
大栄出版／リンダ・キーン
1994/11/04　単行本　　　　全456
凶弾に倒れた天国のジョンについて書き下ろしたフィクション。天国にいるジョンとの交信記録（？）の一冊中心にまとめたもの。ページ数も多くかなりの労作で、死後の世界に興味のある人にはお勧めの書。

THE GREATEST3 BEATLES,QUEEN,Stones
東芝EMI
1994/11/16　非売品／小冊子　23
ビートルズ、クイーン、ストーンズの3大アーティストの公式アルバムディスコグラフィ。東芝EMI発行の非売品でビートルズは前半23ページ分。

こどもノンフィクション9 すばらしい芸術家
小峰書店
1994/11/20　単行本　　　　28
「こどもノンフィクション」シリーズ。「すばらしい芸術家」を取り上げ、手塚治虫、ビートルズ、チャップリンなどのドキュメンタリー読切漫画5作品を収録。

Backstage/ザ・ビートルズ[もうひとつの顔]
同朋舎出版／テレンス・スペンサー／石坂敬一（監修）
1994/11/28　ムック／企画誌　全224
アメリカ「LIFE」誌の報道カメラマン、テレンス・スペンサー撮影の初期ビートルズの秘蔵写真140点を収録した豪華写真集。すべてモノクロだが、ビートルズの素顔にせまったレアショットが多く、数ある未公開写真集の中でも良質。

FM[FAN]／12月5日-12月18日号
共同通信社
1994/12/05　音楽雑誌　　　1未満
わずかに「ザ・ビートルズ・ライヴ!!アット・ザ・BBC」のリリースニュースがある程度。表紙はビートルズアルバム写真。

nowhere/1994 WINTER Vol.4
プロデュース・センター出版局／nowhere編集室
1994/12/08　ムック／企画誌　全128
ビートルズ研究誌のVol.4。大特集「ジョン・レノン夢の夢」。「夢のつむぎかた」「ジョン・レノンと見た「夢」」「オノ・ヨーコ・インタビュー」ほか、良質な研究資料。

SUPER ROCK GUIDE／ビートルズ全曲解説
シンコー・ミュージック／ジョン・ロバートソン
1994/12/14　文庫本　　　　全224
ビートルズのUKオリジナル・アルバムの全収録曲を解説した簡単な資料集。ビートルズのアルバムや収録曲の全体像をざっと知るには手頃な一冊。

GOLD WAX NO.30
バロック出版
1994/12/20　音楽雑誌　　　7
「ザ・ビートルズ・ライヴ！／小沢大介」「ビートルズ全記録」を追いかけて／森山直樹」ほか、NHKの番組「ビートルズ大全集」についてなど。表紙コピー『BEATLES』。

ジョン・レノン詩集イマジン
シンコー・ミュージック／平田良子（訳）
1994/12/28　単行本　　　　全216
ジョンのソロ作品72曲を収録した訳詩集。ジョンの原詩と、忠実な対訳を掲載。ビートルズ時代はもとより、解散後のソロ時代におけるジョンの作品には特に注目したい。

The Beatles Japanese Record Guide
Jason Press／ジェイソン・アンジョリアン編著
1994/　　ムック／企画誌　全210
アメリカのレコード収集家による日本アナログ盤ガイド。LPからシングルまで値段も添えて解説。コンプリートではないものの、日本盤特有の帯、レーベル、見本盤などが紹介されている。洋書だが参考掲載。

カシオギターセッションシリーズ The Beatles
カシオコンピューターCO,LTD
1994/　　その他　　　　※
「それはリバプールから始まった／永遠のアイドル・ビートルズ」ビートルズのヒットナンバー〈抱きしめたい〉〈ゲット・バック〉〈サムシング〉など8曲を収録したギターカラオケ用カセットテープ。歌詞カード付。

もうひとりのビートルズ展
ブンユー社
1994/　　ムック／企画誌　全80
スチュアート・サトクリフ展示会のコレクション・カタログ。スチュアートの元恋人、アストリッド・キルヒャーが撮影したビートルズ秘蔵写真と、スチュアートの残した絵画作品を解説付で掲載。

1995

季刊・オーディオアクセサリー／1994 WINTER
音元出版
1995/01/01　音楽雑誌　　　6
「ビートルズHi-Fiパート3」がある。「実践派宅訪問試聴記／松原通仁」「モノカートリッジで聴くオリジナル盤／和久井司・松原通仁」など、オーディオシステムとアナログ盤のマニア向き。

Club Sandwich／日本語版創刊準備号
プロデュース・センター出版局
1995/01/01　会報／その他　全16
ポールとリンダのアイデアで生まれた公認情報誌「Club Sandwith」の日本語版創刊準備号（創刊0号）。「ポール・マッカートニーにインタビューしよう」「1994年のバディ・ホリー・ウィーク」「ノルウェーの鐘」ほか。

FMステーション／1月2日-1月15日号
ダイヤモンド社
1995/01/02　音楽雑誌　　　4
モノクログラフ特集「ザ・ビートルズはめちゃめちゃ楽しいR&Rバンドだ！」がある。ニューリリースされたアルバム「ザ・ビートルズ・ライヴ!! アット・ザ・BBC」の話題やビートルズ・ストーリーなど写真中心の特集。

FM fan／1月2日-1月15日号
共同通信社
1995/01/02　音楽雑誌　　　10
巻頭カラー・スペシャル『よみがえる[伝説]ビートルズ』があり、「ザ・ビートルズ・ライヴ!!アット・ザ・BBC」発売にちなんだ記事とカラー写真「夢と野心と時代の空気を真空パックした貴重な記録／東郷かおる子」など。

話の特集・完全復刻版／ビートルズ・レポート
WAVE出版
1995/01/10　ムック／企画誌　全144
1966年発行の「話の特集臨時増刊／ビートルズ・レポート」の完全復刻版で、巻末にビートルズ来日当時を知る関係者による増補がある。表紙に「完全復刻版」と印刷があるほか、オリジナルに比べサイズが若干大きい。

Bad News／1月号
バッド・ニュース
1995/01/15　音楽雑誌　　　1
公式リリースされたビートルズの2枚組CD「ライヴ!アット・ザ・BBC」に関する記事とCD評『The Beatles「ピーター・バラカンが語るBBCライヴの聴きどころ！」』。表紙がビートルズのイラスト。

ギター・マガジン／2月号
リットーミュージック
1995/02/01　音楽雑誌　　　8
特集「JOHN LENNON」「the GENTIUS of JOHN LENNON」があり、ギターパートやメロディーラインなど、ヒットナンバー12曲の楽譜の一部を掲載し、その音楽性を探求。

ブーン（BOON）／2月号
祥伝社
1995/02/01　一般雑誌　　　2+
特集「ビートルズとストーンズがお手本／60年代スタイル古着200本メイドイン US・UK 即買い図鑑」がある。ビートルズ関連では「BEATLES伝説は'62年の春から始まった／4人の愛したチェルシー＆マオカラー入手」など。

レコード・コレクターズ／2月号
ミュージック・マガジン
1995/02/01　音楽雑誌　　　38
ビートルズ・アルバム特集シリーズ第4弾「ウィズ・ザ・ビートルズ」の特集がある。「過酷な日々をクールに演出したラフな個性／大鷹俊一」「ビートルズが口火を切ったブリティッシュ・インヴェイジョンの嵐／赤岩和美」ほか。

ビジュアル・ダイアリー／ビートルズ1000
シンコー・ミュージック／ハー・ヴァン・フルベン
1995/02/08　ムック／企画誌　全176
約1,000点のモノクロ写真とデータで構成したヴィジュアル総合資料集。ビートルズ全ライヴ・データ、詳細年譜、フォトセッション、貴重コレクションなど参考資料を満載。

GOLD WAX NO.31
バロック出版
1995/02/20　音楽雑誌　　　31
ビートルズ大特集。「1995年のビートルズマニア／森山直樹」、コレクターズ、ブートCD徹底ガイド、プロモーションフィルムを含めたブート・ビデオガイド、「レット・イット・ビー」セッション収録曲を解析した資料集ほか。

ミュージック・ライフ／3月号
シンコー・ミュージック
1995/03/01　音楽雑誌　　　1
ビートルズの綴じ込みピンナップ・カレンダー「PIN-UP/THE BEATLES」と、「UKポピュラー・ミュージック・アーティスト名鑑100」のコーナーで、ビートルズの各メンバー紹介がある程度。

1995

The English Journal/3月号
アルク
1995/03/01　一般雑誌　13
英会話の月刊誌。ボールが提唱して開校予定のLIPAの記事とボールのインタビュー『EJ Interview 新世代のための「芸術大学」を提唱するボール・マッカートニー』がある。邦訳付録『EJ ON TAPE』付。

EJ ON TAPE:The English Journal/3月号
アルク
1995/03/01　付録　8
『The English Journal/3月号』の付録。「リバプール版フェームにかける夢」と題した約10分のボールのインタビュー全訳と、解説などを記載。『業界を知るということ』『リヴァプールに貢献』『才能を開花させるには』など。

クロスビート/3月号
シンコー・ミュージック
1995/03/01　音楽雑誌　16
特集『保存版 初期ビートルズのすべて』。BBCライヴを収録したアルバム『ライヴ!!アット・ザ・BBC』の話題、貴重写真の掲載をはじめ、ビートルズ語録を集めた『THE BEATLES TALK ザ・ビートルズかく語りき』ほか。

婦人公論/3月号
中央公論社
1995/03/01　一般雑誌　9
ダコタ・ハウスで行われた『オノ・ヨーコ独占インタヴュー』『オノ・ヨーコが作った銃批判ミュージカル』を掲載。ジョンの死を越えて、差別と誤解のなかで、息子ショーンのこと、知られていない日本の現状など。

月刊YMMプレイヤー/3月号
プレイヤー・コーポレーション
1995/03/05　音楽雑誌　23
ポールのインタビューを含めたヴィジュアル企画『PAUL McCARTNEY』と『ヘルター・スケルター』のパーフェクト・コピー集など。

ロック・ザ・ディスコグラフィー '95
シンコー・ミュージック
1995/03/06　ムック/企画誌　数
ビートルズをはじめ、200人あまりのロックアーティストの公式CDを紹介したカタログ。表紙の一部にビートルズアルバムで、表紙コピーは『ビートルズ、ローリングストーンズ、レッド・ツェッペリンetc』。

nowhere/1995 SPRING Vol.5
プロデュース・センター出版局/nowhere編集室
1995/03/20　ムック/企画誌　全128
ビートルズ研究誌(Vol.5)。特集『ビートルズ世界制覇の瞬間』『ブリティッシュ・インベイション』『ニュー・アルバム「ライヴ!!アット・ザ・BBC」を聴いた!!』『ロンドンに根をおろしたビートルズ/エバンズ』ほか、貴重資料が満載。

ライヴ・イン・ジャパン60's～70's
シンコー・ミュージック
1995/03/28　ムック/企画誌　4
ロック・アーティストたちのジャパン・ライヴ(1960年～1970年代)データを年代順に収録した資料集。ビートルズについては、日本公演の写真と星加ルミ子による解説など。『ビートルズからパンク、メタルまで…』。

Club Sandwich/日本語版1号
プロデュース・センター出版局
1995/04/01　会報/その他　全16
ポール公認の情報誌『Club Sandwich』の日本語版1号。コンテンツは『ポール・マッカートニー・インタビュー』『どうか、ジョン・ハメルに(名誉)学位を』『リンダ・マッカートニーのクリスマス・レシピ』ほか。

STUDIO VOICE(スタジオ・ボイス)/4月号
インファス
1995/04/01　一般雑誌　1
『特集フルクサス発』の中に、1961年当時のヨーコの写真ページ『オノ・ヨーコ』。ほかヨーコ関連記事。

GOLD WAX NO.32
バロック出版
1995/04/29　音楽雑誌
『ジョージ・ハリスンはいらない/森山直樹』ほか、ジョン&ヨーコ出演のストーンズのビデオ『ロックン・ロール・サーカス』についてなど。

ビートルズの歩き方/ロンドン編
プロデュース・センター出版局/マーク・スイソン他
1995/04/20　ムック/企画誌　全128
ビートルズゆかりの地を紹介したロンドン散策ガイドブック。願わくばロンドン編より、リヴァプール編に期待したいところ。

A HARD DAY'S WRITE/ザ・ビートルズ大画報
ソニー・マガジンズ/スティーヴ・ターナー
1995/04/28　ムック/企画誌　全208
200点以上の写真とともに、オリジナル・アルバム収録のビートルズ・ナンバーについて、エピソードを添えて全曲解説を試みた豪華ヴィジュアル・スクラップブック。

ワッツイン・ソニック/4月号
ソニー・マガジンズ
1995/04/30　音楽雑誌　2
1970年の散開から25年ぶりにリリースされた『ザ・ビートルズ・ライヴ!!アット・ザ・BBC』が大ヒットを記録したニュースを伝える記事『ビートルズ』など。

ミュージック・マガジン/5月号
ミュージック・マガジン社
1995/05/01　音楽雑誌　1未満
特集『終結から20年──音楽を変えたヴェトナム戦争/ボブ・ディラン、ジョン・レノンetc』のなかでジョンの反戦活動についての記述がわずかにある程度。ジョンのイラストカヴァー。

テレパル/5月13日-5月26日号
小学館
1995/05/13　一般雑誌　4
ロンドンで収録されたリンゴのインタビューとカラーグラフ『来日直前インタビュー/リンゴ、ビートルズのこと聞かせてよ!』がある。表紙コピーは『ロンドンでリンゴ・スターに直撃!!ビートルズ再編の真相』。

BANDやろうぜ/6月号
宝島社
1995/06/01　音楽雑誌　5
ビートルズ楽譜特集『ビートルズ名曲ギター・マスター』『ザ・ビートルズ弾き語り&ギター・ソロ完全マスター!!』がある。『ゲット・バック』など3曲のリードギターのソロパートを記譜した譜面と歌詞を掲載。

nowhere/1995 SUMMER Vol.6
プロデュース・センター出版局/nowhere編集室
1995/06/01　ムック/企画誌　全128
ビートルズ研究誌(Vol.6)。特集『ビートルズ・サウンドの謎にせまる』『ビートルズ・サウンドの魅力にせまる』『ラヴィ・シャンカール』『ミッシェルへの手紙』『リンゴ・スターの音楽活動』『ジョンの先生から学ぶ』ほか。

イラストロジック5
学習研究社
1995/06/01　一般雑誌　0
イラスト・パズル77問を収録した専門誌。表紙のみビートルズ・イラスト。

リンゴ・スター/遅れてきたビートルズ
プロデュース・センター出版局/アラン・クレイン
1995/06/12　ムック/企画誌　全352
リンゴについて書かれた希少な本格伝記。リンゴの誕生から近年までの歩みを詳しく紹介したもの。ジョンやポールは過去に多く出版されているが、ジョージやリンゴのものは極端に少なく貴重。

RINGO STARR/ALL STARR BAND WORLD TOUR
DAVID FISHOF
1995/06/14　公演パンフレット　全12
ビートルズ時代の来日公演を含む3回目となったリンゴの日本公演パンフレット『RINGO STARR and his third ALL STARR BAND WORLD TOUR』。ワールド・ツアー共通の英文パンフ。

SOLD OUT/1995 MAY
キョードー東京
1995/06　非売品/その他　2
キョードー東京が奇数月に発行していた非売品のコンサート情報誌。リンゴの来日に伴い、コンサートの事前情報とディスコグラフィーを2ページ掲載。

ビートルズ巡礼
文藝春秋/芦原すなお
1995/06/20　単行本　全224
キョードー東京と青春期を過ごした著者が、10日弱の限られた日程でロンドン、リバプール、そしてハンブルクと、ビートルズゆかりの地を訪ねて記した感動紀行。

ロック50の肖像
シンコー・ミュージック
1995/06/22　ムック/企画誌　10
ミュージック・ライフ誌のカメラマン、長谷部宏のロック・アーティスト写真集。ビートルズはじめ、ロック界を代表するアーティスト・ベスト50を約300点ものフォトで記録。表紙コピーは『The Beatles etc』。

アニー・リーボビッツ写真展1995
日本テレビ放送網
1995/07/01　ムック/企画誌　1
写真家アニー・リーボビッツ写真展の出展写真カタログ。ちなみに表紙のジョン&ヨーコの有名な写真は1980年の作品。表紙以外にジョンのポートレート1点収録。

レコード・コレクターズ/7月号
ミュージック・マガジン
1995/07/01　音楽雑誌　54
リンゴの特集『ビートルズ⑤リンゴ・スター』と『ビートルズ・アルバム「イエロー・サブマリン」/大瀧詠一のビートルズ論』の合併大特集。トータル54ページにおよぶ特集で内容も濃い。

クアント/8月号
ネコ・パブリッシング
1995/08/01　一般雑誌　1未満
表紙の一部にビートルズのレコードフォトほか、売買情報掲載記事『64～'69ビートルズファン限定クリスマスレコード、イギリスから上陸』。書籍コレクションでは、同誌およびコレクターの方々には当時お世話になった。

Club Sandwich/日本語版2号
プロデュース・センター出版局
1995/08/01　会報/その他　全16
ポールの公認情報誌『Club Sandwich』の日本語版2号。コンテンツは『ウーバ・ジューバ』『フェルディナンドの大脱走』『ポール、LIPAのコマーシャルに出演』『バックワーズ・トラベラー』ほか。

レコード・コレクターズ/8月号
ミュージック・マガジン
1995/08/01　音楽雑誌　6
先月号に続き特集『リンゴ・スター』の第2回『リンゴ・スターのセッション参加レコード』があり、1972年～1978年までにリンゴがセッションに参加したレコード資料などを掲載。いずれもさすがにマニアックな内容。

キーボード・マガジン/9月号
リットーミュージック
1995/09/01　音楽雑誌　7
リンゴの来日レポート『RINGO STARR&HIS ALL STARRS』や来日メンバーのインタビューなど。ちなみに表紙もコンサートの写真。

ポップ・ヴィオス/スーパースター163人の証言
新潮社/ジョウ・スミス
1995/09/01　文庫本　23
ロック・ポップスのスーパースター163人の証言集。ビートルズ関連では『Paul McCartney,George Harrison,Yoko Ono』を収録。残念ながらジョンとリンゴのものはない。

レコード・コレクターズ/9月号
ミュージック・マガジン
1995/09/01　音楽雑誌　6
特集『リンゴ・スター』の第3回『リンゴ・スター・セッション参加レコード』があり、ポールのアルバム『タッグ・オブ・ザ・ウォー』をはじめ1979年～1995年にリンゴがセッション参加したレコードを紹介。

月刊YMMプレイヤー/9月号
プレイヤー・コーポレーション
1995/09/05　音楽雑誌　4
リンゴの来日コンサート・レポートほか、参加メンバーのインタビューなど。表紙コピーは『RINGO STARR AND HIS ALL STARRS』。

1995

nowhere/1995 AUTUMN Vol.7
プロデュース・センター出版局/nowhere編集室
1995/09/20　ムック/企画誌　全128
ビートルズ研究誌(Vol.7)。特集「ジョンとポールが出会った日」「リンゴ来日」「リンゴ・スター&ヒズ・オールスターズ日本公演」「リンゴ・スター来日/18時間滞在記」「ビリー・プレストン」ほか。

スイングジャーナル/10月号
スイング・ジャーナル社
1995/10/01　音楽雑誌　8
特集「JAZZ MEETS THE BEATLES/ジャズとビートルズ・アートを収録したハード・カヴァー付作品集。彼女自身が前衛芸術に目覚めた頃のもので、その後ジョンと知り合うきっかけになったアート作品も収録。

YOKO ONO/頭の中で組み立てる絵
淡交社/オノ・ヨーコ
1995/10/04　単行本　全64
ヨーコが1961年〜1962年に手掛けたコンセプチュアル・アートを収録したハード・カヴァー付作品集。彼女自身が前衛芸術に目覚めた頃のもので、その後ジョンと知り合うきっかけになったアート作品も収録。

奉納帳
オノ・ヨーコ/今/祈念コンサート事務局
1995/10/07　イベントパンフレット　全12
厳島神社創建1400年祭と広島被爆50年を祈念して企画されたイベントのセットパンフレット(二部構成)。この『奉納帳』は、コンサートの開催日誌、後援・協賛・協力者名簿などを掲載したもの。わずか1300部の希少アイテム。

YOKO ONO/IMA/MEMORIAL CONCERT
オノ・ヨーコ/今/祈念コンサート事務局
1995/10/07　公演パンフレット　全4
厳島&広島祈念イベントのセットパンフレット(『奉納帳』との二部構成)。ヨーコ&ショーンのコンサート関連記事のほか、曲目リストを1枚挿入したミニライヴの見開きパンフレット。

モノ・マガジン/10月16日号
ワールド・フォトプレス
1995/10/16　一般雑誌　13
「20世紀のカルトアイテム/ビートルズグッズ読本」というカラーグラビア13ページの異色特集。メモラビリア・コレクション、コレクターズショップの紹介ほか、ビートルズ・フリーク&コレクター岡本備のコーナーなど。

GOLD WAX NO.35
バロック出版
1995/10/20　音楽雑誌　4
ジョンのブート盤「ROOTS」やブートCD数種類の解説「ルーツの王様/小沢大介」、話題の新作ブート、書籍紹介「BOOTLEG VS BEATLES/春雨キスノキヨシ」など。コピーは「BEATLES」。

アストリッド・Kの存在/ビートルズが愛した女
世界文化社/小松成美
1995/10/20　単行本　全400
スチュアート・サトクリフの元恋人アストリッド・キルヒャーへのロング・インタビューをもとに書き下ろした最初期ビートルズ伝。ハンブルク時代のエピソードや貴重な新証言も多い。

RPM(Rock & Pops.Magazine)/11月号
RPM
1995/11/01　非売品/その他　0
テイクアウトフリーのロック&ポップス情報雑誌。表紙のみビートルズ。

ニューズ・ウィーク日本版/11月1日号
TBSブリタニカ
1995/11/01　一般雑誌　12
特集「ビートルズが帰って来た」があり、ロンドン郊外のスタジオで収録された新曲(フリー・アズ・ア・バード)や最新CD「ザ・ビートルズ・アンソロジー」についての記事をはじめ、ビートルズ年譜、ポールのインタビュー、トピックスを掲載。

ノーサイド/11月号
文藝春秋
1995/11/01　一般雑誌　88
88ページの大特集「ビートルズ同時代/ビートルズこそがすべて」がある。来日当時をよく知る有名・著名人のエッセイ、対談、論評、エピソードほか、来日などのヴィジュアルページも多い。内容・構成ともに、近年の特集号としてはお勧めの一冊。

全曲解明!!ビートルズ・サウンズ大研究(上)
バーン・コーポレーション/チャック近藤
1995/11/19　ムック/企画誌　全192
公式アルバム収録の213曲についてサウンドの魅力や秘密を徹底解明した研究資料集の上巻。「リボルヴァー」までのアルバム収録曲と『パスト・マスターズVOL.1』を含めた全114曲を解説。

FM[FAN]/11月20日-12月3日号
共同通信社
1995/11/20　音楽雑誌　4
『ビートルズが(再び)やってくる』で、2枚組CD『ザ・ビートルズ・アンソロジー』発売記念の話題を写真とともに掲載。文は伊丹宙宇。ビートルズアルバムカヴァー。

ぴあ/11月28日号
ぴあ
1995/11/28　一般雑誌　0
表紙のみビートルズ・イラスト。

CDジャーナル/12月号
音楽出版社
1995/12/01　音楽雑誌　21
創刊10周年記念企画「保存版特集「アンソロジー」発売記念第1弾/ビートルズの100枚」がある。「アンソロジーを読む/香月利一」ほか、100枚のアルバムディスコグラフィー、海外ミュージシャン8人が選んだベストソングなど。

Club Sandwich/日本語版3号
プロデュース・センター出版局
1995/12/01　会報/その他　全16
ポールの公認情報誌『Club Sandwith』日本語版3号。コンテンツは「とってもいいやつだからね…」「ビートルズ復活」「詩人──ポール・マッカートニー」「プラネット・アースの永遠のポップ・ベスト・ソング」ほか。

クロスビート/12月号
シンコー・ミュージック
1995/12/01　音楽雑誌　20
巻頭グラビア特別企画「95年のビートルズ・ストーンズ対決」がある。ビートルズ『アンソロジー』、ストーンズ『STRIPPED』の話題を取り上げ、インタビューなどを軸に両グループを徹底比較。

サウンド&レコーディング・マガジン/12月号
リットーミュージック
1995/12/01　音楽雑誌　4
「アンソロジー・シリーズ」についての近況レポート「THE BEATLESついにベールを脱いだ新作!」を関係者からの証言を交えて紹介。表紙もビートルズ。

フォーブス/12月号(日本版)
ぎょうせい
1995/12/01　一般雑誌　4
特別企画「世界の芸能人長者番付」に、1995年の所得番付ランキング3位のビートルズが輝いたことを伝える記事「復活ビートルズ!」がある。表紙もビートルズ。

レコード・コレクターズ/12月号
ミュージック・マガジン
1995/12/01　音楽雑誌　2
アルバム『アンソロジー1』の最新情報を紹介した記事「ビートルズ『ザ・ビートルズ・アンソロジー第1弾─気になる中身を先取りチェック/大鷹俊一』がある。

ワッツイン・エス/12月号・創刊号
ソニー・マガジンズ
1995/12/01　音楽雑誌　9
9ページのカラービジュアル特集「帰ってきたビートルズ!/徹底分析ビートルズ再結成」がある。最新『アンソロジー1』の話題から、解散から現在までのストーリー、初期映画の世界など多岐にわたる内容。

週刊マーダー・ケースブックNO.10
省心書房
1995/12/05　週刊誌　全32
殺人事件を題材にしたシリーズ物のNO.10。1980年のジョン殺害事件の真相と全貌を徹底解明。『ジョン・レノン狙撃事件/マーク・チャップマン、ジョンを殺害した男の屈折したファン心理とは?』。

nowhere/1995 WINTER Vol.8
プロデュース・センター出版局/nowhere編集室
1995/12/08　ムック/企画誌　全128
ビートルズ研究誌(Vol.8)。特集『ジョン・レノンの僕の人生』『ジョンが語るビートルズ人間もよう』『オノ・ヨーコ/今/祈念コンサート』『国境の北、スコットランド/マイク・エヴァンズ』『「ゲット・バック」セッションの全貌』ほか。

ジョン・レノンを殺した男
リブロポート/ジャック・ジョーンズ
1995/12/08　単行本　全448
ジョン射殺事件後、犯人マーク・チャップマンに対し200時間におよぶ獄中インタビューを敢行した著者がまとめた事件記録簿。犯人の人間像と事件との関わりを詳しく記したもので、獄中インタビューも完全収録。

別冊クロスビート/THE DIG NO.4
シンコー・ミュージック
1995/12/15　ムック/企画誌　4
連載企画「The Beatles 新連載スタート!ビートルズを書き換える』がある。第1回目は「カブトムシの冒険/米田実」4人の生い立ちを中心にしたストーリー。

ワッツイン/12月号
ソニー・マガジンズ
1995/12/15　音楽雑誌　3
特別企画「検証ビートルズ再結成!噂の"新作"を徹底分析」として、ニューリリースされた『アンソロジー1』の徹底分析やオリジナル・アルバムの簡単なディスコグラフィーなどを掲載。

週刊現代/12月16日号
講談社
1995/12/16　週刊誌　12
12ページの巻頭カラーグラビア特集「版権独占!未公開写真で偲ぶジョン・レノン」。「ジョンと同じ日の10月9日、ショーンは生まれた」「5年ぶりにスタジオでアルバム製作」ほか、ジョンの年表やヨーコの手記など。

FM[FAN]/12月18日-12月31日号
共同通信社
1995/12/18　音楽雑誌　4
コンサートのために来日したヨーコとの対談「ニューイヤー・スペシャル・トーク オノ・ヨーコvs湯川れい子」「新作と息子とビートルズを語る」がある。

GOLD WAX NO.36
バロック出版
1995/12/20　音楽雑誌　2
ニューリリースされた「アンソロジー1」の解説「感激!偉大なるアンソロジー/小沢大介」がある。表紙コピーは「Beatles」。

ビートルズ心の旅
光文社/ザ・ビートルズ・クラブ
1995/12/20　単行本　全196
リバプールとロンドンにおけるビートルズゆかりの地を、写真と地図を添えて簡単に紹介した参考ガイド。そのほか、ビートルズ現役時代のエピソードや現在のようすにも触れている。サブタイトルは「リバプール、ロンドン──運命の糸を探る」。

THE BEATLES IN TOKYO 1966
ジャパンタイムズ/浅井慎平(写真・訳)
1995/12/25　ムック/企画誌　全280
浅井慎平の「ビートルズ東京/100時間のロマン」の再編集モノクロ版。装丁・製本サイズもオリジナルとは異なるほか、掲載写真にも一部編集が加えられている。ピーター・バラム(文)。

フラウ/12月26日号
講談社
1995/12/26　一般雑誌　8
広島平和祈念コンサートのために息子ショーンとともに来日したヨーコのインタビュー『独占インタビュー/天下の怪女オノ・ヨーコの大予言』を掲載。篠山紀信撮影の写真も数多く紹介。

イマジン/ジョン・レノン
ソニー・マガジンズ/トム・ハリー
1995/12/26　ムック/企画誌　全52
トム・ハリーが撮影したジョン&ヨーコの写真に名作「イマジン」の歌詞を散りばめたメモリアル写真集。二人の関係もあるし、収録写真が少ないのが残念。

エルヴィス・ミーツ・ザ・ビートルズ/永遠の宿敵
バーン・コーポレーション/シンコー・ミュージック
1995/12/29　単行本　　　　　　　　　全336
エルヴィス・プレスリーとジョン・レノンという2人のスーパースターを題材に、音楽、思想、人間性を徹底比較した作品。1960年代の両者の活動を中心に描かれており興味深い内容。クリス・ハッチンス&ピーター・トンプスン(著)。

1996

CDジャーナル/1月号
音楽出版社
1996/01/01　音楽雑誌　　　　　　　　　16
企画特集「保存版特集 ビートルズの法則/ビートルズという名のジャンル」がある。カヴァー曲を収めたCDと、ビートルズ関連CD約100枚を写真付で紹介。マニアックな内容。

ミュージック・マガジン/1月号
ミュージック・マガジン
1996/01/01　音楽雑誌　　　　　　　　　2
25年ぶりに発売された『アンソロジー1』の解説「ビートルズ・アンソロジー1の聴きどころ/和久井光司」がある。表紙コピーは「ビートルズ」。

BANDやろうぜ/1月号
宝島社
1996/01/01　音楽雑誌　　　　　　　　　8
特集「解散から25年&ジョン・レノン没後15年/ザ・ビートルズ大特集」があるが、内容的にはごく簡単に年譜、ディスコグラフィー、エピソード、グッズコレクションなどを紹介しただけにすぎない。

ベース・マガジン/1月号
リットーミュージック
1996/01/01　音楽雑誌　　　　　　　　　8
ロング・インタビュー、ベーシスト・ストーリー、サウンド研究を含めたポール特集「Paul McCartney/ポール・マッカートニー」がある。

レコード・コレクターズ/1月号
ミュージック・マガジン
1996/01/01　音楽雑誌　　　　　　　　　40
ビートルズのオリジナル・アルバム特集シリーズの第6弾「ア・ハード・デイズ・ナイト」がある。「ロック時代のアイドル映画/リチャード・レスター/完全盤&メイキング・ヴィデオ紹介/「アンソロジー」プロジェクト！etc」など。

ロッキング・オン/1月号
ロッキング・オン
1996/01/01　音楽雑誌　　　　　　　　　18
18ページのグラビア「THE BEATLES All Together Now！」「The Continuing Story of FAB FOUR」があり、写真とともにポール、ジョージ、リンゴ、ヨーコの貴重インタビューを掲載。

フラッシュ/1月2日号
光文社
1996/01/02　週刊誌　　　　　　　　　　4
テレビ放映された「アンソロジー」関連の記事「今だから見たい！ビートルズ&ボンドガール7ページ！」がある。「ボンドガール7ページ」の方はビートルズと無関係。

フライデー・スペシャル/1月17日増刊号
講談社
1996/01/17　ムック/企画誌　　　　　　　4
『アンソロジー1』発売に関するトピックス&グラフィティ「25年ぶりの新曲に世界が狂喜」がある。表紙コピーは「ビートルズ」。

REMEMBER/ビートルズ誕生への軌跡
プロデュース・センター出版局/マイケル・マッカートニー
1996/01/20　ムック/企画誌　　　　　　全128
ポールと2歳違いの実弟、マイケル・マッカートニーが撮影した貴重な記録写真集。幼年時代のポールの姿から、ビートルズデビュー当時のようすをマイケル自身による写真と解説で綴ったもの。

オリコン・ウィーク・ザ1番/1月22日号
オリコン
1996/01/22　音楽雑誌　　　　　　　　　6
ヴィジュアル特集「世界を変えた4人を今、語ろう！/終わらないビートルズ」がある。『アンソロジー』を含めたオリジナルアルバムの紹介やビートルズ・ヒストリー、メッセージ集など。

フライデー/1月26日号
講談社
1996/01/26　週刊誌　　　　　　　　　　2
「発掘！ジョン&ポール「破局寸前」大胆プライベート写真」がある。解散寸前の1969年9月に撮影されたジョン&ポールの未公開写真とともに、ジョン&ヨーコの全裸写真をカラーで掲載。

テレビブロス/1月13日号
東京ニュース通信社
1996/01/31　一般雑誌　　　　　　　　　6
特集「FREE AS A BIRD ビートルズ再び」「ビートルズの音楽性」がある。公式アルバムの収録曲解説を含めたディスコグラフィーだが、かなりマニアックで視点も鋭い。

PLAY BOY/2月号
集英社
1996/02/01　一般雑誌　　　　　　　　　8
「独占公開、30年間"封印"された密着同行記「巨大アメリカと格闘した32日！」「フリー・アズ・ア・バード」爆発ヒット記念！」がある。アメリカツアーの内幕とエピソード「メンバーが気軽に持ち込んだ覚醒剤」など。

エスクァイア日本版/2月号
エスクァイア・マガジン・ジャパン
1996/02/01　一般雑誌　　　　　　　　　10
「P・マッカートニー独占インタビュー/ジョンへの愛を語る。」がある。新曲【フリー・アズ・ア・バード】発売、「アンソロジー」プロジェクト、ジョンに対する思い出を語ったもの。

キーボード・マガジン/2月号
リットーミュージック
1996/02/01　音楽雑誌　　　　　　　　　6
ビートルズの新譜「フリー・アズ・ア・バード」の全楽譜を掲載。表紙コピーは「『フリー・アズ・ア・バード』ザ・ビートルズ」。

ギター・マガジン/2月号
リットーミュージック
1996/02/01　音楽雑誌　　　　　　　　　10
ビートルズ特集「THE EARLY BEATLES」「使用ギターから見た初期ビートルズの輝き」「リバプール、ハンブルク時代のビートルズ」「ザ・ビートルズ使用機材リスト」と【フリー・アズ・ア・バード】を含めた楽譜集。

SiFT/2月号
リットーミュージック
1996/02/01　音楽雑誌　　　　　　　　　6
音楽ジャーナリスト、ジュディス・シモンズによるビートルズ交流記「Yesterday and today THE BEATLES」をフォトを交えて6ページ掲載。表紙コピーは「The Beatles etc」。

STUDIO VOICE(スタジオ・ボイス)/2月号
インファス
1996/02/01　一般雑誌　　　　　　　　1/2
ジョン&ヨーコの写真と記事がわずかにある程度。表紙コピーは「ジョン&ヨーコ」。

テレビタロウ/2月号
東京ニュース通信社
1996/02/01　一般雑誌　　　　　　　　　2
「アンソロジー」放映に関する情報と映画企画番組の紹介「ビートルズが大晦日にやって来る！未発表曲、未公開映像で綴る必見の大型特番」など。

月刊YMMプレイヤー/2月号
プレイヤー・コーポレーション
1996/02/05　　　　　　　　　　　　　　7
「アンソロジー1」発売関連記事と中綴じビートルズ・カレンダー「特別付録THE BEATLES CALENDAR」がある。

別冊クロスビート/THE DIG NO.5
シンコー・ミュージック
1996/02/15　ムック/企画誌　　　　　　66
ロング・インタビューをはじめ、レコードコレクション、「アンソロジー」解説ほか多くの資料・読物で構成されたビートルズ大特集。特にポール、ジョンの独占インタビューは貴重。

戦後史開封
産経新聞ニュースサービス/扶桑社
1996/02/20　単行本　　　　　　　　　　16
「戦後史開封」シリーズの完結編。「文化・娯楽」の中で、1966年のビートルズ来日を写真を添えて詳しく掲載。「ビートルズって何者だ？」「警視庁は真剣な警備を決意」「実はチケット余っていた」ほか。表紙コピー「ビートルズ来日」。

CNN ENGLISH EXPRESS/3月号
朝日出版社
1996/03/01　一般雑誌　　　　　　　　　7
英会話のテキストでヨーコのインタビュー「オノ・ヨーコ「ビートルズと私」」がある。ビートルズの新曲がリリースされるきっかけとなった、ジョンの収録曲テープを他の3人に渡した動機などを語ったもの。

CNN ENGLISH EXPRESS/3月号(カセット)
朝日出版社
1996/03/01　付録　　　　　　　　　　　※
「CNN ENGLISH EXPRESS/3月号」の別売付録。ヨーコのインタビュー「Let It Be/ビートルズと私」を収録したカセットテープ。表紙コピーは「オノ・ヨーコ/ビートルズと私」。

PC music/3月号
ソフトバンク
1996/03/01　一般雑誌　　　　　　　　　0
特別付録 CD-ROMに、ビートルズの【フリー・アズ・ア・バード】オリジナルSMFデータが収録されているため表紙コピー「The Beatles「FREE AS A BIRD」」があるのみ。

月刊KITAN(キタン)/3月号
読売新聞社
1996/03/01　一般雑誌　　　　　　　　　8
BCC関連記事や、ビートルズの人形、愛用ギターなどのグッズ・コレクションを写真付で紹介したカラーグラビアページ「今よみがえる！ビートルズ・グッズ・アンソロジー」がある。

エル・ジャポン/3月号
アシェット・ジャパン
1996/03/01　一般雑誌　　　　　　　　　6
60年代ファッションを紹介した企画「ビートルズ・スタイル・フォーエヴァー」「viva！Beatles/ビートルズがやってくる」があるが、直接ビートルズとは関係がない。

1996

Club Sandwich／日本語版4号
プロデュース・センター出版局
1996/03/01　会報／その他　全16
ポール公認の情報誌「Club Sandwith」の日本語版4号。コンテンツは「ウーヴ・ジャーブンで最高の気分」「ライヴ・エイド、10年後」「スコア上のリーフ」「ノット・フェイド・アウェイ——色あせることなく」ほか。

レコード・コレクターズ／3月号
ミュージック・マガジン
1996/03/01　音楽雑誌　6
『アンソロジー2』発売に関連して「ビートルズ・マニアのためのアンソロジー・プロジェクト中間報告／大鷹俊一」がある。貴重音源の多い収録曲の解説など。表紙コピー『速報！ビートルズ「アンソロジー2」』。

ワッツイン・エス／2月・3月合併号
ソニー・マガジンズ
1996/03/01　音楽雑誌　3
1995年大晦日に放映された「ザ・ビートルズ・アンソロジー」の情報や、CD発売に伴う関連記事をまとめた「映像版ザ・ビートルズ・アンソロジー、オンエア直前観どころチェック！」を掲載。表紙コピー『ビートルズ』。

nowhere／1996 SPRING Vol.9
プロデュース・センター出版局／nowhere編集室
1996/03/20　ムック／企画誌　全128
ビートルズ研究誌(Vol.9)。特集「ビートルズのサイケデリック・ミュージック」「『ザ・ビートルズ・アンソロジー』を楽しむ①」「ビート・ベスト」「レイ・デイヴィスが語るライブ／川渕哲生／重実博」ほか。

全曲解明!! ビートルズ・サウンズ・大研究（下）
バーン・コーポレーション／チャック近藤
1996/03/01　単行本　全192
ビートルズの公式アルバム収録のナンバーについて、サウンドの魅力や秘密を徹底解明した研究資料集の下巻。上巻は1995年11月19日に刊行。

ビートルズの軌跡
マガジンハウス／岩本晃一郎
1996/03/21　単行本　全192
ビートルズ＆ソロ関連の公式発売されたCD全タイトルを各2ページ程度で解説したCDガイド。1993年12月16日発行の「コンパクト・ビートルズ」の改題新装版で一部索引などをスリム化。

ROCK'N' ENGLISH British Rock
構造システム／仲俊次（編）
1996/03/25　単行本　25
ビートルズ、ローリング・ストーンズ、エリック・クラプトン、クイーン、エルビス・コステロ、U2の6アーティストのライフ・ストーリーと代表曲を掲載した対訳手引きテキスト。

ロンリー・ハートのジョン・レノン
新風舎／石ヶ守諭邦
1996/03/28　単行本　全272
ビートルズおよびジョンのヒットナンバー38曲の訳詞を掲載し、それぞれの作品についてエッセイ調の解説を加えたもの。訳詞と解説は、10数曲ずつ3章に分類。巻末にジョンの略年譜も添付。

THE BEATLES CLUB 入会案内書
ザ・ビートルズ・クラブ(BCC)
1996/03／　その他　4
名称が「ビートルズ・シネ・クラブ」から「ザ・ビートルズ・クラブ」に変更(1996年4月より正式変更)された際の入会案内。見開き4ページ。サイズ：100×210。発行日の記載はないが3月頃と思われる。

CDジャーナル／4月号
音楽出版社
1996/04/01　音楽雑誌　1/2
今月の推薦「NEW DISCS」コーナーに『アンソロジー2』のレビュー記事など。表紙の一部がビートルズ・アルバム。

FLYER／4月号
パルコ／ウェイヴ（編）
1996/04/01　非売品／その他　1未満
パルコが発行した音楽中心の情報誌（非売品）。表紙がビートルズ。「WAVE REVIEW」のコーナーに『アンソロジー2』のCD紹介記事がある程度。

PC music／4月号
ソフトバンク
1996/04/01　一般雑誌　1
付録のCD-ROMに、『ア・デイ・イン・ザ・ライフ』のオリジナルSMFデータが収録されており、誌上でもわずかにビートルズの解説と歌詞を掲載。表紙コピー『The Beatles「A DAY IN THE LIFE」』。

クロスビート／4月号
シンコー・ミュージック
1996/04/01　音楽雑誌　22
ビートルズ・ヴィジュアル特集「独占 中期ビートルズのすべて」がまとめられた。ポールとジョージ・マーティンの2大インタビューと「中期ビートルズ、その音楽的存在の魅力／佐藤英輔」の読物ほか22ページ。

レコード・コレクターズ／4月号
ミュージック・マガジン
1996/04/01　音楽雑誌　34
ビートルズ特集第7弾「ビートルズ⑦リヴォルヴァー」がある。「ついに開かれた巨大な宇宙への扉／大鷹俊一」「66年のアビー・ロード・スタジオでレコーディングの歴史が変わった／和久井光司」ほか。

ワッツイン・エス／4月号
ソニー・マガジンズ
1996/04/01　音楽雑誌　2
アンソロジーの収録曲解説を2ページ程度にまとめた「THE BEATLESアンソロジー2を聴く／奥田祐士」がある。表紙コピー『ザ・ビートルズ』。

ジョン・レノン祝福／グロー・オールド・ウィズ・ミー
三五館／ジョン・レノン（詩）／オノ・ヨーコ（文）
1996/04/03　単行本　全34
ビートルズとは無縁のイメージ本にジョンの詩の一部分を掲載したヴィジュアル詩集。詩およびジョン＆ヨーコのフォト1枚とヨーコからのメッセージ以外は直接ビートルズに触れるものはない。

FM fan／4月8日-4月21日号
共同通信社
1996/04/08　音楽雑誌　2
『ザ・ビートルズ・アンソロジー2』がある。CD発売関連の記事と収録曲解説など。

ジョン・レノンに再び出会える本
たま出版／ジェイソン・リーン
1996/04/09　単行本　全240
著者曰く「ジョン・レノンの死後、チャネリングを通して語られるジョンからの人類へのメッセージ」。我々一般人には理解し難いもの。「天国にいるジョンからのメッセージ」なるものを知りたい人にはお勧めの書。

ROLAND MC CLUB MAGAZINE臨時増刊号
ローランドMCクラブ
1996/04/10　一般雑誌　14
DTMの専門誌『ROLAND MC CLUB MAGAZINE』の臨時増刊号。14ページのDTM実践データ入力特集「ロック／ポップスのスタンダード 華やかなビートルズ・サウンド」がある。

別冊FM ステーション／完全保存版
シティ出版／ダイヤモンド社
1996/04/15　ムック／企画誌　6
ビートルズのグラビア特集「ビートルズ解散とその時代、そして90年代の始まり」がある。ビートルズの軌跡や名曲 TOP100 ランキング、アルバム解説など。表紙コピー『フラッシュバック25years ビートルズ vs カーペンターズ』。

GOLD WAX NO.38
バロック出版
1996/04/20　音楽雑誌　15
『アンソロジー2』収録曲完全解説をはじめ、ディスコグラフィ、資料、読物を掲載したジョン特集「ジョン・レノンの国盤ガイド・シングル編／鈴木登志一」ほか。表紙もジョン。

ウィンカマー／創刊0号
ソフトバンク出版事業部
1996/04/25　一般雑誌　0
表紙のみジョンのイラスト。

ソニービル30周年記念特集号
ソニービル
1996/04/29　非売品／その他　1未満
ソニービルの30周年記念イベントの見聞きチラシ。1996年4月29日から5月6日の期間中に企画された「私たちのビートルズ展」の広告などを記載。表紙コピー『ビートルズ来日30周年記念 私たちのビートルズ展etc』。

ギター・マガジン／5月号
リットーミュージック
1996/05/01　音楽雑誌　5
巻頭グラビア「THE BEATLES In My life／影の名手、ジョン・レノンのギター・スタイル」があり、プロフィールやエピソードとともに、ジョンのギタリストとしてのセンスを解析。表紙コピー『ジョン・レノン』。

クレア／5月号
文藝春秋
1996/05/01　一般雑誌　4
ジョンとポールの曲作りの違いを描いたエッセイ「特別読物J.レノンとP.マッカートニー」「歌のなかの愛憎／小松成美」がある。

メイキング・オブ・サージェント・ペパー
キネマ旬報社／ジョージ・マーティン
1996/05/01　単行本　全256
アルバム『サージェント・ペパーズ・ロンリー・ハーツ・クラブ・バンド』完成までの制作プロジェクトをジョージ・マーティン自身が徹底解説。特に知られざる4人のエピソードなどは貴重資料。

マリッジ
角川書店／みうらじゅん
1996/05/01　単行本　全208
【イマジン】の一節「僕のことを夢想家だというのかな」をキーワードとして主人公の人生ドラマを描いたコミック。ジョン＆ヨーコが登場。

天国まであと3歩
東亜音楽社／音楽之友社／ロマ・ウィートン
1996/05/05　単行本　16
サブタイトル「ミュージシャンたちの短すぎた生涯」とあるように、不慮の事故や病気、殺害、ドラッグ中毒でこの世を去ったミュージシャン60人の偉業や伝説をまとめたもの。当然ジョンもあり。「John Lennon Shot 40 1980」。

ポール・マッカートニーと「イエスタデイ」の真実
シンコー・ミュージック／レイ・コールマン
1996/05/10　単行本　全198
「メロディ・メイカー」誌の元記者、レイ・コールマンが、ポップス史に残る名曲「イエスタデイ」の誕生をポールや関係者の協力を得てあらゆる角度から解析を試みた研究書。

Club Sandwich／日本語版5号
プロデュース・センター出版局
1996/06/01　会報／その他　全16
ポール公認の情報誌「Club Sandwith」の日本語版5号。コンテンツは「ザ・ビートルズ・ストーリー」「台風の端に身をおいて」「マッカートニー夫妻とシンプソンズ」「ポール・マッカートニーとジェイムズ・ボンド」ほか。

てんとう虫／6月号
アダック
1996/06/01　一般雑誌　12
ビートルズ来日30年を記念したヴィジュアル特集『ゲット・バック・トゥ・ビートルズ』がある。ビートルズ・ブーム再来の検証とビートルズ・ストーリー、財津和夫やピーター・バラカンのインタビューなど。表紙もビートルズのイラスト。

ミュージック・ライフ別冊／THE DIG NO.7
シンコー・ミュージック
1996/06/15　ムック／企画誌　6
アメリカのポップバンド、ワンダーミンツの「カブトムシの冒険」など。表紙コピー『The Beatles』。このNO.7より、なぜかクロスビート別冊からミュージック・ライフ別冊に変更になった。

ザ・ビートルズBBCセッションズ
銀賞社／星雲社／藤枝秀／田中まさとし
1996/06/15　単行本　全192
ビートルズが出演したイギリスBBCのラジオ番組を日付順に整理し、ロケーションをはじめ演奏曲目、トーク内容などを対談形式で解説した異色資料集。

1996

GOLD WAX NO.39
バロック出版
1996/06/20　音楽雑誌　4
来日30周年特別企画「BEATLES IT WAS 30 YEARS AGO,TODAY JAPAN 1966/永春竹樹」がある。当時の資料とともに、ビートルズ日本公演のマスコミなどの動きを克明に再現。表紙コピー「The Beatles」。

nowhere/1996 SUMMER Vol.10
プロデュース・センター出版局/nowhere編集室
1996/06/20　ムック/企画誌　全128
ビートルズ研究誌(Vol.10)。特集『ビートルズと日本』『「ザ・ビートルズ・アンソロジー」を楽しむ②』『ビートルズのサイケデリック・ミュージック(後編)』『ポール・マッカートニー/回顧と大予言』ほか。

宗教を考える/ジョン・レノンの世界
近代文芸社/石田法雄
1996/06/20　単行本　114
ジョンを通して宗教を考察した専門書。全4章構成の内、第1章「ジョン・レノンと宗教」、第4章「ジョン・レノンの世界」。著者は滋賀県立大学の英語・宗教学の助教授。

ミュージック・マガジン増刊/②1974-1977
ミュージック・マガジン
1996/06/25　ムック/企画誌　25
『ミュージック・マガジン』のダイジェスト版『スペシャル・エディション①』(1994年発行)の続編で、1974年〜1977年の3年間掲載記事を再編集。『ジョン・レノン・インタヴュー』『ジョン・レノン大いに語る/矢野純一』ほか多数。

週刊女性/6月25日号
主婦と生活社
1996/06/25　週刊誌　7
『来日30周年企画 おもしろビートルズ30 パパもママもハマった！』がある。ビートルズとともに青春を過ごしたファンや関係者のコメントほか、発売中の来日関連グッズ、ポールやリンゴのCM出演記事、ファンクラブ紹介など。

NHKウィークリーステラ/6月22日-6月28日
NHKサービスセンター
1996/06/28　一般雑誌　1
オンエア予定のNHK番組関連記事「ETV特集ビートルズ来日30年」がある。「日本を揺るがした5日間/ビートルズ来日騒動を読む」の紹介記事と写真、解説など。

ビートルズ・ロッキュメンタリー/太陽を追いかけて
TOKYOFM出版/星加ルミ子
1996/06/29　単行本　全216
ビートルズ来日30周年記念として出版された星加ルミ子の貴重な会見記などを収録した手記。当時『ミュージック・ライフ誌』の編集長、またジャーナリストとして取材を重ね、ビートルズの素顔や多くのエピソードを知る数少ない人物。

FM [FAN]/7月1日-7月14日号
共同通信社
1996/07/01　音楽雑誌　1
創刊30周年特別企画の中に「1966-1995ビートルズからセリーヌ・ディオンまで」「1966ビートルズ、武道館で投げかけた理想と夢/湯川れい子」がある。

ビートルズの社会学
朝日新聞社/朝日新聞社編
1996/07/01　文庫本　全208
ビートルズ来日を当時の参考資料と著名人の論評で解析。ビートルズ来日に関する新聞、雑誌からの抜粋記事や三島由紀夫、遠藤周作など作家のビートルズ批評もあり、参考資料を含め興味深い内容。

現代ギター/7月号
現代ギター社
1996/07/01　音楽雑誌　3
2枚組アルバム『アンソロジー2』収録の【ストロベリー・フィールズ・フォーエバー】の解説と楽譜など。表紙コピー『ストロベリー・フィールズ・フォーエバー(J.レノン&P.マッカートニー)』。

THE BEATLES 103 hours DOCUMENT IN JAPAN
プロデュース・センター出版局
1996/07/02　イベントパンフレット　全40
来日30周年記念イベント「ビートルズ日本滞在103時間全記録展」のパンフ。当時の貴重フォト、関係者のレポート、証言をはじめ、数々のレアコレクションなど、ビートルズ日本滞在のすべてを収録。来日資料として一級品。

ビートルズと60年代
キネマ旬報社/イアン・マクドナルド
1996/07/07　単行本　全616
ビートルズのオリジナル・ナンバーの全曲解説とレコーディング・データを掲載した資料集。全曲解説のほか、年表、参考図書、用語集、曲目索引なども。

BOOKSザ・ビートルズ
角川春樹事務所/ハルキ・コミュニケーション
1996/07/08　単行本　全120
オールカラー、CDサイズの写真を中心としたヴィジュアル・ブック。各ページにフォトを添えながらビートルズの軌跡を簡単に紹介する構成。巻末には年譜やディスコグラフィーもあるが、全体的には初心者向きの内容。

FMステーション/7月20日号
シティ出版/ダイヤモンド社
1996/07/20　音楽雑誌　9
ビートルズ来日30周年企画特集『日本全国ドタバタ大騒動!!ビートルズが見た不思議の国ニッポンのカミカゼの真実』がある。来日公演の一部始終を当時の関係者の証言や参考資料とともにヴィジュアルページにまとめたもので貴重。

秘蔵シングル盤天国(洋楽編)
バーン・コーポレーション/シンコー・ミュージック
1996/08/04　ムック/企画誌　14
洋楽の日本盤シングルのレコードカタログ。ジャケット写真とともに制作会社や発売年など、基礎データを掲載。ビートルズについてはアイドル、オデオン盤ほか、ビートルズ・ファミリー関連やカヴァー曲など。表紙の一部もアルバム写真。

デゾ・ホフマン――ザ・ビートルズ写真展
東京全日空ホテル
1996/08/13　イベントパンフレット　4
全日空ホテルで開催された「デゾ・ホフマン――ザ・ビートルズ写真展」のパンフレット。展示された142点の全写真の解説があり、別紙でオリジナルプリント写真の価格表が1枚挿入されている。

ビートルズ音楽祭'96
ビートルズ音楽祭実行委員会/プロデュース・センター
1996/08/22　イベントパンフレット　全48
1996年8月22日から4日間、石川県加賀市で開催された「ビートルズ音楽祭'96」のパンフレット。プロ、アマを問わずビートルズを愛する人たちが参加した音楽フェスティバルで、審査員としてジョージ・マーティンも出席。

NHK趣味百科/アコースティックギター入門
日本放送出版協会
1996/09/01　音楽雑誌　8
「練習曲 ヒア・カムズ・ザ・サン etc」。サウンドおよび曲の解説など。「ヒア・カムズ・ザ・サンはアーティストの意向により、楽譜の掲載ができません。ご了承ください。」との注釈がある。

Club Sandwich/日本語版6号
プロデュース・センター出版局
1996/09/01　会報/その他　全16
ポール公認情報誌『Club Sandwith』の日本語版6号。コンテンツは「これまでだれもやったことがないことをやろう…」「だからうまくいったね」「誕生日おめでとう、バディ！」「ファミリー・ウェイ」ほか。

オリコン・ウィーク・ザ1番/9月2日号
オリコン
1996/09/02　音楽雑誌　6
カラーヴィジュアル特集「ビートルズ・サウンドの謎/今、またもやブーム！」がある。「ビートルズの方程式/佐藤竹善」「ビートルズ風と言われる2組に聞く/新進バンドの解釈と実践」「私たちもビートルズ派です！」など。

ビートルズの遺産
データハウス/ジョージ・E・クラム
1996/09/18　単行本　全238
1961年、リバプールのとあるレコード店から始まり、30年を経て完結する日本とイギリスを舞台にしたレア・レコードを巡るロック・ミステリー。随所にビートルズの史実も登場する。

nowhere/1996 AUTUMN Vol.11
プロデュース・センター出版局/nowhere編集室
1996/09/20　ムック/企画誌　全128
ビートルズ研究誌(Vol.11)。特集『ポール・マッカートニー死亡説の謎』『クラウス・フォアマン』『オノ・ヨーコ/IMA』『湯川れい子/星加ルミ子/斎藤誠』『日本語でかみしめるビートルズ』『続「ビートルズと日本」』ほか。

スター・ストーカー/狙われるスターたち
扶桑社/ジョージ・メイヤー
1996/09/30　文庫本　15
スーパー・スターたちのストーカー事件を題材にした書籍。ジョン射殺事件の「マーク・デイビッド・チャップマンとジョン・レノン殺害」がある。表紙はジョン。

ケイパブル/1996 Autumn
公文教育研究会
1996/09/　会報/その他　2
公文教育研究会の会員に配布された会報。リバプールに創設された芸術大学「LIPA」の話題や、公文式のテレビCM、新聞、雑誌広告がポールが出演を了承してくれたことを伝える記事も一部写真付で掲載。

レコード・コレクターズ/10月号
ミュージック・マガジン
1996/10/01　音楽雑誌　7
ビートルズ・アンソロジーのビデオ版試写レポート「ビートルズ『アンソロジー』ヴィデオ版ついに発売！」「ビートルズ・マニアのためのアンソロジー・プロジェクト中間報告/大鷹俊一」など。

ロッキング・オン/10月号
ロッキング・オン
1996/10/01　音楽雑誌　20
総力特集『THE BEATLES 誰も明かさなかったザ・ビートルズ、その栄光と影』がある。2人のジョージ(ジョージ・ハリスン&ジョージ・マーティン)の回想録・インタビュー・エッセイなど。

モノ・マガジン/10月16日号
ワールド・フォトプレス
1996/10/16　一般雑誌　1/4
ヨーコら有名アーティスト6人がそれぞれデザインした腕時計「スウォッチ第3回アーティスト・コレクション/6種類セット」発表の話題と現品写真があるのみ。表紙コピー「オノ・ヨーコがデザインしたスウォッチ」。

GOLD WAX NO.41
バロック出版
1996/10/20　音楽雑誌　5
「感激！偉大なるアンソロジー映像版・全10時間分先行レヴュー/小沢大介」など。表紙コピー「The Beatles」。

ビートルズを撮った男/リチャード・レスター
プロデュース・センター出版局/アンドリュー・コール
1996/10/20　単行本　全304
ビートルズの映画『ビートルズがやって来るヤァ！ヤァ！ヤァ！』『ヘルプ！4人はアイドル』や、〈ジョン・レノンの僕の戦争〉〈ゲット・バック〉などを撮った映画監督、リチャード・レスターの伝記。

ドゥ・ピアノ NO.1(創刊号)
省心書房
1996/10/29　楽譜/その他　2
Lesson用CD付き、初心者向けピアノ・レッスン冊子の創刊号。この20p程度のヴィジュアル・テキストでわかりやすい内容。このNO.1にはビートルズ・ヒットナンバー「レット・イット・ビー」の楽譜2ページ収録。

ビートルズ音楽祭'96実施報告書
ビートルズ音楽祭実行委員会
1996/10/31　非売品/その他　全88
ジョージ・マーティンを招致し、石川県加賀市で開催された官民一体のイベント「ビートルズ音楽祭」の関係者だけに配布された、88ページにおよぶ詳細なイベント実施報告書。

レコード・コレクターズ/11月号
ミュージック・マガジン
1996/11/01　音楽雑誌　56
アルバム特集シリーズの第8弾、56ページの特集「ビートルズ⑧ホワイト・アルバム 4人がそれぞれの才能を発揮した個性的サウンドがブチ込まれた2枚組 etc」がある。このアルバム特集は毎回充実した内容で、貴重な資料が満載。

WONDERWALL (ワンダーウォール)
N.S.W/N.S.W配給
1996/11/02　映画パンフレット　※
ジョージが音楽を担当した映画(1968年作品)で、この年、28年ぶりに日本公開された。ユニークなパンフレット。ボックス形式のコンパクトサイズで、12枚のポストカードと「ベニーちゃんきせかえセット」付。

1996

ドゥ・ピアノ NO.3
省心書房
1996/11/26　楽譜/その他　3
Lesson用CD付き、初心者向けピアノ・レッスン冊子。全20p程度のヴィジュアル・テキストでビートルズ・ヒットナンバー【イエスタデイ】の楽譜3ページ収録。

Club Sandwich/日本語版7号
プロデュース・センター出版局
1996/12/01　会報/その他　全16
ポール公認情報誌「Club Sandwith」の日本語版7号。コンテンツは「クラブ・サンドイッチ独占！グッド・ニュース」「エリザベス女王、LIPAを訪れる」「ロードワークス」「映像・ビデオ探検発掘隊」ほか。

クロスビート/12月号
シンコー・ミュージック
1996/12/01　音楽雑誌　36
ポールの独占インタビューを含めたビートルズ特集「THE BEATLES 最新インタビュー!! 総力36ページ!!」がある。イラストと寄稿「たそがれのビートルズ」、貴重資料「ジャンル別ビートルズ」「ビートルズ・カヴァー100選」ほか。

レコード・コレクターズ/12月号
ミュージック・マガジン
1996/12/01　音楽雑誌　4
収録曲解説やアンソロジーシリーズの総括「ビートルズ・マニアのためのアンソロジー・プロジェクト最終報告/大鷹俊一」がある。表紙コピーはビートルズ「アンソロジー3」とシリーズ総括」。

FMステーション/12月5日号
シティ出版/ダイヤモンド社
1996/12/05　音楽雑誌　1未満
『アンソロジー3』のCD発売に関する記事。表紙コピーは「ビートルズ」。

ジョン・レノンその存在と死の意味
プロデュース・センター出版局/フレッド・フォーゴ
1996/12/08　単行本　全320
社会・文化・世相を絡めた社会学の視点からジョンの存在と死の意味を再検証した研究書。「60年代世代ジョン・レノン、そして社会劇」「分裂をほのめかす声」「再統合をほのめかす声」など4部構成。

ロック・ザ・バイオグラフィー
シンコー・ミュージック
1996/12/15　ムック/企画誌　9
1960年〜1996年に活躍したロック・アーティストのバイオグラフィー。ビートルズを含め、収録アーティスト数は200以上。アルファベット順に整理し簡単な伝記とヒット・アルバム解説やデータを掲載。表紙一部写真もビートルズ。

GOLD WAX NO.42
バロック出版
1996/12/20　音楽雑誌　25
「感激！偉大なるアンソロジー完結編/小沢大介ほか」「ジョン・レノン・ソロ・ワークス＆アウトテイクス/鈴木登志一」「ビートルズ、100枚/永春秀樹」など、ブートや貴重盤解説、アンソロジー関連資料など。表紙写真とコピーが「John Lennon」。

nowhere/1996 WINTER Vol.12
プロデュース・センター出版局/nowhere編集室
1996/12/20　ムック/企画誌　全128
ビートルズ研究誌(Vol.12)。特集「ビートルズと映画」「ジュリアン・レノン」「ジョージ・マーティン」「サー・ジョージのロング・インタビュー」「ジョージ・マーティン日本滞在記」「ビートルズ音楽祭'96」ほか。

THE BEATLES 1965/1966/1967
シンコー・ミュージック
1996/12/22　ムック/企画誌　全146
元ミュージック・ライフ誌の専属カメラマン、長谷部宏のビートルズ・ドキュメント写真集。1965年〜1967年の間に、同誌編集長・星加ルミ子とともに行った取材会見やコンサート時の貴重フォトを収録。

ヒット曲・名曲カレンダー
PHP研究所
1996/12/25　単行本　数
音楽史に残るおもな出来事などを年代順に列挙した雑学書。ビートルズ関係では1月16日(ポール逮捕)、6月30日(日本公演)、12月8日(ジョン射殺事件)など。表紙イラストの一部がジョン。

ザ・ビートルズ・インターネット・ガイド
銀貨社/星雲社
1996/12/26　単行本　全174
ビートルズに関するインターネットのオフィシャル＆ホームサイトを紹介・解説したURLアドレス付ガイド。「ビートルズに関するWeb Pageの歴史」「国内編」「公式開設ページ/個人開設ページ/同好会/研究会/コピーバンド etc」ほか。

ビートルズサウンズのツボ
バーン・コーポレーション/シンコー・ミュージック
1996/12/27　単行本　全176
ビートルズのコピーバンド「LADYBUG」のリーダー、チャック近藤によるビートルズサウンド研究書。オリジナル・アルバム順に自らの演奏体験を通し、ユニークなサウンド解析を加えたもの。

exhibition memorial book
BCC/BCC(編)
1996/　その他　全33
初期ビートルズのライヴフォト、ポスター、ジョン直筆【イマジン】の作詞原稿、ポール直筆【ヘイ・ジュード】作詞原稿など、多くの貴重コレクションを33枚収めた実用可能なポストカードブック。

NEWS SCRAP/ニューススクラップ
東芝EMI
1996/　非売品/その他　8
東芝EMIが全国のレコード・CDショップ向けに発行したB4判16ページの非売品特集紙。ビートルズ、ローリング・ストーンズ、クイーンの3大アーティストに関する新聞の切り抜き記事をスクラップ掲載。

オノ・ヨーコ青い部屋のイヴェント 東野芳明に捧ぐ
Gallery Interform/SHASHIN KAGAKU
1996/　その他　全18
東京の「ギャラリー360°」での個展「オノ・ヨーコ青い部屋のイヴェント/東野芳明に捧ぐ」のインストラクション集。切り取り可能な16シートのポストカードで、ヨーコの自筆インストラクションを各カードに印刷。

THE BEATLES ANTHOLOGY
東芝EMI
1996/　非売品/小冊子　4
「ザ・ビートルズ・アンソロジー」プロジェクト関連のビデオ、LD、CDを一括紹介した宣伝ツール。(4ッ折リチラシ)

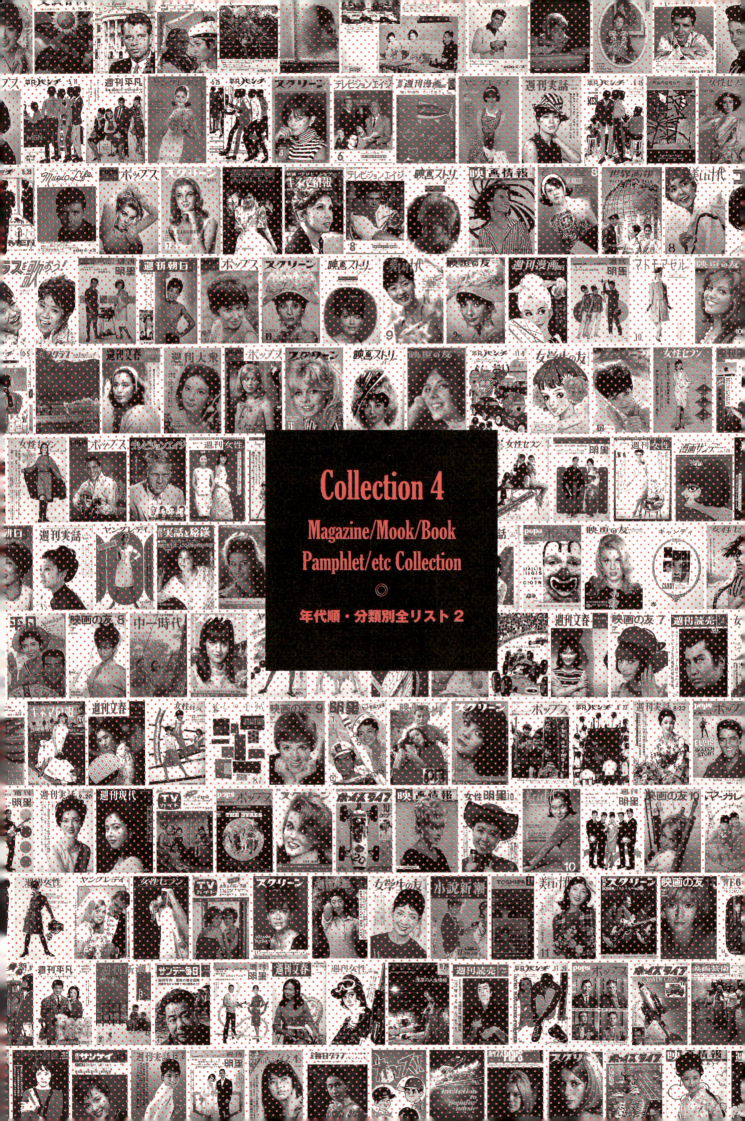

この最終章では、著者のコレクションのうち、前章で紹介した「ビートルズ関連カヴァー＆コピーのあるアイテム」以外のものを「ビートルズ関連記事・写真等掲載アイテム」として分類し、紹介した。

　資料価値のないわずか数行の関連記述から、小さな写真、漫画、小イラストが掲載されているものなど、通常であれば見過ごすかもしれないものまで紹介している。あまりに資料価値のないものは、説明欄にその旨を付記したが、逆に、ビートルズの表紙やコピーがなくても、多くのページが割かれた良質な特集が掲載されているアイテムもあり、資料価値も高く重要なものも少なくない。
　前章でも触れたが、ビートルズが来日した1966年前後は、小コラムや小記事などが、さまざまな出版物に多く掲載された。そのため、コレクション収集にあたっては、正攻法での入手のほか、「この時代の雑誌であれば、たぶんビートルズ関連の記事があるはずだ‼」と、まったくの推測で購入したことも多い。当然、高確率で「はずれ」であるが、運よく1ページ以上の記事や写真掲載を見つけた時には、ひとり「ヨッシャー！」と雄叫びを上げることもあった。本書に紹介したコレクションは、そんな無駄な努力と冷や汗の繰り返しの結果であるが、何度も失敗や挫折を繰り返すうちに、妙な「運」にめぐり合うこともある。元来、無神論者の私だが、こんな時は「やっぱ神さんっているんや」とふと思うこともある。これからコレクションを始めたい人に伝える一言がもしあるとすれば、「求めよ、さらば与えられん」。この言葉を信念にコツコツと根性で頑張ることに尽きる。

　コレクションに没頭するといっても、傍から見るほど楽な稼業ではない。集めるのももちろん、データを整理することも重要な仕事だからだ。整理しないと、無駄な入手が多くなってしまう。人間の記憶はそれほどはかなく頼りないものだ。
　コレクションの数が多くなればなるほど、整理とチェックは不可欠になる。記憶だけに頼ると、過去に入手済のものまで再度入手してしまう恐れがある。商品が届いてからではもう手遅れである。私自身、頻繁にこの事象が発生したため、ある時期から、必死になって専用データベースを構築し、購入の都度、データを入力するようにしたが、そこまでしても稀に重複購入という事態が起こる。自分の単純ミス、とあきらめること多々である。また、商品代金はもちろんのこと、送料や代金支払い時の振込手数料など、相応のお金はかかる。

　お金とともに時間も消費する。私がコレクションを始めたのが1988年頃なので、今年で四半世紀を超えている。コレクションの情報収集とチェック、購入手続き、データベースの作成からデータ入力、画像の撮影、整理整頓などは、勤め人だった時期が長かったので、夜中から明け方の時間を使った。また、理解者や協力者の存在がなければ、ここまでのコレクション蒐集は不可能だったのは間違いないだろう。

1964

ミュージック・ライフ／1月号
新興楽譜出版社
1964/01/01 | 音楽雑誌 | 0

まだビートルズに関する記事の掲載はないが、この号以降、1970年末までは全号紹介した。ちなみにミュージック・ライフ誌創刊は1952年7月15日。この号は通巻第168号にあたる。

ポップス／1月号
音楽之友社
1964/01/01 | 音楽雑誌 | 0

1960年代を代表する音楽雑誌のひとつ。本号はまだビートルズに関する記述はない。

ミュージック・ライフ／2月号
新興楽譜出版社
1964/02/01 | 音楽雑誌 | 数行

ビートルズに関する活字が初めて記載された記念すべき号。正確には、25ページの「番付表」の「東関脇」欄に「ザ・ビートルズ〈オデオン〉【プリーズ・プリーズ・ミー】」とのみ記載。

ポップス／2月号
音楽之友社
1964/02/01 | 音楽雑誌 | 数行

初めてビートルズに関する記述が登場した号。「イギリスでビートルズというグループの人気が急上昇している」という話題を簡単に紹介。

週刊朝日／2月28号
朝日新聞社
1964/02/28 | 週刊誌 | 1/3

海外トピックスコーナー、小記事のひとつに「米にビートルズ旋風」が約1/3ページ。米大統領並みの待遇ほか、アメリカ公演に関する話題。

ミュージック・ライフ／3月号
新興楽譜出版社
1964/03/01 | 音楽雑誌 | 1

ビートルズが新登場コーナーで初めて写真付で紹介された。

ポップス／3月号
音楽之友社
1964/03/01 | 音楽雑誌 | 1未満

トピックコーナーとレコード情報にわずかにビートルズ関連記述あり。

内外写真ニュース
内外薬品商会
1964/03/12 | 専門紙 | 1/4

エド・サリバンショーのTVリハーサル中の写真と記事「ビートルズ、アメリカで大人気」がある。

女性セブン／3月25日号
小学館
1964/03/25 | 週刊誌 | 5

当時の週刊誌としては希少な5ページ弱の特集記事「ビートルズ旋風・アメリカ娘の心をかきむしる四匹のかぶと虫／プレスリーも顔まけのコーラスグループ、まもなく日本上陸」がある。写真と近況記事。

サンデー毎日／4月5日号
毎日新聞社
1964/04/05 | 週刊誌 | 3

巻末に3ページのモノクログラフ「見るリズム"ビートルズ"」がある。サンデー毎日では最初のビートルズ紹介グラフだと思われる。

週刊明星／4月12日号
集英社
1964/04/12 | 週刊誌 | 1未満

ビートルズの噂「ビートルズが東京オリンピックへ！／湯川れい子」がある。1/10ページ程度のわずかな記事で、アメリカの女子水泳チームが、イギリスの水泳連盟にビートルズの応援派遣を依頼したという話題。

ミュージック・ライフ／5月号
新興楽譜出版社
1964/05/01 | 音楽雑誌 | 4

1963年、イギリス・ショー・ビジネス賞を受賞した際の写真をグラビアページで紹介ほか。

ポップス／5月号
音楽之友社
1964/05/01 | 音楽雑誌 | 1未満

巻末「ポピュラー新譜一覧表」にレコード紹介があるのみ。

世界画報／5月号
国際情報社
1964/05/01 | 一般雑誌 | 3

3ページのモノクログラフ「アメリカでも荒れたビートルズ旋風」。

テレビジョンエイジ／5月号
四季出版新社
1964/05/01 | 一般雑誌 | 2+

ビートルズ紹介記事「ビートルズ物語／室生幸子」が2ページ。「リヴァプールの四人」「名マネージャーの登場」「爆発的なビートルマニア」など。ほかにも「今月のニューボイス／ザ・ビートルズ」で半ページ。

平凡パンチ／5月11日号創刊号
平凡出版
1964/05/11 | 週刊誌 | 1/2

ジョージの顔写真と半ページほどの記事「月収50億ビートルズ人気の秘密」がある。ビートルズの人気の秘密は、歌いぶりだけでなく、マッシュルームカットと裾なし四つボタンのユニフォームにあるなど。希少な創刊号。

女性自身／5月18日号
光文社
1964/05/18 | 週刊誌 | 4

ビートルズ人気とそのファン心理を解析した「ビートルズを抱きしめたい？！」がある。「女子高校と共学高校では、男性観がこう違う」「まるで突風のように」「私たちが主役よ」「愛する人と愛される人」など。

週刊女性／5月20日号
主婦と生活社
1964/05/20 | 週刊誌 | 3

巻頭モノクログラビア3ページに「ビートルズ旋風世界に踊る／ビートルズに狂う若者たち」。

女性セブン／5月20日号
小学館
1964/05/20 | 週刊誌 | 1/6

小コラム「プレスリー、ビートルズの一騎打ち」ほか、ジョンソン大統領の二人の娘についての記事に、直接関係はないものの「次女ルーシー／デートもおおっぴらのビートルズ族」とある。

週刊平凡／5月21日号
平凡出版
1964/05/21 | 週刊誌 | 5

リクエスト特集と題した5ページの読物企画「世界の女性のハートをゆさぶった／ビートルズの正体」。

ヤングレディ／5月25日号
講談社
1964/05/25 | 週刊誌 | 4

海外で人気のビートルズを4ページで紹介した「本誌海外特派記者が、ビートルズの私生活を覗いた！」「穴蔵から生まれた！」ジョン・レノン／ただ一人の妻帯者」ポール・マッカートニー／いちばん年が若い」ほか。

平凡パンチ／5月25日号
平凡出版
1964/05/25 | 週刊誌 | 3

ビートルズの熱狂ファンのモノクログラフ「絶叫！ビートルズのファンたち」が3ページ。ビートルズの小写真もあるが、ファンの姿がメイン。

ポップス／6月号
音楽之友社
1964/06/01 | 音楽雑誌 | 1未満

ビートルズのヒットナンバー、チャートインの記事がある程度。

スクリーン／6月号
近代映画社
1964/06/01 | 一般雑誌 | 2

ビートルズ1964年最新映画の話題「ポップス界の新しい流行児／ザ・ビートルズ、いよいよ映画に」。

テレビジョンエイジ／6月号
四季出版新社
1964/06/01 | 週刊誌 | 2

アメリカ、ビルボード誌のヒットランキングにつぎつぎとチャートインするビートルズの人気ぶりを伝える記事「恐れ入ったビートルズ！」ほか、グラフ「カツラが大流行！ビートルズの投じた波紋」など。

週刊漫画TIMES別冊／6月2日号
芳文社
1964/06/02 | 週刊誌 | 3

本文3ページの記事特集「ビートルズ台風、日本を狙う／世界中に暴威をふるうびしょぬれスタイルの野郎たち」。

ヤングレディ／6月8日号
講談社
1964/06/08 | 週刊誌 | 1月3日

ビートルズの新作映画《ビートルズがやって来るヤァ！ヤァ！ヤァ！》公開に関する記事と写真「今夏のビートルズ・ブーム」がある。

週刊実話／6月8日号
日本ジャーナルプレス
1964/06/08 | 週刊誌 | 3

巻頭グラフ3ページに「狂騒曲／ビートルズ旋風」があるが、写真は全てビートルズではなくロカビリーブームに沸く日本の若者たち。

平凡パンチ／6月15日号
平凡出版
1964/06/15 | 週刊誌 | 1

パンチガイド「海外の話題」にビートルズとエド・サリバンショーに関する記述。

007死ぬのは奴らだ
早川書房
1964/06/15 | 単行本 | 0

ポールがのちに主題歌を提供することになる映画《007死ぬのは奴らだ》の原作本。

女性セブン／6月24日号
小学館
1964/06/24 | 週刊誌 | 2+

巻頭ページのカラーグラフ「プレスリーをしのぐ人気のビートルズ／月収50億円の若者たち」ほか、芸能コーナーに「ついに現れた女ビートルズ」にもビートルズの記事と写真。

週刊平凡／6月25日号
平凡出版
1964/06/25 | 週刊誌 | 4

6月12日に東京有楽町の読売ホールで行われた「ビートルズ・フェスティバル」のレポート「ビートルズというおそろしいシビレ薬が日本へ上陸。4人のプロフィールを4ページ掲載。「女ビートルズもとび出す」ほか。

平凡パンチ／6月29日号
平凡出版
1964/06/29 | 週刊誌 | 1+

モノクロ写真「ビートルズ新メンバーで再発足」と、記事「暴落したビートルズ株・メンバーを入れかえたその後」がある。いずれもリンゴがロンドン公演のあと過労で倒れたため、代役でジミー・ニコルが加入したという話題。

1964

ミュージック・ライフ/7月号
新興楽譜出版社
1964/07/01　音楽雑誌　3
特集「フォークソングとリバプール・サウンド真夏の決斗」でビートルズ関連記事あり。

ポップス/7月号
音楽之友社
1964/07/01　音楽雑誌　1
「ビートルズの人気を占なう」と題した記事のみ。

スクリーン/7月号
近代映画社
1964/07/01　一般雑誌　2
映画《ビートルズがやって来るヤァ！ヤァ！ヤァ！》とテレビ番組「ROUND THE BEATLES」のスナップを含めた2ページのグラフ「ザ・ビートルズ映画にTVに大活躍」がある。

世界画報/7月号
国際情報社
1964/07/01　一般雑誌　1
直接ビートルズに触れる部分はないが、コピーバンド「東京ビートルズ」の記事を紹介した「大もて和製ビートルズ」がある。

中学三年コース/7月号
学習研究社
1964/07/01　一般雑誌　1/2
芸能トピックスに写真と小記事「ビートルズ旋風衰えず」が半ページほど。80億円超というレコード売り上げや女性ファンの熱狂エピソードなど。

週刊明星/7月5日号
集英社
1964/07/05　週刊誌　3
映画《ビートルズがやって来るヤァ！ヤァ！ヤァ！》からのモノクログラフ「4人のヒーロー／映画に出演するビートルズ」が3ページ。

キネマ旬報/8月1日上旬号
キネマ旬報社
1964/08/01　一般雑誌　2
映画《ビートルズがやって来る！ヤァ！ヤァ！ヤァ！》のスチールと映画紹介「ビートルズがやって来る！／リチャード・レスター作品」が2ページ。そのほか、8月初旬ロードショーの映画広告ページもある。

テレビジョンエイジ/8月号
四季出版新社
1964/08/01　一般雑誌　1
最新音楽情報について読者からの質問に答える「OKサロン／高碕一郎」でビートルズの写真2点ほか、「【プリーズ・プリーズ・ミー】のヴォーカルは誰」など関連記事が約1ページ。

映画ストーリー/8月号
雄鶏社
1964/08/01　一般雑誌　3
3ページのモノクログラフ「ビートルズ、映画に進出！」がある。リチャードレスター監督ほか、映画《ビートルズがやって来るヤァ！ヤァ！ヤァ！》製作中の4人のスナップショットなど。

映画情報/8月号
国際情報社
1964/08/01　一般雑誌　2
イギリス本国で人気絶頂のビートルズを紹介した貴重グラフ「すごい人気のヘンな四人」。

若い女性/8月号
講談社
1964/08/01　一般雑誌　3
ビートルズの出世物語「奇跡を生んだ四人の若者 ビートルズはいかにして世に出たか／杉信之」。

世界画報/8月号
国際情報社
1964/08/01　一般雑誌　1/8
海外トピックスにイギリスで発売されたビートルズのブロンズ像のニュース記事「ビートルズのブロンズ」があるのみ。

美しい十代/8月号
学習研究社
1964/08/01　一般雑誌　4
ビートルズサクセスストーリー「長いいばらの道／ビートルズ物語」。第2部に14ページの「特集 ビートルズのすべて」がある。【抱きしめたい】【プリーズ・プリーズ・ミー】の歌詞＆対訳ほか、「ビートルズ台風、日本に上陸」「4人の素顔」など。

明星/8月号付録：コーラスを歌おう！
集英社
1964/08/01　付録　14
明星8月号の付録で、コーラス曲を収録したコンパクト歌詞集。第2部に14ページの「特集 ビートルズのすべて」がある。【抱きしめたい】【プリーズ・プリーズ・ミー】の歌詞＆対訳ほか、「ビートルズ台風、日本に上陸」「4人の素顔」など。

週刊明星/8月9日号
集英社
1964/08/09　週刊誌　1
映画の紹介と解説「ビートルズがやって来るヤァ！ヤァ！ヤァ！／世界を征服した4人の若者・その魅力のすべてが日本に襲来!!」。

週刊朝日/8月14日号
朝日新聞社
1964/08/14　週刊誌　1/2
ビートルズ主演映画に関する新着情報と写真「記録映画風にビートルズを描く ヤァ！ヤァ！ヤァ！」。

週刊アサヒ芸能/8月16日号
アサヒ芸能出版社
1964/08/16　週刊誌　2
巻末モノクログラフ「世界のアングル／ビートルズ "石の顔"」が2ページ。イギリスの新進彫刻家デビット・ウェインによるビートルズの石像2作品の写真で、これは現在でも有名なもの。

週刊平凡/8月20日号
平凡出版
1964/08/20　週刊誌　1-
映画《ビートルズがやって来るヤァ！ヤァ！ヤァ！》が東京築地の松竹セントラルで封切りされたニュースと関連記事「私はあなたを独占したい！／ビートルズ映画に一番乗りした女性」が1ページ弱。

平凡パンチ/8月24日号
平凡出版
1964/08/24　週刊誌　1/4
東京築地の松竹セントラル劇場で上映中の映画《ビートルズがやって来るヤァ！ヤァ！ヤァ！》の小記事「ヤァ、ヤァ、ヤァ、オドロイタ！」がある。朝6時頃から行列ができ、初日に1,500人、封切後10日でも400人の行列だったようだ。

ポップス/9月号
音楽之友社
1964/09/01　音楽雑誌　2
映画《ビートルズがやって来るヤァ！ヤァ！ヤァ！》日本公開のレポートや映画評など。

スクリーン/9月号
近代映画社
1964/09/01　一般雑誌　4
ビートルズの折込カラーカレンダーと、映画評論家水野和夫（晴郎）の会見記「スタジオめぐり・ビートルズに会う／水野和夫」がある。1964年4月21日の夜、ロンドンで行われた日本人初のビートルズ会見記。

映画ストーリー/9月号
雄鶏社
1964/09/01　一般雑誌　3
映画《ビートルズがやって来るヤァ！ヤァ！ヤァ！》の映画解説とスチール写真を含めたモノクログラフが3ページ。

美しい十代/9月号
学習研究社
1964/09/01　一般雑誌　1/4
「今月の映画コーナー」に簡単な映画紹介記事「ビートルズがやって来るヤァ！ヤァ！ヤァ！」がある。

映画の友/9月号
映画の友
1964/09/05　一般雑誌　2+
映画グラフ「ビートルズがやって来るヤァ！ヤァ！ヤァ！」がある。解説「話題のビートルズ4人組の多忙をきわめる36時間の彼らの行動を綴る」とフォトなど。映画広告ページもあり。

週刊漫画TIMES/9月5日号
芳文社
1964/09/05　週刊誌　2
2ページ強の「海外ニュース／アメリカを征服した四人の兵隊」。

平凡パンチ/9月7日号
平凡出版
1964/09/07　週刊誌　1/3
ビートルズに直接関係はないが、パンチ・ガイドのコーナーに「チャーリー・ミンガス、ビートルズに挑戦」の記事。

平凡パンチ/9月21日号
平凡出版
1964/09/21　週刊誌　2/3
LP「ザ・チップマンクス・シング・ザ・ビートルズ・ヒッツ」の話題を取り上げた半ページほどの記事「ビートルズの新LP／一日2万5千枚というバカあたり」ほか、小記事「アタマに来たビートルズ」など。

週刊明星/9月27日号
集英社
1964/09/27　週刊誌　2
渡米したビートルズのカラーグラフ「世界の4人組／アメリカへ再上陸したビートルズ」がある。写真はカラー3点。

マドモアゼル/10月号
小学館
1964/10/01　一般雑誌　2
映画《ビートルズがやって来るヤァ！ヤァ！ヤァ！》封切りとメンバー4人の恋人の話題を取り上げた「ビートルズが初めて告白した理想的な女性像」がある。小さな写真も掲載。

映画の友/10月号
映画の友
1964/10/05　一般雑誌　2+
「ビートルズの映画とプロフィール／高島弘之」がある。映画《ビートルズがやって来るヤァ！ヤァ！ヤァ！》評や4人のプロフィール、レコード・リリース、近況ニュースなど。

平凡パンチ/10月5日号
平凡出版
1964/10/05　週刊誌　3
巻末モノクログラフ3ページに、服装から歌マネまでビートルズそっくりという「ビート台風上陸！／やってきた、リバプール・ビートルズの5人組」がある。

週刊文春/10月12日号
文藝春秋
1964/10/12　週刊誌　1
今週の海外ニュースに写真と記事「外貨蓄積だよ！ビートルズ」が1ページ。内容はレコードによって外貨を獲得するイギリスの救世主、との話題。

週刊女性/10月28日号
主婦と生活社
1964/10/28　週刊誌　4
ビートルズの近況レポート「解散説も出るビートルズの不可解とその真実」が4ページ。内容は「地球半周の秘密恋愛旅行／親に無断で17歳の娘を！」「卒倒したファンはサクラだった」「金はあります自由がほしい」など。

1964-1965

週刊大衆/10月29日号
双葉社
1964/10/29　週刊誌　2/3
イギリスEMI会長のロック・ウッド氏からゴールドディスクを授与されたビートルズの写真と関連記事「ビートルズは英国の救世主＝イギリス」がある。

ミュージック・ライフ/11月号
新興楽譜出版社
1964/11/01　音楽雑誌　5
特集「ライバルほめたり、けなしたり」でプレスリーとビートルズを人気・音楽などから比較批評。他ビートルズのインタビューなど。

ポップス/11月号
音楽之友社
1964/11/01　音楽雑誌　2
ビートルズの恋の噂をまとめた「ビートルズのガールフレンドたち」を掲載。

スクリーン/11月号
近代映画社
1964/11/01　一般雑誌　5
映画のサウンドトラックLP「ビートルズがやって来るヤァ！ヤァ！ヤァ！」の簡単な解説と写真、「映画に因むレコード・ビートルズをサントラで聞く/河野基比古」がある。

映画ストーリー/11月号
雄鶏社
1964/11/01　一般雑誌　1未満
映画《ビートルズがやって来るヤァ！ヤァ！ヤァ！》のサウンド・トラックに関する記事が一部。

映画の友/11月号
映画の友
1964/11/05　一般雑誌　1
「スターのおうさま」コーナーにビートルズのイラストと近況ニュース「ビートルズ！ビートルズ！アメリカを吹きまわる旋風」がある程度。

平凡パンチ/11月9日号
平凡出版
1964/11/09　週刊誌　5
ファンの熱狂的な歓迎ぶりを伝えるグラビア「熱狂！ザ・ビートルズ帰る」。

平凡パンチ/11月16日号
平凡出版
1964/11/16　週刊誌　1/2
パンチ・ガイドのコーナーに「ビートルズの生みの親がミンストレルズを売り込む」。ブライアン・エプスタインの話題が中心。

ミュージック・ライフ/12月号
新興楽譜出版社
1964/12/01　音楽雑誌　1
ポピュラーミュージックの1964年回顧記事「ビートルズ全世界を征服」ほか、ビートルズ主演映画第2弾決定の速報など。

ポップス/12月号
音楽之友社
1964/12/01　音楽雑誌　1未満
音楽対談のなかでビートルズの話題。

スクリーン/12月号
近代映画社
1964/12/01　一般雑誌　2
グラビアページ「ビートルズ、アメリカを行く」があり、ハリウッドでの記者会見のフォトなど4点を掲載。

女性セブン/12月2日号
小学館
1964/12/02　週刊誌　1/4
音楽関係者のあいだでビートルズブームが峠を越したといわれている、というコラム記事と写真「ビートルズついに落ちめ（？）/鈴木道子」がある。

週刊平凡・臨時増刊/12月10日号
平凡出版
1964/12/10　週刊誌　2
2ページのモノクログラフ「ビートルズ旋風」がある。写真は2点。

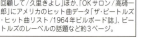
平凡パンチ/12月14日号
平凡出版
1964/12/14　週刊誌　1
新作アルバム「ビートルズ・フォー・セール」に関する話題など。

女性セブン/12月25日号
小学館
1964/12/25　週刊誌　1/3
リンゴの扁桃腺手術の写真と記事「37人の女の子を気絶させたビートルズの手術」がある。

1965

ポップス/1月号
音楽之友社
1965/01/01　音楽雑誌　2
グラビア特集の一部でビートルズのフォトがあるほか、ビートルズのオープンリール・テープ発売の記事。

テレビジョンエイジ/1月号
四季出版新社
1965/01/01　一般雑誌　3
「'64のヒット・ソング界〈ビートルズ・イヤー〉を回顧して/久里きよし」ほか、「OKサロン/高碕一郎」にアメリカのヒット曲データ「ザ・ビートルズ・ヒット曲リスト/1964年ビルボード誌」、ビートルズのレーベルの話題など約3ページ。

映画の友/1月号
映画の友
1965/01/05　一般雑誌　3
「ビートルズが西部にやって来た」と題したグラビアページがあり、アメリカ・アーカンサス農園でのスナップを掲載。

週刊女性/1月13日号
主婦と生活社
1965/01/13　週刊誌　4
ビートルズ人気の裏事情を取り上げた4ページのレポート「年収50億円のビートルズに悩むアメリカのパパ」。

週刊女性/1月27日号
主婦と生活社
1965/01/27　週刊誌　1/10
読者投稿コーナー「おしゃべりルーム」にわずかな記事「ビートルズの悪口を書かないで！」がある。同誌1月13日号掲載記事についての、ビートルズファンからの抗議。

ポップス/2月号
音楽之友社
1965/02/01　音楽雑誌　1未満
「ニュー・ディスク・レヴュー」のコーナーでわずかにビートルズのシングル盤の紹介があるのみ。

週刊平凡/2月4日号
平凡出版
1965/02/04　週刊誌　1
「ビートルズが日本で鼻を整形手術！」がある。ただし、「リバプール・ビートルズ」というグループのメンバー、スティーブ・レーンという人物だったという話題。本物のビートルズの小写真も掲載。

芸術生活/3月号
芸術生活社
1965/03/01　一般雑誌　3
ビートルズの写真3点を添えた「ビートルズの商法/草森紳一」が3ページ。ビートルズ宛のファンレターを通してビートルズ人気の秘密、マネージャー、ブライアン・エプスタインの存在などを考察した内容。

女性セブン/3月3日号
小学館
1965/03/03　週刊誌　4
「本誌独占公開/ビートルズへのラブレター」があり、リンゴの電撃結婚のニュース記事のほか、熱狂的なファンが書いたビートルズへのラブレターを紹介。

週刊明星/3月7日号
集英社
1965/03/07　週刊誌
「リンゴの花嫁！/結婚したビートルズのリンゴ・スター」とした1ページのモノクログラビアのみ。

週刊女性/3月10日号
主婦と生活社
1965/03/10　週刊誌　9
リンゴとモーリン・コックス結婚のグラフと記事、合わせて9ページ。

週刊明星/3月21日号
集英社
1965/03/21　週刊誌　1
4ページの記事「週1億円の札束が乱舞する！ビートルズの日本公演は実現するか」がある。「プレスリーをふっ飛ばしたブーム」「ここ1、2ヶ月が交渉のヤマ」「週一億円といわれる出演料」「噂のなかのビートルズ」など。

週刊漫画サンデー/3月31日号
実業之日本社
1965/03/31　週刊誌　1/4
サンデーファンのコラムに、写真1点を添えた「ビートルズファンはこわい」のみ。

週刊大衆/4月1日号
双葉社
1965/04/01　週刊誌　4
ビートルズ来日招致に向け、国内でビートルズファンクラブ（LGB＝レッツゴービートルズ）が結成された4ページの写真と記事「来ないなら来させてみせる！」立ちあがったビートルズの熱狂者たち」がある。

テレビジョンエイジ/4月号
四季出版新社
1965/04/01　一般雑誌　1/5
小写真掲載のコラム「貴方これ知ってる？ビートルズ傑作写真集」と「スタア・ラウンドアップ/朝妻一郎」にビートルズ関連記述のみ。ほかに扉の雑誌広告が1ページ。

1965

週刊平凡/4月8日号
平凡出版
1965/04/08　週刊誌　3
西インド諸島、バハナのプールで楽しむビートルズの3ページのモノクログラフ「ズブ濡れビートルズ/10月には来日が実現するのか…」がある。

週刊朝日/4月9日号
朝日新聞社
1965/04/09　週刊誌　1
「エド・サリバン・ショー」に出演したビートルズの写真1点掲載。

週刊実話/4月12日号
日本ジャーナルプレス
1965/04/12　週刊誌　1/3
コーナー「あちらの話」の中に「ヤァヤァヤァヤァ十月?に来日/日本上陸を伝えられるビートルズ」の記事と写真。

女学生の友/春休み増刊号
小学館
1965/04/15　一般雑誌　6
6ページの読物特集「ビートルズの不思議な四人」がある。来日の情報、写真7点を含め「警戒態勢を万全に!」「純金のリング狂・リンゴ」「とても無口なポール」「いちばん知性的なジョン」「努力家のジョージ」など。

週刊平凡/4月29日号
平凡出版
1965/04/29　週刊誌　1
巻末カラーグラフ「海のビートルズ」が1ページ。写真は映画《ヘルプ!4人はアイドル》撮影時のオフショット。

週刊実話と秘録/4月30日号
名文社
1965/04/30　一般雑誌　1/5
テレビハイライトのコーナーに、全米で大人気のテレビ番組「エド・サリバン・ショー」が日本テレビでも放映されたという話題を、ビートルズの写真を添えて紹介。

スクリーン/5月号
近代映画社
1965/05/01　一般雑誌　2
2ページのグラフ「Latest News/ビートルズの近況」がある。

世界画報/5月号
国際情報社
1965/05/01　一般雑誌　1/4
海外トピックスに、リンゴ&モーリンの写真とハネムーン記事「リンゴ・スター夫妻ハネムーンへ」。

テレビジョンエイジ/5月号
四季出版新社
1965/05/01　一般雑誌　1
映画《ヘルプ!4人はアイドル》撮影関連の話題「ビートルズの近況/木崎義二」ほか、人気グループベスト5で写真と記事合わせて1ページ程度の内容。扉にビートルズの雑誌広告1ページ。

中一時代/5月号
旺文社
1965/05/01　一般雑誌　2
トピックスコーナーに2ページの来日関連記事「日本に来るか?ビートルズ」がある。ビートルズの写真と記事「売れたレコード1億枚」「ごえいに景観百人」など。

毎日グラフ/5月2日号
毎日新聞社
1965/05/02　週刊誌　2
自らの手でビートルズを日本に呼ぼうと結成されたファンクラブLGBの記事「われら20才・レッツ・ゴー・ビートルズの会長/竹内はゆるさん」が2ページ。1965年3月に結成し、すでに会員は2,000人を超えていたようだ。

平凡パンチ/5月10日号
平凡出版
1965/05/10　週刊誌　1-
自らの栄誉をうけるか?/福田一郎」が1ページ弱。外貨獲得含めたビートルズの功績に対し、英国政府も栄誉賞を検討すべきとの有力紙記事の紹介ほか、新曲【チケット・トゥ・ライド】の話題など。

漫画娯楽読本/5月11日号
相互日本文芸社
1965/05/11　隔週刊誌　1/2
「映画/芸能/テレビ/スポーツ」コーナーに写真1点と「日本娘の貞操を狙うビートルズ」。ビートルズの女性関係と来日のうわさ。

週刊明星/5月16日号
集英社
1965/05/16　週刊誌　7
巻末に7ページのモノクログラフ特集「われらのビートルズ!」がある。「4人にレッツ・ゴー!」「陽気な若者たち」「世界に羽ばたく」など。コメント、記事はおもにビートルズの紹介。

週刊実話/5月31日号
日本ジャーナルプレス
1965/05/31　週刊誌　4
「ビートルズに血迷っている3000人の女の子たち/はたしてくるのかネェうちには…」4ページ。ファンクラブLGBの会員などビートルズの魅力に迫ったもの。

100万人のカメラ/6月号
新風舎
1965/06/01　一般雑誌　4
写真13点、4ページのグラフ特集「ビートルズ来日記念特集ヤァ!ヤァ!ヤァ!ビートルズがやってくる/いずれもとっておきの写真ばかりを集めて」がある。

ポップス/6月号
音楽之友社
1965/06/01　音楽雑誌　4
映画《ヘルプ!4人はアイドル》の最新情報など。

キネマ旬報/6月1日上旬号
キネマ旬報社
1965/06/01　一般雑誌　2
ビートルズの映画や熱狂ファン(BFC会員)についての記事とイラスト「凄ざましきビートルズファンの爆発/冨田英三」が2ページある。

テレビジョンエイジ/6月号
四季出版新社
1965/06/01　一般雑誌　1
「スタア・ラウンドアップ/朝倉一郎」に、当時話題となったビートルズ映画「Eight Arms To Hold You」(《ヘルプ!4人はアイドル》の仮題)の記事と写真。そのほか、複数個所に近況記事や写真の掲載がある。ビートルズ雑誌の広告も1ページ。

映画の友/6月号
映画の友
1965/06/05　一般雑誌　1
巻頭に《ビートルズがやって来るヤァ!ヤァ!ヤァ!》の映画パンフレットとほぼ同じビートルズの折込みピンアップほか、一部写真など。

ヤングレディ/6月14日号
講談社
1965/06/14　週刊誌　4
特報記事「ビートルズは言った!いまいちばん行きたいのが日本」が4ページ。ビートルズをめぐるファンクラブ、プロモーターのマル秘情報「来日交渉に飛ぶ19歳の会長」「ビートルズは来年7月に来日か」など。

週刊朝日/6月25日号
朝日新聞社
1965/06/25　週刊誌　1/10
海外トピックス「あちらの話」コーナーに極小記事「ナイト・ビートルズ」がある。内容はMBE勲章受章とナイト爵位授与関連。

女性自身/6月26日号
光文社
1965/06/26　週刊誌　5
写真点5ページの「ぼくらビートルズの私生活/世界のアイドルたちがはじめて告白した男ごころ」。

キャンディ
早川書房
1965/06/30　単行本　0
リンゴ出演の映画《キャンディ》の原作小説。サザーン&ホッフェンバーグ著、稲葉明雄訳の初版。

女性セブン/6月30日号
小学館
1965/06/30　週刊誌　4
4ページの誌上討論「ビートルズとプレスリーどちらが世界一?/歌のうまさ、人気をめぐって、きそいあうファン・クラブの熱狂ぶり」。

ポップス/7月号
音楽之友社
1965/07/01　音楽雑誌　1未満
「海外トピックス」のコーナーでわずかにリンゴに関する記述があるのみ。

ボーイズライフ/7月号
小学館
1965/07/01　一般雑誌　10
ビートルズ特集「特写グラフ・バハマのビートルズ」と「ビートルズのすべて」が合わせて10ページ。特集記事は「ビートルズはこんな男たち」「ビートルズに38の質問」「ビートルズ作詞・作曲のすべて」など。

女性明星/7月号
集英社
1965/07/01　一般雑誌　7
巻頭カラーグラフ「歌って!ビートルズ」1ページと6ページの読み物特集「スター・ストーリー/ビートルズ」がある。スター・ストーリーの内容は、初期ビートルズ物語、メンバーのプロフィールなどで、写真も多く当時としては良質。

週刊読売/7月4日号
読売新聞社
1965/07/04　週刊誌　1
世界の事件コーナーに「ビートルズの勲章/世界の紳士淑女たまげる」が1ページ。

映画の友/7月号
映画の友
1965/07/05　一般雑誌　4
湯川れい子のコマ切れコメントにてビートルズを紹介した4ページの小特集「ビートルズのすべて/湯川れい子」がある。ビートルズの写真やリンゴの結婚に関する話題も掲載。

週刊文春/7月5日号
文藝春秋
1965/07/05　週刊誌　1/2
海外ニュースコーナーに、ビートルズが大英帝国勲章MBEを受章した記事「勲章——ビートルズ派の巻き返し」。

平凡パンチ/7月5日号
平凡出版
1965/07/05　週刊誌　5
5ページの特集「ビートルズがもらってナゼ悪い?/イギリスをゆさぶったMBE勲章騒動」。

週刊マーガレット/7月11日号
集英社
1965/07/11　週刊誌　4
4ページの読物特集「ビートルズ物語/世界で、いちばん人気のある4人のすてきな仲間」がある。写真読物で「おしゃれなジョージ」「青い目のリンゴ」など。

the beatles collection 4 | 319

1965

週刊実話/7月12日号
日本ジャーナルプレス
1965/07/12　週刊誌　1/2
芸能ハイライトのコーナーに写真1点を添えた「ビートルズが秋にやって来る/秋を目標に交渉」がある。当時まだ未定だった来日交渉の経過など。

週刊明星/7月18日号
集英社
1965/07/18　週刊誌　2
イタリアのミラノ公演滞在時のビルの屋上で撮影された2ページモノクログラフ「世界をまたに…ミラノに遊ぶビートルズ」がある。

ヤングレディ/7月31日号
講談社
1965/07/31　週刊誌　1/2
ビートルズ主演第2作目の映画《ヘルプ！4人はアイドル》が完成したニュース記事と写真を紹介。

ポップス/8月号
音楽之友社
1965/08/01　音楽雑誌　6
映画《ヘルプ！4人はアイドル》からのグラビアや「ビートルズの勲章/牛窪成弘」など。

女学生の友/8月号
小学館
1965/08/01　一般雑誌　1/2
「ビートルズからショーンまで海外スター17人の財産調査」の中で、ビートルズの前年度収入（約45億円）関連の小記事。ほかにも「勲章をもらったビートルズ」が少し。

スクリーン/8月号
近代映画社
1965/08/01　一般雑誌　6
折込カラー・ピンナップと新作映画『ヘルプ！4人はアイドル》からのスナップを紹介したグラフ「ビートルズ！波音に合わせて」など。

中一時代/8月号
旺文社
1965/08/01　一般雑誌　2
海外トピックコーナーに「勲章もらったビートルズ」が2ページ。ビートルズの写真1点と「賛否こもごも」「ドルをかせいだから？」「王室も大ファン」など。

映画の友/8月号
映画の友
1965/08/05　一般雑誌　5
映画からのスチールフォト集「ビートルズの新作、四人はアイドルHELP！」が5ページ。

平凡/8月号
平凡出版
1965/08/05　一般雑誌　5
10ページの本文企画特集「日本対イギリスNO.1のコーラス魅力くらべ」「あなたはどちらがお好き？ジャニーズとビートルズ」があり、ビートルズ関連記事はそのうち5ページ。

週刊実話/8月9日号
日本ジャーナルプレス
1965/08/09　週刊誌　1/10
小さなリンゴの顔写真を添えたコラム「ビートルズ禁止令」があるのみ。

週刊話題/8月12日号
日本文華社
1965/08/12　週刊誌　1/2
海外話題サロンコーナーに、写真1点を添えた「ビートルズで大揺れ」がある。大英帝国勲章MBE授与の話題。

ヤングレディ/8月23日号
講談社
1965/08/23　週刊誌　2
モノクログラビア2ページに、リバプール・サウンドとその人気グループたちにスポットをあてた映画《ポップ・ギア》の紹介記事など。

週刊実話/8月23日号
日本ジャーナルプレス
1965/08/23　週刊誌　1/3
スポットジャーナル・コーナーに、ビートルズファンからの、来日に関する質問と回答「ビートルズの来日はいつになる」がある。

平凡パンチ/8月23日号
平凡出版
1965/08/23　週刊誌　1/2
特集「GOGOに熱狂するアメリカの若者たちの愛とセックス」の中に「ビートルズの果たした役割」。

ポップス/9月号
音楽之友社
1965/09/01　音楽雑誌　3
映画《ポップ・ギア》の詳細解説など。

スクリーン/9月号
近代映画社
1965/09/01　一般雑誌　6
《ヘルプ！4人はアイドル》のカラースナップをまとめたグラビアと「躍進ビートルズ第二作を終えて」と題した映画評など。

映画ストーリー/9月号
雄鶏社
1965/09/01　一般雑誌　4
「リンゴも結婚して人気が落ちた？」「ポールがひとりでレコーディング？」「リンゴに単独の映画出演申込があった」など、ビートルズ解散説の真相に迫った4ページの読物「ビートルズは解散する？/亀淵昭信」がある。

明星/9月号
集英社
1965/09/01　一般雑誌　3
海外ニュース「ビートルズは日本へ来ると言った!!」がある。写真やビートルズの近況ほか、「ことしのスケジュールはいっぱい」「レノンがハッキリと言明」「おめでたつづきの4人のアイドル」など。

女性明星/9月号
集英社
1965/09/01　一般雑誌　5
いずれもリンゴ関係で、グラフ「映画でも大活躍のビートルズ/リンゴはメイ役」と、ストーリーを含めた読物記事「ビートルズでいちばんお茶目なリンゴ」など合わせて5ページの内容。

映画の友/9月号
映画の友
1965/09/05　一般雑誌　7
カラーグラフ「THE BEATLES in HELP！」2ページと、モノクログラフ「リラックス・タイムのビートルズ」3ページなど。

暮しの手帖
暮しの手帖社
1965/09/05　一般雑誌　6
ビートルズ会見記を含めた取材レポート「ビートルズ型狂躁症――その一つの臨床例についての考察/アラン・レヴィ」が6ページ。

女性自身/9月6日号
光文社
1965/09/06　週刊誌　5
「その異常なまでの人気と骨相/ビートルズと恋人たち」と題した巻頭モノクログラフ集。

週刊文春/9月13日号
文藝春秋
1965/09/13　週刊誌　1/3
ボクシングの試合にビートルズがやって来る？「マッシュルームカットの挑戦者」の記事にビートルズの記述。

平凡パンチ/9月13日号
平凡出版
1965/09/13　週刊誌　1/6
ポール＆ジョンの小写真と、銀座高島屋で開催されるアマチュアエレキショー、映画試写会のお知らせ小記事「アマチュアエレキショー〝ポップ・ギア″」のみ。

キネマ旬報/9月下旬号
キネマ旬報社
1965/09/15　一般雑誌　1
12月にニュー東宝で日本国内封切が決まった《ヘルプ！4人はアイドル》のスチール写真と簡単な映画紹介。

週刊漫画サンデー/9月15日号
実業之日本社
1965/09/15　週刊誌　4
ミュージック・ライフ誌編集長、星加ルミ子の「ポールとその婚約者ジェーン・エイシャー会見記」があり、ロマンスの真相と、もうひとりの女性、ジル・ハワースとの噂を特別手記という形で紹介。そのほか「ビートルズはなぜあんなに騒がれる！」など。

週刊明星/9月19日号
集英社
1965/09/19　週刊誌　3
映画《ヘルプ！4人はアイドル》からのスチールフォトなど3ページのグラフ「スクリーンで大あばれ！ザ・ビートルズ」がある。

週刊現代/9月23日号
講談社
1965/09/23　週刊誌　1/3
ビートルズのアメリカ、カナダ11都市2週間の公演の後日談をまとめた「ビートルズ百万ドルの戦果と惨禍」。

週刊TVガイド/10月8日号
東京ニュース通信社
1965/09/30　週刊誌　1
ビートルズのアメリカ上陸を写真と記事で紹介した「ビートルズ、アメリカをゆく/狂気のファンが、狂気のかぎりで歓迎」。発行は9月30日。

ポップス/10月号
音楽之友社
1965/10/01　音楽雑誌　8
特集「リヴァプールとフォークの対決！」のなかでビートルズ関連の話題がある。そのほかポールの結婚の話題など。

週刊実話/9月20日号
日本ジャーナルプレス
1965/09/20　週刊誌　3
日本人初の単独インタビューに成功した星加ルミ子の紹介と会見席のもようを約2ページ。そのほか、東芝レコードの販売促進売品のプラモデルについてのQ＆A「ビートルズのプラモデルが誕生」など。

スクリーン/10月号
近代映画社
1965/10/01　一般雑誌　6
特別折込カラーピンナップと、ビートルズ、アニマルズ、ハーマンズ・ハーミッツなどのリバプール・サウンドをテーマにした特集「リバプール・サウンドのすべて/木崎義二」。

ボーイズライフ/10月号
小学館
1965/10/01　一般雑誌　2
映画《ヘルプ！4人はアイドル》封切関連のトピックス「ビートルズ映画第2作/HELP！に熱狂するロンドンっ子」など。

1965

映画情報/10月号
映画情報
1965/10/01 一般雑誌 3
《ヘルプ！4人はアイドル》《ポップ・ギア》からのスチール・フォトと解説グラフ集。

女性明星/10月号
集英社
1965/10/01 一般雑誌 1
ビートルズの写真を添えた「質問箱？／ビートルズの4人におたずねします」が1ページ。4人のメンバーに対する読者の質問「ほんとはモノグサなんだ/ジョン・レノン」「もっか最高!!/ポール・マッカートニー」ほか。

美しい十代/10月号
学習研究社
1965/10/01 一般雑誌 1
人気沸騰中のビートルズ4人の写真とプロフィールを紹介した「ハイティーンの興奮剤/ザ・ビートルズ」。

映画ストーリー/10月号
雄鶏社
1965/10/01 一般雑誌 6+
スペイン・マドリードでの初公演グラフ「"オペラの国"のビートルズ」と、イタリア・ミラノ公演における総括記事「ビートルズのイタリア公演はなぜ失敗した!？」合わせて6ページ。ほかにも写真や記事。

週刊明星/10月3日号
集英社
1965/10/3 週刊誌 2
アメリカ公演滞在中に開催されたファン・パーティーのグラフ「ティーンの偶像！アメリカ公演のザ・ビートルズ」がある。

映画の友/10月号
映画の友
1965/10/05 一般雑誌 6+
ビートルズの折込特大カラーポスターほか、世界を飛び回るビートルズの5ページグラフ「ビートルズ/アラウンド・ザ・ワールド」がある。

週刊マーガレット/10月10日号
集英社
1965/10/10 週刊誌 4
マーガレットの特派記者のヨーロッパ旅行絵日記①イギリス・ロンドンの巻「王子さまもビートルズがおすき！」があるものの、ビートルズに直接触れる部分は少ない。

週刊女性/10月13日号
主婦と生活社
1965/10/13 週刊誌 2
リンゴとモーリンの間に誕生した長男、ザックの記事と写真「リンゴ・スター二世誕生」がある。リンゴの家族やビートルズ写真など。

週刊女性/10月20日号
主婦と生活社
1965/10/20 週刊誌 4
写真を含めて4ページの特集記事「婚約者のジェーン・アッシャーが初めて告白/ポール・マッカートニーとの愛のすべて」がある。「無名のポールとある日突然」「素顔のポールはまじめな人間」など。

ヤングレディ/10月25日号
講談社
1965/10/25 週刊誌 1/7
コラム「ビートルズ、プレスリー夢の共演実現？」があるのみ。

女性セブン/10月27日号
小学館
1965/10/27 週刊誌 4
「人気ますます…!」と題した巻頭モノクログラビア4ページ。ビートルズの写真はわずか1点で、あとはファンの熱狂ぶりを伝える写真。

ポップス/11月号
音楽之友社
1965/11/01 音楽雑誌 1未満
海外トピックスコーナーに、人気グループ1位に輝いたビートルズの記事のみ。

スクリーン/11月号
近代映画社
1965/11/11 一般雑誌 7
巻頭折込み特別付録「HELP！」の楽譜やカラーグラフのほか、読物・記事では「ビートルズ最新あれこれXYZ」「ぼくの映画留学日記・ニューヨークでのビートルズ評判映画の話題」など合わせて7ページほど。

マドモアゼル/11月号
小学館
1965/11/01 一般雑誌 4
人気絶頂のビートルズについて、ワンステージ10万ドル（1分間に100万円）ずつ稼ぐなど、その人気ぶりを伝える記事と写真「ビートルズの驚くべき財産」がある。

週刊実話/11月1日号
日本ジャーナルプレス
1965/11/01 週刊誌 1
リンゴとモーリンの間に生まれた長男、ザックのニュース記事と写真「ビートルズのリンゴ2世誕生」。

女学生の友/11月号
小学館
1965/11/01 一般雑誌 1
中綴じカラー1ページがビートルズのちょっとレアなカラー写真「THE BEATLES」。

小説新潮/11月号
新潮社
1965/11/01 一般雑誌 1+
1965年6月20日のビートルズのパリ公演をたまたま見に行ったというレポート「パリのビートルズ/石井好子(歌手)」がある。当人はビートルズが特に好きではなかったらしく、客観的なレポートが逆に新鮮。

美しい十代/11月号
学習研究社
1965/11/01 一般雑誌 2
映画《ヘルプ！4人はアイドル》からの新着フォトと簡単な映画解説を添えた「ザ・ビートルズ誌上試写会/4人はアイドル」のグラフページがある。

別冊スクリーン/魅惑のエレキ・ギター
近代映画社
1965/11/01 一般雑誌 16
ビートルズのカラーを含めたグラフ集があり、ステージおよび近況フォトを多く掲載。

テレビジョンエイジ/11月号
四季出版社
1965/11/01 一般雑誌 数行
記事「ビートルズに続く人気グループは…」があり、ザ・フー、ホリーズなど、ニューグループの話題。ほかにファンクラブ・コーナーで「ザ・ビートルズ・ジャパン・F・C会員募集」の記事。裏扉に雑誌広告が1ページ。

映画の友/11月号
映画の友
1965/11/05 一般雑誌 8
映画《ヘルプ！4人はアイドル》からのスナップを紹介したカラーグラビアと、アメリカ、カナダ公演などのグラフ特集。

F6セブン/11月6日創刊号
恒文社
1965/11/06 週刊誌 1/2
アメリカ、サンディエゴ公演時の熱狂ファンとのハプニングを紹介した小記事と写真「逃げ出したビートルズ」がある。

毎日グラフ/11月7日号
毎日新聞社
1965/11/07 週刊誌 1/4
最新情報紹介ページの「おんがく」にビートルズの写真と小記事。ポールの【イエスタデイ】とリンゴがボーカルをとった【アクト・ナチュラリー】がヒットしている話題など。

平凡パンチ/11月8日号
平凡出版
1965/11/08 週刊誌 1
ガイド、「海外の話題」に、「シングル盤でうけたイエスタデイの裏話/P・マッカートニーとM・モンロー」がある。

週刊平凡/11月11日号
平凡出版
1965/11/11 週刊誌 1
ビートルズが大英帝国勲章をもらったニュースを伝える写真と記事「ビートルズの叙勲を祝った熱狂ファン」が1ページ。

週刊新潮/11月13日号
新潮社
1965/11/13 週刊誌 1/2
大英帝国勲章を授与されたビートルズの写真と記事「エリザベス女王とビートルズの対決」「神妙な臣ビートルズ」。

サンデー毎日/11月14日号
毎日新聞社
1965/11/14 週刊誌 3
大英帝国勲章をエリザベス女王から授与されたビートルズのニュースとその話題「ビートルズが勲章をもらった日」。

週刊明星/11月14日号
集英社
1965/11/14 週刊誌 1/2
大英帝国勲章の授章式が行われたとのニュース記事と写真「エリザベス女王からMBE勲章をもらったビートルズ」がある。

ヤングレディ/11月15日号
講談社
1965/11/15 週刊誌 1
巻頭カラーグラフ「女王からいただいた勲章」が1ページ。内容はビートルズがMBE勲章を受けた際の記念ショット。

週刊文春/11月15日号
文藝春秋
1965/11/15 週刊誌 1/2
巻末4ページのモノグラフ「女王陛下のビートルズ/勲章をもらった日」がある。10月26日の授賞式、バッキンガム宮殿でのファンの大騒ぎのようすなど。

週刊女性/11月17日号
主婦と生活社
1965/11/17 週刊誌 1
巻頭カラーグラフ「カラートピックス/勲章をもらったビートルズ」。

週刊平凡/11月18日号
平凡出版
1965/11/18 週刊誌 2/5
試写室コーナーに映画紹介記事「事件にまきこまれたビートルズ《ヘルプ！4人はアイドル》」が半ページ。ほかに「ストーリー」「奇想天外な楽しさ」「採点」など。

アサヒグラフ/11月26日号
朝日新聞社
1965/11/26 週刊誌 2
「かわいいわ、あっ助けてぇ！ビートルズ映画に熱狂するファン」のグラフページがあり、映画《ヘルプ！4人はアイドル》が封切られた東京日比谷の映画館のファン熱狂ぶりを紹介。

1965-1966

週刊読売/11月28日号
読売新聞社
1965/11/28　週刊誌　1/4
前作でファンのいたずら騒動があったため、映画館スクリーンに150万円の保険が掛けられたという話題「HELP！スクリーン保険」がある。

平凡パンチ/11月29日号
平凡出版
1965/11/29　週刊誌　1
パンチジャーナルに「ビートルズ旋風再び上陸／機動隊まで出動させた「HELP」の実力」など。

ポップス/12月号
音楽之友社
1965/12/01　音楽雑誌　2
ビートルズの人気を評した「ビートルズのアメリカ征服」や映画紹介など。

ボーイズライフ/12月号
小学館
1965/12/01　一般雑誌　3
「この4人はだれでしょう？／飛行場の怪人たち！？」と題したビートルズのグラフが3ページ。

映画芸術/12月号
映画芸術社
1965/12/01　一般雑誌　2+
ビートルズの最新映画《ヘルプ！4人はアイドル》評、「私は快楽の信徒、《四人はアイドル》をすすめる／白石かずこ」が2ページ半程度ある。ビートルズや、映画《夜の遊び》についても触れている。

女性明星/12月号
集英社
1965/12/01　一般雑誌　2
巻頭カラーグラフ「リバプールのアイドル／英国へ帰ったビートルズ」と巻末に《ヘルプ！4人はアイドル》の映画紹介記事と写真。

近代映画/12月号
近代映画社
1965/12/01　一般雑誌　6
特集記事「ビートルズのアメリカ公演を追ってニューヨークは素敵な都会だネ／関口英男」4ページほか、カラーグラフ「ザ・ビートルズ」や「魅惑のビートルズ・ブロマイド」など。

映画の友/12月号
映画の友
1965/12/05　一般雑誌　5
カラーグラフ「THE BEATLES in HELP！」2ページとモノクログラフ「リラックス・タイムのビートルズ」3ページなど。

週刊アサヒ芸能/12月5日号
アサヒ芸能出版社
1965/12/05　週刊誌　2+
ビートルズの新作映画《ヘルプ！4人はアイドル》が日比谷の有楽座で11月13日に封切られたようすを伝える2ページのモノクログラフと、映画上映に関する記事「テケテケキーッ／HELP！四人はアイドル」がある。

週刊サンケイ/12月6日号
産経新聞出版局
1965/12/06　週刊誌　6
映画《ヘルプ！4人はアイドル》日本封切リニュースと、映画を観に集まったファンのようすをレポートした『ドキュメント・キャンペーン／ビートルズファンの嬌態』。

週刊実話/12月6日号
日本ジャーナルプレス
1965/12/06　週刊誌　1
ハイライトコーナーに「四人のアイドルが巻き起こしたビートルズ旋風」の記事と写真など。

週刊TVガイド/12月17日号
東京ニュース通信社
1965/12/09　週刊誌　1
「おとなも大さわぎのビートルズ／上院議員がカンカン、題名盗用問題も？」が1ページ。発行は12月9日。

週刊話のタネ本/12月14日号
相互日本文芸社
1965/12/14　週刊誌　1/5
国内で上映中の《ヘルプ！4人はアイドル》関連記事「ビートルズ映画の恐怖」。

毎日グラフ/12月19日号
毎日新聞社
1965/12/19　週刊誌　1/3
最新映画紹介＆広告ページに、《ヘルプ！4人はアイドル》のニュー東宝の映画広告と紹介記事が1/3程度。

オッス！
日の丸文庫
1965/　単行本　33
収録作品のひとつが33ページ読切漫画「ビートルズで今晩は」（篠原とおる作）。なぜか目次のタイトルは「ビートルズがやって来た」になっている。

ポップスを楽しもうⅡ
東芝音楽工業
1965/　パンフレット／小冊子
最後の1ページに「ヘルプ／サウンドトラック盤」「ビートルズ'65」「ミート・ザ・ビートルズ」「ビートルズNO.2」「ビートルズがやって来る／サウンドトラック盤」「ビートルズNO.5」のディスコグラフィーがある。

ザ・ニュー・ヒット・パレーダー
新興楽譜出版社
1965/　楽譜等　16
当時のヒットナンバー収録の全128ページコンパクト楽譜集。ビートルズについては「涙の乗車券」「エイト・デイズ・ア・ウィーク」「アイ・フィール・ファイン」など7曲収録。雑誌広告や記載内容からすると1965年前半の発行。

1966

ポップス/1月号
音楽之友社
1966/01/01　音楽雑誌　7
新作映画《ヘルプ！4人はアイドル》のスチールフォトを紹介した巻頭カラーグラビアをはじめ、青木鳳、安部寧、須田栄三、谷川俊太郎、林冬子による座談会「ビートルズと天才監督の出会い」、映画解説と挿入曲紹介など。

スクリーン/1月号
近代映画社
1966/01/01　一般雑誌　6
ビートルズMBE勲章の授賞式のようすを紹介したグラフ「ビートルズと勲章とファン狂乱」や、映画《ヘルプ！4人はアイドル》の解説など。

ボーイズライフ/1月号
小学館
1966/01/01　週刊誌　3
特集「世界の5大エレキ・グループ」があり、ビートルズについては写真とストーリーなど、読物含め3ページ掲載。ビートルズ以外はアニマルズ、ベンチャーズ、アストロノーツ、サファリーズ。

映画情報/1月号
国際情報社
1966/01/01　　2
映画《ヘルプ！4人はアイドル》からの新着フォトなどで構成したカラーグラビアページ「BEATLES 66 も世界中を熱狂させる彼らの《4人はアイドル》が爆走します」がある。

週刊現代/1月1日号
講談社
1966/01/01　週刊誌　※
「サラリーマン30の常識／新語・流行語」の①にビートルズについての記述が数行ある。

週刊言論/1月1日号
自由言論社
1966/01/01　週刊誌　1/3
「海外のむこうから」のコラム記事のひとつに「ビートルズ父親芸能界入り」がある。ビートルズの写真と、ジョンの父親、フレディ・レノンが芸能界入りしレコードを出すという内容。

美しい十代/1月号
学習研究社
1966/01/01　一般雑誌　7
「日本人でただひとりビートルズに会った星加ルミ子さんが語る！ビートルズ七つの？」があり、「どうしてあんなに人気があるのか」「ビートルズは来日するか」など、ビートルズをめぐる7つの話題を順に紹介。

別冊女性自身/新春特別号
光文社
1966/01/01　週刊誌　1/3
特集「カッコいい奴への公開状／草柳大蔵」の一部に、《ヘルプ！4人はアイドル》上映中の映画館内の写真「"HELP"にキャアキャアわめく若者たち」と、関連記述が数行ある程度。

文藝春秋漫画読本/1月号
文藝春秋
1966/01/01　一般雑誌　4
「よるなさわるなビートルズ——世におそろしき現代ファン気質／福田一郎」があり、リンゴがファンに刺されたというデマ事件や映画《ビートルズがやって来るヤァ！ヤァ！ヤァ！》公開時のようすなどの話題を紹介。

近代映画/1月号
近代映画社
1966/01/01　一般雑誌　6
4人のキャラクターを分析、紹介した小特集「ビートルズ4人の性格解剖／恋はやさしいゲーム…！高崎一郎」5ページと、ビートルズの折込み楽譜「ヘルプ！」がある。

女学生の友/1月号
小学館
1966/01/01　一般雑誌　1+
「依然人気おとろえぬビートルズ／映画でハッスル～全米で熱狂的人気～また新曲が大ヒット対談『ベンチャーズ大将 VS ビートルズ野郎／加山雄三 VS 田村正和』」など。

毎日グラフ/1月2日号
毎日新聞社
1966/01/02　週刊誌　1
1月2日-1月9日合併号。巻頭特集「もうひとつの時代」のグラフの1ページがポールとリンゴをバックにしたコラージュ写真。特に記事はない。

1966

週刊明星/1月2日-1月9日合併号
平凡出版
1966/01/02　週刊誌　1
巻頭カラーロ絵「MUSIC・JACKET/ザ・ビートルズ」が1枚のみ。表側片面がビートルズのカラーピンナップ。

映画の友・臨時増刊/1月号
映画の友
1966/01/10　ムック/企画誌　3
ビートルズのカラー&モノクログラフ2ページほか、スター「ヘア・スタイル」コーナーに写真、世界のナイス・ガイ「禅・ビートルズ・木綿/河野基比古」の読物など。

平凡パンチ・デラックス/1月号
平凡出版
1966/01/15　一般雑誌　1
巻末特集グラフ「'65スター・プレイヤー・ベスト10」のタイトルページが和田誠のビートルズ・イラスト。

ヤングレディ/1月24日号
講談社
1966/01/24　一般雑誌　1/3
アメリカNET放送のテレビ音楽バラエティ番組「ゴー・ゴー・フラバルー」に出演したビートルズの話題を紹介した小記事「ビートルズ、テレビで活躍」がある。

ミュージック・ライフ/2月号
新興楽譜出版社
1966/02/01　音楽雑誌　9
グラビアフォト以外では、ビートルズのファッションをテーマにした「ビートルズの服装を研究しよう」があるが、かなりミーハー的なもの。

ティーンビート/2月号
映画と音楽社
1966/02/01　音楽雑誌　3
「ビートルズの父親、レコードを吹き込む」「ビートルズの西郎子(映画)はおながれ」「ジョン・レノン第3作目の著書を出版」など、簡単な記事とグラビアにフォト。

スクリーン/2月号
近代映画社
1966/02/01　一般雑誌　4
カラーグラビア4ページ「1966年もにぎやかにビートルズ」がある。

マドモアゼル/2月号
小学館
1966/02/01　一般雑誌　4
リンゴの4ページモノクログラフ「野生のドラマー リンゴー/秦早穂子」がある。ただ「愛妻モーリンと、食事のひととき」という掲載写真1点はジョージとパティ・ボイドのツーショット写真。間違って紹介されている。

明星/2月号
集英社
1966/02/01　一般雑誌　2
ビートルズと黛ジュンの合成写真「初夢グラフ、ビートルズがやって来た！」がある。「かまくら」内のビートルズの合成写真などは、当時としてはよくできている。

映画情報/2月号
国際情報社
1966/02/01　一般雑誌　2
ビートルズの近況写真を掲載したモノクログラビア「今年もすてきな感じ、パンチのきいた四人の野郎ども〈ビートルズ〉」がある。

美しい十代/2月号
学習研究社
1966/02/01　一般雑誌　1
巻頭カラーグラビアに「ファッション・ストーリー、ビートルズに会いたくて/ただいま密航計画中」がある。女性ビートルズ・ファンたちのファッションを紹介した写真など。

テレビジョンエイジ/2月号
四季出版新社
1966/02/01　一般雑誌　数行
「ミュージック・スター最新ニュース」にポールの顔写真＆極小記事「黙ってオレに任しとけ」がある程度。ほかにビートルズ関連記述が少し。

映画の友/2月号
映画の友
1966/02/05　一般雑誌　5
4人のポートレートを掲載したカラーグラビアほかスタジオフォト集「THE BEATLES JEST/人は動物に勝るなり」やビートルズマニア紹介コーナーなど。

週刊明星/2月6日号
集英社
1966/02/06　週刊誌　1
ニュース記事「ビートルズ、ジョージが電撃結婚！」があるほか、今週のニュース・レーダーコーナーでも2人のツーショット写真を掲載。

週刊平凡/2月10日号
平凡出版
1966/02/10　週刊誌　1
パティ・ボイドを挟んで、ジョージとポールのスリーショット写真と記事「ジョージ・ハリソンが結婚/独身がひとりになったビートルズ」がある。

週刊女性/2月12日号
主婦と生活社
1966/02/12　週刊誌　1
1月21日に結婚したジョージとパティ・ボイドのモノクログラフ「この愛を射止めた女性/ジョージ・ハリソンが結婚」が1ページ。

週刊明星/2月13日号
集英社
1966/02/13　週刊誌　1
巻頭カラーグラフ「ショック!!ビートルズのジョージ・ハリソンがパティ・ボイドと結婚」が1ページ。1966年1月21日、ロンドン郊外の結婚登記所でのツーショット。

ヤングレディ/2月14日号
講談社
1966/02/14　週刊誌　1/4
ジョージとパティ・ボイドのツーショットカラー写真「晴れてゴールイン」が1点のみ。

女性セブン/2月16日号
小学館
1966/02/16　週刊誌　2
ジョージ結婚関連のグラビア「21歳・金髪のかわいい花嫁/ビートルズのジョージ・ハリソンがファッションモデルと結婚」2ページある。パティ・ボイドの表記が「パチー・ボイド」…。

朝日新聞報道写真集/1966
朝日新聞社
1966/02/18　ムック/企画誌　1
映画「ヘルプ！4人はアイドル」に沸く劇場内のショット「ビートルズ映画でこの狂乱」1点のみ。

ポップス/3月号
音楽之友社
1966/03/01　音楽雑誌　1未満
ジョージの結婚を扱った「ザ・ビートルズ第三の結婚」がある程度。

スクリーン/3月号
近代映画社
1966/03/01　一般雑誌　3
カラーグラビアページのポートレート以外に「お楽しみグラフ・誰だか当てよう」のコーナーなどでビートルズ関連あり。

SEVENエース/創刊号
雄鶏社
1966/03/01　一般雑誌　6
ビートルズに書面で依頼した37の質問に対し、ジョンを除くビートルズ3人が自筆で回答した文章(翻訳付き)を紹介。結構貴重で面白い。

高一時代/3月号
旺文社
1966/03/01　一般雑誌　1/2
「ユーモア・ルポ」のコーナーで、映画「ヘルプ！4人はアイドル」に触れた「強烈なリズムで吹っ飛ぶ暑さ」がある。

若い女性/3月号
講談社
1966/03/01　一般雑誌　1/6
ポールとジョージの写真「唄うビートルズ」とビートルズに関する記述。

装苑/3月号
文化出版局
1966/03/01　一般雑誌　5
ビートルズファンたちのファッションを取り上げた「ある視覚ビートルズ行/河野洋」3ページと、直接関係ないが「HELP！HELP！SUITSつつしんでこの二ページを、ビートルズ狂のミス・ジョーエンにささげます」が2ページある。

美しい十代/3月号
学習研究社
1966/03/01　一般雑誌　4
「プレスリーとビートルズにつづくスターたち/星加ルミ子」がある。「偉大なエルピスとビートルズ」を除き、アニマルズ、クリフ・リチャード、ローリング・ストーンズ、ピーター・ゴードンなど、ビートルズ以外の話題が中心。

映画の友/3月号
映画の友
1966/03/05　一般雑誌　7
巻頭カラーグラビアページのフォトと、ビートルズグラフ特集「霧の中のビートルズ/腹がへっては歌は唄えぬ/ビートルズのテレビ・ショウ」を掲載。

女性セブン/3月16日号
小学館
1966/03/16　週刊誌　3
カラーグラビアページ「赤い帽子と白い帽子/ジョージ・ハリソンの新婚旅行」が3ページ。ハネムーン先の西インド諸島、バルバドスでのジョージとパティの写真3点を含めたグラフ。

週刊平凡/3月17日号
平凡出版
1966/03/17　週刊誌　3
3ページのモノクログラフ「ザ・ビートルズ/カリブ海の休日」がある。1月25日に結婚したジョージとパティほか、ジョンとシンシア、リンゴとモーリンのツーショット写真など。

週刊実話/3月21日号
日本ジャーナルプレス
1966/03/21　週刊誌　1/12
外国映画コーナーにハネムーンに出発した「ジョージ・ハリソン夫妻」のわずかな写真コラムあり。

週刊マーガレット/3月27日号
集英社
1966/03/27　週刊誌　3
一部ビートルズの写真とイラストを添えたグラフページ「びっくりしたなあもうビートルズだじょー！」がある。

週刊少年サンデー/3月27日号
小学館
1966/03/27　週刊誌　1+
図解特集「音楽ヤロウ、エレキ大学」の中にビートルズの写真1ページほか、ビートルズの紹介記事など。

the beatles collection 4 | 323

1966

ポップス/4月号
音楽之友社
1966/04/01 | 音楽雑誌 | 1未満

わずかにヒット曲【イエスタデイ】に関する記事があるのみ。

ティーンビート/4月号
映画と音楽社
1966/04/01 | 音楽雑誌 | 9

グラビア「ビートルズ・フォト・トピックス」や来日に関するユニークなレポート「ビートルズ来日の報道が投げかけた波紋」「架空実況放送、ビートルズが日本にやってきた!!」など。

スクリーン/4月号
近代映画社
1966/04/01 | 一般雑誌 | 1未満

「Where Who When」コーナーでジョージとパティ・ボイドの結婚を伝える記事がある。

中学三年コース/4月号
学習研究社
1966/04/01 | 一般雑誌 | 1/3

芸能トピックスに、ビートルズ映画関連の小記事「高すぎた出演料/スクリーン」。なんでも、マンガ映画を計画中で、4人に順にスポットをあてた4回シリーズとのこと。第1回はリンゴらしいが……。

映画評論/4月号
映画出版社
1966/04/01 | 一般雑誌 | 1未満

特集「リチャード・レスター研究」10ページの中に映画《ビートルズがやって来るヤァ！ヤァ！ヤァ！》《ヘルプ！4人はアイドル》に関する記述が数ヵ所。

女性明星/4月号
集英社
1966/04/01 | 一般雑誌 | 4

ジョージとパティ・ボイドが結婚した話題「ショック！私たちのジョージが結婚しちゃった！」がある。1966年1月21日に結婚したジョージについて「なにごとも静かに！静かに！」「ぼくはまだ17歳だ」など。

美しい十代/4月号
学習研究社
1966/04/01 | 一般雑誌 | 1/2

1/2程度のコラム小記事「ビートルズ・トピックス」がある。

別冊明星/4月号
集英社
1966/04/01 | ムック/企画誌 | 1

来日の噂を掲載した「特報 ビートルズが来年3月日本へ！」がある。「入場料1万円！？」「地図の謎のマーク」など。現実には、この年の6月に待望の来日を果たした。

話の特集/4月号
日本社
1966/04/01 | 一般雑誌 | 1

連載人物戯論⑥「ザ・ビートルズ」とした横尾忠則のイラストが1点のみ。

テレビジョンエイジ/4月号
四季出版新社
1966/04/01 | 一般雑誌 | 1/4

読者ページ「OKサロン」にビートルズの写真と「ポールがジェーンと結婚している、っていうのは本当ですか？」などのQ&Aが少し。

週刊明星/4月3日号
集英社
1966/04/03 | 週刊誌 | 1/2

ビートルズ来日公演決定のニュースを紹介した「ついに決定！ビートルズが来日/入場料は案外安い？」がある。来日決定とはいえ、まだまだ半信半疑の記事内容。

週刊実話/4月4日号
日本ジャーナルプレス
1966/04/04 | 週刊誌 | 1/3

スポットジャーナルのQ&Aコーナーに「夏にビートルズが来日」がある。ビートルズの来日は事実か？という質問とその解答。

週刊文春/4月4日号
文藝春秋
1966/04/04 | 週刊誌 | 1/2

ビートルズを生んだリバプールの「キャバーン・クラブ」が店を閉めたニュースなどを伝える記事「故郷を捨てたビートルズ/イギリス」がある。

映画の友/4月号
映画の友
1966/04/05 | 一般雑誌 | 4

4人のカラーポートレートをグラビアで2ページ掲載。また特集「スターとカメラ」でもビートルズ自身がカメラを構えたスナップや、シルヴィー・ヴァルタンとのレアショットなどがある。

週刊漫画サンデー/4月6日号
実業之日本社
1966/04/06 | 週刊誌 | 1/3

サンデーファンのコーナーに写真と記事「ビートルズ、八月来日」が1/3ページ程度。ファンへの吉報で、「ビートルズの来日は8月に確定してゆるぎない」との記事。

週刊漫画エース/4月8日号
東光社
1966/04/08 | 週刊誌 | 1/3

「笑点」コーナーにビートルズの写真を添えた小記事「モテる男のロング・ヘア/依然としてファンに人気のあるビートルズ」がある。

毎日グラフ/4月10日号
毎日新聞社
1966/04/10 | | 1/4

ポールが、ビートルズファンの雑誌「THE BEATLES BOOK」の中で、日本製カメラを愛用と語ったとの写真記事を紹介。

毎日グラフ/4月17日号
毎日新聞社
1966/04/17 | | 1/5

「ゴシップ・オブ・ゴシップ/今週の週刊誌から」のコーナーで、週刊明星4月3日号掲載の記事「ついに決定！ビートルズが来日入場料は案外安い？」をビートルズの写真付で紹介。1/5ページ程度。

女性セブン/4月20日号
小学館
1966/04/20 | 週刊誌 | 1/2

今週の話題コーナーに、ビートルズの写真付記事「ビートルズはキリストより偉い？」がある。来日公演の日程と関連情報。

平凡パンチ/4月25日号
平凡出版
1966/04/25 | 週刊誌 | 1

パンチジャーナルのコーナー1ページに「ビートルズ6月29日来日！/入場料金の最高は二千五百円か」がある。来日正式決定に至るまでの経緯を詳細報告。

女性セブン/4月27日号
小学館
1966/04/27 | 週刊誌 | 1/10

巻頭「カラー・トピックス」に来日コメント付のビートルズ極小カラー写真1点のみ。

20世紀/5月号創刊号
20世紀社
1966/05/01 | 一般雑誌 | 1

「裸足のビートルズ？」があるが、ビートルズと関係なく、アフリカのミュージシャンたちもエレキを使用して西ドイツで演奏を行ったという1ページの写真とコメントのみ。

ポップス/5月号
音楽之友社
1966/05/01 | 音楽雑誌 | 1未満

1965年グラミー賞受賞を逃した話題を取り上げた「ビートルズ完敗！」やビートルズ・ナンバー【ひとりぼっちのあいつ】ミリオン・セラーのニュースなど。

サンデー毎日/5月1日号
毎日新聞社
1966/05/01 | 週刊誌 | 1/4

サンデージャーナルに、ビートルズ来日が6月下旬にようやく実現するという小記事と、写真「ビートルズ来日が確かなワケ」がある。

スクリーン/5月号
近代映画社
1966/05/01 | 一般雑誌 | 2

写真数点を掲載したグラフ「ビートルズ 吹き込みのあと…」があるのみ。

高二時代/5月号
旺文社
1966/05/01 | 一般雑誌 | 3+

モノクログラフ「見てください！この熱狂/本場英国のビートルズ・ファン」3ページほか、ヤングサロンコーナーに小記事「ビートルズを日本へ/高校生がファンクラブを結成」がある。

女性明星/5月号
集英社
1966/05/01 | 一般雑誌 | 1

写真と記事「ビートルズ8月に来日か？こんどはほんとうに…」や、スタープロマイド、イラスト「わたしは誰でしょう/BEATLES」など。

中央公論/5月号
中央公論社
1966/05/01 | 一般雑誌 | 1/4

エッセイ「蝋人形の夢/渋谷秀雄」の一部に、リンゴと蝋人形の写真（リンゴがリンゴに煙草をすすめているもの）を掲載し、当時の話題に触れる記述がある程度。

映画の友/5月号
映画の友
1966/05/05 | 一般雑誌 | 6

ビートルズ・カラーグラビアと4人のプライベート近況フォト「ジョージとパティ」「ジョンとシンシア」「リンゴとモーリン」ほかをコメント付で紹介。

音楽舞踊新聞/5月5日号
音楽舞踊新聞社
1966/05/05 | 専門紙 | 1/15

「ビートルズ来日公演きまる」。一部実際の公演スケジュールとは違う部分もあるが、会場や公演回数、日時、入場料などの情報。

週刊読売/5月6日号
読売新聞社
1966/05/06 | 週刊誌 | 数行

ビートルズに直接は関係ないものの、ビートルズにも触れた記事「イギリスのビート族へフランスの最後通牒」がある。ビートルズ人気で広まった長髪や服装などの流行は、当時はまだ寛容でない国が多かったようだ。

サンデー毎日/5月7日号
毎日新聞社
1966/05/07 | 週刊誌 | 1/2

「サンデー・ジャーナル」に「ビートルズとは何か」がある。早稲田小劇場で開催中の芝居「あたしのビートルズ或いは葬式/佐藤信」についての演劇評。

ヤングレディ/5月9日号
講談社
1966/05/09 | 週刊誌 | 3

来日直前レポート「ビートルズが大混乱をひきおこす！/手ぐすねひくファンと緊張する関係者たち」がある。日本武道館などの写真3点と「来日二ヶ月前にこのさわぎ」「宿舎はヒルトン・ホテル」「大変な連中が来るもんです」など。

1966

週刊文春/5月9日号
文藝春秋 | 1966/05/09 | 週刊誌 | 1

「観客の目」のコーナーに写真1点とビートルズ来日関連記事「はやくもビートルズ前哨戦/エレキとプロモーターの明暗」がある。

週刊明星/5月15日号
集英社 | 1966/05/15 | 週刊誌 | 1

チケット入手法を紹介した約1ページの「特集あなたはビートルズを見れるか!?/入場券を手に入れる方法」があるが、「特集」といえるほどの内容ではない。

ヤングレディ/5月16日号
講談社 | 1966/05/16 | 週刊誌 | 1/4

地方在住のビートルズ・ファン向けの来日公演ツアー案内「飛行機でビートルズ公演を」。ビートルズの小さな写真もあり。

週刊実話/5月16日号
日本ジャーナルプレス | 1966/05/16 | 週刊誌 | 1/4

スポットジャーナルに「ビートルズ6月に来日」と題したQ&Aがある。ビートルズ来日は本当か?また公演のチケット入手などに関する質問とその解答。

週刊文春/5月16日号
文藝春秋 | 1966/05/16 | 週刊誌 | 4

約4ページの記事特集「ビートルズ台風ただ今、本土に接近中/史上最大のファン狂騒曲——安保以来の事態出現か?」がある。「囚人護送車と60人の警官」「クツ下でもパンツでも」「十五万円貯金したファン」ほか。

平凡パンチ/5月16日号
平凡出版 | 1966/05/16 | 週刊誌 | 1/3

ビートルズのチケット料金決定を伝える記事と写真「ビートルズ入場券の発売方法決定/公演は3日間、入場料1500円」がある。

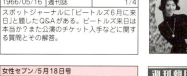
女性セブン/5月18日号
小学館 | 1966/05/18 | 週刊誌 | 1/2

今週の話題コーナーにビートルズの写真付記事「あなたもビートルズが見られます!」がある。日本公演スケジュールや日本武道館までの航空運賃など。

週刊朝日/5月20日号
朝日新聞社 | 1966/05/20 | 週刊誌 | 1/4

ビートルズ来日公演の影響で、国内旅客機の発着が規制される恐れがあるなどの話題を紹介した記事「ビートルズのあおり」。

ヤングレディ/5月23日号
講談社 | 1966/05/23 | 週刊誌 | 1/5

「読むときっとトクするページ」のコーナーにビートルズ日本公演チケット入手情報記事「ビートルズ公演の招待券が」。

週刊文春/5月23日号
文藝春秋 | 1966/05/23 | 週刊誌 | 2/3

「マスコミの目」に写真と小記事「ビートルズ旋風テレビ界へ」がある。来日が6月下旬に決まったことで、日本テレビとTBSとの間でテレビ放映権などをめぐる争奪戦が開始された話題など。

女性自身/5月23日号
光文社 | 1966/05/23 | 週刊誌 | 4

「話題の焦点」に「ビートルズのあぶない!/警視庁も特別警戒にのりだすという熱狂的ファンの歓迎ぶり」がある。ビートルズファンの動向や警備体制について「髪の毛を抜きとってみせる」「ホテルはビートルズお断り」ほか、約4ページ。

平凡パンチ/5月23日号
平凡出版 | 1966/05/23 | 週刊誌 | 3

直接ビートルズに関わる内容ではないが、巻末3ページのモノクログラフに、彫刻と生活をともにする「変わったビートルズ・マニア/自作の彫刻と一緒に生活する女子美術生」がある。ほかにビートルズのイラスト。

女性セブン/5月25日号
小学館 | 1966/05/25 | 週刊誌 | 1+

巻頭カラーグラビア「待たれた6月28日/来日を前にしたビートルズの休日」とビートルズの写真付き話題「活動を開始したビートルズ・ファン」がある。日本公演スケジュール正式発表や、日本武道館の警備体制、宿泊先など。

週刊平凡/5月26日号
平凡出版 | 1966/05/26 | 週刊誌 | 1/2

歌&オンステージコーナーに日本公演入場券3万枚に対して読売新聞への応募が22万通以上も殺到した話題を掲載した「22万通きたビートルズ応募ハガキ/史上最高の数にはなったが」がある。

週刊読売/5月27号
読売新聞社 | 1966/05/27 | 週刊誌 | 1/3

1/3ページ程度に読売新聞社発行のビートルズ来日特集雑誌の広告があるのみ。

サンデー毎日/5月29号
毎日新聞社 | 1966/05/29 | 週刊誌 | 1/2

ビートルズ来日に向けた警視庁の警備情報を掲載したコラム「頭の痛いビートルズ警備対策」がある。

週刊少年サンデー/5月29日号
小学館 | 1966/05/29 | 週刊誌 | 2

星加ルミ子による7週連続の連載シリーズ「ビートルズ物語①」がある。毎号2〜4ページの写真を添えたビートルズストーリーで、第1話は「ジョン・レノンの少年時代」「いかすバンド、クォーリーメン」の2ページ。

女性自身/5月30日号
光文社 | 1966/05/30 | 週刊誌 | 7

来日を直前に控え、7ページのビートルズ企画「ビートルズ・グラフ第1集/初公開・ビートルズだ!」があり、ジョン、ポール、ジョージの幼年期の写真や当時の自宅などを紹介。

スクリーン/6月号
近代映画社 | 1966/06/01 | 一般雑誌 | 5

巻頭綴じ込み付録として、ビートルズのヒットナンバー【ミッシェル】の楽譜がある。そのほかグラビア・カラー・ポートレート、グラフ「旅ゆくビートルズ」など。

ボーイズライフ/6月号
小学館 | 1966/06/01 | 一般雑誌 | 1/4

来月7月号予告ページにビートルズの写真と「とじこみ特集/ビートルズのすべて」案内のみ。

MEN'S CLUB/6月号
婦人画報社 | 1966/06/01 | 一般誌 | 1/4

「ミュージック・ニュース」に、東京新聞がビートルズ来日の具体案を報じた記事とその話題「ビートルズ来日実現しそう」を写真を添えて紹介。

週刊言論/6月1日号
自由言論社 | 1966/06/01 | 週刊誌 | 1/2

婦人時評のコーナーに半ページほどの記事「ビートルズ来日に思う」。

女学生の友/6月号
小学館 | 1966/06/01 | 一般雑誌

ビートルズの簡単なコメントと写真を添えた2ページのグラフ「6月末、日本でお会いしましょうビートルズ」がある。

女性セブン/6月1日号
小学館 | 1966/06/01 | 週刊誌 | 4

間近に迫ったビートルズ来日の話題をまとめた「話題を追って/ビートルズなんか日本に来るな!」がある。「泣いて感動のファン、渋い顔のおまわりさん、複雑な表情の若手人気歌手の胸のうち…」「共演を敬遠した坂本九」ほか。

中二時代/6月号
旺文社 | 1966/06/01 | 一般雑誌 | 1+

TV・芸能トピックスにビートルズの写真と記事「ビートルズがやってくる!/こんどはほんとう?怪情報も多い」が約1ページ強。ビートルズ来日公演日程、入場料、会場、滞在先などの情報ほか。

中二時代/6月号付録海外文通ガイドブック
旺文社 | 1966/06/01 | 付録 | 2

「中二時代/6月号」の付録で、海外文通用のガイドブック。「私はリーダーよ/1965年9月14日」と「ビートルズは日本でも人気者/1965年9月30日」の英文と対訳があり、映画(ヘルプ!4人はアイドル)を見た話やビートルズの写真など。

週刊TVガイド/6月3日号
東京ニュース通信社 | 1966/05/26 | 週刊誌 | 1/2

「ビートルズ中継合戦にケリ!!/日本—読売—CBCの変則ネット」が半ページ。ビートルズ日本公演中継をめぐる争奪戦の結果など。文末に公演の放送予定日の記載も。※関西版創刊号で発行日は5/26。

サンデー毎日/6月5日号
毎日新聞社 | 1966/06/05 | 週刊誌 | 1/12

見過ごしそうな、ごく僅かなスペースに、ビートルズのイラスト「ビートルズ来日/森吉正照」があるのみ。

映画の友/6月号
映画の友 | 1966/06/05 | 一般雑誌 | 1+

ビートルズのカラーポートレートがある以外は、「スター・ジャーナル」のコーナーでわずかに記事がある程度。

音楽舞踏新聞/6月5日号
音楽舞踏新聞社 | 1966/06/05 | 専門紙 | 1/6

ビートルズ来日に伴い、東芝のオデオン・レコードが開催した「ビートルズ日本公演2,000名様ご招待!ビートルズヤァ!ヤァ!セール」の下段新聞レコード販売セール広告のみ。

週刊アサヒ芸能/6月5日号
アサヒ芸能出版社 | 1966/06/05 | 週刊誌 | ※

ニュース、社会のコーナーに小イラスト1点「ビートルズを種にサギつかまる」のみ。

週刊明星/6月5日号
集英社 | 1966/06/05 | 週刊誌 | 1/2

レジャーコーナーの一部に、6月末のビートルズ来日にからめたファッショントピックス「ビートルズとともにモッズ・ルックがくる」があるが、ビートルズに関する記述はわずか。

週刊少年サンデー/6月5日号
小学館 | 1966/06/05 | 週刊誌 | 2

7週連続の連載シリーズ「ビートルズ物語②」がある。第2話「でっかい夢を持つ男、ポール・マッカートニー」「ポールのギターは逆にひく!!」「ジョージ・ハリスンが参加!!」の2ページ。

1966

毎日グラフ／6月5日号
毎日新聞社
1966/06/05　週刊誌　1/5
日本公演スケジュールが発表され、早くもビートルズ・ファンが武道館に押し寄せている話題「活動を開始したビートルズ・ファンどんなさわぎになることやら」とビートルズの写真1点。

ヤングレディ／6月6日号
講談社
1966/06/06　週刊誌　6
メンバー紹介も兼ねたグラフ「6月28日来日のビートルズ誌上ショー／待ちどおしい顔」がある。「ジョージ／熱狂的エレキ奏者」「ポール／天才的作曲家兼演奏家」「リンゴ／ダイナミックなドラム」「ジョン／ギターの即興名人」など。

週刊実話／6月6日号
日本ジャーナルプレス
1966/06/06　週刊誌　2
来日関連記事とともにモノクログラフ2ページに「ヤァヤァビートルズ／六月に上陸するビートルズ」がある。

平凡パンチ／6月6日号
平凡出版
1966/06/06　週刊誌　1+
「パンチジャーナル」のコーナーに「ビートルズ追加公演決定」の記事があるほか、東芝のオデオンレコードの広告「特報！ビートルズの日本公演2000名様ご招待！ビートルズヤァ！ヤァ！ヤァ！セール」が1ページ。

世界週報／6月7日号
時事通信社
1966/06/07　週刊誌　1/2
世界の政治・経済を扱ったお堅い専門誌。ジャカルタ発の本誌特派員コラム「ビートルズはダメ、ジャズは解禁になったが」がある。インドネシアではビートルズはまだ解禁にならないという記事。

女性セブン／6月8日号
小学館
1966/06/08　週刊誌　1/2
今週の話題コーナーにビートルズの写真を添えた記事「ビートルズ・ファンは用心せよ！」がある。来日に便乗した架空コンサートなど、詐欺事件発覚に関するもの。

漫画サンデー／6月8日号
実業之日本社
1966/06/08　週刊誌　1/2
来日公演の中継権をめぐる話題「放送費四千万円！ビートルズ中継権の争奪戦」がある。「来日するビートルズ」の写真も1点掲載。

週刊平凡／6月9日号
平凡出版
1966/06/09　週刊誌　2/3
ビートルズ来日公演の放映権に関する話題と記事「一億円で決まったビートルズの放送料／再放送はしないという厳しい条件」がある。

漫画OK／6月9日号
新報社
1966/06/09　一般雑誌　1/2
日本滞在ホテルをめぐるスパイ合戦が展開されているという記事「吹き荒れるかビートルズ旋風」がある。

週刊朝日／6月10日号
朝日新聞社
1966/06/10　週刊誌　※
不況下のデパートの催しもの合戦を題材にした記事「おはなはん、ビートルズをネラえ」があるが、直接ビートルズに触れる記事はない。

週刊読売／6月10日号
読売新聞社
1966/06/10　週刊誌　1/3
来日特集号「週刊読売臨時増刊／ビートルズが来た！」の広告があるのみ。

平凡パンチ女性版臨時増刊6月10日号
平凡出版
1966/06/10　ムック／企画誌　7
女性誌ならでは？の「ビートルズのデザイナー」のグラフページほか、星加ルミ子への密着取材「ビートルズ来日！再び単独会見をねらう星加ルミ子」「電話は一日中鳴りっぱなし」「必ずいくよルミ」「リンゴがホッペにキス」など。

F6セブン／6月11日号
恒文社
1966/06/11　週刊誌　4
4ページのモードレポート「ビートルズが生んだ狂人（モッズ）ルック／フリーセックス時代へのステップ・トーン」がある。ビートルズに触れる部分は少ない。

週刊女性／6月11日号
主婦と生活社
1966/06/11　週刊誌　7
リンゴ夫妻、ジョージ夫妻、ジョン夫妻など5ページのモノクログラフ「ビートルズって奥さんたちの6月28日午後5時15分、ビートルズが来日」と2ページのビートルズ対談「女性対男性・ビートルズ論・丸谷才一」がある。

週刊新潮／6月11日号
新潮社
1966/06/11　週刊誌　1
6コマ漫画「ブーサン／横山泰三」がビートルズ来日関連。

サンデー毎日／6月12日号
毎日新聞社
1966/06/12　週刊誌　3
公演会場の日本武道館についてのドタバタエピソード「正力松太郎発言」に関する詳細記事「ベートルズというのは何者だ！／日本武道館公演でもめたビートルズ」を3ページ掲載。

週刊少年サンデー／6月12日号
小学館
1966/06/12　週刊誌　4
7週連続の連載シリーズ「ビートルズ物語③」がある。第3話は「スターメーカー氏のコンテスト」「ジョニーとムーンドックス決勝へ!!」「キザだがいかす男、リンゴ・スター」「リンゴの少年時代」の4ページ。

ヤングレディ／6月13日号
講談社
1966/06/13　週刊誌　4
いしだあゆみ、木の実ナナ、中尾ミエ、奥村チヨ、天地総子らアイドル歌手による、ビートルズに会うためのマル秘大作戦「私たちはこうしてビートルズに会う／若い歌手たちのB・DAY作戦を公開！」が4ページ。

女性自身／6月13日号
光文社
1966/06/13　週刊誌　1/8
ビートルズ来日記念コインのプレゼント（抽選で100名）の記事広告のみ。デパートで発売された通常品が定価600円だった。

平凡パンチ／6月13日号
平凡出版
1966/06/13　週刊誌　1/8
海外でビートルズ専門の衣装店が出現したという小記事「ローマに出現したビート族専門店」がパンチジャーナルのコーナーにある。

女性セブン／6月15日号
小学館
1966/06/15　週刊誌　1
今週の話題コーナーに、2度の追加公演が決定したニュースなどを紹介した「ビートルズは今なにをしている？」がある。

週刊平凡／6月16日号
平凡出版
1966/06/16　週刊誌　1/2
日本武道館とビートルズの写真を添え、公演会場問題を取り上げた「ビートルズの日本公演はお流れになるか？／最後までもめぬくビートルズ騒動」がある。

週刊朝日／6月17日号
朝日新聞社
1966/06/17　週刊誌　1/3
ビートルズ日本公演の中継権をめぐる話題を取り上げた「五百四十倍の狂争率／夜ふけのビートルズ」がある。

週刊読売／6月17日号
読売新聞社
1966/06/17　週刊誌　4
4ページの特集記事「幻のビートルズ・フェスティバル／ファンをだました太いヤツ」がある。大阪で起こったビートルズ来日に便乗した詐欺事件のレポートで、「座席券四千枚のカゴ抜けサギ」「梅田の映画館で切符販売」ほか。

週刊新潮／6月18日号
新潮社
1966/06/18　週刊誌　2
東京特派員のイタリア人記者による来日レポート「ビートルズ騒動」を簡単に紹介。そのほか、タウンのコーナーに写真と記事「再びビートルズ狂に物申す」がある。

週刊明星／6月19日号
集英社
1966/06/19　週刊誌　2
ビートルズと共演候補の寺内タケシとブルー・ジーンズについての話題「ビートルズとの公演を断念！寺内タケシの男泣き」ほか、TBSテレビ6月30日の番組「現代の主役」にビートルズ登場というコラム。

ヤングレディ／6月20日号
講談社
1966/06/20　週刊誌　1/2
ビートルズ来日公演関連記事「ビートルズを見られなかったら死ぬわ／2千円の切符を2万円で買ろうというファン気質」があり、公演日程とチケットの申し込み情報などを掲載。

週刊実話／6月20日号
日本ジャーナルプレス
1966/06/20　週刊誌　2
来日関連記事「ビートルズのニセ切符騒動」がある。「意外に安い入場料」「商魂のウズの中に」「予約制度の反響」「切符が買えないファン」など、日本公演チケットをめぐる関係者、ファンの思惑や争奪戦について。

週刊文春／6月20日号
文藝春秋
1966/06/20　週刊誌　2/3
「マスコミの目に」コーナーに「ビートルズのテレビ局合戦／巻き返しねらう東京放送の魂胆」がある。写真1点を添えビートルズ来日舞台裏を解説。

女性自身／6月20日号
光文社
1966/06/20　週刊誌　4
「女性自身版異議あり」第1回の論争議題としてビートルズが取り上げられている。「食欲減退だvs冗談じゃないわ、おじさま／岡本太郎氏とファンのビートルズ論争の結末は？」では、岡本太郎の辛口ビートルズ評がユニーク。

平凡パンチ／6月20日号
平凡出版
1966/06/20　週刊誌　4
「ビートルズとの3時間／24歳の女性編集長が語るビートルズの内幕」がある。星加ルミ子がゲストとして招かれ、ビートルズとの会見の裏話や来日の可能性、自身の夢を語ったもの。

週刊言論／6月22日号
自由言論社
1966/06/22　週刊誌　1
音楽事情のコーナーに、ビートルズ来日評「現代音楽ファン気質／ビートルズの来日をめぐって」がある。過熱する来日直前の話題などに触れたもの。また、「たそがれの英国・紳士の国いまはなし」にもビートルズイラストや小記事など。

女性セブン／6月22日号
小学館
1966/06/22　週刊誌　2
巻頭カラーグラフ「ビートルズ台風まもなく上陸／ファンの期待と不安と失望と――」がある。カラー写真2点と、来日についての芸能人、関係者のコメントなど。

漫画サンデー/6月22日号
実業之日本社
1966/06/22　週刊誌　　　　2/3
「世にも不思議な話に怒るファン」と題し、来日公演会場として予定されていた日本武道館の使用中止問題を取り上げた記事「蒸発したビートルズ会場事件」がある。

週刊現代/6月23日号
講談社
1966/06/23　週刊誌　　　　1/6
ビートルズ来日関連コラム「いじわる紳士/ビートルズは来たわけだ」がある。ビートルズの日本公演の録画中継料に4,000万円の高値がついた話題など。

週刊特報/6月23日号
新樹書房
1966/06/23　週刊誌　　　　1/3
ビートルズのグループ名をもじった当時の流行語の話題「ビートルズ旋風」がある。「ネートルズ」「ケートルズ」「ロートルズ」「モートルズ」「ビキニトルズ」など。

週刊平凡/6月23日号
平凡出版
1966/06/23　週刊誌　　　　1/6
「ティーン・ビート7月号/歓迎！ビートルズ」発売の掲載広告のみ。ほかに記事はない。

週刊読売/6月24日号
読売新聞社
1966/06/24　週刊誌　　　　5
来日直前対談「プレイガールがあかすビートルズの秘密/日本きってのビートルズ通、湯川れい子さん」が5ページ。マンガ家近藤日出造のシリーズ対談企画で、ゲストはビートルズに詳しい湯川れい子。貴重な内容。

F6セブン/6月25日号
恒文社
1966/06/25　週刊誌　　　　1/4
わずかにイラスト「ビートルズ台風」があるのみ。

週刊女性/6月25日号
主婦と生活社
1966/06/25　週刊誌　　　　4
来日直前の話題を集めた「話題の焦点・ビートルズなんか殺しちゃえ！その大衆狂乱の舞台裏には…」がある。「ビートルズはやはり武道館で歌う、ただし11曲35分間。そのためにオリンピック以来の取材合戦とは！」ほか。

週刊新潮/6月25日号
新潮社
1966/06/25　週刊誌　　　　4
日本武道館使用の是非問題とその内幕を4ページにまとめた「もみにもんだビートルズ会場/日本武道館使用の理屈と対面」がある。ビートルズ来日騒動の最も有名な逸話。

漫画ストーリー/6月25日号
双葉社
1966/06/25　週刊誌　　　　8
ビートルズ来日に伴い8ページの読み切り漫画「ビートルズそっくりショー作戦/針すなお」がある。

サンデー毎日/6月26号
毎日新聞社
1966/06/26　週刊誌　　　　1/2
ビートルズの写真と記事「一万人の警察官を動員する/ビートルズ台風に空前の警戒体制」がある。来日に向けた警備体制に関する話題。

週刊マーガレット/6月26日号
集英社
1966/06/26　週刊誌　　　　3
連載企画「ビートルズ物語②/さあやるぞ！世界をめざして」がある。クォリーメン時代のおもな出来事を中心に「きざな男」「かわった髪型」「リンゴ登場」など。

週刊明星/6月26日号
集英社
1966/06/26　週刊誌　　　　1
ビートルズ来日記念デラックス号「増刊週刊明星/これがビートルズだ！」の広告ページ2カ所のみ。

週刊少年サンデー/6月26日号
小学館
1966/06/26　週刊誌　　　　3
7週連続の連載シリーズ「ビートルズ物語⑤」がある。第5話は「ドイツでの人気者、ビートルズ!!」「ふりかかった大事件」「やりなおそうぜ、もう一度!!」の3ページ。

毎日グラフ/6月26日号
毎日新聞社
1966/06/26　週刊誌　　　　7
巻頭より6ページのモノクログラフ「くたばれシリーズ①/そこまで来たビートルズ」がある。来日直前の特集企画で、写真ほか、記事「受け入れ側もぐったり」「騒げば騒ぐほど…」など。

週刊実話/6月27日号
日本ジャーナルプレス
1966/06/27　週刊誌　　　　4
4ページのマル秘読物「ビートルズ最新情報/知られざる彼等の私生活/秘密結婚をしたビートルズ4人のSEXライフ」がある。「世界のセックスアイドル」「英国の貴公子たち」「ビートルズの性ライフ」ほか。

女性自身/6月27日号
光文社
1966/06/27　週刊誌　　　　11
ビートルズ日本公演1回20分の放映料が4,000万円など「OK、1分間200万円で買いましょう/ライオン歯磨がカブト虫のテレビ中継をきめた事情」や「ビートルズをキャッチするTOP SECRET OPERATION 008」など約11ページ。

ヤングレディ/6月27日号
講談社
1966/06/27　週刊誌　　　　※
読者メッセージコーナーに「ビートルズの券を譲ります」が数行あるのみ。

少女フレンド/6月28日号
講談社
1966/06/28　週刊誌　　　　1+
巻頭カラーグラビア「ビートルズがやってくる！」が1ページ半。来日を直前に控えカラー写真5点とコメントを簡単に紹介したもの。

週刊話のタネ本/6月28日号
相互日本文芸社
1966/06/28　週刊誌　　　　1/2
「芸能フラッシュ」コーナーに、ビートルズ来日に関し、警備の問題で羽田空港以外の案も浮上しているウワサに写真を添えた半ページ程度の記事「厚木到着説も出るビートルズ」がある。

平凡パンチ/6月27日号
平凡出版
1966/06/27　週刊誌　　　　※
「切符」と題したビートルズ来日関連の小イラストのみ。

週刊平凡/6月30日号
平凡出版
1966/06/30　週刊誌　　　　1
中部日本放送の予約限定販売写真集「ビートルズ東京/100時間のロマン」の広告が1ページ。来日関連情報も。

週刊現代/6月30日号
講談社
1966/06/30　週刊誌　　　　4
興味深い内容の来日直前記事「起こるかビートルズ大騒動/招かざる客がなぜやって来たのか」がある。ビートルズ日本公演のプロモーター永島達司の秘話を含め「押しつけられたお荷物」「送り屋に転向した永島氏」ほか。

スクリーン/7月号
近代映画社
1966/07/01　一般雑誌　　　　2
バカンスを楽しむジョンとリンゴ夫妻のグラフ「ジョンとリンゴの愛妻ぶり」がある。

ニュース特報別冊/7月号
双葉社
1966/07/01　ムック/企画誌　　　　8
巻頭モノクロ特集グラフに8ページの「地球を駆ける青春ビート」がある。アメリカをはじめ、ハンガリー、デンマーク、イタリア、フランス、オーストラリア、イギリス、世界各地のファンの熱狂ぶりを特写したスナップ集。

MEN'S CLUB/7月号
婦人画報社
1966/07/01　一般雑誌　　　　1/3
「モッズ・ルック」のレポート「英国の怒れる若者たちモッズ/石津謙介」があり、一部ビートルズにも触れている。「MEN'S world」コーナーでもポールの写真を添えた小投稿がある。

スリーエス/7月号
なみき書房
1966/07/01　一般雑誌　　　　4
「ビートルズの彼女たち/金子正」がある。「来日前奏曲」「ジョン・レノンとシンシア」「リンゴ・スターとモーリン」「ジョージ・ハリスンとパティ」「ポールとジェーン・アッシャー…」「日本上陸のアカツキは…」など。

音楽の友/7月号
音楽之友社
1966/07/01　音楽誌　　　　2
3年前から噂になっていたという日本公演の、決定までの経緯や話を丁寧に解説した「大ゆれにゆれたビートルズ来日/森田潤」がある。そのほかイラストや編集記など。

高一時代/7月号
旺文社
1966/07/01　一般雑誌　　　　11
巻頭5ページのモノクログラビア「The BEATLES Are Coming to Japan」と6ページの読物特集「ヤァ！ヤァ！ヤァ！ビートルズ/HELP！悲鳴をあげる関係者たち」「ハガキの山にため息しきり」「先をこして泊まる高校生」など。

高二時代/7月号
旺文社
1966/07/01　一般雑誌　　　　5
来日直前企画「特別速報・吹きまくるかビートルズ旋風/鈴木彰」がある。直前レポートで「現代の若ものの英雄ビート」「半狂乱になったファン」「会場入りはヘリコプター？」「来日のメンバーと曲目は」ほか。

映画情報/7月号
国際情報社
1966/07/01　一般雑誌　　　　2
モノクログラフ「とうとうやってくる──このカッコいい野郎ども ビートルズの来日決定で大騒ぎ！」がある。

週刊朝日/7月1日号
朝日新聞社
1966/07/01　週刊誌　　　　1/8
「こちらの話」コーナーにジョージとパティ・ボイドの写真1点を添えた「前駆曲ビートル」ほか、新宿の画廊で開催された「ビートルズ写真展」の話題を簡単に紹介。

女学生の友/7月号
小学館
1966/07/01　一般雑誌　　　　1+
リンゴを含む特別プロマイド「ぼくらは7月生まれです」ほか、日本公演入場券が抽選で5名に当たるアンケート「JOTOMOビートルズ日本公演にご招待」「レジャー・センター・コーナー」にビートルズ関連記事など。

中学一年コース/7月号
学習研究社
1966/07/01　一般雑誌　　　　2
ビートルズゆかりの地、リバプールのガイド「あなたの海外旅行/イギリス・リバプールの巻」が2ページ。ビートルズやポールの写真を含め「これがリバプール・サウンズだ」「ビートルズにつづくビート・グループをさぐってみよう」など。

the beatles collection 4 | 327

1966

中一時代/7月号
旺文社
1966/07/01 一般雑誌 4
来日直前の4ページ小特集「世界の人気者/ビートルズがやってくる！」がある。来日公演の日程情報ほか、「ビートルズと髪型」「ビートルズと勲章」、写真、簡単なプロフィール紹介程度。

中学三年コース/7月号
学研研究社
1966/07/01 一般雑誌 2
2ページのモノクログラフ「カメラトピックス/ビートルズがやってくる」がある。ビートルズの写真4点と来日関連記事。

美しい十代/7月号
学習研究社
1966/07/01 一般雑誌 12
来日までのいきさつ、ビートルズを迎える日本、デビューから今日まで、4人の素顔、の順に、貴重な写真を交えた11ページのヴィジュアル特集「ビートルズがやってくる」がある。宿泊地候補のヒルトンホテルとパレスホテルも紹介。

宝石/7月号
光文社
1966/07/01 一般雑誌 4
巻頭モノクログラフ「ビートルズを生んだ町/安保以来の旋風がリバプールからやってくる」が3ページと、本文にビートルズ来日関連記事「ビートルズ——二十分間四千万円のバカ騒ぎ」がある。

文藝春秋/7月号
文藝春秋
1966/07/01 一般雑誌 1/2
小記事「ビートルズと新聞社」がある。ビートルズを招聘した読売新聞社に対する辛口批評。警備の問題から、本来の新聞事業活動とかけ離れた効果しか生まないのではないか、との疑念など。

中三時代/7月号
旺文社
1966/07/01 一般雑誌 4
芸能コーナーに、来日を控えたビートルズ読物特集「ビートルズがやってくる！/須藤輝雄」が4ページ。ビートルズ物語と写真、プロフィールで「記念すべき日」「世界を征服」など。

中二時代/7月号
旺文社
1966/07/01 一般雑誌 5
来日直前企画「THE BEATLESがやってくる！/安倍寧」が5ページ。4人のプロフィール紹介、ファンからの投稿「ファンの声・ビートルズの魅力」など。

文藝春秋漫画読本/7月号
文藝春秋
1966/07/01 一般雑誌 1
来日関連の小コラム「ビートルズ態勢整えり」と「ビートルズでバカ騒ぎ」がある。三島由紀夫が新聞社を通じて公演チケットを手に入れた、ビートルズは羽田へ降りず軍用機で違う飛行場に着陸するらしい、ほか。

週刊新潮/7月2日号
新潮社
1966/07/02 週刊誌 1/2
ビートルズファンのテレビ対談番組のもようを紹介した「対決にならなかった舞台裏/ファンに合わせる顔がない女性軍」がある。

週刊明星/7月3日号
集英社
1966/07/03 週刊誌 2
中綴じソングブックのカラー見開きページに、ビートルズの写真と【ひとりぼっちのあいつ】の楽譜と歌詞、日本語訳があるほか、広告など。

サンデー毎日/7月3日号
毎日新聞社
1966/07/03 週刊誌 1/5
サンデージャーナルのコーナーに、ジョンと父フレデリック・レノンの小記事「親不孝な大金持の息子」がある。

週刊マーガレット/7月3日号
集英社
1966/07/03 週刊誌 3
特別読物の連載企画「ビートルズ物語③/エリザベス女王もビートルズの大ファン」がある。「はじめてのレコーディング」「世界のひのき舞台へ」「芸術家に仲間入り」のビートルズ出世物語。

週刊少年サンデー/7月3日号
小学館
1966/07/03 週刊誌 4
7週連続の連載シリーズ「ビートルズ物語⑥」がある。「マネージャー、ブライアンの参加」「リンゴ・スター、ビートルズへ!!」ほか。

週刊サンケイ/7月4日号
産経新聞出版局
1966/07/04 週刊誌 1/6
英デイリー・ミラー紙から転載の小コラム「日本公演直前/ビートルズ見たさに乗用車も提供！」があるのみ。西ドイツで自分の車とビートルズチケット2枚を交換してほしい、という広告が出た話題。

週刊実話/7月4日号
日本ジャーナルプレス
1966/07/04 週刊誌 4
「ビートルズのヘソを狙うSEX手配師/外人有名タレントが楽しむ日本娘の情事お値段」がある。一部ビートルズ来日決定ニュースと写真がある程度で、ビートルズを含めた外国人タレントの裏話が中心。

平凡パンチ/7月4日号
平凡出版
1966/07/04 週刊誌 4
いずれも大した記事ではないものの、パンチジャーナルに「イメージチェンジをはかるビートルズ狂/ハイティーンでいっぱいのビートルズ写真展（京王デパート）」、ズームアップには「ビートルズのデスマスク？」ほか、トータル約4ページ。

映画の友/7月号
映画の友
1966/07/05 一般雑誌 3
カラーグラビアページなどで、ビートルズのボートやスタジオスナップを掲載。いずれもビートルズの来日ニュースを伝えるコメントを添付。

平凡/7月号
平凡出版
1966/07/05 一般雑誌 1
グラフ「6月28日 ビートルズが日本へやってくる！」1ページのみ。

女性セブン/7月6日号
小学館
1966/07/06 週刊誌 2
来日直前インタビュー「ぼくたちのファンはなんだってああ行儀が悪いの！」がある。そのほか、商戦商品としてビートルズのサイン入りブラウス、水着、Tシャツや、サイン入りパンティ、スリップも同時発売、など。

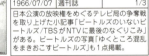
週刊現代/7月7日号
講談社
1966/07/07 週刊誌 1/3
日本公演の放映権をめぐるテレビ局の争奪戦を取り上げた小記事「ビートルズのいないビートルズ/TBSがNTVに最後のなぐりこみ」がある。ビートルズの写真「ゆくところ混乱をまきおこすビートルズ」も1点掲載。

週刊大衆/7月7日号
双葉社
1966/07/07 週刊誌 2
来日の舞台裏情報などを掲載した「なんたる狂態！ビートルズ騒動」がある。「その裏で少年犯罪防止、国会へ上程の買い情報が」「バカ気た思い上がり」「政府、騒動を利用するか」「非人間扱いの観衆」など、意外に興味深い内容。

週刊特報/7月7日号
新樹書房
1966/07/07 週刊誌 1/3
女性週刊誌「ヤングレディ」6月13日号の抜粋記事「ビートルズを狙う三人娘のアイディア/私たちはこうしてビートルズに会う！」を「婦人雑誌お好みガイド」で紹介。

週刊平凡/7月7日号
平凡出版
1966/07/07 週刊誌 6
モノクログラビア「ビートルズ台風上陸！/熱狂するファンと空前の警備体勢」と、司会者に決まったE・H・エリックの困惑インタビュー「困った困ったオレがビートルズ公演の司会者だなんて！/ノイローゼになったE・H・エリックのボヤキ」など。

週刊朝日/7月8日号
朝日新聞社
1966/07/08 週刊誌 3
警視庁の警戒体制とその裏事情「ビートルズ・ビールスの蔓延ぶり/警視庁特科部隊から右翼の乗出しまで」がある。「出動警官は安保・日韓なみ」「L・G・B（レッツ・ゴー・ビートルズ）に対するB・G・H（ビートルズ・ゴー・ホーム）」ほか。

週刊読売/7月8日号
読売新聞社
1966/07/08 週刊誌 1/2
ビートルズ関連の広告、特別番組ザ・ビートルズ公演の番組案内、買い物コーナー「壁掛けにもなるビートルズの絵皿」。

週刊女性/7月2日・9日合併号
主婦と生活社
1966/07/09 週刊誌 4
ビートルズ来日公演中継に関する話題「ビートルズのテレビ中継は7月1日（金）にカラーで」ほか、ビートルズに直接触れる部分は少ないが、林家三平と舟木一夫の対談「ビートルズ公演の日をえらびリサイタルをひらく舟木一夫」など。

週刊新潮/7月9日号
新潮社
1966/07/09 週刊誌 ※
ラジオ番組紹介欄に「ビートルズが吹き抜ける」が数行あるのみ。

サンデー毎日/7月10日号
毎日新聞社
1966/07/10 週刊誌 ※
ブーム「衣料キャンペーン」の一部に、ビートルズのサインやプロフィールを刺繍、プリントした衣料関連商品の話題が数行。

週刊アサヒ芸能/7月10日号
アサヒ芸能出版社
1966/07/10 週刊誌 ※
社会のコーナー「おれは野次馬/手塚治虫」の中に10行程度、来日の熱狂ぶりを皮肉った文章があるほか、「ガイド街・音楽」にもビートルズ公演スケジュールとコメントが数行。

週刊明星/7月10日号
集英社
1966/07/10 週刊誌 5
来日直前巻頭カラーグラビア「若者たちの英雄！来日のビートルズ」ほか、公演司会者のE・H・エリックはじめ望月浩、内田裕也、尾藤イサオの「ビートルズ負けるな！/日本公演に参加の歌手たち」のカラーページなど。

毎日グラフ/7月10日号
毎日新聞社
1966/07/10 週刊誌 1/5
週刊誌からの抜粋記事を集めたページに、ビートルズの日本公演についてテレビ放映権料に関する記事「OK一分間二百万円で買いましょう」。

週刊サンケイ/7月11日号
産経新聞出版局
1966/07/11 週刊誌 1
ビートルズ旋風を紹介した記事「長髪に頭を悩ます米国/ビートルズ旋風の落としもの」ほか、プレゼントコーナーに「ビートルズファンへの贈り物/ビートルズコイン」がある程度。

週刊文春/7月11日号
文藝春秋
1966/07/11 週刊誌 1/2
羽田空港に到着したビートルズの写真と来日ニュースを簡単に伝えた「ビートルズ台風早暁の上陸/外国の首相にもおとらぬ取材規制ぶり」がある。

1966

平凡パンチ／7月11日号
平凡出版
1966/07/01　週刊誌　1
サトウサンペイの連載漫画「ランチ君」がビートルズ初日公演パロディ。ほか、コラム「表紙の言葉」にビートルズ公演についての記述が数行。

少女フレンド／7月12日号
講談社
1966/07/12　週刊誌　8
連載漫画「かっぱのパー子／益子かつみ」8ページがビートルズ来日にちなんだ内容（タイトル：日本にやってきたビートルズ。パー子ちゃんのおかげで、「オヒー」をおぼえたのよ）。ほか、次号紹介コーナーにもビートルズの写真など。

週刊話のタネ本／7月12日号
相互日本文芸社
1966/07/12　週刊誌　1/2
芸能フラッシュコーナーに半ページほどの記事「ビートルズに挑戦する舟木一夫」がある。来日関連の記事も。

週刊漫画Q／7月13日号
新樹書房
1966/07/13　週刊誌　1/3
イラスト「ビートルズのハタキ」1点があるのみ。

週刊現代／7月14日号
講談社
1966/07/14　週刊誌　6
滞在先の東京ヒルトンホテル極秘潜入追跡レポート「私はビートルズの覆面護衛官だった／キモノ・ガールを求めた四人の紳士の東京の夜」がある。公演など写真を添え、ガードマンになりすました同誌特派記者の追跡レポート。

週刊大衆／7月14日号
双葉社
1966/07/14　週刊誌　1+
特集「骨まで愛した女の執念」の企画③に「ビートルズと駆け落ちを計った少女」がある。来日後の情報はないが、写真を添えてビートルズ女性ファンたちの動向や来日直前の話題などを紹介。

フォト／7月15日号
時事画報社
1966/07/15　週刊誌　※
巻末「編集デスクから」の中で、ビートルズ来日について数行のコメントがあるのみ。

週刊土曜漫画／7月15日号
土曜通信社
1966/07/15　週刊誌　1/5
「小噺合戦」のコーナーにイラストとビートルズの小噺。

HEIBONパンチDELUXE／7月号
平凡出版
1966/07/15　一般雑誌　1
ミュージックトピックスのコーナーに、ビートルズ来日直前の話題を紹介した記事「西ドイツのビートルズ騒動」がある。

F6セブン／7月16日号
恒文社
1966/07/16　週刊誌　3
「特報 ビートルズの人気は誰が最高か／公演第一日目にみる女性ファンのシビレ度」がある。日本公演第1日目を観たビートルズ女性ファンのコメント、感想など。ほか、他誌掲載のビートルズ来日直前インタビューを写真付で一部紹介。

週刊新潮／7月16日号
新潮社
1966/07/16　週刊誌　2+
日本航空スチュワーデスの手記「ビートルズと飛んだ7時間」があり、日本公演に向かうビートルズ4人の機内でのようすなどを紹介。「彼ら4人は疲れていた」など。ほか「外電も注目した日本の警察力」。

週刊漫画TIMES／7月16日号
芳文社
1966/07/16　週刊誌　1/3
コラム「ビートルズ狂騒曲、入場券は大穴馬券」入手困難な来日公演のチケットに高額プレミアが…、など。

週刊マーガレット／7月17日号
集英社
1966/07/17　週刊誌　1/4
マーガレット特別プレゼントコーナーに「特別サービス／ビートルズ・カラーブロマイド」の記事と写真。ほか「増週刊明星／これがビートルズだ」の写真広告記事がわずかにあるのみ。

週刊少年サンデー／7月17日号
小学館
1966/07/17　週刊誌　※
レコード広告ページにごく小さな写真のみ。

毎日グラフ／7月17日号
毎日新聞社
1966/07/17　週刊誌　6
日本公演の警備陣頭指揮にあたった警視庁警備課長のインタビュー記事「ビートルズ警戒の第一線」があるほか、中綴じ形式で都合4ページもの誌面を利用した公演中のビートルズ折込みワイドピンナップがある。貴重！

週刊実話／7月18日号
日本ジャーナルプレス
1966/07/18　週刊誌　1/2
TVサロンに「ビートルズ台風で得したのは誰か／日本テレビとTBSの舌戦まで生んだ彼らの人気」がある。ビートルズの放映権をめぐるテレビ局のバトル。

週刊文春／7月18日号
文藝春秋
1966/07/18　週刊誌　4
巻頭「ビートルズ考現学」と題したグラフ4ページがある。来日公演スナップフォトを掲載し、ティーンエイジャーのビートルズへの過熱ぶりを伝えたもの。ビートルズの写真ではないのが残念。

週刊平凡パンチ／7月18日号
平凡出版
1966/07/18　週刊誌　7
公演に関する巻頭グラビア「死んじゃウワー！／彼女たちの上に荒れ狂ったビートルズ台風」ほか、来日公演をめぐる舞台裏での騒動「ビートルズのいなかったビートルズ騒動」、日本滞在中のエピソードを織り交ぜた特集記事など。

女性自身／7月18日特別号
光文社
1966/07/18　週刊誌　6
ビートルズとクレージーキャッツのカラーグラビア「羽田空港、去る人、帰ってきた人（7月3日）」や「ビートルズ見物記――泣くほどのことは何ひとつなかったのを私は知っている／三島由紀夫」の日本公演批評など。

少女フレンド／7月19日号
講談社
1966/07/19　週刊誌　5
特集・ビートルズのすべて「ビートルズがやってきた！」がある。4人の写真を添えたプロフィール紹介など、少女向け。来日前に編集された企画のようで、公演のスケジュールなどは簡単に紹介されているものの、来日時の写真や記事はない。

週刊漫画サンデー／7月20日号
実業之日本社
1966/07/20　週刊誌　12
来日や記者会見のモノクロ写真を掲載した巻頭グラビア「ビートルズ嵐とともに」ほか、武道館内外の熱狂のようすを写真と記事で伝えた本文ワイド特集「戒厳令下の熱狂ファン！アラシの中のビートルズ」もある。漫画週刊誌の中では良質。

報知グラフ／夏季号
報知新聞社
1966/07/20　一般雑誌　8
珍しいB5判のスポーツグラフ誌。巻末に8ページの来日グラフ特集「ビートルズを追った102時間30分」がある。記事は「徹底的な隔離作戦始まる」「監視にいらだつ関係者」「禁止づくめのファン対策」「難事のあとの快い疲れ」など。

週刊現代／7月21日号
講談社
1966/07/21　週刊誌　※
ビートルズとは直接関係ないが、「損得先生行状記／高島陽」の中に、ビートルズ公演に行った高島の武道館会場写真が1点ある。

週刊大衆／7月21日号
双葉社
1966/07/21　週刊誌　1/2
巻末5ページの特集「ビートルズ来日グラフ「たっぷりいじめられたビートルズ・ファン」と3ページの記事特集「やっぱり百姓だったビートルズ／バカ踊りさせられた警備陣」がある。

週刊特報／7月21日号
新樹書房
1966/07/21　週刊誌　1/3
リンゴの髪の毛1本でファン同士が告訴さわぎに発展したという小記事「ビートルズ旋風余波／毛一本で告訴合戦」がある。

週刊平凡／7月21日号
平凡出版
1966/07/21　週刊誌　1/2
歌＆ステージコーナーに「ビートルズのつぎはプレスリーが…」。またテレビ＆ラジオ欄にビートルズ日本公演のテレビ視聴率結果と発表した「56.5％だった視聴率」がある。

アサヒグラフ／7月22日号
朝日新聞社
1966/07/22　週刊誌　1/2
短編詩と写真「夏の夢／白石かずこ」の中で一部ビートルズに触れる箇所があるのみ。

週刊読売／7月22日号
読売新聞社
1966/07/22　週刊誌　1/3
「チャンネルX／ビートルズ台風と十代娘の心理」と題したコラムがあるのみ。ビートルズの髪の毛が1本3,600円、タバコの吸殻が1,800円という記述や、日本公演の演奏評など。

漫画天国／7月22日号
芸文社
1966/07/22　週刊誌　2+
ビートルズ関連まんが「ビートルズ毛病／中川かず」2ページほか、来日したビートルズがホテルで使用したシーツの切れ端が商売になるなどの記事「異常なビートルズ・ファン」。

F6セブン／7月23日号
恒文社
1966/07/23　週刊誌　1/3
タウンジャーナルに「ビートルズ去ってシャツを残す／似顔絵つきでシビレ女の子」がある。来日フィーバーにあやかろうと、ファッションメーカー各社がビートルズの刺繍やサインをプリントした水着、ブラウスなどを発売した話題など。

週刊女性／7月23日号
主婦と生活社
1966/07/23　週刊誌　1
巻頭カラートピックス「マニラで殴られたビートルズ／3日間、静かにすねたビートルズだが」ほか、直接関係はないものの「ビートルズばりの騒動、加山のワンマンショー」がある。

週刊新潮／7月23日号
新潮社
1966/07/23　週刊誌　1/6
スナップのコーナーに「ビートルズ台風」があるのみ。ビートルズの日本公演計5回に発生した救急救護措置者数など、消防庁がまとめた被害（？）状況を台風にたとえて報告。

サンデー毎日／7月24日号
毎日新聞社
1966/07/24　週刊誌　7
マニラ空港で災難にあったビートルズのスクープ記事「マニラから叩き出されたビートルズ／大統領夫人侮辱事件のナゾ／こわい＝青くなったリンゴ」ほか、巻末にもこの事件現場写真「パンチで送られたビートルズ――マニラ」の記事がある。

1966

週刊マーガレット/7月24日号
集英社
1966/07/24　週刊誌　1/2
巻頭に厚手のカラーブロマイド「デラックス・サービス/ビートルズ・ブロマイド」がセットされているのみ。

週刊明星/7月24日号
集英社
1966/07/24　週刊誌　1
モノクログラフ「ビートルズが殴られた！大騒ぎのマニラ空港」。マニラ公演後、大統領が招待したパーティーをキャンセルしたことが理由。

毎日グラフ/7月24日号
毎日新聞社
1966/07/24　週刊誌　1
フィリピン、マニラ空港におけるビートルズ殴打事件のスクープ写真と記事「逃げ出したビートルズ」がある。写真についてメンバーの解説があるが、間違っている。

週刊サンケイ/7月25日号
産経新聞出版局
1966/07/25　週刊誌　1/5
「あなたの声」コーナーに読者投稿「ビートルズにっぽん迷惑騒動を読んで」。「特派員レポート/裸のドイツ」にコメント付のビートルズファンの写真が1点のみ。

週刊文春/7月25日号
文藝春秋
1966/07/25　週刊誌　1/7
コーナー「話のくずかご」にマニラ殴打事件と髪型に触れた「くたばれマッシュルーム」。

ヤングレディ/7月25日号
講談社
1966/07/25　週刊誌　※
ビートルズと直接関係はないが「ビートルズのあとをねらう歌手/フランスの人気カップル、アンントワールとカリーナ」のグラフ4ページがある。

週刊漫画サンデー/7月27日号
実業之日本社
1966/07/27　週刊誌　1/2
加山雄三の記事「マスコミを独占した好青年/加山雄三のつぎはビートルズ旋風か…」がある。ビートルズ台風が去った後、加山雄三旋風が吹きはじめたという記事。

漫画情報/7月27日号
日晴社
1966/07/27　週刊誌　※
小さな「ビートルズ帰国」のイラスト1点のみ。

平凡パンチ/7月25日号
平凡出版
1966/07/25　週刊誌　1/2
いずれもビートルズに直接関係はないが、モノクログラフ「新しいパリのビートカット」「第二のビートルズの登場？/すご腕プロデューサーの極秘作戦」がある。

週刊平凡/7月28日号
平凡出版
1966/07/28　週刊誌　※
特集「キャーッ 加山雄三/3万人の歓声に湧いた日劇公演ルポ」に「ビートルズなみの熱狂ぶり」があるがビートルズとは無関係。

内外実話/7月28日号
新星社
1966/07/28　週刊誌　※
「今週の言葉」にビートルズ来日の事実を伝えるわずかなコメントが数行あるのみ。

女性セブン/7月27日号
小学館
1966/07/27　週刊誌　1-
公演後、無事ロンドンに戻ったビートルズの記者会見記事「頭ぺきちゃダメ、ビートルズ/マニラの"すっぽかし事件"からすいがらまで」が1ページ弱。マニラ空港での殴打事件などについて触れたもの。

F6セブン/7月30日号
恒文社
1966/07/30　週刊誌　1/6
タウンジャーナルページに「ビートルズ絵皿はいかが？/50名様に無料で贈呈」との読者プレゼント写真付コラムがあるのみ。

週刊女性/7月30日号
主婦と生活社
1966/07/30　週刊誌　2
2つの首都、フィリピンのマニラと東京を比較しビートルズ騒動を題材にした記事「二つの都のビートルズ/丸谷才一」がある。マニラ空港で起きたビートルズ殴打事件と東京のビートルズ歓迎ぶりを比較したもの。

週刊土曜漫画/7月29日号
土曜通信社
1966/07/29　週刊誌　1/2
「お笑いクレージー攻防シリーズ/土曜上席特集」コーナーの一部に「なぜなぜ、ビール・ビートルズ」がある。そのほか、土曜川柳のコーナー、「読者通信」にビートルズ記事。

サンデー毎日/7月31日号
毎日新聞社
1966/07/31　週刊誌　1/4
投書のコーナーに「くたばれ偽インテリ」がある。ビートルズ来日公演の自称インテリ批判やマスコミ批評など。

週刊マーガレット/7月31日号
集英社
1966/07/31　週刊誌　2
特ダネニュース「やはりビートルズは世界の人気者！/びっくりぎょうてんのビートルズファン」がある。日本滞在中のようすや、ビートルズ・ファンの実態「ゆうかんな攻撃型」「泣き落とし型」「こっそり忍者型」ホテルの客室」など。

週刊漫画TIMES/7月30日号
芳文社
1966/07/30　週刊誌　1/3
4コマ漫画「ろくさん天国/馬場のぼる」にボール関連作品が1点あるのみ。

スクリーン/8月号
近代映画社
1966/08/01　一般雑誌　1
「スクリーン8月号スペシャル・カラー・グラフ」と題したビートルズの特大折込ピンナップがあるのみ。

セブン8(エイト)/8月号
新星社
1966/08/01　一般雑誌　1+
来日公演を総括した記事と写真「ビートルズ台風の去った後」がある。ほか、レコードレビューのコラム「雑音レコードのすすめ/ビートルズだけが音楽じゃない」など。

毎日グラフ/7月31日号
毎日新聞社
1966/07/31　週刊誌　※
特集グラフ「サングラスも自由化時代/ビートルズも日本のサングラスを買った」がある。サングラスにまつわるビートルズ来日時のエピソードを、数行程度簡単に紹介。

ボーイズライフ/8月号
小学館
1966/08/01　週刊誌　※
ミュージック・ガイドに「ビートルズに追いつき追い越せ！」があり、来日に触れる記述。

マドモアゼル/8月号
小学館
1966/08/01　一般雑誌　1+
ビートルズの折込カラーピンナップ1枚と、ミュージックガイドのコーナーに小コラム「ビートルズはかしこい」がある。

プレイファイブ/8月号
連合通信出版部
1966/08/01　一般雑誌　※
対談特集「あまから対談/雪路人生進路」の中で、ビートルズ来日公演を見に行った際の記述が数行のみ。

ヤングレディ/8月1日-8月8日合併号
講談社
1966/08/01　週刊誌　1/2
日本のGS「スパイダースの行動半径」の特集記事の中に、ビートルズについて触れた記述「ビートルズを批判する不敵き」があるのみ。

映画情報/8月号
国際情報社
1966/08/01　一般雑誌　2
巻頭カラーグラビアで、ポールとジェーン・アッシャーのカップル、リンゴとモーリン夫妻のバカンスのスナップショットなどを集めたグラフを掲載。一部に来日に関する記述もある。

MEN'S CLUB/8月号
婦人画報社
1966/08/01　一般雑誌　※
編集後記ほかに、ほんのわずかな関連記事のみ。

家の光/8月号
家の光協会
1966/08/01　一般雑誌　1/6
内外トピックスにビートルズの写真「ビートルズがやってきた」が1点あるのみ。

近代映画/8月号
近代映画社
1966/08/01　一般雑誌　6
特別読物「いよいよ大詰め！ビートルズの日本上陸作戦/大野信平」がある。「マル秘取材作戦の内幕」「乱れ飛ぶれ束」「頭が痛い警備陣」「ビートルズを推理する」など。

音楽の友/8月号
音楽之友社
1966/08/01　音楽雑誌　3+
来日公演の写真を添えた中村とうようによる貴重なコンサート評「ステージ評、ファンを無視したモノモノしい警備/中村とうよう」があるほか、ビートルズに対抗した？舟木一夫/伊藤強」やイラストなど。

高二時代/8月号
旺文社
1966/08/01　一般雑誌　2
特別ルポ「ビートルズの初会見に成功！/24歳の音楽雑誌編集長・星加ルミ子」が2ページ。ミュージック・ライフ誌編集長、星加ルミ子の職歴や前年のビートルズ会見エピソード「バイトから専任記者に」「ビートルズに会おう」など。

国際写真情報/8月号
国際情報社
1966/08/01　一般雑誌　3
日本公演や会場周辺の物々しい警備のようすを記録したニューズ・グラフ「来た！ビートルズ台風/4日間の警備費ざっと1億円」がある。

高一時代/8月号
旺文社
1966/08/01　一般雑誌　10
来日写真中心のグラフ4ページ「緊急特報/ビートルズ台風、ついに上陸」と、6ページの記事特集「あらしの後にあらしを呼んだザ・ビートルズ」がある。来日詳細レポートや来日関連写真は未公開ショットも多く、いずれも貴重。

1966

時Epoch/8月号
旺文社
1966/08/01　一般雑誌　2
TBSの「時事放談」で出た、細川隆元、小汀利得両氏のビートルズに対する「こじき芸人」発言に関する話題「ビートルズ狂とテレビ番組／番組をつまらなくする偶像崇拝」とコラム「ビートルズの本質を見抜け／外面だけにとらわれるな」がある。

若い女性/8月1日号
講談社
1966/08/01　一般雑誌　3
ビートルズの写真を含めた3ページのグラフ「ビートルズのとっておきの話／湯川れい子」がある。来日関連では湯川れい子の文「月収ざっと五億円」「彼らの愛する人」「彼らのサイドビジネス」など。

主婦の友/8月号
主婦の友社
1966/08/01　一般雑誌　2+
ビートルズ来日公演会場のモノクログラフ「シビレて、泣いて…やっぱりステキだったビートルズ」と小コラム「さすがビートルズ」など。

女学生の友/8月号
小学館
1966/08/01　一般雑誌　6
6ページの特集「やっと願いがかないました／来日したビートルズへウェルカム30問」がある。羽田空港到着時の写真ほか、「親切な日本のジュニア」「愛妻家ぞろいの四人です」「多芸多才でかせぎます」など会見録。

女性自身/8月1日号
光文社
1966/08/01　週刊誌　※
特別企画「加山雄三／女性と性と私生活に答える」のインタビュー記事の一部で、ビートルズ来日公演について触れた部分が数行あるのみ。

小学六年生/8月号
小学館
1966/08/01　一般雑誌　4
小学生にもビートルズを紹介。来日公演を終えたビートルズの特別企画「世界じゅうの若者のアイドル／これがビートルズ」が4ページある。冒頭に来日公演について触れた部分がある。

中学一年コース/8月号
学習研究社
1966/08/01　一般雑誌　4
4ページのグラフ「日本中がシビれたしジョーッ／ビートルズ様のお通りだッ！イギリスで勲章をもらったんだぜ！」がある。写真とイラスト、ビートルズ4人のプロフィールなどで、特に目立った来日記事はない。

中学三年コース/8月号
学習研究社
1966/08/01　一般雑誌　7
7ページの特集「アイドル登場／ビートルズ」がある。「第一場・リバプールの酒場」「第二場・リバプールの喫茶店」「第三場・ニューヨークの新聞社」「第四場・トウキョウの国際空港」ほか、「ビートルズはほんとは五人組」など。

美術手帖/8月号
美術出版社
1966/08/01　一般雑誌　1/2
連載「前衛への道／篠原有司男自伝」第7回の中で、ビートルズを題材にした彼のイラスト作品写真が紹介されているのみ。

婦人公論/8月号
中央公論社
1966/08/01　一般雑誌　6
特集「青春とは何か」に、来日公演について触れた「音痴ビートルズ論──ビートルズは帰れ」。絶叫の嵐、官能の強烈な陶酔、その残響を胸に綴る現代若者の断面／いいだ・もも」がある。

婦人生活/8月号
婦人生活社
1966/08/01　一般雑誌　数行
巻末「ないしょ話／編集室」の数行コメントのひとつに「くたばれビートルズ」があるのみ。ビートルズ来日騒ぎで編集部も忙しかった、という程度のもの。

文藝春秋/8月号
文藝春秋
1966/08/01　一般雑誌　1
「新聞エンマ帖・報道にもの申す」のコーナーに「前代未聞の読売社告」がある。日本武道館使用に関する有名な逸話。

平凡パンチ/8月1日号
平凡出版
1966/08/01　週刊誌　※
「ビート・グループの危機？」「ウィークリー・ヒッツ」など特集記事のなかに、ビートルズに関する記述が数行のみ。

宝石/8月号
光文社
1966/08/01　一般雑誌　8
対談特集「ビートルズ、わかる？あゃエテ公音楽じゃ！／小汀利得・青島幸男・野坂昭如」がある。「なぜビートルズは低級なのか？」「ビートルズはダメで盆踊りはいい？」など、辛口の来日前の対談。

文藝春秋漫画読本/8月号
文藝春秋
1966/08/01　一般雑誌　1/4
マスコミ録音盤のコーナーで、チケット争奪の記事「ビートルズの人気解剖」があるのみ。

明星/8月号
集英社
1966/08/01　一般雑誌　3
モノクログラフ「はだかで日本へ上陸」があるほかビートルズ来日を控えた読物「警備のお巡りさんが1000人！ビートルズが装甲車でやってくる」「ビートルズ台風上陸うらばなし」「入場券なんて関係ない」「あなたの命も一億円！」など。

テレビジョンエイジ/8月号
四季出版新社
1966/08/01　一般雑誌　1/4
ビートルズの写真ほか、小記事「ビートルズ転向」など合わせて1/4ページ程度。

別冊漫画エース/8月1日号
東光社
1966/08/01　一般雑誌　2
イラストを含めた「ビートルズ職業見立て／モロズミ勝」と、来日公演の怪情報を集めた「ビートルズ・ゲリラ作戦」がある。記事は、厳重警備の日本武道館の選手更衣室に籠城覚悟で潜入したファンの話題や、謁見のための突撃作戦など。

週刊漫画TIMES別冊/8月2日号
芳文社
1966/08/02　ムック／企画誌　1/2
新人四コマ漫画展コーナーに、ビートルズ来日騒ぎとその感想を含めた記述「シビレル漫画？／馬場のぼる」がある。

女性セブン/8月3日号
小学館
1966/08/03　週刊誌　1/2
直接ビートルズに関するものはないが、コラム「おしゃれ／ビートルズ帽に麻のズタ袋」「しあわせだなあ、ボクは…／日劇ワンマンショーでビートルズをしのぐ人気の加山雄三」、読者投稿「ビートルズ・ファンから」など、ところどころに記事。

映画の友/8月号
映画の友
1966/08/05　一般雑誌　1
ビートルズのカラー・ポートレートが1ページあるのみ。

週刊実話と秘録/8月5日号
名文社
1966/08/05　週刊誌　2
各誌芸能担当記者による「ざっくばらん座談会」のコーナーで、2ページにわたり「ビートルズの写真を添えた特集記事「彼らは性的なアイドルなのか？娘のハートを刺激するビートルズSEX」がある。

毎日グラフ/8月7日号
毎日新聞社
1966/08/07　週刊誌　1/5
「ゴシップ・オブ・ゴシップ／今週の週刊誌からビートルズのつぎの節はプレスリーが…」（週刊平凡／7月21日号の転載）があるのみ。

女性セブン/8月10日号
小学館
1966/08/10　週刊誌　1
来日公演後に銀座松坂屋で開催された「ビートルズ東京／百時間のロマン」写真展の話題を紹介した「ビートルズはまだ東京にいた」ほか、「ビートルズが名付け親です」など。

週刊漫画サンデー/8月10日号
実業之日本社
1966/08/10　週刊誌　1/3
記事はないが、「十年後のビートルズ・ファン」なる漫画挿絵が1/3ページ。

内外実話/8月11日号
新星社
1966/08/11　週刊誌　1/2
歌謡舞台のコーナーに、ビートルズの写真1点を添えた記事「チンドン屋スタイルが流行します／若い女性の間では濡れた下着がはやります」がある。

週刊朝日/8月12日号
朝日新聞社
1966/08/12　週刊誌　1/6
「こちらの話」コーナーに、南アフリカ公演の企画が流れた話題を紹介した記事「ビートルズに待った」。

週刊土曜漫画/8月12日号
土曜通信社
1966/08/12　週刊誌　※
「お笑い速攻シリーズ」のコーナーに数行の投稿のみ。隔週金曜日発行。

サンデー毎日/8月14日号
毎日新聞社
1966/08/14　週刊誌　※
「むかしの帝劇いまビートルズ／三越社長松田伊三雄」と題した4ページの対談コーナー「対談 社長室で会いましょう」があり、一部に来日に触れる部分がある。

週刊マル秘/8月15日号
辰巳書房
1966/08/15　週刊誌　5
読切連載小説「くたばれビートルズ」がある。「嵐の夜」「小父さんは新聞記者」「はずむ若さ」など、まさにビートルズ来日をそのまま題材に取り上げたもので、羽田着、ヒルトンホテル滞在などドキュメンタリータッチ。

週刊実話/8月15日号
日本ジャーナルプレス
1966/08/15　週刊誌　※
歌謡コーナーに「またまたまどり姉妹に脅迫状／ビートルズ顔負けの警備体勢」があるが、ビートルズに触れる部分はない。

週刊文春/8月15日号
文藝春秋
1966/08/15　週刊誌　※
ワイド特集「この人々の狂った夏の季節」のひとつに「ビートルズに憧れた八人」があるが、特にビートルズに関係はなし。

明星臨時増刊/加山雄三をあなたに
集英社
1966/08/15　ムック／企画誌　3
一冊まるごと加山雄三の特集だが、ビートルズ来日時の会見のもようを掲載した「ビートルズ独占会見記／日本でただひとりビートルズと語り合った男」がある。「5人でビフテキを食った」「絵を書いていた4人」「感動をおふくろに」など。

the beatles collection 4 | 331

1966

週刊女性/8月20日号
主婦と生活社
1966/08/20 週刊誌 2
日本公演で話題した写真「ビートルズに一億円支払ったあとの話題」「番組を買ったスポンサーの損益計算書」がある。日本公演のテレビ放映権に関するもの。

週刊新潮/8月20日号
新潮社
1966/08/20 週刊誌 1/2
ジョンの「キリスト発言」問題を取り上げた記事「全米を怒らせたビートルズの舌禍事件/いわくキリスト教は必ず消え去る」がある。

週刊漫画サンデー/8月20日増刊号
実業之日本社
1966/08/20 週刊誌 ※
裏表紙に東芝レコードのカラー広告があるのみ。「ビートルズの感激を！レコードでもう一度！」のコピーで、シングル盤「ペーパーバック・ライター」370円ほか、広告写真。

週刊実話/8月22日号
日本ジャーナルプレス
1966/08/22 週刊誌 1/2
ビートルズの写真とともに、日本公演の総決算「ビートルズ興行収入」がある。

平凡パンチ/8月22日号
平凡出版
1966/08/22 週刊誌 1/2
ジョンの「キリスト発言」に関する記事「全米に拡がるビートルズ追放運動／各地でレコード写真などを焼却」がある。

ニュース特報/8月24日号
双葉社
1966/08/24 週刊誌 2
「ビートルズ東京・100時間のロマン」写真展を訪れた女性ファンのようすを紹介した巻頭モノクログラフ「ビートルズ去って狂女をのこす」がある。

週刊言論/8月24日号
自由言論社
1966/08/24 週刊誌 1/8
ジョンのキリスト発言によるビートルズ排斥騒ぎ「ビートルズ・ボイコット」の小コラムが少し。敬虔なキリスト教徒の怒りを買ってしまったことに関する内容。

週刊実話と秘録・増刊/8月26日号
名社
1966/08/26 週刊誌 1/4
ゴシップ新聞コーナー「毎夜新聞 昭和41年8月26日(金)」に、ビートルズ物語、ジャケット写真と小記事「ビートルズ行方不明か」があるのみ。

週刊新潮/8月27日号
新潮社
1966/08/27 週刊誌 1/3
舌禍事件後、公式謝罪したビートルズの記事「"非を悔いた"ビートルズの人気」がある。

サンデー毎日/8月28日号
毎日新聞社
1966/08/28 週刊誌 1/2
第四社会面のコーナーに、ジョンの写真と「キリスト発言」の反響、話題を取り上げた「ビートルズがイエスさまごめんなさい」がある。

太陽/9月号
平凡社
1966/08/12 一般雑誌 6
来日モノクログラフ「東奔西走の機動隊／ビートルズとデモの間にて」があり、6ページにわたり日本武道館内外の機動隊の警備のようすや、ファンの熱狂ぶりを記事とともに掲載。9月号だが発行日は8月12日。

20世紀/9月号
20世紀社
1966/09/01 一般雑誌 1
大衆文化に警鐘を鳴らした批評「白痴文化論／藤原弘達」の中で、ビートルズの来日を取り上げた「狂ったエネルギー」がある。来日を客観的に批評したもの。

ミュージック・ライフ/9月号
新興楽譜出版社
1966/09/01 音楽雑誌 16
ビートルズの近況レポートと最新アルバム「リボルバー」のニュースほか、「ビートルズ絵画展」と題し、ビートルズが日本滞在時にヒルトンホテルで描いた絵画5点を巻頭カラーで紹介。

ポップス/9月号
音楽之友社
1966/09/01 音楽雑誌 1未満
ビートルズ来日後の事報「まだ残るビートルズ台風の余波」がある程度。

アサヒカメラ/9月号
朝日新聞社
1966/09/01 一般雑誌 3
アサヒグラフ1966年7月15日号掲載と同じ写真「ビートルズは帰った／佐久間陽三」1点と、主要誌来日写真解説、総評「ビートルズ来日から」がある。

カメラ毎日/9月号
毎日新聞社
1966/09/01 一般雑誌
浅井慎平による、ホテルで缶詰状態だったメンバーのレアショット「カゴの中の悪魔っ子――ビートルズ――／浅井慎平」カラー写真4点と記事が2ページ。

ショック映画/9月号
プレイグラフ社
1966/09/01 一般雑誌 2
来日前、同誌1966年7月号が組んだ特集「くたばれ！ビートルズ」の大反響を取り上げた「ビートルズ台風その後」がある。「ビートルズの爪跡」「書いた奴ヨ死ね！」「みんな好男子ヨ！」など、写真を添えて2ページ。

スクリーン/9月号
近代映画社
1966/09/01 一般雑誌 5
「ホテルでのひととき／WELCOME！／STAGE！GOODBYE！」の見出しで、来日を記録したグラフ集「ビートルズ・イン・トキョー」がある。

スリーエス/9月号
なみき書房
1966/09/01 一般雑誌 ※
「駅前評論・ほんまに阿呆らしい」の中で、ビートルズ来日時の厳重な警備体勢に触れる部分が数行のみ。

テレビジョンエイジ/9月号
四季出版新社
1966/09/01 一般雑誌 3
来日を振り返ったレポート＆グラフ「ビートルズ始末記／走りまくった5日間／うちがいとよしこ」があり、ビートルズに明け暮れた日本滞在5日間を客観的かつ鋭い視点で総括。そのほか、最新トピックスやアルバム発売ニュースなど。

なかよし/9月号
講談社
1966/09/01 一般雑誌 1/2
中綴じ「スターニュース」に、1/2ページ程度の来日時の記者会見の写真とコメントがあるのみ。

ボーイズライフ/9月号
小学館
1966/09/01 一般雑誌
ビートルズ特集「ビートルズ万才！／ファンを熱狂させた東京の5日間」が3ページある。羽田空港到着から公演ステージ、ファンの熱狂ぶりなどフォト10点。

映画情報/9月号
国際情報社
1966/09/01 一般雑誌 3
来日関連グラフ「安保以来の完全警備のうちで／ビートルズ台風軟着陸」が3ページ。羽田空港到着、武道館ステージ、記者会見などの写真と日本滞在のレポート記事。

家の光/9月号
家の光協会
1966/09/01 一般雑誌 1
「第一線記者が語ることし上半期のタレント裏話／覆面座談会どうなってんの？芸能界」の記事のひとつに「国賓なみ？ビートルズ」がある。来日時の写真含めビートルズ批評が合わせて1ページ程度。

近代映画/9月号
近代映画社
1966/09/01 一般雑誌 5
来日関連の取材記事「ピンク戦術か！隠密作戦か！ビートルズをめぐるマスコミ狂騒曲／大野信平」「甲虫は逃げた？」「スパイ映画も顔負け」など。折込み写真「ビートルズ来日スナップ集」は意外に良質。

傑作倶楽部/9月特大号
双葉社
1966/09/01 一般雑誌 2
巻頭グラフ「トウキョウ・エキサイト・ゾーン／ビートルズ台風・東京上陸」がある。掲載写真は「ヒルトンホテルでの記者会見」2カットほか、「飛行場ではばる熱狂的なファン」「足取りも軽く入場券を手に会場へ向かうファン」など。

現代詩手帖/9月号
思潮社
1966/09/01 一般雑誌 1/2
ビートルズに群がる日本の少女たちの異常なエネルギーとともにビートルズを皮肉ったコラム「自己表出力を捧げよ／藤田治」がある。

女学生の友/9月号
小学館
1966/09/01 一般雑誌 1
ビートルズ来日時の写真を添えた「外国スターの日本みやげ調べ」ビートルズ4人が日本で購入した土産物などを紹介したもの。そのほか、「レジャー・センター・コーナー」に関連記事。

女性セブン/9月1日号
小学館
1966/09/01 週刊誌 1/2
ジョンの「キリスト発言」に対する波紋「ビートルズもキリストには勝てなかった」がある。

中学三年コース/9月号
学習研究社
1966/09/01 一般雑誌 2
2ページのモノクログラフ「ニッポンをさわがせた五日間／十代のアイドル、ビートルズさようなら」がある。来日公演、羽田空港到着時、武道館のファンなど写真5点とコメント。

中学二年コース/9月号
学習研究社
1966/09/01 一般雑誌 10
来日フォト中心の4ページのグラフ「日本じゅうがシビれました／ファンを熱狂させたビートルズ」と、内容の濃い6ページの来日特集記事「吹きあれたビートルズ旋風／かぶと虫たちの五日間」がある。来日資料も充実の良質特集。

中二時代/10月号
旺文社
1966/09/01 一般雑誌 4
4ページの巻頭モノクログラフ「この目で見たビートルズ！」がある。貴重な日本公演ステージ写真を含め5点。

婦人公論/9月号
中央公論社
1966/09/01 一般雑誌 ※
海外トピックス記事「ひざ上十センチの功績（イギリス）」のごく一部に、ビートルズがエリザベス女王から勲章をもらった話題など。

1966

宝石/9月号
光文社
1966/09/01　一般雑誌　1/2
「宝石らうんじ」の読者投稿コーナーに来日関連記事がある程度。

文藝春秋漫画読本/9月号
文藝春秋
1966/09/01　一般雑誌　1/3
来日関連の小記事「人気歌手のビートルズ観」があり、橋幸夫、舟木一夫、三田明、西郷輝彦、加山雄三5人それぞれのビートルズ観を紹介。コメントがなかなか面白い。

明星/9月号
集英社
1966/09/01　一般雑誌　2
ビートルズ来日関連フォト6点とともに、「ビートルズ（かぶと虫）がかごに入れられた5日間/スキヤキとテンプラにしびれた買ったみやげが2000万円！」ほか、「ホテルではゲタスタイル　脱出は忍者のように」などのトピックス。

話の特集/9月号
日本社
1966/09/01　一般雑誌　6
5ページ各1点ずつのイラストを掲載した「ビートルズ・ギャラリー/和田誠コレクション」がある。また、来日を徹底取材した名著「話の特集・臨時増刊/ビートルズ・レポート」の広告も1ページ。

実話読物/9月号
日本社
1966/09/01　一般雑誌　8
「私の処女をうばったビートルズ台風」が8ページ。ビートルズ来日公演を見に行ったことで、見ず知らずの男性に処女を奪われたという話。リンゴのファンで、持参したチケットが"へ"の36番など、日本公演にも少し触れてはいる。

随筆サンケイ/9月号
サンケイ新聞出版局
1966/09/01　一般雑誌　1/2
「色即是色日誌/徳川夢声」の一部にビートルズ来日関連記述。6月29日の来日ニュースほか、7月1日の武道館テレビ中継、来日時の警備責任者（警視庁の山田英雄警視）をゲストに招いた録画撮りなど合わせて半ページほど。

中学一年コース/9月号
学習研究社
1966/09/01　一般雑誌　4
来日グラフ「また来てね ポール・ジョージ・リンゴ・ジョン！熱狂のうずをまきおこしたビートルズ東京公演より」と、記事「ザ・ビートルズ情報!!」など合わせて4ページほど。写真は皇居を散歩するポールやステージなど4点。

高二時代/9月号
旺文社
1966/09/01　一般雑誌　1/6
ヤングサロン音楽コーナー「今月のヒット」にブルー・コメッツとビートルズ来日公演の記述が少し。

週刊朝日/9月2日号
朝日新聞社
1966/09/02　週刊誌　1/3
「ヤング・ジャーナル」コーナーにビートルズヘアーカットに触れる話題「長髪は抵抗精神？」。

毎日グラフ/9月4日号
毎日新聞社
1966/09/04　週刊誌　1/5
「ゴシップ・オブ・ゴシップ/今週の週刊誌から」のコーナーで、週刊新潮8月20日号掲載の記事「全米を怒らせたビートルズの舌禍事件ーキリスト教は必ず消える」を1/5ページ程度に紹介。

映画の友/9月号
映画の友
1966/09/05　一般雑誌　6
日本公演と記者会見時のカラーフォトを掲載したグラビアページほか、来日会見記「ビートルズ単独訪問に成功！湯川れい子」、ヒルトンホテル滞在中5日間の食事メニューなどユニークな資料も。

週刊実話/9月5日号
日本ジャーナルプレス
1966/09/05　週刊誌　1/2
ハイライトコーナーに「ただいまビートルズ株急降下/点数かせぎにアメリカ公演へ行ったが…」がある。

平凡/9月号
平凡出版
1966/09/05　一般雑誌　1/3
加山雄三と橋幸夫の対談の話題に「ビートルズがうらやましい」がある程度。来日公演を見た加山雄三とテレビで見た橋幸夫のビートルズ関連対談。

週刊現代/9月8日号
講談社
1966/09/08　週刊誌　1/3
イギリスの秘密情報局の局員ですら、今やビートルズカットにモッズルック姿、という記事「からかわれたビートルズ」。

男子専科/SEPTEMBER AUTUMN
スタイル社
1966/09/10　一般雑誌　1/4
コラムやファッション記事の中に探さないとわからないようなビートルズ関連記述が4カ所ある。「ビートルズの服装などをご覧になって社会心理学的にいうとどういうことになるのですか。」ほか、来日に触れた記述も。

平凡パンチ/9月12日号
平凡出版
1966/09/12　週刊誌　1/2
記事「本格派のアンチ族になろう」の中に、一部アンチビートルズの記述と「写真まで焼かれるビートルズ」の写真がある程度。

HEIBONパンチDELUXE/9月号
平凡出版
1966/09/15　一般雑誌　1
「ビートルズをしのぐバーバラの稼ぎ」がある。目下人気の女性歌手、バーブラ・ストライザントの荒稼ぎぶりをビートルズと比較。またビートルズのニューアルバム「リボルバー」に関する記事もある。

F6セブン/9月17日号
恒文社
1966/09/17　週刊誌　2/3
タウンジャーナル「海外」ページに「決定的なビートルズの不人気/三度目のアメリカ巡業公演の結果」がある。来日公演後のアメリカ公演において興行収入が予想を下回ったというのがおもな内容。

FMfan/9月26日-10月9号
共同通信社
1966/09/22　一般雑誌　1/4
「トピックコーナー」に約1/4ページ程度の記事「ビートルズに最優秀賞」がある。1966年9月13日、ビートルズが世界歌謡曲界ベスト・ワンに選ばれた話題。9月26日発行日は「9月22日」と記載あり。

週刊平凡/9月22日号
平凡出版
1966/09/22　週刊誌　1/3
ビートルズとは直接関係ないが、特集「ミッキー・カーチスは日本にいない」の中に「日本のビートルズ！と大もて」がある。

週刊女性/9月24日号
主婦と生活社
1966/09/24　週刊誌　1/3
来日公演時の小写真とトピックス「ビートルズのジョン・レノンが断髪した！髪の毛をくれと注文殺到」がある。ジョンが単独出演した戦争映画〈ジョン・レノンの僕の戦争〉の役づくりのため髪を切ったという話題。

サンデー毎日/9月25日号
毎日新聞社
1966/09/25　週刊誌　1/6
「外信部のクズかご」のページに記事「ソ連ビートルズを称賛」がある。

川柳200年/川上三太郎
読売新聞社/川上三太郎（選）
1966/09/25　単行本　1/2
川上三太郎の川柳選集。第一部「川柳の年輪/昭和編」に、ビートルズ武道館コンサートの写真とその時事川柳「ビートルズしびれた上に泣き出せ/三太郎」が一篇ある。

週刊TVガイド/9月30日号
東京ニュース通信社
1966/09/22　週刊誌　1/2
「変わらぬビートルズ人気/ぞくぞくと新盤、みんなヒット」が半ページ強。「イエロー・サブマリン」「ビートルズ物語」「リボルバー」などアルバム発売の話題。※発行日は9/22。

ポップス/10月号
音楽之友社
1966/10/01　音楽雑誌　1未満
「ニュース・フラッシュ」のコーナーでわずかにジョンが映画に出演決定の記事を紹介。

スクリーン/10月号
近代映画社
1966/10/01　一般雑誌　1未満
「スクリーン海外ニュース」のコーナーで、トピック「ご難つづきのビートルズ」がある。ジョンの写真を添えてジョンの「キリスト発言」に関連した記事を掲載。

MEN'S CLUB/10月号
婦人画報社
1966/10/01　一般雑誌　数行
「コンチか、モッズか、アイビーか/林邦雄」があり、ジョンの来日会見録、ビートルズのファッションなどに触れた記述も。ほか、「キリスト発言」関連のMUSICコラム「うぬぼれるなビートルズ」など。

高二時代/10月号
旺文社
1966/10/01　一般雑誌　1
来日時の写真を添えたビートルズのファン・クラブの話題「単なる集いに終わらぬために」「公平な目を養う」がある。当時、高校生を中心に会員数千人を誇ったファン・クラブの会長は、日比谷高校の2年生だった。

装苑/10月号
文化出版局
1966/10/01　一般雑誌　3
日本武道館で捉えた本番のビートルズのファンの写真と記事「本番!!ビートルズ・ファン/河野洋」2ページほか、「男の子にはあげられない/モッズ・ガール歓迎の言葉」にもビートルズの写真と関連記事。

女学生の友/10月号
小学館
1966/10/01　一般雑誌　1
ビートルズメインの記事ではないが、「ビートルズに追いつくのはだれ？/牛窪成弘」が1ページ。「キリスト発言」の影響で人気にかげりが見られるビートルズの次に出てくるのは誰なのか、を解析。

セブン8（エイト）/10月号
新星社
1966/10/01　一般雑誌　1/2
MUSICコーナーに小写真と記事「ビートルズご難つづき」が約半ページ。フィリピン大統領夫人からの招待辞退により起こった暴行事件や、ジョンの「キリスト発言」による舌禍事件の話題など。

平凡パンチ/10月3日号
平凡出版
1966/10/03　週刊誌　3
ビートルズ・アメリカ公演のレアショットを添えた星加ルミ子のカメラ・ルポ「特集グラフ/アメリカなんでも見てやろう」を掲載したグラビアページがある。

映画の友/10月号
映画の友
1966/10/05　一般雑誌　1未満
「スター・ジャーナル」のトピックスコーナーに、ビートルズが極東ツアーを終えてイギリスに帰国したニュースとフォトなど。

1966-1967

週刊女性／10月8日号
主婦と生活社
1966/10/08　週刊誌　1/10
ガイドのコーナーに最新アルバム『リボルバー』の紹介がわずかにあるのみ。

週刊平凡／10月27日号
平凡出版
1966/10/27　週刊誌　1/2
芸能トピックスの中に「和製ビートルズはイヤだ」、大橋巨泉対談コーナーで「ビートルズってうまくないヨ」があるが、ビートルズに触れる内容は少ない。

週刊実話／10月31日号
日本ジャーナルプレス
1966/10/31　週刊誌　1
リンゴ＆ジョージの記事と写真1ページ。「流行のリンゴかつらをどうぞ／かつらで若さをとりもどそう」「ジョージ・ハリスンのヒゲの魅力／男性はより男性的であれ」など。

ミュージック・ライフ／11月号
新興楽譜出版社
1966/11/01　音楽雑誌　8
「メロディー・メイカー賞に輝く豪華なスター達」のグラビア企画で、この賞の授賞式に出席したポールとリンゴのフォトを数ページ紹介。そのほかにもビートルズ・フォトはあるが、記事の方は特に目立ったものはない。

ティーンビート／11月号
映画と音楽社
1966/11/01　音楽雑誌　5
グラビアページでビートルズの近況フォトが紹介されている以外に、特に目立った記事はない。

スクリーン／11月号
近代映画社
1966/11/01　一般雑誌　2
アメリカ公演を中心にしたグラフ「波紋を投げたビートルズのアメリカ公演」がある。

女性セブン／11月2日号
小学館
1966/11/02　週刊誌　2/3
「ミュージック・ルーム」のコーナーに写真と記事「目下、インド音楽に夢中のビートルズ／最新LP『リボルバー』に聞くその変貌ぶり」がある。LP収録曲の話題など。

アサヒグラフ／11月4日号
朝日新聞社
1966/11/04　週刊誌　2
「理髪・ビートルズ専門店」のグラフページがあるがビートルズに直接関係する記事ではない。ビートルズ人気に便乗したストックホルムの「ビートルズ床屋」と称する名物理髪店の話題。

映画の友／11月号
映画の友
1966/11/05　一般雑誌　1未満
「スター・ジャーナル」のトピックスコーナーで、ジョンのキリスト発言に関する反響を記した記事「失言さわぎもなんのその 相変わらず人気の高いビートルズ」がある。

サンデー毎日／11月27日号
毎日新聞社
1966/11/27　週刊誌　1/4
サンデー・ジャーナルにビートルズ解散の噂を掲載した小記事「ビートルズはもうおしまいです？」がある。

週刊平凡／11月27日号
平凡出版
1966/12/27　週刊誌　1/2
ミュージック・ポストのコーナーにビートルズの写真と最新トピックス「解散するか？ビートルズ／マネージャーは否定するが…」がある。

ポップス／12月号
音楽之友社
1966/12/01　音楽雑誌　2
ニューアルバム「リボルバー」についての論評「ビートルズは大きな飛躍をした／植草甚一」がある。

スクリーン／12月号
近代映画社
1966/12/01　一般雑誌　2+
「ビートルズ3度目のアメリカ」と題したカラー・グラビアページと、「どこで・だれが・いつ」のトピックス・コーナーで、グラミー賞受賞のニュースなどを簡単に紹介した「ビートルズ朗報」がある。

女性セブン／12月1日号
小学館
1966/12/01　週刊誌　1
THIS WEEKコーナーに「ビートルズの解散説はエプスタインの策略？」があり、ちまたで噂されている解散説の真相を推察。

中一時代／12月号
旺文社
1966/12/01　一般雑誌　1+
ユーモア道場のコーナーにビートルズの写真と記事「すばらしい人のファンになれ」が約1ページ半。内容は同誌記者のちょっとした来日公演レポート「キャーツ！キャーツ！ビートルズ」ほか。

サンデー毎日／12月4日号
毎日新聞社
1966/12/04　週刊誌　1/10
サンデージャーナルに、ポールがロンドンで駐車違反をしたという記事と、写真「ビートルズと巡査」。

映画の友／12月
映画の友
1966/12/05　一般雑誌　1未満
「スター・ジャーナル」のコーナーで、ジョンやジョージの近況を簡単に記載した「単独行動をしているビートルズのさむらいたち」がある程度。

週刊実話／12月5日号
日本ジャーナルプレス
1966/12/05　週刊誌　1/3
「海外こぼればなし」にジョンの写真1点を添えた小記事「ビートルズの解散問題」がある。

週刊土曜漫画／12月16日号
土曜通信社
1966/12/16　週刊誌　1/8
今年のびっくりニュース6月の中にイラストが1点。「二十九日 ザ・ビートルズ来日 ホテルから出ず」。

週刊現代／12月22日号
講談社
1966/12/22　週刊誌　1
ビートルズ来日中の秘話「深夜ビートルズを訪れた四人のホステス」が1ページある。警備の厳重なヒルトンホテルを訪れビートルズと面会した銀座ホステスの証言など。

毎日グラフ／12月25日号
毎日新聞社
1966/12/25　1/4
特集「カラーにみる66年」の写真ひとつに「ザ・ビートルズの来日」がある。ビートルズの顔写真が印刷されたうちわをもって武道館に詰め掛けたファンのカラー写真と小記事。

週刊実話／12月26日号
日本ジャーナルプレス
1966/12/26　週刊誌　1
人気ガタ落ち？のビートルズのコメントを添えた写真と記事「ビートルズの解散説はデマ？というが／とんだミソのつきっぱなしだったビートルズたち」ほか、「ビートルズの胸毛の値段」など。

1967

ミュージック・ライフ／1月号
新興楽譜出版社
1967/01/01　音楽雑誌　12
巻頭折込カレンダー6枚付（うちビートルズは2枚）の新年号。プロデューサー、ジョージ・マーティンのドキュメンタリー「ビートルズと歩んだ5年間」など。

ポップス／1月号
音楽之友社
1967/01/01　音楽雑誌　1未満
来日公演のフォトとコメントを添えた「ニュース・フラッシュ」コーナーのみ。

週刊平凡・新春増刊／1月1日号
平凡出版
1967/01/01　週刊誌　2
来日時のモノクログラフ「とじこめられたビートルズ」が2ページ。このグラフは「週刊平凡／1966年7月14日号」に掲載されたもので、ステージ、武道館内、記者会見＆ヒルトンホテルの4ショット。

映画の友／1月号
映画の友
1967/01/05　一般雑誌　1未満
リンゴとモーリンのモノクロフォトのみ。

スタッグ(stag)／創刊号
映画の友
1967/01/05　一般雑誌　4
「THE BEATLES／ビートルズにせもの説？」が4ページ。ビートルズに関する辛口批評と、「ニセモノではないか」とした記事「あるビートルズの熱狂的なファンより」「東京に来たビートルズはニセモノ」など。

サンデー毎日／1月8日号
毎日新聞社
1967/01/08　週刊誌　1/4
66年10大ニュースのひとつに「サルトルとビートルズの来日」があり、日本公演時のステージ写真とわずかな対談記事。

1967

朝日新聞報道写真集/1967
朝日新聞社
1967/01/31　一般雑誌　2
ビートルズ来日関連の写真「ビートルズ公演の警護陣」「ビートルズ台風一過」2点のみ。公演中のステージよりビートルズの後ろ姿が…。

ポップス/2月号
音楽之友社
1967/02/01　音楽雑誌　1未満
「難航するビートルズの第三作目映画」としたトピックスのみ。

ティーンビート/2月号
映画と音楽社
1967/02/01　音楽雑誌　1
ティーンビート人気投票企画のなかで、ビートルズが最優秀ヴォーカル・グループ部門で1位を獲得した記事など。

映画情報/2月号
国際情報社
1967/02/01　一般雑誌　1
同ページ内にジョージとリンゴ、ジョンとシンシア、リンゴとモーリンの写真3点があるほか、記事「ビートルズは健在です」。合わせて1ページほど。

女性セブン/2月8日号
小学館
1967/02/08　週刊誌　4/5
「哲学になってきたビートルズ/100万ドルのコンサート拒否で、解散のうわさも再燃」のみ。

ポップス/3月号
音楽之友社
1967/03/01　音楽雑誌　3
ジョージのインド音楽傾向を知る資料「歩みよったインド音楽とポピュラー」ほか。

F6セブン/3月11日号
恒文社
1967/03/11　週刊誌　2
ヨーコと夫アントニオが始めた前衛写真撮影現場撮影時のモノクログラフ「ヒップこそ最高の女性美」が2ページ。撮影場所はロンドン裏町にある「女性のための歩行学校」とのこと。

毎日グラフ/3月12日号
毎日新聞社
1967/03/12　週刊誌　1/8
「今週の週刊誌から/ゴシップ・オブ・ゴシップ」コーナーに「九年間は解散しないビートルズ」という週刊平凡からの転載記事。

ポップス/4月号
音楽之友社
1967/04/01　音楽雑誌　1未満
「ニュース・フラッシュ」コーナーに関連記事があるのみ。

音楽専科/4月号
音楽専科社
1967/04/01　音楽雑誌　3
3ページのモノクログラフ「ビートルズは別れない」がある。

女性自身/4月17日号
光文社
1967/04/17　週刊誌　1
特集「日本の男を見限った女たち」の中に「ニューヨークの前衛プレイガール/1000人の欧米男性に愛された小野洋子さん」。

週刊明星/4月30日号
集英社
1967/04/30　週刊誌　2
ジョンのモノクログラフ「ヘンなぼく！魚眼レンズでのぞいたビートルズ=ジョン・レノン」が2ページ。映画《ジョン・レノンの僕の戦争》撮影時のスナップのもよう。

ポップス/5月号
音楽之友社
1967/05/01　音楽雑誌　1未満
「ビートルズをブルーグラスで」と題したエッセイがあるが、直接ビートルズに触れる部分はない。

ティーンビート/5月号
映画と音楽社
1967/05/01　音楽雑誌　4
ビートルズサウンドを考察した「歌に表れた歌手の主張――ビートルズの巻/小松洪三」「初期の作品には熟っぽさが！」「かなり複雑なラヴ・ソング」「大人になったビートルズ」など。

読売報道写真集/1967
読売新聞社
1967/05/01　一般雑誌　3
巻頭に来日公演中のリンゴのカラーショット「ビートルズのドラマー」1点があるほか、モノクロ「ようこそ、ビートルズ」「歌は聞こえなくとも」2点。

ポップス/6月号
音楽之友社
1967/06/01　音楽雑誌　0
ビートルズ関連記事はない。

ティーンビート/6月号
映画と音楽社
1967/06/01　音楽雑誌　1
『流行するポップ・スターのヒゲの美学/うちがいとよしこ』に「カブト虫の角ほど立派でないカブト虫のヒゲ」ほか、ビートルズ関連記事。

JAPAN PHOTO ALMANAC 1967
（日本写真年報）
日本写真協会
1967/06/01　一般雑誌　1/8
ジョンのスクリーン写真が1点のみ。

映画評論/6月号
映画出版社
1967/06/01　一般雑誌　2
当時、夫であった画家のアンソニー・コックスとともに制作した前衛映像作品《ナンバー4》の写真と記事「アングラ旋風、ロンドン上陸/小野洋子のオヒップ・シネマ」がある。

週刊明星/6月11日号
集英社
1967/06/11　週刊誌　1
巻中にビートルズのカラーピンナップが1枚のみ。

ポップス/7月号
音楽之友社
1967/07/01　音楽雑誌　1未満
ニューアルバム『サージェント・ペパーズ・ロンリー・ハーツ・クラブ・バンド』発売速報のみ。

音楽舞踊新聞/7月15日号
音楽舞踊新聞社
1967/07/15　その他　1
新興楽譜出版社のビートルズの楽譜集3冊の全面広告が1ページあるのみ。「絶対強い売行き/ビートルズの曲集は新興、常に在庫を！」。

平凡パンチデラックス付録/
夏のヒット・ポップス
平凡出版
1967/07/15　付録　8
「平凡パンチデラックス1967年7月号」の別冊付録で、ヒット・ソング60曲を収録したコンパクトサイズのソングブック。ビートルズ収録曲は【ミッシェル】【ペニー・レイン】など3曲。

サンデー毎日/7月23号
毎日新聞社
1967/07/23　週刊誌　1/10
サンデー・ジャーナルにジョンの写真を含めた小記事「どうです私が誰だかわかりますか」のみ。

R&Bの宝庫東芝のトップ・スターたち
東芝音楽工業
1967/07　非売品小冊子　2
東芝音楽工業発行の非売品16ページ冊子で、R&Bの解説および資料集。「ビートルズが火つけ役？」ほか、「全米ヒットソング界はR&Bレコードでいっぱい」など。

ポップス/8月号
音楽之友社
1967/08/01　音楽雑誌　1未満
ニューアルバム『サージェント・ペパーズ・ロンリー・ハーツ・クラブ・バンド』発売の話題や投稿など。

週刊プレイボーイ/8月15日号
集英社
1967/08/15　週刊誌　3
ビートルズに直接触れる部分は少ないものの、記事「ビートルズも訴える"禁断の薬"マリワナ解禁運動」が2ページ。また巻末に【愛こそはすべて】の楽譜も1ページ。

週刊文春/8月28日号
文藝春秋
1967/08/28　週刊誌　4
巻頭モノクログラフ「前衛または名を愚行/大英帝国を悩ます小野洋子という女」が4ページ。摩訶不思議なヨーコの前衛芸術最新情報。

ポップス/9月号
音楽之友社
1967/09/01　音楽雑誌　1未満
投稿の一部にビートルズ関連があるのみ。

サンデー毎日/9月17号
毎日新聞社
1967/09/23　週刊誌　1
ブライアン・エプスタイン急逝の関連記事とビートルズ4人の追悼コメント「俳優になりたかった/本志と違ったエプスタイン」など。

F6セブン/9月30日号
恒文社
1967/09/30　週刊誌　2
インド滞在中、マハリシ・マヘシ・ヨギとの会談時の写真と記事「LSDはもういらない/インド聖人と未来を語るビートルズ」。

ポップス/10月号
音楽之友社
1967/10/01　音楽雑誌　1未満
ブライアン・エプスタインの急逝を伝える速報が「ニュース・フラッシュ」にある程度。

ボーイズライフ/10月号
小学館
1967/10/01　一般雑誌　2
ミュージックガイドに『ビートルズ復活！』『不死身ビートルズ』『新しいポピュラーを!!』が約2ページある。近況ニュースおよびトピックス。

the beatles collection 4 | 335

1967-1968

女性セブン／10月4日号
小学館
1967/10/04　週刊誌　1/5
「THIS WEEK」のコーナーに「ポールが日本にいた」なる記事があり、日本テレビの番組「そっくりショー」でグランドチャンピオンになったポール似の日本青年の話題を紹介。

平凡パンチ／10月9日号
平凡出版
1967/10/09　週刊誌　1+
特集「地球で起こった七つの出来事」のトップに写真と記事「ヨガ修行に狂ったビートルズ」が1ページ半程度。マハリシ・ヨギの影響を受けたビートルズがヨガ修行のためインドへ行く話題など。

週刊TVガイド／10月20号
東京ニュース通信社
1967/10/20　週刊誌　1
《マジカル・ミステリー・ツアー》製作関連記事「ビートルズますます活躍／自作、自演、自演出の番組も」が1ページ。記事内ではテレビ用フィルム「マジカルミステリー"タワー"（？）」と記載されている。※発行日は10/12。

ポップス／11月号
音楽之友社
1967/11/01　音楽雑誌　1未満
ビートルズの近況を記した「ニュース・フラッシュ」があるのみ。

スクリーン／11月号
近代映画社
1967/11/01　一般雑誌　3
ビートルズ4人の近況フォトを紹介したグラフ「ビートルズはフラワー・ファッションがお好き」と、「グループ・サウンド・コンテスト／鈴木道子」のトップにビートルズの紹介がある。

映画情報／11月号
国際情報社
1967/11/01　一般雑誌　2
マネージャー、ブライン・エプスタインの死を受け、今後のビートルズの行方を推察した2ページの読物「ビートルズどこへゆくか？／林冬子」がある。

映画の友／11月号
映画の友
1967/11/05　一般雑誌　2
ビートルズのスナップ集「ビートルズ夏のギリシャをのしまわる」。

平凡パンチデラックス付録／HEIBON PUNCH DELUXE SONG BOOK NO.1
平凡出版
1967/11/15　付録　4
「平凡パンチ・デラックス1967年11月15日号」の付録歌本。ビートルズの収録曲は【愛こそはすべて】【オール・マイ・ラヴィング】【アンド・アイ・ラヴ・ハー】の3曲。

サンデー毎日／11月26日号
毎日新聞社
1967/11/26　週刊誌　1/10
対談「ビートルズが革命を／トゥイギー・イン・ジャパン」があるが、ビートルズに触れる部分はほとんどない。

ミュージック・ライフ／12月号
新興楽譜出版社
1967/12/01　音楽雑誌　16
ブライアン・エプスタイン追悼式に出席したビートルズのグラビアページほか、映画《マジカル・ミステリー・ツアー》の話題やエプスタインのインタビュー最終回など。

ポップス／12月号
音楽之友社
1967/12/01　音楽雑誌　1未満
映画《イエロー・サブマリン》撮影中のニュース記事のみ。

新婦人／12月号
文化実業社
1967/12/01　一般雑誌　5
1967年9月にロンドンで収録された星加ルミ子のビートルズ会見記「愛すべきビートルズ」ほか、金子晋一のビートルズ音楽考察「ビートルズとバロック音楽」。

平凡パンチ／12月4日号
平凡出版
1967/12/04　週刊誌　2-
ジョン著「ザ・ペンギン・ジョン・レノン」関連のトピックス「ジョン・レノンの黒いユーモア／彼が書いた奇妙な本が話題」が2ページ弱。写真と記事「テンポある難解な文章」「凄いブラック・ユーモア」など。

1968

ポップス／1月号
音楽之友社
1968/01/01　音楽雑誌　0
関連記事なし。

中学二年コース／1月号
学習研究社
1968/01/01　一般雑誌　9
巻頭グラフ「世界カラー散歩／ビートルズと貿易の町・イギリス・リバプール」ほか、「アメリカの子どもビートルズにシビレてる！？／テレビ・ビートルズ万歳！」など9ページ程度。

平凡パンチ／1月8日号
平凡出版
1968/01/08　週刊誌　1/2
「パンチジャーナル」のコーナーにマハリシの記事「ビートルズにつづけ！／急増するマハリシ・ヨーギーの信者」がある。一部ビートルズに関する記述も。

ポップス／2月号
音楽之友社
1968/02/01　音楽雑誌　9
植草甚一と中村とうようの対談「彼らはなぜシタールに魅せられたか！」があり、インド音楽とシタールの魅力、ビートルズとLSDとの関係などをフリートーク。巻末に【イエスタデイ】の楽譜あり。

ティーンビート／2月号
映画と音楽社
1968/02/01　音楽雑誌　9
ビートルズ仮装パーティーのスナップ写真などを集めたグラビア特集や、レコード収録曲解説など。同誌はこの号以降突然休刊になり、そのまま廃刊になった。

Ravi Shankar
不明
1968/02/27　公演パンフレット　1
ラヴィ・シャンカール初来日コンサートのパンフレット。ビートルズとの関わりやジョージの写真なども添えられている。

ポップス／3月号
音楽之友社
1968/03/01　音楽雑誌　0
関連記事なし。

ヤング・ミュージック／3月号
集英社
1968/03/01　音楽雑誌　3
モノクログラフ「ビートルズのファンシー・ドレスパーティー」3ページなど。

週刊プレイボーイ／3月12日号
集英社
1968/03/12　週刊誌　2
アラン・アルドリッジのカラーイラスト「ビートルズのインスピレーション」がある。

別冊プレイボーイ COMICS NO.1
集英社
1968/03/30　一般雑誌　8
巻頭カラーで8ページのハプニング・コミックス（ヌード実験漫画）「WONDER GIRL」がある。主演宍戸とし子、ビートルズ、モンキーズなどの写真を散りばめたイラスト＆コメントのコラージュ作品。

週刊明星／3月31日号
集英社
1968/03/31　週刊誌　1
巻頭カラーグラビアに、ジョンが愛車ロールス・ロイスにサイケなペイントを施した記事と写真。

ポップス／4月号
音楽之友社
1968/04/01　音楽雑誌　1未満
ビートルズについては「ニュース・フラッシュ」にわずかな関連記事があるのみ。ただしラヴィ・シャンカールの来日コンサート評があり、ビートルズを知るための参考資料はある。

ポップス／5月号
音楽之友社
1968/05/01　音楽雑誌　1未満
ビートルズの近況を紹介した「ニュース・フラッシュ」がある程度。

週刊明星／5月12日号
集英社
1968/05/12　週刊誌　1
中綴じカラーソングブックの1ページに、ビートルズの写真とともに【ハロー・グッドバイ】の歌詞を日本語ふりがな付で紹介。

平凡パンチデラックス付録／HEIBON PUNCH DELUXE SONG BOOK NO.4
平凡出版
1968/05/15　付録　4
1968年5月15日発行の「平凡パンチ・デラックス」の付録歌本。ビートルズの収録曲は【デイ・トリッパー】【マジカル・ミステリー・ツアー】【イエスタデイ】の3曲。

1968

プレイボーイCUSTOM/5月15日号
集英社
1968/05/15 | 一般雑誌 | 1/2
「ミュージック専科、春のポップス界最新情報」に、ビートルズのアルバム「ラバー・ソウル」のジャケット写真と、中村とうようによるビートルズ&ローリング・ストーンズの関連記事がある。

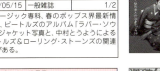
週刊話題NEWS/5月16日号
日本文華社
1968/05/16 | 週刊誌 | 3
ビートルズを中心にした記事「ネパール 地上最後の天国ラリハッパ楽園」が写真を添えて3ページ程度。ビートルズがスポンサーとなって、ネパールに地上最後の楽園を作る、というゴシップ記事。

ポップス/6月号
音楽之友社
1968/06/01 | 音楽雑誌 | 1未満
わずかに「ニュース・フラッシュ」のコーナーに記事があるのみ。

ボーイズライフ/6月号
小学館
1968/06/01 | 一般雑誌 | 1/3
カラーグラフ「ズラリそろったサイケなグループ」にビートルズの写真が1点あるのみ。

週刊女性/6月8日号
主婦と生活社
1968/06/08 | 週刊誌 | 2
2ページのモノクログラフ「この人が聖者!スパイダースも弟子入りしたインド・ヨガの指導者ヨギ氏」がある。ビートルズとは直接関係ないが、マハリシ・ヨギの写真に加え、一部ビートルズにも触れている。

平凡パンチ/6月10日号
平凡出版
1968/06/10 | 週刊誌 | 1/3
「パンチジャーナル」コーナーにジョンの写真と小記事「ビートルズの新会社」がある。ビートルズが自ら立ち上げた会社、アップルの話題。

ポップス/7月号
音楽之友社
1968/07/01 | 音楽雑誌 | 0
関連記事なし。

映画情報/7月号
国際情報社
1968/07/01 | 一般雑誌 | 2
17歳のエバ・オーリン主演でリンゴも出演した映画《キャンディ》のグラフと映画紹介など。

女性自身/7月8日号
光文社
1968/07/08 | 週刊誌 | 3
海外トピックス「ジョン・レノンを射とめた小野洋子さんの素顔/あの人なら当然といわれる世界を股にかけたヒッピー女性」がある。ジョンとヨーコの結婚の噂や奇行の数々「おみやげにオシッコをどうぞ」「売り込みはお上手」など。

女性自身/7月15日号
光文社
1968/07/15 | 週刊誌 | 2
ジョンとヨーコの噂のグラフ「この家庭を捨ててまでも…」2ページ。ジョンとシンシア夫妻、ヨーコとアンソニー夫妻の写真も掲載。

女性セブン/7月17日号
小学館
1968/07/17 | 週刊誌 | 2
ジョンの独占インタビュー「まあビックリ!皇太子さまの同級生がジョン・レノンと再々婚する!」「世界中が仰天したハプニングの女王・小野洋子さん(35歳・1児の母)の意外な横顔」など。

ヤングレディ/7月22日号
講談社
1968/07/22 | 週刊誌 | 3
ヨーコの独占インタビュー「本誌にだけ小野洋子が告白したジョン・レノンとの結婚説の真相」3ページ。ジョンとヨーコの写真ほか、「試写室の席で、二人は…」「ジョンもヨーコも別居中」「女王よりもヨーコを愛す」など。

週刊女性/7月27日号
主婦と生活社
1968/07/27 | 週刊誌 | 2/3
ジョンとヨーコの最新フォトと近況ニュース「結婚を噂されるジョン・レノンと小野洋子さんの親密な交際ぶり」がある。ジョンの芸術展へ2人揃って出席した話題ほか。

週刊明星/7月28日号
集英社
1968/07/28 | 週刊誌 | 2/5
巻末、創刊10周年記念ワイド・グラフ特集に「ビートルズ台風」のモノクログラフ1点あり。ヒルトンホテルでの来日記者会見の写真とコメント。

ポップス/8月号
音楽之友社
1968/08/01 | 音楽雑誌 | 1
「4大グループ・サウンズ最新情報」の中でビートルズ情報も掲載。

週刊現代/8月1日号
講談社
1968/08/01 | 週刊誌 | 1+
ジョン&ヨーコの写真と記事「ビートルズの婚約者、小野洋子の家庭」がある。ジョンと婚約したヨーコの近況ほか、プロフィールや家柄など。

世界画報/8月号
国際情報社
1968/08/01 | 一般雑誌 | 1
映画《キャンディ》主演のエバ・オーリンのグラフページにリンゴのスチールフォトのみ。

文藝春秋/8月号
文藝春秋
1968/08/01 | 音楽雑誌 | 6
「ビートルズが忘れた下着・TV局で見た愛すべきミーハーたち」遠藤周作」がある。遠藤周作が来日公演を見て感じたこと、ファン心理や、たまたまビートルズがホテルで置き忘れたビートルズのパンツを手に入れた「ビートルズのパンツ」など。

女性セブン/8月28日号
小学館
1968/08/28 | 週刊誌 | 1/4
ビートルズが設立したアップルの店舗が急遽閉店したというニュース、ジョンとポールの近況記事「ビートルズが"ハプニング閉店"」が少し。

ポップス/9月号
音楽之友社
1968/09/01 | 音楽雑誌 | 4
テレビ映画《マジカル・ミステリー・ツアー》からのスナップやスチール写真、映画の見どころ、製作の反響を添付したグラビアページほか。

My way(マイ・ウェイ)/9月号
学習研究社
1968/09/01 | 一般雑誌 | 5
ビートルズが設立したアップル社の最新ニュースと店内の写真を掲載した巻頭カラーグラフ「サイケの震源地/ビートルズの店"アップル"」。

ヤング・ミュージック/9月号
集英社
1968/09/01 | 音楽雑誌 | 10
ジョン&ヨーコのカラーページほか、モノクログラフ「ジョン・レノン、小野洋子ロマンス第2報/ボクはヨーコを愛する」「ポールにも人生のトラブル/ジェーン・アッシャーと婚約解消」など。

週刊新潮/9月7日号
新潮社
1968/09/07 | 週刊誌 | 1/2
「タウン」のコーナーに約半ページほどの記事「大詰めに来たジョン・レノン」ある。ジョン&ヨーコの小写真と近況記事。

ポップス/10月号
音楽之友社
1968/10/01 | 音楽雑誌 | 1
グラビアにジョン&ヨーコのピンナップがあるのみ。

MEN'S CLUB/10月号
婦人画報社
1968/10/01 | 一般雑誌 | 3
巻頭3ページにジョンのグラフ「SIR JOHN IN」ほか、横尾忠則の「ぼくのジョン・レノン」がある。

臨時増刊・週刊明星/皇室・芸能界10年のあゆみ
集英社
1968/10/10 | ムック/企画誌 | 3
ビートルズ来日時のグラフページ「ワンダフル・ニッポン!ザ・ビートルズ」、羽田空港到着、ステージ、記者会見、武道館のファンなど5点のフォトとコメント3ページ。

週刊アサヒ芸能/10月20日号
アサヒ芸能出版社
1968/10/20 | 週刊誌 | 1
レコード・ガイドのコーナーに来日記者会見時の写真1点と、ビートルズとフランスの歌手アントワーヌのお互いの盗作問題に関する記事「盗んだのは誰だ!」約1ページ。

週刊読売/10月25日号
読売新聞社
1968/10/25 | 週刊誌 | 1/5
特別企画「流行歌100年/私の思い出の歌、なつかしの歌」のアンケートコーナーに「東洋的ビートルズ/草野心平」のみ。

ミュージック・ライフ/11月号
新興楽譜出版社
1968/11/01 | 音楽雑誌 | 9
ビートルズ特別会員記「ビートルズのプライベート生活と意見と抗議」ほか。

ポップス/11月号
音楽之友社
1968/11/01 | 音楽雑誌 | 1未満
「やぶにらみ、リズム・アンド・ブルース」のなかでR&Bとビートルズの関係や功績について簡単に触れている程度。

女性自身/11月4日号
光文社
1968/11/04 | 週刊誌 | 2
トピックス「まあ、あの洋子がなんとはしたない姿(ヌードで)!肉親を嘆かせた英国の日曜夕刊新聞「ザ・ピープル」掲載・小野洋子さんの全裸写真」がある。

平凡パンチ/11月4日号
平凡出版
1968/11/04 | 週刊誌 | 16
16ページの中綴じカラーグラフ「the gay,immortal BEATLES」(構成:松原壮夫)がある。すべて後期の写真で構成されており、ヴィジュアル的にも優れた内容。

女性セブン/11月6日号
小学館
1968/11/06 | 週刊誌 | 1/6
10月18日にロンドン市内でジョンとヨーコが逮捕されたという小記事「ザ・ビートルズ/ジョン・レノンが麻薬で逮捕」があるのみ。

1968-1969

平凡パンチ・デラックス/11月15日号
平凡出版
1968/11/15	一般雑誌	15
巻末に石森章太郎の漫画「歌う甲虫(ビートルズ)」が15ページ。「ビートルズ三世」が登場するSFパロディ的マンガ。

若もの――その不可解な群像
日本教文社
1968/11/25	単行本	※
第4章46ページが「ビートルズと三角関係/女性の青年期」。アメリカのビートルズファン(13歳~15歳)や女子大生など若い女性の心理を解析。ビートルズに直接触れる部分は少ない。

ミュージック・ライフ/12月号
新興楽譜出版社
1968/12/01	音楽雑誌	1
最新の話題を紹介した「ビートルズ情報」のコーナーがあるのみ。

ポップス/12月号
音楽之友社
1968/12/01	音楽雑誌	1
ビートルズの最新アルバム『ザ・ビートルズ』の話題など。

女性自身/12月16日号
光文社
1968/12/16	週刊誌	1/6
巻頭にごく小さなジョン&ヨーコのカラーグラフ「麻薬不法所持で罰金13万円!」があるのみ。

ハイファッション/冬の号
文化服装学院出版局
1968/12/20	一般雑誌	1/2+
グラフ特集「美しき男たち=外国のスターを通して/秦早穂子」のトップに半ページ程度の日本公演ステージ写真と記述。

1969

ミュージック・ライフ/1月号
新興楽譜出版社
1969/01/01	音楽雑誌	14
最新アルバム『ザ・ビートルズ』の全曲解説やポール&リンダの話題など。

ポップス/1月号
音楽之友社
1969/01/01	音楽雑誌	4
アップル・レコードとメリー・ホプキンの話題「青いリンゴとメリー・ホプキン/庄司英樹」ほか、ニューアルバム『マジカル・ミステリー・ツアー』解説。

ヤング・ミュージック/1月号
集英社
1969/01/01	音楽雑誌	9
サム・ヘブナー著の読物「タレント・ストーリー/ビートルズはいかにして成功したか」と中綴じカラーグラフ「GROWING BEATLES」など。

音楽専科/1月号
音楽専科社
1969/01/01	音楽雑誌	8
一部ビートルズのグラビアがあるほか、ビートルズ・ファンクラブの紹介など。

平凡パンチ/1月6日号
平凡出版
1969/01/06	週刊誌	1
巻頭に「イエロー・サブマリン」のカラーイラストピンナップを折込み。

女性セブン/1月22日号
小学館
1969/01/22	週刊誌	1/2
ポールの写真を添えた小記事「ビートルズのポールに結婚の危機/栄冠は、リンダか、メリー・ホプキンンか」がある。

スクリーン/2月号
近代映画社
1969/02/01	一般雑誌	1未満
ジョンの妻シンシアの離婚訴訟などを取り上げた小記事「ジョンと洋子、ハレンチな結末」のみ。

週刊平凡/2月6日号
平凡出版
1969/02/06	週刊誌	1/3
「芸能ゴシップ110番」に小記事「ビートルズが破産!?」がある。ビートルズが設立した会社アップルがあまりの放漫経営のため大幅赤字続きという話題。

スクリーン臨時増刊/外国映画・テレビ大鑑
近代映画社
1969/02/15	一般雑誌	1
大半がスター名鑑。そのほか、監督名鑑、作品総目録。

朝日ジャーナル/2月16日号
朝日新聞社
1969/02/16	週刊誌	6
「ビートルズ…脚光をあびる"脱落者"/横尾忠則」が約6ページ。「人間の可能性に挑戦」「哲学的集団である彼ら」「インド体験で世界をゆるがす」「原始部族的コミュニケーションへ」など、ビートルズを独特の視点で考察。

ミュージック・ライフ/3月号
新興楽譜出版社
1969/03/01	音楽雑誌	9
ビートルズの稼ぎを試算した企画や映画『レット・イット・ビー』の収録に関する記事など。

ポップス/3月号
音楽之友社
1969/03/01	音楽雑誌	1未満
「ニュー・ディスク・レヴュー」のシングル盤紹介コーナーにわずかに記事があるのみ。

音楽専科/3月号
音楽専科社
1969/03/01	音楽雑誌	
映画からのモノクログラフ「アニメーション自叙伝/ザ・ビートルズのイエロー・サブマリン」ほか、「わたしのレコード評」に「さすがはビートルズ!」がある。アルバム『マジカル・ミステリー・ツアー』について。

劇的なるものとの訣れ/劇団自由劇場1969.3
劇団自由劇場
1969/03/01	パンフレット/小冊子	6
ビートルズのナンバー【レボリューション9】と劇作家の言葉についての考察「伝説へのグッド・バイ/レボリューション・ナンバー・ナイン/室矢憲治」がある。

女性セブン/3月31日号
小学館
1969/03/31	週刊誌	2
ポールとリンダの挙式ニュースを写真と記事で紹介。

ミュージック・ライフ/4月号
新興楽譜出版社
1969/04/01	音楽雑誌	11
ポールとリンダの近況フォトや、解散が報道される中撮影された4人の最新フォトほか、読物「ビートルズの三つの話題・ロマンスと栄光」。

ポップス/4月号
音楽之友社
1969/04/01	音楽雑誌	1未満
ジョージのソロアルバム『不思議の壁』の紹介記事があるのみ。

音楽専科/4月号
音楽専科社
1969/04/01	音楽雑誌	1/2
「わたしのレコード評」に「二回目に起きた感動」がある程度。アルバム『サージェント・ペパーズ~』についての感想。

家庭全科/4月号
国際情報社
1969/04/01	一般雑誌	1/6
「70年代を牽引するポピュラー音楽/岡小路正」2ページの一部にビートルズの写真と関連記述。

週刊女性/4月5日号
主婦と生活社
1969/04/05	週刊誌	2
「幻覚じゃないの、ほんとうに幸せになりたいの!3月20日、子どもがありながら新しい結婚にふみ切った小野洋子(35)とジョン・レノン(27)」が2ページ。ジブラルタルでの写真ほか、2人の出会い、ヨーコの生い立ちなど。

女性自身/4月7日号
光文社
1969/04/07	週刊誌	3
ジブラルタルで結婚式を挙げたジョン&ヨーコの話題と写真を添えたインタビュー「親のせいよ!私がこうなったのも…ジョン・レノンとこっそり挙式したい、はじめて明かす、秘めた過去」3ページ。

アサヒグラフ/4月11日号
朝日新聞社
1969/04/11	週刊誌	2
ポール&リンダ結婚式の記事と最新グラフ『おお結婚/ビートルズのポールも!』。

週刊朝日/4月11日号
朝日新聞社
1969/04/11	週刊誌	3
ジョン&ヨーコから連名で寄せられた投書を掲載。「横井庄一さんについて/黄色人種としての自覚を持て」「第二次世界大戦は人種戦争だった」など。

女性自身/4月14日合併号
光文社
1969/04/14	週刊誌	1/4
巻頭に小さなジョン&ヨーコのカラーグラフ「ベッドで仲良く記者会見!」があるのみ。

1969

週刊明星/4月20日号
集英社
1969/04/20　週刊誌　2
貴重なモノクログラフ「ハネムーン・ベッド公開！／ジョン・レノン×小野洋子夫妻」がある。

週刊文春/4月21日号
文藝春秋
1969/04/21　週刊誌　5
5ページのルポ「小野洋子を生んだ安田財閥系図／そんな子がいたかと一族は無視するが」がある。ジョン＆ヨーコの裸写真ほか、安田家に関する話題「財産を狙うような娘では」「本家はコチラでございます」など。

ミュージック・ライフ/5月号
新興楽譜出版社
1969/05/01　音楽雑誌　10
ポールとリンダ、ジョンとヨーコの結婚の話題や、ジョージとパティがマリファナ所持で強制連行のニュースなど。

ポップス/5月号
音楽之友社
1969/05/01　音楽雑誌　4
【オブ・ラ・ディ・オブ・ラ・ダ】の楽譜と記事。

マダム/5月号
鎌倉書房
1969/05/01　一般雑誌　1
2ページの記事「ビートルズからピンキラまで／八巻明彦（報知新聞文化部長）」がある。「一億円稼いだビートルズ」「日本の歌謡コーラスグループ」などで、ビートルズ関係は1ページ程度。

音楽専科/5月号
音楽専科社
1969/05/01　音楽雑誌　4
4ページの巻頭モノクログラフ「新妻は女性カメラマン／結婚したポール・マッカートニー」がある。この年の3月12日に結婚したポールとリンダのツーショット写真など。

女性自身/5月5日-5月12日合併号
光文社
1969/05/12　週刊誌　3
巻末モノクログラフ特集「世界ゴシップ写真集」1ページに「一週間のベッド・インをやりとげた！ジョン・レノン、小野洋子夫妻」がある。

奇談マガジン/5/15
淡路書房
1969/05/15　週刊誌　2
ジョンとヨーコの「ベッド・イン」の写真と記事「異色女シリーズ／ベッドの中で記者会見したハプニング女・小野洋子」が2ページ。アムステルダムのヒルトンホテルにおける「ベッド・イン」記者会見ほか、一連の前衛行動に関する記事。

ミュージック・ライフ/6月号
新興楽譜出版社
1969/06/01　音楽雑誌　6
グラビアでビートルズおよびポール＆リンダの最新フォトを掲載。

ポップス/6月号
音楽之友社
1969/06/01　音楽雑誌　0
とくに目立った記事はない。

Pocketパンチ Oh！/6月号
平凡出版
1969/06/01　一般雑誌　4
「ベッド・イン」の写真など、4ページのグラフ「世界の話題をさらったジョン・レノン、小野洋子夫妻／前衛結婚」。

音楽専科/6月号
音楽専科社
1969/06/01　音楽雑誌　2
特集「ニューロック時代の幕あけ／中村とうよう」の中に「ディランとビートルズが起こした革命」などの関連記述があるほか、「詳報!!メリー・ホプキンの初LP」にも「P・マッカートニーの豊富なアイディア」などタイムリーなレポートがある。

婦人生活/6月号
婦人生活社
1969/06/01　一般雑誌　2
2ページのモノクログラフ「安田財閥の流れをくむ人だけど…／小野洋子さんとジョン・レノンの風変わりな結婚生活」がある。

週刊明星/6月29日号
集英社
1969/06/29　週刊誌　2
「赤松愛がジョン・レノン小野洋子夫妻とロンドンで共同生活！」が2ページ。両者の日本人の知り合いを通して、ジョン＆ヨーコ夫妻が赤松愛（オックス）のロンドンでの身元引受人になってくれるらしいという話。

女性セブン/6月30日号
小学館
1969/06/30　週刊誌　数行
「オノ・ヨーコ夫妻からの電報」がある。樺美智子さん追悼式会場に流されたヨーコなどのメッセージについて数行のみ。

ミュージック・ライフ/7月号
新興楽譜出版社
1969/07/01　音楽雑誌　7
カラーグラビアでビートルズ4人が顔を揃えたフォトなど。

ポップス/7月号
音楽之友社
1969/07/01　音楽雑誌　4
新曲【ゲット・バック】発売の情報を「フラッシュ・ニュース」に記載。

カラー小説/7月号
芳文社
1969/07/01　一般雑誌　2
巻頭折込みカラーグラフ「COLOR TOPIC レノン夫妻の王朝生活」がある。写真内容は白亜の超豪邸、サイケな愛車ロールスロイスほか。

スクリーン/7月号
近代映画社
1969/07/01　一般雑誌　1未満
ジョージとパティが麻薬不法所持の罪で公判を受けた記事や、リンゴの映画出演に関するわずかな記事のみ。

ヒット・ポップス/7月号
新興楽譜出版社
1969/07/01　音楽雑誌　3
ビートルズのカラーフォトやリンゴ出演映画《マジック・クリスチャン》完成に関する記事など。

週刊プレイボーイ/7月15日号
集英社
1969/07/15　週刊誌　2
巻頭グラフ「挑発の女王ラクエル」が2ページ。映画《マジック・クリスチャン》からのスチールで、女優ラクエル・ウェルチがメインだが、リンゴの写真も1点。そのほか、映画《イエロー・サブマリン》公開記事など。

ヤングレディ/7月21日号
講談社
1969/07/21　週刊誌　1+
芸能ワイド特集に1ページ強の写真と記事「夫ジョン・レノンの運転ミス！十月来日もフイか？／小野洋子が交通事故で十四針の重傷、妊娠中の悲劇」がある。

平凡パンチ/7月21日号
平凡出版
1969/07/21　週刊誌　2/3
「SHORT PUNCH／もの凄い音楽が流行している」の中に「レノン＆ヨーコの超前衛レコード」がある。ジョンとヨーコの最新アルバム「未完成作品第2番 ライフ・ウィズ・ザ・ライオンズ」の写真と関連記事。

ミュージック・ライフ/8月号
新興楽譜出版社
1969/08/01　音楽雑誌　7
ジョンとヨーコの新着フォト、映画《イエロー・サブマリン》からのスチールフォトなど。

ポップス/8月号
音楽之友社
1969/08/01　音楽雑誌　0
特にビートルズ関連の記事はなし。

音楽専科/8月号
音楽専科社
1969/08/01　音楽雑誌　4
ビートルズの詳細なレコード総評「THE BEATLES レコードにみるその動き／朝妻一郎」が4ページ。「強烈な初期のビート盤／キャントからヘルプまで」「金字塔のイエスタデイ」「驚異のLPサージェント！」など。

平凡パンチデラックス/8月号付録
平凡出版
1969/08/01　楽譜等　3
1969年8月1日発行の「平凡パンチ・デラックス」の付録読本。ビートルズの収録曲は【ゲット・バック】【ミスター・ムーンライト】の2曲。ヨーコなどのイラスト。同誌はこの号より1日発売に変更。

スクリーン8月号臨時増刊シネ・ストーリー
近代映画社
1969/08/15　一般雑誌　7
《イエロー・サブマリン》映画解説とともにスチール写真を抜粋し、各場面のストーリーを紹介。

平凡パンチ/8月18日号
平凡出版
1969/08/18　週刊誌　16
巻頭16ページにわたり、ビートルズが設立した会社アップルに関する特別グラフ「はじめて公開するビートルズのヘンな会社〈APPLE〉」がある。「独占レポート／ビートルズが破産するという噂は本当なのか？」など内容豊富。

ヤングレディ/8月25日号
講談社
1969/08/25　週刊誌　4
草思社より刊行された単行本の話題とビートルズの秘密「初公開！ファンクラブの人も知らないビートルズの秘密」が写真を添えて4ページ。「ビートルズの人気」「ジョンとヨーコが結ばれた理由」「エプスタインと彼らの仲は？」など。

ポップス/9月号
音楽之友社
1969/09/01　音楽雑誌　0
特にビートルズ関連の記事はなし。

ヒット・ポップス/9月号
学習研究社
1969/09/01　音楽雑誌　4
映画《イエロー・サブマリン》関連記事「イエロー・サブマリン、その不思議なアニメの世界／河原畠子」やジョン＆ヨーコのフォトなど。

音楽専科/9月号
音楽専科社
1969/09/01　音楽雑誌　4
「映画と音楽」のコーナーに「ビートルズ・ファンには実りの秋／日野康一」がある。映画《イエロー・サブマリン》と《マジカル・ミステリー・ツアー》に関する話題。

the beatles collection 4 | 339

1969-1970

明星/9月号付録:ALL SONGS/500曲マンモス歌まつり
集英社
1969/09/01 | 付録 | 20
明星1969年9月号の付録で、訳詞、楽譜付274ページのコンパクトソングブック。20ページのビートルズソング特集「ビートルズだよア！ヤア！ヤア！」。

ステレオ/9月号
音楽之友社
1969/09/01 | 音楽雑誌 | 2
特集「イギリスの音楽と音」の中に「ビートルズ以降のポピュラー音楽/木崎義二」がある。2ページ程度の「ビートルズの特色」ほか、音楽の関わり「ロックからニューロック」「ニューロックの世界」など。

カラー小説/9月号
芳文社
1969/09/01 | 一般雑誌 | 2
巻頭折込2ページ分のカラー・ピンナップがリンゴ出演映画《マジック・クリスチャン》からのスチル写真。メインは女優ラクウェル・ウェルチだが、一部リンゴの写真も。

女性セブン/8月27日-9月3日合併号
小学館
1969/09/03 | 週刊誌 | 1/4
ジョンとヨーコが9月25日に来日予定とする小記事「ビートルズ/ジョン・レノン夫妻が9月に来日！」がある。

女性自身/9月13日号
光文社
1969/09/13 | 週刊誌 | 3
9月14日にジョンとヨーコが来日するという噂と関連話題「ハプニングの女王/小野洋子、東京で何をする？」がある。写真ほか「ジョンとヨーコが東京でベッドイン？」「日本の恥と言われたご学友」など。

週刊文春/9月22日号
文藝春秋
1969/09/22 | 週刊誌 | 1/2
1969年、ワイト島で開催されたコンサートを見に行ったジョンとリンゴなどの写真を掲載した巻頭グラフ「フォトショック、ヒッピー総決起大会・島も沈めとあつまった五十万人」がある。

ミュージック・ライフ/10月号
新興楽譜出版社
1969/10/01 | 音楽雑誌 | 8
グラビア数ページに「これが真相？ビートルズ・ストーリー」と題したグラフ特集がある。

音楽専科/10月号
音楽専科社
1969/10/01 | 音楽雑誌 | 1+
最新シングル【ヘイ・ジュード/レボリューション】の話題「ビートルズ7分5秒の大勝負」ほか、「ビートルズ、新曲ヘイ・ジュードを録音」、ラヴィ・シャンカールの来日など小記事。

平凡パンチ・デラックス/10月号
平凡出版
1969/10/01 | 一般雑誌 | 2
「The Revelation to JOHN ジョン・レノンの黙示録/文:寺崎央＋イラスト:斎藤融」が2ページ。来日の噂があるジョンのイラストと文など。

ティーンルック/10月14日号
主婦と生活社
1969/10/14 | 週刊誌 | 2
「ジョンとヨーコが日本にいる？/バッグ・インとベッド・インで世界に平和をと叫ぶジョンとヨーコ」が2ページ。ジョン＆ヨーコ来日の噂の真相ほか、アルバム製作の話題など。

週刊セブンティーン/10月14日号
集英社
1969/10/14 | 週刊誌 | 4
「シリーズ世界の恋人〈アイドル〉」第6回「栄光のかげに咲いた悲しい恋/ジョン・レノン」が4ページ。ジョンを取り上げ、リバプール美術学校時代の恋人エルマとのエピソードを紹介する。

音楽専科/11月号
音楽専科社
1969/11/01 | 音楽雑誌 | 1/10
「レコード第3面」コーナーに【ヘイ・ジュード】の小記事「やはり強いビートルズ新曲」がある程度。

宝石/11月号
光文社
1969/11/01 | 一般雑誌 | 1/6
ワイト島で開催されたロック・フェスティバルの6ページグラフ「ビートルズも見にきた」「ニュー・ポップスの王者」/ワイト島に英国の若者20万人を集めたボブ・ディラン。一部写真が会場を訪れたジョン＆ヨーコ、ジョージ。

ヤングレディ/11月17日号
講談社
1969/11/17 | 週刊誌 | 2
有名な「ポール死亡説」に関する当時の特集企画「ポール・マッカートニーは3年前に死んでいた！？/ジャケットにかくされたナゾの声が明かす秘密とは」がある。

女性自身/11月22日号
光文社
1969/11/22 | 週刊誌 | 2
「世紀のナゾ・ロンドン発/やっぱりビートルズのポールは3年前に死んでいる！？/彼の代役を演じているのは、うりふたつのウィリアム・キャンベル君」でいわゆる「ポール死亡説」を速報。

平凡パンチ/11月24日号
平凡出版
1969/11/24 | 週刊誌 | 4
ポール死亡説の真相解明「遂にやった!!ザ・ビートルズ世紀のイタズラ」/世界中から集め

音楽専科/12月号
音楽専科社
1969/12/01 | 音楽雑誌 | 1+
ビートルズ来日の写真、日本武道館を興奮のルツボと化した巨星ザ・ビートルズほか、「最近のビートルズ情報」「16枚目のゴールドレコード 話題にこと欠かぬビートルズ」など小記事が数カ所。

文藝春秋12月号特別号・オール讀物
文藝春秋
1969/12/01 | 一般雑誌 | 4
ジョンとヨーコのイラストを含めた「ジョン・レノンを待ちながら/横尾忠則」がある。

平凡パンチデラックス/12月号付録
平凡出版
1969/12/01 | 楽譜等 | 6
1969年12月1日発行の「平凡パンチ・デラックス」の付録歌本。ビートルズの収録曲は【オール・トゥゲザー・ナウ】【カム・トゥゲザー】【マックスウェルズ・シルバー・ハンマー】の3曲。

NEW HIT POPS
新興楽譜出版社
1969/ | 楽譜等 | 32
新興楽譜出版社発行の珍しい横型の楽譜集で巻頭30ページにイラスト含めた「ザ・ビートルズ特集」がある。【オブ・ラ・ディ オブ・ラ・ダ】【ヘイ・ジュード】含め10曲収録。表紙のミジヘンが若い。

1970

ミュージック・ライフ/1月号
新興楽譜出版社
1970/01/01 | 音楽雑誌 | 10
新着フォトを掲載した巻頭カラーグラビアと連載企画デレク・テイラーの手記「ジョージ・ハリスンの章」など。

MEN'S CLUB（メンズクラブ）/1月号
婦人画報社
1970/01/01 | 一般雑誌 | 4
4ページのビートルズ近況グラフとレポート「ビートルズの最近/森山央」がある。掲載写真は編集盤アルバム「ヘイ・ジュード」のジャケットに使用された写真など。

平凡パンチ/1月19日号
平凡出版
1970/01/19 | 週刊誌 | 8
アメリカ編集盤「ヘイ・ジュード」のアルバムカヴァーに使用された同時期の写真数点を掲載したカラーグラフ「COME TOGETHER Beatles」が8ページ。当時は珍しいショットだった。

婦人公論/2月号
中央公論社
1970/02/01 | 一般雑誌 | 1+
随筆コーナーに「電話とビートルズ/星加ルミ子」。自宅にかかってくる多くの迷惑電話とポールの近況、ビートルズに関する問い合わせなど。

平凡パンチ・デラックス/2月号(NO.27)
平凡出版
1970/02/01 | 一般雑誌 | 6
「不滅のBEATLES/朝妻一郎」が6ページ。ポール死亡説を取り上げた解析記事「ポール死亡説など数々の伝説にまつわる真相を究明する」。当時はセンセーショナルなニュースとして世間を騒がせた。

週刊文春/2月2日号
文藝春秋
1970/02/02 | 週刊誌 |
ヨーコの前夫アンソニー・コックスとジョンと新旧家族一緒のレアショットを含めた巻末グラフ「二夫にまみえて"ヒッピー貞女"」がある。さすがヨーコ！皆寛大！

平凡パンチ/2月2日号
平凡出版
1970/02/02 | 週刊誌 | 5
5ページの速報「レノン・ヨーコ問題のセックス・イラストはこれだ」/かれら自身のSEX LIFEを公開した14枚のリトグラフに「どんな体位が中心か？」「ヨーコのSEXは激しい」「9枚はずばりベッドシーン」ほか。

週刊大衆/2月12日号
双葉社
1970/02/12 | 週刊誌 | 1/2
ジョンが東京赤坂に土地を購入？という小記事「レノンが東京に土地を買った？」と写真が少し。実際はただの噂だったようだ。

週刊朝日/2月13日号
朝日新聞社
1970/02/13 | 週刊誌 | 3
ロンドンとデトロイトで行われたジョン＆ヨーコのリトグラフ展に出展された作品と記事。

1970

週刊文春/2月16日号
文藝春秋
1970/02/16 | 週刊誌 | 2+

ワイド特集「私だけが知っている」に「わが妻なりし小野洋子/初めて語る前衛作家・一柳慧」。ヨーコの前夫、一柳慧の秘話「自己顕示欲の強い女だよ」「夫と娘をおきざりにして…」「SEX・イラストの中身」など。

平凡パンチ/2月16日号
平凡出版
1970/02/16 | 週刊誌 | 4

「レノン・ヨーコ/ベッド・イン・レコードの性感曲線」が4ページ。最新アルバム「ウェディング・アルバム」に収録された「性行為」の真偽などの分析。「ヨーコのアクメは二回か？」「体位は斜横位が中心」「演出されたヨーコの叫び声」など。

週刊女性/2月28日号
主婦と生活社
1970/02/28 | 週刊誌 | 1/2

髪を切ったジョン＆ヨーコの半ページ程度のカラー・トピックス「カラー・トピックス/サッパリしたわ！」がある。当時、髪を切っただけでも話題に上った2人の写真と記事。

ライトミュージック/3月号
ヤマハ音楽振興会
1970/03/01 | 音楽雑誌 | 25

対談、エピソード、雑学、ディスコグラフィー、楽譜集を含めたビートルズ大特集がある。「その①ビートルズはビートルズでなくなったか」「ジョンとヨーコとぼくら」「その②なんでもビートルズ ビートルズ考現学」ほか。

美術手帖/3月号
美術出版社
1970/03/01 | 一般雑誌 | ※

ジョンとヨーコの折込みモノクロ・ピンナップ「変転、変転、変転…変わることこそ正しい」1枚。四つ折りなので4ページ分。関連記述やビートルズ以外で横尾忠則特集43ページなど。

月刊COM(コム)/3月号
虫プロ商事
1970/03/01 | 一般雑誌 | 22

ビートルズとジョン関連では、長谷邦夫とフジオプロのギャグマンガ「盗作世界名作全集/三銃士」が22ページ。ほか、ビートルズ歪曲ストーリー、ジョンのベトナム戦争の劇画"血溜り"など。

平凡パンチ/3月2日号
平凡出版
1970/03/02 | 週刊誌 | 1/2

巻頭1/2ページにジョン＆ヨーコの近況カラーフォト「NO MORE HAIR！」があるのみ。

花椿/4月号
資生堂出版部
1970/03/05 | 一般雑誌 | 1

ビートルズとコンピューターの二進法論「ビートルズとコンピューターの発想法」ほか、アラン・オルドリッジのイラスト作品集の紹介「イラストになったビートルズの100曲」がある。

平凡パンチ/3月9日号
平凡出版
1970/03/09 | 週刊誌 | 5

アラン・オルドリッジ編、誠文堂新光社発行の「ビートルズ・ソング・イラスト集」よりビートルズのカラーイラストを抜粋掲載。

ポップス/4月号
音楽之友社
1970/04/01 | 音楽雑誌 | 1/4

最新シングル「レット・イット・ビー」「ユー・ノウ・マイ・ネーム」の話題。

週刊文春/4月6日号
文藝春秋
1970/04/06 | 週刊誌 | 4

巻末モノクログラビア4ページに「天下の大もの/小野洋子」がある。「ハプニング劇・小野洋子伝/中山千夏」ほか。

週刊大衆/4月9日号
双葉社
1970/04/09 | 週刊誌 | 1

ジョンとヨーコのモノクログラフが1ページ。雪山をジョンがヨーコを抱いて歩いている写真と小記事。

ミュージック・ライフ/5月号
新興楽譜出版社
1970/05/01 | 音楽雑誌 | 6

ジョンとヨーコの近況フォトやジョージの証言を交えた特別レポートなど。

週刊女性/5月2日号
主婦と生活社
1970/05/02 | 週刊誌 | 3

「ビートルズ解散！！彼らを解散に追いやったのは小野洋子（ジョン・レノン夫人）？」が3ページ。ヨーコの半生やレノンに与えた影響「九歳下のレノンはまるでお人形」「じつは財閥のご令嬢」ほか、写真など。

平凡パンチ/5月11日号
平凡出版
1970/05/11 | 週刊誌 | 2

ヨーコの本「グレープフルーツ」刊行の話題「ヨーコ・オノが出したヘンな本/読んだら焼いてという著者の意図は？」がある。

週刊文春/5月18日号
文藝春秋
1970/05/18 | 週刊誌 | 2

ジョンが描いたヨーコとの性生活のリトグラフの一部が承認され公開可能になった、という記事と写真。

デザイン/6月号
美術出版社
1970/06/01 | 一般雑誌 | 1

前年にイギリスで発売されたアラン・オルドリッジ編「ビートルズ・ソング・イラスト集」に関する辛口批評「ビートルズ・ソング・イラスト集/清水哲男」がある。

平凡パンチ/6月8日特大号
平凡出版
1970/06/08 | 週刊誌 | 1

巻末にヒット曲楽譜グラフ「パンチ・WEEKLY HIT/LET IT BE」のカラーページがある。タイムリーな楽譜グラフ。

平凡パンチ/6月29日号
平凡出版
1970/06/29 | 週刊誌 | 4

ポール死亡説、ビートルズ解散などを考察した記事特集「ビートルズ神話にまた一つ新情報が流れている/ジョンとポールが結婚する！」。

ミュージック・ライフ/7月号
新興楽譜出版社
1970/07/01 | 音楽雑誌 | 9

ビートルズの最新アルバム「レット・イット・ビー」、ポールの「マッカートニー」、リンゴの「センチメンタル・ジャーニー」の解説やリンゴの映画グラビアなど。

アンアン/7月5日号
1970/07/05 | 一般雑誌 | 2

「ビートルズのドキュメント映像」。映画《レット・イット・ビー》とアルバム発売の紹介モノクログラフ2ページ。

ミュージック・ライフ/8月号
新興楽譜出版社
1970/08/01 | 音楽雑誌 | 6

グラビアページにリンゴ＆モーリンのアメリカ旅行スナップや映画《レット・イット・ビー》からのスチールがある程度。

美術手帖/8月号
美術出版社
1970/08/01 | 一般雑誌 | 7

7ページの特別記事「ヨーコとジョン・レノンの平和運動/リッチー・ヨーク」がある。

平凡パンチ/8月3日号
平凡出版
1970/08/03 | 週刊誌 | 4

「ビートルズ・シネマ No.3/DOCUMENTARY: the beatles」。映画《レット・イット・ビー》からスチールなどを4ページ掲載。

セブンティーン/8月11日号
集英社
1970/08/11 | 週刊誌 | 3

夏休みスクリーン特集「レット・イット・ビー/ビートルズは歌う！ビートルズはプレイする！そして青春を主張する！」とコラム「STメイツ試写会招待/ビートルズ主演レット・イット・ビー」がある。

週刊少年マガジン/8月23日号
講談社
1970/08/23 | 週刊誌 | 3

ビートルズ4人の大きな顔写真を添えた記事「レコードでかせいだ八百億円/ビートルズ」がある。簡単なプロフィールとビートルズの稼ぎ高。表紙構成は横尾忠則。

ミュージック・ライフ/9月号
新興楽譜出版社
1970/09/01 | 音楽雑誌 | 4

プラスティック・オノ・バンドのドラマー、アラン・ホワイトのインタビューを掲載。

MEN'S CLUB(メンズクラブ)/9月号
婦人画報社
1970/09/01 | 一般雑誌 | 3+

ビートルズの折込カラーピンナップと近況「where are you going THE BEATLES/森戸タク」がある。ほかにロックアーティスト名鑑「ROCK WHO'S WHO」でもビートルズを紹介。

週刊プレイボーイ/9月8日号
集英社
1970/09/08 | 週刊誌 |

映画《レット・イット・ビー》の新着スチールを掲載したモノクロ・グラビア特集。

草月/73号
草月出版
1970/10/10 | 一般雑誌 | 1

草月流の生け花雑誌「草月」の第73号。映画《レット・イット・ビー》に関する写真と記事「ビートルズ映画《レット・イット・ビー》/松本俊夫」がある。同誌のビートルズ記事掲載はレアかも。

ミュージック・ライフ/11月号
新興楽譜出版社
1970/11/01 | 音楽雑誌 | 1未満

わずかにビートルズのトピックスがある程度。

映画情報/11月号
国際情報社
1970/11/01 | 一般雑誌 | 2

リンゴ出演映画《マジック・クリスチャン》のグラフが2ページほか、巻中折込みカラー広告もリンゴ出演映画《キャンディ》と《マジック・クリスチャン》。

ヤング・コミック/11月11日号
少年画報社
1970/11/11 | 週刊誌 | 10

隔週刊行誌。リンゴ出演映画《マジック・クリスチャン》の傑作パロディ漫画「マジック・スチャラカチャン/斎藤融」が10ページ。映画公開と同時期の作品で、リンゴやピーター・セラーズも劇画タッチで描かれている。

ミュージック・ライフ/12月号
新興楽譜出版社
1970/12/01 / 音楽雑誌 / 7
ジョージ、リンゴの新着フォトやグラフ特集「70年の総括」など。

サブ/季刊創刊号
サブ編集室
1970/12/05 / 一般雑誌 / 2
1970年4月に創刊されたサブカルチャー雑誌「ぶっくれびゅう(日本書籍センター)」が2号で突如廃刊になり、版元を変更しこの「サブ/季刊」創刊号に受け継がれた。一部ビートルズ関連の記述や広告、写真がある。

1971

女性自身/1月30日号
光文社
1971/01/30 / 週刊誌 / 1
豪華客船クリーブランド号で1月13日午前8時に横浜に入港したジョンとヨーコの記事「突如来日したジョン・レノン小野洋子夫妻の謎の行動を追跡する」が1ページ強。公式でない極秘来日。

週刊女性/1月30日号
主婦と生活社
1971/01/30 / 週刊誌 / 1+
話題特集「400億円の訴訟事件を逃れて/ジョン・レノン、小野洋子夫妻の極秘の来日」がある。豪華客船で横浜港に到着したジョンとヨーコの記事と訴訟の話題など。

週刊プレイボーイ/2月2日号
集英社
1971/02/02 / 週刊誌 / 3
記事「突然里帰りしたレノン&ヨーコに痛快な一問一答/ニッポンの軍服はどこで売ってる?(レノン)」掲載写真は、靖国神社でVサイン、おみくじを買う、銀座三愛の前で、など。

女性セブン/2月3日号
小学館
1971/02/03 / 週刊誌 / 1
巻頭カラーグラフ「ジョンレノン&ヨーコ東京お忍び上陸/1月13日、解散騒ぎからのがれるように妻の故郷へ…」がある。写真は1月14日、靖国神社でのツーショット。

アンアン/2月5日号
平凡出版
1971/02/05 / 一般雑誌 / 1
ジョンとヨーコの近況や私生活についての質問とその回答「ジョン・レノンとオノ・ヨーコにHな質問をしたら返事がきちゃった!」がある。2人の写真はなく、質問内容と自筆の回答は「Yoko Onoが告白した2人のセックスライフ」など。

週刊文春/2月8日号
文藝春秋
1971/02/08 / 音楽雑誌 / 3
1月13日に来日したジョンとヨーコの記事「ついに撮ったレノン・洋子の現場写真/来日した問題の人に集中したマスコミの目」がある。「一泊五万六千円の特別室」「タクシーで三十分間追跡」などの記事と、渋谷を散策する写真も掲載。

ROCK NOW/ロック読本
東芝音楽工業/ミュージックマガジン編集部
1971/02/25 / 冊子 / 3
東芝音楽工業発行、ニュー・ミュージック・マガジン編集部編の最新ロック情報を満載した84ページの小冊子。非売品ではなく、定価100円の印刷もあり市販されたもよう。次号より非売品化。

平凡パンチ/3月1日号
平凡出版
1971/03/01 / 週刊誌 / 1/5
カラーグラフの小スペースに最新アルバム「ジョンの魂」の紹介記事「レノン&ヨーコの新アルバム」。

平凡/3月号付録・ポップス・トップ・ミュージック
平凡出版
1971/03/01 / 付録 / 2+
月刊平凡の付録。B5サイズの冊子で海外最新ポップスの36ページ楽譜集。ビートルズについてはカラーグラフ一部と【レット・イット・ビー】楽譜が2ページ。

週刊新潮/3月13日号
新潮社
1971/03/13 / 週刊誌 / 1/3
「タウンコーナー」にリンゴと斎藤チヤ子が共同でインテリアショップを開く、という噂話「斎藤チヤ子がリンゴ・スターと意外にも!/日本をのがれて二年半、傷心の彼女がロンドンで見つけた女の転機」が1ページ強。ビートルズ解散後の訴訟問題関連。

女性自身/3月13日号
光文社
1971/03/13 / 週刊誌 / 1+
リンゴと斎藤チヤ子が共同でインテリアショップを開く、という噂話「斎藤チヤ子がリンゴ・スターと意外にも!/日本をのがれて二年半、傷心の彼女がロンドンで見つけた女の転機」が1ページ強。

ALAN ALDRIDGE/アラン・オルドリッジ展1971
西武百貨店
1971/03/19 / イベントパンフレット / 6
西武百貨店池袋店で1971年3月19日~24日まで開催されたアラン・オルドリッジ展の作品パンフレット。ビートルズのメンバーのイラストなど6点を収録。

フォーク・ソングの世界
音楽之友社/三橋一夫
1971/03/20 / 単行本 / 15
1966年から1970年にかけて「ポップス」誌などに掲載されたタイムリーな音楽評を再編集し収録したもの。ビートルズについては「人とアルバム」の第3部で「ビートルズとR&Bに挑んだオデッタ」と「ビートルズは革命家か」。

実話雑誌/4月特大号
東京三世社
1971/04/01 / 一般雑誌 / 2
お忍びで来日したジョン&ヨーコのニュースと記事「マスコミを手玉にとったレノン洋子の忍者旅行」がある。来日後の二人の行動など。

新宿プレイマップ/4月号
新都心新宿PR委員会
1971/04/01 / その他 / 6
新宿のタウン情報誌。社会のコーナーに「SCANDALジョン・ヨーコ/横尾忠則」が2ページ。横尾忠則のエッセイで、ジョン&ヨーコの2週間の訪日を横目に、二人に逢いたい気持ちを抑えて彼等の「平和」について考察したもの。

週刊現代/4月8日号
講談社
1971/04/08 / 週刊誌 / 1+
横尾忠則のオノ・ヨーコ擁護談ほか「世界を股にかけた美人の愛情遍歴/横尾忠則→小野洋子」がある。ヨーコの前衛芸術活動やジョンとの関係「レノンに至る華麗なる遍歴」などについて。

アンアン/4月20日号
平凡出版
1971/04/20 / 一般雑誌 / 2
ジョン&ヨーコの写真と最新アルバム「ジョンの魂」から【ゴッド】【ラヴ】【マザー】3曲の訳詞を掲載したモノクログラフ「ジョンとヨーコの世界」が2ページ。

新版ROCK NOW/ロック読本
東芝音楽工業
1971/05/01 / 非売品 / 6
東芝音楽工業の非売品小冊子で、当時のロックの貴重情報が満載された良資料。ビートルズ関連は「ロックの詩/愛/今野雄二」、ディスコグラフィー「現代ロックのみなもと、ブリティッシュ・ビート」ほか、写真など。

週刊少年マガジン/5月2日号
講談社
1971/05/02 / 週刊誌 / 2
巻頭カラー特集「スター一億万長者」の中に、映画【イマジン】にも登場するジョン&ヨーコの白い邸宅の写真と記事。

週刊平凡/6月3日号
平凡出版
1971/06/03 / 週刊誌 / 2
モノクログラフ「どちらがスキャンダルの女王?/カンヌ映画祭に出席した扇ひろ子がレノン・洋子とばったり」が2ページ。カンヌ映画祭の日本デー会場で対面したジョン夫妻と扇ひろ子のスリーショット。

平凡パンチ/6月7日特大号
平凡出版
1971/06/07 / 週刊誌 / 2
ジョンとヨーコの小記事「カンヌをケムに巻くレノン夫婦」ほか、ミック・ジャガーの結婚記念パーティーのグラフにポール、リンゴの写真など。ほかに掲載の「ジョージ」と記載の写真は別人物の気がする。

話の特集/7月号
話の特集
1971/07/01 / 一般雑誌 / 6
1971年6月13日、渋谷公会堂で発刊された「話の特集・臨時増刊ビートルズレポート/竹中労」「ビートルズ東京100時間のロマン/浅井慎平」に関する五木寛之の書評と来日当時の写真・イラストを収録した「紙魚の眼」がある。

Viva Young/7月号
ニッポン放送
1971/07/05 / 一般雑誌 / 2
1971年6月13日、渋谷公会堂で開催されたビバ・ヤングの6月例会「ビバ・ビートルズ/ビートルズって何だったんだろう?」など。

林光音楽の本
晶文社/林光
1971/07/20 / 単行本 / 16
ビートルズサウンドと音楽性を評した「ビートルズ/ただひとつしかない音楽の国」がある。

Let's/8月号
ダイヤモンド・ビッグ社
1971/08/10 / 週刊誌 / 2
ジョンとヨーコのカラーグラフ「LENNON夏休みYOKO」のみ。

ロックの時代
晶文社/ジョナサン・アイゼン(編)
1971/08/30 / 単行本 / 44
チャック・ベリーをはじめ、ビートルズ、ストーンズ、ボブ・ディランなどのロックアーティストや、ロック・シーンについて、評論とインタヴュー23編を収録。ビートルズ関連3編はかなり掘り下げた内容。

週刊文春/9月6日号
文藝春秋
1971/09/06 / 週刊誌 / 4
英デイリー・ミラー紙のヨーコの投書の全容とその反響を取り上げた「小野ヨーコ、天皇擁護論に内外からの反響/夫レノンも加勢に出て英紙上でのお茶と同情論争」。

1971-1972

週刊漫画サンデー/9月25日号
実業之日本社
1971/09/25　週刊誌　3
3ページの巻末モノクログラビア「ヨーコがまた映画の演出?」。ヨーコの、多くの人間の「尻」だけを収録した前衛フィルム《ナンバー・4》の撮影風景など。

スクリーン/10月号
近代映画社
1971/10/01　一般雑誌　数
ビートルズの主演映画関連記事とポールの近況レポートなど。

婦人公論/10月号
中央公論社
1971/10/01　一般雑誌　6
1971年7月に行なわれた"ランパーツ誌"のジョン・レノン貴重インタビュー「J・レノン、洋子夫妻の生活と意見」が6ページ。オノ・ヨーコの影響や体制批判、女性解放や革命などラジカルな内容。

アンアン/10月20日号
平凡出版
1971/10/20　一般雑誌　2
「特集!The New Beatles!!ボブ・ディラン、ジョージ・ハリスン、ジョン&ヨーコがニューヨークで会った…さては?」が2ページ。ジョンの新作「イマジン」リリースとジョージと面談の話題など。

サブ/季刊3号
サブ編集室
1971/10/20　一般雑誌　4
「ジョージ・ハリスンからの手紙」や「ロック世代の詩とファッション/ジョン・レノンやドノバンらの詩集を中心に/諏訪優」ほか。

平凡パンチ/11月1日号
平凡出版
1971/11/01　週刊誌　1/2
「パンチ・ガイド」のコーナーに大阪SABホール開催のフィルム上映会「ビートルズ・チケット・トゥ・ライド」の案内記事が少し。開催は10月30日～31日の2日間、前売り800円で当日券は1,000円。

女性自身増刊/11月3日号
光文社
1971/11/03　週刊誌　1/5
ヨーコについての小コラム「ヨーロッパをアッといわせた日本人」が少し。簡単なヨーコの紹介と天皇訪欧時のヨーコの投書の話題など。

週刊プレイボーイ/11月16日号
集英社
1971/11/16　週刊誌　2
ビートルズ裁判後の話題「J・レノンとP・マッカートニーがまたまた派手な大げんか」が2ページ。「ビートルズを勝手にぶちこわしたのはお前だ!」「強烈なジョンのカウンターパンチ」「ニューヨークのレノン・ヨーコ夫妻」など。

平凡/12月号
平凡出版
1971/12/01　一般雑誌　1/2
音楽情報コーナーにそれぞれポールとジョージのニュース記事「出ておいでよお嬢さん」「バングラデシュ」。

1972

ミュージック・ライフ/1月号
新興楽譜出版社
1972/01/01　音楽雑誌　1
26ページの新春特別インタビュー「72年もくりひろげるポールとジョンの華やかな闘い」「ウイングス結成とポール&リンダの私生活」「アスコットでのイマジン・セッションに参加して」ほか、ビートルズのグラフページなど。

映画評論/1月号
映画出版社
1972/01/01　一般雑誌　3
ジョンとヨーコふたりの顔をハイスピードで二重撮影したアンダーグランド映画の評論「地下映画〈HAIRO〉オノ・ヨーコの「ふたりの汚れなきもの」/辻勝之」が3ページある。ジョンとヨーコの写真も掲載。

ロック・アーティスト辞典
新興楽譜出版社/吉田弘和(編)
1972/01/20　単行本　6
ビートルズ、プレスリー、ストーンズなど、ロック史に残る200以上のグループ、アーティストをアルファベット順に収録したロック名鑑。ビートルズは6ページ。

Let's(レッツ)/2月号
ダイヤモンド・ビッグ社
1972/02/10　一般雑誌　9
企画特集「ビートルズの4つのWhy/片岡義男」がある。「Why1/ビートルズはなぜ退屈なのか?」「Why2/ビートルズはなぜBEATLESだったのか?」ほか、一部ディスコグラフィーなど。

週刊朝日/2月25日号
朝日新聞社
1972/02/25　週刊誌
ジョン&ヨーコから連名で寄せられた投書を掲載。「横井庄一さんについて/黄色人種としての自覚を持て」など。

平凡パンチ/2月28日号
平凡出版
1972/02/28　週刊誌　6
飯村隆彦の単独インタビュー「現代最高のカップルが告白する二人の濃密な関係/ジョン・レノン、ヨーコ大いに語る」がある。

ミュージック・ライフ/3月号
新興楽譜出版社
1972/03/01　音楽雑誌　1末満
人気投票コーナーにアルバム紹介のみ。

明星/3月号
集英社
1972/03/01　一般雑誌
「POPS情報」にモノクログラフ「ポールもジョンも新グループを作ったのだ」が1ページ。それぞれウイングスとプラスティック・オノ・バンド結成のグラフ記事。

ミュージック・ライフ臨時増刊/ロックそのヒーローたち
新興楽譜出版社
1972/03/15　ムック/企画誌　2
「1966年から1972年までのニューロックの流れ(サブタイトル)と題したロックアーティスト全集。ビートルズに関してはソロ活動に入った4人の写真掲載がある程度。

ミュージック・ライフ/4月号
新興楽譜出版社
1972/04/01　音楽雑誌　3
リンゴのグラフページほか、ジョージ関連記事。

週刊明星/4月9日号
集英社
1972/04/09　週刊誌
ジョン&ヨーコのロンドンの自宅を紹介した巻頭カラーグラフ「バラの庭園と白い豪邸!/ジョン・レノン、小野洋子夫妻」が2ページ。この邸宅は映画《イマジン》などにも登場する。

NONNO(ノンノ)4月20日号
集英社
1972/04/20　一般雑誌　1
巻末カラー1ページがジョンの【ラヴ】の楽譜。

ロック名曲辞典
新興楽譜出版社/吉田弘和(編)
1972/04/20　単行本　数
先行発行のロック・アーティスト辞典に続き、代表的なロックナンバー1,000曲を収め、解説を加えたロック名曲辞典。約500ページにおよぶ書籍で、ビートルズはレノン=マッカートニーの作品を数多く収録。

MEN'S CLUB(メンズクラブ)/5月号
婦人画報社
1972/05/01　一般雑誌　2
モノクログラフ「JEORGE HARRISONインド哲学が彼を変えた/杉田庵」がある。ジョージのスペルが「GEORGE」でなく「JEORGE」とミスプリントされているのが面白い。バングラディシュコンサートやインド傾向ほか、ジョージの近況など。

ミュージック・ライフ/6月号
新興楽譜出版社
1972/06/01　音楽雑誌　6
「リンゴ、T・レックスを撮影」「ジョン・レノン服装の変遷」などグラフページほか。

'72東芝レコード・ベスト・セラー・アルバム
東芝音楽工業
1972/06/01　非売品小冊子　2
1972年の東芝ヤング・サマー・セール販促用の非売品冊子。ビートルズについてはLPレコード、カセットテープ製品の紹介など。

サブ季刊4号
サブ編集室
1972/06/20　一般雑誌　46
「ラビ・シャンカールのメッセージ」はじめジョンとヨーコに関する近況レポート「imagine/飯村隆彦」「芸術家と社会との関係・ジョンとヨーコからの手紙」「ジョン・レノン、小野洋子/ニューミュージックマガジン社」など。

週刊明星/7月2日号
集英社
1972/07/02　週刊誌　1
「海外フレッシュ・スター・アルバム」にジョンのモノクロ写真が1ページ。

週刊ポスト/7月7日号
小学館
1972/07/07　週刊誌　3
ジョンの元お抱え運転手のセンセーショナルな証言を掲載した「ヨーコの過度の性欲がビートルズをつぶした」がある。ただ、証言とはいえ、全部事実とは言いがたい内容。

週刊明星/8月13日号
集英社
1972/08/13　週刊誌　2
モノクログラフ「我らバガボンド/2階建てバスでヨーロッパ演奏旅行ポール・マッカートニー家とウイングス」が2ページ。バスを使ってのヨーロッパツアー写真が4点。

週刊プレイボーイ/8月15日号
集英社
1972/08/15　週刊誌　2
ポール一家のモノクログラフ「ポールとリンダと子供たち/THE WINGSフランスで初公演」が2ページ。ヨーロッパ第1回公演はフランス、ツーロンの野外コンサートで聴衆は2,500人だった。

the beatles collection 4　343

1972-1973

高1コース/9月号
学習研究社
1972/09/01 | 一般雑誌 | 10
企画特集「ヒューマン・ストーリー・ビートルズのロックの革命家/文:橘川卓也・イラスト:星野修目」がある。「プレスリーが音楽をあたえた」「キャンディーの粒はゴメンだ!」「熱狂のサウンドの世界」など。

ロングラン/10月号創刊号
鳳苑書房/清風房出版社
1972/10/01 | 一般雑誌 | 1/2
封切ガイドのコーナーに半ページほどジョージのライヴ映画「バングラデシュのコンサート」の参加メンバーと映画紹介。

ロードショー/10月号
集英社
1972/10/01 | 一般雑誌 | 2
グラフ「バングラデシュのコンサート」が2ページ。ライヴフィルムからのステージ写真でジョージ、リンゴ、ボブ・ディラン、クラプトンなど。

'73 ROCK NOW
東芝音楽工業
1972/10/10 | 非売品小冊子 | 5
東芝音楽工業発行の非売品小冊子で、例年のものよりコンパクトな新書判。ビートルズ関連は「プレスリーからビートルズまで/木崎義二」「ビートルズからニュー・ロックの夜明けまで/大森庸雄」。

週刊プレイボーイ/10月24日号
集英社
1972/10/24 | 週刊誌 | 13
連載企画「絵で知るビートルズ大事典/1964年2月7日 初の爆発アメリカ公演」第3回が10ページ。ほか合わせて13ページ。

高一時代/11月号
旺文社
1972/11/01 | 一般雑誌 | 8
中綴じカラー8ページのグラフ読物特集「カラー・ノンフィクション・ビートルズ/東郷かおる子」がある。「成功なんて女のようなもの…」「劣等性の集団だった」「もう、ほっておいてくれ」など。

サブ/季刊5号
サブ編集室
1972/12/01 | 一般雑誌 | 1未満
「君のローリング・ストーンズ風のヘアーをビートルズ風に!/河村要助」の中にビートルズに関する記述がある程度。

週刊プレイボーイ/11月21日号
集英社
1972/11/21 | 週刊誌 | 9
連載企画「絵で知るビートルズ大事典」第7回がある。「ジョンとヨーコ」「ビートルズ旋風巻き起こる」「楽譜3曲」などイラストを交えて掲載。

週刊プレイボーイ/11月28日号
集英社
1972/11/28 | 週刊誌 | 10
連載企画「絵で知るビートルズ大事典」第8回がある。1968年11月28日に発売されたジョンとヨーコのアルバム「トゥー・ヴァージンズ」ほか、「ビートルズが日本の歌謡界に与えた影響」「楽譜」など、イラストを交えて掲載。

週刊プレイボーイ/12月5日号
集英社
1972/12/05 | 週刊誌 | 11
連載シリーズ「絵で知るビートルズ大事典」の第9回があり、「アビイ・ロード」発売から1969年末までの出来事をイラストと年譜で紹介。ほか、楽譜やビートルズ語録も添付。

NONNO(ノンノ)12月5日号
集英社
1972/12/05 | 一般雑誌 | 1/10
芸能アクセサリーコーナーに極小写真&記事「ポール・マッカートニーが007映画の音楽を担当」がある。

週刊プレイボーイ/12月12日号
集英社
1972/12/12 | 週刊誌 | 10
連載シリーズ「絵で知るビートルズ大事典」の第10回(最終回)。1970年解散、ビートルズ分裂の真相ほか。

放送朝日/12月号
朝日放送
1972/12/31 | 一般雑誌 | 2
ビートルズのデビュー10周年にあたり、13回にわたって放映中のドキュメンタリー映像「ザ・ビートルズ・ストーリー」に関する記事「ザ・ビートルズ・ストーリー/白井秀史」が2ページ。

1973

ロードショー/1月号
集英社
1973/01/01 | 一般雑誌 | 11
ビートルズ主演映画のグラフや連載企画「ビートルズは帰ってこない?」、楽譜集など。

ロードショー/2月号
集英社
1973/02/01 | 一般雑誌 | 7
ポール&ウイングスの新着カラーフォトや連載企画「ビートルズは帰ってこない」や「バングラデシュ」解説など。

ミュージック・ライフ/3月号
新興楽譜出版社
1972/03/01 | 音楽雑誌 | 8
連載企画「ジョン&ヨーコ、インタヴュー④/ヨーコなしには何も出来ない!」4ページほか、「ポール、大いに反抗する/Hi Hi Hiがワイセツで放送禁止」が2ページ、リンゴのグラフなど。

セブンティーン別冊/3月号
集英社
1973/03/01 | 一般雑誌 | 1
巻頭にビートルズの折込みカラーピンナップが1点あるのみ。

ミュージックエコー
学習研究社
1973/03/01 | 音楽雑誌 | 5
グラフ集「レノンとヨーコ/片岡義男」が5ページ。バークシャー時代のプライベート写真を多く掲載。

ロードショー/3月号
集英社
1973/03/01 | 一般雑誌 | 5
ビートルズ写真ページと連載企画「ビートルズは帰ってこない」の第3回を掲載。

週刊プレイボーイ/3月13日号
集英社
1973/03/13 | 週刊誌 | 5
ロンドンで開催の舞台「THAT'LL BE THE DAY」で芝居に打ち込むリンゴのモノクログラフ「あのリンゴ・スターが50年代ロック世代の悲しみを舞台で熱演!!」が5ページ。

ミュージック・ライフ/4月号
新興楽譜出版社
1973/04/01 | 音楽雑誌 | 5
連載企画「ジョン&ヨーコ、インタヴュー⑤/エレファンツ・メモリー採用決定!」ほか、ジョン&ヨーコのカラーグラフなど。

シネロマン/4月号
近代映画社
1973/04/01 | 一般雑誌 | 1未満
「ロックのすべて/その歴史と名盤50選/石坂敬一」のなかでビートルズのアルバム紹介があるのみ。

ロードショー/4月号
集英社
1973/04/01 | 一般雑誌 |
ビートルズ連載企画「ビートルズは帰ってこない!?」の第4回(最終回)を掲載。解散後の4人それぞれの活動とその方向性など。

わが魂の詩・ラーガ
アップルフィルム
1973/04/01 | その他 | ※
アップルフィルムが製作した長篇ドキュメンタリー映画のチラシ。ラヴィ・シャンカールにスポットをあてたもので、シタールのレッスンを受けるジョージの映像もある。

NONNO(ノンノ)4月20日号
集英社
1973/04/20 | 一般雑誌 | 1/10
ミュージックコーナーにポールの写真と極小記事「張り切るポール・マッカートニー」。ウイングスのイギリス公演決定など。

ミュージック・ライフ/5月号
新興楽譜出版社
1973/05/01 | 音楽雑誌 | 7
連載企画「ジョン&ヨーコ、インタヴュー⑥/ヨーコのかつてのニューヨーク時代」ほか、ジョン&ヨーコのモノクログラフなど。

NONNO(ノンノ)5月5日号
集英社
1973/05/05 | 一般雑誌 | 1/10
ジョン&ヨーコの写真と極小記事「ジョン・レノン、アメリカから追放」がある。ジョンへの国外退去命令の表向きの理由は大麻不法所持だったが、ニクソン大統領批判やベトナム戦争反対が真の理由といわれている。

NONNO(ノンノ)5月20日号
集英社
1973/05/20 | 一般雑誌 | 1/3
ミュージックのコーナーに写真と再結成関連記事「よみがえるかビートルズ」がある。マネージャー、アラン・クレイン解雇、メンバー同士の交流など近況報告。

1973-1974

流刑人宣言／ロックを旅する遊子たち
あすか舎／宮原安春
1973/05/25　単行本　25
ロック文集。バングラデシュ難民救済コンサートを取り上げた「ジョージに何が起こったか？」やジョンとヨーコの近況総論「聖なるジョン＆ヨーコ」など。

微笑／5月26日号
小学館
1973/05/26　週刊誌　1+
隔週刊。巻末のワイド特集「小野洋子がウーマン・リブの闘争史を作った！／中ピ連の依頼で初めて作詞・作曲した"女性上位ばんざい"大反響」がある。ジョンとの写真ほか、「ヨーコ、よくやったぞジョン・レノン」など1ページ半。

レコード芸術／6月号
音楽之友社
1973/06/01　音楽雑誌　5
ジョン＆ヨーコの写真含めた5ページの記事「遙かなる日本女性の絶叫！／話題の女性上位万才に見るヨーコ・オノの先駆的コンセプト／石坂敬一」がある。

面白半分／6月号
面白半分
1973/06/05　一般雑誌　6
鳥人帖シリーズ最終回「カラスのリンゴ・スター／矢口純」のエッセイが6ページあるが、メインはカラスの話で、「リンゴ・スター」は単にこのカラスに付けられた名前のこと。

平凡パンチ／7月9日号
平凡出版
1973/07/09　週刊誌　3
パロディモノクログラフ「パロディ・パンチ・オーディオの巻／ジョン・レノンは何を見ている？」がある。ジョンとヨーコやポールの写真程度。

007／死ぬのは奴らだ
東宝事業部
1973/07/15　映画パンフレット　1未満
ポールが音楽を担当して話題となった映画〈007 死ぬのは奴らだ〉の映画パンフレット。同名の主題歌はポールのコンサートでもよく演奏されるナンバー。

ロック・アーティストインタビュー集
新興楽譜出版社
1973/07/15　単行本　50
ミュージック・ライフ編、ビッグ・アーティストのインタビュー集。ビートルズ関連では「John Lennon&Yoko Ono」「Paul McCartney」で当時の貴重なロングインタビューを掲載。そのほか、ジミ・ヘンドリックスなどアーティスト22組収録。

芸術倶楽部／8月号
フィルムアート社
1973/08/01　一般雑誌　7
特集「逆宇宙」の中に『アリス寸描／ビートルズ・アリス ナジャ／東野芳明』(グラス・オニオン)【サージェント・ペパーズ～】【アイ・アム・ザ・ウォルラス】などについて7ページの読物。

面白半分／8月号
面白半分
1973/08/05　一般雑誌　10
10ページにわたる本誌対談「サブとビートルズ／小島素治×五木寛之」を掲載。

月刊ティファニー／9月号
虫プロ商事
1973/09/01　一般雑誌
巻頭カラーグラフ「よみがえるビッグ2」にビートルズとサイモン＆ガーファンクルが各1ページずつ。ビートルズはコラージュのようなデザイン。

婦人公論／9月号
中央公論社
1973/09/01　一般雑誌　9
現代日本の社会と風俗を徹底的に風刺批判した「社会パロディ日本男児沈没／オノ・ヨーコ」がある。ジョンとのツーショット写真も添えて「酔って帰ってきてもニッコリ」「避妊と妊娠の問題」「リブかぶれはやめよう」など9ページの内容。

NONNO(ノンノ)／9月5日号
集英社
1973/09/05　一般雑誌　1/5
「ミュージック」のコーナーに極小記事「26日、東京・目黒公会堂でビートルズ復活祭が」と「ジョンとヨーコ再び活動開始」ふたつ。フィルム上映の復活祭と、ジョンが髪の毛を丸坊主にして音楽活動を再開した話題など。

NONNO(ノンノ)／9月20日号
集英社
1973/09/20　一般雑誌　1/12
「ミュージック」のコーナーに極小記事「ビートルズその人気はさらに」。ベストアルバム発売の話題などわずか。

朝日ジャーナル／9月21日号
朝日新聞社
1973/09/21　週刊誌　3
ビートルズのモノクログラフ「都市の記号学その九／ビートルズ」が3ページ。サイン入りのポートレートほか、アップル提供写真など。

話の特集／10月号
話の特集
1973/10/01　一般雑誌　2
「政治発言'73」に「ウーメンズ・リブと小野洋子子／道下匡子」が2ページ。ウーマンリブ活動とヨーコの近況など。

ロードショー／11月号
集英社
1973/11/01　一般雑誌　2
石坂敬一のジョン＆ヨーコ会見レポート「レノン＆ヨーコ夫妻／日本に行きたいけれどPCBのお魚はいやだよ」がある。

NONNO(ノンノ)／11月5日号
集英社
1973/11/05　一般雑誌　1/3
「ミュージック」のコーナーにビートルズの写真を添えたポールとジョージの近況記事「ジョージとポール、デビュー11年め、この秋、ふたたび…」。

ヤングセンス／1973AUTUMN
集英社
1973/11/10　音楽雑誌　2
ジョージのヒットナンバー【ギヴ・ミー・ラヴ】の楽譜掲載がある程度。別冊付録「世界アーティスト辞典」付。

平凡パンチ／11月26月号
平凡出版
1973/11/26　週刊誌　1
別行動が目立つジョン＆ヨーコの話題「レノン・ヨーコ夫妻遂に離婚か？／例のない別行動…40女の魅力で新しい恋人が」のみ。

女性セブン／11月28日号
小学館
1973/11/28　週刊誌　1/2
巻末特集記事「外人スター・ニッポン滞在評判記」にポールやリンゴの小顔写真とビートルズ来日当時の記事が半ページ程度。

ビバ／12月特大号
徳間書店
1973/12/01　一般雑誌　4
特集「ビートルズの愛した女性たち・その1／落流鳥」がある。「イントロダクション」「恋人になりたい」「賢妻パーティ」ポールの甘い夢」とアルバムディスコグラフィーなど。

MEN'S CLUB／12月号
婦人画報社
1973/12/01　一般雑誌　10
ビートルズと読物合わせて10ページのビートルズ特集「なぜまだビートルズなのか」がある。モノクログラフほか、「ビートルズの誕生まで／辻和博」「ジョン・レノン会見記／石坂敬一」「ビートルズの海賊盤」。

ロードショー／12月号
集英社
1973/12/01　一般雑誌　1
ビートルズ・ハンブルク時代の幻のテープ、レコード化の話題やポールとウイングスの最新ニュースなど。

主婦と生活／12月号
主婦と生活社
1973/12/01　一般雑誌　5
ヨーコの特別手記「いつの日か、別れた娘と再会したい／ほんとうの愛に生きる自由人オノ・ヨーコとジョン・レノンの生活」がある。「故国日本への懐かしさと恨めしさ…」「名家出身の衣を脱ぎ捨てた自由人」ほか。

ロードショー／11月号
集英社
1973/11/01　一般雑誌　2
石坂敬一のジョン＆ヨーコ会見レポート「レノン＆ヨーコ夫妻／日本に行きたいけれどPCBのお魚はいやだよ」がある。

反逆から様式へ／イギリス・ポップ芸術論
音楽之友社／ジョージ・メリー
1973/12/10　単行本　55
イギリスのポップ文化を解析した研究書。「ビートルズと共に」「サージェント・ペパー」など、ビートルズの記述はかなり多い。

Music Joy Disk Joy 楽しいお話と音楽の本
東芝EMI
非売品／その他　1
東芝EMI発行の全64ページ情報冊子(非売品)。「今年の東芝レコード新人紹介」に安西マリアなどが紹介されているので1973年の発行。ビートルズについてはソロ含めたアルバム紹介と4人のプロフィールなど1ページ。

1974

ヤングレディ／1月21日号
講談社
1974/01/21　週刊誌　1
年明けのスクープワイドのひとつに「スケジュール初公開！ジョン・レノン五月来日がついに決定！」がある。「舞台は野外で無料など」、ジョンとヨーコの来日コンサートが決定したという記事。野外会場は軽井沢か北海道が候補。

花椿／1月号
資生堂出版部
1974/01/20　一般雑誌　1/2
アルバム『ヌートピア宣言』(ジョン)『空間の感触』(ヨーコ)『バンド・オン・ザ・ラン』(ポール＆ウイングス)のリリース小記事「ビートルズのニューアルバム」ほか、『ヘイ・ジュード』のレーベル写真程度。

週刊明星／2月17日号
集英社
1974/02/17　週刊誌　2/3
ビートルズ復活の噂とヨーコの来日ソロ・コンサート関連記事「オノ・ヨーコが日本初公演？／再編成の噂もあるビートルズ」がある。

the beatles collection 4 | 345

1974

アイ/3月号
主婦の友社
1974/03/01　一般雑誌　6
6ページの特集「ことし、巨大な怪物がよみがえろうとしている！／ザ・ビートルズの復活(かまち潤)」がある。ビートルズの軌跡やアルバム紹介ほか、「彼らの功績は、音楽だけにとどまらない」など4人の近況。

装苑/3月号
文化出版局
1974/03/01　一般雑誌　2
「YES！NO！」対談シリーズ第3回があり、内田裕也と安井かずみが賛否の立場でヨーコについて語ったもの。ジョン＆ヨーコの写真も掲載。

FM fan/3月25日-4月7日号
共同通信社
1974/03/25　音楽雑誌　1
ジョンとヨーコの1ページのモノクログラフ「ビートルズフォーエバー」があるのみ。

映画情報/5月号
国際情報社
1974/05/01　一般雑誌　1+
ビートルズ4人の近況を含めたモノクログラフ「噂を追って 再編成なるかザ・ビートルズ/石坂敬一」が1ページとポールの小写真。

平凡パンチ/5月20日号
平凡出版
1974/05/20　週刊誌　1/4
「プレーバトロール」のコーナーに、近く来日するヨーコの写真と記事「ヨーコのスキャンダルいっぱいの来日」が少し。

NONNO(ノンノ)5月20日号
集英社
1974/05/20　一般雑誌　3/5
「ミュージック」コーナーに、音楽活動の盛んなポールはじめ他メンバーの近況と噂「ビートルズ、いまなお健在、再編成のうわさ、そして…」がある。

週刊プレイボーイ/6月11日号
週刊誌
1974/06/11　週刊誌　1/4
巻頭の「海外ニュース・バック」に極小カラーグラフ「ヨーコに負けずおさかんなJ.レノンなのデス」があるのみ。見過ごしそうなジョンとメイ・パンの小写真。

平凡パンチ/6月17日号
平凡出版
1974/06/17　週刊誌　2
ジョンに新たな恋人か？「ジョン・レノンに火花を散らす2人の東洋女/ヨーコvsメイ」モノクログラフ2ページあり。

FM fan/7月1日-7月14日号
共同通信社
1974/07/01　音楽雑誌　1+
1ページのモノクログラフ「オノ・ヨーコ/郡山ワンステップ・フェスのため帰国」と海外情報の小コラム「ビートルズ2題」など。

ビバ(VIVA)/7月特別号
徳間書店
1974/07/01　一般雑誌　3
3ページのインタビュー「帰ってくる小野洋子/世界でもっともスキャンダラスな女性の素顔」がある。来日予定のヨーコのインタビューで「日本はきれいな国だったはずよ」「私はそんな化物じゃないわ」ほか。

るるぶ'74夏号
日本交通公社
1974/07/01　一般雑誌　1/2
「レジャー情報・コンサート」コーナーの一部に、「郡山ワンステップ・フェスティバル」のコンサート情報と案内小記事。

週刊FM/7月1日-7月7日号
音楽之友社
1974/07/01　音楽雑誌　1
ヨーコも出演したロック＆フォークの祭典、郡山ワンステップ・フェスティバルの速報／八月に郡山でビッグ・イヴェント／ヨーコも参加して"ワン・ステップ・フェスティヴァル"」がある。

FM fan/7月15日-7月28日号
共同通信社
1974/07/15　音楽雑誌　1/5
「8月の音楽界話題に「郡山ワン・ステップ・フェス開く、軽井沢アート・フェスも」と題し、コンサート情報とヨーコ関連記事。

アンアン/7月20日号
平凡出版
1974/07/20　一般雑誌　1/2
「ウーマンリブなんて言わないで！/来日する女性ボーカリスト4人」にヨーコの写真と小記事のみ。ヨーコは半ページほどで、ロバータ・フラックなど、来日する4人のボーカリストの話題。

週刊現代/7月25日号
講談社
1974/07/25　週刊誌　2/3
ワンステップ・フェスティバルのため来日するヨーコとプラスティック・オノ・バンドの記事「オノ・ヨーコ里帰りで何かが起こる」がある。

guts(ガッツ)/8月号
集英社
1974/08/01　音楽雑誌　2
グラフ「帰ってくるオノ・ヨーコ/ロックンロールの闘士として日本で初コンサート」1ページほか、ポールの楽譜「ジェット」、ビートルズの【フール・オン・ザ・ヒル】など。

音楽専科/8月号
音楽専科社
1974/08/01　音楽雑誌　7
「小野洋子がヨーコ・オノになり何がどう変わったのか／田川律」「ヨーコ・オノ・ディスコグラフィー／石坂敬一」など、ヨーコにスポットをあてた特集「BEATLES IMPACT/SPECIAL」。

mc Sister(エムシーシスター)/8月号
婦人画報社
1974/08/01　一般雑誌　4
リンゴ出演映画〈マイウェイ・マイラブ〉のグラフが4ページ。リンゴの写真ほか、映画グラフと解説など。

POCKETパンチOh！/8月号臨時増刊
平凡出版
1974/08/05　一般雑誌　5
「ビートルズ復活騒ぎの真相はこうだ！/ヨーコ・オノの来日とビートルズ神話の楽屋裏」がある。

GORO/8月8日号
小学館
1974/08/08　一般雑誌　4
中綴じ、三色刷りの企画ページ「切り取り携帯版／ワン・ステップ・フェスティバル完全ガイド」がある。内容は7/31～8/11(12日間)福島県郡山市で開催されるロックフェスティバルの詳細ガイド。

週刊FM/8月12日-8月25日号
音楽之友社
1974/08/12　音楽雑誌　2
元アップル報道部アシスタント、リチャード・ディレロのドキュメンタリー隔週連載企画「ビートルズ神話を剥ぐ④／リチャード・ディレロ(著)庄司英樹(訳)」がある。

週刊ポスト/8月16日号
小学館
1974/08/16　週刊誌　1
3年ぶりの来日を果たしたヨーコに取材申し込みが殺到し、その値段が言い値で10万ドル、など、唖然とする記事「殺到した取材依頼五十件に／オノ・ヨーコ女史がつけた私の値段」がある。

サンデー毎日/8月18日号
毎日新聞社
1974/08/18　週刊誌　1
ワンステップ・フェスティバルに招致した地元商店主の興味深い記事「故郷に緑を大きな夢を、オノ・ヨーコを呼んだ郡山の商店主佐藤三郎」がある。

週刊文春/8月19日号
文藝春秋
1974/08/19　週刊誌　3
3ページの巻頭モノクログラフ「ヨーコ・イン・ニューヨーク／初めて公開する小野洋子の私生活」がある。ワンステップ・フェスティバルのため10年ぶりに来日予定のヨーコ、ニューヨークでの近況グラフ。

朝日ジャーナル/8月23日号
朝日新聞社
1974/08/23　週刊誌　2
インタビュー記事「男性社会の生み落とし/小野洋子」が3ページ。ワンステップ・フェスティバルなどに招かれて公演旅行中のヨーコに、米ニクソン大統領辞任に関する堅いインタビュー。

サンデー毎日/8月25日号
毎日新聞社
1974/08/25　週刊誌　2
ワンステップ・フェスティバルのために来訪したヨーコの記者会見記事「魔女を捨てた？オノ・ヨーコの発言録／ニクソンは政治悪の犠牲者よ」がある。

週刊大衆/8月29日号
双葉社
1974/08/29　週刊誌　4
来日したヨーコのコンサート写真を含めた巻末4ページのモノクログラフ「オノ・ヨーコ／昭和ひとけた"女"の貫禄」がある。

週刊朝日/8月30日号
朝日新聞社
1974/08/30　週刊誌　1+
ワンステップ・フェスティバルの余波とコンサートの収支決算レポート「郡山自警団も出た真夏のロック大会総決算／ヨーコに浮かれて赤字で泣いて」がある。

音楽専科/9月号
音楽専科社
1974/09/01　音楽雑誌　4
連載企画「BEATLES IMPACT ⑨」がある。1962年～1966年にビートルズが行った全公演リストをまとめた「ビートルズ・ライヴ・コンサートの全貌」など。

高一時代/9月号
旺文社
1974/09/01　一般雑誌　8
特別企画として8ページの中綴じカラーグラフ特集「愛と平和の世界を探求する詩人／ジョン・レノン」がある。ドキュメント・人間をテーマにジョンとヨーコにスポットを当てたカラーグラフ。

文藝春秋/9月号
文藝春秋
1974/09/01　一般雑誌　25
特集扱いで25ページの独占手記「わが愛・わが闘争／小野洋子」がある。「日本へ行こう」「植物との会話」「最初の結婚」「ウェイトレスのアルバイト」「退屈な家庭生活」「ジョンとの別居の真相」など、貴重な内容で興味深い。

毎日グラフ/9月1日号
毎日新聞社
1974/09/01　週刊誌　8
8ページのグラフ特集「郡山をまきこんだオノ・ヨーコ／ワン・ステップ・フェスティバル」。ヨーコはじめフェスティバルに参加したキャロルやかまやつひろしなどのモノクログラフ写真も。

mc Sister(エムシーシスター)/9月号
婦人画報社
1974/09/01　一般雑誌　2
モノクログラフ「夏、そこでナニが起こったか？/郡山ワンステップ・フェスティバル」町に緑を"とアピールする日本版ウッドストック」が2ページ。ヨーコは小記事のみだが、参加メンバー沢田研二、内田裕也らの写真がある。

1974-1975

平凡パンチ/9月2日
平凡出版
1974/09/02 週刊誌 4
巻末4ページのカラーグラフ「4万人の若者が占拠した街郡山/ワン・ステップ・フェスティバル」がある。フェスティバルの全容グラフ。一部ヨーコやキャロル、内田裕也のステージ写真など。

週刊サンケイ/9月5日号
産経新聞出版局
1974/09/05 週刊誌 5
巻頭5ページのモノクログラフ「四万人が見たヨーコ・オノの熱演/郡山ワンステップ・フェスティバル」がある。フェスティバル最終日のようすを写真と記事で紹介。

女性自身/9月5日号
光文社
1974/09/05 週刊誌 3
ワンステップ・フェスティバルのステージで熱唱するヨーコのモノクログラフ「オノ・ヨーコの世界」が3ページ。

週刊現代/9月12日号
講談社
1974/09/12 週刊誌 2
巻頭カラーグラビア「オノ・ヨーコはほんとは美人」があり、来日スナップ3点掲載。

ニューミュージック・マガジン/10月号
ニューミュージック・マガジン社
1974/10/01 音楽雑誌 5
ワンステップ・フェスティバルに参加した内田裕也自身による5ページのレポート「俺の見たワンステップ・フェスティバル白書/内田裕也」がある。

ウーマン/10月号
講談社
1974/10/01 一般雑誌 6
広島のコンサート後、8月18日に大阪ロイヤルホテルで行われたヨーコの独占インタビュー「名門財閥出身学習院卒オノ・ヨーコ41歳の変身」を6ページ特集掲載。

ステレオ/10月号
音楽之友社
1974/10/01 音楽雑誌 5
来日したヨーコのコンサート・レポートを添えて彼女の実像に迫った「YOKO ONO帰ってきたヨーコさんの虚像と実像/湯川れい子」がある。コンサートおよび来日関連写真7点と、湯川れい子によるレポート。

ランラジオ/10月号NO.43
自由国民社
1974/10/01 音楽雑誌 3
来日中のヨーコが日本放送の「オールナイト・ニッポン」にゲスト出演した際の会見録「オノ・ヨーコが深夜放送に残していったもの!/亀淵昭信」がある。

レコード芸術/10月号
音楽之友社
1974/10/01 音楽雑誌 1
来日コンサート(中野サンプラザ・ホール)のカラーグラビアとコメント「オノ・ヨーコ」があるのみ。

音楽専科/10月号
音楽専科社
1974/10/01 音楽雑誌 6
連載企画「BEATLES IMPACT SPECIAL」でワンステップ・フェスティバルに参加したヨーコの取材レポート「オノ・ヨーコ滞日密着ルポ/石坂敬一」など。

高一時代/10月号
旺文社
1974/10/01 一般雑誌
ワンステップ・フェスティバルのグラフ「ヨーコとロックとゴーゴーと…ONE STEP FESTIVAL」がある。会場のようすを伝える写真がメイン。

高二時代/10月号
旺文社
1974/10/01 一般雑誌 4
ワンステップ・フェスティバルのグラフレポート「熱狂!YOKO IN JAPAN/郡山ワンステップ・フェスティバル」が4ページ。

FM fan/10月21日-11月3日号
共同通信社
1974/10/21 音楽雑誌 1/6
「海外情報」コーナーに「ビートルズ祭盛況」。解散から5年が過ぎても人気の衰えないビートルズの話題を写真を添えて紹介。

週刊FM/10月28日-11月3日号
音楽之友社
1974/10/28 音楽雑誌 2
隔週連載シリーズ「ビートルズ神話を剥ぐ/庄司英樹」の最終回が2ページ。サブタイトルは「ハロー・グッドバイ」で、ビートルズ再公演を日本で開催しようと企てる裏話。音楽雑誌だがシリーズの最終回なので参考収録した。

家庭全科/11月号
国際情報社
1974/11/01 一般雑誌 3
ヨーコについての記事「オノ・ヨーコという女/アバンギャルド、リブ、ロック。神話の中の女/ヨーコ」がある。ワンステップ・フェスティバルほか、ヨーコの近況と生い立ち、活動などを分かりやすく紹介。

NONNO(ノンノ)11月5日号
集英社
1974/11/01 一般雑誌 1-
「ミュージック」コーナー、1ページ弱にビートルズ4人それぞれの近況ニュース「ジョン、ポール、ジョージ、リンゴ・ビートルズは、そして今」がある。4人の小写真と近況など。

激動の50年/目で見る昭和史
静岡新聞社
1974/12/10 ムック/企画誌 1/2
昭和41年の出来事にビートルズ来日公演時のステージ写真が1点。

ビッグ・コミック・オリジナル/12月20日号
小学館
1974/12/20 一般雑誌 1-
ミュージシャン・ホットコラム「男の淋しさを歌う天才/ジョン・レノン」が約1ページ。ソロで活躍するジョンの近況記事「ナイーブな個性」「ひとり黙々と歌う」など。

1975

MEN'S CLUB(メンズクラブ)/2月号
婦人画報社
1975/02/01 一般雑誌 3
3ページのカラーグラフ「ジョージ・ハリスン・オン・ツアー/石坂敬一」がある。1974年11月2日のバンクーバー公演を皮切りに、全米27カ所50公演のジョージのコンサートツアーの話題など。

新譜ジャーナル/2月号
自由国民社
1975/02/01 音楽雑誌 1
巻頭にジョンのカラーグラフのみ。

高一時代/2月号
旺文社
1975/02/01 一般雑誌 2-
ミュージック・コーナーに「帝王"ビートルズ"健在!」が約2ページ。4人の最新アルバムを含めたソロ活動情報ほか、「ビートルズ事典/香月利一」の紹介記事など。

平凡パンチ/2月10日号
平凡出版
1975/02/10 週刊誌 2+
モノクログラフ「屋上に出現したリンゴ・スターの巨像」が2ページ。リンゴの最新アルバム「グッドナイト・ウィーン」プロモ用の10メートルの巨像で、総工費が2億円の代物。ほかにアルバム紹介小記事など。

サンジャック/創刊3号
鎌倉書房
1975/03/01 一般雑誌 8
特集ページ「ビートルズ・その後」があり、ビートルズ消滅の日々/石坂敬一」「その後、四人は幻影にひかれて/立川直樹」の読物ほか、内田裕也、亀淵昭吾、大貫憲章、すぎやまこういち、及川正通などの寄稿を掲載。

FM fan/3月10日-3月23日号
共同通信社
1975/03/10 音楽雑誌 5
ラヴィ・シャンカール来日コンサートに伴い「インド音楽とシャンカールの魅力」と題した特集ページがある。ジョージに関する記述も。

週刊プレイボーイ/4月8日号
集英社
1975/04/08 週刊誌 1未満
「ビートルズ登場」/全世界をビート旋風に巻き込む」など、ビートルズ関連記事を掲載。

Miss Peggy Lee/ペギー・リー来日パンフレット
Universal Orient Promotions
1975/04/23 公演パンフレット 2
ペギー・リーの来日コンサートパンフレット。中ほどの見開きページにポールとペギー・リーのツーショット大判写真がある。ポールがプロデュースした新曲「レッツ・ラヴ」が話題に。

週刊ポスト/5月30日号
小学館
1975/05/30 週刊誌 1
巻頭カラーページにヨーコのポート・レート「晴れた日の人間/篠山紀信最新写真集にみる現代の顔」があるのみ。

ステレオ/6月号
音楽之友社
1975/06/01 音楽雑誌 35
35ページにおよぶビートルズ大特集「特集11年目のビートルズ」がある。オリジナルアルバム12枚の「12枚のアルバム分析/大森庸雄・水上はるこ・増渕英紀」、コラム、エピソード「びいとるず・こぼればなし」など。

ミュージック・ガイド/6月号
ミュージックスター社
1975/06/01 音楽雑誌 1/2
「特典付きビートルズセール」の記事ほか、ジョージのニューアルバム、ジョンの写真など。

宝島/6月号
JICC出版局
1975/06/01 一般雑誌 10
特集「ぼくたちの世代/SWINGIN' 60'S CATALOG」の中に「ミュージック・ライフ65年8月号」「ザ・ビートルズ/イラスト」「ザ・ビートルズ記者会見」などトータル10ページ程度の関連記事、イラスト、写真がある。

the beatles collection 4 | 347

1975-1976

週刊平凡/6月5日号
平凡出版
1975/06/05　週刊誌　1
巻末「外人タレントの最新情報」にジョン＆ヨーコとポール＆リンダの最新カラーフォト「気になる元ビートルズのメンバー」が約1ページ。

音楽専科/7月号
音楽専科社
1975/07/01　音楽雑誌　8
ビートルズの最新情報や連載小説「ぼくのBEATLES」など。

宝島/8月号
JICC出版局
1975/08/01　一般雑誌　5
「一番古いビートルズの一番新しい本」のグラフ＆記事。シルヴァー・ビートルズ時代の貴重な写真11点とその解説。

微笑/8月9日号
小学館
1975/08/09　週刊誌　1/3
巻頭カラートピックスの一部にジョン＆ヨーコの小カラーグラフ「オノ・ヨーコもやはり女なのネ」があるのみ。

音楽専科/9月号
音楽専科社
1975/09/01　音楽雑誌　8
連載小説「ぼくのBEATLES/片岡義男」や「英ロック史上、隆盛をもたらした男たち——B4とストーンズ飛躍の裏面史/三橋一夫」など。

音楽専科/10月号
音楽専科社
1975/10/01　音楽専科　7
ビートルズに関する情報とジョージのニューアルバム情報。ほかに連載小説「ぼくのBEATLES」など。

女性自身/10月9日号
光文社
1975/10/09　週刊誌　1/2
「秋のポップス情報120」の中にビートルズ各4人の近況グラフ「ビートルズのその後」が半ページほど。

ミュージカル映画/柳生すみまろ
芳賀書店/柳生すみまろ
1975/10/15　単行本　2
ミュージカル映画のスティール写真＆映画資料集。ビートルズ関係では映画≪ビートルズがやって来るヤァ！ヤァ！ヤァ！≫＜イエロー・サブマリン＞＜レット・イット・ビー＞の写真のみ合わせて2ページ程度。

機械じかけの玉手箱/ロック時代への乱反射
音楽之友社/相倉久人
1975/10/30　単行本　数
ビートルズ関連では、リンゴやジョージのポジションを評した「ビートルズひとりひとり」と、アップル制作の映画の話題を取り上げた「映画わが魂の詩・ラーガ」など。

平凡パンチ/11月3日号
平凡出版
1975/11/03　週刊誌　2
巻末モノクログラフ「あのポールがやってくる」がある。写真6点と来日関連記事など。

微笑/11月15日号
小学館
1975/11/15　週刊誌　1
「元ビートルズのポール・マッカートニーが興奮の来日」が約1ページあるが、コンサート7選の紹介記事。ほかにポールの小写真など。

週刊明星/11月23日号
集英社
1975/11/23　週刊誌　1
ポールとリンダのツーショット・モノクログラフ「ポール旋風Uターン！/ファンの願いむなしくポール・マッカートニーの日本公演が突然中止」が1ページ。

平凡パンチ/11月24日号
平凡出版
1975/11/24　週刊誌　4
日本公演中止に関するポールの独占インタビュー「ポール・マッカートニーをキャッチ 深夜のインタビュー80分!!」が4ページ。「ステージに押寄せるファンの群れ」「東京での再会を誓ったのみ…」ほか。

女性自身/11月27日
光文社
1975/11/27　週刊誌　1
グラフ「シリーズ顔・PAUL McCARTNEY/来日を前に本誌にメッセージ」が1ページ。

月刊サウンド/12月号
サウンド総合研究所
1975/12/01　音楽雑誌　1/3
ジョージのアルバム「ジョージ・ハリスン帝国」のレビュー記事のみ。

謎の財津和夫
新興楽譜出版社/財津和夫
1975/12/01　単行本　17
「僕の人生に影響を与えた人——ポール・マッカートニーと三島由紀夫」と本書のなかでは但し書きがあるほどビートルズおよびポール・フリークとして有名な財津和夫によるエッセイ集。

週刊プレイボーイ/12月2日号
集英社
1975/12/02　週刊誌　3
「来日中止！決定直後の11/12夜・在メルボルンのポール・マッカートニー自身から本誌に緊急国際電話が入った/もう一度、ボクに日本公演のチャンスをくれ！！」が3ページ。お詫びを含めたポールの肉声で貴重な内容。

週刊プレイボーイ/12月9日号
集英社
1975/12/09　週刊誌　5
特別企画「BEATLES賛歌 ポールはついに来なかった！そしてジョンの来日もムリ！各界名士30人の心にいまも残る・わが青春のビートルズ」が5ページ。「ポール来日中止はイケニエだ」ほか、著名人のコメント多数。

週刊文春/12月18日号
文藝春秋
1975/12/18　週刊誌　3
グラフ「しあわせなポール・マッカートニー」がある。来日公演直前に法務省が麻薬所持の前歴のあるポールの入国拒否をしたが、これに怒ったファンが集会やデモ行進を行った、という写真と記事。

1976

音楽専科/1月号
音楽専科社
1976/01/01　音楽雑誌　9
ポールの来日中止事件解説「ウイングス来日中止を考える!!/三橋一夫」や、コラム「ポールのショックも回復、早くも新作への意欲/石坂敬一」ほか、グラフや連載小説「ぼくのBEATLES/片岡義男」第10回など。背にコピー。

週刊少年チャンピオン/1月1日号
秋田書店
1976/01/01　週刊誌　1/3
1/3ページ程度の記事「ポール公演中止で大騒ぎ！」がある。日本公演中止の記事とポールの写真。

週刊TVガイド/1月16日号
東京ニュース通信社
1976/01/16　週刊誌　1
巻頭カラーグラフ「独占グラフ速報！！リンゴ・スターがCM初出演/監督・主演・音楽の一人三役」が1ページ。CM撮影からの写真3点。

週刊ポスト/1月30日号
小学館
1976/01/30　週刊誌　3
巻末カラーグラフ「60秒間のリンゴ/日本のTVに登場する世界初のビートルズCM」が3ページ。リンゴ出演したレナウンのCM撮影時の写真と記事。

サンジャック/1-2月合併特大号
鎌倉書房
1976/02/01　一般雑誌　1未満
ポールの来日公演中止の話題を取り上げ、ポール自身のメッセージと会見記の小記事のみ。

やんろーど/1月・2月合併号
日本ヤングパワー
1976/02/01　一般雑誌　1/7
ミュージックコーナーにジョンの写真と愛児ショーン関連小記事「オムツを洗うジョン・レノンなのだ」があるのみ。

音楽専科/2月号
音楽専科社
1976/02/01　音楽雑誌　8
グラビアページでリンゴ、ポール＆リンダのスナップフォトを紹介。ほか、連載小説「ぼくのBEATLES」の第11回。

セブンティーン/2月3日号
集英社
1976/02/03　週刊誌　1
リンゴのCM出演に関するフォトと記事「ひげからひげへ選手交代」のみ。

新譜ジャーナル別冊/フォーク＆ロック読本
自由国民社/三橋一夫/田川律/岩永文夫他
1976/02/05　ムック/企画誌　数
フォークとロックの資料、情報を簡潔にまとめた総合辞典。ビートルズに関するデータも数ページ掲載。

1976

週刊FM別冊／ロック・ソウルスター事典
音楽之友社
1976/02/25　ムック／企画誌　数
ビートルズについては、ジョン、ポール、ジョージのグラビア写真ほか、アルファベット順に個別記載。

mc Sister（エムシーシスター）／3月号
婦人画報社
1976/03/01　一般雑誌　9
9ページの特集「10年前ビートルズが日本に来たのを覚えていますか？」がある。浅井慎平の来日公演ステージフォトほか、メンバーのプロフィール、ストーリー、ディスコグラフィーなど。

映画情報／3月号
国際情報社
1976/03/01　一般雑誌　2
テレビCM撮影中のリンゴの巻頭カラーグラフ「緑の芝生に純白の衣裳　リンゴ・スターがこんにちは／惑星からの使者…」がある。

音楽専科／3月号
音楽専科社
1976/03/01　音楽雑誌　6
ビートルズ解散直前に撮影された貴重フォト1点を掲載したカラーグラビアと連載企画小説「ぼくのBEATLES」第12回。

中学三年コース／3月号
学習研究社
1976/03/01　一般雑誌　2-
巻頭に2ページ掲載されたビートルズメンバーの近況カラーグラフ。同じページに一部、サイモン＆ガーファンクルの記載もあり。

平凡パンチ／3月8日号
平凡出版
1976/03/08　週刊誌　1
ビートルズ再結成の噂を取り上げた記事「ギャラがなんと9億円／7月5日ビートルズが復活か？」が1ページ。

週刊明星／3月28日号
集英社
1976/03/28　週刊誌　2
「電撃ニュース／ビートルズが奇跡の復活コンサート7月5日」「なんと1回公演の稼ぎが450億円!!」「音楽性のちがいを乗り越えてドッキングする黄金のカブト虫」など。

音楽専科／4月号
音楽専科社
1976/04/01　音楽雑誌　6
連載企画小説「ぼくのビートルズ／片岡義男」第13回を掲載。背表紙コピー「好評連載小説・片岡義男著《ぼくのビートルズ》」。

朝日ジャーナル／4月2日号
朝日新聞社
1976/04/02　週刊誌　2
思想と潮流コーナーに「非日常世界からの贈り物／ジョン・レノン"絵本ジョン・レノン・センス"とボブ・ディラン"タランチュラ"」。書評記事が合わせて2ページほど。

高一時代／5月号
旺文社
1976/05/01　一般雑誌　5
5ページの読者「やっぱり夢なんでしょうか／再結成のウワサとビートルズ…／落流鳥」がある。「ウワサ」「若さ」「名作」「未来」など、再結成の噂の検証ほか。

音楽専科／6月号
音楽専科社
1976/06/01　音楽雑誌　21
独占インタビュー「P・マッカートニーにB4再結集を聞く」と、ポール＆ウイングスの特集「話題のWINGSは今…」ほか、連載小説「ぼくのビートルズ」第15回など。この号は表紙にコピーがあったため登録を本来「コピーあり」へ。

YUZO KAYAMA／加山雄三コンサートパンフ'76
DAY BLACK 505
1976/06/01　公演パンフレット　2
加山雄三のコンサートパンフ。エッセイ「ポールに捧げるエッセイ／フレンドリーなポールが忘れられない」がある。加山雄三自身によるポールとの会見回想録。公演は1976年6月1日より。

話の特集／6月号
話の特集
1976/06/01　一般雑誌　2
秋田地方の民謡【長持唄】やジョンの【イマジン】ほかをからめたエッセイ「ビートルズと長持唄／東海林良」が2ページ。ちなみに裏表紙もリンゴのSimple Lifeカラー広告。

平凡パンチ／6月7日号
平凡出版
1976/06/07　週刊誌　3
今週の話題コーナーに、アルバム再発売関連記事「来日10周年を記念して／ビートルズの全レコードを発売!!」ほか、「焦点、石坂敬一／熱狂ビートルズの第一人者」がある。

週刊明星／6月13日号
集英社
1976/06/13　週刊誌　1/2
モノクログラフ「今週のニュース・レーダー」にジョン＆ヨーコと息子ショーンが初めて公の場にデビューした、として写真を紹介。

平凡パンチ／6月28日号
平凡出版
1976/06/28　週刊誌　2
2ページのレポート「限りなく不滅に近いビートルズ／折原真紀のアタックレポート」がある。「ビートルズは20世紀文化の象徴」「ビートルズ復活はうわさだけ？」「ロスでのウイングス最終公演に何かがある」など。

サンジャック／7月号
鎌倉書房
1976/07/01　一般雑誌　7
ビートルズ来日10周年特別企画「THE BEATLES FOREVER」がある。日本武道館コンサート、来日関連の貴重フォトとともに1962年～1971年までの年譜、オリジナル・アルバム紹介など。

ベスト・ワン／創刊号
ベスト・ライフ社
1976/07/01　音楽雑誌　6
極秘来日したジョンが六本木のパブで即興ミニライヴを行ったエピソードを紹介した「ジョン・レノンと高山／夢のコンサート」がある。ジョンは【マザー】【イマジン】【ラヴ】などをピアノとギターで演奏した、とのこと。

音楽専科／7月号
音楽専科社
1976/07/01　音楽雑誌　5
連載企画小説「ぼくのビートルズ／片岡義男」第16回のみ。

週刊朝日／7月1日号
朝日新聞社
1976/07/01　週刊誌　1
リンゴのレナウンカラー広告が1ページのみ。リンゴが単独来日した1976年時の広告。

中二時代／7月号
旺文社
1976/07/01　一般雑誌　1+
ビートルズ再結成の話題とグラフ「偉大なるビートルズ今よみがえる／神話から飛び出した神さまたち」が1ページ半。1976年7月4日にビートルズ指定の会場でコンサートが開かれる、という内容。

音楽専科／8月号
音楽専科社
1976/08/01　音楽雑誌　7
ウイングスのアメリカ・ツアーにおける演奏曲リストやコンサート情報をまとめた特別レポート「ウイングス全米コンサート最終報告／江川雄一」と連載企画小説「ぼくのビートルズ／片岡義男」第17回など。

週刊ポスト／8月13日号
小学館
1976/08/13　週刊誌　1
1966年の来日公演を回想する巻頭モノクログラフ「わが青春のビートルズ／10年前来日コンサートで若者を熱狂させたグループ再び」がある。

週刊少年サンデー／8月15日号
小学館
1976/08/15　週刊誌　5
ビートルズの特集「ビートルズファン必読!!サンデー音楽専科／ビートルズ大百科」がある。「ビートルズの誕生まで」「来日したビートルズは!!」「ファッション界を揺るがす4人の男!!」など、漫画雑誌の特集では良質。

週刊ポスト／8月20日号
小学館
1976/08/20　週刊誌　数行
「ハリー・ベラフォンテに単独会見／ロックは幻覚剤、ビートルズは精神異常者かと思った」が3ページ。ただ、内容的には「初期ビートルズには失望」の一部でビートルズに触れている程度。

週刊読売／8月21日号
読売新聞社
1976/08/21　週刊誌　2
モノクログラビア「来日から10年、ビートルズ復活博覧会」がある。日本公演ステージや離日、ソロ活動の写真など。

週刊TVガイド／8月27日号
東京ニュース通信社
1976/08/27　週刊誌　2
リンゴのカラーグラフ「愛と友情を呼ぶスペース人間／リンゴ・スター」が2ページ。レナウンCM撮影時のカラー写真7点など。

週刊読売／8月28日号
読売新聞社
1976/08/28　週刊誌　2/3
東急デパートで開催されたビートルズ来日10周年記念！ビートルズ・フェアの小記事「ビートルズにヤング感激！ビートルズ・フェアになんでこんなにもおしかけるのかな？」がある。開催6日間で2万5,000人の来場だったようだ。

平凡パンチ／8月30日号
平凡出版
1976/08/30　週刊誌　1-
「ボクらを金持ちと思ってるんだろう？／注目されるビートルズ解散の真相をぶちまけたレコード」が1ページ弱。ポリドールから発売された2枚組アルバム「ビートルズ・テープス」の記事。

音楽専科／9月号
音楽専科社
1976/09/0　音楽雑誌　1
トピックス「アメリカでもビートルズ・ブーム」など。

高一時代／9月号
旺文社
1976/09/01　一般雑誌　4
落流鳥お勧めのビートルズナンバーの聞き方10種類を紹介した「ビートルズの聴きかた教えます／落流鳥」がある。

NONNO（ノンノ）9月5日号
集英社
1976/09/05　一般雑誌　7
7ページの立体特集「今あなたに問う」ビートルズは何を残したか!!」がある。写真、4人のプロフィール、エピソード、著名人・芸能人のコラム、寄稿など。

音楽専科／10月号
音楽専科社
1976/09/01　音楽雑誌　5
連載企画小説「ぼくのビートルズ／片岡義男」第18回があるのみ。

1976-1977

音楽全書／第２号秋
海潮社
1976/10/01　ムック／企画誌　5
写真ページほか、総特集「ブリティッシュ・ロック・シーン①」にビートルズ関連記事がある。「ビートルズとリヴァプール・サウンド／大貫憲章」や「ビートルズ／後藤美孝」など。

装苑／10月号
文化出版局
1976/10/01　一般雑誌　1
ウイングス初のアメリカ公演の話題など「クローズアップ・ビートルをのりこえようとするビートル、大きな翼を広げたポール・マッカートニー／立川直樹」が1ページ。

音楽専科増刊／ロック・カタログVOL.1
音楽専科社
1976/10/20　ムック／企画誌　数
ロック・アーティストのヴィジュアル・カタログ。ビートルズ関連ではポールのフォトなど。

週刊明星／10月31日号
集英社
1976/10/31　週刊誌　3
3ページの特集記事「リンゴ・スターが新しい愛人を同伴、来日「10年ぶりの日本で挙式か！？」がある。「長髪元祖ビートルズ10年目のブリキナー刈り」「あなたの町にリンゴが突然あらわれるかも…」など。

週刊小説／11月1日号
実業之日本社
1976/11/01　週刊誌　1/3
リンゴ来日関連の小記事「元ビートルズがそんなにも偉大なの！？」がある。泥酔して来日したリンゴが記者会見をすっぽかした話題など。

中学一年コース／11月号
学習研究社
1976/11/01　一般雑誌　5
前月号に続いて4ページの研究シリーズ第2回「ビートルズ百科PART2／ものしり編」がある。「最初のデビューはみごと失敗！」「キリストより有名な男たち！？」「ポールの死亡説に大ショック！」ビックリ記録集」など。

中学三年コース／11月号
学習研究社
1976/11/01　一般雑誌　1+
「芸能スペシャル」と「ミュージック」のコーナーにそれぞれリンゴ関連トピックス「リンゴのシンプル・ライフいまやヤングにバカうけ！」と、CF撮影で10月末に来日するニュース「リンゴが待望の来日！」がある。

平凡パンチ／11月1日号
平凡出版
1976/11/01　週刊誌　2
「ワイドジャーナル」コーナーにリンゴの来日記事「リンゴ・スターがついにやって来た！」がある。羽田空港到着時の写真と記事「羽田に殺到したファン500、花束も渡せず泣き叫ぶのみ」など、約2ページ弱。

週刊文春／11月4日号
文藝春秋
1976/11/04　週刊誌　1/3
芸能コーナーにリンゴの写真と小記事「リンゴ・スター思惑違いの記者会見」がある。リンゴの滑稽な記者会見の抜粋など。

週刊平凡／11月4日号
集英社
1976/11/04　週刊誌　2
カラーグラフ「10年ぶりスーパースター、リンゴ・スター来日騒動記／今回はフィアンセを伴って…」2ページ。レコードのプロモートとCF撮影のため来日したリンゴの写真など。

女性自身／11月4日号
光文社
1976/11/04　週刊誌　2
婚約者同伴で来日したリンゴのフォト「ポールやレノンの代わりにナンシーと来たよ！」がある。

週刊TVガイド／11月5日号
東京ニュース通信社
1976/11/05　週刊誌　2
リンゴの来日モノクログラフ「ビートルズの復活はない！／フィアンセ同伴で10年ぶりに来日したリンゴ・スター」がある。来日記者会見、婚約者ナンシーとのツーショットほか、ビートルズ時代の写真も掲載。

週刊ポスト／11月5日号
小学館
1976/11/05　週刊誌　2
来日したリンゴの記者会見の話題「酔っぱらって来日と書かれたリンゴ・スター対記者団の不愉快問答」がある。小写真と記事「ホテルは一泊9万円也、酒も一流銘柄を指定してきた」ほか。

週刊読売／11月6日号
読売新聞社
1976/11/06　週刊誌　4
モノクログラビア「リンゴおじさん10年ぶり来日」と来日記事「リンゴ・スター来日!!／四万人の熱狂は遠く、もうアイドルではなかった」合わせて4ページ。

セブンティーン／11月9日号
集英社
1976/11/09　週刊誌　1
来日したリンゴの記事とフォトほか、今週のレコードのコーナーにもアルバム「リンゴズ・ロトグラビア」紹介がある。

週刊プレイボーイ／11月9日号
集英社
1976/11/09　週刊誌　5
来日インタビューを含めた「緊急レポート・10年ぶりに来日したスーパー・ヒーロー／リンゴスターがロック魂をぶちまけた熱い気炎！」が5ページ。「着物を買いあさるナンシー嬢にオロオロ」など、内容は濃い。

週刊文春／11月18日号
文藝春秋
1976/11/18　週刊誌　1/2
芸能コーナーに「ビートルズの再来がやって来る」があるが、ベイ・シティ・ローラーズに関する記事。

いんなあとりっぷ／12月号
いんなあとりっぷ社
1976/12/01　一般雑誌　6
6ページの特別対談「ビートルズ——その詩的空間の流れと崩壊／鍵谷幸信vs羽生美代子」がある。「現代詩に新風を吹き込んだビートルズ」「ビートルズの歌は透明」「自らの感受性に基づく自由な解釈を」など。

チェックメイト／12月号
講談社
1976/12/01　一般雑誌　1/6
わずかにリンゴの写真と来日関連小コラム「ビートルズ旋風再来の目はリンゴ・スター！」があるのみ。

中三時代／12月号
旺文社
1976/12/01　一般雑誌　5
5ページの中綴じ特集「ビートルズは今もホットにうけている／君が生まれた時にビートルズが生まれた！」がある。「神ザ・ビートルズ」「ビートルズ・ソング」「再結成はできるか！？」「四人の最新情報」など。

1977

スクリーン／1月号
近代映画社
1977/01/01　一般雑誌　4
リンゴの来日カラーグラフとデイリー・レポート「リンゴ・スター日本の15日間／前成三」がある。特にレポートは、日本滞在15日間、東京〜札幌〜京都〜東京の貴重記録。

レコード芸術／1月号
音楽之友社
1977/01/01　音楽雑誌　1
音楽評論家たちのマイ・フェイヴァリット・レコード紹介コーナーで、【ヘイ・ジュード】についてのエッセイ「ザ・ビートルズ／ヘイ・ジュード（小石忠男）」がある。

映画情報／1月号
国際情報社
1977/01/01　一般雑誌　1
来日したリンゴのグラフ「素顔のリンゴ・スター／前成三」がある。記事執筆者とのツーショット写真など4点と来日関連記事。

PLAYBOY／2月号
集英社
1977/02/01　一般雑誌　1未満
リンゴのカラー広告とポールに関する記事がわずかにある程度。

月刊メロディハウス／創刊号
海潮社
1977/02/01　音楽雑誌　1
アルバム「ウイングス U.S.A ライヴ!!」のディスコグラフィーなど。

中学一年コース／2月号
学習研究社
1977/02/01　一般雑誌　1
巻頭「ポップス・アイドル・フェア」にメンバー4人の近況を紹介したカラーグラフがある。

Pocketパンチ Oh！／3月号
平凡出版
1977/03/01　一般雑誌　1
「MUSIC PERSONAL CONFIDENCE」コーナーに1ページほど、ビートルズ来日10周年、リンゴの来日、初の3枚組ライブアルバム発売の話題を紹介した「ビートルズ健在」がある。

中学三年コース／3月号
学習研究社
1977/03/01　一般雑誌　1
ビートルズ4人の近況カラーグラフが1ページ。

月刊マンガ少年／3月号
朝日ソノラマ
1977/03/01　週刊誌　2
巻末特集「ロック大特集／おーい、みんなROCKを聞こうぜ!!」の中で、2ページ程度がビートルズ関連。「ビートルズとロック」「ビートルズを支えた10枚のLP」など、イラスト、写真、読物、ディスコグラフィーなど。

350 | the beatles collection 4

1977

週刊TVガイド/3月25日号
東京ニュース通信社
1977/03/25　週刊誌　2+
映画〈レット・イット・ビー〉テレビ初放映に関するモノクログラフ「ザ・ビートルズ/あのリバプールサウンドの幻の4人がフィルムで!!」がある。ほか関連コラム「ビートルズ再び」など。

RAVI SHANKAR
神原音楽事務所/FM東京
1977/03/28　公演パンフレット　数
ラヴィ・シャンカールの来日コンサート・パンフレット。ビートルズとインド音楽の関わりなどについての記述あり。

ギター・ライフ/1977年春の号
自由国民社
1977/04/01　音楽雑誌　2
2ページ程度の楽譜「イエスタデイ」と写真「初級講座 イエスタデイを聞こう」のみ。

週刊TVガイド/4月29日号
東京ニュース通信社
1977/04/29　週刊誌　1/3
ビクターから発売される『デビュー!ビートルズ・ライヴ'62』のリリースニュース記事「ビートルズの幻のデビュー盤ついに発売!」があるのみ。

平凡パンチ/5月16日号
平凡出版
1977/05/16　週刊誌　6
ビートルズのライヴアルバム発売に関する話題「2組のアルバム発売をめぐって繰り広げられるビートルズ戦争」がある。「貴重なライヴがつぎつぎと…」「さてキミはどちらのライヴ盤を…」ほか。

ポパイ/5月25日号
平凡出版
1977/05/25　一般雑誌　1/3
東芝とビクターから発売されるライブアルバムの記事「ビートルズの未発表ライブアルバムが出るぞ!」。

週刊朝日/6月10日号
朝日新聞社
1977/06/10　週刊誌　1
巻末カラービートルズのイラスト「山藤章二のブラック・アングル/ビートルズ」のみ。ビートルズ、中学英語につづき小学校の国語教科書にも登場?という記事。

キネマ旬報/6月15日下旬号
キネマ旬報社
1977/06/15　一般雑誌　1
「ビートルズの幻の映画〈マジカル・ミステリー・ツアー〉」グラフが1ページ。

少女フレンド/6月20日号
講談社
1977/06/20　週刊誌　2
ベイ・シティ・ローラーズの特集コーナーに各ファンクラブ対談対決「激突!世界のアイドルBCRファンクラブVSポップスの帝王ビートルズ・ファンクラブ」が約2ページ。ビートルズの写真ほか、軽いノリの対談記事。

インドへ
文藝春秋/横尾忠則
1977/06/25　単行本　数
日本を代表するアーティスト、横尾忠則のインド・カシミール体験を中心にした旅行記。「なぜぼくはインドに行くのか/ビートルズ・三島さん・道元禅師」など、ビートルズに関する記述もある。

BRITISH&AMERICAN ROCK
東芝EMI
1977/06　非売品小冊子　2
東芝EMIポピュラー販売部発行の、ブリティッシュ&アメリカン・ロックに関するアーティストとディスコグラフィ資料集。ビートルズ関連は現役時代とソロ時代を簡単に紹介。

Pocketパンチ Oh!/7月号
平凡出版
1977/07/01　一般雑誌　19
19ページの特集「ザ・ビートルズ/なにをいまさらといわれてもロックの元祖はビートルズとエルビスなのだ」がある。「2種のライヴ・アルバムの発売」「アンケート」「クイズ」「海賊盤には傑作が多いのだ」など。

高2コース/7月号
学習研究社
1977/07/01　一般雑誌　1
ビートルズのライヴ・アルバム2種発売関連記事「出た!!幻のビートルズ・ライブ」が4ページ。「デビュー!ビートルズ・ライヴ'62」(ビクター)と「ザ・ビートルズ・スーパー・ライヴ!」(東芝EMI)の紹介記事。

高二時代/7月号
旺文社
1977/07/01　一般雑誌　1/3
MUSIC情報コーナーにレコード発売の小記事「ビートルズ/夢みたい!ライヴが出るなんて」がある。ライヴ盤2枚が発売された話題。

ノラ/創刊号
婦人生活社
1977/07/01　一般雑誌　1/4
ポケットサイズだが、全206ページのボリュームの首都圏タウン情報誌。インフォメーション・プラザのコーナーに「ザ・ビートルズ・スーパー・ライヴ!」発売の極小記事。

週刊現代/7月21日号
講談社
1977/07/21　週刊誌　1未満
巻頭カラーグラフ特集「カラー、ロック20年を彩る82人」にビートルズの写真と関連記事がある程度。

スクリーン/8月号
近代映画社
1977/08/01　一般雑誌　2
テレビ映画〈マジカル・ミステリー・ツアー〉とコンサートのドキュメンタリー映画〈シェア・スタジアム〉の2本を収録した〈ザ・ビートルズ〉の解説など。

高二時代/8月号
旺文社
1977/08/01　一般雑誌　5
5ページのグラフ集「BEATLES FOREVER'77」結成15周年を迎えブーム再燃!!/寺村敏」がある。ビートルズ最新情報やミニニュース、〈シェア・スタジアム〉のフィルムコンサート開催の話題など。

レインボウ/創刊号
CAF/はつばいきんし/NAMACO
1977/08/15　一般雑誌　1
マニアック&アングラなサブカルチャーマガジン。ジョンの写真ほか、ビートルズ関連の記述も少し。

グラフNHK/9月号
NHKサービスセンター
1977/09/01　一般雑誌　5
ビートルズの番組放映に伴い、珍しい5ページのNHK特集「ビートルズ、その時代」がある。写真コラージュや「ビートルズ略年表」「ビートルズ・ディスコ・グラフィー」など。

ロッキング・オン増刊/岩谷宏のロック論集
ロッキング・オン/岩谷宏
1977/09/30　ムック/企画誌　6
三部構成のエッセイ風のロック文集で、第1部の書き下ろし以外は、ロッキング・オン誌に掲載された原稿が中心。「ビートルズ四点結晶/ホワイト・アルバム」と「ジョン・レノン」があるが、アルバム評と歌詞をそえたエッセイ。

週刊明星/10月23日号
集英社
1977/10/23　週刊誌　1
息子ショーン同伴で来日していたジョン&ヨーコの離日直前記者会見の記事「マリファナでいい音楽ができるなんて迷信/レノン、ヨーコが離日直前に語ったニッポン日記」が1ページ。

ターゲット/11月号
辰巳出版
1977/11/01　一般雑誌　1未満
独占企画「問題特集・タブーに挑む衝撃のレポート!!ロックは病んでいる!?」のレポート記事の随所にビートルズ関連記述あり。

ビッグマージャン/11月創刊号
司書房
1977/11/01　一般雑誌　1
巻頭「役毀・四暗刻/畑田国男のカラーイラスト&文」にビートルズが1ページ。麻雀専門誌とあって、内容はビートルズと麻雀を無理やりからめた架空の話。表紙は及川正通による山口百恵のイラスト。

スーパーレディ1009(上)
工作舎
1977/11/10　一般雑誌
20世紀を代表する世界のスーパーレディ1,009人を網羅した企画特集カタログの上巻。ヨーコも「世の中、アーティスティックにわたらなきゃ/オノ・ヨーコ」で収録。

人形遊び
中央公論社/北山修
1977/11/30　単行本　23
中央公論に掲載された北山修のエッセイ集。第1章「抱きしめたい」「ビートルズのいる風景」「抱きしめたい」「手の届くところ」など、多くがビートルズ関連。

週刊FM別冊/ポピュラー・レコード総カタログ
音楽之友社
1977/12/01　ムック/企画誌　数
週刊FM別冊として発行された846ページにおよぶポピュラー・レコードの総合カタログで、全曲目完全収録。ビートルズについては「ロック&フォーク」のジャンルで1977年10月までの発売レコードを収録。

高二時代/12月号
旺文社
1977/12/01　一般雑誌　2/3
小記事、耳よりニュース「ビートルズ東京が手に入る!!」ほか、写真を添えた「おすすめ品デス、今どき中身100%!ビートルズのバラード」など。

1978

プチセブン／創刊号
小学館
1978/01/20 ／ 週刊誌 ／ 1
ビートルズとは直接関係ないものの「ABBAってビートルズよりすごいのです！」がある。ABBAの最新LP『アライバル』が、イギリスでビートルズの25万枚を抜いて30万枚を超えたという特ダネ記事。

イギリス人と日本人
講談社／ピーター・ミルワード
1978/01/20 ／ 単行本 ／ 4
イギリス人と日本人をテーマに、著者の生活体験を通してまとめた文化・民族総論集。ビートルズ関連では「紳士とビートルズ」があるのみ。

新潮／2月号
新潮社
1978/02/01 ／ 一般雑誌 ／ 30
ビートルズと同じ世代に生きたテレビディレクター、放送作家たちの虚実に迫った小林信彦の小説「ビートルズの優しい夜」掲載号。

ロック・ドリーム
クイック・フォックス社／ガイ・ピラート
1978/03/10 ／ ムック／企画誌 ／ 7
フランスのイラストレーター、ガイ・ピラートによる、3年の歳月を費やしたロックアーティストのイラスト作品集。ビートルズのイラストも3点7ページにカラー掲載。

ディランにはじまる
晶文社／浜野サトル
1978/03/10 ／ 単行本 ／ 9
「宝島」「ニューミュージック・マガジン」誌などに掲載されたフォーク、ロックに関する評論に追記を加え再編集したもの。ビートルズ関連では「ビートルズ色の記念写真」がある。

ニュー・ロックの真実の世界
晶文社／植草甚一
1978/04/20 ／ 単行本 ／ 数
「ニューミュージック・マガジン」「スイング・ジャーナル」「美術手帖」などに掲載されたロック関連の評論やエッセイを集めたもの。ビートルズについては「ビートルズからドアーズへ」や各評論のなかで先駆的な音楽性を解説。

中三時代／5月号
旺文社
1978/05/01 ／ 一般雑誌 ／ 13
13ページにおよぶワイド特集「THE ビートルズ／4人も最初は君たちと同じようにロックに夢中だった！」がある。初期ビートルズのストーリーで、「ジョンがバンドを結成」「ポール、ジョージとの出会い」など読み応えあり。

NONNO（ノンノ）5月20日号
集英社
1978/05/20 ／ 一般雑誌 ／ 4
作家訪問に「ビートルズの生き方を手本にしたい…／三田誠広」がある。「執筆はビートルズのサウンドとともに」などビートルズに関する文章も。

ガリバー（GULLIVER）／6月号
檸檬社
1978/06/01 ／ 一般雑誌 ／ 1
半分程度が「十年一昔と言いますが…'60年代一総特集」。ビートルズに関しては、写真ほか、「ビートルズ旋風上陸」「若大将を観、ビートルズばかり聴いていた」などの関連記事がある。

高一時代／6月号
旺文社
1978/06/01 ／ 一般雑誌
「YOUNG MUSIC／しあわせの予感・ウイングス」が1ページ。ソングラフで【しあわせの予感】楽譜とウイングスの写真。

キネマ旬報／6月15日下旬号
キネマ旬報社
1978/06/15 ／ 一般雑誌 ／ 2
ビートルズのドキュメンタリー映画「ザ・ビートルズ・グレイテスト・ストーリー」のモノクログラフが2ページ。

平凡パンチ／6月26日号
平凡出版
1978/06/26 ／ 週刊誌 ／ 1-
ローリング・ストーンズ白熱のコンサートをキミに／構成・渋谷陽一」の記事内に、「ビートルズと比較されつづけたストーンズ」「ストーンズのバックにポールとジョンが参加」があり、ビートルズにも触れている。

週刊プレイボーイ／6月27日号
集英社
1978/06/27 ／ 週刊誌 ／ 1
中綴じ企画「秘蔵版、発禁・禁輸・要注意レコード大会／芸術的ポルノ・ジャケット展」。最初の1ページにジョン＆ヨーコの「Two virgins」の発禁ヌードジャケット。

文藝春秋／7月号
文藝春秋
1978/07/01 ／ 一般雑誌 ／ 4
対談書評「埋もれた日本人とビートルズ／山崎正和×木村尚三郎×丸谷才一」「ビートルズ現象／中野収」が4ページ。「ビートルズ的自由人」「ミニ・スカートとビートルズ」など。

成りあがり／How to be BIG 矢沢永吉激論集
小学館／角川書店／矢沢永吉
1978/07/15 ／ 単行本 ／ 数
矢沢永吉による半自伝的な手記。ビートルズについても所々に登場。1980年11月20日に角川書店より文庫化。

週刊少年ジャンプ／7月17日号
集英社
1978/07/17 ／ 週刊誌 ／ 1
NOWNOW情報コーナーに水野晴郎の映画紹介「アメリカで大ヒット！ザ・ビートルズ・グレイテスト・ストーリー」がある。簡単な映画解説と、アメリカでのビートルズ・フェア開催の話題など。

花とゆめ／7月20日
白泉社
1978/07/20 ／ 隔週刊誌 ／ 1/2
ビートルズの写真と映画（グレイテスト・ストーリー）の紹介ほか、小記事「王子様にせまるための2つの呪文…NO.1」がある。

ミスター・ダンディ／10月号
サンデー社
1978/10/01 ／ 一般雑誌 ／ 2
前号に続き、ビートルズの近況ニュースを紹介した「ビートルズで神話が崩れるとき／結城ちよ」のパート2がある。

中三時代／10月号
旺文社
1978/10/01 ／ 一般雑誌 ／ 8
8ページの特集「ビートルズが歩んだ偉大な軌跡をたどる／THE ビートルズ PART II／草川隆」がある。「曲づくりができない」「1976年の大事件」「ジョンとポールの対立」「ついに解散」など。

朝日ジャーナル／10月6号
朝日新聞社
1978/10/06 ／ 週刊誌 ／ 6
「戦後世界史の断面・ビートルズの誕生／田川律」が6ページ。「若者による若者の音楽」「エプスタイン伝説の発端」「四人からひとりひとりへ」など、ビートルズ誕生から解散以降までのドキュメンタリー。

ROCK&ROCK／歴史にみる名盤カタログ800
講談社
1978/11/20 ／ 単行本 ／ 8
アーティスト別に800枚のロック名盤を整理、収録したディスコグラフィー。ビートルズもオリジナル・アルバム中心に16枚を紹介。一部ソロ・アルバムについても後半に追記あり。

漫画専門誌だっくす／12月号
清彗社
1978/12/01 ／ 一般雑誌 ／ 13
前号「ヒッピーおじさんの昔ばなし／やあ、やあ、やあ、ビートルズがやってきた／たけなか・ろう」の記事特集後編がある。来日を徹底取材した「話の特集臨時増刊／ビートルズ・レポート」からの抜粋。

ヘルター・スケルター／HELTER SKELTER
松竹事業部
1978 ／ 映画パンフレット ／ 1未満
1969年に起こった「シャロン・テート殺害事件」など、一連の殺人事件を題材に制作された映画のパンフレット。一部パンフレットにビートルズ・ナンバーと事件との関わりを記載。

POLE POSITION／ポール・ポジション
東宝・松竹／東宝（株）映像事業部
1978/ ／ 映画パンフレット ／ 1未満
1977年〜1978年に行われたF1グランプリの全レースを編集したドキュメンタリー映画のパンフレット。ゲストとしてジョージの姿が収録されており、パンフレットにも「ジョージ・ハリスンが姿を見せる」との記載がある。

ニュークラウン英語の友3
三省堂
1978/ ／ ムック／企画誌 ／ 12
中学3年英語教科書の参考書。ビートルズ関連は写真3点含め12ページ。

1979

平凡パンチ／1月22日号
平凡出版
1979/01/22 ／ 週刊誌 ／ 3
パンチ企画コーナー「栄光のロック・ヒストリー」シリーズ第4弾として「永遠のスーパー・ヒーロー／ビートルズ公演」がある。「ビートルズの名前が出ない年はない」「名曲イエスタデイは最初、玉子だった！」などエピソード。

アクエリアス時代の子／横尾忠則
深夜叢書・東京音楽社／横尾忠則
1979/ ／ 単行本 ／ 数
1966年〜1978年までの音楽について書かれた横尾忠則によるエッセイ集。最初のエッセイは「ビートルズ公演」で、そのほかにもビートルズやジョン関連のエッセイが多数収録されている。ハードケース付。

ニューミュージック・マガジン増刊／ヘビー・ピープル123
ニューミュージック・マガジン社
1979/03/25 ／ ムック／企画誌 ／ 数
ベトナム戦争以後のアメリカをテーマにした企画号。現代アメリカ像を創造、活性化した各界の人々を収録した名鑑。ビートルズについては「チャック・ベリー」「フィル・スペクター」などの記事のなかに関連記述がある程度。

1979-1980

ポパイ/4月10日号　創刊2周年特別号
平凡出版
1979/04/10	一般雑誌	1/3
ミュージック特集号。「刺激をしつづける6人の男たち」にジョンの小記事、ギブソンギターのコーナーにポールの小写真程度。

チラシ・ベストセレクション1000
集英社
1979/05/01	付録	1未満
「ロードショー」1979年5月号の付録。ビートルズの映画チラシが数点のみだが、映画チラシ資料としては貴重。

虹色の望心鏡
八曜社/立川直樹
1979/05/25	単行本	11
リンゴ、デヴィッド・ボウイ、加藤登紀子、五輪真弓、中島みゆきなど、国内外のアーティスト14人によるインタビュー集。リンゴの電話インタビューの内容は、1976年の来日を控えた心境とビートルズメンバーの近況を語ったもの。

WEA-WAY（ウェアウェイ）
ワーナーパイオニア
1979/06/01	非売品小冊子	2
ワーナーパイオニア発行のロックアーティスト解説＆ディスコグラフィー（非売品冊子）。ジョージのアルバム「慈愛の輝き」ほか、ディスコグラフィーと解説など。

週刊朝日/6月8日号
朝日新聞社
1979/06/08	週刊誌	2
欧米の新聞に掲載されたジョンとヨーコの手紙を全文独占掲載した「ジョン・レノンとオノ・ヨーコからの手紙/私たちはいま二人の歌を大空にかいています」がある。

ポパイ/6月20日号・増刊
平凡出版
1979/06/20	一般雑誌	2-
ビートルズの各アルバムを紹介した特集「いつまでたっても気分爽快 4人はアイドル！」吉成伸幸が2ページ弱。「涙を誘う名曲たち」「ビートルズでR&B」「夜も楽しいビートルズ」など。

高1コース/7月号
学習研究社
1979/07/01	一般雑誌	2
特集「不滅のビッグ・コンサートVTR大会」に「語りつがれる神話のステージ/伝説のザ・ビートルズ・コンサート」がある。来日公演の写真と回想記事。

近代映画/8月号付録:NOW HITS SONG
近代映画社
1979/08/01	付録	2
付録歌本の2ページにポールの来日およびアルバム「バック・トゥ・ジ・エッグ」の話題と、写真「ワールド・ツアーで年内に来日予定のポール・マッカートニー&ウイングス」がある。

週刊プレイボーイ/10月16日号
集英社
1979/10/16	週刊誌	2+
「ビートルズ再結成の仕掛け人」デューク・サマーズへのインタビュー記事「ビートルズ公演の仕掛け人に独占国際電話インタビュー」が2ページ強。

季刊ドレッサージ（DRESSAGE）創刊5号
サブ編集室
1979/11/30	一般雑誌	2
「THE SIXTIES」特集に、東芝EMIプロデューサー石坂敬一のインタビュー「64 THE BEATLES/石坂敬一」が2ページ。ビートルズ、ストーンズに続く70～80年代の音楽シーンを語ったもの。

高1コース/12月号
学習研究社
1979/12/01	一般雑誌	1+
「エンターテイメント・シーン50」の特集グラフに「ビートルズ解散!!そして出発…」ほか、記事「この記録だけは破られない！？ポールがギネスブックに!!」合わせて1ページ強程度。

平凡パンチ/12月10日号
平凡出版
1979/12/10	週刊誌	5
「特別企画ビートルズ・ジェネレーション/青春の連帯の感動証言集」がある。「ベ平連デモのBGMにも…」「ヘルプ上演に機動隊出動」「狂乱のルツボ！武道館公演」「大人たちへのアンチテーゼ」などの証言集。

アンアン/12月11日号
平凡出版
1979/12/11	一般雑誌	3
ビートルズのカラーグラフ「ビートルズ・アトランダム百科事典」が3ページ。BCC復活祭、新宿のスナック「ビートルズ」、人気ベスト5、リッケンバッカーほか多岐にわたるが、全体はグラフィティ的構成。

1980

オリコン/1月16日号
オリジナルコンフィデンス
1980/01/16	音楽雑誌	1/2
「CONCERT INDEX」欄にポール＆ウイングスの写真と来日公演に関するコラム。

週刊女性/1月22日号
主婦と生活社
1980/01/22	週刊誌	1+
巻頭カラーグラフ「最後のスーパー・スターがやってくる/ビートルズ以来14年ぶり、愛児3人と来日するポール・マッカートニーに人気も過熱気味」1ページほか、「今年も続々と…ウイングスに始まる外タレ公演」に関連記述。

サンデー毎日/1月27日号
毎日新聞社
1980/01/27	週刊誌	1/5
ポール来日関連記事「マッカートニーは大物です」が少し。来日への期待や宿泊ホテル情報など。

週刊女性/1月29日号
主婦と生活社
1980/01/29	週刊誌	1/5
ポール来日予定に触れた小記事「久保田早紀が熱愛のP・マッカートニーに新曲を」があるのみ。【異邦人】で知られる久保田早紀はポールのファンだったようだ。

週刊アサヒ芸能/1月31日号
アサヒ芸能出版社
1980/01/31	週刊誌	1/3
芸能コーナーに、手錠をかけられたポールの写真を添えた記事「ウイングス公演、突然の中止/ポール大麻所持で逮捕される」がある。

週刊現代/1月31日号
講談社
1980/01/31	週刊誌	1/4
1/4ページ程度の小記事「ポール"大麻逮捕"でのナメられ方/外国人記者の間でもひんしゅくを買って」がある。1975年にも大麻で入国できず、今回も大麻を持参したことに対する「ナメた姿勢」を指摘。

週刊文春/1月31日号
文藝春秋
1980/01/31	週刊誌	4
ポール逮捕劇の裏事情を暴いた記事「損害5億円P・マッカートニー逮捕劇の仕掛け人」がある。「一瞬に吹っ飛んだ5億円」「見せしめに重刑を科すべき」「グアム島でならOKだが」など。

女性セブン/1月24日-1月31日号
小学館
1980/01/31	週刊誌	2
2ページの巻頭モノクログラフ「変わらぬタレ目と笑きき！/ポール・マッカートニーとウイングスが、1月21日から来日公演！」がある。来日直前の話題と写真。

ステレオ/2月号
音楽之友社
1980/02/01	一般雑誌	7
レコード研究特集「ポール・マッカートニーのレコード研究」が7ページ。ポールのビートルズ時代から「バック・トゥ・ジ・エッグ」までを研究解説したもの。

MEN'SCLUB（メンズクラブ）/2月号
婦人画報社
1980/02/01	一般雑誌	1/2
「MC MUSIC BILLBOARD」のコーナーに「Welcome WINGS/14年ぶりに、日本へやってくるポール・マッカートニー熱烈歓迎!!」がある。写真と来日公演スケジュールなど。

週刊朝日/2月1日号
朝日新聞社
1980/02/01	週刊誌	2
「芸能交差点」のコーナーにポール逮捕時の写真と記事「外人タレントとプロダクションの密着しすぎた関係/ポール・マッカートニー逮捕」がある。

週刊明星/2月3日号
集英社
1980/02/03	週刊誌	2
ポール＆ウイングス来日直前のモノクログラフ「14年間お待ち申しておりました/ビートルズマニアの夢やっと実現」2ページ。

サンデー毎日/2月3日号
毎日新聞社
1980/02/03	週刊誌	2
巻頭モノクログラフ2ページに手錠を掛けられ連行されるスクープ写真と記事「マッカートニー御用/英国の反響は「それみたことか」」がある。

毎日グラフ/2月3日号
毎日新聞社
1980/02/03	週刊誌	1/2
ポール逮捕時のモノクログラフ「P・マッカートニー、マリファナ所持で逮捕 日本公演は中止」が半ページ程度。

週刊FM/2月4日-2月17日号
音楽之友社
1980/02/04	音楽雑誌	4
日本公演中止に触れながら、ポールも参加して前年末にロンドンで行われたカンボジア難民救済コンサートの巻頭カラーグラフのみ。

1980

平凡パンチ/2月4日号
平凡出版
1980/02/04 週刊誌 4
日本公演が中止になった一連の出来事をまとめた記事「ボール逮捕!!翼がもぎとられた」を掲載。スクープ写真ほか、「ボールはSILLYか!?」「リンダはショック、娘は発熱」など。

FM fan/2月4日-2月17日号
共同通信社
1980/02/04 音楽雑誌 2
ボール逮捕時の写真など4点のモノクログラフ「ボールの日本公演また幻」が2ページ。ボール来日中止事件関連登録。

週刊プレイボーイ/2月5日号
集英社
1980/02/05 週刊誌 3
ボール逮捕事件の全容レポート「P・マッカートニー逮捕!オフ・ステージ全ライブ」がある。逮捕直前の写真を添え「オジサーン、アタシのボールちゃん見せて…」などホットな内容。

週刊文春/2月7日号
文藝春秋
1980/02/07 週刊誌 1/3
「オフステージ」コーナーにボール逮捕に関する小記事「マリファナ余話・その1」「マリファナ余話・その2」がある程度。

週刊大衆/2月7日号
双葉社
1980/02/07 週刊誌 3
公演中止の舞台裏レポート「ウイングス、P・マッカートニー逮捕狂騒劇/公演中止でも損をしない呼び屋稼業の摩訶不思議」が3ページ。内容は「大損したプレミア切符購入者」「ナゾの多いボール逮捕」など。

微笑/2月9日号
小学館
1980/02/09 週刊誌 3
逮捕直後のスクープ写真とともに来日公演中止を詳報した「大麻逮捕!妻子の目前で…/P・マッカートニーが惨めな獄中生活を」「初めからマークされていたボール」「VIP扱いからくる甘さ!」など。

セブンティーン/2月12日号
集英社
1980/02/12 週刊誌 1/2
ボール逮捕と署名活動のモノクログラビア「1/21 ポール・マッカートニー逮捕!」に「ボールをイギリスに帰して」署名集会」があるのみ。

女性自身/2月14日号
光文社
1980/02/14 週刊誌 3
強制退去を命じられ成田空港へ向かうボールを捉えたモノクログラフ「P・マッカートニー国外退去を命じ/1月25日、成田空港から強制出国」「午後4時、車はフルスピードで成田空港へ」がある。

プチセブン/2月15日号
小学館
1980/02/15 週刊誌 2
2ページのモノクログラフ「ファン大ショック/あっ!ボールに手錠が…/P・マッカートニー日本公演は中止に!」がある。公演中止の記事と逮捕直前の写真など3点。

平凡パンチ/2月18日号
平凡出版
1980/02/18 週刊誌 5
ウイングス最終レポート「ポール・マッカートニー/日本の10日間秘話」がある。「東京で会おうと約束したボールだったが」「ボールに不可能という文字はない!」「リンダはホテルの部屋にひきこもっていた」ほか。

週刊女性/2月19日号
主婦と生活社
1980/02/19 週刊誌 1/2
ボール日本公演中止で、ガッカリしたファンのために企画された特番の話題「公演中止の代わり!木曜スペシャル日本テレビ2月7日がビートルズ特集を」。

ロックミュージック進化論
新潮社/渋谷陽一
1980/02/20 文庫本 2
ロックの歴史を紐解いた渋谷陽一のロックエッセイ集。1980年、日本放送出版協会より刊行された同名単行本に一部加筆し文庫化したもの。

平凡パンチ/2月25日号
平凡出版
1980/02/25 週刊誌 3
日本公演中止の話題とボール&リンダの近況情報「ボール&リンダ/最新公演と写真展」がある。国内で開催予定の写真展「リンダ・マッカートニー写真展」からのフォトを中心に3ページ。

GORO(ゴロー)/2月28日号
小学館
1980/02/28 一般雑誌 1
ボール逮捕関連記事「ボール・マッカートニー/唯一の日本人側近、専属パブリストが裏から見た事件の全貌」&関連記事「ボールの前座を蹴り、ボール逮捕の日に全米NO.1に躍り出たプリテンダーズ」が約1ページ。

モア/3月号
集英社
1980/03/01 一般雑誌 2
写真家ボブ・グルーエンが撮影したカラー・ステージショットをメインにした記事「来日直前ボール・マッカートニー&ウイングスのロンドン・コンサート(カンボジア難民救済チャリティーコンサート)取材!」がある。

ロッキング・オン/3月号
ロッキング・オン
1980/03/01 音楽雑誌 4
来日公演中止前の原稿に追稿を加えた「ウイングスから遠く離れて――演奏できなかったボール/松村雄策」と、音楽活動を再開したジョンに関する渋谷陽一と松村雄策の対談集「人物評ジョン・レノン」を掲載。

平凡/3月号
平凡出版
1980/03/01 一般雑誌 3
ボールの来日を記念して3ページの小企画「ぼくらのヒーローがやって来た/WELCOME WINGS」がある。ボール&ウイングスのミニストーリー、ほかディスコグラフィーなど。

高二時代/3月号
旺文社
1980/03/01 一般雑誌 6
読物特集「ビートルズの火は消えない!その偉大な足跡をたどってみる/中村俊夫」が6ページ。エピソード、坂本龍一や桑田佳祐などのコメント、簡単なディスコグラフィーなど。

ビックリハウス/3月号
パルコ出版
1980/03/10 一般雑誌 1/2
「試験に出そうな時事問題・これだけ押さえておけばOK!!」のひとつに「1/16 ボール成田で逮捕!」がある。ボールの顔写真と逮捕記事に加え、「試験に出た場合の解説」で半ページ程度。

ジャム/4月号
新興楽譜出版社
1980/04/01 音楽雑誌 5
特別企画「ポール・マッカートニー逮捕劇総括」①ポール・マッカートニー逮捕の全記録②ポール・マッカートニー逮捕にまつわる余波③英国人の目に映ったポール・マッカートニー逮捕事件とは…など。

BOMB!(ボム!)/4月号
学習研究社
1980/04/01 一般雑誌 1
ジョンとヨーコの有名な全裸写真とともに、ボール逮捕時のマリファナの量、公演中止の損害額など事件関連データを紹介した「P・マッカートニー マリファナ不法所持で逮捕される!!」が1ページ。

ロッキング・オン/4月号
ロッキング・オン
1980/04/01 音楽雑誌 2
来日中止を評した「禁麻番屋—ボール調べ/松村雄策」がある。

文藝春秋/4月号
文藝春秋
1980/04/01 8
逮捕されたボールの担当弁護士の記録「ボール・マッカートニー獄中記 十日間の勾留中に起こったすべてを弁護人が初めて語る/弁護士・松尾翼」が8ページ。

ヤングセンス/1980春
集英社
1980/05/10 音楽雑誌 1
ウイングスの新曲「アロウ・スルー・ミー」の楽譜のみ。

週刊文春/5月15日号
文藝春秋
1980/05/15 1/3
ボールの写真を添え、来日公演中止とアルバム「マッカートニーII」収録曲「フローズン・ジャパニーズ」に関する記事「またまたボールにナメられた日本人」がある。

平凡パンチ/5月19日号
平凡出版
1980/05/19 週刊誌 1/2
小記事「ボールからパンチ読者30名に特別プレゼント」がある。ボールの意向で、実現しなかった日本公演パンフレットを30人に提供するとの記事。

セブンティーン/5月13日-5月20日合併号
集英社
1980/05/20 週刊誌 1/6
わずかな記事と写真「日本公演をはたせなかったボールはかなり気にしているぞ」がある。ニューシングル「カミング・アップ」発売と日本公演中止後の話題。

月刊セブンティーン/6月号
集英社
1980/06/01 一般雑誌 1/10
ミュージックコーナーにごくわずかな記事と写真「ポール・マッカートニー待望の新曲がでたぞ」がある。日本公演中止になったボールが「カミング・アップ」をリリースした小記事。

BOMB!(ボム!)/6月号
学習研究社
1980/06/01 1/3
ビートルズ関連記事「ビートルズ、ステレオの歴史」がある。レコード、ステレオの起源とビートルズとの関係に触れている程度。

セブンティーン/6月3日
集英社
1980/06/03 週刊誌 1/4
ボールの写真と読者プレゼント企画「ボールからのプレゼントは幻の日本公演プログラム」がある。ボールのアルバム購入者の抽選とは別に、セブンティーン読者10人にもプレゼントするという記事。

週刊読売/6月8日号
読売新聞社
1980/06/08 週刊誌 2/3
巻頭モノクログラフ「カンヌ映画祭とその周辺」にボールとリンダのツーショット写真があるのみ。

週刊プレイボーイ/6月17日号
集英社
1980/06/17 1/3
小記事「決して日本人をバカにしたのではアリマセんとP・マッカートニーが謝ってきた…」。アルバム収録曲「Frozen Jap」の邦題を、誤解をさけるため「フローズン・ジャパニーズ」にしたという話題など。

女性セブン/7月31日号
小学館
1980/07/31 週刊誌 1/2
半ページ程度のリンゴとバーバラのツーショットグラフがあるのみ。

1980-1981

女性セブン/8月7日号
小学館
1980/08/07　週刊誌　1/10
「SEVEN MUSIC COLLECTION」のコーナーにビートルズの写真と関連記事が少し。

朝日ジャーナル/10月24日号
朝日新聞社
1980/10/24　週刊誌　4
「五年の沈黙を破った神秘の男/"主夫"に生まれ変わって安息を見つけたジョン・レノン」が4ページ。ニューズウィーク誌のインタビュー記事で、「半分は修道僧、半分はノミだった」「ザ・ビートルズ再集結には反対」など。

サッド・カフェでコーヒーを
冬樹社/北中和正
1980/10/30　単行本　10
1960年代を代表するミュージシャンの10年後を追跡したエッセイ。「第1章/ロック成熟」のなかで「ラジオからビートルズが流れてきた」「メディアの森にでる怪物」など、ビートルズの回顧と人気の秘密について簡単に触れている。

週刊ポスト/12月5日号
小学館
1980/12/05　週刊誌　1/2
事件前の記事で「篠山紀信氏がジョン・レノン夫妻の私生活を激写/"レコードジャケット写真を撮って…"の国際電話が発端で…」が半ページ強。この時に撮影された写真の掲載誌「写楽」の広告も1ページ。

ロックン・ロール・グラフィティ/ブリティッシュ編
新興楽譜出版社/住倉博之
1980/12/15　ムック/企画誌　12
ブリティッシュ・ロックを代表するアーティストの軌跡をまとめたもの。ビートルズ関連記事は「リヴァプール・サウンド」や「サージェント・ペパーズ・ロンリー・ハーツ・クラブ・バンド」ほか。

青春音楽グラフィティ
集英社文庫/名田貴好/橋倉正信
1980/12/15　文庫本　4
ポップス、ロックを中心にした名盤ガイド。当然ビートルズもあるが、アルバム紹介など4ページ程度。

男性自身/12月20日号
双葉社
1980/12/20　週刊誌　1/2
ジョン射殺事件近辺の発売だが、原稿は間に合わず。事件前のコラム小記事で「ビートルズのジョン・レノン"抱いて抱いて"と新アルバム」をそのまま掲載。アルバム「ダブル・ファンタジー」関連。

週刊プレイボーイ/12月23日号
集英社
1980/12/23　週刊誌　1/2
事件直前のニューズ・ウィーク誌のインタビュー抜粋記事と写真「ジョン・レノンが5年間の沈黙を破ってペラペラしゃべったこと」が少し。

オリコン/12月26日号
オリジナルコンフィデンス
1980/12/26　音楽雑誌　1
前号12月19日号に続き、追悼企画のPart2「ジョン・レノンをしのんで」や事件を報じる各新聞情報、ジョンの書籍紹介など。

朝日ジャーナル/12月26日号
朝日新聞社
1980/12/26　週刊誌　4
ジョン射殺事件を取り上げた緊急追悼企画「ジョン・レノンの死/山川健一」がある。「希望なき時代の始まり」「本音と巨大化との落差」「母親がわりのヨーコ」「傷ついた裸のレノン」など。

新版若い歌声
教育芸術社
1980/　単行本　1
一部ギターコードを記したハンディ楽譜集。青春のリズム、つどいの歌、世界のメロディ、日本の歌など200曲程度を収録。ビートルズは【イエスタデイ】のみ1ページ。

1981

週刊現代/1月1日号
講談社
1981/01/01　週刊誌　1/3
ジョンの事件直後から始まった追悼イベントの話題と小写真「レノン追悼にひしめく企画の競演/オノ・ヨーコの追悼文から香典まで」がある。

オフィス英語/1月号
インタープレス
1981/01/01　一般雑誌　1-
「新聞英語を味わう法」の解説コーナーにジョンの写真と「ジョン・レノンの射殺事件」がある。射殺事件を報じるロイター通信の3行記事の第1報、第2報、第3報を簡単に紹介。

ぴあ/1月2日号
ぴあ
1981/01/02　週刊誌　1/8
わずかな小記事ばかりだが、ポール来日公演中止やジョンのニューアルバム、射殺事件に関する記述などが随所に。「編集後記」の最後でもジョンの悲報に触れている。

週刊読売/1月4日号
読売新聞社
1981/01/4　週刊誌　4
4ページの貴重なグラフ「本誌独占・死の直前のジョン・レノン」。最後のアルバムとなった「ダブル・ファンタジー」ジャケットにサインする姿ほか、追悼写真を掲載。

週刊明星/1月4日号
集英社
1981/01/04　週刊誌　1
「ニュース・スクランブル」に射殺事件を伝える記事と写真「愕然！ヨーコ夫人の目前でジョン・レノン(40)がニューヨークで射殺される!!」がある。

週刊ミュージックラボ/1月5日号
ミュージックラボ
1981/01/05　週刊誌　1+
ジョン追悼の寄稿「ジョン・レノンの死 アメリカの反応／リチャード・ナッサー」と、ジョンの死に対するポール、ジョージ、スティーヴィー・ワンダーほかのコメント「各アーティストの反応」合わせて1ページ半程度。

週刊明星編集/オールスターグラフィティー
集英社
1981/01/10　週刊誌　2
「80年BIGニュース10！」のカラーグラビアページに「P.マッカートニー成田空港で逮捕1.21/ウイングス公演は中止、ファンはガックリ！」がある。逮捕スクープ写真など2ページ。

セブンティーン/1月6日-1月13日号
集英社
1981/01/13　週刊誌　2
長渕剛、桑田佳祐、イルカ、吉田拓郎、財津和夫、さだまさし、南こうせつ、松山千春などの追悼メッセージ集「GOOD-BYE John Lennon/ジョン・レノン あなたはいつまでもわたしたちの心の中に生きている」がある。

レコード・マンスリー/2月号
日本レコード振興
1981/01/15　音楽雑誌　2
ジョン射殺事件の特別寄稿「哀悼。ジョン・レノン／香月利一」が2ページ。ジョンの軌跡を、アルバムと絡めて完結にまとめてある。ジョンへの敬愛を感じる文章は香月利一らしい。

女性セブン/1月15日号※合併号
小学館
1981/01/15　週刊誌　4
「証言構成/オノ・ヨーコ夫のために世界中を黙とうさせた未亡人」が4ページ。「ジョンとヨーコを結びつけた"5ポンドの釘打ち"儀式」「彼女がくれたオシッコのおみやげ」「一流の芸当だった」など。表紙コピーなしのヴァージョン。

女性自身/1月15日号
光文社
1981/01/15　週刊誌　3
射殺事件後の関連記事「天文学的な遺産を相続した、悲劇のレノン未亡人／オノ・ヨーコの余生はどうなる？」「ヨーコは錯乱状態というウワサ」「今後もアメリカを離れられない？」がある。

オリコン/1月16日号
オリジナルコンフィデンス
1981/01/16　音楽雑誌　1/8
射殺事件後のニューヨークの厳重な警備体制とその余波を紹介したコラム「ジョン・レノン事件の意外なおもしろ余波／伊藤俊治」のみ。

ぴあ/1月16日号
ぴあ
1981/01/16　週刊誌　1/6
「ジョン・レノンの追悼関連」「ジョン・レノンの死を悼しむフィルム・コンサート相次いで開催」ほか、「ビートルズ復活祭」「ジョン・レノン・メモリアルコンサート」「ジョン・レノン追悼フィルムカーニバル」などがあるが、いずれもわずかな情報案内程度。

FMレコパル/1月19日-2月1日号
小学館
1981/01/19　音楽雑誌　1/2
「ミュージック・ジャーナル」にジョン射殺事件についての最新情報「米誌が報告した12月8日以前のチャップマンの足どりは…？」がある。

週刊プレイボーイ/1月20日号
集英社
1981/01/20　週刊誌　1/6
「ヤンレボTRASH」の小記事コーナーにジョン急逝に便乗した商品の話題「レノン・アズ・NO.1」のみ。

女性セブン/1月22日号
小学館
1981/01/22　週刊誌　1/2
ジョンの遺作「ダブル・ファンタジー」収録の【スターティング・オーヴァー】の解釈や、アルバム写真にまつわるエピソードを紹介した記事「ジョン・レノンは死を予感していたというミステリーと"神話"」がある。

オリコン/1月23日号
オリジナルコンフィデンス
1981/01/23　音楽雑誌　1/8
ビートルズ・トリビュートアルバムについての話題「故J.レノン参加!?幻のビートルズ・サウンド発売へ」のみ。ジョンの写真もあり。

週刊明星/1月25日号
集英社
1981/01/25　週刊誌　6
6ページのジョン追悼特集「あのビートルズのメンバーは今…PART.2／ジョージ・ハリスン&リンゴ・スター狂っている人々の真ん中でぼくたち4人だけ正気だった!!」がある。

1981

週刊新潮/1月29日号
新潮社
1981/01/29 週刊誌 2

本誌特集で「ヨーコのメッセージ大広告を受け取った『朝日新聞読者の反響』がある。事件後のヨーコのメッセージと読者寄稿など。

週刊TVガイド/1月30日号
東京ニュース通信社
1981/01/30 週刊誌 1/4

「Weekly Spot」のコーナーにポールとジョンのわずかな各小記事があるのみ。ポールはアニメ映画『ルパートとカエルの歌』の主題歌制作、ジョンはEP発売と射殺事件のポスト誌の話題など。

YMMプレイヤー/1月30日号
プレイヤー・コーポレーション
1981/01/30 音楽雑誌 2

2ページのジョン追悼企画「ジョンの魂がいつまでも生き続けることと、冥福を祈って/By LanPye」がある。悲報を知った筆者がジョンの近況や功績、回想を綴ったもの。

ぴあ/1月30日号
ぴあ
1981/01/30 週刊誌 1/6

「MUSIC FM」コーナーに「ジョン・レノン追悼特集」番組案内、「YouとPia」コーナーに「ジョン・レノンの死によせて」「日本マスコミ界の不甲斐なさ」と「ジョン追悼メモランダム、スーパースターへの憧れ」がある程度。

BOMB!（ボム！）/2月号
学習研究社
1981/02/01 一般雑誌 4

ジョン追悼特集「ジョン・レノン、えっ20世紀のスーパースターびっくり遺稿集」がある。ジョンが残した名言、エピソード、ハプニング写真やイラストほか、射殺犯チャップマンの写真など。

レコード芸術/2月号
音楽之友社
1981/02/01 音楽雑誌 1

追悼文「レノンと共に時代が去ってゆく、あるビートルズフリークの回想と哀悼/鳥井ガク」がある。小学6年生の時からのめり込んだ自身の回想や、事件とジョンへの思いなど。

音楽の友/2月号
音楽之友社
1981/02/01 音楽雑誌 2/3

音友ニュースに「レノンの死とビートルズ世代の登場と…/小野好恵」がある。ジョンの死と、ビートルズに大きな影響を受けた日本のアーティストや作家の動向など。

写楽/2月号
小学館
1981/02/01 一般雑誌 2

篠山紀信が撮影した貴重フォトをコメント付で掲載。ジョン&ヨーコの折込みカレンダー付。

写楽/2月号付録ポスター/ジョン&ヨーコ
小学館
1981/02/01 付録ポスター ※

「写楽」1981年2月号の折込み特別付録「ジョン&ヨーコ/撮影：篠山紀信」ポスター。

ロッキング・オン/2月号
ロッキング・オン
1981/02/01 音楽雑誌 2

特別寄稿「追悼ジョン・レノン/'80年12月8日10時50分」がある。「何も無かったふりをしてずっと飲み続けよう/松村雄策」「スーパースターは(そこに)安住したら殺される/岩谷宏」「ジョン・レノンの死んだ日/橘川幸夫」ほか。

中学三年コース/2月号
学習研究社
1981/02/01 一般雑誌 4

ジョン追悼特集「ジョン・レノン追悼読物/あなたの心は今日も世界に響いている…」がある。「優しさを求め続けたジョン」「自分に忠実に生きていこう」ほか、ビートルズの足跡、ジョンとヨーコ2人のエピソードなど。

宝石/2月号
光文社
1981/02/01 一般雑誌 1

ジョンとヨーコが設立したスピリット財団とタス通信の話題「射殺されたジョン・レノンの『精神の財団』の活動とタスの事件報道」がある。事件後に財団に寄せられた援助金をヨーコらが恵まれない人々に贈ったことほか。

高一時代/2月号
旺文社
1981/02/01 一般雑誌 4

4ページの特集記事「JOHN LENNON FOREVER/あなたの微笑みは、いつもやさしかった」がある。「世界各地で悲しみの追悼集会が」「愛と平和の使者、ジョン」「ジョン・レノンは生きている」ほか、桑田佳祐の追悼コメントなど。

JJ（ジェイジェイ）/2月号
光文社
1981/02/01 一般雑誌 1

ジョンを意識したアルバム紹介記事「ビートルズは、伝説上のグループになってしまった。」が1ページ。ジョン射殺事件に触れたアルバム『ダブル・ファンタジー』ほか、『イマジン』『アビイ・ロード』など6枚の写真と記事。

NONNO（ノンノ）1月20日-2月5日合併号
集英社
1981/02/05 一般雑誌 1/3

ジョンが凶弾に倒れた小記事と写真ほか、アルバム『ダブル・ファンタジー』のリリースニュース「さようなら！私たちのジョン・レノン」がある。

週刊アサヒ芸能/2月5日号
アサヒ芸能出版社
1981/02/05 週刊誌 1

ジョンが凶弾に倒れて40日後に掲載された新聞一面広告の話題「世界の一流紙(9社)に会葬御礼広告を出した偉大なレディ/オノ・ヨーコ」がある。「広告料金は二千万円前後？」「遺産は100億円以上！？」など。

ポパイ/2月10日号
平凡出版
1981/02/10 一般雑誌 2

「ジョン・レノンが撃たれたときぼくはザ・ビートルズ・ブックを思い出した。/片岡義男」が2ページ。全77巻の有名なビートルズ専門誌「ザ・ビートルズ・ブック」に関するものだが、一部射殺事件にも触れている。

週刊プレイボーイ/2月10日号
集英社
1981/02/10 週刊誌 16

16ページにおよぶ特別読切小説「ルーシーは爆薬を持って空に浮かぶ/河野典生」がある。ジョン射殺事件のニュースを知ったロックを愛する主人公の青春物語。

週刊女性/2月10日号
主婦と生活社
1981/02/10 週刊誌 1

ジョンの射殺事件から約1年を経て世界の有力新聞9誌に掲載したヨーコのメッセージ全文を紹介した「オノ・ヨーコ/感謝をこめて世界のファンに贈ったメッセージの反響！」がある。

女性自身/2月12日号
光文社
1981/02/12 週刊誌 1

巻末モノクログラフ「父、J・レノンの死の悲しみもいえて/ショーン君に笑顔が戻った」が1ページ。ニューヨークのセントラルパークで遊ぶショーンの写真と小記事。

BRUTUS/2月15日号
平凡出版
1981/02/15 一般雑誌 4

対談特集「コミュニケーション時代」の中で、ジョン愛好家、横尾忠則と内田裕也の「俺たちのジョン・レノン対談/ジョンが足元を照らしてくれていたから、安心して歩くことができてた気がするんだ。」がある。

報道写真1981
共同通信社
1981/02/15 ムック/企画誌 1

追悼集会やジョン&ヨーコの写真など、ジョン射殺事件関連フォトを掲載。

NONNO（ノンノ）2月20日号
集英社
1981/02/20 一般雑誌 5

ジョン射殺事件の特集「オノ・ヨーコ/ジョンへ贈る鎮魂歌、祈ってください愛をこめて」5ページ。事件の記事と回想録、写真など。

朝日ジャーナル/2月20日号
朝日新聞社
1981/02/20 週刊誌 6

アメリカの歴史学者ジェリー・K・フィッシャーによる、ジョンの死が持つ意味に関する6ページの詳細レポート「反知性時代の到来を予兆する地球市民の死/ジェリー・K・フィッシャー」がある。

朝日新聞報道写真集/1981
朝日新聞社
1981/02/20 ムック/企画誌 1

朝日新聞の報道写真集。1980年1月16日の「マッカートニー逮捕」、12月8日の「ジョン・レノン死す」「追悼集会に大群衆」の写真と記事を掲載。

週刊プレイボーイ/2月24日号
集英社
1981/02/24 週刊誌 1

ヤング・リポートのコーナーに「ジョン・レノン追悼！？ロンドン→リバプール→ニューヨーク/NEWマジカル・ミステリー・ツアーにキミも参加する？」がある。ジョンの追悼ツアー「第3回ビートルズ旅行団」の話題。

ウィークエンド・スーパー/3月号
セルフ出版/日正堂
1981/03/01 一般雑誌 1

1978年に極秘来日したジョンとヨーコのツーショット写真があるほか、「予言実行委員会/八木一郎」ページに、射殺犯マーク・チャップマンの顔写真とジョン射殺事件の記述が少し。

mc Sister（エムシーシスター）/3月号
婦人画報社
1981/03/01 一般雑誌 1

ジョンが死んだ日、リバプールからリボルバーという4人組グループがデビューした話題「さようならジョン・レノンそしていま、リボルバー！/リボルバーは時代が生んだビートルズだ」がある。

ギャルズライフ/3月号
主婦の友社
1981/03/01 一般雑誌 2-

2ページ弱の追悼記事「追悼ジョン・レノン/ジョンこそは新しい時代のクリエイターだった。」がある。ジョンのビートルズ時代の写真ほか「ビートルズのリーダーだった彼は、若者文化のリーダーでもあった」など。

スクリーン・イングリッシュ/3月号
英潮社
1981/03/01 一般雑誌 2+

「ジョン・レノンが死んだ日 IMAGINE/小野耕世」が2ページ。射殺事件当日のステーキ店で遭遇した出来事を紹介した記事と写真。そのほか「SCREEN TOPICS/ジョン・レノン射殺さる」などの記事もある。

モア（MORE）/3月号
集英社
1981/03/01 一般雑誌 3

カラー3ページのジョン追悼特集「ジョン・レノン/あなたは逝った。大きなものを残して」がある。なかなか充実した特集で、篠山紀信、ボブ・グルーエン、松本路子の写真と山口昌子の追悼特集文など。

ロッキング・オン/3月号
ロッキング・オン
1981/03/01 音楽雑誌 8

ポールのインタビュー特集「ポール・マッカートニー/ビートルズが出たのはひとつの時代の終わりだった」がある。他にも「ジョン・レノン事件に関する報道のほとんどはゴミ雑じゃ/渋谷陽一」もある。

映画情報/3月号
国際情報社
1981/03/01 一般雑誌 2

射殺事件の直前に撮影された篠山紀信によるカラーフォトを添えた追悼グラフ「ジョン・レノン/愛よ永遠に…」「語り伝えられるべき永遠の人/佐藤晃彦」がある。

1981

宝島/3月号
JICC出版局
1981/03/01　一般雑誌　4
ジョン射殺事件の3時間前に行われたRKOラジオのインタビュー「ジョン・レノン・ラスト・ワーズ/8, December, 1980」を掲載。

平凡/3月号付録平凡ソング
平凡出版
1981/03/01　付録　3-
月刊平凡の付録ソングブック。ジョン追悼コラム「ジョン・レノン/復活そして死」と【スターティング・オーヴァー】の楽譜合わせて3ページ弱。

漫画オリンピア/3月号
辰巳出版
1981/03/01　一般雑誌　20
掲載漫画のひとつに、ジョンのイラストタイトルと「さよならJ.LENNON」のキャプションを付けたあるがままに・LET IT BE/八木正彦」が20ページ。直接関係はないものの、ジョンやビートルズが数点登場する。作者はジョンのファンか？

週刊明星/3月5日号
集英社
1981/03/05　週刊誌　1
凶弾に倒れる直前に行われたRKOラジオのインタビューについての記事「ジョン・レノン死の40分前に語った肉声が！」がある。

週刊プレイボーイ/3月17日号
集英社
1981/03/17　週刊誌　1/4
ミュージックコーナーに小記事「J.レノンの遺言」がある。ジョン生前最後のラジオ放送インタビューの話題。

隔月刊ロック・ショウ/4月号
新興楽譜出版社
1981/04/01　音楽雑誌　4
特集「ジョンの魂よ、永遠に…/John Lennon Forever」がある。ヨーコの朝日新聞掲載メッセージほか、「運命の出会い」「周囲の無理解のなかでいっそう結びついた固い絆」「5年ぶりの再出発を無残に打ち砕いた凶弾」など。

写楽/4月号
小学館
1981/04/01　一般雑誌　2
一般投稿コーナーに軽井沢滞在中のジョンの貴重スナップショットと記事「さよならジョン・レノン」がある。

話の特集/4月号
話の特集
1981/04/01　一般雑誌　5
極秘来日中のジョンとヨーコを、画廊と歌舞伎座に案内した筆者の貴重な体験談「ジョン・レノンと歌右衛門/木村東介」を5ページ掲載。

コマーシャルフォト/4月号
玄光社
1981/04/01　一般雑誌　2-
巻末に風俗時評「ジョン・レノンとジャパン/ジャポニズム再考：海野弘」がある。射殺事件後の特集号、米ローリングストーン誌のジョンとヨーコの表紙などからの時評。ただ事件については冒頭で触れている程度。

ホット・ドッグ・プレス/4月号
講談社
1981/04/01　一般雑誌　1-
ジョン一家の写真を添えた射殺事件関連記事「レノンは自分の射殺を予見していた！」と「リボルバーはビートルズのパロディか？」合わせて1ページ程度。

週刊朝日/4月3日号
朝日新聞社
1981/04/03　週刊誌　2/3
事件の直前に行われたプレイボーイ誌のインタビューを収録した単行本（中央公論社刊）の解説「死を前に明かしたレノンの世界/ジョン・レノンPLAYBOYインタビュー」がある。

週刊女性/4月21日号
主婦と生活社
1981/04/21　週刊誌　1
ジョンとヨーコの写真と記事「レノン射殺事件から3ヶ月・小野ヨーコ・遺産相続575億円、1日4千600万円のレコード印税で優雅な音楽活動！」がある。射殺事件後のヨーコの音楽活動の話題など。

ホット・ドッグ・プレス/5月号
講談社
1981/05/01　一般雑誌　1/2
ジョン射殺事件後のヨーコの近況記事と写真「レノンの息子を誘惑するヨーコ・オノ」が1/2ページ。「レノンの息子」とはジュリアンのこと。

映画ファン/5月号
愛宕書房
1981/05/01　一般雑誌　1/2
ジョン射殺事件後のヨーコ新作の話題「事件当夜リミックスしていた自作の曲をヨーコが発表。そう、故ジョン・レノンのために」がある。ジョン&ヨーコの写真とヨーコの作品「ウォーキング・オン・シン・アイス」についてほか。

PLAYBOY（プレイボーイ）/5月号
集英社
1981/05/01　一般雑誌　2
PLAYBOY特別編集の「プレイボーイ・インタビュー/JOHN LENNON」単行本の見開き広告。ジョンの表紙写真ほか未公開遺稿抜粋や装丁が横尾忠則であることなど記事も多い。

週刊TVガイド/5月8日号
東京ニュース通信社
1981/05/08　週刊誌　1/3
「音楽」のコーナーに、1979年12月にロンドンで行われたカンボジア難民救済コンサート関連記事と写真「ポールほかロックスターのスーパージャムを」。

悪霊島（上）
角川文庫/横溝正史
1981/05/30　文庫本　0
映画《悪霊島》の原作本（上巻）。映画にはビートルズの【レット・イット・ビー】と【ゲット・バック】が使われた。

悪霊島（下）
角川文庫/横溝正史
1981/05/30　文庫本　0
映画《悪霊島》の原作本（下巻）。

BRUTUS（ブルータス）/6月1日号
平凡出版
1981/06/01　一般雑誌　1/3
同一ページにふたつの小記事「マニアを色めきたたせるビートルズのデモテープを発見」と「ヨーコ・オノ夏までに新アルバム発表」。

ホット(HOT)告白とスキャンダルNO.6
アリス出版
1981/06/01　一般雑誌　3
「自販機本」と呼ばれるアダルト雑誌だが、3ページの特集記事「ジョン・レノン追悼」がある。まじめな追悼記事「グッドバイ、ジョン・レノンまた会う日まで」など。発行日の記載はないが、記事内容から6月と推察。

MY HUSTLER（マイハスラー）/6月号
笠倉出版社
1981/06/01　一般雑誌　1/2
記事「Jレノン死後あたふたと活動しはじめた元ビートルズ三人のちょっぴり気になる近況」が半ページほど。ポールが「フーズ・フー」誌の世界名士録にビートルズのメンバーで初めて名を連ねた話題など。

女性セブン/6月18日号
小学館
1981/06/18　週刊誌　3
独占掲載「あの衝撃から6ヶ月オノ・ヨーコ初インタビュー/ジョンのやきもちと闘った日々」が3ページ。ジョン射殺事件後、作家フィリップ・ノーマンに語った告白インタビュー全文。

ポパイ/6月25日号
平凡出版
1981/06/25　一般雑誌　1/4
ヨーコ関連の最新ニュースとシングル盤「ウォーキング・オン・シン・アイス」発表の際に流したビデオテープの話題「ヨーコ夫人はレノンとのあの行為を見せるのがお好き！？」。

写楽/7月号
小学館
1981/07/01　一般雑誌　11
ビートルズ解散前後の約2年間（1969年5月～1971年8月）、ジョンとヨーコが住んでいたロンドン郊外のアスコットにある邸宅の写真と取材記「ジョンとヨーコ、愛の邸宅よ永遠に/小沢忠恭」を巻頭グラビア11ページに掲載。

マリファナ・ナウ
第三書館
1981/07/10　単行本　数
マリファナの歴史と現状について、法的問題、精神作用、効力、体験レポートなどの側面から徹底解析を試みた研究書。一部「マリファナ・ツアーとポールへの弾圧」などロック・アーティスト関連のレポートなど。

週刊プレイボーイ/7月21日号
集英社
1981/07/21　週刊誌　4
ジョン射殺事件後のビートルズ3人の近況レポート「死してなおビートルズたちに影響を与え・・・」と「ポール・マッカートニー&ウイングス幻の日本公演ステージをライヴ・フィルムで再現!!」など。

平凡パンチ/8月3日号
平凡出版
1981/08/03　週刊誌　3/4
「パンチ・ポップトピックス」のコーナーに「待望！ポールのライブ・フィルム公開"ロック・ショー"」が半ページ強。来日公演中止にも一部触れている。

週刊朝日/8月14日号
朝日新聞社
1981/08/14　週刊誌　4
4ページの特別寄稿「私がオノ・ヨーコと語り合った三時間/加藤登紀子」がある。加藤登紀子のヨーコ宅訪問のようすを記した寄稿文で、ジョン射殺事件後とあって「とにかく手紙を出してみた」ほか。

ポパイ/8月25日号
平凡出版
1981/08/25　一般雑誌　1/2
ジョン射殺事件後に触れたヨーコの小記事「ジョン・レノンの死、オノ・ヨーコの熱唱で甦るか」がある。

アメリカン・バイオレンス/VIOLENCE USA
東宝事業部
1981/08/29　映画パンフレット　1未満
アメリカ国内で発生した数々の暴力事件・殺人事件などの犯罪シーンを収録したドキュメンタリー・フィルムのパンフレット。ジョンの8万人追悼集会のもようや関連情報を一部掲載。

写楽/9月号
小学館
1981/09/01　一般雑誌　1+
ジョン関連遺品グラフ「想像してごらん。この空間にもジョン・レノンの歌が聞こえる」ほか、記事「元ビートルにいとしく/小野洋子とジョージ・ハリスンがジョン・レノン追悼アルバムを出した」など。

愛へもう一歩・アイ・ラブ・ユー・ブック
工作舎/I LOVE YOU編集室
1981/09/20　ムック/企画本　4+
愛をテーマにした全90ページの大判グラフィック・メッセージ集。ジョン&ヨーコのポートレートほか、桑田佳祐、唐佳孝、内田裕也、佐野元春などの追悼メッセージ「Love me do/ジョンとヨーコのラブ・リフレイン。」が4ページ。

アサヒカメラ/10月号
朝日新聞社
1981/10/01　一般雑誌　1
鈴木士郎康の新映像論「浅井慎平/出会いに発火した写真」の一部に、「ビートルズ東京100時間のロマン」収録写真4点と関連記事「ビートルズ撮影で写真に開眼」がある。

1981-1982

ビッグ・コミック・フォアレディ/10月号
小学館
1981/10/01　一般雑誌　　　1
ジョン射殺事件の2週間前に行われたPLAYBOY誌インタビューの単行本発売に関する記事「読み終えて、レノンとビートルズがより好きになった」が1ページ。

中一時代/10月号
旺文社
1981/10/01　一般雑誌　　1/2
リンゴ出演映画『おかしなおかしな石器人』の映画紹介ほか、さだまさしの主演映画にビートルズのヒットナンバーが使用されるという小記事など。

週刊セブンティーン/10月6日号
集英社
1981/10/06　週刊誌　　　1
巻末カラーグラフ「STスクリーン指定席/出てくる会話は15話だけ!リンゴ・スターのずっこけ人類史物語・おかしなおかしな石器人」がある。リンゴ主演映画の紹介。

週刊プレイボーイ/10月27日号
集英社
1981/10/27　週刊誌　　　1/2
「ザ・ミュージック」コーナーに「あれっ"悪霊島"のサントラ盤からビートルズが消えちゃった」が半ページ程度。サントラ盤に収録予定のビートルズナンバーが間に合わずオーケストラ楽曲になったという記事。

AtoZシアター・リーフレット
AtoZ
1981/11/01　その他　　　1
渋谷公園通りにオープンしたAtoZシアターの三つ折リーフレット。オープニング・フェスティバルでは「ビートルズ歴史展」「ジョン・レノン展」「ビートルズ映画フェスティバル展」などが企画された。

旅の絵本Ⅲ/安野光雄
福音館書店
　　　　　　その他/絵本　　　※
「旅の絵本」シリーズのイギリス編。ビートルズが絵本の中に登場すると聞いてはいたが、見つけるのは苦労する。ビートルズ4人が広場で演奏している小さな絵が1カ所ある。

週刊明星/11月19日号
集英社
1981/11/19　週刊誌　　　1
ジョンの生誕に合わせて、10月9日にロサンゼルス市公会堂前に設置された銅像写真と記事「故ジョン・レノン 蘇ったスーパー・ヒーロー」がある。

コミックトム/12月号
潮出版社
1981/12/01　一般雑誌　　　3
アメリカで「拳銃所持反対運動」の機運が高まっている話題を取り上げた3ページの「12月8日ジョン・レノン一周忌とガン・コントロール」がある。射殺事件当時の新聞切り抜きやジョン、ビートルズの写真など。

ロック百科VOL.2/リヴァプールからサンフランシスコ
サンリオ/フィル・ハーディー/デイヴ・ラング
1981/12/05　単行本　　　4
アルファベット順に編集されたロック・アーティスト名鑑。ビートルズは活動の歴史を中心に4ページ程度。

ルーシーは爆薬持って空に浮かぶ
集英社/河野典生
1981/12/10　単行本　　　38
ビートルズ・ナンバー【ルーシー・イン・ザ・スカイ・ウィズ・ダイアモンズ】の曲名をもじったタイトルの、河野典生の短編小説を収録した単行本。

週刊文春/12月17日号
文藝春秋
1981/12/17　週刊誌　　　6
6ページの現地取材レポート「ジョン・レノンをつかまえて/あれから1年――現地徹底取材・青木冨貴子」がある。射殺犯マーク・チャップマンに関するレポートが中心。

週刊文春/12月24日号
文藝春秋
1981/12/24　週刊誌　　　7
前号に続き、ライター青木冨貴子の現地徹底取材・公判レポート「ジョン・レノンをつかまえて/完結篇」がある。射殺犯チャップマンの公判レポートなどで「べつまくなしに泣き続ける」「唖然として聞き入る傍聴人」ほか7ページ。

週刊TVガイド/12月25日号
東京ニュース通信社
1981/12/25　週刊誌　　　1/2
小記事、ジョン射殺事件後の報道回顧録「死して一年、ジョン・レノン事件とTV報道」がある。

週刊読売/12月27日号
読売新聞社
1981/12/27　週刊誌　　　3+
ジョン一周忌に六本木のレストランクラブで開催されたチャリティオークション関連のグラフ「もう一つの12月8日/ジョン・レノンをしのぶオークション」ほか、小記事「ファン興奮、来年レコード化へ/ビートルズに未発表曲」がある。

悪霊島
東映・映像事業部
1981　　　映画パンフレット　　　2
横溝正史原作の〈悪霊島〉の映画パンフレット。この映画にビートルズの【レット・イット・ビー】【ゲット・バック】が使用されたため、パンフレットにもビートルズ関連ページがある。

1982

FMステーション/2月15日-2月28日号
ダイヤモンド社
1982/02/15　音楽雑誌　　　1
ジョンの話題「ジョン・レノンとシンシアの結婚証明書のお値段は?」「ジョン・レノンの最初の妻、シンシア・レノンはニューヨークで画家として活躍中だ」など。

フォーカス/2月19日号
新潮社
1982/02/19　週刊誌　　　2
母親の見舞いのため来日したヨーコの記事と写真「世界的テレパシー――母親の病気を見通したオノ・ヨーコ」がある。

平凡パンチ/3月1日号
平凡出版
1982/03/01　週刊誌　　　7
7ページの結成20年モノクログラフ特集「パンチはあのビートルズ時代を呼び戻したい!/THE BEATLES 4 EVER」がある。「4人の歩んだ道は、若者の青春そのもの」ほか、ビートルズの年代別写真など満載。

アンアン/4月2日号
平凡出版
1982/04/02　一般雑誌　　　1
ポールのインタビュー「ジョンについての歌を書くかどうか、あまりにも身近な問題すぎて、ずっと迷ってたんだ…。」が約1ページ。2年ぶりのニューアルバムやジョンに関する曲の話題。

ミセス/4月号
文化出版局
1982/04/07　一般雑誌　　　8
ビートルズ世代のファッション・モノクログラフ特集「ビートルズエイジは今、ミセス。」がある。1ページにビートルズのアルバム1枚とファッショングラフで8ページ。※この当時の発行日は毎月7日。

ミス・ヒーロー/5月号
講談社
1982/05/01　一般雑誌　　　2
特別インタビュー「ポール・マッカートニー/インタビュアー松村雄策」「僕とジョンはあまりにも近すぎた。だから逆に分からない部分がある。親友ってそんなもんじゃない」ほか。

ホット・ドッグ・プレス/5月25日号
講談社
1982/05/25　一般雑誌　　　1
ビートルズデビュー20周年企画「再びYEAH!YEAH!YEAH!ザ・ビートルズ祝デビュー20周年で思いっきり"抱きしめたい"/八重樫健一」が1ページ。ビートルズの足跡紹介など。

オリコン/5月28日号
オリジナルコンフィデンス
1982/05/28　音楽雑誌　　　2
ポールの特集がある。ディスコグラフィー、「タッグ・オブ・ウォー」リリースニュース、ギネスブック掲載記事、インタビュー、書籍紹介、履歴など。

キネマ旬報/6月1日号
キネマ旬報社
1982/06/01　一般雑誌　　　1未満
わずかにビートルズ関連の記述があるのみ。

サーフィン・ワールド/6月号
オーシャンライフ
1982/06/01　一般雑誌　　　1/8
巻末「SOUNDS」紹介コーナーでポールの最新アルバム「タッグ・オブ・ウォー」のリリース記事。

写楽/6月号
小学館
1981/06/01　一般雑誌　　　2
「image supermarket」コーナー2ページにビートルズのトピックスを掲載。CBCソニー出版の単行本「ツイスト・アンド・シャウト・ザ・ビートルズ」、六本木のクラブ「ゲット・バック・トゥ・キャヴァン」の話題など。

写楽/7月号
小学館
1981/07/01　一般雑誌　　　1/2
「写真&レター」コーナーにジョンのアルバム「イマジン」のジャケットについての写真投稿があるのみ。

フォーカス/8月6日号
新潮社
1982/08/06　週刊誌　　　2
解散して13年、衰えない人気ぶりと、ビートルズのコピーバンド「ニートルズ」来日関連記事「かぶと虫は今――結成20周年、散じてなお御々を潤す」がある。

漫画アクション/8月12日号
双葉社
1982/08/12　週刊誌　　　1
ビートルズ来日の名ルポルタージュ「ザ・ビートルズ・レポート」復刻本発売のニュースと書評「ビートルズと私 これは音楽ジャーナリズムの一つのお手本なのであります」がある。

60'sポップスグラフィティ/エルビスが青春だった
白風書房/桐谷浩史(編)湯川れい子(協力)
1982/08/15　ムック/企画本　　　3
アルバム11枚の写真を掲載したビートルズ「アメリカン・ポップスを倒した4人組」「グラミー賞/ビートルズになかったツキ」など。

1982-1983

フォーカス/8月20日号
新潮社
1982/08/20　週刊誌　1
ポールの隠し子発覚の記事と写真「ビートルズの裏面史を生きた女——デビュー前のポールに娘がいた」がある。

フォーカス/8月27日号
新潮社
1982/08/27　週刊誌　2
マディソン・スクエア・ガーデンで行われたエルトン・ジョンのコンサートに登場したヨーコ&ショーンの写真と記事「伝説の中の母子——エルトン・ジョンのステージに現れたヨーコとショーン」がある。

週刊女性/8月24日-8月31日号
主婦と生活社
1982/08/31　週刊誌　1+
スクープ記事「西ドイツ発、元ビートルズ・あのポール・マッカートニーに19歳の娘が！15億円の慰謝料でついに正式認知」がある。元恋人の娘をポールが認知し、慰謝料も支払ったという記事。

帰郷
東宝事業部/日本ユナイテッド・アーチスツ映画
1982/09/02　映画パンフレット
【ヘイ・ジュード】【ストロベリー・フィールズ・フォーエヴァー】の2曲が使われた映画。パンフレットにも曲名がクレジットされている。

日本のロック&フォーク史/志はどこへ
音楽之友社/田川律
1982/09/10　単行本　4
日本のロックとフォークの歴史と変貌を年代順にまとめた書で、ビートルズ来日とその影響を記した「ビートルズがやってきた」などがある。

ポパイ/9月25日号
平凡出版
1982/09/25　一般雑誌　1
モノクログラフ「英国少年、ひと休みする。/ビートルズとイギリスとの関係を考察。」がある。ビートルズのゆかりの地をたずねたガイドブック「Beatles' England」の紹介など。

フォーカス/10月1日号
新潮社
1982/10/01　週刊誌　2
米経済誌フォーブスが発表した「女億万長者15人」に加わったヨーコの写真ほか「女が億万長者になる法/米経済誌が選んだ15人をながめてみると」がある。

プレイボーイアイズ/10月号創刊号
集英社
1982/10/01　一般雑誌　1/3
小記事、「ストロベリー・フィールズ・フォーエバー」がある。ビートルズのゆかりの地をまとめた写真集「ビートルズ・イングランド」刊行の話題とゆかりの地の写真を紹介。

音楽が終わった後に
ロッキング・オン/渋谷陽一
1982/10/01　単行本　1未満
ロッキング・オンや音楽専科、宝島などに掲載された原稿のうち、1973年から1979年のものをまとめたもの。「結局無縁であったユリイカの特集/ビートルズ特集批判」があるが、直接ビートルズに触れる部分は少ない。

GORO/10月14日号
小学館
1982/10/14　一般雑誌　8
8ページのカラービジュアル特集「結成20周年特別企画/いつだってビートルズ」がある。「もうひとつの神話を求め、20年めの証言を現地に聞く/水上はる子」「20年めに見つけた、ビートルズ最新情報」など。

中二時代/11月号
旺文社
1982/11/01　一般雑誌　1/3
1/3ページ程度のカラー記事&写真「20年前、ザ・ビートルズによって世界の音楽は変えられた」ほか、音楽情報のコーナーにも「ポール、今度はマイケル・ジャクソンとデュエット」が少し。書籍新刊広告も1ページ。

コスモポリタン/11月20日号
集英社
1982/11/20　一般雑誌　1/2
桑田佳祐のインタビューの中に「ビートルズというのは本当に偉大なアマチュアだった」がある。自身がビートルズに影響を受けたことを語ったもの。

OVER DRIVE/オーバードライブ
八曜社/アルフィー
1982/11/30　単行本　3
アルフィーのメンバーが書き下ろしたエッセイやメッセージのほか、対談も。ビートルズについては坂崎幸之助の手記「ビートルズでポップス開眼」がある。

武田鉄矢人生まん中あたり
現代出版/武田鉄矢
1982/11/30　単行本　1
ラジオ番組のトークを集めたドキュメント。1981年12月11日収録の「ジョン・レノンという人」というメッセージがある程度。

ポパイ/12月10日号
平凡出版
1982/12/10　一般雑誌　2+
「レーザーディスクならいつでも会える。ポールもマリリンも…」ほか、カラーページ「愛を教えてくれたビートルズ」「髪をきれいに伸ばすことを教えてくれたのはビートルズとバイタリス」など。

BRUTUS（ブルータス）/12月15日号
平凡出版
1982/12/15　一般雑誌　4
4ページのカラーグラフ「リヴァプール、ヒア、ゼア・アンド・エブリウェア/マージービートの源泉、リヴァプールの町にビートルズの青春の風景を訪ねる」がある。ゆかりの地の写真&紹介。

女性自身/12月16日号
光文社
1982/12/16　週刊誌　2
巻頭カラーグラフ「ジョン・レノン、凶弾に倒れて2年・もう帰らない愛のひととき」がある。ヨーコ、ショーンとの家族写真5点。

パロディって何なのさ。
文藝春秋/マッド・アマノ
1982/12/25　文庫本　16
マッド・アマノのパロディ作品集。ビートルズのアルバム、「アビイ・ロード」のジャケットパロディ作品8点をカラー掲載。

週刊宝石/12月24日-31日合併号
光文社
1982/12/31　週刊誌　1
カラーグラフ「帰らざるある家族の休日/レノン&ヨーコの家族の記録を収めた未公開写真集」が1ページ。角川書店刊「ジョン・レノン家族生活」からのスナップショット。

モンティ・パイソン/ライフ・オブ・ブライアン
テレキャスジャパン
1982/　映画パンフレット　1未満
ジョージ製作総指揮の映画のパンフレット。モンティ・パイソン主演のスペクタル・パロディで、ジョージ自身が「Mr.パパドパリウス」役で出演しており、写真と記述がある。

1983

月刊カメラマン/1月号
モーターマガジン社
1983/01/20　一般雑誌　4
ジョンの写真集「ジョン・レノン家族生活」を撮った写真家、西丸文也の「カメラマン最前線」がある。ジョンとヨーコとの出会いや取材のようすほか、一部ジョン一家の収録写真も掲載。

ミス・ヒーロー/2月号
講談社
1983/02/01　一般雑誌　4
4ページのグラフ特集「TRAVEL THIS MONTH/本場英国でビートルズを抱きしめたい」。ビートルズの生家やリバプール、ロンドンのゆかりの場所を写真で紹介。

映画ファン/2月号
愛宕書房
1983/02/01　一般雑誌　1/2
「MUSIC CONFIDENCE」コーナーに事件後の話題「ジョンの未発表LP『ミルク・アンド・ハニー（仮題）』やコンピレーション・アルバムのことなど…」を写真を添えて紹介。

写楽/2月号
小学館
1983/02/01　一般雑誌　1
1977年に西丸文也がダコタ・アパートで撮影したジョンのパスポート写真と記事「ジョン今も楽しい旅をつづけてるかい？/天国へのパスポート写真」のみ。

週刊プレイボーイ/2月8日号
集英社
1983/02/08　週刊誌　8
中綴じカラー8ページの結成20周年企画「Beatles Mania Lives！/いま俺たちはビートルズの青春に出会いたい」がある。ビートルズ青春時代のゆかりの地、リバプールとロンドンのカラーレポート。

フォーカス/2月11日号
新潮社
1983/02/11　週刊誌　2
食卓を囲むヨーコとショーンのツーショット写真を添えた記事「オノ・ヨーコ家の夕食——レノンの遺産390億と愛児を守るスーパーウーマン」。

週刊プレイボーイ/2月22日号
集英社
1983/02/22　週刊誌　2/5
小記事、シネマ最新情報「ジョージ・ハリスンが製作・音楽のハッピーファンタジー」がある。《バンデットQ》の簡単な紹介。

ヤング・レディ/2月22日号
講談社
1983/02/22　週刊誌　※
ビートルズ関連記事あり。※所持品だが本誌及びデータ現段階で見つからず。

バラエティ/3月号
角川書店
1983/03/01　一般雑誌　1
西丸文也によるジョンの写真集関連記事「PEOPLEジョンの素顔をとらえ続けた男」がある。

1983

写楽/3月号
小学館
1983/03/01 一般雑誌 1

「最前線の写真家たち――ハリー・ベンソン/人間の真実」フォトコレクションのひとつがビートルズ。

プチセブン/3月4日号
小学館
1983/03/04 週刊誌 2/5

新作映画紹介小コラム「ジョージ・ハリスン製作・音楽のハッピー・ファンタジー映画!/3月公開話題作、バンデットQ」があるのみ。

ホット・ドッグ・プレス/3月10日号
講談社
1983/03/10 一般雑誌 2/3

小記事「ビートルズ・シングルズ・コレクション/このチャンスを逃すと永遠に入手困難な貴重企画盤」と1/2ページほどの記事「ジョージ・ハリスン製作・指揮のハッピー・ファンタジー、バンデットQ」。

週刊新潮/4月28日号
新潮社
1983/04/28 週刊誌 5

元ビートルズのディレクター、ピーター・ブラウンとスティーブン・ゲインズ共著の暴露本「ビートルズの内幕」に関する特集記事「発表されたビートルズの内幕が暴いたオノ・ヨーコの実情」がある。

プレイバイオ(PLAY Bio)/創刊号
暮らしの科学社
1983/05/01 一般雑誌 2

「カルチャーレポート/ゴールデン・シックスティーズの回帰」に、ビートルズ来日コンサートの写真ほか「14年間なぜビートルズを歌ったのか」など、60年代とビートルズの回想レポート。

週刊朝日/5月6日号
朝日新聞社
1983/05/06 週刊誌 1

「元「太陽にほえろ!」のショーケンを捕まえた「Gメン'83」はポールに比べりゃ小物」と豪語。大麻取締法違反で逮捕された萩原健一の写真と、同じ罪で3年前に逮捕されたポールのコメントが少し。

フォーカス/5月13日号
新潮社
1983/05/13 週刊誌 2

ボディーガード付の生活を送るヨーコの記事「囚人のようなオノ・ヨーコ――脅迫におびえる世界的金持の身辺」。

ホット・ドッグ・プレス/5月25日号
講談社
1983/05/25 一般雑誌 1/6

小記事「音楽が植物の成長にとってもいいんだって。バナナなんかはビートルズを聴かせるとスクスクと育っちゃうらしいよ。」があるのみ。

週刊朝日/5月27日号
朝日新聞社
1983/05/27 週刊誌 5

集中連載2「ビートルズになれなかった男/高尾栄司」がある。「未成年ジョージ・ハリスンの深夜労働違反でドイツ警察に寝込みを襲われる」「傷心のグループにピート・ベストの母がキャバン・クラブの仕事を見つけた」など。

プレイボーイアイズ/6月号
集英社
1983/06/01 一般雑誌 4

カメラマン、デゾ・ホフマンの写真とインタビュー記事「デビュー当時から4人を撮り続けたカメラマン/普通のビートルズ」が4ページある。

フォーカス/6月3日号
新潮社
1983/06/03 週刊誌 2

ポールの新作映画〈ヤァ! ブロード・ストリート〉に関する話題「ビートルズ再び――十年ぶり、ついに共演するポールとリンゴ」。

週刊朝日/6月3日号
朝日新聞社
1983/06/03 週刊誌 5

集中連載パート3「ビートルズになれなかった男/高尾栄司」がある。「売り出しの立役者ブライアン・エプスタインはこうやってグループに近づいた」「港町リバプールに新しい音楽が広がっていた」など。

財津和夫の心のものさし
CBS・ソニー出版/財津和夫
1983/06/04 単行本 数

財津和夫がインタヴュアーとして松任谷由実、チャゲ&飛鳥、イルカ、樋口可南子、水野晴郎、岡本太郎などと行った異色対談集。対談のなかで一部ビートルズについての話題がある程度。

週刊朝日/6月10日号
朝日新聞社
1983/06/10 週刊誌 5

集中連載パート4(最終回)「ビートルズになれなかった男/高尾栄司」がある。「ポール・マッカートニーらに追われたピート・ベストはその1年後ガス自殺をはかった」「代わりにリンゴ・スターをいれたいんだと通告」など。

スクランブルPHOTO/6月25日号
スクランブル社
1983/06/25 週刊誌 2

ジュリアン・レノンの誕生日の写真と記事「ジョン・レノンの息子/カエルの子はカエルだけれど――バカ息子だと言われても仕方ない20歳の誕生日」が2ページ。

キュー(Q)/7月1日号・創刊号
朝日放送/プラスキュー
1983/07/01 一般雑誌 1/4

20歳になったジュリアン・レノンが初レコーディングした話題「レノンJr、前途多難な出発」がある。

フォーカス/7月1日号
新潮社
1983/07/01 週刊誌 1

事実ではなかったが、ヨーコ結婚のスクープ記事「やはり男はレノンだけじゃない――極秘結婚していたオノ・ヨーコ」。

LEE(リー)/7月創刊号
集英社
1983/07/01 一般雑誌 9

9ページの特集「ヨーコ・オノ・レノン/ジョンのいない生活」がある。ジョン亡き後のヨーコとショーンの近況レポートとカラーフォトなど。

岩石生活入門
松村雄策
ロッキング・オン/松村雄策
1983/07/01 単行本 30

前半がロッキング・オン誌に掲載された原稿の再編集で、後半が長野とロンドンの旅行記を書き下ろしたもの。ロンドンでの「十八年と八日のマジカル・ミステリー・ツアー」は、ポールへのインタビュー取材記。

女性自身/7月21日号
光文社
1983/07/21 週刊誌 1

「ビートルズ・伝説と歌詞がなんと高校教科書の副読本に!」がある。執筆者は同志社高校の英語科教諭、ジェフリー・パークランド。

フォーカス/7月22日号
新潮社
1983/07/22 週刊誌 2

レノンの先妻シンシアと元愛人メイ・パン、そしてヨーコの話題「3人の女の戦い――レノン先妻と愛人に攻撃されるオノ・ヨーコ」。

女性自身/7月28日号
光文社
1983/07/28 週刊誌 1+

ヨーコのゴシップ記事「オノ・ヨーコ(50才)、ジョン・レノンの死から2年半、彼女は20才年下の青年と極秘結婚していた!」がある。10年前の室内装飾家と極秘結婚していたというアメリカの週刊誌の記事などを紹介。

SHOOT(シュート)/9月創刊号
浪速書房/チャンスコミック社
1983/09/01 一般雑誌 2

月刊雑誌「SHOOT(シュート)」の創刊号。ビートルズの羽田空港来日と、ジョン&ヨーコの写真と記事「絶叫しながら"放尿"/吹き荒れたビートルズ旋風」が2ページ。

夢さがし
CBS・ソニー出版/渡辺芳子
1983/09/24 単行本 5

アルフィーの高見沢俊彦による伝記。見出しに「ミート・ザ・ビートルズ」があり、実弟の影響でビートルズを知ったことや、1966年の来日などについて簡単に触れている。

わたしは許さない
情報センター出版局/岡庭昇
1983/10/14 単行本 7

目次「かつて風俗は過激だった」にビートルズ来日関連の「ビートルズが厳戒令をつれてやってきた」「ビートルズ騒ぎは戒厳令の予行演習だった」があり、「話の特集/ビートルズ・レポート」からの引用などもある。

中学二年コース/11月号
学習研究社
1983/11/01 一般雑誌 1

「秋になるとビートルズが聴きたくなる!?/リンゴが語るビートルズ番組スタート」「ビートルズ占いが流行」ほか、約1ページ。

月刊ぼっちぼっち/11月号
UNY CO.,ララピア21企画
1983/11/01 一般雑誌 1

シンコー・ミュージック刊行の「ビートルズとカンパイ」/著・星加ルミ子」の書評を中心とした記事「圧巻!1966年ビートルズIN東京/日吉孝夫」が1ページ。

フォーカス/11月18日号
新潮社
1983/11/18 週刊誌 2

誕生日を祝うショーンとのカラー写真とともに慈善事業に寄付を発表したヨーコの話題「オノ・ヨーコの気くばりのすすめ――400万ドルの寄付をする大富豪の見本」。

女性セブン/12月1日号
小学館
1983/12/01 週刊誌 1/6

巻頭グラフ「おぼえていますかときめきショット」のうち1点、ジョンとヨーコのコメント付き極小グラフ(1971年の靖国神社参拝時)があるのみ。

創立40周年記念・目で見る昭和史
北陸銀行
1983/12/07 非売品 1

北陸銀行創立40周年記念の358ページの豪華本。昭和元年〜58年のおもな出来事を多くの写真で綴ったもので、昭和41年の項目にビートルズ来日公演写真&記事がカラーで1ページ。

フォーカス/12月16日号
新潮社
1983/12/16 週刊誌 2

ヨーコがポール、リンゴ、ジョージとロンドンで再会したスクープ記事「ジョン・レノン暗殺から3年――オノ・ヨーコと元ビートルズの密談の中身」。

1984

フォーカス/1月6日号
新潮社
1984/01/06	週刊誌	4
ジョンとヨーコの4ページグラフ「射殺2週間前のベッドイン/"極秘写真"公表に踏み切ったオノ・ヨーコの計算」がある。

フォーカス/1月27日号
新潮社
1984/01/27	週刊誌	2
1984年1月16日に息子ショーンと極秘来日したヨーコの写真と記事「おや、オノ・ヨーコさん?——極秘来日と靖国神社参拝の謎」。

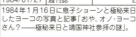
週刊朝日/2月10日号
朝日新聞社
1984/02/10	週刊誌	2
「『子供の前では吸わない』といいつつ、また大麻所持で捕まったマッカートニー夫妻の教育」がある。ツーショット写真と、それぞれ大麻所持で4回の逮捕歴を持つポール夫妻の教育論など。

鳩よ!/3月号
マガジンハウス
1984/03/01	一般雑誌	4
ジョンの企画ページ「死して1,180日のジョン・レノン」がある。「レノンの芸当を真似てはいけない/井坂洋子」「等心大のレノン語録」「ジョン・レノン・メモリアル像」など。

ボガード/3月号
ボガード出版
1984/03/10	一般雑誌	1+
「ボガード・グラフィティ/60'sボーイズからのホットメッセージ」に「ビートルズの世界戦略が始まった」が1ページ半程度。ビートルズを中心に世界は回っていた」など、ビートルズデビュー当時の世相を含めた記事。

写楽/5月号
小学館
1984/05/01	一般雑誌	2/3
ビートルズのシングル・レコード14枚をカラーで紹介した「1964年のJPGR/プリーズ・プリーズ・ミーから20年」がある。ちなみにJPGRは「ジョン、ポール、ジョージ、リンゴ」のこと。

ロック微分法
ロッキング・オン/渋谷陽一
1984/05/01	単行本	18
「音楽が終わった後に」に続くロック評論集で、ロッキング・オン誌に掲載されたものを中心に再編集。「ジョン・レノン事件に関する報道のほとんどはゴミじゃ」「スーパースターになっても殺されない法」など。

平凡パンチ/5月28日号
マガジンハウス
1984/05/28	週刊誌	3
ジョン&ビートルズのグラフ「銅像建立署名運動が世界中で展開/ジョン・レノン 最も"生"を望んだ男だった」が3ページ。ほか「ジョン・レノンとビートルズ展」案内など。

MEN'S CLUB(メンズクラブ)/8月号
婦人画報社
1984/08/01	一般雑誌	1/4
「MC MUSIC」コーナーに1/4ページ程度の小記事「ビートルズは今年でアメリカでデビュー20年になる。」がある。

フォーカス/10月12日号
新潮社
1984/10/12	週刊誌	2
ヨーコのカラー写真と記事「レディ・オブ・スタイル!——NY進出の日本服飾メーカーが持ち上げたヨーコ・オノ」。

まんが笑アップ/11月号
壱番館書房
1984/11/11	週刊誌	2
ジョン射殺事件から5年を迎え、息子ジュリアンがレコード・デビューするニュース「レノン二世誕生!?」と、ビートルズ来日ビデオ発売の話題「まだまだ続く!?ビートルズ旋風」が1ページ。

文學界/12月号
文藝春秋
1984/12/01	一般雑誌	数
同人誌からの推薦作「ビートルズの子供/笠原貞子」が37ページ。直接関係はないが、文中にLSDにからめてビートルズの記述が少し。

ポパイ/12月10日号
マガジンハウス
1984/12/10	一般雑誌	2
アルバム『ラバー・ソウル』『ウィズ・ザ・ビートルズ』のカヴァー・フォトにまつわるエピソードや写真集「イエスタデイ」の話題「63年〜65年のビートルズ/片岡義男のアメリカノロジー」がある。

フライデー/12月14日号
講談社
1984/12/14	週刊誌	2
ジョンとショーンのツーショット写真と記事「裸の息子を裸のレノンが抱いてヨーコ夫人が撮った一枚、初公開」。

ホット・ドッグ・プレス/12月25日号
講談社
1984/12/25	一般雑誌	4
インタビュー「ヤァ!ブロード・ストリートのポール・マッカートニー」がある。新作映画〈ヤァ!ブロード・ストリート〉についてのエピソードを含めた4ページの詳細インタビュー。

キリング・フィールド/THE KILLING FIELDS
松竹事業部
1984/	映画パンフレット	1未満
挿入曲としてウイングスの【バンド・オン・ザ・ラン】とジョンの【イマジン】が使用されており、パンフレットにも曲名とポール&ジョンの名前がクレジットされている。

1985

グラフNHK/1月号
NHKサービスセンター
1985/01/01	一般雑誌	1
NHK放送予定の「ビートルズのすべて」の紹介記事と写真など。放送内容は、ビートルズ誕生から解散までの貴重映像と証言によるドキュメンタリー。

ロック伝説60s
JICC出版局/サイモン・ネピアベル
1985/01/25	単行本	12
1960年代のUKロックのインサイドストーリー。ビートルズ関連では「ハロー・グッドバイ/ブライアン・エプスタイン」。ブライアン・エプスタインとの出会い、同性愛者だったブライアンの「誘い」、ブライアンの死など。

ロックの子・桑田佳祐インタビュー
講談社/桑田佳祐
1985/02/01	単行本	数
桑田佳祐のロング・インタビューを収録したドキュメンタリー。ロックに目覚めた少年時代のインタビューのなかでビートルズについて語った内容がある。

フォーカス/2月8日号
新潮社
1985/02/08	週刊誌	2
ジョンの伝記映画に出演するソックリさんの写真と記事「これなら未亡人のクレームはない?——ソックリさんが演じるジョン・レノン伝記映画」。

ロックの心3 ロックで英語を
大修館書店/アラン・ローゼン・福田昇八
1985/02/10	単行本	数
「ロックの心」シリーズの第3弾で、ロック、ポップスのヒット曲の歌詞と対訳を掲載し、英文法解説を加えたテキスト。ビートルズは【ヘルプ!】【イエロー・サブマリン】など7曲を収録。

フライデー/3月29日号
講談社
1985/03/29	週刊誌	2
行方不明になっていたとされる秘蔵リトグラフの記事「お二人のグウンパリがしのばれるジョン・レノンが描いたヨーコのスケッチ」。

フォーカス/4月26日号
新潮社
1985/04/26	週刊誌	2
1964年、ヨーコと前夫アンソニー・コックスとの間に生まれた娘、京子に関する記事と写真「京子ちゃんを知りませんか——15年も生き別れの娘を探す52歳のヨーコ・オノ」。

フォーカス/5月3日号
新潮社
1985/05/03	週刊誌	2
22歳になったジョンの息子ジュリアンの遺産相続とコンサートツアーに関する記事と写真「ビートルズ・ジュニアの全米ツアー/ジュリアン・レノンが継いだ大いなる遺産」。

フライデー/5月3日号
講談社
1985/05/03	週刊誌	1
リンゴが出演した清涼飲料水「シュウェップス」のカラー広告のみ。

アメリカン・ビート
河出書房新社/ボブ・グリーン
1985/05/30	単行本	10
ボブ・グリーンのコラム34篇を収めたもので、ビートルズについて記した「ビートルズ」と「ジョン・レノンが死んだ日」がある。

マリ・クレール/6月号
中央公論社
1985/06/01	一般雑誌	2
ジョンの息子、ジュリアンについて書いたカラーページ「宿命を背負った大物歌手/松村雄策」がある。

フライデー/6月14日号
講談社
1985/06/14	週刊誌	2
ジュリアンの来日公演とジュリアンの妹の記事「レノン死して5年、血族ゆえに騒がれて…遺児ジュリアンは歌手に妹は極貧生活を」。

1985-1986

週刊朝日/6月14日号
朝日新聞社
1985/06/14　週刊誌　1
ジュリアンのカラーグラフ「パパは偉大な作曲家だけど、ぼくはぼくさ。ジョン・レノンの忘れ形見ジュリアンの日本初公演」がある。

ポパイ/6月25日号
マガジンハウス
1985/06/25　一般雑誌　1
「POP-EYE」コーナーに、デゾ・ホフマンの写真紹介記事「やっぱり凄かったビートルズが、時を超えて甦った。」ほか、リンゴのカラー広告。

HOLIC(ホリック)/7月号
少年社
1985/07/01　一般雑誌　1+
隔月刊誌。特集「まぶしいか？60年代」の中に、小写真を添えた「断片的 60年代論④ザ・ビートルズ/ビートルズ、ウッドストック…みな夢のかけらだった：北中正和」がある。

キリング・フィールド
角川文庫/クリストファー・ハドソン
1985/07/25　文庫本　※
ビートルズ挿入曲の映画《キリング・フィールド》のノベライズ。

フォーカス/8月2日号
新潮社
1985/08/02　週刊誌　2
アメリカNBCテレビ制作中の映画《イマジン》にヨーコ役で出演の決まった女優キム・ミヨリとヨーコに関する話題「未亡人役の難しさ—ヨーコ・オノ監修で撮影進行中の映画「イマジン」」。

Emma(エンマ)/8月10日号
文藝春秋
1985/08/10　一般雑誌　1
ビート・ベストの話題「EMMA博覧会/実は、男の嫉妬こそ本当に恐ろしいものだということを身をもって体験してしまった世界一不幸な元ビートルズの男に一晩つきあうのもおもしろい」が1ページ。

ヤングジャンプ/8月20日増刊号
集英社
1985/08/20　週刊誌　※
裏表紙のみリンゴの「シュウェップス」カラー広告。ほかに記事はない。

フライデー/10月18日号
講談社
1985/10/18　週刊誌　2
ジョンとヨーコの伝記映画制作に関する話題「射殺後、5年ドラマもできたレノンの生涯、コワもて未亡人に周囲も役者ビクビクして」。

フライデー/10月25日号
講談社
1985/10/25　週刊誌　2
リンゴの息子、ザックに娘が誕生した記事「おやっこのひとビートルズのリンゴ・スターだ、20歳の息子に娘生まれて45歳のお爺ちゃん」。

ポパイ/10月25日号
マガジンハウス
1985/10/25　一般雑誌　1
1984年にリバプールで開催されたビートルズの展覧会評と写真・アート作品を掲載した「ビートルズはモノクロームで。/片岡義男のアメリカノロジー」がある。

MARUI30/丸井労働組合30周年記念誌
丸井労働組合
1985/11/01　非売品その他
老舗デパート、丸井の労働組合が結成30年を記念して編集、発行した記念誌。ビートルズ来日時のステージフォトを添えた「忘れられないこの瞬間/ビートルズの来日」「ビートルズよりミコちゃんだったあの頃のわたし」がある。

ザ・テレビジョン/11月1日号
角川書店
1985/11/01　週刊誌　2
ヨーコのプロモーションビデオからのモノクログラフ「芸術家オノ・ヨーコが創る不思議世界」が2ページ。ヨーコを含め、大小5人が順に整列したユニークな写真。

宝島永久保存版1970年大百科
JICC出版局
1985/11/11　ムック/企画誌　21
「ニューミュージック・マガジン」誌に掲載されたビートルズが登場する異色コミック「大麻団地」(作画・構成/及川正通)を21ページにわたり再掲載。そのほか映画《レット・イット・ビー》関連記事がある。

微熱少年
新潮社/松本隆
1985/11/20　単行本　数
元はっぴいえんどのドラマー、松本隆による初めての書き下ろし長編小説。ビートルズ来日公演チケットの入手に奔走する主人公が描かれている。

ハイファッション/12月号
文化出版局
1985/12/01　一般雑誌　4
「ミュージックとモード5/ビートルズ・リヴァプールのスーパースター(PART1)/北中正和」が4ページ。リヴァプール時代を含めた初期ビートルズのヘアスタイルやファッション考など。※翌年2月号にPART2掲載。

IN POCKET(イン・ポケット)/12月号
講談社
1985/12/15　一般雑誌　1
講談社文庫「ビートルズ海賊盤事典/松本常男著」に寄せられた読者4名の寄稿「私のビートルズ」が2ページ。

ザ・テレビジョン/12月20日号
角川書店
1985/12/20　週刊誌　1/6
ビデオ紹介コーナーにジョンの写真とコラム小記事「1980年12月8日、凶弾に倒れたジョン・レノンを思いながら」が少し。

週刊朝日/12月27日号
朝日新聞社
1985/12/27　週刊誌　4
ジョン射殺事件の犯人、チャップマンの獄中インタビュー「ジョン・レノン 死後5年経ってわかった新事実/犯人マーク・チャプマンのゆがんだ殺意」が4ページ。

1986

週刊朝日/1月17日号
朝日新聞社
1986/01/17　週刊誌　2
ビートルズ来日公演の半年後に収録されたグラフ「60年代グラフィティ/ヤァ！ヤァ！ヤァ！ビートルズ」ほか「微熱少年/松本隆」が2ページ。

週刊朝日/1月24日号
朝日新聞社
1986/01/24　週刊誌　2
ビートルズ来日公演のグラフ「60年代グラフィティ/！ビートルズ・イエスタデイ」ほか「友よ！静かに眠れ/北方謙三」が2ページ。

エンマ(Emma)/1月25日号
文藝春秋
1986/01/25　　1/9
ジュリアンの写真を添えた小記事「父親のジョン・レノンとは一味違う味わいを持ち始めてジュリアンはやはり大物」がある。

フライデー/1月31日号
講談社
1986/01/31　週刊誌　2
ジュリアンの恋人のヌード写真と記事「これがジョン・レノン二世ジュリアンの恋人、同棲2年結婚目前のラスト・ヌードよ」。

週刊朝日/1月31日号
朝日新聞社
1986/01/31　週刊誌　2
1964年冬撮影のシルヴィ・ヴァルタンとビートルズとのレアショットなどを添えた、ピアニスト中村紘子の当時の回想記「10セントストアの出会い」が2ページ。

ハイファッション/2月号
文化出版局
1986/02/01　一般雑誌　4
前年12月号(PART1)の続編「ミュージックとモード6/ビートルズ・リヴァプールのスーパースター(PART2)/北中正和」が4ページ。ビートルズ中期〜後期の出来事やカルチャー含めたファッション考など。

ペントハウス/2月号
講談社
1986/02/01　一般雑誌　5
ジョン射殺事件の半年後に収録されたポールのインタビュー「真相激白・怒りのインタビュー/ポール・マッカートニー」があり、事件後の心境やジョンに対する多くの真実を語っている。

月光-LUNA VOL.10
東京デカド社
1986/02/28　一般雑誌　2
巻頭折込みピンナップがジョン。PICK-UPSのコーナーにライブアルバム発売関連記事「ジョンの魂、今再び。ライブ・イン・ニューヨーク・シティ」ほかビートルズ関連投稿記事など。

マリ・クレール/3月号
中央公論社
1986/03/01　一般雑誌　1
ジョンとポールの話題を含めたエッセイ「ロックで育った大人のための音楽を/松村雄策」がある。

週刊プレイボーイ/3月4日号
集英社
1986/03/04　週刊誌　1
ジョンのライヴLPとビデオ発売の話題「音楽新聴/ジョン・レノン・ライヴはスキモノ同士で楽しもう」が1ページ。

フォーカス/3月7日号
新潮社
1986/03/07　週刊誌　2
ショーンとジュリアンのカラーツーショット写真と「僕らはパパの息子——異母兄弟でも心の通うジョン・レノンの遺児二人」。

IN POCKET(イン・ポケット)/3月号
講談社
1986/03/15　一般雑誌　1
「ビートルズ海賊盤プレゼント当選者発表！」が1ページ。「ビートルズ海賊盤事典」刊行記念プレゼント企画、海賊盤レコード30枚の当選者発表。

1986-1987

漫画アクション/4月16日号
双葉社
1986/04/16 週刊誌 3
巻頭グラフ「ジョン・レノン代役募集!!この度、来日のダイアナ妃にともない、単なる噂で終わったゴシップニュース「日本で一回だけのビートルズ再結成コンサート」など。

週刊読売/4月20日号
読売新聞社
1986/04/20 週刊誌 2
全米ツアーのチケットが売れず、中止になったヨーコのグラフ「J.レノンの名を汚すと言われるオノ・ヨーコの大ピンチ/日本公演を前に全米ツアー中止の看板がニューヨークで話題に」。

アサヒカメラ/5月号
朝日新聞社
1986/05/01 一般雑誌 2
巻頭ビジュアル・バレットに初期カラー写真と小記事「みんな紅顔の少年だったビートルズ、最初?のカラーフォト」がある。

ザ・テレビジョン5月23日号
角川書店
1986/05/23 週刊誌 1/2
ジョンの写真を添えたヨーコのコンサートの話題「ヨーコ・オノのツアー、不成功に終わる。レノンなき今、平和の叫びは届かず!?」がある。

フォーカス/6月6日号
新潮社
1986/06/06 週刊誌 1
ヨーコのワールド・ツアーのステージ写真と記事「未完成のワールド・ツアー/やっと開いたオノ・ヨーコのNY・コンサート」。

ザ・テレビジョン6月13日号
角川書店
1986/06/13 週刊誌 2/3
ビデオ紹介コーナー「世紀の4人組、来日から20年/ビートルズの魅力をパック」がある。ビートルズ関連のビデオ作品9点をカラー紹介。

週刊テレビライフ/7月4日号
学習研究社
1986/07/04 週刊誌 1
1966年来日関連写真と記事「ビートルズ来日20周年記念」「もう一人のビートルズ特集」「資産3000億円を動かすスゴイ女」が1ページ。

エンマ(Emma)/8月6日号
文藝春秋
1986/08/06 週刊誌 2
ヨーコとショーンのツーショットと近況記事「オノ・ヨーコとショーン/J.レノンの面影を残すひとり息子と、資産数百億ドルを抱えて、いま彼女がイマジンするものは?」がある。

ボラン・ブギー
シンコー・ミュージック
1986/08/15 単行本 3
リンゴとの交流もよく知られるT.レックスのマーク・ボランの伝記。目次に「リンゴ・スターとの映画製作」がある。

フライデー/9月5日号
講談社
1986/09/05 週刊誌 2
来日したジュリアン関連記事「ジュリアン・レノンは疲れを知らない、来日当夜ディスコ2軒ハシゴしたあと」。

フライデー/9月26日号
講談社
1986/09/26 週刊誌 2
グラフ記事「ヨーコ女史が夜のお散歩ゾロゾロとNY有名画家ウォーホール氏らと親密の現場」。

上海サプライズ
松竹事業部/ワーナー・ブラザーズ映画会社
1986/10/18 映画パンフレット 1未満
マドンナとショーン・ペン主演の映画で、1930年代の上海を舞台にしたラヴストーリー。製作総指揮および音楽担当がジョージで、映画にもゲスト出演。パンフレットにもマドンナとのツーショットやコメントあり。

ハリウッド・スキャンダル
教養文庫/著:E.ルケイラ/訳:田村研平
1986/10/30 文庫本 1-
ハリウッド・スターのゴシップを集めた名鑑調の文庫本。リンゴの紹介「ビートルズの二人の左ききの一人で、ウエスタンのガンマン調の芸名のドラマー」が1ページ弱のみ。

タッチ/12月16日号
小学館
1986/12/16 週刊誌 2
カラーグラフ「凶弾に倒れた、ジョン・レノン 12月8日、7回忌未亡人ヨーコ・オノさんと息子ショーンくんの近況」が2ページ。

LOVEKNOT/白井貴子コンサートパンフ
HEAT LAND
1986/ 公演パンフレット 1未満
プロフィール紹介の中にヨーコとビートルズについて数行。

1987

苺畑の午前5時
筑摩書房/松村雄策
1987/03/05 単行本 240
主人公の少年とビートルズとの出会いをきっかけに展開する1963年~1970年を舞台にした青春小説。巻末にも「ジョン・レノンが教えてくれた/菊池生彦」がある。

フォーカス/3月6日号
新潮社
1987/03/06 週刊誌 2
反戦運動の一環として米軍基地を訪れたヨーコの写真記事「平和を思うなら態度で示そうよ——英国の米軍基地で笑ってVサインのオノ・ヨーコ」。

モナリザ
松竹事業部/日本ヘラルド映画
1987/03/21 映画パンフレット 1未満
ジョージ率いる映画会社、ハンド・メイド・フィルムズ製作の映画のパンフレット。ジョージに関する記述が少し。

フォーカス/3月27日号
新潮社
1987/03/27 週刊誌 2
ジョンの残したイラストに関する記事と写真「ジョンとヨーコのカラミを壁に——オノ・ヨーコ女史が発表した思い出の商品」。

家庭画報/4月号
世界文化社
1987/04/01 一般雑誌 8
ショーンとのカラーショットを含めた8ページのインタビュー「オノ・ヨーコ/今も信じます愛と平和を」がある。「ジョンも私も、生死をかけたような気持ちでいつも仕事をしていました」ほか。

季刊レーザービジョンレビュー第9号
AVエクスプレス
1987/06/01 一般雑誌 1
カラーページ、ロック・ポップスTOPICSに「ビートルズ結成から25年。〈ヘルプ!4人はアイドル〉で60年代の感動がよみがえる」がある。ビートルズの簡単なストーリーほか、レーザーディスクを写真付で紹介。

ポップス黄金時代/1955-1964
シンコー・ミュージック
1987/06/01 ムック/企画誌 数
1955~1964年のミュージック・ライフ誌に掲載された記事をセレクトし再編集した復刻本シリーズ第一弾。初期ビートルズの紹介記事あり。

ステレオ/7月号
音楽之友社
1987/07/01 音楽雑誌 6
4月号のvol.1に続き、特別企画「THE BEATLES ON CD/CDで聞くビートルズ」vol.2がある。おもにアルバム〈サージェント・ペパーズ~〉関連データや「ビートルズのサウンド・クオリティ研究」など。

CBS ROCK HISTORY
CBS・ソニー出版
1987/07/13 単行本 数
1960年から1970年代のロックの歴史を簡単にまとめた書籍で、ビートルズ関連では「ロック'60S/ビートルズの終焉」や「三十五分間、神を見た/松村雄策」など。

週刊現代/7月18日号
講談社
1987/07/18 週刊誌 8
巻頭と巻末に合計8ページの特集「これがビートルズだった」がある。写真を散りばめた年譜「ビートルズグラフィティ」、香月利一、高橋克彦の「ビートルズなら私に語らせて欲しい」ほか。

実録昭和史5/技術革新と経済大国の時代
ぎょうせい
1987/07/25 単行本 1/2
昭和史記録本シリーズの第5巻。昭和41~50年のおもな出来事を記録した資料本で、ビートルズ来日写真と記事が少し。

PLAYBOY/8月号
集英社
1987/08/01 一般雑誌 10
カラーグラフ10ページの「People誌版権独占!短期集中連載シリーズ「ジョン・レノンを撃った男/6年目の告白パート②」がある。

アナザー・ストーリー
CBS・ソニー出版/杉山清貴
1987/08/21 単行本 数
杉山清貴のオムニバス・エッセイ集。「Yesterday/ビートルズにめざめる」があり、小学4年の時に購入したレコード〈イエスタデイ〉とビートルズの出会いに触れている。

FMステーション/8月24日-9月6日号
ダイヤモンド社
1987/08/24 音楽雑誌 1
ヴィジュアル連載企画「Yeah!ビートルズ」の第11回。前々号に続き元メンバーにスポットをあてた「もうひとりのビートルズ/スチュアート・サトクリフ編」がある。

1987-1988

69 sixty nine
集英社／村上龍
1987/08/10 単行本 数
1969年が舞台のエネルギッシュな青春小説。ビートルズが「ザ・ビートルズ」「イエロー・サブマリン」「アビイ・ロード」を発売した時代背景から始まる。集英社から発行された単行本。

PLAYBOY／9月号
集英社
1987/09/01 一般雑誌 9
ジョン射殺事件の犯人、マーク・チャップマンの特別取材記「people誌、版権独占！ジョン・レノンを撃った男③」最終回を掲載。

タッチ／8月25日＆9月1日合併号
小学館
1987/09/01 週刊誌 2
来日したヨーコを迎えたパーティー会場で撮影されたカラーグラフ「篠山紀信の出前写真館・ようこそMs.ヨーコ・オノ」が2ページ。パーティーの主催は内田裕也で、多くの有名人が顔を揃えた貴重ショット。

週刊文春／9月3日号
文藝春秋
1987/09/03 週刊誌 5
シリーズ対談企画「特別企画・宇宙対談：大きな島国アメリカと付き合う法教えます」堤清二VSオノ・ヨーコが5ページ。内容は「米国人もまた島国根性だ！」「対米寄付も組織ぐるみ」など。

FMステーション／9月7日-9月20日号
ダイヤモンド社
1987/09/07 音楽雑誌 1
ヴィジュアル連載企画「Yeah！ビートルズ」の第12回。ビートルズ解散の噂が流れた1969年頃の話題「ビートルズ分裂！そして解散へ」と参考資料など。

ノルウェイの森（上）
講談社／村上春樹
1987/09/10 単行本 1未満
導入部に【ノルウェーの森】が出てくる恋愛小説。

ノルウェイの森（下）
講談社／村上春樹
1987/09/10 単行本 数
後半には、そのほかのビートルズ・ナンバーが多く登場する。

週刊文春／9月10日号
文藝春秋
1987/09/10 週刊誌 4
「特別企画・宇宙対談＝喜多郎VSオノ・ヨーコ」が約4ページ。「いま、富士山のパワーが私たちを呼んだ」「富士山に見守られている」「火山国日本のエネルギー」など。

ロック・オブ・エイジズ／ブリティッシュ編
シンコー・ミュージック／住倉博之
1987/09/15 文庫本 30
リバプール・サウンドから始まるブリティッシュ・ロックの歴史をまとめた入門書。ビートルズの登場から「サージェント・ペパーズ・ロンリー・ハーツ・クラブ・バンド」ほか。

ロック・オブ・エイジズ／アメリカ編
シンコー・ミュージック／住倉博之
1987/09/15 文庫本 1未満
アメリカにおけるロックの歴史をまとめた入門書。ビートルズは参考記述程度。

FM fan／10月5日-10月18日号
共同通信社
1987/10/05 音楽雑誌
ビートルズ自身が語った当時の知られざる逸話「ビートルズ・エピソード／誕生から解散までのウラ話オモテ話」が4ページ。

ブルー・ノート・スケール
ロッキング・オン／桑田佳祐
1987/10/20 単行本 5
桑田佳祐のエッセイ。ジョンに対する想いやビートルズ・ナンバーの魅力を記した「ジョン・レノン」があるほか、「おねえさん」「エリック・クラプトン」のなかでもビートルズとの出会いや音楽性について触れている。

サウンド・テイク・オフ
CBS・ソニー出版
1987/10/21 単行本 4
FM東京のラジオ番組における松任谷正隆と刀根真理子、鷲尾いさ子のトークを収録したもの。ジョンの話題を取り上げたトーク「ロックン・ロール〜J.レノン」があるのみ。

ORE（オーレ）／11月号
講談社
1987/11/01 一般雑誌 3
カラーページ「男たちの神話／JOHN LENNON」がある。読み物「落ちこぼれ・ツッパリ少年を変えたのはロックン・ロールとの出逢いだった!!／北中正和」など。

文藝春秋／11月号
文藝春秋
1987/11/01 一般雑誌 2
著作権問題における日本の対応の甘さを批評したヨーコのコラム「ビートルズ二十年目の復活」がある。

FMステーション／11月16日-11月29日号
ダイヤモンド社
1987/11/16 音楽雑誌 1
ヴィジュアル連載企画「Yeah！ビートルズ」の第17回。ソロ第3弾、ジョージの最新アルバム「クラウド・ナイン」リリースの話題と軌跡をまとめた「いま蘇るジョージ・ハリスンの栄光」がある。

ロックンロール万才!!／まんがロック史
音楽之友社／セルジュ・デュフォア他
1987/11/20 ムック／企画誌 8
ロックの歴史をマンガで表現した洋書の日本語版。セルジュ・デュフォア（原作画）、マイケル・サドラー（シナリオ）ほか。原画もきれいで内容も濃い。「ビートルズと仲間たち」が8ページ。

ステレオ／12月号
音楽之友社
1987/12/01 音楽雑誌 10
7月号のvol.2に続き、10ページの特別企画「THE BEATLES ON CD／CDで聞くビートルズ」vol.3がある。「オリジナル・アルバム全13タイトルCD化完了」の話題ほか、「ビートルズのサウンド・クオリティ研究」など参考資料も。

MEN'S CLUB（メンズクラブ）／12月号
婦人画報社
1987/12/01 一般雑誌 4
MCファッション・コミック「ビートルズがタキシードを着ないわけ知ってる？」／原作：東理夫・作画：片岡修壱がある。ビートルズが漫画内に登場する程度。

ロック革命時代／1965-1970
シンコー・ミュージック
1987/12/04 ムック／企画誌 数
ミュージック・ライフ誌に掲載された1965年から1970年までのおもなロックシーンを再編集しスクラップした復刻本シリーズ。ビートルズ関連記事も抜粋掲載。

ビデオでーた／11月25日-12月10日号
角川書店
1987/12/10 一般雑誌 1/2
アニメ映画《イエロー・サブマリン》のビデオ発売の話題ほか、「ヒット曲を満載したファンタジー・アニメ12月4日発売」がある。

1988

Rock'n'Roll BABYLON
白夜書房／ゲイリー・ハーマン
1988/01/30 ムック／企画誌 数
歴史的大イベント「モンタレー・ポップ・フェスティバル」の側面と影響を考察した研究書。ビートルズについてもドラッグなど衝撃的な記述あり。

フォーカス／2月5日号
新潮社
1988/02/05 週刊誌 2
ロックの殿堂入りが決まったビートルズのメンバーのうち、ポールだけそのセレモニーをボイコットした記事「僕は偽善者にはなれない！——ロックの殿堂に悪態をついたポール・マッカートニー」。

フライデー／2月12日号
講談社
1988/02/12 週刊誌 1/6
「ロックスターはスキャンダルがいっぱい！／麻薬とセックスと死未公開写真」に、日本公演中止時のポール逮捕写真が1点と極小記事。

陽のあたる場所／浜田省吾ストーリー
角川書店／田家秀樹
1988/02/25 単行本 数
14章からなる浜田省吾の伝記。少年時代を描いた第2章には「ビートルズがやってきた」とあり、姉の影響でビートルズを知ったこと、その後ビートルズに夢中になっていったことなどを紹介。

ロック／ザ・ディスコグラフィー
シンコー・ミュージック
1988/03/15 単行本 数
1960年以後の代表的なロックアーティストを網羅したディスコグラフィー。ビートルズをはじめジョン、ポールなどソロ・アルバムも写真付で収録。

少年の行動／片岡義男
角川文庫
1988/03/25 文庫本 全322
ビートルズをモデルにした長篇小説で1950年代のイギリス港町のバンド少年たちを描いた作品。原文は登場人物名もビートルズ本人で「音楽専科1975年4月号」より「ぼくのビートルズ」として長期連載されたもの。

放送メディアと映画音楽
泰流社／茂木幹弘
1988/03/31 単行本 3
文化放送のDJ茂木幹弘による、面白エピソードを交えて語った映画音楽の魅力のすべて。第2章「映画と音楽ベスト45」に「ヘルプ！4人はアイドル」、第3章「映画音楽のクリエーターたち」にビートルズ関連がある。

ビルボード・ナンバー1・ヒット（上）1955-1970
音楽之友社／フレッド・ブロンソン／かまち潤
1988/04/10 単行本 数
1955〜1970年までのアメリカ、ビルボード誌におけるチャート・ランキング、ナンバー1ヒットをアーティストの写真を添えて紹介した資料集。ビートルズは初登場時の【抱きしめたい】含め22曲収録。

ビルボード・ナンバー1・ヒット（下）1971-1985
音楽之友社／フレッド・ブロンソン／かまち潤
1988/04/10 単行本 数
ビルボード誌のナンバー1ヒット曲の解説集。この下巻では4人がソロ活動に入ってからのヒット・ナンバーを数多く収録。

1988-1989

8ビート・シティ
新曜社／村松洋
1988/04/28　単行本　24
ビートルズ関連では、第2章に「夢見ることの難しさ John Lennon」が24ページほど。「ジョンの魂」「イマジン」などアルバム写真を添え、ジョンや音楽の影響や本質を考察。

ビッグ・ボーイ・ブルースが聞こえる
八曜社／面谷誠二
1988/04/30　単行本　数
浜田省吾、長渕剛とも交流のあるギタリスト、面谷誠二の手記。サブタイトルに「浜田省吾の音楽をめぐる僕の追走ノート」とあるように、浜田省吾の魅力を徹底分析した研究書。一部ビートルズ関連も。

十七歳1964春
文藝春秋／ボブ・グリーン
1988/06/11　単行本　未満
アメリカのコラムニスト、ボブ・グリーンが、自身17歳のときの日記をベースに再編集した手記。ビートルズのヒットナンバーなどの記述が少し。

十七歳1964秋
文藝春秋／ボブ・グリーン
1988/07/11　単行本　1未満
2冊で完結するボブ・グリーンの手記。「1964春」に続き、わずかながらビートルズに関する記述がある。

月刊カドカワ／6月号
角川書店
1988/06/01　一般雑誌　1未満
関連エッセイ「二十四歳のジョンと二十二歳のポールと十三歳の僕／松村雄策」があるのみ。

流行通信／6月号
流行通信社
1988/06/01　一般雑誌　8
8ページの特集「ビートルズとファッション（上）／堤雅久」がある。初期ビートルズ写真を多く掲載し、当時の音楽シーンとファッション動向を考察。ファッション誌ならではのユニークな内容。

雨の日には車をみがいて
角川書店／五木寛之
1988/06/10　単行本　数
五木寛之の恋愛小説。ビートルズが来日した1966年が舞台の、車好きで小説家を夢見る青年の恋愛物語。ビートルズ来日の話題などが小説の中に登場する。

流行通信／7月号
流行通信社
1988/07/01　一般雑誌　8
前月号に続き、8ページの特集「ビートルズとファッション（下）／堤雅久」がある。中期以降のビートルズ動向とともに、そのファッションの変化を考察。

ロック変動時代／1971-1977
シンコー・ミュージック
1988/07/20　ムック／企画誌　数
ミュージック・ライフ誌の復刻本シリーズ第4弾で「ロック変動時代／1971-1977」の期間における主要記事を集めてスクラップしたもの。ビートルズについては解散後の記事を収録。

フォーカス／7月22日号
新潮社
1988/07/22　週刊誌　2
銀座で開催された個展のオープニング・パーティーに出席したヨーコの関連記事「意外な前衛パフォーマンス仲間──赤瀬川原平とオノ・ヨーコを結ぶ'60年代の縁」。

ロック／ベスト・アルバム・セレクション
新潮文庫／渋谷陽一
1988/07/25　文庫本　16
渋谷陽一が選んだロック・アルバム・セレクション。ビートルズ関連では「ミート・ザ・ビートルズ」「ラバー・ソウル」「サージェント・ペパーズ〜」「ザ・ビートルズ」「アビイ・ロード」「ジョンの魂」「バンド・オン・ザ・ラン」などをピックアップし解説。

徳永英明ストーリー／未完成
自由国民社／由比良
1988/09/10　単行本　数
徳永英明の生い立ちからレコード・デビュー、大阪フェスティバル・ホールでのコンサートまでを記録したストーリー。彼の音楽に影響を与えたアーティストとして、随所にビートルズに関する記述がある。

週刊朝日／10月7日号
朝日新聞社
1988/10/07　週刊誌　1
「麻薬中毒と書かれたオノ・ヨーコ 亡夫レノンの新伝記に泣いて抗議！」が約1ページ。ジョンの伝記「ザ・ライブズ・オブ・ジョン・レノン」に関する話題。

ポップス黄金時代のサウンド・カタログ
徳間コミュニケーションズ
1988/10/10　ムック／企画誌　5
「BEATLES／20世紀の文化を変えてしまった4人の若者たち」が、カラーフォトを交えた紹介ページほか、ビートルズ書籍レビュー、ビデオコレクションのコーナーなど。

フォーカス／10月14日号
新潮社
1988/10/14　週刊誌　2
ヨーコが出席した「ハリウッド・ウォーク・オブ・フェーム」除幕式の記事「きっと彼は喜んでいます──ハリウッドのジョン・レノンの星、除幕式のヨーコ未亡人」。

フライデー／10月14日号
講談社
1988/10/14　週刊誌　2
アメリカで発売されたジョンの伝記（暴露本）に関する記事「射殺から8年、ヨーコ未亡人はご立腹！ジョン・レノン暴露本のスゴい内容」。

タッチ／11月1日号
小学館
1988/11/01　週刊誌　1
「おお懐かしや！ビートルズの夫人たちが集合」として、リンゴ夫妻・パティ・シンシアが、9月28日にロンドンで行われた作曲家たちの夕食会に揃って参加したようすを簡単に紹介。

平凡パンチ／11月10日号・冬眠宣言号
マガジンハウス
1988/11/10　週刊誌　2
「COUNTER PUNCH」のコーナーに、ジョンとヨーコの写真と記事「IMGINE」がある。パンチ編集員によるジョンに関する映画、本、NYダコタハウスなどの回想ルポ。

ロック貴重盤／1967-1979
シンコー・ミュージック
1988/11/21　ムック／企画誌　数
1967〜1979年のロック名盤、貴重盤2,272枚をセレクションしたもの。ビートルズ関連のアルバムをはじめ、ロックファンにとって懐かしい名盤も多く、資料価値も高い。

レット・イット・ビー
主婦の友社／若桑みどり
1988/11/22　単行本　1
西洋美術史家でもある著者の異色エッセイ集で、最後に「レット・イット・ビー」の作品があるが、歌詞が掲載されている程度で直接ビートルズに関係するものではない。

ロック・スターの女たち
音楽之友社／ヴィクトリア・バルフォア
1988/11/30　単行本　数
ロックミュージシャンを愛した16人の女性にスポットをあてた異色ドキュメンタリー。ヨーコ、パティ・ボイドなど、ビートルズ関連の女性が登場しないのが残念。ただジョンやポールなどビートルズに関しての記述はある。

キャント・バイ・ミー・ラヴ／CAN'T BUY ME LOVE
ジョイパック・フィルム
1988/　映画パンフレット　1未満
映画タイトルと同名の【キャント・バイ・ミー・ラヴ】が主題曲。パンフレットのクレジットにも表記あり。

1989

ラ・セーヌ／1月号
秀友社／学研
1989/01/01　一般雑誌　6
巻頭カラー新春海外特別インタビュー「オノ・ヨーコ、初めて語る、ジョン・レノンとの愛の全貌」が6ページ。貴重な内容で「ジョンとヨーコ。ふたりの交わす愛はやさしさそのもので」「もっと奔放に、自由に。」ほか。

週刊文春／2月4日号
文藝春秋
1989/02/04　週刊誌　2
リヴァプール時代のモノクロ写真と記事「未公開写真リヴァプールのビートルズ／歴史を変えた4人が、まだ初々しかった頃」がある。

リザード・キングの墓
ロッキング・オン／松村雄策
1989/02/16　単行本　78
ロッキング・オンなどに掲載された松村雄策の作品を集めたエッセイ集。「二年目の十二月八日に」「三年目の十二月八日に」「四年目の十二月八日に」「正月映画のポール」「苺畑の午前五時について」など、ビートルズ関連多い。

好きにならずにいられない
角川文庫／島村洋子
1989/03/25　文庫本　数
昭和39年生まれのベーシストの青春ラヴ・ストーリー。特にポールの話題が多く登場する。

オリコン／4月18日号
オリジナルコンフィデンス
1989/04/18　音楽雑誌　2
東芝EMIが4月6日に発売した日本人アーティストたちによるビートルズのカヴァーアルバム「抱きしめたい」の全曲解説とアーティストのコメントをカラー掲載。

フライデー／5月12日-19日号
講談社
1989/05/12　週刊誌　2
ゴールデンウィーク特大号で、ヨーコ出演映画【ホームレス】の写真と記事「レノンの莫大な遺産を食いつぶした！仰天！オノ・ヨーコさんのNY『浮浪者』生活」。

1989-1990

昭和の記録/写真集
日本通信教育連盟
1989/05/24 | ムック/企画誌 | 1/2
「昭和41年」のページにヒルトンホテルでのビートルズ来日会見のカラー写真が1点あるのみ。(1/2ページ弱)。定価の記載なし。

グラフNHK/7月号
NHKサービスセンター
1989/07/01 | 一般雑誌 | 1-
NHK放映予定の番組紹介グラフ「ビートルズのすべてを6時間で紹介/決定版！ビートルズ・スペシャル」が1ページ弱。

フライデー/7月7日号
講談社
1989/07/07 | 週刊誌 | 2
1966年の日本滞在中、缶詰め状態の東京ヒルトンホテルで描いたサイン入りの油絵を制作中の写真と記事「世界でたった一枚」が日本に眠っていた！ビートルズ4人が描いた油絵の値打ち」。

ロックCD名盤ガイド/アーティスト人名録587
立風書房
1989/07/15 | ムック/企画誌 | 10
1955～1988年までのロックの名盤を年代別に整理収録したCDガイド。ビートルズに関しても、ソロアルバムに至るまで多く紹介。「アーティスト人名録587」の付録あり。

Vice/バイス Vol.4
近代映画社
1989/08/01 | 一般雑誌 | 2
大特集「さよなら、レトロ」の中で小林ヨシオ、加藤ひさし、清水克一郎、高護、菅沼浩三ほかのビートルズ来日証言集「1966年6月29日、4人はやって来た」がある。

宝島/8月号
JICC出版局
1989/08/01 | 一般雑誌 | 1未満
特集「1969年へ連れてって!!」の中でわずかにジョン＆ヨーコ、ベッド・インのフォトやビートルズ年譜の記載がある程度。

週刊明星/8月24日号
集英社
1989/08/24 | 週刊誌 | 1/3
「おさわがせスターの喜怒哀楽」のひとつにビートルズの写真、ビートルズ＆ジョンの小記事。

エル・ジャポン/8月号
アシェット・ジャパン
1989/08/29 | 一般雑誌 | 4
特集「ニューヨークで生きるパワフルな6人のストーリー」の中でひとりがヨーコ。「果てしない空に想像の翼を広げるアーティストの素顔/YOKO ONO」と題し、カラー4ページにインタビューと写真。

GORO/10月12日号
小学館
1989/10/12 | 一般雑誌 | 1+
来日直前インタビュー「ロサンゼルス直撃独占インタビュー・リンゴ・スター/R&Bには究極のイブシ銀ってのがあるんだぜ」がある。

リーサル・ウェポン2/炎の約束
松竹事業開発部
1989/10/14 | 映画パンフレット | 0
エリック・クラプトンが音楽を担当したこともあり、エンディングにジョージの「チアー・ダウン」が流れる。パンフなどにクレジットはない。

GOLD WAX②/1989 AUTUMN
白夜書房
1989/10/20 | 音楽雑誌 | -
ビートルズ関連記事は特にない。「GOLD WAX」NO.1～NO.4号までは白夜書房の発行。ブート中心のマニアックな内容で資料価値が高い。

キャズ(Caz)/11月1日号
扶桑社
1989/11/01 | 一般雑誌 | 1/2
ミュージックコーナーに1/2ページ程度の記事と写真「動き出した元ビートルズのメンバーたち。リンゴに続いてポールも来日？」がある。リンゴとポール、ジョージの近況など。

太陽/11月号
平凡社
1989/11/12 | 一般雑誌 | 1
アルバム『ダブル・ファンタジー』のジャケットカヴァーに使用された篠山紀信撮影のフォト1点のみ。

ロック読本
福武文庫/渋谷陽一(選)
1989/11/22 | 文庫本 | 14
ジョン射殺事件を題材にした「三年目の十二月八日に/松村雄策」ほか、村上龍、山川健一、吉本ばなな、忌野清志郎、中沢新一、大貫憲章ら16人によるロック・エッセイ集。

SPA！(スパ！)/11月29日号
扶桑社
1989/11/29 | 週刊誌 | 1-
リンゴの公演レポート「リンゴ・スターの来日公演は大ナツメロ大会！？」が1ページ弱。写真ほか「聴こえてくるのは徹頭徹尾後ろ向きの音楽で寂しかった」など。

クレア/12月号(創刊号)
文藝春秋
1989/12/01 | 一般雑誌 | 1/8
特集「アンディ・ウォーホル/ゴシップ日記」の中でジョンの写真2点と記事が少し。

サライ/12月7日号
小学館
1989/12/07 | 一般雑誌 | 1
特集「モノ語りバッグ」に、ビートルズ来日写真を添えた記事「サムソナイト（アメリカ）/23年前、来日したジョン・レノンが使っていたアタッシェ」が1ページ。

SEX&DRUGS&ROCK'N'ROLL
白夜書房
1989/12/10 | ムック/企画誌 | 5
セックスとドラッグが蔓延していたロック黄金時代からパンクに至るまでのロックの歴史を刺激的な写真で綴ったヴィジュアル本。ジョン、ポール、ヨーコの写真ほか。

1990

GORO/1月1日号
小学館
1990/01/01 | 一般雑誌 | 3
ヨーロッパ・ツアーを開始したポールのインタビュー「独占BIGインタビュー/P・マッカートニー」。来日の可能性にも触れている。

GOLDWAX③/1990 WINTER
白夜書房
1990/01/10 | 音楽雑誌 | 0
「GOLD WAX」NO.1～NO.4号までは白夜書房の発行。ブートレコードなどマニアックな内容で、資料価値が高いので4号まで紹介した。

プレイバック東大紛争
講談社/北野隆一
1990/01/18 | 単行本 | 5
1960年代後半の学生運動を詳しく調査した北野隆一による資料本。ジョンやビートルズに触れた第四部、25章「ジョン・レノンのいいたかったこと」が5ページほどある。

Caz(キャズ)/1月24日号
扶桑社
1990/01/24 | 一般雑誌 | 1/3
コンサート前売情報に写真と来日直前記事「ポール・マッカートニー/ビートルズ時代の名曲も！ポール来日、とうとう実現」。

1960年代日記
筑摩文庫/小林信彦
1990/01/30 | 文庫本 | 数
ビートルズ来日などを含む、1960年代の著者の私的グラフィティ。1985年9月10日に白夜書房から刊行された「小林信彦60年代日記」を文庫化したもの。

エスクァイア/2月号
ユー・ピー・ユー
1990/02/01 | 一般雑誌 | 1未満
サザンオールスターズの全国ツアー「夢で逢いまSHOW」のパンフレット。桑田佳祐による「60S。ビートルズに心をうばわれた」ほか、メンバーの寄せたコメントの多くにビートルズやストーンズに関する記述がある。

ポップ・ギア/2月号
CBS・ソニー出版
1990/02/01 | 音楽雑誌 | 1
来日直前グラフ「全米ツアー大成功。ビートルズ時代の曲も完璧に再現」が1ページ。全米ツアーのグラフ＆コンサートレポート。

フライデー/2月2日号
講談社
1990/02/02 | 週刊誌 | 2
ポールのワールドツアーのステージカラー写真と記事「地球を救おうと13年ぶりのツアーを、初公演間近ポールが日本のファンにメッセージ」。

SPA！(スパ！)/2月14日号
扶桑社
1990/02/14 | 週刊誌 | 1
ブックレビュー「四方田犬彦の今週の激オシ」に、ジョン＆ヨーコの写真と前衛芸術関連の単行本「メカスの友人日記」に関する紹介記事がある。

ラブ・ソングが聴こえる部屋
集英社文庫/川西蘭
1990/02/25 | 文庫本 | 数
1985～1986年にかけて月刊「すばる」に掲載されたピュアな青春恋愛小説4篇を収録。そのひとつ「ジェラス・ガイ」にジョンに関する話題が登場。1986年12月10日発行単行本の文庫版。

フラッシュ/2月27日号
光文社
1990/02/27 | 週刊誌 | 4
来日を控えたポールとストーンズのモノクログラフ「ストーンズとビートルズのポールがやって来る！」。

サザンオールスターズコンサート 1990
AMUSE INC.
1990/02/28 | パンフレット/冊子 | 数
サザンオールスターズの全国ツアー「夢で逢いまSHOW」のパンフレット。桑田佳祐による「60S。ビートルズに心をうばわれた」ほか、メンバーの寄せたコメントの多くにビートルズやストーンズに関する記述がある。写真集とセットのパンフ。

1990

ぴあ/3月1日号
ぴあ
1990/03/01　週刊誌　1/3

わずかにKYODO TOKYOのPICK UP NEWSにポール来日コンサートの宣伝とチケット問い合わせ先情報があるほか、「オノ・ヨーコの観客参加作品～」関連記事など。

ミュージック・ライフ/3月号
シンコー・ミュージック
1990/03/01　音楽雑誌　4

ポールの来日直前スペシャルインタビューが6ページ、「今はためらいなくビートルズの曲もプレイできるようになった」ほか、ロンドン公演レポートやディスコグラフィーなど。

ELLE（エル・ジャポン）/3月5日号
タイムアシェットジャパン
1990/03/05　一般雑誌　1

カラーグラフ「話題の夫婦の静かな生活／ポール・マッカートニーとリンダ」が1ページ強。ポールとリンダ、ツーショット写真とリンダの辛口記事「元ビートルズと最悪の歌手」など。

キャズ(Caz)/3月7日号
扶桑社
1990/03/07　一般雑誌　1/3

ポール来日直前の小記事「ポール来日直前のステージ情報。コンサートはここが見どころ」。コンサートで演奏される全ビートルズナンバーほか。

SPA！(スパ)/3月14日号
扶桑社
1990/03/14　週刊誌　1

巻頭カラーでポール来日公演の写真と記事「今週のフォーエバー・ヤング／ポール・マッカートニー」。

週刊テーミス/3月14日号
テーミス
1990/03/14　週刊誌　2

巻頭カラーグラフ「ポールがほんとうに来た「ドラッグをやめた気分は？」「I Feel Fine…君は？」」がある。空港到着時の写真「ミック・ジャガーが帰った6時間後、ポール・マッカートニーは本当にやってきた。狂想曲のはじまりだ」など。

週刊新潮/3月15日号
新潮社
1990/03/15　週刊誌　1

特集「世界がき聞き耳を立てる"ホキ徳田""オノ・ヨーコ"の行状」があり、両名の特集だがホキ徳田の記事が多くオノ・ヨーコは1ページ程度。二人の女性が日本の文化にもたらしたものは、さて何か？など。

週刊文春/3月15日号
文藝春秋
1990/03/15　週刊誌　3

ポール来日のモノクログラフ「ミックが帰ったと思ったらポールがやってきた」がある。ステージや、空港でファンに抱きつかれる写真と記事「老けたよなあ、ポール・マッカートニー47歳」など。

フォーカス/3月16日号
新潮社
1990/03/16　週刊誌　1

「ビートルズの幻が見える？――三度目の正直ポール・マッカートニー24年ぶりの来日公演」としたステージ・フォトと記事。

週刊朝日/3月16日号
朝日新聞社
1990/03/16　週刊誌　2

カラーグラフ「ビートルズ、ポールもやって来た」がある。来日したポール＆リンダの写真数点と記事「少女ファンが成田に殺到」など。

フラッシュ/3月20日号
光文社
1990/03/20　週刊誌　1

ポール来日コンサートの写真と記事「熱狂再び…47歳、ポールの現在にドームが燃えた！／ビートルズ時代の曲もズラリというサービスぶり。最後のスーパースターの熱演に写真丸も感激」。

週刊女性/3月20日号
主婦と生活社
1990/03/20　週刊誌　1

巻頭来日グラフ「最後のビートルズ・ドラッグも酒もやめたよ！／26万人を熱狂させるポール・マッカートニーのヘルシー宣言」がある。

週刊プレイボーイ/3月20日号
集英社
1990/03/20　週刊誌　1

ポールの来日記事「ポールがやってきた、ヤァ、ヤァ、ヤァ!!／ストーンズについてマッカートニーも無事、来日」が1ページ。共同記者会見とマリファナの話題など。

ポパイ/3月21日号
マガジンハウス
1990/03/21　週刊誌　1/4

「ポパイのAV CLUB」でポールの最新ビデオを2本立てで上映するという案内記事「ポールの来日記念の変則2本立てでキミを待つ！」がある程度。裏表紙がショーンのセイコー腕時計のカラー広告。

週刊宝石/3月22日号
光文社
1990/03/22　週刊誌　1

ポール来日公演のモノクログラフと記事「ストーンズに続いて24年ぶりにポールが来日／47歳、おじさんパワー全開！」がある。公演では一部当日券の売れ残りが出たらしい。

女性セブン/3月22日号
小学館
1990/03/22　週刊誌　2/3

来日グラフ「大麻事件を水に流してご機嫌来日／ポール・マッカートニー(47)」のみ。2/3ページ程度。

ザ・テレビジョン3月23日号
角川書店
1990/03/23　週刊誌　1

ポール来日コンサートのモノクログラフ「蘇ったビートルズ・ナンバーでポールと5万人の大合唱が実現！」が1ページ。3月3日の東京ドームの演奏曲目30曲データも紹介。

フラッシュ/3月27日号
光文社
1990/03/27　週刊誌　1/4

小グラフ「ポールの休日は旧式8ミリカメラで/もしやビートルズ時代からの趣味」がある。来日滞在中のポールが自らベンツを運転して東京湾へドライブに出かけた際のスナップ。

週刊女性/3月27日号
主婦と生活社
1990/03/27　週刊誌　1-

ポールの来日グラフ「ハローニッポン！／24年ぶりのビートルズメロディーがビッグ・エッグにこだました」がある。1ページ弱だが、コンサートへ出向いた芸能人の写真も添えられている。

女性自身/3月22日号
光文社
1990/03/27　週刊誌　3

来日公演に訪れた日本の芸能人たちのスナップ写真を掲載した「ポール・マッカートニー日本公演に、続々とスターたちも／ビートルズナンバーに涙した夜」がある。大竹しのぶ、浅野ゆう子、早見優、イルカほか。

ロッキング・オン/4月号
ロッキング・オン
1990/04/01　音楽雑誌　4

ポールの来日公演を控え「P・マッカートニー英国ツアー最終公演／児島由紀子」と最新レポート「いつでも誰よりもかっこよかったP・マッカートニー／松村雄策」がある。

ミュージック・ライフ/4月号
シンコー・ミュージック
1990/04/01　音楽雑誌　4

「ロック・ミュージシャンAtoZシリーズ／ポール・マッカートニー」が2ページ。ポールの関連情報。一部ビートルズや今回の来日メンバー紹介、ディスコグラフィーもある。

中学三年コース/4月号
学研
1990/04/01　一般雑誌　1/3

CD「フラワーズ・イン・ザ・ダート」と「オール・ザ・ベスト」の日本限定盤の記事「日本だけの限定アルバム発売中・来日記念だ！／ポール・マッカートニー」が少々。

朝日ジャーナル/4月6日号
朝日新聞社
1990/04/06　週刊誌　3

カラーイラストを添えた巻末連載企画「ジョン・レノン伝説／アルバート・ゴールドマン」の第1回「ダコタハウスの一日(1)／救命イカダ」を掲載。以降、8月10日号まで連続18回にわたり長期連載された。

朝日ジャーナル/4月13日号
朝日新聞社
1990/04/13　週刊誌　3

巻末連載企画「ジョン・レノン伝説／アルバート・ゴールドマン」の第2回「ダコタハウスの一日(2)／孤独な浮浪者」。

朝日ジャーナル/4月20日号
朝日新聞社
1990/04/20　週刊誌　3

連載企画の第3回「ダコタハウスの一日(3)／失われた母親との対話」がある。この号にみ表紙コピー「新連載ジョン・レノン伝説」あり。※重複掲載。

朝日ジャーナル/4月27日号
朝日新聞社
1990/04/27　週刊誌　3

連載企画の第4回「ダコタハウスの一日(4)／死への強迫観念」。

PLAYBOY/5月号
集英社
1990/05/01　一般雑誌　8

連載シリーズ「ジョン＆ヨーコ・ラスト・インタビュー」のVOL.3「創造」。

ギター・マガジン/5月号
リットーミュージック
1990/05/01　音楽雑誌　2+

ポール来日公演メンバーである2人のギタリスト、ロビー・マッキントッシュとハミッシュ・スチュワートのインタビューをステージ写真とともにカラー掲載。ほか、ジョージ記事も。

ロッキング・オン/5月号
ロッキング・オン
1990/05/01　音楽雑誌　4

巻頭グラビアで「20年以上かかって作り上げた珠玉のロックンロール――ビートルズの怨念をフッ切ったポール・マッカートニー」があり、来日コンサートのカラーフォト記事を掲載。

明星/5月号
集英社
1990/05/01　一般雑誌　1

二大ビッグアーティストの来日にからめた「ビートルズ＆ローリングストーンズ／天と地をふたつに割ったライバル愛憎関係」、ビートルズとストーンズの比較や簡単なストーリーほか。来日したポールの写真も掲載。

朝日ジャーナル/5月4日-11日合併増大号
朝日新聞社
1990/05/11　週刊誌　3

連載企画の第5回「デビュー(1)／赤線ロック」。

フライデー/5月11日-5月18日号
講談社
1990/05/18　週刊誌　2

合併号。似たもの夫妻の合成写真と記事「マッカートニー＆シュワルツネガー夫妻に降参／似たもの夫婦とはよくいうけれど…」。

the beatles collection 4　367

1990

朝日ジャーナル／5月18日号
朝日新聞社
1990/05/18　週刊誌　3
連載企画の第6回「デビュー(2)／酒と女とドラッグ」。

朝日ジャーナル／5月25日号
朝日新聞社
1990/05/25　週刊誌　3
連載企画の第7回「ヘルプ(1)／太ったエルビス」。

朝日ジャーナル／6月1日号
朝日新聞社
1990/06/01　週刊誌　3
連載企画の第8回「ヘルプ(2)／ノルウェイの森」。

朝日ジャーナル／6月8日号
朝日新聞社
1990/06/08　週刊誌　3
連載企画の第9回「亀裂と対立(1)／二人の？リーダー」。

朝日ジャーナル／6月15日号
朝日新聞社
1990/06/15　週刊誌　3
連載企画の第10回「亀裂と対立(2)／ポールの「乗っ取り」」。

朝日ジャーナル／6月22日号
朝日新聞社
1990/06/22　週刊誌　3
連載企画の第11回「亀裂と対立(3)／ロンリー・ハーツ」。

昭和二万日の全記録／第13巻
講談社
1990/06/24　単行本　2
全19巻シリーズの第13巻。昭和39年から昭和42年の出来事を収録した資料本。ビートルズは巻頭カラー2ページに来日写真と来日特集雑誌、レコードなどのコレクションを数点紹介。

朝日ジャーナル／6月29日号
朝日新聞社
1990/06/29　週刊誌　3
連載企画の第12回「ヘロイン・ハネムーン」。

フィル・スペクター／甦る伝説
白夜書房／マーク・リボウスキー
1990/06/30　単行本　数
奇才プロデューサー、フィル・スペクターについての書籍。「ウォール・オブ・サウンド」で知られ、ジョージやジョンのレコーディングにもその手腕を発揮した。ビートルズに関する記述もある。

中央公論／7月号
中央公論社
1990/07/01　一般雑誌　10
「東京コンサート視聴記」と題した「ビートルズ・エイジの遊びは終わった／きたやまおさむ」が10ページ。「共有度の高いメディア」「送り手と受け手の幸福な回路」「自動人形からファミコンへ」「ビートルズらしくないコンサート」など。

朝日ジャーナル／7月6日号
朝日新聞社
1990/07/06　週刊誌　3
連載企画の第13回「ベッド・イン」。

週刊現代／7月7日号
講談社
1990/07/07　週刊誌　数
浅井慎平のビートルズ来日公演時のカラーグラフがある。写真は1点で、コメント「ビートルズも僕の写真も、全然評価されなかった」など。

太陽／7月号
平凡社
1990/07/12　一般雑誌　1
マイアミのプールで泳ぐビートルズの写真と解説が1ページ。

朝日ジャーナル／7月13日号
朝日新聞社
1990/07/13　週刊誌　3
連載企画の第14回「多重人格」。

朝日ジャーナル／7月20日号
朝日新聞社
1990/07/20　週刊誌　3
連載企画の第15回「どん底(1)／孤児院」。

朝日ジャーナル／7月27日号
朝日新聞社
1990/07/27　週刊誌　3
連載企画の第16回「どん底(2)／幼児願望」。

朝日ジャーナル／8月3日号
朝日新聞社
1990/08/03　週刊誌　3
連載企画の第17回「凶弾(1)／汝、殺すなかれ」。

朝日ジャーナル／8月10日号
朝日新聞社
1990/08/10　週刊誌　3
連載企画の第18回(最終回)「凶弾(2)／五発の弾丸」。

週刊朝日／8月17日号
朝日新聞社
1990/08/17　週刊誌　1
環境保護活動のため来日したヨーコとショーンのカラーグラフ「愛と平和を再び訴えるオノ・ヨーコ」が1ページ。

LEE(リー)／9月号
集英社
1990/09/01　一般雑誌　6
「スペシャル・トーク／オノ・ヨーコさん土井たか子さん」が6ページ。ヨーコと土井たか子とのロング対談で「変革には自然な変化が大事」ほか、希少な内容。

週刊朝日／9月7日号
朝日新聞社
1990/09/07　週刊誌　4
「運命に"受け身の女"へと変貌した"ドラゴン・レディー"／オノ・ヨーコ」が4ページ。ヨーコが人生を語ったもので「ずいぶん怖いことをしてきた」「パパはビートルズだったの」「お金があると手間がかかる」など。

愛こそがすべて
海竜社／柴門ふみ
1990/09/22　単行本　1未満
愛をテーマにしたエッセイ。タイトル「愛こそがすべて」について、本書冒頭で「私は、この言葉をビートルズから教わった。」と記している。

アクションカメラ／10月号
ワニマガジン社
1990/10/01　一般雑誌　1
「おとなのオモチャ箱・ビートルズを語らせたら芸能界一／志村けんの巻」がある。レコードなどコレクション写真とインタビュー。隠れファンとのことで「僕の青春は思いっきりのビートルズ」「ジョン・レノンが死んだ日ひとり部屋の中で…」など。

ビルボード・ナンバー1・ヒットIII 1985-1988
音楽之友社／フレッド・ブロンソン／かまち潤
1990/10/10　単行本　数
ビルボード誌のナンバー1ヒット曲の解説集第3弾。ジョージの【セット・オン・ユー】を収録。

Caz(キャズ)／10月17日号
朝日新聞社
1990/10/17　一般雑誌　1/2
ミュージックコーナーにジョン生誕50周年展の紹介記事「スペシャル・ライブから遺品展まで。年末のジョン・レノン50周年イベント」がある。ヨーコ＆ショーンの写真、イベントの説明やスケジュールなど。

ロックミュージック進化論
新潮文庫／渋谷陽一
1990/10/25　文庫本　数
ロックシーンを簡潔にまとめたもの。ビートルズ関係の記述は多い。1980年2月20日発行単行本の加筆文庫化。

週刊朝日／10月26日号
朝日新聞社
1990/10/26　週刊誌　3
巻末カラーグラフ「ジョン・レノンメモリアル」没後10年目に公開される遺品たち」がある。全国5都市で開催された「ジョン・レノン展」に出品公開されたジョンの遺品コレクションの写真など。

ロック宣言
駒草出版／はなもりかい
1990/10/30　単行本　1未満
「ロックの歴史」の中でわずかにビートルズについて触れている程度。

FREE／11月号
MUSIC TIMES PUB／月刊FREE編集部
1990/11/01　音楽雑誌　3
名古屋のライヴハウス向けに発行された音楽情報誌。「南知多通信」のコーナーで「The Continuing Story Of Glass Onion」があり、ジョンの死から10年のメッセージを掲載。

ロック・ザ・バイオグラフィー
シンコー・ミュージック
1990/11/11　ムック／企画本　数
ビートルズはじめ、ストーンズ、ビーチ・ボーイズなど、1960年代以降のロック・アーティスト多数を収録したバイオグラフィー。

週刊ポスト／11月16日号
小学館
1990/11/16　週刊誌　2
「えっ？ジョン・レノンの語学教室／話題本」ジョン・レノン"活用術"が2ページ。内容はジョン・レノンが日本語を勉強した際に描き残したユーモラスなイラストや人物スケッチ等の抜粋。

SPA！(スパ)／11月21日号
扶桑社
1990/11/21　週刊誌　1
高橋啓二のイラストを添えたコラム「ジョン・レノンが好きと堂々と言おう…の巻／神足裕次」が1ページある。

ハートランドからの手紙
扶桑社／佐野元春
1990/11/30　単行本　数
佐野元春のエッセイ集。ジョン射殺事件の一報を聞いて記した「悲しい噂」やジョン追悼の「レノンとともに」「偉大なるロックロール・ファン」など。

1990-1991

DIME（ダイム）/12月6日号
小学館
1990/12/06　一般雑誌　1
「ジョン・レノン家族生活」と「ai ジョン・レノンが見た日本」の新刊同時発売のカラー広告1ページ。

フラッシュ/12月25日号
光文社
1990/12/25　週刊誌　2
1990年開催予定のGOW（Greening Of the World）日本コンサートおよび参加アーティストの写真記事「ジョンの魂いま再び…GOW日本コンサートへ急げ！/J.レノンの遺志を継ぐべく、オノ・ヨーコほか内外20アーティスト豪華競演」。

1991

青春デンデケデケデケ
河出文庫/芦原すなお
1991/01/16　文庫本　数
バンドを結成する少年たちの青春物語。曲が多く登場するだけでなく、ビートルズをかなり意識した小説。掲載写真は河出書房新社より1991年1月16日に発行された単行本の文庫化初版（1992年10月2日）。

フォーカス/1月4日号
新潮社
1991/01/04　週刊誌　4
「彼も生きていれば50歳――初公開！ジョン・レノンが15歳の時に描いた風刺漫画」があり、ジョンがクオリーメン時代にスケッチブックに描いたユニークな風刺漫画8点を写真で紹介。

読売報道写真集/1991
読売新聞社
1991/02/14　ムック/企画誌　1未満
ポール来日コンサートのショット1点「ポール、24年ぶり日本のファンを魅了」があるのみ。

好きで、たまらない
大和書房/島村洋子
1991/03/01　単行本　1未満
恋をテーマにしたエッセイ集。作品のタイトルにもビートルズ・ナンバーが使用されているが、直接ビートルズに関する記述はない。表紙はイエロー・サブマリンのイラスト。

フォーカス/4月12日号
新潮社
1991/04/12　週刊誌　1未満
ショーンとガールフレンドのツーショット写真と記事「ママには内緒の秘密の愛？――恋人とパリの街で抱き合うショーン・レノン15歳」。

スーパー・DJ・オンライン
ビクターブックス/ニューズメーカー編集部
1991/04/20　単行本　1未満
来日したスーパースターたち約60人のインタビューを年譜とアルバム紹介を添えて簡単にまとめたもの。巻頭でビートルズの写真と紹介記事のみ。

サンタクロース/6月5日号・創刊号
文藝春秋情報出版
1991/06/05　一般雑誌　1/4
「ビートルズ来日25周年・4人のビートルズたち/TFM系全国ネット8局」がある。放送予定のビートルズの番組「POP JAM ザ・グレイテスト・ヒッツ」の紹介ほか、ポールの商才など。

アエラ/7月30日号
朝日新聞社
1991/07/30　週刊誌　2
カラー2ページの「ビートルズに帰るP.マッカートニー/解散から21年」がある。50歳を迎えるポールの近況ほか、映画（ゲット・バック）関連記事、簡単なビートルズ年表など。

Vanda vol.3
MOON FLOWER Vanda編集部
1991/07/31　一般雑誌　1
「ジョン・レノン&ヨーコ・オノ、ギヴ・ピース・ア・チャンス／近頃の映像」ほか「ロック帝国興亡史/田中雅人」にもジョンに関する記述がある。

BURRN！（バーン）/8月号
シンコー・ミュージック
1991/08/01　音楽雑誌　9
9ページの「特別企画 BEATLES」がある。『60年代を駆け抜けた英雄/広瀬和生』「ビートルズに見る音楽の3大要素/酒井康」「永遠に語り継がれるビートルズ/増田勇一」ほか、ディスコグラフィーなど。

苺畑の午前5時
ちくま文庫/松村雄策
1991/09/24　文庫本　多数
ビートルズ来日をきっかけに展開する1963～1970年を舞台にした青春小説。巻末に解説「ジョン・レノンが教えてくれた／菊池史彦」もある。1987年3月5日発行単行本の文庫版。

マイライフ・ロックス October
マイライフ社
1991/10/10　一般雑誌　4
「ジョン・レノン・ファッション」2ページと貴重なロック映画最新情報「ビートルズ来日25周年記念映画ポール・マッカートニー/ゲット・バック」など。

フォーカス/10月11日号
新潮社
1991/10/11　週刊誌　2
ジョン&ヨーコとポール逮捕の写真2点を添えた「ジョン・レノン最後の日々――元秘書が回想録に綴ったオノ・ヨーコの悪女ぶり」。

サライ/10月17日号
小学館
1991/10/17　週刊誌　1/2
特集「伝統のリゾートホテル」の中にジョン一家の写真と記事「軽井沢万平ホテル/ジョン・レノンも愛した高級避暑地を代表する老舗」がある。ホテル紹介は2ページだがジョンの記事は1/2ページ程度。

週刊文春/10月24日号
文藝春秋
1991/10/24　週刊誌　2
カラーグラフ「仕事場探検隊アメリカ篇／アーティスト、オノ・ヨーコ」がある。ニューヨーク、ダコタ・アパートの1階にあるヨーコのオフィス、スタジオ・ワンの写真と記事「セントラルパークを見おろす陽光に満ちた部屋」など。

週刊プレイボーイ/11月19日号
集英社
1991/11/19　週刊誌　2+
ジョージ初来日公演決定にともなうグラフ「GEORGE HARRISON ビートルズの日本公演から25年、今また新たな伝説が…/祝ソロ来日!!」が2ページ。1966年来日時の写真ほか、日本公演日程など。

フライデー/12月6日号
講談社
1991/12/06　週刊誌　2
ジョージとクラプトンの写真を添えた二人の来日直前インタビュー「ビートルズ時代を告白／来日直前！伝説の男G・ハリスン単独インタビュー」がある。

GORO/12月12日号
小学館
1991/12/12　一般雑誌　3
25年ぶりの来日公演決定をうけ、ジョージとクラプトンの友情に迫るレポート「BackStage report/ジョージ・ハリスン&エリック・クラプトン」がある。

週刊文春/12月12日号
文藝春秋
1991/12/12　週刊誌　2+
ジョージ&クラプトン来日記者会見のモノクログラフ「ジョージ・ハリスンとエリック・クラプトンが浴びた／地獄のストロボ攻撃」ほか、ビートルズの公式アナログ盤16枚再発売の話題も。

フォーカス/12月13日号
新潮社
1991/12/13　週刊誌　2
来日したジョージとクラプトンの記者会見の写真と記事「ダークホースと神様―親友クラプトンと25年ぶりの来日を果たしたジョージ・ハリスン」。

カーリー・スー
松竹事業部
1991/12/14　映画パンフレット　数行
アメリカ作品で監督はジョン・ヒューズ。リンゴがエンディング・テーマ【ユー・ネヴァー・ノウ】を歌った映画で、パンフレットにも「Performed by Ringo Starr」とクレジットがある。

アエラ/12月17日号
朝日新聞社
1991/12/17　週刊誌　2
ジョージ来日直前の記事「ジョージ・ハリスン／スターになり切れなかった男の25年」がある。写真と「ポールとの対立で出勤拒否」「名声の頂点から失意に転落」など。

週刊プレイボーイ/12月17日号
集英社
1991/12/17　週刊誌　3
ジョンの未公開写真グラフ6点を紹介した3ページのカラーグラフ「ジョン・レノン、アートワークス/Love and Peace, Again」がある。

フライデー/12月20日号
講談社
1991/12/20　週刊誌　2
ジョージ来日公演のステージ・ショットとレポート「元若者たちが熱狂！一人ぼっちのビートルズ、G・ハリスンを聴いたか」。

マイライフ創刊・ロックス
マイライフ社
1991/12/20　音楽雑誌　5
ジョージのプロフィールやフォトのほか、アルバム・ディスコグラフィーを簡単にまとめた来日記念特集「Welcome to Japan, GEORGE HARRISON」がある。

週刊明星/12月26日号（最終号）
集英社
1991/12/26　週刊誌　1
創刊以来33年を経て幕を閉じた同誌の最終号。「昭和40年 音楽史上最大のスーパーグループの肉声をキャッチ/ビートルズ独占会見」が1ページ。星加ルミ子のビートルズ独占会見記や来日写真など。

1992

レコパル/1月6日-1月19日号
小学館
1992/01/06　音楽雑誌　1
ジョージ&クラプトンの来日コンサート総括「親友同士の絆が生んだ17年ぶりの感動／ジョージ・ハリスン&エリック・クラプトン」を写真とともに掲載。

サライ/3月19日元号
小学館
1992/03/19　一般雑誌　2
練馬区のビートルズ楽器専門店の話題「ビートルズ楽器専門店 with/30年前へタイムスリップ、ビートルズご用達品ならなんでもあります」がある。ポール来日時の直筆サイン入りベースなどの写真と記事。

女性セブン/4月9日号
小学館
1992/04/09　週刊誌　1
綴じ込み企画「J・F・K、B・アキノ、J・レノンら12人の衝撃シーン／暗殺その瞬間」の最終回「人類を愛し、人類のために祈ったのに/J・レノン」のグラフが1ページ。

フォーカス/5月29日号
新潮社
1992/05/29　週刊誌　2
来日したヨーコのグラフ記事「世界一有名な無名アーチスト/6枚組CDのプロモーションで来日した"音楽家"オノ・ヨーコ」が2ページ。

世界衣裳盛衰史
角川書店/清水義範
1992/05/30　単行本　109
ビートルズの傑作パロディ小説「伝説の展開図──偽ビートルズ伝」を収録した作品集。ビートルズの生い立ちからジョン射殺事件までをパロディタッチで描いた長編小説。

サンタクロース/6月3日号
文藝春秋情報出版
1992/06/03　一般雑誌　2
「スーパーTALKエッセイ」コーナーに、カラー2ページの「財津和夫&坂崎幸之助「ビートルズを語ろう」」がある。デビュー30周年を迎えたビートルズについての対談とビートルズ写真など。

フォーカス/6月19日号
新潮社
1992/06/19　週刊誌　2
カメラマン、ボブ・ウィタカーの秘蔵写真集発売に関する写真と記事「鶏小屋に眠っていた大傑作──ビートルズの専属カメラマンが撮った未発表写真集」。

BOMB!(ボム!)/7月号
学習研究社
1992/07/01　一般雑誌　3
ビートルズ特集「デビュー30周年記念／今なお愛され続ける偉大なるBANDその魅力と栄光の軌跡！」が3ページ。「バンド結成の軌跡」「栄光の記録ヒストリー」「DISCOGRAPHY」など写真、読物、アルバム紹介程度。

だんだんわかった
TBSブリタニカ/仲井戸麗市
1992/07/01　単行本　15
元RCサクセションの仲井戸麗市のエッセイ。コンテンツに「THE BEATLES日本公演」「リバプール」「ビートルズ一人一人達の再来日」などがある。著者自身の日本公演体験やビートルズとの出会いなど。

さるのこしかけ
集英社/さくらももこ
1992/07/20　単行本　10
フジテレビの企画で、実際にポールに会った著者と、同行取材した夫の笑える感動体験「ポール・マッカートニーに会う」がある。

フォーカス/8月14日号
新潮社
1992/08/14　週刊誌　1
「ビートルズ幻のドラマーの来日──デビュー直前にクビになったピート・ベスト」の来日写真と記事、ピートがドラマーだった初期ビートルズの写真も。

フラッシュ/8月18日号
光文社
1992/08/18　週刊誌　2
グラフ記事「結成30年！彼らこそ時代を超えた不滅のバンドだ／秘蔵写真に見るビートルズ栄光の軌跡」がある。未公開写真やシングル盤グラフィティなど。

レコード・コレクターズ増刊/ブリティッシュ・ロックVOL.1
ミュージック・マガジン
1992/08/20　ムック／企画誌　数
ブリティッシュ・ロックのアーティストの徹底解析とレコード、ビデオ・コレクションを掲載したカタログVOL.1。「リヴァプール、ハンブルク時代のビートルズ/大鷹俊一」があるほか関連記事も多い。

サライ
ミュージック・マガジン
1992/08/20　ムック／企画誌　数
ブリティッシュ・ロックのアーティストの徹底解析とレコード、ビデオ・コレクションを掲載したカタログVOL.1。「リヴァプール、ハンブルク時代のビートルズ/大鷹俊一」があるほか関連記事も多い。

ロックの冒険・スタイル篇
洋泉社/キーワード事典編集部（編）
1992/09/01　単行本　数
ロックのスタイルをテーマに、①偽ロック史、②90's的ムーヴメントとスタイル、③スタイルの戦い、の三章構成。多角的に解析した異色研究書。一部ビートルズの音楽やスタイルにも触れる。

僕はランチにでかける／ロック・エッセイ
柏書房/間章
1992/10/08　単行本　21
ロックを題材にしたエッセイ集。「ビートルズ映画について」がある。

ビルボード・トップ10ヒッツ①'58～'68
音楽之友社/ジョエル・ホイットバーン
1992/10/10　単行本　数
アメリカ、ビルボード誌が発表したヒットチャートのトップ10を年代順に完全網羅した資料集。ビートルズ現役当時のヒット曲の推移などがよくわかる。かまち潤監修。

ロンドン・ロック・ガイド
音楽之友社/マーカス・グレイ
1992/11/25　ムック／企画誌　数
ロンドンのロック・ミュージシャンゆかりの地を、エピソードや写真を交えて紹介したガイドブック。アビー・ロードやアップル・ビルなど、ビートルズにまつわる要所も収録。

田中まこの通訳メモランダム
研究社出版/田中まこ
1992/11/25　単行本　7
来日ミュージシャンの通訳を務めた田中まこのインタビューレポート集。ビートルズ関連では「ついに会うことができたポール・マッカートニー」と「3人目のビートルズ：ジョージ・ハリスンに会えた日」がある。

ブルー・ブルー・ブルー
新潮文庫/白石公子
1992/11/01　文庫本　7
エッセイ集。1991年のジョージ&クラプトンの来日コンサートについて記した「コンサートに行こう」がある。1995年6月1日、世界文化社発行の単行本の文庫版。

Rock'n'Roll BABYLON（増補版）
白夜書房/ゲイリー・ハーマン
1992/12/01　ムック／企画誌　数
1988年に刊行された「Rock'n'Roll BABYLON」の増補改訂版。改訂箇所はジョン射殺事件など1980年代の出来事をスキャンダラスに描いた第12章の追記など。

スーパージャンプ/12月9日号
集英社
1992/12/09　週刊誌　1
ビートルズのコレクターを紹介した巻末カラーページ「デビュー30周年 いまもマニアは増殖中！／平成一芸人列伝ビートルズ名人」がある。

無名時代/阿久悠
集英社/阿久悠
1992/12/20　単行本　37
阿久悠による6章構成の自伝的長編小説で、最終章37ページが「嵐の羽田のビートルズ」。若き日、広告業に在籍していた著者だけに、来日当時の世相やメディア業界の動きがよくわかる作品。

芸術は恋愛だ／横尾忠則
PHP研究所/横尾忠則
1992/12/25　単行本　7
横尾忠則のジョン&ヨーコ会見記ほか。「ビートルズとドラッグ体験」「宗教としてのビートルズ」「ビートルズとの出会い」「ビートルズ解散と交通事故」「ジョンとヨーコに会う」など。

1993

週刊東京ウォーカー/2月9日号
角川書店
1993/02/09　週刊誌　3
カラーグラフ「時代を超える神様、ジョン・レノン特集」と「オフ・ザ・グラウンド」発売の話題を紹介した「ニュース、ポールとミック、2大巨頭が新作で始動」など。

ジュノン(JUNON)/3月号
主婦と生活社
1993/03/01　一般雑誌　2
バレンタインのプレゼントとしてビートルズ・グッズの紹介「バレンタインデーに、ビートルズの愛を贈る。」が2ページ。ビートルズのネクタイ、ベルト、ポーチ、ソックス他。

フォーカス/3月12日号
新潮社
1993/03/12　週刊誌　2
ショーンの恋人とのツーショット写真と記事「母親オノ・ヨーコも公認？──ジョーン・レノン17歳の新たな恋人に見る争えない血」。

ユリイカ詩と批評/4月号
青土社
1993/04/01　一般雑誌　3
特集「ロック」のなかでジョン射殺事件を考察した評論「ジョン・レノンについて考えられないことを考える／レスター・バングズ」がある。

ハートランドからの手紙
角川文庫/佐野元春
1993/04/10　単行本　7
1990年11月30日、扶桑社より刊行された同名書籍に一部追記を加え文庫化したもの。コンテンツに「John Lennon」がある。

Together(トゥゲザー)/創刊号
宣伝会議新社
1993/04/25　一般雑誌　10
創刊号。エイズ特集。巻頭10ページにわたり、マジック・ジョンソンとヨーコのエイズに関する対談「MAGIC JOHNSON vs.YOKO ONO」を掲載。

1993-1994

AVジャーナル/6月号
文化通信社
1993/06/01	一般雑誌	1/5

ビートルズ来日の貴重映像「ザ・ビートルズ武道館コンサート」のビデオレビュー記事が少し。

17歳のポケット
集英社/山田かまち
1993/06/10	単行本	数

夭折の天才少年、山田かまちの作品集。一部ビートルズに関する詩やエッセイがある。

けれど空は青
八曜社/石原信一
1993/06/10	単行本	15

音楽性、人間性両面から真実に迫った飛鳥涼の書籍。第2章に「ジョンとポールの間で/ビートルズとの相異論」があり、ビートルズの影響やロンドン滞在録などを掲載。

BRUTUS(ブルータス)/7月15日号
マガジンハウス
1993/07/15	週刊誌	1

「H・テラサキのスコブル備忘録/クラシックとビートルズが融合すること。」が1ページ。チェリスト、ハーノイとビートルズの音楽的融合に関する記述。

自由・平等・ロック
晶文社/ティモシー・ライバック
1993/07/30	単行本	50

ロシア・東欧など社会主義国家におけるロックの文化史を集大成した研究文献。第4章「レーニン対ジョン・レノン 1960〜1966」で、ジョンが与えた音楽、思想の影響力を分析。

クイック・ジャパン(創刊準備号)
飛鳥新社
1993/08/01	一般雑誌	1未満

わずかにビートルズ・カヴァー写真がある程度。

サイコの世界
朝日新聞社
1993/08/05	ムック/企画誌	3

ジョンの射殺事件関連「ジョン・レノンを撃ったライ麦畑のつかまえ役・射殺犯マーク・チャップマンの愛読書/青木紀子」がある。

リザード・キングの墓
ロッキング・オン/松村雄策
1993/08/25	文庫本	80

ロッキング・オンなどに掲載された松村雄策の作品を集めたエッセイ集でビートルズに関するエッセイも多い。文庫版。

素顔のミュージシャン
早川書房/ジェニー・ボイド/ホリー・ジョージ
1993/08/31	単行本	数

パティ・ボイドの実妹、ジェニー・ボイド著。ジョージやクラプトンに関する記述もある。

週刊朝日/10月29日号
朝日新聞社
1993/10/29	週刊誌	1

東京・南青山スパイラルで開催された展覧会からのカラーグラフ「オノ・ヨーコの絶滅の危機説」がある。

ロック・クラッシックス/ロック黄金期のCD500
音楽之友社
1993/11/01	ムック/企画誌	6

ビートルズおよび、ジョン、ポールほかロックを代表するアーティストのヒット・アルバムを解説したレコード・CDガイド。

ビルボード・ベスト・オブ・ベスト
音楽之友社
1993/11/10	単行本	9

ビルボード・ヒット・チャートの上位にランクされたベストアーティスト、ソングライター、プロデューサー、チャート、編成、タイトル別に整理し、解説を加えたもの。ビートルズおよびジョン＆ポールのチャートインした曲のデータと解説を掲載。

フォーカス/11月12日号
新潮社
1993/11/12	週刊誌	2

アビイ・ロード・セッションの合間に談笑するジョンとポールの貴重なツーショット「ビートルズ解散『伝説のシーン』——マッカートニー夫人が撮ったジョンとポールの明暗」。

僕たちの時間/THE HOURS AND TIMES
アップリンク
1993/11/13	映画パンフレット	※

ジョンとブライアン・エプスタインを描いた映画。1991年制作のアメリカ作品で日本公開は1993年11月13日。

ロック偉人伝(下巻)
シンコー・ミュージック/デイヴィッド・ダルトン他
1993/11/19	文庫本	数

ロック偉人伝の下巻で、1960年代中期〜1970年代前半に活躍した40人のロックアーティストを収録。ビートルズに関しては各アーティストの伝記のなかで一部引用がある程度。

週刊朝日/11月19日号
朝日新聞社
1993/11/19	週刊誌	3

巻頭カラーグラビア3ページに「マッカートニーの妻が撮った写真」がある。ジョンとポールの写真やジャニス・ジョプリン、ジミ・ヘンドリックス、ミック・ジャガーなど。

こんなに近くにいるのに…
PHP研究所/財津和夫
1993/11/19	単行本	9

財津和夫が少年時代の想い出やチューリップ時代を振り返り記したエッセイ集。15歳頃に知ったビートルズのことや、ロンドンにおけるジョージ・マーティンとの出会いなど。

芸術新潮/12月号
新潮社
1993/12/01	一般雑誌	4

ヨーコのインタビュー「女を貫いたオノ・ヨーコのアート道」がある。彼女の回顧展「フルクサス/1988」「フルクサス精神/1993」や、最近の活動についてのインタビューほか、一部作品の写真紹介など。

フライデー/12月3日号
講談社
1993/12/03	週刊誌	1

最終ページの写真コラムにポールとリンダのグラフ「大慎メロ大会in東京ドーム 天才ポールにつきまとう亡霊」が1ページ。

週刊実話/12月9日号
日本ジャーナルプレス
1993/12/09	週刊誌	1/6

ポールの来日写真とわずかな記事「日本をあつくしたポールのステージ」がある。

山田かまちのノート(上)
筑摩書房/山田かまち
1993/12/15	文庫本	8

山田かまちが残した詩、デッサン、批評などの生前作品集。彼がビートルズ・ファンであったことがよくわかるエッセイと詩がある。

週刊文春/12月16日号
文藝春秋
1993/12/16	週刊誌	6+

来日公演を終えたポールのインタビュー「すべて話そうビートルズ、リバプール、ベジタリアン、そしてジョン・レノンのことを」がある。来日公演についても触れている。インタビューアーは林哲司。

フラウ/12月28日号
講談社
1993/12/28	一般雑誌	11

11ページの特別企画「もう一度、永遠に惚れてみませんか！ビートルズこれからの伝説」がある。「狂おしいまでの女性エネルギーが初めて爆発した'66年、武道館/湯川れい子」ほか、年譜、ディスコグラフィーなど良質な特集。

1994

ミュージック・ライフ/1月号
シンコー・ミュージック
1994/01/01	音楽雑誌	2

ポールの来日公演レポート「PAUL McCARTNEY THE WORLD TOUR in JAPAN/矢口清治」がある。自身2度目の来日公演となったツアーの公演レポートなど。

ソフィア(SOPHIA)/1月号
講談社
1994/01/01	一般雑誌	12

12ページにおよぶ独占インタビュー「オノ・ヨーコ、夫亡き後10年を一区切りとして再生の道を歩みたい」がある。ジョンやショーン、自身の近況など、多岐に渡るロングインタビュー。

フィガロ・ジャポン/1月号
TBSブリタニカ
1994/01/01	一般雑誌	2

グラフ・インタビュー「オノ・ヨーコ/アーティスト」が2ページ。「父と母、そして子供と犬がいる、愛をいまいちど呼び覚ましたい。」「保守的な前衛作家にはならない。」「ラブ＆ピースは永遠のテーマ。」など。

ロッキング・オン/1月号
ロッキング・オン
1994/01/01	音楽雑誌	2

ポール2度目の来日コンサート・レポートとステージ・フォト「Paul McCartney 僕もピッピーム、ピッピーム、イエーと叫んだ/田中宏明」がある。

月刊カドカワ/1月号
角川書店
1994/01/01	一般雑誌	5

連載企画「CHAGE&ASKAの真実」最終回の中で、東京ドームで行われたポールの公演時にASKAとポールの対談が実現したという話題を紹介。

BART/1月10日号
集英社
1994/01/10	一般雑誌	4

4ページのカラーグラフ「ビートルズ最後の真実/ポール・マッカートニーが落としていった再結成の青写真」がある。ポールとビートルズ周辺の最新情報。

1994-1995

フォーカス/1月26日号
新潮社
1994/01/26 週刊誌 2
マイケル・ジャクソンの少年への性的虐待疑惑報道で「ショーンも含まれていた?」という記事「ショーン・レノンも被害者だ!」──黒人地位向上協会から表彰されたマイケルに新たな性的虐待疑惑」。

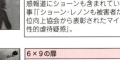

ロッキング・オン/2月号
ロッキング・オン
1994/02/01 音楽雑誌 4
簡単なコンサート・レポートを含めたポール来日日記「ポールといっしょにおじいさんになろう/松村雄策」、同じくポールの来日をまとめた「ポールは今最高にロックである/森内淳」を写真を添えて掲載。

シュプール(SPUR)/3月号
集英社
1994/03/01 一般雑誌 5
特集記事「パワー・ウーマンの肖像/ポールの妻という肩書きも苦手として生きてきた女、リンダ・マッカートニー」が5ページ。フォトグラファーでもあるポールの妻、リンダを詳しく取り上げた珍しい特集。

6×9の扉
ソニー・マガジンズ/小貫信昭
1994/03/05 単行本 10
「ワッツイン」誌に連載された「ロックの先駆者たち」をベースに、追記を加え編集したロック・アーティスト・ガイド。ビートルズを含め54人のロック系アーティストの軌跡など。

フォーカス/3月16日号
新潮社
1994/03/16 週刊誌 2
スチュアート・サトクリフを主人公にした映画〈バック・ビート〉と、彼の恋人であったカメラマン、アストリッド・キルヒャーが撮影した秘蔵写真と記事「もう一人のビートルズがいる秘蔵写真/恋人の女流カメラマンが日本で初公開」。

ロックの歴史・スーパースターの時代
シンコー・ミュージック/天辰保文
1994/04/07 単行本 数
変貌を遂げた1970年代のロックシーンを「スーパースターの時代」と名付けてまとめたもの。最終章にジョン射殺事件についての記述など。

アエラ/4月18日号
朝日新聞社
1994/04/18 一般雑誌 1
ビートルズの新曲レコーディングの話題などを紹介した記事「ロック神話/ビートルズ再結成で報道も過熱」1ページ。

ロックする哲学
洋泉社/澤野雅樹
1994/05/02 単行本 数
「星屑を結ぶ線」「ロックのサブ哲学」「思考のスタジアム」「死と身体のバロック」の4章で構成したロック評論集。随所にビートルズに関する記述がある。

悲しい生活
ロッキング・オン/松村雄策
1994/07/20 単行本 数
渋谷陽一、岩谷宏、橘川幸夫などとともにロッキング・オン創刊に携わった著者が、同誌ほか音楽雑誌などに書き下ろしたエッセイ46篇を集めて一冊にまとめたもの。ビートルズに関するエッセイも収録あり。

GOLD WAX NO.28
バロック出版
1994/08/20 音楽雑誌 6
「愛こそはすべてを観た/森山直樹」「SGT. Peppers Lonely Hearts Club Band考察/栗原信夫」など。表紙コピー「BEATLES」。

ロック・ヴィデオ・コンプリート・ガイド
音楽之友社/大鷹俊一
1994/09/05 単行本 10
ロック・アーティストの主要ロック・ビデオ、LDを写真で紹介した総合ビデオ・ガイド。ビートルズ、ジョンのビデオ紹介とバングラディシュ・コンサートの記事など。

十七歳1964春
文春文庫/ボブ・グリーン
1994/09/10 文庫本 数
1988年6月1日に刊行された、ジャーナリスト、ボブ・グリーンの同名書籍を文庫化したもの。一部ビートルズに関する記述もある。

十七歳1964秋
文春文庫/ボブ・グリーン
1994/09/10 文庫本 数
1988年7月1日に刊行された、ジャーナリスト、ボブ・グリーンの同名書籍の文庫化。一部ビートルズに関する記述がある。

クイック・ジャパン(創刊号)
太田出版
1994/10/19 一般雑誌 16
名著「話の特集・ザ・ビートルズ・レポート」を題材にした「三島由紀夫が絶賛したまぼろしの名著、ザ・ビートルズ・レポートをレポートする/大泉実成」がある。準備号は飛鳥新社が版元だったが、この創刊号から太田出版に変更された。

エルヴィスから始まった
筑摩書房/片岡義男
1994/10/24 文庫本 数
1971年1月31日、「ぼくはプレスリーが好き」のタイトルで三一書房から、1974年には角川文庫から、また1991年には「音楽風景」のタイトルでシンコー・ミュージックから刊行されたもの。「ビートルズはつまらない」など。

ミュージック・マガジン増刊/スペシャル・エディション①
ミュージック・マガジン
1994/12/15 ムック/企画誌 10
1994年4月に創刊25周年を迎えた「ミュージック・マガジン」の企画ダイジェスト版。1969年~1974年の主要な記事を抜粋掲載したもので、ビートルズ関連記事もあり。

週刊ポスト/12月16日号
小学館
1994/12/16 週刊誌 3
3ページのモノクログラフ「ブーム再燃/ビートルズが教えてくれた」があり、1962年のデビューから1970年の解散までを写真とコメントで簡単に紹介。

1995

クレア/1月号
文藝春秋
1995/01/01 一般雑誌 7
ジョン射殺事件のヴィジュアル・レポート「ジョン・レノンが死んだ日──凶弾に倒れたあの日の記憶/小松成美」がある。写真ほか、ジョンをよく知る関係者の声など。

週刊漫画ゴラク/1月6日-1月13日合併号
日本文芸社
1995/01/13 週刊誌 1
「ミュージックフェイス」に「30余年前にBBCで録音されたビートルズのライヴ演奏が、今ここに甦る!!/畠山裕二」がある。2枚組アルバム「ザ・ビートルズ・ライヴ!!アット・ザ・BBC」リリースの話題。

The ROLLING STONES/ROCK&ROLL CIRCUS
プロデュース・センター出版局/マイケル・ランドルフ
1995/01/20 ムック/企画誌 数
スーパー・セッション「ロックン・ロール・サーカス」の写真集。ジョン&ヨーコがクラプトンなどとともに即席のグループを結成してゲスト出演した。その際のレア・ショットも収録されている。

Bad News増刊/ベスト・サウンドトラック・100
バッド・ニュース
1995/01/25 ムック/企画誌 数
映画音楽ベストアルバム100&ベストソング100のカタログ。ビートルズでは〈ヘルプ!4人はアイドル〉、〈ビートルズがやってくるヤァ!ヤァ!ヤァ!〉〈レット・イットビー〉の収録曲を簡単に紹介。

開運!なんでも鑑定団
テレビ東京/日本経済新聞社
1995/01/31 単行本 1
テレビ番組「開運!なんでも鑑定団」で紹介された逸品・珍品を集めたコレクションカタログ。第4章「一攫千金を狙うならコレを探せ!」の中で、ビートルズ日本公演のチケットおよびパンフレットの鑑定結果解説や資料を紹介。

RICKENBACKER
リットーミュージック
1995/02/10 ムック/企画誌 17
初期ビートルズ・サウンドを作り出したギター、リッケンバッカーの資料カタログ。ギターマニア向けに制作された貴重本。ビートルズ特集「RICKENBACKER WITH THE BEATLES」が17ページ。

週刊宝石/3月2日号
光文社
1995/03/02 週刊誌 2
原宿におけるビートルズ専門店「ゲット・バック」が賑わっているという話題「女子中・高生のメッカ、原宿でなぜかビートルズが大ブーム/ビートルズが新しい!」を、店内のグッズとともに2ページ。

フォレスト・ガンプ/Forrest Gump
東宝出版・商品事業室
1995/03/11 映画パンフレット 1未満
アメリカにおける歴史的事件と伝説の人物を、主人公のストーリーとリンクして描いた映画で、一部ジョンの映像なども収録されている。パンフレットにもわずかだがジョンに関する記述がある。

毎日ムック/戦後50年
毎日新聞社
1995/03/25 ムック/企画誌 1/4
1966年の記録資料にビートルズ来日の写真がある程度。

スーパースターの前世
たちばな出版/藤本みどり
1995/04/05 単行本 9
マドンナ、ケネディ、プレスリー、石原裕次郎、セナ、ユーミン、ピカソ、エジソンなど、スーパースター26人の「前世」を紹介した書籍。例に漏れずビートルズもあるが…。

SPA!(スパ!)/4月12日号
扶桑社
1995/04/12 週刊誌 1
そっくりバンドの来日カラーグラフ「ザ・ブートレッグ・ビートルズ/脚本家になりかわって再来日!?世界一のそっくりビートルズ」。

週刊ポスト/5月5日-5月12日合併号
小学館
1995/05/12 週刊誌 3
モノクログラフ「リンゴ・スターにビートルズ再結成を直撃/来日公演ではビートルズの曲をいくつか演るよ」がある。

1995-1996

フォーカス/6月14日号
新潮社
1995/06/14　週刊誌　2
1980年に撮影されたジョン＆ヨーコの写真と記事「裸のジョン・レノンを撮った米国女流カメラマン――アニー・リーボビッツの日本初個展」。

ドラッグinロック
第三書館/ハリー・シャピロ
1995/06/15　単行本　数
プレスリー、ディラン、ビートルズ、ストーンズ、ジミ・ヘン、クラプトンなど、ドラッグにのめり込んだロックアーティストのエピソード、時代背景、ドラッグの影響・効果などを詳細に記録したドキュメンタリー。部分的にビートルズの記述あり。

アサヒグラフ/6月16日号
朝日新聞社
1995/06/16　週刊誌　1
「甦る'70-'80スーパー・ロック・ヒーローたち（上）」のグラフ特集にジョージも登場。

開運！なんでも鑑定団 PART II
テレビ東京/日本経済新聞社
1995/06/22　単行本　11
「おしどり夫婦の仲に亀裂を入れた？ジョン・レノンのリトグラフ」があり、映画〈イマジン〉のパンフレットでも使用されたジョンのセルフ・ポートレートを鑑定。ジョンの伝記やプレミアム・グッズなどの紹介も。

ロック・ピープル101
新書館/佐藤良明・柴田元幸（共編）
1995/07/25　単行本　10
101のロック・アーティストおよびロック・グループをそれぞれ数ページにまとめた名鑑。ビートルズほかジョンとポールがある。

イギリス新鋭作家短篇選
新潮社/ハニフ・クレイシ他
1995/07/25　単行本　28
ビートルズを題材にした小説「エイト・アームズ・ホールド・ユー／ハニフ・クレイシ」を含む作品5篇を収めた短篇小説選集。

音楽の正体
ヤマハミュージックメディア/渡邊健一
1995/08/01　単行本　10
名曲と呼ばれるポピュラーソングの特異な構造を『音楽の正体』と名付けて解明した研究書。第1章には「レット・イット・ビーは終わらない」があり、譜面をもとにコード進行と和音を解析。

裕次郎とその時代
文藝春秋
1995/08/10　文庫本　数
石原裕次郎の功績、資料、コレクション、ストーリーなどを一冊にまとめたヴィジュアル文庫本。ビートルズ来日の写真を含めた「輝かしきアマチュアリズムのチャンピオンたち／裕次郎、ベンチャーズ、ビートルズ／芦原すなお」がある。

ロック伝説・上/プロフィールとインタヴュー36
音楽之友社/ティモシー・ホワイト
1995/08/10　単行本　72
ロック・アーティスト36人の伝説集大成。ビートルズは、第2章「闇の放浪者」に、ジョン、ポール、ジョージの3人を個別に72ページ収録。上巻は1950年代から1970年代を代表するアーティスト。

JJ（ジェイジェイ）/9月号
光文社
1995/09/01　一般雑誌　1/6
ピーター・バラカンのインタビュー1ページのごく一部に、アニー・リーボビッツが撮影したジョンの小写真2点と関連記述。

AVジャーナル/9月号
文化通信社
1995/09/01　一般雑誌　1/3
映画〈ビートルズがやって来るヤァ！ヤァ！ヤァ！〉〈ヘルプ！4人はアイドル〉〈レット・イット・ビー〉の作品紹介記事「ザ・ビートルズ（3本）」があるのみ。

文藝春秋/9月号
文藝春秋
1995/09/01　一般雑誌　12
ヨーコのインタビュー「ビートルズ25年目の再会――ヒロシマへの鎮魂歌、ポールとの和解」がある。ポールの別荘でのヨーコとショーンの即席新曲レコーディング、広島被爆50周年特別記念展のイベント参加など。

ロック伝説・下/プロフィールとインタヴュー23
音楽之友社/ティモシー・ホワイト
1995/10/10　単行本　1未満
1970年代後半～1980年代を代表するロック・アーティスト23人のインタヴューを個別に収録した伝記集。上巻ではビートルズのメンバーが収録されているが、下巻には関連記述がある程度。

週刊マーダー・ケースブック/創刊号
省心書房
1995/10/10　一般雑誌　1未満
チャールズ・マンソン・ファミリーが引き起こした「シャロン・テート事件」などの連続殺人事件の全容を解析。一部ビートルズに関する記述がある。

60年代ブリティッシュ・ビート
シンコー・ミュージック/ディヴ・マクアリア
1995/10/11　単行本　数
1960年代のブリティッシュ・サウンドを構築したバンドを紹介。当時のイギリスにおける音楽シーンとともに、ビートルズ、ストーンズなどのプロフィールも。

サライ/11月2日号
小学館
1995/11/02　一般雑誌　1未満
ハーモニカの特集の中でジョンの写真とビートルズの記述。

ミューズクリップ
レコード新聞社
1995/11/25　一般雑誌　1未満
ビートルズのニューリリースCD『ザ・ビートルズ・アンソロジー1』紹介記事がわずかにあるのみ。

横尾忠則自伝
文藝春秋/横尾忠則
1995/11/30　単行本　18
横尾忠則の自伝。過去、取材旅行中にジョン＆ヨーコとの会見も果たした経緯もあり、ビートルズとは縁が深い。本書のなかでも音楽に関する記述が多く、コンテンツにも「レノンとヨーコと柴田練三郎」がある。

週刊朝日/12月1日号
朝日新聞社
1995/12/01　週刊誌　5
コンサートのために来日したヨーコと林真理子の対談が5ページ。

週刊プレイボーイ/12月5日号
集英社
1995/12/05　週刊誌　2
アストリッド・キルヒャーが撮影した初期ビートルズの未公開フォトを紹介したモノクログラフ「伝説は終わらない／ザ・ビートルズ25年ぶりの新曲発売にあわせ秘蔵フォトを独占公開！」がある。

週刊新潮/12月14日号
新潮社
1995/12/14　週刊誌　2/3
紅白歌合戦の裏番組で放映されるビートルズ・アンソロジーの話題を紹介。写真以外にビートルズに触れる部分は少ない。

CDでーた/12月20日号
角川書店
1995/12/20　音楽雑誌　2
ビートルズ新曲を含む『アンソロジー1』リリースの話題や収録曲の解説。

週刊宝石/12月21日号
光文社
1995/12/21　週刊誌　4
4ページの秘蔵写真含むモノクログラフ「無名から有名へ…リバプール時代に撮っていた秘蔵フォト初公開/The Old Days of The Beatles」がある。

だんだんわかった
角川文庫/仲井戸麗市
1995/12/25　文庫本　15
元RCサクセションの仲井戸麗市のエッセイ集。「THE BEATLES日本公演」「リバプール」「ビートルズ一人一人との再会日」ほか、日本公演の体験などを記している。1992年7月1日に発行された同名書籍の文庫版。

40過ぎてからのロック
ロッキング・オン/松村雄策/渋谷陽一
1995/12/27　単行本　数
ロッキング・オンの生みの親であり、現在は音楽評論家として著名な渋谷陽一と松村雄策両名のロック対談集。「ビートルズはマージャンするなといったのに」など、時折ビートルズが登場。

1996

OP（オプ）/1月号
二玄社
1996/01/01　一般雑誌　4
特集「イギリスの、活力。」の中に、ビートルズ来日公演体験を含めたエッセイ「ビートルズはサイコーだぜ／鈴木正文」が6ページ。来日やゆかりの地などの写真も紹介。

週刊朝日/1月5日-1月12日号
朝日新聞社
1996/01/12　週刊誌　5
ニューリリースされたCDとビデオ『ザ・ビートルズ・アンソロジー』や新刊本の紹介ほか、来日30周年関連企画「WELCOME BACK THE BEATLES」がある。

名曲歳時記／人生を彩る200曲
講談社/立川直樹
1996/02/22　単行本　数
ロック、ポップス中心に、著者選による名曲ベスト200をエピソードやメッセージを添えて解説。ビートルズでは【イエスタデイ】【ホワイル・マイ・ギター・ジェントリー・ウィープス】【ロックン・ロール・ミュージック】など数曲。

the beatles collection 4 | 373

1996

装苑/3月号
文化出版局
1996/03/01　一般雑誌　4
ヨーコについての記事「オノ・ヨーコ 痛快な前衛/ヒロインたちのクロニクル '60s～'80s 堀井美智子」が4ページ。ジョンとの写真や「世界で最も有名な日本人」「ジョン・レノンとの優しい出会い」ほか。

アエラ/3月11日号
朝日新聞社
1996/03/11　一般雑誌　2
ポールが提唱しリバプールに開校した芸術学校「LIPA」のカラーグラフ2ページ「ビートルズは生きている/変貌する故郷リバプール」がある。

モノ・マガジン臨時増刊/コレクション
ワールド・フォトプレス
1996/03/15　ムック/企画誌　1未満
レア・コレクショングッズを写真付で紹介したマニア向けカタログ。ビートルズ書籍コレクションとして「ビートルズ東京/100時間のロマン」や「話の特集/ビートルズ・レポート」を紹介。

フォーカス/3月20日号
新潮社
1996/03/20　週刊誌　2
ショーンのカラー写真2点を添えた記事「母親公認、ショーン・レノンの女友達——両親のラブ・ストーリーを再現?」。

The Slow hand Society/SPRING
ザ・スロー・ハンド・ソサエティ
1996/03/　会報/その他　1未満
クラプトンのファンクラブ会報。特集の一部にパティ・ボイド、ジョージ、クラプトン3人の親密な関係をまとめた記事がある。

岸部ノアルバム/物と四郎の半生記
夏目書房/岸部四郎
1996/04/01　単行本　数
ビートルズに関する項目「いつもぼくの内側にあったビートルズ」あり。青春の想い出とともに来日公演グッズや雑誌コレクションも紹介。巻頭カラーではビートルズ人形も掲載。

自由時間/4月4日号
マガジンハウス
1996/04/04　一般雑誌　2
ビートルズのオリジナルアルバムの写真と25年ぶりの新曲を含めたアルバム「アンソロジー」関連記事「THE BEATLESとは何か」が2ページ。

別冊クロスビート/THE DIG NO.6
シンコー・ミュージック
1996/04/15　ムック/企画誌　2
連載企画「カブトムシの冒険/米田実」第3回「野心家ジョンのルックス・経済作戦」がある。

陽のあたる教室/MR OPUS HOLLAND'S
東宝出版・商品事業室/日本ヘラルド映画
1996/04/27　映画パンフレット　1未満
ジョンやビートルズのヒットナンバーが挿入曲として使用された映画のパンフレット。パンフレットにもジョンや曲に関する記述がある。

今日も銀座へ行かなくちゃ
講談社/枝川公一
1996/05/15　文庫本　2
エッセイのひとつに「ジョン・レノンを探して」がある。1986年発行の「ジョン・レノンを探して/銀座の旅ノート」にエッセイを加え再構成した文庫。

世界衣裳盛衰史
角川文庫/清水義範
1996/05/30　文庫本　109
ビートルズの生い立ちからジョン射殺事件までをパロディタッチで描いた長編小説「伝説の展開図——偽ビートルズ伝」収録。1992年5月30日に発行された単行本の文庫版。

週刊朝日/6月14日号
朝日新聞社
1996/06/14　週刊誌　4
過去、再婚の噂が流れたヨーコと骨董商サム・ハヴァドィとのツーショット写真と記事「イマジン、ヨーコが再婚する日を…」がある。

ぴあ/6月18日号
ぴあ
1996/06/18　週刊誌　1未満
わずかにヨーコ&今(IMA)の来日ライヴの関連記事があるのみ。

週刊文春/6月20日号
文藝春秋
1996/06/20　週刊誌　2/3
「テレビジョン/見もの聞き物」コーナーにポールが出演した話題の公式式のCMに関する記事が少し。

アエラ/7月1日号
朝日新聞社
1996/07/01　一般雑誌　4
ビートルズ来日から30年を迎え、当時を振り返り、関係者の証言・体験談をもとにしたヴィジュアル企画「ビートルズがやって来た/蓑島弘隆」がある。

BRUTUS/7月1日号
マガジンハウス
1996/07/01　一般雑誌　1
スウェーデン出身のクラシック・ギタリスト、G・セルシュと日本のジャズ・ギタリスト天野清慈の、ビートルズナンバーをめぐる対談を掲載。

週刊読売/7月7日号
読売新聞社
1996/07/07　週刊誌　2
30年前の来日時、ビートルズのために用意されたキャデラックに関する話題を取り上げた「30年間行方不明 ビートルズのサイン入りキャデラックを追え」を掲載。

サンデー毎日/7月14日号
毎日新聞社
1996/07/14　週刊誌　2
ヨーコ&ショーン「母の祖国でLIVE」と題したモノクログラビアをはじめ「1996年CDベスト・アルバム」の企画コーナーに【フリー・アズ・ア・バード】と「アンソロジー」関連の記事など。

週刊読売/7月14日号
読売新聞社
1996/07/14　週刊誌　2
来日30周年記念「ビートルズ伝説のドキュメント」と題したグラビアページがある。羽田空港到着のカラーフォトをはじめ、当時の秘蔵フォトを添えて来日を簡単に振り返ったもの。

週刊朝日/7月19日号
朝日新聞社
1996/07/19　週刊誌　1未満
「芸能見聞録/価格査定委員会」コーナーでヨーコ&IMAの来日コンサートについて触れ、「1時間少々のコンサートでチケット7,000円は高く、適価はせいぜい3,500円」と査定した寸評がある。

INFO/1996
ラフォーレミュージアム
1996/07/　非売品/その他　1未満
ラフォーレミュージアム原宿の4つ折リーフレット。ビートルズ日本滞在103時間全記録展」の案内記事のみ。

PLANET/ANA HOTEL TOKYO
東京全日空ホテル
1996/08/01　非売品/その他　1
東京全日空ホテルの1966年8月～9月ユーザー用リーフレット。同ホテル開業10周年記念キャンペーン企画のひとつ「デゾ・ホフマン/ザ・ビートルズ写真展」開催の広告ページがある。

MA-1/8月号
ワールド・フォトプレス
1996/08/01　一般雑誌　1未満
ビートルズイラストの9月号広告ページのほか、ビデオ紹介記事。

イギリスで怖くて不思議なお話
PHP文庫/桐生操(編)
1996/08/15　文庫本　20
イギリスの短編ミステリー小説を集めた編集本で、第3章「有名人たちをめぐる不思議物語」の中に、ジョン射殺事件を取り上げた「ジョン・レノン/CIAが指揮した遠隔操作殺人か!?」がある。

ロックはどうして時代から逃れられないのか
ロッキング・オン/渋谷陽一
1996/09/21　単行本　数
1984年の「ロック微分法」以来、12年ぶりに出た渋谷陽一のロック評論集。80年代から90年代の「ロッキング・オン」ほか音楽誌などに掲載された各評論・批評を網羅したもの。ビートルズ関連も少し。

週刊朝日/10月31日号
朝日新聞社
1996/10/31　週刊誌　4
4ページのグラフ「ポール・マッカートニー、ジョージ・ハリソン、リンゴ・スター、ジョン・レノン」がある。

音楽中心生活
径書房/中山康樹
1996/11/25　単行本　12
ビートルズを含め、音楽とマニアックなレコード探求をこよなく愛する著者の日常体験記。ビートルズとレコードコレクションなどに関する記述も多い。レアレコードなどのコレクション経験者にとって、この本は確かに笑える。

フォーブス/12月号
ぎょうせい
1996/12/01　一般雑誌　1
1995年と1996年の「世界の芸能人長者番付/The TOP 40」で、トークショーの女王オプラ・ウィンフリー(171億円)、映画監督スティーブン・スピルバーグ(150億円)に続き、ビートルズが3位(130億円)という記事。

わ・かった!/12月号
日本実業出版社
1996/12/01　一般雑誌　1未満
「リメイク復刻の逸品大図鑑」で、アルバム「アビイ・ロード」のフォトのみ。表紙の一部も「アビイ・ロード」アルバム写真。

週刊プレイボーイ/12月3日号
集英社
1996/12/03　週刊誌　2
ビートルズ写真1点を掲載したモノクログラビア「永遠」ビートルズ(1962～70)があるのみ。

最後に――

　長期にわたる本書原稿作成途中にも、ポール・マッカートニー4度目、5度目の来日公演が開催されるなど、話題の尽きないビートルズ。

　すでに、メンバーのうちジョン・レノンとジョージ・ハリスンを欠き、4人が顔を揃えることは永久にない。にもかかわらず、ビートルズは、これからも、音楽が存在する限り語り継がれるであろう特異な存在である。

　演奏が目立って上手いわけでもなく（テクニックだけなら、当時も優れたアーティストは多くいた）、歌唱力・ルックス・スタイルだって、ビートルズを凌ぐアーティストは古今東西いたはずだ。それでも、現在までこれほどの影響力を保ち続ける理由は、ビートルズ自身が特異なのではなく、ビートルズという存在を時代が認め、求めた結果だといえるのかもしれない。かくいう私もビートルズに出会い、音楽に触れ、音楽を通じて多くの仲間ができ、良くも悪くもその影響でコレクションにはまり、現在に至っている。私にとってビートルズは「偉大（イダイ）」ではなく「痛い（イタイ）」存在だ。わかる人だけが「偉い（エライ）」のだ。

　さて、最後に、このようなマニアックな本書を購入いただき、さらには読破までしていただいた御礼を。

　清水の舞台から飛び降りるほど光栄です！　が、お役に立ちましたか？　間違いもあると思いますが、何卒ご容赦いただければ。古い資料をたどって、ビートルズが置かれた当時の状況を知ってもらい、その結果、ひとりでもファンが増えたりすれば大変嬉しく思う。ビートルズ・コレクションの裾野は広い。私同様、苦悩、苦渋、苦節、挫折の道を歩むことになるコレクターの出現にも淡い期待を賭ける。本書は1964年〜1996年までのコレクションに留まっているが、その後の時代の資料化実現を後身に託して結びとしたい。

　私は、もう御免だ。

□編著者

加藤すたん
1959年12月2日、岐阜県生まれ。

編　集　野村明紘

デザイン　伊藤道子

ザ・ビートルズ 国内出版物採集図鑑
ビートルズ来日後30年の出版物コレクション編年史

2015年12月10日　初版第1刷　発行

編　著　　加藤すたん

編集制作　樹林舎
　　　　　〒468-0052　名古屋市天白区井口1-1504-102
　　　　　TEL:052-801-3144　FAX:052-801-3148
　　　　　http://www.jurinsha.com/

発行所　　株式会社人間社
　　　　　〒464-0850　名古屋市千種区今池1-6-13　今池スタービル2F
　　　　　TEL:052-731-2121　FAX:052-731-2122
　　　　　http://www.ningensha.com

印刷製本　株式会社シナノパブリッシングプレス

©KATO Stun 2015, Printed in Japan
ISBN978-4-931388-96-3 C0073
＊定価はカバーに表示してあります。
＊乱丁・落丁本はお取り替えいたします。
＊禁無断転載　本書の掲載記事及び写真の無断転載、複写を固く禁じます。